国家出版基金项目
NATIONAL PUBLICATION FOUNDATION

本书编写组 编

# 中国工农红军川滇黔边区游击队史料选编 〔上〕

江苏人民出版社

图书在版编目(CIP)数据

中国工农红军川滇黔边区游击队史料选编/本书编
写组编.—南京:江苏人民出版社,2024.9
ISBN 978-7-214-28385-6

Ⅰ.①中… Ⅱ.①本… Ⅲ.①中国工农红军-游击队
-史料-西南地区 Ⅳ.①E297.2

中国国家版本馆 CIP 数据核字(2023)第 178089 号

| | |
|---|---|
| 书　　名 | 中国工农红军川滇黔边区游击队史料选编 |
| 编　　者 | 本书编写组 |
| 责任编辑 | 马晓晓 |
| 装帧设计 | 周伟伟 |
| 责任监制 | 王　娟 |
| 出版发行 | 江苏人民出版社 |
| 地　　址 | 南京市湖南路 1 号 A 楼,邮编:210009 |
| 照　　排 | 江苏凤凰制版有限公司 |
| 印　　刷 | 苏州市越洋印刷有限公司 |
| 开　　本 | 718 毫米×1000 毫米　1/16 |
| 印　　张 | 112.5　插页 15 |
| 字　　数 | 1833 千字 |
| 版　　次 | 2024 年 9 月第 1 版 |
| 印　　次 | 2024 年 9 月第 1 次印刷 |
| 标准书号 | ISBN 978-7-214-28385-6 |
| 定　　价 | 598.00 元(上中下册) |

(江苏人民出版社图书凡印装错误可向承印厂调换)

# 编纂委员会

主　　　任　高永中
副　主　任　刘晓晨　沈向兴　苏红军　杜　丹
编委会成员　江红英　杨林兴　马　琳　余　雄
　　　　　　李　蓉　叶晖南　李树泉

主　　　编　高永中
副　主　编　李　蓉　叶晖南　叶成林

**原中共中央党史研究室课题组**
组　　　长　高永中
副　组　长　李　蓉　叶晖南
课题组成员　李树泉　叶成林（特邀）

**四川省课题组**
组　　　长　刘晓晨
副　组　长　江红英
课题组成员　邱　俊　李　勇　官　燕　张聂熙　宋　键
　　　　　　杨　萍　马小涛　刘道强　邓开明　田时亿
　　　　　　姜继洪　唐　慧　刘竟涛　黄永红　秦　礼
　　　　　　刘学奇　杨　洪　银　河

# 编纂说明

## 一、《中国工农红军川滇黔边区游击队史料选编》的框架

《中国工农红军川滇黔边区游击队史料选编》由历史概述、史料选编和附录三部分组成。

第一部分历史概述：概述中国工农红军川滇黔边区游击队（简称川滇黔边红军游击队）革命斗争的基本发展过程。

第二部分史料选编：收录反映川滇黔边红军游击队活动的相关史料。史料分为革命文献、回忆口述资料、敌方资料、报刊资料四个部分。

（一）革命文献，主要收录当时同川滇黔边红军游击队活动密切相关、在川滇黔边红军游击队活动期间形成的组织文件、工作报告、函电、《红星》报的文章和游击队书写于墙壁上的文字材料。

（二）回忆口述资料，分为两类：

第一类是川滇黔边红军游击队活动时期党、政、军、群等革命组织成员的回忆和口述。回忆，包括他们自己撰写的回忆录；口述，指由他们口述而由其他人记录整理的资料。因为这部分回忆录数量较大，故又分为若干部分，即：游击纵队的组建和总体情况，叙永、南六游击队情况，纵队前期活动情况，黔北、赤水河游击队情况，纵队后期活动情况，抗日救国军、贵州支队活动情况，云南支队活动情况，母享

游击队活动情况,对编写纵队史的意见等。

第二类分三种情况:一是当时没有参加川滇黔边红军游击队但对当时情况有所了解人员如目击者、知情人等撰写的有关川滇黔边红军游击队活动的回忆和口述。二是当时参加川滇黔边红军游击队成员亲属的追述。三是当时参加镇压革命活动人员的回忆和口述。还有个别资料是上述回忆中没有提到而由史志部门征集和整理的红军游击队在当地活动的具体情况。

(三)敌方资料,主要包括当时敌方有关红军游击队的文件电报、信函等。

(四)报刊资料,主要包括《新蜀报》《四川月报》《云南日报》《云南民国日报》等的报道。

第三部分附录部分:主要包括川滇黔边红军游击队组织序列,红军游击队的遗址、遗迹、遗物和大事略记。

(一)组织序列,主要是中共党组织和游击队的组织序列。

(二)遗址、遗迹、遗物,主要是遗址、遗迹、遗物图片及说明。

(三)大事略记,整理勾勒川滇黔边红军游击队的基本活动轨迹。

## 二、重要问题的说明

(一)活动主体范围

川滇黔边红军游击队史料选编以 1935 年 2 月成立的红军川南游击纵队(后更名为红军川滇黔边游击纵队,一度更名红军川滇黔边区抗日先遣队)的活动为主体。同它有组织联系的其他游击队,如 1934 年秋成立的叙永特区游击队、1934 年冬成立的南六游击队、1935 年 2 月成立的黔北游击队、1935 年 3 月成立的遵湄绥游击队和赤水河游击队、1936 年 2 月成立的贵州抗日救国军第三支队的活动情况也纳入其中。川滇黔游击纵队的下属组织川南游击支队、云南游击支队和贵州游击支队,自然也纳入其中。

(二)时间范围

起点。以上述几支党组织领导的游击队成立的时间为起点,最早的是 1934 年秋。云南殷禄才的队伍(不是由党组织领导成立的)则以同红军游击纵队建立联系时作为起点。

终点。以川南游击支队、云南游击支队和贵州游击支队贯彻刘复初传达的

"现在是国共合作、团结抗日,原来的口号暂时不喊了,红军这个名称也不提了"精神为终点,大致在 1938 年春。

(三)回忆口述部分

由于口述人在不同的时间、针对不同的对象,其回忆的侧重点不一,从而使之有所不同,但又难免有些内容重复;由于口述人对实际情况的了解有差异,从而使之有所不同,甚至有相互矛盾的情况。对此,我们一并收录,以便相互印证。

## 三、编辑过程中对原文章和口述记录稿的技术处理

所有的当年形成的历史文献和报刊等均按原样不动。

对回忆文章和口述记录稿进行了必要的规范,主要如下:

(一)对原来只有某某人的口述或过于简单的标题如座谈会记录等,根据内容新起篇名或适当加小标题。

(二)对一些口述稿,补充了必要的地区名称并适当加以分段。许多口述、回忆资料只有镇名、乡名或村名、组名,没有标明省名和县名。还有的整理稿文字太长,没有分段。为了方便读者,现尽可能加上省名、县名,同时对过长的文字根据内容进行适当分段。

(三)对原稿中一些时间相同、内容相近的内容进行合并,尽量减少重复。

(四)对原稿中一些时间表述的简化处加以补充。如"三六年"改为"一九三六年";"70.6.16"加上年月日,改为"1970 年 6 月 16 日";"民国"纪年改为公元纪年;"旧历"改为"农历";干支纪年加注公元纪年。

(五)对原稿中的部队番号的处理加以规范。如"二、三、四大队"改为"第二、第三、第四大队";"二、六军团"改为"红二、六军团";"6 军团"改为"红六军团";"二旅"改为"第二旅";"二十一军五师"补充为"第二十一军第五师"。

(六)对带有明显贬义的如对红军游击队的"清剿""会剿",加上引号。

(七)对国民党统治时期的县长、乡长,不加"伪"字,必要时改用"敌"字。原用伪政权,改为敌政权。

(八)"黔北游击队"等组织名称不用引号。

(九)有的人名原表述不一,现进行了统一处理,如徐策(有的写为余策)、余泽鸿(有的写为余策鸿、余泽洪、徐泽鸿)、陶树清(有的写为陶素清等)、王逸涛(有的

写为王逸尧等)、李桂英(即李桂洪,有的写为李桂红)、甘棠(阚思颖,有的写为阚世英)、李涤尘(有的写为李涤臣)、廖忠堂(有的写为廖中堂),等等。统一处理办法是在原文后加〔 〕标注统一名。

(十)个别地名表述不一,现进行统一处理,如黄坭嘴(有的写为黄坭咀)、梅硐(有的写为梅洞)。

(十一)没有正规出版社的书籍,标为"印行"。如《中国工农红军川滇黔边区游击纵队斗争史》编写组编:《中国工农红军川滇黔边区游击纵队斗争史(副本)》上册,1985年印行。为简明扼要,该书在1985年印行后所用的4—33,指该资料的第四部分第33页;4—39~41,则指第四部分的第39~41页。

(十二)所有文献,均使用国家统一颁行的简化字排印,未明文废弃的异体字和一定范围可以通用的字,均按原件照排。订正文字错漏等,用符号标出。错字改正用〔〕号,漏字填补用〈〉号,衍字改正用[]号,辨认不清的字用□号代,缺字以△号代。

本书编写组

# 目 录

11

# 一、历史概述

中国工农红军川滇黔边区游击队,简称川滇黔边红军游击队,是1934年秋至1938年春战斗在四川、云南、贵州三省交界地区的若干支红军游击队的总称。其中,1935年2月组建的中国工农红军川南游击纵队是主体。红军川南游击纵队在其战斗过程中,不断整合其他游击队,其名称也相继改为中国工农红军川滇黔边区游击纵队、中国工农红军川滇黔边区抗日先遣队,后又改回中国工农红军川滇黔边区游击纵队。1937年1月,川滇黔边区游击纵队主体失败,但其先前组建的3个游击支队——红军川南游击支队、红军云南游击支队、红军贵州游击支队仍坚持战斗,直到1938年春贯彻上级指示精神,实行国共合作,放弃使用红军名称。

中国工农红军川滇黔边区游击队的活动区域,包括四川省的纳溪、叙永、古蔺、兴文、古宋(今属兴文)、长宁、江安、高县、庆符(今属高县)、珙县、筠连、合江,云南省的镇雄、威信、彝良、盐津,贵州省的毕节(今毕节市七星关区)、黔西(包括今金沙)、大定(今大方,包括今纳雍)、织金、仁怀、桐梓、习水、赤水、遵义、湄潭、绥阳、水城、威宁分县(今赫章)等二十多个县。

1934年6月11日,中共四川省委在《接受国际第十三次全会提纲与五中全会决议的决定》中提出:"积极发动斗争,有计划地组织游击与暴动,建立新的游击队,泸州党应坚决打入古宋抗捐军与川滇边的游击队夺取领导。"中共泸县中心县委(书记邹风平)贯彻中共四川省委决定,加紧游击队的组建工作。8月,中共泸县中心县委领导的"叙永特区游击队"在叙永县黄坭嘴成立,王逸涛任游击队长,张友德负责党务工作。中心县委给游击队规定了两大任务:打土豪,彻底摧毁农村统治;破仓分粮,没收豪绅衣物,给群众以利益。至年底,这支游击队由10余人扩展到60余人。同年秋天,以中共宋兴特支组织的群众为骨干、争取绿林武装合队组成了江长游击队。其后,又以红军之友社的成员为骨干,发动工农群众参加组建宋兴游击队。11月,江长游击队和宋兴游击队合组"南六游击队",队长由中共宋兴特支委员郭平安兼任,由宋兴特支书记刘复初兼任。游击队下属两个小队,活动于长江以南的古宋、兴文、江安、长宁、珙县、高县一带山区。至1935年2月,南六游击队发展到100多人。叙永特区游击队和南六游击队的存在为红军川南游击纵队在川南的活动奠定了基础。

1934年10月,中央红军开始长征。12月18日,中共中央政治局在关于战略方针之决定中作出否定先前以湘西为中心建立新根据地的计划,提出要以遵义为中心建立川黔边区新根据地。

1935年1月遵义会议以后,中央红军挥师北上,一渡赤水,进入川南,准备从泸州上游渡过长江,与活动在川北的红四方面军会合。1月29日,中央红军进入川南古蔺、叙永地区。1月30日,军委纵队路经古蔺县镇龙山,总政治部地方工作部部长刘晓接见当地党组织负责人邓伯明(另一说是古蔺的中共党员丁伯夫)等,鼓励他们继续留在地方坚持斗争,配合红军作战。2月4日,红三军团路经叙永县黄坭嘴。当晚,军团长彭德怀在该县田中四化榜接见叙永特区游击队队长王逸涛等人。5日,红三军团选派何宗舟(红五师第十四团党总支书记)、周守如(原遵义县革命委员会成员)带领数十名伤病员并携带武器,扩充到叙永特区游击队,由王逸涛任队长,何宗舟任政委。

2月10日,中共中央政治局在云南威信县扎西镇召开会议。中革军委为了充实连队的战斗力,加强部队的机动灵活性,于同日发布《关于各军团缩编的命令》,其中规定:缩编后多余的人员应尽量补充到战斗连中去,其一部〈分〉经过宣传与选拔,可成立游击队在地方活动。中央决定:在中央直接领导下,由徐策(红三军团第五师政委)、余泽鸿(干部团上干队政委)、戴元怀(红八军团民运部部长)、夏才曦(夏采曦,曾任中共江苏省委宣传部部长)、王逸涛(叙永特区游击队队长)、邹风平(中共泸县中心县委书记)组成中共川南特委,负责领导中国工农红军川南游击纵队以及长江以南、金沙江以东,包括泸县中心县委工作地区①在内的一个区域的地方工作。中共泸县中心县委既受四川省委的领导又受川南特委的领导。中共川南特委书记徐策,组织部部长戴元怀,宣传部部长余泽鸿。中央选派一个干部连、一个基干连(国家政治保卫队第五连)、一个运输排、一个卫生班、一个警卫通讯排和几个修枪工人,组建中国工农红军川南游击纵队(简称红军川南游击纵队),并号召红军伤病员参加游击纵队。军委在总部驻地召集留到游击队的100多名干部开会,周恩来到会动员。他阐述了形势和任务,指出游击纵队的任务:一是打击、牵制敌人,配合中央红军作战;二是安置和保护好伤病员;三是建立根据地。

2月12日,川南游击纵队跟红军主力东进到达云南威信县石坎子,又有一部分人员前来报到。18日,川南游击纵队前往四川叙永县黄坭乡树坪同叙永特区游击队会合,600余人到达叙永五龙山。中共川南特委召开纵队大会,徐策在会上传达了中央关于组建红军川南游击纵队的决定,讲明了纵队的性质和任务:发动川

---

① 中共泸县中心县委领导四川泸县、合江、兴文、江安、叙永、古蔺、纳溪、长宁及贵州赤水等县党组织,还领导荣昌、隆昌特支。

南游击战争,配合红军创造乌江以北、金沙江以东、长江以南的苏区根据地;宣布党中央对纵队建制和领导干部的任命。纵队设司令部、政治部、供给处,下设五个大队。政委兼政治部主任徐策,司令员王逸涛,副司令员曾春鉴。

2月18—20日,中央红军二渡赤水,向贵州桐梓疾进。军委纵队经过贵州习水县东皇殿时,从总后勤部等单位选调80多名干部和战士,组建红军黔北游击队,由陈宏任队长,张凤光任政委,李青云为特派员,下属三个中队。3月上旬,黔北游击队开辟了以习水县放牛坪(今桃林)为中心的仁〈怀〉习〈水〉桐〈梓〉游击区。

2月下旬,川南游击纵队来到云南威信县高田区,击败该县高田乡自卫大队长陈正杰和后山团总古成章所率民团200余人的阻截。月底,中共川南特委、红军川南游击纵队在威信建立中共高田区委、高田赤卫大队,派红军干部阮光明任赤卫大队长,派红军干部张治高任区委书记兼赤卫大队指导员。随后,发展农会会员100多人,成立杨联海为主任的铧嘴乡革命委员会。

3月上旬,川南游击纵队同驻叙永的川军第三十七团第三营和两河镇民团在叙永木厂梁子发生遭遇战。之后,纵队转往四川兴文、长宁等县活动。驻叙永的川军及民团则至威信县高田后山,伙同高田等地民团对红军建立的群众组织和革命群众进行疯狂报复,农会和铧嘴乡革命委员会被破坏。

3月初,中革军委在遵义老城以红九军团留下的部分指战员为骨干,加上原遵义县革命委员会部分委员和在川黔边参加红军的群众,组建了红军遵湄绥游击队,王友发任政委,刘××为队长(后周风山继任),陈来中(陈久保)为特派员。全队120余人,编为4个分队。游击队成立后,在遵义、湄潭、绥阳三县边境开展游击战争,配合主力红军渡赤水、过乌江。4月,遵湄绥游击队在遵义县边境磨刀溪被地方民团夹击,王友发率队突围到湄潭县境鱼泉沟时不幸牺牲。游击队被打散,未能与黔边游击队或川南游击纵队会合。

3月10日,中共合江特支在泸县中心县委的领导下,为牵制川黔敌军,支援和配合红军,在川黔边境的合江石顶山组织发动武装起义,成立"川滇黔边区工农红军游击队"(亦称赤〈水〉合〈江〉游击队)。在政委李亚群、队长杨伟贤(杨其生)的率领下,游击队与敌人在合江、赤水等地展开激战,由于孤立无援,起义坚持了一个多月后失败。

3月上旬,川南游击纵队在四川叙永县木厂梁子遭遇战之后,进占兴文县建武镇。中共宋兴特支书记、南六游击队政委刘复初到建武向川南特委汇报情况。特委决定南六游击队改称川南游击支队,直属特委领导,暂不并入纵队,配合纵队继续在当地独立活动。

与此同时,同样是在3月上旬,中革军委抽调红三军团部分干部战士组建了赤水河游击队,罗彬(原军委第一纵队第二梯队司令员)任游击队队长,吴××为政委,胡方为副队长,余得胜为特派员,下辖三个中队100多人。3月下旬,赤水河游击队转战贵州仁怀、遵义、习水、桐梓等地牵制与打击敌人,配合中央红军长征。4月中旬,赤水河游击队到仁怀周家场(今属习水县)轿子山附近活动时,遭马桑区的民团队长黄定邦率部并纠集两股土匪500多人袭击,游击队政委吴××牺牲,队长罗彬受伤,寄养于桑木镇(今属习水县)一群众家里。罗彬伤愈后组织搜救红军伤病员10余人,并成功改造、利用绿林武装队伍,9月在正安县庙塘李钻台成立黔北救国义勇军,坚持近一年的武装斗争。黔北救国义勇军未能同川滇黔红军游击纵队建立组织联系。

1935年4月下旬,赤水河游击队余部在副队长胡方率领下前往习水县放牛坪,同黔北游击队胜利会合。合队后名称仍用"中国工农红军黔北游击队",队长陈宏,政委张凤光,副队长胡方,特派员李青云。下设三个大队,大队下设中队,中队下设分队,计200余人。

3月15日,川南游击纵队来到四川长宁县的罗家岩活动,这里距长宁县城仅7里。敌人以为纵队要攻占长宁,急调达旅黄锦章团及江安、古宋、兴文、长宁4县团队分进合击。当诸敌向黔北合围之时,3月16日至17日,中央红军三渡赤水,再进川南。

3月26日,川军第二十一军黄锦章团及长宁、古宋、兴文、江安4县团队在兴文县大石盘突然袭击红军川南游击纵队。中共川南特委组织部部长戴元怀率通讯班10余名战士为掩护纵队向威信转移,全部壮烈牺牲。

中共川南特委在率川南纵队征战的同时,还抽出部分力量深入地方,发动农民,开展建党、建政、建立游击队的工作,但进展并不顺利。中共泸县中心县委7月间遭严重破坏而解体。

4月中旬,红军川南游击纵队在云南威信县罗布坳击退四川珙县洛表李振武所率叙南保商第三大队和江安保安大队约500人的围攻。中共川南特委在三口塘院子(今鱼洞)颁布《游击区域红军家属暂行优待条例》。4月下旬,川南游击纵队火烧四川叙永县分水镇朱家山土豪碉楼,活捉分水乡乡长。随后到叙永坛厂一带活动,与云南镇雄县茶木镇艾宗藩建立统战关系,收编了艾部绿林武装六七十人,编为一个支队,由艾任支队长。

5月1日,红军川南游击纵队在四川叙永县落堡召开庆祝五一国际劳动节大会,徐策作形势报告,颁布了中共川南特委制定的《川南工农劳苦群众目前斗争纲领》。

5月上旬,川南游击纵队运动到云南威信县邓家坪时,王逸涛离队逃回黄坭嘴,后公开叛变。中共川南特委决定开除王逸涛党籍,撤销其职务,由徐策兼司令员。随即调整了纵队建制,将五个大队缩编为两个支队。王逸涛投敌后,被委任为重庆行营川南招抚特派员,在叙永设立"招抚特派员公署办事处",招降纳叛,还写出《我对于消灭川南共产党及赤军游击队布置的意见》,对革命的发展危害极大。

6月底,红军黔北游击队领导人陈宏、张凤光等认为中央红军已西进北上,在黔北牵制敌军的任务基本完成,于是决定前往川南,同川南游击纵队会合。7月上旬,黔北游击队和川南游击纵队在四川叙永县分水镇朱家山会师。特委研究决定纵队改名为"中国工农红军川滇黔边区游击纵队",徐策任司令员兼政委,张凤光任副政委,参谋长曾春鉴(因曾负伤寄养在罗布坳,由陈宏代理参谋长),余泽鸿任政治部主任。部队合编为两个支队、六个大队,川南游击纵队为第一支队,黔北游击队为第二支队。中共川南特委进行了改组,改称为川滇黔边区特别委员会,仍由徐策任书记。

7月13日,红军川滇黔边区游击纵队在云南威信县长官司观音堂受到周化成部和五区民团的伏击。由于地形不利,纵队损失惨重,伤亡100余人。主要领导人相继率队冲杀,陈宏负伤后被俘(后押到叙永,同年11月就义),张凤光牺牲,徐策身受重伤。余泽鸿指挥部队打退敌人后,撤到罗布坳,又遭到滇军镇雄独立营及威信民团的突袭,大队长邓登山等牺牲,大队长徐振山和曾维辉等负伤被俘。纵队又撤向簸箕坝,徐策转移不及,被敌残杀。

7月14日,中共川滇黔边区特委在云南威信簸箕坝召开会议,总结几个月来的经验教训,并增补、调整特委和纵队领导成员。会议决定:由余泽鸿继任川滇黔边区特别委员会书记,刘干臣、龙厚生、李青云为特委委员;由刘干臣任纵队司令员,余泽鸿任纵队政委,李青云任特派员;通知刘复初速带川南游击支队归队。

7月,蒋介石和川、滇、黔三省军阀对红军游击纵队发动第一次三省"会剿"。

川军陈万仞师进驻川南,忠(县)丰(都)石(柱)联团"清乡"司令周化成部进驻兴文、江安,滇军安恩溥第二旅进驻川滇边。蒋介石还令莫雄率江西吉安专员公署原班人马到贵州毕节,成立专员公署,负责"剿办"红军留下的游击队;令陈光中第六十三师进驻毕节,郝梦麟第五十四师、裴昌会第四十七师和李云杰第二十三师进驻黔西北配合"会剿"。云南方面委任镇雄独立营营长陇承尧为民团指挥,驻守镇雄、威信要隘。滇军安旅又先后派第三团第十一连进驻彝良,彭营驻防镇雄罗坎至威信一带,万保邦团进到川滇边区,与镇彝威民团一道"围剿"。

红军川滇黔边区游击纵队在敌人的"围剿"中连续冲杀,曾攻占筠连、赫章县城,给敌人以沉重打击。9月7日,纵队在四川江安县五谷乡古佛台(今红桥乡五阁村大山组)伏击敌人取得胜利。12日,刘复初带川南游击支队在四川兴文县博望山与川滇黔边区游击纵队合队,编为纵队第三支队,刘复初任纵队参谋长兼第三支队政委,被增补为中共川滇黔边区特别委员会委员。10月7日,纵队在四川长宁县老翁松林村附近兵工厂得到了一些弹药补充。

但是,红军川滇黔边区游击纵队在其后几个月里与敌连续作战,人员伤亡颇大,形势愈发不利。到11月下旬,纵队只剩100多人。特委在四川长宁县贾家湾开会决定,将现有人员分为两个支队:由政委余泽鸿、司令员刘干臣、参谋长刘复初等带领第一支队在川南坚持游击;由龙厚生、黄虎山等带领第二支队去滇黔边活动。11月25日,第二支队在四川兴文县炭厂遭到川军陈万仞师达营突然袭击,队伍被打散。12月9日,第一支队在四川长宁县梅硐桔子岭被川军穆肃中旅第三十七团彭营和周化成忠丰石联团包围,刘干臣、余泽鸿、刘复初带30余人突围。12月15日凌晨,政委余泽鸿在江安县碗厂坡牺牲。17日,司令员刘干臣在古宋县(今兴文县)东坝场王家坡牺牲。敌人残暴地割下刘干臣的头颅,挂在东坝场的一棵黄桷树上。第一支队由刘复初率领,在江安、兴文、古宋三县交界处的古宋连天山一带与敌周旋。

1936年1月,敌军三省"会剿"结束。红军川滇黔边区游击纵队参谋长刘复初、特派员李青云率第一支队与第二支队的龙厚生、黄虎山等人会合,计五六十人。这时,中共川滇黔边区特委根据中国共产党十大纲领与抗日救国主张的精神,根据中华苏维埃政府实行的政策和川滇黔边区的实际情况,制定《川滇黔边区革命根据地纲领》,号召"川滇黔边区的工农劳苦民众团结起来,推翻军阀、地主、豪绅们的反动政权,建设苏维埃政府,镇压反革命分子,打土豪分田地、烧毁契约债约,取消地主和高利贷剥削,捉杀收税官吏,取消苛捐杂税,取消保甲制度,取消奴隶制度,依靠贫雇农,联合中农,争取富农,保护中小工商业者,没收地主、军阀、豪绅高利贷者,庙宇祠堂及外国教堂的土地无代价分给贫雇农、中农、劳苦工人、红军战士,并按人口分配土地。同时工人们实行八小时工作制,改善待遇,取消旧社会压迫剥削工人的制度,取消打骂虐待工人的行为。欢迎边区工农青年参加红军"。

2月6日,中共川滇黔边区特委在四川兴文县洛柏林召开扩大会议,总结一年来对敌斗争的经验教训,选举龙厚生、刘复初、李青云三人组成特委,刘任书记兼政委,龙任司令员,李任特派员,下设两个大队。纵队在兴文博望山一带休整、扩军,并委派金璇组建川南游击支队在地方活动。

2月14日,中国工农红军第二、第六军团长征进至贵州毕节,在城内成立"贵州抗日救国军"。抗日救国军以周素园任司令员,邓止戈任参谋长,下辖由中共贵州省工委争取并掌握的原王家烈的黔军第二十五军席大明部、周质夫部、阮俊臣部分别组成的三个支队。第一支队活动在毕节西部的撒拉溪、杨家湾、田坝、阴底、放珠一带;第二支队随贵州抗日救国军司令部活动在毕节城区及鸭池、小坝、海子街、何官屯一带;第三支队以接应"川滇黔边区游击纵队"为主要任务,活动在对坡、大银、燕子口、林口、生机、清水铺一带。

2月底,红二、六军团撤离毕节时,贵州抗日救国军司令员周素园、参谋长邓止戈率领第二支队跟随红军进行战略大转移,行至赫章平山铺时,第二支队被编入红军北上长征。席大明所率第一支队因家族原因未能随行,在之后敌人的"围剿"中失败。11月,席大明被敌军抓捕,英勇就义。贵州抗日救国军第三支队于1936年3月初返回毕节途中得知红二、六军团已撤离毕节,又获悉国民党第九十九师第十四团在从八寨坪绕道金银山向乌蒙山进发增援的消息。第三支队司令员阮俊臣、政委欧阳崇庭等领导人决定暂时停止追寻主力红军,而在金银山设伏牵制敌人,掩护红二、六军团顺利转移。

4月初,红军川滇黔边区游击纵队在云南威信县大石盘、郭家坟一带活动时,殷禄才与纵队联系,请求收编。中共川滇黔边区特委留他随军培训后,由刘复初介绍加入中国共产党,并派他回当地发展武装。8月,特委又派中共党员、纵队第二大队中队长、原国家政治保卫局第五连第二排排长陈华久担任云南支队政委、中共滇东北特区书记,殷禄才任云南支队队长、滇东北特区区长。

赵文海原是四川纳溪县的乡民团队长。1933年投靠叙蔺宋边防司令顾晓帆,任营长,后见顾部土匪行径,乃率部而去,1935年为中国共产党的政策所感召,派人与党组织联系。1936年4月间,赵文海带武装参加红军川滇黔边区游击纵队。经过考察,中共川滇黔边区特委吸收赵文海加入中国共产党,任命他为贵州游击支队支队长,到滇黔边活动,召集旧部组建游击支队。

1936年5月10日,在阮俊臣、欧阳崇庭的推动和配合下,驻贵州毕节的国民党中央军暂编第五旅(旅长柳际明,简称柳旅)第二团第三营中尉连副陶树清率第三营士兵起义。阮俊臣率抗日救国军第三支队主力由尾嘴出发,到毕节杨家湾与陶部会师,增补陶为抗日救国军三支队副司令员。

6月,红军川滇黔边区游击纵队到云南镇雄楠木窝、威信花朗坝一带活动。抗日救国军第三支队一面同敌柳旅作战一面向花朗坝挺进。8日,与纵队在花朗坝会师。9日,敌柳旅又追至花朗坝,游击队将敌柳旅击退后转移到威信扎西镇院子村。两支游击队合队后将名称定为"中国工农红军川滇黔边区抗日先遣队",下辖三个支队:原阮俊臣部为第一支队,原陶树清部为第二支队,原红军游击纵队为第三支队。阮俊臣任纵队司令员,陶树清任副司令员,刘复初任政委,曾春鉴任参谋长。

随后,红军川滇黔边区抗日先遣队发布《中国工农红军川滇黔边区抗日先遣队政治部布告》,称:"中国共产党中央委员会认为,日本帝国主义是我国人民的当前大敌,故曾提出抗日救国的主张,联合一切爱国力量共同抗日,并率领中国工农红军北上抗日,现在胜利到达陕西,全国将会掀起抗日高潮。我军全体指战员热烈响应抗日救国的主张,动员川滇黔边区爱国同胞,联合起来,共同抗日,挽救国家民族的危亡,为国家民族的生存而斗争!"

6月下旬,敌人对川滇黔边区红军发动第二次三省"会剿"。川军田钟毅旅进驻四川高县、珙县,范子英旅进驻叙永、长宁;中央军柳际明暂编第五旅进驻贵州黔西、毕节、大定;滇军安恩溥旅从云南元谋调回昭通驻防,安旅补充团及镇雄独立营归柳指挥,并拟具"三省边区民团联防会剿计划",柳任总指挥,在贵州林口设立办事处,孔阵云任办事处主任。边区各县集中地方反动武装,加岗设卡,防守要隘,"协军清剿"。王逸涛带领别动队,往来川南诸县,刺探纵队行踪,搜捕红军战士和游击队员。

7月初,鉴于情况严重,陶树清向中共川滇黔边区特委提出转入秘密活动、团结教育绿林队伍和起义士兵、开辟新游击区等三条建议。由于"左"倾思想的影响,特委以少数服从多数未能采纳。此外,特委对第二支队存在违反群众纪律的现象未进行认真纠正,反认为陶树清动机不纯。7月5日清晨,特委在贵州毕节放珠场率原纵队部离开阮、陶部,向云南威信县大雪山转移。途经水田寨,第三支队恢复中国工农红军川滇黔边区游击纵队番号,刘复初任司令员,龙厚生任政委。

之后一段时间,阮俊臣、陶树清率领部队在贵州毕节对坡、云南镇雄黑树庄一带与敌柳际明旅雷大龙团及镇雄独立营周旋,在毕节七星关、大方、纳雍、织金、赫章、威信等地多次与三省"会剿"之敌遭遇,损失惨重。8月30日,阮、陶部在云南镇雄雨河镇街上突遭柳旅雷团袭击,欧阳崇庭、阮俊臣、陶树清分头率部突围,相互失去联系。后欧阳崇庭率一部到贵州水城一带活动。9月3日,陶树清被镇雄独立营捕获,10月初被杀害于毕节大校场。9月4日,阮俊臣部与镇、威民团激战于黄水河。此后,阮俊臣退到水田寨找到中共川滇黔边区特委。特委听了阮俊臣报告后,总结了这段时间斗争的经验教训,认为滇东北一带反动势力薄弱,人民贫困,较之川南老游击区更利于开展工作。还决定阮俊臣担任贵州游击支队政委。9月中旬,阮俊臣率部由大雪山出发,准备乘虚攻打镇雄城,行至罗坎被敌包围,阮命贵州游击支队黄仇、叶绍〔少〕奎率第四大队向母享突围,自己率其余两个大队掩护。阮部600余人被川滇黔敌军2万多人合围。为了避免全军覆没,阮俊臣与中央军柳旅谈判,柳旅答应阮上前线抗日等条件后,阮俊臣接受柳旅招抚。黄仇、叶绍〔少〕奎率领的贵州游击支队第四大队留在镇雄坚持斗争。在同敌人战斗中,第四大队有所壮大,到11月中旬发展到200余人。

1936年8月30日,川滇黔边区游击纵队进到云南镇雄母享,黄华先、李廷珍等人与纵队联系,纵队司令员刘复初指示他们在母享建立联络站,组建游击队,配合纵队行动。

9月30日,红军川滇黔边区游击纵队在四川珙县大庙伏击县长刘治国亲率"清剿"的县警备队、卫队、区民团及四川省第六保安团第十中队近300人,打得敌人丢枪溃逃,毙伤敌数十人,俘敌县警备队长等50余人。敌人增调川军第二十一军教导师第二旅进驻川南"清剿"。

10月14日,川军暂编第一师第二旅一个连士兵在班长刘少成、兰澄清带领下于四川珙县底硐起义。随后,起义部队进至云南威信县簸箕坝参加红军川滇黔边区游击纵队,被编为第三大队,刘少成任大队长,兰澄清任副大队长,纵队派曾广胜任指导员。

10月21日,红军川滇黔边区游击纵队在云南威信县第八区(今麟凤乡)烂泥坝,与滇军安旅补充团三个中队和地方民团四五百人激战。因敌我悬殊,纵队且战且退,向四川筠连和云南威信交界的大雪山转移。

11月中旬,为配合红军川滇黔边区游击纵队行动,黄华先、李廷珍等在云南威信县公开打出母享革命游击队的旗号,以"上打贪官污吏,下打土豪劣绅"为口号,在母享一带活动。母享游击队设司令部,总指挥黄华先,下辖两个大队,第一大队大队长李廷珍,第二大队大队长周海云。下旬,"川滇黔三省民团联合指挥部"组织"围剿"母享游击队,游击队在贵州毕节对坡击退杨砥中后,转移到母享关口,又与云南镇雄独立营姚排及当地民团遭遇。月底,母享游击队到威信水田寨寻找纵队,纵队联络员将纵队留下的武器交给黄华先,并转达特委"继续发展队伍,坚持斗争"的指示。

11月14日,红军川滇黔边区游击纵队两次进到贵州毕节燕子口,占领区公所,截获杨森购买的物资100多担。次日下午,杨森部一个加强营追至韩家沟,纵队撤向四川古蔺石厢子。16日,红军游击纵队经史里、陇杠、水潦等地时,迭遭川军、滇军截击,伤亡失散80多人,乃绕路进入云南威信县境。转到天池后,滇军安旅田营追来,纵队急往罗汉林,据险与追敌激战两三小时后撤离。11月18日,红军游击纵队由龙里蒿枝坝向大雪山转移。行至灵鸠镇海子坝,被滇军田富伍营追击。纵队在第三大队掩护下退回筠连大雪山安稳坝基地。刘复初留大雪山隐蔽养病。四川保安第九团督同各队保安壮丁,会同达凤岗旅薛团、梁旅阳营和滇军"搜剿"大雪山,纵队最终只剩20余人。

11月26日凌晨,红军游击纵队政委龙厚生率剩余人员从大雪山向威信水田寨转移,行至威信边境附近之镇雄野腊溪,突被敌滇军田富伍营包围。李桂英(曾用名李桂洪)、甘棠(原名阚思颖,有的写作阚世英)等10余人被俘,龙厚生等10余人突围至水田寨由地方游击队长艾宗藩安排分散隐蔽。12月6日,中共川南特委书记、红军游击纵队司令员刘复初被川军达凤岗旅薛奉先团陈营搜捕。1937年1月,李青云被孔阵云部"清乡"捕杀,龙、曾、刘被郑香谷、郑耀东密谋杀害。至此,中国工农红军川滇黔边区游击纵队主体的历史结束。中共川南特委在纵队名义下所组建的云南游击支队、贵州游击支队和川南游击支队,在与上级党组织失去联系之后,仍分别在川滇黔边区坚持斗争。

1937年1月，云南游击支队在殷禄才和陈华久的带领下，收容了少数纵队失散的红军人员，以四川珙县腰蹬岩为基地，活动于威信大石盘、石碑口、簸箕峡、周家沟一带。根据新的形势，对支队进行整顿和整编，队伍又有所巩固和发展。这年夏，四川宜宾专员兼保安司令冷薰南派其保安团用钢炮轰击腰蹬岩。之后冷薰南到四川珙县上罗、洛表视察，殷率队埋伏于珙县南部的罗星渡财神沟，准备袭击冷薰南。适逢珙县县长刘治国所带的警察中队到来，云南支队击毙警卫一人。8月，刘治国"围剿"云南支队无果，招抚云南支队被拒。云南支队转往四川长宁县梅硐场，抓了土豪林道邦、刘兴邦等人，令其交出银币2000余元，既牵制了保安队，又筹集了活动经费。

阮俊臣部在贵州桐梓被编散后，胡昆离开桐梓，曾到四川泸州监狱探望刘复初，刘复初指示其回母享寻找游击队，坚持斗争。胡昆回母享后，与黄华先等一起活动。不久，母享游击队攻击威信沙子坡刘家岩洞受挫。黄华先到贵州毕节寻找党组织，李廷珍率第一大队、周海云率第二大队分头隐蔽于发贡梁子、楠木窝。李廷珍率第一大队到发贡梁子后，与民团队长胡天才等人建立了统战关系。不久，第一大队发展到数百人，并整编为四个中队。

1937年5月下旬，滇军安旅一部夜袭贵州游击支队第四大队于镇雄县花山老毛姑滤水岩，第四大队在当地群众掩护下，与滇军周旋10余日。滇军走后，第四大队返镇雄县坪上镇红岩村，并以此为根据地，时而分散隐蔽，时而集中行动。10月下旬，第四大队在叶绍〔少〕奎、姚显廷、李友介（姚、李均系红二方面军干部）、廖忠堂等同志的领导下，于云南镇雄改编队伍。根据阮俊臣的指示，12月11日，叶绍〔少〕奎率领第四大队前往贵州，游击队沿途屡遭贵州地方保安团阻击。1938年1月4日，第四大队转移到大定县革左，遭到贵州毕节保安第二团袭击，叶绍〔少〕奎阵亡。中旬，廖忠堂、王松柏牺牲。游击队余部到云南威信水田寨一带加入抗日救国军第三支队黄于龙部。

1937年8月，母享游击队在木黑山上遭当地民团袭击。游击队反击，民团逃回乡公所碉楼固守。游击队攻破碉楼，缴枪20余支。此后，随着全国抗日民族统一战线的建立，11月下旬母享游击队决定由黄华先再到贵州寻找党组织，游击队员回家隐蔽，无家可归的少数队员由李廷珍率领在发贡一带分散隐蔽待命。

1937年11月，刘复初经党组织营救出狱。刘复初出狱后前往武汉，向八路军驻武汉办事处汇报情况。1938年春，刘复初奉李克农之命回四川了解情况，并向战斗在川滇黔边区的游击队传达党的政策。刘复初回川后因故转派兰澄清传达有关指示：现在全国形势是国共合作、共同抗日，不要继续使用红军这个名称了。此后，云南支队更名为川滇黔边区抗日后援军云南游击支队，暂停打击国民党基层政权和土豪。贵州支队也有部分人员被贵州军政当局收编。

中国工农红军川滇黔边区游击队在敌重兵驻防的川滇黔边区穿插迂回，依靠党的领导和群众的支持，坚持开展游击战争，与数倍、数十倍的敌军周旋，几乎每天都要打仗，有时一天打几仗，坚决地完成了中革军委交给的牵制和打击敌人、配合中央红军战略转移的光荣使命。川滇黔边区游击队在川滇黔地区发动群众，建立游击根据地，发展革命力量，推动了川滇黔地区革命形势的发展。川滇黔边区游击队的活动对国民党反动统治是极大威胁，蒋介石及川滇黔地方军政当局连续组织大规模的"围剿"和不间断的攻击。川滇黔军政当局为协调对红军游击队的围击、阻击和追击还彼此允许越境行动，红军游击队的活动空间因此受到进一步的压缩。川滇黔边区游击队在极其艰难困苦的条件下英勇奋战，不怕牺牲，前仆后继，在川滇黔边区游击纵队主体解体的情况下仍然各自为战，继续坚持战斗，并使革命力量有所发展。

红军川滇黔边区游击队英勇斗争的历程，是中国工农红军长征史的光辉篇章，也是红军长征开始后直到全国抗战开始期间南方游击战争的重要组成部分，是中国共产党领导的云贵川三省革命武装斗争史的重要组成部分。时任国防部部长的张爱萍为川滇黔边游击纵队题词："红军主力长征北上，川滇黔边游击战场。孤军奋斗牵制强敌，壮烈牺牲万代敬仰。"红军川滇黔边区游击队的斗争精神，是值得后人继承和发扬的宝贵精神财富。

# 二、史料选编

（一）革命文献

## 中共四川省委全川综合工作计划(一·二八至三·一八)(节录)

### (一九三四年一月)

二、农村工作

(二)发动游击战创造游击区域。

1. 加紧邛大、中江、遂安、南部、古宋等地的抗捐抗税抗债分粮等斗争,积极发动创造游击区域。

2. 加紧领导绵安、彭华、盐亭、内江、青神、峨眉、乐山、井研、泸州、合江等地的抗捐斗争,推动武装斗争,发动游击战。

三、兵士运动

(一)创造和恢复士兵工作

1. 创造万县、江巴、绵阳及剿赤前线的兵士工作。

2. 创造成华、嘉定、泸州、遂宁、雅安、涪陵几个中心城市的兵士工作。

3. 恢复廿军、廿四军的旧军支及雅安失业军官的工作。

4. 建立和扩大上列农村附近团防中的工作。

(二)加紧士兵斗争领导组织兵变

1. 加紧省军科直辖□□□□两军支斗争的领导,积极组织兵变。

2. 加紧剿赤前线□□军支斗争的领导,组织兵变投红军。

原载《四川档案史料》,1984 年第 1 期

(录自中共四川省委党史工作委员会主编《土地革命战争时期四川党领导的武装斗争(下)》,四川大学出版社 1987 年版,第 67 页)

# 中共四川省委关于全川工作的决议(节录)

## (一九三四年二月三日常委会通过)

(三)农民运动与少数民族工作

目前四川农村经济剧烈崩溃,国民党捐税剥削空前的加重,广大农民在捐税逼迫没衣穿没饭吃的环境下,革命情绪非常高涨,加以川陕苏区土地革命的深入和红军的胜利,影响他们需要土地和政权更加迫切。四川的党应该坚决去领导抗捐杂税分粮抗债等斗争,实行土地革命,开展游击战,创造新的苏区与川陕、川湘鄂苏区汇合来实现一省和数省革命的首先胜利。

(1)领导抗捐斗争,扩大抗捐运动:抗捐税斗争成为目前农村中广大农民最迫切最普遍的要求,必须运用下层统一战线和利用公开的可能把广大的中农雇农团结在抗捐同盟、抗捐游击队(或抗捐军)中来,扩大抗捐运动。为要保障这一运动彻底胜利和党的领导应该动员广大的贫雇农和同志及农会全去参加,防止豪绅地主富农来窃夺这一运动的领导,同时党必须抓紧贫农雇农尽量启发和领导分粮抗捐反富农豪绅的斗争,尽量推动这一斗争走上武装冲突开展游〈击〉战〈争〉深入土地革命,打击幻想联络勾结土匪散民领袖及豪绅地主富农和限于抗捐税斗争的阶段等机会主义。

(2)开展游〈击〉战〈争〉深入土地革命:要了解目前农村斗争的尖锐,任何一个斗争都容易引起武装冲突。党在领导斗争之前,必须准备武装冲突之到来,同时必须有坚□的推动斗争到武装冲突的阶段,以开展游〈击〉战〈争〉实行分配土地,因此目前武装农民的工作是一刻不允许迟缓的。在准备斗争的过程〈中〉,同时必须以一切武装来武装农民(接受中江妇女锥子锥死团总的经验),普遍建立赤卫队或自卫队的组织,以保护农民当前的利益和准备武装斗争,打击崇拜枪杆和秘密的脱离群众去编制所谓小规模的游击队的倾向。

(3)领导雇农斗争与雇农工会独立系统的建立:加强领导雇农和农村手工业工人的加薪改良待遇等斗争,把广大的雇农和手工业工人(无单独工会的)组织在雇农工会中来,建立独立的系统工作,以团体名义加入农协,以巩固在农协中的领导作用。领导贫农联合中农,坚决的同富农斗争。这样才能保障农村斗争和土地革命的彻底胜利和才能肃清党内富农路线。

(4)农妇青农的工作:农协或农民委员会应成为乡村的政治机关,应该号召农协[村]中的一切农民(男女老幼)来加入农协,说[克]服农民的落后意识,使他介绍自己的妇女和青农来加入农协。各级农协领导机关,建立妇女部和青年部,同时更应经常召集妇女代表会青农代表会,号召无组织的(未加入农协)农妇和青农来参加这一会议,讨论他们的特殊要求,争取他们入农协。

(5)少数民族的工作开始在叙永古宋苗民、西昌越西的夷民、松茂的番民、成华及各地的回民、峨边的白骨头(娃子)中建立工作,鼓动他们民族自决,联合他们,鼓动援助他们反帝反国民党的斗争,扩大叙古苗民自治会的组织,建立各地少数民族的自治团体。党应抓紧下层最受压迫的群众,启发他〈们〉的阶级斗争,反对国民党的捐税和反对少数民族中勾结帝国主义国民党的土司村长,黑骨头(贵族)富农豪绅,反对土司村长富农豪绅的压迫剥削,以至实行土地革命建立苏维埃,同时要变种族间民族间的仇视为阶级仇视,建立苗汉夷番下层群众的统一战线。

(四)士兵运动和团防中的工作

(1)领导士兵斗争建立士兵群众组织,必须有计划的经过同志和群众的关系去建立兵士和团防中的工作,抓紧领导他们要欠饷要棉衣反对长官虐待反对枪毙逃兵等斗争去建立士兵的群众,各级党部应该经常讨论这一工作,〈聚〉集各种线索和关系,决定同志专门负责或派少数能力强的干部打入军营中当兵,去进行这一工作(但须保守秘密),尤其是进攻红军和敌人主要部队,纠正过去动员一切同志去做士兵运动和公开宣传的错误。

(2)领导兵变配合游〈击〉战:在领导士兵团防的斗争中必须鼓动和准备兵变工作,有计划的[地]推动斗争到兵变的阶段,领导兵变执行游击战争或配合游〈击〉战,绝对纠正过去领导几十个兵变的错误和未成熟的兵变,但是在□□进攻红军、游击队的□□条件的兵变。

原件存四川省档案馆。

(录自中共四川省委党史工作委员会主编《土地革命战争时期四川党领导的武装斗争(下)》,四川大学出版社1987年版,第79页)

# 四川省委接受国际第十三次全会提纲与五中全会决议的决定(节录)

(1934 年 6 月 11 日)

由于民族危机与经济浩劫的严重,四川国民党统治又进一步的崩溃,特别是红四方面军最近的新胜利与红二方面军[红二、六军团]向川、黔发展,威胁重庆,以及反帝斗争的高涨,工人加薪索薪反对资本进攻斗争的积极(成华抛丝女工、兵工厂工人,嘉定盐工,织工等),自发罢工斗争的发生(遂宁兵工厂),同盟罢工的酝酿(嘉定盐工,成都包车,赤水兵工厂),工人反法西斯主义亦开始生长(成华长机),农民抗捐、分粮、反对拉夫、拉兵等斗争普遍,各地打甲长、杀提款委员成了家常便饭,自发武装斗争(古宋越巂抗捐攻城)与新游击队出现(川滇边、梁山),兵变亦不断产生(邛大、顺庆、川黔边),邛大游击队的重新活跃,更加速了四川革命危机的成熟。但许多尖锐的斗争,因为党的工作落后,还是出于自发,而没有得到党的领导以走上更高的阶段,纵有,亦非常微弱(如越巂、古宋武装抗捐),或在党的机会主义领导下而葬送了群众的斗争(如中江、遂安、邛大)。

目前形势的尖锐,四川与全国同样的处在战争的干涉与革命和两条道路(苏维埃道路与殖民地道路)生死存亡决斗的时候,虽然客观上对革命有许多的顺利条件,但绝不是说革命的发展是自流的,毫无阻碍的〔地〕上升起来,而不遇到相反的力量的抵抗,这是需要四川的党忠实的执行国际十三次全会与五中全会所给予的任务,和布尔塞维克的艰苦不倦的群众工作和不断的奋斗来争取危机中的革命胜利。

……

4. 在农村中鲜明的提出"打土豪""分田地"的鼓动,应抓紧抗捐分粮的斗争为中心,大胆的〔地〕普遍去发动与领导,运用下层统一战线去团结被捐税迫逼与饥饿无粮的广大群众在〔到〕抗捐同盟等斗争委员会中来,抗租佃、抗债等斗争亦不应丝毫放松,尤其要以一切有效方法打入自发抗捐运动,〈在〉饥民分粮斗争中取得领导,推动斗争到游击战与暴动,来实现创造新苏区的任务。雇农与农村手艺工人、苦力成为最中心的工作,不断去发动加薪等斗争,哪怕是争取一双草鞋、一片烟都不放松,雇农工会应独立系统的建立起来。坚决执行以雇农、贫农为中心,联合中农、反对富农的策略,无情的反对党内的富农路线,肃清富农与代表富农利益的分子出党及农协领导机关以外去,以防止富农阻碍斗争与叛变。省委特别指出首先抓紧邛大赤白群众抗捐等斗争的领导来扩大游击运动,提出分配土地的鼓动与准备,在中江、盐亭、绵安、遂安打击对群众领导怠工的右倾机会主义,积极发动斗争,有计划地组织游击与暴动,建立新的游击队,泸州党应坚决打入古宋抗捐军与川滇边的游击队夺取领导〈权〉。合江、青神、井研、内江党应残酷的〔地〕开展一个反富农路线的斗争,积极发动群众斗争,走向武装冲突。

每个党部都应有计划去建立兵士工作,决定出兵运负责人,集中力量在敌人的主要队伍中与几个中心城市去工作。农村斗争开展区域的周围军队团防中,要去加紧兵运,积极发动斗争,有计划的〔地〕组织兵变来创造游击队或配合农民游击队。

（录自中央书记处编《六大以来·上册》,人民出版社 1981 年版,第 632～638 页）

# 中共四川省委全川综合工作计划(七一至九一八)(节录)

## (一九三四年六月)

(三) 保护川陕、川湘鄂苏区与拥红工作

① 派干部清理××军支组织兵变投红军;

② 派干部加强重庆、两开(即开江和开县)、顺庆的工作;

③ 省委直接派干部和动员忠丰涪万的同志打入八德会建立工作;

④ 省委直接派人和推动遂安、三台党去恢复阆南、顺庆等地工作;

⑤ 派人与创造嘉陵江船夫与宣绥长途运输队与万县码头工人的工作;

⑥ 再翻印五千份红军优待条例与抗日会宣言,……

⑦ 省委直接派人和××赤水开万党部去打通与建立川陕与川湘鄂苏区的关系。

(四) 创造游击队与新苏区

① 首先抓紧邛大区的群众抗捐分粮夺取土地打土豪等斗争,建立新的游击队,发展现有的游击队,执行进攻策略,准备邛大周围的兵变,由附近各县征调工人贫雇农去扩大游击队,建立赤区根据地。

② 加紧中江、遂安、绵安、青神、井研农民抗捐分粮打土豪分土地斗争,组织新的游击队与开辟游击区。

③ 加紧××兵营要欠饷反对开去打红军,组织兵变,配合郫县农民抗捐斗争,创造游击队和游击区。

④ 征调干部打入古宋抗捐军与川滇边游击队中取得领导〈权〉。

⑤ 加紧××师兵士斗争,积极赤化全××师的工作。

⑥ 创造渝万、三台、遂宁、雅州的兵士工作。

⑦ 调三个以上的工农同志来专门受游击战的政治与军事训练,准备分配到游击区内去。

⑧ 加紧领导几个主要农区农民反对清乡拉夫拉兵,扩大青神等原有赤卫队组织,创造邛大、中江、遂安、绵安农民的赤卫队。

⑨ 在成华、重庆、嘉定、雅州、邛大、崇宁等处组织不打内战,不打红军,要求抗日斗争,建立兵士反战组织。

(录自《四川档案史料》1984 年第 1 期)

## 实行连队写标语竞赛——看谁坐丢板

### （一九三四年十二月五日）

为着把我们一切标语口号更深入到群众中去，发动群众的斗争，因此我们号召各连队写标语竞赛，具体办法如下：

一、凡是能写字的战士每人练习写熟一条至十条标语；

二、每人每天都写一条至五条标语；

三、标语可用毛笔、炭灰、粉笔、石灰块等书写（不管字的大小）；

四、凡是宿营地及大休息地方的墙壁都要写满标语；

五、各连队每天写的标语数目要报告政治处统计起来；

六、政治部（处）要经常检查这一工作，并随时给以指示，并将情形写给《战士报》。

这一工作要先在连队中深入的动员，并严格督促实行，特别要随时检查纠正写错字。

（录自中国工农红军总政治部出版的《红星》报第 5 期，1934 年 12 月 5 日，第 3 版）

# 中央政治局关于战略方针之决定(黎平会议)

（一九三四年十二月十八日）

各军团及军委纵队首长：

兹特电告中央政治局本十八日关于战略方针之决定。此决定经你们传达至师及梯队首长为止。在部队中关于本决定之解释总政治部另有训令。[1]

中央书记处中共政治局[2]决定

一、鉴于目前所形成之情况，政治局认为过去在湘西创立新的苏维埃根据地的决定在目前已经是不可能的，并且是不适宜的。

二、根据于：甲、使我野战军于今后能取得与四方面军及二、六军团之密切的协同动作。乙、在政治的经济的及居民群众的各种条件上，求得有顺利的环境，便利于彻底的粉碎五次"围剿"及今后苏维埃运动及红军之发展。

政治局认为新的根据地区应该是川黔边区地区，在最初应以遵义为中心之地区，在不利的条件下应该转移至遵义西北地区，但政治局认为深入黔西、黔西南及云南地区对我们是不利的。我们必须用全力争取实现自己的战略决定，阻止敌驱迫我至前述地区之西南或更西。

三、在向遵义方向前进时，野战军之动作应坚决消灭阻拦我之黔敌部队。对蒋、湘、桂诸敌应力争避免大的战斗，但在前进路线上与上述诸敌部队遭遇时则应打击之，以保证我向指定地区前进。

四、政治局认为，为着保证这个战略决定之执行，必须反对对于自己力量估计不足之悲观失望的失败情绪及增长着的游击主义的危险，这在目前成为主要危险倾向。

五、责成军委依据本决定按各阶段制定军事行动计划，而书记处应会同总政治部进行加强的政治工作，以保证本决定及军事作战部署之实现。

一九三四、十二、十八

根据中央档案原件刊印。

（录自中央档案馆编《中共中央文件选集·第 10 册》，中共中央党校出版社1991 年版，第 441～442 页）

---

[1] 指 1934 年 12 月 21 日总政治部代主任李富春署名发布的《关于创立川黔边新苏区根据地工作的训令》。

[2] 现存两个档案版本都是中共政治局，而不是中央政治局。

# 中革军委关于执行黎平会议的决议

## （一九三四年十二月十九日十八时）

为执行党中央政治局十二月十八日的决议,军委对红军部队于最近时期的行动有如下的决议:

（一）野战军大致于二十三日可前出到剑河、台拱、革东地域,其区分为:

甲、一、九军团为右纵队,有占领剑河的任务,以后则沿清水江南岸向上游前进。

乙、三军团、军委纵队及五军团为左纵队,应经岭松、革东到台拱及其以西地域,在前进中如遇黔敌,应消灭之;如遇尾追之敌,应击退之;在不利条件下则应迟滞之。

（二）野战军到达上述指定地域后,于十二月底右纵队有占领施秉地域,左纵队有占领黄平地域的任务。为此,应坚决进攻和消灭在上述地域的黔军部队,并钳制黄平以南之黔军,及由东面可能来追之湘敌及中央军。

（三）在前出到施秉、黄平地域以前,可用常行军前进,最后则应迅速的占领施秉、黄平两城。

（四）二、六军团目〈前〉所应在常德地区积极活动,以便调动湘敌,当湘敌所抽调之部队已北援时,二、六军团应重向永顺西进,以后则向黔境行动,以便钳制在铜仁之薛敌部队及在印江、思南之黔敌部队。

（五）四方面军应重新准备进攻,以便当野战军继续向西北前进时,四方面军能钳制四川全部的军队。

（六）未参加决定此问题的军委委员,应于二十日晚以前,将自己的意见及其是否同意,电告军委。

朱、周①

十九号十八时

（录自《周恩来军事文选·第1卷》,人民出版社1997年版,第360～361页）

---

① 指朱德、周恩来。

# 总政治部关于创立川黔边新根据地工作的训令

（一九三四年十二月二十五日）

（甲）为着"使我红军主力于今后能取得与四方面军及二、六军团更密切的协同动作"，和"在政治的、经济的及居民群众的各种条件上，求得更顺利的环境，便利于彻底的粉碎敌人五次'围剿'，及今后苏维埃运动及红军的发展"，党中央明确的决定我主力红军当前的伟大任务，是要在川黔边广大地区创造新的根据地区，并号召全体战士以一切力量，为争取这一决定的实现而奋斗。我主力红军在"转移作战地区创立新苏区根据地"的总方针下，经过两个月的长途行军与作战，从艰苦奋斗中，突破了敌人重重的封锁与防御，打破了敌人在湘、粤、桂等地区一切堵击、截击的企图，而到达了贵州，现在正继续的向着已经逼近的目的地——川黔边广大地区——前进。

各级政治机关及政治工作人员，应全体的动员起来，以一切方法（干部会议、党的会议、军人大会、代表讲演、宣传棚等等）深入连队中去，依照本部教育材料，参照部队的情绪，对中央决定进行详细的解释工作，回答每个疑问与误解，务使每个红色战士了解我们行动的总方针与当前的任务，了解我们离开中央苏区的长途行军，是有一定的方向与目的地的，了解以胜利的战斗，来创造新苏区的任务，已紧迫的担负在每个战士的肩头上。在这一明确的政治了解基础上，号召与团聚全体红色战士，在党的正确决定与军委领导下，以百倍的勇气和信心，为实现在川黔边创造新苏区根据地而奋斗。

（乙）环绕于上面的基本的政治解释，应当进行下列的中心工作：

1. 最主要的是提高部队战斗情绪，首先消灭贵州军阀，在充分解释党的决定中，更当使每个战士了解要达到川黔边广大地区，创造红军新的根据地，就非进行战斗打胜仗消灭敌人不可。要首先消灭贵州军阀，要打击与消灭继续企图追击、堵击我们的蒋介石与何键的军队（周、薛纵队与刘建绪军）。在每个战士中，要即时进行战斗的动员，百倍提高战斗情绪，以勇敢坚决的运动战，随时消灭我们前进中的白军。

2. 为着准备胜利的战斗，更要有组织、有计划的在继续行军中，注意克服疲劳、整理军队、严肃纪律。因此应着重于：（1）加强先遣队设营队工作，注意争取群众、收集资材、保障给养。（2）白日行军要有计划进行大小休息和沿途的鼓动娱乐工作。(3) 补充与加强各级干部,随时检查与健强各连队的组织,特别是支部工作。(4) 加强纪律检查队与收容队工作,继续在部队中进行严肃纪律的动员,更加改革与居民关系,严厉的向一切破坏纪律、侵害群众利益的行为作坚决的斗争。明确的执行本部对苗、瑶少数民族的指示。

3. 目前动员的中心口号:

(1) 配合四方面军和二、六军团的胜利,实行全线的反攻,彻底粉碎敌人五次"围剿";

(2) 在川黔边广大地区建立新的根据地;

(3) 首先消灭贵州军阀赤化贵州;

(4) 不怕艰苦,不怕牺牲,为创造新苏区而奋斗;

(5) 绝对执行命令,严格遵守纪律,反对游击主义倾向;

(6) 红色战士们要创造新的根据地,就要:A. 勇敢作战,消灭敌人;B. 严守纪律,巩固部队;C. 加紧地方工作,争取居民群众。

(丙) 要完成工农红军当前的伟大任务,必须坚决的反对对自己力量估计不足的悲观失望情绪,和生长着的游击主义的危险。悲观失望情绪具体表现于:只看到部分的挫折,部分的减员,畏惧长途行军,而向困难投降等。由于悲观失望情绪而生长着游击主义的危险,如不严格执行命令,不注意保存武器与资材,自由行动以至掉队落伍,忽视红军军风纪等。这些游击主义的继续生长,可以削弱红军力量,以至于走到破坏红军的危险。各级政治机关,必须根据各部队的实际情况,具体的开展斗争来教育全体战士。

湘北〔江〕政治部代主任　李富春

根据中共中央革命军事委员会一九四二年编印的《军事文献》刊印。

(录自总政治部办公厅编《中国人民解放军政治工作历史资料选编·第 2 册土地革命战争时期(2)》,解放军出版社 2002 年版,第 987～988 页)

# 中央政治局关于渡江后新的行动方针的决定（猴场会议）

## （一九三五年一月一日）

由于我野战军即将通过乌江，跨进我们十二月十八日政治局会议所预定的新苏区根据地的一部的遵义地带，开始澈〔彻〕底粉碎敌人五次"围剿"的最后阶段。因此政治局关于在通过乌江以后的行动方针，特有以下新的决定：

一、立刻准备在川黔边广大地区内转入反攻。主要的是和蒋介石主力部队（如薛岳的第二兵团或其他部队）作战，首先消灭他的一部，来澈〔彻〕底粉碎五次"围剿"，建立川黔边新苏区根据地。首先以遵义为中心的黔北地区，然后向川南发展，是目前最中心的任务。

二、必须在"创造川黔边新苏区根据地""澈〔彻〕底粉碎敌人五次'围剿'""消灭蒋介石的主力部队"的基本口号之下，在全体红色指战员中间进行广大的深入的宣传鼓动，最大限度的提高他们的战斗情绪，坚强他们作战的意志与胜利的信心。并且指出新苏区根据地只有在坚苦的残酷的胜利的战斗中才能创立起来，反对一切逃跑的倾向与偷安休息的情绪。

三、不论蒋介石的"追剿"部队向我们迅速追击或相当推迟时日，必须尽量利用我们所争取得的时间，使部队得到短期的休息，并进行整顿补充的工作。特别加强在连队中的政治工作，在充实战斗连的原则之下，应缩编我们的部队，军委纵队必须继续缩小，以适合于新的作战环境。

四、同样在这一时间内，必须有计划的〔地〕与有步骤的〔地〕来开始我们的赤化工作，争取广大群众到苏维埃的旗帜之下，坚决消灭当地贵州军队与地主武装，武装当地群众，扩大红军，搜集资材，建立政权，扩大我们的活动地区。为达到这一目的，可以适当的使用我们的部队，但以不违背基本作战方针为原则。

五、在目前转入反攻已具有取得胜利的有利条件。

这种形势之下，军委必须特别注意敌情的分析研究，道路敌情的侦察，抓住反攻的有利时机，并不失时机的〔地〕求得在运动战中各个击破敌人，来有把握的〔地〕取得胜利。关于作战方针，以及作战时间与地点的选择，军委必须在政治局会议上做报告。

六、责成书记处与军委保持同二、六军团与四方面军的密切的通讯联络，加强对于他们在政治上与军事上的领导，使他们以积极的行动来配合我们的反攻。

七、责成总政治部根据这一决定起草新的政治训令。①

政治局认为这一反攻的澈〔彻〕底胜利,五次"围剿"的最后粉碎,与川黔边苏区的建立,对于我们胜利的粉碎蒋介石正在布置着对于中央红军红四方面军与二、六军团的新的"围剿"计划,有极端重要的意义。因此政治局号召全党同志为坚决实现这一决定而斗争。

根据中央档案原件刊印。

(录自中央档案馆编《中共中央文件选集·第 10 册(1934～1935)》,中共中央党校出版社 1991 年版,第 445～447 页)

---

① 指 1935 年 1 月 3 日总政治部代理主任李富春署名发布的《政治训令》。

# 总政治部关于地方工作的指示信

（一九三五年一月十四日）

各级政治机关：

一、党的当前任务是要在四川贵州广大的区域中与敌人主要〈是〉蒋介石的部队进行决战，争取这一决战的完全胜利，彻底粉碎敌人五次"围剿"，来创造四川与贵州的新苏区，为了要达到这一目的，我们必须极大的〔地〕发动当地群众的斗争，来配合红军争取决战的胜利，造成迅速创立新苏区的顺利的环境。

四川贵州边界的区域中，虽然过去几乎没有秘密党的组织与发动，但是由于国民党军阀地主的苛捐什税，租债的剥削，群众生活是极端痛苦，尤其是在川陕苏区，二、六军团的胜利的土地革命影响下与中央红军到达这一区域以后，客观上有着便利我们去发动群众的良好条件。

二、我们发动群众的总的方针是要迅速的广大的发动群众的斗争，武装当地的群众，依靠这些武装起来的群众来扩大红军，配合红军作战，消灭当地国民党地主的武装，来建立革命的政权。

必须估计到红军开始到达的区域中，不是已经赤化了的苏区，必须估计到在这些区域中进行群众工作的目的，是为着争取红军在决战中的胜利，因此群众工作的基本环子，在于（一）了解与迅速的满足当地广大群众的要求，领导群众起来反对他们最痛恨的敌人，最大胆的〔地〕广泛的〔地〕发动群众，不惧怕个别反革命分子混入各种组织的企图，只有我们已经发动了群众起来斗争时，我们才能依靠群众来配合红军进行决战，也才能依靠已经涌现出来的群众的积极分子来反对反革命分子和巩固各种群众的组织。（二）我们必须领导群众坚决的〔地〕反对国民党军阀与群众最痛恨的豪绅地主，而对富农商人智识分子等，采取许多的灵活的策略，以免红军在决战中造成更多新的困难，因此一切"左"的关门主义的倾向和对于富农商人的刻板的办法，都会阻碍我们的发动群众，增加我们在决战中的困难。

三、发动群众的工作上必须：（一）用布告，群众会议，飞行集会，宣传队等等方式进行广大的宣传解释，针对群众对于我们的一切怀疑，揭破国民党地主和反革命分子对于红军苏维埃的造谣，具体的〔地〕答复群众每个疑问，明白的〔地〕表示我们的立场，鼓动群众起来为自己的迫切要求而斗争。（二）没收军阀官僚地主豪绅的一切财产,除了红军必须〔需〕品外,尽量的〔地〕发给群众,并号召群众自〈己〉动手去没收,这样来组织与提高群众的斗争与决心,使斗争发展到分土地与建立政权。(三)我们在开始时必须明白宣布取消一切国民党的捐税,即使是鸦片烟的捐税。这样在广大的范围内发动群众与取得"民心"而使反革命分子的造谣欺骗,在群众面前给以事实的揭破。

领导群众斗争的基本方针是为着武装群众与发动群众参加到红军中来。因此我们在分发土豪东西时,领导工人增加工资时,一切宣传鼓动中,必须教育与领导群众武装起来组织游击队,发动他们加入红军,以新式、旧式的武器来武装群众,使他信任可以用自己的武装去反对进攻的敌人,领导他们去消灭国民党地主武装来武装自己(在游击队中即使吸烟的也要发动他们来参加,并且欢迎他们加入红军,加入红军以后在新兵营连中再领导他们戒烟后正式入伍),依靠于这些群众武装来建立革命委员会(开始可由总政治部委任一部分同志与找出群众所信任的分子,经过群众大会的通过)。

四、为了要广泛的〔地〕迅速的〔地〕发动群众,并不要造成在决战中更多的新的困难,因此,在几个策略上应该:

甲、必须改善工人的生活,建立工会,并且在城市圩场中依靠于工人去团结广大的群众,但是必须纠正过"左"的倾向,不应提出过"左"的要求。

乙、在农村中主要是领导农民起来反对他们主要的敌人(地主),对富农暂时不重新分配他们的土地与没收他们一部分农具。

丙、使城市与圩场的商人继续营业,尽可能维持兑现。极端审慎向商人捐款,没有证实进行反革命活动来破坏军事行动的商店,不能没收。

丁、吸引城市智识分子来参加发动群众的工作,组织红军之友社,或反帝的组织,加强对于他们思想上的领导,争取觉悟的革命的分子。

戊、争取哥老会等秘密会社中被欺骗的贫苦的分子,发动他们起来反对其领袖。

己、明白宣布苏维埃对于鸦烟的态度,指出鸦片是帝国主义军阀对于群众的麻醉与剥削,现在苏维埃并不强迫戒烟,并不强迫铲烟,而劝告群众不吸鸦片,以健康身体,不种鸦片增加生产,号召群众起来反对强迫种烟与勒收烟税的国民党军阀。

五、群众工作的进行,必须选择各军团驻地周围的城市圩场与战略上有重要意义的区域,首先抓住这些中心,派遣工作团来开展工作,但是群众工作的广大的开展,必须依靠于连队中广大的红色战士来进行。因此必须极大的〔地〕解释在准备决战中争取群众的重要〈性〉,具体的〔地〕进行对于进行群众工作的必要的教育,为了加强地方工作的领导,必须加强军团、师、团、连的地方工作部门(部,科,组)的领导。

总政治部

一月十四日

（录自中央档案馆编《中共中央文件选集·第 10 册(1934—1935)》,中共中央党校出版社 1991 年版,第 448～451 页）

# 中国工农红军总政治部布告

## （一九三五年一月）

红军是工农群众自己的军队，实行中国共产党的主张，彻底没收地主的土地分配给农民，消灭豪绅地主封建势力，推翻军阀国民党政府，取消洋人在中国的一切特权，驱逐帝国主义出中国，为创造工农群众自己的政权——苏维埃奋斗！

红军所到之地，绝对保护工农贫民的利益，对工人实行八小时工作制，增加工钱；对农民主张不交租，不纳税，不完债，没收地主的土地分配给农民；对于苗族瑶族等少数民族，主张民族自决，民族平等，与汉族工农同等待遇，反对汉族的地主财富老〔佬〕的压迫；对于白军士兵，欢迎他们拖枪来当红军，参加工农的革命；对于城市乡镇商人，其安分守己者，亦准予自由营业。

红军是有严格的纪律性的军队，不拿群众一点东西，借群众的东西要送还，买卖按照市价。如有侵犯群众利益的行为，每个群众都可到政治部来控告。

凡我工农群众，望勿听信豪绅地主的欺骗，各宜安居乐业，并大家一齐来实行共产党的主张，自动打土豪分田地，实行八小时工作〈制〉，收缴一切反动武装，来武装工农，建立苏维埃政权，及赤色游击队，并欢迎工农群众报名当红军，帮助红军运输，抬担架，谋工农群众的彻底解放。如有破坏红军及造谣欺骗，当反革命派的侦探，进行反革命活动的分子，定当严刑处罚。

此布

代主任　李富春

（录自中国人民解放军历史资料丛书编审委员会编《红军长征·文献》，解放军出版社 1995 年版，第 208 页）

# 决心留川滇边境进行战斗与创建新苏区(节录)

## (一九三五年二月六日)

林、彭、杨①:

根据目前敌情及渡金沙江、大渡河的困难,军委正在考虑渡江可能问题,如不可能,我野战军应即决心留川滇边境进行战斗与创造新苏区。

朱德

六日一时

(录自中国人民解放军历史资料丛书编审委员会编《红军长征·文献》,解放军出版社1995年版,第252页)

---

① 指林彪、彭德怀、杨尚昆。

## 中革军委关于我军以川滇黔边境为发展地区的方针给各军团的指示

### （一九三五年二月七日）

林、彭、杨、董、李、罗、蔡①：

（甲）根据目前情况，我野战军原定渡河计划已不可能实现，党中央及军委决定我野战军应以川滇黔边境为发展地区，以战斗的胜利来开展局面，并争取由黔西向东的有利发展。

（乙）依此方针，我野战军目前作战任务是：

1. 迅速并立即脱离四川追敌向滇境镇雄集中。

2. 进行与滇敌作战的一切准备，并争取在该集中地域的休息和缩编。

3. 对沿途地主碉楼在不阻碍我军行动条件下暂让其存在，如向我开枪阻我前进，应销毁或监视之。

（丙）我野战军明八号行动另电告。

军委

七号十九时

（录自中国人民解放军历史资料丛书编审委员会编《红军长征·文献》，解放军出版社1995年版，第253页）

---

① 指林彪、彭德怀、杨尚昆、董振堂、李卓然、罗炳辉、蔡树藩。

# 中革军委关于各军团缩编的命令

## （一九三五年二月十日）

（甲）为适应目前战斗的需要,并充实各连队的战斗力,以便有力地消灭敌人有生力量,便于连续作战,军委特决定实行缩编各军团的战斗单位,并规定具体办法如下:

1. 一、三军团均取消现有师部的组织,各以新颁布团的编制表编足四个团;

2. 五军团将现有的三个团依新颁布的编制编为两个团;

3. 九军团将现有人数(军团部在内)以五分之三的人数依新编制编为一个团并入五军团为其第三个团,其余五分之二的人数编入三军团;

4. 一、三军团军团部应依颁布的新编制改编,其多余的人员应尽量补充到战斗连中去,其一部经过宣传与选拔可成立游击队在地方活动;

5. 五军团部应依照师部的编制改编,多余的人员处理与上项同。

（乙）为实行上项缩编,各军团应在干部与战士中进行必要解释的充分准备工作。

（丙）各军团的新兵,一般的应利用此次缩编补入到各战斗连中去,惟大烟瘾尚未戒脱的新战士,则仍留新兵连训练。

（丁）各军团应利用休息的间隙期进行缩编,其日期由军委个别命令规定之。

右令

林军团长

聂①政委

主席　朱德

副主席　周恩来

王稼蔷

（录自中国人民解放军历史资料丛书编审委员会编《红军长征·文献》,解放军出版社1995年版,第254～255页）

---

① 指聂荣臻。

# 为创造云贵川新苏区而斗争！（社论）

## （一九三五年二月十日）

我们在未到遵义以前，我们提出了创造川滇黔边新苏区的任务，在这一任务下，依据当时的情况，具体确定我们发展的方向，首先是向着川南，但是四川敌人却又动员了较大的兵力来对付我们，使得我们暂时不能顺利地向川南前进。为了不受川敌的牵制，而限制了自己的动机，我们转到了云南边最后确定了我们赤化的目标是云贵川边，首先是在云贵边来创造我们新的苏区根据地。

（录自中国工农红军总政治部出版的《红星》报第九期，一九三五年二月十日，第一版）

# 共产党中央委员会与中央革命军事委员会告全体红色指战员书

## （一九三五年二月十六日）

亲爱的全体红色战士们、指挥员们及政治工作人员们：

我们现在是在云贵川三省的广大地区中，我们就要在这里创造新的苏区根据地。过去党中央与中革军委为了要赤化全四川，向四方面军取得更密切的联系与配合，曾经决定中央红军渡过长江向川北发展，所以当时决计放弃以遵义为中心的川黔边地区，向长江边继续前进。然而这一决定由于川滇军阀集中全力利用长江天险在长江布防拦阻我们，更由于党与中革军委不愿因为地区问题牺牲我们红军的有生力量，所以决计停止向川北发展，而最后决定在云贵川三省地区中创立根据地。

党中央与中革军委告诉全体同志们，只有消灭贵州、四川、云南以及蒋介石的"追剿"部队，我们才能在云贵川区域内创造新的苏区根据地。新的苏区根据地就是在革命战争的许多胜利中创造起来与发展起来的。和平地创造苏区，完全是一种幻想。没有流血的战争就没有苏区。

放在我们全体同志们面前的是这样的一个问题，或者是我们消灭敌人，创造新苏区，求得休息扩大的机会，或者是我们不能消灭敌人，长期地为敌人追击，堵击与截击而东奔西走，逐渐消耗我们自己的力量。这完全决定于我们自己的努力与奋斗！

全体同志们！打大胜仗消灭大量的敌人，缴他们的枪与子弹武装我们自己，并武装云贵川数千万工农劳苦群众，是我们目前最中心的任务。

为了有把握地求得胜利，我们必须寻求有利的时机与地区去消灭敌人，在不利的条件下，我们应该拒绝那种冒险的没有胜利把握的战斗。因此红军必须经常地转移作战地区，有时向东，有时向西，有时走大路，有时走小路，有时走老路，有时走新路，而唯一的目的是为了在有利条件下求得作战的胜利。

为了求得有把握的胜利，我们更必须求得部队的休息与整理，百倍地加强我们的政治工作，提高我们的战斗力，巩固我们建立新苏区的决心与信心，充实连队与加强连队的战斗力，是我们目前的迫切任务。缩编我们的战斗单位，也正是为了达到这一目的。

最后，为了求得有把握的胜利，我们必须取得云贵川广大群众的拥护。千百万云贵川的工农劳苦群众正在饥寒交迫的中间过着非人的生活。拯救他们,发展与组织他们的斗争,号召他们起来,加入红军,扩大红军,发展游击战争,建立工农兵的苏维埃政权,是我们全体同志的神圣任务。严肃我们部队的纪律,加强我们在地方居民中的工作,是争取广大工农群众的重要条件。

全体同志们! 中国苏维埃革命有着他雄厚的历史的源泉,他是不能消灭的,他是不能战胜的。中央苏区、湘赣苏区、湘鄂赣苏区、闽浙赣苏区的暂时变成游击区,并不是苏维埃革命的失败。红军主力依然存在着,他正在以新的革命战争的胜利,创造新苏区,壮大自己的力量,保卫与恢复老苏区。红二、六军团与四方面军的胜利,全国革命形势的尖锐化,证明帝国主义,国民党就是想暂时阻止苏维埃革命的发展也是不可能的,苏维埃革命正在前进中,中国革命是在革命与战争的时期。

把全国红军的胜利与全国工农群众的斗争转变为胜利的中国大革命。党中央与中革军委号召全体同志鼓起百倍的勇气,提高作战决心,为消灭万恶的敌人,创造新的云贵川新苏区而斗争!

全体同志们! 为着这一光明的前途共同奋斗啊!

党中央委员会

中革军委

(录自中国人民解放军历史资料丛书编审委员会编《红军长征·文献》,解放军出版社 1995 年版,第 261～262 页)

# 总政治部关于由川南回师东向对政治工作的指示

## （一九三五年二月十八日）

各军团政治部主任：

我们在继续回师东向的政治工作，目前应当注意下列问题：

（甲）主要的是进行作战的鼓动，最高度的〔地〕提高战斗情绪，一定要有把握的〔地〕打胜仗，这里必须根据党中央与中革军委告红色战士书，在连队中利用行军休息时间进行深入的解释与讨论，特别要巩固在云、贵、川边创造新苏区根据地的信心与决心，了解只有以最大的勇气打胜仗消灭敌人，才能创造新苏区；了解现在的行军与作战，已经与过去不同，我们已经是在云、贵、川边的新的苏区范围中行动。现在的行军是为着作战消灭敌人，现在的战斗不是像过去的掩护战，而是要在每个战斗中与敌人决战消灭敌人。依靠战斗的胜利，我们进行赤化工作，发展游击战争，建立相当的后方，可较安妥的处置伤病员，有计划的大量收集资材。

解释与鼓动的工作单靠一两次会议是不够的，要利用各种机会各种方法，特别是行军时的政治工作，针对着红色战士的情绪、疑问与不了解，进行不断的解释与教育。

（乙）自遵义出发后，由于疲劳、给养之不足，特别是政治工作的不深入，除个别部队外，部队中散漫疲劳现象是在增长，军纪风纪相当松懈，阶级路线与群众路线不能严格遵守，干部中责任心的懈怠与军阀残余的生长，阶级警觉性的减低，更可能便利个别分子不满情绪的增长与反革命分子的活动，减员较一月前增长，损坏与遗失武器加多。这些现象是与部队的巩固，纪律的保持尤其是战斗情绪的发扬，水火不相容的。特别是回师东向时，一方面要进行消灭敌人创造苏区的决战的战斗，一方面要依靠红军的英勇胜利与阶级纪律的模范来更加巩固与发展。我们在黔北、川南广大群众中，已有好影响，因此目前更常把克服疲劳巩固部队的问题，提到每个指挥员、每个政治工作人员的面前，尤其是在进行缩编时，要使部队在缩编后精神奋发，更加紧张，更加敏捷，更加团结与勇敢。这里要做到：

1. 进行缩编要有充分的解释与准备工作，要解释改编的积极意义，反对一切误解缩编所产生的消极悲观情绪；注意审查与加强干部的领导，配备党团员，健强连队组织；十人团工作要建立起来。

2. 以最大的力量，在最短时间，建立连队中支部工作，向支部工作最薄弱的连队进行突击,建立模范支部,发展党团员,加强党团员教育,最高度的〔地〕发扬好党团员的积极性与领导作用。

3. 提高严整军纪的教育,严格执行与检查三大纪律八项注意的实行,在沿途及宿营地征集给养,必须有政治工作人员同去,严格保证不乱打土豪。前面部队要注意后续部队的需要,要注意尽量发东西给群众,反对只顾自己乱翻乱叱,不注意别人需要,不注意发给群众的错误,对散漫混乱与不遵守纪律的现象开展斗争,教育全体战士。

4. 加强团政治处与连指导员工作的领导与指示,提高指挥员特别是政治工作人员的责任心与积极性,严格的〔地〕反对干部中一切松懈、散漫、放弃责任心的现象,使每个政治工作人员、每个党员了解目前正是创造新苏区艰苦斗争的紧要时期。我们的工作责任是要以百倍紧张的工作,克服任何困难,迅速了解下层情绪,及时解决下层问题。

5. 以前沿途寄的伤病员,属于哪个部队的,必须派人去慰问,并解决他的困难,如果已痊愈可归队的,应即以教育,告〈诉〉他我们的任务,到连队中应进行欢迎工作,鼓动战士替他打草鞋、送衣被等,借此给红色战士以好影响。

(丙)关于赤化工作,除一般的仍执行本部在遵义时的地方工作的指示外,还应特别注意下列问题:

1. 努力发动群众斗争,组织游击队,发展游击战争。

(1)动员宣传队及战士根据本部告遵义及黔北群众书,解释我们回师东移的意义,宣传群众自动武装起来无情摧毁旧的统治势力,消灭民团白军,打土豪分田地,发展游击战争,建立苏维埃政权。

(2)军团政治部要从新战士中选择川南、黔北、黔西、黔东的积极分子(可以作干部的),由地方工作部办随营训练班,有计划的给他们阶级路线、群众路线、游击动作的教育,使之成为游击队的骨干及地方工作的干部,并从遵义、桐梓、土城及川南一带带来的游击队与新战士中调集五十到百人的新战士,组成游击队,选择有游击战争经验的军事、政治干部率领,给以游击队的教育,这样使我们有准备的〔地〕组织有现成的游击队,俾随时分派出去。

2. 黔北的群众是受着我们很大的影响与推动,在我们退出时,遵义、桐梓、湄潭一带群众,特别是积极分子遭受着残酷的屠杀,因此我们回师东向时,我们要估计到黔北群众过去是未经过残酷的斗争的,受了摧残屠杀后,一方面可增加愤恨,一方面有发生失败情绪的可能。因此我们要根据本部告群众书向群众进行充分的解释工作，提高其阶级仇恨和斗争积极性。特别要注意严厉的〔地〕进行肃反工作，无情的〔地〕杀戮屠杀群众的豪绅、地主、民团、团总等，必须注意公开的〔地〕抚恤被难家属，表扬为革命而牺牲的奋斗精神。

发动扩大红军的工作，要深入到连队中去，使每个红色战士了解目前大量扩大红军的意义，自觉自动的〔地〕争取群众，努力扩大红军，照现在新编制，每团可附设一补充连或补充营，随时检查补充连、营工作，搜集争取新战士的经验，随时改善新兵营工作。

（丁）最后我们必须严重的〔地〕指出，部队中严重现象的产生，主要的〔地〕是由于政治工作，无论在战斗动员方面，在巩固部队方面，都表现得薄弱、不深入、不紧张，不能灵活的〔地〕适合战斗环境去进行，这种政治工作的严重错误与弱点，要求有迅速的大的转变。政治工作是红军的生命线，从胜利的战斗中创造新苏区的任务，已迫切的〔地〕放在每个政治工作人员的面前，紧张起来进行以上的工作，并要在渡过河后的休息时间中进行检查，并将检查结果报告本部。

李富春

一九三五年二月十八日

根据中共中央革命军事委员会一九四二年编印的《军事文献》刊印。

（录自总政治部办公厅编《中国人民解放军政治工作历史资料选编·第3册土地革命战争时期(3)》，解放军出版社2002年版，第45～47页）

# 赵镕 1935 年长征日记节选

## 赵镕时任红九军团供给部部长

2月7日　农历正月初四　星期四　晴　大河滩

由于群众深沟高垒,不明真相,地主武装又不时向我开枪,我军深受骚扰,大家都增加了精神负担。但是由于精神紧张一些,病号也咬牙跟进,所以昨天掉队人员并不算多,又都随收容队跟上来了。

今天向西行军约50里,进抵滇东扎西县属的大河滩宿营。

大河滩是一个山中集镇,座〔坐〕落在一条狭谷里,四面皆大山,中间一条小河,约有200户人家。昨天,中央在这里召开会议,总结土城失利原因,确定新的行动方针。据军团传达,会议精神主要是:打回遵义,赤化云、贵、川;发扬猛打、猛冲、猛追的三猛作风,在运动战中大量消灭敌人;整编部队,从主力部队中抽调部分干部和武器在这一地区广泛开展游击战。

这里粮食很困难,部队一天只能吃到两餐稀粥。

2月8日　农历正月初五　星期五　晴　麻河塘

我军上午9时多开始行动,移到东面20里地的麻河塘一带宿营。

根据中央决定,供给部也作了相应的整编,精简了部队和物资,并奉命将我部保存着的缺少脚架的六挺重机枪,缺少底盘的四个迫击炮筒,缺少底火的38发八二迫击炮弹,暂时无法修理的87支步枪和一些破旧刺刀、行军锅以及其它文件等等进行埋藏,毁掉处理,大大减轻了负担。

据悉:军委纵队今天在这一带也埋了许多笨重武器、器材和军用物品,销毁了不少文件。

2月9日　农历正月初六　星期六　阴　大河滩

我军今天又折回大河滩。由于中央最近在这里召开了政治局会议,根据土城失利后的形势,决定了今后新的行动方针。当我军进入黔北的时候,党中央曾决定由川南之合江、宜宾间渡过长江,争取与四方面军会合,但由于土城战役未能歼灭敌人,情况发生了变化,这一战略方针没有能够实现,所以提出部队转折黔北,打回遵义。于是,我们又走回来了。

2月10日　农历正月初七　星期日　晴　新河村

今早据军委通报:昨天我红五军团在云南省的镇雄县东北,与滇军龙云之安恩溥师及其教导团,激战了三小时,将其击溃。

目前我军七八万人进到这偏僻狭小、粮食极少的山区,部队只能买些红薯、洋芋等充饥。

供给部这两天发病的同志大为减少,收容队也显得轻松了。

我军今天从大河滩转移到新河村宿营,行程30里。


2月11日　农历正月初八　星期一　晴　两合岩

我军团上午转移到两合岩宿营,行程不过25里。

今天军团政治部在两合岩召开直属队排以上干部大会,传达中央关于创造云、贵、川苏区根据地的决定,动员彻底执行此方针。

大会后,供给部各单位分别召开了会议,讨论政治部大会的精神和贯彻执行的具体办法。


2月12日　农历正月初九　星期二　晴　大河滩

今天,我们又从两合岩回到大河滩,行程55里。

清早,军委送来一份令人痛心的通报:我中国工农红军北上抗日先遣军,遭到蒋介石十个师兵力的阻击包围,我军在怀玉山突围中,部队受到严重损失,方志敏同志下落不明。

蒋介石这种"对外卖国,对内内战"的反动政策,激起了我们的愤慨,我们必须勇敢作战,誓死消灭蒋军,为我先遣军殉难的同志报仇。

这里因为地主把群众的粮食收起来搬到土围子里,使得我军买不到粮食,经对各村土围子进行喊话宣传,并先经粮秣科温科长之手,按市价给钱,收到了效果,群众见我买卖公平,把粮食偷运出来,卖给红军,并向我军报告了很多情况,如某土围子某某地主存粮最多,某某地主最坏,不准穷人把粮食卖给红军等等。


2月13日　农历正月初十　星期三　晴　大河滩

今天是在大河滩休整的第二天,供给部各单位继续整编:兵站将两个分站与中站合并,按原来中站的编制增加一个押运班、一个运输班,所余人员调出另行安排;运输队原有两个队,合编为一队,归兵站中站统一指挥;供给部原直属运输队缩编为两个排,原驮骡运输队改为驮骡运输排,归并在运输队,仍属供给部直接领导。

2月14日　农历正月十一　星期四　晴　桑村

早饭后,我军团向东进发,沿途土围子里的反动分子不时发出冷枪,打伤我运输员一人,喊话宣传也不起作用,只有绕道而行。因此走了一天,中途也未休息,下午约5时前后,才进到桑村宿营,行程80里。

军团政治部在积极做发动群众工作。鉴于这一带群众条件很好,有成为游击区的希望,所以组成了四支小型游击队,留在这一地区活动。今天接到军团政治部通知:各单位有病号长期不能跟随部队行走的,集中送到政治部,留下交由新组成的游击队负责照顾。供给部留下四名,后闻各单位都有,共27名。

2月15日　农历正月十二　星期五　雨　会吾所

今早我军继续东进,沿途土围子仍然放冷枪对我扰乱,我七团伤亡了20余名,在实在忍无可忍的情况下便打开这个表现最反动的土围子,发现扎西县长和附近的地主豪绅及民团头目均聚集在里面。我七团开了一个群众大会,号召群众检举,先则群众不敢发言,后见我查实,把县长、土豪劣绅、民团头子捆绑在大会上示众,并广征群众意见,予以枪决,然后将所没收的财物分给群众,群众乃纷纷向我军靠近,大胆揭发。

我军今天行程约80里,下午4时到达会吾所宿营。

2月16日　农历正月十三　星期六　晴　双村

今天行军,向东偏南行进,行程约30多里,进到双村宿营。

据说,军团首长考虑,为要完成中央关于赤化云、贵、川的光荣任务,为要实现军委关于打回遵义的作战方针,急需精简部队,加强战斗力。为此提议将九军团番号编掉,部队缩编为三个大团(四十五、四十六、四十七),九军团指挥机关与五军团合编,请军委指示。

为使整编工作顺利进行,下午召开司、政两部活动分子会议,供给部有我参加,卫生部张令彬部长参加。会议由组织部朱潘显部长主持,黄主任、郭参谋长分别讲了话,都强调整编工作的重要性。

我考虑军团首长的意见是正确的,坚决拥护整编。如我们与五军团合编在一起,共同战斗,战斗力必将加强。

2月17日　农历正月十四　星期日　晴　徊龙司

拂晓出发继续东进,又转到黔北公路上来了。到下午约5时多,我们进抵徊龙司宿营,行程约80里。

红一军团前锋进到宫店,进展神速。红三军团的先头部队,已到达桐梓附近。

2月18日　农历正月十五　星期一　晴

走马坝今天是元宵节,我军又奉命以急行军的速度,走到走马坝宿营,行程约为90里。部队继续动员整编,供给部亦用行军空隙,进行整编工作,稳定思想。

听说一、三军团也在进行战斗整编,缩编机关,加强战斗部队,三军团整编为第十、十一、十二、十三计四个大团,每团4000多人。

红一、三军团已进到川、黔公路,向娄山关急进中,沿途都贴有"打回遵义""创造云、贵、川苏区根据地""赤化黔北"等标语。

据电台新闻电讯:蒋介石亲自前往重庆指挥内战后,还将原驻江西的空军,调到重庆加强对我军的空中袭击。

2月19日　农历正月十六　星期二　大雨　大村

今天白天下着滂沱大雨,我军和整个方面军都在大雨中坚持不停的〔地〕行军。我军进到大村宿营,行程65里。

今天我军团进抵大村宿营时,上次运输队寄留在太平渡附近的病号三人,现已痊愈返回部队。据说其它单位的伤病号也大多痊愈返回。回队的运输员都称赞此地的老百姓爱护他们无微不至,不仅给他们送饭送水,更重要的是想方设法掩护他们,诉说了很多动人的故事。这无可置疑地证明我们赤化黔北是有群众基础的。

据敌情通报:一、北面川军26个团仍部署于长江南岸的赤水、叙永、合江、土城、古蔺一线,一部在松坎场。二、桐梓、娄山关为王家烈二十五军残部九十九师的四、六、十六、二十五计四个团,该师另五个团在四渡站、板桥、高平、遵义。敌二十五军副军长犹国才指挥的一百师六个团,分散在仁怀、金沙、刀把嘴一线。三、薛岳当了贵州省主席后,部队由周浑元、吴奇伟分别指挥,五十二师、十三师、八十三师、四师在乌江南岸地区,其中有两个师,已从息烽附近北移中。四、蒋介石已于17日到达贵阳。

　　(录自中共中央党史研究室编《红军长征纪实丛书·日记卷(2)》,中共党史出版社2016年版,第464～469页)

# 林伟1935年长征日记节选

## 林伟时任红九军团司令部参谋处测绘员

**二月七日　晴**

今天我军进抵扎西县属的大河滩。中共中央昨天在这里召开过会议,总结土城战役失利的情况,并决定了今后新的行动方针。现在提出了红一方面军要发扬猛打猛追的作风,求得在运动战中大量消灭敌人。部队进行必要整编,决定了打回遵义去,赤化云贵川。同时决定了从主力部队中抽调干部和武器在这块地区广泛开展游击战争。

大河滩是一个集镇,有二百多户,一条小河通过,四周皆大山,处在一条狭谷里。中央在此住了两天,今晨才向东移动。这里粮食很困难,一天吃二餐稀饭。

**二月八日　晴**

我军于上午九时移动到东边20里的麻河塘一带。有鉴于中央决定在云贵川地区进行大踏步进退的运动战,并发动群众性的游击战争,部队机关就需要再度进行轻装整顿,军委纵队在这一带埋藏了许多笨重武器、器材。

**二月九日　阴天**

我军团今天又折回到大河滩来,这里是有历史意义的地方,中共中央在这里召开过政治局会议,总结了土城战役失利的形势,我军到黔北时,党的战略方针是想由川南的合江宜宾间渡过长江争取与红四方面军汇合,但由于土城战役未能求得歼灭敌人,情况发生了变化,此一战略决定没有能够实现,提出了部队折转黔北,打回遵义去的方针。

**二月十日　晴**

今天我军从大河滩转移到新河村宿营。昨天五军团在镇雄东北与滇军龙云之安恩溥师及其教导团战约三小时,被我击退。目前我军七八万人进到这个偏僻狭小的山区,粮食大感困难,因地主们把粮食搬到土围子里去,使我们只能买点红薯和玉米粒来做饭充饥。

我们现在又来到了云南东北部,各个村镇都修筑有土围子和碉楼,围墙挖有枪眼,地主们都在围子内不敢出来。使我想起了闽北地区也如此。

二月十一日　晴

我们上午转移到双河隘,军团政治部召开了干部大会,动员此次行动方针,传达了中央关于创造云贵川苏区根据地的任务。

（录自中共中央党史研究室编《红军长征纪实丛书·日记卷(3)》,中共党史出版社 2016 年版,第 913～914 页）

# 叙永游击队已与我军取得联络

## （一九三五年二月十九日）

四川叙永县黄坭嘴一带，去年八月中生长一支抗捐游击队。正因为四川国民党军阀的苛捐杂税多如牛毛，群众生活痛苦到极点，所以远近各处的劳苦群众纷纷响应，起来组织农会和加入游击队，夺取地主武装，抗交捐税和没收豪绅地主的财物。游击队成立以后，六个月就发展到二三百人，赤色农会发展到一万余人。

中央红军到了云贵川，他们更加兴奋起来。现在与我们取得联络了。在党的正确领导之下，这支游击队毫无疑义的将成为赤化云贵川边的主力军。

（录自中国工农红军总政治部出版的《红星》报第十期，一九三五年二月十九日，第二版）

# 川滇边赤色游击队的活跃

## （一九三五年四月十日）

△接连打了两个胜仗△半个月扩大三倍

叙永通讯：本报简载之叙永游击队，在黄坭嘴、五龙山一带，于上月初接连打了两个胜仗：第一次是在五龙山附近打败古成章（团总）、陈诚吉（乡长）所带领的云南保卫团二百多人（从阴历廿二至廿四），缴枪七十余支；第二次是和第廿一军第五师陈师长所率领的川军和永宁精选队约三团打（从阴历正月卅至二月初二），结果也大获全胜，缴枪一百五十余支。

由于他们的积极活动，他们在半个月内已扩大了三倍。并且已经建立了七个乡的革命委员会。群众非常依靠他们，经常向他们报告敌情。

（录自中国工农红军总政治部出版的《红星》报第十四期，一九三五年四月十日，第二版）

# 游击区域红军家属暂行优待条例

## 中共川南特委

### （一九三五年四月）

游击区域的红军家属处在国民党军阀豪绅地主资产阶级的罪恶统治下，他〈们〉不能享受工农政权——苏维埃中央政府所颁布优待红军家属条例实行优待。

中共川南特委为着暂行解决游击区域红军家属的困难问题，规定游击区域红军家属暂行优待条例。

一、凡在中共领导下的一切群众组织，如工会、农民委员会、红军之友社等，应实行优待红军家属无代价的供给红军家属的劳动力（如耕田割谷、种菜砍柴等）。

二、凡在中共领导下的一切工农武装部队，应尽可能组织耕田队、割谷队、砍柴队，无代价帮助红军家属。

三、凡在中共领导下的分粮斗争，应首先供给红军家属的粮食，没收分配地主财物时，应首先供给红军家属的要求。

四、在中共川南特委领导下成立川南红军家属优待委员会，讨论计划募捐处理川南红军家属优待工作。

五、凡与红军订立作战协定之一切武装部队，应尽保护及红军伤病员红军家属之义务，不得侵犯红军家属的利益。

六、凡属红军家属，得准许其自由迁入苏维埃区域居住，享受分田与苏维埃红军家属同样优待。

七、凡在中共领导下的红军家属……（原文驳蚀），常召集红军家属联欢会及派代表慰问红军家属。

八、红军战士为革命牺牲或成残废时，中共领导下之一切武装部队及群众组织应即以物质上优待，每年得向红军部队之政治机关领取抚恤金至少大洋二十元。

红军川南宣

此条例颁布于 1935 年 4 月，用毛笔书写于云南省威信县金鸡乡铁炉队陈兴田、陈兴君家房壁上。保留至今，已列为县的文物保护单位。

（录自中共四川省委党史工作委员会主编《土地革命战争时期四川党领导的武装斗争（下）》，四川大学出版社 1987 年版，第 121～122 页）

# 川南工农劳苦群众目前斗争纲领

### （一九三五年五月一日）

一、川南劳苦群众在卖国的国民党军阀刘湘及官僚团保豪绅地主（绅粮）的压迫剥削、国民党反动派统治造成的天灾、军阀混战之下，只有共产党领导的反帝国主义反国民党的土地革命，推翻豪绅地主资产阶级的反动统治，建立工农的苏维埃政权，才能得到彻底解放、自由、土地、房屋和粮食。

二、川南劳苦群众受尽国民党军阀团保苛捐杂税的剥削、预征田赋、忍不住的饥寒穷困。只有共产党领导的抗捐抗税的斗争，组织抗捐同盟与武装的抗捐军，捉杀收款员、卡员，打倒一切税局关卡，配合工农红军消灭抽收苛捐杂税的国民党军阀团保，才能免除一切苛捐杂税的剥削，改善自己的生活。

三、当前正是春荒将要到来的青黄不接。饥寒交迫的工农劳苦民众，只有拥护和实行共产党所领导的分粮运动，组织分粮委员会和武装分粮队，到团保、军阀、官僚的家中去破仓分粮，焚烧田契、借约。实行抗租抗帐，没收绅粮团保的耕牛、农具、种子、衣物，分配（给群众），才能免除穷苦。

四、川南的工人、雇农（长年及经常帮人的零工在内），只有在共产党领导之下，组织赤色工会，实行增加工资、减少工作时间，改良待遇，反对东家工头的打骂，工人有组织工会、怠工、罢工的自由。

五、民团是保护豪绅地主，镇压工人革命的反动武装，工农劳苦群众应该反对民团，反对保甲制度，在共产党领导之下组织工农的赤色游击队、游击小组、赤卫队、少年先锋队、抗捐军、分粮队，为自己的解放、土地、政权而战。

六、白军士兵只有在共产党领导下反对官长的压迫、打骂，要求发清欠饷，要求增加津贴、打牙祭、星期例假，发草鞋衣服，发负伤费、抚恤金，免费坐轮船、免费进戏院，组织士兵革命委员会，杀死反动官长，拖枪来参加工农红军。

七、川南贫苦的农民在国民党苛捐杂税、地主豪绅的地租债务剥削底下，要求彻底解放。只有在共产党领导之下，实行没收地主、军阀、官僚、祠堂庙宇的财产田地，分给少地或无地的农民，根本消灭封建剥削，才能解除赤贫与流亡的灾祸。

八、苗、彝、瑶、俚、僮等弱小民族，历来受帝国主义、汉人中的豪绅地主资产阶级的剥削压迫，失去土地、自由。只有在共产党领导之下，实行民族自决，组织自己的苏维埃与红军，加入中华苏维埃共和国，反对共同的敌人——帝国主义、国民党军阀,才能争取民族解放。

九、革命的教员、学生、自由职业者,只有在共产党领导下,反对国民党麻醉青年的党阀教育,争取言论、集会、结社、出版的自由,组织"红军之友社"等革命团体,积极参加反帝国主义、反国民党的斗争,用请愿、示威、罢课等手段来援助红军,打败国民党军阀。

十、劳动妇女群众,只有在共产党领导下,反对旧礼教的压迫,反对买卖婚姻,反对虐待媳妇,反对强迫包小脚、穿耳朵,要求结婚离婚自由,女工产前产后休息六星期,工资照给;劳动妇女组织"妇女解放委员会",组织洗衣队、慰劳队,帮助红军洗衣服、做鞋子、补衣服。

十一、一切失业的贫苦群众,只有在共产党领导下参加分粮斗争,加入红军游击队,组织抗捐军、分粮队,推翻制造失业的国民党,为土地、为政权而斗争。

十二、共产党是无产阶级的政党,为工农民众的自由利益而斗争,先进的工人、贫苦农民、坚决英勇的教员、学生,应加入中国共产党及共产党领导下的共产青年团,加强川南革命的领导,为苏维埃的川南而斗争。

中国共产党川南特委制

一九三五年五一劳动节①

(录自中共四川省委党史工作委员会主编《土地革命战争时期四川党领导的武装斗争(下)》,四川大学出版社1987年版,第123～125页)

---

① 附注:此《纲领》由游击队女红军甘棠于1935年"五一"国际劳动节当日用毛笔书写于四川泸州市叙永县水潦彝族乡落堡村店子上胡泽云房屋之上,该地已被列为泸州市重点文物保护单位。

# 中国工农红军政治部布告（宣布余海舟一犯罪状）

查余海舟系长宁县观音堂乡乡长,平素压迫剥削工农劳苦群众,无恶不作,复又勾结军阀团保,进攻工农红军,实系坚决反革命份〔分〕子,应予宣布死刑,执行斩决。此布

公布于一九三五年六月二十七日①

（录自四川省长宁县志编纂委员会编《长宁县志》,巴蜀书社 1994 年版,第 879 页）

---

① 此件是作为长宁县县长李鸣和 1935 年 7 月 6 日情况报告的附件。

# 中共川南特委致袁虹桥函

## （一九三五年八月十二日）

虹桥①队长：

目前两个世界的对垒，无产阶级革命的伟大胜利，资本主义日陷于沦亡。无产阶级革命的祖国，苏俄五年计划提前完成，新五年计划开始震动了全世界，资产阶级恐怖尤甚。基于剥削的资本主义国家崩溃穷途，全世界资本主义经济恐慌现已达到第三期的极高度。基于产生的苏联社会主义的一切建设突飞猛进的发展，鲜明锐利的与帝国主义"天渊之别"。中国两个政权的对立，红军冲破了国民党五次"围剿"，消灭了国民党八十师以上的军队，建立根深蒂固的中华苏维埃政权，创造了湘鄂豫皖川等省新的广大苏区，尤其是广泛的工农劳苦大众，不甘受到〈国〉民党军阀和豪绅地主的双重压迫，成千垒万的〔地〕团结起来在共产党正确领导之下，拼命的〔地〕与统治阶级作总反抗。国民党是卖国卖民的贼党，共产党是救国救民的政党。如"九一八"国民党蒋介石在压迫中国民众抗日运动，屠杀爱国同胞，勾结帝国主义，投降帝国主义，坚决与帝国主义作〔做〕清道夫的作用，出卖中国民族利益，断送中国民众，与日帝国主义作〔做〕牛马使用。又如今年五月二十七日帝国主义提出七条卖国条约，蒋介石虽没有完全承认，但已给日美满的要求。国民党卖国贼的罪恶难以枚举。以上是随举出国民党以往和最近卖国卖民的铁证。共产党"九一八"领导国民党十九路军抗日，同时红军正式与日出战。又如最近抗日红军配合东北义勇军80余万击退日本出国，收回河北的失地。这可证明共产党是救国救民的政党。目前红军各省伟大的胜利，革命的高潮澎湃沸腾，特别是这次红军收回河北惊动全中国民众，各界纷纷团结起来拥护红军抗日，这可证明国民党的穷途末日已在最近的将来，卖国贼蒋介石羞愧忧气的要死。现已断定国民党力量〈难以〉挽救他们的政治生命了。队长现于国民党军阀铁蹄下生存，当然与革命利益不同。但据当地群众平素报告：有事实证明队长对于革命的表现，倾向革命的心思尤为迫切，队长果真认识革命，我们革命同志极表欢迎。这次红军游击队分散各地发展游击战争，扩大政治影响，刻有一部驻梅硐场周围数十

---

① 袁虹桥，当时任国民党四川长宁县保安团督练长、县参议员等。新中国成立初曾任长宁县梅硐区副区长、县工商科科长。

余里不等,希同志不要发生误会,尤希同志秘密前来与党切取密切联系,以便队长帮造革命事业,袁同志倘能这次将统治阶级的武器如何设法送与本部,总不使你从中为难为妙。希同志接信回信再行约定地点时间。

即祝赤礼

中共川南特委

1935 年 8 月 12 日

（录自四川省长宁县志编纂委员会编《长宁县志》,巴蜀书社 1994 年版,第880 页）

# BAHN 关于组织川南游击队的经过向中央的报告

## （一九三五年）

我①跟着中央红军一起从江西出发，经过湘南黔北一直到川南，万里行军，病得厉害，出发前已经病了，行军时更加病得凶，就因为这样，始终和医院同行而不能了解西征的经过。

一九三五年二月十九日，我们离了红军而留在川南，当时战争的环境是十分紧张了，时常有必要在很狭小溜滑的山路上，要上上下下的爬过七八个大山头，几乎每天都要这样，我当时简直不能跟着走了。这种情形是从第一次退出遵义后开始的。从土城战斗后，我们走到云南的镇雄，那时曾有北渡金沙江的计划，后来又改变了，回师贵州，路经川南的时候，就留下一个川南游击队，这是当时中央决定派出的三个游击队（川南、贵西北、滇东北）之一个，而也是最早派出的。

当时川南的叙永县的两河区有一个才组织起来的游击队有二三百人，领导的人叫王逸涛。在大军从贵北经川南而向云南的时候，就已经遇到了这支游击队，三军团政治部就和他们开了一次会，要他们组织配合红军北渡金沙江时的发动。这次回师贵州，中央便决定留下一个游击队，并组织一个川南特委，这个特委是在中央直辖之下领导金沙江以东、扬子江以南连泸州中心县委在内的一个区域内的工作。

特委的名单是中央指定的五个人，徐策（原先是五师政委，这时做书记）、戴××（组）、余泽鸿（宣）、我和王逸涛。特委和游击队一起行动，而我的任务是代表特委到泸州去领导这一个区域的工作。我们从红军带去的是：一个原先总司令部的警卫连、一个干部连、一个运输排、一个卫生班、一个警卫通讯排，还有几个修枪的工人。

这个干部连中间大概有七八十个各式各样的干部，有一半是很好的军事干部，能做营连长及参谋等。政治干部方面有总支书记、区委、连指导员等，大都是江西人。有三个女的是四川人，有一个四川人是在遵义时自动来找我的，自称是江〔川〕南党员的；有一个是侯之担（贵州军阀，大本营在赤水，给我们打垮人〔了〕，

---

① 夏才曦。夏才曦，原名夏清祺，常用名夏采曦，BAHN 是夏才曦的化名，曾任中共江苏省委宣传部部长、中共中央特科第三科科长。

蒋介石下令把他枪毙了的)部下的一个团副,曾经在滇边等处领导过抗捐等;余泽鸿也是川南人,老家就在长宁县。

当我们在叙永县两河区的树坪(一个村庄)和王逸涛的农民游击队汇〔会〕合时,川南特委开了第一次会议。当时我们听了当地工作情形的报告,首先说到王逸涛这个游击队,大约在红军第一次占领遵义时,王逸涛就开始组织游击队。他是第一次大革命时候的党员,曾经被捕而保释。家庭背景是一个三十亩地的地主,本人是中学生,在两河镇上边〔过〕"新学校"。释放后就和党完全脱离了关系,在他已开始了组织游击队时,就向两河区的区委要求恢复〈党的关系〉,泸州中心县委没有批准。他开始组织游击队是以杀"绅粮"(川贵土话,意思是土豪)为号召,他带着几个队员黑夜里去杀了几个人,农民就纷纷来加入游击队了,一个月中间扩大到二三百人。这时已经不再那样杀人了,而是专门"筹款",方法是派游击队到地主家里去派款、派米、派肉、派鸡,在收到了相当的东西以后,就由王签名发一个收条,当时有很多地主是自己出钱出米送上来,而王等则允许可以相当保障他们的财产。后来他们"派"的对象愈弄愈多,不仅是收二三十担租的地主,而且轮到那些自己耕田而收获了较多粮食的农民(这种情形我们当时就把他改变了,我们决定只打地主)。

两河区有一个所谓区委,组织了一种农民群众的会(我忘了会名)。王逸涛说有一万人,实际上大约有五六千人,会员是个别征求、个别加入的,但组织生活是没有的,群众只晓得这个会是"向红兵"的,党员是没有一个,当然没有支部。

除两河区之外,江门、长宁、固〔古〕宋一带都有相当的农民群众的基础,但两河区的党不知道这些关系。更〈向〉西去,高县、□县第一次大革命后曾有过几万农民的暴动,是党领导的。赤水、合江两县,有一个赤合中心县委,新遭破获〈坏〉,据说赤水工作很好,是川南最好的一个县,那里有一个兵工厂(侯之担的)支部,比较强大,侯之担被杀,兵工厂给李湘搬去了。这个支部曾经做过些斗争,然而显然的,党的领导太差了,两河党和他们是没有关系的。泸州中心县委和两河区的党也没有关系,只有一个人能到泸州找到党。这个人即被派护送严朴到泸州(当时我们是去信要泸州中心县委派代表到特委来,但此人却一去〔直〕不来,从此我们和泸州的关系也完了)。

特委的决定首先是立即编好队伍,"红军游击队"的派出显然给当地农民一个极大的冲动,当时就有很多新的〈人员〉加入。两天之后,连新搭旧我们编成了六个大队,每个大队相当于一个连,每个大队有三个中队三个小队,每个小队平均有六七支步枪,大中队长都是我们带去的干部,大队有政委,因为大队应在必要时有单独行动的可能,原先的〈警〉卫连并没有分散,因为必须有一连是战斗的中心力量。第三大队的情形较坏,因为这一连是土匪,〈队长〉杨××,云南边上的土匪的一个小首领,曾经被俘脱逃,到处找共产党,他是很能战斗的,曾以三支步枪抵抗一连民团,因此大家都赞成他加入我们这个游击队。他的条件是他的人不能编散,我们允许他,而派一些很好的干部去做副队长等。

我们这个游击队是叫做川南赤色游击队第一纵队(意思是预备还在其他工作区域成立第二纵队、第三……)。司令员是王逸涛,政委是徐策,政治部是徐策部长,戴组织,余泽鸿宣传,司令部下面有两个参谋,一个是侦察参谋,一个是××参谋(我忘了叫什么参谋,任务是一个副官处),再下有一个事务主任,一个供给主任,一个医务主任,直隶于司令部的有一个侦察班、一个警卫班,一个通讯班,原先带去的警卫及特务人员改组成的,侦察班里吸收了一些当地的人。

我们派去的干部和当地农民的游击队员一般讲来是关系很好,我们教他们作战等等,向他们解释游击队的生活工作等,他们都很高兴接受。

成立了总支部以后,就即进行在农民队员中正式介绍党员,这个工作是很顺利的,但我们发现好些红军干部不会做这种工作,不会在农民队员中工作。譬如农民只相信他们自己的王逸涛司令员,而我们那些江西来的干部就很气愤,为什么你们不更信仰我们的党、我们的特委和政治部? 这个情形在游击队中要好得多,但那些派出留在地方上组织农民的干部就做得更坏些。如后山区委就曾被当地赤卫队拒绝他们的领导,而使我们不得不另外调些人去。

派去在地方上做创造〔建〕党、组织群众斗争的主要是在两个区域内,两河区和后山区,相隔有六十里。因为游击队是经常行动着的,所以这部分工作我就做了不少,我的病的情形使我需要绝对的休息,因此,我便住在农民家里,而帮着新建的区委做工作。后山区委中有三个是当地的最积极的农民,半个月的力量在这里创造〔建〕了三个支部,又组织了一些赤卫军,大概连好搭坏总共有六七十支枪。两河区来的报告是说那里有数百群众在我们的影响之下,也有可能组织六七百支武装的队伍。那里农民中间的枪支非常之多,而且农民大半都能用枪,虽然他们不识字,但他们能一眼看出汉阳造、三八、套筒或土造的区分来。农民爱枪如爱命一样,记得在广西〈贵州〉边境上就曾听见好些苗民深深叹息他们自己没有枪,那里领导工作是一个少共同志,我们立即派了两个人去那里工作。

大约在半个月后,游击队又回到后山,敌人便来了。当时叙永县城内外有三团白军,两团是川军,一团是滇军。川滇冲突,川军守着门不许滇军进城,然而他们还是能派出一团人到后山附近一个镇上,并动员了全县民团之一半向我们作了一个大包围。他们到镇上后,并不停留,就连夜包围后山。我们的侦察班在这里的要路上警戒,看见了敌军却并没有来报告,一直到敌人到了面前才回来报告,实际却替他们作了向导。司令部才发命令要集中抵抗,敌军的枪子已飞到面前,我们的队〈伍〉就分了四起不能相顾,第三大队的土匪队长带了七八个亲信就逃之夭夭,余泽鸿带了运输排及二大队的一排人向南退出,司令部只带了一个警卫班退到一个大山里去,战斗主力的两个大队都在副司令(是井冈山时代的湖南农民,曾在中〈央苏〉区当教导师师长)指挥之下给敌人一个迎头的反攻,一部分新的农民队员很奋勇的当头冲出去,便缴了敌军三四十支枪,敌人一方面溃退,就全部解围而去。但我们却并没有知道已经打退了敌人,一直到三天之后才又把自己队伍集合起来,这第一遭的战斗中牺牲了一个大队长和一个支部书记。

敌人退去后又集合而来,他们不来和我们作战,却派了两营人到后山一个大庙里驻扎着,同时便集合了很多民团到处搜索,农民家里所有一点的粮食都要拿去,至于逮捕毒打勒索,那就更不必说了。

这时起游击队就往古宋、长宁和云南边界上去了,当时游击队是必须避免和军队作战,主要方面是消灭小队的民团,和找钱找粮食。

在晓得了游击队已经离开了之后,敌军就胆大了,起先是挨户搜查,搬粮食,农民往往是全家老幼睡到山上去,或者睡在家里就必须派人望哨。

赤卫军仍然在斗争,那时后山还剩得有二三十支较好的枪,天天做些行动,主要是反抗团匪抢粮。深山丛林是我们的巢穴,我便在这样的状态之下和区委们做了一个月的工作,他们都能爬山穿林,我却找人背着走,有二三个十来岁的苗族小女孩是我的交通。

于是敌军来搜山搜林了,天天去包围山霍大林,陆续的枪声打个不断。终于给敌人围住了,赤卫军捕去了,区委也都被捕,只剩下一个当地的农民,赤卫军中有几个叛变了。在后山区我已不能存身了,因此,便移到两河区,这六十里路经过了一个礼拜才走到。到的那一天的前夜正是两河驻军和民团大搜查我们那里的中心区域盖首山,武装冲突的结果是打死我们好些人,无可存身,毫不停留的〔地〕

又走开去。

身上没有半个铜板,就这样在川南的农村中间漂泊着,然而农民却是十分拥护我们,我只要望见草屋便进去,只要不否认自己是一个"红兵头子",那么简直是不会没有一餐一宿的招待。走路时沿途也有农民会告诉你那里有白兵、有民团,要向那里绕小路等。后来在二百里外到了一个尼姑庵住下,叫上海的家属寄了一些钱来,便到泸州住了一个月,党是显然找不到了,便回到上海。

我以为有必要说明川南农民的贫穷是意料不到的。我在江苏北部的农村中间曾看见到那里的农民是怎样的穷,比我的家乡上海一带要穷得多了。然而川南农民的穷是意料不到的,新年时已经有了普遍的粮食恐慌,就是在过年时都已经是以"包谷"(玉蜀黍)为唯一粮食,白米、蔬菜、油盐简直是一概没有了,绝大多数的农民是一生只做了一次衣服。譬如江西农民那样把牛关在栏里,积牛粪做肥料,川南农民是不愿意做的,因为这样便须找食料给牛吃,然而他们所吃的饭是不够他们去做牛食的。明明一年可以做两季,然而他们只种一季,因为他们没有足够的粮食,可以吃饱肚子去做工。就是叙永县南部的地主也都是很穷的,据说七八十担的地主一般都是欠债的,而那里有七八十担租的人家是数一数二的大家了。据说往云南边界上就有很多的大地主,这些大地主藏了很多东西、很多粮食在山洞里,我们曾经打开了一个山洞,中间腊肉就有二千斤。

显然那时候分粮是一个最迫切的斗争,特委也提出了这一个口号来,然而这样一般的提出却并没有能够真正的〔地〕很好干起来,游击队做了些"打绅粮,分地方"的宣传,然而分粮这个中心的斗争是并没有真正的〔地〕去组织。

敌人在群众中的武断宣传曾使群众迷惑的是两点:红军是拥护宣统皇帝复辟的;红军杀老少只留壮年的。关于这个问题我自己都曾向群众作了很多解释,然而红军最深入群众的影响是在于:第一,他们领导打土豪,分东西给农民;第二,红军有纪律,到处和群众是亲善的,弟兄似的。

八月间在上海读报纸,见王逸涛被俘叛变的新闻,这大概是的确而可信的。似乎现在余泽鸿在那里领导,而且似乎在叙永、江安、赤水这几县〈有〉很大的发展。

(录自《中国工农红军川滇黔边区游击纵队斗争史》编写组编《中国工农红军川滇黔边区游击纵队斗争史》,云南人民出版社1986年版,第153~160页)

# 长征歌（节录）

陆定一、贾拓夫编

二月里来到扎西，
部队改编好整齐。
发展川南游击队，
扩大红军三千几。

写于 1935 年 10 月，吴起镇

（录自王巨才主编《延安文艺档案·延安文学·第 32 册延安文学作品·诗歌》，太白文艺出版社 2015 年版，第 7 页）

# 川滇黔边区革命根据地纲领

## （一九三六年一月）

根据中国共产党十大纲领与抗日救国主张的精神,根据中华苏维埃政府实行的政策和川滇黔边区的实际情况提出《建设川滇黔边区革命根据地的纲领》。

（一）中国苏维埃政权是代表工农兵劳苦群众和民族利益的革命政府,〈是〉坚决支持反帝反封建的。川滇黔边区革命根据地的苏维埃政权,就是中国苏维埃的组成部分,在共产党领导下,贯彻党的路线方针政策,动员川滇黔边区各族劳苦民众,共同建设和保卫革命根据地,为争取工农劳苦民众的彻底解放而斗争!

（二）中国工农红军川滇黔边区游击纵队是中国工农红军的一部分,是保卫川滇黔边区革命根据地的主要力量,在共产党领导下积极宣传组织工农劳苦民众闹革命,自觉遵守三大纪律、八项注意,为工农劳苦民众的彻底解放而奋斗!

（三）川滇黔边区的工农劳苦民众团结起来,推翻军阀、地主、豪绅们的反动政权,建设苏维埃政府,镇压反革命分子,打土豪分田地、烧毁契约债约,取消地主和高利贷剥削,捉杀收税官吏,取消苛捐杂税,取消保甲制度,取消奴隶制度,依靠贫雇农,联合中农,争取富农,保护中小工商业者,没收地主、军阀、豪绅、高利贷者、庙宇祠堂及外国教堂的土地,无代价分给贫雇农、中农、劳苦工人、红军战士,并按人口分配土地。同时工人们实行八小时工作制,改善待遇,取消旧社会压迫剥削工人的制度,取消打骂虐待工人的行为。欢迎边区工农青年参加红军。

（四）川滇黔边区的少数民族团结起来,实行民族平等,尊重少数民族的风俗习惯,反对大汉族主义和恶霸的压迫,反对少数民族之间的互相歧视。各族人民团结友爱和睦相处,互相帮助,共同努力建设和保护革命根据地。

（五）川滇黔边区的妇女组织起来,实行男女平等,尊重妇女权利,发挥妇女力量,支持婚姻自由,取消旧社会对妇女的一切压迫,反对买卖和包办婚姻,反对强迫包小足,反对歧视妇女,反对打骂和虐待妇女,要求各族劳动妇女积极参加革命根据地的各项工作,为争取劳动妇女的彻底解放而奋斗。

（六）川滇黔边区的革命知识分子(学生、教员、医生、自由职业)行动起来,组织抗日救国团体,宣传共产党的抗日救国主张,支持中国工农红军北上抗日,支持川滇黔边区游击纵队的革命运动,参加川滇黔革命根据地的建设,动员志愿抗日救国的各阶层的爱国人士,联合起来,共同抗日,坚决反对国民党军阀亲日卖国,反对国民党军阀进攻红军。

（七）川滇黔的白军和保安部队的士兵联合起来，反对国民党军阀、团阀的压迫剥削，反对打骂和扣军饷，反对长官把士兵当成奴隶，反对抓兵拉夫和修碉堡挖战壕，反对进攻抗日救国的红军，反对镇压革命运动，欢迎白军和保安队的士兵起义前来当红军，实行官兵待遇平等，改善战士生活，发扬革命友爱，团结互助共同保卫革命根据地，打倒国民党军阀、土豪，打倒日本帝国主义！

（八）川滇黔的绿林兄弟联合起来，反对国民党军阀、团阀和土豪们的压迫，反对他们的苛捐杂税及高利贷和地租的剥削，反对屠杀受压迫的绿林兄弟，反对国民党军阀收买和欺骗绿林武装去当炮灰。欢迎绿林兄弟带着武器前来当红军，保护干人弟兄的利益，保卫革命根据地，打倒共同敌人国民党军阀、团阀和土豪，为争取工农群众的彻底解放而奋斗！

（九）川滇黔边区革命根据地的工农劳苦民众组织起来，工人组织工会，农民组织农会，妇女组织妇女会，男女青年组织赤卫队，少年组织少先队，积极发挥革命组织的作用，支持红军游击队战胜敌人，为红军送敌情，当向导，保护伤病员，采中药，医治病伤，参加革命根据地的各项建设。

（十）川滇黔边区革命根据地的工人、农民、红军士兵，一切劳苦者和他们的家属，不分男女，不分民族，凡成年人都享有公民权，有选举权和被选举权，参加工农兵的代表会议，有享受教育、居住、结社、集会、言论、出版自由等权利。拥护苏维埃政府的政策法令制度，支援红军川滇黔游击队战胜敌人的进攻！

（十一）川滇黔边区革命根据地的各族劳苦民众动员起来，在边区苏维埃政府领导下，开展生产运动，有计划有组织的发展农业、牧业、林业、工商业、手工业等生产，繁荣边区经济，争取粮食、牧畜、布匹、农具、生活用品、医药等逐步自足，为改善军民生活而努力。

（十二）川滇黔边区革命根据地实行取消帝国主义的特权，没收帝国主义的财产，归边区政府所有。肃清帝国主义的影响，禁止帝国主义在民间传教。各族人民联合起来，打倒共同敌人帝国主义，争取民族独立解放，肃清国内买办阶级在城市的势力，实行土地革命，消灭农村封建，推翻国民党军阀政府，为彻底解放工农劳苦民众而奋斗！

中共川滇黔边区特委

一九三六年一月制

（录自四川省文化厅、云南省文化厅、贵州省文化厅编《川滇黔边红色武装文化史料选编》，贵州人民出版社 1995 年版，第 50～52 页）

# 中国工农红军川滇黔边区抗日先遣队政治部布告
### （一九三六年六月）

日本帝国主义不断侵略我国,强占东三省,又侵犯我华北。日寇在东北地区掠夺我国财富,蹂躏我国同胞,把他们当成牛马奴隶使用,终年为日寇劳动,不给吃饱穿暖,经常挨打挨骂！逼得他们家破人亡,致使东北同胞处于水深火热之中,痛苦难言,凡是不愿当亡国奴的人们,无不义愤填膺,坚决要打倒日寇！

中国共产党中央委员会认为,日本帝国主义是我国人民的当前大敌,故曾提出抗日救国的主张,联合一切爱国力量共同抗日,并率领中国工农红军北上抗日,现在胜利到达陕西,全国将会掀起抗日高潮。我军全体指战员热烈响应抗日救国的主张,动员川滇黔边区爱国同胞,联合起来,共同抗日,挽救国家民族的危亡,为国家民族的生存而斗争！

一九三六年六月

（录自四川省文化厅、云南省文化厅、贵州省文化厅编《川滇黔边红色武装文化史料选编》,贵州人民出版社1995年版,第53页）

# 中华苏维埃人民共和国中央政府、中国人民抗日红军革命军事委员会布告

## （1936 年 6 月 1 日）

日本帝国主义侵略中国四年以来，我国失地八百万〈平〉方里，东北四省亡掉之后，华北五省也名存实亡。现在日本帝国主义又在宁夏和阿拉善旗设立特务机关，要国民党南京政府实行广田三原则，并把陕西、甘肃、宁夏、青海、新疆五省送给他，日本帝国主义的血手伸到我们西北五省同胞的头上来了！卖国贼头子蒋介石丧尽天良，实行联合日本灭亡中国，爱国有罪，卖国有赏，拦阻红军东进抗日，捣乱红军抗日后方，非把中国统统送给日本不止。

红军是人民的军队，是抗日的先锋，在此国难严重大祸临头的日子，用自己的热血坚决同人民在一起，向人民的仇敌作战，中华苏维埃人民共和国中央政府、中国人民红军革命军事委员会及其指挥下的红军，向全国人民、党派、团体、军队提出下列救国救民的主张：

（1）全国工农商学兵团结起来抗日救国！

（2）停止内战，不分红军、白军一致抗日！

（3）全国各党各派、各团体创立抗日人民联合战线！

（4）召集全国抗日救国代表大会，成立国防政府和抗日联军！

（5）联俄联共、一致抗日，取得中华民族的解放与独立！

（6）释放一切政治犯，保障抗日的言论、出版、集会、结社自由！

（7）争取迅速对日作战！

（8）全国红军与全国军队集中河北打日本！

（9）全国人民武装起来，一致对日作战！

（10）推翻汉奸卖国贼的统治！

（11）废除苛捐杂税！

（12）废除高利债！

（13）打倒贪官污吏！

（14）打倒土豪劣绅！

（15）救济灾民难民及一切失业人民！

（16）保护爱国运动！

（17）保护知识界、科学界、文艺界一切进步分子！

（18）保护工农利益！

（19）保护工商业！

（20）帮助回族与蒙古族人民建立独立政府！

全国人民、全国军队团结起来，拥护苏维埃红军的主张，为保卫西北而奋斗，为保卫华北而奋斗，为保卫中国而奋斗，打倒日本帝国主义！打倒汉奸卖国贼！中国〔华〕民族独立解放万岁！

> 中华苏维埃人民共和国中央政府
> 主席：毛泽东
> 中国人民抗日红军革命军事委员会
> 主席：朱　德

（录自西北五省区编纂领导小组、中央档案馆编《陕甘宁边区抗日民主根据地·文献卷（上）》，中共党史资料出版社 1990 年版，第 56～57 页）

## 周恩来关于与张冲谈判结果向中央的报告(节录)

### (一九三七年三月四日)

壬、各边区的负责人(我只记得鄂豫的高俊亭,闽浙赣黄立贵、闽粤边张鼎丞、湘赣粤边项英、陈毅,湘鄂赣边、豫边、滇黔边均不知接头)。

周恩来

一九三七年三月支酉

(录自《中共党史资料》2007年第2期,第10页)

## 邹风平在延安给中央的报告(节录)

### (一九三七年六月二十五日)

中央:

1933 年阴〈历〉九月后我所知道的四川组织情形:(略)

1934 年:阴〈历〉正月初八日是在永宁召集泸县中心县委所属各党部负责同志的扩大会议,十三日闭幕,讨论了中心县委全部具体工作,作〔做〕成书面决议,由民主选举产生中心县委领导机关,我被选为书记,二月省委来信批准。

当时泸县中心县委所属各地方党部:

1. 泸县城区——同志一人,贫农群众数人。

2. 泸县宜民区——有农民数十人,同志三人,无支部。

3. 赤合特区——同志、群众都弄不清楚,只有负责同志二周一李,可以召集会议,其余只认〔任〕事而不赴会。

4. 荣隆特区——有两个支部,负责同志三人。

5. 叙蔺宋特区更是笑话,古蔺有一个,叙永(永宁)有两个同志,古宋有三个同志,领导机关无有。

六月十五到泸县,从此与省委断绝关系。只在白色报纸上见到史伯康反共宣言、殷赤良反共宣言、徐平反共宣言,和一些不知名的反共宣言,泸县中心县委才决意不靠上级领导,独立干下去。

七八月之间,四方面军大胜,川军六路总败退。刘湘痛哭流涕地下野,二方面军进占贵州乌江流域,四川统治阶级动摇万分,工农群众异常活跃。县委抓紧这个环境,猛烈地进行各地工作,异常开展。十月永宁游击战争爆发了,起初很得利,过后失败,但未消灭。十月二十三日县委派我去负责领导一月。原因是群众参加革命未得到利益,即遭损失——当地土豪团保没收一切革命群众食粮衣物牲畜,屠杀活动分子,而我们则并未破仓分粮打土豪。我到时游击队只有 10 余人,农民只同意而不敢参加,立即决定:

(一)打土豪彻底摧毁农村统治;

(二)破仓分粮,没收豪绅各物,给群众以利益。

号召群众背粮食、拿东西,即刻领导起执行,陆陆续续干下去,农会复活了,游击队分两队有 60 余人,可惜枪弹甚少,因豪绅死守洞寨,无法进攻。

当我冬月二十六由永宁回泸，同月初彭德怀同志率红军到叙永，经游击区，召集了区委及群众会议，发了50余支枪给游击队，派了一位政治工作人员（我忘其名）及10余下级干部，永宁游击队从此壮大，区域也扩大了。

同月二十八九，中央红军到永宁，中央又直接召集永宁党会议，派来徐策、戴元怀、夏才曦、余泽鸿等领导同志，组织南特（即中共川南特委——编者注），徐策同志任书记，戴组织、余宣传，游击队司令员王逸涛和我为执委。又派来基干红军400余人，干部一队（通知上未定数），枪600余支，组织川南游击队。队设司令部，王逸涛任司令，徐策同志任政委。游击队由南特领导，泸县中心县委亦由南特领导，一面仍受省委领导。

1935年阴〈历〉正月十几头，中央派严朴同志到上海，取道泸县，一面同泸县和省委建立密切关系，一面传达中央对川南及四川党的指示，是教我们加紧大江南岸工作，甚至全调北岸干部到南岸工作，积极发动南岸游〈击〉战，配合红军创造乌江以北、金沙江以东、大江以南一片苏区（这与南特成立时对泸县的指示相同）。我们完全同意，省委和泸县的通讯处都交给严同志，又派人送他到重庆。

这时川南直接受中央红军的影响，工作的顺利为从来所未有，工作进展的速度亦为从来所未有。泸县城区各种组织完全建立起来，创造泸县南（岸）组织与赤合特区接联了，创造了江纳泸特区。

阴〈历〉二月初六，发动赤合游〈击〉战。这里工作一贯是李清泉（现名李亚群，尚在上海工作）负责，游〈击〉战发动时杨伟贤同志任指挥，李同志任政委。队员是民团和农〈民〉配合成的，在有组织的五六千群众区域中颇为顺利，破仓分粮等政治工作亦做得〈有〉条理，战斗员陆续不过几十至一百人左右，在五六千敌人包围中转战一月多未受大损失。结果〈因〉指挥员杨伟贤同志阵亡，李亚群不懂军事，遭致失败。中央红军去得更远，群众情绪亦稍消沉，但县委仍依照指示努力进行。

自从1934年底派人到省委后，又与省委断绝关系。严朴同志到上海有信来，并兑来大洋50元。

二月我到南特，到永宁不知南特去向，又派两次人去亦未会得。三月初十，史伯康叛徒把县委秘书陈学昌捕了，陈学昌叛变把泸县城区组织破坏净尽，又破〈坏〉江纳泸特，杨香林同志牺牲，县委全体不能在泸县城住留，又成为流动县委了。

四月初得自贡市委通知，约召集自贡、内〈江〉隆〈昌〉、泸县联席会议，我们很赞成，预计会议内〈容〉：

1. 交换经验与意见；

2. 讨论川南整个工作；

3. 成立川南领导机关(当时各党部均与省委无关系)，在同省委或南特发〈生〉关系时即撤销。

决定四月二十七日三中〈心〉县委代表在富顺牛佛渡集中，二十八日开幕。二十七日史伯康即率领大批叛徒到牛佛渡，内隆代表早已被捕叛变，供二十八〈日〉大会及会场。我因先会着自贡代表，得以未入网罗，就地同自贡交换了意见。五月初一起〈身〉，初二返泸，通知各有关同志，初三晚入泸城通知县委军科书记卢泽民。入门未五分钟，叛徒来了，卢泽民与叛徒肉搏，我从厕所上房，在房子上跑了一条街，跳在城墙上，由城墙跳下，遂将脊骨跌断，爬到沱江河边，忍痛一夜。五月初四晨，请农民抬到江纳泸特区同志家睡着。

这时泸县中心县委所属地方党部：

1. 赤合特区游〈击〉战失败，一切组织破坏尽净；

2. 荣隆特区划入内江，成立内隆中心县委，被叛徒破坏尽；

3. 泸县城区早被叛徒陈学昌破坏尽；

4. 泸县宜民区被叛徒郭剑言破坏尽；

5. 叙蔺宋特区，自红军游击队到贵州后，地方组织亦破坏不堪。继后川南游击队司令王逸涛自首(因撤职)，蒋介石委〈他为〉川南招抚使带一连兵，永宁组织一个无存；

6. 江纳泸特区大渡口、麻衣坝已破〈坏〉尽净，只剩大山中一部分组织，我就在深山老林中一家同志处住着。县委组织只有李亚群、曹家骧、周一戎(四月间已派回云〈南〉镇〈雄〉原籍活动款项，至今未返泸)和特区黄克永和我等干部而已。上与省委、南特无关，中央严朴同志至此亦无消息；下面地方党部一个无存，叛徒成潮，叛徒住乡镇扎路口，今已失去在该区活动能力。大家垂头丧气，束手无策，对抗日问题与游〈击〉战建立苏区发生怀疑。至五月二十八日，叛徒又搜到山上来了，我们四五人逃到老林中，东藏西躲到六月初三日，才决定如下办法：

立在保全干部立场，坚决找上级解决：

1. 派李亚群同志到上海，由左翼文字〈联〉关系找上海党。

2. 派侯建成同志送我到云南镇雄周一戎同志家养伤。

3. 曹家骧等找南特。

彼此通讯关系都联好的。

4. 干部出外立在民族革命立场作抗日宣传与组织。

1935年阴〈历〉六月初四日就分离了。我以一元钱载爬载走,呻吟饥渴,在赤日如火中于六月二十四日到周一戎同志家,他以至情待我,为我延医调药,问渴探饥,我得以不死。

到云南不久,曹家骥、黄克永被捕了。今年才听得,在狱半年多,仍然叛变。

阴〈历〉七月二十九日,川南游击队到镇雄拦马坎,我们准备晚上去会,忽然把我和周一戎当为土豪捉到(游击队)司令部,一见大笑,活演一幕滑稽剧。南特仍认我为委员,即召集正式会议,我列席。

川南游击队自王逸涛叛变后,即由徐策同志负责,三月间在四川长宁属之大石盘战争〈斗〉,徐策、戴元怀、夏才曦等同志同时牺牲①,即由刘玉成〔干臣〕任司令,余泽鸿任政委。南特亦不健全,当时有人枪一千左右,分为四大队。

余、刘二同志意见,仍扩大游击队游击区,建立川滇边苏区,分配我们就地工作,发动游〈击〉战来配合。我当时很不同意,认为大部红军已放弃苏区北上抗日,夺取民〈主〉革命领导权,争取中国革命胜利;一方面国民党统治由破碎逐渐到统一,最基本的革命条件是民族危亡,我们只根据经济崩溃、工农生活极端痛苦这一条件来建立苏维埃政权,客观环境是不顺利的。他们把我的话一笑置之,批评我是右倾,原谅我是负伤后的幻想。结果发来十支废枪,仍教〔叫〕我们发动游〈击〉战,并给我20元医药费。

我们因意见不同,周、侯二同志执行这任务也打折扣,个别活动勇敢分子单〈独〉组织武装队伍,同他们配合,事情还未成功,突然由威信县的土豪方田基在群众中把枪提去,并将放枪那家群众李子云用非刑拷打,供出我们是共产党受红军的枪等。我当时正在当地区长王应崧家作〔做〕客,因我与他长子王樵(现住四川大学)甚相好,他甚同情革命,王应崧区长出面调停,结果平息其事。我仍在王家养病,一面在床前教他两个小孩子读书,到腊月很有进步。他大肆宣传成立补习学校,坚决要请我教书,我一直到1936年阴〈历〉正月初八日得到上海来信教〔叫〕我暂为教书养病,我才正式承认教书。

1936年在云南镇雄第六区教一年书,得到些钱才医病伤。阴历七月初三,游

---

① 此说不够准确。戴元怀是在大石盘战斗中牺牲,徐策则是在7月13日的长官司战斗中负重伤而牺牲,夏才曦则是3月被派往上海工作。

击队又到镇雄六区拦马坎,距我教书处两里,他们下午与我送封信来,晚上我去会,也参加正式会议。

余泽鸿同志于上年三月四川长宁的建武牺牲了,刘玉成〔干臣〕同志在贵州牺牲了。刘复初(四川古宋人)任司令,无正式政委,和龙厚生、李青云二同志组织了川滇黔边特〈委〉,游击队亦改为川滇黔边游击队,人枪六百余。会议时他们仍是去年路线,我更根据我的意见发展了同他们争论,并主张立即将游击队改为抗日军,给当地国民党政府及军队公出〔开〕声明不去云南,借路由西康到西北抗日。他们认为书生之见,事实上不可能。我本也认为是一件难而且险的事,但无可〔论〕如何,我更详细分析了国内政情,送了若多书报与他们去,我回来又写了六千字长信,建议请他们西进,信还未送到,他们又到贵州去了。这一回由我又同王应崧区长建立了互相维持的条约。

十月,他们由贵州县镇雄六区属之滥泥坝遇川滇军围攻,激战三昼夜,龙厚生、李青云二同志阵亡,两位女同志和刘复初被俘,全军遂被消灭……

1937年(今年)阴〈历〉二月……我二月初十即离滇由黔、湘、武汉去上海,于三月二十三日去上海,二十四〈日〉即由李亚群同志会着1933年省委派往上海之李复石(名芸先)同志,我即写了长报告由他转上海党。党传达来对我决定赶快医病,发来国共两党对抗日主张的文献一本、解放文选一本。阴历六月初一,李复石突然问我到苏区不。我说要。约好技术〔见面联络方式〕,第二天就来一位王同志来会我,给了我路费三十元,定于六月初五号上车,他送我到西安,但在车上不发生关系〔联系〕,指定西安一家旅馆——远东大旅社住,约好另有人来会的技术。六月九号〔初九〕一位熊同志来会,以后天天都来会我,(六月)十七日晨熊同志送我到西安办事处,李涛同志来同我谈了话,派人送我上车,我问他要介绍信,他说不由我带,教〔叫〕我到延安请外交部武部长送我到中央就是了。——上海介绍信也是不由我带。

我在上海写的报告,李涛同志说他也看过,不知这报告送到中央来否? 即致C礼①

邹凤平呈

(录自中央档案馆、四川省档案馆编《四川革命历史文件汇集·甲11》,1986年印行,第3~18页)

---

① C礼,指共产党的敬礼。民主革命时期,中国共产党常用英文 Communism Party 缩写 CP 简写代称。

# 中共中央关于南方各游击区域工作的指示

## （一九三七年八月一日）

根据目前统一战线开展与抗日战争将要开始的形势,各游击区域为着实现党的新政策开展统一战线工作,保存与扩大革命的支持点的目的,应该依据下列原则,配合当地实际情况,灵活的全面的改变自己的一切工作。

（一）政权问题。争取地方政权实行普选的民主制度。进行的步骤是:（1）已建立苏维埃政权的地方,取消苏维埃的制度,采取国民党现有的政权组织形式,用普选的方法选举保甲长、分区长,保障政权实际上仍在党的领导之下。（2）凡游击区域没有旧政权的,同样建立现有国民党式的政权,有旧政权的,则力争旧政权的民主化,争取党的领导。（3）邻近游击区域周围的国民党区域,我们必须利用一切旧关系打进旧政权中去充当保甲长或区长及职员等等,尽量实施一切有利于人民的事业,如实现民主,改善民生等。

（二）土地问题。停止没收地主土地财产,注意改善群众的日常生活,领导群众的日常斗争,争取与团结群众在党的周围。（1）尽可能利用一切合法的斗争方式,求得群众生活的改善（如增加工人雇农的工资,改良待遇,减租,减息,减税）。（2）利用国民党旧有的组织,如农村复兴会与合作社等等,到里面去工作,真正在为群众谋利益的过程中去取得领导。没有这类组织的地方,组织这类合法的组织。这类工作,也应该完全利用合法的形式。（3）在已没收分配土地的地方,注意保障群众已得的土地革命利益。豪绅地主至多只能与一般人民得到同等的利益。（4）已被移民的地方,应该用各种方法争取移民回家,设法解决其土地耕具房屋等问题。

（三）武装问题。在保存与巩固革命武装,保障党的绝对领导的原则下:（1）较大的红色部队,可与国民党的附近驻军,或地方政权进行谈判,改变番号与编制以取得合法地位,但必须严防对方瓦解与消灭我们的阴谋诡计与包围袭击。（2）改变番号与编制后,部队中可成立队长或副队长,政治处主任及总支部书记的三人的党的秘密委员会,领导部队中一切工作。党的工作与政治工作均须改变以适合于新的情况。（3）脱离生产的小的地方性的游击队、游击小组,原则上可一律变为民团,以取得合法地位,不可能时,仍可非法存在。（4）赤少队取消,有计划有组织的〔地〕改变或混编在当地壮丁队民团中去起作用。（5）未与国民党政府及当地驻军确实谈判好以前,则我们的一切武装部队,可以自动改变番号,用抗日义勇军、抗日游击队等名义根据党的新政策进行独立的活动,继续开展统一战线工作。以灵活的游击行动,去发动与组织人民,建立党的秘密组织,捉杀汉奸,扩大党的新政策的影响。但在取得与国民党驻军停战谈判机会后,即须用大力量,利用时期,进行整顿与训练,并掩护当地群众工作。用一切方法提高部队每个指战员的政治水平及坚定的意识,防止一切收买利诱分化的阴谋。(6)关于部队给养问题,在未与对方谈判好以前,我们可采取由富有者募捐的方式募集钱粮。只有确实是汉奸的财产,才采取没收的办法。

(四)群众工作问题。(1)在顺利的条件下,原有苏区及游击区域已有的群众组织应保持其存在与巩固。加强群众组织的民主化与党的领导,改善群众的工作方式与方法,使之成为团结广大群众的组织。纠正党代替包办群众团体和改变群众团体为第二党的倾向。(2)在不顺利的条件下,如果革命的群众团体还不能公开的存在时,党应当根据当地的实际环境,利用一切合法的可能与组织形式去进行组织群众的运动。(3)在改善群众的日常生活,争取人民的权利,动员人民参加抗日的民族革命等群众运动与群众斗争中,党必须及时注意防止与纠正"左"倾关门主义与盲动主义以及右倾的尾巴主义与失掉阶级立场的投降主义的错误。党时时刻刻应当注意能去团结与领导千千万万的广大群众参加到抗日的民族统一战线中来,这是领导群众的基本方针。(4)必须有计划的〔地〕去开展四周国民党区域的群众工作。

(五)对国民革命军工作。现在我们对于国民革命军工作的方针一般的不是瓦解它,而是采取争取其官兵共同抗日的方针:(1)站在抗日的民族统一战线的立场上,向官兵宣传解释我党的主张,首先是以和平统一团结御侮的主张,去争取停止内战,互不侵犯,以至进行和平谈判,成立协定。(2)利用一切机会去接近下级的官佐士兵,提高官兵政治的民族的觉悟与抗日情绪,建立党的秘密组织,从部队的日常生活出发,逐渐的〔地〕进行改善士兵生活改良部队的纪律组织与教育。(3)但在它〔他〕们继续向我们进攻时,我们仍应坚持自卫的游击战争。

对于民团,一般的要同样采取以上的方针,但顽固的反动的民团与土匪,坚持与我们作对者,争取不可能时,可以以政治瓦解与军事进攻消灭之。在我们和当地驻军与政权谈判好时,可同它〔他〕们共同解决之。

(六)关于党的组织与工作。(1)普遍建立党的秘密组织。无论是苏区、游击区,党的组织必须全部变为秘密的组织。不必公开的干部与党员,不应该在群众中以共产党员的面目出头。对于党要注意秘密工作的教育和执行。对于在政权中工作的党员或左派分子,决不要他们直接做党与群众工作,仅能做群众工作的掩护者,只能在他的地位上,做他自己可能做的工作,如政权的民主化,以及经过政权力量减少人民的压迫与剥削等等。(2)必须改变党的领导方式与工作方法,首先,要把党的工作与其他政权的、武装的、群众的工作方式分别清楚,不能混淆,不能代替包办。要真正建立党团工作,一切工作经过"党团"。党不应直接干涉其他组织的独立工作。不仅政权中,群众团体中应当广泛实行民主制度,即党内在可能条件下,亦应发展党的民主,实行集体的讨论与党的领导机关的选举。(3)有组织有计划的〔地〕以马克思列宁主义重新训练党的干部与党员,了解党的新政策。要有计划的〔地〕有系统的〔地〕举办党校与训练班。

(七)解释工作的重要。必须在党内外解释在建立民族统一战线中上述这种改变的必要。但同时应该指出,同国民党求得和平妥协,需要我们长期忍耐的工作与不屈不挠的艰苦斗争。在没有和平以前,一面要进行坚决的自卫战,一面又要坚持统一战线的工作求得和平。在和平之后,我们的任务不但不减轻,而且更为加重了。我们仍应保持过去十年来艰苦卓绝的革命传统,在新的条件下为执行党的路线而奋斗。

一九三七年八月一日

(录自中共中央文献研究室、中央档案馆编《建党以来重要文献选编·第14册》,中央文献出版社2011年版,第415~418页)

# 张闻天、毛泽东关于南方游击区谈判改编时应坚持的方针等问题给秦邦宪等的电报(节录)

## (一九三七年九月十四日)

博、叶、周并告林、董、朱、彭、任①：

关于各边区统一战线问题：

……坚持下列各点：

（一）国民党不得插进一个人来；

（二）一定的军饷；

（三）驻地依靠有险可守之山地，严防暗袭及破坏，不要求驻大地方。

……

丁、统一战线中，地方党容易陷入右倾机会主义，这已成党的主要危险，请严密注意。

洛甫、泽东

九月十四日

（录自中共中央文献研究室、中央档案馆编《建党以来重要文献选编·第14册》，中央文献出版社2011年版，第505～506页）

---

① 指秦邦宪、叶剑英、周恩来、林伯渠、董必武、朱德、彭德怀、任弼时。

# 中共中央书记处关于南方各游击区工作方针的指示

## （一九三七年十月一日）

云逸、南杰、博古、剑英同志并告周、朱、彭、任及伯渠①：

关于南方各游击区问题：

甲、南方各游击区，是今后南方革命运动的战略支点，这些战略支点是十年血战的结果，应该十分重视他〔它〕们。

乙、国民党企图拔去这些战略支点。在西安事变后，还用了全力，用屠杀方法拔去他们。在这个方法失败之后，现在却利用抗日题目，想经过叶挺，把他〔它〕们拔去。方法不同，目的则一。

丙、把各区游击队完全集中，对于我们是十分不利的。

丁、我们应采取下列步骤，达到保存这些支点。同时又答复了国民党。

一、原则上不拒绝集中，但：

（1）须由中央派人传达方针，至少须要几个月时间。

（2）各区游击队调动之前，邻近周围二百里内之驻军，保安队、民团首先调动参加抗日，至少同时调动，往后并不能再让部队去。

（3）按照附近驻军民团保留数目，决定保留游击队数目，以保留原有游击区内之游击队家属。

（4）游击区实行民选制度。

（5）游击区土地关系不变更。

（6）国民党不得派任何人员、部队移入及破坏游击区。

二、国民党首先把何鸣部人枪交还。经证实具报无误后，方能谈判各游击区问题。

三、张鼎丞、何鸣、刘英三部原地不动。理由是日本将进攻粤闽浙三省。该三部即为保卫各该游击区及其附近土地而战，决不应集中。

四、在一切问题解决而实行将内地若干的游击队集中之时，该集中部队领导指挥及其作战，国民党不得干涉，不得插入任何人。

戊、叶挺须来延安，在行营他完全同意中央的政治军事原则后，可以去闽粤边

---

① 即张云逸、张文彬、秦邦宪、叶剑英，周恩来、朱德、彭德怀、任弼时、林伯渠。

（或闽浙边）指挥张鼎丞部（或刘英部），以此为基础，扩大部队。

项英同志似还不明白统一战线中保持独立性原则，似还更不明白，不应无条件集中而应保持南方战略支点的原则。他在南昌的做法带着危险性。望速通知他来延安讨论。

中央书记处

十月一日

（录自中共中央文献研究室、中央档案馆编《建党以来重要文献选编·第 14 册》，中央文献出版社 2011 年版，第 560～561 页）

# 三年来坚持的游击战争①

## （一九三七年十二月七日）

### 项 英

#### 开始的话

一九三四年，中央红军在粉碎敌人五次"围剿"中，作了最英勇的战斗，为保卫中央苏区和土地革命胜利而奋斗。正因为我们在战略上违背了革命军队作战的基本原则，采取单纯的军事防御路线，虽然在五次战役中动员了全苏区的工农群众，集中一切财力人力为了战争，虽然英勇无比的红军作了最勇猛壮烈的牺牲，终于不能挽救战略的错误，最后为了保存红军有生力量和突破敌人的包围，不得不被迫而离开了中央苏区，冲破敌人的堡垒封锁线，而企图新的发展，于是中国红军创造了世界的空前的二万五千里长征的伟大事业，创造了西北新的苏区，取得了进行抗日民族革命战争前进的阵地，促进了全国反日的民族统一战线的告成，开展了当前的抗日的民族革命战争。

当着红军主力组织野战军准备冲破敌人的封锁和包围进行远征时，为了保卫中央苏区和土地革命的胜利，留一部分红军和干部在中央苏区来领导地方武装和工农群众，以游击战争来保卫苏区、反抗敌人进占我们的苏区，无论如何，应当在苏区及其周围进行坚持的游击战争，使进占苏区的敌人不能顺利的〔地〕统治下去，以准备将来配合野战军在某种有利的条件之下进行反攻，这是当时领受党中央给予我们的任务。

一九三四年十月十日野战军正式向南开动，十月十二日，党中央与红军总司令部同我们在西江②县之梅坑作最后之分手，二十日野战军将敌人在金鸡、新田、安息、固陂的封锁线突破向西前进，从此与党中央及主力红军分别，直到今年（一九三七年）卢沟桥事件发生，对日抗战发动，我们与国民党取得和平之后，我于十月二十三日到南京会见博古③同志，十月革命节（十一月七日）到达延安，才恢复党中央对于我们的指导关系，算起来分别的时间是整整三年了，在这整整三年中，开

---

① 这是项英在一九三七年十二月九日至十四日在延安举行的中共中央政治局会议上的报告。报告共六个部分。这里收入第一、第三至第六部分，并根据中央档案馆保存的档案作了文字校勘。
② 应为瑞金。——编者注
③ 即秦邦宪。

首还能靠无线电的通讯取得中央对于我们的指导,随后无线电的失掉,使我们脱离了党中央的领导,失掉了与各方面的联系,形成了各个区域的独立的各自为战,来坚持与敌人作最顽强的斗争。

我们这三年坚持的游击战争,因为开始对于当时整个斗争形势估计不足,使我们对于整个工作没有及时转变,受到了很大的损失,影响任务全部的完成。可是在继续长期的坚持的游击战争中,由于不断血的教训,使我们的斗争方式和游击战术不得不随斗争的环境与敌人进攻手段的转变而转变,所以在敌人长期的继续不断的残酷进攻中,终使敌人消灭各游击区和游击队的企图归于最后失败,使我们的敌人不得不向我们屈服,而我们终于最后战胜了我们的敌人。因此,这三年的坚持游击战争,无论在斗争的策略和方式,无论在游击战术和群众工作,无论在党的领导和党内斗争,都有很多可宝贵的经验与教训。这种经验与教训对于今后斗争,特别对于当前的持久的抗日民族革命战争有极大的帮助。目前,全党应当研究这些经验和教训,运用到今后的工作和斗争中去,是非常必要而且必需的。

这三年,南方各地区的游击战争,虽在极端困难和困苦中,能不屈不挠、百折不回地坚持斗争到底,虽然中央及其周围的苏区被失掉,武装力量有了大的削弱,但终能最后战胜了敌人,保持我们经过十年血战在南方的许多战略支点,保持了经过最艰苦所锻炼出来的各地游击队。因此,我们可以说,三年的坚持游击战争,基本上是完成了党所给予我们的任务。同时,我们要说,各地坚持三年的游击战争,正是为了党的路线而奋斗到底。

这三年坚持的游击战争,是最残酷而最尖锐的斗争。这种残酷性和尖锐性,不单反映在与敌人的斗争中,而且反映于党内斗争,充分表现是我们十年血斗中的最尖锐阶段,因为依靠党的正确路线和正确领导,终于打败敌人,获得最后的胜利,终于使一部分为了个人利益而违背党的利益的家伙,以及只知为个人前途计算而不肯为党的路线而斗争的人,在每一次斗争达到最紧张关头,就不断的〔地〕陆续的〔地〕先后离开了党、离开了革命,一部分变成工农阶级的敌人,一部分为了他的狗命而逃生。可是,为了党的路线而奋斗到底的英勇战士们终于获得胜利,高唱最后的凯旋。

这三年坚持的游击战争,却获得最多宝贵的实际斗争的经验和教训,应当把它所有的材料收拾起来,加以整理,成为全党的财产,成为今后斗争的一种新式武器,这是迫切而必要的工作。但是,因为我们各个区域在过去互相不能联络的各自为战的特殊情况下，目前不能把所有区域的斗争经验汇集起来，作成一个总的结论，仅仅是将我们在赣粤边一个地区的经验与教训写出来，这是一个很大的缺点，等候我们将各地经验总结以后，再写一个东西以供全党的参考和研究。

## 游击队与游击战术

这三年我们是处在游击战争的时代，可是因为在第一阶段中，对于斗争形势估计的不正确，对于斗争内容和实质没有明确的了解，因此由大规模的正规战转为游击战的过程中，不能彻底的〔地〕转变，使我们的部队受到大的损失，但因对主客观条件认识不够，不能使我们很适时地灵活地转变我们的战术，正式运用起来，直到继续受打击，游击战争更趋于群众性，使我们适合于这个斗争环境的战术发展起来，形成起来。

游击战争是农民性的战争，是革命战争中一种初期发展形势和正规战的一种辅助方式，但这种战争的实际性质，因当时主观条件的不同而形成各种的性质和不同的特点。我们大概把它分为三种：

第一，井冈山时代的游击战争，这是农民战争初期发展走向大规模国内战争的游击战。一方面有相当巩固的根据地，另一方面有广大的幅员进退自如，便于进行大规模的游击战，固然我们是在创造时代，可是敌人更加幼稚无经验，加之阶段斗争的尖锐程度不深，还没有成为国内主要矛盾，使我们能依靠根据地向四周进行大规模的游击战，即或被迫离开根据地也可以在广大幅员内打圈子或进行游动的活动，在部队行动上可以采用大兵团的行动，在战术上说是游击战术，这种战术是带正规性的运动战山地战。

第二，在江西苏区进行大规模革命战争中周围的游击战争，这时的游击战是配合主力军队战争，争取整个战争的胜利，他是革命战争的辅助力量。因此，他不与敌人决胜负，而在给敌人的打击，破坏敌人的后方，牵制和分散敌人的兵力，以削弱敌人后方侧翼以及交通线。进行挺进的游击动作，便利时随便活动，不利时转回苏区休息和补充，在战术多采用突然的袭击和伏击，多是进攻，而敌人完全处于防御地位。

第三，是我们在南方的三年游击战争，这时主客观条件完全同上两种的游击战争完全不同，这时阶级斗争已进行到最尖锐的阶段，阶级矛盾成为主要矛盾，又加以在长期国内战争的主要作战区和苏维埃运动的根据地，虽然主力红军出动离开江西苏区而转入到西北，但斗争的性质和形式并未消除。正因敌人取得了优势,企图铲草除根,以最大的决心来将我们的力量彻底消灭,因此形成长期的进攻和包围,加以敌人利用堡垒封锁的特点,更使我们活动受到最大的限制。因为敌人进攻中央苏区的结果,使汽车公路普遍建筑起来,敌人的追击和增援很迅速的〔地〕便利的〔地〕适应进攻的要求,到处组织民团,增加他们进攻的力量和耳目作用,这样使我们不能有巩固的根据地,同时也不能作大部队的游击战,否则只有被消灭和不断的〔地〕打击,这样的游击战争,只有更带群众性的游击战,是游击队与群众密切联系的共同斗争方式,才能长期的〔地〕抵抗和对抗敌人不断的进攻。

我们开始没有这样的了解,也不能根据这些特点来确定我们的方针和战术,反而以井冈山和有苏区的游击战看待,由于这一错误而受大的损失,直到后来在不断的斗争中逐渐了解了,而实行整个的转变,才能与敌人坚持斗争到底。

现在我们总结一切经验与教训来说明我们的战术:

(一)我们根据斗争的性质与任务,是要与敌人进行坚持的斗争,因此我们的抗战方针(也可说是我们的战略)是依靠群众保持有生力量并与敌人进行坚持的游击战争。因为对付敌人长期包围和残酷进攻,没有群众力量是不能对抗敌人〈的〉,如若不好好保存自己的武装力量,拼一拼就说不打败仗,总说是打胜仗,但每次作战不可免有损伤,在长期战斗中的不断损伤,不要打败仗就要把自己力量耗费殆尽。因为在这一斗争环境扩大游击队较困难,如若将武装力量消失,就谈不上坚持斗争了。游〈击〉区失了武装力量,就要迅速被消灭,即或有一个小的武装力量能团结群众,就能作长期的坚持斗争。这一方针的确很重要的,而且在这一方针下才能确定我们正确的战术。

(二)我们的战术是根据上面的总方针来确定的,同时加以各个时期的形势和进攻敌人的特点来决定我们对于战术的运用。战术的基本原则是:

1. 赚钱的就打,赔本的就不来;

2. 不打硬仗,不攻坚;

3. 打不赢就走,走不了就拼(即躲);

4. 反对只吓敌人,要歼灭敌人;

5. 有利时集中消灭敌人,不利时就分散。

我们曾写一个战术的歌诀,便于一般不识字首长记忆,不过还未包括整个原则在内。

附录游击战术的歌诀:

团结群众,配合行动,支配敌人,自己主动,硬打强攻,战术不忌,优势敌人,决战要避,敌人正面,力量集中,攻打费力,又难成功,敌人侧翼,力量虚空,集中力量,坚决猛攻,驻止之敌,施行袭击,行进之敌,采用伏击,动作突然,敌难防范,不行火线,白刃来干,行迹飘忽,敌难追踪,死板不动,挨打最痛,胜利要快,进攻进攻,保守主义,革命送终。

另外,还有关于行军、宿营、侦察、警戒、袭击、伏击动作的歌诀,不能有秩序的〔地〕记清把他〔它〕写出来,只能大意的〔地〕讲一讲。

对于行军,主要是利用夜间和敌人不常出的时间,大路不走,专走小路,以及严重时找无路的山爬。行军前先问群众,将敌人弄清再出发,行军中要安静,好静听路上的动静,如有敌情,也不致被发觉而好转移或后退却他路。

对于宿营,完全不住房子,如部队到垠无山时才住屋子,主要是绝对秘密,不许外人知道,仅仅是有关系而必须要他报告消息的人知道,住山要选择有树的山,还要退路好而便于侦察。宿营时要寂静无声,经常以战备姿势,注意出进目标,经常转变,一遇有征兆就要立即移走,转移要消灭宿营地一切目标,不致使敌人发觉,如无山窝,也可在光山的小树宿住,因为敌人不注意这种山,但要保证秘密。在平原里宿营,一定要依靠有后山的地方,主要封锁消息,而且要转远的地区转移。

侦察完全依靠群众,教育群众侦察方法以及侦察什么。部队及机会本身主要靠自己的观察哨。

警戒是建立在群众的保证基础上,只警戒自己的宿营地。如有远处敌情或敌人侦察,依靠群众掩护和报告,因此,就很少使敌人突然进迫宿营地,只有叛徒带路那是例外。在紧张情况下,日夜有哨兵警戒,夜间是靠听动静,白日靠观察,所有步哨多是隐蔽哨,如若敌人不向自己四方而来就不动,只报告首长发生的情况,如果向自己面前则鸣枪报警,哨兵以复哨最好。

袭击分伪装袭击和突然的战斗袭击。袭击时不行火战,突然实行白刃战,袭击不成迅速退走,埋伏侦察依靠工作,确切判断、选择敌人不好走的地势,是消灭敌人的必要条件,应从侧翼出击,适当时先将部队展开,对于相等之敌侧击后卫,弱小敌人取歼灭包围。

在执行战术原则中,依照敌人的特性来灵活的应用,是非常的重要而保证胜利的条件。我们对于任何敌人,首先就要了解他的特性,部队性格、战斗力和作风和部队团结,特别是他在作战中善于和惯于使用哪些手段,然后才能针对敌人的长处和弱点来决定我们的战术和行动。

如广东军队的特点,是顽强而有战斗力,动作快,武装好,在袭击和追击时的动作迅速,好用埋伏。因为我们要避免与他决战,只有被迫而掩护退却时才进行战斗,主要是迅速脱离他,如遇粤敌的行踪,立即转移他去,注意他的埋伏,即走新路。如蒋军四十六师虽是正规军,他战斗力不强,武装不好,动作慢,尤其无"抄剿"的经验,我们对他仍然是避免决战,因为战斗损失对于我们是不利的,但对于他的"进剿"又要掩蔽好,不动不露目标可不必转移,只有在包围内才迅速脱离。保安队的战斗力更弱,不堪一击,但多以集团行动,善于抄山,而且抄得最严,因此,我们对于保安队在一中队(即一连)可以打他一下,使他不敢分散,如遇集团行动则避免作战,以免包围和损失。但遇保安队在搜山时,就要迅速脱离被损的地区。民团最弱,要打击,但他地形熟,常是配合白军部队行动,在这一情形就不宜打,同时注意在民团行动时虽无军队配合,但军队很近,很快发现目标,使敌军集团包围,特别在打击敌人,要注意群众的利害关系,常常在群众地方打击后,使大批敌人到该地来摧残群众蒙受大的损失,则我们就不应该在该地打。任何情况战斗和暴露目标后,立即转移地区以免包围,这是非常重要的。各地敌人相距很近,一得消息即四面包围"抄剿"。但我们的经验和教训:埋伏,无论敌我很难获得效果,因为山路多,双方都是突然行动,与群众相邻易于发现目标。同样我们只有一次,在北山先埋伏好,然后以少数部队诱敌出外而遇埋伏,同时敌人的埋伏我们很少中伏,多以突然的袭击生效。在信南游击即有侦察班事先伪装袭击,夺取堡垒,在松山因无短枪多以强袭收效。

这一区域的游击队以河东过来为主体,本地成分占少数,经过两三年来河东人仍占主要成分,一方面表现土地革命出来的战士忠实勇敢,只有很少数叛变,多是英勇牺牲,更无三人以上叛变的事。另一方面,因与当地群众的联系上,外地人不如本地密切,特别对于地势道路的熟悉更觉重要。因此,我们认为游击队到一地应吸收当地人愈多愈好,才能增加部队的耳目,才能迅速取得与群众联系。

游击队因为经常分散的结果,使部队涣散,如若政治领导弱,各种严重现象就易于发生(如破坏纪律、腐化等等事情都发生了)。在这样的游击条件下,游击队主要是靠最坚强的政治领导和以身作则为重要,军事首长差一点还不要紧,士兵很好,一切观念都由于官长发生而影响全体士兵,这是表现得很明显的。

游击队主要的是依靠经常的政治工作,但这种政治工作是利用一切机会来进行,不能采取一种公式,为了保守秘密进行分组的教育和上课,利用本身一切发生事件作材料是最有效的。

经过长期游击战争的游击队,游击主义的习气是很重的。一方面由于客观斗争的条件(如不规则的生活和行动,经常的政治工作不能建立,以及农民成分为主体),另一方面,因为分散的独立行动,经常与上级关系不密切,加以领导干部的弱,使游击主义的习气日益发展和增长。这样发展的结果,使土匪主义的倾向易于发生,游击主义的发展根本的例子是涣散,纪律松懈,首长执行纪律马马虎虎,群众执行纪律也就马马虎虎,小团体观念重,执行任务的坚持性差,随意损坏武器和服装,自由行动不听指挥,不愿学习(无论政治军事),土匪倾向最主要的是脱离群众,讲嫖,讲赌,讲吃,讲喝,只〈要〉打土豪筹款就行动,不做群众工作,也不愿发动群众,乱杀群众等等。我们在两年中间同这倾向做了不断的坚持斗争,大体上才把他打击下去。但是在较远处的部队,或多或少还存在,因为斗争的客观条件使我们不能将部队集中行动,也不能经常去指导。在游击战争中,对于游击主义的克服,防止土匪倾向是保证游击队执行任务的重要前提,这就依靠有坚强的经常的政治工作和党的领导,才能保证这种现象不发展起来。

在游击队中易于发生两种现象,一是领导干部能力较弱,使部队中极端民主的现象严重。相反的,领导干部强而政治又较差,则军阀习气、军阀主义就生长,这两种现象对于游击队的团结和执行任务有极大妨碍。

我们的游击队因分散地区与环境不同,养成两个不同的特长,一是信南地区游击队会打仗,信丰及南山善于拼而不善于打,但能在远地方打土豪。

对于游击队的扩大,据我们的经验,在长期的游击区域中较困难。因为敌人对于群众的监视过严,对于红军家属压迫最凶残,将老婆强卖掉,一发现某某人当游击队员,立即将全家或父母拉出去拷打,追问罚款。但新区域较容易,因为斗争没有这样尖锐,不过无论白区游〈击〉区,如若我们能把群众本身斗争发动起来,以后极多群众一经听鼓动时就易于扩大部队。我们对于部队的教育,开始缺乏具体办法,故无多大的成效。以后采用各种方法进行,如规定任务纪律等等,使每个部队都了解遵守,建立士兵委员会,辅助首长维持纪律,帮助学习,管伙食,反对贪污。部队休息时,委派负责人到部队去指示和帮助他们的党与政治工作,在军事上以老战士传新战士,注意射击和刺杀动作,养成紧张的战斗习惯和敏捷动作,制定各种军事政治教材给他们,这样在信丰和南雄方面收有成效,信南较差些。

我们对于游击队的任务和纪律规定如下:

(一)游击五大任务:(1)做群众工作;(2)打土豪分田地;(3)消灭反动武装;(4)建立苏维埃;(5)创造新红军。

(二)游击队五大纪律:(1)一切行动听指挥;(2)不准侵犯群众的利益;(3)打土豪执行阶级路线;(4)爱惜武装同自己的生命一样;(5)不准打人骂人。

(三)十项注意:(1)武器不能离身;(2)说话要小心;(3)行军不能掉队;(4)没有勤务不准离开队伍;(5)打土豪要归公;(6)说话要和气;(7)买卖要公平;(8)借东西要还,损坏的要赔;(9)不搜俘虏的腰包;(10)对同志要友爱。

另外编了红色指挥员必读与红色战士必读。

指挥员必读的内容:(1)指挥员的职责;(2)战术要诀;(3)游击队的政治工作;(4)行军宿营要诀;(5)侦察警戒要诀;(6)袭击要诀;(7)埋伏要诀。

红军战士必读的内容:(1)歌(红军歌,杀敌歌,游击队歌);(2)共产党十大政纲;(3)红色战士的职责;(4)五大任务;(5)五大纪律;(6)十项注意;(7)射击要领;(8)刺杀要领;(9)士兵委员会的组织与工作。

## 群众工作的经验

我们这两年多的游击战争是一种群众性的游击战争,主要的基础是依靠在群众力量上。没有群众的拥护和参加,不能战胜敌人长期的不断的"进剿",不能对付敌人大规模的抄搜,不能打破敌人的封锁线,保证长期的给养的供给,使我们清楚了解敌人的情形而敌人不知我们的实际行踪,也不能在敌人集中和交通便利的狭小山地与敌人坚持斗争到底,以致最后战胜敌人。这一切我们都能得到,毫无疑问的主要是依靠群众的力量,不仅取得群众对于我们的拥护,而且我们与群众打成一片的共同斗争,使我们与群众的利害关系联成一气。游击队打了胜仗,群众等于自己遇着喜事;游击队受了打击,群众感受非常的悲愤,一听见对于我们不利的消息,非常担心探问;敌人对于我们的进攻等于向他们的进攻,不仅十分关切,而且用一切力量去保障我们,无时无刻不在注意侦察敌人的行动,探听消息,迅速告诉我们。在敌人的进攻中,特别关心我们的行动是否妥当,要〔尽〕早警惕我们应注意的地方,用尽一切方法在敌人进攻中替我们购买粮食和一切东西设法送给我们,替我们工作和部队放哨、送饭,反复侦察敌人的侦探,一有生人发觉,立即告诉我们注意,自动把侦探和反动分子捉起,只要得着我们的批准,他们就动手干,甚至在路上发现胶皮鞋的脚印(群众穿草鞋及布鞋,我们及白军穿胶皮鞋)即警觉起来。有敌人夜间进攻,打埋伏,要我们不要走这些地方或叫我们行路注意。因此,敌人长期的不断的埋伏,没有收到什么成功,正是这一原因。敌人将他们捉着,用毒刑拷打以至枪杀来追问我们的行踪,他们宁可自己身体打伤、坐牢以至牺牲性命,绝不说出我们一个字来。这样为保护我们而牺牲的,在最基本地区的群众是很多的,替我们搭棚、拆棚特别是在敌人进攻,冒险替我们拆棚消灭目标。至于打土豪、筹款、消灭敌人武装,完全是群众替我们调查,侦察情况、带路(队)。敌人进攻时,要他们带路,总是向没有我们的地方去抄山;要他们抄山时,故意怠工和乱吼,使我们知道好走;敌人放火烧山,他们有机会将火扑灭;遇见我们时,告诉我们怎样去躲;敌人强迫砍山,不是表现不去,去了就怠工,配合游击队〈员〉们来扰乱敌人对于内山的"搜剿"。我们最困难无钱时,基本地区的群众赊米、赊菜、借钱给我们,以渡过困难。群众对于我们的爱护真是无所不至,所以敌人很清楚这一点,用一切方法使我们失掉群众的拥护,才好便利消灭我们。封坑就是为了使群众与我们脱离,可是群众留粮食、设法通消息。敌人围房子,使我们不敢与群众发生关系。建立民团、堡垒,是以土豪反动分子充当队长。为了监视和阻止群众与我们发生关系,在南康赣县将一切壮丁每夜集中在哨位放哨,一方面放哨,一方面使群众不能与我们工作人员接头报告消息。但是群众告诉我们的记号未〔来〕通过他们的哨位,使敌人还不知。敌人用残酷的压迫手段使群众害怕不敢接近我们,可是敌人的一切都归于失败。所以我们能在敌人附近驻,能在道路旁驻,看见敌人通过,能在对面山看见敌人抄山,敌人完全是瞎子、是聋子,我们有千里眼,有顺风耳。正是我们有了群众的拥护与参加,这是我们战胜敌人的最基本力量,使我们的敌人不得不最后向我们屈服。

群众对于我们这样的爱护,好像爱护他们自己一样,绝不是偶然的。正因为这些基本地区的群众,他们在一九三〇年暴动后,得到土地革命的实际利益,后来虽遭了失败,土地被地主夺回去了,但因我们继续在该地领导游击战争,与敌人坚持斗争,事实上就使地主收回的土地,不敢直接收回去的仍保持在农民手里,地主只有依靠反动武装的保护才能进坑收租。除此以外,只能当农民出到外面场上阻拦□追索,农民一进坑就不敢来了。有少数狡猾而聪明的地主,常常用可怜的请求的方式,请求农民多少给点谷他们充饥,这样在农民的怜悯心下给点租他们。为什么这样? 就是我们党和游击队坚持的,在这些基本地区来反抗反动派,来反对地主收租收债,保护他们的利益。在我们最基本地区的地区,实质上是不还租的,只有在武装的压迫下才被迫而还租。土地的所有权在外表上是归地主所有,实际很多是照以前暴动时的分配而未变更。至于耕种权的变更,完全经过我们党的批准。常常因人口变动或是外面要进坑做田,一定请求我们的党来分配或允许。至于地主的山林竹木,成为农民公共的享受。正因为这样,使这些基本地区的农民,深刻了解我们是为了他们的利益,知道我们的胜利与失败,就是他们的利益的保持和失掉,明白我们能够坚持在这些地区继续斗争,就是对于他们利益有力的保证。所以他们爱护我们与他们自己一样,宁可牺牲自己的性命财产,绝不愿使我们遭敌人消灭和打击,这是一个最基本的原因。虽然有一时期发生肃反的错误,农民对于这种行动不满意以至害怕我们某些人,但绝不投向敌人而反对我们,也正是这一基本原因。同时,我们在这一基础上与农民连成一体,依靠他们的拥护和爱戴而能与敌人坚持斗争到底以至战胜敌人,也是一个主要原因。不仅基本地区如此,而且直接影响周围的工农群众的兴奋,增加对于我们的同情,特别威胁了周围的地主,使他们在剥削农民时发生惧怯。农民常常依靠我们来威胁地主,使他不敢残酷的剥削。有时,在秋收时有些要求我们工作人员和游击队到他们那里,使地主不敢进来收租,即或收租时也不敢凶狠恶逼,这是造成我们争取基本地区周围群众的有利条件。

当然,非基本地区的群众,对于斗争的经验当然差些,斗争的顽强性也较弱,一经摧残,害怕起来,不敢积极动作。基本地区的群众就好得多,乃因一方面是斗争的经验有高低,一方面主要的还是直接享受土地利益与否,而影响他们斗争的程度。

我们深知道没有群众的拥护和参加,就不能进行坚持的游击战争,群众是我们游击战争的基础,只有巩固和加强这一基础,才能保证在任何情况下能与敌人继续斗争。因此我们把群众工作看成为我们最主要工作之一,以最大的力量去进行这一工作。有些同志不认识这一点,常常企图削弱地方工作力量去加强游击队。当然加强游击队是很重要,可是在我们人力不够分配时,放弃地方工作去加强游击队是极不对的。因为在这种游击战争中,不能有大部队的经常活动,不得不分开活动,也不能如井冈山时代游击部队到某一地,可以住一些时〈日〉便利进行群众工作。我们这时候就不同了,一方面部队小,不便长期的〔地〕直接做群众工作,同时,敌人的进攻使我们游击队不可能停留一地或久住一地,只能在行动中来传播我们的影响和主张,〈在〉打土豪消灭反动派时来发动群众斗争,争取群众对于我们的同情,便利于我们去进行地方工作。因此,进行群众工作主要的是依靠地方工作,在这种群众性的游击战争与敌人作长期的坚持斗争〈中〉,放弃群众工作就等于削弱自己的力量。那时,我们坚持这一原则,反对这种倾向,完全是必要的。事实上的表现,群众工作的好坏,成为我们发展的测量尺。

我们的群众工作主要方针,是建立在为争取和拥护群众利益的基础上来开展群众运动,把群众的利益当我们自己的利益一样,一方面坚决反对离开群众切身利益的单纯军事行动;另一方面反对任何妨碍群众利益以及不顾及群众利害的行动。

我们初到时期,我们游击战争和地方工作,主要限于打土豪筹款,对于群众利益争取的〔得〕不大注意。曾做了无情斗争,把这种现象打下去,渐渐注意群众切身利益的拥护。可是因为群众工作没有很好的转变,还不能取得大的成绩。过去工作人员及游击队不顾群众的利害和打击敌〈人〉暴露目标,引起敌人摧残群众。只要自己本身不受打击,群众的被摧残和损失好像与他无关。我们曾不断的〔地〕斗争,消灭这一现象,处处以群众利益为主,以群众利害关系决定我们的行动,总是使群众不受大的打击和消灭、摧残。对于群众被捉被打,我们用一切方法援救,发动群众实行互济,这样使群众认识我们处处关切他们,一切行动都是为了他们的利益。对于一切脱离群众的行动严厉打击,特别对于肃反错误的纠正,使群众大大兴奋,更亲密的〔地〕密切与我们联系起来,这对于周围的群众争取更大的影响。对于打土豪,绝对执行阶级路线,在长期的游区周围,很多真正土豪,不是□了就是逃到城里住,这样打土豪筹款不得不打,打富农以至打到中农、商人身上,如继续下去是非常危险。我们首先反对这样打土豪,宁可自己受困难,另由其他方面去打土豪,严厉禁止这样破坏我们的现象。对于富农捐款也禁止。在我们游区,得到富农的中立,对于我们反对敌人的"进剿"是有帮助的,不致使富农坚决反动,帮助敌人来进攻我们。同时我们对于富农应有戒心,信南很多同志曾忽视这一点而受到不应有的牺牲(如李乐天牺牲等等)。

群众斗争中对于落后分子的争取,是巩固团结,对抗敌人各种进攻的最主要工作。这些落后分子,只有我们努力争取,是很可能站在我们这边反对敌人,而只有把这些落后分子争取过来,才能巩固自己,使敌人失掉了耳目,失掉了领导而变成软弱无力的进攻。许多人把落后分子当成反动分子一样看待,必然遭受打击和失败,敌人正希望我们这样做,他才可以增加进攻我们的力量。因此我们在敌人进攻特别注意争取落后分子,用一切方法向他解释,即或他偶然透露了消息,我们不应把他当反动分子看待,而用阶级教育去说服,使他感动,站在我们方面。有些对于我们工作人〈员〉的不满意,我们应该实行自我批评或向他解释误会。常常在敌人进攻中,发现我们过去工作中对于落后分子的不好的处置而受敌人引诱来进攻我们。受到一些打击,使我们在血的教训中注意了这一工作,而且收到了大的成效。

为了分散敌人的力量,特别打破敌人的企图,以自新分子做死走狗进攻我们,因此我们对于仅仅自新而未做任何反动事情的分子,使他消极中立,对于叛徒和反动的分子采用坚决的反对态度和必要的办法。群众对于自新和叛变是最痛恨的,对于许多光荣牺牲和被捉的坚决分子十分爱敬,并用各种方法去帮助他们,群众常常对于工作人〈员〉说,你不要做"反水鬼",反水要不得。

对于农民群众的组织是感觉很大困难。一方面由于农民的散漫性,同时加以在残酷的斗争中,敌人对于加入组织的采用屠杀,使我们对群众组织不易建立。过去工作中又把群众组织变成第二党的形式,后来我们采用工农同盟的组织,把基本地区的群众组织起来。可是为了使他们加入组织时,一定使他们明白组织的意义,主要的还是与他们的利害联系。开始,我们以反对敌人进攻,实行互助为动员他们加入工农同盟,有些地方不正式提出组织的名称,只说我们联合一致反对敌人,以后再使他们了解我们,更用群众中日常问题以及群众互相的问题,都在这一组织中来讨论来解决,使他们直接感觉这种组织对于他们的利益,保持组织的作用。有很多地方不注意这一方面,来运用组织实际教育群众,使成立的组织无形坍台下去。总之,在农民中,特别在斗争严重环境中,组织工作较困难进行,处处要以各种方法和耐心的进行,才能使群众组织发展起来,巩固起来,这一方面由于我们的干部多是农民成分,更缺组织能力,不注意组织工作,没有得到应有的成绩,〈有〉很多同情和拥护我们的群众,但没有把他们很好的〔地〕组织起来。

对于群众斗争的教育是很重要的,特别是新的区域群众,他们有很高的热情,而无斗争的经验,常受敌人的欺骗(如冒充游击队工作人员用各种欺诈方法等等),遭受打击,影响他们继续斗争的热情。因此我们把敌人一切手段和其他直接斗争的经验告诉他们,而且不断的〔地〕教育,受打击后还要教育,使他了解而接受,因为农民无经验的事是不相信。我们在敌人新的进攻和对其他区域所用的手段,常常告诉和教育全区的群众,经过几次事实后,农民才相信我们的一切话,如告诉群众如何侦察敌情,如何做标记表示有无敌人,如何传达消息等等,都是要进行教育,才能在实际中获得更多的对于我们的帮助。

我们做群众工作的干部能力太弱,旧的方式不易转变,我们若用大的力量去进行教育,还没有达到应有的成绩,仅仅是将他们从前只争群众同情,而不注意群众切身利益的争取,以及组织工作的认识转变了,可是许多群众工作的方法没有多的改变,也是群众工作不能做得更好的一个主要原因。

党的领导作用

一切斗争的胜利和失败,对于党的领导正确与否是有密切关系,也可说党的领导决定斗争的前途。

我们转到信康赣雄游〈击〉区,能够坚持与敌人进行最后的斗争,正是因为首先建立党的正确领导。如若继续过去错误的领导,这个游〈击〉区在敌人残酷的长期进攻中有消灭的可能,即或没有全部消灭,也不能保持原状,更谈不上发展游击区和土匪主义的继续发展,有可能走脱离党而为土匪的危险(当然名义还是游击队,但实际变成土匪)。特别在长期的坚持斗争,每一斗争的紧张中,发生不断的叛变和逃跑,没有党的正确的领导,也不能巩固自己的营垒,与敌坚持斗争到底。至于在对付敌人进攻和转变我们一切斗争方式以及战术运用,克服许多的不正确倾向,更依靠党的正确领导来解决。

在失掉中央的领导、陷于孤立斗争的环境,保障党的领导正确,以我们的经验,必须依靠以下几个条件:

(一) 要时时学习马克思列宁主义的理论,以加强对于整个斗争形势的估计和分析的正确性,来保证党的方针正确。这一方面我们曾进行过学习理论的运动(我们曾带有少数的理论书籍,如《列宁主义概论》《国际纲领》《"左派"幼稚病》《两个策略》《政治常识》、马克思《共产党宣言》等等)。

(二) 要用尽一切方法取得报纸看,能够了解全国形势,不致弄成狭隘的局部的观念,并在干部中进行政治教育,提高他们的政治水平。这方面对于县一级的干部政治水平有相当提高,但对于区一级干部成绩少,由于文化程度低、不识字,加以环境不允许经常集会和谈话。在估计政治形势和确定自己的方针时,应该依据全国形势,确定我们的总方针。随时依照自己当地的斗争形势来决定一切执行方针和反对敌人进攻的方法和策略,这样才不致使我们与全国斗争脱离,同时可以力求我们的斗争与全国斗争的联系。

（三）要在斗争中时时检查自己的方针和策略是否有错误，在斗争中学习一切经验与教训来帮助对于以后斗争的领导。

（四）以最高警觉性注意时事和敌人一切动态，以敏锐的观察和分析，以判断事先布置我们的工作以迎接敌人每一次的进攻。

（五）以最坚忍不拔的意志来坚持党的正确方针，任何困难情形绝不动摇而改变自己的方针。

（六）领导者自己的模范作用。任何纪律，任何困难，领导者自己要绝对遵守，不怕任何苦，如二年多不住房子，吃冷饭饮冷水。任何危险和困难，坚持不动，才不致受埋伏包围而影响全党，特别是最有力的。这种模范可以帮助克服□□现象，巩固自己的阵线。这在环境的最艰难最困苦的时候有左右全局的意义。

（七）领导者要常在斗争前线的地区观察一切征兆，才能事先指出全党的工作。

在党的领导方式上，开始，我们曾极力集体领导和会议生活，不久因环境日益吃紧，使会议困难，各处干部不断的牺牲，党的组织极不健全，常常一个区只有党团工作人〈员〉一个。为了加强各地的党直接领导力量，把许多干部分派各地作经常的指导工作，形成个人负责制，同时成为绝对集中制，这是为了保证在最紧张的斗争环境中党的正确领导实现，直到和平以后才恢复集体领导，实现民主生活。

我们对于每次敌人进攻，事前已知道，迅速判断，各地的负责人如找来谈话时，用直接谈话的方式指示对抗敌人一切工作，否则用信指示。遇有任何问题都给予具体指示和回答，并将某地方发生的问题和指示转抄其他地方以供他们的参考。这样具体的指示方法，对于工作和干部是有大的帮助的。区委的组织极不健全，只有几个中心区域较强，斗争的过程中，事实上县委的同志成为区委的书记，真正起区委的作用仅是中心区委。

支部工作一般说来没有很好的〔地〕建立，形成区委同志代替支部的许多工作，这样使支部离开区委就不能独立工作，但在斗争〈中〉的要求，是要支部有独立工作能力，只在基本地区的几个支部达到相当的程度，其他成绩较少。

### 党内教育和斗争

在这样残酷的长期斗争中，以及经过长期的游击战争的环境中，敌人不断的进攻，各种困难与困苦，特别是与各方失掉关系的孤立战斗的状况下，加以干部成分几乎全属农民,很易于发生各种各色的倾向和现象。最严重而且最主要的就是叛变、逃跑。几乎在每一斗争达到紧张关头,或是全国某一事变结束,都要或多或少的〔地〕发生叛变、逃跑事件。这一现象,一方面可以直接影响我们当时的斗争(如叛变后即带敌人进攻);另一方面间接影响我们内部的巩固,所以反叛变和逃跑的斗争可成为整个斗争中的一个主要斗争。这种叛变(以当地人居多)逃跑的(以河东苏区的人多)发生是有两个来源的。

1. 最主要的是政治的动摇。只见眼前的严重现象,没看见整个革命形势的发展,所以在敌人严厉进攻中以及两广事变和西安事变的解决,认为革命无希望,于是叛变逃跑。

2. 由于个人主义的发展不能牺牲自己来为革命,如是就不能吃苦耐劳,尤其是许多干部当着未被敌人捉着时表现很坚决斗争,到被捉后就实行叛变。还有一种尤其生活腐化,把革命意志消磨和丧失,而在斗争紧张环境到来就实行叛变逃跑,以图个人出路。

这两种是互相关连而不易分清,同时客观上由于长期艰苦的环境,干部以农民成分为主,再加以党的政治教育差,于是促进这一现象的发展。

我们研究很多叛变逃跑的分子,绝不是一时的动摇,而是有他的长久根源。如在政治上由某种倾向到动摇以至叛变逃跑,如开始很纯洁,由于到独立工作时即无经常的监督和教育,在某种环境下由贪污腐化发展到脱离群众、镇压群众,最后叛变革命。因此,我认为要消灭这一现象,就不仅从消极方面开展反叛徒逃跑的斗争,还应从积极方面加强党的政治教育,从政治上来坚定动摇分子。同时,注意每个人的开始的各种倾向与不好意志和行动,用教育方式进行斗争,使他不致发展起来。这种积极方面的工作和斗争是能争取许多动摇分子能坚定起来坚持斗争,可能的〔地〕克服这一严重现象的发展和增长。事实上我们在信丰已获得大的成绩,叛变逃跑现象大大减少,县委机关内从未发生过这一现象。谁不了解这一点而不努力于这一工作,也就使叛变逃跑的现象日益严重起来。南雄和信南因为不注意积极做这方面工作,造成在最后时期的严重现象,而影响整个工作的发展。

当着我们由河东转移到游区时,主要的是反对失败情绪和企图脱离当时的艰苦斗争,以及反对在长期斗争中不耐心的〔地〕忍耐的〔地〕进行艰苦斗争是很重要的,才能把内部巩固起来,保证坚持斗争到底。

在政治上易于发生几种倾向:只看见全国形势发展而忽视当前自己的斗争的形势而发生空洞乐观,结果放弃自己的斗争准备和布置,易于受到敌人的打击。另一种是右倾,只看自己当前的严重形势,而看不见全国形势和革命实际的发展,就要发生悲观失望,大家依靠天吃饭的倾向,只希望全国的形势来改转自己的斗争现况,不了解要用主观的斗争来争取形势改变,一遇全国某些事变的结束,就要悲观失望,这种右倾机会主义的观点是最危险的。

在游击战争中不相信群众,只希望单靠军事力量来战胜敌人,以及在资产阶级在敌人长期进攻中不能忍耐,企图将部队集中去同敌人拼一拼的冒险主义也有发生。至于游击主义和土匪倾向更成为主要的现象和斗争,在群众工作中的雇佣观念,脱离群众,欺压群众(如好多的干部开始做工作也就像自己当了官一样,公开向群众宣布这条坑为我管,一切事都归我说话)以及假公报私仇,乱罚款子,等等。

在生活中贪污腐化现象特别创造许多腐化的理论(如游〈击〉区应当吃好些,不吃不喝就要准备逃,不吃不喝不穿死了也不值得,找伙计婆更普遍),至于怕困难、消极怠工更属普遍。

因此,我们为了克服这种倾向和现象,作了坚持的无情斗争,同时采用了各种教育办法,如将种种现象写成教材或在全党游击队中进行教育,如遇有新的现象,毫不放弃把他轻轻放过,但这斗争主要是教育的性质。

因为在我们这样环境和条件,使我们一方面同各种现象作斗争,同时不得不采取群众的教育的方式,一切简单的斗争方式在这样斗争的环境只有害而无利。但有一个主要标准,一切错误分子只要他不投降敌人,我们于是用耐心去教育去争取他。相反的,我们对他应该提高最高的警觉性,否则就是帮助了敌人。

这三年斗争是在最残酷的、最尖锐的环境,同我们敌人苦打奋斗,同时不断在党内进行残酷的斗争,依靠党的政治教育去克服一切现象来巩固我们自己的力量,我们是在这样内外的斗争中最后战胜了我们的敌人。

(录自中共中央文献研究室、中央档案馆编《建党以来重要文献选编·第 14 册》,中央文献出版社 2011 年版,第 710~733 页)

## 张闻天、毛泽东关于南方各地游击队整编问题给秦邦宪、叶剑英的电报

### （一九三七年十月三十日）

博、叶①：

关于各地游击队问题：

甲、集中五分之三，留下五分之二于原地改为保安队为原则，并坚持此原则，反对全部集中的国民党要求。

乙、留下五分之二，改为保安队部分，均须加以政治上整理，坚决反对投降主义，反对国民党派遣任何人，同时严防国民党之暗算，森严自己壁垒。

丙、集中五分之三为一军，以叶挺为军长（待考虑），项英为副军长，陈毅或刘英为参谋长，反对国民党插入任何人。

丁、以四个月为清理时间，任何游击队区，均须党中央派人亲去传达，然后集中。

戊、在何鸣部人枪没有如数交还以前，不能集中。

己、叶挺是否能为军长，待你们提出保证之后，再行决定。并告周、朱、彭、任。②

洛、毛③<br>三十日

（录自中共中央文献研究室、中央档案馆编《建党以来重要文献选编·第14册》，中央文献出版社2011年版，第638页）

---

① 指秦邦宪、叶剑关。
② 指周恩来、朱德、彭德怀、任弼时。
③ 指张闻天、毛泽东。

# 中共中央政治局关于南方各游击区工作的决议

## （一九三七年十二月十三日通过）

政治局听了项英同志关于南方各游击区的报告之后,认为项英同志及南方各游击区的同志在主力红军离开南方后,在极艰苦的条件下,长期坚持了英勇的游击战争,基本上正确的〔地〕执行了党的路线,完成了党所给予他们的任务,以致能够保存各游击区在今天成为中国人民反日抗战的重要支点,使各游击队成为今天最好的抗日军队之一部。这是中国人民一个极可宝贵的胜利。

项英同志及南方各游击区主要的领导同志以及在游击区长期艰苦斗争之各同志,他们的长期艰苦斗争精神与坚决为解放中国人民的意志,是全党的模范。政治局号召全党同志来学习这些同志的模范。

现在放在中国共产党前面的任务,是在扩大与巩固以国共两党的合作为基础的抗日民族统一战线,以战胜日寇。政治局相信南方过去各游击区的同志同样能够在中央及中央东南分局的领导之下,完成争取中华民族的独立解放的神圣的任务。

（录自中共中央文献研究室、中央档案馆编《建党以来重要文献选编·第 14 册》,中央文献出版社 2011 年版,第 735 页）

# 关于中共泸县中心县委和川南特委情况

邹风平(一九四〇年八月)

〈1934 年〉10 月,叙永黄坭嘴将发动游击战,我就到叙去布置……我在游击队工作 1 月多的成绩:① 复活了农会组织;② 扩大了游击队;③ 摧毁了部分农村统治;④ 建立了公粮公款制度。

我带了大量银子于冬月二十六回到泸州,一年来的穷困至此发财了,干部同志们兴奋得发狂。

接着中央红军长征经过叙永黄坭嘴,游击队与彭德怀同志见面,发来 50 余支枪,留下些伤病员,派了几个干部到游击队工作,游击队活跃了。我到泸州不几天,中央派严朴同志经泸州赴上海,带来了封指令信,内容大意:中央要在大江以南、金沙江以东、乌江以北创建苏区,川南党立即将大江北岸干部调到南岸,积极发动武装行动,中央并发来人枪 400 余,扩大叙永游击队,改为川南红军游击队,以王逸涛为司令,徐策为政委;组织川南特委为党的领导机关,指定徐策、余泽鸿、戴元怀、夏才曦和我为委员,徐策同志任书记;泸县中心县委受川南特委领导。我们才根据这一指示猛烈工作。

1940 年 8 月

(录自《邹风平自传》,中共宜宾地委党史工作委员会编《中央红军长征在川南》,1986 年印行,第 196 页)

# 共同打敌人(红军文告)

红军战士们,三大纪律要记清,

行动听指挥,切莫胡乱行。

尊重妇女们,处处工农来欢迎。

洗澡避妇女,买卖要公平,

说话要和蔼,纪律要严明,

我们是红军,团结爱人民。

军民是一家,共同打敌人,

干人兄弟们,本是一家人,

山南海北闹革命,齐心消灭蒋家兵,

打军阀除恶霸,共同杀敌闹翻身。


穷苦兄弟们,当兵就要当红军,

官兵都一样,没有人来压迫人。

红军不骂人,人人都平等,

尤如亲兄弟,互帮互学团结紧。

穷苦百姓们,快快团结紧,

消灭苛捐和杂税,废除地租分田地,

建立苏维埃政府,穷人当家作主人。

毛委员领导咱,冲破敌军围,

打到四川去,创建根据地,

组织穷苦人,齐心闹革命,

赶走侵略军,人民得太平!

白军兄弟们,快快醒悟当红军,

官兵军饷都一样,没有打骂人,

人人讲平等,互尊互爱似兄弟,

专为穷人打天下,拖枪当红军,

人人都欢迎。

白军兄弟们,逼迫你们去当兵,是为军阀去卖命,不打侵略军，专打自己人。

当官喝兵血，还要打骂人，

快快过来当红军，

人人都欢迎。

绿林弟兄们，红军为穷人，

赶走侵略者，消灭蒋家兵，

共同打倒卖国贼，解救穷苦人，

欢迎你们当红军，共同当家作主人。

红政宣

（书写于四川兴文县建武关田坝村。搜集者：陈国辅）

# 红军游击队标语

实行民族平等,在经济上、政治上苗人与汉人有同样的权利!

实行民族自决,苗民一切事情苗民自己解决!

苗民的首领由苗族自己选举,不要国民党走狗委派!

苗人与汉族工农共同分财富佬的财产!

(标语是 1935 年 2 月~1937 年 1 月川南红军游击队在四川省泸州市叙永县分水镇一带活动时,留在木格倒村一社陶柱君住宅墙上的)


只有苏维埃才能救中国!

群众起来拥护中国共产党!

穷人只有当红军才不受压迫!

取消一切苛捐杂税!

遵绥湄游击队

1935 年 3 月

(书写于贵州省遵义县火烧舟亭子台)

打倒王家烈!

打倒刘湘!

红军公买公卖!

红军不拉夫!

反对川军拉夫!

只有当红军才有出路!

赤水河游击队

1935 年 3 月

(书写于贵州省遵义县山盆太平村)

不交租,不还债,捉杀收税逼债的豪绅地主!

消灭一切地主武装!

打倒土豪劣绅,穷人得翻身!

打倒土豪劣绅，穷人育田分！

石鼎山起义游击队

1935 年 3 月

（书写于贵州省赤水县大同镇）

欢迎兄弟部队胜利会师。打进遵义去！

欢迎穷人当红军！

红军游击队是红军的挺进队！

红军和穷人是一家人，团结起来打垮土豪劣绅和区公所、乡公所！

黔北、赤水河游击队

1935 年 4 月

［书写于贵州省仁怀县放牛坪（现属习水县）］

打倒土豪劣绅，一切苛捐杂税取消！

黔北游击队

1935 年 5 月

（书写于贵州省桐梓县花秋区凤水街上）

实行土地革命！

反对帝国主义瓜分中国！

欢迎绿林弟兄来当红军！

欢迎白军和区丁、乡丁反正当红军！

川滇黔游击纵队

1935 年 8 月

（书写于贵州省赫章县城）

转战川滇黔，打垮国民党！

红军是穷人的队伍，农民们要与红军联合起来对付白军！

川滇黔游击纵队

1935 年 10 月

（书写于贵州省毕节县亮岩）

打垮国民党，消灭中央军！
农民弟兄与红军游击队联合起来！

红军游击队

1936 年 3 月

（书写于贵州省毕节县杨家湾）

打倒国民党的血腥统治！
抗日无罪，抗日有功！

贵州游击支队

1938 年

（书写于贵州省毕节县黄塘）

反对强迫婚姻！
打倒屠杀川南民众的军阀杨森！
欢迎贫苦工农自动加入红军！
欢迎贫苦工农出身的团丁打绅粮团保来当红军游击队！
欢迎木格搭的劳苦人民武装起来实行土地革命！

川南游击队

1935 年 2～4 月

（书写于四川省叙永县）

欢迎绿林兄弟打白军！保证不打红军游击队！
捉拿白军侦察，杀死压迫剥削你们的匪军，拖枪来当游击队！

川南游击队

1935 年 2～7 月

（书写于四川省兴文县周家镇）

打倒卖国的国民党！

欢迎白军士兵拖枪过来当红军！

推翻帝国主义统治！

没收帝国主义资本的企业和银行！

反对帝国主义奴役中国！

反对帝国主义瓜分中国！

反对帝国主义进攻苏联！

国民党是自古以来汉奸卖国贼！

川南游击队

1935 年 2～7 月

（书写于云南省威信县）

只有在苏维埃旗帜之下才能得到解放与自由平等！

打倒国民匪党！推翻国民匪党！

国民党是帝国主义的走狗！国民党〈是〉地主资产阶级政党！

打倒国民狗党！欢迎贫苦工农团结起来打倒压迫你们的豪绅地主资产阶级！

川南游击队

1935 年 2～7 月

（书写于云南省威信县鱼硐村）

不交租，不还债，捉杀收租逼债的豪绅地主！

没收地主阶级的田地财物分给贫苦农民！

——红军川南游拥宣

（书写于兴文县建武九丝城镇）

勇敢的工农加入工农红军！

打倒扣发军饷的军阀杨森

——红军川南拥宣

（书写于兴文县建武九丝城镇）

民团是豪绅地主资产阶级的走狗！

欢迎贫苦工农主导的团,只有拖枪过来当红军游击队才是你们的主力军,欢迎绿林弟兄打绅粮分田地!

——红军(川南)

(书写于兴文县建武九丝城镇)

政权属于苏维埃!

红军地(是)穷人的队伍!

——川纵宣

(书写于四川省筠连县大乐乡兴盛村岩壁)

红军是人民的队伍!

打倒官僚军阀!

打倒土豪劣绅

共产党万岁!

红军游击队

(书写于四川省珙县底洞牛市坝、河坝头十字广口墙壁上)

团防是豪绅地主的看家狗!

——边三宣

(书写于四川江安县红桥至玉屏桥头房屋壁上)

团防是豪绅地主的看家狗!

——红军川南

(书写于四川兴文县洛柏林、红鱼村)

拥护红军北上抗日!

红军是人民的子弟兵!

打倒贪官污吏!

打倒土豪劣绅！

打倒李腾骧，李振武！

红军游击队

（书写于四川珙县洛表街上）

打倒卖国罪魁蒋中正！

中华苏维埃万岁！

红军万岁！

不交租，不完粮！

欢迎团防士兵拖枪当红军！

川南（宣）

（书写于四川省筠连县城内）

红军是工农自己的军队！

团防是地主豪绅的看家狗！

打倒土豪劣绅！

打倒四川军阀刘湘！！（刘湘二字写成一条狗的形状）

（甘棠〈阚思颖〉、李桂英〈李桂洪〉书写于四川省江安县梅桥镇十字街口和桥头石壁上）

欢迎劳苦工农群众加入红军游击队！

红军是工农自己的〈军队〉，白军是豪绅地主资产〈阶级〉的军队！

只有苏维埃才能救中国！

共产党是无产阶级的政党！

川滇黔边游击纵队

1935 年 7 月～1937 年 1 月

（书写于云南省威信县）

拥护中国共产党！

欢迎贫苦工农出身的〈团丁〉打绅粮分绅粮的财产，〈踊跃〉地加入红军游击队!

国民党是豪绅地主的集团!

欢迎绿林兄弟来当红军!

欢迎绿林兄弟打绅粮团保,不打工农!

反对投降帝国主义!

反对帝国主义进发东北!

反对帝国主义占据东北四省!

反对帝国主义进攻东北义勇军!

打倒日本帝国主义和国民党!

反对帝国主义国民党!

武装保护苏联!

打倒派捐派伕的国民党!

打倒四川军阀刘湘,反对国民党拉伕!

打倒压迫剥削劳苦工农群众的杨森!

打倒扎西的小军阀陇承尧!（注）

取消一切苛捐杂税!

实行不交租,不还债!

推翻军阀国民党!

实行土地革命!

1935 年 2～7 月

陇承尧,镇、奕、威独立营营长。

（书写于云南省威信县）

打倒陇承尧,活捉官娃子;消灭卖国贼! 驱逐洋鬼子!

光棍出头不中用,团结起来闹革命!

打军阀官僚,打土豪劣绅!

打贪官污吏,打土豪劣绅!

1935 年

这两条标语是以对联形式书写的。

（书写于云南省镇雄县）

欢迎绿林兄弟打白军!

拥护工农阶级自己的军队红军!

打倒派捐抓丁的国民党!

打倒日本帝国主义和国民党!

实行土地革命!

欢迎劳苦工农群众加入红军游击队!

白军兄弟是工农出身,不打工农红军!

欢迎绿林兄弟来当红军!

拥护中国共产党!

拥护东北红军对日作战!

红军游击队

（书写于云南省威信县）

打土豪,分浮财,分田地!

打倒贪官污吏!

打倒土豪劣绅!

打倒官僚地主!

红军游击队

（书写于云南省彝良县）

贫苦农民组织起来到地霸豪绅家里去夺粮食吃去拿衣服穿!

——红游南政宣

我们是打富济贫,共产党领导的革命队伍,是为劳动人民打天下的!

——红游南政宣

只有跟着共产党搞武装斗争,夺取土豪、官僚、白军的枪支来武装自己,把反动派都打垮,穷人才能得翻身,过上好日子。

——红游南政宣

（云南游击支队书写于威信县郭家坟一带）

劳苦工农群众团结起来武装起来打绅粮分田地！

红军是工农阶级领导的队伍，红军绝对保护工农利益！

工人组织了工会，实行八小时工作制！

雇农、贫农、中农加入农民委员会！

推翻军阀国民党政府，建立工农兵代表会议政府！

白军打仗，官长升官发财，不要替军阀当炮灰！

白军兄弟是工农出身，不打工农红军！

欢迎贫苦工农团结起来，到绅粮地主家里去分粮食吃！

不交租不还债，捉杀收租逼债的豪绅地主！

收缴白军团防的武器来武装工农！

拥护中国共产党！

拥护东北红军对日作战！

为什么要革命，同志们受了豪绅地主剥削和压迫。现在我们大家干人要团结一致，武装起来，打倒绅粮分田地，打倒国民党，推翻帝国主义出中国去，我们广大工农劳苦群众才能得利益！

打倒收苛捐杂税的军阀！

消灭一切地主武装！

欢迎穷苦工农替红军引路送信！

打倒出卖中国的国民党！

（1935 年 2 月～1937 年 1 月书写于云、贵、川三省边境）

（录自四川省文化厅、云南省文化厅、贵州省文化厅编《川滇黔边红色武装文化史料选编》，贵州人民出版社 1995 年版，第 110～118 页）

## 红军川南游击纵队在叙永书写的标语

## 中国共产党十大政纲

推翻帝国主义统治；

没收帝国主义资本的企业和银行；

统一中国，承认民族自决权；

推翻军阀国民党（的）政府；

建立工农兵代表会议（苏维埃）政权；

实行八小时工作制〈，〉增加工资，失业救济和社会保险等；

没收一切地主阶级的土地，耕地归农；

改善士兵生活，分配士兵土地和工作；

取消一切政府军阀地方的捐税，实行统一累进税；

联合全世界无产阶级如苏联。

［书写在四川叙永县坛厂乡落堡村（现属水潦彝族乡黄狮村一社）胡泽云家右耳房顶壁上］


纪念"五一"扩大红军！

红军（川南）

纪念"五一"拥护共产党！

红军（川南）

［书写在四川叙永县坛厂乡落堡村（现属水潦彝族乡黄狮村一社）胡泽云家堂屋右侧正门背面］


打倒国民党政府！

活捉军阀刘湘！

消灭一切地主武装！

收缴白军团的武装来武装工农！

红军（川南）

贫苦的农民加入农民委员会！

实行抗租抗粮抗捐抗税！

红军（川南）

（书写在四川叙永县坛厂乡落堡村胡泽云家右耳房板壁上）

左：反对帝国主义进攻中国革命！

右：反对打骂徒弟！工人实行八小时工作制！

红军（川南）

（书写在四川叙永县坛厂乡落堡村胡泽云家后面阴沟边泥壁上）

欢迎农民□自动起来！

欢迎绿林弟兄！

红军川南拥支一宣

（书写在四川叙永县坛厂乡落堡村胡泽云家左耳房檐泥壁上）

纪念"五一"先进的工农加入红军游击队！

红军川南五宣

欢迎先进的中农雇农贫农加入农民委员会！

红军川南游击五宣

（书写在四川叙永县坛厂乡落堡村桐子湾左正房檐下）

川南红军告绿林弟兄！

绿林弟兄们！你们应该打白军，打团保，打绅粮，不应该拿工农一点东西。

川南红军告绿林弟兄

绿林弟兄们！你们应该打白军打绅粮打团保，不应该拿红军家属工农小贩和苗民的半点东西。你们的出路：加入红军游击队，打土豪分田地，建立川南工农兵的苏维埃政权。葬送造成民众失业和破产与死亡的国民党罪恶统治。

红川南

欢迎绿林弟兄打绅粮分田地！

打倒出卖中国的国民党!

打倒国民党政府!

欢迎贫苦工农团结起来打绅粮团防加入红军去!

欢迎绿林弟兄们起来打团保打绅粮拖枪来当红军!

绿林弟兄们你们的出路只□□□□□

只有苏维埃才能救中国!


工人组织工会

白军是绅粮的靠山

反对白军保护绅粮

建立川南革命□□□□□员会

红军川南政

（书写在四川叙永县坛厂乡落堡村店子上史仲举家堂屋神龛和两边板壁上）


反对打骂徒弟!

反对强迫婚姻!

川南游击队四宣

（书写在四川叙永县坛厂乡落堡村何明珍家正堂屋门壁上）


拥护中国共产党!

（书写在四川叙永县路井乡团结高坎子陶正永家燕儿窝窗下）


捉杀收款委员!

劳苦工农群众团结起来武装起来打绅粮分田地。

勇敢的工农加入红军!

红军川南游拥宣


打倒抽收苛捐杂税的军阀!

打倒屠杀川南民众的军阀杨森!

红军川南拥宣

打倒克扣军饷的军阀刘湘、杨森！

拥护东北红军对日宣战！

红军川南游拥宣

欢迎贫苦工农出身的团丁暴动起来打绅粮分地方！

欢迎贫苦工农自动加入红军！

红军川南游四支

打倒军阀刘湘三倍征收田〈赋〉活捉□永克！

红军川南拥宣

（苗民）与汉人有同样的权利！

买〔实〕行民族自决，苗民一切事情由苗民自己解决！

苗民的首领由苗民自己选举，不要国民党军阀委派！

苗人与汉族工农共同分财富的土地财产！

红军川南拥支 A（宣）

苗族汉族工农起来共同扫〈除〉国民党军阀的统治！

苗民的事情由苗民自己决定打倒压迫剥〈削〉苗民的国民党！

联合苗民群众推翻帝国主义国民党，〈赤〉化川南解放川南工农劳苦群众！

红军川南拥支 A（宣）

不交租不交债捉杀收租逼债的豪绅地主！

没收地主阶级的土地财〈富〉分给贫苦农民！

红军川南拥支 A（宣）

反对四川军阀抽丁当兵！反对白军拉夫！

欢迎绿林兄弟打绅粮分地方不拿工农半点东西！

红军川南拥宣

白军是豪绅的走狗！

苏维埃政府是工农□□□□

国民党政府是压迫工农群□□□

红军拥

欢迎贫苦工农出身的团丁打绅粮团保来当红军游击队！

红军川南五（宣）

白军弟兄是工农出身的不要替军阀打工农红军！

红军（宣）

欢迎木格搭的劳苦武装起来实行土地革命！

红军是抗日反帝国的主力军！

□□□□租税的国民□□□

□□□□士兵拖枪过来当□□

红军川南拥支

拥护东北红军对日作战！

建立川南革命委员会！

反对豪绅地主压迫群众修碉！

捉杀团保白军的侦探！

欢迎工农们起来分绅粮的田地，拿绅粮的衣穿分绅粮的粮食吃！

［书写在路井乡团结村瓦房头（木格搭）下寨］

欢迎劳苦工农替红军引路送信！

加入农民委员会！

建立苏维埃政权！

（书写在四川叙永县路井乡团结小学教师寝室窗扇上，系瓦房头吊脚楼下拆下来的）

（录自中共叙永县委党史研究室编《中央红军长征在叙永》，1992 年印行，第 181～186 页）

# 红军游击队标语(45条)

1. 共产党是无产阶级的政党!

2. 拥护中国共产党!

3. 只有苏维埃才能救中国!

4. 红军是工农自己的〈军队〉,白军是豪绅地主资产〈阶级〉的军队!

5. 欢迎劳苦工农群众加入红军游击队!

6. 欢迎贫苦工农出身的〈团丁〉打绅粮分绅粮的财产,〈踊跃〉地加入红军游击队!

7. 欢迎贫苦工农团结起来,打倒压迫你们〈的〉豪绅地主资产阶级!

8. 国民党是帝国主义的走狗!

9. 国民党是豪绅地主的集团!

10. 国民党是自古以来汉奸卖国贼!

11. 打倒国民狗党!

12. 打倒国民匪党! 推翻国民匪党!

13. 国民党〈是〉地主资产阶级政党!

14. 欢迎白军弟兄拖枪过来当红军!

15. 欢迎绿林兄弟来当红军!

16. 欢迎绿林兄弟打绅粮团保,不打工农!

17. 推翻帝国主义统治!

18. 没收帝国主义资本的企业和银行!

19. 反对帝国主义奴役中国!

20. 反对帝国主义瓜分中国!

21. 打倒卖国的国民党!

22. 反对帝国主义进攻苏联!

23. 欢迎白军士兵拖枪过来当红军!

24. 反对投降帝国主义!

25. 反对帝国主义进攻东北!

26. 反对帝国主义占据东北四省!

27. 反对帝国主义进攻东北义勇军!

28. 打倒日本帝国主义和国民党!

29. 打倒卖国的国民党!

30. 反对帝国主义国民党!

31. 武装保护苏联!

32. 打倒派捐抓夫的国民党!

33. 打倒四川军阀刘湘,反对国民党拉夫!

34. 打倒压迫剥削劳苦工农群众的杨森!

35. 打倒扎西的小军阀陇承尧!

36. 取消一切苛捐杂税!

37. 实行不交租,不还债!

38. 推翻军阀国民党!

39. 实行土地革命!

40. 只有在苏维埃旗帜之下才能得到解放与自由平等!

41. 中国共产党万岁! 只有苏维埃才能救中国!

42. 打倒陇承尧,活捉官娃子,消灭卖国贼!

43. 贫苦农民组织起来到地霸豪绅家里,去夺粮食吃,去拿衣服穿!

44. 我们是打富济贫,共产党领导的革命队伍,是为劳动人民打天下的!

45. 只有跟着共产党搞武装斗争,夺取土豪、官僚、白军的枪支来武装自己,把反动派都打垮,穷人才能得翻身,过上好日子。

红军游击队标语,由威信县扎西纪念馆、中共威信县、镇雄县党史研究室提供。辑录时只保留不同的标语,共计 45 条。

（录自云南省文化厅、中共云南省委党史研究室编《中国工农红军在云南革命文化史料选》,云南民族出版社 1996 年版,第 205～207 页）

## 红军川滇黔游击纵队纪律歌

红军纪律顶严明,行动听指挥,切不胡乱行。

打土豪尽归公,买卖很公平,

对人要和气,开口莫骂人,

借物要归还,洗澡避女人。

军民之间,相亲相爱,胜似一家人。

(书写于四川兴文县关爷庙墙上。搜集人:秦道新)

（二）回忆口述资料之一

## 1. 游击纵队的组建和总体情况

### 游击队的组建

彭德怀

当时中央军委命令,从军团抽调三四百人,派得力干部率领,在川、滇、黔边创新根据地,我们照办了。抽选了 400 余人,派师政委徐策同志率领,在军委指定地区进行游击战,创造新根据地。徐是一九三〇年鄂东南特委组织部长,派来三军团做政治工作的。此事,至一九六六年三月我到珙县视察煤矿工作,就便调查徐策同志所部下落,才知他们当年转战至五六月间,只剩数十人,被敌包围,全部壮烈牺牲,没有一人投降。

(录自《彭德怀自述》,人民出版社 1981 年版,第 198 页)

## 张爱萍为红军川滇黔游击纵队题词

红军主力长征北上，

川滇黔边游击战场。

孤军奋斗牵制强敌，

壮烈牺牲万代敬仰。

1986 年春节

张爱萍，时任中华人民共和国国防部部长。

（录自《中国工农红军川滇黔边区游击纵队斗争史》编写组编《中国工农红军川滇黔边区游击纵队斗争史》，云南人民出版社 1986 年版，题词第 2 页）

# 余泽鸿留在了川黔滇边境地区

## 萧劲光

离开古蔺时，余泽鸿被调离了上干队，留在川黔滇边境地区做地方工作，开辟新的革命根据地。他从上干队带走一些干部和部分枪支。他们的工作开展得怎样，不得而知，只是后来才听说，他在斗争中牺牲了。上干队抵达威信时，上级又派莫文骅来担任政委。在这之前，莫文骅在军团政治部任宣传部长。

萧劲光，长征时任军委干部团上干队队长。

（录自《萧劲光回忆录》，解放军出版社 1987 年版，第 116 页）

# 我的回忆（节录）

## 李坚贞〔真〕

这年（1934年）的2月份，我到了中央妇女部。妇女部的秘书是阚思颖〔甘棠〕和彭儒。以后李桂英、邓天金、吴富莲、钟月林、刘新香、蔡纫湘也先后调到妇女部工作。

……

四、长征路上

（一）长征途中的群众工作

我在二纵队司令部任民运科长兼民运工作队队长，民运工作队有100来人，记得有陆定一、刘晓、谢唯俊、罗梓铭、邵式平、洪水（越南人）……女同志除我以外，还有阚思颖〔甘棠〕、蔡纫湘。工作队的任务是沿途做群众工作、扩大红军、找粮食、找向导、找挑夫。

（二）遵义县革命委员会

部队在扎西再次进行了整编，把一些笨重的印刷机、磅秤等东西丢掉了。当时中央决定留下一些同志在川滇黔边界开展游击战争。阚思颖〔甘棠〕和李桂英两人也留下了。我被调到干部休养连去工作。分别时，我们三人抱在一起哭作一团，心想不知何年何月才能再次见面。

李坚贞，女红军。新中国成立后，曾担任中共广东省委书记、广东省人大常委会主任。

（录自李坚贞〔真〕《我的回忆》，《中共党史资料·第31辑》，第43页，第47页）

# 红军川滇黔边区游击纵队的成长〔节录〕

## 刘复初

依据调查要求和实际情况,回忆了红军川滇黔边区游击纵队的由来和发展历史,斗争事迹,组织情况……这些已为40多年前的经历,由于当时没有记载,难免忘却不少,由于我的文化水平限制,反映和表达得不全面,仅供参考。现分别叙述如下:

第一,毛主席播下的革命火种,红军川滇黔边区游击纵队。

毛主席领导的秋收起义,指出了武装夺取政权的道路,全国各地的响应,相继发动工农群众,组织武装斗争。中共古宋县委曾组织农民和士兵武装起义均未成功,总结了失败的教训,而后与〔于〕1934年冬,叙永、古宋等地党组织又在川南组织红军游击队。1935年1月中央红军占领遵义后,我们派人向党中央报告工作。毛主席指示:川滇黔边区的群众条件和地形条件都好,可在这些地区创建根据地。1934年12月中央为了今后苏维埃运动和红军的发展,决定在川黔边建立新的根据地,以适应新形势发展的需要。

1935年2月中央红军在云南扎西整编中,毛主席又指示:留下一些指战员同地方游击队合并,在敌后开展游击战争,创建革命根据地,牵制敌军配合主力红军行动。

因此,党中央于1935年2月,先后派了徐策、余泽鸿、何宗舟等同志率领少数干部和部分武装及一些伤病员来到川南红军游击队,正式成立了红军川南游击纵队,并建立了红军游击纵队的领导核心中共川南特委。1935年三四月间,红军黔北游击支队、红军川南游击支队先后同红军川南游击纵队合队。中共川南特委为了适应革命形势发展的需要,将红军川南游击纵队,改称为红军川滇黔边区游击纵队,中共川南特委改称为中共川滇黔边区特委。我们的任务是牵制敌军,配合中央红军进行长征北上抗日,建立革命根据地。

依据上述任务和敌情,为了配合中央红军摆脱敌军的围追堵击,争取迅速掌握战略上的主动权,便于消灭敌军使红军顺利长征北上抗日,特委在毛主席的正确路线指引下,率领红军川滇黔边区游击纵队在敌后积极开展政治斗争和武装斗争,在川滇黔边区的20多个县内40多个乡镇地区,宣传党的抗日救国主张和路线政策,揭露帝国主义和国民党军阀及土豪劣绅们的一切罪恶,提高工农兵群众的阶级觉悟,唤起各被压迫民族联合起来,反帝反封建,欢迎工农群众以及白军士兵前来当红军。打倒帝国主义和国民党军阀,打土豪分田地,推翻国民党各级反动政府,建立革命根据地和苏维埃政权,解放工农劳苦大众,在敌后武装工农群众,开展游击战争,威胁敌军、扰乱敌军、增敌困难,拖住敌军后腿。

通过红军川滇黔游击纵队宣传路线和政策以及游击纵队的实际行动,不断扩大党在群众中的政治影响和红军游击纵队的威望,因而川滇黔边区的工农来当红军,部分绿林武装(即农民反抗地主、土豪的残酷剥削,自愿组织起来拿起武器,走进深山丛林与地主、土豪斗争的武装)来当红军,川滇黔部分士兵起义来当红军。与此同时各地纷纷建立游击队,川滇黔边区各民族〈群众〉拥护共产党和热爱红军,党的政策在群众中发芽生根。由于川滇黔边区游击纵队不断壮大,各地威胁军阀们的老巢,迫使川南敌军固守宜宾、泸州、重庆等城市,不敢再向前追击中央红军,于是敌军调动了川滇黔三省兵力来"围剿"红军游击纵队,这正是红军游击纵队要达到的目的,便于减少敌军追击中央红军,红军顺利的〔地〕进行长征北上抗日,我们完成了牵制敌军的任务。

1936年,为配合红二方面军①长征和建立川滇黔边区革命根据地创造条件,直至我军于1950年解放川滇黔边区时,红军游击队的同志和群众积极协助"剿匪"。历史事实证明了毛主席在红军长征中播下的革命火种,在群众中生根结果了,充分体现了毛主席的战略思想:长征是宣言书,长征是宣传队,长征是播种机的英明论断是无比正确的。

第二,红军川滇黔边区游击纵队第一阶段的发展历史和斗争事迹(主要是牵制敌军配合主力红军长征)。

一、红军川南游击纵队的成立。

1935年1月,中央红军来到川滇黔边区。王逸涛说他认识朱总司令,四川叙永县两河口区派王逸涛去向党中央汇报,说他在黄埔军官学校毕业后,参加了南昌起义,在战争中失掉了联系,回到老家两河口区与地方工作的同志张友德(原是中共宋兴特支成员)等在1934年冬组织了数十人的红军游击队,其中有农民和部分绿林武装,在两河口、黄坭嘴、杨家湾等地活动,〈想请〉党中央派同志来加强领导。

---

① 时称红二、六军团。

因此中央红军经黄坭嘴时,先留下何宗舟(第三军团第五师某团总支书记)、陈盛才(第三军团第五师某团特派员)带来少数干部和部分武装及一些伤病员同王逸涛筹建红军川南游击队,由王逸涛任司令员,何宗舟任政委,陈盛才任政治处主任。游击队司令部下设3个大队。第一大队长周连山(红军干部团来的),第二大队长曾晋南(第三军团第四师某营的营长),第三大队长杨登高(绿林武装带队人),政治指导员贺东朝(红军干部团来的),以上3个大队有200多人,在两河口、分水岭、朱家山、天堂坝、天蓬寨等地宣传群众、发动群众,打国民党军阀和保安部队,打土豪分田地,镇压反革命,扰乱敌后……

1935年2月又根据毛主席的指示:留下一些指战员同地方游击队合并,在敌后开展游击战争,创建革命根据地,牵制敌军,配合主力红军行动。因此,党中央特派徐策(第三军团第六师政委)、余泽鸿(干部团上干队政委,原粤赣军区政治部主任),率领少数干部和保卫局第五连及一些伤病员来川南游击队,正式成立红军川南游击纵队和中共川南特委。纵队司令部司令员王逸涛,特委书记兼政委徐策,特委副书记兼政治部主任余泽鸿,特委委员兼参谋长曾春鉴(第三军团补充第二师的师长),特委委员兼组织部长戴元怀(第三军团某师特派员),特委委员兼宣传部长龙厚生(第三军团某师特派员),特委委员兼特派员李青云(保卫局的干部),群众工作组组长陈盛才。新增第四、第五两个大队。第四大队负责人张医生(这个大队主要是伤病员),第五大队长黄虎山(保卫局来的第五连),以上有500多人(何宗舟还带了重伤员50多人在地方休养)。

特委率领红军游击纵队,以叙永、古蔺、古宋、兴文、长宁等县为中心,在川南宣传党的抗日救国主张和路线政策,揭露帝国主义、国民党军阀、土豪劣绅的一切罪恶,发动工农兵群众及各族受压迫的人民联合起来,打倒帝国主义和国民党军阀,推翻省、县、区、乡各级反动政府,建立革命根据地和苏维埃政权,打土豪分田地,取消地租高利贷和苛捐杂税,镇压民愤极大的反革命,夺取地主武装来武装工农,同时在敌后开展游击战争,袭击敌军要隘,阻击敌军运输,破坏敌军工事、电话、电台,活捉敌探、敌报员、收税官,扰乱敌后治安,牵制川南敌军。用以上行动,配合中央红军甩开了川南敌军,由扎西折回东征,重占遵义、桐梓,主动的〔地〕消灭敌军,胜利的〔地〕完成了声东击西的军事计划。

二、红军川南游击支队的由来。

1935年2月,红军川南游击纵队来到了兴文县建武城。这时,我任中共宋兴特支书记(古宋、兴文两县简称),专程前去向中共川南特委汇报工作和敌情。特委指定:首先由中共宋兴特支书记介绍1934年冬在川南组织游击队的情况,根据毛主席领导的秋收起义,武装夺取政权的道路,组织革命武装去镇压反革命,便于在白区开展工作,同时为了组织红军游击队,迎接中央红军来临,跟着毛主席闹革命,因此我们在川南组织红军游击队第一队,以古宋县(现属叙永县)红军之友社的成员为骨干,发动工农群众参加游击队,由数人发展到数十人,拿起梭镖、马刀、土炮去夺取地主武装,逐步的〔地〕换成了新式武器。由中共宋兴特支书记刘复初兼红军游击队政委,由中共宋兴特支宣传委员郭平安兼任红军游击队队长,由中共宋兴特支组织委员杨泽久兼任红军游击队联络员,在叙永、古宋、兴文、长宁、江安等县境内,宣传党的路线政策,发动干人兄弟(指工农群众)参加红军闹革命,打白军、打团保、打土豪、分粮食,打县政府和区、乡公所,抗税、抗租、抗债;反对为国民党军阀筹军粮和军饷,反对围攻抗日救国的红军,反对拉民夫抓壮丁、修碉堡、挖战壕,镇压反革命和收税官吏。这些行动都是广大劳动人民欢迎的。其次,红军游击队第二队是以川军携枪出来的及绿林武装组成,数十人的红军游击队,由杨介中任队长(川军携枪来的),由王少章任队副(绿林武装带队人),杨叔宽任政治指导员,在江安、长宁、纳溪等县境内开展对敌斗争。以上两个队有100多人,称为红军南六游击队,刘复初任政委。中共川南特委决定这些游击队称为红军川南游击支队,仍在原地开展游击战争,迷惑敌人,以为川南各地都有红军武装,协同红军川南游击纵队,在川南牵制敌军,配合中央红军行动。

三、特委研究牵制敌军的方案。

接着由中共宋兴特支书记报告敌情:四川敌军刘湘率领模范师郭勋祺、教导师潘文华、第二师王瓒绪、第五师陈谦,还有一师忘其姓名了(共5个师),其次是警卫大队周晓南、川南保安部队周化成、独立旅3个团童希占、机枪师两个团刘麻子,8万多人,尚有杨森军阀部队1万多人。以上敌军分驻川南长江沿岸各地,"围剿"追击红军。贵州敌军周西成有1万多人。国民党薛岳、周浑元、李弥等纵队有4万多人。云南敌军龙云部队1万多人。这些敌军在川黔边区围追堵击红军,敌人认为红军要在川南北渡长江,故集中兵力,企图歼灭红军在川南地区。敌人叫嚣红军逃脱乌江之危,逃不脱长江之险。

特委依据敌情,共同研究牵制敌军方案。为了配合中央红军甩开川滇黔敌军,便于长征北上抗日,我们应当首先打击川军,经常威胁川军老巢(宜宾、泸州、重庆等重要城市),各地虚张声势,故造番号名称(如:红军宜宾纵队、红军泸州纵队、红军重庆纵队、红军贵州纵队等等),各队散发传单,迷惑敌军,造成红军主攻宜、泸、重等地是〔的〕声势,迫使川军重兵固守宜、泸、重等城市,从而减少敌军追击中央红军,再向贵州开展游击战争,威胁桐梓、遵义、贵阳等城市,迫使贵阳敌军不敢远离老巢,便于中央红军甩开这些敌军,北渡长江上游,如果云南和其他敌军追击中央红军,我们随后攻击敌军,扰乱敌后,增敌困难,使敌前后挨打,促敌折回,保卫老巢,这是因为军阀混战,拼命争夺大城市,作为他们发家致富的根据地。宜宾、泸州、重庆都是刘湘军阀的老巢和命根子,桐梓、遵义、贵阳则是贵州军阀固守的老巢和命根子。以上大城市又是国民党蒋介石最重视和最怕丧失的地方。我们威胁军阀的老巢,敌人必然要用重兵固守,如果军阀固守老巢或集中兵力"围剿"红军游击纵队,就达到了我们牵制敌军之目的。

特委一致同意这个作战计划,但为了具体实施牵制敌军的方案,有两个意见:第一,主张红军游击纵队速到泸州对岸纳溪、蓝田坝等地威胁泸州敌军,再到合江、江津、赤水等县境内威胁重庆和贵州敌军,配合中央红军再占遵义和向南攻打贵阳的计划,而后从川黔边西征打到宜宾对岸的江安、长宁等县威胁宜宾之敌,折回来东征再威胁泸州、重庆敌人,促敌决心保卫川南长江下游,空虚长江上游,便于中央红军渡过金沙江;第二个主张,先向川南南六县进发,重点打一个县城,威胁宜宾之敌,而后再威胁泸州、重庆、贵州敌军,牵制在川黔边区,便于中央红军甩开川黔敌军,直向长江上游进发。

最后特委决定,先打到南六县,重点攻占筠连县城。结果打开筠连后,宜宾敌军以为红军要从宜宾渡长江,决心固守宜宾。同时红军游击队,好似雨后春笋在川南各地出现,敌人异常惊慌。

四、红军川滇黔边区游击纵队的产生。

1935年4月,川军逮捕王逸涛的家属当人质,暗中动员王逸涛脱离革命,保证给予高官厚禄。王逸涛得知此消息,当红军川南游击纵队到达叙永五龙山后,王逸涛和杨登高带了第三大队部分武装,私逃投敌叛变,川军委任王逸涛为川南"剿共"特派员,给予各种优待。从此王逸涛与敌人狼狈为奸,在军事上同敌人不断"围剿"红军游击队,在政治上经常造谣污蔑我们,在组织上则在各地破坏我们,还抓我亲属刘洪恩等当人质和逼迫他们交待我的情况。直至解放前,王逸涛还带着国民党匪军川滇黔边区堵击人民的解放军前进。但王逸涛投敌不久,张凤光、余得胜等同志率领红军黔北游击支队〈来了〉。

听说,根据中央政治局 1935 年 1 月决定建立川黔新的根据地,先以遵义为中心的黔北地区,而后向川南发展。故军委特派人组织黔北游击队,200 来人到分水岭同红军川南游击纵队合队,特委决定编成两个支队,把原来的五个大队编为第一支队,由刘干臣任支队队长(干部团的干部),由胡宗权任政委(第三军团第四师某团政治处主任);红军黔北游击支队编为第二支队,由张凤光任支队长(军委团的干部),由余得胜任政委(第三军团第四师某团特派员),司令员兼政委徐策,其他各部负责同志未变动。这时又扩大了一些新战士,共有千数人之多,力量变雄厚了,全军精神振奋,在川滇黔边区迅速开展了游击战争。

但在长官司战斗中,敌军两个团居高临下,机枪扫射,敌情紧急,特委同志提出敌军兵力和占据地形处于优势,红军游击队在被动挨打的情况下,应当边打边退,速甩开敌军的围攻。徐政委认为敌军堵住要隘,必须打掉,我们有把握战胜敌军,于是硬打硬冲,同敌战斗整天,敌军又从叙永县大坝镇增援一团,形成四面包围,企图歼灭我部,游击纵队英勇反击,敌人企图未得逞。但是,由于敌占优势,结果徐策当场受重伤而牺牲,张凤光和一些大队干部等同志在战斗中牺牲了,胡宗权、余得胜等同志受重伤,红军游击队一级干部多数伤亡。

天明退到威信县簸箕坝。红军游击纵队只剩下百来人了,特委决定补充领导干部,由刘干臣任司令员,余泽鸿任特委书记兼政委,周达山任参谋,曾晋南任第一支队队长,李青云任政委,黄虎山任第二支队队长,龙厚生任政委。从此领导力量减弱了,军事干部更差了,同志们的情绪有些消沉,非常惋惜牺牲了大批干部,并担心今后工作的开展,又听说川滇黔边区的敌军有 20 多个团开始围攻我部,采取分兵把守要隘,重重包围追击,同志们的心情有些紧张。

因此,为了加强红军川南游击纵队的战斗力,继续威胁军阀们的老巢,紧紧拉住敌军后退,促使围追堵击红军的敌人死守老巢,便于中央红军甩开敌人,胜利长征。因此,特委决定,中共宋兴特支书记刘复初率领红军川南游击支队前来合队,编为红军川南游击纵队的第三支队,由胡紫键任支队队长,刘复初兼任政委,同时为了迎接"五一"国际劳动节,发动群众参加红军游击纵队和开展对敌斗争,特委制定了川南群众斗争纲领。原文如下。

五、川南工农劳苦群众目前斗争纲领。(原文略)

六、红军游击纵队转战于川滇黔边区。

1935年5月,红军川南游击支队(还有第二队留在南六县活动)同红军川滇黔游击纵队会合后,同志们斗志昂扬,革命歌声震动山河,大家都很活跃。特委为了粉碎敌人"围剿",在兴文县博望山研究作战方案。我们采取的战术是:专攻空隙,打敌弱点,袭击要隘守敌,拔掉钉子,便于我们出入无阻,威胁军阀老巢,促敌固守城市,便于我们在广大农村活动,发展群众参加红军游击队,各地展开游击战争,从各方面增加川滇黔敌军的困难,配合主力红军长征。

为此,我们转战于川滇黔边区,曾经打到泸州对岸的蓝田坝附近,打到纳溪的大州驿,威胁泸州敌军,有时打到江安、长宁、庆符等县境内,威胁宜宾敌军,有时打到云南威信、镇雄、昭通等县境内,威胁云南敌军,有时打到贵州的遵义、桐梓、毕节境内,威胁贵州敌军。总之,为了牵制敌人,配合主力红军长征,我们努力造成川滇黔边区的敌军重兵固守大城市或全力对付红军游击纵队。

因此,川滇黔边区有20多个县内成了我们的游击区(即:川南的叙永、古宋、古蔺、兴文、长宁、江安、纳溪、高县、珙县、庆符、筠连、合江、江津;云南的威信、镇雄、昭通、彝良、盐津;贵州的赤水、习水、桐梓、遵义、毕节、赫章、仁怀等县。主要在四川川南、贵州西北、云南东北的边区活动)。这些县内,我们打开过四十多个场镇,也打了一些胜仗。例如,在一碗水镇战斗川军一团多人同我们战斗半天,打死打伤敌军数十人,迫使敌军不敢向前追击。

这时红军游击纵队发展到千数之多,声势浩大,同志们战胜敌军的信心更足了,打击敌人的勇气更强了。我们牵制敌军取得的胜利和逐步壮大起来的声势,使敌军难处增多,十分恐慌,认定我们经常威胁他们的老巢,扰乱了他们后方的安宁,摧毁了他们的基层政权,破坏了他们的军事建设,阻碍了他们的税收财源,煽动了他们的士兵起义,发动了民众反对他们,揭穿了他们的罪恶,打乱了他们的一切部署。敌人说红军游击纵队是最可恶最可恨最危险的敌人,把红军游击纵队视为心腹之患。因而敌军下定决心,放弃追击主力红军,回戈"围剿"游击纵队,同时中央红军已渡过了金沙江北上,敌军只得回守老巢,薛岳、周浑元、李弥等纵队仍回原省份,敌军举行川滇黔三省联合"围剿"红军川滇黔边区游击纵队,这样基本上实现了我们牵制敌军,配合中央红军长征〈的目的〉。

当时革命群众歌颂:遵义会议放光芒,毛主席的路线指方向,中央红军来到我家乡,川南掀起武装斗争的风浪,宣传共产党的革命主张,组织群众扩大工农武装,打击敌军有生力量,红旗在川滇黔边区飘扬,军阀闻风丧胆心恐慌,龟缩宜、泸、渝固守川南长江。

人们称颂毛主席播下的革命火种,烧红了川滇黔边区,骇得阶级敌人胆战心惊。

七、坚决战胜敌军"围剿",争取革命胜利。

1935年春开始,川军进攻我部,只有几个团的兵力,随后逐步增强,黔军、滇军20多个团,在各地围追堵截。由于红军游击纵队不断地威胁军阀们的老巢,引起敌军举行川滇黔三省联合"围剿"。敌军为:川南有潘文华一个师,陈谦一个师,郭勋祺一个师,还有川南保安部队;贵州有杨森和周西成军阀部队各一个师,云南有龙云军阀部队一个师。敌军从春到冬主要采取堵住要隘,重重包围,跟踪追击,占据游击区(我家乡银矿坪只十多家〈人〉,敌军驻了一个营,其他地方可想而知了)。各处堵截袭击,企图分割蚕食的办法来消灭红军游击纵队。同时敌人还残酷地镇压革命群众,凡是当红军,打土豪分东西,为红军看护伤员的施行镇压。

特委针对敌情,采取钻敌空隙,防敌堵击,袭击敌守要隘,突破敌人包围,寻敌弱点,狠狠打击,开辟新游击区,甩开敌军追击。同时对于民愤极大的敌人,坚决镇压,这样同敌坚持了四个季节,摆脱敌军围追堵击。但敌多我少,敌强我弱,敌军有政权、有后勤,支援不断,而我孤军深入敌区,没有根据地,困难重重。每天行军作战,难得休整机会,在战斗中越打人员越少,从春到冬,川滇黔边区游击纵队只余下百余人左右,伤亡很大。

在四川长宁县贾家湾,特委开会研究如何改变失利情况,提出来两个主张,一是化整为零,隐藏农村,发动群众,集零为整,打击敌军;二是保存实力消灭敌人,把现有人员转入川南山区活动,白天休整做群众工作,晚上行军和有计划地袭击敌人。因为敌我力量悬殊,四面皆敌,咱们领导力量弱,省外同志不熟悉地方情况,过于分散不利于对敌斗争。川南山区群众条件、地形条件都好,还有吃的烧的。但余政委坚决主张分散,把现有人员分成二个支队,第一支队长胡紫键,政委李青云,这个支队随游击纵队司令部活动,以叙永、古宋、兴文、长宁、江安等县为中心,在川南开展游击战争;第二支队长黄虎山、政委龙厚生,这个支队以威信、镇雄、毕节等县为中心在滇黔边开展游击战争。以上二个支队互相配合进攻敌军。

但是第二支队行军到兴文炭厂时,暴露了目标,遭到炭厂守敌袭击,第二支队数十人全部被打散,而且有的人被俘,泄漏了我们的行动计划,因而长宁县梅桐〔硐〕场守敌,立刻围追阻击第一支队,又被打垮。敌人追击到古宋西区泥基湖。

在危急时余洪泽牺牲了,我退到踏水桥山上,敌军又追到,打了半天,双方只隔了30米左右,敌军高喊:上刺刀抓活的!我们下令丢掉包袱,轻装前进,沉着应战,拼命杀敌。忽然遍地都是包袱,敌军哈哈大笑,互相争抢东西。乘此机会,我们甩开敌军的追击,正值日落西山,天色渐渐黑了,敌兵收军回营。

特委在踏水桥山上开紧急会议,刘复初提出:要保存实力,争取革命的胜利,游击队上连天山隐蔽休整,等敌军撤回城市后,再下山扩大红军游击纵队,继续同敌人斗争。刘干臣提出:余政委牺牲了,由刘复初同志任红军游击纵队政委,并要求留下休养,等他病好后再归队,在他养病期间司令员职务由刘复初同志兼任。李青云同志表示同意,请刘干臣同志代特委宣布,立刻行动。因此一面安置刘干臣的休养(寄在古宋县踏水桥高某家),一面煮饭吃和备干粮,当晚夜奔连天山,黎明登上连天山。这时清查红军游击纵队人数,只有十七人了,少数是干部,多数是战士。其中人员有:刘复初、李青云、胡紫键、陈实才、高良民、赖道林、刘术汗、刘全宝、钟明山等。

特委开扩大会议,刘提出:为了适应形势,干部和战士既要担任日常战斗任务,又要宣传群众和开展地方工作,咱们要经得起任何艰难的考验,为争取革命胜利而战斗到底。李青云同志提出:为了工作需要,统一指挥,统一行动,由刘复初同志主持特委全盘工作。大家一致同意。会后立即召开连天上的居民座谈会,宣传红军是共产党领导的,红军游击纵队是毛主席留在川南为劳动人民打天下的,红军是劳动人民的子弟兵,红军和劳动人民心连心,帝国主义国民党军阀,土豪劣绅是劳动人民的敌人。工农兵群众为了解放自己,应当参加红军,为红军封锁消息、报告敌情、采购粮食、介绍地方情况(土豪、团保、民团武装、反动分子……)。

我们正向老百姓宣传中,突然发生地震,山摇地动起来。有个老汉说:红军上山就有地震,这说明将来是共产党的天下,过去什么朝代发生地震就出现皇帝、清官统一天下,人民安居乐业,因此中国一定是共产党的天下。老乡们听了这些话,高兴地举起大〔拇〕指头说:就是,就是。因此我们鼓动老乡们快快联合起来,在共产党领导下,为劳动人民的解放而奋斗,并把老百姓说的"军阀混战,人民遭灾难,兵来为梳,官来为篦,团保来了如刀剃,地主要债又要利,逼得穷人没活命"说完了又解释一下。老乡们气愤地说:这是军阀、团保、地主们压迫剥削穷人的罪恶,想起这些痛苦,恨不得把他们杀光才好,咱们要革命呀!

我部队上山后第三天,敌军两个团包围了山下,敌人天天上山用机枪扫射,火力搜查,我们利用森林做天然屏障,每日同敌军转圈子,走相反的方向,但军情也十分的紧急。有一天早晨敌军上山来了,我部几乎碰上,幸好雾天很大,敌未察觉。我们赶快隐藏在路边草丛里。有个同志的后背被敌人的长棍插了一下,忍痛不敢哼声,吓得满头大汗,敌人没有发现,盲目的〔地〕过去了。

可是严峻的考验继续来临,冬天寒风怒吼,同志〈们〉还穿着破单衣,光背赤足踏雪,粮食缺少,只能勉强充饥,真是又冷又饿,日子难过,甚至有的同志说红旗扛不下去了,要求各逃生命。因此我向同志们解释:咱们在军事上暂时失利了,但在政治上确是胜利了。经过一年来的阶级斗争,工农兵群众都知道国民党军阀、团保土豪是最凶恶的敌人,共产党是劳动人民的救星,决心跟着共产党闹革命,这是争取革命胜利的群众基础,当前我们遇到的困难是暂时的,革命前途是无限光明的。我们只有紧密团结,生死同在,坚决战胜敌人的进攻,斗争就能胜利,不斗争就会死亡。革命者要有战胜困难的英雄气魄,为革命牺牲是光荣的、正义的。今后红军游击队的发展很快,定能把红旗牢固地插在川滇黔边区。当前敌军重重包围,你往哪里逃去?临危脱离革命是可耻的。

同时积极设法解决困难。有了穿的先给群众穿,有了吃的先给群众吃,带头放哨煮饭,侦察敌情。同志们见领导干部以身作则,深受感动,都表示要坚持对敌斗争。敌军"围剿"找不到红军游击队的目标,于是造谣:"共匪"消灭了,"匪首"阵亡了……因而敌军撤兵回城,我们下山继续活动。白天休整和发动群众当红军,晚间秘密行军镇压反革命,各地对敌封锁消息,大力宣传和动员工农支援红军游击队,迅速发展红军游击队,继续打倒帝国主义,打倒国民党军阀和土豪劣绅,深受广大群众的欢迎,当时革命群众歌颂:红军同志真英雄,不畏敌军围千重,天上青松傲霜雪,红军意志赛劲松,高举红旗闹革命,坚决支持游击队。

第三,红军川滇黔边区游击纵队第二阶段的发展历史和斗争事迹(主要组织力量,创建革命根据地)。

一、扩大红军游击队继续战斗。

1935年冬末,特委为了扩大红军游击纵队,回到老游击区发动工农群众参军,我们访问红军家属和贫苦农民,表示共产党对他们的关怀,老乡们好像见到久别的亲人似的,高兴〈地〉流出热泪,大家奔走相告:毛主席领导的红军回来了。群众纷纷前来看望,有的说同志们辛苦了,为穷人打天下,受尽艰险,老百姓十分感谢,有的说亲人啊,你们回来了,咱们心里乐开了花,千言万语说不完。有的说许多敌人"围剿"你们,很是令人担忧,只愿同志们平安无事;有的说红军来了老百姓很幸福,敌人返回咱们就遭殃了,你们不要走了才好呀;有的说红军和穷人骨肉相连,敌人"围剿"红军就是屠杀穷人,因而咱们仇恨敌人。

不仅如此,游击队到老乡家宿营,自动让房,烧茶煮饭、送菜送柴,真是军民一家人。我们向老乡们宣传,红军为革命不怕牺牲流血,决心消灭敌人,彻底解放劳动人民,为争取革命胜利,欢迎青年参加红军游击队,保卫咱们的家乡,老乡们热情支持,动员青年参加红军,于是三三两两来报名参军。劳动人民的革命感情,说明群众拥护共产党和热爱红军,而且说明军民关系亲密,正如毛主席的教导:"军民团结为一人,试看天下谁能敌。"特委用这个具有阶级教育意义的事实,加强路线教育,说明遵义会议,确立了毛主席在全党全军的领导地位,执行了毛主席的正确路线,增强了马列主义的指导思想,争取了革命形势好转,进一步表明共产党和红军是中国人民的希望,所以深得广大的各族劳动人民热烈拥护,这是我们争取革命不断胜利的最宝贵物质力量。

二、洛柏林会议总结经验教训。

1936 年春初,红军游击队扩大了一批新战士当红军,同时动员打散或养伤的干部和战士归队,龙厚生、黄虎山等同志也归队了,这时红军游击纵队发展到 200 来人,为统一指挥和继续扩大游击队,特委决定编成二个大队,第一大队长高良民,政治指导员兼支书陈兴才,第二大队长黄虎山,政治指导员兼支书曾广胜,红军游击纵队长龙厚生,政委刘复初,特派员李青云,参谋长胡紫键。在叙永县的大坝、银矿坪,兴文县的五村、洛柏林、长宁县的梅桐沟等地休整,加强政治教育和军队训练,同时为了总结工作和今后发展在洛柏林召开特委扩大会。在会上首先由政委介绍红军游击队分散后的失败和重新发展的情况,而后正式选举刘复初为川滇黔边区特委书记兼任川滇黔边区游击纵队政委,选龙厚生为特委委员兼任红军游击纵队长,选李青云为特委委员兼任红军游击纵队特派员。同时特委初步总结了一年来阶级斗争的经验教训。

(一)过去我们没有认真创造革命根据地,只是孤军深入地区开展游击战争,牵制敌军配合主力红军长征,但未切实的组织群众,建立农村根据地和革命政权,彻底摧毁农村封建剥削制度,因而在敌人"围剿"中没有休整机会和后援,战士减少难补充,伤病员无法安置,敌情不能及时了解,常遭敌军围追堵击,处于被动挨打〈状态〉,游击队失败了。毛主席教导:武装夺取政权,只能走建立农村根据地,以农村包围城市,最后夺取城市的道路,而不能走别的道路,但当时我们不很理解这个真理。

(二)过去没有认真建立统一战线,紧紧依靠工农群众,团结一切可能团结的力量,不断壮大自己、孤立敌人,集中打击最凶恶的敌人——帝国主义、国民党军阀、土豪劣绅,如果打倒主要敌人,革命就能胜利,一概打倒就会增强敌人孤立自己,这不仅对革命不利,甚至会遭失败。过去有些同志只有敌人没有朋友观念,不会组织反帝反封建的同盟军,团结革命的知识分子、少数民族、白军士兵、绿林兄弟、爱国人士、长期抗日的友军……共同打倒最凶恶的敌人,应当引为教训。

(三)过去我们没有认真注意游击战争的特点,保存实力消灭敌人,以少胜多、以弱胜强,在游击中抓住敌军弱点,速战速决,能胜就打,不胜就退,不能硬打挨打,对敌围追堵击,应该设法甩开敌人,争取主动和休整时间,武装群众,开展人民革命战争,不断消灭敌人有生力量。应该在各地播下革命火种,组织广大人民参战,用人民战争打倒阶级敌人,革命才能胜利。孤军在敌后作战,更应充分动员人民依靠群众力量去战胜敌人。

(四)过去我们没有认真开展建党工作,在部队中发展党员有些保守,对老党员的教育抓得不紧,在地方中没有建党,故无党组织做群众工作,这些影响我们的发展,因此在战争中要注意发展新党员,教育老党员要带头完成战争中的各项任务,发挥党组〈织〉的作用,密切党群关系,保证党在部队中、地方中不断提高威信和扩大党的政治影响,团结广大群众,为革命争取胜利而艰苦奋斗。

三、制定川滇黔革命根据地行动纲领。

根据以上情况,特委除加强部队的建设和政治思想工作外,为了组织工农群众参加革命战争和动员各族人民建立革命根据地,特委提出:川滇黔边区革命根据地的行动纲领,以便在工作中有些遵循。原文如下:(原文略)

四、打垮"川南联合剿匪军",配合红二方面军[二、六军团]长征。

1936年春,据说红二方面军[二、六军团]来到贵州边境,为了牵制敌军配合红二方面军[二、六军团]胜利通过黔滇边区和直渡金沙江,红军游击纵队在川南加紧对敌斗争,拉住敌军后腿,把敌军牵制在川南地区,使红二方面军[二、六军团]长征,等红二方面军[二、六军团]过了金沙江后,我们才由川南开向滇黔境内,到兴文建武城附近,忽遇"川南联合剿匪军"的侦察队十多人,我们故装白军巧妙地把这些人抓起来,得知敌人来了两千多保安部队,专程前来配合川军"围剿"红军游击纵队，我们便立即组织出击，乘敌人刚上到半山时，我们猛攻追击，敌人遭到意外的伏击，顿时惊慌失措，四处逃窜，丢盔卸甲，喊爹喊妈，真是狼狈不堪。不到一小时敌军全部打散了，活捉敌人大中队长数十人，缴获枪百余支和其他军用品。我们就地开了俘虏会，宣传党的俘虏政策，宣传党的抗日救国主张，坚决反对国民党军阀亲日卖国，制造分裂，镇压人民革命，进攻抗日救国的红军。欢迎白军起义前来当红军，共同驱逐帝国主义，收回祖国领土，拯救沦陷区的同胞，争取中华民族的独立解放，这是光荣的正义的，全国各民族人民拥护的，中国共产党的主张是一定要实现的，红军是一定要胜利的。经过教育，俘虏们表示拥护，回去转告各界爱国人士和部队官兵，大家联合起来，打倒帝国主义，打倒国民党军阀，我们把这些俘虏放回后影响很大，"围剿"红军游击纵队的川军教导师堵在川边不敢行动。

五、黔军兵变来当红军，游击队扩大千人。

1936年春天，我们经过各种活动，红军游击队发展到300多人了，在川边打垮了川军进攻后，直向滇黔边区进军。到了威信县罗布坳，曾春鉴、邝善荣、余得胜、曾晋南等同志前来归队。特委为了充实各级领导干部，决定曾春鉴任参谋长（胡紫键到建武养病去了），邝善荣任参谋，曾晋南任第二大队长（黄虎山受伤洛柏林休养），余得胜任政治指导员，曾广胜任部队总支书记。

快到云南省威信县所属花朗坝，突然来了两个代表，一个是红二方面军[二、六军团]留在阮俊臣部队工作的欧阳同志，一个是黔军在毕节兵变出来找红军的代表。他们说阮俊臣领着红军游击队（原是绿林武装，是我们的小游击队），同红二方面军[二、六军团]会合，领导上派欧阳同志到阮俊臣部，要求他们在敌后坚持武装斗争，贵州军驻在毕节的第五旅兵变一营出来，同阮俊臣部队会合，有600多人，敌军不断追击他们。阮和兵变领导人陶树清商定，为了争取共产党领导，要同红军川滇黔的游击纵队合队行动，因此阮陶二人派代表前来找我们，要求领导他们同革命。正在商量合队方案，黔军五旅柳际明部队赶来了，猛追猛击。红军川滇黔游击队狙击敌军，让阮陶部队撤退，当天退出威信县院子场休整。特委决定：为了改变这支兵变和绿林武装，批准阮陶二人带的武装同红军川滇黔游击纵队合队，编成三个支队，第一支队长阙某（忘其名了），政委欧阳；第二支队唐某，政委邝善荣；第三支队长龙厚生，刘复初兼政委，司令部司令员阮俊臣（新党员），副司令员陶树清，纵队总政委刘复初，参谋长曾春鉴，阮、陶负责后勤，刘曾负责政治军事指挥……这支武装的领导权基本上是我们掌握，发展到1000多人。

在川滇黔边对敌斗争,我们从政治上加强阶级教育,争取多数人革命,认真贯彻执行党的路线政策,从军事上加强教育,要求同红军游击队一样服从命令,做到统一指挥统一行动,从组织上加强党的教育,发展新党员,健全党组织,加强党的领导作用,从纪律上加强三大纪律八项注意的教育,总之各方面教育改造思想,适应革命战争和形势发展的需要,争取组成一支有阶级觉悟有坚强的意志,有战斗能力的革命武装。在川滇黔边区开展新的局面,在川滇黔边区创建革命根据地,把革命红旗牢固的插进川滇黔边区。让革命火种在辽阔的川滇黔地区燃起燎原大火,烧毁旧社会,迎来新社会。按照这个理想,加强部队的政治思想工作,提高指战员们的阶级觉悟,树立为工农大众的解放而艰苦奋斗的思想,使之懂得只有劳动人民彻底解放自己才能解放,只有在中国共产党的领导下,才不会迷失方向和犯错误,认真贯彻执行党的路线政策,才能团结广大的劳动人民和革命群众。

同时对部队加强组织纪律的教育,使之懂得只有组织起来团结一致,服从指挥才有力量战胜敌人,只有自觉遵守纪律,随时注意保护劳动人民的利益,才能争取广大群众支持革命。经过以上工作,加强了党的领导作用,在各支部中已开始培养一些积极分子(有个别的入了党),人们精神焕发一新,革命朝气蓬勃,这证明改造白军和绿林武装是必要的,而且是有效的。

我们在川滇黔边已经打了一些胜仗,声势日益浩大。从而使敌人坐卧不安,加紧了对游击队的"围剿"。贵州有杨森和周西成部队,四川刘湘部队,云南龙云部队,在川滇黔川区围追堵击红军游击队。致使陶树清提出建议:① 为了缩小目标避免敌军跟踪追击,游击队公开活动减少,秘密活动增加,文字宣传减少,口头宣传增多,到处封锁消息,使敌找不到我们行踪,便于休息。② 为了增加内部团结,避免同志之间发生误会,要求耐心教育说服,白军士兵和绿林兄弟志愿来当红军是要革命的,要求进步的,乐意接受党的教育,而且决心改正错误,故对违反纪律的人,不要动辄痛骂:操你娘、操你祖先,土匪!土匪!……③ 为了摆脱敌军"围剿"、暂时离开老游击区开辟新游击区,争取主动。保存实力以便进一步打击敌人。以上三点建议,有的同志认为值得研究,采纳正确的意见,对改进工作有好处。但龙厚生同志认为是有阴谋,应当提高警惕,而且坚决反对三点建议,因为:① 红军游击队是宣传队,减少公开活动文字宣传,就是不革命,就是怕敌人攻击。② 违反纪律就应该严格处理,不能谅解,耐心教育实质是妥协。③ 开辟新区,企图脱离红军游击队,可能还想侵略游击队。既然陶树清等有意见,应该立刻甩开他们,红军游击纵队单独活动。我不同意这样主观判定,坚持继续教育改造的方针,争取大多数人革命。因为战士中最大多数是工农和城市贫民深受社会压迫剥削的痛苦,一心要革命的,除了个别屡教不改者外,多数人是可教育改造好的,我们把这支兵变绿林武装队伍改造好了,不仅影响白军中不断发生兵变来当红军,而且影响绿林兄弟继续前来当红军,以免被敌利用。这对于壮大红军游击队,增强革命力量却是有益的。但如果放弃这些武装的教育争取,将会造成不好的政治影响,如果他们被敌人利用,对革命更有伤害。走上门的群众工作必须做好,拒绝群众的合理建议是孤立自己,但多数的同志同意甩开他们,只好忍痛丢掉600多人的武装。

果然,我们离开这些兵变队伍后,部队失去了党的领导核心,在敌军的围追堵击下,很快被敌打散了。陶树清被敌活捉枪毙,阮俊臣前来见我们说:共产党不教育改造兵变和绿林武装的做法是错误的,对革命是有害的,痛苦而别。1938年我部参谋邝善荣同志到延安学习,在整风中检查这段历史。邝说:不执行党的教育改造政策,不争取兵变和绿林武装,就是孤立自己壮大敌人力量,单纯逃跑是右倾机会主义路线。回忆过去,坚持错误的人实在幼稚可笑。

白军士兵和绿林兄弟受旧社会的压迫剥削是很痛苦的,经过党的教育,多数人要革命的,是我们团结的对象之一,他们自愿前来当红军就证明是要革命的,但当时有的同志不教育改造不争取团结他们以攻击真正的敌人。历史事实证明,是王明错误路线的流毒,应当引为教训。

六、克服王明错误路线的影响。

1935年夏,在贵州赫章地区,红军游击队甩开阮陶部队后,特委为了认真贯彻执行党的路线和政策,在川滇黔边区打开战争局面,发展大好形势,促进红军川滇黔游击纵队的更大发展。我提出:① 学习遵义会议精神,认真执行毛主席的革命路线,克服重犯王明错误路线的影响。只有这样,革命才能胜利,否则就会失败。为此,必须增强党的领导,加强部队的政治思想工作,提高指战员的路线斗争觉悟,按照毛主席的指示办事,为创建川滇黔边区革命根据地而奋斗。② 学习洛柏林会议及一年来阶级斗争的总结和川滇黔边区革命根据地行动纲领,进一步的〔地〕统一认识,团结一致,改进工作,努力做出成绩。③ 当前争取时间在游击区深入发动群众,把川滇黔各族劳动人民组织起来,分别参加工会、农会、妇女会、游击队、赤卫队,在农村成立苏维〈埃〉政府,选出工农兵代表当权,彻底推翻国民党的各级反动政府,摧毁农村封建剥削制度,实行川滇黔边区革命根据地的行动纲领,解放工农劳苦群众。以上提议特委一致赞成。

特委委员龙厚生提出:为了适应形势发展和工作需要,恢复红军川滇黔游击纵队司令员的称号,由特委书记兼任司令员,便于党政统一领导。红军游击纵队政委由龙厚生担任,红军游击纵队特派员仍由李青云担任,司令部参谋长由曾春鉴担任,司令部参谋由邝善荣担任,大队干部不变。这项提议特委通过。最后李青云提出:特委书记提出的意见,对于加强党的领导和壮大工农武装,做好各族人民的工作,对于拓展新形势新局面十分重要,我们应当逐步实行起来,争取革命形势好转,白天我军封锁消息,夜间休整和做群众工作。特委领导同志亲自抓部队的政治思想工作,抓地方工农群众工作,抓少数民族工作,抓白军的兵变工作,抓绿林武装的改造工作,抓反帝反封建的统战工作……这些工作经过努力,都有成效。

七、川军兵变来当红军,游击队扩大600多人。

1936年夏末,特委为了创建革命根据地,开展白军兵变工作,白军游击队到了威信的罗布坳场,老乡们说:四川边境上来了一支白军,是从川军起义来的,沿途还有敌军追击。接着兵变部队派代表来了,说是川军教导师第二旅在川边堵击红军游击纵队,但士兵听老乡说:红军为劳动人民打天下,广大群众热烈拥护,红军官兵平等亲如兄弟,红军长官关心改善战士生活,战士回家还发给路费,红军欢迎白军起义当红军……士兵们听到这些宣传,心里特别高兴,认定自己是劳动人民,应为劳动人民打天下,绝不给军阀当炮灰。因此,住在珙县底硐铺的白军,由刘少成和兰澄清等带头秘密活动,枪毙了营连长,带了100多人(机枪、迫击炮、新步枪等装备)前来当红军。

特委当面表示欢迎,请他们立即带队前来合队,在簸箕坝开联欢会,杀猪招待,领导同志来连队访问、开诉苦会,加强仇恨阶级敌人的思想,发动老战士热爱和帮助新战士,开座谈会宣传党的路线和政策。他们十分满意,感动流泪,欢呼中国共产党万岁,中国工农红军万岁!

特委决定把他们编为红军川滇黔边区游击纵队第五大队,由刘少成任大队长,由兰澄清任副大队长,派曾广胜任大队政治指导员。这时除了增加起义部队外,还扩大了部分新战士,红军游击纵队发展到600多人。同志们说:革命火焰越烧越旺,游击队又兴盛起来了。事实证明,路线正确,革命迅速发展,路线错了,革命造成失败。因此同志们对争取白军起义更重视了,并耐心做教育工作。第五大队的同志反映:当了红军好像回到家里一样温暖,心情舒畅,战友之间团结互助,真是革命的大家庭。他们在党的领导下认真执行三大纪律八项注意,表示决心革命。

在云南威信地区(花朗坝附近),红军游击纵队同滇军补充第二团作战,敌军相当顽强,刘少成自动请求支援前线,批准了他们的请求。刘少成向战士宣誓:今天是咱们报仇杀敌的时候,必须坚决打垮白军,上刺刀立刻冲到战场。威武异常,吓得敌人慌忙逃窜,真是一夫舍命,万夫难挡,不一会就把云南敌军打垮了。同时刘少成、兰澄清等在行军作战中积极请求入党,决心永远跟着共产党走。历史证明白军起义来当红军战士,革命意志是坚定的,同时也证明党对争取白军兵变的政策是正确的,这对于孤立敌人是十分必要的,对于革命发展是非常有利。但过去有些同志受了王的错误路线的影响,放弃改造起义的士兵工作,对革命是有害的。

八、改造绿林武装。

1936年秋,特委为了创建革命根据地,对绿林武装实行教育改造政策,争取他们参加革命,执行党的路线、政策,坚决跟着共产党走,红军游击队到达威信县郭家坟,殷禄才等人前来接洽,说他深受万恶的旧社会剥削、压迫,逼得饥寒交迫,穷途无路,当了绿林兄弟,听说红军为受压迫人民报仇,打富济贫,被人们(劳动人民)热烈拥护。因此1935年秋曾同红军游击队联系,又让他回乡闹革命,但很盲目,闹不起来,现在来当红军,请求批准。

特委为了争取绿林武装接受党的领导,要殷禄才等人随军学习,常以红军游击队的实际行动和革命道理教育他们,要求他们懂得:① 受压迫的根源,谁是敌人,谁是朋友,团结谁,打垮谁,依靠谁,利用谁,组织广大群众去战胜阶级敌人;② 只有在共产党领导下,认真贯彻执行党的路线政策,才能联合广大群众共同革命,争取胜利才有保证,盲目瞎干必然失败;③ 只有执行三大纪律八项注意,爱护人民利益,才能争取广大群众支持革命,只有自觉遵守纪律,服从命令,统一行动,才有力量战胜敌人;④ 经常宣传群众,组织群众,武装群众,不断壮大红军游击队,消灭国民党军阀和保安队,夺取敌人武装来武装工农,打土豪分田地分粮食,打倒县、区、乡反动政权,建立苏维埃政权,镇压反革命,惩罚收税官吏,扩大党的政治影响;⑤ 发扬艰苦奋斗的革命精神,敢于战胜一切困难,敢于战胜阶级敌人,不怕牺牲，不怕吃苦，为劳动人民打天下，是光荣的正义的；⑥ 革命一定要胜利的，国民党注定要灭亡的，各族劳动人民拥护共产党和热爱红军，这是战胜国民党的群众基础和可靠保证；⑦ 要懂得天下穷人是一家，劳动人民心连心，自己是劳动人民之一，争取劳动人民解放是自己的责任，只有彻底解放劳动人民，自己才能解放。

特委等待殷禄才有所进步，提高了阶级觉悟，他坚决要革命，培养和吸收他入党，临别时发给殷禄才一些武器，要他回乡成立游击队，动员工农群众和可以改造好的绿林武装参加革命，争取扩大成为红军云南游击支队，在敌后坚持对敌斗争，随时同中共川滇黔边区特委取得联系，必要时我们派同志去指导，望你〔他〕为共产主义而奋斗到底。殷禄才高兴地表示一定不辜负党的教育和期望，一定完成党交给的任务。殷禄才临别时留下的纪念〈诗句〉：党的教育心明亮，浑身胆量气豪壮，红军送我新武器，发展云南游击队，立志永远闹革命，打倒敌人争胜利。以后听说殷禄才干得很好，在敌后坚持阶级斗争十多年，打击国民党卖国贼和土豪恶霸，为劳动人民除害，深受群众欢迎。知殷禄才的情况还有他人。

这个事实证明，绿林武装是可以改造好的，多数人是要走革命道路的。因为绿林武装多是穷人兄弟（劳动人民），在旧社会同军阀混战到处筹军饷和军粮，广收苛捐杂税，地主收重租和高利贷，团保勾结军阀敲诈勒索，都是劳动人民受压迫剥削，有的逼上梁山组织绿林武装，强烈反抗国民党军阀、地主、团保的压迫剥削，所以川滇黔边区的绿林武装是相当多的，有的被国民党欺骗收买，要他们攻打红军，根据以上实际情况，我们必须对绿林武装实行教育改造政策，争取他们在共产党领导下闹革命，既挽救绿林兄弟走革命道路，又壮大革命力量孤立敌人，这是非常必要的。但过去有的同志放弃党的教育改造政策，不争取绿林兄弟参加革命显然是错误的。

九、开展少数民族工作。

1936 年秋，特委为创建革命根据地，开展少数民族工作，因为川滇黔边区少数民族特多，其中有百分之九十是贫雇农民，受压迫剥削的痛苦很深，还有不少是土司官家的奴隶，过着农奴制度的生活，长期束缚在土司官家的土地上当奴隶，每年种地收得的粮食大多数向土司官家交地租，种大烟、喂牲畜还要向土司官家纳贡，农民家中青壮年要为官家当兵，为土司官家争地盘，打仗拼命，农民各家每年要去一人为官家当奴隶一月，官家祝寿、结婚、死人，农民要送礼和去人为官家做义务劳动，农民如果违反官家规定的各种制度，轻者罚劳工或拘留，重者被皮鞭痛打，甚至杀头。总之官家所辖的农民都是奴隶待遇，无代价为官家拼命、劳动、纳贡、交租……正像农奴们说的，我们的生命财产都受官家支配，哪有平等自由啊！这说明官家和农奴们之间的矛盾是十分尖锐的。

但发动农奴闹革命还是很复杂的，他们缺少文化，觉悟低，封建迷信思想浓，他们认为官家生来就是富贵命，应当统治农民，农奴的命不好是天生定的，应当受官家的统治。官家有钱有势，统治农奴很严，农奴好像官家菜板上的肉，随意宰割。农奴只得吃点苦头，免遭官家的迫害，农奴不敢反抗官家，只好听天由命甚至有的人对官家尊敬为神，在官家面前服服帖帖，官家说啥立刻去办。

我们反复宣传解释，农奴思想包袱丢不下，斗争官家动不起来，如果发动农奴闹革命，官家反对，实行镇压，农奴们更不敢革命了，同时官家和农奴都是少数民族，都受国民党军阀和大汉族主义的歧视压迫，虽然少数民族中存在统治被统治的关系，官家压迫农奴群众，必然要革命的。但不注意策略，还会引起敌人造谣，污蔑我们搞民族分裂，造成民族纠纷……这样就会增加开展少数民族工作的困难。因此应该认真分析情况，采取适当对策。

当时特委还了解到少数民族官家之间的矛盾也是很尖锐的——就是大官家压迫小官家的矛盾。因大官家的土地广，人口多，经济足，武器多，势力大，而小官家的情况与此相反，大官家为了扩大领域和霸权，实行侵略吞并政策，用武力征服小官家，逼迫投降接受，要小官家听从调动为他拼命，每年向大官家纳贡输送劳动力……，有不服就给打击，因此小官家极为愤怒，反对大官家的阴谋野心，有的小官家派代表来请求支援，想打倒大官家的侵略。因此我们宣传党的民族政策，主张少数民族团结起来，在中国共产党领导下，实行民族平等，尊重民族自治，发展民族文化语言，各族人民发扬友爱，和睦相处，团结互助，发展生产，改善生活，反对国民党军阀、大汉族主义和恶霸的一切压迫剥削，共同建设民族团结大家庭，为实现各族人民的彻底解放而奋斗！

威信花朗坝有个寡妇官家，她的丈夫被大官家逼死了，请求支援她报仇。特委劝她要想解放自己，必须首先解放农民，团结农民，实行民族平等，取消奴隶制度，减租减息，免除兵役、劳役、纳贡、送礼……鼓励农民发展生产和改善生活，争取农民支持才有力量。〈特委说，〉解除了农民的负担，组织武装自卫，保卫家乡安全，群众就会积极主动，否则你更孤立更危险。若你愿听劝告，我们常来此地，会对你有好处的。寡妇官家相当开朗，热情表示同意。她送了我们一些粮食……她很高兴建立友谊关系,欢迎红军常来指导。这样便于进一步的深入群众,首先抓好一个地区的工作,逐步开展各地的农奴革命,消灭农奴制度,采取这个策略还是有益的。例如:有一次我们路过花朗坝,敌人追击,正是寡妇家的武装(农奴兄弟)守着前进路口,我们猛烈冲锋,他们就喊:红军是好朋友,请过关吧!果真枪往天上放,马上就撤走了,否则我们就要吃亏了。因少数民族善于打麻雀战,占据地形集中力量消灭你,但你反攻他就分散。过去因少数民族武装打仗,我们是吃过亏的。可是这次,我们顺利通过了。这说明执行党的民族政策是十分重要的。

尤其是少数民族分布在川滇黔边区,广大群众要求革命,山区地形险要,打游击和创建革命根据地都是有利条件。根据当时内外同志的实际情况,采取适当策略也是必要的。毛主席教导:"外因是变化的条件,内因是变化的根据,外因通过内因而起作用。"这是客观事物发展的规律,故在工作上必须考虑内外因的变化,考虑主观和客观的条件。

十、开展工农群众工作。

1936年秋,特委为了创建和捍卫革命根据地进一步开展群众工作,调查到还有地方当红军游击队走了之后,土豪团保又回乡镇压革命群众,逼迫归还红军分给他们的粮物,实行反攻倒算,甚至严刑拷打,公开限制工农活动,禁止同红军游击队接近。这对开展群众工作创建和捍卫革命根据地阻力很大,特委针对以上情况,开展反镇压的斗争,凡是镇压工农革命和反攻倒算的反革命分子,坚决予以镇压。

我们红军到达镇雄地区(忘记地名),老百姓密告:土豪保长陈某镇压革命群众,要求红军为劳动人民报仇。因此我们下令抓陈敌保长来公审,但这个反革命分子住在高山岩洞里,有炮台有武装,半山上只有一条独路,岩洞附近的路掘断了,攻击困难。我们警告陈敌保长自动出来认罪,从宽处理,陈不回答,我们用迫击炮轰击也无效果,特委决心打开岩洞,枪毙反革命分子,组织力量带上木板搭桥,带上干草辣椒,夜间封锁炮台枪口,向内射击迫使敌人无法开枪,而后点燃干草辣椒塞入洞里,让辣椒烟熏敌人。果然我们开枪,敌人只得退进洞里,我们随即点火熏洞,只听敌人喷嚏打个不停,这时烧毁寨门,冲进岩洞外层,再向内层开枪和烟熏,敌人更受不了,有的大叫救命,这时我们展开了政治攻势高喊:团丁是干人兄弟,不要为土豪拼命,把枪交出来吧!于是从洞口丢出了枪,我们又喊:把门打开出来受降。一群人眼泪汪汪鱼贯而出,哀求饶命。我们又喊:谁是敌保长站出来，敌兵说保长还在洞里。我们带着俘虏去抓陈，这时陈在石洞里顽固抵抗。老百姓得知这样振奋人心的消息，高兴得跳起来，真是大快人心。但听说敌军追来了，我们只好暂时撤走。

到达威信院子场上，刘某和苏某（忘其名了）来密告：说他们是游击队的负责人，有十多人和枪，来到院子场附近，受了明团暗匪的胡队长（可能叫胡纯武）的欺骗，要求合作互助，结果没收了小游击队的武器，遣散队员们回家。因此请求勒令胡队长还枪，我们调查胡是院子场的地头蛇，同国民党军阀压迫剥削人民，因有的土匪勾结，抢劫行商的财物，现又没收红军游击队的武器，这个反革命分子应予镇压。为此我们包围胡的住家，先动员团丁不要为土匪拼命，把胡纯武叫出来受降，后逼胡纯武投降缴械，但他们置之不理，反在碉堡内开枪坚决抵抗，我们就把碉楼靠〔附〕近的燃料烧起来，又把辣椒烧在碉楼下，这时烟雾沉沉，风烟吹进碉楼，敌人受不了烟熏，直叫救命、投降，我们就喊话：缴枪不杀，交出胡纯武受降，敌兵从碉楼伸出白布，并说把胡纯武打伤了。我们又喊：放下武器开门出来，于是敌兵徒手出来了，最后剩下胡纯武自杀了。我们把武器交给游击队又离开了。院子场的工农老乡们说：红军为民除害，群众心里痛快……我们镇压这些反革命分子，大灭敌人的猖狂威风，大鼓工农的革命勇气，这对于开展群众革命运动是有促进作用的，对于进一步组织群众，武装群众，建立革命根据地创造了有利条件。因此当时对敌开展反镇压的斗争是必要的。

十一、整顿部队工作。

1936 年冬，特委为了加强游击队的政治思想工作，巩固战斗情绪，根据部队中存在的问题，采取下列措施：

（一）加强伤病员的思想工作。1936 年冬，由于敌人加紧川滇黔三省"围剿"，迫使我们每天孤军作战，没有休整时间，伤病员增多，沿途掉队，很容易被敌人抓走，对红军游击纵队影响不好。为此特委号召发扬红军艰苦奋斗的精神，鼓励为革命不怕死，不怕劳累，不怕饥寒，坚决战胜任何困难，压倒一切敌人争取革命胜利，经常保持革命英雄的气概。同时发扬阶级友爱，互相帮助。伤病较重者，连队指定专人照顾，司令部的马匹为伤病员运行李和武器，领导干部扶助伤病员走路，到了宿营地亲去慰问伤病员。就这样经过二三日，有的伤病员高兴的〔得〕活跃起来了，实在走不动的暂时到老乡家休养，并给一些生活费和医药及用品，鼓励伤病员一面养伤病，一面做好群众工作。在农村建立农会、赤卫队、妇女会，为红军保护伤病员,侦察敌情……扩大新战士来归队,争取当个优秀的宣传员和工作员。

(二)加强部队的宣传鼓动工作,特委经常宣传革命形势大好,毛主席领导的红军胜利长征,全国各族人民拥护共产党和热爱红军,广大工农来当红军,白军兵变来当红军,绿林武装来当红军。各地游击队在发展,边区少数民族拥护共产党的政策,这些都是争取革命胜利的群众基础。中国革命一定要成功的,国民党反动派注定要失败的。同时表扬为革命而艰苦奋斗是光荣的,也是为自己的解放而斗争,使指战员认清努力方向看到发展前途,鼓足革命斗志,同志们对上述事实是常见到的,是最感兴趣的,因而对鼓舞斗志是有效的。

(三)加强部队的团结统一。特委教育指战员打倒阶级敌人是我们共同奋斗的目标,大家都是为了劳苦人民打天下来当红军的,游击队的成员都是革命战友、阶级兄弟,官兵平等待遇,互相尊重和敬爱,认真做到上下之间、各队之间、工作之间都要团结在党的领导下,统一思想,统一部署,统一指挥,统一行动,为争取革命胜利而奋斗。同志们在实践斗争中亲身体会,只有游击队内部的团结统一,才能战胜敌人的进攻。所以为了革命可以牺牲个人的一切。当时每天红军作战,有的伤病员发脾气、骂人,但经过说明是敌人逼迫的,只得忍耐,大家就无意见了。

(四)搞好军民关系。特委认真督促执行三大纪律八项注意和有关政策,经常宣传三大纪律八项注意及有关政策的重要意义,经常检查执行情况,好的去表扬,坏的去批评,促进三大纪律和八项注意及有关政策变成指战员的实际行动,以利于团结广大的劳动人民支持革命,共同战胜敌人,彻底消灭敌人。因此红军游击队的组织纪律是很好的,搞好军民关系的观念是很强的。

(五)加强对敌人的宣传工作。特委除了教育俘虏、优待俘虏、放回俘虏去影响白军士兵起义来当红军外,还注意教育白军起义的士兵们,争取他们同老红军一样的水平——政治觉悟及革命斗志强,执行党的政策,遵守纪律,服从指挥,为此发动战指员关心他们的成长,在政治上关心他们不断进步,在工作上帮助他们完成任务,在生活上帮助他们解决困难,在组织上注意团结他们,促进他们一心为革命而艰苦奋斗,同时发动起义的同志在战场上喊话和向白军士兵写信,介绍红军对待他们的态度,介绍老百姓热爱红军的情况,欢迎白军起义来当红军,但我们还需要促成广泛的白军兵变运动,不断的〔地〕大批起义来当红军,争取彻底粉碎敌军"围剿"。

(六)加强党的组织工作,发挥党的领导作用。特委教育党员以无产阶级先锋战士来要求自己,以大无畏的精神和革命行动去影响群众,团结周围群众,响应党的号召,带头完成党交给的各项任务,在战争中物色和培养积极分子,在执行党的政策和三大纪律八项注意中观察积极分子,在完成战斗任务中考察积极分子,在艰苦斗争中教育积极分子,经过审查符合入党条件的对象,由培养积极分子的党员介绍入党,并由政委负责抓这件工作,便于动员力量完成行军作战任务。

(七)认真执行毛主席的正确路线,特委宣传遵义会议的精神,批判王明错误路线对革命造成严重损失,确立毛主席在全党全军的领导地位,执行毛主席的正确路线,争取了革命走向胜利,因此我们应当按照毛主席指示办事,才能取得胜利。

(八)建立川滇黔边区革命根据地,特委指明这是毛主席和党中央交给的任务之一,关系红军游击队的生存和发展,必须创造有利条件,争取今冬和明春在老游击区建成一至数个革命政权,逐步赤化川滇黔边区,要求指战员同志们,共同努力争取完成历史任务。

以上政治工作是十分重要的。特委为了实现毛主席的指示"在川滇黔边区创建革命根据地",在 1936 年中做了以上一系列的政治思想工作和组织工作的准备,动员人力和扩大武装的准备,为建立根据地创造了有利的条件,正如当时有的同志歌颂的:毛主席指示记心间,根据地建立在川滇黔边区,扩大革命武装来保卫,组织各族人民为后盾,苏维埃政权作保证,崇山峻岭是天然屏障,做好一切准备和防御,敌人进攻把它消灭尽,红旗在根据地飘扬,各族劳动人民喜洋洋。

第四,红军川滇黔边区游击纵队第三阶段的失败和发展。

一、建立根据地的分歧。

1936 年冬,敌军加紧"围剿"我部,这是由于红军游击纵队声势浩大,一年来曾发展到 1000 多人,击溃川南联合"剿共"军的进攻,击溃云南部队安旅的进攻,击溃贵州部队柳旅的进攻,影响了川军和黔军的部分兵变来当红军,影响各地方游击队的兴起,影响了各地群众运动的开展,敌人的基层政权有些被打掉,敌人驻军常受威胁……因此敌人深感恐惧,认为红军游击队到处点火,越烧越大,后患不堪设想,故决心不断"围剿"红军游击队,企图在川滇黔边彻底歼灭红军游击队。

当时敌人分区作战,四川敌军教导师和保安队在宜宾专区,川军第五师和保安队在泸州专区,模范师和警卫大队在重庆地区,云南敌军安恩溥带的旅陇承尧带的独立营在云南东北地区,贵州敌军第五旅及杨汉雄师和保安队在贵州西北地区。以上敌军主要采取重重包围跟踪追击,各地堵截袭击,促使我部处于被动挨打的境地。

因此特委研究对策:① 有的主张为了争取主动、甩开敌军围追堵击,先上云南大雪山隐蔽休整,因为云南统治力量薄弱,山区辽阔很有利于革命,大雪山的地形条件,群众条件都好,大雪上周围还有些红军游击队,熟悉地形情况,让他们配合行动,抓紧组织和武装群众,首先在大雪山周围建立革命政权,围绕大雪山为据点,逐步赤化镇雄、威信、毕节、赫章、叙永、古蔺、古宋、兴文、珙县、长宁、江安等县山区,在川滇黔区的农村创建革命根据地,而后用农村根据地包围各县城市最后多占城市,这样可进可退可守。② 有的主张继续同敌人战斗,争取再打胜仗,促敌不敢追击,而后在老游击区创建革命根据地,川南物质条件比云南大雪山好些,首先在川南山区创建革命根据地,而后扩大其他地区。有些同志热衷于后一个主张,就以仍在滇黔边区打游击,开始还能打开一些场镇(为云南的关上、母享、斑鸠沟……贵州的燕子口、大湾子、分水岭等地),但到1936〈年〉冬末,红军游击队越打越少,损失大半,只余下200来人了,川滇黔敌军还是加紧围追堵击,敌军多我们10倍,争取打胜仗的可能性更少了。

这时我们又提出当前川南敌军较多,防御较严,暂时不能去川南,为了保存实力消灭敌人,迅速转移山区休整,为建立革命根据地创造条件,否则将会重犯1935年冬深入敌军包围中而遭受失败的错误。但这时我患重病,每天发高烧不能吃、行动难,而龙政委独断领着红军游击队打来打去,结果各地碰壁,被动挨打,累遭敌军袭击,促使红军游击队被敌打散了,只剩下20多人上了大雪山。其实白天在森林休整,晚间住在农民家中,敌军找不到游击队的行踪,既可整顿队伍,又可做群众工作,但龙政委认为在山区不行,留我个人住在大雪山养病,私自转移他地,结果在中途遭遇敌军袭击,游击队20多人被打散了。

二、红军游击队坚持敌后斗争。

1937年红军游击队又活动起来了。听说1936年12月西安事变后,国共谈判第二次合作,团结一致共同抗日,但不知具体合作抗日的办法,只得等待党中央的消息。1937年7月卢沟桥事变后,报上公布红军改编为国民革命第八路军,并派叶剑英同志为代表在南京设立八路军办事处,红军游击队有的同志直接同过去的首长联系,回到延安,有的同志回老家了,有的同志在红军游击队工作。

1938年1月,我军驻武汉办事处的领导同志派我去川滇黔边了解红军游击队的情况,我到川南后,据说王逸涛向川军密告:"共匪"刘复初来川组织残匪进攻川军……,因此川南敌军恐怖万分,企图暗杀我。党组织为了防止发生意外,调我速回延安,我原计划去川滇黔边找红军游击队,由于上述情况就不能如愿了。故派原红军游击队纵队第三大队副队长兰澄清带上一些当时的刊物去归队,转告当时的抗日形势和共产党的主张,望游击队的同志们大力宣传和发挥群众支援抗日,保卫后方,今后直接同我军驻武汉办事处联系。

据说1938年后殷禄才、陈华久、金璎等同志组织的游击队在后方坚持政治斗争,发展到500多人,引起国民党军阀曾调第七十六师、第七十九师、预备第二师、云南军队不断"围剿"。1947年冬《参考消息》转载四川报道:"赤匪"刘复初率领残部在川滇黔边区煽动民众、扰乱治安、正被国民党"围剿"中……(敌人可能认为我在那里指导)。1950年我军解放川滇黔边区时,游击队的同志和群众还协助肃清国民党匪帮。历史事实证明红军川滇黔边区游击队的革命精神是充沛的,始终不懈的,为了争取革命而艰苦奋斗。

刘复初

1976年初稿

(录自云南威信县委党史研究室档案,全宗号1,目录号18,案卷号59,第1页)

# 红军川滇黔边区游击纵队的战斗历程

陈 彪

中国工农红军川滇黔边区游击纵队是由三个队会合组成的。

1935年1月份,中央红军离开遵义,长征北上,途经习水县土城遭遇到川军堵击。土城战役后,中央在云南威信县(扎西)集结休整。1935年2月8日至10日,中央军委在扎西召开扩大会,作出了回师东进,二渡赤水,进行第二次遵义战役的部署,并决定整编部队,精简机关,充实连队,扩大红军。中共中央和中央军委先后在扎西发布了《中央政治局扩大会议总结粉碎五次"围剿"斗争经验教训决议大纲》和《中央军委关于各军团缩编的命令》。同时,为了开辟川滇黔边区革命根据地,掩护中央军队主力长征北上,中央决定:组建一支红军游击队,在川滇黔边区开展游击活动。抽调红三军团第六师政委徐策、中央上干队政委余泽鸿、新编师师长刘干臣、第六师参谋长曾春鉴、红八军团政治部组织部部长戴元怀等同志,组成川南特委,直属中央领导。又抽调一些中层干部和中央保卫局第三连150余人,装备电台1部、重机枪4挺,再加上部分留下来的伤病员,300余人,在扎西石坎子红军总部驻地,朱总司令、周副主席亲临讲话,宣布成立工农红军川南游击纵队,由徐策同志任川南特委书记兼纵队政委。

1935年2月,川南游击纵队在树坪与五龙山游击队会合,队长是王逸涛(本地人),政委是何宗舟(红三军团第五师第十四团总支书记),工作团主任是陈兴才(即陈彪,红三军团第五师第十五团副特派员),200余人。

1935年4月①,黔北游击队队长张宏光(张凤光,曾任红军第十一师团长)、政委陈宏(江西军区组织部部长)率领400余人整〔武〕装,来到叙永县黄坭嘴朱家山与川南游击纵队、五龙山游击队会合,部队扩大到1000多人。

为适应形势发展的需要,川南特委改为川滇黔边区特委,部队改编为中国工农红军川滇黔边区游击纵队,下建立两个支队、8个大队、1个警通队。由徐策同志任特委书记兼纵队政委,刘干臣同志任司令员,张宏光同志任副政委,陈宏同志任参谋长,余泽鸿同志任政治部主任,杨得胜同志任后勤部部长,钟昌涛同志任工作团主任,陈兴才同志任工作团副主任。

---

① 应为6月。

为庆祝川滇黔边区游击纵队正式成立,在朱家山大地坡召开隆重的大会,搭戏台演节目,朱家山周围几十里的群众都踊跃前来参加庆祝会,观看演出。纵队工作团还将打土豪没收的粮食、衣物、猪肉等分给贫苦的群众。从此,更扩大了政治影响,播下了革命种子,燃起了燎原烈火,三省军阀对此心惊胆战。

中国工农红军川滇黔边区游击纵队,既是战斗队,又是工作队、宣传队。特委率领这支队伍,在云贵川三省边区广泛开展游击战,打击牵制敌人,宣传、组织、武装群众,开辟革命根据地。

这支游击纵队从 1935 年 2 月以来,经过调整,部队士气高昂,战斗力越来越强。为掩护红军主力长征北上,为川滇黔边区几千万人民的解放,英勇斗争,浴血奋战;采用灵活的战略战术,声东击西,迷惑敌人,积极向川南行动,并号称红军宜宾纵队威逼宜宾。

四川军阀刘湘惊慌失措,搞不清川南究竟有多少红军,急忙调兵遣将,纠集军阀潘文华、郭勋祺、魏汗雄等 20 几个团的兵力进行"围剿"。当时中央红军正进行二渡赤水之战。遵义会议后,毛主席领导军委工作,指挥中央红军在云贵川三省边境广大地域展开速战速决的运动战,穿插迂回,打击敌人。国民党中央军薛岳、周浑元、吴奇伟等率领几十万大军尾追"围剿"红军主力;蒋介石又命令四川军阀刘湘、杨森,滇军龙云,黔军王家烈、侯之旦等三省军阀,以几十个团的兵力,并纠集几十个县的反动武装联合堵截围击,妄图以"堡垒主义"和重兵进攻相结合的战法,压迫、消灭红军于遵义、鸭溪地区。

毛主席洞察其奸,决定将计就计。为了吸引更多的敌人前来"围剿",以利我军摆脱敌军尾追,故意在遵义地区徘徊,以一部兵力利用桐梓、娄山关、遵义一线的有利地形,节节抗击北面进攻之敌;而我红军主力却在鸭溪、鲁班场地区积极寻求同蒋介石周浑元的纵队作战。

当敌人逐渐接近,蒋介石部署的包围圈将成未成之际,毛主席英明果断,指挥红军突然于 3 月 11 日北进,于 16、17 两日在茅台三渡赤水河,重入川南古蔺,迅速跳出了敌人包围圈,致敌扑空,扭转了战局,争取了战争的主动权,取得了长征战略转移中具有决定性意义的胜利。

与川南川军周旋的中国工农红军川滇黔边区游击纵队,即命各部,配合中央红军行动,迷惑敌人,牵制敌人,掩护红军主力长征北上。他们时而称红军川南游击纵队,时而称贵州游击纵队,积极穿插,游击转移,奇袭敌人,战果累累:击溃了驻叙永木厂的川军1个团;打败了云南扎西滇军保安旅的两个营;粉碎了川南周化城、肖正南、李品三保安团2000余人的多次进攻"围剿";在石盘冲破了川军两个团的围攻,牵制了敌人一大部兵力。

同年3月底,我中央〈红军〉经二郎滩、太平渡四渡赤水后,南过乌江,胜利突围,把蒋介石调集的重兵甩在乌江以北。这时红军主力逼近贵阳,蒋介石十分惊慌,在贵阳急调军队赶来保卫贵阳省城。而中央红军却趁机大踏步北上,向川南挺进。蒋介石摸不清红军主力去向,被拖得疲惫不堪。

在这种形势下,我红军川滇黔边区游击纵队,为拖住牵制更多敌人,在川南各地到处展开奇袭战:在筠连县吴家坝打垮敌边防第二路1个团;接着攻打兴文、长宁、江安等县;又连续打开红桥坝、红峒场、安宁桥、天池、马岭等敌人驻守的据点等20余道防线;随即又向泸州方向进军,攻占了叙蓬溪,闪击兰田枯,威胁泸州守敌;在大州驿击溃川军1个团堵击。蒋介石误认为红军主力仍留在川南,急下令川军固守长江两岸各大小城镇防线。由于红军川滇黔边区游击纵队在川南各地牵制了敌人大部兵力,使中央红军胜利地甩掉了尾追的蒋军,冲破了三省军阀的堵击,粉碎了强大敌人的重重包围,于川西绞平渡地区巧渡金沙江,扭转了中央红军战略转移的局面,胜利地长征北上。

1936年3月间,我红军川滇黔边区游击纵队,正转战于川南叙永、古蔺、古宋、兴文、珙县、江安等县开辟根据地,发展游击战,得知红二方面军第二、第六军团长征北上,已到达黔北,挺进四川、云南边境入川南,渡金沙江。当时敌情很紧张,四川军阀调兵集结于长江沿岸,加紧设防堵击,并妄图依靠长江天险,消灭红二方面军。

我红军川滇黔边区游击纵队,为粉碎敌人的"围剿",配合红二方面军在上游渡长江,为此,他们在川南6个县积极活动,全面出击,到处进攻袭击敌人。首先冲垮赶跑了防守四川边境炭厂之敌1个营,打通了出入川南的通道;又奔袭了贵州燕子口街,击溃了敌杨森1个运输营,缴获马驮军用物资一大批,子弹10余箱,补充装备了部队。接着又在兴文、建武和珙县之间的大庙山梁上,伏击了川军教导师两个团。经1个多小时的激烈战斗,敌人被我纵队击败溃逃,敌伤亡数十人、被俘50余人,缴获枪支50多支、子弹万余发。后来又转战挺进贵州,打赫章县城,赶跑守城的黔军1个团,缴获部分军用物资。

三省军阀把红军川滇黔边区游击纵队看成心腹之患,调集了川军潘文华、郭勋祺、陈谦等 5 个团和几个县地方保安团,黔军王家烈、周西成、陈光中等 4 个团,溃军保安旅两个团和二十几个县的民团反动武装,将近 10 万人进行"围剿",我红军游击队与数十倍和数百倍的敌人进行巧妙的周旋战斗,这样就拖住牵制了三省军阀十多个团和二十几个县民团的兵力,对掩护红二方面军长征北上,胜利渡过金沙江,起到了重要的作用。

工农红军川滇黔边区游击纵队,远离中央,独立在云贵川边区开展游击活动,从 1935 年 2 月至 1937 年春的整整两年时间里,与云贵川三省军阀和几十个县将近 10 万人的反动武装力量进行周旋斗争。他们在特委的领导下,保持坚定正确的政治方向,运用灵活的战略战术,转战千余次,攻占县、镇、场 50 多处。

我红军游击纵队每到一处,都不忘宣传群众,组织群众,武装群众,开辟革命根据地。在所到的乡、镇、场建立贫民委员会,在农村山区组织农会,共 80 多处;秘密发展党组织,武装地方游击队 10 余处。这些组织积极配合红军游击队的行动:送情报,帮助买弹药、物品,寄养伤病员等。红军游击队还注意做好瓦解敌军、争取绿林武装的工作:先后争取了四川五龙山以杨登高为首的 40 多人和云南水田寨以艾宗藩为首的百余人的绿林武装,分别命名为当地游击队和红军游击队。平时在当地活动,必要时听从指挥调动,配合行动。

红军游击队瓦解敌军共两次:1936 年 4 月,我红军游击队转战到云南花郎〔朗〕坝,接到消息:贵州省柳际明旅有 1 营兵变起义,在陶树清等率领下共 500 余人整装,离开贵州省毕节来找红军游击纵队。在院子场街,特委派员前去与率领起义者陶树清接谈商议,征求他们的意见。陶说,他们起义是为了革命,为了求解放,愿意合并到红军游击纵队。为此,特委决定将他们合编为红军游击纵队第一大队。

同年 7 月间(应为 10 月——原编者注),红军游击队来到云南罗布坳,老乡前来报告:从四川来了川军百余人整装,在对面高山上。纵队即派侦察员前去探情,果然为实。还带回来两名代表,他们要见红军司令,自称是川军起义代表。红军游击纵队热情接待他们。原来他们是川军川南"剿匪"军刘湘教导师住在珙县底洞铺的第四团第一营的队伍。士兵们听被俘放出来的人说,红军优待俘虏,是抗日救国救民之师,是为解放穷人打天下的军队,官兵平等不打骂,团结友爱,心里暗自高兴。他们打死了连、排长,秘密组织起义兵变,百余人全部整装,由刘少成、兰澄清两个率领,前来投降红军,请求参加革命队伍。这样他们队伍带下了山,与红军游击纵队合编为第三大队，刘、兰两人分别为队长、副队长，派纵队的曾广胜为指导员。

从此，红军川滇黔边区游击纵队的队伍越来越壮〈大〉，战斗力日益增强，声势日益浩大，三省边区各族人民都欢欣鼓舞。敌人同闻风丧胆。有的县、区、乡政权，主动派代表来与红军接头联系，要求红军不要打他们，愿为红军保密送消息，帮助红军解决困难、保护伤病员等。云南扎西县长李××不捉红军，还收容流散的红军设法送北上抗日。贵州杨家湾保长席大明，保证不打红军，保护红军的一切安全。这些都为我红军川滇黔边区游击纵队不断发展壮大、开辟创建革命根据地创造了有利条件。

这支红军游击纵队，远离中央，孤军深入敌中心区，进行艰苦卓绝的斗争，粉碎了敌人无数次的"围剿"，他们虽然在 1937 年 1 月遭到重大损失，但经他们培养和发展起来的三省边区游击纵队，如燎原烈火，熊熊燃烧。如贵州赵文海、云南殷禄才、四川陈华久①所率领的游击队，从 1937 年到 1947 年，继续在川滇黔边区坚持武装斗争，配合解放大西南。

在残酷的斗争中，不少指战员在战场上献出了宝贵生命，如高级领导干部徐策、刘干臣、陈宏、戴元怀、余泽鸿等同志，还有不少受伤受残流落各地饱受饥寒的同志，都没有丧失斗争的信心和勇气。他们这种崇高的品德和革命精神，使川滇黔边区千百万各族人民至今还深深怀念。

云南扎西、四川长宁等县，为红军游击纵队的先烈，建立了历史纪念馆，树立了纪念碑，当地群众至今还流传着歌颂红军的歌谣："红军到，干人笑，绅粮叫。白军到，干人叫，绅粮笑。要使绅粮天天叫，白军兄弟拖枪炮，拖了枪炮回头跑，打倒军阀妙！妙！妙！"

（吉林省军区党史资料征集办公室，1983 年 10 月 15 日印行。四川泸州市江安县县委党史办公室提供）

---

① 此处有误。陈华久是和云南殷禄才一起的。四川应为金璘。

# 在川滇黔边区游击队

## 陈 彪

1935 年 1 月的遵义会议后,中央红军决定北渡长江。我当时是红三军团第五师第十五团特派员。在贵州的土城打仗时,我脚受伤了,用担架一路把我抬着走。过了赤水河,到了川南地区,这时部队又向扎西地区前进。我坐担架到了天堂坝,红三军团的保卫局长张纯清同志对我说:"现在形势很紧张,把你抬着走也很困难,我们把你寄养在这里,伤好后来追赶部队。"我本来不愿意离开大部队,但同志们抬我这样远,的确很辛苦。所以我也只好同意寄下来。

把我寄养在天堂坝的一个苗族人家里。同寄在这个寨子里的还有一个营长、一个指导员,以及一些连级干部,有 10 多人,还留一个卫生员和一些药品。每人发给了 10 块光洋。我在这家 10 来天,拄着棍子可以走路了。刚能走,我就想去追赶部队。这时听说红军在扎西,中央还在开会,我送给这户人家两块光洋。他们只是兄弟两人,对我很好,他的弟弟还送我到了五龙山,就遇着五龙山游击队。

何宗舟政委对我说,不要回主力去了,就留在游击队工作吧!叫我做宣传教育工作。这支五龙山游击队,何宗舟告诉我说他是红三军团第五师第十四团总支书记,是原四川地下党建立的一支队伍,加上我们红军的伤病员组织起来的,王是司令员,他是任政委。分为 3 个大队,第一大队和第二大队都是红军伤病员和身体较弱的人留下来的,有六七十人。但这里武器不好,尽是大刀、长矛,战斗力很差。至于这支游击队是谁批准,怎样组织起来的,我不清楚。

我记得第一大队长是周达山,第二大队长姓曾,记不住名字了,第三大队队长杨登高,我是在队部搞群众工作,没有去第三大队当过指导员。

我到这个游击队不久,徐策、余泽鸿、戴元怀、刘干臣、曾春鉴、龙厚生等人就带着一支大队伍过来了。他们有四挺机关枪,还带有一部电台,干部很多。还来了国家保卫局的第五连,人员整齐,装备不错,打仗勇敢。他们来的有 400 多人。这批人员一来,气魄很大。

我们在树坪的庙门前迎接他们,住在一个土瓦房里开会。研究与我们这支游击队合并改编。过两天后,到五龙山开大会。徐策在大会上宣布,说我们称为中国工农红军川南游击纵队,设立司令部、政治部、供给处,编为 5 个队。

我记得的建制是这样,原五龙山游击队的第一、第二、第三大队不动。从扎西来的编为第四、第五两个大队。第四大队主要是一些干部,4挺机枪和电台也在第四大队,第五大队就是保卫局第五连原班人马。司令员王逸涛,政委是徐策,政治部主任余泽鸿,组织部部长戴元怀,副司令员刘干臣,参谋长是曾春鉴,特派员龙厚生,供给处处长杨德胜,工作团主任钟昌涛,司令部秘书是阚思颖,她又兼总支书记。司令部还有侦察排,这些人机智勇敢,都是经过挑选的。这时,还宣布我们这支游击队属于中央领导,经常用电台和中央联系。同时,宣布成立川南特委,徐策同志任书记,委员有王逸涛、刘干臣、余泽鸿、戴元怀、曾春鉴等人。

我们工作团,实际上只有4个红军人员,就是钟昌涛、李桂洪〔英〕、我和刘晓。李桂洪〔英〕后来又任司令部指导员。到哪里,又把地方人员找些参加,共同去做群众工作。我们在五龙山住了不久,就从那里开下南六县对敌人作战。这时,何宗舟因身体不好,也没有安排职务,留在地方休息养病。但后来不知道他到哪里去了。

我们在南六县,多次打垮敌人,缴获也很多,大家气势高涨。由于游击队在这里的胜利,我们那段时间群众工作也做得有声有色的,在许多地方建立了农会,建立了贫民会,还有的地方发展了党的组织。在威信的罗布坳、斑鸠沟等地点建立过贫民会,在大雪山、郭家坟、高田马家坝、水田寨、簸箕坝、长官司、五龙山、连天山、洪硐场、炭厂、洛柏林、建武都建立了农会和发展了一些党员。在这一些地区,游击队打了土豪,分了东西给穷苦人民,大家也都拥护红军。

游击队成立后的三四个月,声势浩大,指挥有方,每战都获胜利。有一次我们打到筠连县城,敌人一个营防守。听说游击队来了,早就跑出去,我们进了城,缴获了不少东西。那时我们作战比较频繁,到处奔袭。主要是为了牵制敌人,配合中央红军渡江北上。这时,我们的电台经常和中央联系。大概过了3个多月,也不知是没有电池或汽油了,还是坏了,在梅硐场我们就把它埋了。

我们从四川出击回来,王逸涛就叛变了。他没有带着人走,只是杨登高的绿林武装也跑了。王逸涛叛变后,徐策同志开会给大家讲话说:王逸涛经不起革命的考验,已经叛变了。今后我们革命胜利了,一定要审判他,枪毙他。会上宣布开除王逸涛的党籍和撤销他的职务。要大家坚定革命信心,一定要坚持战斗,等到革命胜利。王逸涛的叛变,对队伍的影响是不大的,因为红军都在。杨登高的队伍离去了,关系也不大。因为平时作战我们都没有要他们参加,他们打仗也不行。对我们损失大的,是我们在农村建立的许多关系和一些组织,被他们破坏了,给我们做群众工作带来了麻烦。

大约在 7 月份,黔北游击队又开来与我们川南游击总队会合,地点是在(四川叙永)朱家山。他们带来了两三百人。司令员是陈宏,政委是张凤光。合队后,我们改称为中国工农红军川滇黔边区游击纵队,特委也称为川滇黔边区特委。这时的部队建制:司令员是刘干臣,政委是徐策,兼任特委书记,政治部主任是余泽鸿,陈宏任参谋长,龙厚生是组织部部长、特派员,阚思颖任总支书记,供给主任杨得胜,钟昌涛任工作团主任。司令部设有侦察排,卫生队。司令部指导员李桂洪〔英〕。两支部队合起来有八九百人,编为两个支队,每个支队下设 3 个大队。每个大队有 100 多人。改编后,还在朱家山搭了台子演戏,当地群众都来参加,声势浩大,威震川南。

我们在朱家山合队以后,计划向南六县的兴文活动,刚到云南长官司,遇着川军两个团阻击我们,这一仗打得很艰苦。从早上打到下午才撤出战斗。我们伤亡了 200 多人。徐策、张凤光等同志都牺牲了,徐策是抬到罗布坳时死的,还有许多干部,损失很大。我们撤到了簸箕坝,余泽鸿召开了会议。宣布他任特委书记兼游击队政委,刘干臣任司令员,两个支队不变,每个大队不变。这时,其他大队干部都补齐了,于是开向大雪山。后来又到贵州、四川等地活动,进行一系列的战斗。

1935 年底,我们从贵州转回四川。这时敌人集中力量对游击队进行"围剿"。在贾家埫,将队伍分成两支活动。我们这一支是随司令部走的。我们突出了敌人的包围,只有 50 人了。突围后在一个宿营地,余泽鸿便在这一天晚上自杀了。我们在李青云、刘复初的带领下,向连天山转移。我们四五十人在连天山坚持了近两个月。这时我们非常艰苦。敌人今天搜这个山,我们明天就要到这个山来。敌人搜那个山,我们又要转移到那个山去。白天在山里,晚上才到老百姓家宿营。有时,一天只能吃上一顿饭。这时是冬天,寒风刺骨,大家衣服也很单薄,抗严寒,坚持斗争。这时,刘复初、李青云都给大家做政治思想工作,要大家坚持斗争。

过了两个多月,敌人认为把游击队"剿灭"了,就撤走了。我们从山上下来,有〔又〕遇着了龙厚生等人,慢慢的〔地〕游击队又不断的〔地〕发展。

我们与阮俊臣、陶树清合队时,只有七八十人。他们是贵州的军队,是个营长。这帮人纪律很坏,我们就只能脱离他们,单独行动。听说这支队伍不久就被国民党"围剿"了。

我们离开这支队伍，开到云南罗布坳，川军一个连起义跟我们当红军。这一连人有机枪〈和〉炮，武器好。我们在簸箕坝欢迎他们，收游击纵队编为三个中队。一中队长是高良明，指导员贺东朝，二中队长是易得胜，指导员是我（陈彪），三中队长是刘少成，指导员是曾广胜。这时纵队司令员是刘复初，政委是龙厚生，特派员是李青云。

不久我们又发展到三四百人，活动于川滇黔边区。大约在9月份，我就因为病发高烧，走不动路，就把我留在水田寨过去水潦过来的大深沟一个保长家，这个保长叫刘成章，过去为红军做过一些事。我寄养在那里一直住了半年多，后来听说游击队在敌人"围剿"中受到很大的损失，很多干部被杀害了。

我伤好后，找到了邝善荣。邝善荣是1935年7月份左右才到游击队的。他原是闽赣苏区青年团书记。长征时受伤寄养在水潦一带，后来到游击队任侦察参谋，专管侦察排的。找到邝善荣以后，我们在威信给李富春、彭雪枫发了电报，他们给我们寄来了证明，于是我们两人一起去了武汉八路军办事处，后到延安。

关于川滇黔边区游击队几起几落，到后来的失利，我认为是有经验教训的。首先是受"左"倾思想的影响，光知道打城市，不注意建立根据地。开始，要配合红军主力作战，仗打得多，而且打得好，有声有色的。但5月以后，红军主力摆脱敌人的围追堵截后，应该着手建立根据地。但在那时，每天只想打哪里，打了这里以后，又要考虑下步打哪里。由于这个思想在作怪，建立根据地的工作就抓得很差。

第二，由于"左"倾思想的影响，在军事上固然取得了一些胜利。但仍然没有在意游击队的作战特点，而且在无根据地、无供给的条件下作战，有时硬打硬拼，同敌人拼消耗。比如说有些仗可以不打的，结果打了，一打损失就很大。

第三，由于"左"倾思想的影响，我们做群众工作也没有考虑到具体情况。这个地区封建势力很浓厚，群众觉悟没有苏区高，接受革命的思想和革命的愿望只有慢慢做工作。但是一开始我们就公开宣传，公开宣布成立农会、贫民会，但是我们一走就垮了，如在斑鸠沟，成立了几次都不行。因为我们在，宣布了，敌人回来就找群众算账，以后群众都怕我们再宣布他了。这点怎么行呢？所以，没有秘密发动群众，组织宣传，等待时机，建立政权，建立根据地，这样，根据地是建立不起来的。

第四，由于受"左"倾思想的影响，失去了许多建立根据地的地区和时机，当时，撕碎敌人"围剿"后，我们就应该在大雪山、郭家坟、簸箕坝、连天山、洛柏林、五龙山等地发动群众,隐蔽下来建立政权,集中精力对来犯之敌。这样,既可以休整,又有后方,完全可以保存下来。但是没有这样做,致使我们的游击队长期得不到休整,供给无法保障,伤员无处安置,最后失败了。

当然,我们也要看到主要的方面,首先是同几倍于己的敌人作战,有特殊的一面,而且完成了配合红军北上,牵制敌人的光荣任务。

总之,我们红军川滇黔边区游击纵队,响应党中央和中央军委的号召,在那里同人民一起对敌人进行了两年多的游击战争,消灭了大量的敌人,完成了党中央交给的任务,有 1000 多位红军战士牺牲在那块土地上,是值得我们永远记住他们的。我们应该永远学习他们艰苦奋斗、不怕牺牲的精神,为我们的时代贡献力量。

关于在郭家坟组织队伍的殷禄才和陈二排,我是听说过,郭家坟也有人来我们游击队联系过,但具体怎样我不清楚。我是 1947 年在东北,听说川南还有一支游击队在活动,我还以为是留在那里的一批红军又干起来了,没想过是殷骡子和陈二排。因为当时,我们对许多绿林兄弟都搞了统战,我们经过了解,比较好的和信得过的,还发展组织,并发给枪支,要他们去做群众工作。条件成熟才来报告,批准建立政权,这方面的工作做的〔得〕很多。郭家坟这个地方是有人来联系过。陈二排是五连的,还有一些地下组织,由于时间长了,记不住,而且我们在那里的时间短,也没有巩固。

另外,游击队还刻有两个大公章,一是中国工农红军川滇黔边区游击纵队司令部,一个是政治部。因为政治部出布告较多,要盖公章。

经我的回忆谈谈,两位同志记录,只给予参考。

陈彪(手书)

1982 年 7 月 30 日

作者时任吉林省军区副政委,原川滇黔边区游击纵队大队指导员。

(录自赵沛、赵友伦《陈彪回忆在川滇黔边区游击队》,1982 年 7 月 30 日,威信县委党史研究室档案全宗号 1,目录号 18,案卷号 60,第 19 页)

# 战斗在扎西地域的红军游击纵队

曾广胜

我 1930 年冬参加红军，在第三军第八师迫击炮连任文书。1932 年底调中央革命军事委员会秘书处任机要摘邮员。1934 年 10 月调红军总司令部任会计科科长。随中央红军长征入贵州，遵义会后，红军一渡赤水入川南准备从泸州、宜宾之间北渡长江。总部经古蔺白沙、石厢子进入云南威信水田寨、大河滩、扎西。当时听说敌人很多，封锁了长江，过不去，红军在扎西集结。总部驻老街，我们科驻巷子。

天下着大雪，党中央在扎西召开会议，各军团首长到扎西来，研究红军的战略行动，中央决定不北渡长江了，要重新渡赤水河，打回遵义去。记得在我们单位传达会议精神，主要讲了两条：一是要精简缩编和轻装，利于行军作战，带不走的东西甩掉；二是各部门抽一些人组织地方游击队或充实战斗连，要大家作好思想准备，并强调加强组织纪律性。传达了会议精神，开始轻装。我们会计科把所带的钞票（苏维埃纸币）全部进行清查，带走一元以上的，其余小票清出来烧掉。

在扎西住了三四天，部队整编后，循原路往回走。经过两合岩正遇红九军团的队伍。我弟弟曾广初在红九军团，前去问政治部主任黄火青，黄告诉我："你弟弟执行任务刚回来睡下，最好别去打扰他，过一段时间再来看。"于是我不能久留便继续往前走，当天到石坎子宿营。

在石坎子住下，康克清指导员来找我谈。她说："总部决定要在这里成立一支游击队。你长途行军以来，身体不好又有病，跟着大部队走困难很多，我们考虑调你到游击队工作，少走点路，也方便些。"我说：我是参加红军的，死我也要跟着大部队，不到游击队去。因我当时害痢疾病，行军确有些困难。康指导员见我态度坚决，也就罢了。于是又从我们供给科抽了科员（专管供给的）杨德胜去游击队。

在石坎子成立游击队，负责人是红三军团第六师政委徐策，上干队政委余泽鸿，据说是总司令部下的命令，各单位抽出的人员要去游击队报到，不准跟着大部队走。游击队在路旁接收人，把后面掉队的伤病人员也接收下来，不许追赶部队，遂留在游击队里了。听说，后来游击队有好几百人，在川滇边境打游击。

从石坎子动身，又经水田寨、白沙等地，渡过赤水河，到了贵州习水东皇殿。宿营不久，康指导员又来找我，这一次她严肃地说："曾广胜同志，现在总部又决定在这里建立一支游击队。几天来,你依然病着,行军作战很不方便。我们决定你到这支游击队当供给主任。这支游击队任政委的是第四科科长张凤光,你和他很熟悉,关系也不错,去了好照顾疗养,你说行不行。"因为当时我病得厉害,行军又急,甚是困难,听说留下的是熟人,我便说,只要组织决定,我愿意接受这个任务。于是,便去东皇殿黔北游击队报到。

留在此地成立游击队的有 80 多人。张凤光召开会议宣布:奉军委命令成立黔北游击队。任务是:掩护主力红军渡过赤水河,阻击追击红军的敌人;然后转移到山区打游击,建立根据地。任命陈宏为队长,张凤光为政委,王睁山为副队长,李青云为特派员,我任供给主任。游击队成立后,在附近选择三个山头,一个中队占领一个山头阵地,修筑工事,掩护红军主力渡河。不久,尾追红军的敌人跟上来了,分四路纵队冲击,战斗进行激烈,打了一个下午。击退敌人三次冲锋,眼看敌人越来越多,又接近黄昏,恐防被敌人包围。张凤光对大家说,游击队要避实击虚,不能同敌人硬打,命令撤出战斗。之后游击了几天,侦察到川南边防敌军一个营住在官庄,于是连夜赶到官庄袭击敌人。经过两次战斗,鉴于游击队人员少,又没有根据地,不同敌人打硬仗,遇到民团,击退罢了。接着,隐蔽深山,建立了以放牛坪为中心的根据地,活动于桐梓、松坎、习水等地域。

一天,黔北游击队发现有一支队伍跟在后面,便对这支队伍产生了怀疑,遂在路旁的山头山埋伏起来,等他们跟上来准备反击,不多时他们来了,我们特派员李青云上前喊话,问他们是什么队伍,为何跟追我们。他们那面有个特派员余得胜在军校认识李青云,就答话:"你不是叫李青云吗?我是余得胜。我们是黔西(赤水河)游击队的,找你们几天了。"原来如此,都是中央红军留下的游击队,于是解除误会,队长胡方率 100 多人来参加,两支游击队合队后,仍称黔北游击队,在黔北地区开展活动。

当中央红军由贵州进入云南渡过金沙江北上之后,游击队与总部失去了联系。武装斗争发展缓慢,处境困难。突破乌江与二、六军团会合,人太少不可能,若在此地域发展,局限性大,一条乌江,一条赤水河,把游击队夹在中间,展不开活动。于是提出:总部在扎西、石坎子地域留下有川南游击纵队,人多且有轻、重机枪,还有根据地,不如到那个地方去同纵队一起活动。经领导研究,事先派一个侦察员前去探询,不久,回复报告,可在叙永分水岭一带找到这支队伍。

黔北游击队 300 多人,一个手枪班走在前头开路,经二郎滩过河,大约五天到了叙永朱家山与川南游击纵队会合,当天晚上召开了干部会议。原川南游击队为一支队,黔北游击队为二支队,每个支队下设三个大队,干部作了调整。第二天大会宣布:两支游击队会师后,壮大了革命力量,统称川滇黔边区游击纵队。刘干臣任司令员,徐策任政委,张凤光任副政委,余泽鸿任政治部主任,陈宏任参谋长,李青云任特派员。我在二支队任供给主任。

纵队在朱家山合队整编,敌人企图合围。大会后休息半天便开始行动,从朱家山到田坝头同敌人遭遇,一支队掩护二支队通过,打了三个多钟头,队伍全部过了,阻击部队才撤下来。第二天清晨,部队从山上往这边走,发现敌人从山那边走,游击两三天,经天蓬至长官司宿营,准备去石碑打建武。部队在长官司住下来,派了一个排住〔驻〕守金华山。当晚,刘干臣来到我们住地对大家说:长官司是威信老县城,过去川南游击队经常来这里活动,这次到这里队伍发展了,力量也大了,打算选择一个地方扎下根来。第二天清晨,部队开饭后在城外集合准备出发,刚通知把军事哨撤下来,察觉敌人在后面山上运动。纵队速即往石碑道上走,刚到半山丛林地带,遭受敌人从中截击。当下,徐策政委给指战员们说:这一仗,敌人占据制高点,打,于我不利;不打,敌军控制着我方,很难安全撤出去。迅即命令纵队反击敌人,夺取制高点。川军周化成联团1000多人,占领有利地形又守得紧,把马尾手榴弹甩下来,纵队战士们又捡起来掷回去,敌人用机枪封锁,部队伤亡很大,几次冲锋不能取胜,伤员不断抬下来,先听说张凤光副政委牺牲了,陈宏参谋长受伤被俘,接着徐策政委上前指挥,又受了重伤抬下来,当即余泽鸿接替徐策职务,继续战斗,夺取制高点,把伤员抬走,牺牲的安埋,开始撤退。后勤人员先头渡河,掩护撤下来的部队。敌人跟踪追到河边,又打了一阵,双方均有伤亡。

长官司这一仗,从早到午,约五六小时,纵队牺牲了八九十人,先头部队撤到罗布坳,还没有搞到吃的,又遇着滇军和独立营的人打起来。徐策胸部受伤,子弹打着肺部,伤势严重,抬到罗布坳碾子湾,遇着敌军追赶上来,他不准抬着走了,还叫警卫员填枪。他说:我已经不能医治,敌人追上来了,你们不要抬我,赶紧投入战斗撤离。警卫员不填枪,坚持抬着走,他命令放下。因为战斗激烈,将他放在包谷地里后便牺牲在那里。部队在碾子湾边打边撤,到小岭上天黑了,没有饭,搞了些洋芋煮着吃。这天从清早吃饭到傍晚,打仗行军饿得不行,吃了点洋芋,个个都叫头昏,幸亏敌人没追来。到了簸箕坝,特委召开会议,在这里宿一夜,转移到大雪山。伤员便寄养在罗布坳、簸箕坝等地。

纵队到了大雪山安稳坝,进行了整编,这里四面都是森林比较安全,有 600 多人,建制没有打乱,余泽鸿在休整时给指战员们说:今天我们在这里整编部队,把人员调整一下,每个大队建制不变,缺干部的补起来。这次长官司战斗打得不好,损失很大,伤亡较多,敌人损失更大,死亡更多。从今以后,要吸取教训,专打分散孤立之敌,为牺牲的烈士复仇!周化成队伍有 1000 多人,不能同他硬打,要打其弱点。接着宣布接替职务名单,余继任政委职务。因二支队第六大队大队长指导员牺牲了,宣布要我任大队长兼指导员。

长官司这一仗受到损失,改变了打建武的计划。据说周化成队伍在长官司一仗后,了解到红军游击队很能打仗,也很勇敢,便把队伍收缩布防,不随便同红军游击队在野外打仗。余泽鸿召集支队负责人研究作战部署,认为:要继续完成掩护中央红军北上抗日的任务,就要在川滇黔边区打出影响来,每个省打下一个县城。如筠连县是南方最大的县城,只有周化成的一个营防守,打下可能性大且有影响。大家同意余政委的意见,决定在四川攻打筠连县城,云南打镇雄,贵州打赫章。纵队插入筠连突袭了大乐瓦,活捉该县绅粮田耀堂,进抵距县城几里路的卡子关,与周化成部激战,毙伤敌数十人,折转大雪山。接着来打扎西,我们从安稳坝下长安寺,走斑鸠沟过来,在斑鸠沟把筠连抓来的田耀堂杀了。然后由柏香坪挺进扎西,进入扎西街场时,独立营陇承尧将队伍集中退入狮子营,在营盘里胡乱放枪,只是干扰,不敢出来抵抗。因为陇部被我们的游击队打怕了,不敢出来与我们交火。在黔北游击队合队之前,徐策领导时率队打了扎西。据说我们川南游击纵队冲进去,占领了县城,陇的队伍待纵队撤离时才从狮子营出来追击。说滇军有了规矩,只要猛冲三次,冲不动就不再打了。陇的连队冲了第一次,徐策命令五大队回来,对他们进行反冲锋,结果黄虎山带的第五大队一直由小关口折转来冲上去,陇的队伍急忙龟缩在狮子营里不敢出来,从此陇承尧再不敢与红军游击纵队打仗了。

在游击纵队中最能打的是第五大队,他们全数是国家保卫局下来的,黄虎山便是这个支队的负责人。后来最能打的又是侦察队,有 30 余人,刘金保任队长,钟品三任副队长,全数使用手枪。之后纵队开辟游击区,创建根据地,在余泽鸿、刘干臣的领导下,纵队发展到 1200 余人,进占赫章、打进筠连县成,进逼江安、纳溪、叙永,威胁泸州、宜宾,后进赤水、毕节、仁怀,达遵义、娄山关附近。扩大游击区方圆近千平方公里,纵横驰骋云贵川三省边区 20 余县,确实在边区牵制了敌军,打出了影响,引起国民党军三省重兵"会剿",常有数股敌军尾追,使纵队减员很大。由贵州入云南转到四川长宁贾家湾,余下300多人了。鉴于斗争形势紧张,游击队作战艰苦,余泽鸿对部队进行化整为零,分成两个支队单独行动。不久,一支队在梅硐桔子岭与敌人遭遇,发生激烈战斗,队伍被打散,余泽鸿、刘干臣在反"围剿"中牺牲。龙厚生、黄虎山带二支队在炭厂同敌人打了几次战斗后,到牛路横、和尚坪被敌包围打散。我只身突围到尖峰山,向庙里和尚寻路,正巧遇着刘求晗,一同到洛柏林见龙厚生、黄虎山等人。刚见面,龙厚生便问,有这个东西没有(比手枪的手式〔势〕)?我就从腰间拔出手枪来,他接着说:有这个东西就好。于是我同龙厚生、黄虎山、刘树高、蔡树勋、刘求晗和两个福建籍的队员共8人,由金璇派人接去他家乡隐蔽,每到一地住两天又转移。这段时间,到处是冰天雪地,我们住在一个洞里头,冷得上牙碰下牙。就这样住了一两个月,敌人没有撤走还在到处搜查。一天,金璇派人来告诉说,游击队又来了一批人在洛柏林,于是一起去相见,原来是刘复初、李青云带着一支队剩下的20多人由连天山来到这里。大家见面后,有说不出的兴奋,这天正好是腊月三十,一起过了旧历年。

在洛柏林,刘复初主持召开了特委扩大会议,因为人少,凡是共产党员的都参加了会议。大家回顾了一年多来的工作,在军事、政治上都取得了胜利,威震了川滇黔,完成了党交给的配合中央红军北上的任务。由于三省反动军队的"围剿",使我们遭受挫折和损失,但是,队伍仍然保存了下来,我们一定很好地坚持战斗下去。特别是保存了我们手枪队的30多人,这些人既是侦察员又是尖兵队,既机智又勇敢,是游击队最能干的部分人。接着分析形势说:目前在四川方面很难站住脚,因为反动民团甚多,一有风吹草动,就鸣枪报告,对开展斗争极为不利。云南方面到处有碉堡,对游击活动是一个障碍。可是,保甲制比较松弛,民团难于集中,而且保与保之间以邻为壑,互相坐山观虎斗。加之,我们搞联合,搞统战,乃游击队可趁机活动的缝隙。根据这样的情况,当前应向云南发展。接着讨论了特委组成和队伍的建制,推举刘复初任特委书记兼纵队司令员,龙厚生任特委委员兼纵队政委,李青云为特委委员兼纵队特派员。部队下设一个大队。

纵队在洛柏林露面后,敌人知悉刘复初又重整旗鼓,游击队还存在。因此到处寻找目标,为了不同敌人正面作战,在川南活动一段时间之后,开始向云南边境转移。我们从炭厂石碑口到了罗布坳,又遇原寄养的曾春鉴和几个老红军带人归队,曾参加特委,任纵队参谋长,这时纵队已有七八十人。曾春鉴在罗布坳养伤期间,认识威信禁烟局一位湖南人在此厘金,两人认起老乡,联系上了,彼此很好,我们队伍开到这里后,听了曾春鉴的介绍,刘复初即向他表示,只要为红军办实事、好事,不与红军为敌的,我们都欢迎。

过了罗布坳,听说阮俊臣有支队伍由红军第二、第六军团委为贵州抗日救国军第三支队,又有在毕节起义的陶树清队伍加入,拥有人枪数百,住〔驻〕在镇雄大湾子一带。听了这个消息,刘复初说:阮俊臣过去早已打过交道,红二、红六军团又委了他,我们前去找他们。于是,纵队从扎西到了花朗坝找着了阮的队伍,在院子场组建抗日先遣队,阮任司令员,陶任副司令员,刘任政委,活动于斑鸠沟、三口塘、雨洒河等地一个时期,红二、红六军团派在阮部做政治工作的欧阳崇庭,称政治特派员(代表),是兴国城冈人,谈起是老乡,我经常代表游击纵队去开会,所以比较熟悉。纵队对这支队伍的行为不满意,据说,阮、陶想把我们编为司令部的一个直属支队,还给纵队作了许多不合理的规定,如行军时不准写标语,不准在群众中作政治性动员。总之,红军的一套不准在他那里用,一切听从他们指挥。由于这样,纵队就想脱离他们自己搞。与他们走到杨家湾过去一点,开会决定不跟着走了。

脱离这支队伍,刘复初与龙厚生、李青云等还有些不同的看法,刘是坚持要做这支队伍的改造工作,龙等不同意,说不准干这干那,还叫什么共产党的队伍,主张自己发展,自己行动。在毕节杨家湾脱离时,刘是跟着阮的司令部的,龙派人通知他回来。刘接信后,寻找借口脱身,晚走了一步,只身独往到来时,纵队已经转移,直到中午他才赶上。

不久,纵队转到镇雄拦马坎和威信大雪山一带,会合了当地绿林武装小队吴锡州,一同到罗坎、洛旺、柳溪、牛街。在牛街附近缴到陇家一批马驮子,得到许多布匹和棉布。于是顺着原路返回,来到大雪山,吴锡州又不愿意跟着走了,他要回去,我们每人分两匹布做衣服,其余全部给吴锡州,他便带着小队回去了。

我们从安稳坝、后天坪到郭家坟,部队在中心场休整,殷禄才来联系参加纵队,特委接收了他,并在纵队受训,愿意接受纵队指挥、委派,于是委以云南支队的番号回去活动发展。陈二排是保卫局第五连第二排排长,在游击纵队任中队长,共产党员,被派在殷的队伍里任政委。由于在红军中当排长,因此大家都叫他陈二排,叫惯了连真名都记不得了。我在纵队中大家称我曾科长也如此。纵队有两个老资格(一名大老资格,一名小老资格),这二人是最先上井冈山的,因此资格老,便叫老资格,由此得名。在大石盘,发现有几百民团扛着青天白日旗,端着步枪、鸟枪，呐喊着围上来。为了站住脚，纵队埋伏着等他们，待敌接近时，从山上一个猛烈冲锋，夺得旗子和枪支，民团的人全跑了，我们获得了胜利。在珙县、兴文、威信边境游击了些时间，队伍得到发展。珙县县长刘治国（在国民党军队中当旅长）上任不久，调集县团队四五百人在大庙附近分两路冲上来包围。刚一开火，纵队集中火力攻击，把刘治国打伤化装逃避，刘的队长被打死，时下队伍无头，便向后退。纵队立马冲锋，把刘的团队打得东逃西窜。毙敌 10 多人，伤敌 50 余人，缴获各种枪支 80 余支，子弹 1000 余发。兴文的团队听说刘治国惨败，带着队伍龟缩回去，不敢出来见面。

经过这一仗，局势开始好转，基本上可立住脚。但是，对敌人震动很大，宜宾川军第二旅第三团派一个营来驻珙县。听到这一消息，纵队又转到威信来。不久，驻珙县川军一个连在底硐铺反水起义，赶到罗布坳来与纵队接上头。入队后到簸箕坝联欢，刘复初代表红军的游击纵队欢迎他们来当红军。刘少成代表白军讲话，他们因为受官长欺压，在红军的影响下，乘机起义参加工农红军。表示拥护共产党领导，听从红军指挥，兰澄清任副队长，派我去任指导员。

川军起义合编后，300 余人的队伍，于是决定去打大湾子一土官家碉堡。之后，在威信烂坭坝遇滇军补充团来追，司令部决定收拾他，埋伏好等他追上来，纵队第一、第二大队在前面阻击，我们第三大队从右翼迂回包围。开始敌人进行猛烈的冲击，战斗打得紧张激烈，纵队坚决阻击敌军进攻，坚持一段时间，敌冲不动，又受到两面夹击，于是敌军退了，打死打伤敌 10 多人，缴获 10 多支法国造步枪，1000 多发子弹。这次正面阻击和出击的是手枪队，通过这次战斗，敌军不敢紧追我们。敌军逃散后纵队就走了，也没有追击。经过这次战斗见到起义川军作战勇敢、坚决，相信他们是真心实意参加革命的。打了这一仗后，又在燕子口打了乡公所，缴了 20 多支枪，侦察到杨森的保商队，想搞他的一挺轻机枪。刚一开火，保商队拼命逃跑，机枪没有缴着。第二天杨森派一个营来追我们，从燕子口分四路包围，纵队选好地形埋伏，待敌军接近时才开枪，打死打伤多人。接着来了个反冲锋，将敌人击退，渡过赤水河。

此时，三省敌军加剧"围剿"，从贵州林口过水田寨来，遇滇军田营，边打边撤，到蒿枝坝都还没有甩脱敌人。转移到大海子、沙子坡、海子坝一带，田营跟踪追击。这时，刘复初病重坐在担架上抬着走，龙厚生、李青云等人随同。为摆脱追敌，龙命令我和刘少成带着一个战士在沙子坡海子坝阻击敌人，掩护大部队撤退。

并说能坚持一个时辰,等大部队走远一点更好,然后再追赶部队。我们隐蔽在一个山坡上,使用快慢机手枪和冲锋枪,敌人过来我们就打,距离近火力较猛,连续击退敌人几次冲锋。眼看部队走完了,我们准备撤退时,敌人从后面包抄过来,把我们卡住了。我和刘少成商量突围,同时冲上一座山翻山突破敌人包围,找到了张显明家,他有两个儿子(张廷彩、张廷方)。敌人搜查得紧,张把我们带到房侧一个岩洞隐蔽起来,晚上送饭,住了3天。为了急于寻找部队,张搞了些干粮,派儿子送我们走,晚上出发,一直送到兔儿湾。途经冷水河,刚从一个房子外边走过,一名团队的人从里边丢出一个〔颗〕手榴弹,把我左脚炸伤,幸好没有伤着骨头,我们3人又继续往前走,走到楠木湾天刚亮,刘少成把我寄在陈木匠家里,与贺东朝在一起养伤,本来不愿意寄养,但有个伴,也就同意了。他们俩去找部队。

寄养了一段时间,伤势好转,陈木匠说:要赶紧离开这地方,此刻,抓到红军就杀。于是替我做了干粮,叫我们专走老林,往西走,出来就安全了。贺东朝要去环房他原寄养的牟队长家,便单独走了。我按照陈木匠指的方向到瓜雄去找队伍,走了两天才到窝罗坭,在山坡上遇着杨其相家,把我安排在其守包谷的棚子里,晚上替我送饭。这时间大约腊月二十几头,天气冷得很,一无所有,冷得发抖。住了六七天,杨叫我到他家里住。他说:这地区是三不管地区。有个红军人员在瓜雄街上做生意,民团照样没干涉,你在这里住下来吧。一天赶集杨带我去街上,见到是王清和,我谈要去找部队,他说:没见游击队活动了,先维持生活再说。

就这样,流落他乡,在瓜雄山上同一游击队员方田安帮人混饭吃。后来又垦荒种地,过了3年,迁斑鸠沟居住。在扎西了解到管理员刘求晗更名刘文才,在县政府里混了个差事。一次到县城找到他,对我讲:刘复初寄养大雪山被川军抓去了,下落不明;龙厚生、李青云、曾春鉴等人带着剩下的10多人达到水田寨,想通过搞统战的艾宗藩隐蔽一些时间,可是艾宗藩翻脸不认人,派人解除了他们的武装,把他们杀了。我听了以后,心里很难过,原来想只要剩下几个人,把边区失散的人员组织起来,还可以发展,龙、曾等人被杀了,希望也没有了。联想到我们兴旺发展时,艾宗藩、郑耀东多次和我们结交合作,友好往来,而纵队失利,他血腥残杀游击队领导人,这是一个莫大的惨痛教训。

直到威信解放,群众选我当联防队长,进行"清匪"反霸的斗争。1952年我们写申请到中央,发了路费,邀约了几个红军人员沿着长征去的路,回到了原籍江西兴国。

回乡后,见到同村的红军曾纪德,他也是留在川滇黔边区打游击的。他讲他随龙厚生等到了水田寨,与四个红军游击队员被川军孔指挥(孔政荣)俘了。一天,孔对他们说:艾宗藩杀了你们许多红军,你们要去为红军报仇,把艾给我杀了。孔对他们说:他们也不知道艾杀了多少红军。听说龙被杀害了,他们当然怀恨在心,遂听孔的安排,在坛厂把艾宗藩杀了。后来曾纪德等人在那里领了点路费,1937年返回江西兴国。

我常与曾纪德等摆谈起这段经历,许多往事注入心头,久久不能平静,记起在扎西地区开展游击战争的艰辛日子,流落谋生的苦难岁月,记起在威信牺牲的战友们可歌可泣的英雄事迹,但愿居住在这块土地上的人们,永远铭记着他们,知悉今日的幸福来之不易,多少先烈在这里洒了最后一滴血。永不忘先烈们勇于献身的无畏精神和艰苦奋斗的光辉业绩。

(录自云南威信县委党史征集研究室编《威信春晖》,1993年印行,第363~374页)

# 忆红军川南游击队

刘复初

60 年前的中国工农红军二万五千里长征，以其举世无双的英雄壮举彪炳青史。这里所记述的川滇黔边区游击战争，是长征途中党中央根据形势的变化，为配合主力红军战略转移而采取的一项战略决策，是红军长征史诗的有机组成部分。

（一）转战川南，配合中央红军战略转移

1935 年 1 月，党中央在遵义会议后，率领红军主力向川南进发，拟北渡长江同四方面军会师，蒋介石调集数十万武装堵在川滇黔边区，又令刘湘集中川军跟踪追击，阻止红军渡江。故中央改变计划，转向云南扎西。在扎西党中央召开扩大会议，会议决定要在运动中消灭敌人有生力量，以实现战略转移摆脱敌军"围剿"。根据扎西会议精神，中央军委选拔数名师级干部成立中共川南特委。并调保卫局第五连和一些干部及伤病员 200 余人，与地方游击队合并，成立中国工农红军川南游击纵队。委派徐策（原红六师政委）、余泽鸿（原上干队政委）、戴元怀（原民运部长）等同志组成中共川南特委，他们的任务一是在敌后牵制敌军配合红军战略转移；二是在川滇黔边区创建革命根据地；三是安置伤病员，做好思想政治工作。

红军川南游击纵队在 1935 年 2 月 12 日与中央红军分手，在叙永县树坪与叙永特区游击队会合。接着，纵队便以各种番号在川南开展军事行动，并在叙永县木厂梁子阻击川军首战告捷后，继续向南六县进发，打开了一些重镇，使泸州的川军惶惑不安，误认为红军主力仍要寻机北渡长江。因此刘湘令郭勋祺率三个旅和保安团固守川南要隘，急令进至黔边温水的潘佐旅"星夜兼程回守川滇黔边的门户——叙永城"，又令第一路指挥范子英"兼程回古宋县金鹅池向叙永重镇两河口截击"。又电令独立第一旅、第二旅移驻叙永，急令第二路达凤岗旅从黔北赤水"兼程赴叙永扼守"。滇军获悉红军已到叙永黄坭嘴、两河口镇等地，"深恐乘隙窜滇"，急令到达叙永县分水岭之龚顺璧旅回守滇境。这样纵队就牵制了一部分围追截击中央红军的川滇黔敌军主力，配合红军顺利回师黔北，取得了二渡赤水、重占遵义的胜利。

红军川南游击纵队坚持敌后武装斗争，牵制敌军的方案，首先在川南地区实行，引敌进攻游击纵队。特别是有计划地逐步摧毁敌人基层政权，打开川南重要城镇,这使蒋介石误认为红军主力在川南,电令刘湘加紧"围剿"。敌集结十多万兵力"围剿"游击纵队,从而牵制了川军对中央红军的追击。红军主力巧渡金沙江挥师北上之后,蒋介石忙调尾追中央红军的兵力,布置在川滇黔三省"围剿"游击纵队。当时敌军组织了川滇黔三省"会剿",其布局为:

四川方面除地方武装外,急调第二十一军第五师陈万仞部驻防川南,委任他为"南路剿匪军第二路指挥"。整个川南各县布满了重兵,并采取"跟踪和扭打主义",妄图消灭纵队。

云南方面,除委任镇雄独立营营长陇承尧为民团指挥,驻守镇雄、威信要隘,充当"会剿"的急先锋外,滇军第二旅旅长安恩浦(驻昭通)还先后派第二团进驻彝良,彭勤营驻防威信,万保邦团进到川滇边区,还有镇、彝二三县保安队与民团数千,参加"会剿"。

贵州方面,蒋介石亲自召见莫雄,令他将江西省吉安专员公署原班人马搬到毕节,成立"贵州省第四行政督察专员公署","负责'剿办'贵州红军游击队"。蒋介石还从湖南调第六十三师陈光中到贵州,归莫雄指挥。以后仍恐其兵力不足,令第五十四师郝梦麟部、第四十七师裴昌会部、第二十三师李云杰部进驻黔西北,收集地方民团,配合川滇军队相机出动,"围剿"游击队。

就在纵队面临着三省敌军"会剿"的时刻,1935 年 5 月中旬,红军黔北游击队前来合队,这对壮大纵队力量,粉碎三省"会剿"是十分重要的。会师后,川南特委当即召开特委会议,会议决定:中共川南特委改称中共川滇黔边区特委,红军川南游击纵队改称红军川滇黔边区游击纵队,作为红军后卫部队,继续转战川滇黔边区,将川南、滇东北、黔西北 20 多个县逐步开辟成红军游击区和革命根据地。会议号召全体共产党员和所有干部战士,要坚定信念,团结一致,在任何艰险中敢于挺身而出,争取革命胜利。

(二) 总结教训,扩大队伍,粉碎三省"会剿"

1935 年 2 月,红军游击纵队深入川滇黔以来,转战川滇黔边区 20 多个县,打乱了敌军部署,使敌军更加惊恐,于是更加紧川滇黔三省"会剿"。长官司、红山口是川滇边的防共要塞,我部路经红山口时,遭敌埋伏,伤亡 100 多人,其中干部数十人,主要领导徐策、张凤光牺牲,参谋长负伤被俘。针对这种情况,同年 6 月中旬特委在威信县簸箕坝召开扩大会议,确定了下一步粉碎敌军"围剿"的行动方略。(1)利用山区险要,转战川黔边区;(2)利用地形和群众条件,在游击中消灭敌军;

（3）加强敌情调查，寻找敌军无备，突然袭击，促敌被动挨打，或是采取夜战闪击敌军，甩掉追击；（4）利用敌军漏洞弱点，突破敌军"围剿"；（5）随时在战斗间隙中，利用山区隐蔽休整，努力保持旺盛的精力，以适应连续作战。

簸箕坝特委扩大会议后，纵队经过暂时休整，从云南滇东北取道镇雄，进占赫章城，又转入川南门户筠连境内，突袭卞乐瓦，轻取巡检司，打开敌人认为固若金汤的筠连城，相继巧占叙蓬溪镇，闪击兰田坝，威胁泸州，迂回占据大洲驿，佯攻纳溪城，转向南六县进军，袭击长宁附安场、江安红桥镇、珙县洛亥，再转赤水县一碗水场及黔西九仓坝等地，击败敌军追击……这些军事行动，拖着敌军团团转，到处扑空。地方军阀们说：坚决除后患，老家才能保。这些事实表明，我们实现了牵制敌军的任务。

1935 年春至 1935 年冬末，游击纵队在掩护中央红军战略转移中，取得了军事上的胜利，也付出了重大牺牲，纵队由 1000 多人的武装减少成 200 多人了。为了改变危险的处境，1935 年 11 月末，在长宁梅峒〔硐〕场贾家湾召开特委会议，大家认为，保存实力，战胜敌军"围剿"，是当前最重要的问题。提出化整为零分散活动。会后分成两队：一队由刘干成〔臣〕、余泽鸿、刘复初等同志负责；二队由龙厚生、黄虎山、曾广胜等同志负责。分队行动后，二队行军到炭厂暴露目标，被敌击散。长宁县敌军疯狂围攻一队，余泽鸿同志不幸牺牲，我们组织深夜突围，天明到了踏水桥山上隐蔽，次日下午又被敌围追，天黑时才将敌甩掉。

次日部队到连天山时，只剩下 17 人。第三天发现敌军蜂拥而至，上山"围剿"红军。因此特委提出：

① 利用连天山森林隐蔽，每天更换方向和地址，绝对保密不暴露目标，严防敌人攻击，争取时间休整。同时我们设法买粮和穿的用的，领导干部带头帮厨、放哨……同志们对此深为感动，上下团结更加亲密。

② 提高战友们的思想认识，指明保卫中央红军长征胜利，是关系中国革命存亡问题，我们作为红军后卫部队，为了争取红军胜利北上抗日，哪怕游击纵队覆没了，也是有价值的。当前虽然困难重重，但是我们有坚强的特委领导，又有边区广大群众热情支持，同时经过近一年的战争锻炼，我们已有一些斗争经验，只要坚持下去，敌军冬季作战不利，也会撤去。而我军收容打散人员和继续扩大红军，就能迅速发展。

经过一个多月的艰苦斗争，敌军"围剿"找不到目标，撤兵回城。我们下山时，通讯员徐茂良带了 30 多人武装前来归队,以后沿途又发动工农参军和收容归队的同志,很快发展到 400 多人,编成两个大队,恢复了纵队建制,仍在红军老游击区活动。

(三)继续牵制敌军,配合红二方面军长征

1936 年 1 月纵队突破敌军"围剿"后,得知 1935 年 8 月中国共产党在长征途中发表《为抗日救国告全体同胞书》,号召全国人民团结一致,停止内战,深受广大群众拥护。同时得知红二方面军 1936 年 3 月来到贵州,希望红军川滇黔边区游击纵队留在敌后,继续牵制敌军,配合红二方面军长征。中共川滇黔边区特委认为这对增强红军北上抗日救国力量,促进全国人民掀起抗日高潮,将起重大作用,纵队必须首先牵制川军,因此在兴文县洛柏林、炭厂等地战斗,使川南敌军不敢全力向贵州围追红二方面军。1936 年 6 月纵队来到贵州毕节地区,阮俊臣同志带来黔西北游击队 200 多人合队。之后纵队又击败黔军柳际民旅和滇军补充团的进攻,声势浩大,反动当局极为恐慌,各县纷纷飞电告急,要求急速增援,"围剿"红军。1936 年秋召开特委会议,民主选我任中共川滇黔边区特委书记兼红军川滇黔边区游击纵队司令员。在特委领导下,纵队在川南大庙伏击珙县县长刘治国亲率"清剿"的县警备大队、卫队、区民团及四川省第六保安团第十中队 400 多人。经过激战,打得敌人丢枪溃逃,共缴枪械 90 余支,子弹千余发,敌军死伤数十人,俘敌县警备队长等百余人。10 月下旬,在我党我军的政治影响下,由刘少成带领川军教导师驻珙县地洞场的四团一营敌一个连士兵,武装起义前来当红军,壮大了纵队的声势。斗争形势开始好转。

面对纵队不断扩大的军事和政治影响,川滇黔敌军加紧第二次三省"围剿"。川南以教导师、第五师、穆肃忠、周化成等部队为主,并调川南地方武装协助"围剿";黔西北以陈光中师、杨森师、柳际明旅为主,并调集地方武装协助;滇东北以安恩浦旅、陇承尧独立营、地方保安队、团防负责"围剿",而且还不断增派敌军加入"围剿"。由于长期与敌军激战,敌多我少,缺乏后援和补充,1937 年 1 月在敌军重兵"围剿"中,纵队被打散了,有部分同志参加到川南、贵州、云南游击支队,继续坚持对敌斗争,直到迎接西南的解放。

(四)结束语

纵队的武装斗争,在多于我数十倍的顽敌"会剿"中失败了,但是中国共产党领导的中国工农红军胜利地完成了二万五千里长征,以敌人在全局战略失败的辉煌战果而结束。特委领导纵队的英勇斗争,配合和支持了中央红军、红二方面军战略转移,为主力红军长征的胜利创造了有利条件;纵队斗争失败,是长征付出的有意义的代价和牺牲。同时红军游击纵队用自己的革命斗争实践扩大了党的政治影响,播撒了革命火种。尤其是特委组建的川南、云南、贵州三个游击支队,开展地方群众工作,坚持敌后武装斗争,长达 12 年之久,为中国革命的胜利做〔作〕出了不可磨灭的贡献。1986 年,张爱萍同志为纵队斗争史题词:"红军主力长征北上,川滇黔边游击战场。孤军奋斗牵制强敌,壮烈牺牲万代敬仰。"

（录自《人民日报》,1996 年 10 月 28 日）

## 访问刘复初同志资料

访问刘复初同志

时间：1976 年 10 月 29 日至 11 月 6 日

地点：内蒙古农牧学院刘复初同志宿舍

访问者：冯寿芳、姚贵浩

刘复初同志，今年 66 岁，原籍古宋城内人。1 岁时，死去了母亲。4 岁上，又死去了父亲，6 岁时在继母娘家放牛，12 岁被继母撵出家门后投靠叔祖，在古宋镰儿沟银矿坪为叔祖家放猪。后来在姑父的帮助下上了卜曼小学。1927 年、1928 年就参加了反帝反封建运动，1930 年春又组织"红军之友社"，开展地下活动。1932 年参加古宋县委工作，1933 年夏，已经是宋兴特支书记（古宋、兴文两县组成的），1934 年冬先后在古宋、兴文和江安地区建立了两支游击队，同红军川滇黔边游击纵队合队后，曾任过司令部参谋长、政委、司令员。1935 年冬，洛柏林会议，刘复初同志正式被选为中共川滇黔边区特委书记兼中国工农红军川滇黔边游击纵队政委。

我们采访期间接触多，谈话内容广泛，为形成材料，仅归纳几个专题整理如下，并请刘复初同志过目审阅，修改。（以下均是刘复初同志以第一人称谈话内容记录）。

### 刘复初同志与徐策、余泽鸿同志的认识

1935 年 2 月，扎西整编后，主力红军东征重点遵义，同时党中央派徐策、余泽鸿等同志建立红军川南游击纵队。1935 年 3 月，红军川南游击队来到建武城，我到建武会见了红军川南游击队的领导同志徐策（红三军团第六师政委）、余泽鸿（干部团上干队政委，原粤赣军区政治部主任）、曾春鉴（红三军团补充第二师师长）等同志，会见时，王逸涛也在，他是司令员，徐策同志召开了一个临时中共川南特委会议，听取了我的汇报。戴元怀同志没有参加会，曾春鉴参加了一下，因有事，提前走了。会议是在晚上召开的（地点就在建武城街中心茶酒店内），开到天快亮才散会，在行军中，继续谈话，直至长宁梅硐场。

在特委会上，我着重汇报宋兴特支的工作，由于斗争的激烈和艰苦，有的退出了，有的叛变，所以没有成立县委，仅成立了特支，由我和郭平安（中农）、杨泽久（工人）三同志组成。

活动地点在古宋、兴文、长宁、江安,先在古宋组织了第一支游击队,主要成员是过去"红军之友社"为骨干,发动农民参军,开始只有几人,发展到数十人。我们的武器是木棒、马刀、梭标〔镖〕、土炮,最高级的就是毛瑟枪。开始打土豪,打保安队,就得了一些枪支,如套筒枪、勾勾枪(能打五发子弹),队伍逐渐扩大,主要活动在古宋、叙永、兴文、长宁、江安等地,这时已有几十人了,为第一队,队长是郭平安,我任政委。后来我又在江安县红桥坎一带,发起组织了第二队,主要力量是王绍章的绿林兄弟和农民,有几十个人,活动在江安、高、珙地区。第二队队长是高建中(第二十八军当过副排长),王绍章任副队长,我任政委,高淑宽任副政委。

以上两队在川南叙、古、兴、高、珙、江安等地区,我们宣传群众发动群众,组织群众,武装群众,宣传党的路线,政策、党的纲领,扩大游击队,打土豪,打防团,扰敌阵线,伺机给敌人以打击。

在特委会上,我汇报了目前的敌情:"敌川军潘文华、范绍增等 5 个师团守重庆、泸州、宜宾,尤以泸州为中心,防堵红军北渡长江。王瓒绪部还有刘湘的舅子周小兰的警卫大队,川南保安部队及杨森部队等围追堵截红军,川敌七八万人兵力;贵州境界,国民党嫡系薛岳,周浑元部 4 万余人,另有贵州军阀周西成部有 1 万左右;云南敌军龙云部安、鲁、龚、曾旅 1 万多人,蒋介石调到贵州地界防堵,因此,云南敌军是空虚的。"

特委研究决定,原南六支游击队,总称红军游击队支队,仍在原地活动,协同红军川南游击纵队牵制敌军,扰乱阵线,增敌困难,造成敌军恐慌。

特委听了汇报会,研究了作战方案。我提出的意见是,重点打击川军,这是我们的主要敌人。因为红军主力是为了北渡长江,所以要以游击战牵制和分散长江沿岸川军兵力,造成敌军空隙,有利于主力红军过江。敌人醉于城市,也是他们发家致富的老巢,我们袭击重庆、泸州、宜宾,他们一定要以重兵把守,死守城市,红军可趁隙而过。要是在宜宾下游不能过江,我们也要把敌军牵到下游,造成宜宾上游的空虚,便于主力红军从长江上游渡江。

徐策听了这个意见,很高兴,会议讨论也觉可行,接着研究了如何实现这个方案的行动计划。一种意见是立即打到泸州的对岸蓝田坝、纳溪,闪击敌军,佯作过江之势,并不过江,意图在于警告敌军保守泸州,而后从泸州边境闹到合江、赤水、古蔺、江津,让重庆敌军和贵州敌军知道我红军在此,使敌固守城市,尔后又折回打宜宾,促宜敌军死守老巢;另一种意见是主张闪击宜宾,打长宁、庆符,回头打筠连,既威胁宜敌,又威胁滇敌。

此时,红军主力已在贵阳一带,因无电台,游击队与中央红军已失去了联系。因此,特委又认为,如果敌人追红军,我就追敌人,以势前后夹敌,在要害的地方,整他一下,破敌后勤,扰敌阵线,为配合主力红军渡江创造条件。

会议后,特委叫我带原来的游击队(川南游击队),在长宁边界活动,在后方牵敌,徐策、余泽鸿同志带队打筠连,分头出发。

### 关于叛徒王逸涛

王逸涛原籍四川叙永两河口人,黄埔军校学生,参加过南昌起义。他们被国民党打散后,王回到老家。后来王逸涛与地下组织接上了关系。王逸涛有个亲戚叫杨登高,是绿林兄弟,已有数十人。1934年冬,王依靠杨的人枪拉起了武装队伍。

1935年1月,红军打下遵义后,王逸涛就吹嘘他认识朱总司令,为与红军取得联系,就派他去接头,在川黔边界上王与中央红军接上了关系。王向中央报告了杨家湾已经组织了游击队,要求中央派人去领导。

(在与徐策、余泽鸿的认识中,我听他俩说过,毛主席说:川黔滇边区群众和地形条件都好,可在这些地区建立革命根据地。根据这个指示,中央红军路过两河口时就留下了何宗舟是红军第三军团第四师某团总支书记,带了少数干部和一部分伤病员,在两河上的黄坭嘴与王逸涛合队,筹建红军川南游击队,何任政委、王任司令员。)

1935年2月,中央红军扎西整编后,王又带人与徐策合队,何宗舟带50多个伤病较重的人员留在两河口。

1935年4月,王逸涛的家属被川军抓去关押,当时不清楚敌人的情况。敌人利用王的家属活动他以高官厚禄保全家属动员王。王逸涛与敌人的往来我们就不清楚了。

同年4月,队伍到了叙永的五龙山,王逸涛带了杨登高,拖枪逃跑投敌。

王逸涛叛变后,任川南"剿共"特派员,从政治上组织上大肆破坏和造谣污蔑我们,从军事上"围剿"我们,为国民党反动派效劳。

我家离王逸涛家90多里,原来又熟悉,王叛变后,勾结敌人不断逮捕我的叔父刘憎荣、叔弟刘洪恩等人,逼迫他们交待我的情况……企图从中找到线索迫害我。

## 长官司战斗

1934年12月,中央有个决定,要〈在〉川、滇、黔边建立革命根据地。1935年1月中央也有决定在川滇黔边建立革命根据地,先以遵义为中心的黔北地区,而后向川南发展。为在黔北建立根据地,中央军委派人组织了黔北游击队,由张宏光等同志领导。

由于斗争情况的变化,张宏光等带队于1935年4月在叙永的分水岭同红军川南游击纵队合队,共编两个支队,第一支队队长刘干臣(干部团的干部),政委胡宗权(原红三军团第四师某团政治部主任),第二支队队长张宏光(军委留下的干部),政委余得胜(红三军团第四师某团特派员)。徐策同志任政委兼司令员(因王逸涛已叛变逃跑),余泽鸿同志仍任政治部主任,曾春鉴仍任司令部参谋长,游击队就在川滇黔边区活动。

游击队到了威信长官司,敌人以两个团的兵力居高临下伏击我军。有的主张不打,暂时撤退,徐策认为长官司是川滇要道,是我游击队常常出入的地方,主张打乱,而且有把握战胜它(当时游击队已近1000人的兵力)。

硬打硬冲打了一天,大坝川敌又增援了一团,对我实行包围。结果游击队损失很大,牺牲了百余人,我游击队主要干部张宏光、戴元怀等牺牲,曾春鉴、余得胜、胡宗权等身受重伤,徐策同志腹部中弹受伤,抬到罗布坳时,天刚亮,徐策同志牺牲了,游击队一级干部多数阵亡。

部队撤到簸箕坝,特委召开紧急会,决定徐策(应为余泽鸿——编者注)同志任特委书记兼政委,刘干臣提为司令员,配齐了各队组织领导,第一支队长曾晋南,政委李青云(保卫局特派员),第二支队长黄虎山、政委龙厚生(红三军团某师特派员)。

在簸箕坝时,士气有些消沉,军事领导也弱了,干部和战士对牺牲同志也伤心。

1935年5月,特委决定叫我率红军川南游击支队前来合队,在兴文地区的博望山我与司令部合队了。合队时,我仅带了川南游击支队的第一队近百来人,第二队还在江安地区来不及通知,后研究第二队就留在江安地带活动也有好处,暂不必带来。

合队后,编为第三支队,队长胡志坚,副队长郭平安,我兼政委,在司令部我任参谋长。

此时,为了适应革命形势发展的需要,中共川南特委改称中共川滇黔边区特委,红军川南游击纵队改称中国工农红军川滇黔边区游击纵队。这时的特委组织成员是:特委书记余泽鸿,成员有我和刘干臣、龙厚生、李青云。

### 余泽鸿同志在贾家湾召开特委会

余泽鸿同志,长宁梅硐场附近的人(离梅硐场十多里),家庭出生〔身〕地主。余泽鸿弟兄多,他在外学习时间较长,能写会讲,在上海参加了地下工作,从上海到苏区,我听他说,在粤赣苏区任政治部主任,没有听说在中央任秘书长之职或红大副校长之职,只听开玩笑时,有人说他是红大的教授(这是刘干臣业余开玩笑说的,当副校长的事,未听说过)。长征时是干部团的政治部主任,后又任干部团上干队政委,在扎西整编时,就是从上干队抽的。

扎西整编期间,毛主席指出:留下了一部分指战员同地方游击队合并,在敌后开展游击战争,创造革命根据地,牵制敌军配合主力红军行动。

扎西整编,抽出来的红军干部和战士大多是红三军团的,红一军团的少,徐策、余泽鸿、龙厚生、李青云、曾春鉴等同志都属师一级的领导干部。曾春鉴是红军补充师师长;李清云是特派员;刘干臣是上干队的,还有一个职务是××师的职务。在扎西留下的还有国家保卫局的第五连连长黄虎山(对第一纵队的成立我没有印象,只知道徐策他们带队到两河口合队)。

1935年4月以前(在徐策同志牺牲之前),余泽鸿同志任书记,纵队政委兼政治部主任。余泽鸿当时30多岁,政治上有修养,但军事上较差,余泽鸿不像知识分子,很像农民,他以身作则,吃苦耐劳,大家看重他,所以他的威信高,但研究问题有些主观。我任司令部的参谋长,同志加亲戚,处得熟悉,行军宿营都在一起。

余泽鸿同志的主观,比如在打兰田坝问题上,他主张闪击泸州。我说不行,过河困难,进退困难,没有回旋余地,泸州又是敌人的重防之地,不能闪击泸州。他想一鸣惊人,出奇〔其〕不意,闪击川军,但在我们的劝阻下,才放弃了闪击泸州的意见。

在红军游击队宣传下,发动群众,宣传群众,武装群众,游击队逐步在壮大,但敌人对我们进行的大规模"围剿"也在形成。敌陈光宗追我们很紧,以几个团的兵力,妄图层层包围游击队,我们就钻敌人的空子,袭击敌人的要害,仍在川滇黔边区20多个县内开展游击战争。

但是,我们对敌情估计也不足,因此,常给作战带来不利,多半是游击行动,不是追敌人,就是被敌人追,所以有时我们的战略战术多半落空。斗争的艰苦和复杂,致使部队又遭到损失。在长宁时,部队仅有 100 多人了。

1935 年冬,在长宁的贾家湾召开了特委会。会上,余泽鸿同志提出了鉴于部队损失大,兵力少,敌人又疯狂"围剿",主张化整为零,开展群众工作,然后再集零为整,消灭敌人的行为方案。我们觉得兵力少,领导骨干薄弱,加之地方情况不熟悉,这样不利于斗争。

分散了强有力的领导骨干,否则不仅不能独当一面,而且有化整为零、集不成整的危险。因此,主张迅速转移山区,白天隐蔽目标,夜间回到群众家去休息,利用空隙进行修整,以保存实力,待机歼敌为宜。但是,余泽鸿定要主张化整为零的方案,分成了两个支队,第一支队政委李青云,支队长胡志坚,随司令部行动,以长宁、江安、古宋为主要活动地区,第二支队政委龙厚生,支队长黄虎山,转移云南威信、镇雄、毕节等地山区活动。

结果第二支队进至炭厂时,被川军发现,疯狂"围剿",致使全军覆没,仅剩下龙厚生、黄虎山两人,隐蔽在红军家属里。其余队员有的打散了,有的牺牲了,有的被抓了,而且也暴露了第一支队的目标。敌人从炭厂打电话到梅硐场,第一支队也受到敌人的包围袭击,经突围后,冲出了 20 多人,边打边走,撤到江安边上在古宋边境一带时,余泽鸿同志对斗争的形势产生了情绪,甚至有时一谈起就痛苦得流泪,埋怨自己把部队带垮了,自己悔恨地说:"上对不起中央,下对不起同志。"我们总是同余泽鸿同志谈心、谈思想、开导他、安慰他,胜败是兵家常事,对革命斗争要有必胜信心,尽管目前我们受到了挫败,要肯定红军游击队的政治影响是很大的,革命在今后定能发展起来的。

行军到古宋坭基潮一家群众家里,四面都是敌军,夜间睡不着觉,我们起来烤火,此时天还未亮,敌人就跟上来了,在危急时,余泽鸿同志牺牲了,余下的 29 人踏上新的征途。

### 连天山受围

在敌军围攻中,我们余下的 20 多人转移到了古宋西区塔水桥,又碰上了住〔驻〕在该地的川军,打了半天,距敌 30 来米,敌军高喊:"抓活的。"我命令我们的同志丢掉包袱,轻装前进,沉着迎战。此时,敌兵见我们甩了包袱都去抢东西,趁隙我们甩掉了敌人的尾追,在日落西沉时,有雾,我们上了踏水桥背后的一座山上,宿营住在一家老乡家里。刘干臣主持召开了紧急特委会,会议研究了面对这样斗争不利的情况,怎么办? 我的意见是往连天山隐蔽,连天山山高树多,连界的还有一个万里广〔岩〕,地形险要,利于我们休整,保存实力,发动和依靠群众,逐步壮大,继续开展对敌斗争。李青云、刘干臣等同志同意了这个意见。刘干臣同志提出,余政委牺牲了,由刘复初同志担任,他有病请假休息,在他未归队前,司令员由刘复初兼任,李青云同意,并请刘干臣公布。我们当晚行军,走了半天路程到了连天山,到连天山时,天亮了。第三天敌军重重围住山下,十分嚣张。

（在特委会上刘干臣因病,要求留下养病,特委的同志也同意,这样,刘干臣就留在塔水桥附近一家姓高的老乡家里养病。）

来到连天山,我们只有 17 人了。游击队干部还有我和陈兴才、曾广胜、李青云、胡志坚……连炊事员,管理员在内一共 17 名。

我们的干部和战士不分彼此,为了革命,不怕吃苦,我们也要坚持下去。我们不分干部战士,轮流站岗放哨,既要打仗,也要做群众工作。

虽然我们人少,仍保持着原来的编制。我任政委兼司令员,领着游击队坚持敌后武装斗争。

连天山上分散座〔坐〕落十多户人家,为使游击队利于隐蔽、休整,并得到群众的支持和拥护,就要做好群众工作,群众工作也是当前我们迫切要做的工作,我们首先要使群众知道和了解我们是共产党领导的队伍,是毛主席留在川南为劳动人民打天下的宣传中国共产党的主张,宣传红军是工农的子弟兵,明白我们的意图,把群众发动起来后,我们立即封锁了消息,并依靠群众帮助红军游击队买粮食,送情报。白天隐蔽在森林里,夜里又回到群众家里休息,虽然单薄的衣服被刺林扯破,有的血和衣凝结在一起,但同志们没有叫苦,没有退缩。干部以身作则,关心和体贴战士,同志们团结一条心,由于加强了政治思想工作,坚定了一定要把红旗扛下去,革命一定要胜利的信心。我们依靠群众,买米和草鞋,先顾战士,有了草鞋,先给战士穿,在冰天雪地里,我还是一双赤脚,战士深受感动。我们只要能战胜困难,革命就会胜利。干部分头作〔做〕工作,同志们都表示要生死与共,团结抗敌,在任何情况下,都不能分心,大家还提出,为了革命不怕冻,不怕饿。

敌人天天机枪扫射,天天搜查连天山,我们在森林里同敌周旋,敌始终没有找到目标。

后来得知,敌人在踏水桥清乡时,杀害了刘干臣同志,并取头示众,敌军扬言"共匪"已被消灭,"匪首"刘复初"阵亡",收兵回城。

在连天山住了一个多月左右,我们下山来到了古宋、江安、长宁、兴文地区一面休整,一面又发动群众,依靠群众,镇压反革命,继续开展对敌斗争活动。

## 洛柏林会议

1936年春(1月),转移到了洛柏林,召开了特委会,会议解决的问题:一、认真总结失败的教训;二、分析研究目前形势(失败后的情况);三、选举特委成员;四、研究和确定今后发展情况和行动方针。

会议正式选举了我任中共川滇黔边区特委书记,中国工农红军川、滇、黔边游击纵队政委,选龙厚生任纵队队长和特委委员,选李青云为游击队特派员和特委委员。

在总结经验教训中,从革命实践中,我们认识到对建立革命根据地的重大作用认识不足,只注意完成了党中央及中央红军交给的牵制敌军、扰乱敌线、打击敌人的任务,忽视了建立革命根据地的工作。没有后勤,没有整休的地方,没有妥善安置伤病员,军需无法补充,兵源补充缺乏,没有后方,越打越少,这是沉痛的教训。

对游击战争的特点认识不足,因而对游击战的战略战术掌握不好。没有坚持保存自己,消灭敌人,以少胜多,以弱胜强的原则,打得赢就打,打不赢就走。但在敌强我寡的情况下孤军深入,甚至打硬仗,更不能打主动仗。长官司一仗的教训也说明了这个问题。在白区打游击,要充分发动群众起来参加革命战争,以武装的人民群众力量来打击和消灭反革命。打打走走,走走打打,没有形成革命群众运动,最后还是孤军作战,造成了实际上是与敌人拼命,不懂得游击战争的特点和规律,革命战争就是要保存自己,消灭敌人,战胜反革命。〈毛〉主席讲:"只有动员群众才能进行战争,只有依靠群众才能进行战争。"贾家湾会议的化整为零,积零为整,也充分说明我们对游击战争的规律和特点认识不足,"化整为零、积零为整"在战术上是可以的,但要有条件,力量太薄弱了,群众工作也做的〔得〕不够,其教训是"化"而不"积"。

在开展游击战争的同时,认真执行党的路线、方针和政策,以及做好统战工作都是十分重要的。比如在农村中的阶级路线,依靠贫雇农,联全〔合〕中农,孤立富农,打击地主,在当时这是对的,但没有做好,对中农的联合就没有联合好。对白军中的兵变工作没有做好,对绿林兄弟的工作没有做好,结果会造成扩大了对立面,削弱了自己的力量。不会组织反帝反封建的同盟军,相应减弱了革命的力量,都是我们严重的教训。

我们是工农子弟兵,是中国共产党领导的队伍,但在队伍中对于党的政治和组织工作做的〔得〕不够,对老党员思想教育不够,在发展新党员上存在着保守思想,更未有组织有计划地去发展,只做了个别发展工作,在地方建立党的组织也没有提到日程,没有提到应有的高度来认识,这就直接影响到我们的后方支持工作。

我们学习了中央苏维埃在江西印发的一个小册子,并予参照,在总结经验教训的基础上结合川、滇、黔边的实际,以中国共产党十大政纲为指针,拟出了《川、滇、黔边区革命根据地行动纲领》(见附件)。

这个纲领的意图就在于总结历史斗争经验认真执行党的路线、方针和政策,进一步宣传群众,发展群众,组织群众,武装群众,在川、滇、黔边建立革命根据地,我们的想法是:

(一)以威信为中心,建立革命根据地。为什么? 因为:① 威信为滇敌控制力量薄弱的地区;② 群众基础和群众条件好,广大劳苦群众对革命的要求迫切,群众受苦深,利于发动;③ 地形条件好、山大、有森林、地形复杂,可回旋,同时威信地处云、贵、川三省交界,有利于发展革命形势,建立川、滇、黔革命根据地,经济条件虽差,只要实际问题解决了,生产问题是可以发展的。

(二)以川南叙永为中心,建立川南革命根据地。先在叙永的大坝、两河口、分水岭,古宋的三关殿、海纳、银矿坪、兴文的建武、炭厂、五村、洛柏林、长宁的梅硐场,珙县的硐铺,江安的红桥坝等地建立根据地。这些地方敌人统治力量较薄弱,但又比威信的敌人力量强,经济条件和交通条件较好,地形亦为复杂,只要充分发动群众和依靠群众,有利于开展游击战争,建立根据地,逐步联〔连〕成一片,赤化川南。

在这期间,我们仍活动在川南地区,即于叙永、古蔺、古宋、兴文、长宁、珙县、江安等地。因为我们听说,红二、六军团的(贺龙、萧克部队)已经进入贵州,我们的分析,红二、六军团可能以中央红军的路线进军,所以我们仍在川南牵制敌人,而川南的敌人也没有放弃进攻我们,这样有利于红二、六军团的顺利进军。在此期间我们打败过川南敌人的所谓"剿匪"军,川军教导师、第五师就被牵制在宜宾、泸州一带,为红二、六军团顺利插过川边创造了有利条件。直到听说红二、六军团从长江上游渡过了金沙江,我们才把活动重心转入了云南和贵州地区。继续在川、滇、黔边区开展游击战争,为建立革命根据地创造条件。

为创造川、滇、黔边区根据地的行动中国工农红军川、滇、黔边游击纵队牵制川敌,为红军二、六军团顺利经过川边创造了条件。在斗争中,游击队壮大起来。为实现中共川、滇、黔边区特委制定的《川、滇、黔边区革命根据地行动纲领》,迈出了新的步伐。积极做好思想准备,组织准备,武力准备,因此努力争〈取〉进行以下工作:

(一)做好群众工作。红军游击队,既是战斗队,又是宣传队,只有发动群众,宣传群众,组织群众,武装群众,才可能建立牢固的革命根据地,建立苏维埃政权。川、滇、黔边区的劳苦群众,受苦最深,对革命的要求迫切,发动他们起来参加根据地的建设是十分重要的。革命战争是离不开群众的,"只有动员群众,才能进行战争,只有依靠群众,才能进行战争"。首先,我们是以大队的单位,分片包干,各队住的宿营地,就由该队做好周围的群众工作,召开居民座谈会,召开群众大会,宣传中国共产党十大政纲,宣传党的路线,方针、政策,同时,也要了解群众疾苦和要求,帮助群众解决困难,调动群众的积极性,了解红军,拥护红军,参加红军,负伤留下的伤病员,既又养伤,又要成为群众工作的宣传员,在群众中,注意发现骨干,培养骨干,锻炼和考验骨干,有的发展为党员。

在宣传群众中,利用文字宣传员,书写标语和口头宣传,都发挥很大的作用,发动群众参加打土豪,分粮食,当时分田地来不及,就分土豪的恶霸的粮食钱物,烧契约、借约、镇压反革命,逮捕和公审收税官吏,罪大恶极的,民愤大的收税官吏给以镇压,组织群众抗捐抗税抗租,取消苛捐杂税,打敌乡公所,打掉团保,如在威信与镇雄地界什么地方就打了一个姓陈的保长,又是一个恶霸,发动了群众,老乡还用石头砸死了恶霸。群众动员起来了,工作也开展了,发展了革命形势。如有的老乡,帮助为游击队养伤员,买粮食,送情报,扩大了党的政治影响,扩大了党的政策的宣传,有的主动报名当红军,兵源也逐步有了解决。红军游击队除川、滇、黔边第一次合队发展到1000人以上外,而后又两次发展到1000人左右。

(二)做好敌军兵变工作,改造教育起义白军,不仅削弱敌人力量,也是壮大革命力量的一个重要方面。但是,在具体行动中,由于没彻底肃〈清〉王明路线的流毒,也犯过严重错误。如对待1936年春(3月)阮、陶部队合队一事也是最严重的教训。

陶树清原贵州军阀第五旅柳际明的部队(陶是该旅×团的记不得了),在毕节地区,陶带一个营起义,拉出队伍后,到杨家湾找拥有绿林兄弟的阮俊臣,要求合队,阮说,这样大的队伍我领导不了,要找共产党领导,找红军川滇黔边游击纵队。

他们已将队伍拉到了镇雄的花朗,此时,正当我队从威信罗布方向过来,阮、陶派了两个代表前来接头,一个是欧阳(红二、六军团留在阮部做政治工作的),另一个是陶树清派的代表(记不清名字了),在离花朗廿来里路的地方找到了我们(是在晚上),他们说明了要求合队的来意后,我们召开特委会,同意了合队的意见。当晚出发,清晨来到了花朗。我是红军川、滇、黔纵队代表,在一个土豪家里与陶、阮进行谈判(他们的司令部就住在这个土豪家,姓李?),参加谈判的还有他们的营长,首先由陶树清谈了他们兵变的前后情况,阮俊臣谈了红二、六军团留下他的情况,我代表中国工农红军川滇黔边游击纵队向他们表示欢迎,并由他们对番号、编队,干部任职安排等提出意见,阮、陶都表示要成为红军游击队的组成部分,建议由红军游击纵队决定,会上还研究怎么行军,怎样对付黔军的追击,至于今后行动的方向,待摆脱黔敌追击后再研究,在这时,黔军柳际明部追来了,陶部慌张,我叫他俩组织所部撤退,我们负责挡住追敌,我们摆开阵地,沉着迎击,顽强战斗,击退了柳部的追击。实际上这一仗也是打给他们看的,陶树清很佩服我们"到底是共产党领导的队伍",勇敢、顽强,坚定了陶树清、阮俊臣合队的决心,这一仗也使柳部知道我们是支持陶树清的,不可轻举妄动。

部队撤到威信院子后,就在场上双方代表又继续开会商谈,而后经过特委决定合队后总称中国工农红军川滇黔边游击纵队(阮部原叫抗日先遣队,不用此名)。我任总政委(即司令部政委),阮俊臣任司令员,陶树清任副司令员(阮俊臣是二、六军团发展的党员),曾春鉴任参谋长。部队编为三个支队,一支队以阮俊臣部为基础,加以补充和调整,支队长姓阚,政委欧阳;二支队以陶树清部为基础,加以调整补充,支队长姓唐,政委旷善荣;三支队以原川滇黔游击队为基础,支队长龙厚生,我兼政委。

支队由纵队司令部统一指挥,统一行动。陶、阮部带来了600多人,我队200多人,逐步发展扩大兵源,游击纵队又迅速发展到1000人左右,在川滇黔边区活动,浩浩荡荡,声威大振。

但是,事物在发展,斗争在复杂,情况在变化。由于我们对党的思想建设做的〔得〕不好,对老党员教育不够,对新党员的发展也很少。党是部队的领导核心,但发挥党的领导作用做得也不够,特别是部队干部中对于路线教育抓的〔得〕不够,以致给整个部队带来了损失。由于部队中成份〔分〕复杂(当然大部分出身和本质都是好的),有起义白军士兵,有绿林兄弟,有老游击队员和工农参加红军的新战士。譬如有的士兵,犯了错误(如抓了群众的鸡,拿了群众的东西等),有的同志就骂、就训,不是从正面进行纪律教育,进行《三大纪律八项注意》的教育,不仅骂人训人,还处分战士,没有耐心提高他们的阶级觉悟,提高他们政策认识水平,行军作战几个月,领导干部中产生了意见,战士中产生了情绪,加之敌人对我们的追击也加紧了,追敌也多起来了,斗争也更艰苦复杂了,我们的队伍也逐渐减少,由于敌人的围追,暂时不利于我的因素增多。陶树清提出了三个意见:(一)为了避免敌人的大规模进攻,减少公开宣传,增多秘密的和口头的宣传;(二)要耐心教育战士,骂人训人在部队中会产生不良影响;(三)开辟新区,摆脱敌人的"围剿"和进攻,把敌人甩在老区。龙厚生认为这三点意见是反动的,第一,红军就是宣传队、播种机,不公开宣传就是不革命,对于犯了纪律的就是要严肃处理,第三条是阴谋吞并我们。我们提出了不同意见帮助龙厚生的认识,特委会搞不通,开了扩大会也搞不通。由于当时我们对党内两条路线的斗争认识不足,特别是王明"左"倾机会主义路线的流毒没有认真批判和认识,没有把这一问题提高到路线斗争的高度来认识,因此仅以党的民主集中制的基本原则,少数服从多数否定了我的意见,多数同意了龙厚生的意见。

会后,分开的思想变成了现实。大约是行军到了贵州的赫章地区时,趁夜,龙厚生通知我甩掉阮、陶部队,同原川滇黔游击队(合队后编为第三支队)出发了,离开了赫章。我们走了,天亮了,阮、陶才发觉第三支队不在了。

此后,敌人加紧对阮、陶的进攻,不久,陶被敌人活捉整死,阮俊臣侥幸得脱,全军瓦解。

阮俊臣在威信水田寨找到我们时,大发怒火,说共产党不改造我们是错误的,你们把我们甩掉被敌人吃了更错,阮说后大哭一场,弄得龙厚生面红耳赤。

旷善荣在延安整风学习时,总结回顾了这一历史教训,在他的笔记本上还写道:"只有刘复初是坚持要改造白军的政策。"

同年夏天,川军教导师第二旅的刘少成、兰澄清杀死他们的营长,于底硐铺带了100多人起义,派人到罗布与我们联系,在簸箕还召开欢迎会。补充了一些人枪。编为第三大队,刘少成任大队长,兰澄清任副大队长,指导员曾广胜。

我们认真总结了历史经验,严格执行三大纪律八项注意,对白军加强政治思想工作,也会影响更多的白军起义,瓦解敌军,如刘少成、兰澄清起义来的战士一个也没有跑的。

对白军官兵加强政治宣传，以不同的性质、表现加以分别对待，如兴文的田海云，他在炭厂有相当一部分力量，我们还公开同他谈判过，提高他的政治觉悟，他表示不打红军，但也不愿革命，后来还为我们送过子弹和情况〔报〕。我们路过建武时，敌人调田打游击队，事先还给我们通气，枪朝天放。对于此类情况，加强政治思想教育，利用他们为革命服务，我们也不打他。但是，对于有的两面派，一面同我们联系，一面又同国民党拉关系，不利于革命的，就采取打击和镇压。如威信院子的胡纯武就是一例，与我顽抗，吞并绿林兄弟，为非作歹，给予坚决打击，得到广大人民群众的支持和拥护。

（三）争取、教育、改造绿林武装

川滇黔边地区绿林武装大大小小的不少，对于绿林武装要作认真的阶级分析。云、贵、川广大劳苦群众深受三座大山的压迫和剥削，尤为深重的是农村的贫雇农和城镇中的贫民，国民党军阀混战，苛捐杂税盘剥，拉夫派款，地主资产阶级的重租及高利贷，刮〈民〉脂民膏，逼得穷苦大众挣扎在死亡线上，有的逼上了"梁山"。当时有民歌描写穷人受压迫剥削的情景："兵如梳，官如篦，团保犹如刀子剃；地主收租又收高利，逼得穷人没活命。"

正是这样，逼上了"梁山"，大多是出身贫苦本质好的人，不能把他们当"土匪"，以阶级观点作分析，分别情况，争取他们，团结他们，教育改造他们，使他们懂得革命的道理，拥护共产党，为争取被压迫被剥削阶级的解放，投入革命斗争。对历史清白的，本质好，表现积极，真正拥护共产党，拥护红军游击队的，通过教育，斗争中观察，培养，还可以发展为党员，如殷禄才就是这种情况。川滇黔游击纵队是红军长征中毛主席播下的火种，殷禄才及川滇黔边大大小小的革命武装，就是红军川滇黔纵队播下和培养的种子。

同样的，对于仅有一般来往联系，对革命斗争表示同情，但不愿参加革命或者不是真心革命，只希望我们不打他们，不消灭他们，只要他们不为反动派效劳，不破坏人民群众的利益，我们也不打他们，也不依靠他，但不放弃对他们的思想教育，有时还可以利用他们。

总之，对绿林武装，以阶级分析，看表现，分别对待。如院子（威信县院子场——编者注）的胡纯武，是绿林兄弟，后又任了团防大队长，并吞了姓苏的绿林武装，欺压群众，根据绿林兄弟的要求和群众的反映，对胡实行了镇压。对绿林队伍的教育改造，一种是随军学习，加以训练，一种是当红军后，又派回去，如院子姓苏的就是派人去做工作(主要是靠留下的部分伤病员同志去做)。通过教育,提高他们的阶级觉悟,认识谁是我们的敌人,谁是我们的朋友,依靠谁,团结谁,打击谁,加强路线和政策教育,懂得只有在中国共产党领导下,革命才能得胜利,被压迫剥削阶级才能得到彻底翻身。同时,要加强革命的纪律教育,执行三大纪律八项注意,一切行动听指挥,步调一致革命才能得胜利。

殷禄才与我离别时,他向我表态(根据他的意思,我给他修改的):"党的教育心明亮,浑身是胆气豪壮,红军来到我家乡,送了一些新式枪。发展扎西游击队,组织工农闹革命。"

(四)民族政策是我们党的一贯政策。团结少数民族,尊重他们的风俗习惯,实行民族平等,向他们宣传党的纲领,宣传党的民族政策,在中国共产党的领导下,各族人民团结起来,为保卫和建设革命根据地,巩固民主政权,争取各民族劳动人民的彻底解放而奋斗。(后略)

(五)整顿部队,加强部队的思想政治工作。当时我们部队中存在的问题,如:1. 对执行路线重大意义认识不清;2. 对形势认识不清;3. 对建立根据地重要意义认识不足,而且没有经验;4. 对瓦解敌军的工作做的〔得〕不够;5. 对建党工作的重要意义认识不够;6. 对执行三大纪律八项注意不严,对部队的纪律教育还差;7. 对伤病员的工作做得不好;8. 部队的团结工作也存在问题。针对上述情况,我们学习了遵义会议的精神(当时对遵义会议的精神虽不大清楚,但根据徐策、余泽鸿同志过去讲的精神来学习),批判王明"左"倾机会主义路线,确定了毛主席在全党全军为〔的〕领导地位,主要精神是知道一些,当时最清楚的还是四渡赤水,三甩敌人,摆脱40万敌军围追堵截,在战略转移上取得了主动权,胜利长征。

我们反省了甩掉阮、陶的错误教训,进一步明确了今后的行动方向。

另外,学习了洛柏林会议的精神,学习了1935年失败的教训,学习了建立根据地的行动纲领,这个问题应该提到日程。我们争取在1936年冬至1937年春建立一个或几个革命根据地,正确认识革命发展的好形势,看清国民党中央军之间以及与地方军阀的矛盾,有利于我们发展革命的形势。在川滇黔边扩大和深入了党的影响,党的路线、政策被越来越多的群众所认识。同时,在此期间(1935年10月),毛主席率领的中国工农红军已经在陕北胜利会师,实现了北上抗日的战略目的,鼓舞人心。红军游击队全体指战员,在党的领导下,团结一致,为消灭国民党反动派,打倒日本帝国主义,为被压迫被剥削的全体劳动人民的彻底解放而斗争。

1936年秋以后,国民党反动派加紧了大规模的对我川滇黔游击纵队的"围剿",我们对于建立革命根据地一直未能实现,由于对敌斗争的激烈,敌人的疯狂"围剿",从贵州的瓢儿井、燕子口到镇雄的关上、母享,威信的斑鸠,人员越来越少,兵源被敌截断,伤员增多,最后转移到威信大雪山时,又只余下20多人了。

殷禄才,是一个共产党员,我就是他的入党介绍人。

殷禄才是一个受压迫深,到处流浪,最后逼上"梁山"的绿林弟兄。1935年秋,殷和我们联系,要求革命。但是,当时我们没有重用他,只对他作了政治思想的教育工作。你是一个劳苦群众,就要拥护共产党,拥护红军,为劳动人民打天下,而不是为个人摆脱压迫剥削,要看到受压迫剥削的千千万万的劳苦大众,只有被压迫剥削阶级得解放,自己也才能得到翻身解放。我们叫他回去好好向群众宣传,发动群众,武装群众,起来向反动派斗争,这实际上是考验他。

1936年秋,川滇黔游击纵队到了郭家坟地区,殷禄才又来了,他说:一个人发动群众闹革命家没办法,要求当红军、干革命。当时,我想,如果他对革命不忠诚,他就不会再找我们了。这时,殷禄才才30来岁。听了他的要求,以及他的表现,我们就把他留下随军学习,让他亲眼看看我们游击队的实际行动,让他在部队接受党的教育,提高他的阶级觉悟和政治水平。因此,我们没有把他分到连队。当时有个想法,在云南我们跑了很多地方,殷禄才要求参加革命是很诚恳的。自1936年底敌人追我们也很紧,想在大雪山一带建立革命根据地,赤化威信、镇雄,在威信搞一下红点,逐步赤化全威信,而后赤化镇雄及川滇边区,山区人民苦难深重,对革命的要求迫切,就需要培养地方骨干去领导。这样,我们把殷禄才作为重点培养对象,尤其是我,多次与他谈话,谈思想,让他随军多有机会学习党的路线、政策,随时对他讲斗争形势,讲日本帝国主义侵略我国东北的情况,讲国民党反动派的腐败无能,他们不抗日,反而血腥镇压人争〔民〕群众的革命斗争,军阀混战,弄得民不聊生,要革命、要斗争,要打败日本帝国主义,推翻国民党反动派的黑暗统治,就必须在中国共产党领导之下,充分发动群众,组织群众,武装群众,开展革命斗争。

明确了革命的奋斗目的,为实现劳动人民的解放,我们就要不怕流血牺牲,为革命艰苦奋斗,在任何情况下,在什么艰难困苦的场合下,要树立克服困难、革命必胜的信心。哪怕只剩一个人一条枪,也要干到底。要宣传群众,发动群众,打掉县、区、乡公署,把枪支夺过来武装工农自己,袭击敌人要害,破坏敌人的交通,截断敌后军需,夺掉敌人的军火物资,给敌人处处造成困难,取得广大劳动人民群众的拥护和支持,等等各方面的政策在殷禄才随队期间都受到很大的教育和启发。

殷禄才随游击纵队在云南、贵州地区走了一个多月后,表现很好。我与龙厚生、李青云研究,决定发展殷禄才入党,我是他的入党介绍人。通过特委研究同意,殷禄才为中国共产党党员,并由我通知了他。

通知他入党时,殷禄才还不知道要入党,他高兴极了,他表示,在党的领导下,革命到底。

解决了殷禄才的入党问题,我们发给了他十几条枪,决定由他回去发动群众,武装群众,组织游击队,开展革命斗争。

分别时,殷禄才还向我表态说,在党的教育培养下,心明眼亮,明确了斗争方向,回去后,决不辜负党的教育、纵队的培养,组织群众干革命。

1936 年冬,川滇黔边游击纵队再次失利,余下 20 多人逼迫上了大雪山,想把殷禄才调来做向导,派谁去我记不得了,有派人去这回事,是肯定的。但派人去后,在敌"围剿"中没有与殷禄才联系上,也没有见过面。

殷禄才离开部队后,希望他回去建立游击队,并决定派人去做政治工作,由于斗争情况的变化,直至 1936 年冬末,才派同志帮助殷禄才工作。

1937 年 12 月,我在武汉办事处报到后,组织上又曾派我到了川南,并派兰澄清找过殷禄才,了解了他们的情况。但是,此时王逸涛得知我已到了川南,要暗害我,所以一些熟人如许剑霜等,敦促我迅速离开川南,党组织调我离开川南以后,对殷的情况就不知道了。但在 1947〈年〉至 1948 年,偶然在《参考消息》见到转载川滇黔边区游击队活动的消息,可见革命火种,燃红川滇黔边区,愈烧愈烈。

但是,我相信殷禄才在党的教育下(当时就觉得这个人不错)有敢于革命、敢于斗争的精神。

总之,殷禄才是一个共产党员。殷禄才是共产党培养过的骨干,殷禄才受共产党的教育,懂得革命的道理,殷禄才的枪是共产党发的。殷禄才执行共产党的路线、政策,因而对敌斗争能坚持多年。据说,〈他〉最后在敌人"围剿"中牺牲了。

(当我们讲到殷禄才是 1947 年被国民党第七十九师"围剿"时——刘复初同志说:"殷禄才为民除害、英勇杀敌,是扎西人民的光荣。")

刘复初亲笔批写:

谈话记〔纪〕要我看过了,反映了当时红军川滇黔边区游击纵队的一些革命事迹。由于时间仓促,稍作补充修改,请再充实内容,争取更加完善。

红军川滇黔边区游击纵队是毛主席在红军长征中亲手播下的革命火种,它在毛主席的无产阶级革命路线指引下,经过游击队的指战员和当地革命群众共同艰苦奋斗,在敌后坚持对敌斗争,基本上完成了党中央交给的历史任务,这是毛泽东思想的胜利。

红军川滇黔边区游击纵队,在长期革命斗争中的经历,已经过去 40 多年,以往没有记载,难免忘去不少,临时回忆,可能不够全面,不够切实,仅供参考,并谋指正。

刘复初

1976 年 11 月 7 日

[录自《访问川南游击纵队司令员刘复初整理资料》(第 56～113 页)。红军长征过叙永川南游击纵队专辑,全宗号:307,目录号:1,年度:1978 年,案卷号 9]

# 活跃在川滇黔边区的红军游击队(节录)

刘复初

## 一、组织红军游击队

第一次大革命失败后,国民党军阀们各自为政,四川军阀混战,互相争夺地盘,造成封建割据,在军阀统治的地区各级都设为政权,为军阀们服务,大收苛捐杂税以饱私囊,抓壮丁当兵和收容土匪以扩大自己的势力。贪官污吏勾结土豪团保压迫剥削人民,摊派军粮和军饷,加重地租和高利贷,拉夫修碉堡挖战壕,真是劳民伤财,加上天灾逼得民不聊生,人民怨声载道,仇恨满腔,当时人民诉苦的歌谣:

兵如梳、匪如篦,团保犹如刀子剃,地主老财加租利,逼得干人没活命,没活命!

军阀土豪像豺狼,掠夺人民钱和粮,强迫当兵和劳役,逼得干人家破人亡,家破人亡!

这是劳动人民在控诉军阀土豪、贪官污吏的罪恶,说明劳动人民要革命的社会根源,也是组织红军游击队的群众基础。当时我们分析,经过党的宣传教育,提高阶级觉悟,分清敌友,指明方向,动员干人子弟参加红军,打倒国民党军阀,打倒土豪劣绅……工农群众是会跟共产党闹革命的。

1927年蒋介石叛变大革命后,疯狂镇压革命运动,在各地抓杀共产党人和革命群众,这时白色恐怖弥漫了天空,革命烈士的鲜血染红了大地,同志们〈被〉逼得奔走四方,重新组织力量继续革命。但是困难重重,走到哪里都人地生疏,没有职业掩护,随时都会发生危险。要找职业无门路,办事没有经费,日常生活靠自己解决,有时又饿又冻,还要坚持工作,特别是在国民党反动统治下,常常有可能脑袋搬家。我们心想敌人用武力镇压革命,我们就用枪刀镇压反革命,绝不能赤手空拳坐等敌人抓杀咱们。1931年后,我们逐步领会秋收起义、南昌起义的重大意义,遵循毛主席教导,走上"枪杆子里面出政权,武装夺取政权"的光明大道,因而目标更加明确,下定决心组织红军游击队拿起刀枪闹革命。

当时曾在叙永特区发动干人弟兄反饥荒分粮食的斗争,从经济斗争转为政治斗争、武装工农闹革命。在古宋县南区发动群众斗倒了区团总,从上层建筑夺取领导权,从基层组织团丁和白军起义,在工农中建立"红军之友社"。争取这些武装组成红军游击队,首先赤化一个地区,〈再〉逐步赤化川南各县,不断武装工农群众,不断夺取政权,但我们缺乏经验,未能逐一实现以上计划。

1934年冬,得知中央红军向川滇黔边区进伐,喜讯传来,同志们心花怒放,认为有了党中央直接领导,赤化川南就有保证了。为了迎接中央红军来临,中共叙永特区有些同志在黄坭嘴杨家湾等地发动一些农民和杨登高带来的绿林武装,组成百数人的红军游击队,在叙永、古蔺边境活动。

其次,中共宋兴特支书记刘复初、宣传委员郭平安、组织委员杨泽久在古宋、兴文等县先把"红军之友社"的成员和部分工农弟兄组成数十人的红军游击队,又在江安、长宁等县发动一些农民和当地绿林武装组成数十人的红军游击队。

以上两支游击队后称为红军川南游击队,在叙永、古宋、兴文、长宁、江安等县边区活动。先打土豪、保安队,后打军阀部队,夺取这些武装来武装工农群众,逐步把土炮马刀换成新武器,同时宣传党的方针政策,发动广大群众反对军阀收苛捐杂税,反对团保摊派军粮军饷,反对地主老财重租高利贷,反对抓壮丁,拉民夫;欢迎干人弟兄来当红军,欢迎白军士兵拖枪来当红军,欢迎绿林来参加革命,欢迎工、农、商、学、兵联合起来打倒帝国主义,打倒国民党军阀,打倒土豪贪官,为祖国民族生存独立而斗争。这些宣传和行动深得贫苦老百姓的拥护,激励他们仇恨阶级敌人。当时穷人编唱这样的歌谣:

拿起枪刀闹革命,不交租税不还债。

打倒军阀土豪,打倒贪官污吏。

取消团保的权利,穷人当家自掌印。

一心保护老百姓,真心拥护共产党。

这是劳苦大众仇恨敌人的愤怒〈声音〉,也是他们要打倒敌人的誓言;这是劳动群众参加革命的反映,也证明劳动人民坚决要革命。

二、红军长征中的革命火种

红军川南游击队后称川滇黔边区游击纵队,是红军长征中,毛主席播下的革命火种,是红军长征中的后卫部队之一,是根据毛主席和党中央的决定指示而产生成长起来的,活跃在川滇黔边区。据余泽鸿同志(中央派来的)说:1935年1月,遵义会议后,毛主席有指示:川滇黔边地区地形条件和群众条件都好嘛!可在这些地区建立革命根据地……土城战役后,伤病员提出意见,寄在老乡家不保险,要求妥善安置……毛主席还说:山区条件很好,留下一些干部和武装及伤病员,成立红军游击队,在敌后牵制敌人,配合主力红军行动,在川滇黔边建立革命根据地解放劳苦大众……

据当时的文件看出,如1935年1月1日中共中央政治局关于渡江后行动方针的决定:"甲项指出,立刻准备在川滇黔边广大地区转入反攻,主要和蒋介石主力部队(如薛岳第二兵团……)作战,首先消灭他一部,彻底粉碎五次'围剿',建立川滇黔新苏区根据地,首先以遵义为中心的黔北地区,然后向川南发展,是目前最中心的任务。"红军黔北游击队和红军川南游击队正是根据这项决定而成立的。又如:1935年2月24日(应为1月20日)中央军委关于渡江的作战计划:乙项第二条指出,消灭和驱逐阻我前进之黔敌与川敌,尽力迟滞和脱离尾追与侧击之敌……第四条中又指出:在长江为敌所阻不得渡江时,我野战军应暂时留于川南地域进行战斗,并准备渡金沙江,从泸州上游渡江……红军川南游击队便是根据这条作战计划在川南牵制敌军配合主力红军在上游渡江。

1935年1月,红军打开遵义城后,计划经川南渡江北上和川陕苏区红四方面军会合,遭到四川军阀潘文华部带多个团在泸州、宜宾等地严重阻击而南下。四川敌军紧紧追击,毛主席提出声东击西的作战部署,从川南西进云南扎西,然后东征重占遵义,从而把敌军甩在川南,因此红军川南游击队为配合主力红军声东击西和渡金沙江留在川南牵制敌人。

1935年2月,毛主席在云南扎西主持召开了中央军委扩大会议,为了精简机构,充实连队,军委颁布了整编命令。命令甲项第四条中指示:红一、红三军团应按新颁布的新编制改编,其余的人员应尽量补充到战斗连队,其中一部分经过宣传与选拔可以成立游击队在地方活动。

中央军委根据以上决定和情况,红军路过叙永先留下何忠〔宗〕舟(红三军团第五师某团总支书记)、陈兴才〔陈彪〕(红三军团第五师某团特派员)带了少数干部和一些伤病员同叙永特区游击队会合筹建了红军川南游击队,司令员王逸涛(当地干部)、政委何宗舟,政治部主任陈兴才〔陈彪〕,游击队司令队下设三个大队有200余人。

在扎西整编中央军委又派徐策(第六师政委)、余泽鸿(上干队政委)、曾春鉴(补充第二师师长)、戴元怀(民运部部长)等同志带了保卫局第五连和一些伤病员有200多人去同红军川南游击队会合,正式成立红军川南游击纵队,500多人编成五个大队。政委徐策,政治部主任兼宣传部部长余泽鸿,组织部部长戴元怀,参谋长曾春鉴,工作团团长陈兴才〔陈彪〕。

同时,成立了游击队的领导核心中共川南特委,由徐策、余泽鸿、戴元怀、曾春鉴、王逸涛组成,徐策、余泽鸿先后任特委书记。从此川南游击队在特委的统一领导下,在川南开展游击战争,首先在叙永、古蔺、古宋等县袭击敌军,配合主力红军渡赤水,很快引起川军刘湘部队不断进攻游击队。王逸涛在敌军威胁和高官引诱下,在五龙山带着杨登高武装私逃投敌叛变。王和敌人在政治上、军事〈上〉、组织上破坏我们,造成游击队很大困难。

但是不久红军黔北游击队向川南发展,由张凤光、陈宏、曾广胜等同志带来200余人,同红军川南游击纵队会合,编为两个支队,第一支队长刘干臣,政委胡中权(有写作胡宗权);第二支队长张凤光,政委陈宏。曾广胜在政治部工作。800多人的武装,战斗力更强了。

但在1935年春,在长官司激战中,我部伤亡了主要干部,徐策、戴元怀、张凤光、陈宏等同志牺牲了,曾春鉴、胡中权和大队的负责干部受了重伤,只剩下600多人,领导力量削弱了,同志们有些关〔担〕心今后的发展问题,特委决定补充领导干部,刘干臣任纵队司令,余泽鸿任政委,周达山(有写作周大山)任参谋长(后私逃了),曾晋南任第一支队长,李青云任政委;黄虎山任第二支队长、龙厚生任政委。

同时,特委决定刘复初同志带领红军川南游击支队前来合队,编为第三支队,由胡紫键任支队长,刘复初任司令部参谋长兼三支队政委。为了适应革命形势发展的需要,改称为红军川滇黔边区游击纵队和川滇黔边区特委,由余泽鸿、刘干臣、刘复初、龙厚生、李青云组成特委,余泽鸿任书记。

从此,积极扩大红军迅速发展到1000多人,转战在川滇黔边区,继续威胁军阀们的老巢,打得敌人恐慌不安,引起川滇黔三省敌军联合"围剿",从而减少了围追主力红军的敌人,配合主力红军打击敌人,配合主力红军渡江北上抗日。红军在扎西整编后,流传歌声〔谣〕:二月里来到扎西,队伍整编好整齐,发展川南游击队,扩大红军三千几。

三、牵制敌军计划(中共川南特委会拟订的)

红军游击队的领导核心——特委认为:党中央交给我们牵制敌人的任务,是光荣的,这是主力红军粉碎敌人"围剿"和胜利渡过长江天险的大问题,是争取红军长征北上抗日和为祖国生存的大问题。因此我部坚决保证完成任务,把敌军牵

制在川滇黔边区,配合主力红军摆脱敌军围追堵击,为此我们必须:

甲、分清敌情才能取胜。

1. 在川滇黔边区围攻红军的敌军都是我们的敌人,但四川刘湘部队是我们的主要敌人,因他能调动十多万兵力进攻红军,川南是刘湘的老巢(根据地),所以集中兵力严防川南长江沿岸阻止红军北渡长江,同时又在川南各县驻军,企图围追堵击红军,阻止红军向长江边上进发。

2. 四川军阀混战,拼命争夺地盘,扩大自己势力,川南物资丰富,人口众多,交通便利,军阀们视若肥肉,大都想霸占川南。特别是重庆、泸州、宜宾等大城市是刘湘经营多年的统治中心,政治军事比较集中,是刘湘的老巢命根,军阀们怕丧失川南更怕丧失宜、泸、渝等城市,影响他〈们〉的前途,定会死守这个地区。

3. 红军长征到达川黔边区曾渡赤水到川南,敌人认定红军要在川南渡过长江同红四方面军会师,所以蒋介石调了40多万敌军布在川滇黔边区,妄图在川南歼灭红军。中央军委为使敌人计划落空,留下红军川南游击纵队,在川南牵制麻痹敌人,使敌以为红军主力在川南,借此机会甩掉敌军,便于主力红军迅速渡过金沙江而北上。

4. 贵州云南的军阀们和四川军阀都是共同的特点,争夺地盘,固守老巢,保存实力,图谋发展,特别是蒋介石的阴谋:利用"剿共"来消灭地方军阀力量,企图把国民党势力伸进川滇黔内部,这是地主军阀最担忧的,互相都有戒心,都怕自己吃亏。

5. 四川军阀统治多年残酷压迫剥削老百姓,因而广大劳动人民最恨,早想打倒他们。

乙、牵制敌军主要措施:

1. 在川南和滇黔边区广泛宣传党的方针政策,扩大党的政治影响,欢迎干人弟兄参加红军,欢迎白军士兵起义来当红军,欢迎工、农、商、学、兵联合起来支援红军;反对国民党军阀进攻抗日救国的红军,反对军阀土豪压迫剥削老百姓,反对军阀贪官收苛捐杂税和摊派军粮军饷……从而分化和孤立敌人,不断扩大革命力量。

2. 在川南开展游击战争,首先配合主力红军声西击东,重占遵义,同时威胁军阀老巢宜宾、泸州、重庆等大城市,促使川军重兵固守这些大城市,防御川南长江下游,空虚宜宾上游,便于主力红军在长江上游渡江。

3. 在川南开展游击战争,威胁川南各县驻军,重点打击围追红军的敌军,便于主力红军胜利长征。

4. 在各地破坏敌人军事建设,摧毁敌人区乡政权,夺取地主武装工农群众,组织地方游击队,配合红军游击队行动,发动农民打土豪分田地,不交租、不还债,组织工会农会镇压反革命和贪官污吏,打掉收税关卡,取消苛捐杂税,扩大农村成为游击根据地,把革命红旗插遍川南各地,促使敌人恐怖,集中兵力对付我们,减少围追堵击主力红军的敌人。

5. 虚张声势,麻痹敌人,威胁宜宾敌人就称宜宾纵队;威胁泸州敌人,就称红军泸州纵队;威胁贵州敌人,就称红军贵州纵队,各地出现不同称号,使敌莫明〔名〕其妙,以为红军主力还在川南,并在川南围攻我部,拉住敌军后腿,起到牵制敌军的作用。

6. 如果川南敌军围攻我部,可向贵州进伐;如果贵州敌军围攻,可向云南进伐,总之同敌周旋,利用敌军空隙,转战川滇黔边区,把敌军牵制在川滇黔边区。

丙、抓紧宣传教育。

1. 发扬红军艰苦奋斗的革命精神,敢于战胜一切艰难险阻,敢于战胜敌人残酷进攻,鼓励同志们最后胜利一定是属于我们的,坚决为劳苦大众的翻身解放而奋斗!

2. 加强三大纪律八项注意的教育,经常都唱这支歌,在行军出发时检查贯彻执行情况,好的表扬,差的教育,密切红军和劳苦群众的关系。

3. 加强俘虏政策的教育,提倡优待俘虏,打胜仗时大家做好俘虏的工作,争取白军士兵起来当红军,扩大革命力量。

4. 发扬阶级友爱的革命精神,勉励同志们既要注意宣传扩大新战士,又要注意帮助新战士提高政治觉悟,增强军事知识,解决生活困难,新老战士亲密团结起来,共同保证完成任务。

以上甲、丙项意见公开宣传,乙项意见只限领导同志掌握,在工作〈中〉不断总结经验,保证胜利完成牵制敌军的光荣任务。

以上作战计划是在四川兴文县顶冠山制定的,参加特委会的有徐策、余泽鸿、戴元怀、曾春鉴、刘复初等同志。

中共川南特委

1935 年 2 月

四、掩护主力红军渡赤水河

1935年2月,中央军委指示:要红军游击队掩护红军主力部队渡赤水河。我们分析当时川军和黔军是追击红军主力渡赤水河的主要敌人,因此决定在川黔边区靠近赤水河地区开展游击战争,牵制敌军。

有一天得知,川军在古蔺县地区,分成四路纵队,追击红军主力部队。为了阻击川军追击,便于红军争取时间安全渡过赤水,就在公路选好地形,占好阵地准备狠狠痛击敌军,掩护战斗正经作好〔准备〕。果真川军追来了,游击队利用优势地形猛烈射击敌人,打败川军数次冲锋,我们发起反攻,活捉俘虏三十多人,缴获武器三十多支。当天阻击川军四小时之久,因而敌军停止不前,估计红军主力已过赤水河,游击队机智撤离。

晚上得悉川军一个正规营住在官店比口子,为了拔掉这个〔颗〕钉子,便于红军出入无阻,游击队决定夜袭官店,以迅雷不及掩耳的战术,打到官店猛击敌军,打得敌人慌忙逃散,缴获二十多支枪,冲至川军营部,勤务兵正在收拾行李,就当了俘虏,只叫红军先生饶命。我们审讯他们是干啥的,勤务兵说:"据长官说,在这里堵击红军和追击红军。"经过以上战斗,基本完成掩护红军主力渡过赤水〈的任务〉。为了继续牵制敌军围追堵击红军,我们转移地区,主要在川南开展游击战争,把川军牵制在川南长江下游,便于红军主力部队在宜宾上游过江。

五、威胁宜宾敌军

牵制敌军必须在敌后坚持武装斗争,紧紧地拖住敌军,把追击主力红军〈的敌人〉牵制在川南和滇黔边区,为此首先威胁四川军阀老巢宜宾、泸州等城市,使敌重兵固守老巢,保卫他的命根,造成川南广大地区空虚,特别是长江上游空虚,便于主力红军长征无阻。特委决定先袭宜宾之敌,要求红军川南游击支队在古蔺、叙永、古宋、兴文、长宁等县活动,配合主力红军东征和红军川南游击纵队威胁宜宾敌军。

1935年3月纵队直奔宜宾对岸李庄镇,听说李庄敌军已有准备,故从李庄地区转到筠连县,以迅雷不及掩耳的闪电战,打开了筠连城。当天雾大,我部从葫芦坝进伐,便衣侦察队已走过葫芦关口,敌军还未发现,曾广胜领着前卫部队来到时,敌人看见了慌忙占领阵地,向我部开枪,我们用火〈力〉掩护,上好刺刀猛冲。这时枪声、杀声、号声交响壮烈,好似晴天霹雳,震动〔得〕敌人胆裂心惊,眼看我军冲上阵地,要拼刺刀,敌人怕得要命,赶快四散溃逃。我部乘胜跑步前进,一直冲到筠连城内,威风凛凛占据了筠连城,据说敌县长忽听枪声,才知红军攻进城了,吓得瘫痪不能动,全身发抖,叫救命,幸有几个护兵扶他,推推拉拉逃走了,像拖死猪到了南麻河边,渡河逃走〔脱〕了这条狗命。我部冲到南麻河边,没有渡船,望河兴叹,只得停止追击。

敌县大队的枪还挂着,敌大队的人员早跑了,但碉堡的敌军还在放枪,同志们说,这是庆祝红军占领筠连城的胜利。这样〔像〕乌龟缩在碉堡内不敢出来。我们向敌警戒,抓紧进行以下工作:

1. 打开敌政府监狱,放走了数个受害的贫苦老百姓,他们热泪盈眶地说旧社会的万恶;

2. 打开敌政府的仓库把东西分给穷人,他们衷心感谢共产党;

3. 召开群众大会,宣传党的方针政策。群众热烈拥护共产党的主张;

4. 缴获武器100多支和一些弹药分给各大队使用,同志们说运输队长蒋介石又送礼了;

5. 采购一些军用品(衣布鞋、医药用品等)解决战士的困难,他们说打开城市好处多,再打一些城市更好啊;

6. 召开敌职员座谈会。他们说:敌县长依靠周化成部队设防,守住葫芦坝关口,大巡桥前方子关口,有川军防守,筠连城后山有碉堡,还有四周有城墙,敌人认为阵势"固若金汤"红军不敢攻打筠连。但事实证明关口驻军地形险要都挡不住红军英勇善战。同时他们表示欢迎红军,拥护共产党!我们通过调查了解到:筠连四方面都有敌情,这里交通便利是个军事重地,敌军重要防守的地方,是宜宾敌人的前哨,而且地形条件好,一面是高山有碉堡,一面是南麻河水深不能走,其余两面有关口有守敌,特别是敌人多武器精弹药足,如果〈敌人〉围攻硬打,可能要受损失,当然敌人没有形成进攻〈计〉划〈前〉,暂时不会冒险行动,但不能坐等挨打,只有迅速撤出筠连,争取主动才是正策,因此红军川南游击队有准备地离开了筠连城。

听说我军打筠连城后,宜宾敌人收到电话,大为震惊,传令严加防守,阻止红军后卫部队在宜宾附近渡江,这样把敌牵制在宜宾,我们目的就达到了。这次攻城战斗,群众反映很好,同志们的歌谣:

大雾沉沉打敌人,红军冲进筠连城。

刺刀杀溃周化城,敌县长吓坏了魂。

老百姓热情欢迎,游击队川南闻名。

六、威胁泸州敌军

1935 年春打开筠连城后在川南云南边区,打开了一些场镇。4 月在叙永县和纳溪县之间,离叙蓬溪镇数十里的地方计划威胁泸州之敌,先后打叙蓬溪作渡江的信号,攻击泸州对岸蓝田坝,警告敌军决心守泸;回头袭击纳溪城,使敌疑〔袭〕我军渡江侦察。

为此,我军头天晚上赶到叙蓬溪对岸附近宿营,封锁消息。次日清晨饭后,巧渡叙永河冲进叙蓬溪镇围攻驻镇保安队,我部开枪,敌人惊惶逃散。据俘虏说:红军威名早已得知,经常提心吊胆,随时准备逃走,但不知红军来此,突然听到枪声,心里发慌怕得要命只好跑掉逃命。

叙蓬溪镇是个水陆交通的要镇,市镇相当热闹,为了扩大党的政治影响,〈应〉向群众进行宣传工作。但要向前赶路不能在此久留,准备一些干粮,急忙从纳溪境内进入泸县,直向泸州对岸蓝田坝进伐。

我部到达蓝田坝附近已经下午,赶快调查敌情,听说泸州敌军已有防卫的模样。正合我军闪击蓝田坝的意图,既然泸州敌人知道红军来了,必定增强守住老巢的决心,因此应当速返回袭击纳溪城,但是怎样返回呢? 仍走原路太远,顺长江而下,纳溪敌军可能截击,只有走两条路的中间,而后从纳溪城背后进攻,但经过团防肖正南驻防的地区,可能有阻力,夜间越过肖正南的封锁线,争取天明前到渡口,这是能办到的。于是吃点干粮稍事休息再走。同志们走了四十多里深夜路过肖正南的兵营,离路约有上百来米,兵营还有灯光,有人说话似乎正在活动,这时我们两手准备,躲进敌人哨所,或用摸夜螺丝〔夜间偷袭〕的办法,把敌人吃掉。为此,派部分武装向敌方警戒,如果敌人发现立刻消灭之,结果安全通过敌人兵营附近。

刚〈好在〉天明前部队到了渡口,找好渡船过河,占领阵地掩护全部渡河。后卫部队刚到河中,敌人在渡口山上开枪了。只见子弹打在水里兴风作浪,水泡跳跃不停。我军在对岸阵地开始反击,压迫敌人打火〔火力〕,游击队安全过河了,在大洲驿场上休息,准备攻打纳溪城。这个县城在长江边上,是泸州和江安之间,大洲驿离纳溪十多里,是通泸州的陆路,清朝在〈此〉设兵站,赶集的人很多。

我们要出发之前,侦察员回来报告:纳溪敌军已做好打仗的准备,县城内处有埋伏,这样不能打纳溪城了。据大洲驿的敌职员说:红军打开叙永蓬镇,泸州、纳溪都知道了,川南长江两岸都通知防御,阻击红军渡江。肖正南部队在大洲驿对岸山上开枪,也证明敌军知道红军向江边进伐,所以武装封锁渡口。尤幸我部队行动敏捷,走在敌人前头,没有发生阻碍。虽然我们计划未完全实现,但威胁泸州敌军的目的达到了,特别是敌军严防川南长江下游,实现了我部牵制川南敌军的意图,当时同志们歌颂:

长江河水流不尽,川南发展游击队。

威胁军阀争胜利,促敌龟缩宜泸庆。

七、川南工农劳苦群众斗争纲领(为迎接五一劳动节)(略)

八、在一碗水战败敌军

1935年春,红军川滇黔游击队不断进攻川军,声势浩大,震动川南。敌人认定我军是他〈们〉的心腹之患,经常威胁他们的老巢,摧毁他们的基层政权,破坏他们的经济来源,扰乱他们的社会安宁。因此,敌人又怕又恨,集中十多万兵力"围剿"游击队,重兵固守大城市,分兵把守关口和要道,层层围攻,跟踪追击。

为此,特委〈制定〉对策:1.钻敌空隙在农村山区打游击;2.围敌人打〔兜〕圈子,在运动中利用地形消灭敌人;3.有计划地袭击关口守敌,拔掉钉子,便于出入无阻,同时为了牵制川黔敌军,向重庆、贵阳西北进伐。

我部刚到古蔺县内的一碗水镇,敌军有两团多人追来了,司令部下令除后勤和后卫部队外立即增援前哨,堵住敌军上山,火速占好阵地,利用地形条件消灭敌军有生力量。政治部做好思想准备,认清当前追我之敌,说明敌军"围剿"的决心,企图在川南地区消灭红军游击队,但这样就达到了牵制敌军的目的。因此,我们必须坚决打击来犯的敌人,争取消灭敌人。同时,敌人打了败战〔仗〕,可能暂时缓和猛烈的进攻,我部可在川滇黔边区休整。今天痛击敌军是有把握的,定能取胜的,因为一碗水地形是个高原,四面山岩,只有两条道,敌军占据山下,我部居高临下,可以充分发挥威力,压倒敌军优势。而敌军从山下向上,好像乌龟爬行向前,埋头挨打。同志们说:今天要让敌人吃掉〔尽〕苦头,惨败而回。

果真,敌军向〔像〕蚂蚁搬家一串一串地上山来了,越走越近,等敌军来到阵地前,我军开枪射击,当时敌军死伤在地,吓得退回逃跑,立刻混乱起来,到了山下才安定起〔下〕来。不多时,敌人又组织第二次进攻,表面上很威风,狂叫冲锋,敌号声嘟嘟呐喊,气势汹汹向我扑来,枪往上打。我军对准敌军猛烈地射击,敌人死伤不少,狼狈逃走,敌军指挥官在半山狂叫:"不准跑,赶快埋伏在路边树林石下,听候命令。"但我们等了半天,突然发现敌人在右山上开枪,正面敌人就冲上山来了。

针对这种情况,我军一面向右山敌人开枪,一面向正面敌射击,重点占据左山高地,控制一碗水大半高原,双方战斗相持互不出击。我军吃完午饭在阵地上休息,在阵地烧火,表示继续战斗。天将黑时,我们开始转移,离一碗水数里宿营。可是深夜敌人还在放枪,通宵不敢进驻一碗水街上。据说第二天清晨才知红军走了,慢慢上街,士兵们疲倦不堪,个个喊饿叫累,伤兵叫爹喊娘长吁叹气,士兵士气低落,真像一群逃荒难民……

第二天,我军吃了早饭,向川黔边进军,路过一碗水对山,老百姓说红军又来了。敌人以为要攻打他们,惊惊慌慌准备逃走。

听说这次战斗敌人伤亡百数人之多,他们承认红军游击队英勇善战,是个难打的对手,同时又承认兵多、武器精、子弹足、有后援等优越条件不一定打胜仗。这次战斗情况在敌军中流传着。

因此,说明在运动中选好有利地形,阻击和消灭敌人争胜利,是可能的;打垮敌人猖狂进攻的威风是必要的;白军怕红军,不敢追击红军,也是可能的。特别是川黔敌军都是军阀部队,保存实力的内心杂念很浓,他们虽在国民党蒋介石的统一指挥下,围追堵击红军,但相互间是有矛盾的,我们要痛击川黔敌军〔让他〕决心保存自己,不做国民党的帮凶,从而孤立蒋介石兵团,便于主力红军消灭国民党匪军,这是十分必要的。

九、在贵州某地突围

1935年春,红军川滇黔游击队主要在川南牵制敌人军,阻止川军围追堵击中央红军。1935年夏,贵州敌军追击中央红军西进北上,我们为了阻止敌军追击中央红军,就威胁贵州军阀老巢,打开了一些城镇和赫章县城,扰乱敌军后方,因而引起贵州敌军大力保卫城市、防守主要关口、跟踪追击游击队。我军有时利用地形打击敌人,有时尽量避免被敌军追击。

有一次,我们夜行军数日把敌军甩掉,隐蔽在一个四面环山背靠山林的村庄休整,左右山上和后山都没有设岗哨,只派便衣武装暗中巡逻,封锁消息。但在此住了两天多敌军又追来了,号称两团来人,从三面进攻,首先夺占我军阵地,接着大部敌军如饿狼般向我〈军〉扑来。

正面敌人向群蜂朝王似的进到司令部门前,敌军很快形成包围攻势,机关枪架在门外宿营地,三面都有敌军攻击。敌人高叫红军被包围了,快缴枪吧。我部下令向后山退却,迅速占领阵地,掩护部队转移。参谋长带了一个队堵住敌军进攻,敌人一次又一次的进攻都〈被〉打退了。敌军发觉我们大部撤走,便冲进房内围攻,疯狂乱叫"活捉呀,放火呀"。

我们沉着对付敌人进攻,在危急的时刻,我们边打边退,从后门进入后山森林。敌人追击用机枪扫射,子弹在身边嗖嗖〈地〉响,打断树枝哗哗的〔地〕飞起来,前进的道路堵塞了,我们穿的衣服挂破了,裤脚袖口扯成布条,有的枪柄打坏了,有的背包穿了孔洞,同志们在枪林弹雨中穿来走去,坚决打垮敌人进攻。我们挡住敌人前进,终于把敌人打回去了。

到了宿营地休息,大家议论纷纷,有的说薛岳兵团是红军的老对手,他是蒋介石的忠实走狗,黔军跟着国民党乱吼。今天这些白狗子来进攻,可咱们牵着他们的鼻子走;有的说敌人来势汹汹顶不住红军的阻击;有的说敌军叫冲锋,士兵乱哄哄,敌人下令叫前进,枪声响了就逃命;然而,我们红军被包围了,却是临危不惧,沉着应战,突破围攻打退敌人。这场说论,是对战斗的总结,是很有教育意义的。

当晚从敌军宿营地来了一个〈人〉,当地人的打扮,满口方言同老乡交谈。我们问他是干啥的,他说是土司官家的农奴,路过这里前去探亲。检查他身上带有几十块银圆,面黄肌瘦,像个烟鬼,疑他是个敌探。因为农奴没有银圆,更无钱抽大烟,大路不走走小路,可能别有用心。

但我们以诚对之,他的烟瘾发了,给他点大烟,肚子饿了招待他吃饭,并向他宣布党的民族政策:反对大汉族主义,国民党逼得少数民族丧失土地、家破人亡、妻离子散,抓壮丁当兵,逼得干人弟兄为长官拼命,挨打挨骂,吃不饱、穿不暖,比农奴还苦啊。这个所谓农奴深有感触地说,他家穷苦,父母妻子,无吃无穿,不觉流出眼泪。

我们向他表示同情,劝他说真话,究竟来干啥子?他才说是敌军派他来侦察红军的,还说川军、滇军、黔军联合"围剿"红军游击队。各处都有白军堵口子,还有白军跟踪追击,望红军注意呀。我们又宣传党的红军是〈替〉劳动人民打天下的,同干人弟兄心连心,白军士兵多是干人弟兄,应当联合起来掉转枪口去打白军,共同争取解放,望他回去向当兵的宣传这个政策。敌探直点头,并说:他明白了红军是朋友,军阀是敌人,当兵的要同红军去打军阀,干人弟兄才能翻身。这说明宣传党的政策,做好俘虏工作是很重要的。

## 十、转战川滇黔边区

1935年夏,敌军妄图消灭红军游击队,先后调集10万兵力举行川滇黔三省"围剿"。川敌军有潘文华、郭勋其、陈明祥等军阀带3个师和保安队;贵州敌军有周西成、杨森的部队和保安队;云南的部队主要是龙云的一个旅和保安队。

以上敌军在川、滇、黔边区围追堵击,我军钻敌空隙,同敌周旋,转战于川滇黔边区。从春到冬,就在四川的川南、贵州的西北、云南的东北等地活动,在20多个县内开展游击战争,打开筠连城、赫章城、扎西等10多个场镇,在广大农村中实行党的方针政策,扩大党的政治影响,摧毁一些敌区乡政权,取消苛捐杂税,发动农民打土豪,分一些粮食、衣物给工农,各地组织小游击队扩大红军,发展到1000多人,闹得轰轰烈烈,引起〔让〕阶级敌人又怕又恨,不断"围剿"游击队,残酷镇压革命。

而我部孤军深入敌区,又没有根据地,每天行军作战,又没有休整机会,有时敌情紧急,常受饥饿,夏天炎热冬天寒冷,伤病员增多无处安置,人员减少不能补充。1935年冬,除了伤员和掉队的外,我部只剩100多人。敌军还在还〔追〕击,被动挨打,处境十分困难。

为了改变失利〔被动〕的局面,在四川长宁县的贾家湾开特委会。当时有两个意见:一是化整为零;二是保存实力,全部转入川南山区隐蔽,白天开展群众工作,晚间转移宿营地,防止敌人偷袭,保存力量再进攻敌人。因为敌多我少,敌强我弱,四面皆敌,领导力弱又不熟悉情况,分散不利跟敌斗争,川南山区群众条件和地形条件都好,游击队能生存发展。但最后还是执行了第一种意见,分别行动起来了。

第二支队行军到达兴文县炭厂时暴露了目标,遭到炭场守敌袭击全部打散了,有的被俘泄露了我军的行动计划。因此长宁梅硐场守敌立刻围追堵截,第一支队又被打垮。敌军追到古宋县泥基潮了。在危急的时刻,余政委牺牲了,敌军追击踏水桥山上,同敌打了半天,双方只隔30米。敌军口喊上刺刀抓活的。我们下令丢掉包袱,轻装前进,应着应战,拼命杀敌。忽然遍地都是包袱。敌军哈哈大笑,互相争夺,〈我们〉乘此机会甩开敌军追击。

这时日落西山,天黑雾沉沉,敌军不敢再追,因而收兵回营。我们就在山上居民家休息。同志们说:"今天好危险啊,幸得咱们腿长跑得快,敌人追不上,有的说,白狗子抢包袱哪有心思再追咱;有的说,我还有两颗手榴弹,如果追近了,我就扔手榴弹,让白狗子见阎王吧。"

十一、战胜困难就是胜利

1935年冬,红军游击队在敌军围追堵截中失败了,在踏水桥战斗中虽然脱险了,但虎落平原〔阳〕被犬欺,敌人定要来挑战的。为了暂时避开敌人进攻,争取革命最后胜利,特委在踏水桥山上开会。一致决定:1.游击队迅速上连天山休整;2.现有人员(全括指战员)编两个班,保存第一支队建制,原支队长和政委不变,继续扩大红军,充实战斗力。3.同意司令员刘干臣请假养病,休假期由刘复初代理司令员;4.余政委死后,纵队政委刘复初同志担任。会后向同志们宣布,大家在沉默中,随后又活跃起来了。

饭后,稍稍休息,带上一些大米,夜奔连天山,沿途很黑难走,不小心会掉在水田里。白天打仗,晚间行军,确实够疲劳的,同志们不叫累,黎明登上连天山,暂在森林中休息。刘政委提出:为了适应当前情况,干部战士既要作〔做〕好警戒工作,又要宣传党的方针政策,认真做好群众工作,注意封锁消息,保守军事秘密,在紧要关头,革命英雄要经受艰难考验,要下决心为革命胜利而奋斗到底,这是光荣的职责。李青云同志提出:为了工作需要,要统一指挥,统一行动,由刘复初同志主持特委工作,同志们表示赞成。

随即召开居民座谈会,宣传红军是共产党领导的,红军游击队是为劳动人打天下的,红军和劳动人民是骨内〔肉〕相连〈的〉,帝国主义、国民党军阀、土豪劣绅是劳动人民的共同敌人,工农弟兄为求自己翻身,应当参加红军,为红军报告敌情,采购粮食封锁消息,阻碍白狗子进攻红军。

正在宣传党的政策,忽然发生地震,山摇地动起来。有个老汉说:红军上山就地震,这预兆将来是共产党的天下,过去什么朝代发生地震,就出现皇帝清官统一天下,人民安居乐业,因此中国一定是共产党的天下。老乡们听了这段话高兴地举〔竖〕起大拇指〈说〉:"就是,就是。"我们又鼓励老乡快快联合起来在共产党的领导下,打土豪分田地不交租、不还债、不出军饷和军粮,取消一切苛捐杂税,老乡们都拥护。

但是敌情紧张,山下住满了敌军查户口,每天上山机枪扫射树林。有一天早晨,几乎碰上敌人,尤幸雾大,敌未发现。我们躲在路旁草里,有个同志的足背被敌人的拐棍撸了一下,忍痛不敢哼声,满头大汗。敌人盲目过去了,我们赶快进入森林。敌军经常用机枪扫射,但有森林作天然屏障,敌人难以寻找目标。

但是严峻的考验继续来临,冬天寒风怒吼,同志们穿着破单衣,赤脚踏雪,粮食缺少,勉强充饥。有个别人说:又冷又饿,日子难过,走不下去了,要求各自逃生。刘复初耐心地向同志们说:毛主席率领红军北上抗日已同红四方面军在陕北红军会师了,这是长征的伟大胜利,党中央正在发动全国共同抗日救国,为祖国独立民族生存而斗争,这是各民族人民的共同心意〔愿〕,中国革命将掀起新的高潮,红旗飘扬全国,光明前途在望。红军在军事上暂时失利了,但是在政治上胜利了。因为经过一年来的革命战争,历史教训告诉了广大群众,认清了国民党军阀、团保土豪是最凶恶的敌人,共产党真是劳动人民的救星,红军是人民的子弟兵,工农大众要跟共产党闹革命,这是争取革命胜利的群众基础。同志们经过在敌后的尖锐复杂的斗争,在政治上军事上都有了一些实际经验,革命远见更全面了,革命魄力更强了,敢以战胜艰难险阻,敢于争取革命胜利,这是很可贵的。当前的困难暂时的,很快就能解决,敌军找不上游击队目标一定会撤走的。我们下山继续扩大红军,很快发展起来,高举革命红旗,插遍川、滇、黔边区确实是有把握的,目前最主要的要求同志们亲密团结,同死共生,坚决对敌斗争,战胜困难就能胜利,而且定能胜利,同志们鼓掌掌〔表〕示同意。

同时组织上积极设法解决困难,有饭先给群众吃,有鞋先给群众穿,干部带头艰苦奋斗、侦察敌情、煮饭、放哨,有的同志发觉领导干部以身作则深受感动,表示决心要把革命进行到底。经过一个多月的艰苦斗争,敌军找不到目标,于是造谣:"共匪"消灭了,"匪首"阵亡……因而撤兵回城。我们下山继续战斗,白天隐蔽农村发动群众当红军,晚间深入白区袭击团保土豪,镇压反革命,游击区的革命群众,见到红军回来了欢欣鼓舞,奔走相告。大家都说同志们不要走了,我们动员青年参军,群众热烈响应,纷纷前来报各当红军,果真很快发展到300多人,继续在敌后开展政治斗争、武装斗争,不断扩大红军游击队,扩大党的政治影响。工农群众歌颂红军游击队:

红军同志是英雄,不怕白军围千重。

天山青松傲霜雪,红军同志斗顽凶。

民众热爱游击队,红军杀敌为工农。

十二、洛柏林会议

1935年冬红军川滇黔边区游击队,在敌军长期"围剿"中,由1000多人减少为17人了,而且被敌军围困在连天山忍受饥寒拼命同敌斗争,终于战胜艰险,重新扩大红军,〈被〉打散的养伤的龙厚生、黄虎山等同志归队了。

1936 年春又发展到 300 多人,编成两个大队。第一大队长高良民,政治指导员陈兴才。第二大队长黄虎山,政治指导员曾广胜。纵队长龙厚生,政委刘复初,特派员李青云,参谋胡紫键。在叙永、古宋、兴文、长宁、珙县、江安等县山区活动,加强部队政治教育和军事训练。

特委又在洛柏林召开扩大会,正式选举刘复初、李青云、龙厚生组成特委会,刘复初任书记。同时总结一年来的阶级斗争经验教训:(1)过去没有认真创建革命根据地,只是孤军深入敌区,开展游击战争,牵制敌军,配合主力红军长征;(2)过去只是一派打倒,没有朋友观念,只知紧紧依靠工农群众,不知团结一切可能团结的力量,不断壮大自己孤立敌人;(3)过去没有认真注意游击战争的特点,保存实力,消灭敌人以少胜多以弱胜强,能胜就打,不胜就退,不能硬打决战、被动挨打;(4)过去没有认真开展建党工作,没有在地方建党、在部队中发展党员,有些保守,对党员的教育抓得不紧,这些都影响我们的发展。

根据以上情况,除了加强建党、统战武装斗争等工作的领导外,为了组织广大工农群众参加革命战争和动员各族劳动人民建立革命根据地,特委提出建立川滇黔边区革命根据地的行动纲领,大意如下:(略)

十三、诱敌自相残杀

1936 年春,特委会结束后,为了开展新局面,迎接新任务,红军川滇黔游击队常在老游击区叙永、古宋、兴文、长宁、珙县、江安等地宣传党的方针政策是正确的,不怕敌人破坏,红军是不能战胜的,不怕敌军残酷"围剿"。共产党领导的红军为劳动人民的翻身解放而艰苦奋斗,深得广大劳动群众的拥护和支持,因此越打越多、越打越强,将来共产党必胜,国民党必败。(1)增强劳动人民的坚强的信心和决心。(2)镇压反革命的嚣张气焰,民愤大的团保土豪,宣布他们的罪恶就地处于死刑,为民除害,从而发扬〔体现〕革命威力,增强人民革命斗志。(3)发动工农青年参加红军保卫自己农乡,保卫胜利果实,为劳动人民的利益而战斗是正义的、光荣的。(4)整训队伍,加强老战士的政治思想教育,加强新战士的阶级教育和军事训练,才有战斗力,才能战胜敌军。当时我们重视以上工作。

1936 年春在兴文县洛柏林整训半月之久,敌人调集叙永、古宋、兴文等县驻军和保安队围攻,妄想消灭游击队。叙永敌军从洛柏林右前方打进来,形成四方包围,都向游击队驻地进攻,约定某日拂晓总攻。我们得知敌情后,布置一个空城计,一面向敌方警戒,一面在夜间烧哨火,偶尔放一冷枪,表明防御森严。这些假象迷惑敌人使敌误以〈为〉我们等着挨打,但在深夜秘密从右后山撤走了,离此10多里的高山上宿营,天明时浓雾布满了洛柏林,伸手不〈见〉掌。敌军从各方攻来,双方追赶打了起来了,互相死打一阵,以为对方都是红军游击队,打了半天云雾少些,敌人才发现自己打自己,吃了空城计的亏,互相埋怨,狗咬狗,闹得不欢而散,各自撤回原地。

我们在山上听到枪声隆隆,知道自相残杀,同志们哈哈大笑,有的说乘敌混敌之隙,攻敌无备,有的说把敌引上山来,利用地形消灭之。特委考虑敌人多我数倍,还有后援,不能轻敌,我们现在需要休整,杀敌机会多着呢,今后还用巧妙的战术引诱敌人互相残杀,消灭敌军,保存革命力量,争取胜利才有保证。事后群众反映红军高明,不放一枪就伤亡不少敌人,白狗子来势〔时〕猖狂,去时愁打败仗,吃了苦头,伤兵叫痛眼流泪,老百姓欢呼:真好呀,为民报了仇。

十四、打垮川南联合"剿共"军

1936年春,听说红二方面军向贵州进发,特委分析红二方面可能有走中央红军经过的路线,经过贵州、四川、云南边区渡过金沙江。川南长江沿岸,都有川军严防,而且势力相当雄厚。贵州只有周西成军阀部队,曾在红军面前打过败仗,可能不敢围追堵击红军,再是云南敌军受过蒋介石的欺骗,保卫自己地盘是自己主要的思想,而且交通不便,调兵困难,可能不主动出兵。

根据以上情况我们继续在川南活动,把敌军牵制在宜宾下游,配合红二方面军在宜宾上游北渡长江,顺利长征。为了威胁宜宾敌军,红军游击队向川南的六县活动,刚到珙县境内底硐铺附近,遭遇川南联合"剿共"军。我军从山上往下,敌军从山下往上,我们的武装侦察队埋伏在两路旁准备抓活的,等到敌尖兵到时,猛然跳出包围,枪口对着敌兵胸膛,高喊:举起手来,缴枪不杀!这些白狗子吓坏了,请求饶命,侦察队把他们的枪收来了,带到司令部审讯,才知来敌是川南联合"剿共"军,有〔由〕2000来人的保安队组成,由刘治国担任指挥官,专程来围攻红军游击队的,还有川军教导师两个团协助,随时增援。我们了解敌情,从正面攻击。敌军听到枪声莫明其妙,向后转跑。我军猛击猛追,敌人慌忙逃命,很快就被打散,遍地丢有武器,有的受伤了,有的被打死了,有的隐藏在森林里了,有的跑回底硐铺了,活捉俘虏100多人,缴得武器弹药很多,彻底粉碎川南敌军"围剿",吓得宜宾地区的冷专员惊慌不安,威震川南,县城的敌军不敢出城,迫使宜宾专区川军固守宜宾,促使川南敌军严防长江下游,这就有利于红〈二〉方面军从宜宾上游渡江。

我们向俘虏宣传党的政策和抗日救国的主张,把士兵、连长、营长等俘虏全部放回。他们一再感谢,表示热烈拥护共产党。事后听说俘虏们向川军宣传,深得白军士兵的赞扬。还听说敌指挥刘治国造谣声称自夸决心死战,最后失败当了俘虏,尤幸认识红军游击队政委刘复初,向他表示拥护共产党抗日救国的主张,才放了的,否则就见阎王了。这次战斗震动川南,〈粉碎了〉敌军新部署的"围剿"计划,在战后同志们高兴地歌颂:

大庙战斗打的妙,粉碎川军来"围剿"。

打的〔得〕敌军乱嚎叫,同志们真好笑! 真好笑!

十五、滇军起义来红军

1936 年春,红二方面军经过贵州毕节时,我们的小游击队阮俊臣带了百十个人前去合队,红二方面军政治部要求阮部同红军川滇黔游击队,继续在敌后牵制敌军,创立革命根据地,配合主力红军长征,为此派了欧阳同志去阮部工作,并送冲锋枪两支作为纪念。

阮部正向川南找红军游击队,听说住在贵州毕节城的白军柳际明派有一营带兵起义,开出毕节来找红军游击队。因此,阮部速向起义部队靠近,在杨家湾会师了。这时柳际明调兵追击,阮俊臣和起义部队陶树清等人商定,立即找红军川滇黔游击纵队合队,把敌军甩在贵州地区。

我军从川南来到云南扎西花朗坝附近,当晚深夜,阮、陶派来代表说红军游击队在贵州活动一年多,以实际行动证明了红军为劳动人民打天下的,官兵待遇平等,互助友爱,咱们是劳动者热爱红军,早就痛恨白军长官压迫剥削士兵,所以起义来当红军闹革命,要求批准参加红军,欧阳同志证明确是诚意,〈应〉接受起义部队的请求。

特委决定先由政委刘复初同陶树清谈判征求意见后,再定合队方案,请代表们回去考虑,约定上午在花朗坝见面。第二天刘复初到时起义部队已经准备好了欢迎会,热烈鼓掌欢迎。刘复初说:你们起义来当红军是革命的行动,我军表示欢迎和慰问,你们坚决反对白军,我军表示赞成和支持,这时引起场里掌声雷动,一片欢腾。但双方在友好诚挚的座谈中,忽听宿营地对面传来枪声。陶树清起身惊讶的〔地〕说:白军来了怎么办? 刘复初说红军游击队阻击敌人,掩护你们全部退却,立刻向后山撤逃,在坝子场集合。陶树清感动的〔地〕说:执行命令。

我军迅速占领阵地,堵住敌军来路,敌人来势汹汹,枪声杀声不断传来。我们不说话不开腔,等待敌军冲近时,猛烈射击,打得敌军混乱起来,向后奔走。我军就地休息,观察敌情,看见敌军集在对山脚下约一团多人,正在组织冲锋。不久敌军又向我军攻击。仍然沉着应战,对准敌人开枪,虽然敌军高喊冲锋,但还是扛不住向后乱跑,好像皮球下山滚个不停。敌军长官在后督战高喊:"向后退就枪毙。"我军瞄准军官射击,可能打在他的身旁,这个坏蛋向后走了,当兵的也随后逃跑。我军派出武装向敌军追击,敌军慌忙退到对面走掉了。

敌军被击败后,游击队才到坝子场去。据侦察员回报,敌人发现起义部队正和红军会合了,不敢再追,退回毕节。我军到达坝子场上,陶树清、阮俊臣前来探望,知道当天战斗情况,表示钦佩,并下令合队行动。特委提出,总称川滇黔边区游击纵队,阮俊臣带来的武装为第一支队,由阮某任支队长,欧阳任政委;陶树清带来的武装为第二支队,由唐某任支队长,邝善荣任政委;原红军游击队编为第三支队,由龙厚生任支队长,刘复初兼任政委,纵队的副司令员阮俊臣(新党员)、陶树清,纵队政委刘复初,参谋长曾春鉴,特派员李青云。游击队的政治工作、群众工作、行军作战由刘、曾、李等同志负责;后勤、总务工作由阮、陶二人负责。以上整编意见提出后,阮、陶等人表示同意,请求立即实行,这时有 1000 多人的武装,在特委的统一领导下,转战川滇黔,扩大党的政治影响,声势浩大起来。

十六、对改造起义士兵政策的分歧

1936 年夏,黔军起义当红军后,我部不仅在数量上增加大半,武器装备更好,而且他们也有军事常识,起义部队经过阶级教育,政治觉悟有所提高,决心打倒国民党军阀,因而战斗力大大加强了,活跃在川滇黔边区,革命形势轰轰烈烈,引起白军惊惶,对我部进行"围剿"。

在敌情紧急时刻,起义负责人陶树清提出三条建议:1. 为了避免敌军追击,游击队公开宣传减少,秘密宣传增多,混入群众做些实际工作,便于封锁消息,甩掉敌人。2. 为了增强内部团结,要求耐心教育新战士,以理服人,同志们是会接受教育的,不要开口骂爹骂娘,人格侮辱。3. 为了摆脱敌军围追堵截,开辟新游击区,争取主动,保存实力以便创造条件消灭敌人。

特委研究应当重视陶树清的建议,采取有效措施,逐步克服我们工作中的缺点,便于争取更大的胜利。但以龙厚生为代表的同志反对陶的建议,认为有阴谋,不能采纳。龙说:游击队不公开宣传就是反革命,新战士违反纪律就要严加处理,开辟新区,就想吃掉我们……因此,决定脱离他们,红军游击队单独行动。

特委书记坚持教育改造的政策,认为白军士兵是工农贫苦群众,是被国民党抓壮丁来当兵的,当兵又受当官压迫剥削,吃不饱、穿不暖,还打骂强迫去当炮灰,因而仇恨满腔,决心起义来当红军,这证明他们要革命,自愿接受共产党的领导,虽然染了一些旧社会的恶习,是可以改造好的。更重要的〈是〉为了孤立和分化瓦解敌军,必须争取白军士兵不断起义来当红军,从而壮大革命力量,改变敌多我少、敌强我弱的情况。如果放弃对起义士兵的争取教育改造政策,我们孤军深入敌后,要战胜敌人是困难的。龙厚生说:大道理不反对,但这些起义士兵,旧习惯深,不能改造,是确有阴谋,必须提高警惕,坚决甩掉他们,当时多数同志同意龙的主张,特委书记的意见有少数支持,但按组织原则,少数服从多数。结果游击队悄悄离开了起义来的部队。

不久,敌军发现了〈起义部队〉他们没有领导核心,于是猛追猛击把他们打散了,陶树清被打死。阮俊臣专程回队,向特委报告了不幸事件,批评龙厚生疑神疑鬼,不执行教育改造政策,不争取团结朋友,让革命造成严重损害,是错误的,痛苦而别……

事后特委开会总结经验:1. 要全面分析人,不能只看到起义士兵一些缺点,买东西不还、借东西不还、生活散漫,更重要的是看上他们的优点,拥护共产党的领导,敢于造反、要革命,打仗勇敢杀敌人,我们应当耐心帮助教育,克服缺点,发扬优点;2. 陶树清带头组织士兵起义来当红军,一是尊重党的领导、服从组织决定,而且公开提出建议是善意的,应当相信,认真考虑,正确的采取,不能猜测怀疑,甚至错误的〔地〕对待同志,是十分有害的;3. 陶树清武装起义来当红军,是贵州和其他白军士兵的榜样,应当紧密的〔地〕团结他们,教育改造他们共同争取革命胜利,影响成千上万的白军士兵起义来当红军,把敌军孤立起来,对革命大有益处;4. 在白区工作时常派同志深入敌军内部,开展兵变工作,而黔军的士兵发动武装起义,前来当红军的,更应当不断提高他们的阶级觉悟,巩固他们的革命思想为革命而艰苦奋斗;5. 改造旧社会,首先要改造人的思想,这是革命者的责任。以上工作特别重要,我们又需认真做好。

这次特委会上,龙厚生有所进步,同意不执行对起义部队的教育改造政策是错误的,是个沉痛的教训,并提出为了形势发展和工作的需要,由特委书记刘复初兼任红军川滇黔边区游击纵队司令员,同志们表示赞成。刘复初提议:纵队政委由龙厚生担任,纵队特派员有李青云担任,纵队参谋长由邝善荣代理,各大队队长和政治指挥员不变,继续任职,特委一致通过,这次特委会议主要统一认识,教育改造起义士兵的重大意义,适应新形势、新任务的需要,在川滇黔边区开展新的局面。

十七、川军起义来当红军

1936年春,我们击败川南"剿共"军后,刘湘部队教导师开来川南南六各县加强防卫,企图围追堵截红军游击队,珙县底硐铺附近的农村就驻了一〈个〉团。但在川军来形成"围剿"之前,我们又向云贵进发了。川军就在川边堵截。

1936年夏,贵州敌军"围剿",我军又向滇川边区进发。刚到云南扎西罗布坳场上,当天上午正逢赶场,老百姓传说罗布坳对面山上有白军,后面有川军追击。因此,派人侦查,果有其事。接着来了两个代表,一个军人,一个农民,在罗布坳场上找红军游击队司令部。我们分析〈一〉定是川军起义的代表,故派人欢迎他们来见面,热情接待。军人代表说:他们是川军教导师第四团,驻在珙县底硐铺,由刘少成、兰澄清等组织士兵起义来当红军,因为川军追击,只有100多人的武装了,请求批准他们当红军。

我们问,为什么要当红军? 军人代表说:红军游击队打垮川南"剿共"军,活捉官兵百余人,经过教育放回,得知红军优待俘虏,红军官兵平等待遇,红军纪律严明,深受人民欢迎,而咱们受尽白军长官的压迫剥削,早就恨在心里想打死长官报仇。望有适当机会,川军教导师从宜宾开导南六各县来"围剿"红军,第四团住〔驻〕在底硐铺附近,离云南地区近,特别离红军游击队近,便于投靠红军。又听到老乡说:共产党领导的红军是为劳动人民打天下的,处处保护老百姓的利益,干人弟兄热情欢迎,红军越打越多……听到这些,士兵们很高兴,决心要当红军,于是秘密串联大家,选个深夜行动,枪毙营连长,开来云南找红军游击队合队。农民代表说:他是底硐铺人,起义又确是事实,要当红军是真诚的。

因此,特委决定派代表回去转告起义同志们,欢迎你〔他〕们来罗布坳合队。果然从山上来了,队伍整齐,穿黄色军装,武器装备良好,除了步枪,还有轻机枪、迫击炮。我军在罗布坳场上等着迎接,川军起义部队来到时,忽然热烈掌声,欢呼声震动山河,领导迎上前去同起义负责人亲切握手表示欢迎,并领他们在罗布坳场上休息。吃点干饭,午后开到簸箕坝举行联合会、座谈会。又到连队慰问,杀猪招待,每人发给银元作为活动补助。

我部充满热烈欢迎气氛,起义士兵们十分感动,欢呼中国共产党万岁,经过一些政治思想工作,他们主动要求编入红军游击队,服从统一指挥。因此把起义的川军编为我部第三大队,由刘少成任大队长,兰澄清任副大队长,派曾广胜任政治指导员。领导上关心他们的成长,经常教育他们,让战士帮助他们,提高阶级觉悟,增强了革命意志,认真执行三大纪律、八项注意。第三大队的同志们反映:当了红军好像回到了家里一样的温暖,同志们的关爱胜过了骨肉弟兄,大家团结互助,心情舒畅,咱们觉醒〔决心〕永远跟着共产党为劳动人民的彻底解放而艰苦奋斗。这样将影响川滇黔白军,继续起义前来当红军,从而孤立敌人壮大革命力量。

十八、击败滇军补充团

1935年春,红军长征路过扎西大河滩,留下一些伤病员在那里修养。我部为了接他们归队和解决困难,常在此做些群众工作,为伤病员创造有利条件。1936年夏,我部常经扎西大河滩地区。有一次来到大河滩正遇滇军安恩溥旅的补充团,双方发生激战,敌军猛冲,我军顽强抗敌,敌军退却,我军追击。在双方相持战斗中,第三大队长刘少成请求增援杀敌,司令员批准他的请求。刘少成向战士们立誓,今天是咱们报仇的时候,坚决消灭敌军,打垮敌军,战士们齐声呼应,于是上了刺刀,雄赳赳气昂昂冲上战场,猛烈射击,其势如洪水奔驰而来,汹涌澎湃,万夫难挡〔当〕,冲到滇军阵营,抢刀齐动,杀得敌人慌忙逃命,立刻向后溃逃。据俘虏说:滇军历来打仗多打胜仗,今天在红军面前打了败仗,红军威力抗不住,红军战斗力很强……

确实,滇军士兵多是云南山区挑选来的少数民族青年,受过奴化教育,性格顽强,吃苦耐劳,熟悉地形,经过军训一般是能打仗的,但他们比不上红军战士的革命斗志。同志们知道为劳动人民的解放而战是正义的光荣的,不怕流血牺牲,敢于战胜一切敌人,征服敌人。同时说明起义士兵,经过改造思想,革命斗志是坚定的,击败滇军补充团就是一个政治考验,他们热爱共产党,仇恨敌人、打仗勇敢、服从指挥、遵守纪律,而且有的要求入党,决定为革命奋斗到底。以上事实说明起义士兵是革命的,是能改造好的,同时又说明党的政策是正确的。争取白军起义来当红军,促进更多的士兵不断起义,具有重大作用,特别是对于打开新局面,在川滇黔边区建立革命根据地是十分有利的。

十九、建立革命根据地的打算

红军川滇黔游击纵队于1935年冬失败后,深深感到建立根据地是当务之急。但敌军不断"围剿",我们少有休整机会,增加我们很多困难,而且又缺乏经验,只能在实际斗争中摸索。

1936 年秋,特委研究在什么地方开始建立〈根据地〉、怎样建立的问题。分析了川滇黔边区群众条件和地形条件都不错,川南和贵州两地的物资条件好些,但四川、贵州的军阀势力大些,反动派统治力量强些,交通方便一些,敌军容易集中对我们不利。云南东北地区,群众条件、地区条件好,反动力量薄弱,武装较少,特别是山地辽阔,交通不便,鞭长莫及,在战略上大有回旋余地。因此打算首先在云南东北地区创占根据地,而后向川南,黔西北地区发展。主要措施:

在云南扎西、镇雄、盐津等县农村大力宣传群众,组织群众,武装群众,在有条件的地方建立农会,组织农村各族劳动人,自觉主动地打土豪、分田地,夺取地方武装,组织赤卫队,彻底推翻敌区,乡政权,镇压反革命,取消苛捐杂税,废除高利贷,解放劳苦大众。

物色培养红军游击队的一些地方小游击队中的骨干分子,随军学习,经过阶级斗争教育和军事训练,经过培养考察,够党员条件的吸收入党,分到地方开展群众运动,在斗争中建党,为建立苏维埃政权培养骨干力量。

争取知识青年参加红军,分配他们做宣传工作,经过实践斗争的教育,选其表现好的优秀的,派回地方开展群众工作,发动工农青年参加红军,发动白军起义来当红军,发动绿林武装来参加革命,争取爱国和开明的民主人士同情和支持革命。

加强群众工作,在部队中挑选一些老弱病残人员,而且自愿做地方工作,经过训练发放生活费和必须〔需〕的东西,留在农村开展群众运动,在运动中培养地方干部,把革命群众组织起来,武装起来,在农村建立有苏维埃政权,支持革命战争。

要把城镇和农村的工作结合起来,有计划地摧毁游击区附近的敌政权,镇压反革命分子,肃清地方武装和走狗,教育城镇居民,提高阶级觉悟,分别组织革命群众(工人、贫民、青年、妇女、商民等)保护工商业,搞好生产改善居民的生活,建立秘密联络站,随时侦察敌情,报告红军,掩护游击队工作人员,采购运用物资为红军游击队做饭缝衣。

扩大地方游击队,在云南东北地区,开展游击战争,配合红军川滇黔游击纵队,不断粉碎红军"围剿",为建立革命根据地创造有利条件,以上措施边做边总结经验。

中共川滇黔边区特委

1936 年秋

二十、发动群众镇压反革命

1936 年秋,为了创建川滇黔边区革命根据地,进一步开展群众活动,但要先扫除妨碍群众运动的阻力,镇压破坏群众运动的反革命。当时有些恶霸、土豪、团保回乡后,逼迫工农劳苦群众送来红军分给的农具等,抓人关人严刑拷打,限制和阻止群众同红军接近,有当红军的限期回家劳动。这些反革命行为,特委决定予以镇压,实行针锋相对斗争。

我部到达镇雄基地,群众前来告密:恶霸陈某反攻倒算,镇压革命群众,要求红军为人民报仇,因此我们下令抓陈恶霸公审。但陈有武装,住在高山岩洞,附近要搭桥才能过去。岩洞在悬崖上十分险要,攻打困难,派人送信给敌区长自动出来认罪,从宽处理。陈不回答,我部用迫击炮轰炸也无效,特委决定打开岩洞碉堡,先派人调查地形道路、碉堡结构、火力配备、攻打方法等后,组织人力带上木板搭桥,带上干草和辣椒,深夜封锁碉堡枪口,向内射击,迫使敌人无法开枪,在〔再〕点燃干草辣椒塞进洞内,让辣椒烟熏敌人,迫使敌人无法抗拒。果真,我方开枪和点火后,只听敌人喷嚏不停,这时摧毁洞门,冲进岩洞外层,又向洞内开枪和熏烟,敌人更受不了,有人大叫救命。我军高喊,团丁是干人弟兄,不要为土豪拼命,把枪交出来吧,于是从洞口丢出了枪。我军又喊,把洞门打开出来受降,一群〔团丁〕眼泪汪汪鱼贯而出。我军又问谁是陈区长站出来,团丁们说,陈在洞里,动员俘虏去抓恶霸,要他缴枪不杀。但陈负隅顽抗,最后这个民愤极大的反革命分子就被打死了。

我们把洞里的东西分给群众,又把敌区长的罪恶宣布,当地老百姓高兴跳起来,奔走相告庆祝胜利。我们正在组织群众,听说敌军来了,我部转移到扎西境内。

有个小游击队的负责人苏某来报,说是院子场〈属云南威信〉的胡队长,没收了他十多支步枪,要求命令胡队长退还。因此就调查胡队长的情况,据群众说胡是明团暗匪,一是国民党军阀的走狗,经常压榨老百姓,属民愤大的恶霸;二是土匪的帮凶,经常勾结土匪抢劫行商,大发洋财,现在又没收小游击队的武器,破坏工农群众的革命活动,群众要求镇压这个反革命分子,为民除害。

因此我军包围胡的住家,先动员团丁缴械和交出胡队长,给予团丁奖励,后逼胡队长投降认罪,从宽处理。但他们反在碉堡内开枪,表示坚决抵抗。我们用干草和辣椒烧在敌人碉堡门前,立刻烟雾沉沉,吹进碉堡,敌人受不了烟熏叫饶命。我部喊话,缴枪投降,优待俘虏。于是〈他们〉从碉堡内伸出白布。我们又喊,放下武器开门出来。团丁说,胡已受伤了。我部发动俘虏冲进碉堡活捉胡队长,但这个反革命分子畏罪自杀了,就此胜利结束这场阶级斗争,把武器收回交给红军小游击队,把恶霸的东西分给贫苦群众。当地老百姓反映:红军为民除了一大患,大家心里真痛快。

我们公开镇压这些反革命分子,是为了打一儆百,消灭阶级敌人的威风,增强工农群众的斗志,同时摧毁敌人夺取政权,便于进一步的〔地〕组织群众、武装群众,在农村建立革命根据地。

二十一、开展少数民族工作

1936年,特委为了创建革命根据地,广泛开展群众运动和少数民族工作,组织各族劳动人民参加革命战争。川滇黔边区聚居的少数民族特多,云南地区更多。在扎西花朗坝附近调查的结果是:少数民族分布在山区,其中有百分之九十是贫雇农,被压迫剥削的痛苦最深,还有不少是土司官家的奴隶,过着农奴制度的生活,长期束缚在土司官的土地上当奴隶,每年种地收得粮食多数交纳地租,养的牲畜还要纳贡,青壮年要去当兵,为官家争夺地盘而拼命,为官家干苦工。农奴们违反官家的规矩,轻者挨打挨骂,重者坐牢或杀头,奴隶们好像菜板上的肉听从官家宰割,这说明官家和奴隶之间的矛盾是十分尖锐的。

但发动农奴闹革命是很复杂的,因为一般奴隶有封建迷信思想,他们认为官家生来就是富贵命,当官发财享福,农奴命运不好是天生定的,应受官家们压迫剥削。而且官家统治很严,农奴不敢反抗,怕遭官家迫害,有的人对官家敬畏如神,在官家面前服服帖帖,官家说啥照办。经过反复教育,农奴有点觉悟,仍不敢起来斗争,如果官家实行镇压,民族工作更难开展。尤其是官家和农奴都是的少数民族,同受国民党军阀和大汉族主义的歧视压迫,他们反对共同敌人是一致的。虽然少数民族中存在统治与被统治的矛盾,官家压迫农奴必然要革命的。但不注意策略会被敌人造谣污蔑我们,搞民族纠纷和分裂,就会增加工作困难。还有一种情况,少数民族的官家之间的矛盾,也很尖锐,大官家压迫小官家,而大官家的土地广人口多,武力抢占土地,逼迫接受管制向大官家纳贡,为大官家争夺领土。如果小官家不服从调动就予镇压,因此小官家仇恨大官家。有的小官家派代表前来请求支援,反对大官家的霸权。

特委根据以上情况,采取以下策略:1. 广泛宣传党的民族政策反对大汉族主义和霸权,实行民族平等,和睦相处,互助合作共同建立民族团结的大家庭,为各民族的彻底解放而奋斗。2. 教育争取开明的土司官家取消农奴制度,解放农民,实行减租免除兵役劳役,纳贡和各种负担,调动农民积极性为捍卫家乡而斗争。3. 争取在少数民族地区建立苏维埃政权,由少数民族中的工农代表、红军代表、开明官家代表参加工作,在共产党领导下团结起来发展生产、改善生活、组织民族自卫队,联合兄弟民族为巩固革命根据地和各族人民的解放而奋斗。

扎西花朗坝附近的小官家对以上政策表示拥护,并愿接受我们的政策。因她的丈夫是被大官家逼死的。我们劝导她只有解放农民,取消农民一切负担,团结农民发展生产改善农民生活,才能争取农民的支持,否则是孤立的,将来是很危险的。这个寡妇官家同意,请我们常来指导,这样便于深入群众,开展少数民族工作,逐步发动农奴革命,首先赤化一个地区,不断扩大党的政治影响,逐步赤化其他少数民族聚居地区。

二十二、改造绿林武装

川滇黔边区的绿林武装是相当多的。这些武装的成员多是干人弟兄,受尽封建势力的压迫剥削,穷途末路,逼上梁山。因在旧社会中军阀混战,强收军粮军饷,广收苛捐杂税,而土豪劣绅加重地租和高利贷,团保敲诈勒索,加上天灾弄得劳苦大众饥寒交迫,有的拿起枪刀组织绿林武装,强烈反抗国民党军阀土豪劣绅、团保的压迫剥削。因而军阀们用高官厚禄收买绿林武装,逼迫他们去打红军。特委根据以上情况,我们对绿林武装采取教育改造的政策,争取其中干人弟兄不受欺骗,在共产党的领导下,为干人弟兄的彻底解放而奋斗,这样壮大革命力量,孤立阶级敌人,是非常必要的。

1936年,绿林兄弟前来当红军的或来请求指导的我们都表示欢迎,热情接待,殷禄才、阮俊臣、赵文海等有的同他座谈,有的留他随军学习,以红军游击队的实际行动和革命道理教育他们。要求他们懂得:1. 在旧社会受压迫的根源,认清敌人和朋友,在共产党的领导下,团结广大干人弟兄去打倒国民党军阀、土豪劣绅、团保们。2. 只有认真贯彻执行党的方针政策,才能联合广大的各族人民革命;争取胜利才有保证,盲目瞎干必然失败。3. 只有执行三大纪律八项注意,爱护人民利益,才能争取广大劳苦群众支持革命,只有自觉遵守组织纪律,服从指挥,统一行动才有力量战胜敌人。4. 只有经常宣传群众,组织群众,夺取地主武装来武装工农,不断扩大红军和消灭敌人,不断摧毁敌政权和镇压反革命,建立苏维埃政权由工农兵代表掌权,才能保证革命胜利。5. 要认清天下穷人是一家,劳动人民心连心,只有彻底解放劳动人民,自己才能解放。6. 要发扬艰苦奋斗的精神,敢于战胜一切困难,敢于战胜阶级敌人,为劳动人民打天下,是光荣正义的。7. 要懂得全国人民热爱拥护共产党和红军,这是战胜国民党军阀地主们的有利保证。革命必胜敌人必败。经过教育后绿林兄弟代表心里明亮了,决心跟着共产党闹革命,经过培养考查,坚决革命,要求参加共产党,分别吸收其入党,派回云南、川南、贵州,继续在敌后开展武装斗争、政治斗争。

二十三、加强部队政治工作

1936 年春、夏、秋,由于继续扩大了党的政治影响,红军游击队不断战胜敌人,影响广大工农青年来当红军,因而引起川滇黔敌军进行"围剿"。为了在川滇黔边区打开新局面,迎接新形势新任务的需要,特委决定加强部队的政治工作:

(一)加强新战士的政治军事教育。因 1936 年参军的多是工农群众,阶级觉悟不高,军事常识缺乏,不能适应革命战争和长期艰苦奋斗的要求,为此教育战士,明确认清为劳动人民打天下是光荣的,只有打倒阶级敌人,劳动人民才能得解放,只有战胜艰难险阻,才能争取革命胜利,在共产党领导下,中国革命必胜,鼓励新战士为革命不怕苦、不怕死。其次教育新战士学习军事常识,懂得战术关于射击、追击、进攻、退却、速战速决。在休息时学、在战斗中学、老战士帮新战士学。新战士说:决心更大了,打仗沉着了。

(二)加强伤病员的政治工作。因在敌军"围剿"中,伤病员增多,安置有困难,常有掉队的,影响战斗情绪。为此司令部把马分给伤病员拖行李和武装〔器〕,领导干部扶助伤病员走路。到了宿营地,亲自去安置慰问伤病员,保证伤病员的急需用品,并尽力保证生活。这样经过数日,有些伤病员高兴的〔地〕活跃起来了。他们说:病好了,伤也不痛了,请领导不要关心咱们了,保证同部队一道前进,同时发扬阶级友爱,互相帮助,连队指定专人照顾伤病员,保持英雄气概,发给生活费和药品,鼓励伤病员一要休养,二要做好群众工作,发动工农保护红军伤病员,发动青年参加红军,侦察敌情。

(三)加强内部团结教育。因队伍扩大了,同志们来自各方,风俗习惯不同,政治修养不同,有的性格暴躁,爱发脾气骂人,引起误会,影响团结。为此,〈必须〉提高阶级觉悟,认清游击队成员都是为革命而来的,我们是同志是战友,是阶级兄弟,应当互相尊重平等待人,互相敬爱,亲密团结,才能战胜阶级敌人。要求做到上下之间、官兵之间、各队之间、工作之间团结在党的领导下,统一思想、统一指挥、统一行动,为争取革命胜利而共同奋斗。

(四)注意搞好军民关系。认清游击队和群众关系好像鱼和水的关系的重要性,我们应当爱护人民保护人民的利益,认真贯彻执行党的政策和三大纪律八项注意,争取广大人民群众拥护共产党和红军支援革命战争,共同战胜敌人。为此经常检查执行党的政策和三大纪律八项注意的情况,好的表扬,差的批评,促进军民团结如一家,军民心连心,游击队在山区才能发展。

(五)注意教育俘虏,放回俘虏去影响白军士兵起义来当红军。当时大家关心后来当红军战士的成长,帮助他们进步,在工作上帮助他们完成任务,在生活上帮助他们解决困难,经常鼓励他们为革命而艰苦奋斗,同时发动起义来当红军的同志写信给白军中的朋友,介绍当红军的好处,欢迎白军士兵大批起义来当红军,为劳动人民打天下,为自己的解放而斗争。

(六)加强宣传鼓动工作。经常宣传革命形势越来越好,毛主席领导红军胜利长征,全国各族人民拥护共产党的救国主张,全国将掀起抗日运动的高潮。我们转战川滇黔边区,经过失败又发展,经过严峻的考验,指战员更坚强,胜利更有信心,革命红旗插遍游击区各地,革命群众拥护共产党和热爱红军游击队,这些都是争取革命胜利的有利条件。不久〈的〉将来在全国革命形势好转的影响下,川滇黔边区定会出现革命前途光明。

二十四、长期坚持敌后斗争

1936 年从春到冬,特委注意贯彻执行党的方针政策,并进行一些实际工作,认真把党的方针政策变成群众的实际行动,因而扩大了党的影响,扩大了红军川滇黔游击队,由 10 多人又发展到 1000 多人,并在川南新组成川南游击支队在川南活动,又在云南新组成红军云南游击支队留在滇东北活动;在贵州组织红军贵州支队在黔北地区活动,要求这些游击队在各地开展游击战争,配合红军川滇黔游击纵队在川滇黔边区创建革命根据地。由于我部声势日益壮大,引起敌人的仇视。

1936 年秋冬,敌军集聚在川滇黔边区,举行川滇黔三省联合"围剿",企图消灭红军游击队,当时直接围追堵击的敌人,在川南有教导师和保安部队,在贵州的有杨风雄和黔军五旅,在云南有安恩溥旅和独立营。这些敌军"围剿",我部还是打开了一些场镇,并打了一些胜仗,但在长期战争中,敌军多我数十倍,而且孤军深入敌后,没有后勤,伤病员增多,无法安置,兵员减少难以充实,每天行军作战,不能休整。同志们虽然疲苦不堪,革命斗志十分坚强,决心同敌拼命,但经常遭到敌军袭击,在 1936 年冬末,我军被打散了。

1937 年国共合作后,红军游击队又活跃起来,在后方发动群众支援抗日,反对国民党亲日破坏战,反对国民党在后方大量屯兵镇压革命。听说 1936 年后,云南游击支队殷禄才、陈华久，川南游击队金锱，贵州游击支队赵文海等先后发展数百武装，在敌后坚持斗争，国民党第七十六师、七十九师预备师不断"围剿"他们。1947年冬，参考消息转登四川报道：刘复初率领匪部在川滇黔边区煽动民众，扰乱治安。1950年我军解放川滇黔时，游击队同志和革命群众协助剿匪和开展工作。听说川滇黔边区老游击区的革命群众至今还在怀念红军游击队。

结束语

红军川滇黔边区游击纵队的历史证明，毛主席播下的革命火种，好似星火燎原，愈烧愈旺，烧红了川滇黔边区，虽然在前进中遭到敌人摧残，暂时受了一些挫折，但红军游击队斗争方向明确，始终奋勇前进，不断击败敌人，为争取革命胜利而不懈努力。

红军游击队能基本上完成毛主席和党中央赋予的在敌后牵制敌军配合主力红军长征的历史任务，是在毛主席的革命路线指引下，坚持党的领导，坚持武装斗争，坚持路线斗争，团结革命群众共同艰苦奋斗，敢于战胜任何一切困难，压倒一切敌人紧跟毛主席干革命。红军游击队在斗争中所取得的成绩，是贯彻执行毛主席革命路线的结果，是毛泽东思想的胜利。

在党的领导下，红军川滇黔游击纵队在尖锐复杂的阶级斗争中成长壮大，在流血牺牲的英勇奋斗中总结经验教训、通过艰难险阻的考验，从无到有，从小到大，由少到多，由弱到强，由失败争取胜利，坚决为劳动人民打天下，为民除害，保护劳动人民利益，争取劳动人民的生存和幸福，因而在川滇黔边区的劳动人民中留下了永远难忘的良好印象。

红军游击队在争取完成党中央赋予牵制敌军的历史任务中，全体指战员为革命而饱尝饥寒交迫的痛苦，有的同志为革命而贡献了宝贵的生命，有的同志为革命而流出不少血汗，有的同志为革命而变伤残废，有的同志为革命而积劳成病，有的同志为革命而贡献了青春，这些革命事迹将永记人们的心中，发扬红军的革命精神。今天我们应当团结起来，继承毛主席的遗志，高举毛主席伟大旗帜，在华主席为首的党中央英明领导下，彻底肃清"四人帮"流毒，为实现四个现代化而艰苦奋斗，争取在20世纪内把我国建成伟大的社会主义强国。

以上回忆是40年前的历史，许多革命事迹忘了不少，还请其他同志补充修改，而后定稿，作为地方革命传统教育的参考。

1977年8月1日初稿

（录自威信县委党史研究室档案，全宗号1，目录号18，案卷号65）

## 关于红军游击纵队的情况

刘复初

1979 年 10 月 29 日晚在四川兴文县委宣传部座谈记录

一、在银厂坪王小石的糟房举行庆祝苏联十月革命胜利的群众大会。刘复初露天发表讲演（内容不详）。刘是古宋香山中学第一期第一班的学生，读了一期多，因学费困难。其叔子刘晓石购买黔军阀侯子舟在银矿〔厂〕坪开银矿未成功的厂房。因刘晓石在当地每年要收很多包谷，运输不便，买此房来煮酒，当时无人管理，叫刘帮管，也学烤酒。此时，刘同地下党进步人士来往，常在此开会，而此处僻静，利于活动，古〈宋〉兴〈文〉二县交界地。为了能抽身活动，教了一姓曾的徒弟（说是刘晓石的放牛匠），其叔发现此处人来人往，账目不符，怪责他"不务正业"。后来糟房烧了。

二、成立南六游击队，枪支没有。1934 年刘复初到成都三河坝去搞兵运，去找江安红桥的杨叔宽（排长）、杨迎忠（职务部队□号），优〔跟〕前〔跟〕后，带了一支手枪、步枪回红桥，又找到绿村兄弟王少江，又拿一支手枪给刘。后在梅硐杨树山家召开了游击队第一次会议。第二次在兴晏金相如召开会议，于 1934 年冬正式成立，他任队长，金泽华（红鱼人，川大学生，1934 年冬入党，1935 年王村战斗牺牲）任宣传员。（在银厂坪庆祝 10 月革命举行露天演讲，与会者多是青年人，由于公开演讲，引起重视，1933 年的报纸刊载："古宋南区是共产党大本营，刘是尧〔党〕人。"还说刘伯承在那里要指挥搞暴动。后在古宋抓了彭忠衡等人，要抓刘，已离家到蓉。）游击队成立前，这〈里〉有一外围组织"红军之友社"，以后这部分社员陆续来队。

三、建立红军的南六游击队。1935 年 2 月，红军经过兴文时，刘复初到要求参加主力红军长征（红一、红三军团）。红军讲：敌人围阻较凶，我们要前进，还要回来，你们还是留在地方上好。

中央的"红军川南游击纵队"在建武经过宿营时，刘复初一人以农民打扮，穿长袍，从兴文到建武，绕铁索桥时天已黑，打起火把上建武（他是听到群众、民团说红军到建武，故去找）。到城门洞时，岗哨追问，刘答：我是送敌情的。黄虎山在城楼值勤，接待了他。黄问刘：干什么？刘说要见负责同志。黄带着他走，只走了一段平坦的路，拐右手爬两三步坎坎，一店铺，门取下两边作铺，堂屋中有方桌，后边神台。徐策听说后,叫余泽鸿起来,参谋长曾春鉴、戴元怀组织部部长、王逸涛司令员,一一介绍后,刘(复初)说明来意,汇报敌情,共同研究情况。另外"南六游击队"改为"红军川南游击队支队",直属纵队领导,并派邓楷和他一道回古宋,今后,由邓担任地方党委书记。当刘谈明来意后,余泽鸿讲:我们知道了,正要找你,你来得好。当研究情况时,徐策说:老余,你是川南人,你谈吧。余泽鸿说:我出去太久,还是老刘谈。

刘复初谈了情况后,徐策说建立川南游击队的事目的是朱(德)、周(恩来)、王稼祥决定,在石坎子宣布的军委命令。

会未开完,天亮后继续行军,经毓秀、高山好到锦冠山吃中午饭,继续开会。地点是一溜瓦房,房前一小坝,门口一大路,周围很多瓦房,估计是一小店。会议期间,王逸涛有时不在。下午继续行军,在梅硐余泽鸿家住,还杀了猪,办酒席吃。第二天在梅硐战斗之前,他(刘复初)同邓楷离开部队(地点大约在西关口)。此次会议之前,南六游击队由〈中共〉宋兴特支领导,从此游击队则属〈中共〉川南特委领导,不属地方党委。

四、川南游击队支队。队长刘复初,下面两个队,〈第〉一队刘为政委,郭平安(宋兴特之宣传委员)的队长,负责古、兴、叙;〈第〉二队杨叔宽任政委,杨介中①、王绍江任正副队长,负责江、长、珙;两队100多人。开展活动,杀周维之,是泼浑沟(顺河)捉的,还要捉叶洪贵的妈(叶三娘)未成。先捉乡长艾子文,讲条件,不杀他,要他八月十五交枪。抓到周维之后,还有一些地主。从刘宪明家动身,打着"中国工农红军川南游击队"的大旗,浩浩荡荡上兴汇街上。刘(复初)在乡政府讲演,逢赶场,听人说李品三部队来了,刘决定打,先杀周维之,再造饭吃。刚吃完,敌冲进来了,号兵雷树山吃了酒,被俘,关在县政府死了。金泽华也吃了酒,当场牺牲。金璲跑藏洞中,脱险。前一次战斗中,金曾打死一个保安队班长。

游击队去兴文的目的有二:一是要艾子文交团丁四五十支枪;二是要开大会

---

① 又叫杨建中。据1982年11月撰写的《中国工农红军川滇黔边区游击纵队在江安》一文,1934年冬,刘复初在叙永、古宋、兴文、长宁、江安等县,以"红军之友社"成员、工农群众、白军起义人员及争取的绿林武装组成两支红军游击队,即在江安、长宁之间建立的江长游击队,在古宋、兴文之间建立的宋兴游击队,总称南六游击队,刘复初兼政委,由中共宋兴特支(后由川南特委改为南六特委)领导,在叙永及南六县即江、长、兴、古、珙、筠等地区活动。江长游击队是第2队,队长杨介中,副队长王少章,政治指导员杨叔宽(端,红桥人)。开始时有几支手枪(杨介中、刘复初从国民党第二十八军带回),改编王少章的绿林武装有20来支枪。

杀税官。出发前先派金子明等四人侦察。带短枪,发现一地主李学卯(此人身上有枪),即跟踪,李逃,侦察人员中一人开枪未中,响声震动街上,另有几个赶场的地主也惊跑了。金等返回街上,稳定群众。李品三部来兴文,很可能与那几个地主通风有关。刘(复初)在开会时,听见枪响,躲在独杉木附近(离街七八里),哨兵跑来报告敌人来了。杀周维之是大刀杀的。刘当时打扮是戴八角帽,一大刀,一短枪。因发生战斗,艾子文的枪也没有得到,以后艾就未当乡长了。战斗中,敌众我寡,迅速撤退。金泽华牺牲时,金璇正藏在场口南瓜棚下万年青侧,即开枪毙杀李品三一心腹之子。敌发觉围捕,金于一石堆之后,敌也于一石堆台子。相持一会,敌冲击,那个心腹喊:"弟兄们,冲过去,他枪打不响了。"金自语说:"有的打不响,有的总还打得响。"一枪把敌特土帽打飞。

五、合队。背景是游击队在长官司失利(徐策牺牲,陈宏被俘)后,余收拾的队伍,余当时是副书记,王逸涛已叛变,刘干臣是司令员,余即担任书记、政委兼政治部主任时,像是7月底或8月初。刘即带钟、古、兴的队伍上山,江、长、珙的未去。地点大约是大南星小学那个地方,刘复初任参谋长和第三支队政委,副参谋长是周大山。周带领两个侦察员出去,侦察敌情。周想叛逃,两战士枪杀周大山后归队时像是9月。

六、12月份梅硐贾家湾会议。余泽鸿主持,参加人员有龙厚生、李青云、刘干臣、刘复初、余泽鸿,讨论今后游击队行动。余提出分两个队,一个队由龙、李带领到川滇黔边行动,别一队由余、刘干臣、刘复初带领。龙、李的队伍同敌人遭遇打散,有人被捉,暴露了行动计划,敌即"围剿"余、刘部,50多人逐步分散,余泽鸿牺牲,张灏叛变,供出余泽鸿尸体埋葬处。

七、连天山突围。余泽鸿牺牲是阳历12月15日,进连天山时是下雪,只有17人,到连天〈山〉时,刘干臣到踏水桥养伤,刘复初任政委、政治部主任,兼代理司令员,带领17人,昼伏夜出,隐蔽了一个多月。敌人吹嘘"剿共胜利,匪被全歼"。刘即带领队伍到兴街,派人找到了龙、李等人于洛柏林开会。这期间,刘干臣牺牲,头被悬挂于东阳场上苏梅村上。

八、洛柏林会议。1936年初(据说是1月6号)于洛柏林石匠田金建明家,与会者6人,3个特委委员(刘复初、龙厚生、李青云),3个大队干部,黄虎山、曾广胜、陈兴才。这个会议开一幕,又在炭厂开(离街大概两三里路,燕子洞上去左手边,小阿雷之间一农民小屋里),后又回洛柏林。会议决定:一、总结前期工作经验;二、拟定建立川滇黔边区根据地行动纲领;三、选举新的特委,刘复初任特委书记。会议开了好几天,准备建立贵州、云南、川南 3 个支队,让金璐担任川南支队长,给他 10 多条枪;贵州支队让赵文海(此人曾来洛柏林打过他们)搞;云南支队尚未宣布,上云南后,才让殷禄才当支队长,陈子华(陈华久、陈二排长)当政委。

九、大庙之战。1936 年 7 月,当时部队从云南回来,驻在炭厂。为了配合红二方面军长征,牵制川滇黔之敌,他们准备从珙县、高县之间威胁宜宾,打是假的,主要是声东击西,牵制敌人,当时人员有 1000 多人。从炭厂开到毓秀,在大庙的坡中间做午饭吃,部队煮饭吃的时候,刘(复初)和龙厚生,特务长十多个人,去观察行军路线,正遇上坡下来的十多个便衣,腰里凸起来,像是带着枪,土匪不敢大摇大摆的〔地〕走,肯定是敌人侦探。正在此时,敌人问:"干啥子的,哪一队的?"刘回答:"我们是……你们来干啥子的?"对方答:"我们是南六联合剿共队。"刘追问:"为什么才到这个地方来?"同时刘和龙用眼示意侦察人员:要敌人站过来,把枪提了。骂道:"为啥这阵还不汇报?"敌恐慌:"我们来迟了,这正汇报,望老兄原谅。"再追问他的后面还有什么队伍。敌答:"后面有南六剿共联军、保安队,后面还有刘湘属部李文华的教导师。"

刘、龙掌握敌情后,马上进行分析,这里遭遇战,要主动攻击,就作了战斗部署,内兵分三队,中间主动出击,两侧迂回包围。结果,战斗打响,敌人退却,两翼部队地形不熟,行动迟了一点,未形成包围,直追击到底硐铺,俘敌都是 100 多人,有大队长、中队长等。对俘虏进行教育,对他们讲,我们是中国人,现在是关系到国家存亡的时候,我们要团结一致,打日本鬼子,不能中国人打中国人,更不能四川人打四川人,如愿留下,就同我们一起打日本鬼子,打军阀、打土豪劣绅,愿意走的枪可以拿走,你们回去以后,要团结士兵,打倒压迫你们的白军军官,起义投奔红军。战斗结束后,很快将队伍拉向石碑经司营铺上云南去了。

没过多久,川军一营在刘少成、兰澄清(二人皆是教育释放的俘虏)带领下,杀死营长,起义投奔红军游击队。在云南攻打一个寨子时,久攻不下,刘、兰二人要求带起〈义〉人员攻打,经同意后,这 100 多人十分勇猛,一个冲锋就把寨子攻下来了。大庙之战是游击队的一场大的战斗,也是一次胜仗。

金子明回忆说:博望山合队后,即往拖岗槽去,住一两天后开到洛柏林,当时部队缺乏子弹,刘叫金和一个江西人拿了一些银圆,刘找了去,余对金说:你去找田营长(田二麻子),叫他出来,都要找他说话,金到了仙锋街上打听情况到燕子洞里,围墙上岗哨追问:"干啥子的?"金等手举起:"送信的。我们的余司令(政委)要见田营长,请他出来。"哨兵接信看后,不让进去。金说,余司令要见田营长,传他化装出来。哨兵进去一会儿出来说:"田营长不在家。"金把银圆交进去后,拿了200发子弹交金。余带队于附近,准备田二麻子一出来就洽谈。得到子弹后,就把队伍拉到厅房,后又到洛家坡休整,准备惩罚一个团总叫王铁心(打死袁少明、杨泽久的),结果未成功。以后又开到洛家湾,杀了地主乐之久(主要说乐通风报信而导致袁、杨二人牺牲)。提到乐胖子后,乐要拿东西来抵,从300石到500石,最后还是把他杀了。

部队通过大坳时,便衣遇团丁岗哨盘查,敌人正翻查背兜时,一枪将岗哨打翻,屋内睡觉的几名团丁不敢作声,大部队即通过。在拖船丫住及罗窑,后到上马场、大洲驿,化装攻打叙蓬溪,得到了很多弹药、钱物等。从叙蓬溪到麦地坝时,处罚了一个红军战士,是打叙蓬溪时,敌人机枪在屋内封锁,那个战士叫烧屋侧草堆,烧燃到民房,干部制止了火势,就到麦地坝开大会,刘司令员(刘干臣)讲:"我们是红军,不能伤害老百姓的东西",追查出叫烧房的战士,给予了纪律处分,并赔钱给老乡。

打一碗水时,部队有1000多人。部队住街上,刘司令员正在教导队教操,听到枪响,马上集合,战士很紧张,刘司令要大家镇静。当天战斗,牺牲一个叫贾树舟(轻伤3人),很勇敢,连续射击几十发子弹未换地点。

金璇带领第六大队(老区战士很多)冲,很勇敢,冲在前面,敌人手榴弹甩来尚未落地,金抓过手榴弹还甩过去,即冲进前沿阵地,敌开枪,金掀起,子弹从胯缝间打过,金顺手击毙敌人,那次战斗金一人缴敌人枪支14支。从早打到晚,将敌打退,事后,余、刘皆表扬金璇。第二天,又到石碑,后从贵州回来后,听老百姓讲,敌人等进到一碗水,尸体摆了半条街。

打鄢家关(天池)时,一地主的院内有4个碉堡,久攻不下,牺牲了几人。金璇在阵地上用枪瞄准敌堡枪眼敌人射击。金喊:你再打一枪呐!随后,金说,你看我的。一枪射击就打死敌人一个。事后,听敌人说,我军从枪眼打进去的子弹打死了一人。

在兴文县委宣传部座谈记录,1979年10月29日晚

(录自兴文县委宣传部座谈会记录,1979年10月29日。威信县委党史研究室档案,全宗号1,目录号18,案卷号62,第15页)

# 中共川南特委若干会议及其历史作用(节录)

## 刘复初

1935 年 2 月 8 日至 10 日,中央红军长征途中在扎西召开的中央政治局扩大会议,是继遵义会议之后又一次决定红军前途的重大会议。它认真分析总结了红军长征以来的战略方针和经验教训,以及土城战役失利的原因,发现蒋介石集中兵力妄图歼灭红军在川南。为了粉碎敌军的围追堵截,特别是牵制川军 10 多万武装的猖狂进攻,实现红军战略转移,党中央决定:精简机关,整编部队;回师东进,二渡赤水,在运动战中歼灭敌军,摆脱围追。就此红军长征创出了四渡赤水,巧调滇军,抢渡金沙江,胜利北上的历史壮举。

根据扎西会议精神,中革军委 2 月 10 日颁布的《军委关于各军缩编命令》中指出:经过宣传与选拔成立游击队在地方活动。因此中央军委选拔数名师级干部成立"中共川南特委(后称中共川滇黔边区特委)"。并调保卫局第五连和一些干部及伤病员,与地方游击队合并,组成中国工农红军川南游击队纵队(后发展成红军川滇黔边区游击纵队)。留在敌后牵制敌军,配合红军战略转移。在此后两年的殊死奋战中,特委领导红军游击纵队转战川滇黔边区,为贯彻扎西会议精神,实现配合主力红军战略转移和在川滇黔边区创建革命根据地,在敌军不断进行川滇黔三省"围剿"的严酷的形势下,战胜〔渡过〕重重难关,卓有成效的〔地〕胜利完成了掩护中央红军和红二方面军北上转移的艰巨任务。同时扩大了党的政治影响,撒播了革命火种。尤其是特委组建川南、云南、贵州三个游击支队开展地方群众工作,坚持敌后武装斗争,长达 12 年之久,为中国革命的胜利做〔作〕出了不可磨灭的贡献。55 年来,川滇黔边区人一直传颂着他们可歌可泣的功绩!

正值中国共产党建党 70 周年之际,我忆"中共川南特委若干会议及其历史作用"做〔作〕为向党的献礼,给研究川南特委边区党史军史提供参考:

(一)石坎子成立中共川南特委和第一次特委会议——贯彻扎西会议精神

1935 年 1 月党中央在遵义会议结束后,率领红军主力向川南进伐,拟从宜宾、泸州之间北渡长江同红四方面军会师,国民党军阀妄图在川南歼灭红军,调集数十万武装堵在川滇黔边区,又令刘湘集中川军跟踪追击,阻止红军渡江。我军在土城战役失利,敌情更加紧张,渡江危险性大,故中央改变计划,要红军向云南扎西聚集待命。到达扎西后党中央召开扩大会议,决定要在运动中消灭敌人有生力量,以实现战略转移摆脱敌军"围剿"。因此,成立红军川南游击纵队,并派徐策(原红六师政委)、余泽鸿(原上干队政委)、戴元怀(原民运部长)等同志组成中共川南特委,作为红军川南游击纵队的领导核心,重点牵制川南敌军和开展地方工作,配备一部电台同中央联系(以后战斗中电台被打坏,同中央失去了联系),直属党中央领导。同时抽调保卫局第五连,并留下部分干部和伤病员共200多人与川南地方游击队汇合。1935年2月10日,中革军委在威信石坎子正式宣布,成立红军川南游击纵队。周副主席向留在红军川南游击纵队工作的干部做了动员讲话,说明当前形势和革命的光明前途及纵队坚持敌后武装斗争的重要作用,勉励同志们安心工作,决心为争取革命胜利而艰苦奋斗。周恩来同志还向特委传达党中央决定的三大任务:"一是在敌后牵制敌军配合红军战略转移;二是在川滇黔边区创建革命〈根据〉地,解放广大群众;三是安置伤病员,做好思想政治工作。要求川南特委同志们积极负责,胜利完成历史使命。"特委的分工是,徐策任书记,余泽鸿任宣传部部长,戴元怀任组织部部长。纵队建制和干部安排由特委研究决定。为此特委在石坎子召开第一次会议,并作了如下决定:

第一,认真学习,深切领会党中央决定和周恩来同志讲话精神,提高思想认识,增强党性,坚决完成党中央赋予的任务,把革命红旗插遍川滇黔边区,团结边区各族人民为创建革命根据地共同奋斗。

第二,要完成党中央交付的艰巨任务,必须不惜一切代价,粉碎敌军"围剿",配合红军战略转移。这是关系到保卫红军主力,捍卫中央安全,争取中国革命胜利的重大问题。

第三,要求红军指战员以身作则,经常宣传党的路线政策,执行三大纪律八项注意,扩大党的政治影响,开展群众工作,组织劳苦大众支持革命。

第四,从速健全红军川南游击纵队建制,纵队设司令部、政治部(包括宣传、组织、供给等)。司令部下设支队或大队,各单位设党总支或支部。党政分工,明确任务,指定专人负责。在特委领导下团结一致,统一指挥统一行动。

第五,迅速找川南地方游击队合队,组织起来,各尽其职,扩大纵队力量,开展游击战争,查清敌情采取对策,有重点打击敌人,牵制敌军。

第六,分别安置伤病员,能行动的留在部队,做些适当工作,伤病较重的秘密安置在群众中休养,发给生活费和药品、衣物,并重托群众照顾保护,同时要求在休养中尽可能做些群众工作,动员工农青年参加红军。

　　根据以上特委会决议,红军川南游击纵队在〈2月〉14日与中央红军分手后,深入川南,在叙永县树坪与叙永特区游击队汇合,并召开了纵队大会,确定了纵队领导:司令员王逸涛(黄埔军校毕业生,不久投敌)、政委徐策、政治部主任余泽鸿、组织部部长戴元怀、参谋长刘干臣、特派员龙厚生。接着纵队以各种番号在川南开展军事行动,扩大纵队影响,威胁川南重要城镇,并在叙永县木厂梁子阻击川军首战告捷后,继续向南六县进伐,打开了一些重镇,促使坐镇泸州的川军教导师潘文华惶惑不安,误认纵队是红军主力,以为红军仍要寻机北渡长江。因此刘湘令郭勋祺率三个旅固守川南,急令进至黔边温水的潘佐旅"星夜兼程回守川滇黔边的门户——叙永城"。又令第一路指挥范子英"兼程由古宋县金鹅池向叙永重镇两河口截击"。20日又电令独立第一旅张竭诚部开赴叙永,独立第二旅田冠五部移驻叙永,急令第二路达凤岗旅由黔北赤水"兼程赴叙永扼守"。魏楷部防守古蔺城。云南滇军获悉红军已到叙永黄坭嘴、两河口镇等地,"深恐乘隙窜滇",急令到达叙永县分水岭之龚顺壁旅回守滇境。这样纵队就牵制了一部分围追截击中央红军的川滇黔敌军主力,配合红军顺利回师黔北,取得了二渡赤水的胜利。

　　(二)建武城特委会议——制定牵制敌军配合中央红军战略转移的方针政策

　　石坎子会议后,川南特委率领游击纵队开赴川南发动群众参军,在树坪与叙永特区游击队合队,共有600多人,依据石坎子会议精神,特委决定编成五个大队,纵队党总支下建五个支部,大队指导员任支部书记,纵队下各单位负责干部就职后,深入敌后牵制敌军。1935年2月末,纵队来到兴文县前,特委通知中共宋兴特支书记兼红军南六游击队政委刘复初来建武城开会。我赶到时,受到徐策、余泽鸿、戴元怀等同志亲切接待。徐书记宣布:"主要〈讨论〉牵制敌军,配合红军主力战略转移的问题。"要求同志们根据扎西会议精神和中央赋予的任务及当前敌情提出牵制敌军的意见。因此我们认真讨论了敌情后,特委作出如下决议:

　　第一,迅速开创川南新局面,主动威胁川军老巢宜宾、泸州、重庆等三大城市,促使川军重兵固守老巢,放弃川南广大地区,便于开辟游击区。同时,促敌防御宜宾下游,空虚宜宾上游,便于红军东征和西进北上。

　　第二,迅速在川南开展游击战争,有计划的〔地〕袭击敌军,打乱敌军布置、破坏军事设施、争夺敌人军用物资、摧毁敌人团保制度和基层政权、撤销税收关卡、废除苛捐杂税。从而破坏敌人社会基础,断绝经济来源,造成敌人后顾之忧,促敌转移进攻目标,对付游击纵队,从而阻止敌人追击红军主力。

第三,迅速深入敌后开展游击战争,威胁川南各县驻军,重点打击围攻红军的敌军,把敌人牵制在长江边上,配合红军打击敌人,脱离敌军围追,从而胜利实现战略转移。

第四,迅速组织工农夺取地主武装,成立赤卫队,支持群众打土豪分田地、分财物、烧契约、不交租、不还债。镇压反革命分子,保卫劳苦群众利益。在斗争中物色积极分子,创建农村苏维埃政权。

第五,迅速培养地方干部,先在群众基础好的地区建立党的组织,发展党团员,开展群众工作,分别组建工会、农会、妇女会、赤卫队、少数民族协会。支援红军,保护红军伤病员,为红军报告敌情和当向导,宣传共产党政策,动员青年们当红军,坚持对敌斗争。

第六,在敌后制造混乱,虚张声势,各地出现不同番号,如宜宾纵队、泸州纵队、黔西北纵队、滇东北纵队,迷惑敌军,扩大我军的军事和政治影响。

第七,开展瓦解敌军工作,认真执行优待俘虏政策,提高白军思想认识,反对蒋介石亲日卖国,反对国民党打内战,反对压迫剥削士兵等。动员士兵拖枪前来当红军,密组白军起义来当红军,从而削弱敌军,壮大革命力量。

第八,争取绿林武装参加革命,提高阶级觉悟,分清敌我,防止被敌利用,教育绿林弟兄执行共产党的政策,团结起来共同打倒国民党军阀和封建势力,解放劳苦大众。

第九,争取土司官家武装同情革命,宣传党的民族政策,团结互助,密建互不侵犯的友好关系,共同反对大汉族主义的侵略,解放少数民族兄弟。

第十,根据形势发展需要和扩大纵队军威,决定红军南六游击队,改为红军川南游击支队,中共宋兴特支改称南六特支,直属川南特委领导和开展地方工作。

以上决议成为红军川南游击纵队坚持敌后武装斗争的指导思想,对于开创新局面具有重要意义。

会后根据建武特委会议精神和关于牵制敌军的方案,首先有川南地区实行,促敌惊惶心虚,引敌进攻游击纵队,特委要我率领红军川南游击支队在叙永、古宋、兴文、长宁、江安、珙县地区开展群众工作和武装斗争,配合纵队在川滇黔边区牵制敌军,特别是有计划的逐步摧毁敌人基层政权,打下川南重要城镇。攻克筠连城,逼近李庄威胁宜宾,闪击蓝田坝威胁泸州,川军为此震惊。当时蒋介石误认红军主力在川南,电令刘湘抓紧"围剿"。因此集中10多万兵力"围剿"游击纵队,从而牵制川军对中央红军的追击,为红军主力四渡赤水,重占遵义创造有利条件。

(三)朱家山特委会议——整编纵队,调整作战方针,转战川滇黔边区

在中央扎西会议精神指引下,红军经数月对敌斗争,战争形势发生新的变化,由被动转为主动攻击敌军的局面。

红军主力征东击西、四渡赤水等一系列战略行动,使我军在云南中调动敌人,歼敌有生力量,打乱了蒋介石的军事布署,重占遵义,佯攻贵阳,促使蒋介石既调兵力保贵州,又调滇军保贵阳,造成云南空虚,红军将敌甩在贵州,挥师西进巧渡金沙江,获得了红军长征以来具有决定性意义的胜利,彻底粉碎了蒋介石围追堵截红军的计划。游击纵队在这次掩护中央红军战略转移的行动中纵队深入川南开展军事、政治相结合的斗争,威胁敌军老巢,造成敌军恐慌,使之深感我部是它的心腹后患,特别是红军主力巧渡金沙江挥师北上之后,蒋介石忙调尾追中央红军的兵力,布署在川滇黔三省"围剿"游击纵队。这也再次证明纵队达到了牵制川军配合红军之目的。敌人为了消灭游击纵队,还逮捕了王逸涛亲属当人质,并以高官厚禄收买,王逸涛带领叙永游击队一部分武装投敌,成为蒋介石的重庆行营川南招抚特派员,死心塌地为敌效劳,妄图消灭游击纵队。当时敌军组织川滇黔三省"会剿"的布局:

四川方面:急调第二十一军第五师陈万仞部驻防川南,委任他为"南路剿匪军第二路指挥"。在叙永、古宋、兴文、古蔺等县驻防,"剿匪"指挥由穆肃中部队;在高县、珙县、长宁、筠连有陈部第二旅达凤岗部队;在江安、纳溪、合江等县有川军和周化成部队;整个川南各县布满了重兵,并采取"跟踪和扭打主义",妄图"剿灭"纵队。同时刘湘委任冷薰南、裴钢分别兼任第六区、第七区保安司令,负责指挥各县保安中队,分守要隘协军"进剿"。同时,国民党重庆行营还训令各地严密保甲制度严查户口,彻底清乡,任命叙永县长先智渊为"叙、蔺、宋、纳"四县清乡指挥。

云南方面:除委任镇雄独立营营长陇承尧为民团指挥、驻守镇雄、威信要隘,充当"会剿"的急先锋外,滇军第二旅旅长安恩溥(驻昭通)还先后派第二团进驻彝良,彭勤营驻防威信,万保邦团进到川滇边区,加上镇彝威三县保安队与民团数千人,参加"会剿"。

贵州方面:蒋介石亲自召见莫雄,令他将江西省吉安专员公署原班人马搬到毕节,成立"贵州省第四行政督察专员公署","负责剿办贵州红军游击队",蒋介石还从湖南调第六十三师陈光中到贵州,归莫雄指挥。以后还恐其他兵力不足,令

第五十四师郝梦麟部、第四十七师裴昌会部、第二十三师李云杰部进驻黔西北,收集地方民团,配合川滇军队相机出动,"围剿"游击队。

叛徒王逸涛,也向四川省政府呈递了《我对消灭川南共产党及赤军游击队的意见》,积极为敌部署三省"会剿"出谋划策,妄想把纵队消灭在三省交界的狭窄地带。敌人也认为《意见》"确系川南剿共根本法之一,颇有采纳履行之价值"。

就在纵队面临着三省敌军"围剿"和叛徒投敌造成严重困难的时刻,6月中黔北游击队前来合队,这对壮大纵队力量,有效地牵制川滇黔敌军,扭转纵队危机局面,粉碎三省"会剿"是十分重要的。在新的对敌斗争形势下,为实现统一筹划、统一指挥、统一行动坚持对敌斗争,努力开创川滇黔边区新局面,逐步创建革命根据地,更有力配合红军主力北上,为此在纵队和黔北游击队会师朱家山后,当即召开特委会议,研究新形势下的斗争策略做〔作〕出了如下决定:

第一,为了适应形势发展和工作急需,中共川南特委改称中央川滇黔边区特委,红军川南游击纵队改称为红军川滇黔边区游击纵队。作为红军后卫部队,继续转战川滇黔边区,把川南、滇东北、黔西北 20 多个县内逐步开辟成红军游击区和革命根据地。

第二,议定原红军川南游击队编为纵队的第一支队,黔北游击队编为第二支队,每支队设三个大队,有 800 多人的武装,徐策任纵队司令员兼政委,张凤光任副政委(原黔北游击队负责人),余泽鸿任政治部主任,龙厚生任组织部长(戴元怀牺牲),李青云任特派员,陈宏任参谋长,其他干部职务未动,支队以上干部均做了调整补充。

第三,宣布开除王逸涛党籍,撤销一切职务,批判王逸涛私逃投敌是可耻可恨的,终被人民消灭的。同时教育指战员们,为国家民族生存,为劳动人民打天下而艰苦奋斗是光荣的,人民会永远铭记在心里。号召全体共产党员和所有干部战士,要坚定信念,团结一致,在任何艰险中敢于挺身而出,争取革命胜利。

第四,为了鼓舞士气,举行联欢会,庆祝两队会师,宣传形势任务,发扬红军光荣传统,坚持对敌斗争,粉碎敌军"围剿"。

这次特委会,对稳定部队,迅速扩大游击区,适应新形势的发展起到了积极作用。

面对敌人三省"会剿",纵队每天忙于行军作战,又无后援,十分艰险,但在特委的坚强领导下,英勇顽强,沉着应敌,转战川滇黔边区,寻敌空隙,利用天时、地利、人和等条件,反击敌军。一方面争取保存实力;另一方面尽量多引敌"围剿",以达到更好地掩护中央红军西进北上,完成中央交赋予纵队的主要任务。

(四)簸箕坝特委会议——总结教训,扩大队伍,粉碎三省"会剿"

1935年2月,红军游击纵队深入川南威胁敌军以来,转战川滇黔边区20多个县,有力地打乱敌军部署,引起敌军更加仇恨,加紧川滇黔三省"会剿",集中正规军和地方保安部队,驻防大中城市交通要道,重要关口重重包围跟踪追击。长官司红山顶是防守川滇边的要塞,我部路经红山顶时,敌军早已埋伏,占好阵地,使我们在突然袭击中,伤亡100多人,其中干部数十人,主要领导徐策、张凤光负重伤而亡,参谋长负伤被俘。同志们极为沉痛,士气情绪低落。针对这种情况,7月中旬特委在威信县簸箕坝召开特委扩大会议,解决以下问题。

第一,健全特委领导,议定余泽鸿、刘干臣、龙厚生、李青云、刘复初组成特委会,余泽鸿任特委书记兼纵队政委,刘干臣任纵队司令员,刘复初任参谋长,龙厚生任政治部主任,李青云任特派员,从而加强了特委领导力量,继续开展武装斗争。

第二,增强纵队战斗力,决定刘复初速领红军川南游击支队归队,编为纵队第三支队,胡志坚任支队长,刘复初兼第三支队政委,并动员工农青年参军,扩大纵队队伍,在运动战中打击敌军,坚决粉碎三省"会剿",掩护中央红军胜利西进北上。

第三,总结血的教训,长官司红山顶失败的主要原因,〈是〉敌军预先有埋伏,占据有利地形,武器装备较好,我部盲目抵抗,指挥有误,对敌估计不足,硬打猛冲,违背了游击战争关于知己知彼集中优势兵力攻敌之弱,速战速决,保存实力,能胜则打,不利则退的原则,因而造成伤亡惨重。

第四,确定了下一步粉碎敌军"围剿"的行动方略。(一)利用山区险要,转战川滇黔边区;(二)利用地形和群众条件,在游击中消灭敌军;(三)加强敌情调查,寻找敌军无备,突然袭击,促敌被动挨打,或是采取夜战,闪击敌军甩掉追击;(四)利用敌军漏洞弱点,突破敌人"围剿";(五)随时在战斗间隙中,利用山区隐蔽休整,努力保持旺盛的精力,以适应连续作战。总之发挥我军运动战、夜战、连续作战的优势,灵活运用〈,投入〉粉碎三省"会剿"的战斗中去。

簸箕坝特委扩大会议后迅速弥补了纵队的战斗损失,充实了各级领导力量,总结了血的教训,纠正了贯于大部队的硬打死拼的作战方式,开始确立游击战争的思想原则,提高了纵队战斗士气和战斗力。这对当时为完成掩护中央红军的历史任务,粉碎敌军三省"会剿",继续坚持敌后武装斗争起到了指导作用。

纵队经过暂时休整,从云南滇东北取道镇雄,进占赫章城,又转入川南门户筠连境内,突袭小乐瓦轻取巡密司,打开筠连城,相继巧取叙蓬溪,闪击蓝田坝,威胁泸州,迂回占据大洲驿,佯攻纳溪城,转向南六县进军,袭击长宁附安场、江安红桥镇、珙县洛表洛亥,再转赤水县一碗水场及黔西九仓坝等地,击败敌军追击……这些军事行动,拖着敌军团团转,各地扑空。据军阀们反映:坚决除后患,老家才能保,如此证明,实现了我们牵制敌军的任务。

(五)贾家湾特委会议——寻求战胜三省"会剿"的战略策略

1935年春至1935年冬末,游击纵队在掩护中红军战略转移中,引起敌军三省"会剿",付出了重大牺牲,取得了军事上的胜利。由于长期连续作战,敌强我弱,敌多我少。孤军深入敌后没有后援,困难重重,面对敌人重兵"围剿",纵队由1000多人的武装减少为200多人。为了改变危险的处境,故于1935年11月末,在长宁梅硐场贾家湾召开特委会议。

大家认为争取保存实力,战胜敌军"围剿",是当前突出的重要问题。有的同志提出立刻化整为零,抓紧休整分成两队,一队隐蔽川南山区活动。有的主张不要分散,进入山区隐蔽休整,开展群众工作,待机出动。但最后决定化整为零,分散行动。具体安排是:一队由刘干臣、余泽鸿、刘复初等同志负责;二队由龙厚生、黄虎山、曾广胜等同志负责。分队行动后,二队行军到炭厂暴露目标,被敌击散,有个别当了俘虏,泄漏了机密。因而长宁县驻军在梅硐场更加疯狂,围攻一队。这里四面炮声杀声隆隆,但我们英勇冲出围追,刚到江安、兴文、古宋境内,敌人又在坭基潮碗厂坡围攻,在危急中余泽鸿同志不幸牺牲,我们将其密葬后,动员同志们化悲痛为力量,为余政委报仇,并组织深夜突围,天明到了踏水桥山上隐蔽,次日下午又被敌围追,天黑时才将敌甩掉。

当晚特委召开紧急会议,由刘干臣、刘复初、李青云等同志研究决定:选刘复初继任特委书记兼纵队政委、刘干臣任纵队司令员、李青云任特派员、胡志坚任参谋长,立即指挥部队上连天山休整。但刘干臣同志提出:"病重足肿,行动困难,要求离部休养,在病假中,请刘政委代行司令员职务。"我们只得勉为其难答应他的要求。

次日部队到达连天山时,点名只有17人。第三天发现敌军蜂涌〔拥〕而至,围在山下,开始上山"围剿"红军。因此特委提出:(一)要求指战员们共同负责做好当〈地〉群众工作,密切联系群众,教育群众为红军保密、带路、侦察敌情、协助红军解决;(二)勉励同志们坚定革命意志,亲密团结,发扬红军为革命而艰苦奋斗的精神,敢于战胜一切艰险,争取粉碎敌军"围剿";(三)领导干部以身作则,关心群众疾苦,发扬阶级友爱,保持共产党员无私奉献精神,经得起严峻的考验;(四)针对在敌情紧张,饥寒交迫的困难和危机面前,有的同志产生了忧虑和动摇的情绪,并提问:"红旗能扛多久?失败能复胜吗?"特委号召共产党员抓好以下工作:

1. 利用连天山森林隐蔽,每天更换方向和住址,绝对保密不露目标,严防敌军攻击,争取时间休整,同时我们设法买粮和穿的、用的,解决实际困难。有粮先让战友吃饱,有穿先让战友穿上。领导干部带头帮厨、放哨⋯⋯同志们对此深为感动,上下更加亲密团结,决心战胜〔渡过〕当前难关。

2. 提高战友们的思想认识,指明保卫中央红军长征胜利,是关系中国革命存亡问题,我们作为红军后卫部队,为了争取红军胜利北上抗日,哪怕游击纵队覆没了,也是有价值的。当前虽然困难重重,但是我们有坚强的特委领导,又有边区广大群众热忱支持。经过近一年的战争锻炼,我们已有一些斗争经验,只要坚持下去,敌军苦于冬季作战不利,供给困难也会撤去。那时我部收容打散人员和继续扩大红军,就能迅速发展,革命胜利是必然趋势。

3. 托友寻找打散部队,通知他们保存实力,密来连天山合队,共谋发展。

果真,经过1月多的艰苦斗争,敌军"围剿"找不到目标,自动宣传川南共匪消灭了撤兵回城。我们下山时,通讯员徐茂然带了30多人武装前来归队,以后沿途又发动工农参军和收容归队的同志,很快发展200多武装编成两个大队,恢复了纵队建制,仍在红军老游击区活动。

贾家湾特委会重要意义:纵队在面临严峻形势,几乎被敌陷〔消〕灭情况下,毅然决定上连天山隐蔽活动,并在极端危难时刻发挥了党的领导作用,保存了革命火种,继续发展纵队势力。

(六)洛柏林特委会议——坚持敌后游击战争,创建革命根据地

纵队从连天山下来,沿途接收流落战友和休养员归队(但留在贾家湾的伤病员十多人被敌"清乡"抓走了,留在杉树湾的刘干臣同志在敌人"清乡"中被打死)。并在农村动员青年参军,很快有300多人,但急待整训,提高战斗力,而且在敌后斗争一年,既有成功的经验,又有失败的教训。今后发展前途,必须明确奋斗

目标。

1936年春节,在兴文县洛柏林召开特委扩大会议,共同议论有关问题,统一了思想认识,统一了行动指挥,作了如下决议:

第一,首先肯定纵队在特委领导下,克服了上无联系,下无援助,孤军奋战所带来的重重困难,纯洁了组织,保存了实力,团结全体指战员发扬红军艰苦奋斗精神,在敌军"围剿"的恶劣环境下,不怕流血牺牲,保证完成了牵制敌军的历史任务,配合红军战略转移。同时在川滇黔边区,正确贯彻执行党的路线政策,密切军民鱼水关系,扩大了党的政治影响,传播了革命火种,使灾难深重的边区人民看到了阶级解放的前途,红军游击纵队得到了边区各族人民的拥护和支持。

第二,纵队孤军深入敌后,敌强我弱,敌多我少,每天作战行军,没有休整机会,饱受饥寒劳累,伤病员增多难以安置,军用物资难以供应,兵力减少难以补充,敌情不明,被动挨打。总之,我方无根据地和后援,是纵队失败〈的〉主要原因。

第三,边区党组织基础薄弱,后遭叛徒王逸涛勾结阶级敌人大肆破坏,地方组织被敌瓦解。特委虽曾派同志在白区建党,但无坚强干部和地方武装支持,常被敌人摧残,无力保证军事与政治斗争相结合。这是失败〈的〉又一个原因。

第四,必须执行特委在连天山提出的任务:1.继续深入老游击区开展群众运动,宣传红军是人民的军队,人民具有强大的生命力,军民团结如一家,敌人无法战胜。经常宣传游击纵队是为劳动人民的翻身而革命的,只有共同奋斗,推翻反动的统治阶级,建设革命根据地,才能彻底解放;2.抓紧接收在战争中流散人员和地方休养同志归队,迅速恢复扩大纵队队伍,边整训边工作;3.在开展群众工作同时,发动农村工农青年参加红军,继续壮大游击纵队,增强战斗力量;4.教育当地群众,为红军保密和报告敌情,协助游击纵队解决困难。

第五,召开党员大会,民主选举特委成员,选出刘复初、龙厚生、李青云等同志组成特委会。由刘复初任中共川滇黔边区特委书记兼红军川滇黔边区游击纵队政委,龙厚生任特委宣传部长兼纵队司令员,李青云任特委组织部长兼特派员。纵队下暂设两个大队,一大队长高良民,指导员陈兴才。二大队长黄虎山,指导员曾广胜。

第六,特委根据当前斗争形势,于1936年2月中旬,认真研究了在川滇黔边区创建革命根据地的问题:一是密组地方武装工作队,在川滇黔边区开展群众运动,配合纵队创建根据地。因此先后恢复红军川滇黔游击支队,开展川南地区工作;

新建红军云南游击支队,留在滇东北地区工作;新建红军贵州游击支队,留在黔西北地区工作。其主要任务:1. 扩大武装队伍,支持群众闹革命;2. 支持地方党组,开展群众工作;3. 团结广大群众,为建设农村政权而奋斗。各支队领导干部,由特委书记负责抽调培训和安排工作。二是成立地方党组织,分成三个特区:川南特区、滇东北特区、黔西北特区。各区成立特区区委,直属特委领导,特区成员由特委培训干部,派去负责。其主要任务:1. 担任地区建党建团的工作;2. 在斗争中物色积极分子,参加建设根据地工作;3. 宣传党的路线政策,团结群众支援纵队开创新局面。以后特委决定地方游击支队负责同志作为特区区委成员。三是成立随军学习组,分别培养地方干部,经过培训考查,先后派出:1. 金瑬任红军川南游击支队长,戴德昌任支队政委(老红军);2. 赵文海任红军贵州游击支队长,阮俊臣(早留黔西工作)任支队政委;3. 殷禄才任红军云南游击支队长,陈华久任支队政委(老红军)。以上各个支队,作为地方工作队,直属特委领导。四是特委起草建设川滇黔边区革命根据地纲领,依据党中央抗日救国主张的精神,和中央苏维埃政府实行政策,结合川南群众斗争纲要和边区实际情况,提出 12 条纲领,指明奋斗方针任务,建设根据地各项政策,动员川滇黔边区各族人民团结起来,建设人人有工作,生活自由平等幸福的新社会,为争取边区各民族人民的彻底解放而奋斗。

上述决议,是特委在胜利完成掩护中央红军北上后,落实中央军委扎西会议精神在创建川滇黔边区根据地问题〈上〉的部署,此后为建设革命根据地进行了武装准备(建设三支游击队),组织准备(建设三个特区),思想准备(建设根据地纲领和实施方案)。

根据当时传来红二方面军[二、六军团]到贵州的消息,特委研究如何行动,有的主张在敌后继续执行扎西会议决定,坚持创建根据地,开展游击战争,牵制敌军,掩护主力红军长征。当前川滇黔敌军正在追红二方面军,应积极配合红二方面军[二、六军团]掩护其顺利长征。有的主张纵队前去合队。最后决定,牵制川军,减少敌军围追,掩护红二方面军北上。

于是纵队在川南进行了洛柏林战斗、炭厂战斗、大庙战斗……特别是大庙一战,击败川南联合"剿共"军,生擒俘虏数十人,缴枪百余支,引起川军教导师前来增援。我部又向云贵边区进军,新发展了 1000 人的武装,牵制川滇黔敌军,配合红二方面军[二、六军团]长征。不久又引起敌军第二次三省"围剿"。据获消息,敌军加强了武力,决心消灭游击纵队。

对于这次洛柏林特委会,我们在连天山隐蔽时,作了一些准备工作,由于战斗频繁,会议流动式的召开数次,不但总结了经验教训,研究了今后行动方向,培养干部和建党问题,制定了建设边区根据地大纲,树立了长期斗争的目标,这个纲领体现了特委贯彻毛泽东思想,特别是关于土地革命的思想;在武装斗争、建立广泛统一战线、建立工农民主政权即红色政权等一系列原则问题上都有了明确规定。这一纲领,虽因诸种原因未能全面实施,但它的影响和为建根据地逐步创造条件,是起到了重大作用。

(七)院子场特委会议——适应抗日斗争形势,扩大统一战线影响

1935年冬,红军长征到陕北后,党中央号召"全国各族人民、各阶层、各党派爱国人士联合起来共同抗日,拯救祖国危亡,为中华民族的独立生存而共同奋斗"。深得广大群众的热烈拥护,全国掀起抗日救国高潮,为此我们做了一些宣传工作,成效很好。1936年春,珙县大庙战斗,击败川军"围剿",活捉官兵数十人,经过反帝反封建的爱国教育,并告他们留与走自愿,缴的枪也可带走,欢迎联合起来枪口对外。俘虏们深为感动,表示响应共产党的号召,拥护红军抗日救国的主张,愿意动员白军起义来当红军。

1936〈年〉夏初,纵队向滇黔进军,到达威信县花坝。特委留在黔西组织游击队的阮俊臣部参加了贵州救国军,红二、六军团派欧阳崇庭在阮部工作,因此欧同阮的代表前来报告:"国民党暂编第五旅第三团第二营,因受红军长征北上抗日影响,在毕节起义来同红军川滇黔边区游击纵队合队。"特委十分重视白军起义,认真研究了形势和今后工作方针一致认为党的抗日救国政策和红军威望,已在白军中发〔产〕生良好的影响。今后还会发生类似情况,这时孤立敌军将起重要作用,同时为了响应党中央抗日救国主张的号召,扩大党的政治影响,进一步动员边区白军起义和绿林武装来当红军,鼓励边区爱国人士参加抗日救国活动,争取边区广大群众团结在共产党领导下,组成一支强有力的抗日救国同盟军,特别重要,因此特委决定:

第一,红军川滇黔边区游击纵队,改称中国工农红军川滇黔边区抗日先遣队。作为川滇黔边区抗日救国的先锋队,团结边区各族人民为振兴中华而奋斗。

第二,为了贯彻党的统战政策,成立抗日先遣队司令部,决定阮俊臣、陶树清任正副司令员,刘复初任总政委,曾春鉴任参谋长(养伤归队),李青云任特派员,以便统一行动。司令部下设三个支队:以阮俊臣带来的武装编为第一支队,由阚

思芳任队长,欧阳崇庭任支队政委(老红军);陶树清带来的武装编为第二支队,由唐和中任支队长,邝善荣任支队政委(老红军);以原红军游击队编为第三支队,由龙厚生任支队长,刘复初兼支队政委。这时支队已有1000多人的武装,仍在川滇黔边区活动。

第三,拟定宣传口号和布告,扩大红军抗日先遣队的政治影响,主要内容:1. 国难当头,以中华民族利益为重,团结起来一致对外,打败日寇侵略;2. 工、农、兵、学、商联合起来,打倒帝国主义,为中华民族的独立解放而奋斗;3. 川滇黔边区各族人民组织起来,支援红军抗日救国;4. 欢迎各界爱国人士,参加红军抗日先遣队,为建设川滇黔边区新社会而奋斗。

1936年6月8日发出:中国工农红军川滇黔边区抗日先遣队政治部布告,其主要精神:"日本帝国主义不断侵略我国,强占东三省,又侵犯我华北,日寇在东北地区掠夺我国财富,蹂躏我国同胞,把他们当成牛马奴隶,逼得他们家破人亡,使东北同胞处于水深火热之中,日本帝国主义者还在继续扩大侵华战争,企图亡我中华。国难当头,匹夫有责,要求不愿当亡国奴的人们团结起来,打倒中华民族的公敌日寇侵略者。"

中国共产党中央委员会认为,日本帝国主义是我国人民的当前大敌,故曾提出抗日救国的主张,联合一切爱国力量共同抗日。并率领中国工农红军北上抗日,现在胜利到达陕北。全国将掀起抗日高潮。我军全体指战员热烈响应抗日救国的主张。动员川滇黔边区爱国同胞,联合起来共同抗日,挽救国家民族的危亡,为国家民族生存而斗争!

第四,红军川滇黔边区抗日先遣队,既是武装工作队,又是宣传队,必须认真把党的统战政策变成实际行动,模范执行红军三大纪律八项注意。经常保护人民利益,密切联系群众,保持红军爱国爱民的光荣称号!

会后在特委会决议精神指导下,抗日先遣队继续活跃在川滇黔边区,特别是大力宣传党的抗日主张,扩大我党、我军的政治影响,声势浩大,纵队发展很快。反动当局为此极为恐怖〔慌〕,边区各县纷纷飞电告急,要求调部队兼程增援相机围歼抗日先遣队,阻止赤化。

蒋介石闻悉纵队已有数千人,武器装备同国民党正规军一样,"并以救国军名义,动员各阶层参加抗日,深受群众欢迎"。"实有久据川滇黔边区之企图"。故多次发出急电,严令刘湘,龙云和贵州省政府"指派兵力严行清剿,以除后患"。

（八）杨家湾特委会议——坚持团结起义部队，共建革命根据地

1936 年夏，红军抗日先遣队组成后，在川滇黔边区，屡次击败敌军进攻，以蒋介石为代表反动统治阶级惊惶不安，组织了对纵队的第二次三省"会剿"。面对敌情紧张，陶树清提出了三点建议："一是缩小行军目标，避免敌军追击，改变公开宣传为秘密宣传，便于隐蔽；二是为了摆脱敌军'围剿'开辟游击区，到云贵山区活动，继续扩大政治影响；三是为了加强内部团结和教育新兵，不要谩骂侮辱人格，对于违犯〔反〕纪律的人，适当处理。"为了考虑陶树清的建议，特委在毕节杨家湾召开扩大会议，共同研究下一步工作方针。

龙厚生认为：（1）红军游击队既是武装工作队，又是宣传队，不公开宣传就是放弃革命，不革命的表现；（2）要到新区去打游击，是有阴谋的，企图脱离老游击区，便于消灭游击队；（3）红军纪律严明，如有违犯者必须惩罚，骂就是一种严厉的批评。因此龙厚生认为陶的三点建议是恶意的攻击，并提出立刻同陶、阮部队分开行动，以免影响红军的声望和发生危险。

刘复初认为：（1）陶树清公开建议是善意的，是从改进工作出发的，应当妥善处理，不能主观地误解和一概否定，这是违背统战政策精神的；（2）陶树清是主动来当红军的，拥护党的领导，服从指挥，为人正直，自觉要求革命，故不能猜疑误会；（3）陶、阮部队多是受压迫的工农群众，他们在旧社会染了一些恶习，是可以理解的，改造思想要有过程，决不能急躁，必须耐心教育，争取进步，团结他们为劳动人民的解放而奋斗；（4）陶树清起义参加革命，是白军走向光明的道路，将会影响更多的白军起义来当红军。阮带的绿林武装，多是被统治阶级逼迫上山的劳苦群众，当红军就是他们的出路，也会影响更多的绿林武装来革命。如果抛弃阮、陶部队必然造成损失，对党的政治影响不好；（5）当前敌军"围剿"，急需团结一致，共同对敌，力量更大，分裂是有害的，后患不堪设想。

龙厚生坚持他的观点，从江西来的有些同志受"左"倾路线影响较重，支持龙的意见，要求立即分开行动，而坚持教育团结的同志是少数，我当时避免分歧造成纵队基础动摇和对立，只好保留我的意见，按照少数服从多数的组织原则，形成了特委决议：

第一，决定阮俊臣、欧阳崇庭同志率领第一、第二支队分开行动，既可分散敌军攻击，打乱敌军"围剿"部署，又可考查陶树清的思想动态，待形势好转，再集中行动。

第二,原纵队第三支队仍恢复"中国工农红军川滇黔边区游击纵队"的番号。

但抛弃陶、阮部队后,敌人知道他们失去领导核心,猛烈追击,结果被敌人打散了,陶树清当了俘虏,惨遭敌军杀害,阮俊臣来特委失声痛哭的〔地〕说:"不要起义部队和绿林武装革命,是孤立自己,只能对敌人有利!"对这个失败的教训,龙厚生也深感后悔,因为当时阮、陶部队,已开始发展党员,陶也要求入党,是具有改造他们的条件。阮、陶部队失败的消息,对游击队有很〈大〉震动,故在水田寨特委总结了杨家湾会议失败的教训。明确指出,违背党的统战政策是错误的。急需清醒头脑,端正思想观点,以免再犯类似错误,会议决定:

一、要正确贯彻执行党的路线政策,善于利用阶级矛盾,争取一切可能团结的力量,孤立敌人,壮大自己,联合一切进步力量共同反帝反封建,为中华民族生存和劳动人民的彻底解放而斗争。为此目的,必须坚决欢迎白军和民团起义来当红军,欢迎绿林武装参加革命,欢迎各界爱国人士参加抗日救国运动,积极扩大党的政治影响。团结革命力量,为建设川滇黔边区根据地而奋斗。

二、力争实现党中央提出的在川滇黔边区创建革命根据地,解放劳苦大众。为此,特委提出建设根据地的任务、政策、措施。明确建立根据地的起点,我们认为滇东北部的有利条件:

1. 滇东北是红军老游击区,又是统治阶级的薄弱环节,地区偏僻,交通不便,敌人鞭长莫及,便于发展革命势力。

2. 滇东北多是各族劳动人民,受尽压迫剥削,饥寒交迫,要求革命,真心拥护共产党,因而群众条件很好。

3. 滇东北地形险要,山高林密,便于开展游击战争,出击滇黔边区,既可顽强抵抗,又有回旋余地。

4. 以威信、镇雄为中心,先赤化滇东农村,再把川南和黔西北地区联〔连〕成一片。虽然山地生活差,但能保证吃饱,其他军用物资在战争中解决。

三、云南游击支队作为地方武装工作队,开展群众运动,把广大劳动人民组织起来,赤化农村,配合纵队建立根据地,确是有利条件。

四、加强思想政治工作,要求党团员干部模范执行党的路线政策,加强教育战士执行红军三大纪律八项注意,发扬红军艰苦奋斗的革命精神用实际行动教育群众,特别注意在战争中培养积极分子入党,增强党的战斗力。

最后,龙厚生提出:"为了加强党、政统一领导,更有力地开展工作,建议特委书记刘复初同志兼纵队司令员,便于统一领导。"同志们认为很必要。刘复初建议:龙厚生同志任纵队政委,我有病,常发高烧,不能再兼要职。其次为了加强特委组织领导,刘又建议:曾春鉴、邝善荣等同志作为特委成员,会上一致通过。

院子场和杨家湾会议的明显特点是,特委根据中央精神,对抗日战局发展、国内矛盾变化,阶级关系变化和我党团结抗日的政策,有了正确认识,故思想行动转变,适应形势开展也较快,但这两次会议,未能从思想上彻底清除"左"的倾向,特别是在统一线问题上,既防止投降主义,又防止关门主义,未能统一起来,以致在对待起义部队的处理上,有所失误。直至在水田寨和罗布坳特委会上用实践证明,才进一步纠正。

(九)罗布坳特委会议——壮大红军队伍,加强党的地方工作

1936年8月,我部到达威信县罗布坳时,川军教导师第四团第一营的士兵起义前来参加红军,为了克服杨家湾事件再发生,认真团结好白军起义部队,在罗布坳召开特委会共同决议:

第一,必须认识白军不断起义来当红军,对于白军解放指出了光明道路,促进川滇黔边区形势好转将有重大影响。同时白军士兵都是工农群众,受尽长期压迫剥削,经过阶级教育,革命意志是会坚强的,我们重视团结教育,争取他们成为革命战友,是有把握的。

第二,加强对起义白军的宣传教育,使他们深刻了解红军是人民的军队和红军的性质任务,了解官兵平等、军民鱼水情等新型军队的本色;通过热烈召开联欢会,发动老战士深入连队慰问,宣传红军光荣传统,遵守三大纪律八项注意,并以模范行动教育新战友,帮助起义人员当好红军;召开座谈会、诉苦会等活动,提高阶级觉悟,仇恨阶级敌人,鼓励他们为无产阶级的解放事业而英勇杀敌。

第三,决定川军起义的部队编为纵队的第三大队,任命起义带头的刘少成当大队长,兰澄清当副队长,派曾广胜同志任政治指导员兼支部书记。

第四,注意起义部队的政治工作和建党工作,抓紧物色和培养积极分子,符合党员条件者及时吸取其入党,壮大党的力量,增强党支部的堡垒作用。果真大队长刘少成、兰澄清等同志主动要求参加共产党。

特委在簸箕坝继续研究建立地方党组织,在川滇黔游击支队的基础上,进一步健全地方党组织,开展地方工作。为此决议:

一、在特委统一领导下,健全川南、黔西北、滇东北三个特区区委。由川南游

击支队和南六特支负责同志组成川南特区区委;由贵州游击支队负责同志和派党员干部组成黔西北特区区委;由云南游击支队负责同志和派党员干部组成滇东北特区区委。特区委主要任务:在地方建党,开展群众工作,赤化农村,创建农村政权,壮大武装工作队,支持群众闹革命,捍卫农村根据地,密派得力党员打进白军内部(正规军、保安队),组织士兵起义来当红军。

二、挑选伤病员中有干劲有能力的党员,经过培训派到特区工作,既加强特区的组织领导,又可养伤养病。

三、物色地方积极分子,抓紧培养政治可靠,经过考查符合党员条件者,及时吸收入党,留在地方开展群众工作。

四、发动纵队各级党员干部,既要抓紧内部党的建设工作,又要重视地方群众工作,促进游击队和地方群众紧密结合,增强军民关系。

五、纵队设招待处,接待外来干部培训,但要注意保密,互不介绍自己情况,绝不发生横的关系。

贯彻特委以上决议后,在纵队建设和地方工作方面有了很大进展,首先发挥地方组织的作用,逐步完成壮大红军建立根据地的战略任务。特委书记负责培训干部,加强地方建党工作。并由特委组织和宣传委员负责部队政治工作,不断提高干部、战士们的阶级觉悟。

其次经过对川军起义人员的教育,思想进步快,乐意当红军,精神愉快,作战英勇,特别是发挥他们新式武器装备和军事修养好的优点,加强了纵队的战斗力。纵队发展了700多名武装,地方游击队发展400多人,纵队朝气蓬勃,焕然一新,曾战胜滇军的顽强抵抗,引起敌军们的畏惧。

(十)母亨〔享〕特委会——研究少数民族问题,团结各族人民,为求彻底解放而共同奋斗

少数民族多住山区,而且他们受封建势力压迫多年,长期处于饥寒贫困中,迫切要求革命。我们在川滇黔边区创建革命根据地,做好少数民族工作,极为重要。因此,1936年9月,在镇雄县母亨〔享〕召开特委会,研究团结少数民族问题,加强民族工作教育和制定民族工作策略。

特委认真研究分析了少数民族地区的政治经济形势认为:川滇黔边区是少数民族聚居之地,历来受大汉族主义的欺压,他们为了自卫都有武装,而且形成寨主集团,共御外侮,后来封建王朝任命土司官家分管少数民族,官家成为贵族,实行

农奴制,逼迫少数民族纳贡(粮食、牲畜、劳役、兵役……),农奴们长期过贫困生活,敢怒不敢言。同时官家们封建割据,争夺地盘扩大势力,各自称雄。大官家压迫小官家,造成世代仇恨,矛盾尖锐。因此,特委决定:

第一,必须正确贯彻执行党的民族政策,宣传民族平等,团结互助,和睦共处,保护民族利益,共同反对大汉族主义的欺压,反对破坏民族关系,同室操戈,自相残害。

第二,教育少数民族,树立民族亲如一家的思想,应当互相帮助,互相尊重和谅解,消除少数民族之间隔阂,争取共同幸福。官家要体会农民的困难,自觉优待农民,减少农民负担,取消不合理制度,鼓励农民发展生产,改善生活,大家团结一致,保卫家乡。

第三,揭露国民党反动派欺压奴虐少数民族的政策,动员官家和少数民族劳动人民联合起来,在共产党领导下,推翻国民党的反动统治,为建设民族平等友爱,团结互助,发展边区生产,争取经济繁荣,为把少数民族居住区,建设成一个欣欣向荣、平等互爱的新社会而奋斗。因此,官家和农民都拥护,如花朗坝女官家表示赞成,并欢迎我们去她家作客,曾为纵队送粮送菜,动员土司武装掩护纵队过境安全,积极同我们建立友好关系,因而〈我们可〉争取机会向农奴做更多的工作。

(十一)罗坎特委会——积极开创边区根据地思想建设和组织建设

1936年10月,敌军加紧川滇黔三省"围剿",增加我们建设根据地的困难。但内部机会主义思想也给创建根据地造成了不少困难,主要表现在有时主张打倒一切,有时主张联合一切,这种盲目打倒和联合的"左"、右倾错误思想,常常影响我们的工作,特别是当时,如果忽略团结各阶层中的爱国力量,将会孤立自己,无法在边区立足。因此有必要提醒同志们注意,并在工作中加以纠正。故在镇雄县罗坎召开特委会议,明确了创建根据地的思想路线和组织路线。

一、依靠工农群众,团结边区各阶层爱国人士,知识分子及同情革命的个人与团体。宣传动员他们支持共产党的抗日救国主张,反对国民党军阀进攻红军,反对蒋介石亲日,镇压人民革命,号召各族各界联合起来,反对国民党反动派卖国投降敌人,打倒日本帝国主义。

二、保护边区小工商业者,争取他们帮助游击队采购军用物资(布匹、子弹、医药、电池……),报告敌情,并为红军带路送信。

三、保护边区场镇的学校、邮电、医疗、交通等人民公益事业,争取同情革命的教员、职工、医生等,为红军保护伤病员,存放物资,传递信息,宣传共产党的救国爱民的政策。

四、为了最大限度的团结一切进步力量,孤立国民党反动派,〈要〉利用地方势力的矛盾,争取他们严守中立,互不侵犯,积极争取他们协助纵队解决困难,但所有这些工作,必须做到坚持团结、斗争的方针,对搞两面派危害革命者,坚决予以镇压。

五、彻底摧毁游击区内敌区长政权和地主武装。首先拔掉滇东北地区的坏根,为创建根据地铲除障碍,民愤大的反革命分子坚决镇压,大力扶持工农闹革命。

特委连续多次宣传,组织广大群众在边区创建革命根据地的重大意义,成效良好。1936年5月以来,接收了黔军、川军起义前来当红军,有的绿林武装要求当红军,边区开明人士表示同情革命,边区有的县区当权派,如威信李县长、毕节杨家湾席区长等愿守中立,这些政治影响,反动统治阶级深为忧虑!

(十二)燕子口特委会议——主要研究粉碎敌军"围剿"的斗争策略

1936年11月敌军猖狂进攻红军游击纵队,初步查明敌情,川南有教导师、第五师及穆肃忠、周化成等部队。黔西北有陈光中师、杨森师、柳际明旅。滇东北有安恩溥旅、陇承尧独立营和地方保安队、团防等。而且正在增援敌军进行"围剿"。但是临冬纵队尚无防寒设备,医药、子弹正待补充。同时纵队作战10个多月,老兵少新兵多,急需休整,为了粉碎敌军三省"围剿",特委作了如下决议:

第一,首先解决防寒问题,查明杨森军阀正从川南运至毕节的军用物资,我们组织纵队在燕子口埋伏袭击,果真来了数十马帮,战斗开始,敌军逃散,马帮被俘,因而解决了纵队军用物资。这一胜利同志们很高兴,讽刺地说:"电告运输大队长蒋介石,收到杨森运来的军用物资,应予嘉奖!"

第二,隐蔽山区休整,迅速组织地方游击队,抓紧教育山区劳苦人民,为保卫红军安全休整而奋斗,协助红军保密,封锁消息,防止敌人发现目标,为红军侦察敌情,即时报告敌情,协助红军解决生活困难,发动青年参加红军。总之为红军休整创造有利条件,促成红军胜利完成休整任务。

第三,抓紧培训干部,认真做好地方工作,要求以身作则的执行红军三大纪律八项注意,关心劳动人民的疾苦,协助群众发展生产,改善生活,宣传党的政策,提高阶级觉悟,密切联系群众,除奸防特,保卫山区,巩固军民鱼水关系。从政治思想上,把群众组织起来,参加农村政权建设,从而扎根于广大群众中,这样定能安全休整。

第四,根据敌军"围剿"概况,我们的基本对策:(1)加强侦察工作,寻觅敌人薄弱环节,积极开辟新游击区,争取主动攻击敌军,以免被动挨打;(2)采取以强攻弱的策略,专打保安队和团防,先消灭敌军爪牙,后灭敌军附属部队,再灭敌军主力,争取逐步消灭敌军;(3)发挥游击战与运动战相结合的特点,运用孙子兵法,坚持游击战术原则,时常总结作战经验,不断壮大实力,有计划的〔地〕消灭敌军有生力量;(4)适应山区作战条件,为了行军作战方便,以敌情为转移,采取时分时合,以迷惑敌人和袭击敌人。在纵队统一指挥下,制定联络方法和集中地点,敌弱时以大队为作战单位消灭敌人,敌强时集中力量歼灭敌人。

第五,加速建设边区根据地,坚持敌后对敌斗争,为纵队隐蔽山区休整创造有利条件,配合纵队粉碎敌军"围剿"。进一步明确川滇黔边区三支游击队的任务:(1)要求红军川南游击队,以古宋、兴文、长宁等县为中心,逐步扩大,赤化川南,特别是先选交通不便的山区,林密的地区,抓紧培养积极分子,参加建设山区革命政权;(2)红军云南游击支队,以威信、镇雄等县为中心,逐步赤化滇东北,先选地形险要,有森林的山区,抓紧培养积极分子,建设山区革命政权;(3)红军贵州游击支队,以毕节、遵义、赫章等县为中心,逐步赤化黔西北,先选靠近川滇的山区,抓紧培养积极分子,参加建设山区革命政权。以上任务,纵队支队努力争取实现。

会后尚未完成变成实际行动,在敌军重重包围、跟踪追击下,纵队没有喘息的机会。12月末纵队被打散,多数同云南与贵州游击支队合队,继续战斗。龙厚生、李青云带领少数同志到了水田寨,丧失阶级警惕,偏听艾宗藩等人的欺骗,而被暗害。但是特委组建的革命武装一直坚持对敌斗争。

1938年春,我奉命来老游击区向川滇黔区游击支队负责同志传达了党中央关于抗日民族统战政策,并商定注意保存实力,寓兵于农,深入农村,紧密团结群众,边生产边工作,宣传党的政策,支援抗日救国,组织群众建设农村,扎根农村。但国民党坚持反共反人民,破坏团结抗日,镇压人民革命,游击队为了自卫反击坚持至1947年。在国民党反动势力的全面"围剿"中,先后被敌打散,有些同志参加了贵州、云南组建的民主联军,游击队负责同志有的在战场上牺牲了,有的被敌杀害了,但流散在边区的同志们,我军解放大西南时,纷纷参加剿匪、征粮等工作。红军川滇黔边区游击纵队同志们用自己的革命实践再次表明,他们在党的领导下,孤军深入敌后,艰苦奋斗 12 年,为国家民族生存和劳动人民的解放而献出了青春和生命,不愧是党培养出来的英雄军队,不愧是党和人民的好儿子。他们忠于党的事业和热爱祖国的精神,永远活在边区人民的心中。

结束语

在中共川滇黔边区特委(即前期的中共川南特委)领导下,中国工农红军川滇黔边区游击纵队以大无畏的牺牲精神,主动出击,前赴后继,历经艰险,饱受饥寒劳累之苦,坚持游击战争,打击川滇黔和蒋介石的反动军队,动摇边区的反动统治,完成了党中央和中央军委交付的光荣任务。

(一)纵队把掩护主力红军长征作为主要任务,在敌后浴血奋战牵制"围剿"敌军,打乱其军事部署,造成敌军后患。吸引敌人对纵队进行三省"会剿",先是对中央红军四渡赤水取得长征中具有决定意义的胜利,起了有力的配合作用;后是红二方面军主力战略转移到达边区,纵队又积极开展游击战,先后抗击敌军 17 个旅的正规部队,20 多县的保安队、团防。掩护了中央红军和红二方面军的长征北上。

(二)纵队宣传党的政治主张,传播革命真理,促进了边区各族人民的觉醒,为边区革命斗争的开展起到了推动作用。纵队在不断抗击强敌"围剿",经常转移的紧急情况下,每到一个地方,都认真执行党的政策,严守纪律,密切联系群众,关心群众疾苦,抓住战斗间隙和一切机会,宣传党的抗日救国道理,宣传党的各项政策,并且争取团结一切可以团结的力量,建立抗日民族统一战线。由于党的主张和政策,符合边区各族人民的迫切要求和共同愿望,而且在纵队的行动中真实地生动体现出来,广大群众通过亲身经验逐渐认识到,只有依靠共产党领导的红军为革命而艰苦奋斗,才能推翻军阀地主的反动统治,创建一个劳苦大众当家作主的新社会;只有中国共产党才是劳苦大众当家作主的新社会;只有中国共产党才是劳苦大众的救星。因此群众自觉地支援纵队,不少青年毅然参加到纵队里来,为各族人民的彻底解放而战斗。纵队后来虽然被打垮了,但她〔他〕所传播的革命真理,以及红军指战员为革命流血牺牲、无私奉献的精神和高尚品质,却在边区各族人民心中深深地扎下了根,更加促进了人民的觉醒,为以后边区党组织的恢复和发展,以及党领导的边区革命斗争的深入开展奠定了基础。

(三)充分体现了党的领导作用,纵队能在强敌"围剿"的险要环境中,始终坚定信念和政治方向,是因为有中共川滇黔边区特委的领导,先后由〔有〕徐策、余泽鸿、戴元怀、刘干臣、刘复初、龙厚生、李青云等。这些党所培养的政治素质优秀、久经考验,具有独立工作能力的领导骨干组成的中共川南特委,川滇黔边区特委,把党和红军的光荣传统带到纵队里来,建立了高度统一的集中领导和强有力的政治工作,坚持游击战争,开辟游击区20多个县,取消苛捐杂税,惩办民愤大的反革命分子,摧毁区长反动政权,特委成员处处以身作则,亲密团结群众,关心干部,爱护战士,吃苦在前,作战英勇。使纵队上下情同手足,生死相依,患难与共。即使在与党中央失去联系,又没有地方党组织的配合和支持,纵队在牵制敌军中,不断遭到顽敌残酷"围剿",受到严重损失的时候,特委坚定率领只余17名,数十、数百、数千的红军游击队员,同反动派进行不屈不挠的斗争。党在纵队中享有崇高的威望,而且在川滇黔边区具有良好的影响。特委既是游击纵队的领导核心,又是当时领导边区群众进行革命斗争的核心力量。

(四)特委培养造就了一批革命骨干力量。特委不仅组织成由中央红军选派的部队与地方游击队相结合的革命武装,而且也是党在川滇黔边区培养骨干,造就干部的革命学校。在这所学校里,特委为创建根据地和迎接全国革命的胜利,使一大批干部和战士接受了党的教育,迅速提高了政治觉悟,经受了游击战争的磨炼,增长了才干。在1935年冬,纵队被打垮后,特委又发展1000多人武装,并新组建三支游击队——云南游击支队、贵州游击支队和川南游击支队,在与上级组织失去联系的困难条件下,响应党中央号召,坚持团结抗日的方针,团结爱国力量和开明士绅,秘密发动群众,扩大组织,壮大力量,以灵活的战斗方式,不断抗击敌军和地方保安队的"清剿",惩办捕杀游击队员的恶霸和反动头目,袭击地方反支政权机构,进行顽强斗争,扩大了党的政治影响。对此军阀们极为震惊,在掀起"反共"高潮之时,连续对游击队发动大规模"清剿",疯狂屠杀游击队指战员及其亲属。在敌人的残酷镇压下,贵州游击支队坚持战斗到1944年,川南游击支队坚持战斗到1945年,云南游击支队坚持战斗到1947年。面对国民党整编第七十九师,其他两个师及五个专区20余个县保安队、团防的重重"围剿",〈游击队〉坚定革命意志血战到底,光荣地结束了游击队壮烈牺牲的斗争历史。

(五)在特委培养下锻炼成长成〔起〕来的、幸存下来的一些红军指战员,他们历经曲折和艰险,有些人到了革命圣地延安(邝善荣等),回到八路军(陈兴才等)、新四军(李桂洪〔英〕等),参加了抗日战争和解放战争;有些人分散隐蔽,后来参加地方党组织或者在地方党组织领导下,继续进行英勇斗争;还有些人后来参加了

"中国民主联军滇黔川边区第二纵队""中国人民解放军滇桂黔边区纵队"和"川南武工队",配合向西南进军的中国人民解放军,迎来了川滇黔边区的解放!

(六)特委所领导的革命斗争,虽然一直把建立川滇黔边区革命根据地做〔作〕为自己的奋斗目标,但在完成中央军委交付的掩护主力红军战略转移的军事斗争中,以最大的自我牺牲精神,孤军深入敌后,浴血奋战于敌人三省"会剿"。在敌军猖狂进攻中,我们长期坚持敌后斗争,困难重重,再加上纵队离开红军主力不久,特委就与党中央失去了联系,这时也正值川南和黔北地方党组织遭受严重破坏,上得不到中央具体提示,下得不到地方党组织的配合与支援。在游击战争的战略、政策和指挥上王明路线的影响未肃清,也难免出现些失误。尽管纵队的武装斗争,在多我数十倍的顽敌"会剿"中失败了,但是中国共产党领导的中国工农红军胜利地完成了二万五千里长征,却以敌人在全局战略失败的辉煌成果而结束。特委领导纵队的英勇斗争,配合和支持了中央红军、红二方面军战略转移,为主力红军长征的胜利创造了有利条件;纵队的斗争失败,是长征付出的有意义的代价和牺牲。长征是宣言书,纵队的斗争是这部宣言书中重要的一页;长征是宣传队,纵队是这支宣传队中光荣的一员;长征是播种机,纵队是党和红军在川滇黔边区播下的充满生机的革命种子,深深地扎根在边区人民心中。

例如:徐策、余泽鸿、戴元怀、刘干臣、曾春鉴、龙厚生、李青云、张凤光、陈宏及支队干部邝善荣、黄虎山、胡志坚、戴德昌、曾广胜、陈华久、阮俊臣、殷禄才、金瑴等同志,和许多红军战士、游击队员,在同敌人殊死斗争中有的英勇献身,有的面对敌人屠刀从容就义,他们为了中国人民的彻底解放,为了中华民族的繁荣和富强,把满腔热血洒在川滇黔边区的土地上。青山处处埋忠骨,人民时时忆亲人。边区各族人民永远怀念党哺育出来的这些优秀儿女,永远不会忘记,中共川滇黔边区特委领导的中国工农红军川滇黔边区游击纵队进行的可歌可泣的斗争!

1991 年 6 月 2 日

(录自云南威信县委党史研究室档案,全宗号 1,目录号 18,案卷号 66,第43 页)

# 在川滇黔边区游击纵队的艰苦岁月

李桂英

我原在粤赣省委妇女部任副部长,后和我爱人戴元怀同志一起调到苏区中央工作,戴元怀分到红八军团任民运部部长,我调到地方工作团,团长是董必武同志。由于中央领导上"左"倾路线对革命的危害,反对敌人第五次"围剿"越打越糟,中央红军被迫离开苏区,开始长征。

长征开始,战斗打得很艰苦,虽然突破了敌人的几道封锁线,但部队伤亡很大。部队到达湖南时,我由地方工作团被调到卫生部第三连(担架连)当指导员,行李多、任务重,走得很慢,有时掩护我们的部队还从后面朝天上放枪,哄我们说"敌人追来了",要我们快走。背着包袱日夜行军,苦累不说,最主要的心里憋着气,不知道要走到什么地方才算完事。

红军长征占领遵义,中共中央在这里召开了政治局扩大会议,批判在军事领导上"左"的错误,确立了毛主席在中央的地位,这是我们中国革命的伟大转折。会议精神传达后,全军上下都十分高兴,遵义会议后,党中央决定渡江北上,渡过赤水河,进入川南,听说敌人沿江封锁,过不去,部队折向云南的扎西集结。

我记得过赤水河到扎西的这条路上,我们卫生部用八个人抬着一架 X 光机行军,一天遇到毛主席,他问贺诚部长:你们抬着什么东西? 贺诚回答是 X 光机。毛主席说:你那个东西这么笨重,要抬到什么地方去,又在什么地方用啊? 难怪前边和后边的部队都埋怨你们走得慢,是不是精简算了。后来,部队回师时贺诚同志就把这台机器寄藏在石坎子一家农民家里了。

我们到扎西住下来后,各军团首长都到总部来开会,什么内容不清楚,形势仍然很紧张。休息了两天,卫生部组织科的一位同志来通知我说,要在这里成立一支游击队,我爱人戴元怀同志已经调到游击队去工作,要我也留下来,同他一起到游击队去。我找到戴元怀同志,他说:四川地下党的王逸涛来扎西向中央汇报,说他有一支队伍,要求跟中央红军一起走,中央没有同意,经过考虑,决定留下一些人在这里成立游击队,开展这个地区的工作。听到这个消息,当时我思想上是很痛苦的,要和红军主力的同志们离开,心头实在难舍难分,如果不是革命事业的需要和戴元怀同志也留在这里工作,说什么我也不愿意离开红军总部的。

过了一两天,在离总部不远的房子里,召开了一个有 100 多名干部参加的会议,戴元怀同志和我都参加了,到会后我才知道,参加开会的同志都是要留在游击队的。等了不久,周副主席来了,大家情绪一下兴奋起来,周副主席给我们讲话,他讲了国际国内形势和我们当前的情况,他说:我们共产党就是要坚持抗战,不抗战就没有出路,我们的民族也就没有希望。我们的宣言已经发了,我们要树立长期同敌人作战的思想。现在,我们正面不能同敌人作战,我们要打到敌人的后方去。但是,我们目前有许多困难,蒋介石还在一〈心〉打内战,要消灭我们,我们一定要冲出去。我们机关庞大,包袱很重,不适合于作战。因此,中央决定,机关要精简,伤病员要安置,部队要充实轻装。并决定抽调你们在这里成立一支游击队,一是要打击牵制敌人,配合中央红军北上;二是要安置和保护好伤病员;三要建立革命根据地。大家要服从中央的决定,高兴地在这里战斗,坚持斗争,直到革命胜利。他还要求我们要团结可以团结的一切抗战力量,开创新局面,我们在这里暂时分开,将来是会见面的。我们川北有根据地,你们在川南搞起来,我们的革命力量就大了。会上宣布了中央的决定:任命红三军团第六师政委徐策为川南游击队的政委,王逸涛为司令员,余泽鸿任宣传部部长,戴元怀任组织部部长,刘干臣任参谋长。

周副主席的讲话对我们教育很深,消除了一些不正确的想法,大家心情很激动,表示要坚持在这里好好战斗。在扎西中央决定建立了川南特委,当时没有宣布,后来戴元怀同志告诉我,徐策任书记,特委成员是余泽鸿、戴元怀等人。在扎西宣布成立游击队后,部队回师到石坎子,很多同志才来报到,还从国家保卫局抽来了一个连,300多人,随主力红军后边行进,到了四川五龙山与王逸涛组织的队伍会合。

在五龙山编队时游击队有六七百人,分为五个大队。每个大队的干部都是徐策宣布任命的,一个大队建立一个支部,指导员任支部书记。司令员是王逸涛,政委徐策,宣传部部长余泽鸿,组织部部长戴元怀,参谋长刘干臣,副参谋长曾春鉴,特派员龙厚生,供给主任杨德胜。司令部设总支,阚思颖〔甘棠〕任总支书记兼司令部秘书,我是司令部支部的支部书记兼民政工作,任没收委员会主任。司令部还设立了供给处,成立了侦察排,侦察排的人都是经过挑选的,作战非常机智勇敢,还有两个参谋专门绘图,提供行军路线。

我们没收委员会,又称地方工作队,部队打到那〔哪〕里,我们就在那里宣传党的政策,宣传红军是工农的队伍,号召群众要为自己的翻身解放而斗争。宣传中还要深入下去调查,当时有个规定,打土豪要调查七人都说是属于土豪,才报经政治部批准没收。没收的财物,一部分留作游击队的经费,大部分分给穷苦群众。一住下来,我们就写宣传标语,在威信和川南地区,我们写的宣传标语是很多的。

经过广泛的宣传和深入的群众工作,有许多穷苦人民找我们来了,积极要求参加红军游击队。在这些地区建有地下组织,地方的同志还是经常来找特委联系,我知〈道〉在梅硐场派了戴德昌,是老红军,湖南人。在马家坝也派得有人,还和艾宗藩、吴锡洲这些绿林武装搞过统战,还有许多是不公开的。

游击队和红军主力分开后,就开展了轰轰烈烈的战斗,同国民党军队进行了许多次作战,到处游击,打了就走。在这个地方作战是非常艰苦的,这里是新区,群众不十分了解我们,地形我们还不熟,讲话群众也听不懂,总之困难较多。但是,为了牵制敌人,配合中央红军北上,司令部组织了许多次战斗。

如大石盘那一仗,我们印象深。开始我们计划在这里打敌人,但是由于敌人先占领了有利地形反而包围了我们,游击队便组织突围。戴元怀同志带领通讯班在最后掩护大家撤退。大部队冲出去后,他还在后面阻击敌人,我亲眼看到他倒了下去,心里非常难过,拼命要冲上去看他,被几位通讯员把我拖了回来。这一次战斗,我们牺牲了一些好同志,过了一段时间,我们又来到这里,群众把牺牲同志的尸体都掩埋了。

那时,几乎每天都在打仗,国民党追击中央红军追不上,就集中力量对付我们游击队。残酷的斗争,部队减员很大,又增加了不少伤病员,而我们还没有建立起根据地,供给也出现了问题,在这样极其艰苦的情况下,对我们的确是一个考验。王逸涛在这个时候叛变了革命,跑去投降了敌人,杨登高的绿林武装也离开了我们。但是,我们从中央红军留下来的战士,没有被困难吓倒,仍然坚持继续斗争。

过了不久,黔北游击队来到四川叙永朱家山与川南游击队会师,我们又壮大了力量。游击队会合后,在长官司同敌人遭遇,敌人有1000多人,而且占据了有利地形,火力很猛,游击队从早晨打到下午,我们牺牲了不少同志,大队级的干部就死伤了好几个,政委徐策也负了重伤,后来余泽鸿上去指挥,用担架抬着徐策撤退,到了罗布坳又同敌人打起来,徐策就牺牲在这里。徐策同志牺牲后,由余泽鸿接替了政委职务,又继续指挥队伍和敌人打了许多仗,消灭了不少敌人,缴获了许多武器,取得了许多胜利,这一段时间,我因怀孕走不动了,阚思颖是半小脚也走不动,游击队就剩我们两个女同志,余泽鸿就叫我们到他家乡去打埋伏,先住在梅硐场的佃农胡治国家,后又转到王三子家,我生的小孩交给胡治国家代为抚养。产后的第四天,戴德昌告诉我们部队过来了,我与阚思颖又找到了部队。这时游击队只剩下几十人了,在反对敌人三省"围剿"中,余泽鸿牺牲了,刘干臣也牺牲了。

洛柏林会议,保存下来的队员,选举刘复初当司令员,龙厚生当政委,坚持同敌人战斗,游击队又在斗争中发展壮大,一直打到1936年底。

国民党川滇黔三省敌人对游击队进行了第三次反革命"围剿",司令员刘复初因病寄养,我们突破敌人封锁,准备转移到水田寨,一天跑了100多里路,以为摆脱了敌人,岗哨放出去,停下来休息,烧水洗脚做饭,但敌人又把房子围起来了,大家冲出去突围,阚思颖〔甘棠〕同我走在一块,打着光脚,天雨路滑,走不远脚被戳伤,两人一起被敌人抓住,押送到扎西。又从扎西解到昭通关押,后来又押送到重庆。到重庆途中阚思颖被其父亲保释出去,我被关押在重庆,一直到国共合作释放政治犯。四川省委罗世文、张曙时帮助我出来,到了汉口找到董必武、邓颖超同志,后到新四军工作。

在川滇黔边区游击队的战斗岁月,已经过去几十年了。但是,那一段时间的经历,是我永远忘怀不了的,因为在那里,有我的亲人和战友,为人民的解放事业英勇奋斗,流尽了最后一滴血。徐策、余泽鸿、戴元怀、刘干臣、龙厚生、李青云、张凤光、陈宏、曾春鉴等游击队的主要负责人,都牺牲在那里。

特别使我不能忘怀的是戴元怀同志,他是江西万载人,童工出身,1928年参加革命,开始搞青年工作,任青工部部长,后到中央党校学习,结业后在粤赣省委任宣传部部长。他对党忠诚、工作积极、作战勇敢,战斗中哪里有危险他就往哪里冲。在会昌、高都、门冷作战时,还受过毛主席的表扬,不管在哪里,都是吃苦在前,享受在后,严格要求自己,充分体现了一个共产党员无私无畏的高尚品德,受到同志们的称赞。1932年我调粤赣省委任妇女部副部长后,经常得到他的帮助,经组织批准,我们结了婚,婚后各自在自己的工作岗位上互相鼓励,努力工作。

长征开始前,组织上将我俩一起调到中央,戴元怀分到红八军团任民运部部长,因战斗频繁,我们很少见面,长征到达贵州遵义,我才见到他,见他全身衣服破烂,显得又瘦又苍老,我心里很难过。他告诉我说,前方战斗打得很激烈,红八军团的人员已经不多了,但仍然满怀信心地说:现在毛主席又回来领导我们了,革命是一定会胜利的。在扎西,我们一起留在游击队,开始我的思想有些不愉快,成天闭着嘴不说话,他见到我就认真地帮助我说:李桂英啊,我们都是共产党员,党叫我们在哪里,我们就要在哪里战斗,而且要高高兴兴地完成党交给我们的任务。你是指导员,要注意自己的影响,越是艰苦,越要发挥共产党员的模范作用啊!他的一席话,使我振奋了精神,努力和大家一起战胜艰苦的斗争生活。

1938 年我由重庆出狱后,到了汉口长江局,把川滇黔边区游击队坚持战斗的经过,英勇顽强的斗争精神,以及最后失败和人员牺牲的情况全部向邓颖超作了汇报。邓大姐听了后说:战斗频繁,扎不下去,拖得太厉害了。烈士们的精神永存,将鼓舞更多的人民前进!

李桂英原名李桂洪,川南游击纵队司令部指导员、党支部书记兼没收委员会主任。

(录自中国人民政治协商会议四川省泸州市委员会文史资料委员会编《泸州文史资料选辑·第 20 辑红军长征过泸州》,1991 年印行,第 146～152 页)

# 关于我参加革命的情况(通信)

李桂英

余云侄:

您好!

两次来信收悉,因我身体不好,住了两个多月的医院,没时间给你回信,请原谅。

现在首先向您拜个晚年。

您积极地写革命家史,我很赞成,希望您能很好地完成这艰巨而光荣的任务,我已不能去完成这个任务了,由于糖尿病引起的双目失明,生活不能自理,实在力不从心,望能体谅。

余泽鸿同志光辉战斗的一生,四川师范学院李老师写得很全面,您再结合老人讲给您们的许多历史事实,加以充实提高。

您来信要了解我和阚思颖〔甘棠〕同志的任职情况,我只知道长征前阚思颖〔甘棠〕同志任中央妇女部秘书,以前在上海做什么工作,我不清楚。在川滇黔游击队她任总支书记兼司令部秘书。她的家乡南溪县党史资料征集办公室为她整理了资料,您们可写信去询问该县整理的材料,将她写为游击队指导员是不确切的。

我是童养媳出身的劳动妇女,1929年,毛主席、朱总司令带领红军到江西寻乌县,我在那时出来参加革命的,1930年脱产,参加的共产主义青年团,当年转党。1931年我参加了工农红军,历任班长、排长、会昌县妇女部部长、粤赣省委妇女部副部长。1934年9月中央组织局调我们去参加长征,我在红一方面军。中央组织了地方工作团,团长是董必武同志,我和阚〔甘〕均为团员。任务就是向群众做宣传工作,调查工作,扩大红军,宣传共产党的政策,三大纪律八项注意,发动群众,扩大红军。

1934年11月我调中央卫生部第三连任指导员。遵义会议后,在扎西,中央决定留下部队干部参加游击队,同时留下一大批伤病员保存下来。中央留下100多名干部和国家保卫局的一个连,我和余泽鸿同志留下来了,我与阚思颖〔甘棠〕一直战斗到底。在游击队我担任川南游击纵队司令部指导员兼没收委员会主任。

余泽鸿同志的爱人吴静焘同志在江西英勇牺牲了,每当谈起她,泽鸿同志非常怀念:我们在互相友爱、同情的基础上建立了爱情。结婚后我生了一个男孩,是在洪硐场您家的地印〔窖〕子里生的。阚〔甘〕与我同去,先住在二嫂家,后来敌人搜查得厉害,又移到您的家里,在您家人堂屋的地印〔窖〕子里生的。你这时不在,家里有个四妹,是个未结婚的姑娘帮我生下了孩子,二三天后就从窗户里送给胡治国家抚养,我就回队了。

到部队后就没见到泽鸿同志,游击队的同志告诉我,他到中央去了,一直瞒着我,半年以后才告诉我,他已光荣牺牲。

听说过离开您家后,泽鸿同志的父亲,被敌人抓去,全家受尽了迫害,洪硐场的党组织被敌人破坏了,游击队遭受很大损失,洪硐场的区委书记戴麻子,后来改为姓丁,是他送我们回到部队的,后来他也无音信了,据说是在簸箕坝(应为梅硐碾子坝——原编者注)牺牲了。

我回到部队时,剩下几十个人,当时刘复初、龙厚生担任领导,敌人说已消灭了川南游击队,敌人就撤退了。我们又积极扩大游击队的力量,增加到300多人,这样又引起了敌人的注意,国民党三省反动力量又联合"围剿"我们这支部队,我们每天行军100多里,与敌人迂回作战。当时,敌强我弱,缺乏武器弹药,又与地方党失去了联系,战斗非常艰苦,当时刘复初去养伤了。

1936年12月中旬,龙厚生领导我们在水田寨打仗,我英勇作战,在弹尽粮绝的情况下,右腿、腰部受了重伤,不能走了而被俘。后来被滇军田营押解到昭通国民党旅部监狱,阚思颖〔甘棠〕和我一起被俘,当时还有些战士也被俘。那时正是西安事变后我党与国民党谈判第二次国共合作,鉴于这种情况,国民党不敢杀又不愿放我们,名义是送回原籍处理,实际是继续押解到四川。1937年4月阚思颖〔甘棠〕同志由她父亲保回家了。我一个人被押解到重庆巴县政府监狱坐牢。

以后由于周总理、吴玉章同志在重庆领导群众同国民党作针锋相对的斗争,坚决要求释放政治犯。1937年9月四川党营救我出狱的,与我同时出狱的有30多人。四川党〈组织〉罗世文同志介绍我到长江局,在长江局见到了董必武、周总理、邓颖超大姐,邓大姐分配我到新四军工作,我又到新四军继续战斗,一直在部队里,至今仍穿军装。要是没有党,没有组织就没有我今天的一切,我是幸存者。

我同意您把家史写完整些,对我个人不要多宣传,多写革命烈士,我现在还活着,而牺牲的烈士则什么也没有了,主要是纪念牺牲的烈士,像徐策、戴元怀这些同志都要写上,徐策是政委,戴元怀是组织部部长,曾春鉴是参谋长,这些好同志为革命牺牲了一切,他们应该流芳百世!

此致

敬礼!

1983 年 2 月 14 日

(录自李言璋编著《余泽鸿烈士》,2002 年印行,第 384～386 页)

# 中国工农红军川南游击纵队的略况

甘　棠①

一

遵义会议后,中国工农红军第一方面军(即中央红军)准备从贵州赤水打开缺口,渡过长江,同红四方面军会合。土城一战,敌人增援部队赶到,红军没有达到目的,一渡赤水,进入川南。

中央红军一路经过叙永黄坭嘴时,有泸县中心县委领导的党员来向党中央汇报情况,称叙永县属两河区分水岭一带的农民在党的领导下组织起来了,且有100余支枪的武装,要求打土豪、分田地、成立革命政府,请求中央派干部去。

1935年2月,中央军委抽调100多名干部和国家保卫局一个连,派徐策、戴元怀、余泽鸿等领导干部带领,到川南同叙永游击队会合,成立川南游击纵队。中央决定,以徐策、戴元怀、余泽鸿、邹风平、王逸涛等五人组成中共川南特委,领导川南工作,包括领导川南游击纵队和泸县中心县委,还可视工作需要,特委可扩大。中央派严朴(原江西中央苏区国民经济部副部长)到上海去,要经过泸州,徐策委托他向泸县中心县委传达上述决定和遵义会议精神。

川南游击纵队,以徐策为政委兼政治部主任,叙永游击队负责人王逸涛为司令员,戴元怀任组织部部长,主管党的工作,余泽鸿任宣传部部长,主管宣传教育工作。他直接领导的宣传队,有12名队员,我和李桂洪〔英〕都是宣传队员,记得还有霍裕芳夫妇俩和李晚霞。川南游击纵队共编为三个大队:一大队保持国家保卫队原套人员;二大队队长和指导员是抽调有战斗经验的红军干部去担任,班排长有地方干部;三大队为地方武装,实际是当地杨登高的土匪队伍,要求保持原编组,只接受数名政治工作干部。除了政治部、司令部、参谋部七八十人外,还有供给处十几人,包括医务、理发人员。全队300来人,一个月收容中央红军留在群众家里休养的伤病员100人左右,编入二大队。杨登高的队伍离不开老窝,不能随队参加游击活动,只保持联系。

游击队的党组织,分组为三个支部和一个小组,即政治部、司令部为一个支部,一、二两大队各成立一个支部,三大队由派去的红军党员成立一个小组,直属

---

① 原名阚思颖。

组织部领导,共有 130 名党员、六七十名团员,政治部、司令部和一、二大队党团员占过半数,都是在中央红军中入党入团的。徐策叫我和李桂洪〔英〕担任司令部指导员、支书。

川南游击纵队成立初期,有三次战斗:第一次在黄坭嘴同洛表、后沟、后山三个民团遭遇;第二次在后沟遭敌人埋伏,是杨登高队伍用麻雀战掩护撤退;第三次在大石盘山上遇到敌人袭击,戴元怀率队掩护撤离,他不幸牺牲了。

游击队处境越来越险恶,生活艰苦。王逸涛思想恐惧,感到生活不下去,当部队转移到黄坭嘴的后山,王逸涛借口找政委的马驮行李,出了警戒区,逃跑回家。回去后,他来过两次信,说他继续在工作,短时间不能归队,随信送来一些子弹、草鞋等。王逃跑后,徐策宣布他自己代理司令员职务。过了两〈个〉月,群众反映王逸涛与反动派来往密切,说国民党已将王收买叛变。余泽鸿代表特委宣布开除王逸涛的党籍,由徐策兼任司令员。

中央留在黔北两支游击队,在中央红军北上后,处境困难,黔西游击队没有音讯,黔北游击队由张凤光率领,1935 年 7 月来到川南,在分水岭地区与川南游击纵队会合,由徐策任政委兼司令员,张凤光任副政委,编为一、二两个支队;川南游击纵队为第一支队,黔北游击队为第二支队,川南游击纵队改名为川滇黔游击纵队,七八百人枪,联欢整编后,转移到长官司休息一天,理发洗衣服。

川南游击纵队和黔北游击队会合后,仅四五天,一次战斗中,张凤光牺牲了,徐策负重伤,亲口指定余泽鸿代理他的一切职务,当天徐策也牺牲了。余泽鸿召开干部会议,说明他长期担任地方工作,没有军事经验,要求刘(干臣)参谋长接任司令员。

约在 1935 年 3 月,游击队按中央指定的区域游击,到了兴文石碑口,刘复初来同游击队联系,说他是古宋党组织派来的,那里可以拉出大批人枪参加游击队。同年 9 月,游击队到兴文、古宋地区,刘复初带了 30 多人枪会合,余泽鸿任命刘为参谋长。

## 二

中央红军留下川南游击纵队,划定叙永、古蔺、兴文、珙县、江安、长宁、筠连七县为游击区,后来活动区域实际不止上述七县,云南的镇雄、威信、永善,贵州的赫章,特别是大雪山、镇雄关上区、威信、分水岭等适合隐蔽的大山老林,都成了游击队活动的地区。据我的看法,游击队主要依靠川滇黔交界大雪山、叙永后山、兴文大石盘、古蔺摩尼岭、兴文凌霄城这五个大山为休整的地点,游击队经费和物资来源于缴获民团的库存物资和打土豪的银钱。

我们袭击筠连巡司，珙县王场、洛表，江安底蓬，长宁安宁桥等地，都缴获了大批衣物枪弹。镇雄关上区王区长供给了一些手榴弹、子弹。长宁洪硐乡〔梅硐乡〕乡长约好给三箱子弹，我们攻进梅硐乡，在乡公所取走，表面说是缴获的胜利品。水田寨艾宗藩（招安的土匪民团）、赫章坝席大芳、席大明，我们则用子弹或大烟换枪，按市价交易。

游击队宣传群众、发动群众抗捐抗税，打土豪、济贫穷。每到一地，在墙上写标语，能召开群众大会的地方，就开会宣传党的纲领和抗日主张。游击队经常到的分水岭、木格槽〔倒〕、罗布坳、长官司、石碑口、建武、巡司、关上等十余处场镇，居民都很熟悉，且有多人参加红军。

## 三

游击队孤军深入敌后，红军中闽、赣、粤、湘外省人多，口音不同，隐蔽活动很困难。所以，每到一地，都照中央红军的办法，先派人或请群众送信，同该地民团和区、乡长联系，宣传红军的主张，反对内战，一致抗日。愿者结成统一战线，互不侵犯，公买公卖，或取中立态度，我们都以友好态度对待，保证其生存，否则责任自负。除了江安底蓬、长宁安宁桥等地是反击敌人，没有先去信联系外，其他地方都是余泽鸿亲笔写的信。

长宁梅硐是余泽鸿的故乡，镇雄关上区王区长有泸县中心县委书记邹风平住在那里，统战工作比较有成效。叙永后山有个权势不大的苗民队长古成章，我们派人送信劝说他同红军交朋友，他回送一斤糖、两只大公鸡，要求红军派代表上寨子谈判。余泽鸿去谈判，古成章大摆酒宴欢迎，说的〔得〕很好，但三天之后便伏击游击队，抢走游击队的伙夫担子。为了教训他，我们反击了几次，缴了他30多支枪，他才比较老实了。水田寨艾宗藩，愿意为红军修理枪支，购买子弹，但为了应付其上司，要求游击队不进他的寨子。游击队每到水田寨，他派人迎送，前后收到他10多背子弹和手榴弹，游击队也给了他30多支土枪、坏枪。

特委得知泸县中心县委书记邹风平住在镇雄关上王区长家，特定了掩护王区长的计策：当游击队经过关上区时，就叫王区长集中全区民团，在要道隘口朝天鸣枪，佯攻暗护，待游击队走后才向县政府报告，领取"打红军"的枪弹。民团集中时，手榴弹失火伤人，队长、团丁纷纷传说："这是不吉祥的兆，红军打不得。"到关上，余泽鸿就叫我和李桂洪〔英〕去通知邹风平，来开过两次特委会,联系的方法是先去找关上张木匠(后来听邹风平说张是党员),托他去请邹老师来看病。

长宁洪硐〔梅硐〕是余泽鸿的家乡,游击队 1935 年 3 月开到那里,余泽鸿叫妹夫回去做其兄周乡长的工作。特委留下戴麻子(红军)在梅硐乡开辟地方工作。不久游击队袭击梅硐街上,从乡公所抬走三箱子弹,余泽鸿一再清〔询〕问:"叫他准备四箱,为什么只有三箱?"以后听说周乡长不便把四箱子弹都留下,怕引人注意。

同年入冬,李桂洪〔英〕到余家生孩子,特委叫我陪伴。周乡长采取两面手法,暗中进行保护。有个老头在群众中说他看见余老七把两个女红军接走,周乡长立即派人把老头抓到乡公所,要他交出两个女红军。据说周乡长亲自打了他两耳光,教训他以后不准乱说。有群众和周乡长的掩护,敌人搜查也没有结果。我们在梅硐乡住了〈1〉个多月,李桂洪〔英〕生了孩子交给老乡抚养,我们又回到游击队。戴麻子送我们回队时说,洪硐〔梅硐〕已发展了 10 多名党员。

### 四

川南游击纵队孤军深入敌后,战斗频繁,主要敌人是参加三省"会剿"的军队,包括周化成部队(11 个大队),叛徒王逸涛的川南别动队和川南 11 个县的民团,平常敌人兵力大于游击队数倍。从游击队宣布成立的 1935 年 2 月 10 日开始,很少一天不打仗的,一天打两仗是常事,大小战斗不计其数。大体上分为四个阶段:

第一阶段,从 1935 年 2 月到 1935 年 7 月。有徐策等久经考验的领导干部和经过中央红军长期培养的指战员,处处起模范带头作用,军纪严明,作战勇敢,但不熟悉地形人情。川滇边沿高山林密,雨多雾大;早晚大雾之中,三五尺外只听到声音,看不到人,地方民团同土匪一家,明团暗匪。

徐策带领红军指战员同叙永游击队会合三天后,从黄坭嘴出发,走了几里路,迎面碰上敌人,大雾之中双方均无准备,队伍打散了:一大队长带一排长跟着政委、司令员;其余两个排跟着二大队,由王逸涛的弟弟带到他家寨子上去了;余泽鸿带一排人和各大队伙夫班撤到后沟,第二天遭到后山、后沟民团袭击。三大队来援,击溃民团。经过一天,队伍才集中起来,随即由叙永转移到兴文,在石碑口大石盘山上,正准备休息一天,由于警戒大意,被敌人摸哨,打进驻地,临时撤退,牺牲很大,戴元怀带通讯班掩护,最后牺牲在大石盘山上。

游击队从威信转回来,查明洛表李振武民团大队参加袭击大石盘,于是决定进攻洛表。李振武既是民团，又是土匪招安的双料货，大队部门口摆着两台"洋台炮"，吹嘘洛表是打不破的"铁柜子"。游击队冲进去，打死一些团丁，民团像麻雀一样散了，缴获两台"洋台炮"游乡示众。从此以后，一般民团都不敢轻举妄动。

后来，川南游击纵队同黔北游击队在朱家山会师，移至长官司，正准备继续前〈进〉，在离长官司五六里的路上，遭到敌人的截击。队伍展不开，挤成一团。敌人居高临下，距离很近，游击队用大刀、刺刀冲杀，徐策见到张凤光牺牲了，就号召部队不战胜敌人不下战场，他亲自指挥冲锋，负了重伤。警卫员把他背下来，他指定余泽鸿接任他的职务，还交代说：一定要在这里消灭周化成。余泽鸿见不能硬拼下去，下令撤退，撤到罗布坳，队伍刚进街，埋伏在周围的林中的敌人就开枪进攻了，从敌人戴的大盘盘帽和〈传来的〉枪声判断是滇军，部队就从沟口向北山冲。滇军进入罗布坳后，从长官司抬来的徐策和其他伤员都被敌人杀害了。

第二阶段，是从1935年7月到10月，反抗敌人第一次三省"会剿"。

长官司和罗布坳战斗伤亡100多人，还剩下五六百人，由余泽鸿政委、刘（干臣）司令员带领游击队。这时，敌人部署三省"会剿"，除了周化成部队和川南民团外，还有滇军两个营、驻贵州的中央军两个团，不断地围追堵截。游击队在毕节大山上，遭到中央军截击，截断了一个多大队，边战边退，5小时急行80里，途中两次遭到追击。到了贵州赫章坝，得到席家兄弟的掩护，在那里休息两天。

以后，游击队袭击了江安底蓬、长宁安宁桥和珙县洛表三个大镇，打击了"会剿"中很卖力的这三个民团。

第三阶段，是从1935年10月到1936年2月。

游击队英勇抗击的三省"会剿"，伤亡疾病减员增加，地方党组织因叛徒出卖也遭到破坏，部队只剩下几十人。敌人欺骗群众说："川滇黔游击队已全部消灭了。"当我们回到游击区时，有些群众惊喜得流着热泪说："你们还在啊！他们说你们死完了。"群众尽管生活十分贫困，也把他们家里仅有的一点粮食、鸡蛋拿出来请我们吃，有些人还把小娃娃抱来同我们结干亲，要我们认下干儿子，或者要我们留下一两样东西作纪念。我和李桂洪〔英〕在分水岭、石碑口、关上、建武、罗布坳一带，就因此收了六七十名干儿，我们没有什么可送，便送一束红线。

在敌人的血腥镇压下，到处关门闭户，有队伍进村进街，群众躲在门里偷偷地看，见到有两个女红军，就知道是红军游击队。我和李桂洪〔英〕，成了群众区别游击队和敌人的主要标志。见到游击队，群众才开门出来。我和李桂洪〔英〕去洪洞

〔碉〕〔梅碉〕后,游击队采取分散兵力,分队活动,处境更加困难,无力抵御敌人的围攻,全是夜间活动,一夜转移一两次,也难脱离敌人的包围。年底余泽鸿牺牲了。

第四阶段,是〈从〉1936 年 2 月到 1936 年冬。

1936 年春,只剩下一排人,刘复初担任司令员,游击队只得在乡间穿插,打土豪,缴获武器和粮钱,避开有敌军驻防的场镇。后来,队伍又逐渐扩大,敌人发动第二次三省"会剿"。游击队采取突围、退却、长途夜行军的办法,脱离追敌。

记得是冬月二十六那一天,天未明从大雪山转移到威信县兰田坝(注:应为野腊溪),急行军走了 200 多里,尽在高山老林里钻,沿途没有住户,买不到一点粮,又冷又饿,到了那里找到一间民房,以为脱离敌人,准备煮饭吃了再前进。刚烧热一锅水,我们正在烫脚,四周枪响了,已被敌人包围,担任警戒的战士全部牺牲了。

我和李桂洪〔英〕跟着龙厚生冲出房子,在敌人密集的火力中冲散了,迷失了方向,天又快黑了,结果仍未冲出包围圈,被滇军抓住了。次日押到威信县城扎西,到 1937 年 2 月又押到昭通。从敌人审讯的话中,我们才知道刘复初也被捕了,龙厚生也牺牲了。敌人还追查关上王区长同游击队的关系,我们说他集中民团打游击队,保护了这个统战对象,我们的口供得到民团的证实,敌人只得把王区长释放了。

西安事变后,我获释回到南溪家里,后来找到党组织,在川西从事地下工作,1940 年去延安。抗战胜利后,邝善荣在延安找到我,他说在水田寨兰田坝(注:应为野腊溪)突围时,只有龙厚生几人冲出去,跑到水田寨,又被艾宗藩杀害。

中共宜宾地委党史办公室根据 1969 年 10 月 13 日甘棠回忆整理。

(录自中共叙永县委党史研究室编《中央红军长征在叙永》,1992 年印行,第 127～136 页)

## 甘棠同艾芜谈川南游击队

时间:1963 年 5 月 10 日

地点:四川省高等法院

甘棠参加红军后一直在红军地方工作部工作。到遵义后,参加川南游击队,游击队有干部队、武装队。地方上来与红军接洽的是王逸涛。他说,他有三连人,又说,已分了土地。甘棠被分在宣传队。王逸涛部队上的人都是农民,大部分是杨登高大匪徒部队的,这些人三分之一会打双枪。甘棠他们与王逸涛会合后,游击队又收容一些掉队的人。游击队编为三个大队,杨登高一个大队。一个大队约有一连人。

贵州的张凤光带有两个连来,便改为两个支队,下设大队。当时还成立了川南特委,徐策任书记,邹风平是委员。在遵义参加部队的有郝谦及其弟媳,还有李晓南。

2 月 7 日,游击队在山上开会对游击队员进行教育。会议中听到敌人进攻的枪声,徐策觉得还没有摸透队伍的情况,不主张还击。但后来在山上遇见敌人,因雾大,双方面对面地打。游击队被打散了。杨登高的队伍只能像打麻雀战一样,东一枪西一枪地打。游击队散成了三股。甘棠他们两股,杨登高一股。苗族在山上打。游击队在山沟里打。苗族只想打掉队的,捡枪,捡东西。游击队没有一人受伤。

叙永民团联防队经常同游击队作对。一次游击队在山上,四面是岩,只有一条路,因游击队的一位排长失职,敌人打上山来。游击队员把枪捆在身上,滚岩而下。游击队比较轻视民团联防队。有次民团联防打游击队,用马尾手榴弹甩来,游击队抓着又甩回去,因马尾手榴弹没有碰着,不会炸。

当时云贵川三省联防打红军的游击队。后来徐策、张宏〔凤〕光等人牺牲。

游击队走到什么地方都要写标语进行宣传,标语内容大都是"打倒国民党"和宣传十大政纲,打土豪和分田分粮。云贵川的古蔺、古宋、筠连、珙县、高县、庆符、镇雄、毕节、叙永……都是游击队活动的地区。

那时,游击队抓到国民党的税收员就杀,因为老百姓最恨他们。游击队后来改名为"川滇黔游击队"。开始去时,老百姓对游击队很好。第一次仗也打得好,张凤光引队伍来,在一个叫大石盘的山上会合。老百姓说,朱毛红军来了。平时山上都有许多飞机。

土匪艾宗藩,刚开始时给游击队送子弹,送粮食。后来游击队失败了,一些游击队员逃到艾宗藩那里,结果被杀掉。当时苗族头子也和游击队打。苗族很厉害,你用刺刀戳他的肚子,他还回头来拿你的枪。

有些苗族对游击队好。山上安竹钉,是埋在松松的土里的,脚一踏就被戳着。苗族告诉游击队,哪里有土匪,哪里安有竹钉子。苗族喜欢饮酒、跳舞。游击队同他们一道唱歌,开联欢会。游击队有四个女同志。其中李桂洪〔英〕与甘棠是从江西出来的。老百姓说,有没有两个女司令官?有,就是真,没有,就假的。

民团联防司令部有十一个连,两年来,只剩两个连。游击队的任务,是牵制敌人,掩护红军北上。

刚开始时,王逸涛宣传他那里建有红色根据地,会着时,徐策有些失望。但徐策不大说话,有时只说:什么根据地,什么农民武装部?戴元怀(组织部部长)被打死后,王逸涛很悲观,尽说丧气话。游击队到黄坭嘴时,晚上掉了毛巾,觉得很奇怪。游击队带的一匹小骡子也不见了。王逸涛说这骡子是给政委驮行李的,怎么办。王逸涛喊找,他亲自去追骡子。徐策说,不对,哪有司令员跑出警戒线的?于是叫两个兄弟去追。游击队又截到王逸涛的一个兄弟。徐策等才明白上了王逸涛的当。于是把王逸涛的弟兄看紧。徐策没有表示态度,只是说没有司令员,我们自己干。后来,游击队走了。随后王逸涛带一些草鞋来,说他躲在山洞里。

游击队遇见邹风平,后召开特务〔委〕会(这时,红二方面军已长征),在会上,大家有争论。邹风平说,游击队中江西人多,口音不对,放下枪,很难化装成老百姓,他主张去追二方面军。但甘棠等人觉得在当地好,因与老百姓熟。镇雄那面有个王区长,他有武装,但从不打游击队,而且还支援游击队一些东西。邹风平在王区长家寄放过书,并做过他的工作。听说刘复初在大雪山(川滇边上)生病发高烧,后被捕。在双十二店,甘棠等人也被捕了。甘棠他们就故意说王区长是个坏蛋。

游击队的中心人物是徐策,他是湖北人。部队一切看徐策的决定来行动。打仗时,徐策总是进攻在前,撤退在后。徐策是个果断的人,他说要打,就打。第三次三省“会剿”时,子弹像筛子一样地落下,扑扑地响。滇军的子弹,落下要〔就〕炸。徐策即使生病,也没有骑过给他的骡子。徐策受伤后,给大家说没关系,说游击队可以取得胜利。他叫甘棠不要对外宣布他受伤的消息。甘棠那时是游击队的总支书记。徐策把任务交给张凤光，张凤光刚一站起来，头部就受伤。陈宏又第三个接上指挥任务，陈宏也受伤。因敌人在山上，游击队在山下，彼此看得很清楚。从天亮打到中午，保卫队队长也牺牲了。剩下的多是政治干部。余泽鸿又接着指挥。游击队把敌军丢过来的手榴弹又甩回去，敌军损失也很大。游击队撤退了，敌人也不敢追。

游击队从此夜行军，避免作战。为此，部队有意见，说怪话。游击队只打一些仗，搞些子弹和衣服，然后又一家伙搬回山区。川滇黔游击队中川军王逸涛叛变，他后来带别动队来打游击队。当时，游击队常常一天跑100多里路，有时跑五个斜坡就是80里。余泽鸿把部队分散活动。甘棠被安排在余泽鸿家里。一次战斗，余泽鸿带领10多人，被敌人包围，他冲出之后又自己打自己死了。余当时是政委。部队把余埋在菜园里。大家坚持下去。敌人向游击队索取两个女同志。老百姓把甘棠和另一个女同志送上山去，老百姓都不说出两个女同志藏身之处。敌人搜山林，老百姓又把甘棠藏在地坑里。

当时，部队情绪很高，更加隐蔽。游击部队有三个小孩子，一是理发员，一是司号员，一是通信员。司号员十二三岁，大家都不叫他们的名字，只叫他们的职务。有天晚上，游击队侦察到了敌人方位，准备去夜袭。事前理发员和司号员铺卧草，上门板，结果只理发员一人干，他就骂起来了。供给部长批评他，并帮助他上门板。理发员后来受伤，手榴弹弹片伤在他的肚子上。供给部长骂，说就是因为司号员骂理发员是挨炮弹的，真该死。供给部长帮理发员把肚子上的弹片取出，找老乡背，将理发员寄放在老百姓家里。留下司号员招呼理发员。三天后，理发员死了，因他不愿留下当俘虏，就自己用手抓肚皮死的。司号员拉他，拉不赢他。司号员回来报告，哭得很厉害。司号员是福建人，跑得很快。打仗时他吹号很勇敢。福建人骂人爱骂土狗子，江西人骂人切蚂子。

游击部队很守纪律，拔个萝卜都要给钱。到人家去，如果不是地主，主人跑了，吃他的粮食，给钱，留下信。游击部队的人都会用针，不会的人就由甘棠等女同志帮助。

游击队员们总是戴八角帽，上有红五星。两年中，常常露营，很少睡在屋子里。搞到白布后，弄成灰色，或用椒叶子煮煮来染，因而布的颜色不一样。但帽子总是一致的。脚上穿草鞋，没有袜子，用布包脚。是干部才打绑带，没有绑带，就走不来路。有时打下民团，可以搞许多绑带。

游击部队可以经常买到猪，一个银圆一头猪，一件破衣也可以买一头猪，可以经常弄猪肉吃。猪油没有熬。背起走的，可以用猪油点灯。游击部队发动每个战斗员，也做宣传员。每次打下一个场，就在场上开大会。老百姓并不怕游击队。老百姓中鸦片烟鬼多，逃犯多。老好的老百姓却怕游击队。因此群众工作缺少基础。只有三个土匪部队同游击部队联系，供给草鞋等物。有次，部队在休息，有一人穿过，游击队的参谋长亲自检查这个人，在这个人的衣袋里，摸着手榴弹，爆炸，参谋长手受伤。

徐策当初受伤时，准备放在老百姓家里，甘棠提出这一建议，部队不答应。要带徐策一起走，结果被敌人包围。徐策不当俘虏，由警卫队补了一枪，徐策才死的。徐策的尸体被敌人抬走示众。陈宏的肺被打穿，被敌人弄到宜宾枪毙了的。他临行前，还写了一篇文章。这都是老百姓说的。老百姓还说，红军会飞会写文章。刘复初是在大雪山被俘的。

游击部队在山上，没吃的，摘柿子吃，涩口。经常一天跑 100 多里，鞋子绑腿不离脚。洗了脚，就立刻打上绑腿。游击部队背大烟，用来换粮食。人家叫甘棠为观世音。甘棠后来是被滇军俘虏了的，是在 12 月的时候。当时帽子被枪打掉，用帕子包头。上面想捉游击队员活的，下面却想一枪打死，好搞金子银子。敌人将甘棠等被俘的人押到昭通。甘棠等人到了镇雄看见报纸标语，才知道蒋介石被俘。甘棠他们反对被称为共匪，敌人又把甘棠等人送到党部，滇军第二旅旅长要甘棠写履历。甘棠写自己是在厦门教书的，因为反日，才跟着部队走。甘棠与被俘的人故意骂王区长，王区长才被释放。甘棠说王区长看见游击队到了，就收回草鞋，不卖给他们。而事实上，王区长从后门又送草鞋给游击队，但王区长做得很隐蔽。

王逸涛的部队中有一人写信给甘棠的父亲说甘棠被捕。甘父找甘棠的姐夫担保，因〔她〕姐夫是特务。于是把甘棠等人递解回四川。回家后，甘棠对父亲说，要去重庆向姐夫道谢。然后甘棠就去了重庆。甘棠在重庆，看到杂志和报上，有潘汉年在上海的消息，甘写信给潘，才接上了关系。罗世文来找甘棠。李桂洪〔英〕却被押解到狱中，后来才保释出来。

（录自艾芜《艾芜全集·第 17 集日记 1963—1965》，四川文艺出版社 2014 年版，第 157～161 页）

# 回忆川南特委的组成和变化情况

## 李桂英

　　关于特委的组成情况,我记得开始是由徐策、戴元怀、余泽鸿、刘干臣、王逸涛组成。王逸涛是地方党的领导又是司令员,他是地方党首先来联系的,他是特委成员。此人后来叛变了。邹风平同志,我知道当时有这么一个人,但一直没能把名字和人对上号,但是否特委成员我不清楚。到1935年3月28号戴元怀牺牲后补了曾春鉴为委员,李青云同志是在王逸涛叛变后增补为委员的。1936年,我生孩子后返回部队,当时部队人已很少,那时司令员是刘复初,政委龙厚生,参谋长曾春鉴。但特委是如何组成的就不知道了。特委下设了一个总支和三个支部。总支书记就是甘棠同志。四个区委中我记得梅硐场区委书记是戴德昌同志,他是湖南人,长征出来的红军干部,脸上有麻子,我生孩子是余泽鸿家就是他送去和接回部队的,徐策同志牺牲后余泽鸿任书记、政委,直到他牺牲都没有变化。

摘自李桂英给编写组的来信(1984年1月1日)

　　(录自雷吉常《李桂英回忆川南特委的组成和变化情况(给《中国工农红军川滇黔边区游击纵队斗争史》编写组的来信摘抄)》,1984年1月,威信县委党史研究室档案,全宗号1,目录号18,案卷号58,第50页)

# 忆与余泽鸿共同战斗的艰苦历程(节录)

甘 棠

我在宜〈宾〉女中读书时参加了青年团。后来到上海认识了余泽鸿同志。他是长宁人,我是南溪人,是四川老乡。余泽鸿同志当时在上海搞学运工作,他原来的爱人叫吴静焘,是上海大学学生,是个很有才干的妇女,后来同余泽鸿一起到中央苏区工作,在福建省牺牲了。红军长征以后,我们到了川南地区,余泽鸿同志同李桂英结了婚,并生了一个小孩。解放后我在重庆工作,李桂英同志托我们打听她生的那个孩子的下落,才知道病死了。

余泽鸿同志在中央苏区工作时,担任过中心县委书记、红军大学教员。红军长征时任干部团政治科长、上干队政委。1934年10月,我们从江西出发开始了二万五千里长征。1935年2月,红军进入川南地区,准备渡过长江,同红四方面军汇合,北上抗日。当时蒋介石和四川军阀刘湘,调动大批敌军封锁长江,毛主席和朱总司令分析了四川的敌情,强渡江不行就留在川滇黔三省边区开展游击战争,建立新的苏区。这样中央红军就转移到云南扎西休整。

我们到达扎西后,党中央抽调400多名红军指战员组成红军川南游击纵队,以叙永、兴文、长宁、珙县、筠连等县为重点,开展游击战争。这时泸县中心县委书记邹风平和叙永县地方游击队领导人王逸涛到扎西,要求中央军委批准参加红军。当时王逸涛领导的地方游击队有几十人,中央批准同意他们参加红军川南游击纵队。红军游击纵队的领导人徐策是政委,王逸涛是司令员,余泽鸿是政治部主任,刘干臣是参谋长。为了加强党的领导,党中央还批准成立中共川南特委,特委成员是徐策任书记,余泽鸿任副书记兼宣传部部长,戴元怀任组织部部长,邹风平、王逸涛是委员。我和李桂英在机关工作,负责搞宣传和发动群众。

特委成立后,余泽鸿向我讲,川南特委直属中央领导,我们要抽出一些干部到叙永两河、长宁梅硐等地去建立党组织,把邓凯派到梅硐建立区委,负责长宁一带工作。邓凯又叫戴德昌,你们可能听说过这个人,他是湖南人,坚强勇敢,后来听说牺牲在梅硐场。我们红军川南游击纵队在扎西班子正式成立后,从扎西进入兴文县境时,受到敌川军的堵截,在云南与四川交界地方,发生了战斗,戴元怀同志在战斗中光荣牺牲了。我们又转回到扎西地区,后在长官司过去遭到敌滇军的伏击,又发生了战斗,这次战斗打得很激烈,双方都有损失,政委徐策身负重伤,后抬到罗布坳牺牲了。余泽鸿接替徐策工作,担任特委书记和川南游击纵队政委。3月份,我们到达梅硐场余泽鸿的老家,余泽鸿的父母很热情安排生活,招待我们红军游击队。

余泽鸿回到他老家后,不顾行军打仗疲劳,还把家里的人找在一起,宣传党的政策,动员他家里的人积极参加革命斗争。我们离开时,他还把邓凯、周思和留在梅硐场,发动群众建立地方游击队伍。后来我们游击队又正式攻打梅硐场、观音堂(富兴乡),消灭了地方民团,缴获了敌人大批武器。余泽鸿在贾家湾召集邓凯等人开会,听取了邓凯有关发动群众等情况后,批准成立梅硐游击支队,由邓凯兼任政委,一个姓余的任支队长,同时把缴获敌人的武器,留一部分给梅硐游击队用。后又转战叙永、扎西一带。

1935年冬,李桂英要生小孩了,余泽鸿要我留在梅硐场陪同李桂英,他把我们安排后,又率领部队转战云南。我同邓凯、余素伯、余老七等人接触就更多了,我同邓凯摆谈到梅硐地区工作时,邓凯说在梅硐已发展了十多名党员。余素伯同我联系,谈到工作时,他说我们党、我们游击队如何发动群众,如何去争取地方进步势力。蒋介石和云贵川三省军阀,又调动大批敌军"围剿"我们红军游击队。王逸涛叛变投敌当上了国民党的特务,共同策划"围剿"红军游击队,革命受到很大挫折,有些刚建立起来的党组织受到了破坏。这个可恨的叛徒,解放后又组织土匪暴乱,被我人民政府镇压了,这是叛徒应得的下场。

1936年春,我们向梅硐区委提出归队,请他们帮助我们找红军游击队的主力。后来在邓凯和余素伯的帮助下,把我们送到云南找到了川南游击纵队的特派员龙厚生。我和李桂英归队后,才听说余泽鸿牺牲了。这时游击队的领导是龙厚生、刘复初。龙厚生是政委,刘复初是司令员,我们在川滇黔边境继续坚持战斗,龙厚生是中央红军留下来的干部。刘复初是古宋人,红军游击队到达叙永地区后,前来联系要求参加红军游击队,余泽鸿等领导同意他参加,叫他在古宋建立地方游击队,配合红军游击纵队主力行动。

1936年冬,我们在云南水田寨,同敌滇军发生战斗,当时刘复初不在场,是龙厚生指挥战斗,由于敌众我寡,部队被打垮了,龙厚生等同志牺牲了,我和李桂英被俘。在水田寨打仗之前,听说刘复初就被敌人逮捕了。我和李桂英被俘后,经四川党组织营救,被保释出来到延安工作,李桂英到新四军工作。

我在川滇黔边区活动将近两年,对红军游击队如何宣传发动群众打土豪分财富,如何打击敌人等一两天是摆不完的。比如余泽鸿指挥攻打川南的一个主要县城筠连等重镇，我是亲自参加了的。这些地方都有我们写的标语。筠连县城，是宜宾通往云南的一个很重要的城镇，我们打下筠连以后，对敌人震动是很大的，扩大了红军的政治影响，那时我们红军游击队发展到1000多人，威风大震，革命斗争出现了一个新的高潮。今天我简单地摆到这里，以后有机会再谈。

1959 年 3 月 12 日

（录自李言璋编著《余泽鸿烈士》，2002 年印行，第 392～394 页）

# 战斗在川滇黔边区的红军川南游击队

朱光璧

中国工农红军川南游击队,是中央红军长征过四川,与川滇黔边区游击队会师后,经党中央研究决定正式成立的一支游击队,是我〔共产〕党播在川南的革命种子。

1935年2月上旬,红一方面军在云南威信(即扎西)整编期间,党中央决定:"经过宣传与选拔,可成立游击队在地方活动。"(见《扎西会议决议》)为了保护红军伤病员,加强地方游击队,建立革命根据地,牵制敌军,配合红军主力长征,经党中央决定:抽调红三军团第六师政委徐策,中央纵队干部团政治科长、上干队政委余泽鸿,红八军团民运部部长戴元怀,新编师师长刘干臣等100多名红军干部和国家保卫局第五连(连长黄虎山)全连武装200余人,在威信石坎子正式成立"中国工农红军川南游击队"。由徐策、余泽鸿、戴元怀等同志组成中共川南特委(直属中央),徐策同志任特委书记兼政委,余泽鸿同志为宣传部部长,戴元怀同志为组织组部长,刘干臣为参谋长,龙厚生为特派员。游击队成立后,徐策等同志带领部队,随同主力红军东进,于2月12日至叙永坛厂底塔同红军大部队分手后,去树坪庙门前与叙永"红军川滇黔边区游击队"前来迎接的同志会了面,然后到黄坭嘴五龙山与游击队会合整编。

原中共泸县县委直接领导的这支叙永地方游击队(即红军川滇黔边区游击队),系1934年8月在黄坭嘴附近成立的。初期,仅有几条枪,10来个人,主要活动在黄坭嘴五龙山区。一开始,泸县中心县委就前后派出曹德渊、朱华清(现名朱光璧)、张友德、李石坚、梁亚伯等干部领导这支游击队,由王逸涛负责军事。经过组织串连,发动劳苦群众参加,游击队逐渐扩大起来,原川滇边境的一支绿林武装,杨登高及其弟杨永安曾一再提出要求,后来也参加了游击队,但仍分开活动。1935年2月4日(农历大年初一),当一渡赤水向扎西集结的红三军团行经五龙山区时,游击队负责人张友德、王逸涛、朱华清、李石坚等前去军团司令部汇报游击队的情况,红三军团负责同志热情接待了他们,并讲述游击战争的特点和规律,希望进一步扩大游击组织。2月5日,红三军团即将离开五龙山区时,曾拨给游击队步枪50支和重机枪六挺,还留下红三军团第四师某团总支书记何宗舟等数十名伤病员在游击区治疗。这时,游击队有了很大发展(约180人),经党组织研究决定,遂正式命名为"中国工农红军川滇黔边区游击队",队里设指挥部,下属3个大队。这时才将杨登高所带的三四十人编为第三大队,游击队指挥部由张友德负责党的工作,何中舟任政治指导员,王逸涛负责军事,朱华清负责团的工作。红军在扎西整编期间,红三军团向中央汇报了这支地方游击队的情况。后来,王逸涛也去到扎西,自称是朱德总司令的学生,要求跟随中央红军长征,或中央派人加强游击队,当中央决定在石坎子正式成立"中国工农红军川南游击队"时,即任命王逸涛为红军川南游击队司令员。

红军川南游击队在五龙山与地方游击队会合后,500多人,编为5个大队。

红军川南游击队成立后,严格执行了三大纪律八项注意。不久即投入打击敌人、牵制敌军的斗争。1935年2月下旬,在叙永木厂梁子击溃追击主力红军的川军一个团,缴获枪支弹药,第一大队队长梁亚伯(泸县中心委派到游击队的干部)在战斗中英勇牺牲。3月,游击队转移至兴文大石盘,与川军激战,组织部长戴元怀同志在掩护司令部、政治部撤退时,壮烈牺牲。

1935年5月1日,中共川南特委带领游击队,在叙永坛厂落堡,开展了庆祝"五一"国际劳动节的活动,书写标语,召开群众大会,宣传党和红军的性质、任务、纲领;宣传川南特委制定的《川南工农劳苦群众目前斗争纲领》(共12条)。这个期间,游击队深入发动群众,组织和武装群众,开展了打土豪、分财富、抗税、抗债等群众斗争和游击战争,还经常派出地方工作组,到敌人力量薄弱的地区组织串连,建立地方区委。这时,游击队有了较快的发展,声势愈来愈大,敌人深感威胁,遂调集重兵对我游击队进行"会剿"。

在斗争的关键时刻,投机革命的王逸涛及其弟王元德,于5月在五龙山区借故逃跑,他们逃跑后,曾杀害了游击队一个姓王的交通员,并从他身上窃取了游击区边沿区委写给川南特委的绝密报告。不久,王逸涛弟兄二人通过两河口区长,投敌叛变。使游击队原开辟的游击区和地下区委几乎遭到很大的破坏。这时,第三大队杨登高及其兄弟杨永安也脱离了游击队。

王逸涛叛逃后,游击队转移至云南威信马家乡,召开全体人员大会,徐策政委在会上公布了王逸涛叛逃的罪行,宣布了川南特委关于开除王逸涛党籍,撤销其司令员职务的决定。在会上,徐策同志号召全体指战员"革命到底",并非常坚定地说:"将来革命成功后,一定要审判王逸涛,杀他的头。"此后,游击队更加坚定团结,大大增强了战斗力。1935年6月,红军川南游击队在叙永分水岭击溃川军教导师一部,打下朱家山,缴获敌炮 5 门,不久,又于来龙火石坡击溃川军顾晓凡部,缴获敌人一个连的武装。6 月下旬,夜袭长宁红(洪)硐场,缴获敌保安大队及民团枪 120 支。

1935 年 7 月,由张凤光、陈宏(原红军第十一师第十二团团长)等同志领导的红军黔北游击队,前来叙永朱家山与红军川南游击队会合,两支红军游击队合编后改称"中国工农红军川滇黔边区游击纵队"。徐策任政委,张凤光任副政委,刘干臣任司令员,陈宏任参谋长,余泽鸿任政治部主任、宣传部部长,龙厚生任组织部部长,李青云任特派员。纵队下属两个支队,川南游击队为第一支队,黔北游击队为第二支队,每个支队下属三个大队,共六个大队,900 多人。

为庆祝中国工农红军川滇黔边区游击纵队的成立,游击队在朱家山大地坡召开了庆祝大会,搭戏台,演节目,进行宣传。朱家山的穷苦群众都参加了庆祝活动,观看了演出。游击队还将打土豪所得的粮食、猪肉、衣物等分给群众,进一步密切了军民关系。不久,游击纵队转移至云南威信长官司(旧城)。

在长官司,游击纵队遭到川滇敌军的突然袭击,激战数小时后,副政委张凤光阵亡;政委徐策同志身负重伤,抬到罗布坳牺牲;参谋长陈宏被俘(禁锢宜宾监狱三个月,坚贞不屈,英勇牺牲)。在这次战斗中,指战员牺牲百余人,游击队损失很大。部队撤至威信簸箕坝,特委召开紧急会议,决定由余泽鸿任特委书记、游击队政委,刘干臣为司令员,周大山为参谋长,部队转入隐蔽活动,进行休整。

红军川滇黔边区游击队在川滇边休整后,战斗力有所增强,部队得到了一定的恢复。游击队指战员们怀着解放川南劳苦群众,为徐策政委等死难烈士报仇的决心,准备对川南敌人展开积极的进攻。这时,兴文、高县、珙县、筠连四县之敌,十分恐慌,特别是高县、筠连县尤为惊恐。豪绅地主纷纷携眷向宜宾方向逃窜。这四县的敌人均向敌第六区(宜宾地区)行政督察专员公署和区保安司令部去电告急。宜敌深感形势紧迫,手足无措,摸不清红军游击队进攻的方向,只得将兴文、珙县、沐爱、筠连作为第一道防线;以长宁、高县为第二道防线。宜宾为后方,进行布防。

1935 年 8 月的一个下午,余泽鸿同志带领红军川滇黔边区游击纵队,自滇道入川,迅速挺进至筠连县境之吴家坝,打垮敌前线防御部队。我军乘胜前进,第二〈天〉拂晚,又攻下了距离筠连城约 30 华里的隐豹关。敌人已无险可守,红军游击队于当日上午一举攻占了筠连县城。

红军游击队进驻筠连县城后，积极开展革命活动：打开公仓，将粮食分给劳苦群众；召开军民联欢会，书写标语、散发传单，召开群众座谈会，宣传党和红军的方针政策；打开监狱，释放被监禁的受害群众，惩治了恶霸豪绅。游击队在筠连期间，遵纪爱民，在人民群众中留下了极深的影响〔印象〕，不少劳苦群众积极参加了游击队。

红军游击队进攻筠连县城时，敌县长罗崇礼多次急电宜宾求援，宜敌令其："竭力防堵""必须固守县城，至少要支持三天""必须死守，决不能后退，援兵很快就可到达"等等。但在红军游击纵队的猛攻下，不到一天，敌人节节败退，罗崇礼闻风逃跑到筠连城外十来华里的海营。当我红军游击队打下筠连城后，敌四川省政府，对宜敌及罗崇礼严加斥责，罗崇礼受到撤职处分。当红军游击纵队撤离筠连后，随即向江安、珙县、高县、兴文、长宁、古宋等县，向敌人进行积极进攻，打下了安宁桥、红桥等大小城镇多处，沿途对土豪恶霸进行了严厉的惩罚，大长了人民的志气。游击纵队又有了很大的发展。

1935年9月上旬，余泽鸿同志通知活动在川南的另一支地方游击队，由刘复初带至兴文博望山与纵队会合。这支游击队系1934年底（或1935年初），在泸县中心县委直接领导下，由古宋地下党员刘复初、郭平安、杨泽久等人，分别在古宋、兴文、长宁、高县、珙县、江安等地边境，以"红军之友社"的成员为主，组织群众武装暴动建立起来的。1935年2月，红军川南游击队来到兴文建武时，刘复初前去联系，当时，中共川南特委决定：这支游击队为"川南游击支队"，仍断〔继〕续留在古宋、兴文、长宁、高县、珙县、江安等地活动。

这时，中共川南特委改称中共川滇黔边区特委，书记余泽鸿，委员刘干臣、龙厚生、李青云、刘复初。川滇黔边区游击纵队政委兼政治主任余泽鸿，司令员刘干臣，参谋长刘复初。司令部下属3个支队，红军川南游击队为第一支队，红军黔北游击队为第二支队，川南游击支队为第三支队。游击纵队为了威胁泸州、纳溪之敌，向兴文、古宋、纳溪等县境进发。9月中旬，在大洲驿击溃刘奉章团防后，进驻叙蓬溪，开展了各种形式的宣传活动，惩治土豪恶霸，将其财产分给群众。10月以后，敌人对游击纵队开始了大规模的三省"会剿"。在敌人正规军和地方民团的不断袭击和川军一个团的跟踪追击下，游击纵队处境越来越困难；加上游击队成立以来，战争〔斗〕频繁，经常行军，没有建立起巩固的根据地，在敌人"围剿"愈加残酷的情况下，伤病员得不到妥善安置，后勤困难，游击队纵队人员逐渐减少。1935

年12月,当游击纵队转移至长宁县境时,仅剩下100多人。特委在贾家湾召开紧急会议,将现有人员分为两个支队,余泽鸿、刘干臣带领第一支队,以长宁、江安为活动地区;龙厚生、黄虎山带领第二支队,转移至云南威信、镇雄和贵州毕节等地的山区活动。当第二支队进至兴文炭厂时,被川军打散。敌人又加紧对第一支队的"围剿"追击,余泽鸿同志带领20多位指战员自长宁突围,撤到江安边境活动。1935年12月15日,当部队将移至江安碗厂,被川军及李品三保安大队围捕时,余泽鸿同志不幸殉职。刘复初、李青云带领10多名指战员上连天山继续坚持斗争,不久,司令员刘干臣在古宋杉树湾,被敌人围捕时牺牲。

1936年1月,刘复初、李青云等10多人由连天山转移至兴文县洛柏林,与龙厚生、黄虎山等同志会合。特委在此召开了扩大会议,总结了三省"围剿"时期的经验教训,决定重新组织游击队,创造条件,建立根据地。会议决定:刘复初为特委书记、游击队政委;龙厚生为特委宣传委员、游击队司令员;李青云为特委组织委员、游击队特派员。

此后,串连了江安、长宁、古宋等地失散的游击队员数十人陆续归队,游击队又逐步发展起来。

1936年春,游击队仍活动于川南的叙永、兴文、江安、长宁、珙县等县境。当游击纵队得知红二、六军团进入川黔边境时,为了配合红二、六军团的长征,游击队主动出击。1936年4月底,红二、六军团渡过金沙江向西康、甘孜地区挺进后,继续在川、滇、黔边开展斗争,在威、叙地区开展活动。这期间,贵州阮俊臣部(原绿林武装)前来接洽,要求与我游击纵队联合行动。在这之前,阮部已在毕节与红二、六军团联系过,红二、六军将阮部改称:"川滇黔边抗日先遣队",并派欧阳去该部作政治工作。阮部后又联合了黔军起义的陶树清一个营,有500多人。

经我游击队与阮部代表协商后决定:与阮部联合后的部队,总称:"中国工农红军川滇黔边抗日先遣队",下编为三个支队,阮部为第一支队,起义黔军陶树清为第二支队,红军川滇黔边游击队为第三支队。中共川滇黔边特委对阮部支队的实力(阮部有500多人)及政治情况进行了分析。为防止发生意外,并由于阮不能吃苦,不接受教育改造,我游击纵队即秘密脱离该队单独活动,向镇雄、威信及川边发展,沿途收缴了一部分反动武装。游击纵队又有了新的发展。

1936年6月,游击纵队在威信簸箕坝活动时,刘少成、兰澄清带领驻珙县底硐铺的川军一个连起义,向红军游击纵队投诚。这时红军川滇黔边游击队,已发展至 500 人,龙厚生为政委,刘复初为司令员,曾春鉴为参谋长。

1936 年夏,红军川滇黔边游击纵队,由四川边境奔袭川黔边境燕子口,击溃川军杨森部一个营,缴获马驮子 50 多个,军用物资 100 多挑,子弹 12 箱。不久,在大庙战斗中,击溃敌珙县县长刘治国带领的保安队和团丁 400 多人,刘治国被我击伤后化妆逃跑,珙县第二区区长被我俘虏。

这期间,游击纵队还积极宣传群众,组织群众开展抗捐、抗税斗争和惩治国民党收款委员、卡员,组织分粮队,开展分粮活动。

红军川滇黔边区游击纵队的壮大和积极斗争,使敌人感到莫大恐慌。1936 年秋后,川、滇、黔敌人又对游击纵队发起了第三次大规模"会剿"。

1936 年冬,在各线敌军包围截击的情况下,游击纵队遭到重大损失,最后剩下几十人。这时,司令员刘复初因重病寄养云南大雪山(后被敌军俘获,禁锢泸州监狱,抗日战争爆发后,经党营救出狱去延安)。政委龙厚生带领同志们从大雪山开往水田寨,途中遭敌人突然袭击,龙厚生仅带着余下 10 多人(大多是干部)到达水田寨后,惨遭大地主艾宗藩、郑耀东杀害,其余的同志全部壮烈牺牲。

中国工农红军川南游击队的指战员们,根据遵义会议精神,贯彻扎西会议决议,前仆后继,为完成党中央赋予的光荣任务,为川滇黔边区的人民解放事业,坚持了长达两年之久的艰苦卓绝的斗争,为党、为人民立下了不朽的功绩。

(录自中共四川省委党史工作委员会主编《土地革命战争时期四川党领导的武装斗争·下集》,四川大学出版社 1987 年版,第 333～341 页)

# 我在红军川南游击纵队当秘书①

李沛群

我于 1931 年 4 月进入福建省闽西苏区担任中共中央交通局闽西交通大站主任,1933 年 3 月调到江西瑞金任中华苏维埃共和国中央政府最高法院秘书。1934 年 10 月参加长征,担任中国工农红军中央第二纵队司令部直属干部连党支部组织干事。司令部的代号是"红章",司令员罗迈(即李维汉),政委陈云。代表司令部直接指导干部连的是林伯渠。连长李××(已忘记其名),政治指导员叶芒(即李一泯),连部的文书是雷经天,党的支部书记叶能仁,宣传干事陆定一。干部连的主要成员有董必武、谢觉哉、徐特立、成仿吾、钱之光、曹菊如、陈彭年、张然和、谢琼香、谢小梅、左党农、洪水(越南人)等等。

记得 1934 年夏秋间,国民党反动派蒋介石进占赣东南重镇广昌县城后,直迫石城县前后。作为中共中央政府党团书记,中华苏维埃共和国中央政府人民委员会主席的洛甫(张闻天),1934 年 9 月 29 日在中央政府机关报《红色中华》上发表了题为《一切为了保卫苏维埃》的文章,他指出敌人虽然穷凶极悲〔恶〕地向我们进攻,但我们有党的正确领导和工农群众的护卫……我们会胜利,我们能够胜利,我们无论如何要胜利! 这在当时对大家起了坚决杀敌保卫苏区和扩大红军的鼓舞作用。这之后还由中央政府教育部编了一支歌曲,〈歌词〉内容是:战士们,高举着鲜红旗帜,奋勇上前线,配合那全国红军,要实现总的反攻,创造新的革命根据地,大家要努力!

在长征将要出发之前,实际上大家都只知道我们将要进行总反攻,冲破国民党反动派的第五次"围剿",集中力量打出去,创造新的苏区根据地。所以当时一直叫作:主力军西征。经由瑞金、会昌、寻邬、信丰、安远等地,昼宿夜行,避开敌机轰炸,冲过了信丰、汝城等封锁线,越过了江西、广东边境,到达湖南的宜章县后(当时正在开筑粤汉铁路,尚未铺铁轨的),才白天走路晚上休息。

又经过几天的行军,到了临武县才休息了一天。这时听说毛主席认为湘南一带过去斗争有基础,群众拥护我们,应该在这里打一仗,击破敌人的"追剿"。但因共产国际派来的军事顾问李德不同意。仗没有打,仍然急行向湘西南转入广西边

---

① 原标题为《我参加红军长征的片断回忆》。现标题为编者另起的。

境进发,在抢渡湘江河时,敌人非常迫近,我们连夜奔波,队伍显得非常凌乱,损失不少,后来进入广西全县、兴安、龙胜等县,途经南岭的五岭山脉,在爬"越城岭"时,由于山高路窄坡陡,行走极为艰难。我们从早上3时开始爬山,近黄昏时才到达山顶。下山时只能摸黑地连行带跑。后来听说第八军团几乎在这里被敌人冲散了,担任后卫的第五军团最后一个师亦被敌隔绝,这可说是一次很大的损失。虽然情况如此紧迫、危急,但大家仍是斗志昂扬,精神振奋地边行军边战斗。

这之后再由广西转入湘南,在到达湘西南的通道县时,部队休整了两天,恰好是1934年12月1日,广州起义的七周年,我们召开了"广州暴动"七周年纪念会,由原在江西瑞金担任中华苏维埃共和国中央执行委员会秘书长的谢觉哉同志作报告。这时传来毛主席指示,要大家找一本《左宗棠平苗记》的书给他。大家议论纷纷,有人推测可能到湘鄂两苏区去和贺龙部队会合,有人则说会向贵州省进军,理由是毛主席要大家找这本书,不会是没有原因的。后来,果然不是北行,而是向西走,直入贵州省的黎平县,这之后经过剑河、瓮安等县,直抵乌江边。这时,由于敌人摸不准我们的去向,情况略松,他们虽仍调兵遣将,但我们却在乌江边的猴场过了1935年的元旦。

贵州省过去以"天无三日晴,地无三尺平,人无三分银"而闻名,当时统治贵州省的是王家烈、犹国材、侯之担等几个小军阀,他们的军队叫作"双枪将",即每人除了一支步枪外,还携一支鸦片烟枪。战斗力不强,但对人民的压迫剥削却极为凶猛,群众恨之入骨。所以在我们进入贵州后,人民群众甚表欢迎,不少人还要求参军,这对我们的行进有很大便利。因此,在强渡乌江后不几天,我们就占领了贵州省除省会贵阳外的第二、三大城市遵义、桐梓,并在遵义召开了历史上有名的遵义会议。会议后我们听到传达说:会议检查总结了从江西、福建出发以来,长途行军中,总是我走敌追不予回击的问题,今后应该有一仗打一仗,见一仗打一仗,不应再像过去那样形成逃跑现象。会议确立了毛主席的军事指挥权,撤销博古的中央总书记职务,由张闻天负责〔任〕中央总书记。

1935年1月中下旬,遵义会议后我随部队向川滇黔边进发。1月27日,在赤水县土城镇附近与敌人(川军郭勋祺部)进行了一场艰苦战斗,我们把敌方的三个旅(九个团)误认为是三个团,以致敌我力量悬殊,加之川军先我进入有利阵地,形势十分危急。这时朱德司令当机立断,抽调干部团、红五军团等投入战斗,并在打退敌人后主动撤出,第一次渡过赤水河,进入川南。

此后,我随部队快速进兵云南扎西县(今威信县)。中央军委为适应运动战需要,决定在扎西缩编红军,为了组织和武装民众,加强地方党组织的建设和领导,在缩编命令中规定:选拔部分干部到地方活动,成立游击队。中央军委为此抽调了红三军团第六师政委徐策、中央干部团上干队政委余泽鸿、红八军团民运部部长戴元淮〈怀〉等同志组成中共川南特委,特委书记徐策。同时,在国家保卫局第五连的基础上,在扎西石坎子正式成立了中国工农红军川南游击第一纵队。我被指定担任该纵队秘书,纵队司令员兼政委是徐策,领导成员余泽鸿、戴元怀、冯燊、龙厚生等。

是年2月间,川南游击第一纵队和五龙山游击队合编,正式成立川南游击队。在很短的时间内,游击队员迅速发展到1000多人,并经常出其不意主动攻击敌人。有一次,游击队在叙永县的木厂梁子地带伏击敌人,敌人误认为中了红军的埋伏,惊慌万状一触即溃。这些游击战有力地支援了红军的作战。

是年夏秋间,红军赤水河第二纵队(司令员陈洪〔宏〕)、红军黔北第三纵队(司令员张凤光)和川南游击队在叙永朱家山会师,改称中国工农红军川滇黔边区游击纵队,由刘干臣任司令员,徐策任政委,张凤光任副政委。我仍担任秘书工作。

川滇黔边区纵队成立后,在云、贵、川三省边界广大地区与敌人开展游击斗争,有力地牵制了敌人,减轻了我红军主力部队的压力,从而支援了红军的胜利长征。

1935年秋冬间,红军主力部队过了金沙江和雪山、草地以后,长江以南敌人集中兵力举行川滇黔三省"会剿",重兵合围我们。游击队遭受严重损失,徐策、余泽鸿、刘干臣等领导同志先后在战斗中壮烈牺牲。最后我们被打散时,躲在村里,但敌人包围了村子。为了不连累掩护我们的老百姓,我们主动走出后即遭逮捕,不久又被押解至重庆,后经我在暹逻的胞弟李子庵以华侨护照等证件到重庆保释出狱。出狱后,我到香港找组织恢复关系后,担负了中共广东省委与长江局之间的交通工作。(钟钦正整理)

(录自《广州党史资料》,1986年第28期)

# 红军川南游击队的情况

### 陈　彪

中国工农红军川滇黔游击队大队指导员陈兴才(陈彪)的回忆。

关于川滇黔游击队的情况,因时之久,很多事情回忆不起来,搞的〔得〕不大清楚,现将我的回忆,提供参考。

一、关于川滇黔游击队的组织和发展情况。

川滇黔游击队大约在1935年1月份成立的。我是1935年1月在贵州土城战斗负伤后,被迫到四川叙永县两河区黄坭嘴,五龙山游击区治疗。伤好后同年3月就参加了五龙山游击队,1937年1月离开游击队到云南扎西县水田寨游击区治病。

当时五龙山游击180人左右,司令员叫王逸涛(当地人,地下党员,在遵义与中共接过头,带回两个队的人),由红军第三军团总支书记何忠周(何宗舟——编者注)任政委。所属三个队,第一、第二两个队是红军派去的,第一队队长姓刘,第二队队长姓曾。第三队是当地收容起来的,队长姓宋(苗族,当地人)。

1935年4月份,红军由川南返回云南扎西时,又派了七八十名干部(身体不大好的)带了电台和中央保卫第五队(130多人)全副武装去黄坭嘴与川南游击队配合。由红军第三军团第六师政委徐策任政委兼川南特委书记。宣传部部长余泽鸿、组织部部长戴元怀、特派员龙厚生、第六师参谋长曾春鉴、上干队队长刘干臣、工作团主任钟昌涛等人均参与川南游击队的领导工作。

这时纵队司令员仍是王逸涛,政委徐策,有500人左右,编为4个队,第一、第二、第三队仍为原有的三队,第四队没有,由中央保卫队编为第五队,队长黄虎山,指导员姓陶。当时我在工作团当宣传员。游击队当时的活动地区在川南的南六县,贵州的毕节县,云南的镇雄之间。活动的内容是宣传群众、组织群众、武装群众、打土豪、分田地,目的是牵制敌人,创建根据地。

1935年七八月份,黔北游击队(三个大队)400多人,由支队长张凤光,政委黄××,副政委杨德胜,特派员李青云带领从黔北到达黄坭嘴朱家山与川南游击队汇合,这时合并为川滇黔游击队,有1000多人,下分两个支队。第一支队是原川南游击队,第二支队是黔北游击队。这时总队司令是张凤光,徐策任川滇黔边境特委书记,由四川成都省委派来的特派员刘复初任参谋长。原川南游击队司令员王逸涛在1935年五六月份已逃跑了。这时游击队的活动地区大了,敌人也常有八九个团来"围剿"进攻。我当时还是当宣传员。

1935年10月份,游击队从五龙山出发向川南活动,在云南扎西县长官司与滇军两个团接触打了一仗,从早上一直打到下午4点多钟,整个部队伤亡一半,司令员张凤光、政委徐策、组织部部长戴元怀等牺牲了,第二支队政委黄××,副政委杨德胜受伤,杨后来回到部队,黄后来到什么地方去了不清楚。部队整顿后,由刘干臣任司令员,余泽鸿任政委。

1935年冬至1936年春,游击队在川南的长宁、古宋之间活动(连天山地带,分南山、北山)。这时部队不到200人。政委余泽鸿在1935年冬,一天晚上在红桥坝用手枪自杀了(原因我不清楚),由龙厚生接任政委,司令员还是刘干臣。1936年春,游击队由连天山下来,到川滇黔边境活动。同年3月或4月份,川军1个连集体投我游击队。1个月后,又由副连长带着逃跑了(连长未走)。

1936年10月份后,游击队只剩下200多人,分为第一、第二两个中队,第一中队队长姓高,第二中队队长是杨德胜。这时我在第二中队当指导员。总队司令员是刘干臣,政委龙厚生,特派员李青云,参谋长刘复初。这时在连天山、五龙山一带活动。在同年11月份左右,到大雪山一带活动。

1937年1月份到大雪山簸箕坝宿营时,被滇军袭击,部队拉走了。这时我有病,离开部队到簸箕坝游击区的一个苗族王××(我当工作团员认识的)家中住了一宿,第二天由他把我带到水田寨艾宗藩部队的一个张班长家里,住了三四天。因滇军搜查严密,又由张班长和他三弟把我送到四川边境。这时我换了便衣,到达四川省边境的大便沟、大深沟游击区刘成章家中(刘的儿子叫刘苗子,据说是共产党员)。1937年9月份离开,与旷善荣一起于1938年1月回到汉口办事处,同年3月我又到延安。

二、游击队如何开展统战工作问题。

当时游击队开展过统战工作,在连天山时与赵××搞过统一战线。在水田寨与艾宗藩搞过统一战线(在1935年就与艾宗藩有联系,发给过他的枪,我们游击队找他买布、买药、掩护伤病员等)。他们常派人来联系,我们也常派人去联系,我们常去的人有四川成都省委派来的一个胖子(忘记了姓名),有派侦察员去联系。我只知道艾宗藩叫艾队长,他有七八十个人,配合游击队打过一次仗。是否委任过他什么职务,有否副官职务都不清楚。

三、游击队是否派有人到地方做群众工作问题。

那时派人到地方做群众工作,派有戴××到川南梅硐场做群众工作。派有曾广胜、钟昌涛等人到水田寨做群众工作。他们有时买东西,有时送情报回来,由谁具体领导不要〔详〕。详细活动情况也不清楚。总的都在部队领导下工作。上有姓戴的与四川泸州地委有联系。

四、游击队在什么时间失败,经过如何的问题。

据后来听到别人说是 1937 年 2 月在四川大雪山附近被敌人包围而失败了。所以失败的经过,谁牺牲,谁被俘等我不清楚。听说艾宗藩被滇军杀了。

五、其他。

原由四川成都省委派来到游击队任参谋长的刘复初,于 1945 年在延安行政院我与他见过一次面(我在党校第二部),以后未见过面,未通过信。

原游击队秘书阚思颖〔甘棠〕于 1943 年在延安党校见过面,那时她在党校七部。1955 年听说她在四川省检察院任副院长。

陈彪(私章)

1970 年 1 月 13 日

此材料是我们根据我部陈彪政委的回忆口述记录整理的,供你们参考。

一九〇一部队政治部

1970 年 1 月 13 日

(中国人民解放军昆字 1901 部队政治部)公章

转抄中国人民解放军四川省公安机关军事管制委员会调查材料,1970 年 1 月 19 日。

(录自四川省泸州市叙永县县委党史工作委员会档案,全宗号 307,目录号 1,案卷号 4,1977 年,第 71~75 页)

# 川南游击队和两河口区委的回忆

## 周 济

编者按：周济同志原名周守如，1935年在叙永两河口区委工作期间，化名袁嘉兴，现是国家医药管理局上海医药设计院顾问。我县党史编辑部同志到上海访问了他，周老虽年高八旬，仍欣然为我县撰写了这篇内容生动翔实的回忆录。

遵义会议后，中央红军第一次撤离遵义，组织上要我带领遵义革命委员会和红军之友社的同志20多人，随红三军团长征。在行军途中，红三军团"河南"政治部将我们编入地方工作部，作〔做〕宣传和扩大红军的工作。

1935年2月4日，我们行军到了四川永宁〈叙永〉黄坭嘴，碰上了叙永特区游击队。当晚部队在木厂宿营，"河南"政治部通知我和周思和到政治部开会。参加会议的除政治部、地方工作部的同志外，还有地方游击队的领导成员王逸涛、张友德、李石坚、曹德渊、朱华清等。地方工作部部长罗明也参加了会议。会上政治部负责人，要叙永地方游击队写个报告，由政治部转到中央去。同时将我和周思和、何宗舟、戴元昌以及一个姓张的红军介绍给游击队，到他们那里工作。会后，政治部负责人还领着大家去与彭德怀同志会见。

在叙永五龙山一个老百姓家里，游击队负责人和我们见着彭德怀同志。会见时彭军团长很高兴，热情地接待我们，还给我们讲了话，大意是：红军冲破敌人五次"围剿"，经湖南、贵州到四川，走了这么远的路程，想不到在这里会着你们，真是难得啊！他还讲了革命形势和敌我双方的情况，以及中央决定建立新根据地的意义，询问了游击队的情况。当游击队负责人向首长汇报完毕后，彭德怀同志说：你们去跟政委杨尚昆说，我可以补助你们一部分枪支。彭德怀同志这种高度的组织纪律性，当时给我的印象很深，我想到一个军团的负责人，补助游击队的枪支，这是无可非议的，可是，彭德怀同志没有一个人说了算，还要通过政委杨尚昆同志。这是多么高尚的革命品质和坚强的党性啊！使我受了一次活生生的党性教育。就这样，红三军团第一次补助游击队50支步枪、6挺重机枪。

军团把我们5人抽调到叙永特区游击队后，何宗舟任政委，周思和任一个分队的分队长，我任这个分队的指导员。游击队与红军主力分手后，我们分队分开去活动，到附近去收容掉队的红军，安置一些红军的病员。

不久，游击队活动到叙永分水岭附近，有个农民来游击队报告，离游击队不远的地方,驻有红军的部队,游击队派我去与他们联系。我由那个农民带路,到了红军驻地,会着了负责人徐策。始知这支红军队伍,是党中央在扎西开会,研究和讨论了游击队写给中央的报告后,决定派一批干部和一连红军武装,带着 60 条枪,来加强和扩大游击队,并成立"中共川南特委"来领导游击队,徐策任特委书记,特委直属中央领导,和中共四川省委发生横的关系,原泸县中心县委划归川南特委领导。在五龙山游击队进行改编,正式的名称是"中国工农红军川南游击纵队",我被调到连队作指导员。

有一天,部队正在行军时,有个姓阮的农民前来说:叙永两河口地区有一些武装,要来参加游击队,派他来与部队联系。得知这一情况后,特委徐策和余泽鸿同志找我去谈话,要我和何玉芳同志(即郝谦),同姓阮的农民一道去两河口地区,把这支武装带到游击队。临行时,我们要特委介绍那个地方党的关系。徐策同志给我们写了一封介绍信,带到两河界首山苗族杨少华家找朱华清(即朱光璧)。于是我和何玉芳离开了游击队,跟着姓阮的农民到两河口。

路上为了掩护,姓阮的农民要我二人化妆〔装〕成古宋卖旧衣的商人,他作为我们的雇佣者,真危险! 离开游击队没走多远,来到一个十字路口,就碰上反动团队的盘问。第二天,快要到姓阮的农民家,刚过河来到一个山沟里,又碰上反动团队盘问。幸好两次盘问都由姓阮的农民应付过去了。在途中,姓阮的农民多次遗憾地说:"没在游击队里背点粮食回来。"

到了姓阮的家里,要他领我们去会这些武装,他领我们走了几户农民家里,他在同农民的谈话中,根本不谈武装找游击队的事情,而且农民对我们很冷淡。处在这种情况下,我同何玉芳商量,要姓阮的农民带我们到界首山先去找朱华清。

我们在界首山杨少华家,找着朱华清同志,将特委的介绍信交给他,并向他说明我们的来意,是到此地带武装到游击队去。朱华清说:此地的武装早被杨少华带到游击队去了。根据种种情况,我们推断,姓阮的农民所说的武装,完全是借口,而实际是想去游击队背粮食。

我们会着朱华清后,从姓阮的农民家搬来和他住在一起。我们向朱华清询问了当地党组织的情况,他和特委的联系。他说:界首山有一个党员和几户群众,由于杨少华离开游击队被团队杀害后,党员和群众革命情绪低落。在牌坊口有 3 个党员和几户群众,两河口镇上有一个党员,在渡船口、土地坳和观音堂都有一些基本群众,在古宋金鹅池他与一家姓刘的有关系等。关于特委的联系,他说特委来过一次信,曾派一个党员去联系,没有联系上。了解到这些情况后,我们三人商量,由我们三人组成两河口临时区委,开展工作。与川南特委联系上,请求特委批准,中共两河口区委书记由何玉芳担任,朱华清和我分别担任〔负责〕组织和宣传。

不久,我们转到两河口南面地区开展工作,住在一个偏僻地区的农民家里,晚间我们去找当地农民开会。当时,农民群众的革命情绪很高,马上组织起来,到另一个地区去打土豪背粮食。我们支持农民这一行动,由于是夜间行动,农民怕我们不熟悉路径,不让我们参加。我们只得再三叮嘱他们,背回粮食一定要收藏好,背粮食的器具一定要弄好,不要在路上漏一颗粮食,回家后一定要洗好脚,所穿的草鞋一定要收拾好。总之,要消灭一切背粮食的痕迹,不让敌人察觉。很可惜,农民群众没有完全照我们所告诉的去做,在路上漏了粮食,天明后团队随着漏掉粮食的线索,找到了农民家里,背回的粮食也没有藏好,脚也没有洗,当即把背粮食的农民抓走。以后他们还杀害了一个农民。事情发生后,我们不得不转到牌坊口附近一个姓袁的农民家里,我化名袁嘉兴,和这家农民认成家门。

两河口区委成立后,区委应当有个落脚点,以便同各方面联系。这个落脚点,应该选择在既方便又安全的地方。袁家没有这样的条件,他家很穷,我们是住在猪圈顶上,牌坊口有三个党员,地点适中,区委落脚在党员家里,是理想而又稳妥的。但以哪一家作为区委所在地,我们作了选择。樊家在牌坊口开饭店,进出人员复杂,不能作为区委所在地,张家邻居是个保长,也不能作为区委所在地,最后选择在党员杨炳成家。

我们由袁家转到牌坊口杨炳成家,以帮助他家干农活为掩护,住了几天后,又到金鹅池去开展工作。在金鹅池附近刘思远家住了一段时间。刘思远家是个大家庭,住的地方人们都叫刘家院子。刘思远曾与地方党有过革命联系,他那时是金鹅镇上的小学教员。他的叔伯兄弟,都同情革命和共产党。他家有几支枪,要想上游击队去。这时正是农忙季节,我们一面干农活,一面作革命宣传,在他家住了一段时间,我们又回到牌坊口杨炳成家。我和朱华清去两河镇上会何光奎。他原是共产党员,因被捕失了党的关系,后来党曾派朱华清与他联系过。在两河镇上还有一些被打散的游击队员,镇长杨济安把他们收容起来当团丁,而心里还是想回游击队,我们通过何光奎与他们联系。

区委的工作已初步展开,区委讨论要想尽一切办法与川南特委联系上,以便区委得到特委的批准和领导。前些时候我们曾派姓袁的农民去找游击队,没有结果。后来派杨炳成去找，也没有结果。区委根据这样的情况，最后作出决定，将两河口区委的成立，和区委最近所作〔做〕的工作情况，由何玉芳写成报告给特委，要我带去找川南特委。

我由杨炳成带路，同他绕过两河镇街上，去黄坭嘴地区找游击队。到了黄坭嘴住了几天，还是打听不着游击队的下落，我只好叫杨炳成先回牌坊口，向何玉芳、朱华清说明情况，我继续留在此地找游击队，杨炳成走后，有一天，我听说游击队住在木厂，我便找当地一个群众领路，在赴木厂途中，遇着一个木厂方面来的农民，向他打听木厂是否驻有游击队。他说木厂驻的不是游击队，而是反动团队，于是我马上返回原地。要不是遇上那个农民，真有被敌人抓去的危险。回到农民家后，农民怕团队来清查，他将我送到一个很偏僻的地方，住在王木匠家里。

王木匠家很穷，没有多余的房屋，我住在他家猪圈顶上。在他家还住有几个掉队的红军，我动员他们去找游击队。其中一个红军同志，领我去熟悉周围地势，来到一个悬崖峭壁处，他说要是反动团队来搜查，可以隐藏在这儿。他还领我到离王木匠家有 30 多里的地方，去取回他藏在那里的手榴弹，因当时这家农民不在家，没有取着。

我住在王木匠家中时，见他很诚实，又是农村中的手工业工人，我介绍他入了党。有一天，王木匠对我说，游击队在分水岭一带活动。于是我要他同我一起去找游击队。为了在路上好打听游击队的情况，他找来一个苗族农民，利用苗胞关系和讲苗族语言，打听游击队的下落。我背着王木匠的刀、锯作为篾匠，他们二人打扮成背盐换粮食的农民，三人同路到分水岭一带去找游击队。

沿途由苗族农民，向本族人中打听，夕阳西下时，终于在分水岭附近找到了游击队。当时我那种高兴劲，是难于〔以〕言表的，我如小孩见着久别的妈妈似的。当哨兵问我们是干什么的，我高声回答我们是来找游击队的，我们走到哨兵跟前说明来意，哨兵领我们进屋去，会着了徐策等人。

我将两河区委的报告交给了徐策同志，他热情地接待了我们。开饭时还特意将两只缴来的罐头招待我们。饭后，川南特委召集有关人员开会，有王逸涛参加。会议讨论和研究区委的工作报告，当我们汇报完了区委最近所作的工作报告后，特委研究决定了，批准两河区委的成立，承认了区委的工作地区为两河口、金鹅池一带；关于金鹅池刘家的武装和两河口镇上团丁武装，暂时都不要到游击队来，这两支武装由区委灵活掌握。

讨论到特委和区委的联系问题,我建议由王木匠作〔做〕交通员,此人诚实可靠,已经介绍入党,作为特委与区委的交通员是适当的,可让他利用这个地区背盐换粮食的习惯作掩护,是比较稳妥的。特委同意了我们的建议,由王木匠担任交通员,相互之间还建立了通讯联络点。特委的联络点有两处,一是分水岭街上一户人家。再一处是扎西镇上一户人家。区委的联络点是牌坊口樊家店子。谈到区委的活动经费问题,特委可以给区委一点经费,区委在必要时,可以组织群众打土豪来解决活动经费。

特委开完会后,徐策同志要我留下来,避开王逸涛对我说,王逸涛向特委提出,主张把游击队分散开来活动,以便隐蔽。特委没同意他的这个主张,并决定游击队的行动不用他指挥,由特委来掌握。徐策同志要我们把这一情况告诉区委的同志。

第二天早晨我临走时,特委给区委几个大银锭,一部分作区委的活动经费,另一部分给游击队购买药品和子弹。我们把银锭藏在背箩下面,上面盖上粮食便同游击队分手,顺利地回到王木匠家里。住了一夜,我又同王木匠回到牌坊口杨炳成家。

我向区委汇报了同特委联系的经过,和在特委开会的情况。区委研究决定,遵照特委指示积极开展工作,扩大区委活动地区,两地武装暂时不去游击队,金鹅池的武装由何玉芳负责作〔做〕他们的工作,两河镇上的团的武装,仍通过何光奎继续与他们联系,要他们暗地组成一个游击小组,区委的活动经费问题,特委既然答应给区委解决,现在不作其他打算,这次带来的银锭,尽量用于给游击队买药品和子弹,关于徐策所谈王逸涛的情况,这是机密不能外传。

会上区委成员三人分工,何玉芳同志负责金鹅池地区的工作,以刘家院子作联络点,在这一带开展工作。关于大银锭如何换成现钞问题,朱华清同志提出把它带到永宁城里找邱国全兑换,他原是党员,被捕后失去党的关系。朱华清与他有过联系,他是布店的店员,找他是可以解决的。但当时朱华清是不能去永宁城的,怕碰上叛徒。这个任务便由我负责到城里找邱国全。

第二天早晨,我化装成到城里买东西的农民,背着背箩按照朱华清提供的地点,在城里一家布店找着邱国全,我向他说明身份和来意,并将银锭交给他,要他换成现钞,买一些西药。对这些事情他都顺利完成了。我在他家住了一夜,他告诉我,他在永宁城东郊发展了一些农民群众,要我下次再来他家,同他去这个地区做宣传工作。

第二天清晨我把买来的东西背回牌坊口,将药品和剩余现钞交给区委,区委又将现钞买了一些子弹,由王木匠把药品和子弹送到了游击队。从此,王木匠这个交通员,多次往返于特委和区委之间,负责联络工作。

根据区委分工,何玉芳去金鹅池一带工作,发展了陈泽民入党。我和朱华清在牌坊口、两河口、土地坳、渡船口、观音堂和永宁城东郊开展农民群众工作。

大约是1935年5月,何光奎领来叙永后山乡天台山的曾德富,在杨炳成家会着朱华清和我,谈到大安山有支绿林武装,为首的是他的同学项斌,要把这支绿林武装带到游击队去,派他来找游击队的关系。得着这个情况后,朱华清和我研究,决定由朱华清负责,同何、曾二人一道去大安山会项斌。

朱华清去那里工作一段时间,回到牌坊口谈了他在后山乡天台山成立农民委员会,以及会着项斌和牟国全这支绿林武装的情况。于是区委又增加了大安山工作地区,由朱华清负责。朱华清两次去这个地区,又会着另一支绿林武装头目王国金,向他们讲明搞绿林活动不是好办法,只有到游击队才是最好的出路。曾德富第二次来会我们,我们安排他在渡船口附近龙坑头杨姓农民家里,他曾参加那里一次农民打土豪的活动后,回到大安山。由于项斌的牺牲,王逸涛的叛变,我们和大安山绿林武装失去了联系。

在朱华清去大安山这一段时间,我到永宁城东郊、龙坑头在农民当中做过一些宣传工作后,又回到牌坊口杨炳成家,经常向他的弟弟和附近农民讲革命的道理和革命故事,利用农民爱唱山歌的习惯,在同他们劳动中,教他们唱革命歌曲。区委还用旧曲谱,编写过一些歌词,现能记起的有:

苏维埃工农的政府

工农们呀!听我告诉你,

国民党是压迫工农的;

地主的剥削,

资本家掌权,

苛捐杂税,层层的压迫。


苏维埃!工农的政府,

我们赶快将她建立起,

工人和农民，

士兵也选举，

豪绅地主，给我滚出去！

我常住在牌坊口樊大娘家，她家开饭店，她有两个儿子，大儿子是党员，我在那里时，已经去世了。二儿子是个瘸子，还有一个学做道场的徒弟。我在他家除编竹器外，还接近他家的徒弟，向他宣传革命道理。我同这个徒弟合伙卖过面条，暑天同卖过冰粉，晚间同看过包谷。以后这个徒弟离开了樊家，就失去了联系。

区委在牌坊口时，特委曾通知过我们，古宋地区由江长兴特支领导的游击队，负责人是刘复初同志，两河口区委在必要时，可以向〔与〕江长兴特支发生横的关系。

1935 年五六月间，交通员王木匠来牌坊口向区委说，王逸涛住在木厂，找过他，王逸涛说，他在行军中因为找马和游击队失去了联系，要他〔王木匠〕来找区委派人去木厂会王逸涛。我和朱华清得着这个消息后，找来何玉芳开区委会讨论，在会上大家根据特委徐策同志所谈关于王逸涛的情况，以及王逸涛这次离开游击队的离奇情况，区委决定，王逸涛个人不能代表特委，区委不派人去会他。区委还告诉王木匠，今后要提高警惕，也不要去木厂会王逸涛。王木匠从这次来区委后，就再没有来区委机关，因而特委和区委的交通联络中断了。以后听说王木匠同志被王逸涛杀害了。没几天，区委接到特委的来信，从〔用〕密码告诉区委，王逸涛脱离了游击队，通知区委不要和王逸涛发生关系，还要区委注意王逸涛的动向。

过了一段时间，有一天，我和朱华请〔清〕在牌坊口听说王逸涛到了两河镇上，就在这天晚上半夜时分，我睡在樊家店子里，听着许多人过路的嘈杂声音。早晨就听说王逸涛昨晚连夜去永宁城了。根据这一迹象，我和朱华清商量，王逸涛已叛变投敌，要很快将这一紧急情况，通知可能被王逸涛所知道的一些同志。我们马上叫杨炳成到两河镇上通知何光奎来牌坊口会我们，好将王逸涛叛变的情况告诉他，并要转告镇上团丁中的自己人，要提高警惕，必要时打死镇长杨济安，拖枪去找游击队。

就在这天下午，我在牌坊口的吴老头的烟馆里，见着由永宁方向来了一些不三不四的人，到烟馆来抽大烟。恰这时，何光奎也从两河口来会我们。此时此地人很复杂，不便同何光奎谈话，于是我们三人假意下河洗澡，为了不让人怀疑，我把衣服挂在帐竿上，赤着上身下到河里，在河中由朱华清向何光奎谈王逸涛叛变的情况,和我们对镇上团丁的打算。

正在这时,樊大娘急急忙忙跑到河边对我说:"老袁快跑,有人来抓你。"听了樊大娘的警告,我们就分开逃跑,朱华清、何光奎二人沿着河岸跑去,我则向河对岸跑去。当我涉水到河中心,来抓我的人已下到河岸边,口中喊到:不要跑,不要怕,我是找你抬滑竿的。我跑上岸后,敌人赶到河心。我上岸后,因地形熟悉,跑上一个崖边隐藏着,搬了一块石头当武器,要是敌人来到这里,用石头砸他下崖去。由于我是向河对岸跑,目标很明显,成为敌人要抓的主要对象,使得朱华清、何光奎二人顺畅地沿河岸往下跑,避免当场被抓的危险。

我躲在崖下,听着敌人打了两枪,在牌坊口轰闹一阵后,就再听不着什么动静。这时我在崖上真不好受,在警惕敌人的同时,还得同蚊虫作斗争,因为我是赤身露体,蚊虫可以从四面八方来偷袭,又不敢打它,怕打出声音引来敌人,只好不停地用手轻轻地按,就这样一直熬到天黑,才从崖上下来到了杨炳成家。他家里的人告诉我,敌人在牌坊口抓走了杨炳成、樊大娘、何光奎和开烟馆的吴老板。

何光奎和杨炳成被敌人抓着,是由于他们的警惕性不高。王逸涛叛变的情况,他们是知道的。敌人在抓我时,何光奎已逃脱危险,不该回牌坊口自投罗网,杨炳成当时在河对岸附近田里收割稻子,敌人在河中追捕我时,他是看见这一情况的。在这样危险的场合下,他不但不躲避,反而踩水过河去牌坊口,遭到敌人逮捕。

我在杨炳成家得着这些情况后,深知牌坊口暂时不能住了。我取走放在他家的行李,准备到偏僻的袁家暂住一夜。我从下游踩水过河踏上去袁家的路上,见着有人从他家打着火把出来(以后才知道是朱华清打火把转移地方),见着这种情景,我赶快离开此地,到观音堂姓刘的农民家,和龙坑头姓杨的农民家。在这两处我将王逸涛叛变,以及白天在牌坊口发生逮捕人的情况告诉他们。虽然这两处王逸涛是不知道的,我还是要他们提高警惕。我到杨家已经是大半夜,在他家住到天亮。我穿过大路去金鹅池找何玉芳,准备将情况一一告诉他,并商量如何处理区委面临的这一局面。

我去金鹅池的半路上,就碰着何玉芳,与他同路的还有李石坚和另一个同志(记不起姓名)。原来敌人在牌坊口抓我们的同时,敌人也在金鹅池包围了刘家院子要抓何玉芳。当时,何玉芳等三人转移到院子背后山上,夜晚在锣锅山黄三爷家,没被敌人抓着,只抓去刘思远等。

李石坚来金鹅池是准备和他同来的那个同志，将王逸涛叛变和敌人来牌坊口抓人的情况以及朱华清下落不明告诉他们，何玉芳也谈了敌人在金鹅池包围刘家院子，抓走刘思远的情况。处在这种境况下，我们一起来到与我们有关系的刘姓农民家里，商讨如何处理我们面临的问题。在刘家商谈中，李石坚提出，牌坊口、金鹅池现在都不能去，当天晚上可暂住在他自己家里，待到天明领我们三人，到靠近永宁的泸县中心县委所工作的地区，躲避一段时间，等待时机再回去收拾被王逸涛破坏的局面。经大家同意，由李石坚领着我们朝着他家的路走去。

李石坚家离永宁城很近，去他家要经过渡船口、石盘，他怕在石盘街上遇着熟人，他便绕过河岸走。我们三人通过石盘后，正夕阳西下，见李石坚从一条小径上了一个小高地，我们也跟着上去。当上到半山腰时，忽听街头上有人问我们是什么人，我们见着李石坚飞快地跑，我们也跟着跑，待我们跑上小高地时，已不见李石坚的影子。我们这样跑，引起了周围山上农民注意，我们怕出麻烦，行李丢了也顾不上拣，〈慌〉不择路地乱跑，一直跑到天黑才停下来打听。才知我们已经绕道跑过永宁城，来到城的北面，我们上了大路，到一个小镇上的客店住下。

李石坚跑散后，我们又面临着往何处去的问题。李石坚领来的这个同志，经过这样的变化，产生失望的情绪。他是江安人，提出要我们到他家去躲避；我同何玉芳私下商量，我们去江安作〔做〕什么呢？我们决定不去江安，还是回到区委工作地区。到了第二天早上，我同何玉芳就悄悄地避开江安的那个同志，又走东面经红岩坝绕过永宁城，整整走了一天，晚上到了龙坑头姓杨的农民家里。

我们在杨家，还是打听不着朱华清的下落，于是二人商量，决定去找川南特委。我们要姓杨的农民到牌坊口找陈骟匠来会我们。陈骟匠来到杨家，我们一起商量，利用他骟猪的有利条件，领我们去分水岭一带找游击队。得到他的同意，回家取来骟猪的器具，何玉芳作为他的徒弟，我还是以篾匠为掩护，第二天就结伴而行，绕过牌坊口、两河口，去分水岭地区找游击队。临走时还告诉姓杨的农民，继续打听朱华清的下落，并将我们去分水岭找游击队的情况转告他。

上得路来，沿途边骟猪边打听游击队的下落。走了几天，到了四川边境的一个集市上，碰着陈骟匠的三弟也是骟猪到此。征得他的同意，我们决定分成两路来找。面更宽一点，四人约好碰头的时间和地点，何玉芳同陈骟匠走一路，我和陈的三弟走另一路。我们这一路到了扎西地区，他骟猪，我编竹器，经过一些地方，都没有打听着游击队的下落。约会的时间到了，我们在碰头的地点会着何玉芳他们，他们也没有打听出来。我们四人来到分水岭街上，我冒着危险，到特委所约的通信联络点的那户人家去，还是没有消息。这时，陈骗匠因离家多日，提出要回家去。何玉芳同我商量，他要回家不能强留，我们留下继续找游击队。陈的三弟在这一带认识的人多，经他介绍，我们在云南边境一户靠大路边的地主家打短工。

我们在地主家，亲身体验到地主心肠的狠毒，和雇工在地主家所遭受的苦境。不到天明，地主就催着我们起床干活，做到天黑才收工。他领着我们到别人山上去砍伐树木，抬回到他的家里。在挑粪施肥时，要我们用手将大便捣碎，浇完地后手洗了多次还有臭气，给我们吃的都是残汤剩饭。我们在这里住了一些时间，因仍打听不出游击队的下落，只好回到龙坑头姓杨的农民家里。

我们回到杨家，知道了朱华清的下落，并通知他来龙坑头相会；还知道当我们去分水岭找游击队时，游击队却活动到两河口地区来找区委，因而两下错开了。这时游击队的领导人，因徐策同志在一次同敌人战斗中牺牲，由余泽鸿负责。刘家院子的武装，在王逸涛叛变破坏时，由刘思远的堂弟领着打游击，游击队经过此地，把他们带走了。还听说刘复初领导的游击支队，也合并到游击队一起行动。

朱华清来到龙坑头杨家和我们会面后，各自交谈了分散后的情况，并根据以上种种变化，区委开会决定，在古宋开辟新的工作地区。三人重新分工，何玉芳同朱华清利用陈泽明的亲戚关系，到古宋燕儿窝认刘善全为姑父。以刘家为据点开展工作，我则以龙坑头杨家为据点开展工作。我在杨家，同他的四弟和一个长工在共同劳动中，向他们宣传革命道理，准备吸收他们入党，后来长工期满回家，只发展了杨的四弟入党。在此地我还发展了另外两个贫苦农民入党（一个是杨的族弟、另一个现在连姓都记不起），结识了一些基本农民群众。杨有一个族弟是裁缝，我拜他为师作掩护，利用到一些农民家里缝衣服，或同杨本人串乡买猪的机会，继续打听游击队的消息。

区委的活动经费，从王逸涛叛变并杀害交通员王木匠后，就断绝了来源。我卖掉一个金戒指维持了一段时间。我在杨家，杨本人为了解决区委的活动经费，曾组织过多次打土豪的活动，我也参加过4次。有一次活动是去牌坊口，准备把当地的保长干掉，以便今后回到这个地区活动。当行至保长家门前，狗叫的〔得〕很厉害，见着他家有了戒备，我们只好到另一地区打土豪。我最后参加活动，是由永宁东门外一些贫民组织的，有杨家四弟参加，是去打永宁东北面一家保长，行动比较顺利，得了一支步枪和一些衣物。由于一个贫民将打来的衣服拿去出卖，当场被抓获,供出杨家四弟。杨家四弟去丈母娘家躲避,我暂时也不能在此地停留,去燕儿窝刘善全家,和何玉芳、朱华清住在一起。

我们三人在刘善全家,我给他家编了一些竹器,帮助他家干农活,或为他家到其他农民家换工。在换工中,因为我们不是本地人,点种包谷时挑粪的重活都推给我们干。此地的土地倾斜比较大,挑粪走起来真费力气,挑到地里连放置粪桶的平地也没有,要临时铲出来。住到夏收青黄不接时,他家发生粮荒。由于我们三人住在他家,更加重了他家的负担。没有粮食只好以竹笋加上少许包谷来充饥,处在这样的情况下,我们开区委会讨论,从区委和特委联系断绝后,区委的活动经费就没有来源,我虽然以篾匠为掩护,去长宁地区打听游击队的下落,没有结果,只有想别的办法暂时来解决区委的经费问题。会上大家谈各自的社会关系。他们二人是从学生走向社会,没有别的社会关系。

我是从学徒、店员走向社会,在重庆有些旧的社会关系。于是大家商定,由我去重庆找旧关系,向他们说明借给党一笔钱,以后加倍偿还他们。当时我提出,重庆找旧关系借钱,这仅是一种可能,因为人情冷暖,事〔世〕态炎凉,能否实现尚有疑问。当时听说红二、六军团到了贵州,黔北也有游击队活动。因此区委决定,要我先到重庆找旧关系借经费,若没有结果,再到贵州找红二、六军团和游击队,向他们说明,给区委一点经费,何玉芳、朱华清暂到农村打短工来维持生活。

遵照区委的决定,我作了去重庆的准备,打算走到泸县搭船到重庆。我砍了刘善全家几根竹子,编了几个麻篮篼沿途作路费,还打了几双草鞋准备走路用。刘善全家还用糯米谷种做了几个粑粑,给我在路上食用。就这样我兼程赶到泸县,在泸县没有搭上船,卖麻篮篼的钱已花光了,糯米粑还没到泸县就吃完了。处在这种情况下,只在泸县住一宿,第二天早晨再搭船,也成为不可能。我只好当了一件衣服,卖了一颗象牙章作路费,一天走100多里,赶到了重庆。

我到重庆通元门前,一个警兵直向我走来,当时使我吃了一惊,原来搞什么新生活运动,不准缠头巾,将我头上的白布帕拿走。当夜住在重庆的一家小旅店里,第二天早晨过河到黄桷渡找着彭五鑫。我向他说明借钱的原因,他推说没有钱不肯借,叫我去找赖纯青和一个姓李的想办法。因没钱吃饭,他领我到一家小店用餐。由于好久没有吃过饱饭,这时我是敞开肚子大吃一顿,吃得来使店家吃惊,涨得把肚内蛔虫闹翻了。

在重庆我去赖纯青店铺找他本人,店铺内的人看着我这个穷样子,不耐烦地对我说,赖纯青在乡下。姓李的当时在银行工作,我去找他时,银行看门人说,姓李的不在银行。天快黑了,两处扑空,身边只剩下支付过渡的一个铜板,只得又过河到黄桷渡彭五鑫家住了一夜。他给我一块银元作路费,准备回到家乡遵义,重庆到遵义若走路是十天路程,用一块银元食宿是不够的,这就不得不使我拼命赶路。走到桐梓钱花光了,但遵义的路程还有两天,我卖了一把做竹器的刀子作路费,路上仅有一双草鞋也磨破了,光脚走了20多里路。

回到家乡遵义,由于我是公开的共产党员,不敢住在自己家里,去到城郊我姑母家里住下。在姑母家也不敢露面和久住,我化名为刘绍成,作为前一个姑母的侄儿,由姑母的弟弟张心宾领我到乡下,住在他的舅子家里。我写信将重庆没有借到钱,以及红二、六军团已离开贵州等情况,告诉何玉芳和朱华清。以后没有收着他们的回信,就这样和区委失去了联系,只得又重新开展工作。

我在叙永两河地区,虽然只有一年多一点的时间,但这在我的革命斗争历史上占有一定的位置。回想起来这个地区的贫苦农民,是要革命,心是向着共产党的。他们中有很多动人的事例:当敌人在牌坊口抓我们时,樊大娘冒着生命危险给我们送信,使我们逃脱了敌人的抓捕。我在龙坑头杨家时,腿上生了黄水疮,他家的主妇熬苦丁茶给我洗疮,刘善全家自己没有粮食吃,还把谷种也给我做粑粑,有的为我们提供情报,有的为游击队打草鞋。在这样好的农民群众当中,我们没有把工作做得更好,客观上除了王逸涛叛变革命受到损失外,从主观上来说,由于我们革命经验不多,缺乏组织能力,没有把农民更好地组织起来成为农村中坚强的革命堡垒,向反动势力作顽强的斗争,这是我们应该承认的。我向曾经支持我们工作的群众致敬,祝愿叙永县人民,在党的领导下,把自己的家乡建设的〔得〕更美好。

(录自中国人民政治协商会议四川省叙永县委员会文史资料研究委员会编《叙永县文史资料选辑·第6辑》,1986年印行,第21~38页)

# 我是怎样到川南游击队的

郝　谦

按:本文系根据原中共川南特委两河口游击区区委书记郝谦同志,1982年9月13日,在中共叙永县委召开征集党史资料工作座谈会议上的讲话录音整理,经本人阅后做了少数修改。

1935年1月初,我在贵州遵义参加红军长征。当时分配我在中革军委总政治部所属的"白军破坏部"工作。总政治部的主任是李富春同志。从遵义出发,经过贵州、四川到了云南的边界上,那一带山上都是些苗寨,苗寨里面,经常向外面过路红军打枪放炮。为了做好这些少数民族的工作,就需要找四川人走到部队前面对寨子里头喊话,打招呼,开展宣传工作,希望他们不要开枪打红军队伍。那一段时间,我是天天跟随部队走在前头。在土城与川军郭勋祺带的一个师打了一天一夜的硬仗,是四川军阀刘湘又一次最反动的表演。

过了土城以后又分配我到地方工作部工作,特别是在少数民族多的地区更须要地方工作。一天,总政治部所属的地方工作部部长李维汉同志(当时的名字叫罗迈)亲自来通知我说:"你到我住的那间屋子去,我有话给你讲。"我来到李维汉同志的住处,他对我说:"要你参加中央干部团,你马上就去,同时把背包背上,并把其他东西一齐带去。"我按照李维汉同志的吩咐,来到干部团,到时,坝子里头站满了100多人的队伍,有余泽鸿、甘棠等同志也在队伍中。余泽鸿同志原在川南师范读书,1923年到成都同邹进贤同志一道在成都同学,我常与邹进贤同志通信,所以余泽鸿知道我的名字(我的原名叫霍绍文)。我们在坝子见着后,甘棠(后来改名的,原名叫阚思颖,很多人喊阚思英)双手拉着我,我们都感到很亲切。

后来上级宣布,这个干部团抽出来是成立川南游击队的(组织上特意找了我们三个四川人,余泽鸿是长宁县人,甘棠是南溪县人,我是綦江县人,参加川南游击队)。这里要重申一下:我们是中央组织的川南游击队,是新成立的川南游击队武装,我们不是加入王逸涛的游击队,这是在中央召开扎西会议时决定的。听说,在扎西会议以前,红军还没有准备北上。从当时条件来说,红军进行二万五千里长征可以在四川活动,可以留一部分人在川南打游击。条件是什么呢?当时川北有红四方面军在激烈战斗,有十多个县就是他们的活动范围。而且他们曾打到嘉陵江边,先后打败刘湘两次,又把驻扎在城口、万源等县的川军第二十三军刘存厚部队全部消灭;把第二十九军田颂尧全部消灭。甚至刘湘动用了他的"神仙"军师刘神仙指挥作战,也被红军打得屁滚尿流。在红军的打击下,四川军阀动摇了,刘湘又想统一四川,想把四川的几个军完全统一起来打红军,妄图把重庆的叛徒带到成都等地消灭共产党。刘湘打到成都赶走了刘文辉,但是仍然统一不起来。刘湘有一个"心病",就是害怕在与红军对抗当中,蒋介石借口进川"剿共",拉拢四川地方各部势力,再把他吞掉。敌人的这个矛盾对红军是有利的。

我们是在石坎子成立的川南游击队,我记得王逸涛也参加了的。我随先头部队刚到扎西时,就听说一个名叫王逸涛的来找朱总司令,还说他是朱总司令的学生,他来要见朱总司令。我心里想:"王逸涛和我是熟的,1928 年在泸州见过,他那时的名字叫汪洋。据说,1927 年底,他曾在湖北、四川交界的地方拖了一支游击队,但每一遇到困难,打仗的时候就逃跑了,我只晓得他那时逃跑,这以前又从哪些地方逃跑过,我就不清楚了。"1928 年,我曾在泸州见过王逸涛。当时他很活跃,嘴巴能说会道,会吹牛,会说大话。后来我见着王逸涛和他的兄弟王元德。王逸涛说:"我们二十多支枪,没得'广东西'(好枪)都是土炮。"王逸涛就在部队等着。

中央抽了 100 多人,100 多条枪,组成了川南游击队。游击队的领导就是在广东、江西、浙江这些省的边界上打游击战打了几年,比较有经验的同志,如徐策、余泽鸿等担任〈领导〉。徐策任游击队的政委,兼中共川南特委书记,余泽鸿任川南特委组织部部长;王逸涛任游击队队长,另外还有一个参谋长、秘书长。副队长不知是刘干臣担任,还是谁,忘了。当时,游击队在党的领导、政治、军事等工作方面还是有相当完整的一套组织和人员。川南游击队人数不多,枪是好枪,100 多支,有四挺重机关枪,手枪、盒子枪不少,但就是没得子弹。红军长征,除了从敌人手中缴获武器、弹药外,哪里还能把兵工厂一起带走? 我们的步枪子弹不多,一支难有三颗,重机枪是一颗没有,盒子枪也是一颗子弹都没有,得支空枪才背起。

徐策、余泽鸿两同志给我说:"我们游击队子弹缺乏,医药也没有,游击队要生存下去,就得赶快找地方生根,依靠群众,发动群众,扎下根来。我们不能老是这样整天把部队拖来拖去,我们的目标是要在这里建立游击区,建立革命根据地。我们要把农民群众发动起来支援游击队,为建立苏维埃政权而斗争。不然,让人家把你错看成'土匪'队伍。"他两个是代表川南特委、代表组织给我说的话。他们说:"组织上需要人去做地方工作,我们研究,觉得只有派你去才恰当。"这时正好叙永两河口地方党组织派人到游击队来接,组织上又派了一个高大汉名叫周守如的与我一道，我们就同来接的人一路，离开了游击队下到地方工作。

两河口地方党组织派来接我们的人姓阮，不知叫什么名字，大家称老阮，我们三人一路同行，要翻过一座山，山上竹林茂密，雪很大，压在竹子上，不时"哗"的一下，垮一堆雪下来。这座山翻过来就是一条槽沟，槽沟里是一条石板大路，下面直通两河口，上走通云南，翻过来，又是一个天地。什么天地呢？有土匪、有团练，有地方上吊儿郎当的地痞、流氓。那个时候团练、土匪简直难以分清。我们走到哪里，总有这些人老远老远就一声吆吼："跟老子站倒！"枪就对着你，走拢就搜身，一味纠缠，想乘机敲诈勒索。跟我们一路的这个老阮，年龄不太大，人很瘦，又吃袍哥又通土匪。只要每到一处喊站到搜查时，他就给对方打"招呼"："跟我一路的。"这样很顺利就通过了。我们走了一段路又碰到出来一伙人，端了几支枪出来，其中一个像是什么队长的，一见到老阮就说："啊！是阮大哥阮大爷嘛。"还没说完就把枪放下来了。我们又容易地通过了。又走了一段路，碰着十几个人，上来就搜查我们的包袱，这伙人乱七八糟的。老阮就说："搜啥子嘛？我们是做小生意的嘛！我们到云南买点羊皮来卖，有啥子搜头？"这时走来一个人说："啊！是阮大哥嘛！"老阮乘机插话说："这两个人是同我到云南做生意的，我们是同路。"经老阮这样一说，搜查的一下就不再搜了，我们如释重负地顺利地过了关。就这样在路上耽耽搁搁，好不容易才分路到了两河口，我们来到了老阮的家。老阮家住在一个山坳（垭）上，一架烂草房，就像农民们平时搭在粪坑上的那种茅草棚棚一模一样，他家真是穷得要命！晚上，我们就宿在老阮家里，他两口子睡在灶背后，我同周守如睡在灶头上炕包谷的竹楼架上。破草房在山垭口又不挡风，晚上风吹来呜呼呼地叫，刮在身上像严寒冬天往身上浇冷水一样刺人。一晚到亮，尿都撒了12次还等不到天亮。过几天我们就转到杨少华家去住了几天。

（有人插问："你离开游击队下地方的时候，游击队是否与王逸涛合队了？"郝谦答："当然合队了，他们兄弟俩是在石坎子入队的，他并没有带队伍。在中央干部团编过后，组织成川南游击队，王逸涛弟兄都在。队长是中央指定王逸涛担任的，合队是在石坎子就弄好了的。"）说到老阮是哪里派去的？这些年我都没弄清楚，我还认为是朱光壁（应为璧，以下均改为"朱光璧"）同志晓得，可是朱光璧同志也不晓得。老阮究竟是哪里派去的呢？我在仔细回忆。徐策、余泽鸿在我将离队时给我说过："叙永县两河口区委已经派人来接我们来了。"如果我们游击队当时不凭什么根据，毫无把握，怎么随随便便派人出来而且让一个毫不相识的人接走呢？所以我认为当时是有根据的。我从游击队来到两河口，只会见朱光璧同志一个人，当时叙永两河口究竟有没有区委？有哪些人？（朱光璧插话："没有。"）究竟有没有？当时除朱光璧同志之外，确实没有见到过其他的人。

老阮一直把我们接到两河口来，可见这人的忠实可靠。他虽然又吃袍哥，又通土匪，又通团练，可是他对我们的出来，的确没有什么坏的行为，而且一直保护我们，把我们安安全全地交给地方组织，一直联系下来没有什么问题，这就足以说明问题了嘛。老阮把我们从部队带出来，没有把我们带来交给敌人，而且一路到头保护我们，所以我们不能笼笼统统地说"土匪""袍哥"都是坏的。我们对某些事物也要"一分为二"，就以"土匪""袍哥"而论，有好有坏，阶级界线是分不清的，他们和工人农民劳动生产者是不同类的。当时有的和我们有些关系可以利用，他们对革命曾有些同情，但其中也有各人利害的关系，有利就来，有害就去，不可靠的。由于历史时间的关系，蒋介石进入四川便利用土匪的招安并收买袍哥为反动派反革命服务，结果他们都是反人民的。四川的土匪运动没有一个成功的，都是属于阶级立场问题，有的属于流氓无产阶级的，对革命是不够彻底的，这时说明对土匪的问题。

我和周守如到了杨少华家，杨少华也通土匪。我们就利用这些可以利用的力量，在不到几天功夫，通过两河口团练叶队长等与我们有关的人，搞到了够交通员王大汉背一大背兜的子弹、医药、布鞋之类的物品送到游击队区。

紧接着就由我同周守如、朱光璧三人成立了川南游击区根据地区委，地点在两河口，又叫两河口区委。我任区委书记，朱光璧同志任组织委员，周守如同志任宣传委员。当时我们感到仅仅在两河地区工作还不够，金鹅池方面也还有党员，我们研究决定区金鹅池再搞一个点，我们三人一道去。我们到了金鹅池，住在刘家，刘家请我教书，开初我就在他家当教书先生。周守如这个人很活跃，很喜欢唱，走在哪里都是唱唱哼哼的，很乐观。我们住了几天，周守如、朱光璧就回两河口。刘家原来只有一个党员在街上教小学，刘思忠、刘思汉是我去吸收为团员的，家人都很同情我们的。从刘家过去点，有个李家湾，那里有一个党员，刘思忠家老一辈三弟兄是分居的，同住在一个院子，关系都比较好。他们有个亲戚是地主，我们到他家里去过，通过宣传工作，他也要求加入共产党，并表示要把家里的财产交给党。此人父母双亡，单身一人，很年轻，思想比较进步。刘家一个小佣户叫陈泽民，他的母亲很好，很靠近并很关心我们，不久也入了党。他家前面有一家贫农粮贩的吴长兴就不老实。锣锅山上有个黄三爷也叫黄见新是党员，弟兄二人及家属都好。我们发展的几户贫农，最可靠的就算陈泽民、黄见新。刘思忠家的长年叫赵全发是我去吸收的党员。我们并没有仅仅依靠刘家及其有钱的地主、亲戚，就在刘家后山脚下两个孤老穷人，都是我们可靠的群众。我们这样做是革命工作的需要，先找立脚点，建立根据地，然后再发展，这样，失败时可以找条退路。而在两河那边呢，杨少华、老阮、牌坊口的樊大娘、河对门李子树林里的杨家、河北岸的两个割猪匠。再下面点河对门南岸上坡去又是一家姓杨的弟兄，这杨家是一个联络点。从两河到金鹅池的道上有一户贫农，男的是党员，另外还有一家几弟兄专以屠宰肥猪送进城里卖肉为职业，经常为我们传送消息。我提供这两处地方的地下党组织情况仅供党史组的同志们参考，并再查实。

现在我再回过头来谈我们在两河收集弹药的事。我们把弹药、布鞋之类的急需用品交给王交通员背送走了之后，一直焦急地盼等王交通员安全回来。但是，久等不回，心里万分焦急。不久在两河牌坊口后面山上看到国民党的部队同游击队打了一仗，并抓了一些人回来，接连几日如此。被抓的人三三两两，一些是当地人，一些是游击队留在老乡家的伤病员。又过了一些时候，才听到说："王逸涛叛变了。"我们才知道，派出去送弹药的王交通员在黄坭嘴被王逸涛劫住，收缴了弹药，查获了我亲笔向川南特委写的一份详细报告，而且把王交通员也杀害了。由于那份报告极为详细，完全是我们的组织、工作情况，现在一下暴露在敌人的面前，于是我们紧急决定，立即分散隐蔽。我到金鹅池，朱光璧、周守如仍在两河口河对门的杨家。到了金鹅池我就搬到刘家后面的草棚棚那户贫农家去住，我就这样暂时在金鹅池安顿下来。

刘家的长年赵全发（党员）正在犁水田，一个身穿长衫，手背在腰后的陌生男人向他打听说："你知道这里有个教书的赵先生住在哪里吗？"长年回答说："我不认得，不知道。"并回问一声："你找他干啥子？"陌生人说："我跟赵先生是熟人，想会他一下。"长年又问："你还要到那里去？"陌生人狡黠地说："我要到李家湾走亲戚。"等那人转弯不见后，他便立即放下牛，马上跑到我的住处把这个情况告诉我。我想一想："觉得不对头，事情有蹊跷。"我说："你等太阳下山，赶快去李家湾打听一下，这陌生人到哪家走亲戚？"这就充分证实了那个奇怪的陌生人是个"侦探"。我当即叫他去通知刘思忠一家，要他们当晚搬出来过夜，但刘思忠的幺叔正在做生祝寿，家里有好几桌客人，都是些大小地主，有的在烧鸦片烟，有的在打麻将牌，一个也不出来,第一次不出来,第二次不出来,太阳下山后,刘思忠的长年赵全发来告诉我说:"马跑井这边,从城里开来了一连人的军队。"这一下突然开来一连人来了,心里就明白了。这个侦探来,就证明这个事情猜对了。我也不心慌,也不着忙,也不大惊小怪,头脑还是清醒的,还是在打主意。刘思忠一道喊他来,天还没黑,听他家里的人说,三家人的哥哥、弟弟都给他们说,他们今晚上不出来,幺叔在做生,亲戚那些都来了,打牌、喝酒,闹得一塌糊涂。还给他们说,把枪拿出来。他家里、几家人还有四五支枪,通通都拿出来,第二次又来给我说,他们还是不听,看看第三次又叫他回去说,他们再不听呢,你把枪拿出来。第三次回去他也不来了。

当天下午突然有两个说是从泸州来到,姓李,直到我的住处草房里。晚上我们就在院坝的斗筐里睡着。李麻子睡在我的左手边,那一个睡在我的右边。我一点都没有睡着,他两个吹胡打鼾的,睡得很安逸。天气秋高气爽,星星很明朗,这个晚上怎么过得去呢?心里老是在想。大概鸡要叫了,街上"砰"的一枪,我急忙推醒他们两个。怎么走法呢?我先就拿出主意了。马跑井一侧是悬岩,一侧一条小路可以翻到山上去。这个山头是悬崖陡壁,中间只有一条由金鹅池到城里的大路。我想,如果军队来了,一定要占这个口子,马跑井这个口子一占,他就要搜山,一搜山我们就跑不脱,一定要在鸡叫前走过去,要不走马跑井的大路,从另一条小路,翻上岩去,一定要这样。走的时候不走大路,朝那些坡坡小道乱踩,只是不往进城的方向去就是了。我先就把这个方向准备好了。就拉他两个起来,就往那个坡坡上而走。

翻到马跑井的侧面一条小路,走到口子上的时候天已快亮了,一个大石包滩滩,是晒谷子的,只见一个农民在这里晒谷子,打瞌睡,睡着了,我们抽身一趟翻上岩,岩上,一边可以下山通到李家湾的一条小路,另一边岩上住的是贫农黄见新家。这时,天已亮了,我们看到金鹅池街上,出来的部队像牵蚂蚁一样,端端一根线,扭、扭、扭、扭,一直扭到刘家那个房子里,我们看得清清楚楚。一会儿,房里头有人被打得惊叫唤,声音都听得到,把刘家的几个党员和客人捕了十多个进城去了。这时,我就给李麻子说,而且用手指给他看,他吓得(手势比)打抖抖。我说:"你说没得事嘛。"

过了一会,刘思忠还没有等到天亮就跑了出来,他就从右面这个口子爬了上来,爬上来就看见我们。他呀,吓得那个样子呀,话都说不出来。这也不是说明我的聪明能干,那是因为我们从一九二几年起,就已经遭过多少次艰险的难关了,也不是天生的聪明,还是从教训中得来的。你走一个地方,不弄清当时当地的情况,好好安排工作,老是在地主家住起,一天三顿白米饭吃得安逸,还有酒喝,到头来,脑壳落在地上你还不知是咋个搞的哩。

我们该走到哪里去呢?黄三爷(见新)就叫到他家里去。饿了喝包谷稀汤汤,一个人喝一小碗都还不满。走,又走哪里呢?走两河口去看他们吧,还有两个人在两河口,看看他们怎么样。我们翻过一个小山,山上有一条小路,坎底下有一间草房,草房里头就是农民党员,接着下去是瓦房,瓦房里有几家杀猪匠,经常到城里去杀猪卖肉,那里也是我们的人。我想,我们三人走起人家看到很打眼,不如安两个在草房里,我一人去打听一下消息。左想右想,他两个也不大愿意。我想,管他的喽,先下去再说,刚刚一下去还没跨进门坎〔槛〕,周大汉就在里头,"哎呦!你来了?"我说:"我来了,就是来找你呢?"他说:"昨天下午牌坊口已经出事了。"随即我也告诉他金鹅池同时同样的出事了。原来在牌坊口大路上,那个么店子,是在一个悬石岩上,岩边有几根大黄桷树,天热的时候,他们就下河洗澡。(朱光璧同志插话:"周守如吧,我们经常在那里洗澡,实际上在河里开会"。)周大汉给我说,他们下河里洗澡,听到上面打得惊叫唤,他们两个赶忙抱起裤子就朝河对门跑,是这样跑出来的。我给周说:"我们不能走,两河和金鹅池都有我们的群众。"

李麻子呢?整死都要拖我到泸州去,我说:"我们到泸州?这个地方不要了吗?走到泸州又找谁呢?泸州,还不是老虎的嘴巴都张起的。我走泸州找哪个呢?我又没有在那里工作过,逃难吗?本地还有这么多人嘛!"整死我都不干,他整死人也要把我拖起走,周大汉说:"要走就走嘛,我带路,我熟悉。"后来就走,走到大路,就是叙永到两河口的石板大路,一上大路,就看见民团的哨兵卡,李石坚(当时不知他叫李石坚),李麻子一看岗哨,他的心里就着慌,赶快上坡,一上坡就开跑,民团的兵一发现就边追边吼,越吼我们越跑,爬上坡就下滩口,有些地方的谷子还没有打,一下滩口就赶快跑下去,周守如跟在我后面,一跑往后看,没得人了,我们就在谷子田壁坐下,就是我和周守如两个,等了一会,其他两个也无影无踪了。

天要黑了,走下去就是绕过叙永城到泸州的路,当时正在修马路,马路边上有一个草房,是个栈房,很乱很杂,当时才开始修马路,我们就混进里面。当天,只有周的身上还有几个铜圆,我一个也没有,第二天,我们早饭都没得吃,就向玉皇观那个大山绕城远远的一圈,转来转去,转到两河口下面的河边,走杨家分路时,天完全断黑下来了，黑得来影影都看不见，伸手不见掌，连大石板路也摸不着，走着走着，跌跌撞撞，我一下子摔到了河坎下，周守如也赶忙顺着声音梭下来一把把我抓起来，周大汉不费力气把我拉起来了。周守如对杨家坡上的道路很熟悉，在哪里分路，哪里拐弯，他伸手就能摸得出，就这样摸着摸着上坡，离天亮还早，这样我们到了杨家。

吃过晚饭，我跟周守如商量，我们要设法赶忙找到游击队才行。怎么找？杨家给我的建议说："陈阄匠（割猪匠）两弟兄，阄猪阄鸡经常在云南边上跑，常常在游击队出没的地方进出，游击队经常在哪里，他俩弟兄清楚，何不找他俩弟兄带你们出去找呢？这样，就由哥哥大阄匠去。"大阄匠答应了。你看阄匠对他个人的生活都不顾，完全满口答应，一点私心都没有。

第二天，我们就从那里开始走，身上有啥子呢？光光的，腰无半文，只有斗笠，走出去啊，阄匠所走到过的地方，那些地方的人对游击队都很欢迎。经过的一些路，原来很窄的路，红军游击队走过之后，就像马路那样宽，那些场等于是小店子，乡里的一些人家都欢迎红军游击队，但是他们都说："不晓得他们这几天又到那〔哪〕里去了。"有些地方的人又说："昨前天才走！"哎呀！又不晓得走那个方向，就像这样，在那些地区里头，走去走来，走来走去，后来走到双河场，四方八面都是山，中间一点点平地，赶场天阄匠可以碰到熟人，你看那个场有好大呢？中间是卖布卖吃的，有汤元〔圆〕、包谷粑这些东西，两头两尾开烟馆，场一齐了，那个苗寨上的苗族头头来赶场了，骑了几匹马，前后刀刀枪枪，那个凶神恶煞的山寨王样子，走到街上前前后后都是人，一见到外地来的陌生人，就要抓到拷问，抓到苗寨上去，不是杀死，就是奴役。

我和周守如两个刚进场，我们就转进烟馆去，躲在门背后，等到苗寨王闹了一阵走了，我们才出来赶了场，阄匠就把我们带到乡里去，乡里一走，也是路边上一个穿心店的老板家里。周守如会编蔸蔸，我是他的徒弟，帮老板家干活。那个老板烧阵鸦片烟爬起来一看，指着我说："那个划蔑〔篾〕挑得不象〔像〕，不要！"周守如说："你不要，我也要走。"后来，我赶紧学几天就把划蔑〔篾〕挑学会了，拼命地干。他家有个女儿，歪的〔得〕很，把我们两个叫去扯黄豆秆子，还没有扯到几把，满手都打起了血泡，那姑娘还骂，我们拼命地扯，扯了一大背，就背起回来，我们看灶房后面一间屋里摆了一桌子，白亮亮的饭，老汉还在烧鸦片烟，我们走近一看，什么白饭？原来是白包谷与大米混在一起煮的。老汉说："你们两个到外面马房去，马吃草的地方摆了一个桌子。"叫我们去陪马吃饭。

哎呀，第二天又叫我们到树林里去砍树子，树林里密密麻麻的，人都挤不进去，大的又砍不倒，几丈高，两个砍了半天才把它砍倒了。拉不出来，两个的力都使尽了也拉不出来，东整西整，才整了出来。清早出去吃了点包谷汤汤，饿得够呛，等树子拖下来，太阳都落土了，抬起回去，又挨他训了一顿。再隔两天，周守如又去编蔑〔篾〕货，叫我去割马草，喂马拖东西。包谷收了以后，乱草又深，一刀割去，在那包谷椿椿上去一截〔戳〕，手拇指就截〔戳〕伤，血流不止，就在裤子脚边上撕快烂筋筋布来缠起就走。下大雨背了一背草回去。吃饭还是在马房头吃。那些地方的盐已很贵呀，块块盐，不能打烂成面子，用时拿到汤里去打两三个滚就提出来，海椒在碗里去沾两下就拿起来。我们说："你这样刮毒啊?"一个月满了，我们要走，老板一个铜圆也不给我们。我们心里痛恨极了，心想：哪天我们把游击队找到再找你算账。

东找西找，转了一个多月找不到，先还找到些线索，找到些游击队过路的地方，后来消息都听不到了。又走，走到云南威信县，中间还过了个河，河边上有个么店子，还没有拢时，就见那个路上刀刀枪枪的背起，窜来窜去尽是土匪啊？走在路上碰到说："喂，哥子! 你们的财喜好啊!"有些招呼一声就走了。还有一些，阉匠认识的，哟! 还是匪呀! 有看到在那河的上面，上游涨水，看到河里打来的房子呀，猪呀、牛呀。天黑了，要进一个场，这个场是在这样一个石壁头，壁立陡的一个石头，下面是路，这样冒起来的一个石壁场。这个水淹起来要淹多深啦! 看到天要黑了，我们要进场怎么办啊? 翻山又很远，好! 就跟到这个壁头，拉到壁头上的树条条，脚在水里划，扑在石头上爬过去，才到这个场上住宿一夜。

实在没有办法了，我们有回到杨家来，阉匠这回没带钱回来，阉猪的钱都拿给我们吃了。又一看，如果阉匠回家去他老婆看到他没得钱，不找他扯筋吗? 但他也没有担心，回家后老婆也没有清问他。

回来过后，我们三人住在半坡杨家，我们到金鹅池去看，山上山下都是黄三爷家的耕地，黄三爷在底下村，底下村还有岩，他的背后还有个坡，这个坡是壁立陡的一个斜坡坡，这些都是悬岩陡壁种包谷的地方。半中腰有个看守包谷的草棚棚，我和朱光璧同志就在这个包谷棚棚里头住了好几个晚上。风一吹来，我们俩就背靠背紧紧地靠着，给黄三爷联系，他喊娃儿每天那个碗端几颗胡豆，就算吃个一顿。天黑了就摸下山去看一看又回草棚棚，在那里又睡了几个晚上，周围的老虎、豹子、野猪多得很，跑上跑下的。又隔了几天，又到两河这边来了。我们又转了一个地方，转到刘家那边一个石岩洞里去，刘思忠给我找了一块门板来睡，由他给我送吃的，刘思忠给我说他的幺叔子在找我们，说找到老赵要把他拉去交给王逸涛抵他儿子的命，把他的儿子调出来。我又找陈泽民打主意，他的母亲叫涂二姐，他母亲有个妹妹叫涂四姐，在古宋燕儿窝，先送我一个去。去了回来在金鹅池等，朱光壁听说游击队已经到了连天山。嗨哟！我两个好高兴，赶紧到连天山去找红军游击队，我们是从左边去的，半路上听说游击队从右边来找我们去了，就在锣锅山黄三爷家里，徐策、余泽鸿两同志问我在哪里。因为后面有追兵，他们就走了，刘思忠带了几个土匪去参加了队伍，我们错过了，他们扯伸就拉到黑令坝去了。什〔怎〕么办，我心里硬是不好过，敌人也随着追去了，我们也不能倒转去，没有走处还是到刘家那里去了。

到了古宋燕儿窝刘家，老的两夫妇，四个儿子，两个女〈儿〉，一家共八口，我们两个去就是十个人，老汉刘绍全、涂四姐很能干，没有话说，可是，那老头第二天脸色就不对了，我们如果再象〔像〕往回那样白天钻进被窝里，晚上才出来活动，那样就不对了，再吃两顿，不怕是贫农，心里也不安逸。不行，从明天起，我们要给他们一起做活路，那时打完谷，田坎被水冲垮了，要挑沙子，那是重活路，肩头上挑东西，恼火。我们打什么主意呢？白天出去做工，又不像，庄稼人及保甲等周围团转把你看到不行，我想只好半夜起来挑半桶粪，在坝子里打转转，加紧锻炼，开头还算跟得走，后来简直把肩头磨平，三天之内，我们挑起粪担子还要爬坡，垮了田坎还要去挑泥沙，恐怕有一个多月的样子。刘绍全是农民的本色，你对他有好处，他就喜欢，你对他没有好处就不行，因为他经济条件不行。看到我们能劳动，他的态度就转变过来，他还跟我们出了些主意呢，他给我说："在三官店的上头，有个姓刘的，叫刘复初，他就给游击队有关系。"又把周围的情况都给我们说了，他说："燕儿窝这边山上都是穷人，河对面崔家坡、连儿沟有大地主、富农，也有贫农，连儿沟那一年，那些家里外面来过几个人，又到那家，后来弄去悄悄整死了。"这些事情，他都给我们说清楚。上面三官店又怎么又怎么，反正往上走有个地方可以看一看，打听一下，好。

我和刘绍全就去找，到刘复初家里去问一问，他家里的人说刘复初刚走一两天。哎呀！早到一两天多好。听说他晓得游击队的方向，哎呀，这个机会又失掉了。这下又没有靠头。所以，我们经过这下情况之后，我们才定下来，如果能够打听到消息我们还是继续进行,打听不到消息,我们就在这里生根,就作比较长期的打算,深入农民中去,搞农民运动。现在好多材料上一搞农民运动,就是刀刀枪枪的,才叫农民运动。所以,在这里我要提出来,不是一搞农民运动就要刀刀枪枪的,要看条件嘛!看情况嘛!我们深入群众,就是同农民同吃同住同劳动,不懂的就要向农民学习,不能做的事也要做。我们就下定决心,给刘家种小春,1935年下半年秋季的小春,全部种完,还要犁耙两次板田。

这家八口人,种的田地恐怕有30多亩的地方,一个斜坡,水田比干田还多些,押的佃钱是借的,是城里赵家的土地,牛、猪的本钱都是向别人借来买的,除地主的租子要上够之外,押金要付利息。我们给他出主意,要多种粮食,以小麦为主,老大老二和我们二人,一共四个要有较强的劳动力,还有老三老四老五割牛草猪草打杂,把小春完全种下去。到9月、10月红苕都吃的〔得〕差不多了,过不到年,我们又出主意把水田放干两三块来种萝卜,山上种包谷,包谷地里头种小豆,收货时,掉在地里的小豆、苏麻等东西我们一颗一颗帮他捡起来,青菜很大一窝。拖到年底,腊月三十天根本就不能吃过年的酒肉之类的东西,只好提了自己喂的鸡鸭来杀了,煮它一大锅搞他个穷欢乐。等到年过完了,又要准备第二年的大春。没有吃的了,一天就是一顿两顿菜汤汤,晚上回来没吃的,只好扯几窝野菜熬汤充饥。

到农历的二三月青黄不接(旧粮已尽,新粮未熟)的时候,在刘家耕地内有一亩多地的楠竹林,把竹林里长得很嫩的冬笋都挖来吃光了,因为没有一点油气,全是白水笋煮,吃多了,胃里发酸,心中发慌,捞肠刮肚,我在使力气搭田埂时,一下昏倒栽在田边,朱光璧和刘家老小来看见我这副模样,也和我一样躺下,不断地淌清口水。涂四姐叫她三儿子从燕儿窝这边山到对门崔家坡两山去找遍许多家,大半天才找到一小碗米,赶忙拿回来煮了一大锅稀米汤,给每人喝了几碗,渐渐才好了。随后又在他家里找到了一些糠壳(猪都不吃的)拿来炒焦和菜叶一起煮成稀粥。在未吃之前,涂四姐怕我吃不饱,悄悄地先盛一碗藏在碗柜里面,等到大家都吃完了的时候才把给我留的一碗端给我。当时我的心就像被滚热的油锅熬煎一样,禁不住热泪盈眶,滚滚而来,顿时全家大大小小都放声痛哭一场。当天午饭后,涂四姐把我带到连儿沟涂五姐那里去,她家是有饭吃的,她不接待我,叫我到另一个富农家去做月活,做了一个月的重活苦工,一个工钱也不给,我又回到刘家。

　　等到栽秧子的时候，老头、老大、老二都是"秧师"（插秧能手），他们三爷子都出去栽秧子，拿点现钱回来，我和光璧两个就给他们准备栽秧子，包收小麦杂粮约二十余石的小春作物，犁田、耙田、保持水田、干田满栽满插，把全部重活承担下来。开初，他们把我也带去跟他们走了几天，在古宋大田坝里头一家大富农家栽秧，栽了两天，老板见我技术不行，不要我栽了，喊我走。当即由刘绍全的儿子刘树清起来反对，顿时引起全体栽秧的几十个秧师一起反对说，要走大家都走，这样老板答应留三天照给工钱。栽完秧子后，我们就回到刘家，开展农村活动，又到一家富农家去做活加强群众联系。这时，田坝里头在做秧苗神会，秧苗会有个儒教，头头叫郭汉文，是大坝城隍庙里那个泥水匠的儿子。我进去一看，刘绍全就给我说："外头有个叫刘襄阳的是刘复初的哥哥，知道你。"郭汉文见我能写字，就叫我给他写表文，他看上了，要收我跟他当徒弟。刘襄阳就悄悄给我说："要装得像啊！叫磕头就磕头，叫跪倒就跪倒。"后来郭汉文又一次来找我，约完秋收后到大坝去做"盂兰会"，我们在刘家是1935年秋后到1936年秋后，小春大春两季庄稼都帮他们收了，甚至还帮他挑租子到城里去交给地主，乘机打听游击队和敌人的信息。到农历七月，郭汉文才带信来叫我跟他一起到大坝，这是个大概情况。

　　在这里还要说清楚，我是怎样到古宋？又为什么到大坝去的？在古宋燕儿窝与刘家的关系事先就约好了的是亲戚关系。在刘家侧边弯弯头，一家有两弟兄，一个是甲长，一个是二流子，周围还有不好不坏的都是农民。这些人见到外边来的人，开初感到惊奇，随后转为怀疑，逐渐接近变为友好、相信。经过这几个阶段，这二流子、甲长，说他们根本坏还说不上，但总是跟其他的人不尽相同，有些鬼鬼祟祟的样子。因我们去的时候，金鹅池陈泽民的母亲涂二姐给我们找个地方在古宋，燕儿窝那个叫涂四姐，是涂二姐的妹妹，用这个关系，我们两个就是涂二姐、涂四姐的侄儿。三官殿那边有姓涂的，金鹅池那边有姓涂的，所以我们也就改姓涂。我们的名字是在金鹅池的路上临时改的，我叫涂鼎清，朱光璧叫涂华清。如果要查要追根，我们就一口咬定：我们原来是叙永那边的，因父母亲死得很早，我们是从小跟着亲戚长的，长大了我们就到外面求生活去了，在外面跑到这个时候才回家来看到家头已没得人了。在外多年，声音变了，好多人都认不得了，做点生意又遭匪抢、蚀本，到了二三十岁至今还是个"光棍"。我们就这样与涂家亲人相称。往下后，乡邻四里有什么婚丧礼嫁和乔迁之喜，我们都主动去帮忙。时间一久，有些人就传出去，某家来了两个人，保甲长就要来清查户口，要登记造名册，经过几反几复,保长也亲自到刘家来查问,每次都是涂四姐亲自出面应付。她是一位很能干的妇女,也明知保甲来故意刁难,如再不说两句硬话,心虚就糟了,于是她便挺身出来,拍着胸膛大声嚷道:"哪个要说我这两个侄儿是坏人我就跟他拼了!老娘用全家人的性命来担保!"经四姐这样一嚷,却把保长搞沉默了,再也不提什么坏人之类的话,甲长见如此这般也就不敢装疯了。把保、甲一稳住,我们就算扎根下来,在当地安家落户。犁田、铲耙、栽秧、打谷、点包谷、收麦子,我们就出去与别人"换工"。名义是换工,实际上是帮人家干活不要工钱,不要还工。就这样把关系一步一步建立起来了。

1936年的春天,正是在种包谷的时候,周守如从两河口那边过来到了刘家,周守如是个高大汉子,会编竹篾箬箬,他怕做重活,住了没几天他就要走,那时又走哪里去呢?游击队失败后,到处乱得很,四处都在盘查,进城嘛也要找个地方嘛,我们实在担心这个事,也不放心他走,他实在要走也没有办法。我们问他:"你到哪里?你去找哪个呢?"他说:"到重庆,找×个×个。"这样,他就径直走了。他走了过后,我们就想,他是走了,但在那兵荒马乱的年月,谁敢担保不出个意外?我们在刘家忙把大春收了起来,赶快另外找地方。为什么要这样做?当时的形势逼得你非这样做不可。如果他出去突然发生了意外,好嘛不说,坏呢,与我们就有关系,从个人安全和革命事业的角度考虑,都一定要另找地方。一个是向外发展,二个呢,这是我们的老规矩,如果有一个人离开,就得赶快搬家换地方,以防不测。如果你不搬家,他离开了,你知道他出去干什么呢?他一旦被抓捕叛变投敌把你出卖,到时悔之晚矣!这是血的教训。再则,是想另外找一个地方好探听游击队的线索。因为大坝地接云南边界,长征时,有一部分红军经过大坝,属于游击区的范围,这就是到大坝去的原因,不是随便到大坝去作个人避难的。

周守如离开我们时,是说去找组织,找不到组织就弄点钱回来,可是他一去不复返,杳无音讯。一直到解放后,才知道他到了重庆就出了问题。事实证明,我们的担心并不是多余的。从参加革命工作以来的经验和教训,是很值得汲取的。

1936年农历七月,在古宋官店的一家姓涂的富农家附近的小庙里,就是那个儒教掌坛师郭汉文,带我到大坝的白衣庵尼姑庙去做"盂兰会"(盂兰会是封建迷信,每年七月十五都要请儒教或佛教或道教巫师来做道场,说是超度那些孤魂野鬼以免为殃作怪)。这个神会虽由庙子的和尚来办,但主要是周围团转十几里范围的人家,大家出钱来办,最后大家大吃大喝一顿,有些青壮年农民都赶来参加,我就借此机会大肆活动。一面积极参加当儒生道士念经拜佛，一面就以内行的身份向那些青壮年农民解释，揭穿封建迷信的由来和骗人钱财的鬼把戏。几天神会结束之后，就结识了一些青壮年农民，首先是桂家、杨家、王家，立即就和他们在一起做秋季的农活，走一家，做一家，无论轻活重活，大小事情都做，到年底，无论那家的老少男女都和我相处甚好，都喜欢留我，劝我不要走了。我随即通知朱光璧同志赶来大坝，过了旧年，几家农民（都是贫农）不要我做农活，要我办学教他们几家的娃儿的书。他们说："我们再穷，都要供给你们饭吃，只要你们把我们的娃儿教来认得、写得就行了。"1937年，我就住在杨少清家，教了一年多私塾，因为杨家很穷，无衣被，几个大小伙子挤睡一床，草都没得垫，饥寒交迫，我大害了一场伤寒病，少清之母杨大娘很能干，到了街上请了陶家好医生给我把病医好了，无钱酬谢，就叫我跟他当徒弟学医。未成，医生死了，又介绍我跟陶汝霖的父亲六老爷当徒弟，写了一张投师约说："医病是治病救人，功德无量。老师的医术、医理都很高，是很有医德的人，我愿继承老师的传授。"老师看了很高兴，就不要像原来那些3年之后，要全套衣鞋帽袜等谢礼了。学了3个月之后，就能给穷苦农民医治简单的病症。这一年中间，一面教书，一面在农忙时又帮助几家干活和修整被雨水冲垮了的茅草房屋等事。

1938年，有杨大娘向夏兴顺、夏兴发（夏全满同志的伯父和父亲）介绍由夏家、何家组成一个私塾专馆，在街背后一个破烂半边的张爷庙内开学教书，朱光璧同志则在原大田头陶纪元家教私学。因为公立小学只有一所，私学较多，大坝有个特点，虽然地处边陲迷信思想浓厚，但在文化方面对女子读书，除家贫有劳动负担不能上学以外，多数是和男孩一起上学读书。私学的教师青年较多，同当地恶霸地主和其他地主之间的矛盾非常尖锐，斗杀之风盛行，一般教师都是属于被压迫的贫苦知识分子，他们见到我们是规规矩矩的教书人，都喜欢愿意同我们接近，如孔述尧、陈方谷等比较进步，倾向新文化的。特别是在叙永县政府教育局任视学的向叔鹏，对我们有好的认识，对我们的行动不但不怀疑，而且还很同情，这样，对乡镇保甲就减轻了顾虑，同时对恶霸地主及其爪牙、地痞之类的人，也认为我们是好人，对我们不加过问也不干涉，这样，我们同街乡的群众就连成一起了。每逢过年过节，我们都和群众一起，如在纯属迷信的神会中，根据事实来向群众解释，以后信神的人就逐渐减少了，特别是男女青年的参加和附和（的少了）。同时广大农民在过年时玩龙灯的欢乐中，我们和农民在一起同欢乐，玩牛灯，自编歌谣，如寓意于"吃饭不知牛辛苦"的意思来点醒旧社会的苦乐不平等之类的词语,很受贫苦农民的欢迎。又如在白衣庵庙上做神会时,我写了一副"斧头劈开新世界,镰刀割断旧乾坤"的对联贴在庙门上,因为佛经书上也有什么极乐世界,罪孽乾坤之类的话。但是后来也被陶家的反动军官提出,说是红军的口号,要当地追查(我已离开大坝了)。

1938年夏天,我在大坝街上一处通俗阅览室里面想看一看有什么新的东西没有,沉闷了几年,很想打听全国有什么新的变化没有,在这样的渴望中,果然一去就见到了《新华日报》《群众周刊》《国难三月刊》等好几种报刊,才知抗日战争已经爆发,国共又合作了。尤其使人兴奋的是在国难三月刊上载有罗世文的名字,我立刻就给罗世文写信交国难刊社转交。同时写了一首自度腔的词,题有《红杏浅春光》词句:"韶华荏苒,几度风霜。朦胧月下惆怅!霹雳一声雷响,雨后复斜阳。烟消云散,辨明方向,一片晴空照亮。关不住满园红杏。改变旧山河,正道是沧桑,瞭望!"从此等待盼望到1939年春节才接到邹风平亲笔署名的回信,要我立即回到成都(后来才知道转信贻误,经川康特委研究同意由邹风平写的信)。离开大坝时,我给朱光璧同志留下一首临别赠言:"青山碧水两悠悠,各趁春光争自由。正是百花含放节,古人西望锦江楼。"朱光璧同志因当地学生家长再三挽留,经上级同意于10月后同桂隆德同志一道去成都的。

川南游击队员郝谦口述

吴永栋、张正权、林世贵、罗仕俊、王华整理

全宗号307,目录号1,1989年,案卷号44。

(录自中共叙永县委党史工委办编纂《党史通讯》1989年2月第1期,总第25期)

# 关于川南游击队的情况

### 黄少林口述

红军于乙亥年(1935年)到达黄坭,他们一出贵州地就派人来同王逸涛联络。

甲戌年(1934年)王逸涛回家,不久在田中成立了一个游击队。其成员有王元清(王之弟)、王元忠(王的叔伯兄弟)、王汉清(王的叔伯兄弟)、朱建衡(黄坭水沟人)、谢焕章(田中人)、罗绍成(六包人)。游击队仅有3支手枪、3支步枪。不久云南人杨登高、杨永安兄弟两人被民团逼迫,不得已带了三四十人投靠王逸涛,从此杨接受王的指挥,但仍然分开活动。

乙亥年初一的下半夜,游击队与红军彭德怀的队伍相遇。通过王的介绍,许多人都见过彭德怀,那时人们称他为"彭军团"。彭在白腊的石道圈交了100多个红军伤病员和几十支枪给游击队,我们得到的全是好枪,其中还有两挺机枪。

同年的正月十四,王逸涛在树坪的刘家沟接到红军领导人徐策的来信,带信人是树坪人秦子宣,信的内容大概是:1.中共决定派干部战士充实游击队从而增加游击队领导力量改变游击队的组织成份。2.联系两军相会地点。3.赠送游击队的枪械弹药。

第二天,王逸涛把队伍带到树坪的猫门前(小地名),同徐策等人带来的三个正规连一个特务连会合,红军来了300多人,特务连二三十人,其中有三个妇女、十多个儿童,同时还带来了一百二三十支枪,听说这些枪全部都是在贵州土城缴获侯之担的。

中央派来的领导人有以下几人:

徐策(任游击队的政委)、余泽鸿(任游击队宣传部长)、刘干臣(任游击队参谋长)。另外还有一个红军干部任游击队副司令员。王逸涛任游击队司令员。

游击队下设六个大队,其各队队长如下:一大队队长红军干部董玉清。二大队队长红军干部(记不清姓名),副队长泸州人周思和,三大队队长云南人杨登高、副队长杨永安。四大队队长泸州人梁亚伯、副队长六包人罗海舟。五大队队长红军干部黄虎山。六大队队长红军干部(记不清姓名)。

我在游击队期间任通讯员。同我一道当通讯员的有黄坭白秧河的陈德明;田中新华的杜根武;黄坭的王亢州;田中新化的陈华勇;黄坭的段银发(现只有这些人还活着)。从此川南游击队宣布正式成立,以后又改名川滇黔边区游击队。

同年二月初二（阳历 3 月 6 日），游击队在木厂梁子与前来"围剿"的刘湘周营长部遭遇。游击队五大队队长黄虎山带领战士们首先抢占有利地形，居高临下狠揍敌军，打得敌人像乱了群的蚂蚁满山乱窜，不一会儿击毙敌人 16 人、杀伤 15 人。一个古蔺老乡冲入敌阵缴获几支枪。

黄虎山审问俘虏，竟把俘虏招认的他老家是三坛人误听成敌军来了 3 团人。他将此情况向司令部报告。王逸涛当即命令部队撤出战斗。刚退到陡沟子，前面的杨登高和梁亚伯两个大队已同白军周营的第十二连接上了火。游击队处在敌军前后夹击之中，形势对我非常不利。但是由于我方战士们英勇奋战，敌军没有占到丝毫便宜。

在敌强我弱，我军给养又供应不上的情况下，我军在激战几小时后只得被迫退出战斗。游击队副司令员带领第二、第五大队战士们撤退到树坪的五洞梁子上。徐策和王逸涛带二三十人撤到新庄四队的六△坪，其余几个大队也向不同方向撤出战斗，我和段银发在这次战斗以后同队伍失掉联系，从此回乡务农。

这一战，游击队大队长梁亚伯为了掩护同志们转移，英勇地同敌人搏斗，后来不幸被手榴弹炸死，为革命献出了宝贵生命。

7 月，徐策在云南的长官司受伤，被人抬往罗布坳时在滑杆中不幸被人打死。

8 月，红军一个姓曹的营长带了 5 支枪加入游击队罗海舟的队伍。

王逸涛叛变后，罗海舟变节在地方上乱抢人，杨登高借此在瓦厂将罗海舟的枪全部提走，提枪前罗还办了一桌酒席招待杨。

8 月，王逸涛叛变后，游击队由刘复初任司令员，余泽鸿任政委。不久王逸涛派叛徒周思和将刘复初逮捕，据说王逸涛劝降时还遭到刘的痛骂。

关于清水河战斗情况：

正月初三，红军过路部队在杉木林与川军刘湘大部队遭遇，据群众讲杉木沟牺牲几个红军，而敌人被杀死 100 多人。

提供情况人：两河田中三队黄少林，70 岁，曾任川南游击队通讯员，解放初当过农会主任。

黄少林口述

走访人：马敬堂

1976 年 12 月 17 日

（录自叙永县馆藏中共叙永县委党史工作委员会档案，全宗号 307，目录号 1，1976 年，案卷号 3，第 227～232 页）

# 回忆川南游击队

## 李桂英口述

我①同郭正兰同志一起于 1985 年 10 月 30 日下午 3 时,在南京军区总医院 102 室见到李桂洪(即李桂英)。

下面是李桂英的口述:

近几年来,我招待应酬很大,四川、云南、贵州、江西、福建等地同志来向我征集资料,他们不远千里而来,又很辛苦,我虽然身体不好,一定要热情接待。兴文县为了纪念戴元怀烈士,自筹资金修建元怀门,我寄了 200 元去,以示我的心意。我很想念川滇黔边区的人民,我很想念与我们同生共死的同志。你们家的老四(余李伯)、老七(余承远)、三妹、四嫂(李跃岐)、七娘(陈淑均)情况怎么样?胡治国、黄二嫂家还有哪些人?他们都是我们的红军干部。梅硐区委戴德昌(即邓凯〔楷〕)在那里发展、组织的地方游击队、农会、妇女会,他们曾同我们出生入死〔地〕战斗过。

1935 年冬,我因为快要生小孩了,不能随部队一起打游击,你三伯父余泽鸿同志把我和阚思颖安排住在你们家里。余泽鸿同志离开梅硐时,再三向戴德昌、余素伯、余承远交待,要保证我们的安全。这样,我同戴德昌、余素伯、余承远、四嫂和七娘接触得多了。他们为了我和阚思英的安全,不惜牺牲一切来掩护我们。直到最后安全归队。

余素伯同志有水平,工作很积极,斗争也很坚强,他经常同戴德昌一起来同我们联系。余承远公开以厨工身份出面来掩护我们。我和阚思颖先后在你们家碉堡、印〔窨〕子的夹壁里。我生孩子就是在这里面生的,是五妹、四嫂帮助我生的。同时把孩子抱给胡治国抚养,以保障我们母子的安全。我们这样转移到胡治国家里。

当时胡治国是保长,同你的三伯父余泽鸿同志又是亲戚,实际上是为我们共产党游击队办事的,是可靠的,是余泽鸿叫他继续担任保长的。还有余老六(余极之),也是余泽鸿叫他继续担任梅硐乡队长的。因为我们红军游击队来了,他们不愿意为国民党办事,要求参加红军游击队,我亲自听见你三伯父余泽鸿同志对他

---

① "我",余泽鸿的侄子余云。

们说:这是斗争的需要,要以公开身份出面,为我们红军办事。将来建立了政权还需要更多的乡村干部。

我们转移到胡治国处,白天住在竹林里一个岩腔里,晚上到他家住,因为胡治国公开身份是保长,敌人来找我就要找胡治国,后来戴德昌、余素伯、胡治国商量,并取得我们同意,又转移到一个很背静的地方——黄二娘家,住在窖坑里。这家人对我们也很好。她家很苦,又是妇女干部。不管在你的家里,胡治国家里,还是黄二嫂家里,具体掩护我们的是四嫂和余泽鸿同志的几个妹妹,给我们弄饭送食物,一有情况就马上告诉我们。

我记得有一次,敌人来你们家搜查时,四嫂、七嫂就赶快叫我们躲在夹壁里,敌人来时把她们捆起来,我们听得敌人追问两个女红军下落,她们都很坚强,没有供出我们。在黄二嫂家里,她们发现敌人来了,就马上叫我们到地窖里去躲着,她们同黄二嫂把粪桶等放在窖上面。还有个幺婶对我们也很好,是余泽鸿幺叔的妻子,她比余泽鸿的后母对我们更好。当时我认为余泽鸿的后母封建思想比较严重,她拿了一张余泽鸿同吴静焘抱着小孩的照片看,(看)我不像吴静焘,对我有些冷淡。

我同你三伯父余泽鸿结婚,是戴元怀同志牺牲后,出于我们相互同情,经徐策同志介绍,结为夫妻。徐策同志给我做工作,我思想有顾虑,认为余泽鸿是革命的知识分子,我是童养媳出身,没有文化,怕余泽鸿将来看不起我。徐策向我说,余泽鸿同志品德很好,不是那样的人。打消了我的顾虑,我也觉得余泽鸿同志是个很有才干的人,而且也很坚强勇敢,又很关心同志,平易近人,又善于做思想工作,对一些不同意意见的人,总是以理服人,我对他很敬佩,他对我也很好。所以我们结为夫妻。

那时阚思颖〔甘棠〕同志同徐策同志也有恋爱关系,是余泽鸿同志从中作〔做〕了工作。我们红军游击队纪律是很严明的,党组织和游击队领导人知道就行了。我和余泽鸿同志结婚,徐策同阚思颖〔甘棠〕谈恋爱,都没有公开。因为他们是红军游击队的主要领导人,怕影响下面,认为你们这些领导人结婚谈恋爱,下面的指战员也同老百姓结婚谈恋爱,影响军纪。

我在梅硐生了孩子后,同阚思颖〔甘棠〕商量向戴德昌提出,我们要回部队坚持战斗,戴德昌同志同龙厚生同志联系后,确定了时间地点,由龙厚生派人来接。戴德昌派余素伯等人把我们送走,这样,我们就安全到了扎西回到了部队。

戴德昌是一个很坚强的红军干部,他是1935年2月中旬,特委决定派他到长宁梅硐工作,徐策、余泽鸿、戴元怀三人研究派戴德昌到梅硐搞地方工作时,我看见他们向戴德昌交待任务,余泽鸿还亲自写信给他家里,叫戴德昌去找他家里的人联系。戴德昌在梅硐工作很不错,我同他接触和听他向余泽鸿等领导人汇报工作时,他在梅硐发展了一批党员,建立了地方游击队,组织了农会,妇女会等组织以及开展分化瓦解敌人和争取地方进步人士的工作,目的就是在那里发动群众,建立地方政权,他们在那里配合我们红军游击纵队主力全力开展游击战争起了较大作用。

我们每次转战到梅硐地区时,梅硐区委、梅硐游击队积极配合我们主动袭击敌人,平时给我们输送武器和物资以及安置伤病员。梅硐区委比较大,它辖长宁、江安、兴文等地区,他领导的游击队有 100 多人。戴德昌任政委,余仲康任支队长,余素伯是参谋。他们 100 多人中,有些是被争取过来的土匪,势力是比较大的。

(1985 年 10 月 31 日上午 9 时,李桂英接着说)

1935 年冬,蒋介石调集云、贵、川三省军阀"围剿"我们红军游击纵队,部队损失很大,余泽鸿同志牺牲了,牺牲时候的情况我不了解,不在他身边。问阚思英〔甘棠〕同志(在梅硐我们)也不知道余泽鸿牺牲。我和阚思英赶到部队后,没有见到余泽鸿同志。后来我看见刘复初,问他看没看见余泽鸿同志,他说余泽鸿同志到中央去了,当时我也没见到余泽鸿同志的警卫员,我相信刘复初说的。后来发现余泽鸿同志牺牲了……我们回到部队后,1936 年又慢慢发展到 400 多人,龙厚生接替余泽鸿同志的工作,担任特委书记兼任红军游击纵队政委,司令员是刘复初。

1936 年冬天,我们在水田寨被敌人"围剿"。龙厚生同志牺牲,我和阚思颖同志被俘后解送到泸州监狱。阚思颖〔甘棠〕同志是南溪人,她家里有钱有势力,被取保释放,我被送到重庆关押。直到周总理来重庆谈判,我最后一批被释放。我出来后通过党的关系,会见四川省委书记罗世文同志。经党组织审查后,把我介绍到中共长江局,后来调到新四军工作,一直在部队工作。全国解放后,我一面向余素伯、余承远写信,打听我生的孩子的下落,一面通过党组织和阚思颖〔甘棠〕了解我生的孩子的情况。后来组织通过了解,说我的孩子已经病死,余泽鸿的父亲余叔皋把你抱给余泽鸿当儿子,余老太爷也来信说,把你抱给余泽鸿。我当时想,人已经死了,又不了解你是余老四的孩子,所以我就向组织说算了。这点我对不起你余三伯。

我们红军川南游击纵队,在扎西石坎子正式成立的。当时党中央和中央军委决定在川滇黔边区开展游击战争,建立革命根据地。中央抽调400多名红军指战员,加上原来地下党领导的游击队几十人,成立的这支游击队。徐策任特委书记兼纵队政委,余泽鸿任宣传部兼游击纵队政治部主任,戴元怀任组织部长,邹风平任特委委员,王逸涛任特委委员、游击纵队司令员,刘干臣任游击纵队参谋长,阚思颖〔甘棠〕任游击纵队机关指导员。我和阚思颖一直在机关工作,经常同特委和游击纵队主要领导人徐策、余泽鸿、戴元怀、刘干臣、龙厚生一起。

我和阚思颖〔甘棠〕负担宣传,发动群众工作,每到一地,都是讲我们游击队的宗旨和三大纪律八项注意,把没收和缴获的物资分给群众,发动群众参加游击队。我们在川滇黔边区写了不少革命标语,这些标语内容,都是余泽鸿同志拟的。我们游击纵队很艰苦,每天行军打仗100多里,游击纵队领导人比我们更艰苦,有时候下来后,他们还要开会商量工作。特委和游击纵队,为了发动群众,扩大影响。

1935年4月,有一天晚上,余泽鸿同志亲自起草《川南工农劳苦群众目前斗争纲领》。5月1日,他还亲自把这个纲领写在一个农民的墙上,我们把梯子抬来,他爬上去写的。这些都是我亲眼所见,他还写了一些信件给国民党的地方军政人员,争取他们起义参加红军游击纵队,我们打下筠连县城,我是亲自参加了的,是余泽鸿同志亲自指挥的……

(1985年11月13日10时)

我和蜀江(余泽鸿儿子)、桂珍夫妇一起看望桂英伯母,蜀江说他在北京会见宋任穷同志的情况时,桂英三伯母说:"宋任穷同志的爱人上次经过南京来看望我,她说去年宋任穷同志去四川,参观了余泽鸿纪念馆,宋任穷同志向宜宾地委提出,要把余泽鸿同志像摆在烈士陵园正中,因为余泽鸿是有影响的革命人物。"……

李桂英口述

余云记录

1985年10月1日至11月17日

地点:南京军区总医院102室。

廖荣华抄于1986年3月9日

(录自四川省泸州市纳溪区采访口述资料)

# 两名红军女游击队员（节录）

## 李桂英

1935年夏，蒋介石部署了对中国工农红军川滇黔边区游击纵队实行第一次三省"会剿"。女游击队员李桂英虽身怀有孕，行动极为不便，每天仍随纵队行军打仗。初冬，敌人的进攻越来越疯狂，李桂英越来越不适应天天行军打仗的军旅生涯。11月左右，纵队领导便决定由阚思颖护送李桂英到司令员余泽鸿的老家四川珙县梅硐场隐蔽。

她们拿着余泽鸿的信来到梅硐场，信中称李桂英是余泽鸿之妻，要家中好好保护。余泽鸿的父亲拿出儿子早些带来的儿媳妇照片，仔细端详，见李桂英不像照片上的姑娘，犹豫起来了。终究是儿子的托付，最后，还是暗中安排他们到深山密林的大窝头，并叫人带路。

"怎样才能更好地隐蔽下来呢？"机警而富有对敌斗争经验的阚思颖〔甘棠〕一边走一边想。到离大窝头不远的地方，便开始大发牢骚，埋怨余家照顾不周，并对带路的人说，要回自己的南溪老家。带路的人十分尴尬，见她们果然朝南溪方向走去，无法劝阻，只好向她们告别。见向导走远了，阚思颖〔甘棠〕与李桂英方回头来到大窝头，在自己认识的佃农胡治国家隐蔽下来。

狡兔三窟，住了一段时间，阚思颖〔甘棠〕对胡治国讲，要回纵队了，并连夜打点行装，离开胡家。谁知她们绕了一圈之后，又神不知、鬼不觉地乘夜色掩护，转移到另一家更苦的佃户王二和家。王二和家只有两间草房。还是腾一间给她们住下，自己却睡在牛棚里。

天下没有不漏风的墙，听说梅硐场来了两个陌生女人，敌人组织清查。但总是找不到。一天，敌人来到偏僻的大窝头，挨户搜查，王二嫂把她们藏在内室储存红苕的地洞中，洞口盖上木板，上面堆满柴灰，再放上尿桶。

敌人第一次进入内室，闻到浓烈的臭气，急忙退出，后面的敌人接踵而来，到处乱翻。听到地面上砸得叮叮咚咚，隐藏在阴暗气闷的地窖里的阚思颖〔甘棠〕、李桂英估计难逃魔爪。她们临危不惧，在留下打游击时，她们就时时准备为革命贡献一切，包括自己的生命。此时，她们互相鼓励着，紧紧握着对方的手。并拔出手枪，将子弹顶上枪膛，枪口对着洞口，准备敌人一旦打开窖洞，便要开枪，消灭一个算一个，自己已不准备活着走出地窖。

　　川滇黔三省之敌"会剿"纵队,岂止人怨,兼亦天怒。正在这一发千钧之际,梅硐场一带竟意外地发生了地震,木屋架直弄得吱吱嘎嘎响。屋里的敌人听到地震,吓得三魂少二魂,从屋里仓皇逃出,喘息之余,不及多加思考,胡乱朝屋里打了几枪,便逃之夭夭了。

　　阚思颖〔甘棠〕和李桂英神话般地得救了,两人在地窖中相互紧紧地拥抱着,高兴得直流泪。见她们脱险,王二和夫妇亦十分高兴,认为这是"吉人自有天相"。

　　阚思颖〔甘棠〕怒斥安恩溥。

　　1936 年 11 月 26 日,红军川滇黔边区游击纵队在镇雄野腊溪遭到滇军第二旅袭击,女游击队员阚思颖〔甘棠〕、李桂英在突围中受伤被俘。"红军二女"在边区久已闻名,敌人如获至宝,连夜押到扎西,并用威逼利诱等各种手段进行审讯。一无所获,便将她们押到昭通。奇怪的是,到昭通后便无人过问,一切显得那么宁静。

　　一天黄昏,她们用疑虑的眼光从监狱高高的小窗望出去,见那巴掌大的天空中黑云沉沉。突然,铁窗外传来重浊的鞭炮声,一阵紧似一阵。

　　"过年了!"李桂英低声地说。

　　阚思颖〔甘棠〕默默地点了点头。自进来后,她们便没有跨出这牢房一步,忘记了到底在这阴暗寒冷的监狱中熬过了多少个寂寞的夜晚。这时,她们明白了,敌人并没有忘记她们,而是因时届年关,都忙着过年去了。她回过头来,紧紧地握着李桂英一双冷冰冰的手。

　　"心有灵犀一点通",李桂英点了点头。此时,她们都把生死置之度外,时刻准备着,迎接新的战斗。

　　果不出所料,春节不久,滇军第二旅旅长安恩溥便亲自出面审问,并以死相胁,要她们供出游击队在川滇黔边区的联络点、关系户。但二人丝毫不泄漏党的秘密,审问了半天,仍然一无所获。

　　"你一个毛头女孩子,为什么要参加红军?"安恩溥恼怒地看着李桂英问。

　　李桂英想起自己 4 岁就被卖给 24 岁的男人做童养媳的悲惨命运,想到是共产党把自己从水深火热中拯救出来的,把自己由一个一字不识的乡下女人培养为一个共产党员,担任中共粤赣省委妇女部副部长,感慨万端,便用自己的亲身经历,控诉黑暗的社会制度对人民的压迫,说明参加红军是无法忍受地主阶级压迫的结果。

　　安恩溥倒也算个大将的材料,听了李桂英的话后,不但不怒,反而哈哈大笑起来,洋洋得意地向阚思颖打趣地问道:"阚小姐,你家中好不富有,又何以要参加这红军呢?"

阚思颖出身于四川省南溪县一个富商家庭,参加革命后曾担任过中央局妇女部秘书。安恩溥话音刚落,她便斩钉截铁地回答道:"为了实现共产主义!"

这个回答倒出乎安恩溥所料,他顿了顿,看着这两个二十六七岁的女红军,轻蔑地哈哈大笑道:"什么共产主义,共产主义不符合中国国情,是实现不了的!"

安恩溥的嘲笑,这可惹恼了阚思颖,她被敌人关押了3个多月,遭到敌人百般折磨,数月来一直积在胸中的怒火一下子喷薄而出。她进过大学,又是中共中央党校高级班的学生,能讲会道,口若悬河,滔滔不绝地同安恩溥展开了激烈的辩论,揭露了封建地主阶级压迫剥削农民的血淋淋的事实,揭露了国民党反动派镇压人民革命的种种罪行,指出中国人民革命是历史发展的必然结果,说明共产主义一定能够在中国实现。辩论足足进行了一个下午,安恩溥哑口无言,审讯人的人倒变成了被审讯的对象。

安恩溥无可奈何,将她们交给国民党昭通县党部,县党部负责人夏运麟等人又多次组织审讯,仍然一无所获,只好亮出最后一招,动员她们填表自首,并答应只要她们自首,便可得到宽容和释放。但仍然碰了一鼻子灰。毫无办法,只好垂头丧气,将她们送回滇军第二旅旅部。

没想到两个20多岁的妇女竟如此坚强,连能征惯战的安恩溥亦把她们奈何不得,只好决定把她们递押到四川省了事。

采访整理:刘顺和

(录自云南省文化厅、中共云南省委党史研究室编《中国工农红军在云南革命文化史料选》,云南民族出版社1996年版,第119~122页)

# 红军游击队的歌谣

## 三项注意歌（红军川南游击队歌）

打土豪要归公，买卖要公平。进房子睡卧草，房子扫干净。工农的东西，不准拿半分。抬盒扫厕所，不准乱屙屎，我们红军三项注意大家要记清。

［流传地区：四川省叙永县、云南省威信县。传唱者：罗吉荣（原游击队员）现住威信县太平乡。搜集者：冯寿芳］

（云南省文化厅、中共云南省委党史研究室编：《中国工农红军在云南革命文化史料选》，云南民族出版社1996年版，第244页）

## 红军游击队歌曲四首（张树云回忆）

（我们在访问张树云老人的时候，他还记忆犹新地把他在1949年前参加红军游击队时常唱的四首革命歌曲唱给我们听，我们就把它记录整理出来。这个记录材料，在词和曲上都完全保持他的原样。记录人：陈明德，1984年4月5日于连天山）

### 送郎当红军

送郎当红军，革命要年轻，豪绅地主压迫我穷人。

送郎当红军，红军最文明，公买公卖大家来欢迎。

送郎当红军，坚决干革命，打倒豪绅大家有田分。

### 红军游击队纪律歌（李桂英教唱）

红军纪律最严明，借物要送还，碰烂要赔钱，工农的东西，不可毁半分，三大纪律、八项注意一定要实行。

### 革命到底之歌

战士们高举着先锋旗帜，唯有向前进，配合了北上红军，要实行总的反攻，将崭新的革命进行到底，大家要努力。

### 红军抗日先遣队之歌

红军抗日先遣队呀,一直北上抗日军呀,回答日本帝进攻,回答国民党卖国,争取民族解放。

连续不断取得胜利,配合我们一致勇敢前进,坚决粉碎敌人的进攻,扩建北上抗日军。

(录自《党史资料》1984年第2期,总第12期。原件存中共江安县委党史研究室,资料分类号A210,索取号011)

### 红军纪律歌

红军纪律真严明,

上级的命令不可胡乱行,

打土豪、要归公,

买卖要公平!

工农的东西不可拿毫分,

出发与转移、样样要记清!

上门板、捆稻草、房屋要扫干净。

借物要归还、损坏要赔偿,

无产阶级劳苦大众,

都是一家人。

〔流传地区:四川兴文县。讲述人:杨洪顺(老红军),搜集者:蒲玉伦〕

### 川南游击队纪律歌

用《苏武牧羊》填词,在贵州、四川、云南三省边境地区广为流行,但唱词又往往因地而异。如在云南省镇雄县还流传另一首唱词:

红军,纪律最严明。行动听命令,不可胡乱行。打土豪要归公,买卖要公平。工农的东西,不可拿半文。说话要和气,开口不骂人,无产阶级劳苦群众个个都欢迎。

出发须检查,样样要办清。上门板、捆谷草、住地扫干净。借物要送还,损坏要赔人。行军顺次走,不可乱地行。"三大纪律,八项注意"大家要执行。

(录自云南省昭通市威信县县委党史征集研究室编《威信春晖》,1993年印行,第261页)

### 红军的威名远震川滇黔

游击队坚决勇敢，

从来打仗使敌人胆寒。

打进筠连城

又捣赫章县，

百战百胜，百战百胜。

威胁泸、毕、宜①，

一个冲锋杀上大雪山。

打垮陇承尧，

打倒顾晓凡。

工农红军找向导，

运输大炮和枪弹，

红军的威名远震川滇黔。

（中共威信县党史办公室供稿）

（录自云南省文化厅、中共云南省委党史研究室编《中国工农红军在云南革命文化史料选》，云南民族出版社1996年版，第260页）

### 红军川南游击队歌②

（一）

游击队坚决勇敢，从来打仗使敌人胆寒；

打了筠连城，又打赫章县，消灭了许多敌人，

又缴了好多枪，红军的威名远震川滇黔。

（二）

游击队坚决勇敢，从来打仗使敌人心寒；

打了洛表，又打王场，一个冲锋杀上大雪山。

打倒陇承尧，打倒顾晓凡，

红军的威名远震川滇黔。

---

① 泸、毕、宜指泸州、毕节和宜宾。

② 红军川南游击队歌这首歌与游击队威名扬内容相近，唱法不同。

（威信县党史办公室供稿）

（录自云南省文化厅、中共云南省委党史研究室编《中国工农红军在云南革命文化史料选》,云南民族出版社 1996 年版,第 261～262 页）

## 威镇全川南①

川军围攻去扎西,游击队扛锄川南,

爬山越岭又过河,英勇杀敌不怕难。

袭击肖正南,打退顾晓凡。②

开展游击战,威镇全川南。

（流传地区:川南及赤水一带。搜集者:熊烈龙）

## 游击队威名扬

游击队威名扬,敌人心惊惶。

今天开到洛表,明天打进王场。

打败陇承尧,龟儿忙求饶。

挺进大河滩,击溃补充团。

打开大湾子,袭击燕子场。

缴获物资几十驮,搞得杨森莫奈何。

（流传地区:川南及赤水一带。搜集者:熊烈龙）

## 小号兵

决心跟着徐策走,游击队里当号手。

一声军号嗒嗒嘀,川军吓得满身抖。

游击队员逞英雄,花朗坝前打老柳。

今天打下石坎子,明天拿下燕子口。

吓得川军屎屎流,吓死老柳这条狗。

（老柳,国民党中央军暂编第五旅旅长柳际明）

---

① 威震全川南这首歌与红军的威名远震川滇黔内容相近,唱法不同。
② 肖正南、顾晓凡,是当地反动势力头目。

（流传地区：四川叙永、云南威信、贵州毕节。搜集者：冯寿芳）

## 革命路程大步踏

红军走了我挨打，保董打来土豪打，

打得全身血糊糊，忍着耐着不讲话。

关了三月放出来，再关三年也不怕，

刀子磨得哗啦哗，大爹说我其是傻，

我问大爹说个啥，大爹偷偷把我拉，

拉我躲到后院里，低声细语发了话：

"这个天是什么天，你单枪匹马顶个啥，

今天杀了张保董，明天区长把你抓，

常言独木不成林，瞎撞乱闹不是法。"

老爹忠告敲醒我，我说闷气肺要炸，

老爹说红军虽走了，游击队还在打。

进山去投游击队，人多势众有办法。

我谢老爹指点我，腰插利刀把山爬，

终于找到游击队，泪水流得叽嗒叽。

游击队呀游击队，今后跟定不后退，

上天入地跟着干，刀山火海也不怕。

队长拍拍我的背，好个小伙志气大，

多多学习多打仗，革命路程大步踏。

（流传地区：贵州习水县一带。搜集者：何中衡）

## 放牛坪会师

放牛坪，会亲人，兄弟见面格外亲。

力量增，二百人，动员百姓当红军。

队伍大，三百人，赤水河畔打敌人。

砸烂花秋区公所，缴获物资和金银。

东一转，西一进，敌人进了迷魂阵。

打得敌人叫爹娘，惊动司令郝梦龄。

裴昌会、郝梦龄,率兵"会剿"放牛坪。

敌军扑了一个空,红军早已入山林。

齐诵"黔北游击队",敌人心脏杀出名。

(流传地区:贵州仁怀、习水一带。搜集者:何其昌)

## 我们红军游击队

一刀砍下鸡脑壳,血水滴滴注酒碗,

端起酒碗一口干,对着青天把话喊:

"红军教育记心间,红军走后我们干,

跟着司令阮俊臣,刀砍火烧腰不弯。"

我们红军游击队,就同红军全一般,

不拿群众一针线,军纪似铁令如山。

有仗打时猛如虎,无仗打时勤操练,

开到贵州打赫章,开到四川打筠连。

我们转战川滇黔,威名远震敌胆寒,

忽隐忽现打敌人,神出鬼没歼冥顽。

(流传地区:贵州毕节、赤水一带。搜集者:何克中)

## 父老兄弟请放心

红旗红旗迎风飞,一心为民是红军,

打倒土豪分田地,帮助穷人闹翻身,

红军一定会回来,父老兄弟请放心。

(流传地区:四川兴文县。搜集者:向启源)

(录自四川省文化厅、云南省文化厅、贵州省文化厅编《川滇黔边红色武装文化史料选编》,贵州人民出版社1995年版,第134～143页)

## 顶天立地陶树清

顶天立地陶树清,不当白军当红军。

不爱钱财不爱官,只爱穷苦老百姓。

明知革命山有虎,打虎偏往虎山行。

调转枪口打老蒋,武装起义整一营。

川滇黔边打游击,杀得白军落了魂。

顺河场上遭出卖,押送毕节受苦刑。

虽然白军杀了你,千秋万载留芳名。

(流传地区:四川叙永、云南威信、贵州毕节。搜集者:冯寿芳)

## 2. 叙永、南六游击队活动情况

# 关于叙永地方游击队的建立经过

朱光璧

我是泸县(属四川——编者注)况场公社的人,是 1933 年 2 月参加革命工作的,那时我还不到 20 岁。

1934 年春节后,张友德同志代表党组织通知我并要我护送谢兴仪、李世敏、陈先惠撤退到叙永,并在叙永县团委分配工作(因泸县出了叛徒王安如、万义明等,知道上述同志和我的情况)。我新调去工作的叙永县,当时是贵州军阀侯之担的防区,统治力量比较薄弱。但这个县里也同样成立的有一个"清共委员会",是一个叛徒叫郑雨生的任副主任委员,并具体负责(主任委员由县长兼)。我在叙永工作时,曾以巡视员的身份到叙永边区黄坭嘴去工作过(该地有一个团支部,书记是饶书麟。另有两个团员叫王元富、王元贵)。后来在当地发展了一些青年群众。

我到黄坭嘴的公开身份是小商贩,背个背篓装上杂货到农村去活动。如果是场上赶集时,则端上一个竹簸簸,摆上杂货转茶馆、酒店。不管在农村或乡场上,农民没有钱买我的东西也可用包谷换。平时我就住在饶书麟家(他家是一个小饭店)。回到叙永时就住在叙永东城东门外三道湾子(是叙永去贵州毕节的一条街,从叙永背盐到贵州的,每天川流不息)。

叙永县团委当时是向三道湾子一个姓魏的租了一个铺面(实际是我们团县委的秘密联络点),卖的就是我从泸县带到叙永的那些货物,后来增加了一些大小毛笔和中低级纸烟之类。这时,团县委的书记是曹德渊(又名曹家翼),委员中还有李祝秋(又名李雪村,1934 年 8 月由于叛徒卿德玉出卖被逮捕,后叛变)、黄华清(女)等。开始,我在团县委作巡视员,后任秘书,组织委员。我护送谢、李、陈三人到叙永时,是在叙永县西城扬武坊与李石坚(党员)接头后,才知道曹德渊、李祝秋和另一个姓周的都在叙永工作。这个姓周的是两弟兄,哥哥的绰号叫"大保",他叫"小保"。小保的女朋友就是黄华清同志,黄于 1934 年冬调重庆工作时被捕,后遭刘湘杀害。她在敌人的严刑拷打下表现得很坚强,小保在重庆于同年被捕叛变后,敌人曾诱使他到刑场去劝说黄,结果被她狠狠地痛骂了一顿,后来她英勇就义了。黄华清同志在叙永的时候在县团委是负责妇女工作的。她工作积极,立场坚定,在叙永工作期间,经常化装成一个农村的劳动妇女,担上一挑小菜在城内出卖,以掩护自己的身份。

我在上面讲了,叙永东城东门外三道湾子,我当时住的地方,是作为团县委的一个联络机关,附近的青年,经常同我们有接触,关系处得很好。到1934年8月的某一天,我听曹、李二人讲:泸县出了一个姓卿的叛徒,并到了叙永,后来我才知道这个叛徒的名字叫卿德玉,是泸县人。她认识曹德渊和李祝秋,但不认识我。就在这时,黄坭嘴的王元贵到叙永找到团县委的负责人曹德渊说,王逸涛的兄弟王元德(他当时在叙永县团练局任队长),带上了一支手枪连夜回家(在黄坭嘴)通知其兄王逸涛说有叛徒要去抓他。王逸涛随即从他家里把自己的两支手枪,三支步枪都拿出来拖上山打游击了,王元富和王元贵也参加了进去(因他们与王逸涛的家很近,王逸涛的家也就在黄坭嘴附近一个山寨上);并说,王逸涛要求组织上派人去领导这支部队。当时,经团县委研究决定:由曹德渊同王元贵一道先去了解情况,不几天,曹转回叙永,将情况向团县委作了汇报,并决定我和曹同去一次。

我和曹去这支部队,是通过联络点找到王元富才进去的。几天后,我回到叙永,将情况告诉了李祝秋,李也将叛徒卿德玉到了叙永的情况谈了一谈,并研究了防止叛徒破坏的有关问题。

没有隔两天,李祝秋在叙永县新城的一个书报社看报时被捕。当晚,曹刚从黄坭赶回,得知李被抓的消息。经我和他研究后,决定:曹于第二天仍返回部队,我到泸县向中心县委去汇报。一是汇报关于游击队的情况,第二是汇报关于李祝秋被捕的问题。我去泸县后,会到了邹风平同志。他当时决定要亲自去部队一趟,我也就赓〔随〕即回到了游击队。

不久,邹风平同志到了游击队。他这次到部队来,主要是解决如何建立游击根据地和王逸涛的组织关系问题。经过风平同志给王逸涛两次谈话后,恢复了王逸涛的党籍。

王逸涛其人,我听曹德渊讲过,他曾参加过广州起义,自称是朱德总司令的学生,起义失败后,他逃跑了回来,1929年下半年他又在川东游击队搞过,但当敌人进攻时,他怕了,第二次逃跑回了老家。1934年8月,叛徒卿德玉供出了他,敌人要抓他,这次他不得不把自己的几支枪拿出来搞游击队。我们当时分析了他的情况,认为他这一下不可能再逃跑了,也可能坚定地搞到底了。邹风平到了部队,同他谈了话以后,也认为他表现还可以,因此,决定恢复王逸涛党的关系,并由他担任游击队的军事指挥员。

过了一段时间后,曹德渊在部队里,身体吃不消了。他决定回泸县,我也随同到泸县给中心县委汇报,请示今后的工作究竟怎么办?因为王逸涛在恢复了党的关系后表现得很傲慢,使得工作很不好搞。我向中心县委汇报后,决定派张友德同我一道去游击队,张到游击队后,负责党区委的工作,我负责团区委的工作,王逸涛仍负责军事。

游击队成立后,群众很快地发动了起来,经党区委决定,又组织了一支赤卫队,我负责赤卫队的工作。赤卫队的任务主要是发动群众,组织群众,配合游击队行动。我们还组织群众破仓分粮、站岗放哨和进行除〔锄〕奸工作等。王逸涛也负责指挥赤卫队的军事工作。但他总是飞扬跋扈,不接受党的领导,个人独断专行。鉴于王逸涛这些表现我和张友德研究后决定向泸县中心县委汇报。我现在已记不清楚是张友德去的泸县中心县委还是邹风平同志亲自到部队来进行了解的。后经中心县委决定,增派了李石坚和梁亚伯到游击队工作,加强游击队的领导。

后来,李石坚(叙永人)去叙永白央河一带组织了一部分群众武装合并到了游击队,从而部队人数发展得多些了。经常活动在五龙山一带及谢家沟、谢家寨、六堡、九龙寨等地和四川云南交界的大山区。这些地方,反动统治力量很薄弱,加之都是崇山峻岭,便于我们活动。同时,这些地区是苗、汉杂居的地区.在我们的游击队和赤卫队里,就有不少苗族同胞参加进来,他们对革命很忠实,作战很勇敢。所有苗族同我们的关系都很密切。我在做群众的发动工作时,也经常住在苗族同胞的家里。

当时党的组织仅仅是一个区委,由张友德同志任书记。王逸涛也参加区委。团的组织也是区委,领导游击队和赤卫队团的工作,由我任书记。这时两支队伍合起来有七八十人(除去当时投靠我们的杨登高、杨永安弟兄俩的绿林武装)。王逸涛负责军事不变,王元德没有职务,派驻泸县中心县委作联络工作。

1935年2月4日,这一天正是春节,我们这支游击队也就在这一天和红一方面军(中央红军)的红三军团会师。关于红一方面军撤离中央苏区这个消息,我们是得到一些传说的。但由于我们处在一个大山区里消息很闭塞,既不知道红军长征的情况,更不会想到中央红军在长征中会经过我们这个游击区域。在1935年1月下旬,红军进到贵州赤水的消息传来后,我们当即派出一个十二三岁的少年侦察员,化装成讨饭的,去探听消息。

侦察员出去几天后回来了,他不仅讨得了年糕和其他一些吃的东西,特别是他向组织汇报说:"在距我们不远的路上碰到了一个大部队,穿的是青色短衣服,帽子中间有个红巴巴,周围还有些角角(五角星),衣领上两边还各有一块红的。"他又说:"这个部队的人说话听不懂。他们已经进到我们的沟里来了。"当时我们正在山上的一座房子外面开会,王逸涛听了侦察员的汇报后说:"哎呀!看来肯定是我们的部队,是红军。"大家听他这一说,高兴极了!会议还未完,大家都在山头上欢腾起来了。我们决定派张友德同志带上一个队员去联系。

第二天清早(即1935年正月初一日),张友德同志回来了,后面还跟着了一个红军同志。张友德当即将联系的情况作了汇报。之后,我们随即将游击队和赤卫队靠拢红军的大部队。当我看到我们的队伍浩浩荡荡地前进时,内心是多么的激动啊!这个壮丽的情景,至今虽已相距46年多了,但仍然在我的脑海里记忆犹新,并永远不会消失。

当我们的部队靠拢中央大部队住下来以后,我和张友德、王逸涛、李石坚等随红三军团派来的联络员一道,去和军团首长见面。一路上,见到我们的红军部队非常有秩序,组织得很好,沿途歌声嘹亮,人人意气风发。部队的女同志和"红小鬼"更表现得活跃,在山坡上,又是唱歌、又是喊鼓动口号。同时,走在前面的各部队的同志,每到一个岔路口都丢下一个有代表部队番号,用方块纸画的标志,以便后面的部队或掉队的同志能找到自己队伍的宿营地。

我们到傍晚走到了"中国工农红军第一方面军第三军团"的军团司令部(在五龙山区一个老百姓家)。司令部的首长同志们非常热情地接待了我们,并说"我们走了这么远的路程,想不到在这里见到自己的人"。我们在军团司令部吃了晚饭后,即向红三军团的首长汇报我们游击队的情况。军团司令员彭德怀同志则给我们讲国际国内形势;讲长征的伟大意义和为什么要北上抗日;讲游击战术等(可惜我们那时还不完全听得懂他们的话)。当晚,首长同志们就留我们住在司令部宿营的地方。通夜我都兴奋极了,睡不着觉。只听得司令部电台发报机的声音(因同住在一座大瓦房内)。

次日清晨,我们又向军团的领导汇报了游击队的武器少,而且又不好的情况,红三军团司令部赓〔随〕即研究决定,拨给了我们50支汉阳造的步枪,另有6挺重机枪(重机枪没有子弹,当时交给杨登高掩埋起来。后来,杨逃跑了,并将机枪也交给了敌人)。红三军团的首长们当时还给了我们收容安排红军伤病员和派出向导给红军部队带路的任务,我们都照办了。另外,还指示我们动员群众参加自己的队伍——工农红军。我们离开军团司令部前,在我的要求下,军团首长特派了一位负责同志,在部队行军的路旁给我们游击队的全体指战员同志讲了话,对我们鼓舞都很大。

当时,中央红军所经过的地方,在群众中的影响是很大的。工农群众都异口同声地称赞,红军不拉夫,不扰民,公买公卖,对贫苦的人更是关心,简直像是一家人一样。群众编出歌谣说:"红军拖死中央军,累死川军,吓死黔军。"并把国民党的所谓中央军说成是"遭殃军",非常愤慨地说他们既拉夫,又扰民,估吃霸赊,奸淫掳掠,无所不为。

红军离开后,劳苦大众非常怀念他们,并把他们神化了,将红军丢下的布草鞋、破烂衣物等都当作了"灵丹妙药",说是有了病,只要把红军穿过的布草鞋或破衣服剪下一点烧成灰,兑水吃了就能治好病。这充分反映出红军与群众心连心,说明了群众对红军的热爱和留恋的心情。

中央红军每到一个地区,对一般豪绅地主,不是用抓到就严惩的办法,而是采取罚款,并将其剥削来的粮食、财物分给劳苦群众,对那些罪大恶极,群众特别痛恨的才实行镇压。

我们离开红军的大部队后,游击队先后收容了掉队的伤病员同志数十人,加之,又发动了一些贫苦群众参加到我们游击队来,因而我们的部队进一步扩大,有180人左右。赤卫队和游击队合并,正式命名为"中国工农红军川滇黔边区游击队",设立指挥部,下属三个大队。游击队军事方面仍由王逸涛负责,党的工作由张友德负责,我还是负责共青团工作。

红军伤病员中有一个是轻伤员(后来才知道他叫何宗舟,是红三军团第四师某团的〈党〉总支书记),决定他担任游击队的政治指导员。第一大队队长是梁亚伯;第二大队队长是李石坚;第三大队队长是杨登高(他是游击队正式命名前合并到游击队来的,原系一支绿林武装部队,人数约有三四十人,枪也不好。其弟杨永安为副队长)。"中国工农红军川滇黔边区游击队"是正式刻有印章的(印章为圆形,直径约10公分)。

我们与红三军团会师不几天,泸县中心县委书记邹风平同志再次到了游击队。他谈到,在泸县中心县委的领导下新成立了两支游击队:一支叫做〔作〕"赤(水)合(江)游击队",一支叫做〔作〕"古宋游击支队"。"赤合游击队"的负责人我不清楚,"古宋游击支队"的负责人,风平同志讲是刘复初(所谓叫"南六县游击队"的称呼,我从来未听说过。风平同志讲的就叫"古宋游击支队")负责。

中国工农红军川滇黔边区游击队成立后,曹德渊随同邹风平也到部队来了。为了扩大游击区,邹风平同志和游击队党组织决定把我和曹德渊派出来,在叙永的两河区一带工作。主要是在游击区边沿发动群众,组织群众,扩大游击区,配合游击队行动。邹风平同志在游击队只住了三四天就回到泸县中心县委去了。我和曹德渊到了叙永的两河区后,不久,曹又回到了中心县委,只有我独自一个留在两河口工作。

到了两河口后,开始我住在一个苗族杨少华家(在一个山上),继与两河口场上的何光奎接上关系,通过何光奎,还联系上一个姓叶的分队长。他是一个同情革命的,后来游击队需要的弹药都是通过他的关系或者直接找他帮忙购买的。当我还住在杨少华家的时候,有一个参加长征的红军干部来到杨家找到了我,当面交了"中共川南特委"书记兼"中国工农红军川南游击队"的政委徐策同志写给我(我在游击队时用的名字叫朱华清)的一封信,信中谈了"川南游击队"(简称)的成立和川南游击队的党组织"中共川南特委"直属中央,和省委发生横的关系,以及川南特委直接领导泸县中心县委等等重要问题。信中还指示我在两河口一带继续发动和组织群众,扩大游击区;群众中表现好的可输送到游击队。送信的这位红军同志还说,他经组织决定要去上海。他在我处只住了一夜。第二天,我将自己的衣服给他化了装后才动身走的。徐策同志写给我的这封信,是用钢笔写的,可惜的是我没办法把他这封信保存下来。

大约过了半个月左右的时间,郝谦同志(本名霍绍文)和周守如(贵州遵义人,红三军团留到游击队的伤病员)同志,由川南特委决定,派他们到两河口工作,他们由一个姓阮的农民带到杨少华家同我见面。根据川南特委的指示,我们三个人在两河口地区成立了一个区委,郝任书记。我们当时准备新组织一支游击队,以补充到川南游击队。这时,我们在两河口地区的群众工作发展很快,局面大大展开,一直扩展到叙永城边上。为了进一步开展群众工作,发展我们新的革命基地,经区委决定,由郝谦同志去叙永金鹅池,广泛发动群众,建立党团组织。后来,郝谦同志通过该地一个党员刘思远(金鹅池小学的一个教员)的关系,从农民中和一些知识青年中发展了一些党员,如刘思忠、刘思聪等,还有一个叫陈德明的农民党员表现得很好,不仅工作很积极,而且有组织能力,在当地很快组织了一批农民群众。

在 1935 年 7 月底 8 月初的时间,由于王逸涛叛变投敌,并勾结敌人在两河口附近的牌坊口和金鹅池的刘家大院来破坏我们的组织,妄图逮捕我们区委的同志(未遂)。当年 11 月我和郝谦转移到古宋(原县名,今属四川兴文县)南区的燕儿窝(我们住的这家姓刘,叫刘善全,是陈德明的姨父,中农。他的老伴我们称她叫"涂四孃"。① 他家有四个儿子,两个女儿,幺儿子刘敬元在解放后曾担任过三官店乡的乡长),周守如仍在两河口到叙永城边这一带地区和金鹅池等地活动。我和郝谦同志转移到古宋燕儿窝后,都改姓涂。对其他人说的是两弟兄,郝是哥哥叫涂鼎清,我是弟弟叫涂华清。到了燕儿窝后,我们不仅完全化装成了农民,而是真真正正的〔地〕做起各种农活来,与当地农民根本看不出什么区别。我们对当地人都说是涂四孃的侄儿,并称呼她老伴叫四姑爷,叫她的子女为表兄妹。我们先后在这个地方住了 3 年多,既没有任何人怀疑和追查过我们,而且和当地所有的人都相处得很好。

到了 1936 年 7 月,我和郝谦同志又先后到叙永的大坝镇(主要是同年四五月份,区委决定周守如到泸县、重庆和遵义去和党组织取得联系,由于一去两个多月杳无音信,为了防止意外,我们把大坝镇作为开辟的另一个新基地),从此,我们的工作范围扩大延伸到了古宋燕儿窝,刘家沟和叙永的金鹅池、大坝镇等地。直到 1938 年底,我们和中共川康特委接上了关系。到 1939 年春节后,郝谦同志离开大坝首先到成都与川康特委罗世文、邹风平同志接上了头,我暂留大坝教书,保存各方面的群众关系。郝谦同志离开大坝后,我不仅与他经常有信来往,同时川康特委的邹风平(当时他在信上和我联系是用邹扶鹏这个名字)同志也经常给我写信,以保持联系。还由成都每天寄《新华日报》(还有《解放》《群众》周刊两种杂志按时寄送)给我,从而使我对当时国际国内的形势,特别是我党的路线、方针和主张有了较多的了解。本来我是决定在 1939 年端午节期间就到成都的,后因学生家长坚决挽留,经我请示川康特委,风平同志回信同意我在下半年提前放假到成都,直到同年 11 月下旬我才离开大坝、古宋,途经泸州抵达成都,先后与罗世文、邹风平、于江震、程子健等领导同志见了面。

红军川南游击队成立后,当时主要是打仗多,主力红军北上了,敌人部署了相

---

① "孃"在西南官话里是"姑"的意思。"涂四孃"表明她娘家姓涂,本人排行老四。

当的兵力来对付川南游击队。游击队处于孤军作战,关于如何广泛发动群众,组织群众,巩固游击队根据地等工作均无暇顾及。特别是游击队的主要领导人徐策、余泽鸿同志的先后牺牲,对〔使〕游击队的损失很大。徐策同志是1935年夏,在云南边境长官司红山顶战斗中牺牲的。关于余泽鸿同志的牺牲,有两种说法。一种说法是余泽鸿同志因病重寄住老百姓家,敌人搜索时被捕,后押送到江安杀害的(现在西南农学院的贾子群也曾在南充向我谈过);另一种说法是余泽鸿同志在江安碗厂坡的一次战斗中牺牲的。

总之,这支游击队存在的时间虽然不很长,但在川滇黔边区的广大群众中政治影响是很大的,国民党反动派当时对川南这支游击队在一个时期也是闻风丧胆的。至于王逸涛这个家伙,多次从革命队伍中逃跑出去,最后走到叛党、叛变革命,成为一个可耻的叛徒,这也是有它的阶级根源和历史根源的,他本人是地主出身,他的老婆安硕甫是叙永一个大豪绅的女儿,他参加革命,就不是真心实意,而是为了个人打算,因而每当紧急关头就从队伍中逃跑。他当革命的逃兵,先后就是三次。最后一次,竟杀害我们的交通员王××(我不知道他的名字,一般都叫他老王),窃去我们写给川南特委的工作报告,并投降敌人,勾结敌人来破坏我党组织(未遂),逮捕了刘思远、何光奎和革命群众数人。尤其可恶的是在全国解放后,还公然在叙永黄坭嘴一带组织反动武装,自封"司令"与我政府和人民为敌,结果在我伟大的中国人民解放军的铁拳下被打得粉碎。王逸涛这个卑鄙无耻的叛徒,最终逃不脱人民的法网,受到我政府最严厉的惩办,落得一个遗臭万年的下场。

1981 年 6 月 20 日

(录自四川省叙永县文史资料委员会编《叙永县文史资料选辑·第 1 辑中央红军长征过叙永》,1981 年印行,第 46～51 页)

## 采访游击队队员高志和等人的口述记录

访问时原游击队员、新中国成立后曾任农会主任等职的老贫农罗莲清在场证实并有所补充。

以下是高志和的叙述：

王逸涛是甲戌年（1934 年）七八月间回乡，回乡后便四处联络乡里最穷苦的干人，他向干人们讲了许多穷人翻身求解放的道理，不久田中和黄垇一带成立了一支赤卫队，队长由王逸涛担任，赤卫队白天照常干活，晚上开会和活动，我成年帮人做长工，所以是王逸涛联络的对象，我现在回忆当时参加游击队的成员有：王元清（王之弟）、王海清（王的隔房兄弟）、王金泉、高国伦、杨银安、黄子伦、易丙新、高志和。赤卫队成立不久又来了两个泸州人，一个名叫梁亚伯，一个名叫周思和。又过了不久，云南土匪杨登高、杨永安弟兄俩不知什么原因带领二三十人投靠王逸涛，但是仍然分开活动。红军大部队路经两河时，赤卫队已发展到四五十人。

乙亥年（1935 年）初五赤卫队在新庄五队的乙卯田与红军一个营会合，来的红军中有妇女，我记的一个女红军叫李桂英。这样队伍一下增加了好几百人，从那时起川南游击队正式成立并分做三个大队，一大队由梁亚伯任大队长，二大队由周思和任队长，三大队由杨登高任队长。不久我由排长（班长）提升为王逸涛的通讯员，和我一起当通讯员的还有一个叫陈德明的人。

同年农历二月初二王逸涛的大哥写了一封急信，命令我带到六包交与王逸涛，我在瓦厂找到王逸涛，王逸涛读信后立即又写了一信，命令我火急将信送往住扎新安场的大队长梁亚伯。梁亚伯读信后刚向部队发出准备打的命令，白军已从麻元湾方向摸了上来。同时王逸涛带的部队在新安、六包边遭到另一股白军偷袭，我军陷于被动局面，处境非常危险，梁亚伯为了掩护部队转移，冒着敌人炮火带领同志们英勇无比地和敌人拼杀，他的右手打断了，左手从地上捡起枪来又投入战斗，临牺牲前还把剩下的子弹全部扫向涌〔拥〕上来的敌人。

我姐夫陈正安在这次战斗中也光荣牺牲，几天后我姐姐高金瘁把他埋在黄垇九龙山坡下的大坡上。

战后，我把 4 个红军伤员（万家草棚内找到的）送到老鹰窝的山洞内养伤。我坚持每天给他们送饭换药，他们伤好后又由我亲自送往煤子坳，临别时一个姓红的指导员和一个姓田的战士流着泪拉着我的手激动后〔地〕说："我们永远忘不了你,希望你革命到底,你要深信天下的穷苦人总有一天会得到翻身的。"

在场的罗莲清插话说:"他讲的全是事实,在大队红军过路时我也曾先后掩护和送走二十几个红军伤病员,许多情景高志和了解。"高说:"罗莲清确实护送过红军。"

记录人:马敬堂

1976 年 12 月 18 日

(录自叙永县馆藏中共叙永县委党史工作委员会档案,全宗号 307,目录号 1,1976 年,案卷号 3)

# 关于川南游击队的一些情况

### 杜贵清　邱书成

提供情况人：田中先锋二队贫农杜贵清，原游击队员，61 岁。邱书成，63 岁，原游击队员。

甲戌年六七月份王逸涛回乡活动，不久成立了游击小组，那时讲十来个人。现在我只记得有杜德州和一个搞联络工作的王友章，领导人王逸涛。不久云南人杨登高、杨永安弟兄带领的土匪队伍接受王逸涛的招抚，可是仍然分开活动。

2 月间同红军 3 个连会合，游击队壮大。我在二大队当战士，队长是周思和。

三大队的队长土匪出身的杨登高。

我在游击队期间，队伍曾在云南的华〔铧〕嘴、岳山、长官司、司仁甫等地活动。游击队在树坪捉住民团队长郭丙章，清算罪行后镇压在上村。乙亥年（1935 年）初二大队红军队伍路经清水河同白军刘湘的队伍遭遇，双方伤亡情况不了解。

马敬堂记录

1976 年 12 月 18 日

（录自叙永县馆藏中共叙永县委党史工作委员会档案，全宗号 307，目录号 1，1976 年，案卷号 3）

# 川南游击队的成立及活动的回忆

## 杨介中

1932年，我在原四川军阀邓锡侯的第二十八军特科司令部第二大队第二营第八连当连长，适有刘若愚（刘复初）其人，通过古宋县人杨济民的关系，介绍刘复初与我相识。刘复初是古宋县人，文笔甚茂，有胆识又年轻，因此，杨济民再通过特科司令杨光远（与我系送宗族叔伯关系），把刘复初安排在第二营第二部任书记员（挂中尉衔），主管第二营的人事，以及上下左右文牍业务。我们两人关系甚密，成为知己。在思想上、生活中，逐渐的〔地〕受到刘复初的进步思想的启蒙教育。

1933年春天，刘若愚策动特科司令部第二大队兵变。事机不密，被人揭发。我大队差遣李玉华、第六连中士班长吴飞二人去对付特科司令部。后被逼吐露真情，受了枪决。当时我同刘若愚、体育教官陈甲弟，营部上尉副官周畅佛等人，见事机暴露失败，无法立足，借口携眷回乡经商，我等几人先后相继离开特科司令部第二大队。我在离开特科第二大队回玉屏前，就将连里的手枪6支、子弹500余发，暗暗带回。刘复初还写有一诗赠我互勉。此诗记忆于下：

自顾双影自酸辛，戎马生涯作笑频。

三十功名尘与土，八千里路月和云。

我返抵玉屏家中不到一周，刘复初等人也相继按约定时间赶到我玉屏家中。孰料当时四川省政府以及第二十八军第二道密电通缉令已到江安、兴文两县。江安县长已转饬红桥镇镇长邓守先。兴文县长梁冬藩亦同时转饬玉屏乡团总杨式程，责令将我等7人捕送回成都明堂。当时玉屏乡团总杨式程是我宗族叔父，接到此密令后，在我家门前高声大叫，吼吓我的父亲："广元大哥，你做些啥子名堂？你教子不严哟！你们杨二娃在外面带了些异党分子来家乡活动，你是有责任的呀！要不注意，是杀脑壳的哟！你赶快把杨二娃等给我交出来。"

当时，我同刘复初等人正在我家内寝室里开会商讨活动事宜。听到外面的叫喊声，从门缝内向外张望，见有几个乡丁已散开包围了我家门口。我们立即行动，将所有手枪分给各人，从我家后门出走。由我大哥杨振中掩护（父亲与杨式程二叔周旋）。其实我的确很感激杨式程二叔，不是他佯装通风报信，一定会就捕无疑的了。

当天夜里，我们并没有跑多远，越过小河沟，跨过板板桥，到达梅桥镇的楠木林杨叔宽家中就住下来,加强警戒。当时我们也分析了红桥的形势,知道邓守先是杨家的亲戚,是绝对不会晓得我们在楠木林,即使知道,也不会来抓我们。因为楠木林杨家是当时红桥的两面人物。我们分析了这些有利形势,就在楠木林住下来,开展活动。不到一周,我同刘复初等人又从楠木林杨叔宽家,转移到长宁县属的红洞〔硐〕场大地主林道昌(刘复初的姑母)家中住下。

为了革命事业的发展壮大,刘复初经常在夜间外出活动,我记得林道昌家中的管事名叫李鼎铭,丫头黄素贞,也参加我们组织(川南游击队)的活动。此二人是否参加了党的组织,我不太详记了,不过这两个经常给我们送机要的信息至各地联络,总是不辞辛劳地服从分配,不顾危险地完成任务,确为革命做了一些有益的事。在此应该提他们一笔。因为我与王少章取得联系,王少章这个绿林武装携枪来归(川南游击队),则是由他们二人跋山涉水,不畏艰辛给我们串联而取得的。对于革命事业做过星点有益事的人,我们不应该忘记他们。

杨叔宽同我在王少章带来有 20 余人和枪后,经上级党的指示,我们就在林道昌家组成了"川南游击大队",由刘复初指派我杨介中为大队长,王少章为副大队长,杨叔宽任大队政委,直接听命于川南游击支队,由刘复初支队长直接指挥。就在我们组成川南游击大队后不几天,还有多数战友使用马刀、梭镖、土炮之类的陈旧武器。为了适应当时的需要,配合反"围剿"的胜利,组织上要我们"以弱胜强、以寡敌众",用敌人的武装来武装自己。同志们也感到马刀、梭镖、土炮不是克敌制胜的武器,都异口同声地要求红军立即采取果敢行动。

经刘复初同志请示上级组织批准,我大队侦察到兴文县莲花坳乡(现是兴文县博庐下坝中心大队)团总瞿香浦的地主民团武装,经常从梅硐乡的石板沟一带保商,往返要经过古佛台时,在刘复初的指挥下,大队攻打了瞿香浦所率领的民团保商队。在莲花坳乡至长宁古佛台这一两公里的地段上,经两三个小时的激烈战斗,我们大队首战告捷,胜利地缴获了瞿香浦保商队的全部手枪、步枪 20 余支、弹药 1000 多发,充实了我们大队的枪弹与力量。这次战斗的胜利,震惊了地主武装,因而对我们切齿痛恨,以"土匪猖獗"向上报告,请派大军加以"剿灭"。大队分析了当前形势,相应地采取了一些措施,扩展了我们的实力,敌人则更加惶惶不可终日,川南游击队声势大振。

1934 年的春分,我经刘复初同志的介绍,报经上级党组织批准,在刘复初同志的主持下,在长宁县的梅垌〔硐〕场辖区白糕泥保杨叔宽的岳母魏姓家中书房内举行了入党宣誓。当时入党宣誓的人有：江安县的梅花镇的杨叔宽；携枪来归的绿林武装领导人王少章。宣誓后，由刘复初宣布李重珍担任大队的地下联络员，并协同杨执中担任大队的粮食衣被的筹集与采购，周思和担任外围警戒。

1935 年正月尾，中央红军经过后，留下的一支队伍邓思明部与金一等人在叙永、古宋、兴文等地活动。刘复初同我带领人枪与邓思明合队，成立了川南游击纵队。其时白色恐怖愈为加剧，四川第二十一军刘湘指派了穆银州团"围剿"。〈我们〉由杨执中与余泽鸿总队取得联系（系由余泽鸿派来的联络员刘干臣来我家取得的）。当时刘湘所派的穆银州、陈明骞两个师会同地方团队李品三、黄瑞清、马端如等部尾追余部，在江安连天山与我大队展开血战。我部邓思明、金一、杨叔宽大队等，在这次战役中损失较大，刘复初当即命令我们化整为零，分散待机。我大队仍退守江安泥溪沟、黄石滩、三支桥一带活动，牵制敌人。

不及一周，古宋县警察中队郝中华进攻我三支桥驻地。此次战斗，持续了一天一夜，我大队司务长黄某某等多位同志，为革命献出了青春。黄司务长负伤后，仍持枪击毙警察中队官兵多人，并高呼苏维埃政权万岁而壮烈牺牲，至今尤令人感泣。

在三支桥战斗后的 8 月 11 日，我们经过一两个月的整补，决定采取以攻为守、若现若隐的办法，又攻了江安梅花镇，烧了大地主陈敦武的碉堡，缴获了陈守昌团练的地主武装，充实了游击队，分散了红桥粮仓、盐仓给贫苦人民，得到了人民群众的支持赞扬，也为游击队的立足奠定了初步基础。

余泽鸿又再次派人与杨执中接头，要杨执中通知刘复初及我，要我们及时前往指定地点会晤。我从江安驻地杨柳湾魏银安家，随同刘复初等 7 人携枪去红桥"华实园"（俗称花园头）大地主杨瑞文家会晤了余泽鸿。当时在座的有老红军刘干成、徐策、李桂英、阚思英、周万碧（江西瑞金人、医生）。

我们接受余泽鸿的指示：应该化整为零，隐蔽窥机活动，保存实力，扩展组织，集中制胜。并分成五个大队，指定地区活动。第一大队由余泽鸿直接指挥行动；第二大队由杨介中执导；第三大队由刘复初指挥；第四大队由杨叔宽指导；第五大队由王少章指挥。所有政委均由老红军刘干成等人分别担任，以应付当前敌人的"追剿"。

当时敌人陈、穆两师向红桥地区合围包袭红桥我部，情况十分危急，由我大队掩护杨叔宽、刘复初、余泽鸿、王少章等大队向云南镇雄方向撤去，刘复初命令我仍留在川南的江、古、庆、长、兴、珙等 6 县隐蔽分散活动,以牵制敌军,迷惑"追剿",主要是掩护红军北上抗日。

余泽鸿到达云南会师红军后,又转战迂回至红桥碗厂坡一带,几经战斗,为李品山部包围,战斗惨烈,我部与余部所剩人枪不及 20,情势危急万分。在弹尽粮绝之际,余泽鸿围困自罚壮烈牺牲。我部也处于极端困难的条件下,同志们仍意志弥坚,殊死与匪鏖战。

突围后,1936 年春,我们仍在川南一带与刘复初率领的一支游击队,在云南镇雄遥相配合,阻击敌人,但刘复初与杨叔宽在镇雄一带屡战后,仍回川南要我向他们靠拢。

我于 1936 年率队由长宁、安宁桥一带转移到兴文县的老鸭沟(现是玉屏河畔五队)、纲川沟等地进驻建武关田坝刘将祠庙时,由于侦察不明,敌匪军发觉,乘我立足未稳,向我猛攻围袭。在敌我众寡悬殊之下,我大队在建武关田坝激战两天两夜。敌人越聚越多,我寡不敌众,人员大减,伤亡殆尽,且因群众基础差,地势不熟,为匪击散。王少章为了掩护我们突围,协同我固守关田坝刘将祠庙内。左右战友均壮烈牺牲,王少章在同我冲出庙门不几步,就被击牺牲。我只身跳崖逃脱,逃回仙峰乡我姐夫孙远瞻家中养伤。

后得悉刘复初、杨叔宽等队,也相继在云南巴豆林、羊子岭一带为川滇黔三省敌军合围殆尽;刘复初退至云南大雪山顶时,为川军俘虏,解至泸州敌七区专员公署。我得此消息后,也是势孤力竭,只得在伤愈后化装离开白匪的搜捕,一面去成都躲避,一面寻找组织,力图得到组织的联系,重新组织力量。

在成都不久,得见《川南日报》登载"'共匪'巨头刘复初已为我剿灭,川南从此安静,刘匪现押送泸州三监狱待决"。我心急如焚,通过多种关系、渠道,亲自偕同爱人叶书琼,化名化装由成都到泸州第三监狱探看刘复初两次,希望他安心保重,并得刘复初新指示:"暂勿妄动,耐心等待。"我为了刘的安危,曾托我的族人杨德辉的胞兄杨仲权在泸州警察局当警士的关系,要他照顾刘复初的生活,一切费用由我负责。自从刘复初同志被捕后,由于白色恐怖更紧,从此我们与刘的关系则断绝。后来听说由周恩来等人向刘湘、邓锡侯保释了刘复初出狱,后去延安。

杨介中述于兴文

兴文学委会代抄

江安县志办公室党史于 1982 年 10 月 6 日抄,冯香池抄

(录自中共江安县委党史研究室,资料分类号 A210,索取号 037)

## 访问江长游击队领导人杨介中

时间：1984年3月6日上午

地点：县志办公室

参加访问人员：陈明德，易佑康，梁崇德，邹加胜

陈明德：请杨老介绍红军游击队和江长游击队在江安地段的活动情况。

杨介忠：余泽鸿是8月1日到红桥的。记得当时地主、工商业都在烧饼子，准备过中秋。红军来时，余泽鸿住在杨瑞文的大院子花园头，是分散来的，有好几百人，还住在我家兄杨执忠和杨叔宽处。我们游击队当时住杨柳湾（元田公社，河对面对看仙寓洞），隔红桥十来里，是魏银舟（杨家祠堂佃户）家，不到100人。我是队长，副队长王少章，杨叔宽指导员，刘复初政委。

1933年前，我在邓锡侯第二十八军特科司令部第二大队第二营第八连当连长，同刘复初在一起干事。后我跑回了家，带了我私人的六支手枪回来。这年冬月间，家里正在过冬至，刘复初来玉屏乡大庙坎下我家里（现大庙学校），他说他要回古宋老家去，说第二十八军出了通缉令，说我拖枪同异党一起跑了。我问刘：你回来究竟干啥子？他讲投共产党地下活动。我俩在楠木林杨叔宽（我的隔房叔子，他是文字辈儿）家住下。（这时江安县长是李一清，兴文县长是梁东庄）刘到处活动，找到郭平安（大概是古宋人）和邓思明（江西人，外号邓麻子）、金一，他们是红军，有十几条枪，100多人，还有梭镖、马刀等。1934年初，合并组成游击大队，地址在兴文北高垭魏家（杨叔宽老丈人）房子研究的。当场有杨叔宽、王少章、刘复初、周思和。周是从赤水派来的。

这次组织两个大队：

第一大队大队长郭平安，指导员邓思明，还有金一、杨某高，负责武村、袁家洞一带人。

第二大队大队长杨介忠，副大队长王少章，指导员（教导员）杨叔宽。

一周后，郭平安走了。

1934年夏初，我们大队去打五谷古佛台瞿湘甫（地主、团总）家，他家只有十几个人，我们当时有六七十人。我们研究头天晚上把他家围起，早上等他开门就打。瞿吓倒了。我们叫喊要烧他的房子，他才自动把枪交出。共计提了他两支手枪，十四五支长枪，子弹几百发，我们就拿来武装自己，杨叔宽、王少章各得一只〔支〕

手枪。其余武装刘复初带到第一大队去了。

这仗打下来以后,我们住大炮山、铜川沟、三角庄一带(五矿),住在黄石滩(从红桥泥溪沟进去),进去后山、三支桥,再到连天山。听联络员报告,古宋警察中队长郝中华带一个中队来"围剿"。因为我们先听到消息,马上转移了。大约九十月间,我们转移到元田杨柳湾魏银舟家(张明会的佃户),记得是吃桂圆。

农历八月十一,余泽鸿部队来了,有徐策、刘干臣、阚思颖、李桂英,还有朱光弼等红军的伤病员。来了有几百人,那时邓守先当红桥镇长,镇公所的十几个兵跑了,有两个女同志(阚、李)在街上作〔做〕宣传、写标语,有"打倒团阀""打倒土豪劣绅""铲除一切苛捐杂税"等。烧了大地主陈登武的房子。那时陈登武未管事了,枪交给镇长了。那时镇公所的队长是王海舟。红军到的第二天,围到陈登武的房子,陈老早跑到江安水沟头去了。听说共产党来了,他们马上跑了。余泽鸿部队把工商业地主的东西撒在地下,让群众搬去。第三天早上,红军找安宁桥方向搬走了,在安宁桥把地主大胖子梁某某用箩筐抬他走,要他出钱。

这时刘湘的三个师长穆银洲、陈明千、魏银臣带起部队来了,江津的周化成也带起部队来了,江安的清乡司令李品山、马端如等也带起部队来了,红军朝长宁转红硐场,朝兴文顶瓜山走。敌人跟踪"追剿",红军把梁胖子枪杀了,向云南大石盘、长官司一带撤。这时,刘复初、郭平安住兴文洛泊林一带,金璇住凉矿坪一带。

余泽鸿见到我们,我们建议兵力要集中一点,他则讲要化整为零,分散隐蔽。

这时李品山派邓燕清、周汉清、甘清河三个土匪(都是二龙口人),还有红桥杨鹏,过去杨叔宽对顾小凡来招安时,他们都是互相认识的。后来就动员杨淑宽自新。这时,王少章(绿林)分开了,我是参加王少章部队的。邓燕清带起枪来是红军来以前。分开以后,我们两方面都由刘复初领导,刘复初主要同郭平安一起。我是1935年在建武失败的,我暂留川南。

记得9月间,还在朝山拜佛,刘复初来做工作(郭平安撤走了),叫做〔作〕团结工作。那时走投无路,只有几十人(本地人,时来时去),将到连天山,被朝山的群众看见。第二天敌人发现(李品山指挥马端如,是马发现的)黄瑞清两个中队,李辛伯(李品山部队)也带来一个中队镇守红桥街上,也住在花园头,约200多人。当时红军游击队声势大,打响了一下,还打爆了一支枪,受了伤,牺牲了一个黄四爷(给我们办伙食的)。敌人把〈我们的〉警戒〈人员〉抓到打死了(大母石人),在石庙子的周围打响,朝山的人都吓倒了。到晚上敌人撤走了,我们也慢慢撤走了,向兴文、建武方面开去（当时买草鞋、电池困难）。我们打倒地主、土豪也将一些东西分给群众。那时不仅地方兵害怕我们，就是川军也害怕。

我们到炭厂，还未到建武、关田，刘复初走了，我们住建武、关田一带，刘复初到郭平安部队去了。

听说刘复初在卜昏那里接触了敌人，红军挨了打，有损失。刘复初隐蔽在一个老百姓家里，被出卖逮捕了。

我们到兰田坝一带，被云南安恩浦〔溥〕（团）围住。当时我们只有五六十人枪，在兴文县红山头庙子头被围住。王少章（正在抽鸦烟）发现"水涌起来了"，王冲出去牺牲了。王福兴、杨德川、曾少五、李再兴、高海明、赵朗宣、霍泽等，还被俘了二三十人，冲几次冲了出去，把机枪（转盘子）摔了。我从后山跳岩下去，跑到姐夫巴第坡孙远瞻（我姐夫）家住（孙已死、后人还在）住了一两天。我化装同妻子一路去成都去了。

邹加胜记录整理
1984 年 3 月 6 日

（四川省泸州市江安县县委党史研究室提供）

# 魏俊伯的回忆

民国二十三年(1934年),我在红桥李元胜粮食店当学徒,杨叔宽同王少章、陈甘春三个都是土匪头子,牵了徐湘浦的母亲的黄牛,王、陈二人黑了杨叔宽的心,把700元大洋黄牛款全吃了,并要传杨叔宽。这时杨就在我们这一带迷起(躲藏),杨叔宽的匪部就在兴文石板沟,抢了一二百斤盐巴,我就在这时参加了他们的部队,并叫我帮他卖来做匪部的伙食钱。民国二十三年八月过中秋节后牵了兴文天心桥杨连书的黄牛(一起共4人),要杨连书家拿700元大洋来取。

杨叔宽又通知田海云,田二麻子给了杨叔宽30条步枪、手提式轮枪10支,他的匪部就壮大了,有50来人。余泽鸿第二年来就住在五阁老王长春的房子头。他和余是熟的,并到王家会余泽鸿,以后就受余泽鸿的节制。之后他就在红桥小山、五阁老、白高泥到处转。

民国二十四年,六七月间,李品三由梅硐下来,余泽鸿在古佛台布下阵,杨叔宽部住楠竹林(白高坝背后,龙石坳斜对下到走梅硐方向),杨叔宽派了一班人去大炮山截李品三,在古佛台余泽鸿部的前面,古佛台前的流沙岩,这班人由邓洛巴(堰清)带起走,并对杨叔宽谈打不得李品三,就这样一枪未打,杨叔宽就把李品三放跑了。李品三就走古佛台蒲河,走流沙岩(大炮山)、梁子上退走了。当时我就在杨叔宽的部队,深知此事。如果杨叔宽不放走李品三,李的部队就要被红军全部歼灭。红军发现后就打了激烈的一仗,李品山就只得从滑竿上滚下来,浦河经流沙岩逃跑退了。

以后红军走了,杨叔宽就被李品三招安了,并当了梅花镇镇公所的队长,当时的镇长是邓守先,招安时我都和杨叔宽在一起。当了镇公所的队长后,我就回家了。

兴文县博泸公社鱼池大队一队魏俊伯73岁

1983年12月18日

(录自中共江安县委党史研究室,资料分类号A210,索取号038)

# 黄坭山中赤子情——我的革命经历(节录)

饶书麟

我叫饶书麟,今年66岁,叙永县两河区黄坭公社人。

1930年,我在黄坭读私塾,适逢王逸涛来到黄坭,王逸涛的老家是土地坪人,有18石租子的田地,祖父王辉是清朝光绪年间的廪生,与我家有世交关系。

王逸涛到黄坭后,把五龙山四五十石租子的庙租,提来在街上的"文昌宫"庙(现在黄坭公社所在地)兴办了一所"国民学校",对黄坭街上或农村穷人的孩子入学实行免费读书,这在当时的黄坭山区来说是一件创举。该校办了两个班,设一、二年级,校长由叙永的卢汉文担任,教师由金鹅〈池〉的刘祝秋担任。后因王逸涛的兄弟王元德与刘祝秋闹矛盾,刘只教了一个学期就辞职走了。来接替的是陈秀良(又名陈祝良、陈泽奎)老师。

一天,王逸涛把全校师生集中起来听"报告"课,由王逸涛主讲:《军界学界之优劣》。王逸涛在讲台上讲了两个钟头,颇为生动。当时,我是一个无知的学生,从这里开始,我初步懂得了一些简单的革命道理。

陈秀良是我的班主任老师,放学后经常找我"谈心"。一天,他又找我谈话说:"书麟,你祖父饶开先,听说原来是清朝光绪年间的一名拔贡,是吗?"

"是呵。"我说。

"可以说,你也是书香门第出身。"陈老师接着说,"可是现在呢? 为什么家道贫穷破落? 那是国民党官匪为患,租利盘剥的结果!"陈老师把捏紧的拳头猛地向空中一击,继续说:"要得穷人有吃有穿,要改变旧世界,我们就要起来干革命! 跟着共产党打天下!"

"在哪里去找共产党?"我问。

"不要急嘛! 你慢慢会找到的。"陈老师神秘地说。

陈秀良老师给我摆这些"龙门阵"对我思想开窍很大,我经常宁肯放学不回家吃饭,饿着肚子也要去找陈老师摆谈。

1932年"立秋"这天,学校放学无人,陈老师突然把我叫到文庙的孔圣殿内悄悄对我说:"平时你不是经常问'共产党'在哪里吗? 还想参加'共产党'是吗?"我说:"是呀。"

"那我直截了当地告诉你,我就是共产党派来这里工作的。"

"哎呀！陈老师，你怎么不早说？"我惊喜地叫了起来。

"这是党的秘密，不该说就不能乱说。"陈老师说，"今天我通知你，党根据你平时的表现，我代表组织，吸收你为共产党员。"

我高兴极了，我说："我早就盼着这一天哪！"

"站起来。"陈老师叫我，"举起你的右手，对党宣誓。我教你一句，你就说一句。"

在陈老师的带领下，我庄严地进行了入党宣誓。誓词的内容大意是：绝对服从党的领导和指挥，一心一意为人民谋幸福。誓词有四五句的样子，我记不清了。陈老师又对我说："现在你是党员了，一要遵守党的纪律；二要严守党的秘密；三要扩大宣传；四要积极发展组织工作。"

在读书的半年时间中，我到猴子弯、大田坝一带向农民宣传党的政策，启发农民的阶级觉悟，不几天我就把大田坝的王元珠（后改名王元富）、王元忠（后改名王元贵）介绍来读夜校课，先与陈秀良老师认识，一个多月后他俩申请入团。

立秋后约两个月的光景，一个夜晚，在孔圣殿内陈老师对我们说："你们三人要成立一个团支部，这样才有路线、有政策、有领导、有方向。今后有事，大家要共同商量，扩大宣传影响。"在陈老师的领导下，我们成立了黄埝共青团支部，书记由我担任，组织由王元贵负责，宣传由王元富负责。通过组织发动群众，黄桷坝组负责人刘泽舟有12—13户人；五龙山组负责人牟树荣有29户人；树坪烂田沟组负责人王宝咡有15人。

支部成立不久，陈秀良老师就把我带下城来，给我打了栈房，开了号钱和伙食费并把我带到一家茶馆，这家茶馆的门口是笔铺。陈老师说："今天你走进茶馆内的第二席，见桌上放一顶礼帽，茶碗盖是揭来放在茶桌对方左手撑着牙巴，身穿青布衣服，脸稍微有点浮肿的人就是你要找的人，你称他李先生，直接找他就是了。"又说，"你走上前就对他说，'我来喝碗茶。'他就会同你联系。"我按照陈老师的吩咐，果然一走进茶馆在第二席上就与李先生接上了头，我就抓紧时间向李先生汇报工作，李先生问我：

"你叫什么名字？"

"饶书麟。"

"多大年纪？"

"16岁。"

“家庭生活来源靠啥子?”

“开栈房。”

“你的情况我们早就清楚了。”停了一会他又说,“今后,每个月下来一次汇报工作情况,必要时,如果有紧急、特殊情况可以临时碰头。你记清楚了吗?”

“记清楚了。”我回答说。

临走时,李先生又对我说:“你下次来找我,如果不在这张桌子时,你只要见到这张桌子上有一只茶碗盖着,茶碗上横放着一根竹子烟竿,坐在这个位子上的人,你就直接向他汇报。你跟他接头的暗语是:‘今天我来买支笔。’”李先生还说,“如果你在茶馆找不着我和他,你就直接到东街的阅报处找我。”[直到1982年9月朱华清(朱光璧)同志来叙永参加党史征集资料座谈会时才告诉我,当时与我在茶馆接头的李先生就是李祝秋。]陈秀良老师一年半后,不知到什么地方去了。我进城仍在那间茶馆里找着李先生汇报工作。我说:“黄坭团支部无人领导,现在需要组织派人加强领导工作。”李先生当即决定派位姓何的同我一道去黄坭。

这位姓何的同志,挑了一挑箩篼,拿了一个杆秤,以收购破铜烂铁的小商贩身份到黄坭。因我家开栈房,他就暂时住在我家。

黄坭乡乡长赵平舟,平时有事无事经常来在我家楼上东翻西翻找书看,我怀疑他对我们的行踪是不是有所觉察在暗中监视我?我感到老何同志住在我家不安全。再说,黄坭一条小小的街,又有多少破铜烂铁可收呢?我就把老何悄悄转移到大田坝王元富(宣传干事)家住,住了两个月,一天老何与王元富说:“我下城汇报工作,十多天后回来。”老何一去未回。

我又赶进城在茶馆里找着李先生汇报说:“老何下来就没有回去,黄坭团支部必须派人加强领导才行。”李先生说:“好嘛,那你明天再来这里,我介绍一个人给你。”第二天我准时到了茶馆,入座后,李先生给我介绍说:“这是朱华清同志,以后由他直接领导你们的工作。明天他跟你一道上黄坭去,以卖针筒棉线小杂货为业,这样身份适合些。老何的身份不适合。”又说,“一定要保守秘密,绝对不能让人知道他的身份。”

我同朱华清一同到了黄坭,朱就住在我家。我俩同睡一张床,生活都在一起,朱华清空闲时就教我学文化,提高我的政治思想水平。他常常给我说:“要听党的安排,要为人民、为贫苦大众翻身求解放,我们要实行耕者有其田,要打倒土豪劣绅,要做到人人有饭吃、有衣穿、没有剥削、没有压迫……”

朱华清白天下乡卖货,有机会就在群众中进行宣传。晚上有时方便就在王元富家住宿,每场天碰头汇报工作情况,朱华清不时进城汇报工作。

1934 年 8 月 13 日那天赶场,王元富叫他哥哥王海清来找我说:"王元富叫你赶快去商量紧急事情!"

我问:"在哪里?"

"在大田坝背后的狮子岩上。"他说。

我急急忙忙走到岩上,当时看见在岩上等我的有王元富、王元德、王元贵、王元武、王逸涛等人。见他们随身带着步枪二支、手枪三支、马刀两把、梭标〔镖〕两把,大家都在紧张地朝山下望。不多时就见杨济安、赵平舟他们带着团丁 30 多人,由队长廖长发率领,包围了王逸涛家的寨子,随即冲了进去四处搜查。我们在狮子岩上看得一清二楚。团丁搜查一无所获。等团队撤走后,大家才坐下来开会介绍刚才发生的事情。王元德首先说:"泸州来了一个叛徒,到叙永破坏党的组织,抓捕地下党员。"

王元德是王逸涛的兄弟,在叙永团练局当队长。8 月 12 日夜,他由团练局动身,随身带了一支手枪,半夜三更悄悄来到黄坭嘴与王逸涛报信说:"城里来了叛徒告密,上面派人来抓你!"王逸涛听了很吃惊,来不及更多的考虑,连夜连晚就拉上山。在山上大家坐等天亮,到了中午 11 点光景,就看到刚才团丁冲进王逸涛家寨子的情形。

王逸涛说:"现在怎么办?"在座的人你望我,我望你,没人开腔。

王逸涛继续说:"饶书麟同志不能回去了,就同我们上山组织游击队吧。"

当时我心里想:"我的上级领导是朱华清。现在朱华清又不在,你王逸涛究竟是何许人?是不是共产党员我都不清楚。慢来,等我下城找朱华清同志汇报了再说。"

于是我说:"今天我下城去找朱华清同志汇报这里发生的情况,请县里面派人来这里领导工作。"

"你不能去!杨济安在两河当团防局局长,他手下的人哪个不认识你饶书麟?你决不能下去。"王逸涛说。

"那就叫王元贵去。如果找不到朱华清就找老何汇报也行,必须请组织派人来加强领导工作。"我说完,大家表示同意。

王元德接着说:"这六坳坪,地势狭窄,又无大森林掩护,容易被人进攻,活动范围小,游击队要扩大,要发展还得从长计议。"

"我同王元富到后寨找黄子伦去。"我说,"因为黄子伦原来找我们联系过,想成立一个抗租抗税的组织。这次我们主动去找他,我想他会大力支持的。"我说完,大家没有异议,会就结束。这时一位十六七岁的苗族姑娘给我们送来香喷喷的大米饭和萝卜菜汤蘸糊海椒,这顿饭香极了,我们每人都干了几大碗。

王逸涛他们就过六坳坪找住处去了,我和王元富就去后寨找黄子伦。

我们找到黄子伦,就说:"我们组织了游击队,已经拖上山了。你原来找我们联系的事情,现在可以公开干了!"黄子伦听了很高兴,表示同意一道干,并马上和我们一道出来会王逸涛。我们在六坳坪找着王逸涛他们,经过介绍,大家寒暄了几句以后,王逸涛说:"老黄,你既然来了,我们就和你研究一下如何扩大游击区的事。""没有关系!"黄子伦满口应承说,"后寨方面,只要我打一声招呼,你们去那家都可以住,都会接待你们。但我得提醒你们,后寨紧接六堡,那是罗海舟他们的势力范围,后寨干起来了,不给他们打好招呼,将来双方发生误会就不好办。"

经过研究又决定我同黄子伦一道去六堡找罗海舟联系。在六堡,我们找到了罗海舟,说明来意后,取得了罗海舟同意,我们又一道回来会王逸涛。罗海舟对王逸涛说:"我们六堡紧接云南地界,是个两管两不管的地方,好打游击。云南高田的那处地方有两弟兄,哥哥陈广文,弟弟陈立文。在这两兄弟的手里,'玩'得有一股匪,这股匪由另外两兄弟统率,哥哥杨登高,弟弟杨永安,有50多条枪。他们经常在邓家坪,云南、四川交界一带出没。你们要想在这一带打游击,立住脚,就必须和他们取得联系,不然是个大威胁。"

"我们把你请来就是商量这个问题。"王逸涛说,"你想嘛,团防局长杨济安,队长廖长发,现在每天带领团丁对我们进行'搜剿',威胁很大,如果再不把杨登高弟兄这股绿林武装联系好,我们将腹背受敌,请你来就是要你想办法。"

罗海舟略微沉默,手托着牙〔下〕巴思考着。

"老罗!"王逸涛突然说,"听说高田有个叫三秀才的名叫陈鸿彦,他是陈广文、陈立文两兄弟的啥子人?"

"你问陈广文、陈立文么?"罗海舟回答说,"是三秀才陈鸿彦的两个儿子。"

"经你这么一讲,我心中就有底了。"王逸涛说,"三秀才陈鸿彦是饶书麟的祖父饶开先拔贡的学生,大家理起来,饶书麟与陈广文、陈立文弟兄就有世交关系。联系陈广文兄弟的任务是不是就交给饶书麟同志去完成?"

为了党的工作,我愉快地接受了这一任务。去见陈广文、陈立文兄弟的礼物就由王逸涛派人到两河口街上去买。

这个时候,组织上考虑到王逸涛已经拉游击队上山。团支部决定,为了王逸涛在城里的妻子安硕甫的安全,派我到城里把安硕甫接上山来。我到了城里的三交界巷子,找到了安硕甫。我说:"安先生,你家王先生已经拉游击队上山了,为了你的安全,组织上派我来接你上去。"

安硕甫说:"请你回去给王先生谈,我在下面很安全。我住在城里,消息灵通点,我上去了,下面有好多事情发生了也不知道。你给他说,我不去。这里有了消息,我会马上告诉他。"

我见安硕甫态度很坚决,执意不肯上去,而且揣测安硕甫也根本不愿上去,苦苦相劝已无益,我就走了。

回到黄坭,我就去云南。我和黄子伦一道带了6斤河烟、4封两河桃片糕(每封一斤)先走到杨登高兄弟处,送了两斤河烟和一瓶止咳丸,止咳丸是王逸涛特意送给杨永安的,因杨永安是驹包,有哮喘病,止咳丸有一定的疗效。我对杨登高说:"我是黄坭来的,我叫饶书麟,我想通过你会见陈广文、陈立文世叔,这给你增加麻烦了。"杨登高了解到我与陈家兄弟有世交关系便满口应承说:"可以,可以。那就这样安排吧!黄子伦留在我这里耍上一两天,我立即派人把你护送过去。"

杨登高便派了两个家丁,带了武器,走了十七八里路的光景,把我送到高田陈立文家。陈家是住在一个寨子里头,有寨门、碉楼,还有20多个家丁,有长短枪配备。我们到寨门口,护送我的家丁便和寨内陈家家丁搭上话头:"这里有一个叫饶书麟的,是黄坭人,是你们家陈大老爷的世交晚辈,是杨登高大叔派我们护送他来的,特意来会你们陈大老爷的,请你去通报一声。"不久,寨门打开把我们接了进去。走进室内,只见陈立文还横躺在铺上烧大烟,我连忙喊:

"世叔,你老人家好?"

"你是那〔哪〕里来的?"陈立文听见喊声,慢条斯理地坐起来问,"你咋个喊我世叔?"

我连忙回答说:"我的祖父饶开先是清朝拔贡,在黄坭开馆,你父亲三秀才陈鸿彦老爷是我祖父的学生,我们几辈人的世交之谊难忘,这次我特意来拜望世叔的。"陈立文听我说完不住地点头"啊!"了一声,我赶忙把带来的河烟和桃片分成两份,递了上去说:"这一份是孝敬陈广文世叔的,这一份是孝敬您老人家的。"

陈立文接受礼物后，高兴地说："你广文世叔不住在这里，等我派人去把他找来陪你一起耍几天。"第二天陈广文果然来了，经陈立文介绍后，我就把带来的礼物送给他。陈广文一边接东西，一边不住地看着我。

吃过午饭后，陈氏弟兄就约我打点点牌。我有点迟疑，因为我腰无半文，怎么敢上桌呢？陈广文像察觉了我的犹豫，随手就在身上一摸抓了一大把毫子出来往牌桌上一放说："来！来！来！你格自打嘛，打输了又不要你赔钱。"一面说，一面就把我拉上牌桌。我考虑到这是一个很好的联络机会，就坐上桌子打了。到夜里12点光景，大家就休息、喝酒、摆谈。

陈立文突然问我："黄坭嘴土地坪有个王辉，原来是清朝的廪生，也是你祖父饶开先的学生，王辉与我父亲的关系最好，不知他家现在有后人没有？"

"咋个没有呢？"我说，"王逸涛就是王辉的亲孙孙。"

陈氏弟兄吃了一惊。陈广文说："我们接到杨登高的报告说，四川边边上来了一二十个人，有几支枪，头头就是王逸涛。"

我见机会来了，赶忙乘机搭口编上几句说："王逸涛原来在叙永二小教书，听说是因上体育课失手打死一名学生，经校方多次调解不好，家长要赔人命，王逸涛只好逃出来避难。据说王逸涛拖出来打游击，手下的人公买公卖，不骚扰百姓，很得老百姓拥护。"我见陈立文、陈广文听得津津有味，便继续说，"王逸涛拖人来到川滇边界上，怕与你们发生误会，我是王逸涛的学生，王逸涛特意要我来与两位世叔联系，万望方便。"

"哦！"陈广文一声长叹说，"原来是这样的呵！开初，我对你的到来很感到可疑。现在心中这块石头算是放下了。"

"既然是王逸涛派你来的，我们都不是外人，那就等我兄弟商量商量再说。"广文说，"今天就谈到这里，夜深了，各人都去睡吧。"

第二天中午12点的样子，吃完了午饭我再三告辞要走。陈立文对我说："不要走！我老人在时经常提起挂念着饶家，现在你既然来了就要好好多耍几天。关于联络的问题，我已写信给杨登高带去了，叫杨登高直接与王逸涛联系。今后有事打招呼，不要发生误会。我还叫杨登高拿一支步枪去送王逸涛，你各自放心大胆地耍好了。"

既然我的联络任务已经完成，陈立文兄弟又款留热情，我就安心住了下来，耍了三四天，天天打牌耍。人虽然在陈家寨子里头得自在，但心里老是惦记着游击队里的事。

在第五天上，陈广文要走，我就把牌桌上赢得的毫子全部退还给他，顺便我向他兄弟俩告辞说："家里还有许多事情等着我去办理。"决心动身回到黄坭去。

"既然你坚决要回去的话"，陈立文说，"我们也不再强留你了。你要回去交差，我写封信给杨登高，叫他沿途好好保护你的安全，其他事情你放心好了。"

我从陈家寨子告辞出来，陈氏两兄弟派了两名家丁护送我到杨登高那里。

杨登高不在家，陈立文写来的信交到杨永安手头。他说："头一次陈老太爷写来的条子上所交待的事情，我们已经照办了，枪也送了。你联络的事情我已经给王逸涛讲了，你就放心在我这里耍几天吧。"

听杨永安这么一说，我心里想：原来我们曾经研究过，由于团防局的廖长发经常率领人马"围剿"搜山，对我们游击队的生存威胁很大。这次何不乘杨永安兄弟挽留我耍的机会，拉上关系，请他们派队伍收拾一下廖长发？于是我就满口答应留下来耍几天。不久，杨登高回来了。我们在喝酒闲谈时，我说："王逸涛经常提到廖长发率领的团队搜山，是个麻烦，这对你们和我们都是一个潜在的威胁。我来的时候，王逸涛曾经要我和你兄弟商量，必要时，我们两家联合起来收拾廖长发这伙龟儿子一下！"我又补了一句说，"王逸涛还要找个机会拜望拜望你两兄弟。"

"可以嘛，可以嘛。"杨登高说，"你回去好好和王逸涛研究，联络的时间、地点、要多少人马？商量好后通知我们，我们立刻就来。"

第二天我即告辞，杨登高随即派了两个枪法好的家丁护送我回四川境内来。我们一行三人走到云南境内的大坳口，刚走到一座山神庙背后，突然发现廖长发率领的搜山团队正向我们逼来，要撤退、躲避已经来不及了。我急忙喊两个家丁：

"进庙！进庙！准备！"

我们把大门关了，用杠抵好后，两个家丁各人掩蔽在一根大柱后面。我手无寸铁就蹲在神龛下面，惊惶地望着窗外，这时心里紧张极了，像有只蛤蟆在跳。突然窗户上出现了一个团丁的眼睛在向庙内窥望，其他团丁陆陆续续地包围拢来。从门缝外望，隐约又见一个提短枪的走来。庙内两名家丁早已端枪瞄准，准备好随时射击。

"打！"我突然一声喊。

"砰！砰！"两声震山的枪响，压住了我的喊声。只听见门外"哎哟！"一声叫唤，又听得"噗！"的一下，像有什么倒在地上。围住庙门的团丁，像一群惊慌的野狗,四下逃窜散开躲藏。我们乘敌人慌乱之际,从庙的后门跑出进入山林,插一条羊肠小道跑回了杨登高的防区,讲述了当天遇险经过。

第二天杨登高又派二人把我送回来。我回到游击队,简单地汇报了联络和遇险经过。有人说:"啊! 那天在山神庙是遇上你们吗? 人家廖长发的团丁回来报告说,是遭到游击队的埋伏。打了两枪,一枪一个。一枪把队长廖长发打死了;一枪打伤了一名团丁。"

我高兴地笑起来说:"这是廖长发恶贯满盈、罪有应得的嘛。"

后来我在杨登高处碰到那两位家丁,我把廖长发被他们打死的事告诉他们,他们说:"那天要是你不喊打,我们还真的不敢动手,我们深怕误会打着你们自己人呢。"

就从那次把廖长发打死后,团丁们再也不敢随便搜山了。

我休息了两天,队里又派我到猪蹄崖去柏杨河接经李石坚做工作动员过来的游击队员陈德明、马树成等五人。他们带来了一支单针枪、两把马刀,两支梭标〔镖〕。

不久,经我同杨登高兄弟联系好后,就在云南边界一处地名叫石门坎的地方,我带领了王元富、王元德、陈德明、马树成、王元武、王逸涛等十一二人,并带三支步枪,三支短枪去同杨登高弟兄们见面。杨登高也带来 10 多人,他们看见我们来了,就一个个阴悄悄地各人分散到各自的位置上。这是对我们提高警惕,以防不测。

杨登高、杨永安兄弟和王逸涛见面后,王逸涛又特意送了杨永安一瓶止咳丸。大家热情寒暄一番后,王逸涛与杨登高说:"今后我们双方不要发生误会,有福同享,有难同当。"

杨登高兄弟没再说什么,到了晌午,大家吃了一顿包谷饭,互相就各自把人带走了。

游击队回住万家山。

游击队驻谢家沟时,落大雪,朱华清同曹家骥来到游击队专门研究人事安排问题。

根据上级组织决定把曹家骥留下来负责队伍的政治工作,朱华清另有任务临时回城去了。

曹家骥借口身体不好,吃不消,乘下城汇报时就再也没回到游击队。

游击队住木厂时,朱华清同张友德、邹风平等人又来队里。那次来时是在木厂梁子坪坪头,地上烧了一堆篝火,大家围坐在火堆周围,有邹风平、张友德、朱华清、王逸涛、饶书麟、王元富等人。大家开会,由王元德担任警戒。会议决定:王逸涛负责军事;张友德负责党的工作,朱华清负责团的工作兼管赤卫队工作;饶书麟担任联络负责做杨登高、陈广文处工作。因我是党员,会上原决定我同邹风平一道下泸州,由我担任联络工作。会上王逸涛提出:"饶书麟同志不能去泸州搞联络,如果他去了,云南方面陈广文、陈立文、杨永安、杨登高等处的联络工作就不如他去好。"后来就改派由王元德去泸州搞联络工作。

1935年腊月除夕,中央红军第三军团的先头部队进入了黄坭地区,游击队派张友德带上一名队员去联系,究竟联络上没有,因我在杨登高处,我不清楚。

后来听说,大年初一那天,大队红军来了,王逸涛、张友德、朱华清、李石坚他们率领游击队在五龙山的四化榜张玉衡家的三合瓦房内与红三军团司令员彭德怀同志会见,红军部队还发给他们部分步枪和弹药,另外还有6挺重机枪。

杨登高这方面看见红军大部队来了,一时心里有点怕,以至把队伍拉起跑了,后来,组织上派了朱华清和王元贵一道,找了好几个地方,才把他们找回来。同时,我也向他们解释说:"红军是我们自己的军队嘛,怕什么呢?"当时主要由于游击队的领导成员向他们做了宣传和政治工作,他们也就放心了,才把手下30多人带了过来接受了在木厂的整编。游击队统一编成三个大队,第一大队负责人梁亚伯,第二大队负责人李石坚;第三大队负责人杨登高。游击队军事负责人王逸涛;政治负责人张友德,我随杨登高部队,担任联络。游击队给杨登高补充了一些汉阳造的步机和六挺机枪。机枪因缺弹药无法使用,交给杨登高负责掩埋起来。

整编后约六七天光景,川军大队人马来木厂"围剿"我们。杨登高大队捉住了川军两个先头部队办伙食人员,就首先进行审问。

"你们调来多少人马?"杨登高问。

"一团人。"两个川军颤抖抖地回答。

杨登高听到"一团人"心里就有点畏怯,就给我提议说:"干脆把两个龟儿子杀了算了。"

"不能杀!"我说,"把两个人赶快交游击队司令部。"

杨登高骇怕了,就悄悄地背着司令部把所率第三大队化整为零。杨登高两兄弟加上我,另外还有3个兵,6个人一组,除我手无寸铁外其余人都配双枪,一长一短,游动。

游击队就只剩两个大队,在木厂同川军遭遇激战。这一仗打下来,第二大队负责人梁亚伯同志英勇牺牲了,另外还死去十多名同志。

这一仗是怎么个打法,为什么没打好,我因没有参加,具体情况就不清楚。后来了解,川军从泸州开拔来叙永,确实来的是一个团,进山"围剿"实际只有一个营的兵力。打仗前,游击队预先布置的计划是:杨登高所率的第三大队扼守大坳口一带;第一、第二大队扼守兴安岭、戴家弯一带。头一天,川军以一个连的兵力从戴家弯冲上来,被游击队打垮了一个排,缴获了敌人30多带子弹,大家士气高涨,群情振奋。第二天,杨登高不敢参战,悄悄地把部队分散撤走,大坳口一带无兵力扼守,敌人的两连人乘机从这处空隙偷袭上来,把兴安岭包围,打了整整一天,游击队牺牲很大,支撑不住,乘天黑才把部队突围撤走。

这次战斗以后,我心里感到很难过,很感到对不起组织,对不起死去的同志们。

"我要回游击队去。"我对杨登高说。

杨登高也觉得我在他的队里是个多余的包袱和拖累,巴不得我走。说:"要回去也可以,我还是派个人送你回去吧。"

杨登高派了一个大汉和我一道,临走前,他给大汉作了交代说:"你带他走马六塘去找游击队。"我们到了马六塘一问,才听说游击队走南六县方向去了。我们两人匆匆忙忙,一路跑跑追追,天黑了,追到一座大山才碰上游击队的后卫部队。正好在后卫部队里碰上了王元贵,他们才弄了一顿饭给我们吃,不然,我们真要饿瘪了。当晚就住宿在后卫部队里。

一觉醒来已是第二天天亮,我的双脚肿得跟发泡的泡粑一样,痛得动弹不得。走是肯定不行了。王元贵赶忙与送我来的大汉商量说:"你把饶书麟送到坡下的那间草房内休息,房主我认识。"王元贵当时写了一张条子要我交给房主吴洪顺,条子上说明请吴洪顺好好照顾我的病。

大汉把我背到吴洪顺家,吴大爷专门找了些草药给我煨水吃,又找药给我的肿脚洗、包扎。治疗了十一二天,脚肿虽是消了,就是走不得,我心里很着急。吴大爷说:"你瘫痪了。"又说,"现在保甲'清乡'严紧,为了安全,是不是找几个人把你抬回黄坭去。"

我心里想:反正不瘫已经瘫了,现在什么事也干不成了,抬回家就抬回家吧,免得在外面连累别人,于是我说:"行。"

吴洪顺请了四个农民连抬带背,在路上歇了两夜,送我回到黄坭家里。

回到家里的第三天,正逢赶黄坭场,两河团防局局长杨济安听说我从游击队回到家里,派了几名团丁到我家里指名要我。小队长赵登舟进来说:"饶书麟,你起来! 局长找你去谈话!"

"我瘫痪在床,"我说,"叫我咋个起来嘛!"

"起不来? 叫人背!"于是赵登舟就叫人来把我从床上拖起背上,背到黄坭场背后的大消洞将我关起。

关了一个月,杨济安又叫人用背盐巴用的板凳儿上一块板子把我背上,押送进城。在两河口歇了一夜。第二天从两河动身,在两河渡口上船时,我正坐在板凳儿上,恰巧看见朱华清正从船上下来刚要上岸,朱华清抬头看了我一眼,我赶忙抢着这个时机对朱华清咳了一声,想以此来对朱华清递个点子说:"我已挨了,你要注意啊!"朱华清也似乎明白了这声特殊的"咳嗽",赶忙埋着头就向两河方向走了。

我被关进了县城大监,直到国共合作,全国释放政治犯时,"清共委员会"的副主任郑雨声审问我:

"你是什么人?"

"我是学生。"

"你为什么要替共产党工作?"

"我好奇,贪玩,只给他们送送信。"

"你是不是红军? 是不是共产党员? 如果不是就站在〔到〕我们这边来,跟我们一块干!"

我假装糊涂地说:"我不清楚什么是红军,什么是共产党,我确实是个学生,好奇跟着玩。"

郑雨生见我是个瘫痪病人,看样子也成不了什么气候;又见问不出个所以然来,就要我取保释放。

我有一个姐夫叫易连武,与县法警要得好,就找人与县法警取得联系,由姐夫出面取保释放回家。

瘫痪病后来请人医好了,但我的"心病"却无法医治,从此与党失去联系,时时隐痛在心。

一个人失去组织,孤苦伶仃,象〔像〕离群的孤雁,似断线的风筝,四处漂〔飘〕

荡。最后才在两河镇糕点铺肖子厚家当学徒。我订了一份《新华日报》，从报上听到了党的"全民抗战，一致对外"的声音。党在召唤我找机会为党工作，我不能这样沉沦下去。于是我就在城里应考"县训所"。考上后受训两个月毕业，被分配在黄坭乡第九保田坝头当保长。任职期间，突出的政绩是组织农民修大道方便山区交通和创办国民学校，培养和提高山区农民子弟的文化知识水平。

县里派树坪大绅士易子宣监视我。一天他责问我："饶书麟——饶保长！王特派员（逸涛）叫我问你，谁教你办的国民学校？"

"办学校是为中国培养人材〔才〕！"我听对方话外有音，愤愤地回答说，"只要〔有〕你认得字，穷人就认不得字！我办学校关你何相干！"

这一骂把易子宣整冒火了，他就把我学校的挂牌给取走了。

第三天黄坭赶场，碰上王逸涛。他走上来一开口就问："饶书麟，谁叫你办学校？"

"我打了报告，乡公所有指令。"我一边说，一边把早准备好的指令递给王逸涛，"你看嘛！"

"谁教书？"王逸涛问我。

"陈朝开教。"

"你的事情多，你不要教书。"

王逸涛最怕我教书，怕我向学生灌输革命思想。不久，就把我调到十二保邵家沟当保长。在十二保是叫杨兴成监视我。杨兴成是我的表兄弟，一天对我说：饶保头！你干得好哦！王特派员很'看得起'你哟！人家叫我好好'关照'你唷！"

我说："看得起就好罗〔啰〕！修大路、办学校总是好事啊。"

我又在十二保组织农民修路、办学。偶有机会就向学生宣传党的政策和灌输革命思想。不久又把我调到十三保，叫杨进贤监视我。我在十三保仍然坚持组织农民修路、办学，还组织农民在五龙山寺庙掀菩萨、破迷信。

一天黄坭街上赶场，一位叫马登云的少数民族家里死了一头猪，拿了40斤瘟猪肉到黄坭街上卖，税收员要马登云上税，马登云哭着说："我猪死了，卖点肉来卖〔买〕一条小猪喂，家里大人娃儿光着屁股，连锅盖都揭不开，我那〔哪〕有钱来上税？"收税员不耐烦，仗势欺人，"啪！啪！啪！"就给马登云几耳光。马登云挨了打，哭着走了，我在路上正好碰上哭着来的马登云，问明白挨打的情况后，我说："你哭个球！跟我来！"我俩一边走，我一边给他打气说："你不要怕！有我仗胆子！

你格〔各〕自去打还!"马登云见我给他撑腰,走到税收员打牌桌前,不问三七二十一,当胸就给他两拳。大家见我是"后台"都只劝架了事。我也知道税收员不会善罢甘休,恐防他上告,就采取了先法〔发〕制人的手段以攻为守。

何本初县长出巡来黄坭,我叫马登云抢先去喊冤。马登云说:"我怕。"我打气说:

"不怕! 有我。"马登云真的就去拉着何本初喊:

"大老爷冤枉! 替我伸冤!"

"什么事?"何本初问。

马登云叙述了卖猪肉被税收员毒打经过。何本初说:"杀猪要上屠宰税,有何冤枉?"

我看事情不妙,赶忙抢前一五一十把马登云的穷苦情形叙诉一番,何本初也想来露一下"与民伸〔申〕冤"的"青天"风度,吼问:"税收员是谁?"我说:"叫杨坦军。"何本初喊:"给我抓来关起!"这次"喊冤"基本了结。晚上,经王元德、朱华元等人与何本初说情,何本初改判罚杨坦军30张书桌交学校;赔两件衣服给马登云的孩子穿。这场"官司"马登云才打赢了。但是大家知道我是幕后策划人,都想找机会整我。

他们整我的机会终于来了,在征壮丁时,就乘机给我管辖的十三保派了28名兵额,其他保只派了几名兵额。我坚决抵制不征。我说:"干脆! 我这个保长去抵壮丁去!"不久,王元德到十三保叫我把保长手续移交给杨进贤,把我带回乡公所关押后再送进叙永监狱。一天,法院法官审问我:

"你为啥擅自违抗役政,拒绝征兵?"

我反问:"我几时违抗役政? 各保征兵名额悬殊太大,我征不到!"法官说,"那我们调查后再说。"

就这样把我关了三四个月后才又提我复审说:"他们整错了,要十三保征兵8名,填成了28名。"我哭笑不得,法官也明知冤枉,但在那黑暗的旧社会里,谁敢为你伸〔申〕冤? 只好不了了之。

杨济安后来接任黄坭乡乡长,指名要我去当乡队副。他们为什么点着要我?说是我修路、办学校搞得好。后来杨济安站出来说:"你是王逸涛特派员亲自点名安排在泥黄〔黄坭〕乡当乡队副的,干也得干,不干也得干!"我只好就任黄坭乡乡队副了。

上任不久，我就悄悄释放了壮丁杨成富。

1942 年，我、王逸涛、杨济安（乡长）、朱华元（副乡长）等在乡公所闲聊时，朱华元问王逸涛："特派员，你是咋个从游击队过来的呢？"王逸涛回答说："饶书麟就晓得嘛，说起来就话长。当时我叫饶书麟进城去接安硕甫，她不愿来黄坭山中，他爹安相清在城里有钱有势，有名望，咋个肯来山区吃苦？她当然不来。不久城里就把她抓捕了，为了防备游击队劫就把她送进泸州第三监狱。我岳父先找县长先智渊，先智渊也无法。岳父就跑到成都去找李铁夫，李铁夫赶忙去找刚来成都的张群商量，最后采取把我招抚的办法，先填好委任状委我为'川南招抚特派员'并交给岳父带回来。到了泸州，专员裴刚把安硕甫从狱中提出来进行教化，由裴刚、安硕甫各写一信带来给我。原来我得到安硕甫的信都交给组织看，这次来信，我没有交。游击队原来研究准备到分水休息两天，我估计在休息期间要追查安硕甫的来信和内容。到分水后，我借口把兄弟王元德喊出，'找马去！'就这样离开了游击队跑出来了。"

王逸涛把话说完，大家就伙起打牌去了。

后来我从黄坭乡率领三个分队 100 多人到泸州蓝田坝修飞机场转来，王逸涛听别人反映说，我和党组织"又有了联系"。一天，我在乡公所的隔壁一间屋里听见副乡长朱华元与王逸涛、王元德等共同商量要把我抓来关起并伪造一份"枪毙表"把我杀了，假称是我在路上逃跑，殴打押送人员被击毙。他们一伙真狠心歹毒！

为了躲避杀害，我就逃跑到云南威信，经好友鲁传江介绍在县田粮处军事科当科员。

我借用在县政府军事科的身份为四川到云南做小生意的人组织"旅威同乡会"，私放壮丁，临解放将威信境内有关敌人的军事部署写成书面材料送交驻叙永大坝的解放军部队……

自我脱离党的怀抱，能够为党为人民做一点有益工作是我平生的志愿，也使我的心里得到宽慰。

饶书麟口述

吴永栋记录整理

1982 年 12 月 27 日

（录自中共叙永县委党史办编纂《叙永县党史资料》第 3 期，1983 年印行，第 22～34 页）

# 叙永游击队与高田陈烈文、杨登高队伍的联系

饶书麟

我是叙永黄坭嘴街上人。1930 年我在黄坭读私塾,适逢王逸涛回到黄坭老家土地坪,兴办了一所"国民学校",对黄坭地方孩子入学实行免费。党组织派遣陈秀良(党员)担任教师,我在陈老师的影响下,1932 年经他介绍,加入了中国共产党的组织。继而成立了黄坭嘴共青团支部,我担任支部书记,开展党的工作。

1934 年 8 月 13 日,王逸涛其弟王元德(叙永团练局局长)前来报告,说泸州党出了叛徒告密,敌人来到叙永城里抓人,点名要抓捕地下党人王逸涛。王逸涛听后大吃一惊,连夜将身边的几个人拉上山,在狮子营打游击,随身带有步枪二支,马刀两把,梭镖两把。

这时王逸涛把我找去,叫我不要回去了,同他们一起在山上打游击。就这样,我同王逸涛、王元德等人在山上联络后寨王子伦、六宝罗海舟,迅速组织起了二三十人的队伍。

罗海舟对王逸涛说:"我们六保紧接云南地界,是两管两不管的地方,好打游击。但是云南高田的那个地方,在陈烈文、陈广文两兄弟的手里'玩'得有股匪(绿林武装),这股匪由另外两兄弟杨登高、杨永安(躺包)统领,拥有 50 多条枪,经常住在坎坝(今凤阳)邓家坪,在云南、四川两省边界出没。他〔我〕们想在这一带打游击,长期立住脚,就必须与他们取得联系把这支队伍搞过来,不然我们的力量很单薄,无疑是个大威胁。"

王逸涛把我喊去商量这个问题,他说:"你想嘛,我们在山上打游击,团防局长杨济安、队长廖长发,经常带领团丁对我们进行'搜剿',威胁很大,如果再不把杨登高弟兄这支绿林武装联系好,我们将腹背受敌,对我极为不利。请你来就是要你想办法解决这个问题。"

罗海舟微微沉默,手抚着牙巴思考着。

王逸涛接着说:"老罗,听说高田有个三秀才的名叫陈鸿彦,他是陈烈文、陈广文两兄弟的啥子人?"

罗海舟回答说:"你问陈烈文、陈广文么? 他是陈鸿彦的两个儿子。"

王逸涛胸有成竹地说:"对了,经你这么讲,我心中就有底了,三秀才陈鸿彦是饶书麟的祖父饶开先拔员的学生,大家理论起来,饶书麟与陈烈文、陈广文弟兄有

世交关系。联系陈烈文兄弟的任务就交给饶书麟去完成。"

为了党的工作，我愉快地接受了这一任务，会见时所要带的礼物，由王逸涛派人到两河口街上去买。这时候组织上考虑到王逸涛已经拉游击队上山，为了保证王逸涛住在叙永城里的妻子安硕甫的安全，团支部决定派我到城里把安接上山来，我遂前往叙永，安不愿上山，苦劝无益，我即回来。

刚到黄坭，就上云南。我和黄子伦一道带了6斤河烟，4封两河口桃片糕，先走到杨登高兄弟处，送了两斤河烟一瓶止咳丸。止咳丸是王特意送给杨永安的，因杨永安有哮喘病。

我对杨登高说："我是黄坭嘴来的，我叫饶书麟，我想通过你去会见陈烈文、陈广文世叔。"

杨登高了解到我与陈家兄弟有世交关系，便满口应承说："可以，可以，那就这样安排吧。黄子伦留在这里休息，我派人护送你过去。"

杨登高派了两个家丁，带了武器，走了十多华里路的光景，把我送到高田陈烈文家。陈家是住在一个寨子里，有寨门、碉楼，还有20多个家丁，有长短枪配备。

我们到寨门口，护送我的人便和寨内陈的家丁搭上了话头："这里有个叫饶书麟的，黄坭嘴人，你们家陈大老爷的世交晚辈，杨登高大叔派我们护送他来，特意会见你们老大爷，请前去通报一声。"

不久，寨门打开把我们接了进去，走进室内，只见陈烈文正横躺在铺上烧大烟呢。

我连忙喊："世叔，您老人家好？"

"你是哪里来的？"陈烈文听见喊声，慢条斯理地坐起来问，"你咋个喊我世叔？"我连忙回答说："我的祖父饶开先是清朝拔贡，在黄坭嘴开馆教学，你父亲三秀才陈鸿彦是我祖父的学生，我们几辈人的世交之谊难忘。这次我特意来看望世叔。"

陈烈文听我说完后不住地点头。

我赶忙把带来的河烟和桃片糕分成两份，递了过去说："这一份是孝敬陈广文世叔的，这一份是孝敬你老人家的。"

陈烈文接受礼物后，高兴地说："你广文世叔不在这里，等我派人去把他找来陪你一起耍几天。"

第二天陈广文果然来了，经陈烈文介绍后，我就把带来的礼物送给他，陈广文一边接东西，一边不停地看着我。

吃了午饭后，陈氏兄弟就约我打点点牌，我有点迟疑，怎么敢上桌呢。陈广文觉察到我的犹豫，随手就在身上一摸，抓了一大把硬币出来往桌上一放，说："来、来、来，你尽管打嘛，打输了又不要你赔钱。"

一边说一边把我拉上牌桌。

我考虑到这是一个很好的联络机会，就坐上桌子打了起来。到了夜里十二点光景，大家就休息了，喝酒、摆谈。其间，陈烈文突然问我："黄坭嘴土地坪有个王辉，原来是清朝的禀〔廪〕生，也是你祖父饶开先的学生，王辉与我父亲的关系最好，不知他家现在有后人没有。"

"咋个没有呢?"我说，"王逸涛就是王辉的亲生孙子。"

陈氏兄弟吃了一惊。陈广文说："我们接到杨登高的报告，就说四川边上来了二十多个人，有几支枪，头头就是王逸涛。"

我见机会来了，赶忙乘机搭口编上几句说："王逸涛原来在叙永二小教书，听说因上体育课失手打死一名学生，经校方多次解释不行，家长要赔人命，王逸涛只好逃出来避难。据说王逸涛拖人出来打游击，手下的人公买公卖，不骚扰百姓，很得老百姓的拥护。"

我见陈烈文、陈广文听得津津有味，便继续说："王逸涛拖人来到川滇边界上，怕与你们发生误会，我是王逸涛的学生，王特意要我来与两位世叔联系，万望方便。"

"哦，"陈广文一声长叹说，"原来是这样啊! 开初，我对你的到来很感到可疑。现在心中这块石头算是落下来了。既然是王逸涛派你来的，我们都不是外人，那就等我兄弟上联商量再说，今天就谈到这里，个〔各〕人都去睡觉吧。"

第二天中午，吃完了午饭，我再三告辞要走，陈烈文对我说："不要走，我老人在世时经常提起挂念饶家，现在你既然来了，就要好好的〔地〕多耍几天，关于联络的问题，我已经写信给杨登高带去了，叫杨直接与王逸涛联系。今后有事打招呼，不要发生误会，我还叫杨登高拿一支步枪去送王逸涛，你尽管放心大胆耍好了。"

既然我的联络任务已经完成，陈烈文兄弟又热情款留，就安心住了下来，耍了三天，整天打牌。身子虽然在陈家寨子里头，可心里老是惦记着游击队的事。

在第五天早上，陈广文要走，我遂把牌桌上的银钱全部退还了他，顺便向他兄弟俩告辞，决心动身回到黄坭。

"既然你执意要回去，"陈烈文说，"我也不再挽留了。你要回去交差，我写信给杨登高，叫他沿途好好保护你的安全，其他的事你就放心好了。"

我从陈家寨子告辞出来，陈氏兄弟派了两名家丁护送我到杨登高处，杨登高不在家，陈烈文写来的信交与〔予〕杨永安手头。杨说："头一次陈老太爷写来的条子上交待的事情，我已经照办了，枪也送了，你联络的事情我已经给王逸涛讲了，你就放心在我这里休息几天吧。"

听杨永安这么一说，我心里想：团防局长廖长发经常率人马"围剿"搜山，对我们游击队的生存威胁很大。这次何不乘杨永安兄弟挽留我要的机会，拉上关系，请他们派队伍共同收拾一下廖长发。于是，我就满口答应留下来。

不久，杨登高回来了，我们在喝酒闲谈时，我说："王逸涛经常提到廖长发率领的团队搜山是个麻烦，这对你们和我们都是一个潜在的威胁。我来的时候，王逸涛曾经要和你的兄弟商量，必要时，我们两家联合起来收拾廖长发这伙龟儿子。"

我又补上一句说："王逸涛正要找个机会拜望拜望你俩兄弟。"

杨登高说："可以嘛，你回去好好和王逸涛研究联络时间、地点，要多少人马，商量好后通知我们，我们立刻就来。"

第二天我即告辞，杨登高随即派了两个枪法好的家丁护送我出境。我们一行三人走到云南境内的坳口，刚到一座山神庙背后，发现廖长发率领的搜山团队正向我们逼来，要撤退和躲避已经来不及了。我急忙叫两个家丁快进庙做好准备。

我们把神庙大门关紧，用杠抵好后，两个家丁个〔各〕人掩蔽在一根大柱后面。我手无寸铁就蹬〔蹲〕在神龛下面，惊惶地望着窗外。这是〔时〕心里紧张极了，像有只蛤蟆在心里乱跳。突然窗户上出现了一个团丁，他的眼睛正向庙内窥望，其他团丁陆陆续续地包围拢来。隐约又见一个提短枪的走来。庙内两名家丁早已短枪瞄准，准备好随时射击。这时，我突然一声喊"打"，"砰、砰"两声枪响，只听见门外"唉哟"一声，紧接着"噗"的一下，像有是〔什〕么东西倒在地上。围住庙门的团丁，像一群惊慌了的野狗，私下逃窜散开躲藏。我们乘敌人慌乱之际，从庙的后门撤出进入山林，抄一条羊肠小道跑回了杨登高的防区，讲述了当天的遇险经过。

第二天杨登高又派二人把我送回去，我回到游击队，简单地汇报了联络和遇险经过。有人吃惊地说："啊！昨天在山神庙是遇上你们吗？人家廖长发的团丁回去报告说，是遭到游击队的埋伏，打了两枪，一枪一个，把队长廖长发打死了，还打伤了一个团丁。"

我高兴地笑起来说:"这是廖长发恶贯满盈、罪有应得的嘛。"

后来我在杨登高处碰到那两个家丁,我把廖长发被打死的事告诉他们。

他们说:"那天要是你不喊打,我们还真不敢动手,又怕误会打着。"

就从那次把廖长发打死后,团丁们再也不敢随便搜山了。

不久,经我和杨登高兄弟联系好后,就在云南边界一处名叫石门坎的地方,我带领王逸涛、王元富、陈德明等十多个人,并带着三支步枪、三支短枪去与杨登高兄弟们见面,杨也带来十多个人。当他们看见我们来了,就一个个不动声色地分散到各自的位置上。这是提高警惕,以防不测。

杨登高、杨永安兄弟同王逸涛见面后,王逸涛又特意送了杨永安一瓶止咳丸,大家热情寒暄一番。

王逸涛对杨登高说:"今后我们双方不要发生误会,有福同享,有难同当。"

杨登高兄弟没再说什么,到了晌午,大家吃一顿饭,就各自把人带走了。游击队回住万家沟、谢家沟、木厂等地。

1935 年,大年初一那天,中央红军红三军团来了,王逸涛、张友德、朱华清、李石坚率总队在五龙山的四合榜张玉衡家会见红三军团军团长彭德怀,红军部队发给游击队一些步枪和弹药,另外还有 6 挺重机枪。

杨登高看见红军大部队来了,一时心里有点害怕,以至把队伍拉起来跑了。后来,组织上派了朱华清、王元德找了好几个地方,才把他们找回来。同时,我也向他们解释说:"红军是我们自己的军队嘛,怕什么呢。"

当时由于游击队的领导向他们做了宣传和政治工作,他们也就放心了,才把手下三十多人带了过来接受了在木厂的整编,参加了游击队。游击队编成三个大队,第一大队负责人梁伯亚,第二大队负责人李石坚,第三大队负责人杨登高,游击队军事负责人王逸涛,政治负责人张友德。我随杨登高部队,担任联络,后任指导员,游击队给杨补充了一些汉阳造的步枪和六挺机枪,机枪因缺弹药无法使用,交给杨登高负责掩埋起来。

紧接着中央红军在扎西集结后,留下了一支部队,由徐策、余泽鸿、戴元怀等同志带领前来与王逸涛组织的游击队合编,成立川南游击纵队,部队又进行整编,由徐策任政委,王逸涛任司令员,开展川滇黔边区游击战争。

整编后六七天时间,川军大队人马来木厂"围剿",杨登高大队捉住了川军两个先头部队的伙食担子,首先进行审问。

杨登高问:"你们调来多少人马?"

"一团人。"两个川军战战兢兢地回答。

杨登高听到说"一团人",心里头就有点畏惧,给我提议说:"干脆把这两个龟儿子杀掉算了。"

我说:"不能杀,赶快送交游击纵队司令部去。"

杨登高害怕了,悄悄地背着司令部把所率的三大队化整为零,杨登高两兄弟加上我,另外还有三个队员,六个人一组,除我手无寸铁外,其余五个人都配双枪,一长一短,分片把守,注意事态的发展。

游击队在木厂梁子同川军遭遇激战了一天,大队负责人梁伯亚英勇牺牲了,另外还死了十多名队员。

这一仗是怎么个打法?后来了解,川军从泸州开拔来到叙永,确实来了一个团,进山"围剿"时实际只有一个营的兵力。打仗前,游击队预先布置的计划是:杨登高率的第三大队扼守大坳口一带,第一、二大队扼守兴安岭、戴家湾一带,头一天,川军以一个连的兵力从戴家湾冲上来,被游击队打垮一个排。缴获了敌人几支枪和三十多带子弹,大家士气高涨,群情振奋。第二天杨登高守大坳口,由于敌人上来多,守不住,他就悄悄把部队分散撤走,敌人两个连乘机从这里冲上来,把兴安岭包围,打了整整一天,游击队牺牲很大,支撑不住,乘天黑才把部队撤走。

这次战斗以后,我心里感到很难过,感到对不起组织,对不起死去的战友。我就对杨登高说,我要回游击队司令部去。杨登高也觉得我在他的队伍里面是个多余的包袱和累赘,巴不得我走,便说:"要回去也可以,我还派人送你回去吧。"

我就这样离开了杨登高的队伍急忙去追赶部队,后因脚伤,离开游击队,回到了黄坭嘴老家,后来在敌军"围剿"中,我又遭逮捕和监禁,继而脱离了组织。从此我就从事教育工作,解放前曾在威信县罗布坳教学,也曾多次谈起叙永游击队与高田陈烈文、陈广文及其杨登高队伍的联系。

后来听说,杨登高队伍一直坚持到1937年初,当游击队被三省敌军"围剿"失利之后,杨登高的队伍也遭滇军安旅马营长率队"围剿"于坟坝擦耳岩,双方打得很激烈,结果杨登高队伍被滇军打垮,损失惨重,杨将两支快枪送交高田陈烈文处,便率队到天蓬寨杨银川那里,从此,杨登高的队伍再不复存在了。据说,高田陈烈文、陈广文两兄弟,因与共产党武装组织有牵连,因而也被滇军、中央军多次

"围剿",但是最终还是保存了下来,直到解放。

这便是我亲身经历的边区武装斗争中一件难忘的事,作此回忆,供参考。

饶书麟口述

雷凡整理

(录自云南威信县政协文史资料办公室编《威信县文史资料选辑·第 24 辑》,1998 年印行,第 21 页)

# 我是如何在两河区委领导下开展地下革命工作的

严永明

我叫严永明，又名严兆华，曾用名何光奎，家居叙永县两河镇。

1931年在城内二高小读书。

东北沧〔沦〕陷后，我对国民党的不抵抗政策，至为痛恨。

我的表母舅李石坚，虽系地主家庭出身，却是长期在外搞革命工作，偶尔返家都是深夜潜回。

在我读书期间，李石坚经常悄悄地将郭沫若、成仿吾、蒋光慈等人主办的进步刊物和著作如《创造月刊》《少年漂泊者》《女神》等作品给我阅读。这些书刊对我思想启发很大。

1933年春，我升入永属联中。在读书期间，校长罗彬和训育主任苏明瞻，他们在下晚自习后常常悄悄地约我去"谈话"。在摆谈当中常涉及国民党腐败无能，唯有共产党能够救中国等等内容，向我灌输进步思想，激发我的革命热情。在他们的熏陶下，我渐渐地靠拢党，开始有了革命要求。

经过李石坚同志的多次教育和考查，认为我入党条件基本成熟，才通知我在叙永扬武坊一间比较冷僻的茶馆内（茶馆的门面上注有"文清阁"笔墨铺），由李石坚给我介绍了李祝秋同志，我们认识后，李祝秋问我："你为什么要参加革命？参加共产党？"

我当时还是个学生，还谈不出许多革命道理，更谈不上有什么阶级觉悟，但对党我还是有一定的认识的。我说："九一八事变，日寇侵占东三省，国民党政府腐败无能，丧权辱国，我们不能甘当亡国奴！要拯救中国，只有跟着共产党闹革命！"

通过谈话，李祝秋认为我对党有一定的认识。经李石坚、李祝秋介绍我加入中国共产党，那是1933年3月的一天。

随后，李祝秋和李石坚他们就布置我在学校同学当中进行革命宣传，以唤起学生的革命觉悟，并规定每个星期天在茶馆内碰头汇报情况和接受指示。

1933年秋，校长罗彬、训育主任苏明瞻先后被撤掉，分别为李幼章、许孝和代替，在学校我失去了"保护人"。当年8月，校方以"言行不轨"的罪名，将我开除学籍，驱逐返家。1934年秋，听说李祝秋被叛徒出卖被捕。事未隔半月，县政府突然在两河我家中将我逮捕。县政府虽然抓捕了我，但我坚信敌人手中没有我多少证据。

我被捕时尚年轻,刚满 18 岁,政府没有把我与政治犯关押在一起,而是分开拘押在县政府候案室里待审。

一天夜里,县长岑炯昌派人来把我叫到他的寝室内,一跨进屋就看见我亲爹(姐夫刘天民之父)刘三俊(原是护国军军医)与岑炯昌一起横卧在床上抽鸦片烟。岑炯昌见我进屋,便慢条斯理,口吐烟圈,头也不抬地问我:"你来了吗?"

"我来了,县长。"我回答说。

"你是共产党员吗?"

"不是。"

"你搞过些什么活动呢?"

"我是个学生,在茶馆里只是同李祝秋喝过茶,听过一些宣传,其他的事情我不知道,他们也不给我说。"

"你年轻!"岑炯昌用手拐支撑着床铺坐起来,用手中捏着的烟枪指指点点地对着我说,"不要被敌人引入歧途。这次是由你亲爹取保,不予追究。下次再犯,定要严办!你去吧。"

事隔两天,我被交保释放。

我返家后,10 月初曹家骥又来我家中与我接上关系。他说:"党已在黄坭嘴山区组织了游击队,今后就由你在两河场上负责通讯联络工作。"

"通讯联络究竟干些什么工作?"我问。

"往来信件的周转以及关照经过两河场上的同志的安全、掩护等任务。"他说。

接受组织任务后,果然不久,就有一个姓焦的农民从游击队来,乘赶场天到我家里周转信件。后来才知道,这位姓焦的农民就是王逸涛的同母异父兄弟。城里常送信来的是邱国全,梁亚伯同志由县城经两河到游击队时也来我家中探明情况、取得联系才走的。

有次李石坚对我说:"这两河街上有个摆盐巴摊子的人,名字叫刘复初。如果他有事找着你,你就接待他,是我们的同志。"

我有意到两河街上转了几转,看了看刘复初和他摆的盐摊,但我们没有联系。刘复初摆了几场盐摊就走了。

当年冬月,后山乡曾德富是我小学时的同学,到我家中摆谈,主动要求参加革命,要求参加游击队。我同他一道到黄坭嘴饶书麟家,饶书麟不在家,我们就径直去找游击队，也到王逸涛家的寨子去找过，都未找到，经海坝返回。我向曾德富说："找不到游击队不要紧，以后有机会再找。"我给他建议："目前，可先返回家在农民中进行宣传，也同样是为革命工作，找游击队的事以后再联系。"

腊月中旬，我到后山乡借口看姐夫韦富章。韦富章是后山乡乡长，在乡公所会到小学时的同学项斌，项斌是乡公所乡队长。他的手下有十多人，有十几条枪。项斌在摆谈中流露出对国民党统治的不满，对社会上的贪官污吏看不惯。他知道我与共产党有往来，一再向我表示要把乡公所的人和枪拉上山去参加游击队，我耐心地给项斌说："等一下，不要着急，联系好再行动。"

1935年2月初（旧历年除夕），曹家骥来家里通知我说："长征的红军今天就要到了，我们要开展游击活动。"并针对我想参加红军离开本地的思想补了一句说："你要安心留在地方工作。"

此次联系后，就不知道曹家骥调到哪里去了。

当年3月，来了一位叫朱华清的同志与我接上关系。

"曹家骥同志已经调走了。"朱华清说，"以后的工作和我联系。今后，我们在赶场天会面，半个月一次碰头，如果临时有急事，你就到牌坊口场里来找我。"

随后又会到周守如同志。周守如同志系遵义人，以编篾货作掩护。赶场天我们常在场上会晤。朱华清同周守如住在牌坊口对岸山腰上农民杨炳成家里，我也常去杨家找他们汇报情况。在杨炳成家还经常碰到一位从金鹅池方面来的姓赵（即郝谦同志的化名）的领导同志。

红军长征路过叙永不久，大约3月底，曾德富来说："项斌已经把人拉上大安山啦！"

我把曾德富带起到杨炳成家找到朱华清和周守如，汇报了项斌上山的情况。朱华清说："项斌拉人马上大安山，这是一个新的情况，我们要去会项斌，同时也顺便到大安山去做匪运工作。对于大安山，后山的农运工作我们也要开展。"

过了几天，我同朱华清、曾德富等人就从两河、大头关、六角堡插进大安山森林，找着项斌。又通过项斌先后与另外两股土匪头头牟国云与王国全取得联系。朱华清与他们见面，分别进行教育，讲政治、讲统一战线、讲参加游击队推翻国民党的统治为穷人翻身打天下的道理。并给他们指出：只有共产党才能救中国，当土匪是没有出路的。项斌、牟国云、王国全等在朱华清同志的影响下受到启发，有了觉悟，决心跟随共产党干革命。不幸的是，就在同年3月内，项斌率领武装，在海坝一处名叫"落夫"的地方,遭古蔺县骆国湘率领的反动团队包围,项斌英勇抵抗,因孤立无援,壮烈牺牲。这使我们的原计划遭受到重大挫折。以后,牟国云、王国全两部也先后被叛徒王逸涛率军击溃。

组织上另外交给我的任务是在两河镇街上秘密收购白军士兵偷售的零星弹药。当时,白军士兵进山"围剿"红军游击队,本来只打了三发子弹,回来谎称打了十发,赚下七发拿到街上悄悄地托人出售赚钱,有时约四个毫子买五颗(一夹)子弹。我通过同情革命的民团队长叶津门,介绍他同朱华清、周守如认识后,经过宣传教育,由他出面设法收购弹药,使买子弹"合法化"。我们买到的弹药送到杨炳成家,再由杨炳成转送到游击队。

1935 年 8 月 28 日午前,两河镇上人声鼎沸,纷纷相传说:"红军游击队司令王逸涛路过两河镇叛变投降了。"我听到这消息非常吃惊,心情十分沉重、紧张,我以急速的步伐,立即赶到牌坊口找到周守如、朱华清汇报这一清〔情〕况。我们三人假意洗澡脱了衣服跳下河去开了个紧急会议,研究对策。朱华清说道:"王逸涛叛变投敌对我们来说并非意料之外的事,他在两个月前,借找马为名,逃离部队的消息,我们早知道了,我们没有在同志中间传达,为什么? 因为王逸涛是当地人,组织上考虑多给他一点时间,一是争取他,教育挽救他归队;二是怕在当地群众中引起动摇。"朱华清停了一下继续说,"现在问题明白了也好,坏事可以变为好事嘛,让王逸涛的叛徒嘴脸暴露在光天化日之下,让群众看清楚。"

就在我们谈得正热烈的时候,突然听到河岸上从牌坊口传来了"砰! 砰!砰!"几声清脆的枪声,随即听到岸上有人大吼:"不准动!"由于河的两岸树丛密,互相难以清楚看见,我们立即从河中爬起,抱着衣服跑入岸上的树丛中,穿好衣服,互相交换了一下眼色,朱华清对我说:"你顺着河从下游走,从浅水滩处涉水过去,假装从城里返回两河的样子,到牌坊口探明一下情况,究竟发生了什么事?"我按照朱华清同志的安排,刚走到牌坊口就看见陈瘸子等人一个个凶神恶煞地站在那里。因区公所就在我家隔壁,他们平时都认识我,而且经常在我家里装烟吃茶,虽然认识,但都不知道我的政治身份。不知咋的,这回陈瘸子一看见我,恶暴暴地端着枪从人从中挤出来一把抓住我说:

"你来得正好! 我们正在四处找你。"

"抓我干什么?"我问,"又没犯法?"

"你不要装猪吃象的!"陈瘸子大吼一声说,"你放明白点,你干的什么事我们都清楚。"陈瘌子接着说,"我们已经掌握了你的确切材料,你在两河街上替游击队搞通讯联络。问你!现在他们几个跑到哪里去了?快说!"

陈瘌子喊:"不说把他抓来捆起!"

这一下,我想:"完了!一定是叛徒王逸涛告的密,不然他们怎么知道哩?"

他们把我五花大绑捆着,我也知道瞒不住了。

我说:"我是在给他们搞通讯联络,但他们是哪些人,我不认识,现在在哪里我也不知道,叫我说什么?"

这时我仔细一看,游击队伤员方少明也被抓来捆着,开烟馆的吴老头和杨炳成也被抓来捆着,樊大娘也被捆着。后来得知樊大娘是在敌人搜捕时,借口到后面摘瓜菜为名,给朱华清传递了消息,返回屋时被敌人发觉挨抓的。

我们五人被五花大绑押送到两河,当夜遭徐立光刑讯。最惨无人道的是把樊大娘用穿牛鼻子绳捆来吊起,背上背扇石磨,用鸭儿凫水方式,上吊三次,三次都把绳吊断了,樊大娘不求告一声饶。在敌人威逼下她声声咬定:"我是到河边后阳沟摘南瓜来弄饭吃呀!冤枉啊!"

敌人审问她,问不出名堂,第二天只好把樊大娘押送回家,却把我们四人解送县城,关入大监,长期脚镣手铐监禁。

县长先智渊晚上亲自提审我。

"你跟共产党干了些什么?"

"人家把来信放在家里,"我说,"我从来没有离开过家,有人来取信,我只是把信交给人家就行了。"

"你是不是共产党员?"

"我不是。"

"你知道还有哪些人参加?"

"我不知道。"

"老子毙了你!……"

先智渊看问不出什么名堂,又把我送进监狱。在狱中得知,同时被关押的还有城区的陈泽奎、邱国全;有金鹅池方面的李腾宵、刘季秋,还有龙凤乡乡长任吉西及乡文书赵德祥等人。我一直被关押到1936年7月间才被释放,而释放的条件必须取具三家铺保,保证不再替共产党工作,知道共产党的活动须立即向政府报〔报〕告。

　　我出狱后不愿回家,原因是回到家里是住不下去的,要受到监视不说,还要逼你为反动派工作,我当然不愿干,但是组织关系又联络不上,怎么办? 事隔不几天,川军田贯武的独立第五旅第十一团团长谢从文要招募 30 名学兵成立一个教育连,我立即报名应征,并改名为"永明"喻永远明白的意思。

　　这样,我就脱离了党,脱离了两河区委领导下的革命工作,从此,失去了前进的方向,在漫长的人生道路上摸索着,不知经历过多少艰难而辛酸的岁月……

严永明回忆

吴永挺整理

1982 年 11 月 15 日

（录自中共叙永县委党史办 1983 年编纂《叙永县党史资料·第 3 期》,第 17～21 页）

## 关于地方组织的情况

古成才

甲戌年（1934年）九月初二，两河盖首山有个苗族杨绍华，跟我们家是亲戚关系，来到我们后山，他告诉我，他也参加了共产党。他还说我们是苗族，是干人，就要起来革命，这回我们穷人要翻身了。他来这里，主要是要我们给他组织一班人的队伍。他说要组织起来进行斗争。他走了以后，我就在我们后山暗地串联了一帮人，我来联系的有古在明、陶少武、陶正兴、陶正高、陶少云、杨飞南、曾术云（汉族，马路塘人）。

到了乙亥年（1935年）正月二十二那天，杨绍华带着一个红军指导员来到我这里。这个指导员姓王，江西人。杨说，你参加的共产党来了啊，你们没有枪，我给你，现在就给你一支。当场他就把他带在身上的一支短枪拿给我，并且说，你先拿去保护你身子，以后我们给你送枪来，你们能去发展。这时他说："你串联的人呢？把名单交给我。"我当场把名单交给了他，他说由我任小队长，古在明当文书。

正月二十八的那天，我们听说木厂梁子那边打仗，我带几个人去到马路塘坳口，就遇着了三个背枪的人，一个是红军，两个是杨绍华的弟兄，说是杨中队长给我们送来的三支枪。收着枪，他们就回去了，我们也就回来了。

二月初四那天，红军游击队来到这里，要我找人带路，到李家沟大埂上，我也派人带路去了。

游击队在大埂上，就安陈福兴一个小队长，叫他在那里组织发展一支游击队，并在大埂上留了五支枪，其中给了我们三支，另两支交给陈福兴。二月十二日，游击队转回来，到了五龙山。这一次我们就派了两个战士进去，去直接参加游击队。

二月十八，陈福兴被张华清的人杀了，陈的兄弟去找司令部，先来到这里，我就给他说司令部在五龙山。他跑到了五龙山找着他们，游击队的人就派了一班人来，抓着了张华清，大队伍就跟着来把张华清杀了。

随后，他们要去大石盘，杨绍华没去着，被赵礼隆的人在天蓬寨截着打，又折回来。这个中队有二三十支枪，有红军的人员12个。我们后山的有两个说要回后山，清水河那个把他们引到清水河，说在瓷塘沟可以躲避。那人跑去清水河团上报告，团防王炳银（保长）、王传云（保队副）带起人去，把这个中队的人家包围着杀了。在天蓬寨，杨又送我们三支枪，总共我们就有九支枪，一支短枪。

在杨绍华和王□□在这里的时候,支持我们来办团,说:"你们就将这些武器拿去办团,我们支持你。"以后,我们就办团。办起团后,国民党政府拉丁派款,我们都不出,他们把我们无法。

我们这里的古成章,是原来团上的,和杜家埂陈正杰,与后房陶家一伙,对抗红军游击队。我们这里的一堂沟,有古在文、古在林、古在朝他们与杨登高有联系,又与古成章有矛盾,那时古成章任乡长(后来任自卫中队长),古在文他们就勾起游击队打古成章。这次古成章刚从后房躲身子回来,差点被游击队的人抓着。在追捕中乱枪打着两个妇女,古红太、杨树成也被打死,是逃跑打死的。

我们组织的一班人中,陶正高、陶少云二人进入游击队,经常取得些联系。他们参加许多次战斗。他们说,经常都在打仗,到处挨敌人打。到了五月十一,打双河后房,游击队打进去。十二日到了分水岭,他们就回来了。他们回来说游击队打后房,没打进去,还打伤了两个红军。后来,王逸涛逃跑了,都去办招抚去了。头儿都去了,我们宁可回头算了。这些都是他们回来说的。

丙子年,杜家埂陈正杰说我通红军,是古成章和陶成发报的。陈把我没办法,就把我舅子杨正满(双河)、干儿曾术方(住大子反)抓来杀了,说他通共,并杀来吓我。

叙述人:古成才

1983 年 3 月 27 日

(录自云南威信县委党史研究室档案,全宗号 1,目录号 18,案卷号 53,第21 页)

# 关于中共川南地下党的一些情况（节录）

## 李亚群

我于1934年秋末冬初，由昆明回到四川的泸县，参加泸县的中心县委常委的工作，中心县委的组织是：

邹风平：书记（邹在全国抗日战争初期，曾任四川省委书记，川康特委书记，没来前在延安）

郭介波：组织部部长，被捕叛变……

陈继光：秘书长……不明……

□嘉一（又名□清渊）：团委□叙达特区书记（已被清除出党）

杨奇生：当时都叫他何三哥，云南牛街人，1935年在合江五通乡起义，作战牺牲。

梁亚伯：泸县人，1935年在游击区作战牺牲。

侯洪顺：云南牛街人，1938年据说邹风平曾收他到成都来联系过，没来如何，我不知道。

周一戎：云南牛街人，1935年春节请假回家，听说后来在本地和人打"私仇"被人打死了。

泸洪济：云南人，又名泸泽民，当时都叫他泸大哥（似乎曾给过他军科书记的名义，已记不确切），1935年春，在泸县城内被叛徒郭介波出卖，捕去后自首。

在中心县委管辖的组织：隆昌特支（或县委），赤水特区，叙永特区，江宜岩上特区，大渡口支□〔部〕，胡市支部负责或活动。以及参加合江五通乡起义还记得的有：

何天宝：富顺人，曾先后在赤水、隆昌负责，1935年春夏之交在隆昌被捕、叛变、下落不明。

黄汝怀：泸县人，同何天宝一起在隆昌被捕叛变，下落不明。

……

王逸涛：党〔曾〕名汪洋，叙永人，据说他吹嘘他曾在中央苏区工作过，认得朱总司令，1934年底，他任特区游击队长，怕死，游而不击，并几次请求另找工作。中心县委也感到这人不可靠，派梁亚伯去接替他的职务，让他回中心县委检讨，但是梁亚伯刚到，中央红军的先头部队已路过叙永，与游击队碰上了，王逸涛见有机可投，便拒不交待，并欺蒙中央红军（据说是红三军团的部队），压制着梁亚伯和中心县委的指令,由他一手遮天,与中央红军接头。中央红军不明真相,便给了一些人枪,任命他为川南游击队司令。余泽鸿,长宁人,他随红军北上的,因他是本地人,所以把他留下为政委。王逸涛把梁亚伯弄作一个小队队长,后来作战牺牲了。以此王逸涛便不受中心县委领导,并自以为他应领导川南。后来游击队遭受挫折,余泽鸿牺牲。据说王逸涛逃跑出来,向敌人投降叛变。

刘复初,也是叙永方向的人,我未见过。

1967 年 6 月 3 日

(录自四川省长宁县革委二专案组 1969 年 11 月 29 日关于四川地下党组织活动卷宗,1970 年 11 月 23 日,威信县委党史研究室档案,全宗号 1,目录号 18,案卷号 66,第 33 页)

# 回忆参加红军游击队的情况

## 杨系云

杨系云,男,汉,现年59岁,家庭出身中农。本人任保长。四川叙永县田中公社云方大队谢家沟的人。1952年劳改,1966年释放回乡生产。曾参加过川南游击队,1944年当保长。以后帮救国军派粮。

1934年底(11月至12月)王逸涛串联了二三十人组织游击队,没有枪,只有马刀梭標〔镖〕等。一个月后又串联杨登高,有20多支枪。隔两月后(即1935年正月初)红军路过黄坭嘴等地,王与红军领导联系从而成立了游击队。听说曾在田中五龙山上,红军拿了四五百支枪,调200多人和病员100多人给王逸涛组织成立了川南游击队。

参加游击队的有黄海周(天沟人,地主,汉,后叛变参加反共救国军,劳改死),黄联祥(田沟人,贫农,管制〔分〕子),杨贵安(田沟人,后叛变参加反共救国军,解放后病死,贫农),黄德全(六方镇,贫农,叛变参加王的反共救国军,1960年病死),黄清云(谢家沟,中农,解放后病死),郑代云(下茶园贫农,1966年病死),李树全(云方三合头贫农,参加反共救国军,劳改死),杨福寿(云方大队核桃坳贫农,打水田寨牺牲),罗海周(游击队分队长,田中六包人,后脱离游击队抢人,被杨登高杀)。

杨登高参加游击队的人有,杨永安、杨云儿、杨老幺、杜怀清、杨明中(长义)、李德清、杨正、李树开、袁绍安(金鹅池下边的人)、谢志花(金鹅池)、黄树清、杨国祥(云南)、李树开、张子开、张刚全、马兴华、王将采等人。

我是1935年正月十二左右,由黄清云串联在后寨参加,当时编入游击队第三大队,队长杨登高,王逸涛司令,焦树云是王逸涛的队长(王叛变后一起乱事被招,变为土匪,后被敌团队丁营魁于丁丑年打死),三大队付〔副〕姓董,是老红军,一队长姓梁,政治部有个徐策。

游击队有个司令部,下面有一、二、三、五大队,没有四大队。红军有300多人,加上本地400多人。开头在五龙山发枪两三天到后寨,三四天过树坪后来就到木厂梁子打了一仗,此仗打散100多敌军,死伤百数(人),我们牺牲二三十人。王被打散拉到李四沟,三四天才团拢。后来就到华咀沟天蓬寨等处来打仗回来又转回来,我就请假出来了。王逸涛是当年四五月部队开到邓永坪,听说他和他的兄弟带一二十人跑了出来。游击队后来的活动我没有联系,不清楚。

交待人:杨系云

1970 年 5 月 5 日

　　(录自调查笔录,杨国民,1970 年 5 月 6 日,威信县委党史研究室档案,全宗号 1,目录号 18,案卷号 55,第 5 页)

# 我知道刘复初组织红军游击队

王树三

**被调查人:**四川长宁县梅硐泽鸿大队王树三

(注:王树三是梅硐林家大地主的佃户。林家是大地主,有上千〔石〕租,两老,两小,丫头黄素贞,与刘复初有亲戚关系。1934年底刘复初开始组织南六红军游击队,就是在此组织起来的,在当时古宋三官店带去了郭平安、侯明清、印恒甫等人,有3条枪。)

他回忆说:刘复初于甲戌年(1934年)七八月间来我们梅硐。当时刘本人讲他是从上海来的(实际是从成都搞军运来的),与我家来往前后大概有3年时间,第二年正月初一(乙亥年正月初一)刘复初叫我与他到红桥去开会,有杨叔瑞、王少章、杨介中等人,主要谈当时的革命情况,组织武装等问题。继后,邓思明(邓麻子)于第二年正月初七也在我家里来过。刘复初住在我家时,白天在我家,晚上才出去进行活动。

兴文五村蔡绍成也带了三四十个人来梅硐,参与刘复初的活动。

乙亥年四月间来了个周思和(据说是国民党第二十四军掉头过来的一个排长)。

邓思明又名邓楷,是个大麻子,说是毛主席派来的监察员。

乙亥年五月间周思和与刘复初、蔡绍成、邓思明等人产生了矛盾,双方各使武器戒备,差一点开了火,周思和逃跑了,后来就未见此人来过梅硐,听说叛变后到田海方队伍里去了(注:实际在叙永县清共委员会)。

乙亥年冬月间因周思和叛变,我被李云武部队抓去兴文县监狱里关了一个月,王逸涛在兴文亲自审问过我,反又转到长宁关了一个多月,我当时矢口否认,把我没法才放我出来。回家后联保主任周吉辉又弄我到长宁关了11个月,又说我抢过人,通过证实后,才把我放出来。

丁丑年(1937年)二三月间,当时联保主任周吉辉派袁伯春,带起人到碾子坝,开糟房〔槽坊〕的周先和家去把邓思明打死了。邓思明是周少华出卖的,后来徐华久的人兰守先等把周少华打死在兴文县新街街场口上,给邓楷〔凯〕报了仇。

刘复初到我家是通过川全丰的老□林九成的妻子(是刘复初的姑婆)介绍来

的,因我是林家的佃户,说我那是〔里〕比较安全,刘复初才到我家去的。

　　(录自《调查走访长宁县梅硐泽鸿大队王树三：川滇黔游击纵队资料,调查材料之四》。叙永县馆藏中共叙永县委党史工作委员会档案,全宗号307,目录号1,1976年,案卷号3,第180～183页)

# 同刘复初联系的情况

李亚群

（一）关于刘复初（伏雏）的材料。

我一直未见过刘复初这个人，和这个名字发生联系是在 1935 年或 1936 年。周明平〔邹风平〕在云南牛街给我一信，暗示我如何找到中央（当时，我们的暗语称中央为"大伯"），请求中央派人去领导当时的川南游击区的工作，通信联络地点是"云南牛街，斑鸠沟领导邹案代办所转刘伏雏"。

过后，刘伏雏〔刘复初〕又直接寄我一信，内容还是说请求中央派人去领导。我当时知道这个名字是游击队组织的代用名。当时我的通信处是："上海英界三马四川旅泸同乡会转李群天。"这个通信处是我和周明平〔邹风平〕通信地点，实际上我并未住过同乡会。

当时，因为党中央已不在上海，我无法实现他们的要求。再后一些时间，有时在上海的反动报纸上看到一些关于四川游击区的消息，起初该负责人是余泽鸿，后来便是刘复初。

大都是 1936 年下半年，成都彭助君（女，当时我都叫她彭伯母，是一个革命同情者，和我很熟，1930 年至 1932 年间我常去他家来住）寄我一信，信内剪附了一小块反动派编的消息，内容大意是说川南游击队已被"消灭"，刘复初已被捕获，其中有句我还记得确切的是"该匪并上海四川同乡会之李群天有关"。

彭助君剪寄这块报纸给我，目的是暗示我警惕，敌人已知道我这个名字了。因此我不再用李群天这个化名，而改为李亚群。这事我记得很清楚。这样就松散我的印象，认为刘复初被捕后一定传出了与通信的关系，不然敌人是（不）会知道我这化名，并知道与刘复初"有关"。1945 年我在延安中央党校学习时看过关于此事的材料。

（二）关于川南游击区的情况。

我知道的是：最初 1934 年是泸县中心县委领导下的叙永辖区，游击队长是王逸涛，表现不好，游而不击，中心县委给他布置的任务他不执行，中心县委决定撤消〔掉〕他，另派梁亚伯去接他的工作，并派曹嘉一为传达中心县委的决定。但是梁、曹到达之前（大约已经 1935 年初），中央红军第三军团经过叙永与游击队碰上了。王逸涛便一手遮天，胡吹一通，中央红军便命令王逸涛为川南游击队司令,补充了一部分人员和武器,并留下余泽鸿为政委,这样川南游击区便不属于泸县中心县委领导,梁亚伯由王逸涛压制当一个大队长,据说在战斗中牺牲了,曹嘉一只得回泸县中心县委汇报经过。中央红军北上了,王逸涛在困难的时候,据说逃跑投敌去了,游击队即由余泽鸿负责,余牺牲后才是刘复初。

(三)

周明平〔邹风平〕是 1934 年至 1935 年任泸县中心县委书记。1935 年春夏天,中心县委遭受大破坏,最后只剩下周明平、曹嘉一和我三个人。周明平跳城折伤腰部,我们住在江安岩上,仅有一点群众组织和几个党员的农村里,吃的已成问题。这时我们已经一年余没有见过党的文件,连反动报纸也弄不到一份,而叛徒又常来搜捕。

到了农历六月初,周明平才提出:派我到上海找中央,曹嘉一留在农村等候我们的消息。周明平和侯洪顺到云南牛街周一戎家养病。

农历六月初六,我们便分别出发。1937 年春,周明平也到了上海,据他说是经过贵州、湖南到上海的。那时上海没有统一的党的组织,我找到的是国难教育社的党组织,周明平的报告是由李德石(又名李共先)中医老党员转的,他在上海只住了不到十天便被送到西安,转到延安去了。

周明平在上海和我见面。闲谈中,除了我上述的川南游击队的情况外,还谈到:他到牛街后由周一戎党员介绍到一个姓王的地主家中作〔做〕家庭教师,川南游击队曾经游击到他们那里,他曾被游击队当作地主家的人捆走,遇着一些熟人(其中有现在也在学习班的郝谦)才把他释放,并希望他参加游击队工作。他因为一则腰伤还未全好,一则他觉得长期形势和路线不安,得重新研究,他没有参加,并建议游击队尽可能地追随红二方面军北上,游击队也没有接纳他的意见。他是否见过刘复初,我没有问他。只说过他当时认为游击队在川黔站不住脚。

1968 年 12 月 24 日

李亚群系(云南)省委宣传部原部长,所说情况供参考。

雷吉常、杨国明,1970 年 7 月 13 日于镇雄

(录自云南威信县委党史研究室档案,全宗号 1,目录号 18,案卷号 62,第 29 页)

# 啊！永宁河，我战斗的第二故乡

朱光璧

编者按：根据 1982 年 9 月 13 日朱光璧同志在叙永县委召开的党史征集工作会议上的讲话录音整理。1983 年 2 月 5 日由朱光璧同志复审修改定稿。

古老的永宁河啊！

日夜奔流不息！

向着长江，

向着大海。

在古老的永宁河畔，

流传着一支古老的歌：

"永宁是个回水沱，

去了要来睃。……"

43 年前，我离开了永宁河畔；43 年后，我终于又回来了。

啊！永宁河，我战斗的第二故乡。

那是 1939 年的仲夏季节，我和郝谦同志先后离开叙永，算起来，至今已是 40 多年了。40 多年的时间，在历史的长河里并不算太长，但对我们曾经工作过、战斗过的地方，心里还是经常想念着的。同时，总是盼着能在解放后有那么一个机会，再回到我们工作和战斗过的永宁河——第二故乡来，看望曾经和我们一道同甘苦，共患难的战友和乡亲父老们该有多么好啊！这次，如愿以偿了，真使我高兴！

现在谈谈我过去在永宁河畔——叙永工作的情况吧！

1934 年春节后，地下党泸县中心县委派张友德同志通知我并要我护送谢兴仪、李世敏、陈先莲等三位女同志撤退到叙永，原因是泸县组织内部出了叛徒，其中有一个叛徒是女的，名叫万义明，南溪县人，她与我虽没有联系，但她知道谢兴仪等三人，另一个是王如，泸州蓝田坝人，原是共青团员，此人完全知道我的情况，还有一个叫李真德的也曾被敌人逮捕并写了悔过启事。但据后来了解，没有出卖组织和同志。本来他对当时的整个组织的情况基本上是了解的。

当我得到通知和组织交给我的护送任务后，即化装成一个小商贩，把组织上派同志给我买来的毛巾、袜子、针筒、棉线……之类的小商品，捆成一个包袱，随身带着泸县中心县委的介绍信和一封写在草纸上的密信，一路小心谨慎地在纳溪县渠坝驿同谢兴仪等三人汇合后，经过三天的时间，安全护送她们到了叙永。

当时的叙永，是贵州军阀侯之担的防区，纳溪以上大洲驿起都属黔军管辖，统治力量比较薄弱。但县里同样成立有"清共委员会"，在这个反动组织里，是由敌县长岑炯昌任主任委员，另外由一个叛徒叫郑雨生的任副主任委员。

我们一行四人到了叙永后，我先到扬武坊李石坚所开的一家纸张店去投信。当晚我就与李祝秋联系上。一面把泸县中心县委的密信交给了他，同时还把他们三人的组织关系也交给了他。后来才知道谢兴仪等三人直接与黄华溪同志发生联系。

关于我的工作，是由组织上分配在叙永县团委作巡视员。这时正逢叙永县黄坭嘴团支部书记饶书麟同志进城汇报，并要求团委派人到黄坭嘴加强工作。经组织研究决定派我去，黄坭嘴当时有一个团支部在该处组织了一批青年群众。除了饶书麟同志任书记外，还有组织委员王元贵，宣传委员王元富，共计三人组成。我到黄坭嘴是以"巡视员"的身份去的。而公开身份则是一个小商贩，就住在饶书麟同志的家里。他家开的是一个小饭店，有母亲和未婚妻（童养媳）共三口人。每逢赶场天，我在他家门口摆摊或者端上一个竹簸簸，有时背一个背篓，装上一些零星小百货，进到茶馆、酒店、场头场尾去卖，不是赶场天则到农村活动。就这样，我以小商贩的身份经常来回黄坭与叙永之间。

为了掩护我们的活动，我们团县委又在叙永城东门外的三道湾子（又名五桂桥）向一家姓韦的居民租了一个铺面，由组织上筹备了一些钱，除了我剩的一些小商品外，又添购了一些大、小毛笔和纸烟、杂货之类，摆了一个"铺子"。这个地方实际是我们团县委的一个秘密联络点。我们这个铺子由于本钱少，货物不多，又赚不到钱，所以我们的生活都十分困难。有时连买小菜的钱都没有，而且每天只能吃一两餐稀饭。吃饭时由于我们没有菜，为了不引人注意，则放一个空碗在桌子中间，假意朝碗里去拈，大家还感到很有乐趣，不时发出笑声。

到1934年8月的某一天，在我们联络点的地方，我听曹德渊（又名曹家翼、当时任叙永县团委书记）和李祝秋（又名李雪村，任叙永县团委委员，后被捕叛变）讲："泸县有一个叛徒名叫卿德玉（女）现在已经到了叙永，希望大家要注意！"（叛徒卿德玉是知道曹德渊和李祝秋的，但不认识我）

过了两天，黄坭团支部的王元贵从黄坭到叙永城里来找到团县委的负责人曹德渊说："王逸涛的兄弟王元德（当时任叙永团练局队长）带上一支手枪连夜赶回黄坭嘴,通知其兄王逸涛说有叛徒去抓他,叫他赶快离开家里。王逸涛得知这一紧急消息后,随即从家里拿出两支手枪,3支步枪,约了王元富、张树举、王元武、王海清和我等10多个人拖上了山准备打游击。王逸涛叫我来求组织上赶快派人去领导。"曹德渊听了汇报后,召集团县委的同志立即开会进行研究,决定由曹德渊同志同王元贵一道先去了解一下情况。

不几天,曹德渊转回叙永,将了解的情况向县团委作了汇报后,并再次研究,决定曹德渊和我一同再去游击队,以便让我了解情况,好去向泸县中心县委汇报。我们到了黄坭嘴,是通过王元富经联络点才进到王逸涛所住的地方的。我在他们那里住了几天后,曹叫我回到叙永,除将情况告诉李祝秋外,随即到泸州。由于曹德渊是泸州城内人,并已暴露,他当时是不能回去的,所以他决定由我回泸州向中心县委汇报。

这时的泸县中心县委是邹风平同志任书记。我到泸州向他汇报以后,赓〔随〕即就返回叙永。李祝秋到我的住处,我把去中心县委汇报的情况和风平同志的指示给他讲了,他告诉我叛徒卿德玉到了叙永后,就住在叙永县西街的团练局内,经常伙同"清共委员会"的一些反动家伙,鬼鬼祟祟地在东城二道湾子、三道湾子一带串来串去找我们。

为什么卿德玉要到叙永来呢?这是因为曹德渊和李祝秋等转移到叙永,叛徒卿德玉是知道的。过了两天,李祝秋到三道湾子找到我,并说了一说卿德玉在四处侦查我们的情况。说完以后,他又回到城里,我送了他一程,走到二道湾子一家卖发糕的店子,我将身上仅有的一个铜板,买了两块发糕,一个吃一块才分手。后来才知道他刚走到东城下坡处,在一个书报社看书时,即被敌人抓捕。但李祝秋被捕的消息,我并不知道,还是曹德渊在当天晚上从黄坭嘴回来后,由城里的一个联络站告诉他,他又转告我才知道的。

我和曹当即研究决定,再由我将这个情况报告给泸县中心县委。他立即回游击队去。同时,在城内凡是李祝秋所知道的关系都一律转移,以防万一。我去中心县委汇报回来,在三道湾子住了一夜,第二天即赶到了黄坭嘴,因为韦家的孩子告诉我说:"那个经常来要的李先生有一天同几个兵一路来找你,没把你找着,他们就到二道湾子的一个学校去了。"所以我只得立刻转移到黄坭嘴。

李祝秋被抓后,开始还表现得有骨气,敢于和敌人针锋相对地斗。后来敌人把他押送到赤水县侯之担处,侯采取软硬兼施的办法,很快就把他降服了,从而叛变投敌,当了一条断了脊梁的癞皮狗。

我和曹德渊所转移的这个黄坭嘴地区,因那里是个山区,而且我们还有几支枪,所以敌人一般是不敢轻易进来的。我们在游击队工作了一段时间由于曹的身体不好,他提出要到泸州去,一方面向泸县中心县委汇报游击队的工作情况,同时请组织上另派人来领导游击队的工作。

我当时想,王逸涛自从他的组织关系经泸县中心县委邹风平同志转到游击队给予解决后,他现在逐渐骄傲、跋扈起来,独断专行,有时甚至用家长式的统治,严重脱离群众,这种情况,我在当时认为一定要给中心县委反映。于是我向曹德渊提出:"你现在在这里还可以稳住阵脚,你一旦走了,象〔像〕王逸涛这样的人,哪个能领导得了他呢? 要到泸县中心县委我们一道去。"

后经曹同意,于是我们俩〔两〕人从游击区出来,经过金鹅池秘密地回到泸州,我就住在曹德渊家里。第二天,泸县中心县委书记邹风平同志到曹的家里会到了我们,并批评曹德渊说:"你身体不好当然要医治,但主要的是应该坚持干革命,要好好地干! 不能因为身体有点不好,就把现在正在搞武装斗争的这块地方也不管了。"随即又决定派张友德同志到游击队加强工作,并由我陪送他到部队。同时决定曹德渊留泸州治疗一下他的病。

我和张友德到了部队后,泸县中心县委又先后派了李石坚和梁亚伯同志到部队工作。不幸的是同梁亚伯同志一道去游击队的另一个同志,到了叙永,经过城门洞时,由于他心虚,不沉着,看见守城的敌兵时着了慌,弯腰下去假意拴自己的草鞋带,谁知却把背上所挎的手枪筒翘了起来,被敌人发现当即被捕,因为梁亚伯是跟在后头的,他看见前面出了问题就马上从城外另一条路走了,敌人没有发觉他。

我同张友德等同志到游击队以后,一直坚持到中央红军长征路过叙永。游击队的力量开始很小,后来逐步扩大,并定名:"川滇黔边区游击队"。1935 年春节,同中国工农红军第一方面军第三军团会师后,不久,即与中央红军派出的同志合编改名为"中国工农红军川南游击队"。

我们是怎样同中央红军会师的呢?

1935 年 2 月 4 日,这一天正是旧历年的春节,是我们和红一面军第三军团会师的日子。这个日子是我永远也不会忘记的。关于红一方面军撤离中央苏区的消息,我们曾听到一些传说。但由于敌人的封锁,山区消息闭塞,根本不知道中央红军长征的较详情况,更不会想到中央红军长征会经过我们这个游击区。

1935年1月下旬,我们听到红军进到贵州赤水的消息,当即派出一个只有十二三岁的侦察员,化妆〔装〕成讨饭的去探消息。侦察员出去后不几天就赶回来了,他不仅讨回一些年糕和其他一些吃的东西,还将探听到和看到的情况向组织汇报说:"在离我们不远的路上,碰到了一个大部队,穿的是青色短衣服,帽子中间有个红巴巴,周围有五个角角,衣领两边也各有一块红的。"他还说:"这个部队里的人说话听不懂,现在他们已经走到沟里来了。"

当时我们正在游击队住地的一间房子外面开会。王逸涛听了侦察员的汇报后说:"哦哟!看来这是我们的部队,是红军!"大家听他这一说,高兴极了!会议还未开完,我们都在山上欢腾起来了。随即决定派张友德同志带上一个队员去与红军部队联系。

第二天上午(也就是1935年的正月初一),张友德同志将联系的情况作了汇报后,我们立即把游击队和赤卫队向红军的大部队靠拢。当我们看到浩浩荡荡的队伍在崇山峻岭间前进时的壮丽情景,内心是多么地激动啊!时光虽然流逝了40多年了,但是红军在长征中的这个动人场面,至今仍然留在我的脑海里,记忆犹新,并永远也不消失。

我们和中央红军派来的同志会面后,我和张友德、王逸涛、李石坚等即于当天下午随他一道去和红三军团的首长们见面。在近傍晚的时候,我们到了军团司令部。司令部是设在五龙山一家老百姓家里。首长同志们非常热情地接待了我们,并高兴地说:"我们走了这么远的路程,想不到在这里见到了自己的人。"

我们在军团司令部吃了晚饭以后,即向军团首长们汇报游击队的情况。当晚,司令员彭德怀同志给我们讲了国际国内形势,讲红军为什么要长征和长征的伟大意义,同时还给我们讲游击战术,可惜当时我们还不完全听得懂他讲的话。这一天晚上,首长同志们就留我们住在司令部宿营的地方。通夜,我们兴奋极了,睡不着觉,只听得司令部的电台通宵达旦地响着"嘟嘟嘟嘟"的声音。

第二天早晨,我们又向军团首长们谈到游击队的武器少,而且又不好的情况,军团司令部立即研究决定拨给我们50支汉阳造的步枪,另外还拨了6挺重机枪。因机枪没有子弹,我们就交给杨登高掩藏起来(后来杨登高从游击队逃跑了,将这6挺机枪也交给了敌人)。

红三军团首长们还给我们布置了安置红军伤病员和派向导给红军带路的任

务,我们都照办了。另外,还指出我们动员群众参加工农红军。后据报道,中央红军路过川南一带,曾扩大红军 3000 多人。在中央红军与游击队分别前,军团首长应我们的要求特派了一位负责同志给我们游击队的全体指战员讲了话,对我们鼓舞很大。

我们同中央红军分手后,游击队先后收容了掉队的伤病员数十人。加上我们陆续动员一些贫苦农民群众加入游击队,因而我们的队伍扩大了,有 180 多人,正式命名为"中国工农红军川滇黔边区游击队"。分工的情况是:军事方面由王逸涛负责,党和团的工作分别由张友德和朱华清(我当时的名字叫朱华清)负责。游击队还成立了指挥部,下设三个大队。第一大队长梁亚伯;第二大队长李石坚;第三大队长杨登高,副队长杨永安。杨登高和他的弟弟杨永安原是绿林队伍的头头,为团结和改造他们为革命服务,所以我们把他们吸收到游击队来共同战斗。我们"中国工农红军川滇黔边区游击队"是正式启用了印章的。印章为圆形,直径约十公分。

1935 年春,游击队扩大不久,邹风平同志和曹德渊来到了游击队。在邹风平同志返回泸州以后,王逸涛突然在一次会议上提出要曹德渊和我一道,在游击区的边沿地方去工作,他的理由是:也就是在靠游击队的地区进一步发动群众、组织群众、输送好的群众到游击队,并在外面了解敌人的动态,征集和购置弹药与药品等。这样,我们部队里原有的负责人中,除了王逸涛以外,就只剩下张友德、李石坚和梁亚伯了。从现在分析来看,为什么王逸涛当时要这样提出呢?事实很清楚,因为王逸涛过去和现在的一切表现我俩都很清楚,如果我们留在部队里,他认为这是对他很大的不利,生怕有朝一日揭出他的老底。当然,如果是出于公心,把我们从部队里调出来到地方去工作以配合游击队的活动又何尝不可?但从当时泸县中心县委一再强调加强游击队里的力量这一点来说,王逸涛不按中心县委指示去执行,这有他不可告人的目的的。

后来据说张友德同志带上一支 10 多人的小分队出去活动的时候,住在一个岩洞里,被敌人偷袭,全部壮烈牺牲了。这究竟与王逸涛有没有关系呢?他明知张友德同志不懂军事,而偏要叫他带这样一个小分队出去活动,这个问题是很值得我们怀疑的。

我和曹德渊从游击队出来以后,一起到了杨少华那里,曹德渊在杨家只住了几天就回泸州去了。杨少华的家是在两河口附近的盖首山的山顶上,他是苗族。

我们到杨家的时候,杨少华不在家里,除了他的两个妻子外,还有一个修枪的在他家。这个修枪的人叫邱步永,是泸县人。那时,我们游击队正需要一个修枪人,我跟他商量后,他很愿意去游击队,并提出一些需要添置的材料,我也同意设法进城去购买。

过了两天,我们两人就一同去叙永城。当时进城是很冒险的:因城里驻扎了国民党的部队。这些国民党部队,在南门外两三里路的地方设置了哨卡,有一排的兵力在那里把守。我们两人各背了一个背篮进城,还没走到哨卡,哨兵老远就吼问:"干什么的?"我们回答说:"我们是两河口的人,家里要办喜事,进城去买点衣料。"到了哨卡,经过他们仔细盘问后,才放我们进了城。

进城后没走多远,就到了南街的一户人家,这家的人我不认识,经介绍他姓王,是和邱步永有关系的。我们将钱交给了他,请他为我们代买所需用的材料和其他一些物品,并告诉他买好后即设法带到杨少华家里来。然后我们又到扬武坊,恰好碰到邱国全(他当时是一个党员,在布店工作)。他把我招呼到布店侧边的巷子里,将城里的情况简单地向我讲了一下说:"现在城里驻扎的是国民党潘文华的部队,他们惊慌得很,白天晚上都在到处搜查。"当时,我想,既然城里不能蹲下来(我们也没打算住城里),而且需要了解的情况已经基本由邱国全讲了,至于要买的东西也委托了人办理,就不必在城内多停留了,应该趁早回到两河口。

我当即同邱步永出城,谁知再经过哨卡时,盘问得更加厉害。这些国民党兵,问这问那,挖根〔根〕到底,我们还是不慌不忙的按原来准备好的话回答,找不出我们什么漏眼。最后一个家伙说:"不管你们怎么样,我老实地告诉你们,红军的侦探多得很。"我们要理不理地对他们说:"我们是在两河口住家的,是做生意的人,不知道啥子叫红军,如果你们不相信,可以问嘛!"就这样给我们对付过去了。当时我在想,反正我的额头上没刻得"红军"二字,你爱怎样说就说吧!我的嘴巴可以说话嘛,你总不能无凭无据的〔地〕就说我是红军的侦探。

我们回到两河口后没隔几天,杨少华回到家里,但他急于想到我们游击队里去,正在那个时候,黄坭嘴区域是苗族兄弟集居的一个地方(按:即两河的沙溪沟)成立了一个苗族政府,杨少华是苗族,他更想马上去到游击队。我要杨把这个修枪的人也带去,他说:"不忙,等我去了后再想办法回来接他。"在杨少华走了以后,托城里老王买的东西也送到两河口,一个叫叶队长(即叶金门)那里。这个关系记得是何光奎(即严兆华、严永明)介绍的。

我们当即把买来的东西转移到杨少华家里,由杨少华的大老婆把它捆扎成一个奶娃娃的样子,背在背上,送到苗族政府后请他们派人转送到游击队里去,并再三嘱咐她:"一定把东西送到。"后来究竟送到没有?就很难说了。为什么呢?以后我才听到从游击队里出来的李石坚同志讲:"杨少华到了游击队以后,开始表现还不错,但是由于他过去当过土匪,他到我们的游击队根本不是为了干革命,而是想拖枪逃走组织自己的土匪武装,后被我们的部队发觉,他的阴谋才没有得逞,并把他处决了。"所以我说,交给他老婆带的东西究竟送到没有或者还是把东西占有了,我知道了。当杨少华的大老婆回来时,我问她:"送到没有?"她很不自然地回答我说:"送到了。"而且我发觉她对我的态度起了变化,突然表现得冷淡了,并和杨少华的小老婆背着我们在哭泣、嘀咕,我在第二天即转移地方。

我住在杨少华家里仅仅几天时间,这时中国工农红军川南游击队的领导机关"中共川南特委"派了一个红军同志到杨家找着了我,并把川南特委书记兼川南游击队政委徐策同志亲自写的一封信交给我。徐策同志代表川南特委对两河的工作作了指示。信中首先讲:川南游击队党的机构叫"川南特委"(简称)直属中央领导,和省委发生横的关系,泸县中心县委属川南特委领导。信中还指示:要我在两河一带继续发动群众,组织群众,扩大游击区域。还提出在群众中发现好的和比较好的可以陆续输送到游击队。这个送信的红军同志还告诉我,他这次是组织决定他到上海。我留他在杨家住了一夜以后,第二天我将自己身上的衣服给他换了,简单地化了一下装才分手上路。

大约过了半个月光景,郝谦(即霍绍文)同志和周守如同志由川南特委派他们到两河口来工作。他们是由一个姓阮的农民带到杨少华家里和我见面的。根据川南特委的指示,由我们三人在两河口地区组成一个区委。我们的分工是:郝谦同志任区委书记,我负责组织工作,周守如负责宣传工作。后来又开会具体决定:郝谦同志到金鹅池一带活动,我和周守如两人在两河口地区,包括渡船口、牌坊口、土地坳和观音堂一带工作。这些地方原来都有我们的群众基础,所以我们在这一带的活动范围是比较宽的。

在两河口街上,有一个叫何光奎的,是个党员。他家开的是一个茶馆还是酒店?我现在记不很清楚了。我们和他接上关系后,通过他和场上一个姓叶的队长(即叶金门)取得密切联系,游击队所需的弹药大都是通过他的关系或直接找他帮忙购买的。这个同志后来被敌人抓了。曾德富(现名曾亚雄),经何光奎介绍同我接上关系后,我曾经几次和他一道去大安山一带进行过"匪运"工作。

关于我去大安山做"匪运"工作的回忆:

自1935年春,我由当时的川、滇、黔边区游击队党委派到叙永两河口工作后,经曹德渊介绍,即和两河场上的何光奎接上关系。再通过何光奎又联系上后山乡的曾德富同志。

在1935年6月初,曾德富到两河口会着我,谈到在大安山一带有一支绿林部队,为首的叫项斌,和他是同学。项斌过去曾在贵州赤水县侯之担所办的教导大队受过训,毕业后回到后山乡任队长职务。后来,他和乡公所一些当官的有矛盾,加之他平时的思想比较进步,不愿和他们同流合污,于是把乡公所的一部份〔分〕队丁拖上了山。曾德富当时还告诉我说:"项斌所带的这个队伍,由于时间不长,因而土匪习气还不深。"并说:"这个队伍上山后,东碰西撞,经常被叙永和古蔺两县的团队追击,深感力量单薄(只有十几个人),不能对付敌人,简直没有什么出路,本想和其他的绿林队伍合棚,又怕被人吃掉。后来他们听说在黄坭嘴五龙山一带,有一支红军游击队,专为穷人办事,队伍也比较大,因此很想和游击队取得联系,如能有机会同游击队的负责同志见一面,那就更是三生有幸了。"最后曾德富提出要我和他一道去会一会项斌,多给他讲一些革命道理,即或他们不能同我们一起干革命,能够做到不伤害基本群众的利益也好。

随后,我们把这个问题同我们区委的周守如研究后,决定我和何光奎、曾德富一道去大安山。在曾德富介绍项斌的情况时,还谈了牟国云和王国全这两支绿林武装的概况,曾德富说:"牟国云和王国全两人也同样想和我们的游击队取得联系,以便今后有什么事情好互相配合。"

当我还没有从游击队出来以前,我就知道王国全和牟国云都曾分别派人到我们游击队寻求一条正确的道路,我想,既然是曾德富提出他们两人都想和我们取得〈联〉系,也可以在和项斌会面后顺便去找牟和王两人,听听他们有什么意见和要求。

曾德富把工作汇报完毕后,第二天我和何光奎、曾德富从两河牌坊口杨炳成家出发,经过六谷堡,高楼坊等地方,先到后山乡天台山下面曾德富的家里(记得他家里有一个母亲和一个爱人,床上没有挂麻布蚊帐,是用篾编成蚊帐形式装配到床上的。他家蒸饭也不用木甑,而是用砂锅蒸)。在曾家的对面,有一座从平地矗立得像一般轮船形状的山,四面都是悬崖陡壁,只有一道寨门,山上住有地主老财。这是一个非常险要又坚固的山寨。

我和何光奎在曾德富家住下后,曾德富即去找项斌。我和何光奎则同老曾的母亲聊天。当天下午接近黄昏时,在曾德富家附近的一块包谷地里,我们和项斌会了面。项当时只有20几岁光景,穿的是青色短衫,比较朴素,从表面看,他还有点像学生的样。见面后,开始他谈了为啥拉队伍的问题,继续谈了他的处境比较困难,很想和游击队取得联系,使他们能得以生存。

我除了对他谈我们游击队的任务和我们是什么样的队伍外,并表示我们愿意和他作〔做〕朋友,大家同甘苦,共患难,为穷人打天下,也希望他们不要侵犯贫苦老百姓的利益,以博得群众对他们的同情。同时向他指出,斗争的对象是那些贪官污吏、土豪劣绅和一些反动的乡保长。这些对象,就是我们的敌人。我明确地告诉他说,即使他们做不到像我们游击队所做的那些事,而能成为一个打富济贫的绿林英雄队伍也可以。

总的说来,我们当时同项斌在包谷林里是摆谈得很融洽的。他也很赞成我们所提出的意见和对他的要求。最后提出要我在第二天和他的兄弟伙见见面,我当即欣然同意,第二天,我同何光奎、曾德富同志到距曾家不远的一座瓦房内与项斌会面后,并由他把我们向他的兄弟伙作了介绍,特别说我是红军游击队派来的代表。他们对人都很热情,彼此交谈也很自然,分手时都一再提出希望多到他们的队伍去,多多的〔地〕指导他们。

我们离开曾德富的家以后,他又带着我们去找牟国云。只找了两三个地方就会着他们了。牟国云有30岁左右,比项斌更朴素些,很像一个乡下人。对人处事都相当老练,很热情。虽然他不是新拉队伍的,而且也比较讲究他们绿林中的一套规矩,但我们见面后,他表现得很随便,不但不故作姿态,而且说话也非常爽直,我们相见之后,俨然是多年未见面的朋友,十分亲切,气氛也非常友好。我当时是吸烟的,他每抽一支烟都要敬一支给我。记得在第二天烟抽完了,他仅剩下一支,但他却把这支烟截断成两节而敬我一节。晚上睡觉,一定要我和他在一张床上合铺而眠。从以上所述这些,说明牟国云这个人是很讲究义气的,按他们的话说,也是很够朋友的。他所带的这支绿林武装,人枪有20余。武器除了步枪外,我仅见牟本人背了一支手枪。

我和牟国云在相见的过程中,所交谈的内容,基本上和我同项斌交谈的相同,所不同的一点是牟曾经向我提出,希望今后有可能时给他们补充几支好的枪,关于弹药他说自己可以想办法,我也向他提出,希望他能帮我们游击队搞些子弹。因为我当时所知道的是:在我们的游击队里,拿出几支枪给他们是没有问题的。实际上我们最缺乏的是长短枪的子弹。

当我离开牟国云后,我和何光奎赶回两河的路上,谈到这次去会项斌和牟国云两人,对于加强双方面的联系和保持同他们的友好关系,都是有着积极作用的。因此,约定在第二个月内有机会时可再去会一会他们。一方面想通过再次接触,加强彼此之间的感情,另一方面亦想借此机会向他们多做些宣传教育工作,争取他们能基本上循着正确的道路走。

大约过了一个月,趁曾德富到两河谈工作,我第二次和他一道到大安山一带去。由于我们从两河动身的时间晚,所以还没有到曾德富家天就黑了。这一次,我和他在路上都遇到危险。就是距曾德富家还有几里路的地方要过一条小河,我们在上一个月到此地时,虽然河面上没有桥,还可趟〔蹚〕水过去,谁知这次摸黑走到河边,河里也涨了很深的水,无法趟〔蹚〕过去。

当我们正在哪〔那〕里商量如何过河的时候,忽见前面不远的路上,有几个打着火把、背着刀刀枪枪的人,向我们这个方向走来,只听得这几个人在路上叽叽喳喳地不知谈论些什么。我们当时见这伙人越走越近了,小河边又没有什么可以躲藏的地方,只好疾走几步,紧贴着一条石板路下面的土壁,连大气也不敢出,而这些人正好从我们头上的石板路上面走了过去。脚步声、说话声、火把噼啪声清晰可闻。

等他们走到比较远的地方后,曾德富同志才告诉我说:"刚才过去的几个人中,有一个就是后山乡的保队副马树云。"这几个武装保丁,看起来是查夜的,但他们虽从我们头顶的石板路上走了过去,却没有发觉路下面有人,就连我们来不及拿走而只好甩在河边的一个斗笠,尽管距石板路很近,也没有被他们发现,可是这一次也好危险啊!如果被他们抓着,也就太麻烦了。后来,我们绕了比较远的路,才从一座独木桥上过了河,到达曾德富同志家里已经是晚饭后的时间了。

我第二次到后山乡,没有去找项斌,听说他到别的地方去了。第二天吃了早饭后,即同曾德富一道去会牟国云。开始走了几处都没有找到他,后来在一个比较大的密林边,碰上他的步哨,才带我们到一座瓦房内同牟见了面。由于这一次主要是去看一看他,所以只是一般的问了一下情况,并提醒他要经常注意敌人的动向,他仍然是很热情的,虽然彼此之间只见了两次面,但是见面之后,他总是无所不谈,毫无拘束。

我和曾德富同志在该处住了一夜,第二天上午即离开他去和王国全会面,在我和曾德富两次到牟国云队伍里面去的时候,不仅同他经常聚会在一起,而且我们同他的部下亦广泛接触。他们知道我是从红军游击队里来的,因而有的要我摆红军的故事,有的要我唱红军的歌曲,我除了尽量满足他们的要求外,并结合讲了一些为什么要干革命的道理。我深深地感到,在和他们相处短短的时间中,互相之间的友谊是比较好的。

同牟国云分手后,我由曾德富陪同,在大安山走了几个地方,终于找到了王国全的驻扎地点。我们也是通过他的步哨,讲明来意后,然后才带我们去会见王国全的。这个人的年纪同牟国云差不多,但比牟显得精干些,活跃一些,而且他同牟国云一样,对人很热情,讲起话来比较随便。他带的这个队伍有人枪三十多。我和他相见后,除了互相寒暄一番外,并说明我是川南游击队派来的。一方面是拜访他,另一方面告诉他我们川南游击队希望能和他保持密切联系,特别是在军事上,如有可能,则尽量相互配合以打击共同的敌人。

王国全当时也谈了谈他们的处境有时非常困难。由于古蔺的骆国湘和其他地方团队经常在他们活动的地区进行清乡,袭击他们的队伍,使得他们东奔西跑,不得安宁,有时甚至两三天吃不上饭,而且稍有疏忽,就造成损失,感到恼火极了,很盼望我们能给予必要的支援。并谈道:在 1934 年以前,曾经得到我们游击队送给他的信(牟国云也谈过此事)。他说,他当时很想找个机会到黄坭嘴去和我们见一见面,但因路上阻碍很大,同时又找不到游击队所住的确切地方,加之自己如果离开自己队伍的时间长了(哪怕是几天)又不放心,所以一直没有成行,至今尚感歉然。并说:"你们游击队就是我们的老大哥,对我们所提出的希望,我们决不辜负,请转致你们的王队长(指当时的王逸涛)千万放心。"这次,我和曾德富同志在王国全的队伍里仅呆了半天的时间,即离开他们。

过了半个月以后,我一个人又到两河附近的牌坊口动身到大安山去。正当我走到大安山的边沿,翻过一个坳口,准备通过一家姓王的联络点去找牟国云,忽见前面不远的一条沟里有一支队伍六七十人,有的穿着军服,有的穿着便衣,有的戴着草帽,有的打光头,有的枪扛着,有的横套在脖子上,摇摇摆摆地顺着山沟朝左面一个山坡开拔去。当时我满以为是牟国云或王国全的队伍经过这里,所以在思想上一点也没有感到紧张,从而在我自己的行动和表情上也没有显露出任何畏惧的样子。

我记得在那次,我身上穿的是一件土白布做的中式汗衫,由于天热,纽扣都没有扣上,头上戴的是一个斗篷。当我走到坳口见到这支队伍时,我的脚步并未停止,只是稍放慢了一些。正在我边走边在揣摩的时候,突然走在这支队伍最后的一个人在沟里冲着我喊叫说:"喂!你干什么的?"我回答他说:"我到对面去找人的。""你去找那〔哪〕一个?""找一个姓王的。"那人继续问,"你去找他干什么?"我有点不大耐烦地回答了他一句:"我去找他借东西。"这人就这样问了几句后,就赶随他们的队伍向对面那条山梁开去了。我呢?仍然是不慌不忙地从这个山坳下坡,这时那个队伍的人已完全走上了山梁。

当我下坡后,穿过那伙人刚通过的这条沟,向对面的一条小路走去时,我顺便向那个山梁上望了望;见这伙人都在山梁上坐下来休息了。我在小路上没有走好远就到了姓王的这个联络点。老王见到我后,双手拉住我激动地说:"你好危险哦!"我问他:"刚才是哪个的队伍大白天从这个山沟拉到对面那个山梁上去了?是老牟的呢还是王国全的?"老王说:"哪里是牟大哥王大哥的队伍啊!这是骆国湘的'清乡'队,他们在大山一带'清剿'搜查几天了。在这次大'清剿'中项斌项哥在战斗中被打死了,他的队伍被冲散;牟国云和王国全这两支队伍在前几天转移到了其他地方,现在还不知道他们的消息。"

我当时听说项斌被"清乡"队打死了,心里非常难过。同时听说刚才过去的是骆国湘的队伍,就问老王说:"骆国湘这个队伍现正在对面那个山梁上,他们已经看到了我,会不会转身来进行搜查呢?"老王说,"根据过去的情况来看,凡是骆国湘已搜查过的地方,一般地他们都不再转来搜查了,不过,为了防止万一,我们还是去密林深处躲避一下为好。"并说:"我也是才到家里来的,刚才他们的问话和你的回答,我在树林子里都听得清清楚楚,我真是为你捏了几把汗,假使这伙人把你抓住了,怎么得了呢?所以我说你好危险啊!"他说完后,在家里顺便带了一些吃的东西,并锁上了自家的大门,背着一支枪领我进了一个更茂盛的树林,而且在里面找到了一个很僻静的、又是可以隐藏的地方坐了下来,继续和我摆谈关于骆国湘的一些清〔情〕况。

老王说:"骆国湘这个家伙很反动、很残暴,他是大安山一带绿林队伍的死对头。他手下的兵,多数都是过去抢过人,后来被他们招安的,因而他们对绿林队伍活动很清楚。同时,这些人打起仗来也不怕死。骆国湘这个坏蛋,每年都要带上队伍出来进行几次'清乡',假使能把这个大害除掉,那大安山一带的压力就减轻了,否则日子是不好过的。如像项大哥这个队伍,本身力量就很小,所以一遇到骆国湘的部队来'清剿'就背了时,不但队伍被打散,而他自己也牺牲了,真是太可惜了!"

我和老王在密林深处躲避了好一阵后,虽然没有听到四周有什么动静,但我们也没急于走出来,可是,没有一会儿,天气骤然起了变化,乌云满天,雷声隆隆,霎时一阵暴雨从天空倾泻下来,开始我们还在大树下面避了一下雨,由于雨下得很大,树叶根遮蔽,所以我们的衣服很快就湿透了,幸好是热天,身上还不感到冷。同时一阵雨后,没有好久就天晴了,太阳也出来了。

第二天,我离开老王时,告诉他如有急事,可到两河口找何光奎反映。但是,后来老王没有到两河口来。我对那个地方的情况后来就不了解了,也就不能再像前次那样去瞎闯,特别是王逸涛叛变后,杨炳成、何光奎被抓,我们转移出了两河和牌坊口这个地区,从此与后〈山乡〉的曾德富、大安山的牟国云、王国全等失去了联系。

现在,又把话说回来。我们在两河口买到弹药后,即由一个从川南游击队派出的交通员老王送回部队,老王同志每次从部队出来,都是背个背篼,篼里面装满包谷,而篼下面装的不是银锭、银圆就是鸦片烟。那个时候,鸦片烟是公开种植的,也是公开买卖的。

老王同志是一个非常忠厚朴实、又能吃苦耐劳的农民同志。他身上穿得很烂,任何人也不会怀疑他是一个党的交通员,更不会怀疑他背篼里装有贵重的财物和军用物资。他对我们说:"如果在路上碰到有人要买他的包谷,他就说:'这包谷已经卖了。'或者说,'这包谷是我在镇上买的'。"说明这个同志很灵活。

1935年5月,我们区委向川南特委写了一个详细的工作报告。这个报告是郝谦同志执笔写的,老王同志来两河运弹药时,交给老王一并带到川南特委,结果就在他回游击队的路上,正遇叛徒王逸涛从游击队逃跑出来,躲在一个农民家里,不幸他被这个可耻的叛徒抓了,不但把老王同志所带的物资全部夺去,特别是我们区委的这份报告也被搜获,更可恨的是在云南威信风〔凤〕阳邓家坪把老王同志也残酷〔忍〕地杀害了。

就由于叛徒王逸涛获得了我们那份工作报告,从而知道了我们的住处和活动范围,以及整个活动的情况。比如说,郝谦同志在金鹅池改为姓赵,并以教书为掩护,都被王逸涛所掌握。我们在两河口一带的活动和住地,他从报告中也了解得清清楚楚,对我们的威胁很大,并给我们的工作造成很大的困难。这里我顺便把叛徒王逸涛的一些情况谈一谈。

王逸涛又名王元勋、王若生、汪洋。叙永县黄坭嘴土地坪人。据自称:1927年曾参加过南昌起义,上过井冈山;以后又在下川东参加过党领导的武装斗争;1929年回到叙永在黄坭嘴教书。我知道王逸涛不止一次、二次从革命阵营里逃跑,在1935年这次则是第三次逃跑了,而且投敌叛变,出卖组织和同志。他在革命形势一紧张就逃跑,所以我认为给他改名叫"王三逃"最切合实际。

王逸涛回到叙永后,到1934年8月叛徒卿德玉伙同敌人到叙永抓他,由于他弟弟王元德通风报信,才未被逮捕。在此紧急情况下,他只好拖上几支枪上山打游击。开始的时候,王逸涛的表现还是好的,所以泸县中心县委书记邹风〔凤〕平同志到游击队,经过审查,恢复了王逸涛的党的关系。王逸涛过去究竟是什么样的人?我不完全清楚他的根底。当组织上派我到黄坭嘴工作的时候,李祝秋曾特意给我说:"你去到黄坭嘴以后要注意王逸涛,不要让他发现了你!"这说明组织上对他是采取戒备的态度,也说明王逸涛在那个时候是没有党的关系的,如果他有党的关系,组织上为什么要戒备他呢?要是王逸涛当时表现是好的,那我们到黄坭工作,通过他这个关系不是更方便吗?何况王逸涛那时在黄坭嘴这个地方还是有点"名气"的。他的老婆安硕甫,又是叙永城里一个有钱有势的大豪绅地主的女儿,有这样的条件,我们为什么不可利用,偏要避开他呢?这就说明组织上当时认为他不可靠,不足以相信而存在有戒备。

记得我到了黄坭嘴后,有一个赶场天,该地团支部书记饶书麟曾特意悄悄地把王逸涛指给我看,这是为了使我认得他。当然他不会注意到我,尤其是像我这样一个小商贩,手上端着竹簸簸,有时在人家门口摆个杂货地摊,哪个会怀疑你是谁,否则不知又逃跑到哪里去了。

我们当时分析,这次是他在自己的家门口搞起来了,恐怕再没有什么跑了吧!而且形势逼着他非硬着头皮搞下去不可。这是我们在那时一个比较乐观的分析,结果适得其反。王逸涛贪生怕死,是本质决定了他的。另一方面,游击队搞起来以后,军事上是他负责,影响也逐渐大了,敌人为了降伏他,在这时逮捕了他的老婆。当时组织上对此很关心,并安慰他,而王逸涛在表面上也还可以。他说:"老婆被抓就让他们抓嘛,反正我是要干的。"至于从他内心上讲是否真实,这是不得而知的。但也不难看出,在这段时间的王逸涛,精神上是有压力的。

特别是成立川南游击队以后,敌人进攻频繁,中央红军已经北上,敌人可以腾出手来对付游击队了,因而这时的王逸涛,思想上也开始动摇。在1935年4月底5月初时某一天,李石坚从游击队出来到两河口会着我们时讲:"王逸涛离开部队了。他是在敌人进攻我们部队的时候离开部队的,借口跑了一匹马,同王元德一道去追马,就从部队离开了,至今未回。"

我们当时就提出疑问:马跑了,怎么能让一个军事负责人亲自去追呢? 在部队里另外一两个人去追也就可以了嘛! 而王逸涛要亲自去追马,实际上就是想找个借口利用这个机会逃离游击队,避开敌人的进犯。据李石坚说,王逸涛当时是逃到黄坭一个老百姓家里躲起来了。后来,我们同敌人打了一仗,这次战斗,虽然第一大队的队长梁亚伯同志不幸牺牲了,但是敌人的损失比我们更惨重,死伤百几,敌营长负了伤。总的说,我们是打了一个大胜仗,而王逸涛在这时看到我们这一仗获胜了,心又动了,想回游击队来,可是又不好开口,他就写了一封信找人送到川南特委,信中不外乎假惺惺地检讨几句后表示:"要求回到组织,要继续革命……"等等之类话,特委为了能继续挽救教育王逸涛,就叫送信的人转告他:"他想回来我们欢迎他,只要他能回心转意,我们对他一如既往,希望他能很好的〔地〕认识就行了。"

但是组织上尽管这样宽恕他,结果他还是没有回到部队,仍然继续留在那家农民的家里。李石坚还告诉我们说:"王逸涛是早有野心的,他曾几次代表川南特委发号施令,指挥一些地方的工作。"我说:"这怎么行呢? 他想指挥我们是指挥不了的。不管怎么样,我们接受的是党的领导。只有中共川南特委才能指挥我们。王逸涛想以个人名义代表组织来指挥各地的工作,我们是坚决反对和抵制的。情况紧急时他逃跑,过了以后他又舞起指挥棒? 我们是不会买他的帐〔账〕的。"

到了1938年时,我在大坝听到一个姓陶的人讲:"这个家伙还恬不知耻的〔地〕挂着'共产党员'的牌子在叙永到处进行招摇撞骗、蒙蔽一些不明真相的人,借此捞取政治资本。"尤其可恨的是在全国解放以后,王逸涛这个可耻的叛徒,继续与人民为敌,公然组织"反共救国军"当土匪"司令",最后走上了叛变革命的道路,后被我民兵活捉,受到人民政府最严厉的惩办,落得一个遗臭万年的下场。

王逸涛在1935年8月28日叛变的消息,两河口街上的何光奎同志很快就告诉了我们。在此期间,关于两河口场镇上一些曾被敌人打散的游击队员,虽由两河的敌乡长杨济安把他们收容起来跟他当乡丁,但这些人本身是贫苦农民又是一些基本队员,通过何光奎他们做工作,都陆续和我们挂上了钩,何光奎转达给我们的关于王逸涛叛变的消息,就是由他们传递出来的。

对于这些被打散的队员,既然被杨济安集中到两河口来了,又和我们接上了联系,我们就暗地把他们组成一个游击队小组,准备到一定的时候拉回川南游击队去,并决定在行动前先把当时在两河(此时该地已成立敌区公所,敌区长叫徐烈光)作恶多端的敌乡长杨济安干掉。敌乡公所的武装,能带走的带走,抵抗的就消灭。

后来,由于突然发生王逸涛叛变革命的事件,打破了我们原来的计划。

我和周守如,加上何光奎随即在牌坊口的小河里,一面假意洗澡,一面开会。我们研究的结果,决定改变计划,提前在8月底执行。即在这一天,我们组织的这个游击队小组把敌乡长杨济安干掉,再把一部分乡丁拖到游击队去。

开完会,我们上岸把衣服穿好,正要动身回牌坊口的店子上,店子里的樊大娘慌慌张张地从河边的山坡上跑下来,一见我们就喊:"你们还不赶紧走!快走!!上面有人来抓你们了!"同时不断地掉头向后面看。我们这时连衣服也来不及脱掉只得把裤子挽得高高的就蹚〔窜〕下河,河水不深,对这里的河道我们都很熟悉,所以我们下到河里很放心。

正当我们走到河中间,背后面来了一个穿便衣的敌人从山上跑下来向我们喊道:"老板,老板!有抬滑竿的没有?"我们边走边回答说:"抬什么滑竿喽?没得人抬滑竿!我们连打谷子都搞不赢咧。"(那时正是打谷子的时候,我们的装束也有点像农民)可是这个穿便衣的敌人尽管听到我们的答话,仍然向我们紧逼过来,我们立即采取分散行动,周守如向对岸直趟〔蹚〕过河,我同何光奎从下游走,这个便衣敌人竟蹚〔窜〕下河向着周守如去追,但周守如上岸后立即钻进一个很茂密的树林子。

我这边看得很清楚,那个便衣敌人追过河去后,不见了周守如,到处东张西望,一个人又不敢钻进林子,急得干瞪眼。我和何光奎从河的下游走了一段路,就上岸躲进了包谷林,再穿过一大片包谷林即走上了两河口进城的石板路。

我们越过石板路后,到了一个小山弯里,我对何光奎说:"我们要分散开来走,不然会引人注意。"何光奎和我分手后,隔了大约五分钟的样子,突然听到牌坊口方向响了两枪。究竟是怎么一回事呢?是不是何光奎碰上了他们,掉头逃跑时,敌人放的枪呢？当时,我心里在想,看来这里不能久留了,要马上转移,否则别人会怀疑我是个什么坏人。

我在枪声响过后,就接喊两声:"拉伕的来了! 拉伕的来了!"结果这样一喊,山坡上那些掰包谷的农民,都满山遍岭的乱跑,我就乘这个机会,跑到山上一家姓杨的农民家里。这家姓杨的是我们的基本群众,我们经常在这里去去来来,有时也住在他家。这个时候天已经快黑了,我就在杨家住了下来。但是心里老惦念着牌坊口发生的事情,周守如同志及何光奎同志是否安全脱险?

为了很快把牌坊口店子上的情况搞清楚,我就找这家一位妇女到牌坊口去打听一下,看看那里究竟出了什么事情? 并向这位妇女说:"你带上瓶瓶罐罐,借口称买盐打油,千万不要让别人知道我在你们这里。假使在那里还住得有兵,更要特别注意,不要使那些人对你怀疑。"没去多久,这位妇女回来了,她告诉我说:"今天上午到店子上来的那些兵,抓了一个开烟馆的吴老头(叫吴建庭),另外还抓了他隔壁家一个做小生意的,还把河对门的杨炳成也抓了。两河街上一个姓何的走去碰着也被抓了,最后还把樊大娘带到区公所。"

我听到这些情况后,心里很着急。何光奎、杨炳成被捕,周守如同志和我又失去了联系,金鹅池的消息也听不到,于是决定把两河口这面发生的事件立即向郝谦同志汇报。第二天清早,我就动身去金鹅池。

那个时候,我们在叙永农村搞地下工作,无论是山上或山下,都熟悉了许多小路,而这些小路都是可以避开敌人盘查的。我从小路动身到金鹅池去的那天,幸好没有到郝谦同志教书的刘家院子,而是直接到锣锅山黄三爷那里。

当时黄三爷告诉我说:"今早晨天刚亮,金鹅池街上来了好多兵,将刘家院子包围以后,把刘思远抓走了。听说他们是来抓赵老师的(郝谦同志),没有抓到。但赵老师究竟到哪里去了,我就不晓得了,你来的时候没有碰上他,是不是他去找你们在路上错开了。"

我听了黄三爷这样讲了后,感到情况确实很紧急,非找着郝谦同志不可。我当时想:郝谦同志不可能到另外什么地方去,肯定是在金鹅池至两河口之间。我就急转身到我居住过的几家去找。当然牌坊口这个地方暂时不能去了,其他几家我虽可以去,但情况最近不了解,怎么办呢? 考虑的结果还是去。

当我到牌坊口附近几家去问时,都说:"赵老师没来,老周也没来。"他们究竟朝哪里走了呢? 最后我另找一条小路到土地坳观音堂。这些地方的群众非常关心我,一见面都异口同声地说:"哎呀!我们当时听说敌人到牌坊口抓你们,心里着急得不得了,生怕把你们抓住了。我们都商量了,万一敌人把你们抓了,他们一定要往城里送,为了营救你们,我们特别组织了一批群众在土地坳店子,有些扮成打谷子的,有的装成做生意的,有的担上箩筐在店子上歇气,准备进行拦截,把你们抢出来。后来一看被押进城里的都不认识,我们才放心了。"

鉴于这些群众对我们的支持和关怀,我就在这些群众家里,这家住几天,那家住几天,等待郝谦、周守如同志的消息。直至我转到陈骟匠(阉割鸡、猪的)家里,他的弟弟才告诉我说:"他的哥哥和赵老师、老周一起到云南边境找游击队去了,要不了多久就要回来,叫你在两河口这一带等他们。"我当时所到这个消息后非常高兴!心里想,既然是这样我就安心住下来。但为了便于隐蔽,我化了装,像一个贫苦农民。而且每天就在附近几家农民家里帮他们晒谷子、拉谷草、掰包谷,什么农活我都干,并在此期间,深入开展群众工作。

过了半个月左右,郝谦和周守如两同志跟陈骟匠一道回来了,未找到川南游击队。又隔了十多天,听说川南游击队又转到川滇边境,我们为了及时和川南特委接上联系,经区委研究决定,由我假意拜陈为师,背上背篼,我们走小路绕过黄坭嘴,经过海坝场、分水岭、双河场直到云南的威信县(又名扎西)一带去打听游击队的消息。

当时我和陈师傅的身上是腰无半文的,幸好沿途农民都很热情好客,走到哪里便饭是有吃的,所以还没有饿肚子。可是,我们一直找到威信县都没找到川南游击队。花了20多天的时间,又空跑了一趟,我和陈师傅只好转身回到两河地区来。这时我们区委的三个同志又汇〔会〕合在一起了,并继续开展了革命工作。

为了扩大我们的工作地区,在1935年10月,通过金鹅池陈泽明同志的关系,我和郝谦同志转移到古宋南区燕儿窝一带开展工作。周守如仍在两河口到叙永城一带地区以及金鹅池等地活动。

我们当时是住在陈泽明的姨父刘善全家。这是一家中农,他的老伴就是陈泽明同志的四姨妈,我们亲切地称呼她叫"四孃"(她家有四个儿子,两个女儿)。由于这个"四孃"的娘家姓涂,我和郝谦同志也改成姓涂,而且说成是两弟兄。即郝谦是哥哥更名为涂鼎清;我是弟弟更名为涂华清,对外都说是涂四孃的"侄儿",并称呼刘善全为"四姑爷",称其子女为表兄弟、表妹。我和郝谦同志,一直和他们同吃、同住、同劳动,俨然成了一家人,就这样我们先后在这里住了3年多,敌人没有怀疑、追查过我们。我们当地群众的关系搞得很好。

1936 年 7 月,我和郝谦同志又先后到叙永县大坝镇开辟〔展〕工作。我们为什么又把大坝开辟为一个新区呢?因为在当年四五月间,我们区委决定派周守如同志到泸县,重庆或贵州的遵义去找党组织,结果周守如一去两个多月,杳无音讯。为了防止意外,我们就把大坝镇开辟为另一个新基地。从此我和郝谦同志则经常往返于古宋燕儿窝和叙永的大坝之间。

1938 年底,我们和中共川康特委取得了联系。1939 年春节后,郝谦同志首先离开大坝镇到成都与川康特委的罗世文、邹风平等同志接上了头,决定我暂留大坝镇,仍以教书作掩护,并经常和郝谦、邹风平等同志保持通信联系。川康特委除每天给我寄《新华日报》外,还按时寄《群众》杂志给我,从而使我懂得不少的东西,获得不少的知识,对国际国内形势也能经常了解。本来川康特委是决定我在 1939 年端午节期间到成都的,后来因学生家长再三挽留,经我请示后,由邹风平同志回信,同意我在下半年提前放假到成都。直到 11 月,我才离开大坝、途经古宋、江门,告别了永宁河——我战斗的第二故乡。我抵达成都后,曾多次与罗世文、邹风平、于江震、程子健等领导同志见面。在成都度过 1940 年的春节后,参加了川康特委举办的党员训练班,一个月结束后,即肩负着党组织分配给我的战斗任务,踏上了新的征程。

朱光璧口述

吴永栋、张正权、林世贵、罗仕俊、王华等整理

(录自中共叙永县委党史办 1983 年编纂《叙永县党史资料·第 3 期》,第 2～16 页)

## 3. 游击纵队前期活动情况

### 红军游击队的活动情况

刘求晗

我是 1934 年 10 月间从江西瑞金县参加长征的。1935 年元月(旧历)间到达云南省威信县大河乡石坎子,奉命留在川南游击队。1937 年游击队失败,后来在威信与四川省古蔺两县交界的地方,我们被川军周化成部和民团打散……

1935 年我在川南游击队时,威信县敌县长叫李涤尘,他抓到红军就杀。据说是因 1934 年有个姓叶的来威信当县长,后来被我红军带走了。李涤尘当县长后非常恶毒,将全县的团防调来四面放起警戒,防止红军。

1935 年 6 月间,在镇雄、威信交界地有一个反动营长叫陇承尧(现被我解放军打死在威信),经常带兵与我们游击队打仗。那时李敌县长与陇承尧集中力量攻打我们,我们要去消灭威信县这个李屠夫。在威信县城与陇承尧和李涤尘调来的民团打了一仗,我们攻进县城,赶跑敌军。但也被敌军打死了我三大队的号兵(姓杨,名记不清)、排长 1 名和士兵 5 名(姓名不知道),这是第一次。

1935 年 7 月间在威信县烂泥坝(属现在的第三区),有个田营长带领反动军队(是云南的)与我们川南游击队打一仗,打死我们新兵排长 1 名(姓李,四川人)。但这是我们的一次胜仗,缴了他的 8 支枪。后来听说李涤尘敌县长气急败坏,纠集威信县一区的地霸肖连升,杀害流落的红军人员二三十名。据老百姓说肖连升的父亲是被我红军杀的,所以他恨红军,捉到一个就杀一个。李涤尘和肖连升关系密切,那时老百姓叫李涤尘李屠夫,他明说杀土匪,暗杀的很不明确。我在游击队时听说,1935 年李一次杀了 7 人在威信街上。那时候我们有地方小游击队,这些人员身份我不清楚,只有领导知道。

1936 年 8 月间,在镇雄、威信两县交界处一个叫花沟的地方,我们川南游击队遭遇反动军队田富伍营与独立营陇匪,激战中我们队伍被打散。敌人还把两个女同志捉去了,一个叫李桂英,江西人,是搞宣传工作的。另一个叫阚思颖,四川人,文化好,代理指导员与文书工作。她们俩是被田匪捉去。后来了解到,她们被送到威信县敌政府宿了两天,送到云南省城去了。这两个女同志后来我不晓得如何解决的。

1936 年 9 月①,在威信县第二区长官司红山顶,川军周化成部及威信县长李涤尘调二区赵礼隆民团与我川南游击队打了一天的仗。游击队战斗失利,被敌打死 40 多人,被俘 43 人,押到威信县敌政府十多人。我只知道其中两个人名字,一个尹占清,福建人,在游击队当排长。一个曾兴辉,江西兴国县人,现不知。受伤后抬出来的游击队领导(政委)叫徐策,抬到罗布街上,又与陇承尧匪军打了一仗,未有胜利,结果政委牺牲了。这次战斗中就有李涤尘调集的团防参与打我们,他另外杀害多少红军我不知道。

我们川南游击队领导主要有徐策政委、龙厚生、曾春鉴、余泽鸿。其中徐策政委在长官司战斗中牺牲,曾春鉴不知哪时打死的,余泽鸿是在四川死的。龙厚生不知下落。

(录自威信县公安局档案室,1980 年。云南威信县委党史研究室档案,全宗号 1,目录号 18,案卷号 52,第 52 页)

---

① 此处时间有误,应是 1935 年 7 月的长官司战斗。——编者注

# 红军游击队在扎西成立（节录）

郭玉正

我是癸丑年（1913年）出生的。

又到桐梓，我才调到游击队，乙亥年（1935年）来到威信。红军留下的游击队有80多人，领导人有指导员阚思英〔颖〕，宣传干事李桂英，游击队长姓罗，支队长张国林（张凤光），参谋长姓陈，政委徐策，大队指导员曾广胜等。

后来游击队发展到800多人，共编为3个大队，我在游击队中担任分队长。我们在威信二区长官司与四川周化成的队伍和本地赵礼隆的队伍遭遇，战斗激烈，我方失利。我游击队的领导人陈参谋长和张支队长牺牲，政委徐策负伤抬到罗布坳也牺牲了，被敌人打死打伤干部战士200多人。

后队伍转战果保坝、花朗坝、落木柔、筠连、王场等地，开到上罗时，又遭周化成部袭击，我被打伤颈子。后转移至炭厂与敌第二十二军一部遭遇，战斗中，我的腿又负伤，战士文子清把我背来寄养在老百姓家。我是敌侦察班便衣队冲来时负伤的。

部队后来在花朗坝又与省军交火，刘复初同志受伤，部队把他背起转移，敌军跟踪追击，李桂英、阚思颖二人被敌活捉。刘复初同志躲到大雪山被四川军活捉，其他战士全部打散打死等。

郭玉振（老红军）

1959年2月22日

（录自威信县委党史研究室档案，全宗号1，目录号18，案卷号52，第67页）

# 我参加川南游击队的经过

王金源

我 13 岁的时候就到安源煤矿当工人,并参加了安源暴动。因为中途掉了队,到 1933 年,我又上井冈山参加红军。1934 年参加长征。长征时,我是在中央军事委员会通讯学校工作。我们通讯学校的校长是刘光普(据说此人后来到红四方面军工作,叛变了)、政委是曾山(现在是中央纪律检查委员会的委员,与本人有书信联系)。我们学校分为 3 个大队,一是无线电大队,一是有线电大队,还有一个司号大队。校部有 3 个处,一个是供给处,一个是队列处(也叫管理处),还有一个文书科。当时,我是在队列处当主任。

长征到达遵义时,在遵义休息了几天,我在的学校还准备开学,但后来又出发了。长征以来,我们学校是随中央纵队走的。我们从元厚渡过赤水河,记得还在土城打了一仗,是主力部队打的,我们没有参加。过了赤水以后,我们从古蔺、叙永向扎西地区前进。到扎西是分几路走的,我们是从叙永到黄坭嘴、树坪、分水岭、双河场、偏岩子进入扎西的。到扎西后,还听说开始来的部队把狮子营的敌人打跑了。我们来的时候,不仅没有敌人,老百姓也没有多少在家。我们到扎西像是初三,或是初四,住在街上。总司令部是住在一个庙〈里〉头,从一个拐角的地方进去,我没有去过总部。我们在扎西休息了三四天,街上是〈冰雪〉凌起的,下很大的雪,冷得很。

在扎西住了几天以后,我们大约是初八从扎西动身,到达了大河滩的莲花山,是从两合岩走的。在莲花山住了两个晚上,总部是住在一个庙头,我们住在附近的老百姓家。政委还找到我,叫我去找两个老百姓帮助背枪,但没有找到。初十我们到了石坎子街上,住在街后头。

到石坎子后,我们的学校全部解散了,说中央军委在扎西开会作了决定,要精简机构,把我们的人员分到各个队去。那一天晚上,曾山找到我,跟我说:"军委决定要成立川南游击队,我们学校决定你和龙厚生、贺东朝三人去游击队工作,留下来坚持游击战争,具体的你去找徐策同志,他是川南特委书记兼游击队的政委。"当时,龙厚生是国家保卫局派在我们学校的特派员,贺东朝是司号大队指导员,我是队列处主任。

我到街上找到徐策和余泽鸿 2 个同志。徐策同志对我说,我们的番号是川南游击纵队,是总司令部叫的,叫我在司令部当文书。并告诉我,余泽鸿是政治主任,曾春鉴是大队长,龙厚生是特派员,刘干臣是参谋长,戴元怀是组织部部长,还有一个宣传部部长。我记得的,阚思颖、李桂英和遵义中学参军的一个女生这三个女同志都是在宣传部。贺东朝分去第一大队当指导员。第一大队的大队长是黄虎山,就是抽来参加游击队那个连的连长。就这样,我就随司令部住。

好像是在石坎住了一天,第二天早上,各个部队过〔往前赶〕。在石坎街的那一头,下石梯的地方,有一个〔间〕房子,给我们留下了很多枪,还有三挺重机关枪。这几挺重机关枪,主要是没有几发子弹,又笨又重,用处不大,才留下的。

我们全体人员集中在河边的河坝那个地方,徐策给我们讲话,他说:我们是中央决定留下来坚持斗争的川南游击纵队,我们要在这个地区同敌人战斗,建立根据地,配合中央红军作战。现在,我们还要到四川去,会合一支地方游击队,壮大力量,共同战斗。各个部队给我们留下的枪支,我们全部带上去武装他们。

接着他还宣布了游击队的队员名单。接着,余泽鸿也讲了话,号召我们大家,从各个部队来,要团结一致,完成党交给的光荣任务。他们集中讲完话,我们每人都背两三支步枪,随着大部队的后边出发了。

我们从马家坳下大河口、渡口上、小河到桐子林。12日,住在后山,这里有一个苗族寨。13日,从底塌、黄丝坳,住在一道屋基,这里有个地点叫四合头,我们又在这里集合一次,是由总部的一个首长给我们讲话,要我们发扬红军的传统,在川南宣传红军的主张,打土豪,建立根据地,还说有什么困难,可随时跟总部联系。

第二天,我们就和大部队分手了,我们在一道屋基休息一天。那晚上,我们还用16个铜板给我们住的那家买了一块腊肉吃,就是过十五的节。我们就从那里的刘家沟下洛甫,到五桐洞。17日,到黄圮嘴,遇着那里的游击队负责人王逸涛。第二天,他带着我们到五龙山同他的队伍会合。

在五龙山会合后,王逸涛就当游击纵队的司令员,其他的人员没有变动。在这里就分为三个大队,我们的人有200多,编为二个大队,王的队伍编为三大队。在这里,我才正式开始了我的文书工作。刘干臣给了我一份表,是我们司令部的领导人员和第一、第二大队的人员名单,我才开始登记工作。但是没有详细一个一个地登记,只是下边每个单位有多少人,领导人员是详细登记的,比如说,像黄虎山,我只知道他是第一大队大队长,但很不熟悉。

在那里合队以后,我就随同司令部走。司令部有一个通讯班,负责领导人员的警卫工作,还有一个炊事班。我们合队后,一直在红碉场、木厂梁子、刘家河、罗汉林、树坪、分水岭、长官司、罗布坳、马家坝、天蓬寨等地活动,没有一个固定的地点,在木厂梁子打过一仗,这一仗打得很凶。

合队不久,我随余泽鸿和徐策一起去红碉场余泽鸿家去过一次。在这里的石板上我们见到了刘复初,他还杀了一头猪来招待我们。当时,听说他在码头上,有一部分人。在石板上,我们还抓到一个姓罗的土豪,他给我们送来了 20 条枪、400块大洋、两箱子弹。后来徐策召开了一个会,就把这个土豪杀了。

我们从建武又到长官司、罗布坳,这个时间我记不得了,估计过了一个月。在罗布坳把陇家的仓库打开,把谷子分给穷人和我们游击队自己吃。我们打了罗布坳,又从那里转到分水这边,来打水田寨。水田寨这里是张仲三的人,有一个大队。我们围着房子打,还牺牲了一个指导员,我的腿负了伤。我们也攻不进去,他们也不敢出来。

徐策叫人去那里的一家姓熊的老乡家,借来了一个梯子,把我抬到陇杠的关地头,把我放在王家养伤。这家叫王瑞和,是两个老人,阚思颖和李桂英二人去村子头给我弄了点粮食来,部队又给这家三块钱,安慰了我一番就走了。我离开部队这一天,我记得是 3 月 27 日。我在这家住了差不多一年了,由于子弹头没有取出来,仍然走不动。

第二年 6 月间,龙厚生、贺东朝、刘复初、阚思颖、李桂英等人从那里经过,全部来看我,刘复初和龙厚生两人专门找我谈,商量着怎样把我带走,但是脚走不动,他们就叫我安心再养一段时间,等以后再来时归队……这时,我在这里养伤,除了这王家以外,我就讲我是重庆人。在我伤口还未好时,有一个重庆的医生,专门给小娃娃种痘,听说我也是重庆人,对我很好,还叫我跟他学,为老百姓看病。刘复初和龙厚生去的时候,我也跟他们说过,他们说,既然走不动,那跟他学一学,再把伤养好一点,才〔再〕回部队也可以,以后回部队来也很有好处。就这样,他们……安慰我一番,还说过一段时间来看我,叫我安心休养,还不要离开太远,以便联系,他们就走了。

就这样,我和这个医生就开始学医,专门走苗族寨子,为小娃娃种痘,和游击队失去了联系。过了两年我才听说,刘复初同志因病被俘了,龙厚生、曾春鉴等人死在水田。想到他们我更不能再说我是红军,就同这个医生一道走村串寨医病,一直到解放。

　　因为我(阴历)三月二十七(阳历 4 月 29 日)离开部队养伤,徐策、佘泽鸿,还有些领导人牺牲我都不知道,是后来龙厚生和刘复初来看我的时候告诉我的。游击队的活动,我也不十分清楚,因为我离队的时间早,现在事隔多年,记不太清楚。

　　走访人:杨著伟、赵友伦

　　地点:毕节城关镇中华北路王金源家

　　时间:1980 年 3 月 28 日至 30 日

　　这篇调查是我口述的,杨、赵二同志记录,但是因为年限久远,有些事情和经过不十分详细,加上我的文化程度较低,请县委和领导同志们原谅。

王金源亲笔

1980 年 3 月 30 日

(录自威信县委党史研究室档案,全宗号 1,目录号 18,案卷号 61,第 10 页)

# 访老红军王金源记录

## 古高门

为了征集革命文物,昔日我和安兴业、刘国元专程到贵州毕节走访老红军王金源。我们一行三人从石坝出发,下潭子口来到赤水河,不巧河水猛涨,船工不敢贸然摆渡,河对岸就是贵州省界,只能忘河兴叹。幸亏潘伯平同志(现石坝法庭副庭长)挽留住宿他家热情款待。潘府座〔坐〕落在赤水河畔,环境十分优美,隔窗眺望,江流、野渡、岭树林、田舍的山水画卷尽收眼底,好一派蜀黔风光。

次日中午,河水稍退,船工见我们过河心切,欣然同意将我们载过河去。来到贵州省毕节县大渡乡,经当地干部介绍,此去林口还有数十里,虽通公路,但过往车辆极少,且沿途山高路陡,人烟稀少,时已黄昏,不宜前行,我们只好留宿贵乡。

次日清晨,我们出发顺着盘山公路步行,沿途森林茂密,空谷不见人语,路边杂草丛生,常有蛇类出没,一路走来,真令人提心吊胆,特别是见到一种躯体能变颜色的毒蛇,尤恐被咬,我们不得不各自备办一根拄路棍当"武器"来防御。这一天路程我们走得十分辛苦,必须攀登重重叠叠的高山,穿越密密层层的重翠,才能到达目的地。这是一个典型的从河谷地带爬上云贵高原之路。

当我们走得汗流浃背、饥肠辘辘时,便找庄户人家稍作休息,将事前煮好的鸡蛋充饥,直到日暮时才到达林口区,经〔据〕汪秘书讲,王金源已迁往贵州毕节县城箱子街 111 号儿媳曾鲜英家了。当晚住宿林口,第二天我们乘班车到毕节终于找到老红军王金源,开始对他进行访问,安兴业还为他画像,如今这位长征时曾欲留叙永的老红军、老游击队员已故,为了纪念中央红军长征过叙永六十周年,谨撰此文以飨读者。

王金源,1907 年生于江西萍乡,13 岁时在安源煤矿做工,专门看管水沟。王金源到煤矿不久,工人运动在矿里蓬勃开展,矿里成立俱乐部。1923 年 8 月,刘少奇任安源路矿工人俱乐部总主任,矿里还设有子弟学校和文化补习班,肖劲光任教员。毛泽东委员也曾到过矿里视察学校。

后来红军到萍乡王金源就参加了中国工农红军。1934 年 10 月随中央红军长征时任中革军委通讯学校文书主任。当时通讯学校校长刘兴普,政委曾三。通讯学校下设三个大队,有线电大队和无线电大队各 100 多人,司号大队 300 多人,其中青年人较多。无线电是缴获的器材,利用俘虏人员来教学。

遵义会议后红军一渡赤水途经古蔺分三路进入叙永县境。1935年2月3日，通讯学校经黄坭嘴、树坪在分水过年（甲戌腊月三十）。当时四川军阀在蒋介石行营参谋团督促下，集中十多个旅来沿途截击红军，红军右路部队第一军团几次遭截，同时知道敌人已发觉了红军意图，并部署调重兵于横江一带严密布防。面对敌人云集的局势，红军渡江已不可能，于是朱德2月3日在石厢子发出的电令，红军在云南扎西（今威信）集结。

红军在扎西集结期间，中央根据刚颁布的《关于各军团缩编命令》精神，决定抽调干部成立中共川南特委和中国工农红军川南游击纵队。扎西集结后挥师东指，来到石坎街上通讯学校的龙厚生（通讯学校特派员）、贺朝东①（通讯学校司号大队指挥员）和王金源三人同时被通知到川南游击纵队工作。

1935年2月12日，这支刚调集的400多人，随中央纵队，经大河口、桐子林到小底塔四合头（叙永境）宿营。第二天早上中央一位领导还向留在川南游击纵队的人员作报告，大意是叫他们安心在川南一带开辟新区。会后与红军主力告别。红军大部从罗家坪继续向古蔺方向前进二渡赤水，游击纵队则从刘家沟经落堡、五童洞，于2月18日在树坪庙门前与叙永特区游击队汇合，经黄坭嘴到五龙山，召开红军游击纵队正式成立大会。以后王金源一直随纵队转战在川滇两省交界一带。

1935年农历三月二十七（4月30日），纵队去攻打云南水田寨地霸陇家，王金源随纵队政委徐策走在前面重进陇家"洋房子"，不幸被右侧烂碉堡内守敌放冷枪打伤他的右脚。卫生员给他包扎好伤口，两个战士用梯子将他抬到陇杠暂住在郑衡山（地主）家。第二天由阚思颖（女，司令部秘书）出面与当地土医生王顺和交涉，经同意后将王金源转移到原石坝区高峰大队王顺和家养伤。

郑衡山是那一带有名的大老爷，他有意在当地"出言语"：王顺和为一个红军治伤，任何人都不许弄他。头面人物打招呼果然奏效，王金源得到保护。以后红军游击队路经陇杠时，给王金源留下一些钱粮，王全部交给王顺和作医疗生活费用。

经过一年多的治疗，王金源能下地走动了，为了安全和生计，他拜罗树云（重庆人）为师学种牛痘。王金源学会种痘医术后化名李树云，佯称是重庆人，以种痘

---

① 王金源别处回忆中记贺东朝。

为职业,巡回种痘于川滇黔三省结合部,还小有名气。因为当年还没有开展科学注射牛痘苗,土法种痘还很吃香,"李痘匠"的名字在这一带传开了。

后来,另一个姓郑的游击队员负伤后也由王顺和为他治好伤,为了让战友生存下去,王金源主动教他学会种牛痘技术,当地人叫他"郑痘匠"。由于任何一家生儿育女为防止天花都需种痘,"李痘匠"和"郑痘匠"的业务都很繁忙。

王金源有了生活来源,便经罗树云的妻子介绍与一个女子结了婚住在陇杠庙上。后来房子烧了,王金源便迁到了贵州毕节县林口区德胜公社居住,妻子便与他离了婚,以后才与德胜擦垮岩一个姓周的苗族女子结了婚。儿子王健在甘肃一个工厂里工作,儿媳曾鲜英在小学教书。

解放后,王金源曾回四川到陇杠,找知情人证明他是长征时寄养在老乡家里的红军伤病员,曾在当地任过村农会主席、村长、乡长等职务。由于他文化水平不高,又缺少工作能力,便将他安排在林口区儿童福利院工作。后来儿童福利院撤销,由毕节县民政科每月给他生活费 40.5 元,蔡科长还叫他找健在的老红军证明其身份,可以享受老红军待遇。

一天晚上看电影,放映一部纪录片,他见银幕上出现一个人好像是过去通讯学校的政委曾三,不久又在报纸上一条新闻中得知曾三是国家档案局局长,于是萌发了给老领导曾三写信的念头。他写了一封信,较为详细地叙述了过去的经历。但自己又想世上同名同姓的人很多,于是便在信的末尾附上:如果你是红军通讯学校的政委就回信,如果不是就不回信。信寄出后不久,果然王金源收到曾三的回信,证明王金源是他长征时的战友。同时,毕节县民政科也收到国家档案局曾三的证明:

毕节县人委民政科:

目前在林口区儿童福利院工作的王金源同志,正是 1934 年我们长征时的战友,我完全可以证明。为此正式用我党的组织转〔专〕为介绍,写此证明,则请你们来信给北京中直党委,我当照写。此致

敬礼

曾三

1965 年 2 月 6 日

正当王金源欣喜若狂之际,县民政科 1965 年 3 月 15 日函告他,王金源同志:经人委(65)毕会字 41 号批复承认你是老红军,并发给照顾证。王金源热烈〔泪〕

夺眶而出,感谢党和政府的关怀,感谢老领导实事求是、认真负责的崇高品德。

从此,他对北京心驰神往,暗下决心亲自去看看新中国的首都。以后,他果然如愿了,到北京老领导曾三不但接见了他,热情款待,还特邀另一个曾山(江西吉安人,曾任内务部部长)与他见面,畅谈乡情和长征往事。王金源在天安门和其他风景名胜观光几天之后,临别曾三送他一部《毛泽东选集》作留念,在书的扉页上题写道:"1935年长征时分别,重见于首都,金源同志好好学习,做毛泽东的好战士。"

我们连续两天访问王金源,不但搜集到许多有关红军游击纵队战斗史料,而且记录了三首红军歌词,现记于后:

一、共产党领导真正确,工农群众用户真正多,红军打仗真不错,粉碎了国民党的乌龟壳(注:指反五次"围剿"中粉碎敌军碉堡)。我们真快乐,我们真快乐,我们真快乐!

二、亲爱勇敢的红军哥,我们的胜利有把握,上前杀敌莫错过,把红旗插遍全中国。

三、上门板捆铺草,房子扫干净,工农的东西不准拿半分,抬盆找茅厕不准乱屙屎,红军三项注意大家要实行。

(录自中共叙永县委组织部、县委办公室、老干局、党史办主办《叙永县党史》,1995年第4期,第93~99页)

# 红军游击队的产生

聂期麟

聂期麟,男,汉族,今年54岁,原籍福建省建宁县溪口公社坟背人,现籍四川省珙县上罗区上洛公社,系居民。

游击队的产生,是1935年三四月间。红军从遵义整训出发,到云南的乌龙山(隔五龙山还有一二十里路)休息,准备爬五龙山的大山(五龙山挨黄坭嘴方向)。在五龙山休息时,前面传命令来,让后面的伤病员和脚走痛的人员留下来。伤病员在五龙山耽误一段时间,主力红军已经往前面走了,但后面还有徐策领导的八九百人,隔主力红军两三里路远的地方,留守的人员还未开始走,徐策带的部队在乌龙山就给〔和〕国民党的军队打起来了。打起仗来之后,留守的人员就不敢走了。前面的人员就和徐策的后卫部队在一起了,在五龙山整整打了一天才停止。

第二天后卫部队才往五龙山走。可是第二天又遇到火线打了一天,这样我们离主力红军两天时间。当时蒋介石的军队就尾追后卫部队,我们没有摸到这个情况,这样徐策的部队就没有赶上主力红军,就在云贵川边境转为游击队。到1936年或1937年,这支队伍被国民党打败了。其中1936年[①]夏天,徐策在长官司负伤,部队就退到罗布坳这个地方,徐策抬起进街去,当时对面山上打起仗,这样徐策就被杀害了。

到1936年[②]下半年,这支队伍只剩下二三百人,由余泽鸿、刘复初带到云南去,后来转到红桥来,余泽鸿的人被国民党俘了一个班人去,余泽鸿看到自己也要被敌人俘了,他自己这样被杀了,在红桥自己拉枪打死的……余泽鸿自杀是听说的。

1936年9月天气冷了,我因病寄养在珙县巡检司,后就找不到那个游击队的人……同我一起在巡检司寄养的是陈崇林(湖北人),同我寄养在这边张家林一农民家里。住了一天,敌乡公所的人要去杀我们,那家农民怕了,当天晚上我和陈就在山上宿。

第二天,我和陈就离开那家了。陈和我走到珙县底峒铺来,就被敌乡公所的

---

① 应为1935年。——编者注
② 应为1935年。——编者注

李均武、汤树云两人（李均武是底垌铺人，现还在）堵住检查我和陈崇林，不要我们走了。并问："你们是哪里来的，你们口音不是本地人，是哪里人？"我们说是外省人，李均武问："是哪个部队的？"我们说是红军部队，后李、汤就叫我们不要走，要和他们去问他们的队长，队长说走才能走。后李、汤去问了他们的队长（孙泽元）来向我俩说，到处都是军队，你们走得通吗？这样我俩就被吓糟了，就没有走了。

李、汤就把我们带到孙泽元家住着，就把我们的被子和碗筷都拿来了。后来孙泽元来问我们俩："你们的队伍在底下（指红桥），你们往高点去，往那点去，到处都有军队，走不通。你们住着几天以后看嘛，你们的部队在红桥打起仗的。"这样我们就给孙泽元做饭……

陈崇林在孙泽元家住了一年多点，就逃到筠连盐上帮文大朋家缝衣服。住了好几年，听说解放前就走了（回湖北）……陈崇林帮团总梁子银家看店子、卖酒，几个月就去筠连了……没有枪给梁子银。

我的本姓是姓聂，不是姓孙。当时没有生活，在孙泽元家住时，孙泽元的女人舒文珍（已死）开玩笑说："你离家远了，又没有钱，回去艰难了，就跟着我们姓孙了。"还不是说一句话，后我还是答应她……唉！我答应她说：等两天来看。后她说：不关事的。那时她没有儿子，只有两个女儿，后来有两三个月时间就给我改名为孙文材，又没有动〔办〕什么手续。……

我在红军时是在红三军团的野战医院，是看护员。1930 年秋入伍时，我在红五军团任通讯员（红五军团第一二三师第四十八团第一营第三连任通讯员），进入游击队第二支队，我因留守，没有任职，就是搞点勤杂。

在乌〔五〕龙山留守下来的有 40 来人（我当时是脚走伤了）。

同我在五龙山防守下来有 4 人，其中王崇曾（福建人，1935 年在扎西场口肚子就带伤，后队伍走了，就把他留在扎西了，现在下落不明）。蔡某某（不知名字，福建汀州人，游击队在红桥打落的）。当时我被寄在张家村。

到 1949 年冬月我同兰澄清下宜宾去，在岳口或两江口听说流落了一个红军娃娃儿，姓蔡的，在乡头姓张的家头，我们去找说有这个人，就是没有会到。蔡的这个人是游击队的司号员（第三支队），在红军主力部队也是连的司号员。还有一个记不清了。

1935 年下半年，〈天冷〉在烤火了，我因走不了，就和范俊恒（住河南省安阳市南大街 52 号，现在安阳市社会救济院工作）、李某某（不知名字，江西人）（两人是打洛表马店坡负伤的)寄在王场王仕齐家养伤的。养有一个月左右,姓李的这个因负重伤,是游击队的人抬到王仕家养伤的,还没好就死了,现在只有范俊恒在。

刘忠奎,江西人,是第二支队的一个班长,在马店坡负伤过的。1953年从洛表回江西去了。

王波和,江西人,在五龙山被国民党军队打垮后下来的。现住瓜雄(接近街子)住家了。1960年我听说他,去要过一次。不知〈他〉参加游击队没有。他是红一军团的,我是红三军团的。

胡正新,江西像是永新人,是红三军团的,给朱总司令站过岗。1935年下半年,游击队从兴文建武的汉林出来到珙县的上罗,因病就落在上罗。没有生活,去地主孙怀玉家当长工。帮到土改时,才在村树林居住,一直未安家。1959年害病死了。

另外听说珙县上罗区合作公社(和平社)寒林姓陈的人(不知名字)参加游击队回来,被敌乡公所捉来杀了。上罗区上洛公社龙碉坎有个姓张的,叫啥名字记不清了,也参加游击队回来,也被敌乡公所捉来杀了。罗渡(洛表区管)有个小娃儿,出去参加游击队,至今未回来。王场的桥当头,有个姓杨的,叫杨国×,参加游击队,在沐爱被打死,埋在沐爱。

聂期麟(签名)

1970年12月6日

情况属实

珙县上罗人民公社革委会(公章)

1970年12月7日

(录自云南威信县委党史研究室档案,全宗号1,目录号18,案卷号55,第14页)

# 纵队第一次到洛表

## 聂期麟口述

纵队第一次到洛表,司令部住"坐地虎"李腾骧的店子内。遍街贴满了"打倒贪官污吏! 打倒土豪劣绅,打倒李腾骧、李云武"等标语。洛表周围的农民纷纷来到镇上找游击队指战员说这问那。经启发引导,部分群众阶级觉悟有了提高,不少贫苦人把多年积压在心底的仇恨倾诉了出来,揭露了"坐地虎"李腾骧、"母老虎"范良珍的许多罪行。

那"坐地虎"李腾骧,为囊括民财,在镇上还专设一家当铺,打着"济人燃眉"的幌子,对被迫来店当物的群众任意压价,实到高利盘剥、更仗团总权威,谁敢不服。今日在游击队的影响下,数千名受害群众涌进李腾骧店里,诉讼李腾骧历年剥削账。司令部执勤战士聂期林〔麟〕(现住上罗街村)不明群众心意,上前劝阻。住在店内纵队政委徐策听外喧哗,便来询问。得知群众的要求后,立即支持。倾〔顷〕刻间,只见七窍喷火的人群,三拳两腿打开李腾骧的剥削铺。在游击队战士的主持下,把李腾骧剥削来的财物搬出店外,先让被迫典当财物的人认领,然后剩余财物分给前来围观的贫苦人。

正当贫苦人兴高采烈的收回被"坐地虎"李腾骧剥夺去部分血汗时,隐藏在家的"母老虎"范良珍(同李田比邻而居)却将分得财物的人头一一记来。这范良珍性残心毒,虽丈夫在外混了一名小小的官(县府科长),毕竟远水救不了近火,只好巴结"坐地虎"李腾骧,横倒乡里,仗势欺人。今见人们在红军游击队主持下,分了李家财物,自然心疼,又怕李回来查究,便录下名单以好献媚。

红军游击队走后,李带着他的烂兵,灰溜溜地回到镇上,因吃了败仗,自觉无趣,又见家中的财物被分走,更杀气横生,正在无处发泄。那"母老虎"见"坐地虎"闷闷不乐,早知心事,便急忙献上名单,并将穷人曹文之如何协助游击队搬运财物,江一平如何幸灾乐祸等说了一番。"坐地虎"顿时火起,叫来兵丁,下令抓人。仅半天时间,乡公所牢房里已塞满了数十人。曹文之在逃跑时,被连射两枪,险些丢命。

李腾骧吃了红军的亏,现在只有在手无寸铁的群众身上捞一把,限令被抓穷人,3日内交清索款,否则,格杀勿论。霎时间,洛表地区又是乌云遮天,阴风满地,虎狼嚎叫,百姓哭泣。

军阀刘湘的边防等四路保安军顾晓凡团长率部追击游击纵队,于4月23日进入洛表。比较正直的地方士绅陈私明（清秀才，同盟会会员，曾三任县长）在群众的要求下，将李腾骧即欲大肆屠杀百姓的事告知顾晓凡。顾深知"杀一千，反一万"的危险，把李腾骧的主张改为"退回原物，取保释放"。这是既有利于国民党集中力量"清剿"红军游击队的策略，又维护了地方土豪劣绅的利益。

徐志鹏记录整理

　　（录自《中国工农红军川滇黔边区游击纵队斗争史》编写组编《中国工农红军川滇黔边区游击纵队斗争史（副本）·下册》，1985 年印行，7—9～11）

## 回忆在游击纵队的情况

杨正明

询问录

杨正明,男,现年 58 岁,贫农。江西省石城县朱光区新农村人,于 1932 年左右参加当地游击队,1934 年冬进入红军长征部队,到威信时中央决定留下一部分人成立川南游击队,其任务是牵制敌人,让长征部队安全北上抗日。由此留于川南游击队,后在 1935 年冬月十一(12 月 6 日)打水田寨(陇承尧独立营)负伤寄养离队,挨年德章(正房保队长)帮工、栓〔拴〕枪两年,丁丑年(1937 年)冬月由年给安家。辛巳年(1941 年)被抓去当兵 8 年(是在国民党中央军第一九八师第五九三团当兵,伙夫)。1948 年腊月初一,仍转回云南卫靖司务农至今。

游击队司令王逸涛,副司令刘复初,我们打仗的地方有洛表、长官司、罗布坳、水田寨等几处地方。

我于水田寨负伤后,把枪交给排长(刘排长)就出来了。被贼抓去挑衣服,才挑到石坎的一个河边上的一家姓王的家里养伤。一个月之后,才出来簸箕坝找部队,在簸箕坝只会着一个姓陈的(江西人)和一个姓何的(河南人),两人在陈兴堂家住了一个多月,才各自逃走了。他俩说要去找队伍,后就不见了,当时他们是害病寄养的。

在游击队时,到过的地方有洛表、王场、大雪山、镇川、沐爱、三口塘、簸箕坝、黄坭、罗布坳、长官司、建武、簸箕峡、洪硐坡、大石盘、石碑口、水田寨、毕节、赫章坝等云南四川的边界。

游击队中有两个女红军,其中一个姓李。

游击队的组织情况,领导及参加的人员现在已记不清了。当时有 1000 多人。详细情况可找到斑竹董家庆住的郭玉正〔振〕了解。

罗布公社新场大队田坝小队

杨正明

1970 年 6 月 20 日

本人口供作参考

威信县新街公社革命委员会(印章)

(录自云南威信县委党史研究室档案,全宗号 1,目录号 18,案卷号 55,第 19 页)

# 关于川南游击纵队的情况

张晋卿

一、我参加游击纵队的情况

我的原名叫张浩,现名叫张晋卿,男,汉族,出生于 1915 年,福建省建瓯县南雅口村人,1934 年参加红军,不久随红军北上抗日。1935 年 2 月初,中央红军路经四川省叙永县黄坭嘴地区宿营,领导早上通知我说,决定把我留下当游击队去,并要我带一些外科所需的药品,和一个姓李的小卫生员,一起到游击队去。

第二天早上临出发前,就在大路的稻田地里集合,留下打游击的人员,有五师一位师政委徐策,宣传部长余泽鸿和一位姓戴的组织部长,另外还有一位女同志是干事,还有两位供给干部,徐策政委还有一位警卫员。还有个机枪连(也用步枪),连长姓王。

1935 年初秋的一个早晨,当游击队要出发前,发现司令员王逸涛和他的便衣侦察队不在了,当时政委余泽鸿就估计王逸涛领着他的便衣侦察队投敌叛变了。当时大家知道后,王逸涛带的那个连立即带着他的人枪离开我们,他们去单独活动。经过几天的调查之后,证实了王逸涛是带着他的便衣侦察队投降了叙永县的敌人,当了敌人的招抚员。于是政委余泽鸿就把机枪连分成两部分,一部分 20 余人,由王连长自己带,叫我到王连长那里当医生。留下 30 多人在司令员部,随余泽鸿政委,另一个医生张连弼在司令部。

分开活动的第三天拂晓前,我们在一个独立家屋宿营,被敌人包围,我们立即突围,跑离独立家屋不远,我跌入坑内,当时敌人大叫大喊"捉活人"。我在坑内想躲避下,后来敌人搜山,发现了我,当时我带着一支不能用的短枪、十两银子和一个布缝的十字包都被敌人缴了。

第二天敌人把我押入叙永县敌人团部,在返回叙永县时,我听敌兵说,这次是由王逸涛派人侦察带路的。与我们游击队作战的反动派是四川省边防军第一团。我被关在敌人团部的禁闭室内,敌人除问我的姓名、年龄、籍贯、职务外,就问我:你们政委是怎样死的? 我说我不知道,我们分开时,政委还是好好的。又说在死人里面有一个残废的高个子是你们游击队长的参谋长吗? 我答"是",我们参谋长右手是残废的。过了几天敌人又要我写一份悔过书。半个月后,敌人派兵把我押解到重庆去。这时是 1935 年的秋末冬初,我看到沿江山上的橘子已经熟透,正在摘收。

我们被敌人押解到重庆对岸的海棠溪代家花园里的"感化收容所"里,不久叫我在外科室里做些洗脏衣服、绷带、扫地等勤杂工作。当时被送在这个"感化收容所"的,我所知道的我们游击队里只有我一人。1937年秋天,这个"感化收容所"的最后一批都遣散之后,感化所也即结束了。敌人遣散我们,不分远近一律每人发三块钱。我到码头打听到,到汉口的船票要四元钱,那时日本人在上海发动全面的侵略战争,有钱也买不到船票了。没有办法,我又跑到渝市(重庆)的浮图关的国民党周浑元的一个连里当新兵。

在"感化收容所"未结束前,外科室几个看护兵就在商量以后怎么办。有一个看护兵叫李玉华的,是那里的医生,说在新兵补充团有熟人,可能找到卫生队长,我们可以去。我说:"我也可以吗?"他说"行"。我到浮图关一二个月以后,李玉华就告诉我说万国芳、康跃华也在补充第八团卫生队当上医生了,我要去明早到朝天门码头去找他,立刻要出川了。第二天我就去找他们,就随着出川,这样我又成了补充兵新兵团卫生队的看护班长了。

1938年一二月间,这个新兵团就到了安徽浙江交界处的一个小村里。几天之后我们全部拨给了国民党第九十八师,我在该师的第五八七团卫生队任调补剂员军医。1943年又到兵站医院当军医,直到1949年上海解放时为止。

二、游击纵队的情况

游击纵队由中国工农红军来的,一个机枪连(没有机枪只是步枪,机枪连是原来的建制)里十多人,枪支数目和确实人数我不知道,原来红军那部分我也不知道。连长姓王,名字叫什么我不知道,大家都叫他王连长,他是河南人,大个子。政委徐策是红军第五师的师政委,并带来一个警卫员,姓名我也记不起了。参谋长是个本地人,大高个子,右手伤残,肘关节和手指瘫痪不能活动。宣传部长余泽鸿,组织部长是姓戴的,名字我忘记了,还有两个女干事,一个叫阚思颖,一个叫李桂英,还有两个供给干部,姓名也完全忘记掉了。他们当时年龄比较大,都在30岁以上了。另外还有我和一个姓李的卫生员,名字叫什么我也忘记了,他参加游击队不久后,要求参加便衣侦察班,在一次攻打地主碉堡时,光荣地牺牲了。以上共有60多人,都是由中央红军派来的。

原川南游击队的人,有王逸涛本人和他的便衣侦察班。这个侦察班全是他的亲戚,都是他的亲兄弟、堂兄弟、侄子和妻舅,而且全是用短枪。全班有八九个人,班长是王逸民,是王逸涛的亲弟弟,王逸涛是叙永县黄坭嘴人,关于王逸涛的其他的情况我就不知道了。

原来有王逸涛带的一个连,听说这个连是四川部队哗变出来的,也是60多人,有步枪,确实数目我不知道,但绝大部分是有枪的。连长姓杨,是个土匪出身的鸦片鬼,他的兵大部分都会抽大烟,听王逸涛说这个连与王逸涛先前约定,这个连只有姓杨的连长带领,不准派人到他连里去担任副干部,连当兵的不是本地人也不能要,当时成立时有150人左右。游击队就是由这两部分的人所组成的。

以上我所知道游击队的人员,自从我脱离游击队以后,都没有颜面再通讯了,皆不知道他们现在的情况了,有无零星个别人参加游击队我就不知道了。

一二个月以后,另一支游击队由刘复初带领的20多人,又和我们会合。刘复初带来的还有一个医生叫张连弼,刘复初带来的人,也拨到机枪连里去。刘复初还在司令部里当参谋(但是作战参谋还是侦察参谋我不知道,可能这两项工作他都担任)。

以后游击队有没有扩充人员,或者有个别农民参加的,那我就不知道了。

当我在重庆"感化收容所",偶然在一份反动派的报纸上看到有一则信息说:刘复初又带领游击队数十人在叙永地区活动,我仅仅只看过这个消息,确实时间我记不起了,应当在1935年底和1936年初春。

三、从建立到结束,什么阶段,每个阶段机构设置的人员编制,各部各队的负责人姓名,他们的政治面貌,现在何处作〔做〕何事?

初期建立时,番号是"川滇黔三省游击队第一纵队"。

设司令部。司令员王逸涛,政治面貌我不知道,政委徐策,中共党员(后来在一次战斗中光荣牺牲了)。继任的是余泽鸿,中国共产党〈党〉员。参谋长姓名我忘记了,是否党员我不太清楚,他也光荣牺牲了(据敌人说的)。政治部主任先是余泽鸿,后任政委,以后没有听说是什么人负责。政治部有两个干事,阚思颖,她说她和李桂洪〔英〕都在重庆反省院,也快回家了,她俩都是四川人,但不知详细地址,都是党员。在1937年秋,我也由"感化收容所"里出来,在重庆的大街上遇见阚思颖。政治部后来又加设了一个没收委员会,由供给委员负责,姓名我忘记了,政治面貌我也记不清楚。后来由刘复初和我们会合,带来一个医生张连弼,由此调我们到没收委员会帮助工作,一直到我离开司令部为止。司令部下设一个供给室,有二位供给员,姓名和政治面貌我忘记了。一位年龄较长,三十几岁,爱拉胡琴,身上带着一把胡琴;另一位年龄够 30 岁,他们两人听口音,均像湖南人的口音。和一个医务室,先期是我和一个姓李的卫生员,名叫什么忘记了,是共青团员,到游击队不久,他向组织要求到便衣侦察班当战士,后来在一次攻打地主碉堡时光荣牺牲了。后来刘复初带的游击队和我们会合后,医务室的工作由张连弼负责,他是江西吉水人,也是共产党员。

组织部部长姓戴的(名字我记不清,李桂洪[英]的爱人)在后来一次遭遇战中为了掩护游击队光荣牺牲了。宣传部部长是余泽鸿兼,后来余泽鸿担任政委,没有公布别人继任。司令部有个便衣侦察班,大约七八人,班长是王逸民,政治面貌弄不清楚,全班是王逸涛的亲信。

司令部下设两个连,一个是中央红军来的机枪连,连长姓王(名字我不知道),因为我们从来没有叫他的名字,都叫他王连长,是否中共党员不知道,没有指导员,有几个排几个班,我也不知道。另一个连王逸涛兄弟的连,连长姓杨,姓名我不知道,听人说他是从四川军队拖出来的一个连。他本人是个土匪出身,会抽大烟,他们连里,有几个排、班,我们不知道。

为什么我连红军来的人员,他们的政治面貌我都不知道呢? 因为到游击队后,从没有开过支部大会,我们只开过一次党小组的生活会,我们小组只有四人,阚思颖是组长,李桂洪[英]和我及卫生员小李。以上我所知道的队员,从我分别后,均不知道他们的情况,也无信息来往。后期王逸涛叛变后,他那个连单独分开,脱离我们,徐策就决定化整为零,将机枪连分为二部分,一部分仍归王连长,我也到王连长那里当医生;一部分人数多些,归司令部带领。

四、主要活动地区、采取什么方法、活动的内容

那时游击队主要活动的地区,是四川省叙永县、古宋县、兴文县这一广大山区为主要活动地区,尤其光山乡、天门山乡,这附近山区活动的最多。初期活动也扩大到筠连县、珙县、长宁县等地区。有时四川情况紧张,也到云南、贵州边区活动几天,但属于什么县乡我就不知道了。采取什么方法:在情况许可下,司令部先派便衣侦察员了解敌人的情况后,来个突然袭击。如初期,游击队攻取珙县叙蓬溪民团和警察局的派出所时,就是用这种方法。我们由山区直接进入离叙蓬溪 30多里的余泽鸿的家里,住宿一夜,封锁消息,第二天正逢叙蓬溪街期,便衣侦察班化装成赶集的老百姓,突然进入民团,将门口士兵打死。枪声一响,游击队立即突然袭击,缴了敌人八十几支步枪和弹药,还筹了一部分钱款,下午安全地返回山

区。这是游击队最大的一次胜利,打得敌人惊慌失措。其次也是事前进行调查,侦察,对反动乡长,大绅粮户(地主)没有什么武装或仅有一二支枪,没有碉堡的反动乡长、地主,游击队半夜分兵到达他们的住地附近集结好,派便衣侦察班突然袭击,缴了他们的武器弹药,并将反动乡长的经费,作为向贫雇农购买粮食或购买子弹等用费。还有一种就是在行军途中,如地主已逃掉就没收其粮仓,除自给一部分外,也发动附近贫雇农来挑粮食吃。但是大部分贫雇农又不敢来,怕地主报复。同时我们也贴出没收财物的布告,用游击队政治部的名义,对顽固的反动区乡长和坏地主,游击队也杀过一个(就是定光山的大乡长),杀后又贴出布告,证明他是罪恶事实。对情况许可,有把握可以攻下的地主碉堡,我们围攻过。我记得围攻过 2 次地主的碉堡,都被游击队攻取了。

以上所采取的活动方法和内容,都是经过周密的调查和了解,有领导上研究妥当后作出的。活动前政委都作简明的报告,大部分游击队全体人员都知道。对于偶然遇到的遭遇战,我们大多数是迅速地动作,边走边打,脱离敌人,我们游击队很少和敌人作正面的时间较长的战斗。从游击队成立到我脱离约 2 年的时间,游击队还没有遭受很大的挫折。当时我们不敢和敌人作正面的较长时间的战斗,重要原因就是游击队弹药太缺乏,伤病员无处安置,这是从我们政委讲话中知道的。

当时游击队主要打击的敌人是地主武装、反动的乡长、联保主任等最反动的人物。对于游击队活动地区的所谓"袍哥"部队(即土匪),只要他们不犯我,游击队从来不动他们,与他们讲协作。涉及一些地主武装中比较保守的自卫团、民团之类,他们有坚固的碉堡,对游击队不紧追,游击队也不去惊动他们。总的一句话,当时打击对象是农村里、山区里最反动的以及人数较少有把握完全取得胜利的乡长、联保主任的机构和少数地主武装,很少动过保长。对于当地的土匪武装,游击队从来不打扰他们,如游击队对于"山防大队"(也是一种土匪队)从来不和他们发生冲突。如果我们要经过他们的寨子、洞子,游击队的前头得先派人喊话。如:"喂,我们是红军游击队,是借路过的,请不要误会,不要打枪"等。

1970 年 5 月 27 日

补充说明一下,游击队没有设立卫生部,我也没有当过部长,游击队里没有设立什么"伤病连",我更没有当过连长。我被抓捕后,我所知道的就是张连弼和反省院的阚思颖和李桂洪〔英〕,其余的人我不知道。

关于游击队伤病员的治疗和安置,也是不随游击队行动的,都由司令部研究,派便衣侦察员给部分粮食和必须〔需〕的药品,安置到可靠的贫雇农家里或山洞里。但后来药品缺乏,他们连里安置的病员、伤员我也不知道了。

张晋卿(印)

1970 年 5 月 28 日

(录自云南省昭通市威信县委党史研究室档案,全宗号 1,目录号 18,案卷号 53,第 56 页)

# 我参加川南游击队所知道的情况

廖近和①

在甲戌年（1934年），黄坭田中地带，王逸涛组织赤卫队，曾与杨登高有过联系，拉联过杨登高。后红军长征路过该地，留了四五百红军人员，六七百条枪。红军留了徐策为政委，王逸涛为指挥（人家叫他王指挥），杨永安任参谋。下分3个大队，第一大队长董玉清，第三大队长杨登高，另外还有第五大队，第一、第五大队的人员大部分是红军。第三大队下有3个排，由红军人员担任排长，任班长的有杨正（凤阳）、杨明忠（凤阳）、黄树清（凤阳）、魏占洲（此人是四川猫坝的人，出游击队后，病死于凤阳长义，丙子年）、张友为（此人后住凤阳横路上，后同杨登高投赵礼隆部下，听说死于天蓬寨板栗湾），任班长的有我。我就是挨部队站香，那时没有钟点，站岗的时间就以香燃起来计。杨登高有七八十人，但直接参加游击队的只有四五十人。红军加有两个排的人员在里头，有一百二三十人。

游击队成立后不久，就在木厂打仗，后来又在洛表的马店坡跟李振武的人打。我们还到过长官司、三口塘、上罗、洛亥、石碑口、大石盘、朱家山这些地方。后来部队到树坪这边来，杨登高就带有三四个人出来了，我想大体是四五月间。

我是癸酉年（1933年）参加杨登高的，乙亥年（1935年）初集体加入川南游击队。木厂打过仗后，不久就离队出来仍挨杨登高至丙子年底（1936年11月），出来后投在陈正杰那里，后回家。

杨登高于丁丑年（1937年）初被打垮后，去天蓬寨投在赵礼隆部下，后由赵与田老七联系（田属兴文队伍头子），安排在兴文炭厂之杉槽座家。后就不知道了，只听说在下面打草鞋卖。

一同参加的人有：杨祥贵，高田黄连坝人，后挨高田陈科文拴枪，后参加杨登高进入游击队，又同出来抢人，杨被打垮后，又来投在陈科文那里，后来任伪队长，解放后镇压；张友为，原住凤阳还路上，一起参加杨登高进入游击队，出来又挨杨，

---

① 廖近和，男，汉族，家庭出身贫农，曾于1935年初参加川南游击队，至同年四五月份离队，曾任游击队副班长职务。

后投于天蓬寨赵礼隆部下,解放后病死,家里无人;张□□,张友为之弟,此人于木厂一仗牺牲了。

高田公社高田大队廖近和

1970 年 6 月 10 日

（录自云南省昭通市威信县县委党史研究室档案,全宗号 1,目录号 18,案卷号 56,第 7 页）

# 回忆参加游击纵队的情况

陶成坤

我叫陶成坤,男,55 岁,家庭贫农,本人农民,原籍高田公社凤阳大队大子反的人,59 年才搬来旧城公社,文兴大队,兴隆生产队住。

关于我参加王逸涛组织的游击队是这样的:时间是在大红军来的那一年(即 1935 年)的正月初三(1935 年 2 月 6 日——编者注)去在五龙山参加的。先是甘田子的陶少云我叔子于腊月二十(1 月 24 日)就等与我参加游击队。他说这次红军要来了,要来组织我们打土豪分田地,当时我说我连枪都没有用怎样去?他说用不着你去打,我们只能过去凑个人数。后来一听说红军来了,我们就集中在陶少云家中,有杨正、马香家五弟兄等七个人一路去。

到五龙山才中午,李天就点人数编队,我是杨正小队的人,陶少云我们都在一起的,当天人数编好后就发枪,我得一根井口枪(三八式),陶少云得一根格蚤笼(冲锋枪)。发枪后我们就住下来休息,有个红军领导和一个女学生来给我们讲话说:我们是远方来的红军,这次留下来帮助群众打土豪分田地,你们本地人要好好整,才能够分田地等。

随后第三天我们就在木厂被国民党军队来打,这次红军人死的多,杨登高的人也死一些。随后我们退到李家坝去,第二天又集中人才又走。我从金鹅池那边到炭厂那边转了一趟,回到天蓬寨又被民团打了一仗,我和陶少云离队,将我们的三支枪拿来投招在后山古成林乡长那里。时间从正月去到可能是 4 月初时节回来。回来后我就一直在后山参加劳动到解放。在我没有去之前我也是在大子反劳动,没有参加陶少云部去抢人。

至于我去□〈里〉头认得的人都死了,时间长也记不起了,活的是个廖老甩,现在石嘴口住,叫什么名字我确实不知道。杨正后来打死在县城,张吉□(子高)坟坝人,有河条的黄木匠我也认不得名字,熊兴发黄□马安山人,木厂一仗死的。有个壮怀清员兵,他是个小队长,后来我不知道其下落。马安山还有杨裁缝。人员倒多可是我认得不多,加上时间长了,我更回忆不起来了。

至于我们离队是陶少云叫我回来的,除了我背有三支枪回来外,其余的东西都没有带。

我们出来后没有人过问过我们,只是王逸涛又来打后山打死四个人,平常杨登高带信来叫我们还他们的枪,后来没问了。到刘复初领导时,他们又来过后山一次没有打后山,还在那里住了一晚上才走,可是因我们怕就跑出去了,详细的情况我们就不清楚了。

至于打死古成林所部是杨登高打死的,那次我没有去,详细的过程我不知道。

交待人陶成坤

在场的本队民兵排长杨世和

组长王荣华

陈之忠

（录自云南威信县委党史研究室档案,全宗号 1,目录号 18,案卷号 55,第 21 页）

# 川南游击队的点滴情况

张友俊

原川南游击队总指挥王逸涛,于1934年回乡搞地下党工作,在我们地区联络了苏去全、杜德舟等人,1935年正月初二凌晨,杜、苏二人通知我去参加游击队大会,结果碰到了红军,杜、苏二人给我说:谁问你是什么人,你就说是王指挥的人。

到了新安木厂,我们得到通知叫我们回家去安排住所的红军战士,这样我就回了家,王指挥我没有见到。

正月初二晚,大队红军干部在五龙山开会,宣布王逸涛为川南游击队总指挥,并拨了一个营的红军充实游击队,此会我没参加情况不详。

游击队成立后没有固定总部,活动地点比较分散,田中、后寨、六色等地是游击队经常活动的地方。

乙亥年(1935年)二月间游击队在新安和川军周营长队伍接上了火,战斗打得非常激烈,大约打了8个小时。游击队因粮食和弹药供应不上等原因,被迫由原木岭(五龙一队)过高七岭撤出战斗。几天后游击队又重新聚拢。

我们那个小队的队长名叫苏去全(后叛变镇压)。

调查走访游击队员。

提供情况人:两河田中王龙二队富农张友俊,讲川南游击队的情况

调查人:田中五龙小学教师雷文鼎

整理人:马敬堂

1976年12月17日

(录自叙永县馆藏中共叙永县委党史工作委员会档案,全宗号307,目录号1,1976年,案卷号3,第233~234页)

# 关于川南游击队的点滴情况

陈永清

陈永清(70岁,先锋大队贫农,原游击队队员)回忆:

我是由王逸涛的哥哥焦丙清介绍参加游击队的。我在游击队的时间非常短。我记得,乙亥年(1935年)到木厂住了几天,领到一支枪,我的队长姓阮,他是树坪人,队伍曾到黑家岩住两夜,后寨住两夜,刘家沟住几夜,田中现罗朝汉家住几夜,后来在木厂住两夜。那天我和焦丙清请假回家探望,第二天发生木厂一战,大队长梁亚伯牺牲。

我记得游击队有100多人,在行军途中吃的粮食全是在绅粮家搞的。

乙亥年(1935年)腊月间,王逸涛已叛变革命,罗海州沦落为土匪,在地方上乱抢人,原云南的土匪杨登高在瓦厂借故将罗海州队伍的枪全部提走(缴去),在缴枪前罗海州还办了一桌酒席招待杨登高。

马敬堂记录

1976年12月17日

(录自叙永县馆藏中共叙永县委党史工作委员会档案,全宗号307,目录号1,1976年,案卷号3,第225~226页)

# 谈我参加红军游击队情况

王树清

我名王树清,现年74岁,贫农成分,乙亥年(1935年)二月徐光足板某某某(水沪坝大桥住,已死)、万岑武(红硐场人,已死)〈与〉我等三人同两个红军(当地人,不知姓名)一路上红硐场林家祠堂参加红军。当时到林家祠堂这两个红军对我们讲,把敌人消灭后每人要分三间房子、几分地、缴获的东西要归公,并给我们规定了联络的信号,并叫我们下来多邀约点人,来信通知我们就去。

同年五月,我们邀约了苟海云(古佛台生产队住)、张名安(已死)、刘海(已死)、黄长发(已死)、黄少云(沱田生产队)、黄云成(已死)、黄树清(庙子介人,是个砂匠)、王炳章(已死)、万岑武(红硐场街上人,抢人被打死)、曾操海(红硐乡下人)等十多人,还有几人记不起名字了。

五月初七(6月7日)在建武六寨参加红军,编在新兵连。在新兵连几天后就分到队里。新兵连是才参加红军的人。有时都有一二百人,连长人很行,自己编写演唱材料。当时红军司令部周某某(政委),余泽鸿负责,司令部内分三个小队,一个叫特务队,有20多个人负责管理贵重物资、保卫首长;二是机密队,负责管看土豪审讯土豪,有十多个人;三是腥归队,负责司令部周围执勤。

另外,司令部下分五个大队,每个大队有六七个班,每班有十三四个人,由新兵连调五大队,五大队住20天左右调三大队,在三队住20天左右调腥归队。我在腥归队住得久些。同年七月初十我离开红军,回来收庄稼。回来我就一直未去了。苟海云、黄树清二人是七月二十几头回家的。回来后他们也未去。黄少云在红军内住几天拿东西回来住几天又去,黄炳成因随时在红军里拿东西走,最后被枪决了。

我们在云南和四川界的镇雄、威信、威宁、叙永、兴文、珙县、高县等一带大山地区打游击,余泽鸿部队有六七百人。同年六月初头与贵州阮俊臣的部队合并打游击,阮有1000多人是贵州兵,好吃大烟,不愿打游击,最后分开把部队带走了。

在红军里的负责人除认识余、周二人外,还认识金璨两姐妹。她姐姐胆大,身材高大健壮,在长官司打仗在〔时〕她腿上和脚肚子上曾被枪穿了两个眼儿(已治疗好)。周政委在威信长官司一仗被枪打中胸部未死,后抬到罗布坳又一仗打伤腰部牺牲。我因不能经受艰苦战斗的生活习惯,才私自离队回来的。

同年八月,李品三由红硐场退红桥来,我在门前亲眼见红军在古佛台阻击李品三,还打落李品三很多东西。红军在街上住一天一宿,在五谷老坝头住一宿便走了。同年冬月间,余泽鸿带领 17 个人,在我兄弟王树山家中住了几天,我却只认识三人,有余泽鸿、金璎两姐妹。我见余泽鸿同王焕章同坐一块板凳,对王焕章(王与余是郎舅,是亲堂的,已死)说:要转移地点到碗厂坡,那里要松得点,但要找人带路,这段路不熟。王焕章对杨绍云(抢人的,现在正在南门住,与东门当跟差,与差头许某某上门)说:这段路你熟。杨绍云说:这段路我倒熟,碗厂坡那段路我就不熟。最后,晚饭吃了黄昏时就一路动身走大车口过河,走凉风坳翻坡,到阿弥陀佛。回来我没再会过他。于戊寅(1937 年)四月二十几头,我在罗云华的烟馆内会见他,他对我讲他已安家了。

补充

一天下午,王焕章(已死)约我去耍,我说没有耍处。他说走去邓四兴(已死)处烟馆烧大烟,我们到烟馆里有杨绍云在烧烟。王焕章到了烟馆,余泽鸿才从我兄弟家里过来的,他们才拢起的。最后,我走到我兄弟家里,见余泽鸿的人住一间屋子里,我问我兄弟他们有多少人,他说只有 17 个人。我吃了盒烟就走了,回来天已快黑了。

另外,当时红军负责人叫徐、泽。徐不知道是谁,泽是余泽鸿。

五谷公社五谷大队联合生产队王树清口述

王德中笔录

1969 年 1 月 22 日

(录自中共江安县委党史研究室资料,分类号 A210,索取号 027)

# 回忆红军游击队革命活动

苟海云

我参加红军游击队的具体时间记不清了,只记得是红军打红桥那年栽完秧子之后,可能是农历四月间,由余泽鸿家的佃户曾三海在红硐场介绍我们五个人参加的。经过情况是:当时我们本地(现五谷大队)黄炳廷挑生姜、胆巴到云南地斑鸠沟去卖,碰到红军,红军给他宣传了革命道理,并约他参加游击队,黄讲:我可以回去约些人来参加。红军说:你们来顶瓜山一带,我们可以派人来接。临行时还给了黄一挑打土豪得来的东西。黄回来后,就邀约我们一些人参加红军,我们一同去的有本乡的王树清两弟兄、黄树青(我的老表,是个碗匠,现连天公社住家)、张明安(现本公社黄角垭住)和我。我们五人一起到了红硐场,当时长宁警备队主要盘问从顶瓜山过来的人,对江安这面过去的没有如何盘问。我们在茨竹坳(场口上)看到有十多个穿便衣、穿草鞋脚码的人,手里提着枪,当我们问清他们就是红军后,说明是黄炳廷约我们来参加红军的。他们叫我们一路到红硐场"川前锋"(是地主、乡队附父梁四华的住房)去住。当时门口警备队有两个卫兵,红军上去很快打死一个,另一个跑进去了,警备队一两排人从后门河边逃跑。红军也牺牲了一个,记得是埋在曾家祠的竹窝窝头,解放后兴文县政府还派人去清过。

把警卫队和乡公所的兵打跑以后,红军带我们五个人到曾家祠司令部,余泽鸿亲自找我们谈话,曾三海在一旁打硬担承,说我是他老表的邻居,过去就很熟悉,家里很穷,全家人都信得过,就这样,余泽鸿分配我同曾三海一起,在司令部做一些保管表册、笔墨、文书、现金等工作。其他四人分到各大队去了。

我入伍时,司令部有十多个人,下面分七个大队(有七个大队的名册),有五个大队是跟随余泽鸿的,一个大队由王逸涛领导,一个大队由刘复初领导。各个大队少的七八十人,多的百把人,总共有六七百人。余泽鸿这边的五个大队负责闹叙府一带,刘复初、王逸涛两个大队负责安宁府一带。我们司令部只有一个医官,两个女同志,那时只晓得余泽鸿是领导,叫司令员,刘复初、王逸涛是大队长。

在曾家祠住了一夜,我们就开到周家沟,打了一个土豪叫罗德修,把罗带起走,有二三十个穷人来给他讲情,余泽鸿对他们讲:要是真的他的罪恶不大,我们隔几天就放他;要是他是要花招请你们来保他的,只要罪恶大,非杀不可。后来我们去打罗兴渡场,足足走了一夜,天一亮就打下来了,红军搞的是打富济贫,当即拿了许多东西救济穷人。

在罗兴渡吃了早饭，就开珙县沐爱坡，我们走河边，山上的团丁向我们开枪，我们马上开了个会，铺山地给他冲上去，才把山上的团丁打跑了。

在沐爱坡住了一夜，也打了土豪，救济穷人，接着就开向高县的镇州场①，快到的时候，山上的团丁又〔刁〕倒我们打，我们没有还击，只是叫同志们走稀洒一点，这次我们牺牲了几个同志，到了镇州，街上很多人都跑了，我们一面拿些钱和物资救济穷人，一面到处贴上标语。写标语多数是余泽鸿写的，他两支〔只〕手同时写字，写得很快，内容都是宣传红军的好处，宣传红军打大户、杀贪官、保护穷人。（张树云插话：我们一参加红军，就讲三大纪律、八项注意，特别是不叫人骂人，不乱吃群众的东西，不拿群众一针一线，不估买估卖等）我们就是扯了群众一窝菜，也要放一个钱在窝窝头。（张树云插话：红军买东西不讲价钱，要多少就给多少，特别是不准随便闯进群众屋子里去，因为人家有男男女女的）红军走了，还要把住房打扫干净。

我们离开镇州场后，听到后面的枪还在打，一清点发现有两个班在后面被包围了，才又掉转头去把这两个班接出来。这次我们走了两三天才到高县的水通坝，这个地方离隔高县、珙县的县城都比较远，我们在这里演了几场文艺戏，实际上搞宣传。（张树云插话：我们那时也演文明戏，演的有土豪，有富农，有中农贫农，实际上启发群众的阶级觉悟。）我们有天去赶杂戍的棉布埂场，捉住了两个侦探，最后把他俩处死了。

隔几天，我们开大雪山进云南，队伍正在一块大地上开会，突然一些团丁在山上开枪，列子里当场倒下几个同志。我们赶快散开，分三条埂子冲上去，到了半山腰，上面有云南军队刁倒打，我们一时打不上去，司令部就下令杀了随带的恶霸地主余傻包猪等两人，向云南军队喊话说：你们再打，捉到时就照这两个办。有的敌军看到吓倒了，枪声才松一点，我们就乘机冲了上去，到大雪山坳口上发现有三堆很大的火，原来是敌军听说红军要来了，安排许多人白天黑夜在这里守住，不准进云南。我们开到老母坎，打了一家厘金（收刮厘金税的头头），把他的账簿、契约都抱来烧了。我们在云南庙沟场休息了一夜，第二天进斑鸠沟又同团丁打了一下（每次打仗，差不多都有同志牺牲，我们回忆起来很沉痛），在这里只休息半天。在

① 似应为镇舟镇，今属筠连县。

开杂戍的半路上,为了区别对待,在把随带的土豪罗德修、林大邦释放前,杀了一个顽固不化的土豪,同时对他俩说:你们回去要好好对待穷人,否则,两天再捉你们就照这个家伙一样办。临行前还发了六个毫子给他俩作路费。

我们打扎西县城,是便衣队十多个人先混进去,很快就拿下了,没有伤亡。我们在城里宣传了半天,部队开走以后,又发现有两班人还在扎西一个碉楼里,被追来的敌军围倒打,我们又转去打接应才接出来的。到了朱家山,是苗族一个荒山,下面有个人户的碉楼,向我们开了几枪,我们马上派几班人围倒这个碉楼打。一直打不进去,就放火烧了这个碉楼,有两个团丁被烟呛得没法跳楼跌伤了。

在朱家山我们休息了好几天,这里距周围场镇比较远,我们没有吃的,就把一个孤老者家存放的十来担谷子拿来吃了,被领导发觉了,赶紧叫我们去打了一个土豪的粮食,挑起来去还这个孤老者,他非常感动,我们也作了检讨。

在朱家山,司令部开了7个大队的领导人会议,强调了一定按红军政策办事,布置刘复初他们两个大队仍然去闹永宁,这面5个大队驻长官司(扎宿营)。

到长官司,天气很热,大约是农历七月底或八月初,有天晚上司令部叫我们红桥的几个人去开会,主要研究如何打红桥,问了我们红桥的地形、街上的情况、团练局驻地等,商量结果,准备走桔子岭下坡,过坝翻梅竹鸡到麻柳坝,再到对角垭,然后分四路进场:一路走五阁老雷滩,一路走小山梁子,一路走庙坪上,一路走马君槽梁子占土寨子。(后来打红桥,基本上是按照这个方案打的)

我们从长官司开走时,红山顶寨有敌人防守,对门山上是我们的警戒,别人看到我们一撤,就开枪乱打,我们反击过去,敌人就躲进寨子里。我们几次都冲不上去,一下死伤了好几位同志,司令部一位女同志就是在这里受伤牺牲的。这次我们吃亏比较大。后来退过河,去打扎西罗卜垭场(也称罗布坳——编者注)。等我们一进场刚安上警戒,不料驻扎西的省军一两连人打来了,我们还没吃饭就打响了,在场口上当即打死我们好几位同志,我们都得〔是〕冒着炮火跑了出来的。这次我们又吃了亏。后来找老百姓带路。到了簸火休息一下,就朝洛亥的三口塘开,到时已经天亮,又打了两个厘金,处死了他们。后来从好坝退巡检司,这一天一夜我们走了100多里。我们有个侦察员在这里被俘,被别人弄来吊"半边猪",听说红军来了,就把侦察员枪杀了,我们赶去时,血还在长滴,是托群众安埋的。到巡检司天已黑了,听到枪声不断,我们赶快吃了饭从背后爬坡到小洛瓦(是高县的盖县绅粮,有一二十人的保卫队),看到两道朝门都架有牛儿炮,一枪没发就吓跑了。这次有两个炊事员私拿了十个银子没有交公,被揭发出来受到了当众批评教育。

后来向高县开,地点记不起了,有两三天时间,通过烂坝口才又朝朱家山、扎西等地开。记得这个时候,永宁府管的一位侯乡长,是刘复初他们两个大队抓起来的,群众反映他还不十分坏,是个吃粮不管事的乡长,后来他拿了800元大洋取保出去,我们每个大队发了100元,剩下的100元交给曾三海和我管,供司令部用。

我们在朱家山休息了两三天,得到一个消息:永宁敌军来了7个团,云南省军已抵了扎西(分别只有八九十里和四五十里),叫喊要来解决我们这支队伍。我们准备退贵州、石厢子,发现川军、滇军已经快打拢了,在河边上看到没有船,只好找老百姓扎筏子过河。这时我因为肚子泻了好几天,不大走得动,就向司令部报告,才安排我去姓张的农民家住,分别给我和姓张的五块钱,并且讲:今后生活费由我们红军回来结算,我在这家住了十来天,病渐渐好了,没有见红军回来,我才隐姓埋名跟着几个木匠回到永宁,才又慢慢转回到家的,回来还不敢在家里住,跑到桃坪大山地我的堂兄弟家躲了一段时间。

我从参加红军到离开队伍,大约100来天,确实是比较艰苦的,就是走路也走了很长的路。我们到部队时听说毛主席要打出川,留守余泽鸿等同志来闹四川,确实是达到了拖住四川敌人,便利红军北上的目的。红军游击队这段历史,值得我们后辈人牢牢记住。

原红军游击队战士、江安县五谷公社龙君大队古佛生产队81岁老人苟海云口述

邹家盛记录整理

1984年3月17日

(录自苟海云同志在四川江安县委党史办召开的回忆红军游击队革命活动的座谈会上的发言。原件存中共江安县委党史研究室,资料分类号A210,索取号006)

# 苟海云谈王炳章的牺牲

王炳章是和我一起在长宁梅硐参加余泽鸿的红军游击纵队的。我留司令部，他编下连队。

打熊见寺（四川高县地域）的前一天我都见过他，还摆谈了一阵子。那天晚上部队同敌人打了一夜，天没亮开小洛瓦。以后就再没见过他。他很可能就是这一仗被打死的。

后来我离队回家，亲自到他家院子头看望，和他爱人王谢氏摆谈这件事。

易佑康记录整理

1984 年 11 月

（四川省泸州市江安县县委党史工作委员会提供）

## 参加红军游击纵队在通讯班当战士的经过

黄少林

参加游击队后,我是编在司令部通讯班里,在木厂住几天,又开到树坪刘家沟住了四五天。徐策从分水带3个连和一个干部队来参加游击队,干部队有几十个人,这些人与游击队编为6个大队。部队从刘家沟开到大田坝,在大田坝编的,第一大队长董玉清(江西人,红军),第三大队长杨登高(云南凤阳人)、副大队长杨永安(杨登高之弟),第四大队长梁亚伯(泸县人,在木厂一仗牺牲,梁是红军来以前就来游击队的)、副大队长罗海周(田中六包人),第五大队长黄虎山(江西老红军,原来的连长)。还有一个大队是伤病员,七八十人,隐蔽养伤。其余每个大队有100人左右,连伙子100多人。

另外有司令部,司令员王逸涛,政委徐策,参谋长刘干臣(江西来的红军,右手是爪的,用左手写字,听说在江安作战时牺牲了),宣传部部长余泽鸿(长宁人,老红军,听说在江安牺牲)。特务连长姓肖(江西来的红军,在木厂受伤,被敌军俘去,养好伤送回老家去了)。司令部有警卫班10多人。

编队以后,又开到五龙山。红军发枪时,王逸涛在五龙山、石道圈领了一部分。在树坪徐策带来的人挑来了100多挑,估计好坏有七八百条枪。

区干部梁麻子、熊海全等人反了,将戴元昌、黄子能2人抓捕,把2人放在后寨的两挺机关枪、8支手枪,交与赵平舟乡长。

第六大队伤病员,是杨登高安置在三口锅的一个岩洞里,被丁云魁的团防找到。由于梁麻子等七八人出卖,在戴元昌被杀的同时,其余被抓送叙永。

黄少林口述

走访人:尹崇仁、雷吉常

时间:1970年5月13日

地点:四川省叙永县田中公社所在地

(录自云南威信县委党史征集研究室编《威信春晖》,1993年印行,第390~391页)

# 游击队张委员讲要打土豪分田地

## 雷吉金

游击队于正月十七(1935年2月20日)从李家沟抓了张华清(乡队长)杀于黄连坝后,相隔10天又折回来,恰是正月二十七(3月2日)。当天留下一个担任队长的,此人有的说姓阮,还有个委员姓张,我们叫他张委员,来到上路榜湾头,就与杨联海、钱富洲等人取得联系,由杨联海调人开会,串联有三四十人,后来有六七十人,委任有杨联海为大队长,钱富洲为小队长,钱焕章为土地委员。张委员讲,要打土豪分田地……

雷吉金口述(节录)

走访人:雷吉常

1970年6月16日

(录自云南威信县委党史征集研究室编《威信春晖》,1993年印行,第391～392页)

## 金树清谈参加红军游击队的情况

我名金树清,今年70岁,本人贫民,我是1935年农历三月初十(4月12日——编者注)参加余泽鸿的红军部队。我是1935年农历三月初十赶场到大坝市,就碰到红军。他们是在遵义开了会,就经过雨林才来大坝市,我是听到部队的人说的。红军又给我说:我们红军不打人、不杀人。打的是官僚地主,杀的也是官僚地主。最后红军就喊我给他们带路,走大坝一起,到五村、炭厂、洛表等地。

因那段时间雪下得很大,又经不住冷。红军里面有个人给我说,这里面的一支部队是余泽鸿的,这部队是分在南六县打游击的。你现在回去,国民党军很凶,又要弄你去挑担子,你怕挑不起。你去找这个红军部队。当时就给我说了一个原则,我们的部队不像国民党军那样,国民党军喊的先生、军士,而我们红军的部队不是这样喊的,喊是喊同志,就会得到。你在南六县这个地方去找。

我从上面下来在拖岗槽找到红军。我就在邓大队长这个大队,大队长叫邓树云,是江西人(已死)。我参加这个队是第二大队。1个大队管3个分队。(小)黄某某第二小队队长,在炭厂顶爪山住(已死),第一小队队长舒某某,我就在第三小队。牟春照就是我们的班长,是红桥人(已死),李俊是新田坎人(已死),胡跃先,新田坎人(已死),严玉屏的兄弟严老么在庙屏上(已死),雷少成,是古宋三关店人(已死),张子超在黄角坝,劳改回家(五谷公社),赵老三是红硐场(已死),赵老师(已死),这两人都记不得名字,我们小队长〈是〉张绍云。

当时红军打过观音塘、洛表、筠连、长官司,总的就在四川、云南的交界处搞游击活动。余泽鸿带红军在红桥来的第一次我没有到红桥来,但我还是知道。(乙亥年)1935年8月间,部队是分成几支的,我没来。我们是有任务,我们部队就守在八万山罗学担任守路的责任,是有国民党军来我们就截倒打。

第二次余泽鸿来红桥,大约有150人。我们都是从顶爪山下来,找杨叔端的队伍联系,下来时,杨叔端已经招降给李品山,我们部队是住在黑洞坝、刘子章的房子。有的住在坡上,有的住在房子头。因杨叔端已投降,周思和也在杨的那头,也就跟到叛变了。刘复初和余泽鸿都是住这房子头,那时我也在这里负责站岗,在第二军军长李品山和黄瑞清他们带起队伍来打余泽鸿,他们是从黄角嘴下坡来,就在黄角嘴吃了烟,黄瑞清就说去找红军,有的敌军就说怕走了,后就没有去找。李品山、黄瑞清把队伍带上来了。他们走后余泽鸿和刘复初商量说队伍要分小,这样的影子没有那么大,已至就分成三支。

刘复初一支他们过洛表,我们这支就过界牌,这支就是张绍荣负责。余泽鸿一支就走筠连。分成三支后也就没有汇合队伍了。我们这个队在界牌住五天,又转在炭厂的海子头住一天,又转在水泉坡二菜岸住三天,又在教场过来罗学坎底下楠竹林湾的大后房头住了三天,又在梅硐场的上吉子里住一天。黄队长的人就拖起走了,只有张绍荣在负责。这样人就不多了。因上面很冷就下来,在红桥麻地坳住两天,住在张子超的房子。张绍云说现在"清乡"也凶,人些〔们〕出去也不来,把人拖起影子大,这样给他一路的人把枪收拢起来,人就四方散。枪收起来就放在王要中家,天气好了,开年把人些团拢起来,最后枪被杨叔端和周思和提去了。

张绍云说,余泽鸿放倒一个人,在周思和、杨叔端那队伍里面,叫红麻子。有个姓温的(都)是江西人。张说你们江西与江西人找周思和联系,就是不知道他俩与周是怎么说的?杨叔端和周思和及应树成都带有手枪。喊张绍荣吃酒,在五谷王松柏的店子头。酒也吃了,张就说,你们把午饭吃了才走,杨说你去弄饭吧,我们一下就来。张一走杨就跟随在他后面,杨叔端、周思和、应树成、红麻子、温某某,走到王要中家,张就招呼他们吃茶,茶吃了就喊张绍云拿枪给他看,杨叔端给过枪就打了两枪,杨就把张绍荣弄来捆起来,就喊他交枪。枪也交了,又喊交人,人到四方八面散去了,就把张绍荣捉到杆上,第二天就把他送到江安关边卡里面。

听到张绍云说周思和是红军的参谋长,他又是叛变了的,也就是投降国民党。张绍荣是分队长,是梅硐场吉子里的人,应树成是五谷人,是农君大队。金璲(已死)、金珊、金琦家在炭厂陈宛。这三姐妹是我的侄女、侄儿,是在余泽鸿部队,他们是亲戚,红军里金珊有手枪,她负责的宣传工作(金珊)。

刘复初,古宋县城头地名×××,家里是地主,是高中毕业,当过公安局的队长。刘复初是刘小石的孙孙。以前我在三光屯看到他查场。他又是红军的参谋,他现名刘复初,是在红军里面用的名字。余泽鸿喊他过,刘复初是亲耳听到的。在红军时被捕,是在云南的大雪山,是在老百姓家被捕,由洛表送到长宁,长宁送到兴文,兴文送到古宋,古宋送到雨林,雨林送到泸州,送到泸州就医病把病治好,就送到外乡去了。梁海云(已死)说的,因为他给刘复初一路的,丙子年 2 月①

---

① 丙子年为 1936 年。刘复初被捕是 1936 年 12 月 6 日。——编者注

被捕。

我最后散了,就在五谷给人拖煤炭。最后就到梁山,田海云找曾为舟,曾以前给田海云当过经理,我才依靠曾的关系进去的。在里面住了一年多,因生活不习惯才回家,就给井左拖煤炭,一直都在这个地方。

黄坭大队幸福生产队金树清口述

1969年1月21日龚绍明笔录

(录自中共江安县委党史研究室资料,分类号 A210,索取号 025)

# 我参加了川南游击队

### 张大尧

我是和罗吉云一起参加红军游击队的。我编入第一大队第三中队第七班。

打了朱家山,就去打洛表。有个乡长扎在那里,新兵和司令部在一个安全的湾湾头。调了一个大队去打。打下来后,乡长李正武跑了把他的妈抓来杀了。

转来在云南周家沟得到地主几匹马,没打仗。

到老保寨,又到洛表。

转来到簸箕坝。街儿凡召召的①,喊兄弟些落掏干净,休息四五天,帮老百姓草(犁)了几匹坡,老百姓欢喜完了。从这里开拔的时候,杀了一个逃兵副班长。又转到落卜,扩了人。

然后到黄坭嘴王逸涛去望家。在两河白秧打了一仗。

退转来扎大树宋家山。

到罗汉林,到云南邓家坪过夜。

转了几个地方到四川红硐场,得了几支枪,分盐仓。休息了两天。

到上罗,到建武城。冷淡了。休息一天。

到上罗每人分两吊钱。

本意到兴文,但得到消息那里拢了兵,到炭厂就没去了。

退转来到簸箕峡〔坝〕,提了几条枪。

转到一个地方,王逸涛讲话。兄弟些不听。

转到邓家坪,王逸涛逃跑。第二天到马家坝(云南),徐策政委讲话,讲王逸涛跑的问题,讲一天。

到云南郭家坟,打李乡长家,我们牺牲40多人。

第二天到古碑休息。

到木赖街(高县)干一仗,追我们几十里。

走镇州过,到水冲坝干了一仗。

转起走长安市到扎西,打一仗,九班长牺牲。

到分水习家坳,杀猪,没吃成又走。

---

① 四川话,意为垃圾遍地,也说脏兮兮的。

跟着河沟到分水岭,打散国民党一连人,捡了几条枪。

第二次拢朱家山,我就因病请假回家了。

第二年听说他们从贵州败到底塔,保长陈少云都捡到几条枪。又朝云南去了。

坛厂公社落卜二队老游击队员张大尧口述

(录自叙永县馆藏中共叙永县委党史工作委员会档案,全宗号307,目录号1,年度1976年,案卷号3,第114~117页)

# 关于川滇黔游击队的一些情况

### 张大尧

我叫张大尧，又名张少武，现年 59 岁，我是贫农出身。

1935 年的农历三月间，由于当时游击队员宣传队李桂洪〔英〕在洛甫这地方搞动员宣传，叫我进去当红军，打土豪分田地。总的我在了 4 个多月左右时间，我进去就到朱家山土碉头朱子宣的家，那次朱子宣是烧死在他的碉头。我们打朱家山后，由钨城这地方到长官司，后来分我们五大队和一大队的三分队去打郭家坟李家（土豪）团首，这次我们去 120 多人，因不注意，伤亡很大，未打下来，我们只剩 80 来人，没有打开。我记得此仗死的人知名的有张大志、张老二等二人。当时我们整个部队只有七八百人。

后来又回到朱家山。我们部队与毕节过来的游击队有四五百人会师后，有 1000 多人。会师后第二天因我身体不好，我才请假回家。当时形势是三省已经"会剿"开始了，我一路回家到路井，我带的几件衣服都被团丁抢了。我走后不几天部队就被川军在田坝头围打。

我在这段时间知道的一些事情：

当时的政委名叫徐策，是个外省人，老红军留下来的，他个人特色脸上是个毛胡子，是个中等个子，说话很温和。

司令员是王逸涛，黄坭嘴本地人。这个司令员跟我们走了一阵时间。大概是旧历五月端阳节后，我们部队开到罗布坳，他给我们讲话。当时队员有些都不听他讲，在下面闹起来。他在会上喊不听他讲的举手，也没人举手，他一开始讲，下面又闹起来，结果也讲不下去。从此地撤到邓家坪时，他突然就逃跑了。他跑后，部队又撤到马家坝进行整顿，政委徐策就讲话，叫我们不要学王逸涛，要革命到底，打土豪分田地。当时讲这些话时，我记得还把土豪巴登云牵到背到听不到的地方才讲。我是看守巴登云的；有时巴登云对我说：老表，如果他们要杀我，请你将我尸体收回去。

我还认得司令部的人有余泽鸿，是红硐场人。又有两个女的，一个叫李桂洪〔英〕，是年纪大点的那个，这个人很会说话，经常给我讲政策；一个姓阚的叫什么英，这个〈人〉爱说笑。宣传写标语都是她们搞，她们还在我们这里写有标语。

我在游击队时是编在一大队，队长姓刘，名字记不起，是江西人。我在一大队三中队,队长记不起名字了,还是外省。当时我是在七班,班长也是外省人,也记不起名了。我们大队是 3 个分队,9 个班,全大队 100 多人。

关于我们游击队与各地关系。我只知道朱家山有个朱,另外几个人记不起姓名了。打了朱子宣家后,游击队给了朱世昌很多东西,后来他还发洋财的。

我知道的人员只有本地的一些人:

和王逸涛一起进去的有王元德,进去时任职认不得,经常与我讲话,后与王逸涛一路叛变逃跑的,后来当反动派什么官我认不得,后来与王逸涛解放后一起被镇压。还有我们附近的一些人员。我们洛甫河这边的人员有:

张大志,坛厂洛甫人,此人在郭家坟阵亡;

张成云,坛厂洛甫人,同在郭家坟阵亡;

张思武,坛厂洛甫人,请假回家劳动,1962 年病死;

张老四,坛厂洛甫人,病后寄放簸箕坝被杀害;

郭小发,坛厂洛甫人,进去不久就回家病死了;

赵现海,坛厂摸啰人,此人被敌营长田福武杀害于洛甫;

赵海云,坛厂摸啰人,后来游击队垮了后,他都还在,又参加了抢人,到庚辰年被川军第三〇五师杀害于家中;

史志二,坛厂洛甫人,被田福武杀害于洛甫;

郑大兴,坛厂洛甫人,自动回家于 1969 年才病死(没有带枪回来);

罗洪顺,田坝苦竹队,后来回家劳动病死;

张大金,坛厂洛甫人,是罗布乡阵打散没有枪回家后劳动,1962 年病死;

张大标,坛厂洛甫人,是请假回家(伤员)后来 1962 年病死的。

还有坝上几人:

陈少江,坝上公社沙地沟人,也是请病假回家,1969 年腊月间也病死;

赵狗儿,坝上公社沙地沟人,他们后期进去情况不清,后来回家病死。

另外还有分水田坝公社的几人:

罗吉云,田坝苦竹队人,和我一起进去,到最后才回来,没有枪带回,现在田坝太平大队小组长,任过大队支书,是委员;

姜少林,田坝,海康彝人,现是田坝信用社主任;

姜天华,田坝,海康彝人,出来病我不知,现在农民。

另外我还听说最后的政委龙厚生在我们坛厂被杀害的一些情况。在大镇反中镇压胡泽宽地主时,他在刑场上自认是杀害龙厚生的凶手之一,杀害龙厚生的还有胡泽甫,也是地主,同于镇反中镇压。又有胡泽场(地主)劳改病死于叙永县劳改工厂里面。另外有同赵现海一起被田福武杀害的老红军二人不知姓名。

张大尧(曾任红军川滇黔游击队员)

1970 年 5 月 10 日

(录自威信县委党史研究室档案,全宗号 1,目录号 18,案卷号 54,第 34 页)

# 回忆参加红军游击纵队的情况

## 罗海全

罗海全，又名罗启华，现年55岁，原是四川省兴文县玉屏街人，现在建武区建武公社二大队万丰小队油房塆，家庭贫农，曾参加过川南游击队。他回忆如下：

我是乙亥年（1935年）三月间，川南游击队来到建武时参加游击队的。当时我家寄养着两个伤病员，一个叫罗树清（江西南昌县人），一个是钟昌兴（江西兴国人）。罗病好后，他要返回游击队，他劝我，我就同他一起去参加游击队了。

参加游击队后，我在第二大队第二中队第五班，第二大队长陈绍波（湖南人）在长官司牺牲，后是张树成任第二大队长（张是江西人，我被捕回来后，刘复初带队来建武时，张树成回来，我还见着，后不知下落）。第二大队指挥员王绍武（江西人）下落不明。罗树清原是第二大队战士，返第二大队后，仍是战士。

我在建武参加游击队后，五六月打过威信县城，未打进。后到朱家山打朱子宣家的碉。到七月间，我们到贵州去遇着薛岳部队，在冷山打了一仗，游击队伤亡十多人，其中罗树清负伤就寄养在冷山老百姓家，死了3个记不得名字。打冷山后，到九月间，在贵州的桐梓县背后，又和薛岳部队打一仗，游击队带伤两人，不知姓名。在七月间，在仁怀县背后遇到贵州的黔北游击队，三个大队，有四五百人，是陈宏和张凤光负责，就在仁怀县背后长杆山会合。会合后开到云南威信县长官司，遇着周化成的部队，在红山顶又打了一仗，时间是乙亥年（1935年）六月间，游击队伤亡100多人，当中黔北游击队政委张凤光牺牲，徐策政委负重伤，我们的部队看着攻不下去，后余泽鸿就喊撤退。部队把徐策抬起退到罗布坳宿营，要黑了，周化成部队赶到罗布坳又打了一仗，战斗中把徐策丢在罗布坳后，被周化成部队弄去打死了。后我们退到簸箕坝、朱家山，过贵州住了一段时间，后才转到建武来。当时听说李品三有两三百人，就开来打李品三，殊不知李品三换防调走，是穆银州在建武驻守。结果被穆银州几挺机枪扫射，游击队死了十一二个人，伤了几人。建武一仗后，退到玉秀公社大庙，至红硐场、安宁桥、红桥、下坝拉到贵州去。在贵州住了3月多，于乙亥年冬月在长杆山和薛岳部队打。当时我任三排长。第二大队长王树清（湖南人，不知下落）就叫我打前卫，要冲上山顶，被敌人手榴弹把我的耳朵炸伤。当晚，住在山下小街宿一夜，第二天部队未出发，敌军又追起来了。当天早晨下大雨，部队把我寄养在小街乡头王□□家，我们的部队走了。敌军追我们部队后，转来搜查，就把我们寄养当地的6人搜到，又捕了一些掉队伤病员来同我们一路，共30人，就把我们关在仁怀县（这些人是陆续送来关押的）。关了3个多月后送往贵阳。这时，是丙子年（1936年）三月，分别递解各地。在贵州关了70多天，我和何树清（建武玉秀乡人，现在）被送到泸县江安底蓬，在江安底蓬给我们的伪法警买菜弄饭吃，我就跑了。跑到我姐姐家，要一二十天才到家中，是丙子年五月间回来的。我回来后，听说余泽鸿已死了，游击队是由刘复初带起。我回家后两个月，刘复初带人来打建武，我去游击队耍过，没有参加进去。只是刘复初与我说我是本地人熟悉，叫我给当地老百姓宣传政策，到后两个月时间（丙子年九十月），刘复初来捉乡长向尚明（已镇压），在建武驻过后，就一直未来此地了……

我在部队时，刘复初任参谋长，那时是8个大队，即川南的5个大队，黔北的3个大队，大队以下有排、班。一大队长刘干臣，指挥员李永和（女的）；二大队长陈少清，后是张树成，指挥员王绍武，其他大队干部我记不得。七大队像是刘复初，金璲像是七大队长，还有金珊、金琪参加，其余参加的人还有：关有清（建武人，在洛表打王正武牺牲）、王安成（建武人，离队后转来病死）、胡紫键是二大队长（离队后在石碑匪首罗云清碉子在〔干〕过，后不明），罗绍云（珙县罗星硐人，不知在否），曾世云、唐兴元也是在此地（罗星硐）人，不知在否。袁明安又名袁子周，是兴文县曹营公社高寨人，解放来未见过面；李绍清，江安县红桥场口人，不知在否；罗定国，江安红桥人，在游击队半年，打红桥时回家，已死了；杨瑞清，江西兴国县人，不知下落；王永成，江西瑞金县人，不明；王树成，江西瑞金县人，不明；周思和是我们三大队的指挥员；金仲林，三官店人，也参加过游击队，另外红桥有个杨世宽，不知参加过没有。

同我在仁怀被捕，从贵阳县递解的人有：宋吉元（湖南湘潭人）、陈××（威信城里人）、王绍成（威信三口塘人，听说死了）、何绍武（江西人）、陈树云（兴文洛柏林人）、何绍云（建武区玉秀公社人，此人递解至底蓬，见我跑了他也逃跑）、金树成（兴文三关店人）、还有何树清（玉秀公社人，可能现在）等30余人，从贵州解押各地。

红军留落人员有：倪发州，此人同我在建武住过，安了家回湖南去了。

游击队的名称,参加时是川南游击队,后改为川滇黔游击队。离队回家来的,挨〔给〕本地伪乡长盘坤德、向尚明、张资进等背过枪,每年的冬天扎冬防,去栓〔拴〕枪三个冬,其他就是搞生产做生意,没做过啥子了。

交代人罗海全(手印)

1970 年 12 月 16 日于建武招待所

(录自威信县委党史研究室档案,全宗号 1,目录号 18,案卷号 54,第 53 页)

# 我是川南游击队队员

## 罗吉云

我是大红军来的第二年①3月参加的。我当时在帮人,给桐子湾大地主张成武点包谷。红军来了,问我干啥子的,说:"小鬼,咋个还在帮人啰,来参加红军,以后这些瓦房分给你住,分田分地。"我就参加了。在这里休息了两天,扎在庙子头。把我交给新兵排长。后来过了两个月在建武才分进作战部队,在一大队三中队九班。

一个大队3个中队,一个中队3个班。当时是5个大队。后来编上了7个大队,改称支队,共7个支队。每大队120人。

先打朱家山。朱子宣有两座碉,我们过路,他放枪,打招呼不听,还打伤我们一个人。我们就住下来,拆两个拦圈就把碉给他烧了,人满烧死在碉头。活捉巴乡长。

然后朝洛表洛窖那头走,到王场,上罗,周家沟,石碑,建武。转来转去就为收寻国民党的枪。簸箕峡提了乡公所的枪,是半夜去的。

洛表李振武当乡长,老百姓呻唤得很。他又自充保商队,来往小贩都要请他来保,不请他就要抢。我们转来转去把他打跑了。

转到扎西,又到分水。分水有国民党一连人,但跑散了些,还剩一个排了。我们去时他们正在场头上点兵,一打就散了。

长官司和侯之担打一仗,在龙凤寺后头那个梁子上打的。当时我们一大队住龙凤寺,炊事员拿饭来,才吃一碗,排兵哨枪响,我们还说你几个团花不要妖言,等老子饭吃了来收拾你。听到枪越响越凶,机枪响得很,才晓得不寻常。五大队两个中队,一大队一个中队,冲上去就被包围了。遭着敌人的手榴弹、机枪,3个中队都没回来。我们突围出来,罗布坳过河又打了一仗,湾湾头挨打,牺牲30多人。到簸箕坝点兵,指导员龙厚生说差三百几,说着就掉泪,大家都掉泪了。

簸箕坝都是些穷人,没有地主。以前我们在这里给老乡〈点〉过包谷,扫过街道。在这是休息有人给我们通风报信。

过后我们到水通坝,爬上雪山,到威信时九班长牺牲了,部队开到分水休息。

---

① 从内容看,罗吉云参加游击队是王逸涛逃跑这一年,即1935年。

到树坪时，王逸涛逃跑，当时是农历七月，我们给老百姓买毛豆角吃。王逸涛的参谋长周大山也去了，去了12人。我们在斑鸠沟改编了队伍，才把黔北游击队、川南游击队合编起来。并且轻装，每人只带两件衣服。

过洛表洛窖，打筠连，从此滇军跟着我们追。

过大小罗湾、三口塘，到云南刘长坝。在刘长坝打了一仗，我们受伤几个。然后连续走7天7夜，经由黄水河，拖船到叙蓬溪。在叙蓬溪提了国民党七八十条枪。我们的便衣先头部队拢时，国民党兵正在玻璃窗里睡觉。得到了些子弹，龙指挥员很高兴，说同志们有本钱了。到水尾大石母一仗，又到渠坝驿，到海坝，到观兴河坝场，到石厢子、水潦，入云南到朝岩、亮岩。亮岩提了杨森12箱子弹和大量宽化货，每人发布做军衣。

然后在黔西岭山被围，一层又一层，从一个山坳里突围，牺牲很多。这时是我当红军那年腊月。我突围出来，受了伤，从此落离部队。

我回家时，被国民党兵吊打三天，始终没承认，最后用枪押我到石桘子这边，跑脱的。

当时没有袖章。仗起了现啥子标记临时规定。或者是谷草，或者是棕〔粽〕叶子。

自从王逸涛跑后，这点去也遭打，那点去也遭打，起先硬是到哪里都是遍赢。

国民党写标语说："共匪是个酒醉汉，东歪西倒团团转。"

红军歌：工友们、农友们、也有红军战士们，准备枪、拿住枪、瞄准帝国主义国民党。杀！冲锋冲锋杀！冲锋冲锋前进前进，开开消灭改地地，杀敌人！最后胜利归我们。

上门板歌：上门板，捆铺草，房子扫干净，工农的东西，不准拿半分。抬盆找茅厕，不准乱屙屎。红军三项注意，大家要实行。

红军歌：同志们，快快起来拿刀枪，我们是工农的武装，要消灭帝国主义国民党，要像苏维埃□□□，□□□□还要向前冲，我们是无敌的红军，……

打李振武歌：李振武、像什么样，从来抢人不论贫寒，打倒狗乡长，勾到李承乡，抽金剥削抽金剥削国民叫保商，洛表工农成千又成万，饥寒交迫痛苦难当，（李振武）见到红军就逃亡，洛表工农得解放。

游击队歌：游击队，坚决勇敢，从来打仗不论贫寒，打过陇承尧，打过顾晓凡，百当百姓百当百姓还上洛表湾，一个冲锋杀上大雪山，到了洛表又进王场，工农红军找向导,乐池大炮和枪弹,红军为民打进川南!

大队、中队都有指导员,发歌下来一个班一张,班长教,每个班长都有文化。休息不准到处去耍,就教歌。这是没有国民党追的时候。

不能造枪造子弹,就成立不起根据地,守不住。枪到〔倒〕有的是,空枪都挑起走,有的每人扛两根,就是没子弹。最多七八板子弹,平时士兵只有一板把子弹保枪,班长两板。不敢随便打枪。多半都是用刺刀。

分水区田坝公社太平六队川南游击队队员罗吉云口述记录

(录自叙永县馆藏中共叙永县委党史工作委员会档案,全宗号 307,目录号 1,1976 年,案卷号 3,第 107~113 页)

## 川南游击队队员蒋海平口述记录

我 1935 年农历四月石坝街上彭明统率我们去抢泸沟,转来到死坭,当时小红军正在那里集合。红军的一个排长说:"我们要科打〔扩大〕红军,这里来了两个。"把我们俩接收进去。到了观兴彭明就跑回来了。当时余泽鸿是政委,徐汉成〔刘干臣〕是司令员,龙厚生是主任,还有个叫黄参谋,有个叫杨主任。还有两个女的,一个姓李是指导员,人品很好,一个姓阚是宣传员,每到一处都是她讲话。

我们参加进去时王逸涛都跑了,从死坭到河坝,去打了马家湾,回来到了坝上,后又去打罗左,这时我们已有 1000 多人。我们又去打大花嘴朱家,朱家打了又去打赫章,打牛场坝,打陆木桥,又打小花袜田家,后又去打筠连,打塘坝,退到孔雀市上,后又打建武,没打下,还打过红桥,退转来在白□山去找到刘复初的队伍,同刘复初会合后,就在赶场坝同国民党的中央军打了一仗。先是在天池打了一仗,才从六道河过河到赶场坝的,后又从范家村转让来,快到分水的一个地方就把我们打散了。打散了我们找不到队伍,我才回来的,回来时我还带有一支枪回来,来时因为带有枪,因此白天不走,都是晚上走。我回来一二十天彭正凯听说我带有一支枪回来就喊人来给我拿去了。

当时余泽鸿、刘汉成他很坚决,他们随时都说参加游击队,好要不好要每天 100 里。刘汉成的右手是受过伤的,医好后是干的。当时红军游击队的纪律很严格,哪怕是留下的老红军只要违反纪律照样枪毙。我们每次打土豪的东西全部分给老百姓。

当时我们的侦察班长是周长香,是江西人,在有一次战役中他还受了 3 枪,他相当勇敢。

当时我们写的标语:

打土豪分田地! 取消一切苛捐杂税! 取消一切高利贷,欢迎一切落林吕的哥弟来当红军!

我石坝公社参加过游击队的有:许明清(回龙大队)、石少武(新农)、赵顺海(发乐中槽)、熊老金(安乐埂上)、王吣皮匠(安乐中槽,这人还在)。

红军游击队员蒋海平,1975 年 9 月 27 日

(原注)蒋海平:76 岁,男,家庭成份〔分〕贫农

(录自四川叙永县馆藏中共叙永县委党史工作委员会档案,全宗号 307,目录号 1,1976 年,案卷号 3,第 117~119 页)

# 红军游击队班长刘定鸣口述（节录）

刘定鸣（77 岁，又名刘定明，原红军游击队班长，住兴文县兴晏公社顺河大队）

我大约是 1935 年 5 月份在洛柏林金璇家厅房坎上的洞子头参加红军游击队的。是由黄明安（顺河二队人）介绍并送我去参加的。当时不到 20 人，领导是王兆南队长（古宋大地湾人），大家喊王队长。队员记得有罗海清（中土熊家湾人）、阮光武（大宿大队人）、金子明（红鱼大队人）、肖久和（医生，红桥下沱人）、贾树舟（炊事员，打一碗水时牺牲）、宋二兴（炊事员）。我进去就叫我管伙食，那时刘复初在梅硐场，王树成是以后和余泽鸿合队时才认识的。记得是 8 月 12 日打红桥，8月 13 日在博卢合队（王德勋插话：是 8 月 10 日打红桥，8 月 12 日合队）。合队后有 900 来人。

余泽鸿、刘复初合队时，余泽鸿是两个支队、刘复初有一个支队。第一支队长胡紫键，第二支队长黄虎山，纵队司令员刘干臣，政委余泽鸿，参谋长刘复初兼第三支队长。

8 月 25 日，我们部队被〈敌人〉周化成的队伍包围了。我们中队长是郭在明（古宋人），我是五班长，李树均（大雪大队人）是六班长。下半天我那班人趁下雨才突围出来，三天没得饭吃。突围后队伍走散了，我在阮树成家住了几天。听说我们的大队伍开到贵州方向去了。10 月份大队伍从贵州回来我才归队。被分配到司令部，当时只有 300 多人了。

有次队伍在岳家湾煮饭，米刚下锅，上面命令把米捞起来，立即出发，突击打叙蓬溪。那次打了一个大胜仗，光子弹就缴获了 13 箱。后来部队在滥坝分成两支，第一支队胡紫键和司令部一道，第二支队黄虎山、龙厚生到炭厂。

余泽鸿同我们在桔子岭打散，余的通讯员叫雷振武，刘的通讯员叫谢焕然。我们一路跑出来有 12 人、12 支枪。记得有雷振武、谢焕然（叙永新场子人）、王福廷、刘子云（我堂哥）、李发云（金鹅池人），好像还有刘茂平（麻子），由曾二兴带我们去滥坝曾二兴家住。第二天晚上由曾带我们走红桥五阁老一户孤独老者家住。适逢周化成部队在红桥"清乡"，差点被清着。

后来我们走新场子朝阳坝翻连天山，会到一拨绿林武装，头头是杨某，他们有20 来人（有的没有枪），我们和他们合在一起，想尽快找到红军游击队。杨带起我们向检草布、连天山脚下走。这时连天山脚下所有场镇，包括拖船垭、新场子、共乐场、东坝和会龙桥全由国民党军队包围着。我们在范家山住的那晚上，地动的〔得〕很大，房子都扎扎的响。

我们在会龙桥附近，听到刘复初住在桂花坪，才赶去归队。上山时看到会龙桥敌军烧起大火烤，约一排人，都戴的黄帽子。我们绕道上山。当时刘复初有40人左右，记得有向吉（外省人，后打杨安顺时牺牲）、黄代照（记不起名了，会剃头，也是杨安顺时牺牲的）、陈裁缝（外省人），好像还有赖召林、刘金保（外省人，年龄最小）、胡紫键（像是犯了什么错误，当了几天炊事员）、张海清（像是有这个人），曹惠南（外省人，在先锋木林头打仗牺牲），有个叫张医生，早已不在了。雷振武背的是一支短一寸枪。

游击队在连天山、钟顶山一带住了40来天。有一天在钟顶山大湾头烤火，不晓得哪个人的一颗子弹掉在火堆里烧炸了，刘复初叫大家把枪挂在树枝上。正在这个时候，向吉、李发云听到对门山上打了两枪，跑出来一看，看到国民党的"清乡"队伍来了，约有连把人。我们马上隐蔽好，并做了打仗的准备。敌军尖兵大声喊叫："路踩得这么烂，怕有豺狗啊！"为什么敌军的尖兵要大声讲话？他们这些人也怕打仗。来"清乡"是长官的命令，下面的兵还是怕死。

有一次，敌军来了一个排，绕了一圈就走了。下山时有群众问他们：怎么看到有红军也不打，敌军们说："敌众我寡，怎么敢乱打啊！"

部队在连天山、钟顶山一带，吃、穿、住都很困难，有次还买了些牛肉来充饥。40来天当中，白天都在山上隐蔽，晚上才回老百姓屋里吃饭、住宿。山上很冷，夜晚捎带烤火，烧成杠炭，白天才好烤。住地和隐蔽地点随时变动。

那年雨水多，路很烂，我们像是冬月二十四晚下山的，可能先有消息，敌军又要来大"清乡"，队伍连夜从山上拉下来到碗厂坡梁子。当真二十五日那天（天晴出太阳），敌军从新场子、共乐场、拖船垭、东坝和会龙桥集中上山大"清乡"，结果扑了个空。

前些时候，领导派王少清（王老么）到红桥探听李品山的队伍，结果被李勾转了，叫他回来解决（杀害）刘复初。王回队后又去勾结谢焕然、刘茂平（麻子），谢还来勾结我们12人。我们认为应该跟红军游击队走。于是我和雷振武、刘子云一起向刘复初作了报告。刘复初问我们是不是真的？经过调查核实后，把王少清、谢焕然、刘茂平三人的枪弹下了，弄来捆起，连倒两晚上分别处死了他们。

当时参加红军，要求人人都要背得红军誓词，我是班长，还要教会全班人。誓词的原文是:"余誓以至诚,自愿参加中国工农红军之友社,胜过人利,一生守党纪律,服从决议,严守秘密,实行革命,永不叛变,如违此誓,甘受极刑。"

另外,听说当时还有一些小游击队。一二十人、几十人不等。张少云(梅垌〔硐〕人,补锅匠)带领一支,代永昌、李树云、苏德明都在张的队伍里干过。

江安县委党史办邹加胜记录整理

1984 年 3 月 22 日

(录自中共江安县委党史研究室,资料分类号 A210,索取号 010、035)

# 我参加游击队的经过

解银章

我是乙亥年（1935年）五月间去的，十月间回来的。余泽鸿打了梅硐"川乾丰"后，周兴元到我家时说："你要来干事不，余泽鸿说要来就来，来了就要安心干，为穷人干没啥钱。"我说要得，他就开了纸条子叫我去找刘干臣。就这样我就参加了红军，编在第八班，班长姓杨。

参加红军后赓即就到兴文顶冠山住了一夜，第二天到老堡寨罗万方背后。在富兴又捉了余三肥猪。以后又到老堡寨，打沐爱后又到新场，再后来，又到平寨。不久又到贵州九仓。九仓那一仗，部队被打散了一些，这样我逃回来了。

当年的中秋节，余泽鸿的部队同刘复初的人在博望山合队，有1000多人。余泽鸿是从红桥坝开上去的。打筠连是七月十几头，打安宁桥我也在，捉了梁家一个人，没有打仗，我们走了后，敌人才来的。

余泽鸿部队从尖峰山（应为仙峰山——廖荣华注）下来后，在桔子岭时又打了一仗，打这一仗时，我已离开了，没有参加。

参加红军游击队誓词

我记得在梅硐去参加川南游击纵队时，邓伯常（外号邓麻子）同志交誓词给我，并说："你参加川南游击队，要把誓词背熟，不要带在身上。"后来我在哪儿烧的，已经忘了，誓词还记得。

誓词：余是以至诚，自愿参加中国工农红军之友社，胜过人利，一生守党纪律，服从决议，严守秘密，实行革命，永不叛变，如违此誓，甘受极刑。

宣誓人：解银章

介绍人：苏友成

乙亥年七月

解银章口述

廖荣华记录

地点：兴文县仙峰山，时间：1980年10月10日

（叙永县史志局提供）

# 参加红军游击纵队的自述

潘孝康

时间：1985 年 12 月 22 日

地点：长安镇老街潘孝康家里

口述人：潘孝康

调查人：黄建、杨应村笔录

1935 年六月初二(农历)(7 月 2 日)，红军游击纵队从四川经大雪山来到长安。从我家(住老街)门前经过时，我看到这支队伍纪律很好，虽然穿戴不整齐，但不乱拿乱吃老百姓的东西，一点不像国民党的队伍。队伍过完后，有两个女兵、一个男兵提着桶子拿着大笔，在老街人家户的墙壁上写了不少标语。我记得有些标语的内容是"打倒土豪分田地，打倒国民党穷人要翻身"等。

我那时才十七八岁，几个月前就听说红军到了扎西，是一支为穷人打天下的队伍。当我亲眼看到红军队伍，萌发了要去参加红军的念头，于是我就去找我好朋友胡纯孝，商量参加红军，胡纯孝也愿去。就在六月初二下午，我和胡装成割牛草去海坝头找着红军。一个干部(不知姓名)经过反复盘问登记名字后，就留我们参加了队伍，但没有发枪。

六月初三随队伍到柏香坪，住大庙里。六月初四进扎西，和县常备队、独立营的军队交了火，敌不经打，跑进狮子营关门不敢出来，只是放冷枪，被我们的部队用炮打了两炮后，敌人连冷枪都不敢打了，当晚住在扎西老街上。

次日从扎西启程去四川，部队刚翻过老街背后的坳口(先头部队已到石龙山庙子)时，狮子营的敌人追来了，又和部队打起来。部队首长叫了一支队伍，有三四支机关枪，向敌人发起冲锋，不一会就把敌人追赶进狮子营，敌人再不敢追我们了。

当天部队到双河时又被一些苗兵打，部队发起冲锋，苗兵就逃跑了。晚上部队住双河街上。

六月初六进四川分水又到了朱家山，和另一帮(支)队伍合并，队伍可能有1000 多人。在朱家山养兵休整，训练了一个星期后。部队开到四川一些地方打土豪。我是在朱家山发的枪，分在二大队八班。

六月二十几头部队从四川到了长官司(旧城)住宿，第二天向大坝前进，行军经山顶时和川军、滇军还有民团三股敌人遭遇。由于敌军占领了有利地形,部队伤亡很大,我的大腿也受了伤。政委徐策也受了重伤用担架抬着向罗布方向转移。下午到了罗布时又和滇军打起来,部队边打边退。当晚退到簸箕坝住宿,后来听说徐策政委被敌军杀害在罗布坳。

我和十几个伤员留在簸箕一户姓肖的人家养伤。住了几天后,我向其他伤员说明我要回家治养。经大家同意后,我一个人经三口塘、五谷塆等地回到了家里。

我回家不久,滇军下了指令,凡是参加过"共匪"的人都通通枪决。我和胡纯孝、白世科三人被抓起来。后来我家里人和姓潘的家族都出来担保,我和胡纯孝没有被杀。只是白世科无人担保被杀了,我和胡纯孝是被拉去陪杀后放回家的。我由于枪伤医治不及时并致残,至今生活劳动都不便,失去了劳动能力。

1985 年 12 月 22 日

（录自黄健、杨应村《潘孝康参加红军和游击纵队的自述材料》,1985 年 12 月 22 日,中共威信县委党史研究室档案,全宗号 1,目录号 18,案卷号 136,第 58 页）

# 王树成谈参加红军游击队经过

*王树成(79 岁,五矿公社友农大队中间户生产队)参加座谈会前的谈话*

记得余泽鸿带的红军游击队来红桥,是 1935 年农历八月初十(9 月 7 日)。我是八月二十几头,由本保一个农民韦树廷约我参加红军游击队的。韦爱赶场,事前同合江陈一高(已参加红军游击队)有联系,陈动员韦参加红军,韦又来约我和陈海云(本保的人,参加红军游击队一个多月就回来了,解放前已死)、张明兴(参加红军游击队也只有一个多月,解放前已死)三人参加,我们三人当时都是靠挑煤炭为生。我们约好后去红碉场子上会合到贾大哥(土地坪住)住了三天栈房(伙食、栈房都是贾开的钱),是贾带我们三人到苦竹老(现长宁梅碉公社)的。

去时,刘复初把一只龙头马枪交给我使,把他的芝麻呢啄啄帽拿给我戴,我们三个都编在司令部。游击队共住了三四间房子,一间 50 多人,每一个班住一间屋,我们司令部的战士还在世的,有刘定鸣,他住兴卜昏(挨倒川晏厂);他的叔子刘子明当时也在司令部,已经死了。

我参加红军游击队时,几乎天天都要小打。进去约个把月遇到花朗坝打了一个大仗,是潘文华的教导师驻红碉场,又有李品山的队伍,还有周化成一个师,他们一起来"围剿"。当时我们红军有 400 多人,周围都被圈起来了,四个坳口敌人都有机枪,从中午打到下午,余泽鸿打得汗水长流,还鼓励我们剩下一个人也要革命。我们退到磨刀溪时,只有 200 多人了,有的打死了,有的被俘房了。后来听说被捉去的江西红军,有的送回江西去了。

这仗打后约一周左右,我们住长宁桔子岭朱家房子,还是中午起开始打,当场被打死 3 个红军(是朱家一个孙子借口要牵牛吃水,跑去报告敌军的。后来隔段时间我们又来到朱家,处死了这个老婆子和孙子)。我们朝观音堂方面撤,打了当地一个敌乡公所,缴获一些土枪(本地造的),给他打烂了。后来我们又碰到长宁的"模范队"在大炉山子起打。刘复初叫侦察先上去,不准打子弹,叫去活捉,就把这些家伙吓跑了。在大炉山一溜矼〔塥〕那个地方,打了一个土豪赵家,一人吃一只鸡鸭。当时我们有 200 人,11 个人一个班,有一个班长和一个指导员。一个班活动,分两路火线(班长带几个人,指导员带几个人),有时三个人一条火线。后来又到芝麻沟沟转了几天。这段时间我们来回迂回在三块石、大良霄、小良霄、关口、龙背坝等地,有天半夜在两河口,我们被围在一间大瓦房头,我们用木枋子登起来打枪，记得一个小张战士（18岁，人们喊他叫做小鬼），在堆包的楼上，正在穿草鞋时被敌人的枪打伤了两只手的手腕子。

有次在黄桷坝（长宁小红桥营）围打一户姓蒯的土豪，他在碉楼内用土枪（棒棒枪）向我们打了一枪。我们有个李小鬼周身都被打上铁沙子，肉化了脓，才抬起去寄放在一户农民家里。还记得在梅竹鸡方向打了一个叫刘裁缝的土豪，是我去杀的剥皮猪。当时打土豪得来的一些东西，都有供给员保管，其中多数是拿去给穷人。

那时红军宣传："我们是干人的队伍，不是有钱人的军队。""不能当富人的走狗。""地主、土豪吃得好穿得好，是靠剥削工人得来的"……还启发群众讲被抓壮丁、挨处罚的事实，把它记录好，以便联系实际进行宣传。

记得我们在黑洞坝研究过准备打红桥镇公所，后来惊堂了，我们就退转去了。

有一天我带路到老林坡陈三木匠（陈义顺）家住。那时大约有五六十人，我曾下坡来在邓海章米房买过六斗米（三个人挑），只住了一夜，刘复初同我们住在一起。第二天早上，听有人来回报，说余泽鸿回江西去了（不谈牺牲了）。当时听说余泽鸿只有十多人了，说是在卓师如的屋头，他自己牺牲的（过去他用的保莲枪，后来用左轮）。部队里有个姓薄的医生当晚逃跑，向陈保长报了，才去挖尸首的。后来这个医官由李品山供起，以后听说跑回江西去了。

就在这个晚上，由王福廷（江西红军）向刘复初报告，说混进我们红军游击队的谢焕然（古宋观音寺人，由谢家抱去熊家，又叫熊焕然）、王少清（玉屏小场人，人称王老么，原在红桥团练局镇公所吹号，父亲是敌保长）、刘麻子（名字记不得了，叙永青水河人，父亲是敌保长）三人要"传"（杀）刘复初，准备拉上山抢人，勾结了一二十人。经过查实后，在站列子时把三人喊出来当场捆起，随即带走。我们侦察走前面，从大水沟下坡走中间户、冷水垭翻坡，下新田角，走老鸽沟过河，一直到古佛台青杠林坡上陈兴顺家，在屋侧面挖了个坑，才把这三人用牛鼻索勒死的。当时，王少清还喊我保他。

以后，我们到钟顶山有四五十人。这个山顶像口大钟，我们围着山顶住一转，住了两天两夜，发现有很多山螺蛳。那时天气很冷只有烧杠炭火（不准白天烧柴，怕出烟子暴露目标）。有天陈五师的"清乡"队伍来了，我们荒荒里亲眼看到有的兵叫喊："李夫子跑快点，怕山里荒荒头有土匪。"我们在回龙湾杨家背后住了两夜，在连天山关北上的桂花坪也住了两天两夜。我们白天在山上躲，晚上才返回老百姓家。据说山脚下都是团团围困,但敌人有的探子探到我们都是双家伙(长短枪),不敢来打。后来听说是一个叫赵安廷的保队长有意放开一条路,我们才开下山的。那时刘复初叫我们的队伍,后面的踩着前面的脚印走,咳嗽也要扑在地上,免得引起敌人注意。

这年过春节,是我们从李子湾打了大线后,队伍拖到金璘的佃户家,是农历腊月二十八吃的年饭。据说是金家拿钱买的猪来杀办的招待。第二天我们翻到苗寨(后寨)古宋三官店,三十晚上团丁来打我们,鸡叫二道打响的,天亮才取脱。正月初十我请假回家看父亲的坟(当时已死 3 年),回来四五天住不下去,又追到了云南,在野奶找到部队。头天打大田坝,第二天打花郎〔朗〕坝。这时刘复初病了,打断了他坐的滑竿儿。后来他到亲戚家住起,在芭蕉沟(洛亥管)才捉倒〔到〕他。2 月尾上,我们就被打散了。肯定我们部队在关背上、钟顶山一带活动,是余泽鸿牺牲以前。

王树成口述

邹加胜记录整理

1984 年 3 月 16 日,在场听取谈话的还有陈明德

(录自中共江安县委党史研究室资料,分类号 A210,索取号 022)

# 回忆参加川滇黔游击队的情况

## 林少武

我现在 55 岁了,我家是佃中农,一辈子都种官家土地,受尽地主的压迫。当红军游击队常经我们的住处时,宣传打土豪分田地,我们就想,打土豪的事是该干的,当时就想参加进去。当打到余官家和保户长人时我更是要将他们杀绝才出我们的气。

结果我于 1935 年 9 月间在本地一个人去参加红军游击队的。我走到汤家坳时,见到我们这里大坝的那个陈少荣也来参加了,还有我哥林朝均和魏成林。我们一起走到楠木窝时,我哥和魏成林他俩上了名字就回来了。

我们后再回到簸梨打地主刘白周家,缴了几十支枪。后来又去打亮岩杨白平家,又在亮岩打东路上王家烈部队军需部队。这次得到军需品很多,军用布我们每人分得了一匹,不久我们又开到贵州九仓打一敌区长家住房。因为原说已被民团和黔军将我们围了三天才冲出来,这次我们伤亡很大,将部队撤到长红山上驻营,又被打,撤到古蔺的马蹄滩住,队伍全被打散,只剩司令部 40 多人组织起来行动,招抚马蹄滩,后来调阮俊臣部队去解围才出来(这段是听说的)。我们被打散后找到第三支队长和我们第三分队长,才 20 多人组织起来行动,到贵州的毛坝村又被黔军发觉又来打我们。这时全部打散,枪也丢了(当时第三大队长江西人,叫王连清)。从这仗以后我就再也无法归队,逃回家来。

当时我入队这阶段,部队人数才 800 多人,到后来已有 1400 多人了。当时部队编为七个大队(也叫支队),每个大队是三个中队,以下中队就有一个中队五个班了,没有分队。

因为时间短和天天打仗,我都记不清大队中队干部,都忘了。我才进去,□□事件我们班长贾南区掉队,我就去接任班长,到清水镇才又赶上来,就提升到司令部任职。

当时司〈令〉部的领导是余泽鸿,司令员是龙厚生,刘复初不知什么职,另外有个女同志阚思颖是书记员,另一个女同志是管理员,其他的一些人就不知道了。

和我们一起进去的联络情况:

陈少荣在贵州打散,是算命职业回家,还夺回一支步枪回来。后来刘复初重整队后还委他一个游击队队长(还委张四涣为队副)。陈后来不务正业,我听说还杀害我游击队员等图财害命,又当敌保区长等罪,解放后已镇压。

我哥林朝均和魏成林等去到楠木窝就回来。魏于 1960 年已死了,我哥还在。

底塔还有个姜青苗,已于解放前病死。

摸啰坪上有个杨六顺,解放前死,家庭贫民,汉族。

云南水田寨有个郑明斗,解放前已死。

云南石坎区黄毛槽有个孔少华,前年还有人看见在。

分水田坝公社香沟有个张大成,后来回家被民团杀害。

又有一个龚安子,后回来,解放前已病死。

我回来后又第二年 9 月间,刘复初在史里打败仗,由我这里经过来我家中,原我们一大队一中队长又进我家来找饭吃,就叫我送他们出去,就送他们到苦茶坝,找杨洪章。他们说是他们放的游击队小队长,在那里他们商量了□□□□□就往天池那方去了,我和艾宗藩的副官王教支一起回水田,帮他们捎大烟,那次艾宗藩得到很多东西。

至于艾宗藩与游击队的关系,是我们到贵州大石板时司令部通知准备欢迎艾宗藩中队长要到,结果一个也不见到,我才知这一事的。

林少武

1970 年 6 月 12 日

(录自杨国民《林少武回忆参加川滇黔游击队的情况介绍》,1970 年 6 月 12 日。原件存于威信县委党史研究室档案,全宗号 1,目录号 18,案卷号 55,第 1 页)

# 川南游击队片段斗争回忆

## 杨 鹏

解放前我家一直祖居红桥街上，一直做小生意维持生活，受尽了豪绅恶霸的压迫，所以在 1935 年由杨叔宽同志介绍参加红军川南游击队，在第二大队当战士。当时我队只有 40 多人枪。我队常在江安、兴文、长宁、云南大山一带活动，打击土豪劣绅和地方团阀，向群众宣传红军北上抗日的精神，号召人民要求得解放，只有参加红军，跟共产党走，才能推翻旧社会的黑暗统治，才能翻身作主人。因此我们深得广大人民群众的拥护。

在不断地斗争中队伍扩大了，枪支的缺乏就成了大问题。有一次我们去打兴文所属的观音桥杨家土豪的洞子。因他有 10 多支枪（这次取枪的情报是杨家一个姓李的长工送的）。当晚，我们部队将杨家的洞子包围起来，并向兴文派出了侦察以防兴文保安团增援。当一切部署停当，我们向洞子摸进的时候，不知是谁跌了一跤，暴露了目标，被敌人发现，于是双方就打了起来。我们攻了好几次都没有攻上去。敌人的洞子易守难攻，我们除了步枪能发挥一点火力外，机枪都没有一挺。直到凌晨，侦察报告，兴文之敌出动，我们才被迫撤退。

就在此次战斗中我的小腿负了伤。因当时部队经常活动，敌人又"围剿"得紧，于是我被护送回家养伤，一直就隐藏了下来。因我的血管被打断，从此成了残废，不能参加战斗活动，就留在红桥搞情报工作。

后来我们的队伍越来越壮大，到处打击敌人，震惊了云贵川三省之敌，于是他们派了好几个师的兵力，加上地方团阀不下 10 万之众，"围剿"我们游击队。因此在 1935 年冬余泽鸿同志在碗厂坡壮烈牺牲，刘复初同志于 1936 年末被敌人在云南大雪山被捕，我们大队杨介中同志在兴文所属之关田坝被敌人打散，杨叔宽被邓晏清、甘清和、周汉清等出卖，被敌人抓捕，所剩十数人被邓、甘、周诱骗招安投敌。

川南游击队就这样失败了。我和游击队从此就失掉了联系。现在已时隔十几年的时间了，有些人和事都记不清楚了。我这片断回忆，谨供同志们参考。

杨鹏口述

杨明权抄写

（四川省泸州市江安县县委党史研究室提供）

### 李德明回忆在游击队的经历(节录)

李德明(81 岁,住长宁县梅硐乡贾家湾,其家是纵队联络点,在三块石附近)回忆:

部队被穆银洲的队伍追了十多天,余泽鸿撤到大田坝,叶松林处,扎了三座房子,又开会。敌人又追来,部队又撤到黄店子坎上的三块石,把人布置好。敌人用机枪像泼水一样往上打,游击队暗暗又打了一枪,才打几十炮。敌人被打死 12 个,打伤 18 个,敌人就撤退了。败下去就一路抢东西,拉夫退走了。余泽鸿给战士们作〔做〕动员,说敌人太不知趣了,我们要给他点颜色看看。还规定了凡是一连打上三发子弹都打不倒〔到〕敌人的就要受处分。部队里十几个人的枪法准,打好枪的。敌人走后,游击队撤去驻在土包组(合家乡向大队)。

又过了两个多月,余泽鸿又带领队伍到了周家沟,带信来叫我们去。一同去的有魏洪发、杨绍武、王平安、袁四娘等共有 9 人。等我们去,他们已经走了。队伍开到富兴,打观音堂捉了乡队长万银安、乡队附杨兵全、乡长余憨包猪、土豪阎元兴四个人。接着打梅硐,牺牲了一个人。

我们随着转来,在黄金杉树坪碰到他们,又叫我们转去。他们有 500 多人,在大坪开会。会后余泽鸿叫袁四娘、王平安转来,在梅硐乡周极辉家拿子弹,说是 400 板。原来是袁四娘、罗德修送去的,不知拿了多少,拿到周家沟交的。

我们和队伍一同上去,扎在兴文县顶冠山,住在三家大绅粮罗德修等家头,把罗德修捉来坐在堂屋头,吓得他打抖。他对穷人好,几百人联名保了他。

队伍出来,在黄家沟用刀钉了余海州。边杀边问他,月捐钱吃完了没有。又走到斑鸠沟,晚上杨兵全约万银安一起逃跑。万银安害怕,说不走,杨兵全就逃跑了。第二天就把万银安杀了……

部队要上云南去,李学贤、胡志国、马厂头余相贤的儿子余鸿奎和我几个人就回来了。

走访:梅泽勋、罗志文

记录:曹远强

1984 年 3 月 10 日

(录自《中国工农红军川滇黔边区游击纵队斗争史》编写组编《中国工农红军川滇黔边区游击纵队斗争史(副本)·下册》,1985 年印行,3—34、47~48)

# 回忆红军游击队革命活动

### 张树云　王树成

张树云(海清)讲:

1935 年冬月二十几头,我到钟顶山(现仁和公社)下面罗相林(屋基名)老表郑友兴家砍腊笋。那天同房子的李福安纸厂的黄牛死了,吃牛肉。睡到半夜,有人喊开门,进来许多人,大都是外省口口腔,也有本地人,说是红军游击队,他们一到就煮饭,买牛肉吃。还喊我去吃饭(未去)。第二天早上,郑友兴劝我参加红军,我当时家中无人,无牵无挂,便答应了。刘复初同志分配我给他背公文包。

当时红军只有十多二十人,听说是从安宁桥来,走万里青、大田边、沙人坳、岩门口上连天山的。(王树成插话:是从江门来,走会龙桥爬坡上钟顶山的)继后队伍开到拖岗槽,才听说余泽鸿同志已在我参加红军前十把天牺牲了,我没见过他。

这时,部队领导是刘复初参谋长。还有:陈指导员:湖南人,当过裁缝(王树成插话:是有个指导员姓陈)。我们戴的帽子是他裁的。我们有的自己缝,他给我们缝上五角星帽徽,五角星的面子是红色,里布是青色。

曹惠南:通信员,湖南人。

李德生:战士,湖南人。

赖召林:麻脸,外号花鸡冠。(王树成插话:是有个叫鸡冠的)

黄冬章:战士,湖南人。

曾继德:后当班长,湖南人。

向吉:战士,湖南人。

刘求翰:伙食管理班长,湖南人。

刘金保:会剃头,湖南人。(王树成插话:他曾给我剃过头,他给大家剃头,大家帮他看哨)

陈启贵:炊事员,湖南人,黑头杵脑的。(王树成插话:炊事员是黑大汉。)

雷振武:战士,兴文五村人,他离队时,领导把他用的马枪发给我。

王树成:战士,五矿友龙大队人。

刘地明、刘海云:战士,兴文五村人,是叔伯兄弟。(王树成插话:不是叫刘地明,是叫刘定鸣;刘海云又叫刘子云,是刘定鸣的叔子,都是五村人)

胡子介:大概是队长,湖南人。

张少模：战士，江西人，那时已年近五十岁，是游击队中最老的。

杨正华：战士，叙永万家山小花园人（现五星公社）。后在乌成沟开小差，背盐巴回家。（王树成插话：记得他开小差还捞了一支枪走，后被民团夹了去）。我记不得他拿有枪走。

高良明：后当班长，江西人。

肖德生：卫生员，江西人，只有十多岁。（王树成插话：还有王福庭，江西人。张树云讲：有这个人）

队伍离开钟顶山后，在马含垭下余草药家，还碰看〔着〕有三个人出差回来：

谢焕然：古宋东坝人。（王树成插话：他又叫熊焕然，曾抱给（过继）熊炳兴，是个大汉，观音寺人）

刘麻子：叙永金鹅池人，老子是保长。

王老么：大井九角湾人，在敌红桥镇公所吹过号。（王树成插话：他叫王少青，哥哥叫王德兴）

他们三人是奉命去红桥探消息的，可是他们到敌镇公所报了密，勾结镇公所的兵在碗厂坡堵截红军游击队，归队后又拉拢杨正华妄图谋反，后来把他们处死了（后面还要详细讲）。

部队从钟顶山下来，在斯栗湾冒荒（躲在荒山里）一天，是由回龙湾住户李四带的路，在烧杠炭烤火时，不知谁不慎掉一颗子弹在火里炸了。有些人嘈杂，胡子介招呼不要乱动。不久，岗哨在山顶上发现敌兵从九龙沟上来，刘复初、胡子介叫大家注意隐蔽。这次李品山带了约一连人来"清乡"，清了钟鼎山、回龙湾等几向〔座〕房子。我们看见李的部队从坎上走过，锣锅扫着草的声音都听得见。〔王树成插话：听到清乡军喊，李夫子（敌军伙夫），快点走，怕荒草里有土匪啊！〕"清乡"军主要是清老百姓的衣物。怕红军的家伙（枪）硬，绕一转就下板桥去了。（王树成插话：那天是陈五师（明谦）的人，约一团人，从仁和、九龙沟爬山的）我们在钟顶山脚下住了一天，躲兵洞住一天，余草药家住一天（白天冒荒荒，晚上进屋煮饭）。后走红豆树杨正华家，有杨带路到簸箕坝住一天，第二天就发生了谢焕然、刘麻子、王老么三人谋反的问题。当我们的队伍到达碗厂老林坡陈三木匠家时（王树成插话：叫陈义顺），谢、刘又去拉雷振武和刘地明，说：晚上听到枪响，就跟我们走。雷和刘立即检举了他们的罪恶行动（王树成插话：是王福庭检举的，他们三人还准备杀刘复初）。晚上开会站队，刘复初问："我们这里有没有反革命？"雷等当场检举,马上解除了他们三人的枪弹,弄来捆起,他们全招认了。后来把他们处死在古佛台青杠林坡陈兴顺家。埋在屋侧边红苕沟里。杨正华因参与时间短,被保起来当了伙夫,最后开小差回家。

后来游击队经磨刀弯到拖岗槽住了一两天,这时李桂英、阚思颖来归队了。听说她俩是宣传员,前段时间离队休息。我们大约是正月十四到两河口同周继辉(红硐厂乡长)打了一仗,他家住中家坪,我们砍楠竹搭起来爬墙攻进去的。当时团丁只打了几枪,我们就捉住了周继辉两兄弟,罚了他50箱子弹,实际上只拿了10把箱子弹和一吊钱(王树成插话:前一段我们还打了周继辉藏东西的岩洞子,捉到了周的父亲,他在树林头听到团丁打枪,认为有救了,赖着不走才处死了他。我们在古宋银矿坪的李子湾,还切断了从大坝到古宋、叙永的电话线。我参加了摇电杆和砍电丝。以后,又与胡家湾的一个敌乡长的团〔家〕丁打了一仗,杀了一队大架子猪来吃)。

张树云继续讲:切断电线后,就到李子湾下面杀张保长(王树成插话:是姓陈)家的猪。在这里有团丁百把人来围打我们。只打了几十枪,从下半夜打到天亮。(王树成插话:后寨有三四家房子,团丁只有几十人,这次打得不凶)。

大约是正月二十几头,部队开到兴文石板坳打许子光(李品山手下的队长),打倒他们几个人,捉到四五个,缴获几支枪。从此,把许子光打垮了。他向李品山辞职不干了。我们当时有30来人,战士李德生被敌人的手榴弹炸伤了脚,寄放他在仙峰山罗家养伤,后来被迫在仙峰山庙上出家当和尚。(我回家帮人时,在红硐场看到过他背煤炭卖)

2月,在兴文大草坪下的瓦房子驻扎时,团丁在对门荒山上对着我们住的房子打枪,黄大队长出去打招呼,向他们喊话宣传,被乱枪打中下身和屁股,寄在老乡家养伤,后来听说他不幸死了。这些团丁是大草坪这家富农跑去报的。后来我们打转来时,黄东章用马刀砍死了这个富农。

这年栽秧子时,绿林武装黄克君部十四五人被长宁敌兵追赶。我们住黑帽顶和他们相遇,黄部投了我们,把他们分编在各个班。6月,敌二十四军来打我们时,有一个连长派人来和我们联系,后来他们拉出来当了游击队,有三四十人。我们在簸箕坝开了一个欢迎会,还唱歌、跳舞。领导上发给我们每人有毛巾、肥皂、牙膏、牙刷和一块大洋。他们带来的是一色的汉阳枪,还有两门迫击炮,子弹也足实。正在开欢迎会时,敌第二十四军的一个团长在对门坡上喊话说:"你们拉上山了,我怎么得了啊? 怎么交得倒〔了〕差?"我们对看他也大喊:"你们也来吧,我们同样欢迎。"

7月间,我们开到野奶。在三元洞、洛洛洞碰到商团(是滇军的一个团,盐务商团),天天追我们。这时我们有三四百人,住烂泥坝半坡上的庙子。敌人从中路来的大约一个连,我们李发云队长(云南上金河人)带头反击冲出去,用刀枪进行肉搏战。打死几个敌兵,缴获几支枪。但李队长也负伤了,寄放在农民家里,后来也听说不幸死了。

隔几天,云南长安寺敌乡长周光汉带起团丁来打我们,追到后天坪。我们假装撤退到安武坝,他以为打"胜仗"了,在烂泥坝街上大摇大摆的〔地〕吃大烟。我们迂回去打他个措手不及,缴了他20多支枪弹,捉到两个班班长和兵教育释放了,远的还发给路费。

又隔几天,我们从绿龟河过河到姑开前,在大还岩时,阮晋成和陶树清(云南和贵州的)号称各一个团来和我们合队,准备打直金。但又听传说他们要提我们的枪,我们只好连夜朝四川方向走了。到了杨家湾,我们派王福庭送信去与团丁头头联系借路过,但团丁把王捉倒不放,喊话威胁他们也不放。以后我们就退到雨洒河、斑鸠沟、三口塘到兴文大石盘一带休息一段时间。住在大小龙塘,后又开到李树桩(贵州)。听说毛泽东带大队红军来了,我们赶去,结果没有追上。

大约9月间,刘复初病情严重,不能行走,又吃不下多少东西,身体很弱。到大雪时,他就请假去休养,派了十个人的武装去保护他。部队由王大队长带(王是独手杆,用左手打枪,枪法很好)。我们开到水田寨时,艾宗凡〔藩〕乡长(队长)打我们的送路炮,打倒我背侧腰部,打倒胡绍先(灌县人)的大腿。领导上安排我们在水洛甫胡瑞武家养伤,共八个伤病员。我和胡绍先、张某某(马家坝人)、万朝青(丰都人)住胡家养伤。另外四人住一个姓张的家里,我是在刘复初走后约一个月负的伤,在胡家住了十多天后,去张炳兴家住半个月,又到黄思凹张大娘家住了个把月,直到找不到队伍才回家的。我和万、胡、张到我家休息了两三天后,才送他们到底蓬各自分手回家的。

王树成补充:大约是2月间,我们在云南大湾子(镇雄地)还参加了一次战斗,我们去打敌团总、区长王某某,打了他家的粮食、猪肉、布匹分给了穷人。同时还打了敌乡公所,王某某跑了,没有提到枪和人。当时我们有100多人,用染缸里的土靛写标语,打起锣向群众宣传。

张树云补充:打大湾子是头一〔天〕晚上。当晚没有进龙官家的碉楼,第二天我们安起两门迫击炮对准龙关家碉楼喊话。他吓慌了才丢下了两支枪和大烟、大洋等。

原红军游击队战士、五矿公社友龙大队中间户生产队 79 岁老人王树成口述

原红军游击队战士、连天公社大房大队新阳生产队 70 岁老人张树云口述

易佑康、梁崇德分前后部分记录整理

1984 年 3 月 18 日于红桥镇

(录自《张树云、王树成二同志在县委党史办召开的回忆红军游击队革命活动座谈会上的发言》。原件存中共江安县委党史研究室,资料分类号 A210,索取号 010)

# 参加红军游击队情况

### 邓海章

我们板桥(现改名为连天乡〔山〕)参加红军游击队的共六人,有刘银武(离队后病死)、黄新廷(离队后回来抢人,被马端如部队打死的)、柳银安(解放后当土匪,被解放军第十五军枪决)、刘九成(离队后当兵出去,一直无下落)、张树云(现在本村)和我。

张树云先去,是民国二十四年(1935年)在连天山参加刘复初部队的,我们5个是民国二十五年(1936年)参加阮团的。柳银安躲壮丁先去参加,再回来约我去的,说是参加红军游击队。时间是栽完秧子以后,通过走大河山,他们的队伍在云南大横岩一带驻扎。那时有刘复初、阮俊臣、陶团。当时编我在阮团,是第一团,陶团是第二团,刘复初只有八九十个人,单独成立一个特务营。我们那个营长叫康海平,连长叫刘明安(是康的舅子),排长叫康明安。那时的家伙(枪)没有那么多,先没有枪给我,要去站岗就用别人的枪。柳银安是班长,先是约我去吹号,因为没有找到号就没吹成,以后发给我一支手枪,跟倒〔着〕营长走。

在云南大兔场住了一个星期。打了一"龙火"(战火),是同毕节的保安队打。后来开到花郎〔朗〕坝住了几天,又打了一"龙火",很丢〔死〕了一些人。又拉回大横岩住了一段时间,才又开到簸箕坝住一段,又开到云南中心场坝头开了个大会,人很多,站的密密麻麻的,怕有几千人。主要是整顿纪律,不准拿老百姓的东西,是阮俊臣先讲,陶树清是骑在马背上讲的,然后才是刘复初讲,特别强调:我们不是抢人的队伍,是红军,是共产党的队伍,是打富济贫的。谁要乱干,就要受到严肃处理。

大会后,决定出织金的差,去打织金城,那里很富裕。全队人马都出去了,走杨家湾、六角河、戈开,开到巴垮岩,阮俊臣悄悄向刘复初报告说:你们要打主意快点走,陶团要理麻你们。刘听到这个消息,叫战士们背包不要打开,赶急弄饭吃,随后就拉起队伍向后面开走了。就这样,刘复初的几十个人(大都是外省人)就和我们分开了。

巴垮岩到织金有一二百里路,走拢已经天亮。本来打更匠把城门打开了,但是我们的队伍被大雨淋了,很多人跑到老百姓家烤火去了,等我们集合拢,人家已经发觉我们了,把城门关紧。早饭后,我们弄起软梯去攻,几下都攻不上去,听到贵阳的飞机飞来了,我们就赶紧退了。(1984年7月7日邓海章说:敌人看我们撤退,打出来,把我们追了很远。从这以后,我就得了病,没法再跟着部队走了。康海平叫我走后面,到大横岸〔岩〕一带找他们。我在一个姓王的家里住了几天,回到大横岩未找到部队,我就回家了。这时已经是冬月二十几头。)

那时我走不动了,过了杨家湾我就把手枪交给营长离队了。

这是已经是冬月间,我在阮团大约半年时间,我走时,是同刘九成一起走的。回来个把月内,他们三人也回来了。又没有好久,张树云也回来了,还有两三个湖南人同他一路走的,在新场子还差一点被捉倒〔到〕。

我在阮团,只参加过打花郎、大兔场、织金三次战斗,我在营的司令部,没有直接在第一线打。

访邓海章老人(78岁)谈参加红军游击队情况(家住连天乡大房村永久生产队)

邹加胜记录整理,同访的有陈明德同志

(录自四川省泸州市江安县县委党史研究室资料,分类号 A210,索取号 023)

# 廖少云谈红军游击队(节录)

我一直是做手艺。当时在王少章队伍里做手艺。王少章有二三十支枪,杨叔端有三四支枪,六七人,30多人。活动在兴文三羊坪、三锅庄一带。

大约是民国二十几年,红军游击队大队伍到红桥,宣传打富济贫,外交是周思和参谋(安岳人),和王、杨部队联络,宣布批准30多人都是红军,头头王少章、杨叔端、周树清(正管事),要求集中到游击队,准备成立第二支队。但王少章和杨叔端扯皮,结果没成立。

周思和向我们说:"你们要建立红军游击队,如果大队伍来,愿意的就跟红军走,不愿意的就在本地留下来打土豪,打游击。"

周思和叫我送过两封信到一纵队余泽鸿、刘复初、王逸涛处。第一封信送到了(叙永乡下××坎)。第二封信送去时,王逸涛全家已被关起来了。王的老娘被灌水葫芦。信无处交,仍然拿回来交给周思和时我说:四指(周有一只手四个指头)哟,坏了,不知队伍拉去哪儿,王家人全被关了。后来王逸涛就反共了。

我常常下乡做手艺。周说,小鬼消息灵通点,有情况就及时告诉我们。

周思和当时给我们讲话:同志们,你们不是土匪,批准你们是红军,愿意走,愿意留的都不勉强。

有一次牵个毛子(抓了个人质——编者注)瞿香浦的母亲,并起了七八条枪。王少章夹杨叔宽,吃了枪和毛子。杨回红桥找到邓晏清(邓烙巴)、郭老么(天星桥杨家的妻侄儿)编起去抢兴文天星桥杨家,从洞子里起到10多条枪(一班多人的枪),起了杨家的银圆,卖了一打多手枪,加上自己的七八支枪,杨叔端就雄起了,王少章惹不起杨了。在郭村三锅庄(江安地)两支队伍碰到就要打。周思和出面办交涉,不准打,缴了杨的枪,〈说〉以后大队伍来时给你,便没打成,亦没有拉拢。

红桥大队伍来时,打下了红桥,安杨叔端的人枪在古佛台,王少章在大壁山。两人守这条火线。红军住水竹林(古佛台过去点)横山一带。李品三的队伍从梅硐来,红军要打把李品三放下古佛台草店子(现诊所一带)瓦解。杨叔端的部队就打放炮。李品三从烧箕湾、阴阳坟走老鸭沟,到砂槽,在路上碰着廖克成的队伍(亦是李品三的人),误以为红军来了,互相打了一阵。王少章在大炮山上看不见下面,红军在下面看不见上面,李品三从中梭走了。当时我在还山,那一带我是熟的。这次战斗我是看见的。

红军队伍回五谷的大房子开会,我亦参加。红军有几百人,讨论这一仗李品三是怎样放走的,了解到是杨叔端队伍打的放炮(杨叔端没参加这个会,王少章是参加了的)。

第二天天见亮,红军回拖冈槽,我亦去,住了5天。大部队进云南,我的脚扭伤了,肿了,就没去。

之后,我和二排长陈品三(司令部警卫排排长、安徽人)接触有一两年,他是从云南、筠连打垮了下来的。

后听说刘复初落难了。我仍然挂着兜兜做手艺。

李品三到红桥了,我被逼出要饭一年多。

杨叔端向李品三缴了械,当了官(队长)。

廖少云,76岁,红桥小河街,户籍在连天公社太平大队联合生产队。

廖少云口述

(江安县)党史办易佑康记录

1983年12月11日

(四川省泸州市江安县县委党史研究室提供)

# 回忆川南游击纵队

胡紫键

〈我是〉湖南平江县沐贞乡长寿街七保人，今年42岁，在家读书半年，10岁至11岁看牛，12岁又读书四个月，父母有病又没有读书了，从12岁下半年起在家务农……至19岁都是在务农。

1927年腊月十四，长寿街的农民起义，〈共〉有数千〈多〉人，共分布三处，即东南西乡。这是秋收起义后的事情，起义的负责人有李胡子、侯金武、吴溉之、余本健等人……后来大部分参加游击队。

1927年腊月至1928年上半年彭德怀领导湖南湘军起义，我们由平江东乡到县城附近配合彭德怀起义。1928年7月游击队编为红军第五军第一、二、三纵队，我在第三纵队第九大队，第三纵队长吴溉之，纵队副〔副队长〕侯金武、政委徐国忠。

我由1927年腊月份加入当地共产〈主义〉青年团，第二年9月在江西安福县所管的全山转党。我部由彭〈德怀〉军长指挥，在江西湖南两交界的地方游击。1928年10月彭军长将第三、四、五纵队、特务大队带到金岗山〔井冈山〕，1929年2月底下山又到湘赣边区游击。1929年，红五军已经扩大起来了，成立红三军团第五、八、十六三个军，彭德怀任兵团司令员，滕代远〈任〉政委。我在第八军第六师第七团第二连当司号员。

部队整编后，红三军团就开始解放湖南长沙。撤离长沙后，部队到衡阳，毛主席、朱总司令率领第一军团在衡阳会合。第二次解放长沙，战斗了20多天，后来第一、三军团进入江西，解放吉安、南昌。在战斗期间，反对立三路线结束后，第一、三军团全部渡过赣江到赣东南反敌人的一次"围剿"。

第一次反"围剿"期间，我调到第七团团部作司号员。后第二次反"围剿"、第三次反"围剿"后，成立红军学校，调入学校第二大队学习了7个月，后调红五军团第十三军特务连任指导员，由特务连调任第十三军军部指导员，又开始反四次"围剿"。

粉碎第四次"围剿"后，调红军学校上级干部队学习4个月，调第十三师师政治政部工作科。反五次"围剿"失败后，1934年8月〔10月〕，由江西兴国县出发，开始长征。

长征到云南威信县，奉令调有第六师政委徐策、余泽鸿、第十一师第十二团团长张洪光〔张凤光〕、保卫团第七连江西军区政治部组织部长陈洪〔宏〕，组织川南游击队，配合永宁地方组织负责人王义涛〔王逸涛〕，合编为川滇黔边游击队，即1935年2月份成立的游击队。

经过数月时间，因为反动军队、地主反动势力的"围剿"，游击队经过几次恶战，干部战士有较大阵亡。徐策、张凤光、陈宏于云南长官司阵亡，王逸涛叛变，在这样的残酷斗争之下，游击队的指战员仍英勇作战。

到1936年3月份，在川南古宋县所属之三关殿战斗中，部队损失重大，干部黄虎山、何忠福牺牲，排级干部未负伤的只有三四人，高级干部只剩刘复初。我在那次战斗中负伤，经过多次医治，子弹未能取出。

我负伤后，被送到洛柏林养伤3个月。反动武装李品三民团及地方反动地主武装又来"清剿"，我的伤还未好，在这种情况下，逃至兴文县所属之炭厂养伤9个月才能行走。这时已到了1937年3月，我尚未找到队伍。后来听说部队在大雪山被云南军全部打败了，刘复初被俘。我在长宁、兴文两县边区逃躲性命。又一次反动派"清剿"时，我由炭厂逃到云南镇雄洛尾坝，是1937年的9月间。1938年2月才到罗坎关学做生意……同时四川泸县模家坪共产党组织外围人员已在此地做生意，我和范绍宁同志及罗向堂、胡少清二位外围同志一路时谈起了关系。

后来云南军开到镇雄罗坎关一带"剿匪"，我便往乡间去，小温水杨正良介绍我娶当地牛顺期之女为妻，后来生意又失败……1939年3月在区大队做事兼做生意……1940年9月14日又迁移到四川沐爱武德乡六保马家坳务农……至1946年都是种田带做煤炭生意……

自到马家坳来，又认得文大朋。因为文大朋家里住有游击队的队员陈崇林。陈崇林是湖北杨星县人，一起赶场就谈到游击队的经过。文大朋家里还住有宜宾中心县委派出的4人，当时并没有谈组织关系。后来冬月底文大朋同宜宾县委组织干事李永清到我家谈组织问题。又到腊月中，文大朋、李永清、陈崇林三人到我家里来恢复我的组织关系。

1941年2月间，李永清就到我家里住，由他负责筠连、巡司、沐爱、镇州四处的地下党组织。1945年4月李永清由镇州到达我家里。他说他要到宜宾去，县委书记王文兴来信调他开会。就在那一次去以后，李永清没有来了，不久文大朋又被筠连县府逮捕……这个关系就脱离了……

胡紫键调查笔录

1950 年 1 月 10 日

（录自筠连县军管组《胡紫键回忆川南游击纵队》，1970 年 11 月 3 日。云南威信县委党史研究室档案，全宗号 1，目录号 18，案卷号 62，第 1 页）

# 胡紫键的有关情况

刘复初

**（一）1983 年 11 月 4 日刘复初同志转道筠连县的谈话**

胡紫键是我们留在地方、派来筠连工作的，是 1936 年春天兴文大庙战斗后，他负伤了留下来的。我叫他病好后到筠连去做地方工作，发展党的组织，搞武装，以老百姓的身份隐蔽下来，在筠连这个地方生下根。当时我们给了他部分钱，给他说：钱不够可以来找部队，在工作上与川滇黔边特委联系，如果筠连有地方党组织也可以和他们取得联系，地方组织不可靠或不相信你时，不能随便暴露你的身份和任务，可以说是流落在地方的红军。任务是在兴文建武北面的一个山上，在山半腰的一个瓦房里，我给他布置的，这不是我个人的意见，是特委研究的意见。

1935 年我们失败以后，特委在洛柏林召开扩大会议总结经验教训，认识到主要的教训就是没有在地方扎下根来。因此特委决定抽调部分同志到地方去做工作。云南的陈华久、长宁的戴德昌、筠连的胡紫键都是留下来的，他们既是红军游击队成员，又是我们特委留在地方的成员之一。

关于胡紫键的历史，他是湖南平江起义参加红军的，跟随红军五次反“围剿”走出来的，是中央红军留下的团级干部，是我们川滇黔边游击纵队第三支队的支队长，还任过纵队参谋。1935 年底我们被敌人围困在连天山，只剩下 17 人，他是其中之一。他没有开小差，应该认为是坚强的革命战士。我曾为第三支队的政委，他是支队长，他同我走了一年多，他的情况我了解。

他在部队的表现：在艰苦的岁月里革命意志是坚强的，工作是积极的，生活上能吃苦耐劳，联系群众，打仗勇敢，还能吹号，在政治上是忠于革命的，是坚强的红军干部。至于“胡志坚”这个名字，是游击队在艰苦的环境中，在三支队时我给他取的，意思是指他革命意志坚定。我们曾在 1936 年秋从云南镇雄关上插到筠连活动，也是有意来找他的。

胡紫键的遭遇，我知道已经一年了，当时未发表意见，听说他以后当了敌人的队长，不了解他是否干过反革命。现在我要问的是以后这一段时间他干过坏事没有？只要他没有反革命行径，就应该为他翻案。听说临解放时他参加了“迎解”组织，组织武装迎接解放。应该是革命的。至于他当队长的问题，要看他是忠于敌人，为敌人干坏事，还是为了找个公开的身份掩护工作。就是毛主席说过的“敌中有我",不入虎穴,焉得虎子。因此不能把当过队长就结论为敌人,就是叛变革命,做过地下党工作的同志是了解这个情况的,在当时白色恐怖下,又是外省人,又知道他当过红军,如果不打进敌人内部,取得公开身份是生存不下来的。我分析当队长不是他的本意,因我们走后给他交待的任务,只有他自己知道。他是留下来完成我们所没有完成的任务,这要用历史唯物主义的观点辩证地看问题,要作全面的历史的分析,要多考虑长期当红军,长期坚持革命战争是他的主要历史,即使有一般错误,也不能否定他是革命的,只要他没有叛变革命,没有反革命行为,就要为他翻案。

胡紫键跟随我一年多,与我有深厚的革命感情,和我同生死共患难,在革命的艰苦岁月里,只有无产阶级的弟兄才能办得到的,一般是办不到的,所以他是冤屈的,我心里是很难过的,我可以为他作证。我们应该为他落实政策。实事求是地处理好胡紫键同志的问题。查清川滇黔边游击纵队在筠连的活动应与胡紫键在筠连的活动结合起来。把胡紫键的情况搞清楚,也算筠连党史上光荣的一页。

(此系记录整理,未经本人审阅)

### (二)刘复初致函筠连党史办证明胡紫键的历史

筠连党史办并县委负责同志:

关于胡志坚(胡紫键)同志的历史,我作如下证明:

胡志坚是中共党员,在中央苏区参加革命的。1935年1月红军长征到云南扎西,留在红军川南游击纵队工作的干部,曾任纵队第三支队长,纵队司令部参谋,直属大队长等要职。他为人正派,党性强,革命意志坚定,是连天山上十七勇士之一。他历来服从指挥,积极完成任务,善于射击和吹号,作战勇敢,艰苦朴素,始终保持工农干部的素质,胡志坚是一个好党员好干部。

胡在1936年2月因参加我攻击驻在兴文县炭厂敌军的战斗中受伤,随军走到建武城附近。特委决定胡志坚留在地方养伤,并去筠连开展工作。我找胡谈话,要他先在游击区群众基础较好的农村隐居生根,尤其是筠连的绿林武装,有的曾经表示愿意接受党的领导。应当主动去教育他们执行党的政策,保护劳苦群众利益,动员他们携枪来当红军。

特委要求胡志坚以劳动者的身份,住在贫苦农民家中,同农民交朋友,经常宣传党的路线政策,支援红军为劳动人民打天下,指明穷人要翻身,必须组织起来闹革命,夺取敌人武装来武装工农,打倒国民党军阀和土豪恶霸,建立农村政权,由劳动人民当家作主人,指明工农弟兄人口多势力大,坚决革命,任何反动力量阻止不了,革命一定要胜利的。

其次,要胡在地方秘密发展党员,挑选可靠的同志,打进敌政府的民团武装,或川军中去做兵变工作,提高他们的阶级觉悟,反对长官的压迫剥削,反对"围剿"抗日救国救民的红军,必要时组织武装起义,劳动农民打土豪分田地,不交租不还债,取消苛捐杂税,解放工农穷苦大众。

在白区工作,要注意保密,处事要慎重,坚持地下工作,长期对敌斗争。要胡先去建立联络站,以便派人去联系,或部队去筠连找他,胡也可以去部队经常出入的地方去联系。

经过谈话,胡志坚表示服从党的分配,执行特委指示,到筠连去开展工作,决不辜负党的期望。

特委派胡志坚去筠连工作的原因:1935年2月中共川南特委在建武开会,一致认为当时南六县是个空白,尤其是筠连处于川滇要隘,是敌军屯兵防守的重地,必须开辟这些地区的工作,发动广大群众闹革命,支援游击战争,才能有力牵制敌军,配合红军长征。

特委指出中共宋兴特支,现已经在江安、古宋、兴文、长宁等县成立了红军南六游击队,而且在这些县内建立了联络站,开始发展一些党员。为了适应川南形势发展的需要,特委决定,宋兴特支改为南六特支,在原有工作基础上逐步开展筠连、高、珙、庆等县的地方工作,红军南六游击队改为红军川南游击支队,既是红军川南游击纵队的组成部分,又要配合纵队牵制川南敌军。

但南六特支组成后,我和郭平安直接领导开展武装斗争,特别是我同纵队合队后,任务更重,留下戴德昌(红军长征留下的)、杨泽久、袁少明等同志负责开展地方工作,他们对南六县情况不熟悉,直至1936年春,尚无得力干部去筠连工作。因此特委派胡志坚同志去筠连工作。

胡志坚去筠连后曾和特委有过联系,特委指示南六特支派人去找胡联系。但由于敌情紧张,我部转战川滇黔边区,鞭长莫及。而南六特支负责同志,又先后被敌迫害,可能没有经常同胡联系,主要靠胡志坚独立行动开展工作。

以上情况,说明胡志坚同志是革命的,可能有这样那样的缺点和错误,在白色恐怖下,阶级斗争复杂,又同党组织隔绝联系是分不开的,今天要用历史唯物主义的观点分析问题,正确对待胡志坚的经历,实事求是的〔地〕解决胡志坚的问题。

我建议从速承认胡志坚是老红军和共产党员,在政治上平反。以上意见请县委同志们考虑! 如何盼覆〔复〕,此致

敬礼!

原中共川滇黔边区特委书记兼红军川滇黔边区游击纵队司令员刘复初

1983 年 12 月 6 日

### (三) 关于胡紫键问题落实的谈话记录

胡紫键同志的问题落实了,是筠连县委、六办、党史办的负责,我在此表示感谢! 胡紫键的问题,不是他一个人的问题,而是中国工农红军川滇黔边区游击队的问题,是党的问题。落实他的问题,就是落实党的政策问题。

胡紫键同志是任川滇黔边区游击纵队第三支队的支队长,我是任政委,后来我任司令员,他任纵队参谋长,他会吹号,打枪准,作战勇敢,他是红军长征中,从扎西留下来参加游击队的;我同他从 1935 年到 1937 年共同战斗两年多的时间。当时革命是非常艰苦〈的〉,要行军打仗,牵制敌人,是又冷又饿,还住雪地。当时我们黔北游击队发展到 3000 多人,在一次大战役后,原来的徐策、余泽鸿等都为革命牺牲了,最后只剩下我、胡紫键共 17 人。我和胡紫键都是幸存者,胡紫键同志从连天山到洛柏林与我都是在一起的。这次大战役后,我们由 17 人的幸存者,又发展为几百人,我记得胡紫键同志是在打炭厂敌人的战斗中负的伤,像是在腿部负的伤。他受伤以后,要养伤,记得当时我们还给他一个卫生员,给了他点钱,一方面养伤,另一方面给了他有任务,叫他到筠连,打开这个口子。因为筠连还是白区统治,留他下来在筠连开展工作,顺便把镇雄、威信及云南,把川南打通,是交了任务的。他在游击队中的情况我是清楚的,他是共产党员,是红军干部,我是可以负这个责任的。至于留在地方的情况我就不清楚了。

关于共产党员,老红军问题。这个用不着再去调查了,我、曾广胜、李桂英都可以作证,老红军现在健在的也不多了,有的是战场上牺牲了,有的被敌人杀了,有的因病去世了,幸存者不多,又在〔到〕哪里去调查呢? 调查谁呢? 关于恢复老红军、共产党员的问题,用不着再去调查了,老红军、老党员是事实嘛。中组部的 24 号文件规定,主要指现在还活着的人,胡紫键同志已经去世了,又不要你把他恢复来继续过组织生活,党籍问题用不着再由组织部门又去调查,人已经死了,再一调查又不知调查多久? 三年吗还是两年,又会拖到什么时候,胡紫键同志是党员,

是红军,这是事实,请你回去转告县委,请县委考虑!

胡紫键同志可否作烈士对待?这个问题,才要调查上报,如果作为烈士,就要宣传胡紫键同志的革命事迹,教育青少年,使他们知道革命老前辈,为革命不怕艰苦,流血牺牲,今天的革命成功是不容易得到的,使下一代继承革命的传统。

关于胡紫键同志负伤后,留在地方工作,是我跟他谈的话,交待了任务的,是毫无疑问的,这一点我是记得清楚的。前次我们到筠连时,与党史办、六办的同志也讲了这个问题,这是当时的事实。老红军和共产党员问题,我和曾广胜同志都可以作证,我们也是直接的上、下级关系;我是胡紫键的上级,曾广胜是他的下级,如果组织部门要调查,还是只有找我们这些现在还活着的人。在当时的战争年代里,胡紫键、曾广胜、我都是那次大战后17人的幸存者,我们都是活着的证人,不可能由死人来作证嘛!这一调查又不知胡紫键同志的问题拖到何时才能解决!建议你们尽快解决胡紫键的问题,他是共产党员、老红军、老干部是事实,没有再去调查的必要了。

你们在解决胡紫键同志的问题时,文字要简短,不要啰嗦,就要〔可〕以写:"胡紫键同志是共产党员,是老红军,老干部,给胡紫键同志的一切不实之词应予推倒"就行了,主要是把胡紫键同志的身份写清楚,他原是支队长,支队长就是团级干部,又任参谋长,是"中国工农红军川滇黔游击纵队"的参谋长。

对胡紫键同志的问题,前次我到筠连就与你们统战部的郑部长讲过,这次在宜宾又与你们的沈部长和另一个在宜宾开会的同志(指彭家相)讲过,落实胡紫键同志的问题,是对死去的同志负责,对家属负责,对党的政策负责,是体现党的政策的落实。你回去向县委反映,要承认他是党员,是红军干部。对遗属的问题,请县委考虑,胡紫键同志为革命长征,走后老家的亲人全部被国民党杀光,现在就只剩下这样一个独苗苗,像这样的遗属你们筠连有多少?革命成功后,又在我们的监狱关押死,我们今天的革命胜利是鲜血换来的,对胡紫键同志的遗属请县委好好考虑,怎样来解决?

刘复初同志在古宋招待所十号房间的讲话记录

参加人:刘复初夫妇、胡文钰、胡庆莲、占林生

时间:1984年6月20日上午

记录:筠连县委六办室胡文钰

(系记录整理,未经本人审阅)

### （四）关于胡紫键（胡志坚）留地方养伤的证明函

小石同志：

你邮来的贵州留影已收到了，谢谢！

据说筠连法院已为胡志坚受害的冤案平反，这表明在政治上与党中央保持一致的行动，也是筠连党史办的同志们坚持原则的结果。为此我很赞扬，但在政治上恢复名誉也是必要的。胡志坚是老红军、老党员，必须承认。胡在红军长征中留在游击队工作，曾广胜、李桂洪〔英〕、陈兴才〔陈彪〕等同志也能证明，胡留下养伤并作〔做〕地方工作，是特委决定的，我主办的，并已作证。胡志坚的历史问题，应作出正确的结论，请肖书记、郑部长支持，及早为胡志坚落实政策，甚感！

祝

你安好！

刘复初

1984 年 8 月 24 日

（中共四川宜宾市委党史研究室提供）

## 我和刘复初的关系

蒋一平

一、我和刘复初是怎样认识和发生关系的

刘复初是我的同乡人，又是我的一个堂祖母蒋刘氏的后家侄孙的儿子。幼小的时候，我们又同读过小学半年，但因我读高小和中学的时候都在泸州华西附小和中学，和刘复初很少往来，只是认识而已。1934年秋，我从南京镇江下蜀桥头镇安息日会所办三育研究社读了两年大学，因经济困难不能再读，辍学回川，安息日会派我到成都传道，当时川西安息日会会〔长〕正是十思礼，他派我到崇庆州去传道。这时，大概是7月间，我在成都街上会着刘复初，我到崇庆州去走了一趟，回成都后，教会就决定我在成都白家塘街安息日会传道，又教了小学的课程。刘复初和我会着以后，他常到我的住处来耍，还介绍了一个女同乡刘为星住在我处，说刘为星经济困难，要我帮助（刘为星现在峨眉县，她的男人方孟涛在峨眉人民医院工作，方已死了）。

刘复初对我说他在邓锡侯部队特科司令部营里当书记，我到他那里耍过一次。1934年冬，刘复初来我处告别，说他要到上海去找工作，我还写了一封介绍信给他交同乡人卢德泉（上海靶子路疗养医院护士）介绍复初住在卢德泉处，节省一些食宿费用。1935年秋，安息日会贵阳教会把我调回贵州教会传道。因我爱人刘孟辉在孕期，我和爱人一道回古宋看看父母，等我爱人生了小孩子满月40天后再去贵州。这时，古宋教育局长谢绍模（莲花公社人，前几年已病死）来到家找我，对我说刘复初是他学生，误入歧途当土匪，要我帮忙劝刘复初回来，我说这事我帮不到忙，拒绝了谢的请托，因我内心知道刘复初不是土匪，而是共产党人，是为革命事业。在我爱人生了小孩后满月40天，我就离家和爱人一道从重庆到贵州去了。到了遵义，安息日会会正〔长〕李万全要我在遵义传道，接陈策侨的事，陈调贵阳教会传道，我就留在遵义传道。

二、我是怎样认识刘云并介绍刘云跟我的兄弟蒋丹青到川南游击队刘复初那里工作的

我在遵义传道期间，因我喜看进步刊物，常在文仁书店看书报，还订了许多周刊生活周刊等，这时我认识书店学徒王光湘，又认识了常到书店来看书报的刘云，刘云看见我常在两家书店阅读进步书刊，他就和我接近常到我的住处耍。后来

他对我说他是在北方参加共产党的,我认为他既是共产党人,和我交朋友,我就把我和刘复初是好朋友的情况告诉了刘云,也把我和刘复初的情况告诉了王光湘及另一书店的邱若萍和一个在师范读书的学生姓李,湄潭人,名字忘记了。另一书店还有姓曾的和姓罗的青年也和我建立了初步的感情,大家都认为是革命同路人。

1935年冬,安息日会调我仍回清镇芦荻哨传道和教小学,这时我的兄弟蒋丹青从重庆到了遵义,我在贵阳教会开会后,回遵义搬行李,我的兄弟蒋丹青同我去贵阳,蒋丹青认识刘云是我介绍认识的。我到了芦荻哨后,刘云来我处要,我们大家谈话中,蒋丹青和刘云都表示愿去刘复初处参加革命,要我写封介绍信,蒋丹青原来是和刘复初认识的,我在介绍信中说的刘云是革命朋友,他说是共产党人,愿意参加游击队工作。当时我只知道刘复初的游击队在川滇黔一带,他们去时究竟在哪里找着刘复初我不知道。还有一个阮俊臣的老表傅忠义和蒋丹青、刘云一路去水潦找阮俊臣。

在蒋丹青、刘云到达刘复初那里后,蒋丹青给过两封信给我,叫我给他买些西药及统绒衣裤寄去交给云南威信罗布的小学叶培根转江光尔收。后来,大约是在1936年冬天,我的大哥蒋伯平从重庆宽仁医院给我来信,说是兄弟蒋丹青离开部队到了重庆医院。刘云到刘复初那里后,一直没有和我写过信,直到1937年冬,刘复初从泸州第三监狱释放出来,我和刘复初到了重庆住在宽仁医院时。有一天,刘复初和我刚从楼上下楼,在楼梯上突然看见刘云上楼去,我们大家招呼了。

1959年,重庆来人了解刘公达,我说不认识刘公达这个人。了解的人问我认不认识刘云,我说我认识刘云,并把怎样认识刘云及我的兄弟蒋丹青去云南刘复初游击队参加革命的经过告诉了来了解刘云的人。后来,他对我说,刘云是老特务,还和刘复初一道去汉口会叶剑英。这时,我才晓得刘云是特务,是假装革命和我接近的,我受了他的欺骗。我想起遵义大逮捕及我在都匀被捕的事,我认为是与刘云有关的,我把情况介绍给来了解的人。他说,刘云已经〈被〉逮捕了。但来了解的人是哪个单位的,我不知道,他穿着黄制服,我想他是公安部门的人。

三、我所知道刘复初是怎样释放出狱的

1937年秋,在卢沟桥七七事变以后,因我在都匀被捕以后,安息日会李万全及其他忠实于外国人的走狗，都说我是共产党，是宗教教徒，我就决定请长假，离开了安息日会，从都匀起身回古宋家乡。是年冬在泸州和我的表兄刘家辉在泸州大北街开成衣店，知道刘复初关在泸州第三监狱，我去看他多次，并替他打了两次电报到南京给叶剑英。电稿是刘复初写的，打电报的人是我。电报内容是请叶剑英设法营救刘复初出狱，不久刘复初释放出监狱了，说是西南行营主任贺国光给泸州闵专员的电，让闵专员释放的。

刘复初出狱后，住在我处，他去会了闵专员，他说专员送他两百元旅费到南京。他约我一道去南京会叶剑英。我和刘复初一起到了重庆，住在宽仁医院，因刘复初的叔公刘炽昌在医院工作，我的大哥蒋伯平也在医院药房工作。我的大哥不同意我去南京，怕我走后泸州生意失败，影响家人生活。我在重庆住了几天，就和刘复初告别，回泸州成衣店经营生意。

1938年春，刘复初从汉口回泸州来我处，他说叶剑英让他收容旧部北上抗日，他还拟了一个收容旧部的文稿，就和常复伍一道从泸州回古宋。后来由古宋返泸州，他对我说，旧部大多被水田寨郑孔昭杀害了，少数流散在川滇黔边境，无法收容。他说他要去延安，在泸州没有住几天，他就和常复伍去延安了。他到延安后，在抗大时及在晋察冀边区时，都有信给我，1945年他回延安，又给我一信。解放后，他也给我来过两封信。1957年我犯了错误，我就没有和他通信了。

介绍情况人蒋一平
1970年12月22日

（录自云南威信县委党史研究室档案，全宗号1，目录号18，案卷号63，第25页）

**(1) 有关战斗**

## 红军游击队的大石盘战斗
### 黄兴武

1935 年 3 月,红军游击队在余泽鸿、王逸涛等带领下来到我们大石盘,住在学堂湾、新庄湾、新佛寺庙内、园石板、瓦匠坪休整。第三天(3 月 26 日),天刚亮敌人就来了,从瓦匠坪方打响,红军就往观音岭上冲。谁知敌人已先爬上去了,又把红军打下来。又从新庄湾的水竹林中打向鸡板石。敌人追的〔得〕很紧,只听到竹林中的子弹飞得响,有的同志东西都挂了。我跟第二中队走。到鸡板石,看到后面小分队有 10 多个同志倒下了。有一个女红军哭着要冲回去报仇,把她强拉下山,后来听说是李桂洪〔英〕。她的爱人戴元怀牺牲了,同志们都很尊敬他。我听同志们讲,李桂洪〔英〕几天饭都不吃。余政委去做工作,她好一些。我们开到长官司又遇到国民党军打我们。

黄兴武(老游击队员,73 岁,现住石碑乡)回忆

赖青、王德勋、陈国辅记,1983 年 5 月 17 日

(录自《中国工农红军川滇黔边区游击纵队斗争史》编写组编《中国工农红军川滇黔边区游击纵队斗争史(副本)·下册》,1985 年印行,3—19)

## 红军攻打水田寨
### 郑少成

记得红军过后的那年，水田寨是陇承尧霸占，这里驻扎有独立营的三个连，就是宗吉武、彭兴州、张仲三。陇承尧也在场。郑耀东、郑相谷被赶到坛厂。

郑耀东、艾宗藩勾起游击队的人（王逸涛）来攻打水田寨的陇承尧。

游击队从坛厂来，走关口、石头坳，分作养天窝、格照湾、大山坡三股路进攻水田寨。这时的红军有300多人，郑家有六十人，艾宗藩有八十人，陇家有200多人。从天刚亮进打起，进攻田坝头，陇家的人被打跑，退到碉头，其余的赶出水田寨。天将亮时就打起一直打到天黑，包围攻打的是洋房子围墙头（郑绍尧的碉），田坝头大元头一开始打就被打跑了，那两处刁〔吊〕着打才打到天黑。

红军游击队和艾宗藩的人被敌打伤亡十多个，其中有个董大队长牺牲了，把尸体带去了坛厂。牺牲的都弄走了。还说这次打了以后，准备以后继续来打。这样当天晚上和第二天早上陇承尧的人就全部撤走了。

第二次冬腊月，郑相谷、艾宗藩带人来到水田寨，陇家的人，就开到龙洞老乌沟围着陇的副营长廖吉三的碉〈堡〉，当时有二三十人，抓了十多个，勾转了肖银华、刘银兵、银强班长，打进去活捉了廖，缴获了几十支枪。

调查走访郑少成（男，现年69岁，家住水田区水田乡格照坝，曾在艾宗藩部）材料

走访：常宗德、雷吉常

1983年12月9日下午

（录自《中国工农红军川滇黔边区游击纵队斗争史》编写组编《中国工农红军川滇黔边区游击纵队斗争史（副本）·下册》，1985年印行，3—34）

# 游击队在罗布坳的活动情况

胡聪亮

红军游击队来到这里,给学校叶培根建立了关系,把伤病员安排在我们海吉来养,曾参谋长受伤也来在〔住〕了一段时间。纵队住在罗布沙坝时,珙县洛表的李振武和江安的马担如带了五六百人来到罗布坳碾子湾,旗子插在街北后来打游击队。这时游击队在郭腾坡上观察了敌人的情况。突然从回龙山上猛烈射击,将李部的旗杆打断,旗子打倒,李部看见游击队打起来,就赶快撤退,游击队以一个中队猛冲,由两个女红军带队,将李追下两合岩。李部死了三四个,滚岩受伤的十多个,丢了十多支枪。以后,李振武再不敢进入威信境内了。

我有个兄弟叫胡聪乾也参加了红军游击队,回家后被张占云杀了。

我兄弟在1936年底被俘,地点是在杨家湾,关押在重庆,放回来后,准备去取枪,说他还藏有一些枪支在杨家湾,并带着我们几个人去取回这些武器。他和周光伦、周光贤和一个姓□的,在准备去的时候,有个牟德方、张廷荣,二人知道,牟、张二人是张占云的部下,就告诉张占云。因此,张就把周光伦、周光贤和我三兄弟杀了。

游击队〈在〉这里活动的时候,有许多伤员就寄养在我们这里,主要的有个是曾参谋长,因检查俘房,炸着右手四个指头,就在此治伤口。那时与罗布学校校长叶培根(四川营山人),有一些关系。徐策留有警卫员赖老幺、李光尧等人在那里,并随时给曾参谋长通信送医院和吃的。后来彭兴周发现叶培根有问题,就叫他的师爷樊根尧来接替叶的事情,并将叶培根杀了。

有个刘海云和曾顺英是两口子,江西人,说曾顺英是曾参谋长的妹妹。二人在准备回江西,到了高田后山,被民团抓着,把刘的手续撕烂了,把曾顺英抓走了,送往扎西,到县府,说介绍给陈沐林,不久逃跑了。此人前些年听说写信回来罗布找刘东生,他们这里不清楚,把信退回去了。此地有刘海云女儿刘整凤、女婿陈沐刚,住在瓦窑坝,刘海云在海吉住到解放,当了农会主任,后病死了。

此地养伤的红军还有姚三班长、王二班〈长〉等人,这些人后面都回部队去了,曾参谋长也是回部队当参谋长去了。

徐策、王逸涛他们带部队来这里,在罗布人沙田开贫民大会,后又在簸箕坝和董家庆开过会。

徐策带部队还跟李振武的民团打过,把李的人从罗布坳追出去,一直打到两合岩,打死李的两三个人,追跳岩十多人。

张占云、王税阶、张思齐的人要抓我,说我通共,我就跑在殷禄才那里去了。进去不久,就被滇军围在大硝洞。以后我还跟着去打军车,地点在长秧坝。

口述人:胡聪亮

1983 年 4 月 12 日

(录自雷吉常《胡聪亮回忆游击纵队在罗布坳的活动情况》,1983 年 4 月 12日。威信县委党史研究室档案,全宗号 1,目录号 18,案卷号 63,第 42 页)

# 马店坡一战

聂期麟

1935年5月22日(农历四月二十)凌晨,中国工农红军川滇黔边区游击纵队从洛亥出发,向洛表方向运动。洛表是当时南六通往云南昭通地区的必经之路,布客烟帮云集于此,是珙县重镇之一。是时,叙南保商团第三大队驻扎于斯。

该队前身系各地招安匪徒,有充分作战经验,是一伙十足的亡命之徒。国民党反动派正是看中他们既敢亡命,又是搜刮民脂民膏的黑手,故于〔予〕以收买网罗,组成所谓"保商团",实则是反动官僚手中聚敛民财的一群猎犬。第三保商团装备精良,有160余人,以洛表地头蛇李振武为队长。奸诈过人的李振武早知红军游击队的厉害,探得游击队已到洛亥,即赴洛表,便托病离队。

敌县长急令洛表大地主、团总李腾香为保商队特派员,代行李振武职权,率队阻击纵队。人称"坐地虎"的李腾香,为人手段凶残,贪得无厌,是洛表地区地主阶级的政治代表人物,今得上司宠信,佐以军权,尤为猖獗,即令保商队于4月19日深夜三更造饭,四更出发,视督全队人马预伏于马店坡上(今民胜乡五星大队)。这马店坡地形险要,易守难攻,是洛亥至洛表必由之路。

5月22日拂晓,红军纵队尖兵班行至马店坡下之七星桥时,保商队从山上以密集子弹往下倾注,纵队被阻于山下不能前进。司令员王逸涛(后叛变)不明敌情,急欲行军,令第一大队往山上硬冲,盘踞山顶的敌人,弹药充足,且居高临下,见纵队发起冲锋,炮火更加猛烈,一大队被压回来。王逸涛火起,令第二大队冲锋,仍不能取胜,如此者三,均被敌方强大火力压回。中队长樊俊臣、班长刘中奎、警卫班李班长(后死亡)等中弹负伤。政委徐策见此情景,知遇劲敌,不能硬攻,改令第一、第二、第三大队(已暴露的兵力)在山下列成阵势,佯作全力强夺山头的架势,以诱惑敌人,另派特务队隐蔽迂回包抄敌尾,前后夹攻以破敌阵。

特务队行至太和时(今复兴乡七星大队),前任洛表团总强能光,出于地主阶级的反动本能,狗胆包天,率十名家丁妄图阻击去路,被游击队当场击毙一名家丁,余全缴械。旋即经花竹林,越谷王庙山埂(今民胜五星大队),逼进马店坡后,在保商队背后猛烈开火,自鸣得意的李腾香正全神贯注地指挥保商队与佯作攻势的游击纵队战斗,忽神兵天降,后院起火,知大势已去,怕狗命难保,丢下队伍,慌忙上马,朝麻粮坝方向落荒而逃,主将奔逃,敌营大乱,纵队乘势夹攻,打得敌兵屁滚尿流,仿效主子,争相逃命。

纵队大获全胜后,立即整顿队伍,迈着雄伟步伐,于当日进驻洛表镇。

保商队是珙县地方武装的王牌,马店坡一战被打得丢魂失魄,各乡镇团队闻及,个个心惊胆战,此后红军游击队所到之处,无敢应战者。

聂期麟(原红三军团野战医院卫生员,川滇黔边区游击纵队通讯员,现住四川珙县)口述

1983 年 9 月

记录人:余志鹏

(录自《中国工农红军川滇黔边区游击纵队斗争史》编写组编《中国工农红军川滇黔边区游击纵队斗争史(副本)·下册》,1985 年印行,3—40～42)

# 关于寄养伤员、袭击王场

聂期麟

珙县王场地势偏僻,乃国民党反动势力薄弱地带,更因与云南大雪山接壤则纵队出没通道之一。

5月22日(农历四月二十)马店坡战斗后,纵队领导决定把伤员寄放在反动力量比较薄弱的王场。24日凌晨,有20名纵队战士,身着农民服装,背着果底背篓,手拄拐钯,掺杂在前往王家赶场的人群中。当时因官府严令各地加强民团,阻击游击队,乡、镇保甲乘势勒索钱粮,征丁。当20名化装了的游击战士进入乡公所时,乡丁们误认为是应征送粮的民夫,吆喝道:"团总不在,明天来背。"乡丁话犹未了,只听得:"不准动! 举起手来!"一声号令,如雷贯耳。20个憨朴的民夫霎时间变成了雄赳赳气昂昂的武士,手持亮堂堂的短火,闪着锐利的目光,监视着乡丁们的行动和来往通道。团丁们只吓得魂不附体。一个个规规矩矩解下枪弹求饶不迭,计缴枪14支,弹药无数。然后把乡丁们集合起来,宣传我党我军号召全国人民、团结对外、抗日救国的主张。最后给乡长邓增九留下口信说,游击纵队准备在王家寄养几个伤病员,只准保护,不准伤害,违者严惩不贷。团丁们诺诺连声。

纵队进入王家后,指战员立即分头展开各种宣传活动。有的找保甲长谈话,女红军李桂英在邓术卿店内(现王家供销社收购站内)召集街民讲话。她十分亲切地询问了大家的姓名、职业、生活状况,讲解了许多革命道理之后,恳切地向大家说明游击队存在的困难,准备寄养几个伤病员在王家,望乡亲们支持。到会乡亲表示愿意协助红军游击队解决困难。女红军向大家致以谢意。会后留下了医生王仕其夫妇进一步商谈。

(录自《中国工农红军川滇黔边区游击纵队斗争史》编写组编《中国工农红军川滇黔边区游击纵队斗争史(副本)·下册》,1985年印行,7—24~25)

# 王逸涛逃跑情况

## 黄树清

部队从宋家山开到凤阳的邓家坪,因徐策的战马跑了,跑到巴登云那里。王认为要出问题,预兆不好,当晚王逸涛就和王元德两兄弟逃到叙永去了。只有他两人身带两支手枪,未带有别的人,第二天清早点人数只跑了他二人。

黄树清(原纵队警卫排班长)

走访记录人:雷吉常

1970年3月29日

(录自《中国工农红军川滇黔边区游击纵队斗争史》编写组编《中国工农红军川滇黔边区游击纵队斗争史(副本)·下册》,1985年印行,3—36)

# 游击队在朱家山

陈　宏

此后，我们即在黔境放牛坪附近驻扎，渐与团队接触，枪械颇有增加，最近闻王逸涛在南六县，仍由二郎滩渡河，经太平渡至朱家山。与王逸涛合股，王队有枪330余支，手枪30余支，冲锋枪6支，人有500余人，会股后，编制为两支队，另一特务大队，每支队辖三大队，每大队有人枪100零。第一支队长为张凤光，第二支队为刘干臣，支队上设指挥部，参谋长原系曾全（春）鉴：曾因弄手榴弹手被炸烧。在罗布坳调养。未随队走，即由我代理参谋长，余泽鸿为政治部主任，李桂富（英、女性）为宣传员，尚有一女指导员名士英（不知姓），闻受伤。

据徐策报告，滇边及南六各县群众条件、军事条件均甚适合。我们即移南六作为根据。殊行至长官司，是夜开会，拟在南六边境择一适当地方，大训屯驻，组织群众，以小部队打游击。次晨将向建武道上前进，即遭你们痛击。激战数小时，当将张凤光击毙，徐策右胸负伤，我也负伤。重要人多半伤亡。

注：据组织史资料，陈宏（陈龙）曾在曾春鉴之后，代理过游击队参谋长。所以，此文作者应是陈宏。

（录自四川省档案馆《红军长征过四川》资料——敌方文电第十五卷，第1471、1774页）

## 朱家山会师和红山顶战斗

潘孝康

时间:1986年1月13日

地点:长安镇潘孝康家里

口述人:潘孝康

走访人:黄健、杨应村、宗剑、张志雄

我是1935年六月初二(7月2日),红军游击队从长安经过时,在长安海坝头参加队伍的。当天晚上住柏香坪的庙子头。第二天早上队伍开到沙子坡吃早饭后,司令部抽调了40余人装成便衣队打前站,预备队居中,大部队随后,向扎西挺进。当大部队到了财神庙时,便衣队也进入扎西,包围了狮子营。大部队一进入扎西,就对狮子营发起攻势。但由于狮子营地形难攻,一时没有攻上去。在进攻的中途,留后侦察的红军游击队员报来消息说,镇雄独立营从瓜雄方向追来了。部队停止了对狮子营的进攻,在老街抄了几家土豪的家,拿了一些钱和猪油等物,马上向四川方向前进。

部队走到关口坳时,住在狮子营内的敌人组织人马向部队追来。司令部马上组织反击,很快就把敌人打垮逃进狮子营不敢出来。部队当晚住双河场。六月初四,进入四川分水岭,并在分水岭街上抓住了一个姓巴的敌乡长。由于这个姓巴的乡长罪恶不大,经司令部教育,后由家里拿1000元钱放回去了。部队在分水岭没有发生战斗。当天部队就到了朱家山,队伍就在朱家山宿营。住下后司令部把队伍集中起来,由一个姓徐的首长(后来听说叫徐策)讲了话,记得他说:"同志们辛苦了,我们的队伍要在这里住几天,不准乱拿老百姓的东西……"部队在朱家山住了7天左右时间。在这段时间里,部队给老百姓搞文艺宣传,发动群众,并帮助老百姓薅包谷,还搞练兵,搞军事演习。部队在朱家山住下的第四天,从贵州方向开来了一支队伍(黔北游击队)和我们会合,部队首长和战士们都很高兴,并由司令部出面向老百姓买了好几头肥猪,并买了烧酒进行庆贺。司令部徐首长和其他几个领导都讲了话,他们说:"我们的队伍越来越强大了,从贵州来的队伍和我们加在一起,快到1000人,同志们要有决心,只有打倒国民党,我们才有好日子过……"在朱家山住的几天里,当地的老百姓对部队很好,有些老百姓送给部队一些粮食、海椒、蔬菜等东西。部队休整七天后,司令部作了战斗动员,说要打到四川去提周化成(国民党的一个头头)的枪。

队伍转战到了四川长宁一带和川军打了几仗,就开到了长官司(今旧城)。在长官司住了一晚上,司令部传令炊事班造饭,天不明吃,天明起程去打大坝区公所。但由于炊事班把传令听错了,天明才吃饭,部队开到红山顶上的一个坪子作战动员时,已经一大早晨了。

战斗动员还没有结束,侦察兵报告说山头发现敌人,部队马上进入战斗和敌人展开了激战。司令部组织力量打反击,几次把敌人打退。敌人被我们打慌了,向我们投来的手榴弹连保险盖都没有打开。部队战士们捡着不少敌人投来没有炸的手榴弹,我也捡着两颗手榴弹。

在和敌人的遭遇战中,由于阵地对我们不利,加上那天早上雾太大,太阳是从敌人占领的山头向我们的阵地照来,经过好几次冲锋攻不上敌阵地去,我部队伤亡很大。我是二大队八班,就连我的班长都牺牲了,我也负了伤(大腿),被两个担架兵抬到司令部和卫生队的所在地(记得是在一条沟头),由一个男卫生员帮我把大腿里的弹头用止血钳夹出来。我抬头一看,整条沟里都是伤员,可能有100多名。后来部队从山上被敌军打退下来了,一个姓李的女同志(首长)手里拿着手枪,大声喊:"同志们不能退,不能退,一定要顶住……"但队伍还是退下来了。

卫生队的战士们砍了一些木条来做成担架抬起重伤员(轻伤员被战士扶起来)后撤,一直撤到过了长官司的河,上了一个山坳头(蚂蟥坳)才摆脱敌人的追击。部队在坳上清点人数时,伤员100多人,死80余人,司令部那个姓徐的首长也负了重伤。部队前进到罗布坳时又与滇军独立营遭遇,部队伤亡很大。当晚退至簸箕坝宿营。第二天部队不知去向。

我和十多个伤员住在一家姓肖的老百姓家里,几天后我就经三口塘回家养伤。后来游击队又从长安经过时,我又找到二大队长要求和部队一起走。二大队长见我伤未痊愈,就发了三块钱给我,叫我安心养伤,等伤好了后才来接我。后来由于情况变化,我就没有再去参加队伍了。

(录自中共威信县委党史研究室档案,全宗号1,目录号18,案卷号134,第22页)

# 参加游击队的自述

李顺堂

那是 1935 年间,刘复初来到四川朱家时,朱家就叫人将他带来找吴锡州,因吴锡州拖有人马。刘复初来后,为了扩大队伍,就找吴锡州做工作。当时刘复初是住在安稳坝。随后我们就参加刘复初的革命队伍,那是 1935 年 7 月间。吴锡州在刘复初部下任小队长,我就在吴锡州部下任个小班长。

我曾经参加打过大乐瓦、筠连、斑竹塘、镇雄县的罗坎等火线〔战斗〕。在罗坎队伍就被打散,后来队伍就转移到安稳坝。当时因刘复初带病,随后刘就被川军和滇军抓走。这时,刘复初的队伍全部被打散了。尔后我就逃到四川〈珙县〉王场杨国正的铁厂里干活,直到 1947 年才回来,后又去参加四川筠连关田塆铁厂,直到解放我才回家,到今都是从事农业生产。

1985 年 12 月 29 日

(录自中共威信县委党史研究室档案,全宗号 1,目录号 18,案卷号 136,第52 页)

# 长官司这一仗

曾广强

游击队由叙永转移经过天蓬寨到威信长官司,准备由长官司下石碑口去打建武城。当晚司令员刘干臣来到我们住地,他说,长官司是威信旧县城,过去川南游击队经常来这里活动,与这里的群众关系很好。夜里,敌团首派了少数民团来骚扰我们,被哨兵就把他们追跑了。

第二天,在长官司吃了早饭,到城外集合队伍,准备向建武进发。撤回军事哨所时发现敌人已经占领了前面制高点,政委徐策向干部们说:今天这个仗,打,敌人居高临下,对我们不利;不打,我们也很难安全撤出去,而且我们有这么大的力量,不打就走了也不好。我们最好是打一下再撤走,使敌人不敢追我们。游击队组织队伍去抢占高地,组织了几次冲锋,因敌人火力较猛,山势又陡,都没有冲上去。徐策同志就带着人上前去指挥。我当时和供给处的后勤人员在后面没有参加战斗。据说敌人在山头上掘壕据守,把马尾手榴弹甩下来,我们战士抓起来又掷回去。敌人用机枪封锁路口,我们伤亡很大,伤员不断地撤下来,先听说副政委张凤光同志牺牲了,接着又说徐策政委也受了重伤。这时余泽鸿同志上去代理徐策指挥。经过反复争夺,连续打下了敌人占领的几个山头,伤员撤下,把死的同志掩埋起来,决定全体撤走。我们在下面的人员就先头渡河,掩护前边撤下来的人员。敌人追我们到河边,不敢来追。

这一仗,从早上打到中午,五六个小时。游击队伤亡了八九十人。徐策同志胸部负重伤,抬到罗布坳时,遇到滇军打起来,他就不准大家再抬着他走。他说,我已经不行了,现在敌人又打起来,你们不要再抬我,赶紧参加战斗撤离。警卫员不愿离开他,坚持要抬着走。他命令把他放下。大家把他放在包谷地里就牺牲了。部队边打边向山坡上撤离。整整打了一天仗,行军跑路,到黑了才在山坡上弄到一些洋芋吃吃,大家都喊头昏。幸好敌人天黑时也不敢追来。

(录自《中国工农红军川滇黔边区游击纵队斗争史》编写组编《中国工农红军川滇黔边区游击纵队斗争史(副本)·下册》,1985年印行,4—11~12)

# 川滇黔游击队在长官司、罗布坳作战的情况

## 郭玉正

川滇黔游击队成立后,往川南进发途中,在双河场打了一仗后开往长官司就遇火线。打了一天,太阳落坡撤到罗布坳。我带了一个勤务兵、一个通讯兵、一个医生随同两个老百姓抬着徐策进场口,就和敌人打起来。将徐策抬到黄桷树下,他就命令把他放在那里,各自撤走,不要牺牲了谁。我们边打边退,就上坡了。后面部队就走下面过河上坡,徐策后来怎么死的不清楚。碾子湾死的人是从长官司打负伤以后抬来被敌人打死的。曾兴恢就寄在罗布坳那边老百姓家治疗,被独立营搜去的。徐策在长官司负伤打着胸部。此仗牺牲几十个人,负伤的也多。

郭玉正,红军川滇黔游击纵队第四大队第二分队队长,家住董家庆。

(录自云南威信县委党史征集研究室编《威信春晖》,1993 年印行,第 394～395 页)

# 筠连——我们曾经战斗过的地方

曾广胜

在 1935 年到 1936 年间,我和战友们曾多次在筠连的土地上打土豪、惩恶霸,宣传党的主张,撒播革命火种,迄今将近 50 个年头了,但有两三件事,却记忆犹新。

## 大雪山整军

1935 年 7 月,我们纵队在长官司受到敌周化成、赵里龙部的"围剿",因军事上的失利,导致政委徐策、副政委张凤光等一批指战员壮烈牺牲。在这危难关头,余泽鸿继任政委职务,率部队进大雪山休整。在山林里,司令部宣布了整军命令,对部队进行了政治上和军事上的整顿。余泽鸿同志总结了长官司战斗的教训,分析了当时的敌情,鼓励大家继续战斗。他说,我们虽然牺牲了这样多人,但敌人的牺牲比我们更大。今天,我们要把队伍整顿好,准备重上战场,为死难的烈士报仇,为千百万苦难同胞打天下!他对我说:"你原是黔北游击队负责供给工作的,现在军事上需要你去第六大队任指导员兼大队长,带兵打仗。"我响亮地回答:"我是从中央苏区出来的,我在兴国县还是模范战斗员,我坚决听从司令员的指挥。"其他同志也表示踏遍川滇黔边区山山水水,吃苦耐劳,革命到底。

经过整编,部队仍保持六个大队的建制。全队士气高涨,溢〔扬〕溢着旺盛的战斗力。

## 巡司场破敌

打巡司场时,我们的便衣队先去把区公所占领了,敌人还不知所措。我们的便衣队是一个灵活机动的战斗队,到云南就背起背篓,到四川就挑起包箩,使敌人摸不清虚实。我们的便衣队一到区公所门口,"嚓"一下拉出手枪,指着敌卫兵说:"你动,动就没命!"逼迫敌卫兵缴了械。那天,巡司场正在演戏,有的敌兵还在戏场中看得入迷,一听有响动,急如热锅上的蚂蚁,乱叫着:"红军来了,红军就要进街了!"哪晓得,我们早已进街,连区公所门口的卫兵都被我们换掉了。看戏的敌兵一拥就拿起枪想和我们作对,我们端着快慢机怒吼着,命令他们缴械投降。敌人被俘了,二三十支枪被我们夺了。

解决了敌武装,我们照例没收了土豪的东西分给群众。吃饭的时候,我们让俘虏先吃,并发给了路费。向他们说:"你们回去种田也好,作〔做〕什么活都好。即使反动派还要逼着你当团丁,那碰上我们就要缴枪,退快点,只要缴枪,我们还是发给路费。"

这次打巡司〈场〉,我们是从镇舟方向下来的,那天天气很好啊!夜里,明月照着我队在卡子上警戒,青山陪着战士们过夜。

### 筠连城告捷

大雪山整军后,司令部就提出了打筠连城的任务。

1935 年 8 月 29 日(农历八月初一)约五更时分,我接受了任务,向第六大队的同志们进行了政治动员。我说:"为烈士们报仇的时机到了,大家要鼓足勇气,随时准备同敌人拼刺刀,甩手榴弹,一定攻破筠连城。"天还未开亮口,我们踏着滑溜溜的山路出发了,这天,恰逢我第六大队担任前卫。

我们刚走拢古楼坝中的一个小山包脚下,就和敌人遭遇上了。敌人很狡猾,立即抢占了小山包,居高临下,向我们扫射。凑巧,那时天正下雨,山上有雾,目标不明。我顿时想到,我们的主攻任务是筠连城,后续部队接踵而来,道路不能不通,时间很紧迫。于是,我命令战士们投上刺刀,冲锋向前,连射带刺。我的手枪连发了三弹,大家一跃而起,跟着我冲了过去。山包上的敌人虽有草丛、土坑作掩体,也难于支撑,晕头晕脑地跑散了。这一遭遇战中,我一战士壮烈牺牲,十多人挂花,敌人也有伤亡。

古楼坝的拦路虎挨打,城内守敌闻风而逃。我们乘胜直冲进筠连城,一路都是肩枪刺刀。我队追到一个庙子里(庙门向高县,据说是南华宫),原在那儿的敌军早无踪影,只有 90 多支枪和一些子弹挂在壁头上,充作了我们的军器。我们继续向前追了一程才返回北门,警戒在去高县的场口。几乎在我第六大队进城的同时,另一个大队已登上峰子岩,对准几个碉堡,压着阵脚。其余各队各执其事。有的去砸监狱放犯人,有的去捣旧县府毁案卷,有的去打土豪济穷人,有的去写标语作讲演。霎时间,全城一片沸腾。

这次活动,政委余泽鸿、司令员刘干臣都是进了城的。我们攻破筠连城后,撤至李子坳宿营。在宿营地,余泽鸿同志总结了战果,表扬了第六大队。他指出,打破筠连城,在政治上的收获比军事上的收获大得多。

### 镇舟作宣传

1936 年的一天,我们游击队插到镇舟乡活动。在乡公所附近的一个田坝子中,我们碰上一个敌兵,打着粗绑腿,身背五支枪,走在田坎上。他一见我们,简直赫〔吓〕虚了火,一失脚就踩到田里去了。我们用枪口指着他,命令道:"你快上来,你不上来,我们马上打死你!"敌兵瞠目结舌,乖乖地把五支枪交给了我们。打进乡公所,我们又缴获了十来支枪。

镇舟有个学堂,刘复初司令员领我们进去休息。刘复初同志向那个教书先生讲,你以后利用教书的机会,在群众中、学生中,多宣传些穷人当家作主的道理,通过你的职业,为人民作贡献。又向俘虏作了政治宣传,启发他们不要再为反对派当炮灰。一个战士向着从田中抓来的那个俘虏幽默地说:"你今天辛苦了,一个人就背来五支枪,我们多发点路费给你。但是当炮灰的事干不得,谨防沙罐落地。"

筠连的一草一木,筠连的老百姓,同游击队是有感情的。由于那时战事频繁,我现在记得的不多了。

此材料根据曾广胜同志1983年10月22日在宜宾召开的云贵川边党史协作会议中的谈话录音整理,执笔人石明增,1984年6月16日。

(录自《中国工农红军川滇黔边区游击纵队斗争史》编写组编《中国工农红军川滇黔边区游击纵队斗争史(副本)·下册》,1985年印行,4—27~28)

# 黔北游击队在川南

曾广胜

黔北游击队是 7 月间才到川南这面来，打了长官司以后不久，就打筠连。

打到巡检司我记得清楚，我们的便衣队长把区公所都（攻占）打掉了，敌人还不知道。区公所门口有个庙子，打到巡司这一天，我们的便衣队走在前面。我们的便衣队是川滇黔边游击队的一个灵活机动作战的部队。随便到哪里，他们都走前面装成老百姓，到云南地区就背起背篼，到四川地方去就挑起包箩担，使得敌人摸不着头脑，他们以为便衣队是做生意的。但是一到他反动区公所门口，我们的手枪就拉出来把他指着，逼着他马上就要缴枪。在庙子门口住的敌部队，一些人正在看川戏，戏场中就轰动起来，"红军都来了，红军都隔我们不远了，只有几里路就要进街了。"看戏的敌兵，一轰就去拿起武器来与我们作对。不知道进都还未进庙子，卫兵都被换掉了，掉〔换〕成了我们的人，一下都是短枪（他们的人是步枪），个个都是快慢机指着他（的），就说："你别动，动就没有命。"我们的部队一下就把敌人的枪全部缴下来了，缴了二三十支枪。那个地方区公所不算很宽，民团不算很多。

打了巡司这一天，我们在那个地方也没收了土豪的东西来分给群众，又在巡检司召开群众大会。我记得打巡司那天的天气很好啊，夜晚的月亮很明亮！我这个大队担任筠连方向坳口上的警戒。我们到荒山上宿营住下来。我们游击队的司令部就派一个参谋另带两个中队，走到那里，他说："我们今天晚上去就是在扰乱敌人，不是别的什么任务哈，你们听到枪响，是敌人追我们，你们就直撵上来，敌人不追我们，你们就不上来。"抓得有俘虏，当时抓的俘虏给点钱就放了。

红军不杀俘虏兵，这是三大纪律、八项注意上定好了的。虐待俘虏就不行啦。哪个地方抓有俘虏，我们吃饭的时候，还先让他吃得饱饱的，吃饱了以后，我们就发路费给他，说："你们回去种田也好，作〔做〕什么活都好，如果反动派还要逼着你当民团丁，那你看到我们就缴枪退快点，就不要像（今天）样慢慢的〔地〕不缴枪哇，碰上作战的时候，你们快快缴枪，我们还是发路费给你（们）。"我们打区公所，土豪听见枪声就跑了，主要的我们就是解决（打击）反动武装。

打进巡司，部队是走镇舟方向下来的。

打镇舟那一天，就我记得镇舟有一个团防局，我们缴了他十多支枪啰。镇舟团防局的一个团丁,一个人就背了五支枪,走在田坝子中间,打的绑腿很粗,一下田他就走不得了。我们就不下田去,用枪逼着质问他:"你快点上来,你不上来,我马上打枪,就打死你,你上来,你还有命。"那个人规规矩矩的〔地〕把那五支枪一下背上坎来了。

镇舟有一个学堂,我们在那里休息。我们吃饭时候对那个俘虏说:"你今天辛苦,你一个人背了五支枪,我们多发几块钱给你。"比其他人多发点路费给他。

打镇舟不止一次,1935年打过,1936年也打过。刘司令员带领我们打镇舟。在一个学堂里面休息。

我们打筠连的时候,预先我们的部队在长官司受到周化成的袭击,我们的主要干部牺牲了,军事上失利。以后部队就转到大雪山这面来整编。打长官司以前,我是黔北游击队负责供给的。

以后在大雪山整军,余泽鸿政委就宣布整军命令。他说呀,今天我们在这里整顿队伍,为死去的烈士报仇,我们要把部队整理好,完成这个任务。我们虽然牺牲这样多人,敌人牺牲比我们大。他说:"曾广胜同志,你原来是在黔北游击队负责供给工作的,现在军事上的需要,要你来带部作战,第六大队的主要干部负伤了,有的牺牲了,现在没有领导,你不但要当第六队的指导员,还要兼任大队长,一个人兼两项职务。"我就说是可以。我说:"我是从中央苏区出来的,我在兴国县还是模范战斗员,应当要有种模范作用,去影响其他同志,今天整军以后,我就领导我这大队,首先响应司令部的号召,一定把部队带领好,为死去的革命烈士复仇。有什么艰苦的事情,我就先亲自带头参加。"其他有些同志也发言,表示艰苦奋斗,战斗到底,革命到底。大家都表示决心,发表了充分的意见。以后不久就到这面来。部队的编制还是六个大队,没有减少,只是人员有些调换了。

在大雪山整军以后,纵队政委这样说:"今天周化成这一点点部队,他奈何我们不了,你守到珙县,就守不到庆符,守到高县,守不到筠连,分不出那么多部队来布防,他现在的部队驻防主要在筠连县。他怕我们去扰乱宜宾这一带。"

他(余政委)说我们这一次就打筠连。

打筠连这一天,吃过早饭我就集合部队,进行政治动员,我说:"我们大雪山整军的时候,我已经提出了响应纵队司令部的号召,我们要坚决把周化成部打垮下去,要为我们的革命烈士报仇,我们的时机已经到了,大家要随时提高警惕,随时准备同敌人拼刺刀,甩手榴弹。"

天蒙蒙亮吃过饭,部队就出发了。我们走到古楼坝就碰上了敌人。正逢那一天起大雾,看不清楚,伸手都不见掌。敌人在山上听见我们的响动,他就喊:"做啥子的,做啥子的!"随即就打几排枪下来,我就叫我的部队不要还(打)枪,一齐都上起刺刀,我说我们的三八式刺刀今天就要显一下威风。我说是:"冲上去,你们就跟着我冲上去。"我的手枪连发了三枪,大家就一个冲锋杀过去,使敌人来不及还枪,〔他〕拼命地跑。你就〔要〕是慢慢的〔地〕乒乒乓乓打枪那就不行了,阵势就不容易一下结束,我们这个阵势打得勇猛(负伤也重),使敌晕头转向,没有什么办法知道我们有好多人。这样子敌人头都不敢回,拼命地就跑掉了,左几个,右几个,山上到处都是。我们一个冲锋就到那里,从小河沟那里穿过来。

小沟上有一个放羊的老百姓,恐怕有百十只羊子。再过去我就问放羊的老百姓:"到筠连还有好远?"他说,前面山上有个关,过了关,再过去就是筠连。我就说:"你慢慢在这里放羊,我们走了。"

我们一个冲锋冲到街附近,栅子门都关不赢了,这些地方都没有抵抗,一直就冲上街了,我队从街上过,刺刀都没有下下来,一路都是肩枪刺刀。追到一个庙子处,庙门朝着高县方向的,团长连裤子都穿不赢就拼命地逃跑了。枪和子弹一起都挂在两方壁头上,我们进去光是取枪取子弹,缴了80多支枪。我们继续朝前追了一段才转回来。我大队负责警戒高县方向,有一个大队住在(峰子岩)山上对准几个碉堡有的就追河那边去了,到处都有警戒。

打进筠连,我游击队首先就没收几家土豪的财物,并集中起来,就地召开群众会,分给群众,另一方面就派队伍把监狱打开来,把国民党县政府关的无辜老百姓一齐都放了,并且向他说:"愿意参军的就参军,不愿参军的就回家去,我们不强迫。但是,你们要到远点的地方去,恐怕我们走后,反动派还要拘留你们。"

另一方面,我们又派部队到田税管理处去搜查田契等材料,并将它集中起来,放一把火就烧掉了,到处派出宣传队,作战勇敢。打筠连,政治上的收获比军事上的收获还要大,抓到几十条枪,子弹也得到好多,对部队是个很大的补助〔充〕。

这天夜里,政委给大家讲:同志们打得很勇敢,整军运动上曾广胜同志表示的态度很坚决,今天的运动与他口头说的很相符合,今天已经办到了,希望大家都照他这样作〔做〕。以后打伏〔仗〕还要更勇敢,更多地消灭敌人。伤亡的双方不多,我们部队负伤十多人,我们冲古楼坝中的山包,有十多个受伤。打下古楼坝后,没有再放枪,夜里我们在李子坳住,敌周化成部朝着我们放枪,有的战士逗趣地说:

"我们来时你不放欢迎炮,我们走了你还放欢送炮哟。"

攻破筠连城,把敌人的威风打下去了,他是防也不好防,守也不好守。

打破镇舟后,我们就在学校里休息,学校有个教书先生,同他讲了些故事,刘司令给他做了许多宣传工作,刘说:你以后利用教书这个职务,很好地发动群众,学生中穷人多啊,我们干革命为穷人谋利益,解决痛苦;每一个人都要有这点精神,为人民作点贡献。

大乐瓦是有城墙的房子,四方都搞了城门(一样)。我们就说:"这是个大土豪啰。"据说是筠连的头等绅粮哇,第一个哟,缴了四五支德国快慢机,二十响的,两支冲锋枪,都是短武器。但土豪跑掉了,不知从什么地〈方〉跑了都不晓得,我们进到他卧室,床上还是热的,我们四面八方都搜查了,不知道有什么地洞,就隐逃了。

打到小乐瓦,确确实实有这个事,但是在打筠连城还是在后,我记不清楚了。

在筠连城写了很多标语,多数是写在墙壁上的。

部队没有进民房,只有炊事员才进民房煮饭,煮好后都是送到街上来我们吃的。

纵队司令部刘干臣等都进了筠连城的,作为军事活动我知道一些,关于政治宣传,与地方党组织的秘密活动,我就不太清楚。

打兴文建武,我大队是前卫部,在那坳坳上,一下就干掉敌人一个排哨,缴了他十多箱子弹。打建武,我们的队伍是从上罗出发的,在上罗的坝子里集合部队,部队首长说:我们长期流动作战,伤病员无处寄养,建武这个地方冷,隔敌人远,便于我们活动,打下这块地,建立初步的根据地。

攻打路线是顺着岩脚的横路去的,路很不好走,雾罩又大,这天前了解到是李品三的部队守建武,以后就换成正规军穆瀛州的部队防守了,战斗力就强,初打下敌一个排哨,彻底解决他两个班,子弹缴了他十多箱。我们的四大队同其他大队走两方插上去打,左右部队打到〔得〕不大好,一去就伤亡了,主要干部,中队干部的领导力量就(也)不大强了,慢慢地退上来了。敌人看见我们一退,就乘胜追上来了。所以,没有打进去就撤退了,退后当天夜晚宿营就宿在高山上的一坝子里面。

刘司令员同我们一起去是打了红桥以后,就是在博望山合队后。

政委这样说:今天是8月1号,是红军的建军节,南昌起义就是8月1日,成立正式红军,我们今天一定要为我们的党献礼,打下筠连来向党献礼。

1936年初在洛柏林,我正在患病,我在此休息过几天。金瑐到部队来过,但没安他什么职位,是跟着部队走一走,对军事战士比较熟悉一点。

叙蓬溪不知是哪个县管,打破叙蓬,我们在叙蓬宿营,那晚月很明,金瑐也在那里。殷禄才被调到我们部队学习过一个时期,我没有见过他,听到部队领导谈的。洛亥上去有个中心场吗,我们在中心场休息几天,调他来训练过,以后叫他回去组织云南支队。

我在江西苏区参加革命以前,在家里是一个穷苦的老百姓,9岁开始读书,读到11岁,读了三年小学,以后跟着父亲耕田,租地主的田种,家里穷苦。1928年我们地方上闹起了武装,我就要求参加红军,去打敌人,1930年就参加到中央红军第三军第八师一个迫击炮连,任连部文书。不久中央在瑞金成立红军学校,约1930年10月间我就调去学习,1931年4月毕业。在校我的成绩比较好,校政治部留我担任人事科科长,我说:我办不到哇,力量不足。1932年校部有一位同志调到军委(中央革命军事委员会)工作,他说军委少一个内收发,我就调到军委去负担这个工作。过了几个月,约1933年八九月间,就调我到总司令部去,去当会计科科长,去管钱。一直管到1934年长征,长征中我还是任此职。

部队到了云南威信,中央决定在泸州到宜宾之间北渡长江,与四方面军汇合,协同工作,四川军阀刘湘阻击我们过河,蒋介石令薛岳兵团在扎西一带消灭红军。我们中央军委在扎西召集各兵团司令员、政委开会,讨论战略方针。大家都说我们一定要摆脱被动地位,把伤病员寄养在老百姓家里,另外组织几个游击队,开展游击战争,同时保护伤病员,牵制敌人。

川南有游击队,到黔北又组织游击队。我们黔北游击队活动在赤水河边,执意暴露目标,牵制敌人。因此,红军回师东进打了遵义,敌人还说主力红军还在川南。我们在太平渡过河时,有的战士跳下水,把船拖过河渡战士过河,过河后又没收盐巴来分给穷人。随后战斗在朱家山。这样我们黔北游击队的政治影响就更加扩大了,使敌人草木皆兵。

曾广胜(原川滇黔游击纵队第六大队队长兼指导员)谈游击队在川南的活动

根据1983年11月24日录音记录。石明增执笔,同年11月27日

(四川宜宾党史地方志办提供资料)

## 刘定鸣、金乡明谈五村战斗

1935年8月30日(农历八月初二),川南游击队从兴文县五村乡的洛晒坡到德广寨,收缴民团枪支。31日,兴文团防杨吉之率队前来袭击,游击队支队进行反攻,队员金璨同志冲在前头,一枪打死敌分队长周洪发。团丁们吓得慌忙逃窜。我游击队乘胜追击,缴获了敌人枪支弹药。当晚,游击支队在麻房头捉住了民愤极大的收税官周继之。9月1日,游击支队在顺河刘定鸣家,派了两名侦察员到五村侦察了敌情。

9月2日,正逢赶场。游击支队扛着红旗,整整齐齐,押着周维之进了五村场。游击队员们在街上向赶场群众进行了宣传:我们是红军游击支队,是为穷人打天下……刘复初同志说:我们抓住了一个收税官,你们说该不该杀?群众中的苏友安同志说:该杀!于是游击支队处决了周维之。同时,对敌团正艾子文做了工作,要他支援游击队。艾表示交出十几支枪。

这时,队员们有的做饭吃,有的在贴标语。适时,游击支队警戒的方向传来了枪声,原来是李品三保安队,从建武换防下来,到了五村。支队警戒的一班人无法抵敌,敌人已觉察五村场上有红军游击队,因此拼命向五村场上冲上去。街上队员们迅速组织撤离。但敌人来势凶猛,很快冲进场口。

游击支队且战且退。队员金璨同志有意暴露自己,利用街上煮甜酒的灶头做掩护,开枪打死了李品三部的一个分队长(魏久成),把敌人引向自己方向来。十几个敌人向金璨逼来。金璨眼看要被包围,打了几枪,吓得敌人龟缩在墙壁下不敢动。这时,金璨见主力已走远,他冲出敌人包围向小岩湾方向撤退。几十个敌人见只剩一个人,就从四面包围追击,一边追,一边喊抓活的!金璨跑到大旋孔(石灰溶洞)料不能脱险,就抓住洞边一个竹尖,纵身跳了下去。幸亏朱麻藤把他网住。他顺着藤蔓迅速钻进了洞壁,敌人到洞口一看,洞口上面竹子葱茏,洞内藤蔓密布,只见深不可测的黑洞,真有点吓人,谁也不敢进去,就往洞里胡乱打枪,投手榴弹,推石头,折腾了一顿后,认为金璨已被打死在洞内了,于是敌人方才离去。天黑后,金璨听上面无动静,他才顺着藤蔓摸出洞口,深夜归队。

支队撤离到倒碑时,又遭遇从顺河追来之敌阻击。支队领导人金泽华同志为掩护队员们撤离,在阻击中英勇牺牲。

这次战斗,游击支队牺牲了金泽华同志,司号员雷成良负伤被俘送到兴文关押(后死于兴文监狱中)。但这是游击队初次战斗,并且是与数倍于己的敌人作战,还打死了敌分队长2人,处决了作恶多端、民愤极大的收税官。此次战斗,警告了地主官僚,扩大了游击队在群众中的影响。

刘定鸣、金乡明(老游击队员)提供

陈国辅、王德勋调查,1984年4月17日

(录自《中国工农红军川滇黔边区游击纵队斗争史》编写组编《中国工农红军川滇黔边区游击纵队斗争史(副本)·下册》,1985年印行,4—37~38)

# 李少初回忆游击队攻打建武城

1935 年 8 月,红军游击队从珙县来玉秀准备打建武城,我们开到茶山坡,一个分队从茶山坡爬五谷仓;另一个分队直插红岩到建武城。领导讲:今天我们到建武去消灭李品三这股敌人,以免经常跟到我们追。他只有 100 多条枪和人。

谁知我们到建武打响后,才知敌情变了,不是李品三,因李品三部队没有机枪。今天打响后,玉屏墩顶上的敌人喊话快抬机枪上来,我们队员骂李品三团花有他妈什么机枪啊!打他狗造的。果真不多一会,机枪声响了,打得大家抬不起头来。尖刀排从五谷仓打下骑马岑时,被敌人的机枪压倒在玉屏墩山脚下,几次冲锋都未冲上去。打下玉屏墩制高点,才能控制城内敌人。这时敌人倾巢出动,用密集的火力封锁红军前进,连续多次冲锋未成,伤亡也很大,在现在学校背后就牺牲了好几个,骑马岑也牺牲了几个,伤了十几个,德胜的周绪兵就是在那里把头打伤了。

战斗从中午开始打响,打到太阳偏西才撤退。那天又下雨,路滑得很,我们吃点亏。后来才听说,头天晚上,李品三同穆瀛〔瀛〕舟〔州〕换了防。所以我们遇到的是穆瀛〔瀛〕舟〔州〕,不是李品三的部队。如果不换防,我们不会吃亏,侦察员头天侦察说:只有 100 多人。其结果那天敌人有四五百人同我们打。当天晚上,退到玉秀街上宿营。

李少初(玉秀乡玉会村四组社员,曾参加红军游击队)

1976 年文化馆收集,原件存兴文县档案馆

(录自《中国工农红军川滇黔边区游击纵队斗争史》编写组编《中国工农红军川滇黔边区游击纵队斗争史(副本)·下册》,1985 年印行,4—33)

## 金子明回忆游击队打天池和参加一碗水战斗

1935 年 8 月间打天池,敌人摆开阵势占了有利地形和碉堡,我们过了街夺下碉堡,我们吊倒打,直把碉内的人救出来,打了数十人。我们的郭开明一排人被打散,郭开明负伤。为轻装撤退,外省人丢了很多包袱,从下午打到黑,我们退到麦地坝。

1935 年 9 月间,我们从大石母开到一碗水,刚休息就听到枪声,国民党开来两三个团打我们。我们有千多人,但参加战斗的只有四五百人,由刘复初指挥打。我们第三支队打中锋,金璲带的是第六大队。莫宽怀指导员喊冲锋。我们占了几个山头。金璲冲在前面,打死敌号兵。敌丢手榴弹过来,其中一枚还未落地,他一手接住,反向敌人丢过去。敌一个排被打垮了,敌伤一营人。听老百姓讲,敌尸停了半条街。我们班贾树舟牺牲。他很勇敢。当天他背了 60 发子弹,占领了一个山头打了几十枪。这仗打得好,刘复初提升为参谋长。

金子明(兴文县兴安公社红鱼大队)口述(节录)

(录自《四川叙永文史资料工作委员会党史组叶绍斌访问记录》。《中国工农红军川滇黔边区游击纵队斗争史》编写组编《中国工农红军川滇黔边区游击纵队斗争史(副本)·下册》,1985 年印行,4—47、56~57)

# 游击队员曾顺清口述

曾顺清（四川长宁县富兴公社合龙大队三队）说：部队开到一碗水，遇着敌人。早晨天亮战斗到月亮升起很高。敌人送饭到我们（阵地下）面坟山吃午饭。我开枪射击，当场两个被打死了。有个敌军从田湾转来时，我把他打死了。敌人退了。我检查一下子弹，当天打了三板子弹，身上只剩下一板了（5发）。敌军一营，战斗结束时，只剩93人。我们在岩背住了一夜，第二天晚上〈在〉一碗水，听群众说敌人伤亡很大。

1977年4月11日记录

（录自《中国工农红军川滇黔边区游击纵队斗争史》编写组编《中国工农红军川滇黔边区游击纵队斗争史（副本）·下册》，1985年印行，4—57）

# 游击队攻取叙蓬溪

## 张晋卿

　　游击队的活动,在情况许可下,司令部先派便衣侦察员,了解敌人的情况后,来个突然袭击。如游击队攻取叙蓬溪,就是用这种方法。我们由山区进入叙蓬溪30多里(编者按:应为100多里)的余泽鸿家乡梅硐,住宿一夜,封锁消息。第二天正逢叙蓬溪圩期,便衣侦察班化装成赶集的老百姓,突然进入镇上,将民团门口的卫兵打死,奔入民团驻地,缴了敌人十几支枪和弹药,并筹了一部分现款,安全地返回山区。

　　　　张晋卿(山东省长清县第二中学工作,原游击纵队卫生员)口述

　　　　　　　　　　　　　　　　　　　　　　　　1970年5月28日

　　(录自云南镇雄县委组织部《川滇黔游击队材料》第1卷,第167页)

# 唐树林谈红军游击队回习水

唐树林(男,62岁,13岁参加张公理游击队,住习水桑木)回忆:

1935年10月间,红军游击队回过习水,从四川到毕节燕子口,金沙县岩孔,仁怀的长岗,桐梓的花秋,习水的桃林(放牛坪)沙溪、二里、白鹿、核桃湾。

第二天经过桑木老磨山,周梦生当区长,派有民团去家沟坝上看守。

红军在老磨山打了几十枪,民团吓跑了。

紧接着的第三天,中央军的部队从后面追来,红军游击队已经去九龙(现在的向阳乡),中央军驻在桑木,尾追到二郎滩,追上了游击队,打了一仗,把游击队冲跑了。

采访记录人:陈光清

1984年4月

(录自《中国工农红军川滇黔边区游击纵队斗争史》编写组编《中国工农红军川滇黔边区游击纵队斗争史(副本)·下册》,1985年印行,4—86)

## (2) 群众工作

## 川南特委在李家沟开辟工作的情况

李鸿华

红军游击队大部队来李家沟是乙亥年正月十七(1935 年 2 月 10 日——编者注)。那天来就抓着乡长张华清(又名张定民,原住百兴)。当时张华清身边有四五个人,团上有二三十支枪。〈游击队〉把张华清扣留起去,在黄连坝就用刺刀把脑袋给砍了,团上的 20 多支枪也被红军游击队收了,还牵了张华清的一个黄马儿。

游击队扣留张华清,听说还是不杀他。地方上的人曾用钱去顺,把张取出来,陈福兴当时也在里头,答应给游击队招两班人,并从张的家里领起 600 个龙毫去交,后来送到时,张已被杀了。杨联海和杨登高他们主张,要杀张华清。杨联海说:"张华清要是不杀,石宝川那么大的队伍,张都带起人去打石宝川,把石宝川追过了八字山。如不杀,红军的枪都要落在他手里,他是要反叛的。"就这样红军游击队就把张华清杀了。杀了张华清,后来还拨了款子给修坟山。

游击队司令部住〔驻〕在沟边上,在荒田坝开会,召集地方上的穷人去开会,宣传共产党的主张。去参加的人有陈福兴、杨联斌、杨树清、艾连宣、范怀成、陈洪金、李鸿华、张炳兴、廖金从、廖洪坤、邹旭清、邹德清、罗朝仲、胡世成、赵清远、张子明、杨义寿、王仕兴、陶金平、杨银坪等人,有 20 多人。委任陈福兴当游击队长,杨联斌为讲话委员(即宣传委员),杨树清为联络员。那时,我们沟头的一般有钱的人家主人都跑了,就是留着妇人在家。红军也曾宣传说,打土豪分田地,要叫财主家交金银财物,叫地主家交文书执照。陈福兴也积极地参加地方工作,叫那些财主老婆交文书执照。

不几天,游击队走远了,听说到三口塘那边去了,陈福兴也害怕起来了,地方上说他当了共产党,要抓他。他也就不敢在家了,曾跑出家去。在初六那天傍晚,他回来了,来到了土地坳,就被吴沛友、张建中、张国清、廖树成等人抓着,说:"你要文书执照嘛,来我交给你!"就把他带来杀在土地坳后边树林头,是用八甲杆杀的。用帕子勒着脖子,叫不出声来,杀了还不准穷人说,后来我们才去拉来埋起的。

陈福兴被杀了,吴、张等人又去把他家扫了,老婆儿子撵走了,就剩一个老爹,后来也死了。

游击队来时,宣传打土豪分田地,说干人伙要提拔,没有田地的要分给田地,没有房屋的要分给房屋,要同意革命政府,穷人要翻身解放。曾写有标语在荒田坝,"推到〔倒〕国民狗党!""上等之人争我钱,中等之人不照嫌,下等之人跟我去,每月给六块钱。"挑财主张建田、张金顺家的粮食来吃,还买了些来跟着吃,买猪来杀,买张金美的牛儿来杀,也喊干人些去分张家的粮食,有些背着也不敢吃,队伍走后,只好给地主家背起去还了。

被走访人:李鸿华

1983 年 6 月 2 日

(录自雷吉常《李鸿华讲述川南特委开辟李家沟地方组织情况》,1983 年 6 月 2 日。云南威信县委党史研究室档案,全宗号 1,目录号 18,案卷号 53,第 18 页)

# 天台山下建农会大安山中闹武装

曾德富

沿着永宁河的支流——东门河溯流而上，约行45里便来到一个险恶去处：两山飞峙，怪石狰狞，古木森森，云遮雾障，寒泉激峡谷咆哮而下，这里便是叙永县有名的天台山胜地。

有一首民谣这样唱道：

巍巍天台山，

绝壁耸云间。

苍鹰难飞越，

猿猱不敢攀。

47年前，就在这天台山下，一个红色政权——叙永县后山乡天台山农民委员会就诞生在这里。

为了查清这笔地下革命斗争史料，我们访问了当年曾参与过农民委员会活动的曾德富（又名曾亚雄）同志。他说：

1935年5月，朱华清（朱光璧）同严兆华（严永明，何光奎）约着我一道进大安山密林去做以王国全、牟国云为首的两支绿林武装的统战工作，我们去没有会着人，返回来到我家里。朱华清一来到我家里，不久就和我母亲很投机地摆谈上了，他充分利用这次谈话的机会做我母亲的政治思想工作。

"大娘呀，你德富跟我们一起闹革命危险呵！你老人家害怕不害怕？"朱华清问。

"有啥子怕头哦！"大娘坚定地回答，"你们为穷人闹翻身，打土豪劣绅，杀贪官污吏。德富这孩子，人年轻，不懂事，你要多多开导他。干革命嘛，就算有个三长两短，只要活着真正像个人，死了真正像个鬼，我就什么都放心了。"

我趁朱华清和我母亲摆谈得正热烈的时候，我就按朱华清同志早给我布置的任务，出去邀约平时早已联络好了的一些农民来开会。会议是晚上在岩脚下的半边岩洞里召开的。岩洞内住得有杨登云、杨树清两户贫农，被我邀约来的十几个积极份子，大家围坐着。我给大家介绍说：

"这是游击队派来的朱华清同志，他这次是来亲临指导我们成立叙永县后山乡天台山农民委员会的。以后，我们这个农民委员会，就在朱华清同志的直接指

导下工作。现在就请朱华清同志给我们大家讲话。"我说完,朱华清同志接着就给大家讲开了:

"同志们,今天我们开会,在座的都是贫苦农民。我们为什么穷?是我们大家的祖坟山都没埋好么?是我们天生来就该受穷的吗?不是!不是!我们之所以穷,是因为地主租佃剥削;贪官污吏压榨;国民党反动政府抓丁派款、敲诈勒索,压得我们祖祖辈辈喘不过气来。我们吃不饱,穿不暖,挨冻受饿过着牛马不如的生活,都是这些王八蛋给我们造成的!我们要翻身!我们要革命!我们要打土豪、分田地。一句话:要造反!我们穷苦人要团结起来,团结才有力量。今天我们大家来开会,要成立一个农民委员会,会上由大家民主选举出一个委员长,一个组织委员,一个宣传委员。今后,我们大家在委员会的直接领导下,开展革命活动……"

会上,大家推选了李福全当委员长,组织委员由杨树清担任;宣传委员由张少文担任。

叙永县后山乡天台山农民委员宣告正式成立。就在当天成立会上,朱华清问大家:"你们了解一下,当地有没有土豪劣绅和不法地主?"大家异口同声地回答说:"有!""有,好办!"朱华清接着说,"现在我们后山乡农民委员会已经成立,我们会后认真研究一下,等研究好了,就先去打一家土豪劣绅来开开张!分点粮食把大家肚皮填饱,好干革命!"

散会出来,参加开会的农友们,一个个笑在脸上,喜在心间。边走边说:"朱同志真好!今天讲话,句句说在我们的心坎上。我们早就盼着这一天,打土豪、分粮食,能拖过今年6月就好了。"

我同朱华清同志一道出来,走到我家房侧的山包包上,朱华清很满意地他对我说:

"德富,你母亲思想真好!她老人家千叮咛,万嘱咐说,'干这工作,要千万仔细小心!'生怕我们麻痹大意出问题。今后,你和后山乡农民委员会都是在两河区委会领导下工作。通过考验,从今天晚上起,我代表组织宣布吸收你入团。因为工作需要,你不能给任何外人讲,要保守秘密。"

当天晚上我兴奋极了!大半夜都没入睡,想了许多,许多。第二天,朱华清就回两河去了。

从那以后,40多年来,除今天提谈起革命回忆外,我还从来没有给任何人谈过当年我曾经是"团员"的事情,包括我母亲和妻子在内。

就在农民委员会成立的下一个月——1935年6月,宣传委员张少文对我说:"德富,我们了解到正东乡世上有一家土豪姓尹。"

"有没有粮食?"我问。

"有!多的是。"他说。

"我们没有枪,咋办?"我迟疑地说。

"要什么枪?"张少文坚定地说,"梭标〔镖〕矛杆子,马刀不就是现成的武器么?"

一句话点醒了我。

半夜时,我们聚集了十几个人,扛了梭标,提了马刀,背起背篼,扛着麻袋,委员长李福全背了一支火枪借着茫茫黑夜,插走山间崎岖小路,直杀正东乡去,一下把这家姓尹的土豪的房屋包围起来,找着侧门,一位大个子农民抱了一砣〔坨〕大石头,叮叮咚咚几下子就把侧门砸烂,大家一窝蜂似的冲了进去,李福全用火枪把这家主人号着,并宣布:"屋里其他人员不准乱跑乱动!"我们的人,赶忙打开尹家粮仓,撮的撮,背的背,扛的扛,七手八脚,整完就跑。回来一算,只搞来了400多斤包谷。原因是路程较远,又是山路,天又黑,人也不多,怕背多了跑不动。事后,大家摆谈起来,津津有味,很是高兴,既惊险,又鼓舞人心,而且觉得是对农民委员会的一次大"检阅"。有一位农民俏皮地说:"东西虽少,礼轻义重啊!不管哪个说,总可以安安逸逸地干两顿饱饭了。"又说,"朱同志说得不错,有道理。看来,我们的农委会还应该扩大组织,要人多,力量才更大,好干更大一点的事情。"

事后,我到两河去找区委以便给朱华清同志汇报这次农会"打土豪"的行动。到了两河没有找着朱华清等人。农民靳利成告诉我说:"牌坊口发生抓捕人事件,严兆华、杨炳成、樊大娘等人都被抓了;朱华清、周守如被敌追捕,已逃,不知去向。"听到这个意外的情况,我想要找两河区委和朱华清他们是不可能了,于是我立即回家。

在从两河回后山的路上,我拖着疲乏不堪的步子,一步一挨,又累又困、难于起步。我在一块大青石板上坐下来稍事休息。

"啊!"我吃惊地一看,"这不正是当年我和严兆华一道书写标语的那块大青石吗?"我急忙从大青石上梭下来,想找一找当年所写的标语的痕迹而今安在?年深月久,日晒雨淋,粉笔的字迹早无踪影,唯有记忆还清晰地留在脑海中……

我家住在后山乡天台山下。父亲因经受不住生活重担的压榨,早年病故,丢下我孤儿寡母相依为命。租种贫瘠的山地,家境一贫如洗。

1931年春天,母亲曾左氏,盼儿成"龙"心切,节衣缩食,省吃俭用,想尽千方百计把我送进县城双二高小读书。常接触的老有郭镜秋、刘辟江、安硕甫等人。他们常常选择自习后单独找我摆"龙门阵",启发我的革命觉悟,暗示要我跟随共产党干革命。当时随同我一起读书的知心同学有严兆华、项斌等人,我们于1932年德小毕业。

1933年,升入"永属联中"读书。校长罗彬、训育主任苏明瞻对我的革命思想的启蒙有很大的影响。

我记得放寒假时,严兆华邀约我到两河他家里去耍。我们一道途经石盘时,走到一块大青石前,严兆华从怀中摸出粉笔说:"德富,来!"

"干啥?"我问。

"来写条标语。"

"咋个写法?"

"写:'打倒蒋介石! 声讨国民党屠杀工农群众!'"严兆华一边说,一边早已把标语写完。我们怕被人发现惹麻烦就赶快离开了。

今天,又巧逢在这块大青石前。啊! 大青石! 你勾起了我多少至今难忘的回忆……

我在永属联中仅读半年,因家庭十分困难,就停学回家。

1934年,叙永县地下党组织遭到叛徒出卖,被反动政府抓捕了一些人,王逸涛躲避追捕,在黄坭嘴拉了些人上山打游击。冬月,我到两河镇找着严兆华。因为平时我知道严兆华思想比较激进,猜想他一定和共产党游击队有联系。我对他说:"我想参加游击队。"严兆华说:"参加游击队要吃得苦哦!""吃苦就吃苦,我经得住。"我说。

我和严兆华赶到黄坭找饶书麟,想通过饶书麟找到游击队。饶书麟不在家,我和严兆华经海坝回两河镇。严兆华给我做思想工作说,"找不着游击队不要紧,你就先回后山去在当地农民中开展革命宣传,指着国民党的疮疤疤扣〔抠〕,激发农民的反抗情绪,等机会成熟了,你再上山打游击也不迟。"

我接受了严兆华的意见,回到后山在当地农民中开展了宣传革命活动。

项斌和我同是后山乡人而且又是同学,互相的联系相当好,情谊较深。他的思想也很激进,倾向革命。项斌原在贵州军阀侯之担在赤水举办的教导大队训练班毕业,无事可干,回家在后山乡乡公所当了一名队长,手下有十多人,有十几条枪。一天,他对我说:"严兆华同学为人很好,在我们一起读书时,思想便很倾向革命,倒向共产党,你我应该多多和他联络。我们必要时,可以组织游击队,拉上山去打游击嘛。"我见项斌思想过于急躁,便先稳住他说:"不要忙,等我和游击队联系好后,通知你,你再行动。"

红军路过叙永不久,一天项斌冒火似的对我说:"我等得不耐烦了,难得等!我马上就要干!"果然,不几天,项斌就带了十几个人,拖了十几条枪,拉上大安山密林打游击去了。

我急忙赶到两河找着朱华清、周守如、严兆华他们汇报项斌拉上大安山的情况。朱华清、周守如一致认为这是一个突然情况,应该马上去大安山找项斌。朱华清、周守如还认为:趁这次上大安山找项斌的机会,同时还可以做藏在大安山里的另外两股绿林武装——牟国云、王国全的统战工作。当时王国全手下有绿林弟兄30多人,有30来条枪;牟国云手下有十七八人,有十七八条枪;加上项斌的人马,密密的大安山老林里藏着的这些武装力量,是不可小视的。

密密幽深的大安山老林,毗连五个乡。我同朱华清、严兆华一道,从两河牌坊口的杨炳成家出发,经两河一大头关一六谷堡一高楼坊一哈泥一靠近大安山。

啊!好一个大安山!古木参天,深不可测,真是一处藏龙卧虎之地。

我们通过跟附近知道情况的农民打听,在大森林里找着项斌。经我介绍朱华清与项斌认识后,他俩互相寒暄摆谈,通过大半天的摆谈,两人已经相熟。又通过项斌引着我们在大安山密林东穿西穿,先后终于把牟国云、王国全率领的两股绿林武装分别找着。

我们找着牟国云的时候,牟正躺在床上抽大烟。见面时,牟国云对朱华清喊:"朱师爷!来!来!来!抽一口。"朱华清同志从来不吸烟,这时却爽快地倒向铺里,装着很"内行"的样子,躺在铺里与牟国云摆谈说:"老牟啊,我们摆句知心话,说错了你不要见气。说真的,你的人不多,就是把王国全的人马与你一共加起来也只不过四五十人;四五十条枪。就凭这点力量,要想干番惊天动地的事业是不行的!像你们这样成天躲在森林里,小敲小铲,拣点野食食吃,当地群众把你们的人格都看扁了。要干,就要干大点,干得像样点!像红军那样,干大队伍,缺乏枪支我们组织供应。"

牟国云虽然口里在唯唯答应，但葫芦里究竟装着什么药，只有他自己才知道。

我们从牟国云的住房里出来，走不远，牟国云手下一个大汉向着朱华清说："牟国云，这个家伙屁眼虫！没出息！这辈子干不成大事情。"朱华清说："干游击队不是闹着玩的，要干就要干扎劲点。"

我们在大安山密林里，随着绿林武装转，白天住在人家户，晚上出外活动。逢机会就开展宣传工作，不久我们就从大安山回来了，有一天半夜光景，朱华清和我从天台山下过河到后山去宣传，正遇小河涨水，大家正在途中研究如何渡河问题，突然碰上后山乡保队副马树云，率领三名武装保丁，打着明晃晃的灯笼火把向我们闯来，我们赶忙躲在石板路下，在一个小岩坑里掩藏，朱华清眼疾手快，从我手里抓去旧斗笠把他戴的新斗笠盖上，避免了显眼目标。等保丁从路上走后，双方相隔两三尺距离，终未被发现，大家才松了一口气。

当年6月就听说，项斌率领的武装，在海坝"落夫"这个地方宿夜，由于失去警惕，天亮时，被骆国湘率领的团队包围，双方以十比一的悬殊力量，项斌寡不敌众，手下十多人一个个隐悄悄地溜掉了。项斌也真不愧是条好汉，身带双枪，一长一短，一个人单枪匹马凭险抵抗，终因孤立无援，弹尽粮绝，不能突围，身中三枪，壮烈牺牲。项斌牺牲后，原手下一名乡丁叫李长安（又名李云）逃跑出来投靠王逸涛。因李长安熟知大安山密林里绿林武装情况，伙同王逸涛，多次串通川军"围剿"大安山里的绿林武装。

牟国云、王国全这两支绿林武装，终因受流寇主义的影响太深，扎在群众土壤里的根基不牢，终不免遭到覆灭的命运……

回忆，像一根无影的长线，它可以把历历往事，一件件地从遥远的过去给你拉回来。

1935年7月下旬，自从朱华清、周守如他们从牌坊口逃脱敌人追捕后，我去两河找不着他们，失去了组织联系，心中惶惶无所依。从两河回到家里，为了安全起见，我改名杨树华。这时的形势是到处吼起要"大清乡"。我就到古蔺的普石乡头躲避，形势缓和稍好些，我就在营盘山小学找到一个教书职业。

1939年，我经严兆华介绍与双二小教师地下党人彭红岩认识。我在六郎小学教书，利用假日，星期常与彭红岩会晤。彭红岩常指示我在群众中进行抗日宣传工作；彭红岩离开叙永后，我又一次和组织失去了联系。

1949年，叙永解放，我即参加第一期师训班，结业后分配到两河区参加征粮剿匪工作。

曾德富（曾亚雄）口述

吴永栋记录整理

1982年12月24日

（录自中共叙永县委党史办编纂《叙永县党史资料》第3期，1983年印行；全宗号307，目录号1，年度1988年，案卷号13，第35～39页）

# 游击队成立农会的情况

郭少宣

大红军走后的当年 4 月,我在沟沟头地里种豆子。

在回家背灰肥时,大约 12 点钟在路上撞到了从云南马家坳方向治河而来的红军部队,有 200 多人。撞见时,其中有骡子的同志,后跟随着几个红军战士,这几个战士中还有一个女同志。骡子是黑色的。当时骑骡子同志对我说:"老乡,我们去开会,开会是为穷人办事,为穷人翻身。"当时我听了这些话后,思想上很高兴,于是我就放下背灰肥的工具,同他们一起来。

到了落甸子上、桐子堡,部队就分住在胡泽云、史二爷、史四爷家,还派了岗哨在落卜的高山上放哨,来后不到半小时就有十几个同志就叫我们到胡泽云家房子头去开会,当年同去开会的百姓有几十人,大部份〔分〕是红军,我只记得同我们一起开会的张百余、史四伯娘(何明珍)其他的记不清了。

开会时,我看见撞到的那个骑骡子的那个给我们讲,他说:"今天我们开会是要在此地成立农会,而农会这个组织是领导受苦受难的人起来打土豪,打绅粮,打公事,为干人办事,只要你们干人组织起来了,发挥农会的作用,扩大农会的通缉,真正打倒了有钱有势的官家头人,今后还要分地方,分房子,分果实。"讲完后还叫我们成立起来,当时就选定张百余任农会的会长,我任会员。

会议进行了两三个小时,会议是很严肃的。会议结束后,还杀了一头猪分给我们吃,分一腿给张百余,又分了两块给我(当时杀的猪只有四五十斤,是胡泽云家的),当时我没有要(思想上害怕)。肉分完了,就宣布散会了。

散会时主持开会的那个人讲:"你们回去以后一定要深入发动受苦受难的人民群众,做细致的工作,还要注意保密。"讲话后,我们就离开会议地点,走出来后,我看见有一个女红军搭楼梯,右手拿住笔,左手端着墨砚,站在楼梯上,面对着胡泽云家房子前壁上写字,当时写些什么我没有问他,并且我不识字,我也没有听张百余喊我们开会,也没有看见张百余了。

我们成立了农会后,就开了一次会,其余时间就没有了。当时农会成立后,发展些什么会员,我不清楚。红军走后,人们听到和看到了红军写的标语:"十大纲领",还有什么"穷苦大众团结起来,打倒国民党",什么"只有苏维埃才能救中国"。

在这启发下,想到一定会有光明的一天,黑暗将被光明所代替。

落卜大队一生产队的贫农社员郭少宣

调查走访农会会员郭少宣,有关农会的情况

坛厂调查材料调查人:龚学全,1975 年 12 月 29 日

(录自四川叙永县馆藏中共叙永县委党史工作委员会档案,全宗号 307,目录号 1,1976 年,案卷号 3,第 219~222 页)

# 小红军到我们落堡来

何明珍

小红军经常到我们落堡来,两个女红军住在我家,对人很和气。她们要洗澡叫我去站岗,不准外人来。她们在我家屋檐下写了"反对强迫婚姻"几个字,没有墨,就用锅烟子来代替。小红军还在我们这个地方组织农会,由大家选出我丈夫史攀林和张伯玉(张百余)负责。

小红军在胡泽云家堂屋头开会,在墙壁上写了很多字,现在还显得很,是大家用豆杆〔秆〕遮起来,敌人才没有发现。

以后,红军有两个伤病员,一个姓杨,一个姓李,在桐子湾张伯玉家养伤。敌人来了,二人跑到苦竹湾躲,被抓回落堡,连同本地的赵现海、冬林、史老二,一共五人枪杀在河岸边,还逼全村的穷人,跪在河滩上陪杀场。

何明珍口述(节录)

采访人:古高门、钟廷铸、王元柱,1973 年 5 月

(录自《中国工农红军川滇黔边区游击纵队斗争史》编写组编《中国工农红军川滇黔边区游击纵队斗争史(副本)·下册》,1985 年印行,3—33)

## 陈叔均回忆邓楷召集组织梅硐妇女会

我到余家不几年,邓麻子(邓楷)带一封余泽鸿的信来,说共产党的好处。当时余泽鸿还没回来。

民国二十四年二月间,余泽鸿就回来了。部队有好几百人。那天正是六娘结婚。到的时候已接近半夜了,第二天早饭后就离开了。

邓麻子在我们家组织妇女会,是邓楷召集组织的。有我、袁四娘、黄二娘等几个过得心的人。在黄二娘家,我和李跃岐是带头的人,还有王二娘,因为隔街近,好打听消息。还有唐自慧、五娘余世蓉、六娘(余世慧)、七娘余世婉都参加了的。

伯伯(余素伯)他们在瓦屋头(贾家湾)组织农会,有胡治国、李学贤几个。乡公所余极之助威,余仲康是门前(外面)联系的人。农会有七八十人。妇女会有五六十人,支队武装有 100 多人。领导农会的有胡治国、李学贤,支队的参谋是余素伯。

甘棠 1959 年或 1960 年寄给我 20 元钱来表示感谢,但乡长赵光金把信拿起走了。后又寄给黄二娘的钱,因为她已经死了,就把信退回去了。

每星期妇委会几个主要人开一次会,主要任务是探听敌人政府的一些情况,由我们发动妇女起来保护红军。

陈叔均口述

廖荣华记录

地点:梅硐袁尚初家

1980 年 10 月 2 日

(四川泸州纳溪区采访口述资料)

# 余泽鸿进川前对梅硐革命工作的两次指示

余极之

1934 年冬，我三哥余泽鸿从江西写给幺叔（余春凯）的信中说，工农红军即将从江西出发转向云贵川地带，要我们家主要成员（当时我们家有 34 人）要拥护革命、支持革命，并转告有关亲友，一同发动广大劳动人民群众，号召工农兄弟立即参加革命。土豪劣绅是工农的仇敌，是无产阶级同资产阶级的斗争，要我们千方百计做好群众工作去打土豪劣绅。

我家叔等 5 人和哥弟 7 人商议按余泽鸿同志的部署，我进入梅硐乡公所任分队长，四哥余素伯与表侄胡治国先后取得梅硐十四保保长职务，春凯幺叔在县城机关与陈子方、袁虹桥等人联系活动。四哥余素伯、七弟余承远、八弟世宣与古宋地下党负责人刘复初、金璇、金珊等同志联系，由我和五哥余章武与当时地方敌乡长、分队长和既反国民党又拥护共产党的地方首领蒋金舟、田海云、蒋福田、徐联方等头人联系如何配合红军部队到达南方的战斗计划。

泽鸿同志第二次从遵义专函告知：党中央决定由他等率领一支红军川南游击队创建川滇黔革命根据地，首先在川南地带开展游击战争。泽鸿到家乡后，并嘱咐我以分队长身份调查了解敌军和地方势力的情况，按时汇报。因为当时情报需要又决定余仲康任队长，直接与五村大坝的地下党联系。

余极之口述

廖荣华记录整理

地点：长宁林业局余新煜家

1981 年 5 月 1 日

（四川泸州纳溪区采访口述资料）

# 邓楷带着余泽鸿的信来我们家

余极之

1935 年 2 月，你伯父泽鸿随毛主席、朱总司令到了云南的扎西后，他派了一个红军叫邓楷〔凯〕，脸上有麻子，外号叫邓麻子，是湖南省的人，带着余泽鸿的信来到我们家里，向我们说，余泽鸿要回来了，派他到梅硐工作，要我们协助他。大约在农历二月初十，你六娘结婚那天晚上，余泽鸿带来了 300 多人回家……他向我们宣传了共产党的政策后，说，他不走了，要在川南打游击。我向他要求参加红军，他说暂时不参加，要我继续公开当乡队附〔副〕，掌握地方武装，配合他们活动，这实际上也是参加了红军……邓楷〔凯〕留下来后，我公开身份是梅硐乡队附〔副〕，暗地同他一起活动。你父亲余素伯他们经常同邓楷〔凯〕一起工作。

余极之——余泽鸿族弟，在宜宾同余云的谈话记录，1974 年 9 月。

（录自《中国工农红军川滇黔边区游击纵队斗争史》编写组编《中国工农红军川滇黔边区游击纵队斗争史（副本）·下册》，1985 年印行，3—12）

## 余汇川谈川南游击纵队和梅硐支队在梅硐活动情况

我记得是 1935 年 3 月,农历二月初十这天。余泽鸿的六妹和周寿昌结婚,我是本家兄弟,当天在他家帮忙,晚上住在他屋头。半夜的时候,忽然听到闹轰轰的,我下床出来看,才知道是二〔三〕哥余泽鸿回来了。那天晚上,他和一家人摆龙门阵,我们听讲在外面搞革命活动的情况,讲红军的政策和任务,动员家里的人和亲友积极参加游击队,支援红军游击队。还把邓凯(外号邓麻子)留在梅硐工作。

第二天一早,他就走了,后来又回来过几回,每次回来,乡亲们都热情地接待他们,并为他们补充给养,扩大兵员。到当年 6 月,红军游击队发展到 1000 多人,在长宁、江安、兴文、珙县、纳溪这几个县到处打仗。邓凯担任梅硐游击支队政委,余仲康任支队长,余素伯为参谋,我和余承远、余伯珊、袁四娘、周寿昌、李学贤、袁少明、余伯庸都参加了游击队。

当年 7 月的一天晚上,余泽鸿回到老家杨柳板,我二叔余仲甫打开门,见他带了 10 多人,部队留在晒谷坝。吃过饭,余泽鸿就给我们布置任务:① 积极发展地方游击队,筹建根据地。② 利用亲戚关系做争取袁虹桥的工作和争取土匪头子徐联方的工作。我们按时布置行动。通过工作,袁虹桥放弃了梅硐等几个乡,撤走了,没有和红军游击队发生过战斗。徐联方也不和红军游击队作对,他们还支持红军游击队的枪支弹药。

就在这年 7 月,邓凯〔楷〕在贾家湾召集支队开会,明确了任务,给我分配的任务是打进江安县李品三的保安大队、袁虹桥的保安大队和刘湘的陈五师部队,任务是负责收集敌人的情报,并想办法向底层官兵购买武器弹药。当时给我布置的几个联络接头地点是:① 白家村刘清云家;② 长堰沟胡二木匠家;③ 大山岳华清家;④ 尖子山李绍兴家。并约定每周汇报 1—2 次。

1935 年 8 月,红军游击纵队在古宋攻打椒园子土豪李五爷。打下椒园子时,缴获步枪 20 多支,手枪 5 支,手榴弹 20 多颗,还缴获了其他许多胜利品。第二天回到梅硐场时,将武器拿来武装我们地方游击队。杨师其还托我转给游击队参谋余素伯金壳表一只、嘉定大绸一匹作为给养,我将大皮衣托余极武转卖给徐联方,得了 80 块大洋,我将这笔钱转交给余仲康作游击队给养。

一次,红军游击队在大田坝子叶家房子集结,我们得到敌川军、滇军集中约两个师的兵力想歼灭红军游击纵队,便连日将情报递到纵队,纵队迅速转移,后卫部队还和敌人打起来了。由于红军早有准备,部队没有受到损失,反而把敌人打死不少。

为了配合纵队行动,我们梅峒支队还进行了一些战斗和工作。

农历八月间,我们抓了地主叶明成,并且把他交给纵队处理。

9月间,邓凯〔楷〕在鱼窝沱余伯珊家召集我们开会,布置我们深入富兴乡乡队附〔副〕刘盛林,正、副乡长何亮卿、何俊卿家,警告他们不要与红军作对,否则,要杀他们的脑壳。

不久,支队又转移到兴文县先锋乡炭厂打了土豪张二铁匠,并抄了他的家。后又转周家乡顶冠山,抄了兴文县参议长罗天祥的家。

我们的活动打击了土豪劣绅的气焰,在群众心目中播下了火种。

纵队在敌人重兵"围剿"后被打垮了,支队又坚持了两个来月。后来敌人实行保甲连坐,派出大量部队"追剿",支队只好化整为零,分散活动了。

原游击队一个分队长周思和随王逸涛叛变投敌,便带起敌人来搜捕游击队员。1936年2月,我和余仲康就是被王逸涛和周思和逮捕的。在狱中,虽然他们审了我多次,我没有供出组织和红军的任何情况。6月份被保释出狱。同监关押的还有金璲。

金汇川口述

廖荣华记录

地点:长宁林业局宿舍余新煜家

1980年10月3日

(四川泸州纳溪区采访口述资料)

# 我所了解的余泽鸿同志及在川滇黔的战斗情况通信

李桂英

袁仁久、张子明并余云侄:您们好!

余侄来信讲:宜宾地委党史办负责同志看了《怀念余泽鸿烈士》史料后进行了座谈,很重视,而以此为基础写《余泽鸿传》,我完全同意。我经常回忆起川滇黔的战斗,很怀念余泽鸿烈士,但心有余而力不足,现在组织上重视为他写传记,正是我多年的愿望,在此表示感谢。

您们要我提供材料记事,我现在年迈体弱,双目失明,行动不便,脑子也不好,说话多了就头晕,不能满足您们信上提的要求。

余泽鸿同志的入党时间、地点,我听说是1924年(应为1925年——原编者注)在上海做学生运动时入党的,那时我们不认识,而是在川滇黔游击队认识的,当时环境很艰苦,战斗频繁,没有时间和条件回忆往事,没谈到过这些。余泽鸿在上海、武汉工作时给人们留下了很好的印象,像邓大姐、陈云同志、李维汉、刘晓同志都很了解他当时的情况,现在中央首长工作忙,事隔多年也不记得,去年在南京看到刘晓同志,他一点也记不得了。

在川南战斗的两年多,川南的党组织和人民给我留下了不可磨灭的印象。没有地方党和群众的支持,我们这支游击队在敌强我弱的情况下,是无法战斗的。当时围追阻截我们的国民党军队,及三省的国民党地方武装联合"围剿"我们这支游击队,没有粮食,群众想尽一切方法提供,每天行军100多里,一天打几仗,每到一地,群众为我们提供情报,能打则打,枪一响必然有伤亡,伤员由群众抢救下来,后来就在当地安了家。群众还为游击队当向导、交通员。我常在梦中又同到川南人民之中,真想同去看望这些父老乡亲,可是现在身体不允许,只有从信上向川南的党组织和人民表示敬意。

我是怀孕了,快生产了,经特委决定我回梅硐场生孩子,余泽鸿同志亲笔给父亲余叔皋和区委书记邓凯(戴麻子)写了信。当时队伍一天行军100多里,我实在拖不动了,阚思颖同志脚小,从江西走到四川已很疲惫,由她陪我一起回泽鸿同志家里生孩子。第二天晚上住在于二娘家里,她家只有两间房子,一张床让给我和阚思颖睡,他家四人睡到牛棚里。有次敌人来搜捕两个女红军,王二娘机智地把我们藏在她家地窖里,上面盖好,放上草和粪桶,敌人来了到处翻,我们在下面持枪对准洞口,想即使发现了,消灭一个敌人算一个,忽然发生了地震,一阵动乱,敌人走了。

后来,我们转到泽鸿同志家里,在地印〔窖〕子里生了孩子,生孩子时,阚离开过我去区委说是帮助工作。孩子生下二三天没奶吃,哭得厉害,因为当时环境复杂,我生孩子是秘密的,家里人不全知道,本想等老七的爱人生了孩子,就说是双胞胎一起养,但她迟迟未生。我不能带孩子走,两天后,邓凯(戴麻子)征求我的意见归队。而余泽鸿同志牺牲的消息,他没告诉。余素伯也送了一段路。

在泽鸿同志家生孩子,是泽鸿同志考虑这样安全些,回去后,受到余叔皋老人和泽鸿同志的几个兄弟余素伯、余章武的照顾。余素伯很有水平,工作很积极,当时没有入党,是因为处于土地革命时期,他的家庭较富裕而没入党,实际上他思想上已入党,经常与部队取得联系,余章武很积极负责,还有七婶,积极帮助部队,虽然年龄大、小脚,仍参加斗争、宣传。余叔皋老人后来受国民党反动派的迫害,泽鸿同志的兄弟也都同样受害,我每当想起就很痛心。

回到游击队时只有几十人,龙厚生当政委,刘复初任司令员,我问余泽鸿,他们告诉我到中央汇报工作了,好几个月之后刘复初才告诉我余泽鸿同志已壮烈牺牲,我化悲痛为力量继续战斗。我1936年三四月份回部队的,继续打国民党、土豪地土武装,队伍又扩到100多人,决定离开四川到云南、贵州去打仗,但当时云南的国民党军已阻截在各个要道关口。

1936年12月,我们的队伍从四川行军130多里到扎西水田寨,准备吃饭、洗脚,敌人一个团包围了我们。我当时脚刚放到盆里洗,敌人的枪响了,我连草鞋都来不及穿,路滑得很走不快,跑了几里路,腿受了伤后不能走了被俘。阚思颖比我先被俘,战士也不少被俘,他们是当地人,刘复初在水田寨战斗前到大雪山养伤,龙厚生在带领部队打仗。我们被俘后,龙厚生被艾宗藩的土匪打死了,这个队伍全部损失完了。

敌人把我们从扎西押到昭通、四川。阚思颖的父亲在南溪是有名望的人,她父亲在中途将她保走了,我一个人被押到重庆,西安事变周总理要求释放政治犯,我被党组织于1937年9月营救出狱。

解放后,我很想把泽鸿同志的骨肉、由胡治国抚养的孩子找回来,接到上海上学,请长宁县调查,县委才告诉我,自己生的孩子已不在人间了,也就算了。

以上的情况供您们参考。有机会欢迎您们来南京。

　　此致

敬礼!

李桂英

1983 年 6 月 26 日

（录自李言璋编著《余泽鸿烈士》,2002 年印行,第 387~388 页）

# 关于李桂英的孩子寄养在我家的情况

## 胡龙云

余泽鸿是民国二十四年（1935年）春来的，他也来过我家，因他与幺叔胡治国是同学。到我家来的时候，还有徐策、邓凯。邓凯是梅硐地下党的区委书记，还有周思和、金璇等。金璇是兴文洛柏林的人。

丙子年（1936年）李桂英、甘棠在我们家住了一段时间，当时游击队组织开展"三人一枪"运动。后来，在农协会上又提"不入虎穴、焉得虎子"。陈五师来攻击的时候，又化整为零，使敌人感到到处有红军，以乱敌人的视线。

邓凯，他实名戴德昌，你到江西找不着，到我们这儿才改的名。

那时我岁龄小，大人不准我跟部队跑，只让我帮着办一些事。李桂英、甘棠两个女红军在我们家下面的土坎坂岩腔里住，早饭晚饭都是我去送。可送得多啊。她们在岩腔头住，李桂英她们还用棉蓝线打了一件线衣、一双袜子送给我穿。

李桂英生孩子后，交给胡治国幺叔喂，请了个奶妈，原是观音堂的杨五娘，现在住在银厂头梁家。幺叔的小妇人住在兴文，后又搬到兴文，孩子也带去了。在南街小学读书，与余诩县长的小孩玩耍时，从石梯子上搭（摔）下去，后来没医好，九岁时死的。这娃儿当时的名字叫胡龙雨。

后来周思和反共，我们家就吃亏了。整整有一年，生产都没搞，陈五师来抄了我们的家。有半年，家里面没有人。衣物帐被都被抱到坝子头烧了。我当时跑到小红桥姑爷余海兵那儿住。

胡龙云口述

记录：廖荣华

地点：梅硐袁尚初家

时间：1980年10月3日

（四川泸州市纳溪区采访口述资料）

# 余泽鸿在梅硐的情况

余世敏

我三哥余泽鸿在民国二十四年(1935年)二月间,带了1000多名红军回来,驻扎在白庙子、坳田坡一带。我们的屋头都住满了人。来那天正是我六姐余世惠与周寿昌结婚,四哥余素伯、四嫂李跃歧去送亲。四姐在周寿昌那里晚饭都没有吃就跑回来说信,说三哥带起红军要回来了。四哥在周寿昌那里(龙硐山)等。当真,半夜时三哥带起人来了。三哥把叔叔(余叔皋)、幺叔(余春凯)、四哥、五哥(余章武)、六哥(余极之)、七哥(余承远)团①在七嫂(陈淑均)的房间头摆龙门阵。红军出发前来了两个叫花子,打莲花闹,拄根棍子,来我们家要饭吃。我看见他甩棍子,拿出一张纸条给四哥。后来我才知道这两个叫花子是余泽鸿三哥派来与我们家里联系的红军。

四哥、七哥他们同邓麻子〔邓楷〕挽得很紧,来来往往都在一起。周思和吃东西像牛一样要回嚼。红军打了梅硐场还在我们家水池坑里埋了10多支手枪,后来红军又取出拿走了。红军都是穿草鞋,不好走路,我们一家人赶紧做没有笋壳叶的软底鞋,我还帮手粘鞋底,做了10多双,穿起好打先锋。

李桂洪〔英〕是余泽鸿的爱人,她和阚思英〔颖〕〔甘棠〕两个女红军留在梅硐有两三个月。为了保护她们两个,四嫂、五嫂、六嫂、七嫂、五姐(余世蓉)她们都把头发剪成短发,叔叔(余叔皋)婶婶、幺娘他们还训练过我们,叫我们不喊李桂洪〔英〕的名字,要喊她是高脚脚三娘。还向我和余新煜、幺姐(余世仙)、复妹(余世宇)年纪小的人讲,不要说余泽鸿回来过,不要说有两个女红军住在屋头。

三嫂人又高又大,身体很好,对周围的地形和人都很熟悉,七嫂陈淑均同七哥结婚一年多,没有四娘那样熟悉。她们经常同李桂洪〔英〕、阚思英〔颖〕在一起,先住在坳田坡黄二娘的大窖坑里,我和幺姐、复妹、余新煜送饭。

有一次陈五师的曾排长来我们家搜查女红军,曾排长的兵拿些花生、柑子来哄我们,问我们两个女红军住在哪点,我们没有吃他们的东西,随便他们咋个问,我们都没说。他们还把四嫂、七嫂、五姐他们弄去站在地坝头,押起婶婶幺娘,把机关枪抬来架在檐坎上,对准四嫂、七嫂她们,要她们说出女红军,若不说就要用

---

① 四川话,招呼邀约的意思。

机关枪来剿,结果没有一个人说出女红军。

一次,敌人来探查时发现碾子头有很多柑子壳、花生壳,曾排长就把王伙二(余承远的化名)弄到胡治国家里来审,王二娘跑去说,这是她的弟弟,他老人死了。其实没有死,是哄敌人的,说要他回去,还用口水糊在眼睛圈圈上打湿装哭,最后敌人相信了,就把人带回来了。

李桂洪〔英〕在我们家生了孩子后,听四哥、七哥、胡治国、邓麻子商量,把这个娃儿抱给胡治国喂,说是胡治国的屋头(妻子)的生的。胡治国屋头的叫唐世惠。因唐世惠没有生育,胡治国当时当保长,可以保护娃儿。胡治国抱去后,专门请了个奶妈杨五娘来喂。听我叔叔说,在娃儿长大后,如果我们余家要这个娃儿,每年出10石谷子给胡治国,如果我们余家不要这个娃儿就算了。这个娃儿三四岁的时候,唐世惠带到我们家里来,但不生①我们。我还听叔叔对四哥他们说,余泽鸿已经死了,李桂洪〔英〕生的这个娃儿是余泽鸿的命根子,要把他抚养好,后来胡治国搬到兴文县城头去了。听说这个娃儿得病死了。

李桂洪〔英〕住在黄二娘家的时候,她装哑巴不说话,打扮成当地媳妇,背起背篼出去割牛草。有一次敌人到黄二娘家来搜查,四嫂、七嫂、五姐发现敌人来了,就把我和余新煜、复妹弄在窖坑里,敌人把窖坑打开来看是我们三个住在里面。因为窖坑是女红军住过的,怕敌人发现是人住过的,所以才把我弄进去,这个时候,两个女红军已经换到松树林子头去了。

兴文县文化馆的人,前段时间来了解余泽鸿三哥的情况,还送了我两张照片,一张是余泽鸿被打死的照片,一张是余泽鸿写信的照片。

余世敏口述

记录:廖荣华

地点:长宁林业局宿舍余新煜家

时间:1981 年 9 月 1 日

(四川泸州纳溪区采访口述资料)

---

① "不生",四川话,不生疏、亲近的意思。

# 谈谈余泽鸿的情况

王跃中

余泽鸿的部队从叙永下来,先到周家沟、炭厂一带,到梅花镇的时候有六七百人。

余泽鸿任红军政委,刘干臣任军事委员。刘干臣的右手是锯过的。年龄四十几。刘复初,男,年龄二十几。黄参谋,男,外省人,年龄四十几。叶参谋,男(邓同仁,麻子)年龄四十几。阚思颖〔甘棠〕,女,矮胖,年龄三十。李桂洪〔英〕,女(余妻,身单〔材高〕),年龄二十几。

第一次会面:他们说由乌江来,叙永分成三路。到云南宣传党的政策,联络部队,主要牵制团防,让徐策在云南发展,王逸涛在贵州发展,他本人在川南发展,使川滇黔连成一片,作红军根据地。

在五阁老演戏,节目:双簧、苏联舞。观众:部队、当地百姓参加看戏。开戏前,余泽鸿讲话,说:红军是神出鬼没,不怕李云武、李品三等跟倒来。要把他们生擒活捉。你们看到的,由李子林截李云武匪队在河湾,消灭他一个中队,古佛台打得李品三丢盔卸甲,让他多活几天,总要把他消灭。父老不要听信他们说我们要奸淫烧杀,完全是乱说,团防不要给地主豪绅当看家狗。

李桂洪〔英〕讲话:我们部队是公买公卖,我们的纪律是很严格的,住在哪里,损坏点滴都要赔偿,走时一定要给他们打扫干净。

到红桥的当天,在古佛台一带布置好,截击李品三,李扑河逃走,敌中队长冯中皆由红桥街上到卷子板安警号,险被擒。在李子林,截李云武在河湾,消灭全中队,李逃脱。当天余泽鸿住在街上。第二天余泽鸿到五阁老住了两夜,第四天早饭后走。临走时,在古佛台脚下干田子内召开大会,枪毙了一个骗子黄炳庭,此人是红桥五阁老的人。黄炳庭当时在叙永时就混入部队,经常买东西。后来骗了红军买洋油的款子。在红军到红桥时,他又趁火打劫,假充红军牌子,乱拿老百姓的东西,被红军认出抓来关起,开大会当场宣布罪状枪毙了。

会见时,曾供两件狐皮衫子,一床羔子皮罩,约定拿时以"井"字为号。离开红桥到炭厂、周家沟一带,部队扩大,编为三个支队,三支队支队长余仲康。

第一年腊月,叫杨泽明持一张条子来拿内衫一件。另一件是刘复初的。条子上余泽鸿水笔亲笔写的:"朔风怒号,飞鸟绝迹,希将寄在尊处之皮衫交来人带回。井。"

第一次见面,余泽鸿穿青年学生服,青帽子、大遮阳,帽上以红布剪的五星,栓〔拴〕腰皮带,带左轮枪。所有干部都一律同余泽鸿打扮一样,唯阚思颖〔甘棠〕披了一件黄飞短呢子大衣。

接条子后,就亲身同杨泽明将皮衫送至大山邱松如家里。

徐策在扎西牺牲,很悲痛。有红桥人五阁老,在徐策部队。徐策牺牲后才下来的。名杨少云,徐与云南安团长打仗牺牲。余泽鸿说,王逸涛叛变,很愤恨。因已失联系,余打算不上去,就在红桥周围。

第二年二三月间,在炭厂仙峰山与敌师长穆瀛州,第二十一军教导师,重庆地方部队周成虎等作战,余部零散。

三次见面是在水竹林,是刘干臣病了,叫杨泽民来说找医生去。找王伯伦同志处方,开了一张单子。当时见面,余泽鸿说:"目前只有 32 个人,四根步枪,其余尽是短枪。"去时还招待吃夜饭。当时,穆瀛州部住新坝子、砂槽,李品三住街上,周虎成住长宁一带,加之各处团防。

此次会面:

1. 约医生去给刘干臣医病。刘干臣说,单子开好了,不知哪天才能得到吃。

2. 曾问余,为何不见两个女子? 余说:到周家沟去了,李要生孩子,由家庭安置。

3. 余说,我太把个人估计高了,分兵时徐策要分 500 人给部队,但我只要了 200。

4. 余说,联络的部队,由于立场不稳,走了很多。

5. 准备找山洞,暂时潜伏,待机反击。因为是本地人,介绍山洞。曾介绍到古佛台河湾山洞,余同意。

6. 叶参谋主张化妆走,他说我能化哑巴。

7. 刘复初主张全部向古宋方向去。

8. 最后决定往古宋方向,由杨泽如找晏良弼,再由晏找黄华明带路到盐厂古家。

三次见面穿的:

余:将袍短夹衫、胶鞋、无脚马、栓〔拴〕腰皮带,一直使左轮枪。

刘:披大衣,一直背盒子枪。

叶:披大衣。

刘:青制服。

其余的制服不整齐,也有穿长衫。

王跃中口述

记录:杨中亚

时间:1958 年 2 月 11 日

廖荣华抄于余新煜家,1982 年 3 月 5 日

(四川泸州纳溪区采访口述资料)

## 泽鸿烈士英灵永存(节录)

### 刘复初

优秀的共产党员、坚强的共产主义战士和无产阶级革命家余泽鸿同志,在大革命初期参加反帝反封建运动,大革命失败后,积极从事武装斗争,红军长征到川南和云南扎西地区,余是中央军委留下组建红军川南游击纵队的领导成员,在敌后牵制敌军,掩护主力红军战略转移,在川滇黔三省敌军残酷"围剿"中牺牲,迄今已有57年了,但余泽鸿同志为中华民族的生存与解放,终生艰苦奋斗的革命精神和共产党人的高尚品德却永远活在我们的心中,鼓舞同志们为先烈未竟的事业继续战斗,力争革命胜利。

1935年2月14日中共川南特委(后为中共川滇黔边区特委)根据扎西会议精神,坚决执行中央军委命令,率红军川南游击纵队(后扩大为红军川滇黔边区游击纵队)离别中央红军后,孤军深入川南,开展游击战争,牵制对中央红军同追堵截的川滇黔敌军,曾破坏了敌军防御,击败了敌军多次进攻,摧毁了反动的地方政权,由此迅速引起敌军恐惧,深感有后顾之忧,故举行川滇黔三省联合"围剿"。因而,红军川南游击纵队有力地掩护了中央红军的战略转移,做〔作〕出了重要贡献。也是与余泽鸿同志作为红军游击纵队主要领导人的艰苦奋斗分不开的。

1935年春夏,纵队深入敌后浴血奋战,吸引了多我数十倍敌人的疯狂"围剿",面对敌众我寡的艰险局面,川南地方游击队负责人王逸涛叛变投敌,并充当了"剿共"专员,破坏我地下党组织,镇压革命群众,亲自出谋划策,围追堵截我红军游击纵队,当时形势十分严峻。纵队于川滇边境长官司遭到敌军伏击,在地形不利的情况下,纵队仓促应战,纵队的主要领导徐策、张凤〔凤〕光等相继牺牲。余泽鸿同志在危难时刻,英勇地挑起指挥纵队的重担,及时健全了组织领导,增补了中共川滇黔边区特委和红军川滇黔边区游击纵队的领导力量。在短短的数月期间,纵队发展到1000多人武装,活跃在川滇黔边区,打开了一些场镇,特别是在云贵攻打扎西和赫章城,在川南打开筠连城,巧夺叙蓬溪,占领大州驿,威胁纳溪城,在赤水县一碗水击败敌军进攻……这些胜利,反动势力惶恐不安,急忙调遣部队"围剿"红军游击纵队,从而重点牵制了川军并转战滇黔边区威胁云贵敌军。因此有力地配合了中央红军四渡赤水,佯攻贵阳,巧调滇军,北渡金沙的战略行动,取得了红军长征以来的决定性胜利。以上胜利是与余泽鸿同志善于发挥集体领导的力量是密切相联的。

在敌军"围剿"的艰险岁月里,余泽鸿同志处处以身作则,关心同志,余泽鸿勉励同志们克服劳累饥寒之苦,模范地发扬我党我军的优良传统。他有病不坐担架,并把医药让给其他伤病员,到达宿营地,他亲自去慰问伤病员,在困难时去炊事班检查,保证战士吃饱。特别是在处理军民关系上,他严格执行红军的"三大纪律八项注意",有一次发现管理员低价强买了老乡的粮食,余泽鸿同志严肃处理了这个同志,并向老乡赔礼补款。他说:我们处于困难时候更要处好军民关系,只有充分体现红军特色,才能争取人民群众的真诚支持,革命胜利就有了保证。大家对此深为感动。

余泽鸿同志还十分注意在艰苦环境中的建党工作。他认为:部队的核心和中坚力量是党员、指战员,党的战斗堡垒作用发挥得好坏,是直接关系到纵队存亡的关键。因此,不论战斗如何紧张,他都抓紧对党员干部、战士进行思想教育和理论教育,树立远大理想,坚定革命信心。他常对我说:你做地方群众工作,在注意教育群众提高阶级觉悟、组织起来闹革命的同时,要认真贯彻根据地建设的方针政策,注意特色和培养先进分子入党,壮大党的战斗队伍。他的这些思想对我以后担任中共川滇黔边区特委书记兼纵队政委,很有教益。从1936年元月我们自连天山下来后,在建立地方党组织,加强队伍政治思想工作,组建红军川滇黔三支游击支队等方面成效良好。这都与余泽鸿同志的革命思想作风影响是分不开的。

余泽鸿同志虽然和我共事不长,但在掩护主力红军长征的残酷斗争中,他受命于危难时期,所表现出的共产党人为实现解放劳苦民众的崇高理想而献身的牺牲精神和高尚情操,永远激励我们勇往直前,希望后代青年继承发扬余泽鸿烈士热爱党,热爱祖国,热爱人民的革命精神,为建设社会主义现代化强国而艰苦奋斗!

1992年5月30日

(录自李言璋编著《余泽鸿烈士》,2002年印行,第380~382页)

## 红军川滇黔边区游击纵队余泽鸿烈士调查材料

江安玉矿公社中间户生产队烈属王树成（原参加过红军游击队，儿子在抗美援朝战争中牺牲，本人 1953 年因儿子死后生气，失手烧了别人的房子，被判刑两年，回家后仍以烈属对待）。

他讲：红军到这里来，今年已 41 年了。那时我才 30 岁，"文化大革命"中刘复初那面派人来了解过刘复初的情况，说刘复初打死了余泽鸿，其实不是这个情况。

我参加红军游击队活动时间有两年，我在司令部侦察班搞侦察，经常见到刘复初、余泽鸿他们，随部队到梅硐、付兴、周家等地打过仗，在梅硐时见到一个叫邓麻子的。只有开会讲话时看到他，平时就未看见邓在部队。

据我知道，余泽鸿不是在碗厂坡牺牲的，而是在原大理碗厂对门坡上牛厂坡一个姓祝的四嬢的房间里头自杀的。开始，余泽鸿来到我们这里有 1000 多人（大部分是江西人），到他在碗厂坡（牛厂坡）死时，只剩下 30 多人（大部分牺牲），余泽鸿想到没有完成党交给的任务，对不起党因而自杀了，那是一天中午在祝四嬢的家里，没有战斗的情况下，用小手枪对着自己胸口而自杀的。

余泽鸿自杀我没有亲眼看见，是刘复初给我们讲的，刘说："余死的情况不要向外讲，只准说他到外面学习读书去了。"余死后尸体埋在麦地坡上，随后江安县清乡保安队李品三，将余尸体挖出，抬到江安城示众，头是割下吊在黄桷树上的，李品三假报战功，说他部队打死了余泽鸿。

王逸涛是在周家沟叛变的。

金绪（金璲）三姊妹、金栓〔珊〕、金奇〔琦〕卖了地方参加革命。

1976 年 5 月 19 日

附：李品三找到余的尸体是一个军医叛变投敌（出卖）的。

（录自中共叙永县委党史工作委员会档案，全宗号 307，目录号 1,1976 年，案卷号 3，第 169～172 页）

## 余泽鸿堂弟余极之回忆余泽鸿

余泽鸿从小就在梅硐堡国民学校（小地名白庙子）读书。初小毕业后,在梅硐禹王宫读私塾二年,这时余泽鸿大概有十七八岁,继后又到双河（旧长宁）读高等学校,3年后考入川南师范学校,大约是13班,读了两年后就出去了。到了上海时给家里来过一封信,叫给他兑点钱去,后来家里由宜宾给他兑了50块大洋去。

1935年3月间,他通过一个卖药的捎了一个信来说:如你们家里有人会他就到赤水去。同年4月间我一个人到了赤水,会见了王逸涛和余泽鸿。余泽鸿对我讲,他们准备打永宁。永宁打通后就到宜宾,叫我把团枪搜集拢来,今后同他一同走。继后,他们来打永宁而绕道到云南、镇雄、沐爱、三口漂一带又从洛表、王场经洛表、仙峰来到家里,这是1935年2月（农历）。来到家里时,余带有3个支队（300多人）的人回来,看了看家里情况,又走了,又到了云南,准备与大队合并,过雪山。这是他出去后第一次回家。

4月间,余又从云南下来到周家沟、烂窑子驻扎,当月十几头,他们从烂窑子起身,把队伍带到府兴来打乡公所,把乡公所的万银安（乡长）、杨兵全（队长）抓走了,听说万银安被杀了,杨兵全逃跑了。当天就从观音堂来梅硐打川全丰和乡公所,有100多人,其余的来上街住在岩门口、麻柳坝一带,有1000多人,当时住在川全丰的是县中队的一个中队（100多人）,中队长李云武。

红军先来的是突击队（大概一班人）,来到川全丰的门中,先打死卫兵石步秀（石三）,当时李云武的队伍就从背后翻墙逃走。我们红军牺牲了一个,伤一个叫张树云,江西人,后在曹塆头曹银安家养伤,有半年时间,我都帮他送过饭。打川全丰的同时,又打了乡公所,打乡公所之前我做了工作,先把枪弹收入库房,打时一枪未发,红军拿走了乡公所子弹10箱（每箱100发）,另50发步枪25支。打川全丰时,红军把川全丰的东西丢在街上,叫穷人捡来用。打了川全丰和乡公所,敌人已跑了,红军就在街上进行宣传,打土豪,分田地等,当天夜里红军就住在余家祠,在此集中开会。

第二天,他们就到了周家沟,经罗布坳,到洛表,听说在洛表一带就与巩县保商队李绍武打了一仗,继后我就不知道情况。

1935年8月间,他们又回到周家沟,在这里开了会,由王逸涛提出把队伍分成九支活动,遭到了参谋长周思和的反对(参加会的有金璇、刘复初、刘鸿、邓麻子等)。看情况不对,王逸涛就准备叛变,以找马为名,带了两个通讯员就逃跑叛变了。他们知道王逸涛叛变后,就准备不把队伍再(带)到叙永、贵州等方向去了。

红军来梅硐打乡公所时,我是乡丁队长,由于我一枪未发使红军把枪和子弹拿去了,这样遭到了国民党的怀疑,当时县长何心正就把我抓起来送到宜宾坐卡房,同时去的有幺叔余永场,四叔余作高,堂兄余章武等四人,每人被判刑四年,关了一年半时间就接着是西安事变,国共合作,花了1400元大洋给国民党借口赔偿损失费。继后,四个人全部放出来。这时余泽鸿已经牺牲了。

王逸涛叛变后,他们准备过雪山长征到陕北,到了云南、贵州边界就碰到国民党范绍增(旅长)的队伍,他们过不去,才又回来在周家沟梅硐一带活动。

1976年5月21日于梅硐

(录自中共叙永县委党史工作委员会档案,全宗号307,目录号1,年度1976年,案卷号3,第175～179页)

# 游击纵队在高田黄连坝组织农协会的情况

## 雷吉金

乙亥年正月初四(1935年2月7日——编者注),红军长征走后,王逸涛的游击大队于同年正月十七(2月20日)从李家沟抓有敌甲长(一个乡地盘)张华清来杀于黄连坝。队伍走后,相隔十来天又折回来,恰是正月二十七(3月2日)。当天就留下担任队长的一个姓阮的,还有个委员姓张,我听他们叫他张委员,名字记不起了。来到上路榜塆头,就与杨联海、钱富州等人取得联系,由杨联海调人开会。开头串联有三四十人,后来有六七十人,委任杨联海为大队长(杨与杨登高有联系的,杨的儿子杨祥贵参加杨登高),钱富州为小队长,钱焕章为土地委员。张委员讲要打土豪分田地。参加的人有魏显明、赵均从、王虎成、白银安、杨祥贵、杨富高、王泽邦、陈福兴,李家沟就由陈富兴掌握开会,廖成英、魏治华、魏治波、罗王贵、唐占波、白洋祥、魏从文。

当时组织开会的地点在塆头,接连开了几天,张委员说他们讲在这里开会开厌了,叫我们朝前走,后我们就跟起到了关田地,宿了一夜,在那里没有开会就到了苦竹林,当晚就到仁岭岩去躲。第二天刚亮就被钱富州、罗廷贵带起高田陈科文的人和天蓬赵礼隆的人来,把两个红军枪杀了。此时间大概是同年2月初。

一同从塆头出去的有罗廷贵,住李家沟高田的佃,解放后死了。魏治波是本大队人(家庭是中农,本人农民,解放前病死,魏治华死后无人了),唐占波(本地人,解放前死,无人)。白洋祥,家庭贫农,本人是农民,解放后病死。魏从文人贫、农民,解放前病死。此六人直到关田坝,听着杨祥贵之母亲等几个妇人说:"四方八面的围都起了,你们还在这里。"就这样以上六人就去了。走到苦竹林第二天晚上,魏从文又来把钱富州喊走了。当时借口说,钱的屋头有人清问了,后来王东海给王富成说:事情糟了,高田伙来了。王富成说:喊他们过仁岭岩去,有事来,朝兴坝跑,因为我们住在王家,后我们就往仁岭岩大碉里躲。一路去的只有杨祥贵、王泽邦。廖成英解放前病死,家里无人,在里头和我一起煮饭,煮饭的和我等四人,连同江西来的两个红军。第二早见到钱富州、罗廷贵带起人去以后,我就跑出来了,其余的人除了两个红军外,当时就不明他们的情形,跑出来就被抓来捆起,到了岩下,杨银川才放了我的。

后来赵礼隆的人吴仕太就把杨联海抓去天蓬寨,后由杨银川才把他放了回来。李家沟这边又把陈富兴抓来杀了,这个组织就阴消了。

高田公社新华大队雷吉金

1970 年 6 月 16 日

(录自威信县委党史研究室档案,全宗号 1,目录号 18,案卷号 53,第 37 页)

# 游击队在李家坝发展地方武装的情况

## 杨富高

红军游击队第一次来，在李家沟。杨敬安来串联我去，在黄连坝开会。这一次，我们去了28个人，王逸涛来给我们讲话。他说，你们现在28个人，将来发展到二百八、二千八，我们就能立住脚，不但占领一个威信，还要占领昭通、古宋、叙永、整个四川。这次会议以后，留下两个红军人员，搞地下工作，发展组织武装。还说等打白军回来，补助我们枪支。当时，发给了我们4支枪，加上参加的人有两支，要我们整理队伍打游击。还说，现在我们占领地盘并不宽，但是人不多占不完，要我们成立地方游击队。王说要我们3天成立100人的队伍，我们3天就喊来了300多人。在木厂梁子打了一仗，打垮了白军。头天太阳出就打起，第二天中午才把白军打退，打死敌军10多人。我们这边没有受损失，也没有一个人跑。参战的有钱富州、白银安和我。派下来的两个红军人员，一个是张政委，很有文化，还有组织才干，讲话做宣传都是他。还有个是阮大队长，可能是江西人。他们宣传说，我们是红军，是共产党领导的队伍，宣传红军是为人民的队伍，不拿群众一针一线，将来分田地、穿上衣、吃上饭，要打垮土豪劣绅，为穷人撑腰，将来有好处，帮干人的忙。

我们去参加的有雷吉金、白银安、钱富州、王泽邦、魏从文、魏显明、杨敬安、钱焕章、吴万均等人。说要我们成立游击大队，魏显明（当地人叫魏长公）当大队长，杨敬安（就是杨联海）当宣传委员，钱焕章当土地委员，吴万均当排长，钱富州当班长，有几十个人。

不几天，被地方兵团发觉了，组织来"围剿"。杨敬安给张政委汇报说，派队伍来解救。张不同意，说不能搞假革命，要和敌人斗。张把队伍带到了关田坝，只剩下10多人了。听说兵团来了，我和魏从文一起跑，被杨银川的人抓着。我说，我是上庙做会来，他们把我放了但不敢回家，到处抹夫子。① 10多天后才回来。魏从文被抓着去，在邓家坪给兵团煮饭，半个月才回来。

两个红军人员被杀在仁岭岩，是陈科文带起人来逼着钱富州、白银安等人去杀红军人员。这两人原各有一支枪，是高田发的，说他将枪交给了红军，其实，被

---

① "抹夫子"，云南威信地方话，意思是"躲藏"。"抹"念 ma。

他们掌控起来的,参加也带着去。陈科文逼着钱富州、白银安去杀红军于仁岭岩。后来,张华清的人又来把陈福兴杀了。魏显明被赵礼隆的人弄起去,敲钱1000多吊,赵礼隆得400吊,杨银川得200吊,陈科文得400吊,陈正杰也得着。这次成不了功,反受很大损失。以后,红军游击队经过这里,派人来找两个红军,还问了我们的情况。我去外抹夫,我娘告诉他们说,兵团来打,被打散了,不晓得朝哪点去了。过后,也没有人来过问了。

张华清住在李家沟,当甲长,管一个保的地盘,比百长还大,几百户人家,带有一班人的枪。第一次红军游击队经过那里,把他抓着,带到黄连坝杀掉了。

杨富高

1983年2月22日

(录自雷吉常《杨富高讲述游击队在李家坝发展地方武装的情况》,1983年2月22日。威信县委党史研究室档案,全宗号1,目录号18,案卷号53,第33页)

# 川南游击队在李家沟、黄连坝活动情况

魏显明

1935年正月初,中央红军长征拨了一部分人枪挨王逸涛成立川南游击队。

川南游击队于同年正月十六从黄坭嘴过来,到李家沟黄连坝之后,留下张志高(江西人)、阮光明(江西人)2人,于上路榜地带进行组织串连(组织名称弄不清)。

当时人员有:

王富成,梨子树人,出身中农,农民,曾于乙丑年给李汉清(大土匪)当团首,后来就被疯狗咬,新中国成立前疯死。

王泽邦,家庭中农,出身土匪,后当敌队长,新中国成立前镇压。

白银安,上中农,新中国成立后任农会主任,因贪污,劳改就医,1968年病死。

钱富州,是个农民,后抢过人,新中国成立前就病死。

雷吉金,家庭中农,农民,后来挨过杨祥贵(敌队长),此人现在,家住梨子树岩下。

钱炳春,当时任户长,新中国成立前病死。

钱焕章,中农,农民,也在前当户长,新中国成立初病死。

杨吉安,当过百长,新中国成立前病死。

杨祥贵,后来挨过杨登高,也在高田拴过枪,随后来当敌队长,新中国成立后镇压。

杨富高,家庭贫农,农民。此人现在,家住梨子树塆头。

陈福兴,李家沟人,家庭贫农,被张华清(游击队杀的敌乡长)的弟兄魏洪顺抓来杀死,是当年二月间。

组织串连不久,就当年二月初,由王富成、白银安等人叛卖,上报高田陈科文(区长),与同杨联兴(乡长)来人,派王富成、王泽邦、白银安、钱富州4人于二月初三将张治高、阮光明2人枪杀于仁岭岩大碉里。当时同张、阮2人一起住在洞里的有雷吉金。

这两位江西人被杀害后,此事就阴消了。后赵礼隆来把我弄去关起,说是我勾结来的,刮去2300吊钱,陈科文又取去一些地方和钱。后陈炳文又弄我来吊打,又去600吊钱,就这样把我家整光了。当然,这两位红军人员来,与我有过联系,我也准备参加,并在我家里挑过粮食来吃,进行组织串联。

这两位红军游击队人员,组织串联准备成立新中国成立时那样的"农协会",并安有人员负责,但弄不清了。

高田公社新华大队魏显明

1970 年 6 月 16 日

（录自杨国民《魏显明讲述川南游击队在李家沟、黄连坝活动情况》,1970 年 6 月 16 日。威信县委党史研究室档案,全宗号 1,目录号 18,案卷号 53,第 40 页）

本书编写组 编

# 中国工农红军川滇黔边区游击队史料选编〔中〕

江苏人民出版社

图书在版编目(CIP)数据

中国工农红军川滇黔边区游击队史料选编/本书编
写组编. —南京:江苏人民出版社,2024.9
ISBN 978-7-214-28385-6

Ⅰ.①中… Ⅱ.①本… Ⅲ.①中国工农红军-游击队
-史料-西南地区 Ⅳ.①E297.2

中国国家版本馆 CIP 数据核字(2023)第 178089 号

| | |
|---|---|
| 书　　名 | 中国工农红军川滇黔边区游击队史料选编 |
| 编　　者 | 本书编写组 |
| 责任编辑 | 马晓晓 |
| 装帧设计 | 周伟伟 |
| 责任监制 | 王　娟 |
| 出版发行 | 江苏人民出版社 |
| 地　　址 | 南京市湖南路 1 号 A 楼,邮编:210009 |
| 照　　排 | 江苏凤凰制版有限公司 |
| 印　　刷 | 苏州市越洋印刷有限公司 |
| 开　　本 | 718 毫米×1000 毫米　1/16 |
| 印　　张 | 112.5　插页 15 |
| 字　　数 | 1833 千字 |
| 版　　次 | 2024 年 9 月第 1 版 |
| 印　　次 | 2024 年 9 月第 1 次印刷 |
| 标准书号 | ISBN 978-7-214-28385-6 |
| 定　　价 | 598.00 元(上中下册) |

(江苏人民出版社图书凡印装错误可向承印厂调换)

# 我知道的有关游击纵队的情况

王树山

我叫王树山,长宁县梅硐区梅硐镇人。1934 年七八月,刘若显(即刘复初)来我的业主林宇光(大地主)家耍(林是刘的老表),到甲戌年(1934 年)11 月刘复初来过洪硐场。乙亥年(1935 年)的 1 月来的人是邓思明,邓在我家住一年。到乙亥年的 3 月,周思和又来洪硐场,周来时邓在我家睡,睡到夜间,周思和起了一个私心,把手枪拉上了红撸。后邓思明起来把衣服换了(把我的长衣服换来穿起,拿我母亲的围腰带起)就出门外去了。周和邓不知什么事情闹内讧,到天亮时,周思和喊我母亲保他。到早饭时候,周思和从我家吃早饭出来,刘复初和蔡绍成从部队上吃早饭过来,来到我家门前田坎上,周思和同刘复初、蔡绍成在田坎上相碰(相隔几丈远),周思和就从田坎上跳到埂子去,邓思明在侧边喊逮着(内情不详)。周思和从乙亥年(即 1935 年秋天割谷子)像是八月,到大窝头至兴文燕子硐田海云的硐子里去(周说他要到田的硐子里去)后就没有来这里了,据说周是国民党第二十四军的一个排长,不知左手还是右手的大拇指是被打掉的,只有四个手指头。当时周思和是刘复初的部队,同时也是蔡绍成的部队,从洪硐场到田海云的硐子去就结束此情况。周思和与红桥坝陈万义的女儿结婚,后反了,就不知下落,可能是古蔺人。从乙亥年的秋天后,就是刘复初、邓思明、蔡绍成来过洪硐场。不久蔡绍成转回部队去了,就是刘复初和邓思明来洪硐场。周思和走后,田海云去接手事情。

当时活动的地区和发展人数:活动的地区有红桥坝、古河(长宁所管)、兴文、古宋(刘复初的老家)。

当时在洪硐场发展的有 18 人,是一处一个人。这十几人中有:王兴发、王全兴、王树秋、付正云、张树成、王林高、丁德明、刘春海、周绍云、聂兴顺、付正华、付绍成、王银周、龙树波、吴焕廷、龙树清、付云成、王绍华、我一个。这些人发展起来后,当中分三、五、七个人一组。当时刘复初、邓思明宣布我参加地下组织,总的是老邓负责。老邓这个人很好,是个大麻子。下面有吴焕廷、龙树清、付正云、王绍华、聂兴顺负责。老邓说这几个人总的由我负责。当中除了聂兴顺又去团①了几

---

① 四川方言,即"联络、邀约"的意思。

个人外,其他的人没有去团过人。聂兴顺团的人有李树云、廖树云、杨树三、付明中四人,现在杨树三和付明中都死了。聂兴顺团了这几个人以后,就去腰编了去了(抢人的意思)。廖树清(梅硐人)1946年被打死了,周绍云(梅硐乐利公社的人),现还在。当时活动是秘密的,主要说红军的好处,打倒贪官污吏,打富救贫,平均土地。

邓麻子在洪硐场工作时,在羊丫田的陈俊清家住过,在我家住过二年多三年不到时间。他在我家住时,尽是晚上出去工作,白天没有出去。到丁丑年(即1937年)八月间,邓思明被伪联保主任周继辉(又是伪乡长)的兄弟周绍华骗去梅硐区黄金方碾子坝,用烧酒把他灌醉(因邓喜好喝酒,邓的匕首埋在碾子坝),后组织起袁春伯(解放后病死)就把邓思明打死了。当时伪联保主任周继辉要向伪县府报功,就把邓的脑壳割下来挂在梅硐街十八步黄桷树上,后被周继辉拿去报功去了。邓的尸首埋在碾子坝,从此就停止活动。邓思明被打死那年我正在坐牢,我是听说的,同时这个时候刘复初也没有在洪硐场了。邓是湖北人,同毛主席的队伍在遵义分手的,在乙亥年正月间,刘复初把他介绍过来我家的。

刘复初和邓思明在这里时,与红桥的杨树端、杨廷忠、王绍章(拖队伍抢人的)、杨俊清(伪保长)接头过,与兴文县城背后五里路远的庞选高(教书匠,又是刘复初亲戚)和兴文五村的袁绍明、蒋××及兴文洛柏林金跃忠接过头(袁、蒋、金等人是金璨派来洪硐场与刘、邓接头的),与古宋铜台殿(刘的家乡)的刘伯编接过头,其他的地方我没有去过(到兴文五村接过头的是我哥哥王树高去来),我不晓得跟谁接过头。

刘复初像是丙子年(1936年)大约三四月间从洪硐场出去就没有转来过。听说刘是国民党第十八军的一个营副官。国民党川军中有个叫林森的名字,刘在这里的时候(即1935年上半年),在我家用林森的名字写一个假信给长宁县的袁红桥(梅硐黄金方人),后袁虹桥在宜宾被国民党关过。余伯庸在长宁县被国民党关过。余泽鸿的父亲余叔高也为此事被国民党关过。解银章、陈云波、李学贡三人在珙县被国民党关过。刘是甲戌年十一月来我家的。

余泽鸿是乙亥年(1935年)三四月间来打长宁县的伪保安中队李云武时,在这里住了两夜,并抓走了富兴公社的余海洲和万银安(伪分队附)、严元兴(土豪)。当时余泽鸿只有100多人,不到200人。梅硐这个地方参加余泽鸿的部队的人我不清楚,我们这帮人没有参加进去过,我只记得有解银章(梅硐六角大队人)、车树华(车国华的兄弟)参加过余泽鸿的部队。泽鸿一队的杨光华给余泽鸿送过信,其他我不清楚。余泽鸿来会刘复初、邓思明、李四志(不知名字,山西人)的时候,红桥坝的上头杨匪头杨才周拖有二三十人来洪硐场会过余泽鸿。

蔡少成,兴文五村人,曾带40多人来洪硐场参加游击队,我们有会过。蔡的队伍当时住在梅硐任家沟背后。

刘复初丙子年(1936年)大约六月间,从洪硐场出去后,就被国民党捉,送走古宋至长宁、宜宾去,不知住何处就未来过。他是丙子年四月间来过我家。

丙子年四月,邓思明画一张证件(没有盖章)给我,另外拿一个圆形的,中间有镰刀、斧头,边上是苏维埃共和国,同时还有东西赠给我(老邓说赠给你)。这个东西保存到解放后,第八十三团的孟营长说他经过长征,叫我赠给他,他拿去了。

丙子年三月至五月,我第一次被李云武(长宁县伪保安队一中队长)捉送到兴文县见王逸涛,王问我通共的情况,我满口不承认,就把我送兴文县的卡头,关了一个月,是周思和咬着我。我在兴文卡头就看见金跃忠和姓袁(不知具体名字)的两个人在卡里后。在兴文关了一个月后,又送我到长宁县,两次问我的情况,我也没有承认,在长宁关了9个月(丙子年的九月初四日去长宁到丁丑年的七月)。我递诉状去,丁丑年(1937年)六七月长宁县府才把我放出来。我坐牢的判决现在还在,当时同我坐牢的人有金跃忠(兴文洛柏林人,不知在否)、袁绍明(我记起了,在兴文这次没有他),在长宁被关的有金跃忠和蒋××与我关在一起(蒋是兴文县人)。余仲康,他同我在兴文县第一次被关的,就是丙子年一路去兴文被关的,但是他先出来,余是梅硐六角大队人,已死了。余泽鸿曾给过余仲康10支枪,这也是我听说的。我和余在兴文被关那次就是周思和(已叛变)来梅硐的敌联保主任周继辉家抵倒我说:你不晓得,邓思明、刘复初都在你家住过……

红军人员情况:有个红军人员,像是姓陈,流落在长宁这个地方。另有个不知姓名,随部队来打梅硐,不知怎么死在梅硐街上,被红军抬到余家祠埋了,坟还有的。

与刘复初有联系的队伍和人员:车国华、车树华、蒋金州、张占标、廖林清,这些人都被打死了(车国华,梅硐的人,被国民党打死;蒋金州,黄金人,也是被打死了;张占标,黄金人,也〈被〉打死;廖林清,梅硐人,1946年病死。)。田海云有1000把人,是红桥坝新田坎的,队伍住燕子洞。徐连方,以前带有百十来人,并挨过殷骡子、陈华久,2人与刘复初有联系。袁丹,黄金乡人,邓思明在这里时,袁曾动员邓当敌乡长,遮盖身子,邓不干。邓又叫邓四成,是新中国成立时镇压周继辉时候,我听说的,但是老邓写信给我的时候都叫邓思明。

王树山(手印)

〔于〕梅硐区旅馆

1970 年 11 月 24 日

（录自杨国民《王树山谈有关游击队的情况》,1970 年 11 月 24 日。威信县委党史研究室档案,全宗号 1,目录号 18,案卷号 53,第 50 页)

# 护理纵队的伤病员和纵队打李振武的情况

胡聪亮

我是甲寅年生,现年 70 岁,红军长征时 21 岁,参加红军去的我二弟胡聪银,小我两岁,就 19 岁,我三弟胡聪乾 17 岁左右,去参加游击队。因为我们家庭父母死得早,那时由我带他们长大。到红军长征时,一个去参加红军,一个去参加游击队,我在家里,就跟红军游击队往来,保护伤病人员、送粮、送药。

首先送伤病员来,主要是叶培根来联系的,叶是否参加地下党我不清楚,他来我们那边和我们一起商量安插、隐蔽、保护伤病人员。首先在一起保护伤病人员的有廖元兴,那时他当甲长,这个地方受他管辖,当然首先就要联系他。他家是彭兴周的佃。还有许正方家,当时王七班长烧开水,把房子给烧了,许把我喊起来,我带王七班长去他家,我给他一石二斗包谷,六十提包谷坨坨,就把房子修起来了。还有廖有恒家,后来就在第二年参加保护救伤员的还有一个彭行榜。叶培根还亲自过河来,到了山上,还在大山包廖有恒家开会,说救护红军伤病员,只要有出头之日,我们大家都好,现在没有钱,□□可以借,部队可以给,但是要保密,谁透露了谁负责。

我们保护的伤病员有姚三班长、王七班长,这两人是在 2 月间在分水岭这边打仗以后,就寄养在我们家去的。第二次就是刘海云(刘东奎他们两个,女的曾顺英),刘主要是原来受伤,在部队累不起,就留下来了。刘是在长征时就有伤的,是子弹□□□,曾顺英和他是两夫妇,一同留下来的。接着就是曾参谋长他们,曾参谋长是罗布坳街口处检查独立营的一个侦探,被手榴弹炸伤了手,究竟是侦探带的手榴弹还是曾参谋〈长〉带的手榴弹落在桥上,就炸伤了,炸断了左手四个指头。后来就把那个侦探弄在街上禹王宫审讯。杀在回龙山庙门口。曾参谋〈长〉这次就留下来了。同时留的有赖奉辉、李世尧,这二人是江西人,是给敌军当过旅长,这两个是护侍曾参谋长的。

后来又有老冬、老香等留下来养伤,我们都保护起来。

到了第二年,曾参谋长把这些人带到了部队,又□起来。一同去的又有十多个人。还把罗布团上民团队长赵有丰的班长肖怀德的枪借了两支走,又去下五甲取来有两支双筒枪(红山顶战斗时负伤留下来的)带到了部队。

徐策牺牲的地方是在碾子湾牛角丘。他牺牲以后,彭定奎拔取了八颗金牙齿,还照了相片,后喊人拉去掩埋。

1983 年 4 月 10 日

雷吉常记录

(录自威信县委党史研究室档案,全宗号 1,目录号 18,案卷号 63,第 51 页)

# 红军游击队在罗布坳的活动情况

林世芳

游击队在罗布坳首先给李正武、刘启才的人打了一仗,那时李正武带几百人住在罗布坳来打红军。游击队住在沙坝碉头,在梁子上挖战壕。李正武的人喊冲上去,还没冲,游击队的人打起下来。才出动一个排,李的人就惊慌失措,赶快逃跑,红军游击队就开始追击,李的队伍被追到了两合岩,也被打死了两三个。

徐策在长官司打仗那次,我们在河里洗澡。见着红军的人来了,我们就回来,徐策负伤,先头部队把他抬起来放在街上。有个红军女同志要我赶快去给老徐搞点开水来,刚烧了点开水吃后,独立营的人和滇军的人就赶到回龙山。听见枪声,红军的人就赶快从下场口撤走。后边部队也就没上街,从史家坡、碾子湾撤走。敌军追起来,并用机枪扫射,把老徐打落在牛角丘,敌人□枪打死了老徐,其余的红军指战员被敌人打死一二十人,碓窝塘那里被打死了十多个,马巴子黄桷树下也死了几个,就埋在那里,都是后来老百姓安埋的。徐策死在牛角丘,叶培根叫我和赖春辉一起去看,看了就说,是被机枪打死的。独立营的人不准埋,说要照相。第二天彭定奎才叫人去照了相,还取了他几颗(大概是五颗)金牙齿。相照了后,老百姓才去安埋的。就埋在牛角丘横路上,原有一窝竹子旁边。后来那里被挖来种庄稼了,又被水冲,找不着坟墓,但地点就在那里。这次还打伤有两个指导员,独立营的人抬在街上来喊人给他洗伤,那个指导员不让他们给洗,还要他们滚开。后来被独立营的人拖至上河坝杀了。后来老百姓把他抬来埋在回龙山。

独立营的人有彭兴周、宗杰武的两个连,还有彭勤的有个连跟着,是从青龙那里走下来阻击红军游击队的。

第二年刘复初来这里,是曾参谋长〔带〕手枪在街上,先发现王税阶(团首)要上街,就派人捉拿他,就在下场口不远的包谷林里头抓着了他,由叶培根去顺,说好给两百板子弹,并通知他家速准备两百板子弹拿起来的时候,刘品高在游击队里头,就从簸箕坝将王二老师私自背出来了,刘是拴〔拜寄〕给王的,并说好出来后,给刘安家的地方,背出来放在簸火洞子里头,王家里将子弹拿起来后,刘已把王背出来了,子弹他们就不送去了。王的弟弟还说,将这子弹去打红军,被叶培根劝说,不能去打,才了这桩事。

红军游击队在这里活动那年,还有个叫陶琦的人,被独立营打散后,有一排人枪,住在马路井,那时罗布有个队长叫蒋正方,前投张占云,援过川,蒋得知陶的人垮了,需要找个靠头,就去引诱到张占云(大队长)那里去,投在那里。后不久,上面知道了这事,就派独立营彭兴周的人去,拿着管事,逼着张占云交出陶琦,张不得已,就抓了陶琦交给独立营,独立营交给柳旅,柳旅的人把陶肋骨穿来牵起,抬送扎西,后送毕节枪杀了。

游击队来罗布,主要是与叶培根接头,拉了关系,叶是四川璧山县狮子场人,是随叶天荣来威信的,后在罗布坳任了区委委员,王税阶任区长。叶还任罗布学校校长兼教员。我那时是在叶的身边读书,有些事情叶叫我跑去做。红军游击队几次来,叶都在家,就在那里进出,取得联系。那时叫本人也买了两支枪,作为保身用。胡聪亮也在区长处拴枪,又因叶的关系,保护红军伤病员,曾参谋长等人在胡聪亮那边,后来又在叶培根这里,住了很长一段时间。胡聪亮怕被暴露,就把曾参谋长送过来,胡就逃到殷禄才的边棚魏老猫队伍里头去了。魏被张占云杀了,胡出来投县政府,交有一支枪,通过杨华清、李涤尘才放了他。曾参谋长伤好后,回部队仍当参谋长。叶身边的赖奉辉走的第二年才回江西去了,其他受伤的还有好多个,一是在海吉那边,一是在街上叶培根处。叶还通过熟人在大坝买来180多匣子弹,由我和□送去沙坝交司令部的。

叶培根后来被彭兴周说他通共,逃走过,后又回来,后又被彭兴周喊头人暗杀。1947年,彭被〈国民党军〉第七十九师抓去。叶的女人姓张,还来和□家老婆子一起去抵彭的案。彭才被第七十九师抓回去杀了。

叶被彭的人暗杀后,姓张的那个女人带着儿子叶大远、侄子叶大明回老家去了,可能现还在。

1941年后,我在殷禄才身边过,还去剪草铺打军车,新田罗学林也在场。

口述人:林世方

1983年7月3日于罗布大队

(录自云南威信县委党史研究室档案,全宗号1,目录号18,案卷号63,第55页)

# 我所知道的红军游击队的情况

赵玉科

1935年三四月间,红军游击队来到簸箕坝,去到簸牙王海贵家开仓,叫干人去背粮食来吃。6月间,游击队又来到簸箕,去到洛表转回来宿营,那次住在街上。长官司有个刘顺清,与红军的人有关系,主要领导常在那里进出,有两个红军的人流落在他家。这两个红军的人写好信,喊刘来找部队。刘找起来,约我一同去。我和他一起去簸箕,先将信交给二大队。二大队队长姓金,说喊刘不要拿信给那两个反革命看,说咋个不回队。又到龙海堂家会着了徐策,徐不过三十多岁。徐找刘谈话,晚上还招待了他(杀鸡来招待)。我第二天,一同行军走到干沟就分路回家来了。游击队走罗布坳、独杉木,来打干滩子李家,烧了李文渊的家。刘顺清到独衫〔杉〕木就回去了。

6月17日长官司打仗,把红军的一部分截断到司营铺,后转洛亥,走斑竹到三口塘等会合。据说是个姓吴的带领,罗布坳来这支,走罗布坳又被打。开头没还枪,撤到碾子湾顶上,才阻住独立营的人上来,独立营攻不上来就撤退了。第二天,他们又来追,游击队早就走了。

独立营的人是从马家坝、青龙下来,有彭营长的人跟着,走回龙山架起机枪,阻击红军。红军队伍由史家坡、碾子湾撤退。徐策在长官司受伤,伤了手杆,抬到牛角丘,他叫人把他放在那里。独立营的人追上去,就把徐策一枪打死了。后来独立营追问这个兵,并把枪给下了。徐策牺牲后,就埋在那里,尸骨被水冲下学校的地方,这是后来看见的。

红军部队当天傍晚,在我们小岭上休息,有300多人,在这里做饭来吃,弄些洋芋来煮着吃。从这里起身时,天都黑了,是赵玉田带路到簸箕坝的。后来听说在簸箕坝编制队伍,补充军官。簸箕大早坳的王绍斗、王绍万就在打洛表示参加在里头,后在三口塘跑出来,以后投殷骡子。王绍万被张占云抓来杀了。王绍斗解放时参加救国军,被镇压了。

王二老师叫王税阶当团首,刘复初在下场口抓着他,是1936年6、7月间。王世成当乡长,叫叶培根去打通关系。刘要喊王家交20条枪来,当晚住在苗子沟,王交了枪,人未放,到簸箕坝,被刘品高背出来,放在簸火张六毛牛的洞子里。后派人去接回来,还放火炮子,王给刘20担租子之地,刘不要就走,以后才是去拖队伍。

有个红军人员叫钟海荣,是江西省离省城 20 里地的人,从游击队里带着一支枪出来,交在我这里住了一个多月,给他 20 吊钱,送他拢大坝,回江西去了,留在我这里的那支枪,后逼交于团上。牵着一匹马被人盗走了,那个马鞍交陈列馆了。

(录自《访赵玉科老人谈话记录》。云南威信县委党史研究室档案,全宗号 1,目录号 18,案卷号 63,第 59 页)

# 红军游击队在簸箕坝的活动情况

*龙海堂*

红军游击队在罗布坳打仗,除独立营的人外,还有个叫唐连长的人参加,唐是滇军里的。独立营的主要是宗杰武、彭兴周二个连。来到来〔那〕里,已经夜深了,余泽鸿就住在余长发家,走时还送我一只鸡。他们开会在余家房子里,那时我们住余家隔壁。两个女红军跟我家人很要好,每次来都要来我家耍,每次来都要找她〈我家人〉耍,经常进出我们那里。

平时,他们部队来,首先要派两个娃娃走在前面,通风报信,只要他们要来,我们就铲米、打粑来迎接他们。与他们有关系的是陈兴堂家、余长发家和我们家,经常在这几家进出。

这地方的王绍斗,参加在红军游击队里头,是我介绍他进去的,在了一年多,还当上了班长。后出来投殷骡子。解放后自新时上吊死了。

刘复初来时,抓住王二老师关在下场口,我们都去看来。当时被刘品高背从后门出去,往簸火方向去了,第二天天亮才发现,说是刘品高背起逃了。

游击队在这里还杀了一个人,在第二天出发前,发现他躲在房楼上,想要逃跑,被红军抓着,拖出去枪杀了,就杀在下场口。

在我们养伤的那个老肖,经常哼一首歌,歌词是:英勇恩爱的红军哥,我们胜仗有把握,向前打仗莫啰嗦,打倒国民党乌龟壳,乌龟壳!

红军游击队在此的宣传标语有:共产党是工农政党! 我们是工农自己的武装部队! 打倒国民党! 打倒土豪劣绅! 活捉陇承尧! 取消一切苛捐杂税! 等

龙海堂口述

1983 年 7 月 15 日

(录自雷吉常《龙海堂讲述红军游击队在簸箕坝的活动情况》,1983 年 7 月 15 日。威信县委党史研究室档案,全宗号 1,目录号 18,案卷号 63,第 62 页)

# 簸箕坝安置纵队伤病员的情况

任汝贞

红军游击队来这里三四次。一次是从长官司打仗,在罗布坳打仗,连夜开来这里,到我们这里已经深夜了。来时,把我们的门板些取下来,铺来睡,司令部就住在街上。那时我们家房少,在对门,那两个女红军每次来都给我一起耍,很要好。

有一次,他们去打洛表,带来两件丝织的花衣服送给我。

长官司打仗,伤了很多人。在这里,由那两个女红军来告诉我,有三个伤员要我帮助安置、招留,把他们的伤治好。后来我就收留了,在我们这里住了一段时间。后有个姓黄的到陈兴堂家,一个姓陈的谢光聪家,我们家留一个姓肖,那时他们没叫名字,只叫老黄、老肖。

由于寄养红军伤病人员,又加之两个女红军送给我衣服,独立营的张培宣大队长带起人来搜查我家,抄我家,并把我抓来捆起,要推出场口,要杀我,要我交出红军给的东西。逼着我说,我无法,只好说,我听那个女红军,洪硐场的人送子弹来拿给他们挑起去了,我没有得着,你们可以搜查,只送过我两件衣服。把衣服交了,又抄了我一些东西走,才把我放了。

陈、谢二人也被捆来,说他窝留红军,他们来搜查时,这几个红军都跑出去了,后有姓陈的那个红军,去新芬陈家。

(录自雷吉常《任汝贞回忆簸箕坝安置纵队伤病员的情况》,1983 年 7 月 15 日。威信县委党史研究室档案,全宗号 1,目录号 18,案卷号 63,第 64 页)

# 我知道的红军游击队的情况

赵安廷

记得大约五十年前那年,驻叙永的正团宋团长(人称杀人不眨眼的宋马刀)派刘营驻杨家祠。刘营在新场又召集保正开会,要找个队长,有四个保没人当,就喊我去。刘营长讲:"如果发现共匪,要来报,不然就当通匪、护匪、窝匪办理。"我当队长是由正团长李宏安连长下的委令,全队有三十多人,二十来支枪,十来支短枪。会后,我曾给山上杨春廷打过招呼,如果发现有什么情况,一定向我报告。

那年冬天,有支队伍(后来才知道是红军游击队)来沙树湾高友全家(高是敌乡民代表,是刘复初的亲戚),高一面安排游击队到万家山花园头住,一面去报告正团派一营人来围着花园头打。游击队分两支突围,一支十多人,由蔡队长带领;一支二十多人,由刘复初带到踏水桥高国久家(亦是刘的亲戚)。高叫工人吴银海(外号是吴二城隍)给刘部带路,从连天山马含垭翻坡到关背上杨春廷家。第二天杨来向我报告说:昨晚有一支队伍二十多人住我家,家伙好雄啊,一色短枪,还有四五支长枪;其中少数人说话听得懂,多数人说话听不懂。第二天早饭后,我装着找柴上山,到杨家一看,没人,杨春廷也不在。便问杨二嫂,她不承认往过队伍,说杨春廷到钟鼎山那边回龙湾去了。我又到回龙湾杨五兴家,发现灶房里有满满一甑饭,我说:你家怎么吃得了这么多?杨五嫂说:蒸的是豆豉。又问杨春廷呢?说是找烧的去了。我便出门大声喊,杨春廷在坡上叫我上去。我上去一看,队伍围着三堆火烤,二十多人,都站起来欢迎我。刘复初(当时不知道)招呼我坐拢去,问我的姓名和一些问题,谈到赵四罗汉(当过团长),说是他的老表。我当时还以为是长宁卢大娘的儿子(一个敌队长)的队伍拉下来了呢!

见刘复初拿出一个藤包,里面有100多大洋,他们重要的东西没拿,这些东西拿来做啥?还有一个藤包里是文件。这时在我心里打转转,这支队伍与其他队伍不同。坐一阵子我要走了,刘伸手给我说:"弟兄,你要对得起人哟,要维持到,看刘正团来,要给我们报信啊!"我说:"不关事,我负责。"

下坡后,杨春廷准备去正团报告,我说:"杨老二,你都抢过人,抢人是为了要钱;看来这支队伍不是抢人的,是有背景的。支持一段时间再看,不要去报。"我还给杨五兴打过招呼。

杨五兴下山帮刘部买粮食,杨叫我帮忙,我经常代干这件事。部队在山上稳了一个月左右。主要活动在江安、古宋边境的连天山、钟鼎山一带的罗相林、回龙湾、〈夫〉背上、杨山、绍兴湾等处，白天在山上冒荒荒，晚上回群众家里煮饭、住宿。

那正团一营来"清乡"，住在碾子坝（营部）。有晚上刘营长说："明天清连天山、钟鼎山、九龙沟。"我马上带信告诉刘复初。第二天"清乡"军分两支，一连人清连天山、九龙沟一带到会龙桥；一连人清回龙湾、钟鼎山、罗相林一带到会龙桥。我的队丁分别各连带路，我带十多个队丁和正团熊排长一路走回龙湾这面，一到回龙湾，我就大叫："杨五娘，你这儿有土匪没有？"她说没有。我用眼睛给她一瞪，她嘴一歪，我便明白刘复初队伍向苦竹湾去了。到了后山，见丰坡小路草带翻了，我便有意把它搞乱，熊排长问："这儿草怎么翻了？"我说是我的兵带翻的。熊骂："妈的，土匪到哪儿去了，怕上山去了吧！"我即附和说"可能"，便向罗相林清去。清了一天没清着什么，敌兵部队仍回杨家祠。

后来有人向正团报告，说是高国久派吴二城隍给游击队带路上山去的，刘营长叫把高国久弄来捆起，高杀了几条猪来办招待，才算了事。

刘复初队伍走后，杨五兴告诉我，那支队伍是红军游击队，领导人叫刘复初。杨也曾向刘说过我是队长，叫赵安。刘托杨转告我，希望我好好干，〈吴〉二回来要找我维持，如果走远了，给我写信来。

1981年刘复初来踏水桥，曾问杨五兴、吴二城隍，翻开本子看着，又问赵安，并带信叫我去会他。因为带信的人说迟了，第二天我去没会着。

访兴文县同乐公社长久二队 77 岁老人赵安廷（赵安）的谈话记录

赵安廷口述

易佑康记录整理

1984 年 3 月 24 日

（录自中共江安县委党史办资料室资料，资料分类号 A210，资料存放号 091）

## 余伯珊的回忆(节录)

余伯珊(男,81 岁,住长宁梅硐乡六角林,曾参加游击队)回忆:

冬月十二日晚上到我家人就少了。先在桔子岭打一仗,把行李都打掉了。有 20 多人,是夜雨大,已下半夜才到我家,一开门看是余泽鸿,请进屋后看见一身都 湿透了,随即烧火烤、做饭。

后来刘干臣、余泽鸿、邓同成,还有个认不得的就开会。会后问我,在这附近 有隐蔽的地方没有? 我答:后边有个木厂湾又叫望天狮子,可隐蔽营把人。就决 定上去隐蔽。黎明,我家看牛匠带路,到上面去了。余泽鸿叫我在风水树上面向 大田坝方向望哨,若有消息即报告。午饭是余素伯、余承远抬上去的。下午吃二 台烟时(约下午 5 时)又将队伍往周树清(岩窝头)我佃户家,是日无敌军来。

当夜我下去摆龙门阵,看见李学贤送来个红军参谋,不久李去了。我亦先辞。 队伍下半夜就开走了,不知去向。

采访:梅泽勋、罗志文、余新煜、余云

记录:梅泽勋、罗志文,1984 年 11 月 11 日

(录自《中国工农红军川滇黔边区游击纵队斗争史》编写组编《中国工农红军 川滇黔边区游击纵队斗争史(副本)·下册》,1985 年印行,4—91～92)

# 关于刘干臣的牺牲

刘复初

刘干臣是红军干部团来的,在红军川滇黔地区游击纵队,任过第一支队长,任过司令部参谋长,1935年夏秋任过游击队司令员。因在战争中受过伤,经常患病,行动困难。1935年秋末游击队被敌打散,只余十多人,到了古宋县踏水桥(共乐五星公社与东阳交界)山上,又遭敌军追击。当时刘干臣坚决要求留在老乡家休养,听说以后在敌军"清乡"中,刘干臣在住处隐蔽,敌人发现开枪而牺牲。当时我们曾查过此事,确是被敌人打死了。

刘复初

1976年1月22日

(录自中共叙永县委党史工作委员会档案,全宗号307,目录号1,年度1976年,案卷号3,第160页)

# 关于王仕其治疗红军伤员情况调查

时间：1983 年 9 月 3 日—5 日

调查人：杨介元、袁大夫

提供情况人：邓符恒，女，76 岁，王仕其的爱人，当年参加护理红军

周全忠，男，75 岁，邮递员，王仕其的老表

王少良，男，61 岁，王家□□医生，王仕其之侄

王少科，男，75 岁，王家经营站工作，王仕其之子

王仕其家住王场街开药铺，经营旅栈业，为人诚恳，心直口快，给人诊脉检药，信誉较好。其叔王朝忠是全县驰名伤科医师李治明的高足，擅长医疗枪伤。王仕其家资虽不富裕，但其妻邓家，控制当地政权，王姓又为当地大族，有势可依。

经动员后，王满口承诺，并表示想尽一切办法，治好伤员。于是游击队便将伤势最重的樊俊吕、李班长送至他家养伤。同时还送给王仕其包谷数斗，食盐一大块，作为伤员伙食费用。并说明医药等费用，今后照付。这一切均被王婉言谢绝。将已送来的包谷和食盐全部分给街上穷人去了。

伤员送到王家，王仕其初步观察，伤势严重，立即请王朝忠医师前来会诊。经过两人细心检查，确认李××两侧大腿中弹洞穿，股骨上端由于暴力骤袭，可能引起骨折。伤口内虽未发现弹片，但李面色苍白，呼吸浅快，暗红色血液，从伤口持续外溢。问李感觉，答已两腿剧痛，头昏无力，口干欲饮，是已感染严重。樊俊吕左下肢胫骨被子弹完全打断，流血不止。两人立即进行清洗伤口，施已整复接复手术后，即行包扎。王朝忠临走时说："要特殊留心李先生病情发展，现已医药缺乏，我们恐难为其力。"

王仕其为了照顾好伤员，就把他们安置在自己寝室对面的一间小房子内。他每天清早起床，就给伤员评脉问病，换药敷疗。内服中药都由他亲自熬煎，送到伤员手中。日常倒屎倒尿，从无怨言。他的爱人邓符恒，带着数月的小孩，既要照顾旅栈，对伤员也非常挂心。她每天端茶送水，三餐饭菜，都按照丈夫嘱咐，亲自弄好送到伤员床前。伤员想吃点什么，她都尽力备办。

一日，李班长呻吟不断，想吃点肉，邓就去割瘦肉一斤，一半煎炒，一半做成清汤丸子。李见了非常高兴地说道："请王老师来我们一同吃，我恐怕不行了。"他只吃了两个丸子，喝了一点汤，就再也吃不下去了。

王仕其见李的病情恶化,又赶忙请王朝忠会诊处理。王朝忠诊脉后说:李发高烧,脉快而弱,呼吸急促,大汗,口渴思冷饮,良由失血过多,正虚邪实,伤口感染,毒陷营阴,恐华扁难以为功,治宜凉血养阴,清热解毒;再服一帖中药挽救,尽你我为医救人之力吧!

随后,王朝忠每天都会同王仕其诊治,李高烧疼痛,烦躁乱语,神志不清,感染严重,救治无效,于第10天逝世。王仕其寝食不安,泪水纵横。樊俊吕见战友死去,执着王手说:王老师,你尽了自己的力了,红军会永远记得你们夫妇的。

李死后,王仕其因家境清贫,从左代一买来一具木匣装殓。街邻们认为红军抗日救民流血异乡,草草安葬,过意不去,于是集资购买一口大棺材,请了道士"开咽喉",樊(俊吕)花不少纸钱,将李潜葬在石云村义冢土上。

李死后,原寄养在杨保长家的红军战士聂期麟来看望战友,见到王仕其夫妇对红军如此爱护,就迁来住在他家。王仕其每天除给聂治病外,樊俊吕的伤,在两王的精心治疗下,伤口愈合,最后只剩下一个小孔,有时还流黄水,但踝骨以下完全萎缩。王仕其给他做了一副木枴支撑行动。樊俊吕残废不能归队,便在上罗学缝纫。新中国成立后回到河南安阳市,娶妻生子,成家立业,后在当地福利院当院长。还给邓符恒寄了一张他全家人的照片来。

1983年9月6日

(录自《中国工农红军川滇黔边区游击纵队斗争史》编写组编《中国工农红军川滇黔边区游击纵队斗争史(副本)·下册》,1985年印行,7—14～17)

## 袁虹桥谈与红军游击队的接触

余泽鸿到长宁时即托其胞叔余春凯向我说,叫我不要在官僚军阀的铁蹄下替他们作牺牲者,希望我同他一道走革命道路。这个话是余春凯在长宁文庙的操坝头向我谈的,是 1935 年 5 月的(一天)夜间,天期忘了。我当时就慨然承认泽鸿的要求,待时机成熟我就起义,同他一道解放川南,以叙南六县作根据地,以后彼此联系,由余春凯同我直接密谈。

当时处在革命的困难时期,环境很不好,余泽鸿的部队在川滇黔三省交界地带游击,我们许多重要问题还未得到解决,就遇到余泽鸿的大队长王逸涛叛变了革命,向七区专署(四川宜宾)保安司令肖烈报告秘密,于 1935 年 7 月派政治部主任李均品、冯竹如带一个手枪排在长宁县府把我同余春凯同时逮捕。事情就是这样失败。

我当时只搞些细小工作。如有一次县长给我一个密令,指出余泽鸿的老家附近藏有红军伤病员及女共产党员李桂洪〔英〕同阚思颖〔甘棠〕等,叫我马上派队去搜查。我一面集合队伍命王松前去搜查(王松是分队长),一面派陈树安连夜赶到大窝头与泽鸿的父亲通信。他们没有失误。

我对红军留下的干部如陈二排长(长征排长)也作过掩护。有一次川军周成虎部队到南六清乡……当时长宁、兴文的县长提出叫我把陈二排扣起来,说他是红军的根子。我当时在罗正伦的店里向陈二排长说,叫他赶快走。陈三更过后带了几支手枪同张占标一路就跑了(陈二排长以后在建武牺牲)。同时长宁县府军事科长刘献葵带一中队人来逮捕余仲廉,说余是红军的根子(余仲廉在余泽鸿部任过队长),要立即枪毙他,我以全力担保,把余仲廉救出来。

袁虹桥(章)

1956 年 6 月 6 日

(录自长宁县人民法院 1958 年度法刑(58)字第 446 号,袁虹桥案卷第 3131 号,第 79~86 页)

## 袁虹桥谈与兴文攻打红军的情况

1935 年农历三月(记不清天期),奉到团练局转来川军团长未甫臣(实为黄锦章)的命令,要调长宁、江安团队同他一路到兴文建武一带追击红军。我带了三个中队(中队长有李云武、皮瑞卿、贾永清)出发,宿梅硐。在梅硐就同江安保安大队长李品三会见。

第二天同齐开到兴文的炭厂,见了团长未甫臣。他下令李品三为前卫,我为后卫,由簸箕峡向石碑口、大石盘方面前进。第三日,我同李品三们宿簸箕峡前面的宝屏坳。未团同兴文团队田海云部在牛落魂地面走错了路,距我们有八九里的地方宿营。当晚,又奉到团部命令,派我同李品三部定于明日午前十时率队由石碑口向大石盘方向仰攻红军徐策部队。团部同田海云由另一条路去超击红军后方。

第 4 日,我同李品三队按时到达大石盘,由李队先开火。打了近两个钟头,已追到箭竹坪□□。我派皮瑞卿等队参加,共计打了四个钟头。团部同田海云已赶到。红军向云南省的掌(长)官司方面移动,我们也就停止了追击。战斗结束,红军牺牲干部戴元怀一人,战士二人。江安团队死分队长一人,团丁二人,伤几个。我队无伤亡。

战斗结束时,皮瑞卿中队分队长廖瑞门搜索战场,在戴元怀身上搜到登记证一个,另外一张名单(登记证注戴的姓名、年龄、籍贯)(名单上有徐策、余泽鸿、戴元怀、刘干臣的名字,并写徐策的政治、戴元怀的宣传、刘干臣瓦解敌军工作、余泽鸿的组织)。这两件证据当回县时,缴给团练局。

1935 年农历三月(记不清天期),我在任代理长宁县保安大队队附〔副〕时,曾带了三个中队在长宁城附近的蛮垭和红岩坝地方与红军余泽鸿部队接触。当天午后六点钟时,我们开到该地警戒。红军住〔驻〕在小弯子和烂窑子一带。双方相恃一昼夜,没有战斗。彼此的前哨还喊了话。到第二天午前 12 时,红军向周家沟方面移动,我们就开回长宁城。

坦白人袁虹桥(章)<br>1956 年 6 月 18 日

(录自长宁县人民法院 1958 年度法刑(58)字第 446 号,袁虹桥案卷第 3131号,第 98 页)

# 黄坭地区革命文物调查报告（节录）

今年 10 月，是伟大的中国人民解放军的前身——中国工农红军长征胜利四十周年。在这个日子里，为了纪念长征胜利四十周年，使我们年轻一代永远沿着老一辈的脚迹走，党中央和毛主席发出了号召，对红军长征经过各地的情况进行调查访问和革命文物的征集。

我们全校工农兵学员，在校革委的正确领导下，积极响应这一伟大的号召，走出校门，开展活动，我们 76 级 5 班的部分同学到了两河区黄坭公社，对红军长征黄坭的情况及川南游击队的活动情况进行调查、访问和革命文物的收集。

黄坭地处两河南面，距两河 30 余里，地形险峻，是红军长征路过的地方；是川南游击队活动的地方；也是叛徒王逸涛的家乡。

黄坭街地处半山腰，现有人户 110 户，人口 444 人。我们于 10 月 30 号到达此地后，在公社党委的积极支持下和领导下，于第二天开展活动，调查、访问。

首先，在街上访问了年满 60 周岁以上的老年人。如：赵易文（军属）、赵天祥（中农）、欧克才（掉队的红军）、汤明珍（五保户）等人初步了解了一些情况后，又到黄坭九队访问了老游击队员朱晋贤（贫农，现年 65 岁）、朱晋安（贫农，现年 70 岁）。以后又到伏来五队访问了老红军李树云（江西吉安人现年 84 岁，第五军团第二师第五团第三营炮兵连的），此人参加过叙永的黑牛弯〔湾〕战斗。还访问了黄坭七队的何启发（贫农）。从这些人的介绍中，对红军长征经过黄坭的情况，及川南游击队在川、滇、黔边缘地区的活动情况，基本上得到了了解。以下分几个部分汇报。

一、红军长征路过黄坭的情况

据赵易文、赵天祥、汤明珍、朱晋贤、朱晋安及其他群众的口述，红军一渡赤水时，于 1935 年腊月三十晚上到达黄坭街上。过到正月初三天完毕，分两路：

一路：（红三军团）从叙永的后山、海坝到黄坭、田中、威信。

另一路：（红九军团）从古蔺、桂花、叙永的三河、胜利、落卜、三家坝、金华、黄坭、树坪、分水、威信。红三军团先头部队三十晚上到达黄坭街上时，就送信通知王逸涛（当时王逸涛住在木厂肖洞弯，现田中公社管）。信上写的是汪阳（王逸涛的化名）。王逸涛接信后，带了 10 人到街上与红军接头，开会（据朱晋安讲，朱晋安跟随去）。接头的地点和开会的内容他不知道，接头时只有王逸涛一人去。

接头后,红军拨了 32 个人、120 支枪给王逸涛。当天,游击队又回到木厂梁子宿了一夜(木厂梁子现田中公社的地盘,当时是荒山大老林,正有利于游击队活动)。

第二天,住在树坪的红军又拿信通知住在木厂的游击队,于正月初八全部开到树坪,又拨了一部分红军创建了川南游击队,播下了革命的火种,游击队在树坪的北地坝集合点名共 720 人。红军的领导人徐策、余泽鸿也留了下来,领导游击队,在川南地区点燃了轰轰烈烈的革命烈火,与国民党军展开了不折不挠的斗争。

二、川南游击队的活动情况

游击队的 720 人编为五个大队。第五大队红军最多。平均 10 个红军,4 个新兵(当地游击队员)。其他大队红军也比新兵多。五大队三个排,五个班,班长以上的领导人都是红军。

游击队于正月十八从树坪开回木厂,当天晚上与国民党军川军周玉翔的队伍打了一仗。这次战斗中,广大的红军战士和游击队员,发扬了"一不怕苦,二不怕死"的革命精神,使川军遭到了很大的损失,而未损游击战士一根毫毛,取得了这次战斗的伟大胜利。

这次战斗后,梁亚伯提升为大队长(听说梁亚伯是古宋人)。第二天(正月十九),又在木厂打了一仗,梁亚伯身负重伤,于第二天(正月二十)在木厂西安厂坝牺牲,受伤战士[大约]10 余人。但是,川军几乎被游击战士全部歼灭。

次日(正月二十),游击队开到长官司。第三天(正月二十一)到大石盘(兴文县、建武区、石碑公社)打了一仗。这一仗从天刚亮就一直打到太阳落山,川军2000 多人,游击队仅七八百人,在这种寡不敌众的情况下,英勇的红军战士和游击队员,在毛主席人民战争光辉思想指引下,遵照毛主席"这个军队具有一往无前的精神,他要压倒一切敌人,而决不能被敌人所屈服"的伟大教导,和川军展开了一整天的交战。川军遭到了惨重的伤亡。游击战士仅受伤几人。

朱晋安受伤,游击队用担架把他抬到长弯,留在长弯养伤(长弯,兴文县)。徐策政委亲临安慰,并给他药费 12 元和许多药品。这充分说明了红军领导人对一个红军战士都做到了无微不至的关怀。一个月后朱晋安伤愈回家(脱离游击队)。

大石盘打仗后,游击队又转到分水的木格倒、朱家山、水田寨(水田寨,属云南威信),第二年(1936 年)又回到黄坭,在石包田与川军周玉翔的队伍又打了一场遭遇战。

这次战斗非常激烈,从早晨一直打到第二天天亮,几乎活捉匪营长周玉翔,川军损失很大,游击队仅重伤一人,面部有麻子,后来牺牲在分水的大岩脚(有的说是树坪的侯圈坳)。据朱晋安讲此人可能是班长。游击队的主要领导他都见过,面部没有麻的。

石包田这一仗后,游击队又转到分水的新农山(分水来龙公社),住一段时间后又转到黄坭街背后核桃坝。

五月初十,川军一个排给住在沙基沟的(田中公社)顾晓帆队伍送军饷,路过黄坭在文昌宫休息(现黄坭公社住地),情况被游击队知道后,游击队侦查班(一班人)冲到敌军住地。这时号兵正在吹口号,英勇的游击战士手疾眼快,一枪击毙了号兵。在这一刹间,游击战士又冲到里屋,当场打敌排长,敌军班长仓皇逃跑,游击战士追到街上,一枪击倒,呻吟许久才断了气,缴获了全部军饷。等住在沙基沟的敌团长顾晓帆得知情况,带了一团人赶来增援时,游击队早已远走高飞,无影无踪了。

第二年,游击队到达云南的邓家坪时,王逸涛就叛变了,政委徐策召集队伍在邓家坪宣布王逸涛叛变的情况。王逸涛叛变后,游击队在长官司打了一仗,这次战斗徐策政委英勇牺牲。

徐策年约 40 岁左右,个子矮小,体瘦,讲话流利易懂。态度非常温和,凡是和他接近的人都感到亲切、热情。腰间常系一支白纳林手枪,〈是〉善于指挥打仗的能手。游击队员对他都非常敬佩,现在谈到徐策政委,尤感留恋〔念〕。

三、王逸涛参加革命直至叛变的情况

王逸涛,黄坭公社黄坭六队(土地坪)人。听说,王逸涛于 1925 年出去参加革命。以后党组织又送他到黄埔军校学习。毕业后在川北一带工作。于 1929 年回黄坭,回来后在文昌宫开办官学(小学),教了 3 年书,王逸涛任教导主任,王元德任教员(王逸涛的兄弟)。卢汉文任校长(叙永人),刘继秋(马岭人)任训育先生。

这几年中,王逸涛从事地下工作,有步枪几支和手枪 1 支。情况被县府发现后,就派人逮捕王逸涛。王逸涛的舅舅、乡长杨继安知道此事后,就通知王逸涛逃跑。王逸涛接信后,就带了十几个人跑上山,在后寨住了一年多(田中公社、营方大队)。一直到 1935 年红军来黄坭时和红军取得联系。

王逸涛担任川南游击队的总司令。在川南地区活动了 3 年左右。后来,国民党的中统特务、参议员安硕甫混进革命队伍,和另外一个老师在一间

〔所〕学校教书。这位老师就把自己的儿子抱给王逸涛，王逸涛就经常在他家进出，因此，安硕甫就通过这位老师的介绍，当了王逸涛的老婆。所以，川南游击队的活动情况和地下党员的名单，被安硕甫全部窃取，给国民党作了如实的汇报。

国民党为了达到他们反共反人民的目的，毁灭川南游击队，诱使王逸涛投降。就采用了假逮捕的手段，把安硕甫逮捕入狱，以此来引诱王逸涛投降。

而王逸涛对中国革命前途抱着悲观失望的态度，经不起艰苦斗争的考验，在关键时刻，为了保存自己的生命，畏敌如虎，最后至于投敌叛党，出卖革命，成了可耻的叛徒。

游击队到达云南的邓家坪时，王逸涛借找跑掉的骡子为名，逃跑叛变。（没有一个人同他走，仅王逸涛的兄弟王元德跟随叛变）王逸涛叛变后到重庆见了蒋匪。蒋介石封了他招抚特派员和"剿共"总司令的官，给了他手令，还派薛团长带了一团人同他一道回叙永，镇压革命。

王逸涛回叙永后，竭力为蒋匪效劳，是一个地地道道的蒋介石的忠实走狗，大量屠杀逮捕共产党人，是一个双手沾满人民鲜血的刽子手（解放后已将王逸涛、王元德、安硕甫三人逮捕法办）。

叛徒王逸涛投靠国民党，出卖革命，使川南地区轰轰烈烈的革命烈火遭到毁灭，使游击组织遭到破坏，使川南地区推迟了多年才得到解放。大批的共产党员和革命群众遭到屠杀。由此可知，叛徒王逸涛给革命事业带来的损失是不可想象的。

四、革命文物和红军坟墓

据老贫农何启发讲，红军路过黄垼时，送了他父亲一件衣服。他父亲已于1967年病故，衣服也早已穿烂。

五保户汤明珍（年约70岁左右）讲，红军路过黄垼时，她在街上卖橘柑。她拿了几个柑子要送给红军，红军战士用三大纪律、八项注意严格要求自己，真正做到不拿群众一针一线，最后竟婉言谢绝了。红军战士还送了她一双袜子，她说看到这双袜子就像看到了红军战士那种和蔼可亲的面孔。

后来，邻居有人病了，她就把袜子拿来抽了几股纱给这位病人烧灰吃，吃了以后病人的病就好了。这个消息传出去，凡是病了的人都来给她找，因此袜子早就用完。

从这件小小的事情,听起来好像有点神话,但是,充分说明了人民群众对我们的革命前辈、红军战士是多么的信仰崇敬,是多么的怀念。在黄坭街上陈启冲家的墙壁上留了一副〔条〕红军亲手写下的"收复东北失地,努力对日"的标语。现在此标语尚有部分存在。

在调查访问中,凡是提到红军路过黄坭的情况,没有一个不佩服的。他们说,毛主席领导的中国工农红军真是人民的子弟兵,处处关心群众疾苦,时时事事为群众〈着〉想,与国民党真是天地之差。

据赵易文和街上的老年人讲,红军长征路过黄坭时,正月初三一位红军因病死在廖焕章家(保长,出身地主,已于 1968 年死亡)。红军死后留了一支步枪,廖焕章的儿子廖海云(现在黄坭五队)交给了乡长杨继安(已镇压)。

据何启发(何启发与廖焕章家是邻居)讲,是廖焕章家请人埋的,埋在场底下、方碑、字库旁边。但是又听有的人说,1961〈年〉、1962 年时也埋有死人在那个地方。因此,红军的坟墓就未得到证实。

叙永师范学校〈19〉76 级 5 班文物征集小组

1975 年 12 月 9 日

(录自《红军长征过叙永、两河区普查资料》,全宗号 307,目录号 1,案卷号 8,年度 1977 年。叙永师范 76 级 5 班文物征集小组:黄坭地区革命文物调查报告,第 9~23 页)

## 红军经过黄坭及黄坭参加游击队人员的情况

欧克才　赵世录等

红军长征过黄坭调查资料，革命文物普查征集记录

（一）

时间：1976年12月13日

地点：黄坭街公社所在地街坎上（四队）

口述人：欧克才（病中）

我老家在江西省瑞金县瑞林寨。1933年在瑞金参加的红军，加入了青年团，介绍人记不起了。1934年前后，我参加过反〈第〉五次"围剿"，在江西、福建都打过仗，在宜川〔黎川〕与国民党陈诚、罗竹英部打过仗，我们让了宜川〔黎川〕去福建，后来到张付板，缴了国民党在南京的火药库，用火药造子弹和地瓜弹土手榴弹。以后在江西忽然间长征的。

国民党心狠，想把红军"剿"完。我们长征过湖南，过乌江，在湄潭县住，过了元旦走桐梓，到遵义，记得路线是：

遵义—赤水—古蔺—三岔河—火把桥（大房子，凉水井）—叙永东门湾—打叙永—又回火把桥—三家坝—洛堡—两河大头关—郑国寺—天生桥—还乡坡—黄坭—树坪—分水。

我在遵义出发后就病了，到了树坪就走不动了。首长给了我钱粮，在树坪大田秦瞒儿家养病，养了3个多月，后在庙门前秦丙先家看牛，当时我只有18岁。树坪的团兵陈在兴和乡长何少清几次要杀我，把我的衣物全搜扒光，遇红军游击队在树坪刘家沟（树坪公社进沟去的山脚下一带），把陈在兴抓去吊了一夜，警告他，不准杀害红军伤病员，我才没被团兵杀害。陈在兴还在，是管制分子，在树坪。

我在长征中，属红九军团的，军团长叫罗炳辉，我在红九军团的直属教导队，首长姓王，其他战士有姓陈的，姓王的，姓李的，都记不起名字了。

红五军团是从海坝到黄坭，穿过田中方向去了，红三军团到两河后，好像从六郎进沟的方向去了。

红军从扎西回来时，留了几百人给地方的王逸涛在树坪和黄坭，成立中国工农红军川南游击队，领导人有徐策、余泽鸿、龙厚生、刘复初等，当时我在病，没参

加这支队伍。

红军的五角星,表示五大洲的工农商学兵合成一体的意思。当时唱的歌有《工农兵联合起来》,只记得前两句:

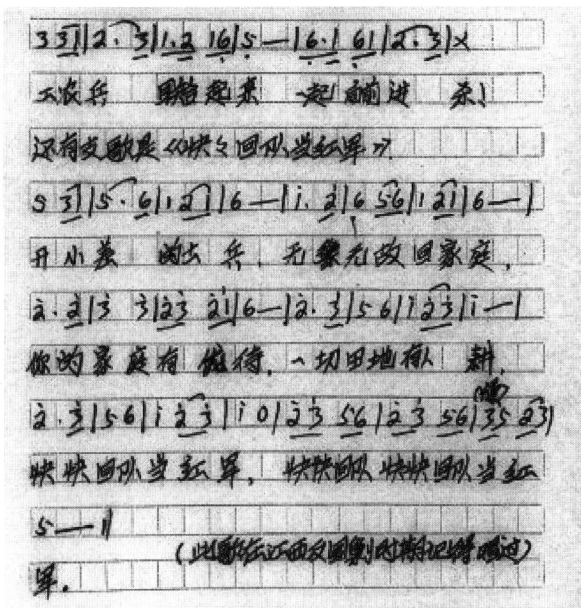

我在江西的父亲叫欧怒冰,母亲陈氏。小兄弟老三,我走时没取名,家门有欧克银、克唐、克坤、克容等,不知在不在世,我想打报告回家乡,不知政府能不能给我解决点路费。

(二)

时间:1976年12月13日

地点:黄坭九队路上

口述人:福来二队赵世录(其父亲赵国和)

福来二队原有个掉队的红军叫杨光伍,1973年搬回老家贵州省沿河县干溪区琪滩公社琪滩大队田坝生产队去了,去后还给我家来过信,信还在家中。他当红军后,右手中指负伤,后帮赵昂三地主当长工,解放后评的成份〔分〕是贫农,土改后才安的家。迁走时他家已有七八个人。全家都迁去了。这个红军了解红军情况,可去信了解。

听我父亲讲,红军从石包田某地分路,有支去黄坭;有支走福来八、九队到田中去了,在田中兴安(兴安茶场处)与国民党何连兴军队打了一仗,还牺牲的红军。

(三)

时间:1976 年 12 月 14 日

地点:黄坭食堂

口述人:黄坭食堂会计黄坤章,56 岁

乙亥年(1935 年)正月初一早晨,红军从海坝到达黄坭。我家(父亲)到黄坭四队大坪上卖迷信纸张,又卖包糖果(饼子、桃片等),他没躲。红军来了宣传打富济贫,打土豪杀贪官,他们买卖公平,买东西拿的是(苏维埃)纸币,用不得,就叫我父亲拿到当时设在铁炉头(现在王跃新住地,只是房子已修过,原房子是向着街,向海坝方向的)的红军银行去换大板。我父亲卖的是糖,都卖光了,就拿纸币到红军银行去换了。

初一下午我父亲就给红军带路,从黄坭带到田中的郭家沟,就转来了(带路跟着吃饭)。初二我父亲就到处找我们,到念星板翻坳才找到。说红军好,叫我们回家去。(国民党)转来时红军都走完了。

黄坭街还有两个老人可能了解些情况,一个叫赵子良,一个叫汤明珍(女)。

在黄坭还有两个年纪大的,一个是陈启春的母亲陈二婆,一个是黄槐章的母亲,还有个宋海云(食堂坎上打衣服处)。

(四)

时间:1976 年 12 月 14 日

地点:黄坭街上

口述人:五保户汤明珍,女,77 岁

乙亥年(1935 年)正月初一,红军从海坝来黄坭,分两路出去的。一支从黄坭到田中,一支从黄坭去树坪。

红军到黄坭后,见我们老人房堂屋上一些字,是江西籍,红军就说:"老同志,你们也是江西人,怎么不回江西去? 江西好。"又请我父亲汤万清带路,带到树坪。有个骑马的红军队长,记得好像姓赵,见我父亲老了,就说:"你这个老同志不走了,年纪大了。我们人多,看踩着你,你就站在这里路边上。"直到红军过完一队人,这个队长和另外两个红军才和我老人分手,说:"老同志,你这下回去了。"还给了我老人一张条子和钱。我都是听我老人讲的这些情况,我是从树坪回来后听老人讲的。毛主席领导好啊，几十年了还在过问这些历史。

红军分了些人给王逸涛，这些红军和大红军一样的好。有次在黄坭老房子坳坳上，我拿了四个大红橘柑给这些红军，他们不要，我硬要送给他们，他们就拿钱给我，还送我一双袜子。后来人些传说："红军的衣物鞋袜烧成灰来化水吃了能医百病。"有的病了晓得我有双红军送的袜子，就来找我，树坪都有些人来找，我就把这双袜子撕成条条分给他们了，当真人些找去烧来化水吃了，有些病就好了。

王逸涛贪财利己，怕吃苦，招了，不然红军死不了那么多。

毛主席当真英明，我是独人了，是五保户，要不是毛主席领导红军闹革命，我早都没在世了。

（五）

时间：1976 年 12 月 14 日

地点：黄坭四队（上街）

口述人：赵义文

乙亥年（1935 年）正月初一早上，红军从海坝到了黄坭，连过三天。多数穿青衣服。头年三十晚上海坝的在放马当乡长的赵宝珍就找人带了信来给黄坭的联保主任杨继安，说有支穿青衣裳的军队从海坝来黄坭，不知什么队伍，你们赶紧退。

初一一早这支队伍就来了。当天有点太阳，当时黄坭的人大多数都跑去躲去了，不了解红军。我在文昌宫包包被红军看见，就把我和另外二人（赵廷江、胡光普）叫回来。红军问我："小孩子们，你们到那〔哪〕里去来？"我们说："去扯麦子来。"红军说："好，搞生产。"又问："这里有几个洞子？"我们说有几个大硝洞。红军就说："对。"又问："有个朱老师没有？"我们说："洞子头有个朱老师。"红军就叫胡光普带路，赵廷江跟去找洞子，把我留在他们身边，我见红军抬了一条长板凳在公社下面街上拦住上半街，走的红军部队到了这条拦街的长板凳前就转弯出去了，每人抱捆草，边走边铺路。天黑时，满街都住起了红军。我当时是孤儿，还没吃饭，又怕，就跑到河对门山洞里躲去了，第二天才回来煮饭吃。

红军走的路线是：黄坭田中、树坪，初三红军过完。初四到初六，国民党白军就到了，也去田中方向，初七、八、九白军又从分水方向退回黄坭，有的走田中去，有的走两河去了。初十到十四，王逸涛的队伍就从树坪大转拐下来，扎在对门的庄庄上，布哨在阿弥陀佛（此处应指庙宇或敬有菩萨的地方——编者注），他本人住在大田坝。说没水烟吃,叫人上街来找我和黄银章(现住石家坝)一人背了一背橘柑和水烟去卖。

有个江西红军问:"这两个小孩卖东西,有哪些没拿钱的快拿。"结果一分不差都拿了钱。正月十五,标语贴在现住的公社的门上,落款是:"川滇黔边游击队总指挥王逸涛,政委何宗舟。"下午来了三个人,一男两女,都背手枪,转了一转就走了,男的是江西人。

正月十几头,在木厂梁子打了一仗,正月二十一,白军周营长一排人在黄坭小学(万寿宫)住下,吃早饭时,游击队来把他们包围起来,打一仗,打死了白军一个排长,一个中士,一个班长,三具尸停在下街汪少华住处门口的偏偏头,那时国民党顾晓凡的兵从黄坭七、八队铺山的开来了,游击队就吹调号撤走了,撤到树坪对窝底,宋家山那边去了。

游击队还在三月二十一,在石包田与国民党周营长的部队又打了一仗,从天黑打到天亮,牺牲了一个侦察班长。后又撤到树坪郑家沟,到云南去了。

红军到黄坭时有女兵,有马,我还听见现在邮电局楼上,当时有红军喊电话……

(六)

时间:1976 年 12 月 15 日

地点:金星大队四队及其他地方

经四队会计口述,在他屋基阳沟头挖到三个地瓜弹,公社杨书记和调查人一道调查,此地无红军经过,也无白军经过,杨家亦无政历问题,估计地瓜弹是前人或他人带到这一带埋下的。有两颗已卖到公社采购站,第二天取去。

(七)

时间:1976 年 12 月 18 日

地点:黄坭大队

口述人:赵长顺,75 岁

红军路线是从海坝—石关—黄家场(曹)—两合水—干沟—大店子(五队)—石关—泡通咀—放马—南坳田—黄坭田中树坪。放马有个刘痞子给红军带路去了。至今无下落,但是独人,去时只有十六七岁。

(八)

时间:1976 年 12 月 19 日

地点:放马二队

口述人:刘永兴等

红军路线与上同,时间是乙亥年(1935年)正月初一早上,从海坝到黄坭,连过三天,走工农来的只过了一天,红军在工农六队杀了富农赵寿林的猪,分了他家粮食。在二队苏家大田(河坎上一块大田,当时是干地)住满了休息的红军。本队有刘痞子和找××当红军去了……

(九)

时间:1976年12月20日

地点:福来二队(石包田)

口述人:陶树英,60多岁,五保户

乙亥年(1935年)正月初一,红军从两河到石包田去黄坭,走的走,住的住,在石包田和下马田都住满了,红军杀了地主赵世成几家大富的猪,分了谷子,推了包谷。我家住的红军用罗锅做饭,有女红军在我家,戴铜帽子。下马田有两口子当时没衣裳穿,红军还送了衣服给他们穿。这家人叫赵篾匠。我家男人赵××(草鞋匠),给红军带路,从石包田带到黄坭……

(十)

时间:1976年12月21日

地点:福来五队

口述人:李素云

(因病掉队于扎西,后走到分水来龙田坝头童太平家养伤病两个多月,时行医,到海坝,后到此队,解放后制了床被盖送童太平)

随军路线:江西洛安〔吉安〕县入红军,长征到遵义—毕节—桐梓—三十晚打永宁—(石包田五保户陶树英的男人,已死,从大马田—黄坭)与黄书由〔打仗〕—扎西。

后首长给赵篾匠大洋,养病于来龙童太平家,一同养病死在天堂头的红军是李素云背去埋的,同一地点埋一个大坑,新挖的坑,坟地在青杠林头,一坑共埋伤病死去的红军12人,还挖得到,是部队过时埋的……

(十一)

有关红军遗址遗迹统计

一、黄坭公社参加红军去的共四人。

放马二队,刘痞子、赵××。

放马五队,王猫儿(去时十多岁)。

黄坭,刘应祥(刘洪兴的三爷)。

二、留下红军二人:

欧克才(黄坭四队,上街,江西瑞金人)。

李素云(福来五队,江西人)。

三、黄坭公社参加游击队的共 36 人,只有 5 人还在,他们是:张少坤,黄坭四队。穆家寨,贫农,原同阮明宣投过何少清。段银发,黄坭九队,原王逸涛的通信员,曾投杨吉发,参加反动救国军。朱敬贤,黄坭九队,三十五六岁,珙县病离队养伤,1947 年给乡长文永清背一年枪。朱敬安,黄坭九队,负伤离队,参加过反动救国军。文光彩,黄坭九队,投朱敬尧,曾向王逸涛报游击队军情。

四、黄坭公社给红军带路的初步调查有 6 人:刘痞子(放马二队人,带路去参军的,去时只有十六七岁)。

黄友顺(黄坭食堂会计黄坤章的父亲):从黄坭—田中邵家沟。汤万清(黄坭街五保户汤明珍的父亲),从黄坭—树坪。赵篾匠(石包田福来二队五保户陶树英男人)从石包田—黄坭。胡光普(已死),带红军去硝洞找朱老师。李××(春光大队李德才的爷爷于乙亥年正月初带路)。

五、牺牲红军一人,黄金山,湖南人。埋在福来五队大木老(据说放马死了四个红军,不详)。

(录自《红军长征过叙永、两河区普查资料》,全宗号 307,目录号 1,年度 1977 年,案卷号 8;调查走访黄坭公社:红军经过黄坭及黄坭参加游击队人员的情况,第 113~132 页)

# 红军游击队经过黄坭调查走访记录

## （一）

时间：1976 年 12 月□日

地点：黄坭四队（上街）

口述人：赵义文

（有关游击队的情况见前 1976 年 12 月 14 日口述。此处略）

第一仗正月十几头，在木厂梁子打。二月十一白军周营长一连在黄坭学校（万寿宫）住下，吃早饭时，游击队来围了白军，打一仗，打死一个白军班长，一个中士，一个班长，三具尸都停在现在汪少华住处门口的偏偏头。这时顾晓凡听枪声，就从黄坭□队铺山的来了，游击队见敌军人多，就吹调号撤向树坪郑家沟方向去了。

三月二十游击队又到黄坭，有五六百人，叫我去探白军。我就下两河去探，走石包田到还乡坡吃饭后，到了三王坳，就听国民党的周营长部就来了，一连从两河到黄坭阻地坪口子，一连人走西路，一连就把通海□的路，要把游击队堵死在黄坭。白军问我什么人，我说赶场的，被赵品三捉住，问我是不是赵巴子，我说是，他说你狗日的还给王逸涛当侦探，今天要你脑壳。我说：谁咬的我？他就把另一个杜忠心抓出来，才知杜说的，我二人就被带见周营长，周营长审问，我们编来讲，又问我认得哪些？我说认得杜德贞，他就叫杜出来，杜说认得，才又交给杜德贞，杜才放我们。

结果游击队不了解情况，开到石包田就打起，从三月二十一天黑打到天亮，听说侦察班长受伤死亡了。游击队就又开到树坪郑家沟往云南去了。游击队常住田中后房，郑家沟长官司天棚寨，兴文、长宁、木疙瘩等地。

没有红军大队伍从石包田到黄坭的，只有两河—天生桥—新店子—清水河。

来黄坭的大队伍有骡马，有女兵，有的写标语，在现在邮局的楼上有红军喊电话，随军银行设在现在黄坭，听说是在饶书麟的房子里。

山东有两个人，□年曾来过黄坭，在公社找我了解过余泽鸿〈情况〉，讲了两三个钟头。

王逸涛叛变是借口找骡子逃跑的，跑去找两河宇玉宫徐立光区长，徐派人连夜送到县府，后又送到重庆，以后他就任招抚特派员。

（二）

时间:1976 年 12 月 19 日

地点:黄坭一队

口述人:刘永兴,74 岁

乙亥年(1935 年)正月初一至初三,红军天亮从海坝到黄坭,分两路在黄坭一队〈会〉合,到黄坭的还有从石包田到黄坭的。

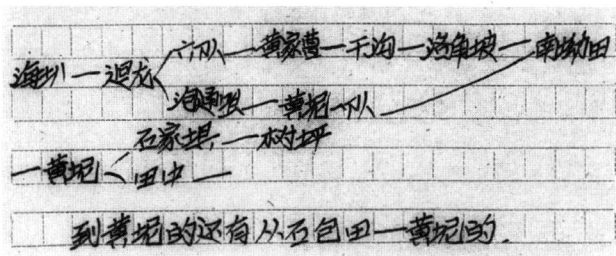

红军来放马后,到处写标语,当地有两个跟红军去的,一个刘农兴的三爷(刘应祥,40 来岁),一个叫王猫儿(放马三队,去时十多岁),去后一直无音信。

（三）

时间:1976 年 12 月 13 日

地点:黄坭九队

口述人:朱敬贤,60 岁

乙亥年(1935 年)正月初一早晨,红军从海坝到黄坭,初二三过完,顺河向树坪去,听说有从黄坭到田中去的。初七八,当时团长追我,说要把我哥哥朱玉恒整光。我没法,就参加红军游击队,在树坪的上村参加的,挨刘家沟。文光彩也是参加的,我是编在五大队,连长是高大个记不起姓了。当时编制有五、三、二、一队。

参加后到黄坭土地坪木厂,第二天打仗一天,去云南,到过兴文,高(县),巩〔珙〕(县),洛表,洛亥,我去过坛厂,石厢子,水田寨,经常打仗。我当时才十多岁,记不起,听政委徐策(不高)讲,王逸涛两弟兄在邓家坪逃跑,你们新同志不要向他们学习,不要开小差跑,要为我们穷人奔前程,毛主席为穷人办事情,万辈人的前程都要奔彻底。讲话那天,每人还发了三元薪水用。

五月二十几头,我病了。六月初二三,我被马驮起走,药也吃不好,就把我寄在珙县老瓦沱黄家(又姓吴),坎下有条河,这家人渡船的,寄下来时,队伍打招呼好,说你整他的话,我们把你全家都灭了,以后来接。我为了隐蔽,也姓吴。吴家第二天就请医生来给医,我不吃药,吴家人劝我吃,先吃了给我看,还是劝我吃,我吃了药两三天就松了。又过七八天,每天煮米稀饭给我吃,到第十天后,撑船的两弟兄回来,我就说要去,请他们送我。吴家叫我再住些天,把身体养好点。我又要〈走〉,到六月廿一二,才走的。撑了我一天船,带了我一天路,走上建武过。后来我们部队又去过那里,才知我走了。我是要起饭回来的。听说徐策后来牺牲了。

六月二十八拢家,从此就也倒大霉。团上把我家粮食抢光了,一年到头吃不起,后来段永清(本队人)问我怎样回来的,有枪没得,有就交出来。我没有,团上还是疯。后来我做庄稼,什么都没参加,但抓壮丁的又来。秧子栽完又躲了,直到新中国成立。

(四)

采访时间:1976 年 12 月 13 日

采访地点:黄坭九队

口述人:段银发,70 岁

乙亥年(1935 年)正月初一,红军分两路进入黄坭。一路是从两河经石包田到黄坭;一路是从海坝到黄坭放马坝,再到黄坭。然后再从田中到土坝、翻马家坝、罗布坳、长官司,顺河到石家坝、树坪、宝龙、分水。

我参加游击队早,正式红军还没有来黄坭时,在甲戌年(1934 年)八月初八,王逸涛从叙永到黄坭,他家住黄坭六队土地坪大田坝,在草场头开会,来人到我家叫我去参加开会,开会时有六人,讲红军来好,替穷人办事,打土豪,打贪官,要找穷人串连,成立武装。会后个人就串联,搞地下活动,串联的人有五六百人。

红军来黄坭后,乙亥年(1935 年)正月初二在田中后寨乙昌田,就拨了几十人给王逸涛。后红军从扎西转来,于正月十几头,在树坪找到王逸涛联系,又拨了100 多〈名〉红军。联系的红军到梧桐洞就来了信,到树坪新店大队马付寨的陈××家。王就带队到树坪桥地湾开了会住两天。成立川南游击队后,又到树坪盘龙山开会,住一夜。

正月十几头在树坪接到红军〈信〉后,就从树坪开到黄坭,国民党军来打我未打,就开到田中—五龙山庙子—遇滥坟坝(河条)住下,晚饭后到桦咀(住两天),再到两河高峰—清水河大堰—四院坪,准备去古宋。国民党军阻击,就改道开回来到丁家岩(住两天)再到田中—龙山—树坪—黄坭。

正月二十七在田中云峰大队洛包,二十九那天国民党军黔军周营来打,就在云丰大队洛包打起来。从〈中〉午打到天黑,退到五龙山。

第二天,二月初一打算开往古宋,刚走上木厂大路又和周营长接火打起来,我们子弹打光了,当时是五个大队,无子弹的就打散了,正式红军还有子弹打。他们开到长官司——天棚寨去了。我在木厂打来没子弹就打散了,木厂一仗脱队的。当时家里已一无所有,地方上抄家,我的兄弟被捆打,叫我找回来。我们后来写地方(即租田地)种,后招在杨吉安处。新中国成立前夕,又来人威胁叫参加救国军,逼着去的。

我参加游击队时是王逸涛的通讯员。部队唱歌,记不清了。

(五)

采访时间:1976 年 12 月 14 日

采访地点:黄坭四队穆家寨

口述人:张少坤,贫农,67 岁

乙亥年(1935 年)正月初一,红军到黄坭。听宣传说红军来了打土豪,分地方,不交地主租了,我们租地主地方做,听了后很高兴。红军来分二路进入黄坭的。

参加游击队是乙亥年正月初六,在黄坭河对门大谷果子开会(黄坭国家林场老林头),开会时有一二十人,王逸涛也在。

正月十几天在田中后寨乙冒田,红军拨了人在各个队成立游击队,就在附近活动。后来到树坪刘家沟,住了两天,又开到田中后寨。

正月二十九,在木厂梁子与国民党周营长、顾晓凡、向连长的军队打一仗,从中午饭前打到晚上,我们被围在老林头。第二天二月初一,又打了一天。二月初二天亮前突围出来,我们新兵,打枪不好,只发了三发子弹,会的才多发些。木厂一仗后被打散回家了。

田中生产队干沟沟的黄少林,和黄坭九队的文光彩更清楚一些,正式成立游击队是不是在树坪的刘家沟。

我们大队是第二大队,大队长叫周思和,遵义人,是个大个子。

革命胜利来得不容易,红军是苦中出来的,经常打仗,又累又饿,脚开起大冰口,有时几天才吃两三顿饭,衣服也挂烂了,队伍行军在人家门口过都没有一点声响。我当时才参加一个月,走路都打瞌睡。当时红军宣传分地方,有的不信,以为国民党的队伍多,但是共产党就是正确,最后还是胜利,以前我们口号一个一个实现了,我硬是恭服。可是现在有些人不晓得好歹,忘本了就危险啦。

(六)

采访时间:1976 年 12 月 14 日

采访地点:黄坭街上食堂坎上

口述人:宋海云,68 岁

乙亥年(1935 年)正月初一,红军从海坝到黄坭,早上到的,连过三天。另一支从两河—天生桥—青水河……没听说从石包田来的。

黄坭分了路:一支向田中一,一支向树坪—分水—扎西

当时我家住三队,没在街上。红军都住在街上,很恭敬。坋坎上赵义文才清楚。

(七)

采访时间:1977 年 3 月 20 日

采访地点:黄坭四队上街(赵家)

采访人:赵义文,63 岁,贫民、军属

记录人:黄其平

1. 乙亥年(1935 年)正月初二,红军从海坝到达黄坭,连过三天。

2. 红军过黄坭时指挥部就设在今公社楼上,没有变。他了解楼上有滴滴哒哒的声音,有喊话声,门口站有岗哨。

3. 今邮电所斜对口设有随军银行(已重修过)。当时,他的大姑(当时已 70 多岁了。已死)在家,红军给她买鸡三只,红军拿给她的钱(苏维埃共和国国家银行)三张三元,还在她家买了一斤多米煮好的饭(当时只折二三角钱的),红军拿了五角钱,他把这三元五角钱一起拿到随军银行去换了三块大洋和几个毫子。

4. 他因当时只有十几岁,没有饭吃,和当时就有 70 岁的大姑(已死)一起帮人看房子,均没有去躲。亲自看见红军对人和气,亲切,如何买卖公平,遵守三大纪律八项注意等等动人场面。

5. 关于欧克才是否是红军及其一切情况。欧克才跟随红军长征而来,后因病留下来(在分水区树坪公社秦家)。后帮人放牛,后黄坭街上地主姚玉光上坡买租子把他带了下来(从树坪到黄坭)。欧就给姚地主的大爷姚租村当佣人。姚大爷给他配上女人,亲事也是姚家办的。

(录自《红军长征过叙永、两河区普查资料》,全宗号 307,目录号 1,案卷号 8,1977 年。调查走访组:红军经过黄坭调查走访记录,第 223～246 页)

## 4. 黔北、赤水河游击队活动情况

### 黔北游击队简况

曾广胜

遵义会议以后,红军主力一渡赤水,准备从泸州至宜宾之间北渡长江。当时,中央命令川北的红四方面军西渡嘉陵江,威逼重庆,牵制敌军主力,配合中央红军渡江,但张国焘抗拒中央命令,不率领红四军南下,使得四川军阀全力沿江布防。

中央军委扎西会议,决定部队整编,二渡赤水,打回遵义。部队整编后,使队伍灵活机动地行军作战,病的、伤的、老弱的、走不动的暂交游击队带理,找一个群众基础较好的地方,住到群众家里去,伤好后归队或到游击队里工作。这是一个很好的决策,于是一些人便成了川南游击队的主要负责人。

川南游击队由徐策当政委,王逸涛(后叛变)当司令员,刘干程〔臣〕当参谋长。川南游击队还调有红军主力部队黄虎山一个连参加,黄虎山原是国家保卫局第五连连长。川南游击队是在威信石坎子成立的。在贵州习水县东皇殿成立黔北游击队,下属三个中队,人数不多,开初只有七八十人。

黔北游击队司令员陈宏,政委张风〔凤〕光(又名张公礼〔理〕),特派员李青云,供给主任曾广胜(陈宏是中央苏区福建军区第六作战分区司令员;张风〔凤〕光是红军总部第四处第四科科长,他是同毛主席秋收起义出来的。李青云是江西莲花人,曾广胜是江西兴国人。——录音整理者注)。

游击队刚一成立就与川南的边防敌军打响了,特别是习水县东皇殿战斗,打得很激烈,也打得很好。游击队的三个中队都参加战斗,其中李青云中队堵截要塞。敌人分四路冲来,连冲四、五次都被打垮了,后来,敌人不敢再冲就退回去了。这时,部队抓紧时机,撤到一个居高临下的山上,敌人企图包围,组织火力再向部队冲上来,由于地形有利,部队指挥员沉着应战,等到敌人距离部队很近时,就给他一次猛烈的打击。这次战斗活捉了敌军20多人,缴获枪支30余支,打了一个胜仗。战斗结束后,游击队接到中央命令,大意是说:东皇殿离主力红军渡赤水河较近,太大的仗你们不要打,听到炸桥的炮弹声响,你们即可撤退,保存实力,灵活机动地开展游击战争,创建新的革命根据地,建立新苏区的严肃的任务将落在你们的身上。游击队根据中央的指示,认真进行分析研究后提出了要好好的〔地〕运用各种游击战术,壮大队伍,扩大游击根据地,牵制敌人,使红军主力更好地完成渡过赤水河的任务。

黔北游击队正是根据中央的这个指示精神建立和发展起来,并认真开展活动。黔北游击队成立的同时,还有一支黔西游击队①,后两队合并,统称黔北游击队。

黔西游击队是红三军团(或红九军团,待查②)根据战斗任务的需要建立起来的。队长胡方(又名方青),政委罗斌(不确定),特派员余德胜同志。这支游击队一成立,就被1000多人的团防军围攻,在打鼓新场(今金沙县)附近,政委牺牲了。他(们)的主要活动地点是遵义和打鼓新场(今金沙县)一带。

黔西游击队成立后,就听说有个黔北游击队,活动地方距离黔西游击队较近,因此,黔西游击队就寻找黔北游击队。当时,黔北游击队住在习水县放牛坪,黔西游击队就到放牛坪来找,由于开始未取得联系,两边的人都不很清楚,还差点发生误会。

据黔西游击队的同志介绍:黔西游击队已经跟着黔北游击队走了几天。他们看到黔北游击队走到哪里,都写有大幅标语,并署名黔北游击队,这样就认为黔北游击队是主力红军放下来的,靠得住,就一直跟着他们走。

在放牛坪,两支游击队终于汇〔会〕合了,还举行了隆重的合队大会。黔北游击队的特派员李青云,黔西游击队的特派员余德胜,两人都是在国家保卫局同时受训回来的,很熟悉,所以在合队时,互相高兴地说:你是李青云嘛,你是余德胜嘛!我们黔西游击队终于找到了你们黔北游击队!现在两个游击队合队了。合队以后,这支游击队就统称为黔北游击队。

由于两支游击队汇〔会〕合,部队力量壮大了,武器也比过去增加了,部队的士气很高。离放牛坪不远,有个地方叫官店(即现在的官店区),这里驻有川军一个营。经过侦察,敌人在官店右面的山堡上设了一个监视哨,我们的部队迂回到敌人背后,同时派出部队搞掉了他的监视哨,枪一响,敌人争先恐后地逃命,一下子功〔工〕夫全部跑光了。部队进街后,只抓获敌营长的一个勤务兵,缴获了一些枪支弹药。

---

① 通常称为赤水河游击队。——编者注
② 应为红三军团。——编者注

官店一仗打得利索，以后团防队听说游击队来了，就不敢和我们正面打仗。因此，我们就争取时间，在这一带抓紧开展工作。但是，由于我们初到这个地方，说话群众听不懂，加之群众受过国民党的欺骗和宣传，说共军来了，共产共妻、杀人等。群众见到我们，总是有点回避，怕我们去拿他的东西，所以发动群众，宣传工作也很困难。我们只有一点一点地向群众宣传，动员他们不要再受国民党的欺骗，我们是穷苦大众的队伍，是为老百姓办事的。经过反复宣传，并从我们的一举一动中注意纪律，以影响群众，这才逐渐取消了群众的思想顾虑，部队找向导也比较方便了。

这一地区的绿林武装也多。当时有一个姓刘的，外号刘老闯，有100多人；另一个叫古老大。两支队伍经常和游击队碰面，但各走各的。部队就开始向他们作统战工作，宣传共产党的政策，讲明我们都是受压迫、受剥削的穷苦人，结果他不打游击队，实行了统一战线，减少了我们的对立面。但姓古的那支绿林武装，手下还有一个部队被招安到遵义去了。遵义的专署想利用这个小部队勾结古老大，暗杀游击队。因此，派人送信和古老大联系，要古老大把黔北游击队的主要情况，军事行动、人员、配备等详细情况报告遵义专署。这封信是写给古老大的，谁知送信的人把信送错了，送到游击队来了。看到这封信，我们感到很危险，以后就慢慢的缴了古老大的械。姓刘的也不和我们发生冲突，这就给我们黔北游击队创造了开展地方工作的有利条件。

黔北游击队组织了一个地方工作组，组长叫邓继明，是江西泰和人（已经死了），把地方工作搞得很活跃。一是在楠木坝建立了一个地下组织，配合游击队活动；一是在放牛坪不远的地方，又组织了一支小游击队，队长叫罗云章。他还发展了30多人来当红军。游击队缴到的枪，用不完，就拿去装备这支小部队。这支部队经常跟黔北游击队一道行动，因为他们地形熟，对部队行军、作战、宣传等都有利。

黔北游击队从1935年2月底成立到7月份左右，主力红军已经到达川西北，这时游击队决定离开习水放牛坪这块根据地，渡赤水河到川南去，与川南游击队配合起来，进一步发挥牵制敌人的作用。黔北游击队渡赤水河时，是从二郎滩过河的，因为没有船，河也不好过，同时二郎滩这个地方的盐号里，还有盐防军抵抗。部队决定首先搞掉盐防军，然后由李青云、余德胜选择9名水性较好的人，脱掉衣服，只带短枪、马刀、手榴弹泅水过河。这边部队用排子枪向对岸射击，掩护渡河小分队,这样很快就把 9 个人送过去了。他们一过河,立即找到船夫,经过说服工作,船夫都向这边的部队开船接运部队。上岸的 9 名同志立即建立滩头阵地,很快一个中队就过河去,占领了有利地形,接应全队安全渡过赤水河。

在二郎滩打垮了盐防军,就将盐号里的盐巴全部没收,分给当地老百姓,并开展了宣传工作,号召当地群众把盐号里的盐巴全部背光。部队渡过赤水河,继续向川南进军。经过白沙、石场子、铁厂、摩泥、观音堂等地,大约走了六七天,在观音堂宿营,听说离川南游击队不远了,部队就地休整,整顿军容。天黑时,部队开到分水岭,接着就上朱家山,在朱家山与川南游击队胜利会师。

黔北游击队与川南游击队在朱家山会师后,经过双方开会决定,今后统一行动不再分散,部队名称改为"川滇黔边区游击纵队"。川南游击队为第一支队,黔北游击队为第二支队。各部人员一律不调动,各负其责,适应在云贵川三省边境开展游击活动,迅速建立新的根据地。

注:

(1)黔北游击队开始是根据中央的命令,由红军总部派干部和战士于 1935 年 2 月底在二郎滩一带成立的。

(2)后来的黔北游击队是 1935 年 5 月由黔北游击队、黔西游击队在习水县官店区的放牛坪合并建立的。

(3)曾广胜,现住江西省兴国县重贤公社重贤大队。1935 年 2 月黔北游击队成立前,曾任红军总司令部会计科科长,成立黔北游击队时,由红军总部调游击队任供给主任。

(4)材料是根据曾广胜同志 1983 年 10 月参加四川宜宾党史协作会议期间的讲话录音整理。

(录自中共金沙县委党史办编《中共金沙县党史红军资料专辑》,第 37~42 页)

## 历尽艰辛 20 年——回忆我在黔北游击队及其前后的革命生涯(节录)

宋加通

我是江西宁都县赖村公社人,1931 年 2 月参加红军,在红一军团第一师第三团第二营第五连第三排当战士。1931 年 11 月,由连指导员王金山,排长易才刚介绍我加入中国共产党,参加过保卫苏区五次反"围剿"的历次战斗,并随红军长征。

1934 年年底,红军从余庆县境内的回龙场渡口渡过乌江,路过遵义城,我所在的部队住在桐梓、松坎一带,保卫遵义会议的召开(当时并不知道)。以后在四渡赤水战役中参加了黄坡洞、娄山关、老鸦山等著名的战斗。整天行军打仗,同志们都很英勇。大家当时只有一个想法,就是如何消灭敌人。如今已几十年,许多事都记不清了。四渡赤水河后,在二郎坝时,我就从红军主力部队调到游击队。这段生活,给我留下了极其深刻的印象。

当时我们这支游击武装、对外用"红军游击队"的番号,内部称"遵义游击队"(也有称仁、习、桐游击队或黔西游击队——整理者)。我们这支游击队 100 多人组成。大队长罗仕贤,政委姓吴(可惜在攻打周家场时政委牺牲了),大队下划分 3 个分队,队下编班。第一分队队长宋加通,第二分队队长胡金标,第三分队队长冯锦彪。在游击队员中,有党员 30 多人,建立一个党支部,下编三个党小组。

1935 年 3 月,游击队决定离开红军主力的那天晚上,团首长给我们讲话,他说游击队要离开主力红军了,你们这支队伍,在云、贵、川三省边界地区活动。游击队的任务是:牵制敌人,配合中央红军胜利前进,北上抗日;收留伤病员。要求我们依靠云、贵、川的群众,壮大游击队,创建川、滇、黔新苏区。主力红军还会转回来的。此外,首长还讲了游击队的战略战术和部队纪律,等等。

游击队建立后,在仁怀高大坪打了第一仗。当我们游击队行至高大坪时遇到一股敌人,军号吹得很好,像国民党正规军。游击队吴政委和特派员余得〔德〕胜同志,把缴获国民党的军服穿上,戴起国民党军的大檐帽,化装成国民党的兵,走在前头。敌方问话:"你们是哪个部队?"答:"是第二十五军的,被共军打垮下来的。"敌方又问:"有多少人?"答:"400 多人。"敌方又讲:"是第二十五军的带下来,供给你们钱粮。"我们反问对方:"你们是哪个部队,多少人?"对方答:"是八个区的,有 1 万多人。"敌人一言道破是地方团队。吴政委即向游击队传令:"准备打!"还向对方说:"要你们区长来联系。"这时大概敌人听出了我们的口音,便说:"你们是共军,只有108人,交枪吧,给大洋,派汽车送你们回江西。"

这时吴政委和特派员立即指挥游击队向山下出击。敌人不堪一击,边跑边喊:"共×来了!共×来了!"拼命逃窜。这次战斗,我们俘敌7人,缴获一些枪支,一匹大驴子和一乘滑竿,还有一批物资,打了这一仗后,我们的胆更壮了,地方武装团队人数再多也不怕,知道他们不堪一击。

游击队活动的地区在大坝、高大坪、李子关、官店、毛石坎、芝麻坪、二里场、桑木场、放牛坪、马泥沟等地。这一带是习水、桐梓、仁怀、遵义等县的结合部。我们昼伏夜行跋山涉水,日晒雨淋,风餐露宿,生活极为艰苦。白天找山头密林隐蔽休息,不住村寨房屋,夜间出来活动,惩罚土豪劣绅等等。那个时候每天都打仗,战斗极为频繁。

10多天后,听说另有一支游击队活动,我们找了10多天,终于在放牛坪汇〔会〕合了。通过工作,又将×××的绿林武装争取过来,配合我们行动。这样,游击队更扩大了。总人数达到五六百人。部队番号,内称黔北游击队,下设支队、区队和分队,新来的×××的绿林武装,编为第三支队,并抽调8个老红军和一个司号员到这个支队去工作。一天,游击队攻打毛石坎,第三支队派去3个区队,第一支队派去1个区队,这次战斗胜利了,缴获50支枪,全部分给了第三支队,他们也给我们一些子弹。

逢赶场天,游击队规定一条纪律,不干扰群众赶场。如需购买生活用品时,只能派代表到场上购买。这条纪律,第三支队却不执行,他们一窝蜂都上街赶场,随便吃拿群众的东西,对老百姓态度粗暴。三支队纪律性很差,不习惯红军的艰苦生活。宿营时三个支队各住一处,六七天后,又开始行军,×××支队走后卫,就悄悄地离队了。这时,我们发现当地还有辜海云一帮绿林武装,共170多人,为非作歹,群众十分痛恨。我们游击队把这一伙人全部缴械遣散。老百姓高兴极了。

1935年5月,在习水东皇黄家坝后山,游击队与川军相遇,打了一仗,胡金标、李晋仕两位红军战士和我负伤,我左脚中弹,把我抬到贫苦农民冉启才家养伤。部队给了主人两块大洋,一箩筐米,半箩盐巴。又给我两块钱,一件布缝衣穿。部队地方工作组长给我讲:"等你的伤养好了,再来接你。"这样,游击队就转移了。

1935年夏秋间,黔北游击队被敌人围追堵截,剩下200多人,从二郎滩过赤水河,到叙永县与川南游击队会师了。这些情况,都是游击队留落在赤水河两岸的伤员刘廷辉、刘廷章等告诉我的。

我负伤留在冉家，地方工作组的同志和区队长走了不到一个小时，敌川军就抵拢了。我想这次一定要被敌人杀死的，就把两块钱、一件布送给老百姓，留下两件衣服做枕头，身上盖着一条毯子。

川军一进屋见到我就问："共×，你的枪呢！"我说："部队拿走了。"他们就搜遍了我全身，什么也没有，把我仅有的两套衣服、一条毯子拿走了。过一会，又来了三个川军，向我要枪、要钱，又搜我的身上，什么也没得，把我身上穿的三件衣服强行脱去。还恶狠狠地说："拉出去杀！"一个敌兵拉我的左手，一个敌兵拉我的右手，有个家伙使劲地拉我受伤的那条腿，被拉的〔得〕钻心痛，我禁不住大吼一声，敌人把我丢在地下，昏死过去了。那时，主人家冉伯娘很好，她说："先生，红军死都死了，不要再杀他了，我去把他掩埋了。"这样，川军就到别处去了。

冉伯娘才烧些姜开水，把我灌醒过来，她给我讲了以上那些情况，边掉泪边讲："红军哟！你差点被杀了。我讲，你已死了，他们才没有动手，你呀！今天不遭杀，明天也难免要遭杀呀！"我说："老伯娘，红军多得很呀！他们是杀不尽的。"那时，受伤留下的红军有很多被敌人杀害了。

当时掩护红军，被视为"与共匪同罪"，是很危险的。冉伯娘一家，不畏艰险保护我，这是我终身难忘的。我被打昏的那天晚上，冉伯娘的大儿冉海清、幺儿冉启才和儿媳都回来了。第三天他们就请医生给我治伤，医生提出要 5 块钱，一个月才能医好。冉伯娘家只有游击队给的两块钱，她向医生求情，先给两块钱拣药治伤，以后再补一块钱。这个医生拿到两块钱就走了，以后一直没有再来。

这时伤口感染化脓生蛆了，蛆在伤口里钻来钻去，痛得难受呀，自己也闻到臭得厉害。我想这回是完了，两天吃不进一口米汤，冉伯娘家里的人也掉泪说："红军哟，你要烂死的，真遭罪，怎么办呀！"冉海清又想办法，跑到几十里远的马泥沟给我买药，买来的是锰强灰（高锰酸钾）。这样，冉家老幺扶着我，儿媳妇端水，老伯娘轻轻地给我抬脚，大儿子就给我洗伤口，他们都不嫌脏，不嫌臭，像一家人一样，这样洗掉了几百条蛆。洗过后，我感到轻松多了。

冉海清家穷的连饭都吃不上，两块钱又被人骗走了，没钱再买药，他们就上山挖草药来给我医伤。冉海清去山沟里挖来 7 种草药，放在嘴里嚼碎了，敷在伤口上，开始觉得凉快，一会儿就止痛啦。他们天天给我换药，治疗效果真好。这样过了 9 个多月，伤口的肌肉慢慢长拢了，骨头也长好了，但左脚比右脚短了一寸二，走起路来，不仅跛，还有点痛。

那个社会,穷人受压迫,受剥削,日子真难熬呀!冉家没有被条,也没有棉衣,寒冷的冬天,全家连我五口人,烧一炉大煤火,火边摆上几根宽长的板凳,晚上就睡在板凳上。冉海清春夏秋冬穿一件长衫,从来是不洗的,只儿媳妇才两件衣服。我呢,披一件麻布衣服,补了又补,襟襟褛褛,老么冉启才的媳妇又脱了一件给我穿。吃饭更困难,游击队给的一箩筐米早就吃光了。他家用青菜、萝卜加点包谷沙,煮在一起吃。这样我在冉家才得以活下来。冉家是我的救命恩人,人民是红军生存、发展、壮大、胜利的基础。没有冉伯娘一家,我不被敌人杀死,也会因伤口化脓贫病交加饿死冻死。

我在冉家养伤住了一年多(冉家住赤水,现习水马临板坎),附近留落下来的红军游击队员刘仁芳、刘廷辉(又名谢贝日)、刘廷章等同志来看我,约我做裁缝谋生活,我便离开了冉伯娘家。

1937年2月国民党赤水县政府,遣送流散红军回江西,在赤水第七区淋滩的有刘仁芳、肖金文、李晋仕和我没有走,留下来修袁家坳大桥,不久又给旧区长刘纯武家帮工。过了6个月,赤水县长陈廷光强行把留落红军组成10多个人的保商队,我也被编进保商队里。

1938年初,保商队开驻麻柳滩。当地地下党负责人(川南古蔺县委)熊绍阳、王国丰同志,常对留落红军个别接触、交谈。经过几个月的审查考验,由川南地下党工委书记廖林生同志根据我的请求,决定恢复我的党组织生活。他亲自跟我讲:"你的党组织关系,是我给接上的。"

(录自中共遵义地委党史资料征集研究领导小组办公室编《遵义地区党史资料》第6期,1984年印行,第68~73页)

# 黔北游击队的情况

### 郭玉正

郭玉正：又名郭汉辉，男，汉族，贫农，籍贯江西省于都县里仁区牛光地乡上村下红汉人，地址：罗布公社斑竹大队董家庆小队，曾于1935年间参加川滇黔游击队，曾任分队长一职。

简历：13岁时，在家乡参加儿童队一军任队长，后成立乡政府，组织一个排的武装，任第一班班长。一年后，区上成立警卫连，又调到连去当第二班班长，一年后又扩大后为独立团，后因病请假回家，之后部队调走就没有去了。在家住了半年，后又报名参加新兵团，调到瑞金总兵站警卫排第二班当战士，在了一年，第二年（即1934年10月）就开出来长征，部队的番号是瑞金司令部，经广东、广西、湖南、贵州、遵义（二次）到桐梓县。

留于黔北游击队打游击，牵制敌人，收留残兵。此时是1935年2月至7月。黔北游击队开到叙永分水岭周家沟与川南游击队合队，成立川滇黔游击队。到1935年冬月在炭厂坡被四川军第二十军打散，受伤、离队。之后，落于郭家坟帮人。

一年以后，由罗生奎（江西吉安府人，打长官司负伤寄养簸箕坝，后在长塆缝衣服，又进入刘复初领导的游击队，不明）把我带到簸箕坝缝衣服，〈给〉牟正伟（敌队长）、牟德章（地主，后当保长）家缝衣服，白天缝衣服，晚上或出行时，他就叫我给他背枪。牟德章帮助安家，住了两三年，之后又搞农业生产，有时又缝衣服。家住环房，到1958年才迁来斑竹住家至今。

黔北游击队于1935年春（川南游击队成立之后）在桐梓县成立，当时有120多人，80多条枪，共有4个分队。政委张凤光（合并队后于长官司一仗牺牲），队长姓罗（贵州人，因病未前来，留在桐梓），参谋长姓陈，仍于长官司被打死或被俘（此人是江西人）。第一分队长姓名记不起；第二分队长姓刘（福建人，我出来他还在部队），分队副是我；第三分队长姓张（江西人）；第四分队也记不起了。每个分队24人。在桐梓还是经常打仗，但损失不大，后来发展到两三百人，带来参与川南游击队的有200多人。

川滇黔游击队于分水岭周家沟成立后，徐策任总政委，徐策牺牲后余泽鸿任政委，合并后张凤光还是任政委。刘复初是1935年八九月游击队打过长官司后，到罗布簸箕坝,后到筠连、古宋才带几十个人进来,任参谋长。

有个参谋长姓刘,是刘复初带来的,四川人,参加侦察班便衣队当班长。部队到珙县底蓬,有个一碗水的地方,他准备把侦察班的人拉出去抢人,其中有我们4个江西人(文子清、刘树高、刘××和我)不同意就设法夺枪,杀了刘参谋长,缴了12支短枪折回游击队来。在红桥附近才见着余泽鸿,余沉痛不已。其余放回去的11个都是四川人。

川滇黔游击队成立后,下分6个大队。长官司一仗后又编为4个大队(在烂泥坝编的)成立时有800多人,在双河坝打了一仗后开往长官司就遇火线打了一天,太阳落坡才退。到罗布坳,当时我在第四大队第二分队任分队长,带6人走队伍前面,一个勤务兵、一个通讯员、一个特派员(医生),随后两个老百姓抬着徐策。〈我们〉进场就被打,〈我们〉将徐策抬到黄桷树下,徐策叫我们把他放下,然后我们就各自逃走,不知打死谁。我们边打边退,就上坡了,后面部队就走下面过河上坡了(未走罗布坳街上)。徐策后来咋个死的不清楚,碾子垮死的人是长官司打伤抬来死的。曾兴恢就寄在罗布坳那百姓家治疗,后被搜去独立营。徐策在长官司红山顶负伤,打着胸部,此仗牺牲有几十个,没有看着被俘的人,带伤也多。

参加游击队的人员,在簸箕坝的火草地有王绍斗(后被第七十九师杀死)、王绍万(后被第七十九师杀死),还有一个姓王的,名字记不起了,在长官司打过仗后,带有一支枪出来,后也被人杀死了。

游击队人员流落的有张××,在双河场打仗以后,拉一班人枪逃跑至刘明忠(乡长)那里,在一两年后出来,在三口塘张国红(敌乡长)处抡枪,后不知回福建没有。他同赖金安是福建人,在游击队第二分队当班长。钟品三,江西兴国人,负伤寄养在簸箕坝,好后投张思齐部下。为安家,去讨彭兴周小姨子,被彭抓去镇雄杀了。老肖与老河人(小老河)、大老河(何东涛)寄养簸箕坝。老肖与小老河二人后来听说投四川起义军拖枪出来,被王显州骗来杀死于郭家坟。何东涛参加邓楷部抢人被打死。罗生奎,也寄养在簸箕坝长垮吴家,后缝衣裳,之后又参加刘复初游击队,下落不明。

王震(河南人),此人没有在游击队,后带枪跑出,投靠牟正伟,给牟当师爷,后教书。此人是毕节人,同王震带枪跑出参加牟正伟抡枪,后回毕节去了。杨华清(江西人)先挨杨晓忠,后投李涤尘当刽子手,后来出来在洛亥上面被打死。刘文才(江西人),游击队中当事务长,新中国成立后回江西。曾广胜(江西人)第三大队指导员,回江西。老赖(江西瑞金人),在游击队中当夫子班长,流落于斑鸠沟,新中国成立后回原籍。

我曾在地方时参加过共产党〔主义〕青年团,后来参加共产党,由我们家乡的张国林介绍加入的,在游击队中还缴纳党费。后来证件失落了,就脱离了组织。

郭玉正

1970 年 6 月 21 日

(录自云南威信县委党史研究室档案,全宗号 1,目录号 18,案卷号 55,第 25 页)

# 从红军之友社到黔北游击队

何恩余

## 一、文艺作品的力量

我出生在一个日趋没落的小地主家庭,读了一箢子孔二先生的书,要接受马列主义似乎有点不容易。

1932 年,我 15 岁,到贵阳读书,考进了省立高中的初中部。有个高中部的大同学王子尊,大概知道我旧诗旧文读得不少,故意考我,把鲁迅的《狂人日记》翻掩着首页,不叫我看题目和那几句"引言",叫我从正文读起。读了一两页,问我懂不懂。我从实招供"不懂"。但我不服气,古奥的文言文都读得懂,白话文怎倒读它不懂呢?后来他把首页翻给我看了,原来是假托疯子的笔墨,我便说"懂了"。其实还是不懂。疯话很多,为什么偏偏要编说那一些话呢?不过,这叫我开了一个眼界,知道除了《西游记》《封神榜》之类,还有种新小说。

此后,我抓着新小说就读,《阿Q正传》《子夜》《少年漂泊者》《毁灭》《铁流》《屠场》《石炭王》以及张资平、章衣萍那些乌七八糟的东西,真叫兼收并蓄。自己也放弃了那每次总在 90 分以上的文言作文,改写白话。那时正是日本军国主义侵略东三省以后,救亡运动遍及全国。我们也穿着童子军制服,拿着木棒上街游行,搜日货,捣商店……渐渐触到了一些国家大事。

家庭没落,在贵阳读书供应不起,1933 年转学遵义三中。在三中碰上了个好先生(老师)余正邦。他从新文艺讲到阶级压迫之类的知识。听得有兴趣,我就开始向他借理论书看。他给我的第一本是波格达洛夫的《现代世界观》。初中二年级学生读这种哲学著作,叫活开玩笑。但字总是认得的,就硬着头皮读,有空又向余先生请教一下。幸好当时还有些较为读得懂的通俗读物,如沈志远的《政治经济学》、艾思奇的《大众哲学》之类。把理论书和文艺作品参证着读,就从思想影响到行动。这里,我那父亲早逝的家庭迭受我族中一个大地主的气。也是点内因。自然,还有年轻人的好奇心和狂热性,动机也不是十分纯正的。

那时出外读书的学生,爱以县为范围搞同乡会,又要叫个冠冕堂皇的名字:"党义研究会"。"湄潭留遵学生党义研究会",把持在一心想做官的叶道明一伙手里。我们这一伙子,便组织了个"湄潭留遵学生文艺研究会"与之对抗。不久,觉得范围小了,不好;干脆删掉"湄潭"字样,改为"遵义三中学生文艺研究会",吸收起外县同学来。后来,这个会经过整顿,就成了遵义的"反日反帝大同盟"三中分部。

那个时候能到遵义读书的外县学生绝少工农子弟。我们这些人倾向革命,大多数是受了进步文艺作品的影响。"文研会"成员先后有二十余人。至今想得起名字的有任传习、何有邻、李伯群、苟玉贵、钱心晰、邱正金、周江义、罗俸永、孙玺常……至今还在的,据我所知,大概只有个钱心晰了。

二、两个神秘人物与"反日反帝大同盟"的诞生

1933年秋间,不知是会里哪一位介绍我认识了个朋友,重庆来的,叫曾慕琴,不公开的身份向我公开了,是个共产党人。这位老曾没有职业掩护,要大家为他设法。我在家乡湄潭永兴镇上有些青年朋友,其中有个比较吃得开的叫罗祥萱。我便写信交给曾慕琴去找他,想请他在当地小学给找个教员当。曾慕琴去一趟回来了,说学校满客;罗祥萱给他找的职业是到区公所当"区员",他不愿进官府,不干。回到遵义,也终于没给他找到职业。曾慕琴郁郁而去。此事在我心里也郁郁了许久。

第二年春间,又来了个神秘的人物,叫周雏群。这是先期毕业的一位同学罗俸宽介绍认识的,也是共产党人。周是四川梁山游击队的司令员,游击队溃散,他带了四五个战士辗转来遵义。战士们从事挑煤筑墙等下力活,他本人由于字写得好,被住在老城衙门口的代书(土律师)李筑三顾请代抄诉状。由于我在三中有个现成的向左倾斜的组织,由于李筑三的女儿李小侠曾是遵义女中的活跃分子,周雏群的活动,便以两间中学和他在遵义社会上结识的一些人物为基础展开,建立了"反日反帝大同盟"遵义总部。

这里有个小小笑话,当周雏群把他拟定的章程交我抄录,并要我任"三中分部书记"的时候,我说:"书记还是找个会写字的人当,我的字写得不好。"经他解释,才知道革命阵营里有这么个职称。

这时,我们还认识了一个从成都回来的老共产党员周守如。不过,所有社会人士,都由周雏群直接联系。我们虽然往来,却不深谈。叫我感到遗憾的是,我们拿着"章程"去找余先生参加,他却不肯。也找了另一位当时我们认为"也还进步"的教师,也被婉言谢绝。但他们还真好,没有泄密。

三、把"协会"改"社"——红军之友社

1934年12月,暗地里传来了红军正向贵州移动的消息,我们根本不知道红军

之所以移动的原因,以为是"到处打天下"哩,欢欣雀跃的程度,恍如中国革命即将胜利。

我是这学期毕业,应付过提前举行的毕业考试以后,就在周雏群的指挥下干起了准备迎接红军的工作。老周决定把"反日反帝大同盟"改为"红军之友协会",并向我们公开了他的本名周思和。为了方便,我们把"三中分部"的聚会地点移在协台坝朱洪媛家。我们几个头头也各自取了名字:何有邻叫何慕源,任传习叫任移,容国凯叫容泽,我原叫何恩余,改叫何绮波。

遵义城有个负责传锣的老头子。这夜,约在 12 点左右,他敲着大锣沿街大喊:"城防司令的命令,死守遵义城!"大约相隔不过三几小时,他的锣声和喊声又来了:"大家大开四门,欢迎红军总司令!"

我们着人去问他,是谁叫他这样喊的。他说是"商会",说"川南边防军已经跑光了"。看来,商人的鼻子比我们还灵敏。

红军前锋入城的景况,后来说者不一。我们有位女会员袁家烈家在新城来薰门内。他传了个类似笑话的故事,说半夜时分,守城的侯家军跑完了,有个哨兵在城楼垛子边打瞌睡,走的人忘了喊他,天快亮的时候,红军到了城下,他回醒过来,听着城外好像有人声,睡眼惺忪地漫声叫道:"口令……"

下面应声上来:"么子口令?赶快开门!"

他一听回音不对,吓得完全醒了,大叫一声:"打不得呀,弟兄!"把枪一丢,飞身下城,往北跑了个无影无踪。还是街上群众去开的城门。

见到红军进城,周思和立即带我们几个去接头,辗转会着一些战干,而正式坐下来接谈的是国家政治保卫局局长邓发。当周思和报告了他来遵义活动情况以后,邓发便叫把"红军之友协会"改名"红军之友社",叫找个地方挂牌子公开活动。

我们把社址选在新城中营沟杜家公馆,门上挂大牌子,里面分房间挂上宣传组、组织组、武装组、文娱组等小牌子。还抬了架风琴,弄了些箫笛之类摆在里面,一些以教师学生为主的知识青年便来往不绝,成天是琴声歌声笑闹声,唱的多是从部队学来的新歌,如《送郎当红军》《决战在今朝》等。

红军之友社到底有多少个成员?先登记过一下,约 60 人。但后来进出的比这数字多得多,无法登记,便不登了。原因是进城的部队和单位一多,这里那里都来向我们要人,我们也常常是"乱点兵",这里去几个,那里去几个。不过,倒总有些人留在"家里",维持着个俱乐部似的局面。

四、毕生难忘的几个场面

在这一时期里,工作忙,情绪高,满眼新鲜事物,日子过得像万花筒一般。不少景象都"万花筒化"了。只有几个场面,直到如今,偶一忆及,仍鲜明有如动人的电影镜头。

（一）迎接毛主席、朱总司令进城

这天在保卫局谈情况,谈完离开时,邓发局长给我们说:"回去给老周说,准备明天迎接毛主席和朱总司令进城。群众越多,场面(越)热闹越好。你社负责同志,另选几个可靠的劳苦群众一起当代表……"

回去报告以后,全力投入了这一工作中,效果不坏。第二天真造成了个填街塞巷夹道欢迎的场面。我们和邓发局长,周兴特派员等一道,在南门关丰乐桥头候着了毛主席、朱总司令等中央首长。他们骑着马,在人数不多的卫队后面。绑在若干根长竹杆上的鞭炮,炸耳欲聋地一直从丰乐桥响到老城府衙门口,其间夹着锣鼓和口号声。

府衙门外搭着个临时台子。在那里举行了个简单而隆重的欢迎仪式。毛主席讲了话,最后还走下台子和我们这些代表一一握手。

这里有个曾把我们"吓了一跳"的小插曲。我们领头喊口号的人(我记得是周思和,有人说是周守如),竟在当时喊错了一句口号,把"中国共产党万岁"喊成"中国国民党万岁"去了。尽管我们应声呼喊的人给改正了,却都惊愕不已。这时台子上有位首长立即招呼:"没关系,没关系,在白区生活久了,喊错了没关系!"这种气度令我们十分感念。

（二）万人大会

这是在协台坝三中门口场子上开的群众大会。许多中央首长出席,毛主席又讲了话。红军之友社的周思和、李小侠们又作为代表上了主席台,我这次没有。我是负责维持秩序的成员之一,一会儿绕场巡视,指指喊喊;一会儿又转到台子前面听听讲话内容,呼呼口号。

这里我要谈一点后来很少听人提说,当时却印象深刻的事。在这个大会上,有个红军领导郑重宣告,还通过了一份向全国各苏区各部队发出的电报,说:"中华苏维埃共和国首都定在遵义城。"下来,周思和对我说:"你们真幸运! 有些同志工作若干年不知道中央在哪里……"几天之后,驻在湄潭的第九军团派人在遵义来要人,也口称是"进京"。

以后很多文章,说红军一到遵义城就大张旗鼓地宣传要"北上抗日"。是的,宣传里也有抗日的内容。但我们却没有向群众说过,"就是这股红军要北上抗日"。我们讲得最多的是:打土豪分田地,打倒蒋介石,创建新苏区。

(三)干部团联欢之夜

这是一次革命热情洋溢似火的集会。

说干部团和红军之友社联欢,实际上是干部团宴请红军之友社。干部团驻在新城凤朝门外一座庙宇里。场地分上下两级,下面是个长方形的石坝子,演节目时候,团里学员们一排排抱着枪席地坐下;上面是个狭长的石台阶,便是主席台和舞台。我们只去了十几个人,有男有女,和首长们一起坐在石台阶上。出席的首长不少,记得名字只有个周士第了。

联欢开始,先是首长讲话。接着是我代表红军之友社讲话,无非是报告一下我们在遵义的活动过程。接着是演节目。节目主要是干部团的。轮到我们,好在我们有几个女孩子能跳舞。跳了几回舞,唱了几首歌,我们自觉不精彩,却博得了若干次"再来一个""再来一个"的欢迎。

当场一位首长说,部队也有个会跳舞的女同志,说她是从莫斯科回来的,当时正在生病(后来才知道指的是李伯钊)。还有一位首长说:"像你们这样的青年学生,工作几年,也可以送到苏联学习去。"会有这种好事吗?作为个初中学生的我,听起来,好像说"你可以上月球"。

节目进行当中,曾更番喊起震天价响的口号。别的口号都已不新奇,唯有一句是首次听到而常常印入脑底的,叫作——

"革命的知识分子到工农群众中去!"

节目完后是随意摆谈,聚餐。学员们在石坝子上席地围圈,我们却是首长们陪坐。高桌子摆在台阶上,有三四桌,入席时还受了点指教。我们去的人男女分席,一位首长笑说我们:"还有封建意识。"给打混了。菜很丰富,也喝了点酒。然而不在吃得怎样,令人心醉和兴奋不已的,是那如火一般的革命热情。

联欢会之类,几年来不知参加过多少次,唯有这次在印象里构成个特殊的画面,决不与任何一次混淆。

五、遵义县革命委员会与我们的日常工作

红军之友社是个"工作人员储备所",保卫局,总政治部,红一、三军团所属的各个地方工作部,都曾向这里要工作人员。来要得最多的是遵义县革命委员会。

遵义县革命委员会成立于万人大会之后,主席罗梓铭,圆圆的脸,说话略带口吃,常以手势来补足他的语气。县革委一成立,周思和、周守如、李小侠、任移和我都列名到那里去了。在那里进出的很有些知名人物(包括已经知名和以后才知名的),如徐特立、成仿吾、周兴、毛泽民、洪水(越南人)、蔡乾(台湾人)等同志。委员会里设有各种委员,我是武装委员。其实当时不过几天功夫,哪有什么严格的业务划分!我们的日常工作是两大类:

一是调查情况,为筹款没收部门打土豪的工作服务。

二是宣传和扩大红军。宣传工作,可以单独进行,也可以随着没收部门问群众散发生活物资时进行,而其主要目的则在扩大红军。红军在遵义扩大了三几千新战士,红军之友社是出了点力的。

扩大红军的一个"难点",是那时贵州群众抽大烟的多。说当红军,吃穿待遇等等他都不考虑,考虑的就是"准不准抽大烟"。我们的答复是:准当然不准,戒可以慢慢来。说"慢"其实快,只不过刚去时候可以让他吞吞烟泡儿,也用不上几天就不见什么"瘾"了。

六、不当"之友"当红军

各个部门来要工作人员,驻在湄潭的红九军团也派人到遵义要人来了。来要人的那位首长叫王友发,高个子,龅牙齿,说话满有趣味,第一次见面就是:我来要两个湄潭"老表"。

被总政治部点去湄潭的是任移和我,王友发带了个警卫班,我两个同他们一起步行去湄潭。到距城20里的黄家坝,只见由城里开来络绎不绝的队伍由这里分路翻羊耳坡向绥阳方向进发。王友发停下问一下叫王书道(也许是王首道吧)的政委,说是部队就此开拔了,不能去湄潭了。我们于是插入大队跟着上羊耳坡。

路上,我和任移商量:说我两个是总政治部点去湄潭工作的,既不能去湄潭,我们就应回遵义去。我们向王友发说了这意思,他答应了,我们于是由对插垭分路赶回遵义城。百多里路程,两个穿着红军军装,没带武器的小家伙走那么远,事后想起才有点毛骨悚然。

赶到遵义已入夜很久,岗哨查询十分严厉,空气紧张。等回到杜家公馆一看,人都空了。找着罗梓铭同志一问,原来已下撤走令。说是凡红军之友社愿意参军的,女的随总政治部,男的随三军团政治部地方工作部出发。我们两个赶到协台坝朱洪媛家找着何慕源和周江义,分头去催劝关系较好的成员,"说当红军去吧,不要再'之友'了。"吃点东西,一夜没睡。天明以后,就赶到地方工作部报到,随着部队撤出了北门。就这样,我们这一伙子就参了军。人数不多,20余人,加上随总政治部撤走的女同志也不上30人。

这一伙子,至今还记得起名字的有周思和、周守如、李小侠、杨素、任移、容泽、李方国、何慕源、周江义、李义仁、袁家烈。到46年后的今天,在世的人也许还有一些,但我知道的,就只有周守如、李小侠连我一起三个了。

七、土城前后

红三军团出了遵义北门向西北方向开拔。

大队行军是,有时单行,有时复行,有时不成行。如果在山坳上一看,压地长蛇一般,前不见头,后不见尾,前后都伸向远山那面的天底。入夜宿营,遍地灯火,顺着看去,有如天上的银河。这种壮观景象,常常使我心旷神怡。生活是有点艰苦,情绪却很好。一伙子年青〔轻〕人,成天笑笑闹闹,如下点雨,连摔跤(叫坐"飞机")也成了比赛的节目,谁摔得多,谁的"本事"大。

地方工作部分六个组,日常两项工作:宣传和扩大红军。在我,这两件事都不难,难的在家当值日。当值日要烧洗脚水。三个石头砌成灶,上面搁个洋瓷盆。人多手多,干柴早没有了,弄了把湿柴,烧得大伙都回了家,火还没燃,受了一两次折磨,我就常找人打调,愿意顶着"扩大几个新战士"的硬任务搞外勤去。我的扩军工作是有"窍门"的,由于经常超额完成任务,不断受到表扬。

几天后到达土城。进场就碰着总政治部的人,碰着李小侠他们。等我一问,原来以为一定是参了军的女友,如罗泽容、章播兰、朱洪媛、张仕民等都竟然没来。在遵义城的时候,有些人是隐隐有了所谓"对象"的,这就叫这些人颇为怅然一下子。

在土城第一次碰上打仗,这来了新课题:一要上前线宣传喊话;二要负责护送伤员。远处枪响后的一天,何慕源、周江义、任移和我几个被叫去了"前线的后方"。附近没枪响,谁也不知道敌人到底隔多远,只见一些战士在挖掘战壕。突然,带我们的曾满清组长叫我们退后点,散开伏下。大家绷紧了心弦,好像天和地要爆裂。突然"啪"地响了第一枪(其实是自己哨上打的),都大吓了一跳。但到以后,枪声炮声犹如炸包谷花一般,倒什么也不觉得了。在枪炮声的间隙里,喉咙有用的时候,就套个喇叭在嘴上喊话。

天晚了,有人来接替我们,组长又带他们去了。我们几个退下来窃窃私议,说土城有个大土豪,叫罗小肥,隔这不远,他家羊子多,何不去宰只羊子来打牙祭!说着真就去了。根本不用宰,羊肉猪肉都有现存的,还找到些酒。吃肉吃酒,闹个不亦乐乎!之后,我们把背包一靠,就在一堆草窝里睡着了。

等枪声把我们惊醒时,天已大亮。大家一听不对,原在"坡脑壳"前面响的炮声,竟响到"坡屁股"后面去了。好在我们还看到附近有红军战士的影子,于是翻起脚就下坡。翻过一两道软坳,到达土城附近赤水河边一看,原来是我们部队自家在炸浮桥。几座浮桥炸得只剩一座了。站在桥头的一个干部狠批我们:"你们几个小鬼存心当俘虏不是?"

回到组里又受了曾组长的严厉批评。但毕竟也得了点"经验":打仗并不是那么很可怕的事。

土城一战,伤员不少,这叫我们做了两天很不好做的安排伤员的工作。这,既要使群众家里乐于接受伤员,又要打通伤员的思想。但在安排一位干部(看样子可能是营级或团级)的时候,却使我们很感动。他不仅不要我多说什么,反而勉励我这小鬼好好干工作,说再艰难曲折,中国革命和世界革命一定会胜利。我带有三把干面条,他想要,我取下送他,他非要给光洋不可。后来,我只好"欺"他不能起床,站在门边,把钱硬给他抛在床上。奔出好远,还听他在屋里喊"小同志"。

往前不两天,碰上了农民暴动组织起来的川南游击队。红军拨补了武器弹药,也派去了一些干部,其中就有我们两个老大哥周思和和周守如。

八、回师途中

到得云南威信县城扎西,时值大雪。我们在据城顽抗的反动武装的枪声中,听了关于遵义会议以及整编部队的传达报告。

整编,我们这个庞大的地方工作部也是对象。结果是,有的下了连队,任移仍留那里,我们一大伙拨交给了总政治部,和李小侠们并在一起。周江义是四川江津人,被拨下游击队。他不去,流着泪去求情,我们也帮着说,终于又回来。

到了总政治部,负责带领我们的同志叫左觉农。这时生活变了点样,除了走路和有点工作而外,学习时间多起来。不两天,又调来一些人,被正式取名为"游击干部训练班",发了些书,每天夜间上课。教师有谢维俊、胡嘉宾、邵式平、左觉农等。其实,有的只不过来讲过一次或两次讲话。我们喜欢接近李小侠们的带队人李伯钊。她既能讲革命道理,又爱摆中央一级首长的龙门阵。还有位女同志阚思英(颖),留给我们的印象也很深刻。

就在这些时候,我和周江义、何慕源、陈子祥等都入了党,我的介绍人是左觉农和胡嘉宾。实在说,当时的表现较好,动力大部分是小资产阶级的幻想和热劲。革命道路将是怎么个样子,是想也不曾想过的。

由太平渡再渡赤水河,打下桐梓城,"游干班"不宣而散,我被派到桐梓县革命委员会当了秘书。县革委主席就是"游干班"同学陈子祥,他是重庆人,织袜工人出身。我们把县革委会设在天主堂里。这正是娄山关之战十分激烈的时候,居然有架敌机飞临桐梓上空,竟低由县革委屋檐边旋过。陈子祥主席说:"你看,我们还没有挂牌子,蒋老板就贺喜来了。"(一说是刘湘的飞机)

我们的任务是搞个县赤卫队。部队上拨来了几十个新老战士,又招了一二十个,两天功〔工〕夫,不足100人的赤卫队组织成了。可这时红军已直逼遵义城下,总政治部要向南进发,我便先走了。我们到达遵义城边的时候,时近黄昏,城还没有打得下来。第二天进城,见着街道空落,一片劫后景象。找到我们红军之友社的老成员,只有章播兰在。细谈之下,才知道白军逼着群众南逃,连"之友"都逃光了。

但在这里都打了个大胜仗,押进城的俘虏,背着下了机柄的枪,排着四路纵队行进;还由红军干部领头喊"打倒蒋介石""活捉周浑元"等口号。这给我们增添了喜悦兴奋的气氛。唯有一点不足,俘虏的都是外省口音的"中央军",很少王家烈的部下。由于被逼逃走的群众逐渐回城,我们又忙起来,有的人见着还问:"还是罗梓铭坐遵义城不是?"

随着陈子祥和桐梓赤卫队也到了。他和我开玩笑说:"本主席被川军围在城里,不靠我给几个打前锋的烟哥同志安点钢,差点没冲得出来。"("安钢"就是给颗烟泡儿吞)在当时历史环境下,对贵州籍新战士这么"迁就"一下,是并不稀奇的。我认为这并没有辱没我们的战士和队伍。

九、黔北游击队的始末

我们住在遵义杨柳街一座小洋楼上,邵式平来和我们讲了一番开展游击战争话,就谈到拨组黔北游击队的事。这队以桐梓赤卫队为基础,再由第九军团政治部黄火青主任点派一批骨干来组成。当时,我和任移两人本是被指定跟大部队走的。不料,从第九军团调来的王友发政委,说他和我两个"湄潭老表"是熟人,硬把指拨在游击队的何慕源和周江义送去,把我和任移调过来。后来想起,他这一调可是我一生道路上的大岔口。也许这种"岔口"在革命队伍里并不奇怪,但从我个人说,不信命运也总觉得实在"太偶然"。然而,当时却又是愿下游击队的。总以为这一出去,会在自己家乡打开局面,创建起新苏区,给中国革命作个"十分像样"的贡献。

黔北游击队,番号"遵湄绥",有120余人,分为四个分队。其中,有三分之一是江西福建来的老干战,三分之二是川滇黔地区先后参军的新兵。有十来支短枪,两挺冲锋枪,余为步枪。政委王友发,队长周凤山,领导组织有队委会和党支部。支部书记只有一只右手,姓名忘了。组织委员姓周,是个胖子,名字也忘了。在组织游击队后的第一次支部会上,把我提前转了正,并被任为第一分队队长,副队长是李小侠。第一分队的任务主要是:宣传组织群众,扩大战干,建立秘密联系点,了解敌情种种。其中专有个侦察股,股长李义仁。当然,必要时也参加战斗。我们是在大军源源南开的同时出城的,只不过在南门关就分了路:大军走西南方向,我们走的是东南方向。在翻上山垭回头望望大部队身影的时候,心里有点惜别之感,但却又豪情满怀,以为黔北即将是黔北游击队的天下。到达团溪地方,我们接收了一位老学友谢树中入队。

这正是春天来临的时候,离开了制约比较大的正规部队,大家颇有种轻松爽朗的感觉,要停就停,要走就走。我们由遵义过湄潭,折向绥阳,弯去绕来,除了打土豪之类的小行动,前后打了四个比较大的仗:

(一)鱼泉沟之战——鱼泉沟是湄潭县属一个敌区公所所在地。这是个雨夜。我们冒雨停留在一个高山垭口上,派了两个分队下去打了△个多小时,无所得也无所失。

(二)分水垭之战——这在湄潭与绥阳交界的地方。我们宿营在夹沟相对半山腰的一户人家里。天明,被敌人围了三面。我们从弹蝗如雨的大门口和山屋头冲出,爬上几重台的后坡突围。上到一处,我正在用劲攀藤登岩,猛觉好像被人掀了一掌,掉身一看,包袱上中了一枪。那包袱里全是书,沉重不堪,我终于把它丢掉才爬上去了。这天牺牲了五、六个人。令人沉痛的是组织委员老周牺牲了。由于是在突围时,连掩埋都没有来得及。

(三)宋家坝之战——宋家坝是遵义县属一个敌区公所所在地。我部队到了羊舞场挨山地方。这里有我们的老关系罗君彝、罗俸宽弟兄。当即派出谢树中去联系,罗氏兄弟派了个姓徐的农民来带路。我们先把那小场围起来,然后派任移带两个战士揣着短枪,扮着给区公所做活的泥水匠混进去。这一仗打得很漂亮,缴获了二十多支枪,一些现金,俘虏了 30 多个敌人。把俘虏带到山脚,由我出面讲了番话,每人发了三吊铜板(十枚为一吊)作回程费。我们急需的弹药却不多。枪多了没有人管,又只好选择秘密处所把它们窖下。

(四)磨刀溪之战——刚把宋家坝战后的遗留问题处理完,还没吃早饭,从坝上来追击我们的敌人到了。我们往山退走,退到曾经住过的磨刀溪地方,立脚未定,又发现横山过来了大量敌人,我们陷入了包围圈。这一战,我们部队被截为两段,牺牲的,被俘的,跑散的不在少数。我们随着王友发政委突围,急奔一日一夜,横插过遵湄大路,到达了名叫井上(据说:现名洞上)的地方休息。而负责堵截敌人的周凤山队长一部分却不见踪影,这可伤了元气。

这时,王友发政委召集主要负责干部开紧急会议。确定:1. 凡西南籍的,通通离队转入地下活动;2. 所有弹药集中与老战士,让他们去追赶中央红军;3. 对我这个 18 岁的孩子竟委以重托,要我肩负发展地下组织的责任。组织关系呢,说由他们赶到中央去接。

我们倒是转入地下了;但他们并没有达到赶上大部队的目的,而地下活动,又是另一个曲折艰辛的历程。

写了上述这些,实在不过是浮光掠影。在那风雷激荡的年月里,人的一生情操是多方面的:过娄山关指点战迹,豪情满怀;桃子顶月夜露营,又充满了诗情画意。而忆及另一些生活细节:如左觉农到处为我找牙痛药;一个不相识的女战士半夜为我烧姜开水治风寒;天堂坝打仗时,把倒泼在地下的稀饭刮起一碗来几个人分着吃……又禁不住心弦回震,久久不停。所有这些,哪里是一点点泛泛的笔墨所能写得出的!

(录自中共湄潭县委党史资料征集研究领导小组办公室编《红军长征在湄潭》,1984 年印行,第 85～101 页)

# 略记遵义、湄潭、绥阳三县边境的武装斗争

谢树中

这里记的是遵义、湄潭、绥阳三县边境的武装斗争。同时也简单介绍一些当时地下党的其他活动。遵、湄、绥三县边境的武装斗争从1935年初开始至1937年底止,一直坚持了3年。这个斗争分为前后两个阶段,前一段是王友发领导的,后一阶段是罗君彝领导的。由于遵义斗争的地点在遵义、湄潭、绥阳三县边境,所以称它为遵、湄、绥游击队。

当时在川黔边境活动的还有一支革命武装叫黔北游击队。黔北游击队是中央红军从扎西回师贵州途中,在川黔边境一带派出的,主要负责人是张宏光和陈宏,他们的活动地区大概在贵州的赤水和四川的叙永一带的川黔两省交界处。1935年7月,这支游击队在叙永的朱家山与川南游击队合并,编为两个支队:川南游击队为第一支队,黔北游击队为第二支队。1936年我和周齐、罗有余被关在重庆巴县监狱时,同在一个监狱里的政治犯罗明山(罗彬),也是黔北游击队的负责人之一,后来被捕,判刑12年。这些都说明了确有黔北游击队这支革命武装的存在。有人说黔北游击队就是遵、湄、绥游击队是不对的。

遵、湄、绥游击队是中央红军第二次回师遵义时组建的,时间是1935年的2月初。组成人员大部分是长征过来的老红军,一部分是桐梓赤卫队成员,还有一部分是在遵义参加红军的工人和青年。工人是刘绍清、许炳麟,青年是何恩余、任传习、李义仁、李小侠、容泽和我,另外还有杨素等三位女同志。游击队的政委王友发,原是红九军团的军团党委委员;队长姓刘,名字记不起来了;还有支部书记、组织委员和特派员(肃反干部)等,也都记不起姓名来了。游击队下设三个排,班长以上干部全是老红军战士,另外还有一个后勤组织,我们这工人和青年也属后勤的一部分。全队有100多人。

我是红军第二次占领遵义时参加的,红军第二次占领遵义只有四五天时间。那时我正在火烧舟(即新舟,下同)的埃山,听到红军再到遵义的消息后,便和罗有余、罗君彝、罗红、胡瑞熊商量,决定先由我去城里,在新城丁字口碰到何有邻。他是红军第一次到遵义时参加的,由他把我带到老城遵义县革命委员会,正好任传习、李小侠也在那里(当天晚上李伯钊、吴亮平还来过)。第二天,我和任、李都被编入了游击队。同时被编到游击队来的,还有我在前面说到的刘绍清、许炳麟、何

恩余、李义仁、容泽和杨素等三位女同志。当时红军大队人马已离开遵义向西开拔。我们游击队行经丰乐桥（迎红桥）往南经凉水井、深溪水、龙坪到团溪。到团溪的时候已是下午三四点钟，我们在街上作了一些宣传和调查工作，晚上就向东到离团溪二三里地的黄家湾宿营。

第二天，队伍经西坪过河（湘江），经湄潭县的凉水井、高台到牛场宿营。从凉水井到牛场途中，在路两边的山上不时有民团放枪干扰。在牛场宿营的当天晚上，王友发和何恩余介绍李义仁入党，李小侠入团，此时李义仁，已被调去队部做侦察工作。

从牛场出发，经湄潭县城与黄家坝之间进入遵义县境，到水淹坝活捉了张姓地主。在这里，部队举行了一次行军途中的战斗演习，大家正在吃饭的时候，突然号令紧急集合。这次紧急集合提高了大家的战争观念，给我们这些刚入伍的新兵以很大的教育。

队伍从水淹坝又进到湄潭境内的凉风垭。这里，三面环山，出口是一条大沟，地形对我们不利。第二天黎明，我们刚吃过饭，正准备出发，突然四面都有敌人向我们打枪，弹如雨下，周围的树梢、树叶和房上的瓦块不断被打了下来。我们被敌人团团围住。当时领导已来不及部署战斗，但我们的指挥员都非常沉着勇敢，各个排长主动带着队伍阻击敌人。王友发和通讯员以一棵大树作掩护，阻击正面来犯的敌人。我们这些新参加的青年人则由支部书记带着，在一片喊杀声中，沿着屋后往陡峭的山坡，攀着树藤野草直往高山头顶冲上去。因为这座山陡峭难攀，敌人布置的兵力不多。我们一个十三四岁的小战士，首先冲上山头，他连喊带骂，直向敌人冲去，敌人没有想到我们会从这山冲上来，见了我们撒腿便跑。我们占领了这个山头，为我被围困的后续部队打开了出路。后续部队也就陆续撤上山来。这次战斗，我们也有伤亡。支部组织委员，从江西长征过来的老干部，粗壮的身躯，黑黑（的）脸，一见他就会想到他是旧社会的纯朴农民。他在这次战斗中身负重伤，流血很多。但他却一直跟着部队撤上山来，把身上保存的文件、枪弹全部交给了党组织。他由于伤势太重，行动困难，组织上便把他寄放在老百姓家，估计他不是因伤牺牲，就是被敌人杀害了。可惜他还没留下一个真实的姓名就英勇牺牲了。在长征中，那些为人类求解放，为民族求生存的无名英雄，何止千千万万！有了他们的牺牲，才有中华民族的现在和将来。我们要永远怀念他们！

我们的队伍全部撤上山来之后，便向北到一个有几家人的小村庄休息。晚上向北沿河而行。这一夜究竟走过些什么地方，走了多少路都无从知道，只记得这一夜涉水过河就是十三次。天还不明的时候，我们就住进了离绥阳县郑场不远的一户山上人家，这时屋外正在下着瓢泼大雨。待到天明雨住后，我们都到山上隐蔽休息。晚上又返回湄潭县境的张家山（后为梭米孔），活捉了联保主任彭永久。我们去活捉他时，刚把他的房子包围起来，他就觉察到了，提着手枪冲了出来，被我们逼到一块水田中，任传习下田去把他捉了上来，缴了他的枪。

这时，组织给我的任务是当尖兵、打前站、搞侦察。我们活捉了联保主任彭永久，第二天，队伍便向东开到遵义火烧舟境内的磨刀溪。去磨刀溪的路上还活捉了保和场（又名宋家坝）区敌民团的队副黄某，黄某和我们的部队走了个迎面，活捉他时，他还连声说："兄弟们是自己人，不要误会了。"我们说："我们是红军，你被活捉了。"他听了这话，全身都发起抖来。

磨刀溪离罗君彝、罗有余、罗红的住家埃山只有十多里地。当我们的队伍到磨刀溪后，王友发先叫我到磨刀溪山下的羊午场侦察，回来后，又叫我到埃山去找罗家兄弟，要他们当天晚上到山上来。我去到埃山，罗家兄弟都不在，只有他们的爱人在家。我告诉罗君彝的爱人说："等罗君彝他们回来后，就叫他们晚上到磨刀溪山上去。"当天晚上，天黑不久，罗君彝领着徐绍臣来了，罗向王友发等领导报告了磨刀溪周围敌人的实力和活动情况。王友发听了他的报告后认为：保和场民团的力量薄弱，决定先消灭这股敌人。当晚即由罗君彝、徐绍臣带路。王友发和他们走在前边，队伍鱼贯而行，静悄悄地直向保和场方向奔去。罗君彝、徐绍臣一直把队伍领到敌区公所门前，指点队伍进攻的方向。我们悄悄地摸到敌人的驻地，当时已是夜半时分，敌人睡得正熟，我们一阵喊杀，活捉了全部敌人，缴获了敌人的全部武器弹药。这一仗由于有熟悉敌情的向导，打得很漂亮，取得全胜。战斗结束后，我们把活捉的敌人全部集中在一起，由懂得地方话的何恩余向他们讲了话，发给他们路费，全部释放了。

释放了俘虏，我们带着全部胜利品从原路返回。路上王友发叫罗君彝和徐绍臣回家休息，我们的队伍仍沿去时的路线往回走。当我们快到羊午场时，火烧舟的敌人闻讯前来增援，在北面的山林中向我们打枪，我们一个反冲锋把敌人打了回去。这一仗，虽然打退了敌人，但我们也一无所获，反而消耗自己的体力和不少弹药。把火烧舟的敌人打退以后，我们经亭子台又回到磨刀溪的山上监视敌人，并派人下到村中做饭送上山来吃。吃完饭，队伍就离开磨刀溪山头到距离它东面三五里地的上下两个村休息,王友发领着两个排和我们住上面(即东面)一个村子,队长老刘领着一个排住下面一个村子,两个排相距不到一华里。当我们刚刚住下,就发现东面山头上有敌人向我们进攻。这时我们已经是接连打了两仗,体力消耗很大,弹药也消耗很多,战斗力有很大削弱。王友发见此情况,决定不和敌人硬拼,带着我们从东南方向撤退。我们一口气跑了二三十里路程,才脱离了敌人的追击。但队长老刘带领的一个排却和我们失去了联系。这次追击我们的敌人主要是湄潭杨干夫的民团,也可能还有三县边境一带的其他民团。

我们脱离敌人的追击后,在路旁的一座山林隐蔽,一方面休息,一方面等队长老刘带领的部队赶上来。我们在山林里等了大半夜都没有见到队长老刘带领的队伍,王友发又带领着我们向南,直奔湄潭凉水井不远的井上。

我们来到井上,游击队党的组织召开会议,决定派出一部分同志到地方建立党的组织,发动群众,配合武装斗争。在派出来的人中有党员刘绍清、许炳麟、何恩余、李义仁、团员李小侠,群众是我和任传习。当时决定刘绍清到遵义组建省委,领导遵义、桐梓、湄潭三个县委,还决定许炳麟去桐梓组建桐梓县委,李义仁到遵义组建遵义县委,何恩余到埃山(该处是遵、湄两县边境)组建湄潭县委。何恩余决定我和李小侠、任传习都和他一起去组建湄潭县委。现在看来,这个决定,有正确的一面,也有错误的一面。要开展武装斗争,就必须有群众的支持。组建地下党发动群众,支援战争,肯定这个决定是对的;但把所有懂得地方话和熟悉地方情况的人都派出来了,使后方的斗争遭受失败,这又是失策的一面。

游击队党组织决定以后,仍以王友发为政委的武装队伍,改由周凤山(原一排长)任队长,连夜向东开去。我们这些被派出来的人便分头行动。何恩余叫我和任传习先到埃山找罗家兄弟为他们准备地方,他和李小侠暂留井上。我和任传习先回到团溪我的家里,然后我就去埃山找罗家兄弟。我经虾子场来到保和场附近,时值天下大雨,河水暴涨,过不去河,便借宿一农民家里。第二天,河水还未全退,水流很急,我冒险涉水过河,去到埃山,找到罗家兄弟。

我从埃山刚回到团溪,就接到何恩余通过肖义德给我转来的一封信,说他和李小侠在凉水井被捕了,逮捕他们的是凉水井的民团。原来我们和何恩余在井上分手时,曾想到万一发生问题时的应付办法。当时商定:发生问题时,便说他们是团溪肖伯雍(肖义德的大哥)的义子、媳,何恩余改名叫肖汝南,所以他们被捕后才通过肖义德转告我。当时我们都没党的关系,和刘绍清还没有接上头,我便和同志们商议共同筹款去营救他们。在旧社会只要有了钱，就一切都好办。我们一共筹借了银洋约 200 来元，其中肖汝福一人就拿出银洋六十元。我们把钱筹好后，便托团溪街上的袍哥管事丁树清，去凉水井把他俩营救出来接到团溪，住在我的家里。

何恩余来到我的家里，便叫我和李小侠开会组建湄潭县委，他任书记、李小侠任组织委员、我任宣传委员。当时李小侠是团员，我是党积极分子（这是我出游击队时，王友发向何恩余交待的）。这个组织，在当时是起了一定作用的。它高举革命旗帜，团结教育青年群众，为当地党的发展准备了条件。县委组成后，罗君彝和徐绍臣便把他们接去埃山，把何恩余安置在峰岩罗的姐姐家，把任传习安置在埃山。由团溪到埃山，路程 100 多里，需要在途中住宿。李小侠由团溪去埃山途中，投宿我的亲戚家，她在那里遇上了她女中的同学，幸好这个同学同情革命，没有泄露她的秘密。何恩余在去埃山的同时，叫我到遵义新城刘家湾找刘绍清（刘当时是织布工作，在一家私作坊里当织布工）。我去到城里，找到了刘绍清，当时他正在机上织布，我把他叫出来，向他报告了湄潭县委的组建经过和何恩余等人的情况，刘绍清听了我的报告，对湄潭县委的组织和工作表示满意，并叫我回去告诉何恩余，要他努力做好工作。

我从城里回到埃山时，何恩余和李小侠已通过绿塘河小学教员汪贡三住到绿塘河后山汪的姐夫家，我便同汪贡三一同去那里见到了他们，传达了刘绍清的指示。但不久，他们俩又一同回到湄潭何的老家。李小侠去湄潭只两三个月的时间，又回到火烧舟的李家坝小学找到在那里教书的胡瑞熊，由胡瑞熊把她安置在周先民家里。周当时也在那里教书。而何恩余则是此后几年都和我们没有联系。

以后我们和刘绍清也失去了联系。我们几次派人去城里找他，都没有联系上。

何恩余走后，湄潭县委的工作并没有停止，我和罗有余、罗红、罗君彝、胡瑞熊等决定把孙玺常、黄乾森等组织起来在火烧舟方面进行活动，罗君彝、胡瑞熊在各自的岗位上单独活动。我和罗有余到绿塘河小学把庹能鹏、罗俸道（罗朗）、肖鉴、李坚屏、罗俸德、罗俸齐（罗麟），还有两个姓杨的学生组织起来，给他们讲课，指导他们读书，向他们传播革命思想，启发他们的革命觉悟。

湄潭县委的这些活动，一直到了 1935 年秋天，谢丰、杨天源回来组织遵义青年反帝拥苏同盟，我们才同反帝拥苏同盟结合在一起活动。罗有余那里已进了遵义师范,绿塘河小学的学生庹能鹏等也随他去城里进了玉锡小学办的补习班(余正邦在那里负责),我到李家坝小学教书。

遵义青年反帝拥苏同盟1935年秋天在火烧舟区李家坝小学开会,选出了常委谢丰、杨天源、张宗启、肖义德、梁宗义等5人。谢丰为书记,杨天源为组织部长,张宗启为宣传部长。参加这个大会的还有罗君彝、罗有余、罗红、胡瑞熊、周先民、胡正英(抗战中在安徽前线牺牲)、王坪、欧纯儒、蒋仕熔、王诗宾和我一共10多人。同盟成立后,便分别以团溪、尚稽、黔北书店和遵义师范为据点,开展活动。

反帝拥苏同盟本来想要李小侠负责妇女方面的工作,但她在周先民家住了几个月后,身份逐渐暴露,不能再住下去。经反帝拥苏同盟决定,派罗君彝把她送去四川巴县(重庆市郊)曾慕琴家暂住。曾慕琴,曾是共产党人,失去了关系,1934年他来过遵义,和我们认识,关系密切。但李小侠在曾慕琴家住了不久,曾慕琴又被捕,反帝拥苏同盟又派罗君彝再把她接回来。先把她安置在团溪的三星场,以后又把她安置在虾子场乡下。1937年末,罗君彝牺牲后她才去湄潭。

黔北书店成立于1935年,地点在遵义老城大士阁对面,租了半片铺面,开张营业(这个书店是在反帝拥苏同盟直接领导下开设起来的,资金来源是由进步教员、学生和一些开明人士集资兴办起来的。五元钱一股,余正邦、詹健伦、吴开治、潘寰宇等还同时入了几股)。先是谢丰任经理,罗君彝、王坪、胡瑞熊为店员,后来因环境恶化,谢丰、王坪、胡正英出走上海,又改任梁宗义为经理,周先民为店员。1936年四五月间,国民党以检查为名,没收书店大部分书籍,书店被迫关闭。

遵义青年反帝拥苏同盟和黔北书店,团结和联系了当地所有的革命青年和进步人士,成为当时革命力量和进步人士的团结核心,也是后来杨天源组织遵义地下党的基础。当时参加反帝拥苏同盟的大部分青年如张忠启、肖义德、欧纯儒、罗有余、罗红和我都经杨天源介绍入了党,成为当地先期的共产党员。以后我们又陆续介绍了罗君彝、李荣富、陈仲淹、周先民、徐炬、田伯萍、欧纯粹、唐绍刚等入党,王坪也在另一个地方入了党。

在此期间,组织上先派我打入遵义《复兴》三日刊编副刊,使这个宣传阵地不为敌人利用。当时在遵义只有这么一份报刊。《复兴》三日刊停刊后,又派我打入"遵义小学师资训练班",两个礼拜毕业,派我做遵义老城短期小学校长,地点在老城水洞街的张爷庙,这种学校是校长兼教员,只有一个人,没有干扰,很便于搞党的秘密工作。

杨天源同志1935年5月入党，入党后贵州省工委派他到遵义了解遵、湄、绥游击队失败后情况，省工委指示他，如游击队还可以整顿恢复起来，就由他领导游击队，开展武装斗争。他通过了解，游击队暂时还不可能恢复，省工委又指示他留在遵义就地开展党的工作，发展党员，组建遵义地下党。他通过反帝拥苏同盟的活动及其他活动的考察，就于1935年十一二月发展了我们这一批人入党。1936年的四五月间，我同杨天源失去了联系，但我始终没有停止过党的活动。

1936年的七八月间，罗君彝来到城里告诉我和罗有余，乡间闹灾荒，农民缺吃少穿，许多人被迫当了土匪。我们认为当时的形势有利于开展武装斗争，应该趁此时机，把遵、湄、绥边境的武装斗争恢复起来。同时还决定组织中共遵义临时县委来领导这个斗争。决定我做临时县委书记，罗有余为组织委员、陈文范（以后发现他是内奸）为宣传委员、罗君彝为军事委员，专门做游击队的组建工作，并任队长。此时，正好周济从川南游击队回来，他通过陈福桐、张正宾同我和罗有余见了面，我们决定改组临时县委，我仍做书记，周济为组织委员兼游击队的政委，罗有余改做宣传委员，罗君彝为军事委员兼游击队队长，陈文范不参加县委，改做游击队的政治部主任。决定罗红为火烧舟区委书记，以火烧舟小学为据点进行活动，配合罗君彝的武装斗争。

临时县委还决定罗有余继续以遵义师范为据点进行活动，又决定以老城短期小学为据点，组织男女青年两个读书会。女青年有孙碧玉（罗茜）、陈仪贞（尹维）、陈淑容、谢家先、杜琦等；男青年有庹能鹏、罗俸道、肖鉴、李坚屏、胡西和两个姓杨的学生。男青年当时都是遵义师范学校的学生。我们共同在老城短期小学雇人开伙，天天见面，可以经常向他们宣传革命思想。女青年都是县女中的学生，每礼拜开讨论会一次。通过他们又联系了更多的青年学生和群众，扩大了革命的影响和斗争力量。此外，我们还经常与江竹筠（周声）等人联系。上面所说的这些人，除姓杨的两个学生外，都参加了革命，终生为党工作。其中胡西、陈淑容已在抗战中牺牲，庹能鹏在国民党统治区也为党牺牲了。

临时县委还决定派我找机会打进敌人内部进行活动。这样做，有三方面的作用：一是可以了解敌人内部动向，制定我们的斗争策略；二是可以利用敌人内部矛盾，激化他们的斗争，便于我们工作的开展；三是可以掩护自己。

我们被捕后临时县委被破坏,在城里的活动暂时停止,但罗君彝所领导的遵、湄、绥三县边境的武装斗争始终没有停止,他一直在遵、湄、绥边境和敌人斗争,直到1937年底,他被敌区公所杀害,斗争才告停止。

我们被捕后就和罗君彝所领导的武装斗争失去了联系,我们1939年出狱,他已牺牲了,所以不能详细记述当时斗争的经过,希望参加这个斗争和熟知这个斗争的同志提供情况,共同来完成这个任务。

现在再简单介绍一下我们被捕后的情况:

我们是在新城张正宾家开会时被捕的。同时被捕的有我、周济、罗有余、张正宾。后来才知道,我们这次被捕是陈文范出卖的。但当时敌人为了迷惑我们,把陈文范也加以逮捕。

我们被捕的当天晚上,敌人用了整整一夜的时间审讯我,对我严刑拷打,后来又拉我出去假枪毙,企图用这种办法来逼我招供,但他们忙了一夜却一点口供也没有得到。第二天,他们又在城里大肆逮捕青年学生和进步人士,一共逮捕了余正邦、孙玺常、邱敏、庹能鹏、罗俸道、肖鉴、胡西、孟光宇、徐一行(徐哲)、黄生民(黄乘)、江竹筠、孙碧玉、陈仪贞、谢家先、杨天淑、罗正芳、李治华、詹玉莲、张淑慧、陈庆锡等20多人。当天晚上,就由当地驻军、县政府、别动队、县党部、地方人士组织临时法庭,把所有被捕的人都带去受审。他们仍是先审我。在法庭上,我利用敌人内部的矛盾(当时别动队和县党部的矛盾很深),挑起他们的斗争,使他们在法庭上就当众争论起来。那时在法庭下面候审和谛听的人,也乘机齐声抗议,使得法庭上下,一片混乱,审判被迫终止。当场就迫使县党部无条件释放了所有被捕青年学生,只把我和周济、罗有余、张正宾、陈文范、余正邦、孙玺常、邱敏8个人留下。

经过这次审讯,更激起了全城群众的不满和加深了敌人内部矛盾。就在这次审讯的第二天,全市的学校和商店就用罢市、罢课来反对敌人的这次逮捕。

这次罢市、罢课使敌人在政治上受到极大损失。在当地,是我们党在政治斗争中的一次重大胜利。

罢市、罢课以后不几天,当时斗争的形势使敌人在当地不能处理我们,他们把我们八个武装押解贵阳,以后又把我和周济、罗有余三人武装押送到重庆处徒刑,监禁在重庆巴县监狱中。

1937年9月罗有余同志病死狱中。1938年3月我党八路军驻渝办事处把我和周济、罗明山营救出来。周济留新华日报社工作,罗明山去延安抗大学习,以后牺牲在抗日前线。我又回到遵义和杨天源同志一起,做恢复和发展遵义地下党的工作。

1982 年于沈阳

(录自中共湄潭县委党史资料征集研究领导小组办公室编《红军长征在湄潭》,1984 年印行,第 118~130 页)

# 黔北游击队述略

卢仰柱

黔北游击队，我所熟悉的有两支，以遵湄绥游击队为主要，另一支是黔东北游击队第三支队。

1935 年 2 月，中央红军第二次回师遵义时，在遵义、湄潭、绥阳建立苏区根据地，于是由红九军团政治部主任黄火青指派地方工作部部长王友发任政委，周凤山任队长，以桐梓赤卫队为基础组成游击队，游击队设队党委会和党支部，共 120 余人枪，其中三分之一是江西、福建来的老战士，其余是川、黔、滇地区参加革命的青年，湄潭有何恩余、任传习、何慕源（何小康）等，活动地区是遵、湄、绥边境，所以又称黔北遵湄绥游击队。

中央红军大部队离开后，国民党军又卷土重来，纠集国民党政府的保警队、区乡公所的团防、地主豪绅看家护院的乡丁家丁，对这支游击队进行了围追堵截。但是，游击队不畏艰难，仍继续坚持斗争，在鱼泉沟打了鱼泉区公所，又打了遵义县属的宋家坝区公所，缴获了颇多枪支及物资。后来，在湄潭、绥阳交界的分水垭，不慎被两县团防包围，打了一仗。突围后，在遵义的磨刀溪又被包围，被截为两段，造成极大的牺牲。之后，王友发政委带着部〔分〕突围的队员，越过遵湄公路，到了湄潭凉水井的洞上（井上）召开会议，通过分析当时的形势，认为在遵湄绥边境建立根据地是不可能了。会议决定：凡西南籍的战士，通通转入地下活动，所有枪弹全部集中交老战士，让他们带去追中央红军；并确定组织成立遵义、湄潭、桐梓三个县的县委，湄潭县委由何恩余组织。

去追中央红军的部分战士，由于红军已南渡乌江，到达云南边境，没有赶上，又转回遵湄交界地区活动。

1935 年 5 月，王友发政委率队经由绥阳的白泥圳到小关，在山羊口与敌人遭遇被打散，转移到湄潭县属的南截坝马和清家，被土匪头子秦兴成发现，并向鱼泉区公所告密，区长陈应春带领团防 30 余人，包围马家，经过激烈战斗，王友发及其队员全部壮烈牺牲，遵湄绥游击队也从此结束了。

仔细分析起来，应该说在当时派这支游击队在国民党大后方的遵义、湄潭、绥阳，创建苏区根据地失败，主要原因是这些地方没有党的组织，没有群众基础，没有相应互助组织，没有补充接济。在中央红军走后，国民党卷土重来，加上各县的团防乡丁区丁,十倍于游击队的武装,在各方的包围堵截下,游击队遭致失败。

虽然黔北(遵湄绥)游击队失败了,但它在当地留下了积极的革命影响:首先是游击队所到地方,纪律严明,秋毫无犯,通过广泛宣传共产党和红军的政策,发动组织群众,使群众消除了恐惧心理,敢于接近红军,粉碎了国民党的毒化宣传。其次是所到之处打土豪,将没收到的财物分给群众,使贫苦群众得到实惠,渡过了难关。所打的都是地方恶霸,长期鱼肉百姓,无恶不作,为百姓所深恶痛绝,他们受到游击队惩处的消息迅速传开后,群众无不拍手称快,觉悟也得到大大的提高。第三是游击队转到地方工作的干部,通过在亲友中进行宣传鼓动,传播进步思想,如何恩余回到永兴家中,与永兴的知识青年罗祥萱、张人均、田应荣、陈光型、陈光塾等接近,使这些人的思想日益进步,成为1938年湄潭地下党的创建人或骨干。

1938年,湄潭地下党组织建立。1941年,因遭受总支部书记李卓然的叛变出卖,多数党员被捕,少数党员疏散外地,党的组织被破坏了,组织关系断了,但疏散在外的党员,都在不断寻找党的组织,这时有1938年入党的党员张人均,辗转到四川、重庆等地工作,遂向川东特委汇报贵州党组织被破坏后,还有不少党员在寻找组织关系,川东特委遂派张立到贵州清理失散党员。

1948年春,张立来到湄潭关伯庸家(张与关是30年代在上海一起进行革命活动的同志),向关说明来意后,听取了关伯庸关于湄潭地下党情况的介绍,安排关伯庸通知王陶熏、卢仰柱、何少琦三人见面。因王陶熏住在协育乡下不便通知,就只有卢仰柱、何少琦二人与张见而。见面时,由卢仰柱将湄潭地下党从建立到1941(年)遭受破坏及以后的情况,作了详细的汇报,张立同意恢复湄潭地下党组织,将"重点搞农村武装,调查敌人兵力分布情况,开展武装斗争,扰敌后方,牵制国民党兵力,迎接解放军渡江"等任务作了交代,并介绍了德江明溪的先仲虞、凤冈杉源的宗致平等联络员。

张立走后,经卢仰柱等人研究,由于湄潭的农协会员都归何恩余掌管,便与何恩余商量,决定由何恩余负责农协,王陶熏负责城区及协育一带的工作,何少琦负责青年工作,卢仰柱负责上层知识分子的统战工作,关伯庸负责联系和接待掩护过往同志。之后,何恩余、王陶熏去德江向先仲虞汇报并请示工作。先仲虞向何、王二人传达了上级指示,即"清理失散党员,开展民运、学运、兵运、抗丁、抗粮、抗捐,组织武装扰敌后方,配合解放军渡江,迎接全中国解放",并将湄潭县组织正名为"中共湄潭县工作委员会"。

开展武装斗争,首先是要有枪,搞枪的办法:一是将可靠的农村党员和农协会员派到乡保公所去当乡丁、家丁,把枪掌握到手里,需要时一声令下,即可集中调遣,后来称这办法为"枪换肩";二是以买枪作基础。何恩余、王陶熏、何少琦卖掉自己的田产买枪;第三是派人到国民党军队中去当兵,乘机拖枪。先后派去当兵的有陈光华、陈华俊、张大愚等。正当在紧锣密鼓筹备搞枪时,国民党似有所察觉,于 1949 年 4 月 26 日凌晨,以贵州省保安司令部参谋李同仁为首的一批特务,伙同湄潭国民党政府,在湄潭县城和永兴同时进行一次大逮捕,即"四二六"事件。他们在湄潭城里逮捕了关伯庸、卢仰柱,在协育乡逮捕了王陶熏、何少琦、广仲伦,在永兴逮捕了张奚活、任传习、袁朴,并误抓了何有容。在逮捕何恩余时,何持枪突围得以脱逃。同时,他们将特务李卓然也逮捕在内,企图做内奸渗沙子,侦察被捕人员的内部情况。

第二天,被捕人员全部押解到贵阳保安司令部的文昌阁监狱关押,李同仁等轮番用各种酷刑逼供,但所有同志都立场坚定,坚强不屈,没有人暴露党的机密。

11 月 11 日,解放军兵临贵阳,文昌阁监狱看守所长诸家玉眼看国民党的大势已去,为给自己留条后路,遂将监狱里的 37 名"囚犯"全部释放,王陶熏、卢仰柱等8 人于 11 月下旬回到湄潭,这时湄潭已于 11 月 19 日解放了。

何恩余突围后,隐蔽在何家营的紫桑岩森林里,继续组织游击队进行活动。他派农民党员骨干惠炳南打入永兴杨明臣(杨曾做永兴区长,惠原是杨的佃户)家,当看家护院队长,掌握杨明臣的 20 多支枪;何恩余又将其姑爷张伯孚(天锡乡乡长)的枪掌握在手里。

1949 年 11 月初,黔东北游击队给湄潭地下党送来第三支队的番号,由何恩余任政委,王绍清任队长。11 月中旬,第三支队在湄潭、永兴组织群众迎接解放军进城,同时第十军二十八师又交给了保护机关、学校、工厂、桥梁、维护社会秩序,防止破坏的任务。

11 月 22 日,湄潭县委书记张军直到任,县工委遂将一切工作交县委领导。12月初,接遵义军分区通知,第三支队改编为湄潭县大队,由县委书记张军直任政委,何恩余任大队长,大队辖 4 个中队,其中一、四中队驻县城,二中队驻永兴,三中队驻黄家坝。这在保卫永兴的战斗和清匪反霸中,都起到极其重要的作用,后来县大队并入第十六军炮营,于 1951 年离开湄潭参加了抗美援朝。

黔东北游击纵队第三支队,虽然从建立到结束的时间很短,但它在解放湄潭和解放初期,发挥了积极的作用。湄潭解放后,部队急于进军四川解放成都,在湄潭没有留人驻防,是第三支队担负了保护粮食、桥梁、机关、学校和稳定社会秩序的任务,使湄潭没有遭到损失。后来,县境内土匪猖獗,特别1950年的2月4日,正安、绥阳的匪首雷三,率一千七八百人的匪队喽罗攻打永兴,事先由于游击队曾派队员敖兴德去正安边境侦察,敖混入土匪队伍,侦得确切消息,使第三支队得以预先布置兵力设防,以牺牲6人的代价守住了永兴,而雷匪则遗尸五六十具逃走。

作者:时年88岁,曾参加过遵湄绥游击队和湄潭地下党。

(录自《遵义党史党建》2006年第4期,第39～40页)

# 黔北游击队的成立和两次合队（节录）

## 曾广胜

红军黔北游击队是1935年2月成立的。黔北游击队成立的第二天,川军追我们。川军可能一团人,我们只有七八十人。我们隐蔽着,看着川军过去两个营,后面又来一个营。我们看此情形,就从中间给他打下去,打得敌人昏头转向。这一仗俘敌30多人,缴枪50多支。东皇这一仗之后,在官店打过一仗。敌人一个营住在那里。我们经过侦察了解,敌人的枪是川造的,没有机枪没有炮,夜间我们去袭击。只抓到营部一个勤务兵,得到一支手枪。这是敌人事先听说红军要去打他们,有准备逃跑了。

游击队有时又回放牛坪,在放牛坪打过一些土豪。抓到一个麻子叫郭双和,罚他800块大洋。放牛坪还有一个人(王正华)经常和游击队联系,还给我们买过一些子弹。放牛坪的老百姓说,红军帮助我们解决很多大问题,税款不缴了,土豪劣绅过去整群众厉害,现在不敢整了。

罗云章是青年农民,家住楠木坪,离放牛坪不远,他们有四五十人。我们去组织他们参加游击队,队长就是罗云章,武器少,我们给了一些,编为第四中队,以后把他们带到川南去了。

3月下旬,赤水河游击队来同黔北游击队会合。

放牛坪合队后,黔北游击队领导人员是:队长陈宏、政委张凤光,特派员李青云,供给主任曾广胜,卫生主任张笃弼,地方工作组长曾继民。

下设三个大队,第一大队队长易得胜,第二大队队长余得胜,第三大队队长董跃中;指导员有陈全兴、曾昭南、蔡树新。

红军黔北游击队是1935年6月尾过川南。为什么过川南？因为红军主力过云南金沙江,我们在贵州任务不大了,我们就决定到川南去牵制敌人。到川南时我们走了7天时间,从一个石山头下来,准备过河。敌人盐防军把船拖过去靠着,还喊叫:"红军你们过来不了,要过河除非生翅膀。"我们说:"你看我们就是过得来!"我们组织了几个人脱了衣服,穿一条短裤每人拿四五个手榴弹,一支手枪,游过河云〔去〕。我们又打一阵排子枪。敌人听到枪声,又看红军勇敢,已经下到河里游水过河,就吓跑了。那九个人游过去拉到一支大船,可装四五十人,就叫船夫为我们渡人。我们比以往多给一大洋和□□烟,因为船工很喜欢□烟,把我们全部人渡过去。天要黑时全部红军游击队都过河到二郎滩,我们把敌人追走。游击队打开盐仓叫群众来分,我们说你们没有盐巴,这回有盐了,尽管背。

过河以后,到了铁厂又打一仗,几分钟敌人就被打走了。接着到白沙,民团害怕我们,不敢接触,在那里休息了几个钟头,在观音场休息了一下午,整理衣服,擦拭武器,整整军容,与川南游击纵队合并。

下午太阳刚刚落下,我们到了分水岭,那时街上到处都是游击队的标语,了解到川南游击队在朱家山,川南游击队预先杀了猪,烧了开水招待我们。黔北游击队和川南游击队共同在朱家山吃了晚饭,晚上大家忘记了行军疲劳,都不愿休息,每人都兴高采烈地去看望老同志和老乡。大家谈笑风生,畅述离别的战斗生活情景,彻夜难眠。

第二天召开会师大会,对部队进行整编。根据形势需要,取得两个游击队首长的同意,决定将两个游击队会师后改名为中国工农红军川滇黔边区游击队,原川南游击队为第一支队,黔北游击队为第二支队。

纵队司令员刘干臣,政委徐策,参谋长陈宏,侦察曾春鉴,秘书叶绍良,卫生主任张启元。

第一支队:队长曾春鉴,政委胡芳,副支队长老资格,下设 3 个大队。

第二支队:队长张凤光,政委胡紫键,特派员李青云,秘书贝庄,卫生主任张笃粥,供给主任曾广胜兼支部书记。

曾广胜的回忆

记录人:刘新民、袁正刚

1984 年 4 月 4 日于江西兴国县人民医院

(录自《中国工农红军川滇黔边区游击纵队斗争史》编写组编:《中国工农红军川滇黔边区游击纵队斗争史(副本)·下册》,1985 年印行,3—62～63,4—2～3)

# 遵义游击队和桐梓游击队合并(节录)

宋加通

红军游击大队成立后,从仁怀二郎坝进沟,走两天到达高大坪附近。当时四面八方都有敌人,军号吹得好,又有骡马叫。我们估计是敌正规军。大队决定:是正规军就让,是地方部队就打。大队长叫作战斗准备,不要打枪是拼刺刀。

走到半路大队长、吴政委在一个空房子内弄到敌人 11 套军衣,还有一个钢盔。大队干部化装成敌人。和敌人接近时,敌人问:"你们是哪个部队的?"我们答:是第二十五军被"共匪"打垮了的。

敌人问:"你们有多少人?"答:"有几百人。"我们反问:"你们是哪个部队的?"敌人说:"我们是 8 个区的团队。"又问:"有多少人?"回答:"一个区 1000 多人。"敌人识破我们后说:"你们不是第二十五军的,是'共匪'!"

我们不理他。隔 10 多分钟,敌人就攻过来了,只隔 10 多公尺。我们从草丛中起来反攻。我们没有伤亡。捉到 4 个人,缴了 4 个人的枪。其余的人跑了。我们得了一付滑杆,一床被盖,一顶博士帽,一匹骡子。战斗结束了。

当天就继续往前走。此后 4 次到高大坪,又出入放牛坪、楠木坪。两地相隔 20 多里。有时又到芝麻坪。又到毛石坎打了一仗,缴获敌人 30 多支枪。又到李子关打过一次仗。在官店晚上又同柏辉章的一个营打一仗,俘获 9 个敌兵,缴了两支枪,20 多套衣服。敌人反击时,我们就躲开了。

1935 年 4 月份,我们在放牛坪地方,我们遵义游击队和桐梓游击队合并。我们由 110 人加入 12 个新战士共 122 人。桐梓游击队也有 120 人。整编成支队,下分两个大队,一个大队又分 3 个中队。一个中队又分为 3 个分队,大队长罗仕善、张公理(桐梓游击队领导人)。支队部还有地方工作组长、特派员。我在第二大队第一中队,中队长姓赵,江西人。第三分队长冯金标,我是第一分队长,第二分队长记不清。合并后共有 240 多人。

1935 年 4 月份,遵桐游击队又同国民党的一支"叛军"会合。大队部开会后,游击队晚上又开了一个分队长以上的干部会,传达他们是匪,我们要注意。称他们为大哥,不称同志。他们的头领,人们称他老魏。

第二天早饭后,在放牛坪庙子门口的坝坝头,由张公理宣布并讲话。这支武装有 270 多条枪,还有一挺轻机枪,人也比我们多,有 270 多人,子弹比我们多,背手枪的人有四五十匣子弹，步枪弹也挂得满满的。我们派 8 个干部到他们那里帮助工作，还派了两个司号员同去。由于他们的力量比我们强，宿营时我们都随时提防，同他们分开住。他们的纪律不好。合并后十三四天，在一次行军中，他们走在后头，便用此机会脱离我们，不知去向了。派去的 8 个干部和两名司号员也没有回来。

1935 年 3 月在周家场附近，我们同国民党马桑区区队长黄定邦部作战，敌人埋伏在刺笼笼里头。吴政委被敌人击中腹部，当即牺牲。第二排排长（中队长）也牺牲。吴政委死后埋在钟玉章家后面，是用 3 块大洋买棺木埋的。罗仕善大队长因得了一种黄肿病，周身黄肿流水，留下来养病，以后下落不明。

关于红军游击队活动的地方是遵义、桐梓、仁怀边界的地方。如周家、桑木、回龙、二郎、大坝、高大坪、芝麻坪、放牛坪、李子关等地来回活动，周家经过五次、大坝经过四五次，还有在东皇、马临等地都打过仗。

我们游击队，在桐梓打了一仗。我们是从一条小沟爬上去，原来准备过河（官店河），被向导带到半坡上，走拢时没有吃早饭。从沟底上到半山腰有点平，后面是悬崖，前面是河，河岸很陡，没有路。看到敌人在河边走动，我们没有管他，离我们还很远。不一会儿，左面山上打了两枪，也没有看到敌人攻击我们。隔一会儿左面半山腰过来敌人。我们两个分队把敌人打垮了，追了半里路。右边山上敌人又攻下来了。政委手一招，喊："猛攻！"又把敌人击溃了。敌人朝山上跑。这次战斗很激烈，我们的一匹马被打掉了。这匹马是在高大坪（仁怀县）打民团缴获来的，专门为医官骑的。这一仗医官也跑了。他有 40 多岁，是江西就跟着来的。我们还损失了一批西药，是包箩装的。挑药的人也被打散了。当时我们有个卫生班。

红军活动的办法：在战斗紧张的时候，就白天在大山森林中睡觉休息，晚上行军走两三个小时烧点开水吃又走。如果战斗不紧张时，就借老百姓房子住宿和休息。

我养伤的时候，听说我们遵桐游击队同四川川南游击队合并，是个师级单位，人数发展到 1000 多人。在四川境内打仗，受到川军包围，经过突围伤亡很大。仅剩下 200 多人，又打回贵州习水境内。以后又从岔角滩过河到四川，就不知下落了。

记录袁泽光，1983 年 5 月 20 日

（录自《中国工农红军川滇黔边区游击纵队斗争史》编写组编：《中国工农红军川滇黔边区游击纵队斗争史（副本）·下册》，1985 年印行，3—63～66、69～70）

# 黔北游击队的活动（节录）

### 王正华

黔北游击队活动于仁怀、桐梓、习水、遵义和赤水几县边境，日夜在战火中生活，实行闪电袭击敌人。曾在官店袭击侯汉佑白军，跟国民党的中央和地方团队经常打仗，弹药缺乏。

我曾利用敌人军官贪婪，串通桐梓保安司令部军械参谋冯纪明搞过子弹，以补给我游击队。又探知重庆"剿共"参谋团有车向贵州的国民党中央军运送子弹，我将情况飞报罗彬，罗率领曹部于新站公路档截敌人弹药30多箱。

事后，驻黔绥靖主任薛岳调其第四十七师配合保安团队到处"追剿"红军游击队。我军开往川滇边境。我曾尾随追至云南镇雄（威信）长官司，终因追赶不上而脱离红军游击队，失掉组织联系。

王正华遗稿

1973 年 1 月 15 日

贵州习水县委党史办提供

（录自《中国工农红军川滇黔边区游击纵队斗争史》编写组编:《中国工农红军川滇黔边区游击纵队斗争史（副本）·下册》,1985 年印行,3—75）

## 红军黔北游击队座谈会发言记录（节录）

### 曹明清　王仲如

曹明清发言（原绿林武装曹明德之兄。现住贵州习水双龙区仙源街上）：

1935年3月,曹明德在桐梓九坝与张公理红军游击队联系上的。曹从习水空壳树到吼滩一带,收容红军流落伤病员12人送张公理部。张派老红军袁章伦、陈南清、李培元3人到曹明德部做政治工作,并支援3支步枪。后来游击队攻打翁家寨子,把房子给烧了。曹明德部与张公理游击队配合行动有4个月。

王仲如发言:我在曹明德部背过枪,拦劫国民党军车事我参加的。张公理下的命令,袁章伦协助指挥。曹明德有100多人,80多支枪。1935年6月间,在松坎过来的三元店公路上,拦到国民党二辆军车,夺得子弹40箱,国民党派员来追,双方对打一阵。我们从青杠哨上回放牛坪,夺得的子弹红军游击队拿去20箱。

1935年农历5月下旬,红军游击队开走了,曹明德没有跟着走。同年冬月二十8〔八〕日,曹明德被夜郎区长赵成宪杀害。张公理派在曹部的袁章伦、陈南清、李培元3位老红军也走了。

习水县委党史办召开有关红军黔北游击队史料座谈会记录（节录）

詹永辉记录

1984年3月17～18日

（录自《中国工农红军川滇黔边区游击纵队斗争史》编写组编《中国工农红军川滇黔边区游击纵队斗争史（副本）·下册》,1985年印行,3—75～76）

# 红军游击队在放牛坪改造绿林武装

### 宋加通

在放牛坪我们改造两支绿林武装。一个姓魏的，都叫他魏指挥官。他的兵满身挂满子弹，姓魏的个子不高，人生得单单调调的，白白净净的脸。30多岁，我们做魏的工作，把他争取过来。魏指挥官送给我们步枪了〔子〕弹100匣，一匣5发，手榴弹20匣，每匣10发。

我们还开过分队长会。张公理对大家讲：要尊重本地军队，但不要称呼他们同志，只称他大哥，要特别注意他们。规定住房要保持一定距离。他们有二百七八十人。我们单独行动，预防他们整我们。我们向他们宣传红军的三大纪律八项注意。

为了改造他们，我们还派了几个人去做政治思想工作。魏指挥官要个司号员，我们给他一个。他们配合红军行动，走了10多天，由于吃不来苦，就不干了，把我们的人也带走了。

辜老单是一支绿林武装，有一百七八十条枪。在口头上听从红军游击队调动，可是一次也没有调动过。他在放牛坪乱抢人，群众恨死了他。听说他要消灭黔北游击队，又残杀过掉队的红军战士，暗地又整我们。这样决定杀掉辜老单。

采访人：杨隆昌，1984年7月12～13日于遵义宾馆

（录自贵州遵义地委党史办公室资料。《中国工农红军川滇黔边区游击纵队斗争史》编写组编《中国工农红军川滇黔边区游击纵队斗争史（副本）·下册》，1985年印行8—8～9。）

# 打花秋坝区公所

### 曾广胜

打花秋坝区公所,我们和绿林武装魏云清等配合。魏吃过大地主(杜叔季)的亏。是他们带路的,最少去四五百人,打下碉堡后,我们又回来了。魏云清部我们有派人去做政治工作,以后分开行动,我们是联合阵线,姓刘的一支绿林武装,我们派去一个司号员。我们司号员也会做政治工作。

有个国民党乡长,躲在距放牛坪不远的一个山洞里。游击队经过那里,他不打枪,我们也不打他。维持互不攻战。

遵义反动政府又联系招安辜老单,条件是消灭黔北游击队,把游击队的主要情况、军事行动等,要他搞个详细报告送遵义专署,才予以招安。这封信是写给辜老单的。哪知道送信的人送错了,送到了我们这个游击队来了。看了这封信,感到好危险呀! 如果让辜老单来搞我们这个部队,就不知道要受好大的损失。所以我们就想办法搞掉辜老单的武装队伍,缴了辜的枪。

访问地点:江西兴国崇贤乡崇胜村曾广胜家中

时间:1985 年 7 月 5 日

记录人:詹永辉

(录自《中国工农红军川滇黔边区游击纵队斗争史》编写组编《中国工农红军川滇黔边区游击纵队斗争史(副本)·下册》,1985 年印行,8—6~7)

# 王友发烈士事迹通信

黄火青

贵州省史料征集委员会:

关于王友发同志的情况,据我回忆:王友发同志是江西泰和人,贫农,何时参加革命,何时入党,记不起了。他 1933 年,从红军大学调到工农红军第三师第七团任营教导员、团总支部书记。第三师扩编成立红军第九军团时,王友发同志调到军团政治部任地方工作部长。在长征中,红九军团奉命占领贵州所属湄潭、绥阳二县,警戒四川之敌,保卫遵义会议胜利召开。

当时贵州人民在军阀王家烈长期残酷压迫统治下,陷于水深火热之中,把共产党红军视为救星,群众的革命斗争热情,像潮水般地涌来。我军地方工作任务,是充分发动群众,主要打击恶霸地主,成立农民革命委员会和自卫武装,将没收来的财粮,分配给农民;对富农、小地主、基本是中立政策。在城市实行保护民族工商业,只对政治有严重劣迹的人,才予以制裁。我记得在湄潭城内,只没收过一家商务会长和一名反动〈的〉省建设厅长的财产。还召开过中小学教员座谈会,宣传党的纲领政策。积极抓紧扩军工作,除各团、营、连自己扩大的以外,军团政治部直接扩大了 320名,成立新兵营。该营在泮水、沙土附近老木孔的战斗中,曾起了重大作用,贵州人民真勇敢啊。可惜时间太短(半个月),未能取得更大胜利。我军撤离湄潭、绥阳时,为了领导农民斗争,为了准备在贵州扎根(中央当时有此意图),决定将王友发同志留下,担任发动群众游击战争。他本人也很有信心地接受这个任务。

红九军团成立以来,我和王友发同志一起共事,在工作中,我认为王友发同志始终保持和革命旺盛的精神,什么困难也压不倒他革命的乐观主义,能正确执行党的政策,和群众打成一片,保持劳动人民的本质,从不计较地位和待遇。这也是大家公认的。他牺牲了,很可惜,是我党我军的一个损失。很值得我们怀念和学习的。

黄火青

1983 年 7 月 12 日

(录自中共湄潭县委党史资料征集研究领导小组办公室编《红军长征在湄潭》,1984 年印行,第 25～28 页)

## 5. 游击纵队后期活动情况

### 关于川滇黔边区游击队的回忆（节录）

刘复初

一

1936 年 4 月，我红军游击队从川南直向滇黔边区进军，在威信县罗布坳，秘留地方养伤的曾春鉴、邝善荣、余德胜、曾晋南等同志前来归队。特委为了充实各级领导干部，决定曾春鉴任纵队参谋长，邝善荣任参谋，曾晋南任第二大队长（黄虎山受伤留在洛柏林休养），余德胜任政治指导员，曾广胜任总支书记。

纵队抵达镇雄县花朗坝时，欧阳同志领着贵州毕节起义的黔军柳际明旅一个营的士兵代表前来要求合队，欧阳同志原是红二方面军[①]留在阮俊臣带领的地方游击队（原是纵队发给武器组织的）工作的，阮俊臣在红二方面军经过贵州毕节时带队要求合队，红二方面军政治部要阮部同我红军川滇黔边区纵队一起，继续在敌后牵制敌人，创建革命根据地，配合主力红军长征。为此派欧阳同志到阮部工作，加增党的领导，并送了两支冲锋枪留作纪念。

正当阮俊臣所在部向川南挺进找游击纵队，得知贵州柳际明旅有一营士兵，在陶树清领导下起义，从毕节来找红军，阮部向起义队伍靠近，两支部队在杨家湾胜利会师，共有 600 多人。这时，黔军柳际明旅尾追过来，大有围歼之势，形势紧迫。阮俊臣和陶树清游击队进入云南威信县，便率部前来合队。

特委研究决定：由我前往起义部队商谈合队事宜。第二天双方在热情亲切的气氛中举行会谈。正在这时发生敌情，柳际明与先头部队一个团已经追来，正在占领阵地。阮、陶惊慌提问怎么办？我当即让他们向后山撤退，在院子场隐蔽待命。

红军游击纵队立即投入战斗阻击敌人。开始，敌人猛冲数次均未得逞，继续出击。我们利用有利地形，待敌人进入埋伏圈，一声号令，以排山倒海之势，激烈射击敌军。敌人顿时乱成一团退了回去。敌军又组织反攻。我们派出狙击手，专门射击敌军长官。同时，迂回敌人侧翼夹击猛攻，敌军长官仓皇逃命，随即追击敌

---

① 时称红二、六军团。——编者注

军狼狈溃退。柳际明看到起义部队已和红军会合,不敢再来进攻。

游击队胜利返回威信县院子场,向阮、陶介绍阻击敌军情况,他们对红军表示钦佩。

在院子场街上一个茶馆里,又同阮、陶继续会谈,征求他们合队行动的意见,阮、陶表示,他们是来革命的,听从党的领导和整编。因此,特委研究决定:

(一)纵队改称中国工农红军边区抗日先遣队,这是根据党中央到了陕北后,发出抗日救国的主张,号召全国人民联合起来,共同抗日;其次根据党中央派方志敏同志组织抗日先遣队的先例;再是根据红二方面军离开毕节时,要阮找红军游击纵队,打出抗日的旗号,动员川滇黔边区各族人民,联合起来共同抗日救国。我们认为有必要。

(二)决定抗日先遣队由阮俊臣任司令员,陶树清为副司令员。这是为了影响川滇黔白军继续起义当红军,在川滇黔边区打开新的局面。

(三)决定抗日先遣队编成3个支队,第一支队长阚某,政委欧阳崇庭;(第)二支队长唐某,政委邝善荣;第三支队长龙厚生,刘复初兼政委。这是为了组织起来便于统一指挥,统一行动,共同战胜敌军。

(四)决定抗日先遣队总政委兼政治部主任刘复初,参谋长曾春鉴,特派员李青云。这3位同志主要负责政工、军事指挥、地方工作,阮、陶负责后勤供应。

以上决定是经阮、陶同意后才宣布的。他们一致表示拥护。这时有1000多人的革命武装。同时还发布了一个动员民众抗日的布告。

其文如下:(略)

阮陶部队前来当红军的事实,说明我党的政治影响扩大了,白军士兵和绿林兄弟们拥护共产党的主张,志愿为中华民族的生存和劳动人民的解放而斗争,川滇黔边区将会出现新形势,掀起抗日救国的热潮,随之产生新任务,要求我游击队成为先锋,组织川滇黔边区各族人民联合起来共同抗日,热烈响应党中央的号召,执行党的抗日救国的方针政策。因此,我们对阮、陶部队的革命行动,表示热烈欢迎,迅速把他编为红军川滇黔边区抗日先遣队的组成部分。

1936年5月,特委率领这支抗日救国军,在川滇黔边区活动,宣传党的政策,欢迎工农青年参军,欢迎少数民族同胞支援抗日,欢迎白军起义当红军,欢迎绿林弟兄携枪前来当红军,欢迎知识分子爱国人士组织抗日救国团体,开展救国活动,反对亲日卖国,反对"围剿"红军,反对国民党军阀和土豪劣绅压迫和剥削人民,反对苛捐杂税和高利贷,反对强迫农民交地租……这些深得广大群众拥护。我们走到那里老百姓都表示欢迎。同时,打开一些场镇,坚决镇压反革命,消灭地主武装,鼓动劳苦群众闹革命,支持川滇黔边区人民的革命行动,打击敢于进攻红军之敌。

我们打了一些胜仗,声势浩大,使得川滇黔的敌人坐卧不安,加强对红军游击纵队的"围剿"。当时,贵州有杨森和周西成部队,四川有刘湘部队和保安队,云南有龙云部队和地方武装。他们在川滇黔边区处处设防,围追堵截红军游击纵队。

鉴于敌情紧张,陶树清提出了三条意见,(一)减少公开宣传,加强秘密活动,缩小我部目标,避免敌人进攻,采取隐蔽行动,使敌人找不着我军行踪,便于休整;(二)对白军起义士兵和绿林弟兄的弱点,耐心说服教育,不要歧视,当面辱骂,严厉谴责,使人难以接受。有错可以批评,甚至给予适当处分,这样有利于增强内部团结;(三)纵队暂时离开老游击区,摆脱敌人"围剿",减少伤亡,保存实力,开辟新的游击区,扩大党的政治影响,有利于开展群众工作。

但对陶树清的建议,以龙厚生为代表的同志认为,这是动摇的表现,逃避艰苦斗争,红军游击队既是战斗队,又是宣传队,不公开宣传,就等于不革命。红军对违反纪律分子,必须严肃斗争,正是革命队伍纯洁的表现。要离开游击队是想脱离游击纵队,或者还有别的阴谋。这是危险的象征,应该立即甩掉他们。我不同意这种看法,要特委冷静考虑,认真研究陶树清的建议,正确的必须采纳,如有错误要善意的解释,决不能主观判断,轻率处理重要问题,这是关系到争取更多的白军起义来当红军,继续壮大革命力量,有利于川滇黔边区开展新形势,把红旗牢固地插遍川滇黔边区。因此,特委应当下定决心,教育改造争取起义部队当红军,而且他们都是受压迫的群众,自愿前来参加革命,我们相信是能改造好的。否则就会孤立自己,壮大敌人,要犯错误。

但是当时王明"左"倾路线影响很深,在特委扩大会议上,多数人支持龙厚生同志的意见,只有曾春鉴、阮俊臣(新党员)和少数同志支持我的观点。按照少数服从多数,个人服从组织的原则,我保留自己的意见。

事后特委开会决定秘密甩掉阮、陶所部,红军游击队单独行动。因此,我忍痛地离开了阮俊臣、陶树清所部600多人的武装。从此他们失去了党的核心领导,真是独木难支大厦,不久在滇军猛烈围攻下,不善于指挥作战,军心涣散,就被敌军打垮了。陶树清不幸被俘。阮俊臣前来纵队,沉痛地向特委说:共产党不决心教育改造起义部队和绿林武装是错误的,是脱离群众的,对革命是有害的,这次错误行动损失严重……

以后,1938年我部参谋长邝善荣同志在延安整风中,回顾这段历史时说:当时不执行党的教育改造政策,不争取兵变和绿林武装,建立广泛的统一战线,开展新的局面,这只能是孤立自己,壮大敌人。其主要根源是"左"倾机会主义路线影响的结果。

阮俊臣同志回纵队向特委报告了这个不幸的消息,引起极大的震动。特委对此作了总结:

(一)对起义士兵要全面分析,不能只看到他们生活散漫,更重要的要看到他们拥护共产党的领导,敢于造反走向革命,勇敢杀敌的主流。应耐心教育,善意批评,帮助克服缺点,发扬他们的优点,要充分给他们改造思想的时间。

(二)陶树清带头发动起义来当红军是革命的行动,来合队后尊重党的领导,服从组织决定,其基本是好的,他能公开提出建议,态度是积极的,应当慎重考虑,正确的要积极采纳,胡乱猜疑,甚至盲目地抛弃是错误的。

(三)陶树清武装起义当红军,是白军士兵的榜样,对他们作好争取教育工作,对瓦解敌军,壮大红军是有影响的,对革命事业的发展是有重要作用的。我党常派同志到白军内部开展兵变工作,正是这个目的。

(四)白军士兵和绿林弟兄是劳动人民,在旧社会受压迫剥削,仇恨阶级敌人,他们迫切要求革命,愿意接受党的教育,是能改造好的,走上门的群众工作,必须坚决做好,不能推卸责任。

(五)随着革命形势的发展,今后争取改造白军和绿林武装的政治思想工作是十分重要的。全体指战员必须负责抓好。这是有利于革命事业发展的工作。龙厚生同志表示,在今后工作中要牢记这个沉痛教训。

1936年7月下旬,在云南水田寨召开特委会研究:选择根据地问题和加强游击队的领导问题,作了如下决议:

(一)在川滇黔边区建立革命根据地,首先在云南北部的威信、镇雄、彝良、大关,盐津等县的边区活动,以威信为重点,逐步赤化云南东北地区。其主要条件:

1. 云南东北部地区,反动力量薄弱,离敌军驻地较远,交通不便,鞭长莫及,有利于开展群众工作;

2. 云南东北地区比较贫穷,广大人民长期受封建势力的压迫剥削,迫切要求革命,便于迅速组织起来,为工农群众的解放而斗争。

3. 云南东北部多是山区,还有大山森林,地形条件好,便于开展游击战争。

4. 云南东北地区与川黔边区毗连,可向川黔边区发展,逐步连成一片,而且云南辽阔,大有回旋余地。

(二)继续扩大统一战线,做好统战工作,组织白军起义来当红军,组织绿林武装接受党的政策。发动边区各族人民支持红军抗日,发动工农群众组织起来闹革命。

(三)加强游击纵队的领导,适应革命形势发展和工作的需要。龙厚生同志提出,刘复初同志任特委书记兼司令员,龙厚生改任纵队政委,邝善荣代理参谋长,其他不变。

(四)为了加强地方游击队的领导,密派阮俊臣为贵州游击支队政委,派戴德昌任川南游击支队政委,由特委书记负责组建云南游击支队,便于在川滇黔边区开展地方群众工作,逐步赤化农村,建立农村工农兵政权。

……

1936年8月,在大河滩战斗后,特委为了进一步实现在川滇黔边区创建根据地,就在大河滩研究具体措施。

(一)川南、贵州西北虽是老游击区,群众条件、物质条件、地形条件都是不错,但反动政治力量强,情况相比,在云南东北部建立根据地好些。因此决定:首先在云南威信、镇雄、彝良等地建立根据地。并在这些地方组建武装工作队,留在地方做工作。

(二)物色、培养红军游击队和地方游击中的骨干积极分子,组织随军学习。经过实践斗争教育,经过培养考察,够党员条件的吸收其入党。然后分配到地方开展群众工作。在斗争中建设地方党组织,组织地方游击队,为建立苏维埃政权培养骨干。

(三)争取知识青年参加红军,分配他们做宣传工作。经过实践斗争的锻炼,选其表现好的优秀分子派回地方开展群众工作,发动工农青年参加红军,发动白军起义当红军,发动绿林武装来参加革命,争取地方爱国同胞和开明的民主人士同情和支持革命。

(四)为加强地方群众工作,可在部队中挑选一些老弱病残人员,并自愿做地方工作的同志,经过训练,发给生活费和必要的物品,留在农村开展群众运动。在斗争中培养地方干部,把革命群众组织起来,在农村建立苏维埃政权,支援革命战争。

（五）要把场镇工作和农村工作相结合起来，有计划地摧毁游击区附近的敌政权，镇压反革命分子，肃清地主武装和走狗。教育场镇居民提高阶级觉悟，组织各行各业，各阶层的人（青年、妇女、工人、农民、小商等）保护各行业，搞好生产，改善人民生活。在农村场站建立秘密联络站，随时侦察敌情，及时向红军报告，掩护游击队的工作人员，采购军用物资，为红军游击队做鞋做衣。

（六）组织和扩大地方游击队，或者武装工作队，开展地方工作。特别是在云南东北农村，开展群众运动，赤化农村，建立农村工农政府，配合纵队粉碎敌军"围剿"，为建立革命根据地创造有利条件。

以上措施要边执行边总结经验，为争取建立川滇黔边区苏维埃政权而奋斗。由于特委在总结经验教训的基础上重新制定当前行动纲领和实现根据地的措施，从而逐步克服王明"左"倾盲动路线的影响。

1936年秋天以来，尽管敌军"围剿"很紧，战斗频繁，没有休整和开展地方工作的时间，红军游击纵队还是努力争取实现斗争纲领和措施。

特委派了经过随军学习和考验的地方骨干殷禄才同志，发给一些武器，要他筹建红军云南游击队、并任支队长，后又派原中央保卫局警卫连二排长陈久华同志任支队政委。首先在云南威信县郭家坟地区，宣传党的政策，发动劳苦群众参加游击队，保卫地方开展工作，争取在农村立足扎根。同时为了有利于开展群众运动，扫除妨碍地方工作的阻力，镇压破坏群众运动的反革命。

根据群众反映镇雄某地有个敌区长陈某，经常武装进行反攻倒算，杀害革命群众，民愤极大，我军来到恶霸陈区长家乡，他住在坚固的岩洞里，有碉堡，有武装守卫，出入要经过吊桥，地形十分险恶。故特派人送信给陈区长，劝其投降，向人民认罪，求得从宽处理。但陈拒绝劝告。我们才派人侦察了地形、碉堡结构和火力配置。先用迫击炮轰击无效，再要老乡带路，深夜袭击，摸到碉堡之前，封锁枪口，向洞里射击，高喊缴枪不杀，自动投降宽大处理，〈守敌〉还是置之不理。我部把辣椒夹在干草内，用火点燃塞进洞内，风烟骤起，守敌被熏得鬼哭狼嚎不能睁眼，呛得咳嗽不停，大叫救命呀！救命呀！敌人顿时失去战斗的能力。

我部冲进洞口，炸毁防卫工事，高喊团丁是干人弟兄，不要为土豪地主卖命，交枪不杀，立功受奖！团丁们把枪扔出来，一个个眼泪汪汪爬出洞门。恶霸陈区长负隅顽抗，被我军击毙在洞内。当即没收土豪的东西分给群众。武器弹药归公,并向群众宣布陈的罪行。民情激奋,热烈欢呼"红军万岁!"这对开展群众工作,起了鼓励作用。

随后纵队又向扎西院子挺进中,这时有个小游击队的苏某前来报告,说是院子场的敌胡队长,骗取了他们的枪弹,请求帮助要回,我们命令胡交还,胡拒绝不理。于是纵队围攻胡的碉堡,逼迫团丁交枪,发动守敌投降。团丁看势危险,从碉堡里伸出白旗表示投降。我们要团丁把胡队长交出来,团丁枪毙了胡,打开碉堡欢迎红军。这次缴获武器数十支,物资分给群众。当时周围群众高呼:好得很呀!我们胜利了……胡队长是个地头蛇,是当地的恶霸。我们镇压了他,就为老百姓除了一害。这些胜利增强了工农群众的革命斗志,为在云南东北创建根据地打开了局面。

为了创建根据地,特委认真分析川滇黔边区的实际情况,针对不同情况采取不同对策,例如:

(一)川滇黔边区,是少数民族聚居的地区,尤其云南东北边区少数民族更多。据我们在扎西、花朗坝附近调查的结果表明,这些分布在山区的少数民族有90%是贫雇农,其中还有不少是土司家的奴隶,受到双重压迫,过着农奴制度的生活。他们被奴隶主残酷剥削,榨尽血汗,还要为官家充当炮灰,因而他们具有革命的要求。但是,由于他们长期处于被奴役的最下层,愚昧无知,严重的封建宿命思想,使他们敬畏官家如神,甘心受其压榨,再加上国民党反动派对少数民族的歧视和迫害,使这些农奴又依附官家共同反抗大汉族主义的压迫。因此,不注意政策势必会导致革命的失败。特委根据边区民族特点,提出民族工作的策略:

1. 广泛宣传党的民族政策,反对国民党大汉族主义,实行民族平等,和睦相处,互相台〔合〕作,共同建设民族团结的大家庭,为争取各民族的彻底解放而奋斗。

2. 教育争取开明土司官家,取消农奴制度,实行减租,免除劳役、纳贡和各种负担。从而使广大农奴热爱家乡,为保卫少数民族利益而斗争。

3. 在少数民族地区建立苏维埃政权,除吸收少数民族中积极分子参加外,还要欢迎开明的官家代表参加。在中国共产党的领导下,团结起来发展生产,改善生活,组织民族自卫队,各族人民联合起来,为建设革命根据地,争取各族人民解放而奋斗。

在边区民族工作的策略思想指导下,我们争取了扎西花朗坝附近一个女官家,她的丈夫被当地大官家逼死了,对反动上层的压榨十分反感。因而经过多次真诚劝导,指出解放农民的好处,她表示欢迎,请我们常去指导。并在她管辖的地方,开展农民工作。这样就有利于扩大党的政治影响,逐步赤化少数民族聚居地区。

(二)川滇黔边区是个绿林武装相当多的地区。这些武装的成员多是干人弟兄、贫苦农民,受尽封建势力的压迫剥削,穷途末路,逼上梁山,有反抗国民党军阀、土豪劣绅和反动团保的一面。可是他们又是一群迷失方向,萍水相逢,缺少远大的理想和严格的组织纪律的武装人员。军阀们高官厚禄收买,逼迫他们攻打红军。特委根据这些情况,对绿林武装采取教育改造政策,争取他们同情革命,在共产党领导下,为人民解放事业而奋斗。这对壮大革命队伍,孤立阶级敌人是非常必要的。1936年以来,绿林武装弟兄前来当红军或请求红军指导的就有:殷禄才、阮俊臣、赵文海……这些人通过教育或在部队随军学习,提高了政治觉悟,明确了奋斗目标,懂得了党的政策,增强了革命决心。他们在特委培养下,经过考查分别加入了中国共产党,先后被派回云南、贵州等地组织武装,开展敌后斗争,为开展川滇黔边区革命根据地创造条件。

(三)成百上千联系群众很广的小商小贩,奔走于川滇黔边区的场镇赶集,经商谋生,他们资本很少,赚点薄利,只够养家糊口,有时上税还要赔本,这些人对革命很同情,赞成我们保护小工商业者,拥护我们废除苛捐杂税和改造土匪政策。这样抢劫行商的少了,收税的人跑了。为了利用他们做工作,特委注意教育他们,为红军报告敌情、为红军采购医药、为红军宣传政策,为红军行踪保密,大力宣传红军威风,使敌人闻名丧胆。确实这些群众协助我们做了一些有益的工作,这是当时不可忽视的一批力量。因而执行党的保护小商贩者的政策是正确的,其效果是好的。

(四)红军游击纵队在敌人的围追堵截中,果〔虽〕遭失利和〔而〕继续发展壮大,党的政策受到广大群众拥护。因而川滇黔边区的形势愈来愈好。在这种情况下,敌政权的县区乡当权派,有少数人派代表前来交涉,表示守中立,要求红军不打他们,愿为红军解决困难。当时为了减少敌人进攻,便于打击主要敌军,特委批准他们的请求。例如兴文县炭厂田海云表面上是敌政府的大队长,但同我们建立了友谊关系后,为红军送敌情,买子弹,保护伤病员,不打红军。威信县长李其,表示为红军保护伤病员,不调兵打红军。

(录自云南镇雄县委党史征集研究室编《红旗卷起农奴戟》,1991年印行,第291～301页)

# 我了解的红军游击队及其活动

## 蒋丹清

我青年时期,正是国难严重时期,反动派国民党当政,强权弱国。团结一致,枪口向外,共同御敌,这是全国人民的呼声,是被扼杀,被禁止的。甚至有时青年人道出东北沦亡,热绥又沦陷,也要被监禁,被杀的。青年人没有不寄希望于共产党的团结抗日的。

我1936年夏个人失业,生活困难情形下,就更倾向于革命。大约是夏末,我还住在安顺的芦荻哨,在家兄蒋一平处。刘方从贵阳赶了来,和由我家乡的傅忠义(马岭人)。同到了水田寨,他就说:我去阮俊臣大哥那里去,他欢迎我,我不去游击队了。3人经黔西、大定毕节到了水田寨。由傅找了阮的边〈棚〉柳家俊,〈他〉派二人带路,当晚从康部出发,我和刘等4人。

赶夜路到天将明时,到了游击队司令部住〔驻〕地(地名不详,一因年代长久,二因我记忆衰退。在以后有在游击队活动经过的地方见了面,甚至同住司令部的一些人名和姓都模糊回忆不起来了)。经与岗哨联系上,他们中一人跑去报告了刘司令员刘复初后回来说:请进。我同刘方便进了司令部的屋子。走到他们门口,刘司令员坐在地铺上说:显武(我幼年书名,复初记得清,可能也还仿佛认得的),请进来坐。我把刘方当面介绍给刘司令员。刘司令员也叫醒了身旁睡下的几个,给我们介绍了。他们见我们衣服是露水湿透了的,招呼人生火为我们烘衣,在炉旁我们就谈论三家兄介绍刘方经过和我们沿途经过,我们来投革命。我到了游击队,多高兴啊!

不久,天明,司令部人员共进早餐后,便同路行军了。是在这一天宿营后,司令部人员似乎已经研究过,便分配我作〔做〕司令部的医护工作。也给我介绍了红军一队,名叫老资格的卫生员,年约十四五,全军都呼其名为老资格(其名我一直未问,不知了)。以后,又添了一个云南地区少年农民,姓李名字已不记得,也作卫生员,我们就三人一起。宿营就到各大队看望和治理伤病员,吃饭有时也在大队上,工作完回司令部,如分房较小时我们三人才偶尔离开司令部领导人员,另在一室居住。

那个刘方呢?何时他出示三家兄蒋一平介绍信,何时,何地分配何工作,我是不知道的。只是我见他面开始,我〈把他〉介绍给刘司令员后,这一直他就不但与司令部领导们,还与各大队教导人员都很熟悉,要好起来。进进出出都与司令部领导大队领导同路,同居,同地。

大概是在秋深的一次,我们与反动派正规军的战斗中(这时,我们已经由两个大队扩充为三个大队之后),那个刘方还在伪装积极,与我们的尖兵班夺取一个高地成功,使我们反击敌人生效,有力。战斗结束,我听说刘方伤左臂,我去精心为之治疗。

我在游击队的日子里,见着的是官兵一致,生活一样,待遇相同,每月官兵都是几角钱,1~2元的薪金,用钱(其实零用钱很少用处)心情是舒畅的。工作是繁忙,紧张的,白天宿,休息多,白天遭遇战斗也较多。夜晚红军多,奔袭战斗多。白天的战斗:我能记忆,是与反动派正规军的四次。

第一次是秋深或冬初,我们从川边去云南,袭坡头陇家彝族反动地方武装回来,渡过大渡河(上游),〈在〉四川边界(行军或)宿营。我同卫生员老资格在一河边赤身洗衣时,就听见后卫方向有枪声,回司令部就听说敌人是云南的正规军,司令部住在小河右岸,后方住有我们少数部队,难能抗敌,我听司令部决策的政委、司令部特派委员和司令员3人研究后说:要反击敌人只有迅派部队攻占河对岸高地,就是胜利。这一次就是上述我见那个刘方同我们尖兵攻占了河那边的高地,又组织沿河沟反击敌人,从上午战斗到晚,夜深收回后卫,敌人是弃尸多具,我们只有2~3名伤员。这晚又夜行军,抛脱了敌人。第2~3天起我们又一般白天宿营,夜间行军了。

第二次与敌人战斗,又有正规军,又有古蔺的保商团队,在石厢子的遭遇战。约在冬初,我军向河坝场行军中,敌人是在左侧高地上,敌保商团在我军前方,我们分二路一向左一向前,驱逐了敌人后,我们又改道向右方贵州边境撤离了。

第三次与反动正规军战斗,是我们驻川黔边上休息隐蔽几天后,急奔约60至70里袭击贵州燕子口反动派第二十军一个连,他们是从泸州经叙永护送物资去毕节的,他们做梦也没有想到我军会在它的窝穴旁袭击他。将近燕子口约20里时,我们的指挥员是命令部队跑步前进的。所以我同司令部一般工作人员几乎落后一小时才到达燕子口街上,只听见那前方很远还有我军追击的稀稀落落的枪声。那一连人是不堪一击,丢下全部物资溃逃,我们的战士正押着一批挑子从南面到燕子口街上。物资是军用的,100多挑。有照相器材、锅碗、布匹。多数是老百姓用得着的,司令部组织分配了。在燕子口吃了中午饭,约在3至4小时,我军向后几乎与川、黔商路平行,向北行约 20 里,司令部在前,三个大队在后分别宿营了。次日里天微微明各队已早餐完按令集中在一山麓草坪上,准备由领导人讲话后登山向四川进发,这是〔时〕反动派已调来正规军,后来听说是一个营。领导人政委龙厚生的讲话内容说:现在我们登山后撤,并指定反击敌人力量,手枪队员一部份〔分〕,机枪一挺,大队一部份〔分〕战士随同,都布置在三个在队与司令部之后,我军登山还未出 3 至 5 里,反击队伍乘雾向下反击。后来听说确是敌军溃不成军,遗尸多具后退了,我军当天与当夜都行军把敌人摆脱很远了。

第四次战斗:即〈反〉三省"围剿",反动派调集了几路大军的那次,我们是从贵州边渡大渡河上游到了川边宿营,准备白天休息了,突然后卫发现敌人。后卫是二大队,我〈听〉说司令部的命令是叫那个大队擦枪与洗衣,临时遇敌,后卫步哨在山上发现敌人开枪报警。司令部领导尚在迅速研究御敌办法,于是决定,政委龙厚生、特派员李青云分别领导第一、二两个大队向左右包抄敌人。命令第二大队随司令部向左前方水田寨方向集中、撤退。第二大队与手枪班却掩护司令部中途遇左面另一支敌人,从枪声中第二大队指战员判断说这是云南反动军安旅部队。我是为第二大队一伤员包扎后与第二大队同行的,这时司令员刘复初同志在重病中,不能步行,是坐滑杆走在前面的。卫生员老资格两眼红肿,走路要人扶持的,他也走在前面去了。在这中途遇敌,敌人在左侧,第二大队在阻击中,从左来弹,穿我胸前大衣,击断我右臂,我还是随第二大队步行约 60 至 80 里。途中无开水,一战友为我找来一战士身上的冰糖一小点,解了渴,后又为我找来一家案上豆腐汤一磁〔瓷〕盅。战友的关怀,使我有力量行走,心感永难忘,就是记不起这战友的姓名了。也不知他尚在人间否(我只听他口音,不是川、滇、黔人,估计是老红军)。

深夜司令部派人来联系集中地,我只听说在吴老口附近,天未明前我到达了司令部见着司令员刘复初,他见我右臂是折断了,同意我离队,并说:一会〈去〉艾连长处,王副官要来,你可随他去那里养伤,带去的物资很多,你叫艾连长多换回机枪步枪弹,等我军再回来时取用。果然没一会儿王来了,我们派去有背子 10 多背,有二三十里路,天将明时到了水田寨艾家。

在第四次与敌正规军战斗,谁也没有估计是三省有计划的"围剿"。如果在战斗的当时判断明了,集中三个大队一路,不反击敌人,只要拿部份〔分〕兵力替代第二大队进行阻击,不使第一、三两个大队被敌截断,分割"围剿",这样整个力量集中,就不会出现游击队完全崩溃的局面。

以上谈了4次（包括三省"围剿"一次）与反动派正规军的战斗1至3次都没有牺牲一兵一员,只是每次有少数伤员。以上谈了我到游击队的一些经过。

以下拟再谈无数次的小规模战斗中重大（要的）几次,再拟谈扩充一个大队经过。以及司令部,各大队的我知道的一些简单情况。

司令部:政委龙厚生,当时约30岁,外省人,是何省不知了,沉着寡言,面和善、又威严,是老红军,是司令部第一决策人。决策多中肯,在全军中威望极高。司令员刘复初,英勇果断,譬如迎接起义的反动派第二十一军一连人,就是他只身前往。部队则在罗布坳严阵以待。结果他上午去,下午回来,迎来了这一连起义军,就在罗布坳开欢迎大会。特派员李青云善言笑,湖南人,以指挥有方,本人又作战勇猛,身先士卒,闻名全军。在"围剿"中指挥一大队与敌搏斗,因众寡悬殊,坚持多日,其后一人脱险住在水田寨与我同在山洞中。后被敌"清乡"军追捕时英勇跳岩牺牲(1944年郑耀东在重庆与我谈及的,并说艾连长宗藩弟兄三人在坛厂,由敌"清乡"司令孔阵云清宴会中枪杀的)。侦察参谋(忘姓名)独手,有侦察员数名住在司令部,但经常外出活动,在参谋领导下,对敌情了如指掌,参谋年稍长,约40岁。书记阚思颖年约25至27岁,体健,亦多能,内务情事多亲手操作,听说是曾在上海读过大学的,南溪人氏。李桂英,女,年约23至25岁,间似(或)主司令部事务。卫生员二人外,有首长警卫多人,另有我与这方这斯。

司令部平时10数人,侦察员回时则有20人。同住一室,另一室则是警卫班,人数不详,有时10余人,有时近30人。同司令部住一房的,是轻重人员,多时有100余人。扩充的一个大队番号,第三大队由起义人刘少成任大队长,兰澄清任大队副队长,起义士兵约70至90员。由司令部派有一员任大队指导员,姓名我不知,只面熟。由第一、二大队挑送战士若干人补充第三大队后,全队接近150至170人。这以后三个大队人员上下,几乎相等。

关于打击地方反动武装力量。水田寨的艾宗帆是川滇黔边力量最大的,据说有枪200余支。是我还未去游击队前就经常吃了游击队的败仗,已经暗地投降革命队伍了的。每次他们革命来"围剿"游击队时,是枪朝天,私下则送来弹药的。我去到游击队后就没有一次直接进过艾连的驻营地,只从他侧边过了多少回。

一次,约是深秋中秋以后,我们游击队住斑鸠数天休整,离母享[大约]70至80里。晚上出发,奔袭已近母享。过一河时,山寨上住有团队。在蒙蒙的月光下,似乎见了我军在吹军号。我军静静地从山寨下涉水过去,天未明前转了场头区署,占领了街上。天明后打开了区署,缴了枪若干条,生俘敌区长一人,击毙敌公安官员一人。

一次,我军去云南准备袭击坡头彝族反动武装官家。我军到云南边境向左折向贵州,扰乱陇官家反动武装视听。其后在次日突然转包向坡头袭击,获得大胜。打击山寨多次,少有没被打开的。各大队领导人员我只面熟,有的知道姓,不知道名,但年久都连姓也忘了。只有第二大队指挥员曾广胜,福建长汀人,还是在1950年他路过古宋回福建时,由县委会周司英组织部部长要我过去与他见面。见面时大家都熟悉,他说出了名字我才知道他是第一大队指导员的,手枪班的人我都认识,朝夕同住,但就是回忆不起一个人的名和姓了。

(上面是)我在川滇黔红军游击队以及我知道当时该游击活动的一些情况,古宋中城卫生所蒋丹清。1976年3月31日。

蒋丹清是古宋中城镇联合诊所医生,曾于1935年参加红军川滇黔边游击队,时间约10个月。受伤后离队。该员解放后曾任古宋县医院院长。

大坝区革命文物征集办公室蒲宇伦抄报

1976年6月6日

(录自中共叙永县委党史工作委员会档案,全宗号307,目录号1,1976年,案卷号3,第183~198页)

# 我参加刘复初部队的经过

蒋丹清

蒋丹清原是在红军游击队内司令部的医生，常与刘复初等人治病，可知该司令部的一些内情。

请问：关于川滇黔游击队的一些情况，分为党的组织和游击队组织等系统及各系统，当时是哪些领导人。

蒋丹清说：时间长了可能记的不详，说不清楚，但凭我知道的向同志们介绍一点情况，因当时是没在游击队内住多久时间，但天天打仗，我又是搞医务工作，很少过问他事，因此详细的东西我也不知。

我先说我与刘复初是同乡关系，他的老家是在现在大坝区连九沟的人。他家庭是地主，但是佃人不多，只有几户苗族佃人。在我们当时的古宋县区，刘姓是一个大族人家，家大人多，商号也不少，所以刘复初是连九沟人，但自小就居于古宋城内的铜台店（商号名称）内。从小学读书我们就是一般同学关系，到十七八岁时中学毕业后，我就出去读书去了。有时我们回家听到说刘复初还比较进步，已经有了一些革命的准备并已经行动。后不久他就从各方的活动得到一民团队长之职，但他是以此掩护进行革命活动，不是为反动派服务，因此，就被古宋县当局不满，设法排挤至于迫害他，以至达到不能在此地立足时，他才跑到成都去找杨广云掺手。杨广云是当时成都国民党军领导刘文辉部下的人（刘后来起义参加革命），杨广云现在统战的对象，现据说在成都可找，川大教授叶在发可知杨广云的下落。

即 1936 年时，刘复初从成都又回到他老家连九沟来活动了一阵，组织了几个苗族人，将民团的枪提过来，拉起上山打游击。这时是红军过后的事，他们是在川滇黔边区组织了一支游击队，原领导是王逸涛，还有个刘干臣和长宁县梅硐场的余泽鸿，最后还有个龙厚生等这些人都是这支游击队的领导人。刘复初是怎样去参加游击队，又怎样当司令员详细情况，我却不知道。

我去参加游击队是由我三哥蒋一平介绍我们去的，同我一路去的还有一个名刘方的。刘方此人原我也认不得他，都是我三哥蒋一平介绍才认识的。刘方此人也是个川南人，就读天津大学，有一定的学问，又会照相。当时刘方身份是宜昌报社记者，后来听说刘方是个特务。同我们一路去第三人是付忠义。我们 3 人一路由贵阳出发，到云南的水田寨先找着阮俊臣部，再由阮俊臣派人送我们去找到刘复初。后来听说,阮俊臣也参加过来了。

我在游击队这一年时间,差不多天天在打仗行军,是搞医务的,除给刘复初治病时与接近外,我是属司令部一般人员编制,可是到连队治病的时间也还多,特别是天天战斗伤亡却不少。

我在游击队时,除治病工作外我即没有参加任何大小会,部队行动我就走,部队休息我就看病。但同我一路进去的刘方与我就不同了,司令部的大小会他都参加,很多事情他都知。我记得深刻点的是刘方要走时,还与我说:我要走了,你们(蒋丹清)好好搞,以后我还要来。他就找我出去,要我去向领导反映,关于刘复初的一些不好的情况。他说:"他们(指刘复初)没有按原则办事,乱推〈搞〉一些不符合原则〈的事〉,说不了他们,我只有出去反映。"

刘方出去时大概是一个旧历的七月左右。记得我们行军到水田寨的侧边一个小地方,路上突然队伍停下来,司令部的主要人都立正出来送行,刘方打招呼后一个人往四川方向走了,我才往贵州方向走。

这时不几天,我们在贵州地盘的燕子口一带到摩尼等地就被国民党军截击,一连打几天,不是黔军就是滇军、川军,打去打来我们的人伤亡很大,大部分的人都被国民党军截断成几股,得不到联系。在石厢子一线打着我的脚,不能行走。刘复初早两天得病了,每天都是抬起走,我还记得王文单在阵中大喊:活捉那坐白篷子滑竿的,那是刘复初的。大喊大叫,直到水田寨时,司令部开了一个会。据说剩下不到百人,大部分是服务及司令部工作人员。当时战斗力强的第一大队已被敌人截断联系不上。不能再打,只退往别处,好将伤病员隐蔽下来疗养。

得到通知,我们留下来在水田寨艾宗藩那里养伤。一个半月后我伤口好了,才找艾宗藩要了几十吊钱作途中费用,找部队结果没有找着。我就从分水岭这方往古宋回家,就得知游击队已全部都走了,刘复初也被捕了,就这样我就一直没有会过刘复初了。

至于当时游击队内的各种组织系统,我们管个人工作外,都不清楚,特别又是党的组织更不知道,只知道他们开会不知开什么,叫走就走,叫休息就休息。当时司令部一切事情都秘密的,要出发前连在什么地方停也不知方向。部队走哪里我们就跟着走,因此只平常听没有一、二、三个大队,有不少中队小队,连人的姓名也叫的不清楚,就是姓叫个老等,面熟却不知道名字的多,就认得几个人,现在年纪大也回想不起了。上面材料请你们带回参考。

关于红军川滇黔游击队调查纪要材料整理稿

时间:1970 年 1 月 28 日

被调查人:蒋丹清

调查人:镇雄杨泽峰、威信杨国明

（录自杨国民《蒋丹清谈参加刘复初部队的经过》（摘抄自镇雄县二办调查走访材料），1970 年 5 月 23 日，云南威信县委党史研究室档案，全宗号 1，目录号 18，案卷号 62，第 35 页）

# 关于川滇黔游击队的情况(节录)

### 蒋丹清

调查提纲中〈提到〉司令员王逸涛(王叛变后刘复初)。

关于这一点,我个人当时听说的。王逸涛确是在革命队伍一度被反动派军队击败后,就投敌叛变了。随后我在白色地区里继续行医时,也知道王在反动政府叙永敌参议会高官厚禄了。大陆解放后,王又组织反动武装叛乱,以后清匪反霸时才镇压了的。刘复初同志,我关于事后知道他被俘被禁。1937年、1938年抗战开始,国共合作,被派去陕北继续闹革命,即以前、以后,没有听说刘复初是叛变革命的情节。只知一点,刘复初同志被解禁后,去重庆,会见了反动派国民政府行营主任贺国光,送了他100元钱,如果说刘是叛变,我也只能回忆得起这一点故事情节。

游击队成立结束的阶段,机构、编制,我只知我去后几月内的。我去时,是一个司令部,包括两个大队,下设三个中队,分队小队估计是有的,数目不清;负责人,也只知姓,不知名,年久远,也忘了。第二大队的指导员是曾广胜,老红军,福建长汀人,都是因为解放后他由威信县委会遣返福建经过古宋,由古宋县委会找我去认识介绍,才能至今就记他叫曾广胜。是1936年夏天,不记得是哪个月,扩充了一个大队,是反动派川军第二十一军刘湘部一连人起义来归,大队长是刘少成,原是第二十一军中的排附〔副排长〕,大队长附〔副大队长〕兰澄清,是国民党士兵大队,大约是200余到300人左右。司令部有一个手枪班,10余战士,后来成为3个大队时,手枪班扩充有机枪3挺,迫击炮二或三门,那时人员不及30人。司令部有侦察参谋一人,作战参谋一人。侦察员不固定,是调大队有侦察经验的战士充当。我只知道司令部有政治员一人是龙厚生,特派员一人是李青云,宣传部、组织部有无,我未听说过。兰澄清不可能加入了组织,是共产党员。"文化大革命"期间,他有信给古宋蒋一平,问询刘复初同志的通讯处,说是想请给他证明恢复他失去连络的组织关系,是由他家乡来的信,记不清他是荣昌或隆昌人,因为我只听说他有信来。

队伍来说,我听说是川南游击队原是地方革命武装,后来与黔南会合(我后听说是黔北游击队)的。听说两广事变,李同蒋死搞混战时,扩充了地方土匪武装,听说曾去攻打织金县,是哪些土匪武装弄不清。

活动地区,记得的母享、斑鸠沟、罗布坳、石厢子、毕节的燕子口、古宋、兴文、古蔺边区经常活动,攻打民团,打土豪劣绅,少有主动攻击国民党正规匪军,同云南匪军安旅部接触作战数次多5至6次,游击队都是避实击虚。游击队在作战中,是第三大队刘少成的一队,有一次有约5至6人或者是拖枪投敌,或者是截去,姓名不知。另外被敌人抓捕以后听说,三省"围剿"失败后,哪些人被抓捕不清楚,只知刘复初是兴文地界在群众家里被搜出抓捕去的。

镇雄、威信参加游击队的有哪些并不清楚,知道是有的,人数也不详,同我一起有个卫生员,也像是威信县的农民,他只有十几岁,姓名也忘了。另一卫生员是老红军,只知他别号"老资格",十五六岁左右。他们下落我不清楚。特派员李青云听说是同他在水田寨分手后,被古蔺地方武装清乡司令孔政荣追捕跳岩英勇牺牲的。龙厚生同志听说是牺牲于战场,时间是1936年11月左右,三省"围剿"当天,他和特派员李青云各率一个大队反击敌人"围剿"战的事。

在威信镇雄两县发展否有地下党员不详。

游击队中终期都只听说是川滇黔这一名称。

我听说过阮俊臣他是自带一支土匪武装,康海平是他的边棚,最盛期号称几千人,我去到康海平一边棚时,听说唐有近百人。另记得的人名有阚思颖,大陆解放时,重庆西南军政委员会一个委员与同名姓,我已见过记载,不知是否即此人,阚像是南溪人。李桂洪〔英〕是湖南人,女性,解放后听说在云南边境一地区(谈话人也不详地名)为农妇。有个罗斌我在1948年在叙永会见过,那时是叙永高中的教员,解放后听说他思想反动,言论反动,在叙永被捕了,不知是否提纲上说的那个罗斌。

出生于地主家庭的金珊、金棋两姊妹,听说在我去游击队前去住过,何时因何事离队不详,听说金珊尚在,是在南富吧。他的爱人可能是合肥人,听说以前在蒋介石军中很有地位,姓名不详,但古宋人有知之者。

威信县是罗布乡有个叶培根与游击队来往密切,对外联系,通讯外地物资运来游击队都由他负责,他是小学教员或校长,我是1936年见过一面,以后都不明白〈去向〉。

水田寨地主武装艾连长叫艾宗藩,与游击队关系也好,运送弹药经常有的,一个王副官来联系,听说1936年底或1937年初被孔枪杀于炭厂或坛厂的。

枪械我知道的情况不多,且模糊得很。

情况介绍人:蒋丹清

1970 年 3 月 14 日于古宋

摘抄人:杨国明,1970 年 5 月 4 日

〔录自杨国民《蒋丹清回信谈关于川滇黔游击队的情况》(摘抄自镇雄县二办室走访调查材料),1970 年 5 月 4 日。云南威信县委党史研究室档案,全宗号 1,目录号 18,案卷号 62,第 41 页。〕

# 我参加游击队的情况（节录）

胡　昆

1935 年冬天我经陈光汉（镇雄傈倮倘坝人）、范敬章（毕节头步桥人）介绍参加川南赤卫游击队，就认识了刘复初、龙厚生、曾春鉴、阚思颖。未去游击队之前，陈光汉活动了敌营长李双栋的一个班由毕节大横街拖出去，当时拖出的人有毕永香、郭才明、顾少华、顾少春，其余的记不起姓名了，我也同去。

在陈光汉带起我们活动中曾打过毕节头步桥武少英家，后又打过毕节猫猫冲李六老板家（敌营长李双栋是赫章平山铺朱家的女婿）。由猫猫冲到板厂沟周少英家就将在头步桥武少英（敌区长）家背去的两个小孩寄托在周少英家。又由板厂沟到了毕节属韭菜坪，到大坑住宿在舒云家，当夜陈光汉就被兴厂的舒焕星杀害。

第二天早晨，大坑的舒焕章到韭菜坪对我们说，陈光汉被舒焕星杀害了，听到这个消息大家还在悲痛，舒焕星伙同舒荣青，带起人到韭菜坪打我们，当时打伤我们一个小兄弟。

当天我们从韭菜坪到黄塘梁子，逼着张兴朝，母享人，是母享敌区长陇辅臣的指挥，据我们队的小兄弟黄金方（母享人）说，张兴朝出卖他几乎受危险，童少武就将张兴朝枪毙了。

我们在黄塘梁子三道沟活动了一段时间，范敬章去信叫我们到兴厂给陈光汉报仇，我们在兴厂械斗中打死敌保长聂鸣超及烧了聂鸣〔鸣〕超和杨正荣（舒的管事）3 家的房子。

未到新厂打舒焕星前，我一个人在母享找黄启龙帮买子弹，黄启龙介绍我给核桃湾子李泽高买得一支短筒 10 响。到兴厂报仇后的当天，就到郑西杨兆龙家会着范敬章。第二天范敬章就带我们到歹沟余怀斋家的房子里会家戛的杨砥中，因杨砥中是住在余怀斋的房子里，我们在杨砥中那里会着板厂沟的周少英，还打了周少英一顿（因陈光汉被舒焕星杀害后，周少英就将陈光汉原寄在他处的武少英的两个小孩送还武家，并得武家的 500 元钢洋）。

我们到了歹沟后，杨砥中同范敬章讲，叫我住在张家寨，没有几天，杨砥中就叫范敬章带我们到对坡住，我们就住在对坡街上。另外，还有杨砥中的一个队长邓树云带有 20 多个人同到对坡住。

住了没有多久，郭泽民说邓廷宽要出卖我们了。就将邓廷宽的枪解了，将邓廷宽拉去杀死在对坡街后头的一个坑边。

没有几天,杨砥中就纠合了毕节属湾溪的土司李小全、李治全,官坝的敌区长吴维芳、敌大队长周小培、周清荣等到对坡围攻我们,当时打死我们的郭泽明和一个姓贾的。黄金方已冲出对坡街了,我被打散,黄金方没有会着我,范敬章就喊黄金方转去,有他负责,结果黄金方就被李小全等杀害了。

我们住在对坡的时候,有30多人,一被杨砥中打散后,同我一路的只有几个人,这几人我带在三道沟住着,我一个人又到母享找办法,住在黄启龙家,就被敌区长陇辅臣将我捉住,关在母享监狱里。

后来我父亲请母享街上的陈恩仁去向陇辅臣说,我剩得有3支枪已缴了,又送陈恩仁一匹花马,结果没有杀我。从那时起,我就在母享住着,就在吴清顺家会着黄仇、王华威、王友亮。吴清顺的小孩过继给黄仇,黄仇给他取名叫黄继贤。随后我同黄仇去大湾子吴清尧家,就认得黄传兴、黄传开、任士全、陈正祥,又认得一个姓王的盐津人,又认得苏剑(焱)波,我到大湾子还同吴清尧去妥泥会过敌中队陇均平,又〔又〕同黄传兴、黄传开去赶果珠坝的场,又认得陈光汉的亲戚胡岐山。

我们来同黄仇去大湾子住母享时,就知道范敬章被吴维芳(敌区长)、周小培(敌大队长)送到毕节杀害。我在对坡被杨砥中打散后,范敬章就在对坡范××家屋子里同周西荣结婚。我同黄仇在大湾子吴清尧家住了一段时间,黄仇先离大湾子,我后到母享,就听说黄仇拉起队伍了。

听见之后我到黑树庄会着黄仇,他是同阮俊臣的队伍在一起,我已参加了。同时看见阮俊臣的队伍很有秩序,那时就知道阮俊臣在毕节同红军接洽回去,同时就认得欧阳崇庭和姚显廷,并听阮俊臣说欧阳崇庭和姚显廷是红军的人(以后,陶树清起义,花朗坝战斗,陶树清被捕,阮被招抚)。我们在桐子林住了几天,到临走前一夜,黄仇对我说:他不到敌暂编第五旅去,叫我替他去。后由毕节到黔西桐梓。

我在桐梓的时候,听说刘复初被关在泸县第三监狱,我离开桐梓后我去泸县看过刘复初,见过两次面。最后一次见面,他告诉我泸县不能处理他的问题,要送他去成都,还说叫我回来找着队伍好好的〔地〕干,如要和他写信,就交成都夏莲池九号刘××转,我由泸县回来。

我同〔在〕阮俊臣和黄仇的队伍时,走过以勒、庙埂、摩海(木黑)、黄塘梁子、三道沟、黑树庄、毕节属金银山等地。

我在母享开茶馆时,黄华先第一次拉起队伍,不知怎么一回事他将队伍解散了,一个人到贵阳去了。以后他的弟弟黄福先又拉起队伍,他又回来直接掌握。当时他们共有 4 个大队,一个是黄华先,一个是吴清顺,一个是王伯川,都是母享人,又有一个是王发成,石坎子的人,他们原来是找阮俊臣出来为首,后来阮俊臣介绍詹绍武来为首。以后,詹绍武被王伯川出卖,就被陇承尧将詹绍武送去昭通。黄华先是被大湾子的康传兵带起人来母享假意找黄华先合作,被康传兵杀害。

1970 年 12 月 24 日写呈

（云南镇雄县委党史征集研究室编:《红旗卷起农奴戟》,1991 年印行,第310～312 页）

# 川南游击队情况

### 陈少五口述

我叫陈少五，今年60岁，现住摩罗，中农。我是1936年农历九月参加游击队的。

游击队到了威信，罗佐打藏六么老爷，玻璃坳打营长刘伯舟，提了他36条枪，燕子口打乡长提到8条枪，还提到一个县的委员，亮岩打大地主杨伯平杀了他10条猪，擦黑沟打龚成德家，清水铺、长岩（尿瓢儿井）打一家乡长得了4支短枪，得的铜元由众人分，每人分得三吊500钱，司令部说钱不能分，今后好买粮食，大石板（大方）得了一根大洋抬枪，走清水矿、鸭池河（黔西），九昌坝住在一个区长家，屋基有两亩地宽，全部人都住在他家。

后被黔军围了三天三夜，我们一支队一支队的派去跟他打，后来我们第七大队把人编好，大队长是大麻子。突围出来当晚奔到西山，刚烧好火煮饭又被围。又打出来，被打散了。（到）月亮岩当时只剩几十个人，不知司令部在何处，找也没找到。我们吹号去问是不是我们的军队，又碰到敌人打一龙火。

我们退到老林头，一两天没得饭吃，在青杠林里走，当时几十人由中队长带队，队伍中各队的人都有，后来到一家人家去煮饭，由我和一个少数民族去煮，他们躲在林子里，买了些米，饭煮来吃了。刚要吃，水桶桶的筐筐断了，我认为不祥，喊大家起来。这时敌人来了，原来我们到了毛坝后面，离敌人很近。中队长将子弹集中起来只有了两板，把门掀开，中队长扫射打死敌人10多个，我们才死3个。

我们冲出来就打散了，我到林子里睡了一晚上，听到喊："刘少奎！"这个名字同我们队里的一个人的名字。正在这时敌人从我胸口上腿上踩过。等敌人去后我又到姓宋的煮饭那家里，那家老者骂起来，说你们带来这样多人打死在我家坝子头。我怕，立刻就跑，跑了10多里到叶洪君家住在他家楼上。我把旗袍衫子毯子都送了他家，换来一套破衣服。住了两天后，由他带路我才逃回来。

在路上听人讲刘复初、龙厚生、李桂洪〔英〕（女）、阚思英〔颖〕（女）已被马蹄滩招伏，但是假设计的。我回家以后，水田寨郑家部下阮鼎成（应是阮俊臣）（曾被红军招伏过）带几百人去打马蹄滩区政府，杀了区长，将刘复初、龙厚生等人救了出来，又在川黔一带活动，又增加到700多人。

后来（他们）被滇军追到十里沟、木瓦房、后山、陇杠一带。一般走白岩沟，一般走水潦寨下牛屎寨,当时刘复初病了在陶家沟坐的滑竿都打断,连夜宿桐子林,打散的 100 多人走到我家,叫我带他们找陈绍云(曾被红军招伏过)没找到,后到上刺梨坳休息。三大队长点名,三支队剩 12 人,二支队剩 30 多人,一支队剩 23 人,司令部剩 30 多人。点名后大队长放声大哭,阚思英〔颖〕劝他说你不要灰心,我们在马蹄滩只剩下 40 几个人都增加到 700 多人。

这时看到一个打起火把来,才知刘复初叫人来喊我们去,他就高兴了,并写信叫刘复初不要住在桐子林,那儿是槽槽。连更半夜退到苦菜坝。刘当夜果然来了,刘病得很凶,两个女学生去看,弄药给他吃。后由苦菜坝打到天池(双河管)队伍就打散了。后龙厚生带几十人到水田郑家,被郑家收了枪,并将龙厚生押到金壳山杀害。我是在苦菜坝跟王副官背一伞套大烟到水田,我就回家了。

### 打擦黑沟的龚成德

龚成德是贵州土木官,当时司令部在他家,三大队离二三里住,听到枪响敌人已经围了司令部,三大队来解围。我们一大队在山上一家乡长家,通讯员告诉我们,我们赶上去。当时看到标记插在那条路中间就走那条路,插的是生木丫丫。杀了他家猪,吃了点谷子,他家鸦片烟几十包装,叫我们不要洋烟,是危害人的。

### 打亮岩王家烈的马坨子

我们打了王家烈的 60 人马坨子,另外 60 人听到几声就向赤水河跑了。每人得到一匹宽货和十字布毯子。铁筒纸烟每人一斤(60 支装),捉到他的管事杀了,在燕子口捉到的乡长、县的委员一起杀在长岩。当时看到马坨子就把电源砍了,让他通不了信。

### 打九昌坝刘区长家

九昌坝隔遵义不远,当时计划到遵义。我们去刘乡长跑了,得刘十多支枪,他家有地道,我踩到空声响了,用电筒一照,把石板掀起,看见几个铺子都是烟盘子,我正要抽,队长劝我不要抽,怕毒人。第二天黔军开来一师人把我们围起,当时不知他有多少兵力,就一支队一支队的点去打,就打错了,当时冲出来到了月亮恋。滇军追来,因我们分住在三间房子里,被分别围起来。队伍被打散了,余泽鸿就在那里牺牲。

听赵海云讲到遵义是为了起枪,因为红军走时把枪踩在遵义塘里,是将白腊封在枪上放在一个洞里,洞子是干的。这是余泽鸿告诉赵文海的。

余泽鸿是红军长征时掉队在以那赵洪发家,赵海云把他弄过来,在他家要了一两个月,他的姐夫文××(新龙山院子)拿信来,说王逸涛的队伍拢那里,赵海云、赵现海两兄弟将余泽鸿带到院子参加游击队,余泽鸿在王逸清叛变后当司令员。

游击队是红军留下来的,500多人,有龙厚生他们。

据我所知参加游击队的本地人有:龚老三(长官司牺牲)、王国才(长官司牺牲)、赵现海(被川军杀)、赵海云(被国民党第三○五师杀,说他抢人)。

### 红军川、滇、黔游击队的组织和发展情况

红军川滇黔边游击队是红军川南游击队和红军黔北游击队于1935年夏合队组成的。红军川滇黔边游击队的主要任务是根据中央红军一方面军的指示,在敌后宣传群众,组织群众,开展游击战争,创造革命根据地,牵制川滇黔边敌军,配合中央红军长征北上抗日。

为完成上述任务,游击队活动于川、滇、黔三省边界、曾打过一些地方,给以国民党和地方军阀、土豪、劣绅有力的〈打击〉,牵制敌人,扰乱敌人,阻止敌人前进,基本上完成配合中央红军长征的任务,但由于当时战争频繁,敌情阻挠,促使游击活动随意性大,特别是在白色恐怖下,孤军深入敌区,游击队人员口音复杂,隐蔽困难,没有充分发动群众,开展地方工作,创造革命根据地。毛主席教导说:"没有根据地,游击战争是不能够长期地生存和发展。"国民党反动派调集大批兵力,蒋介石亲自出马,王逸涛叛变投敌,直接指挥别动队,不断进行"围剿",1936年冬,敌人进行第三次三省"围剿"。由于领导骄傲轻敌,致使游击队被敌人打散,历时两年之久,活动于川滇黔边20余个县的农村城镇。

### 川南游击队的来源

1934年秋,川南泸州中心县委领导的党员王逸涛在叙永的黄坭嘴、五龙山等地组织串联,成立赤卫队,即特区游击队。以杨登高武装为基础,发动群众参加迎接红军。

遵义会议后,长征红军一方面军路过川南叙永县边境,王逸涛特区游击队前来向中央汇报、请示,要求打土豪,分田地,成立革命政权,要求中央派干部。根据当时川滇黔边敌军从各方面追击,阻挠红军长征〈的情况〉,中央红军一方面军决定:成立红军川南游击队,在敌后开展游击战争,创造革命根据地,牵制川滇黔边敌军,配合中央红军长征。

1935年正月初,红军达扎西后,由总政治部在军中抽动100多名干部和国家保卫队一个连的武装,并派红军第三军团第六师政委徐策,红大校长余泽鸿,第八

军团民运部部长戴元怀(戴言发)等人组成川南特委直属中央领导,于石坎子带川南游击第一纵队,尾随红军长征部队前往树坪与王逸涛的五龙山游击队合队。2月7日正式宣告成立。这样把一部份〔分〕留在群众中的伤员也吸收在游击队里,并积极发动群众参加,此时人数达1000余人。

共编为五个大队,司令员王逸涛,政委徐策,宣传部长余泽鸿,组织部长戴元怀,参谋长刘干臣,总支书记阚思颖、司令部指导员李桂洪〔英〕,供给部长杨德胜,特派员龙厚生,还有侦察队,宣传队,通讯班,司令部下设大队、中队和班。第一大队长董玉清,第二大队长周思和,第三大队长杨登高,第四大队长梁亚伯(该队未建立起来),第五大队长黄虎山(保持原国家保卫队全部编制)。

游击队成立后,就和敌人接触,给敌人有力回击;曾派地方工作组到敌情薄弱地区,组织串连,建立地下区委。经五龙山,大石盘战斗后,王逸涛借故于邓家坪逃跑,于同年11月26日投敌,其部下人员也随之投敌,地下组织全被破坏,杨登高土匪离不开老窝,只保持关系。经长期战争考验的指战员200多人,因地情不熟,山高雾大,常遇敌人突然袭击。之后,人员减少了,又进行整编,收集中央红军的在群众中伤病员100多人,编为第二大队,又将原国家保卫队人分为两个队。人数约300余人,活动于川滇边界地。

### 红军黔北游击队的来源

1935年春,中央红军后卫部队达贵州黔北时,在习水的东皇店留下黔北游击队,由第十一师第十二团团长张宏光任政委,江西军区政治部组织部部长陈宏任司令员,组成红军黔北游击队,200来人,在黔北发动群众参加红军,在敌后参加游击战争。1935年7月,因主力西进,处境困难,前来叙永之朱家山与川南游击队合队。两队会合有700来人。

### 红军川滇黔边游击队的成立

红军川南游击队和红军黔北游击队合队后,部队特委决定,改称川滇黔游击队。这时的组织情况是徐策任政委,张宏光副政委,刘干臣司令员,陈宏参谋长,政治部主任余泽鸿,组织龙厚生,宣传阚思颖,特派员李青云,作战参谋周思和,侦察参谋周大山,供给主任杨德胜,下编为两个支队。川南为第一支队队长黄虎山,政委方钦。黔北为第二支队,队长张宏光兼,政委胡策兼。部队转移到兴文,在长官司受到敌人突然袭击,徐策政委身负重伤,于罗布坳英勇牺牲,副政委张宏光、大队长邓登等中级干部和战斗员牺牲七八十人,部队损失了一半。后由余泽鸿带队,进行整休,隐蔽活动。

<h2 style="text-align:center">红军川滇黔边游击队的发展、变化</h2>

1935 年秋,红军川、滇、黔边游击队,继续在川滇黔边区宣传执行党的各项政策,扩大党的政策影响,深得广大群众的拥护,在敌后开展游击战争,消灭敌人壮大自己。曾与古宋地下党员刘复初、郭平安领导的南六游击队于兴文的博望山合队,余泽鸿任特委书记,要刘干臣、刘复初、龙厚生、李青云等参加部队特委。这时的司令员刘干臣、政委兼政治部主任余泽鸿。司令部下设参谋处、政治部下设供给部、卫生部、工作组。下分 3 个队。发动劳苦大众参军,争取地方团丁兵变当红军,联合绿林兄弟,很快发展到 800 余人,其声势浩大,影响了川滇黔三省敌军,从而对游击队又进行三次"会剿",各处包围截击,跟踪穷追。

游击队孤军深入敌区,到处挨打,每天行军作战,弄得精疲力竭。敌人分兵把守,封锁要隘,严密保甲户口组织,伤病员无处安置,物资困难无法补充。在此种情况下,游击队人员减少了,侦察参谋周思和叛变投敌,金璇请假回家,参谋长周大山带侦察班逃当土匪,刘复初继续任参谋长。刘德胜把周大山打死回队任侦察参谋,这时游击队在川滇黔边周旋。1935 年 3 月至 1935 年冬打到四川边境,还没有摆脱敌"围剿",余泽鸿、刘干臣把游击队化整为零,把剩下的 100 多人分成两队,一队由余刘带领,一队由龙厚生、黄虎山带领,分开活动。

龙厚生支队在兴文炭厂被打散,川军又加紧对余泽鸿支队"围剿"追击,仍被敌军打散仅 30 余人。在艰险关头,余泽鸿在江安碗厂坡宿营时自杀,刘干臣在古宋夺坝激战牺牲,刘复初和李青云把余下的 10 多人带逃连天山,卫生部张灏私逃投敌,敌人掘回余泽鸿尸体后,找不着攻击的目标,收兵回城,结束了第二次"围剿"。

1935 年 12 月,刘复初由古宋连天山向川滇黔边界进伐,路经长宁〈时〉阚思颖、李桂洪〔英〕前来归队,到兴文炭厂与龙厚生、黄虎山合队,于兴文绿柏林(洛柏林)如开特委扩大会议,总结失败教训,重新组织,继续开展游击战争。会议结束,刘复初任队特委书记兼政委,龙厚生任特委宣传队长,李青云任特委组织委员兼特派员。

1936 年春经罗布坳时,曾春鉴、旷善荣、余得胜等前来归队,这时很快发展到 200 多人。部队到达贵州边境,欧阳来报告,阮俊臣在红军第二、第六军团经过毕节时,已曾接洽,并派欧阳在该队工作,要求与红军游击队合队,因此在院子与阮部合队。

经过双方协商,为减少目标,总称工农红军川滇黔边抗日先遣队,由阮俊臣任司令员,陶树清副司令员,刘复初任政委,曾春鉴任参谋长。并把阮部编为第一支队,陶部为第二支队,红军游击队为第三支队。这时有近千人的武装,继续在川滇黔边活动。

经过两个月来的行军作战,阮部叫苦,提出分开活动,由此而分开了。游击队在赫章边境向云南、四川进伐到罗布坳时,川军刘湘部队在珙县底硐兵变一连人来同游击队合队。这时游击队的编制是司令员刘复初、政委龙厚生,特派员李青云、参谋长旷〔邝〕善荣,供给员杨德胜,群众工作员李桂洪〔英〕,文书阚思颖,管理员刘求铭,侦察员刘金宝,通讯员刘水高,下分 3 个大队,第一大队长曾绍南,政治指导员陈星才,第二大队长高明胜,政治指导员喻德胜,第三大队长刘少成,队副兰澄清,政治指导员曾广胜,大队下设中队和班。

游击队编为 3 个队后,继续在川滇黔边开展活动,很快发展到 500 来人。曾打过一些场镇,打败了一些敌军的进攻,因而游击队的声势浩大起来了。"当敌人感到游击队对他有了大的危害时,就会派兵镇压或举行进攻"。又引起了川军、滇军、黔军对游击队加紧"围剿"。

到 1936 年冬,敌军到处包围截击,跟踪穷追,由于内部混入了特务,累遭川军和滇军的袭击,很快把游击队打散了,最后剩下几十个人。刘复初因病寄养于安稳坝,被川军所俘。游击队由龙厚生等带领从大雪山往水田寨,途中遭受突然袭击,游击队被打散,龙厚生等到水田寨被艾宗民、郑耀东骗害,游击队的活动就此告结束了。

红军川滇黔边游击队的组织情况大体分为四个阶段:

第一阶段:1935 年 2 月 7 日至 1935 年 7 月止,红军川南游击队发展 1000 多人,徐策任川南特委书记兼游击队政委,王逸涛任总司令。此阶段游击队声势浩大,迅猛发展,敌军恐怖,曾经过几次战斗,也打了些胜仗,夺取不少城镇,抓了些地方工作,对敌人威胁很大。但王逸涛叛变,戴元怀、张宏光战斗中阵亡,徐策英勇牺牲,轰轰烈烈的革命运动受到很大损失。

第二阶段:1935 年 7 月至 1935 年冬月止。此阶段余泽鸿任政委,刘干臣任司令员,游击队约三四百人,活动于川滇黔边界,曾进攻江安底蓬,解放红桥,占领长宁等,引起了敌军的重视,进行第二次三省"会剿"。这时游击队采取分散兵力,化整为零,但部署不当,处境困难,大小战役无力抵抗,一般夜间活动的多,有时一夜要转移几次,司令员激战牺牲,政委余泽鸿自杀,游击队均被打散,敌人结束了第二次"围剿"。

第三阶段:1936年春至1936年5月,刘复初任政委,龙厚生任司令员,重振游击队与阮俊臣部全队。为减少目标,改名为中国工农红军川滇黔边抗日先遣队,阮任司令员,刘任政委,下编三个支队,这时有近千人的武装。

第四阶段:1936年至1936年底。这时刘复初司令员,龙厚生任政委,游击队活动于川滇黔边区,游击队发展到四五百人,也曾打了些胜仗,但敌人兵力大于第一、第二次"会剿",在烂坭坝、海子街等几次战役后,游击队失去了主要战斗力,刘复初因病被俘,龙厚生被暗害,而招致全军覆没。

红军游击队的活动地区和敌军为了完成中央红军给予的任务。游击队曾在川南各县活动,其中包括叙永、古宋、古蔺、兴文、江安、长宁、珙县、高县、筠连、庆符、江津、合江、纳溪等边境,还在云南威信、镇雄、彝良……在贵州的毕节,赫章、桐梓、仁怀等县边境广大地区活动。特别是以大雪山、玉龙山、大石盘、摩泥岭等大森林为整休部队的基地,有时在战斗紧张情况下,也到这些大森林中休息。

红军游击队曾在玉龙山、大石盘,在珙县底硐铺、洛表,长宁的红硐场、安宁桥、兴文的炭厂、建武,江安的梅桥镇,叙永分水、一碗水,贵州的桐梓、娄山关,遵义的团溪,毕节的燕子口、瓢儿井、杨家湾,赫章的七星关,镇雄的花郎〔朗〕坝、母享、大湾子、大渡口,威信的长官司、罗布坳、水田寨、烂泥坝、海子坝等地战斗。曾与滇军龙云部队安恩溥一个团,补充第二团(李副团长),阵(各)地独立营即各地团丁;贵州薛岳部队,杨森的第一三三师、师长汉汉云派第一旅旅长高德州;四川的刘湘部队,川军第五师师长陈明迁,南岸团房子周化成,教导师第二旅旅长梁易刚、南六县"剿匪"大队,外搭各地团乡、地霸武装等作战。同时蒋介石亲自出马,利用裴刚之子,迫使王逸涛叛变,任川南"剿匪共"特派员,直接指挥别动队,派进特务进攻内部,进行分化瓦解,刺探军情,进攻红军游击队。以川南游击队成立那天起,就开始打仗,经常都有战争,直至1936年冬月底为止。

### 红军游击队活动的内容和方法

为完成中央红军交给的光荣任务,在政治上扩大党的政治影响,使川、滇、黔边广大群众知道中国共产党领导的红军是工农群众的子弟兵,是劳动人民的军队,是抗日救国的革命军,揭露国民党反动派的欺骗宣传、白色恐怖的政策,从而孤立敌人。

其宣传内容为十大纲领,宣传打土豪,分田地、取消苛捐杂税,并在各地打土豪,没收土豪粮食和物资,分给红军战士,穷苦大众,镇压反动土豪,贪官,发动群众不交租税,驱逐收税人员出境等等,宣传抗日救国,发动群众当工军,发动白军兵变当红军,执行对少数民族的政策,尊重少数民族的习惯,反对大汉族主义,宣传男女平等,婚姻自由,发动妇女起来革命,联合、改造、教育受压迫的绿林兄弟,为减少敌人的进攻,集中力量打主要敌人,对愿守中立者,互不侵犯,或互相配合支援,对工农业采取保护的政策等等。

当时的在军事上的战略方针,是打击主要敌人,进攻中央红军的国民党反动派军队及军阀、土豪劣绅的武装,壮大红军游击队。在战术上主要是打游击战,在敌后袭击敌人,扰乱敌人,在游击中,打击敌人的弱点,速战速胜,敌强我弱时边打边退,在敌"围剿"中寻空子突围,在敌"追剿"中,快速行军,隐蔽深山老林,有时还化整为零。

游击队在活动前,曾派便衣侦察班在前面,了解敌人情况岳〔后〕,采取秘密和神速的行动,出其不意地袭击敌人,很快解决战斗。如初期游击队攻取叙蓬溪的民团和警察局、派出所时,就是用这种方法。游击队从山区直入离叙蓬溪30多里之地,第二天便衣侦察班化装成老百姓进入民团,将门口士兵打死,枪声一响,游击队立即奔入,缴了枪和弹药,并筹了现款,下午安全返回山区,致使敌人惊慌失措。其次也是事前调查,对反动乡长、大绅粮(没有多少武装的),游击队半夜行军,到达他们住地、集结地,突然袭击。还有一种就是行军途中,遇有大地主逃了的,没收其粮食,除自给外,还发动附近贫苦农民来挑去吃。对顽固的反动乡长和坏地主,游击队也牵走过和杀过,也攻取过他们的碉堡。而对袍哥部队(土匪)、山防大队(土匪)游击队从来不动他们,有的还与他们合作。对比较保守的自卫队、民团,他们有坚固的碉堡,对游击队不紧迫的地主武装,游击队也不去惊动他们。总之,游击队的对象是进攻红军的国民党反动军队,山区里最反动的乡长和少数地霸武装。

### 红军游击队的影响

红军游击队在川、滇、黔边区劳苦群众中的影响是大的。正如伟大领袖毛主席指出:给予整个敌军以精神上的不利影响,给予整个我军和人民以精神上的良好影响,也是显而易见的。劳苦大众热爱红军,拥护共产党,曾不断地参加红军游击队,不少贫苦老〔农〕民,给游击队取得联系,送情报、粮、草、弹药等。有不少人家寄养红军伤病员,在白色恐怖下掩护红军战士,支持红军游击队,盼望红军获得胜利。游击队的活动起了传播革命种子的重要作用。至今,在老年人的回忆中还想念着红军游击队,游击队的活动在他们的〈心〉里记忆犹新。

地址:坛厂先锋一队

(录自中共叙永县委党史工作委员会档案,全宗号 307,目录号 1,1976 年,案卷号 3,第 124~150 页)

# 关于邹风平同志到罗坎的活动情况

王 灼

一、邹风平同志为什么到我们那里及活动

当时,我们是刚离校 20 余岁的青年,我在罗关小学当校长。与我教书的有周承业、陈宗煌、袁学栋等,都是昭通中学毕业的,遇不平的事,大家容易冲动。记得在昭通学校中,听到九一八事变,大家抱头痛哭,关心国家,学校组织义勇军,不少人打算奔赴前方,我们在昭通的镇、彝、威三县学生组成同乡会,派人到各县去宣传。我们的宣言是请教师邓子琴写的,记得开头的两句为"夫丰客有新亭之悲,良家子怀燕然之志"。中间有"与木履儿决战疆场"等句。周承业爱看书,如阅读"创造季刊"等。

我们毕业回来,就在罗坎教书,看到贪官土劣横行,大家心中不平。因此,我与周承业,刘云锐(盐津或大关人,在罗坎收烟酒税)相约,听到川南游击队的活动(大约是 1934 年左右)我们想去投奔,我请一人代课,三人没有告诉家中就出走了。到苏家后,我们三人改了名,我改为王湖光,取"为湖山争光"之意,周承业改为周一戎,本"一戎衣而有天下"命名。

我们经高石坎到洛表,住在街上一旅店,老板马国良(回族),我们常在洛表周围活动,找关系未找到。当时周承业要年青〔轻〕点,在卢汉办的军官候补生队毕业,当过排长,口头笔下都来得。我们两人叫他到乡下去联系,他头天下去,第二天周的母亲及我的伯父追到洛表,遇到我们在旅店中,把我们逼回家,后来刘之〔云〕锐也回家了。

我到家后,周承业半年没有信息,大约经过了八九个月,他由四川回来。我问他接上没有,他说接上了,但潘文华的队伍太多,到处追捕共产党人,难于活动,我便回来了。

周回来后,外面就陆续有信来,信封上写的是我的名字,但信是给周承业的。大约过了几个月,到 1935 年,记得是秋天了,我在学校教书。一天陈明伟来说有人找我,我到岳母家(在罗坎开旅店)看到一个头戴单帽,身穿白对襟衣的人,一见面他就问:"你是湖光吗?"我说:"是。"他说:"一戎在不在?"我说:"在,距此有 20 来里。"我脱下一件上衣给他穿上,上街吃了饭,第二天就请了一人,把他送到朵雨坝周一戎家。他,就是邹风〔凤〕平。

从此,我们就互相来往,邹风〔凤〕平到那里化名周子和,没有向我们直接说其身份。但周一戎不时露一点,说周子和是地下党员。

1935年冬天,周子和在了两三个月,这时就遇余泽鸿的游击队第一次到罗坎,当时周子和还在周承业家。余泽鸿的队伍到过周承业家,周承业当过几天乡长,门上贴有喜报,游击队就把二周抓去捆起,走到寒婆岭,遇到余泽鸿。余大吃一惊,问:"你们二人为何到这里来?"周承业说:"这是我的家乡。"周子和说:"我是在这里养伤。"余叫解开捆绑,他二人叫松开,不要解除捆绑,在拦马坎游了一圈带到司令部,才解开捆绑,热情招待。

余问他们有没有钱用,便每人给了20块银元,并告诉他们,寒婆岭下面埋有十支枪,无钱可以拿去卖来用。后因周承业不慎泄密,在周家的一个石匠名段三兴到威信勾结方田良,把枪拿走。以上情况是周承业告诉我的。游击队住了一夜才走。为了掩人耳目,周承业、周子和是由他母亲出面,请人向游击队保释出来的。

当时,我们打主意请周子和教书,并认为在周一戎家不太安全,经王樵和我同四叔王应崧(他是罗坎区长)商量,他同意了,于是周子和便由朵雨坝移住石头沟我的家里。我辞去罗关校长职务到石头沟同周子和在一起任教,当时在学校的方在光、王猷、王炎、李清棣(即李泽)、王杰等,多数是周围家族亲友的子弟,有的在昭通读了中学的,也回来在我们那里读书。

周子和在那里教书,特别是教小孩,不打骂学生,但教学效果很高〔好〕,对大一点的,往往结合时事分析当时的形势,灌输一些爱国思想。开的课有数学、英文、自然、地理等,他教书的方法影响了我,我也改变了体罚的办法,他学问渊博,道德品质高,对人和气,对工作细致认真,在我的思想里刻上了一个共产党员的模样,值得我们崇拜和信仰。

平时教书我们在一起,傍晚我和周子和、周承业常到学校附近的瓦窑包上,他二人常谈布尔什维克、苏联新经济政策等,因为他教书有方,大家反映极好。

1936年下半年,大约八九月时,刘复初又第二次到了拦马坎,反动乡长刘平就带领乡丁在下槽森林中向刘复初的游击队开枪,我和周子和把学生带起跑到狮子岩的树林中,突然听到山上有人叫:"周老师,周老师,部队上送信来找你。"那个信是送到我家的。我感到恼火,就去问信在哪里,说在卿和海家,卿和海是刘平(乡长)的师爷,卿说:"游击队送信找周老师。"

来信是洋信封,信中写道:"风儿,病好没有,我们来接你。"信后盖有菱形方印,是川南游击队写的。卿问:"是谁写的?"我说:"是写给周承业的,因为周光汉的兄弟被游击队抓了,他父亲写信给周承业想办法营救。"送信的问题就这样蒙混过去。我恐怕情况暴露,就一边走一边想,到狮子岩时将近黄昏,周子和伸手在我的插包中把信拿出来。

我恐怕大一点的刚懂些事的学生看到信后乱说,就对他们说:"下面还在打仗,还不快跑。"并把我母亲和四婶支到汪家,我就和周子和一起商量是否去?我说:"要去,但我不能去。"叫他化妆,请汪五哥同他一起去,并商量要叫游击队发通知,叫所有的乡长、教师都要到关上开会。约好在我家对面的"山王庙"等他们,我等了一夜,十分着急。

(王猷插话:那时,我要小点,周子和从游击队回家,写了一些东西,卷成一卷,叫我和另一位同学送给游击队,我把这些东西放在长衫底下,到游击队那里时,已是夜深了,遇到一个女同志,把我带进去,交了东西,每人给两个鸡蛋,我们就回去了。)

天快亮了,我还没见到周子和同志,我以为他随着游击队走了,心想:"他这一走不打紧,但可要害苦我们了。"我见到一个学生便急着问:"老师在哪里?"他说:"在汪三哥家,煮了鸡蛋叫你去吃。"我才放心,同时见到游击队到关上,而且又开走,我从家里去到关上,遇到周承业在关上,见到那些"当事人",我便问他们:"游击队是不是通知你们去开会?"他们拿出通知说:"是的。"我也不清楚是谁给的通知,我还拿了一份来装着,并说:"我们那里的周老师也通知了。"于是就混过去了。

那天游击队的信,还送了一封给周承业,送去时也是喊喊叫叫的,幸而没有被别人拿着。

刘复初二次到关上去后,安恩溥的部队就来了。有一连人住〔驻〕在关上,连长姓杨,营部在威信,营长彭勤,又名彭耐夫,绰号彭疯疯,是昭通人。在牛街还住〔驻〕了一个连。当时我们那里的人都说周子和教书教得好,杨连长就请主讲《孟子》,他着重讲《孟子》的"民为贵,君为轻,社稷次之"的思想,他去讲了很多次,每次讲学都被盛情招待,他的讲学对那些反动军官些都很有影响,那些人更为尊重周子和。

1937年春,周子和仍然在我们那里教书,到3月左右,杨又请周子和去讲学,下面一个排长名叫喻少修,牛街人,出来时偷偷对周说:"老师,你得及早注意,不然掰伸牛角要烧几棚谷草。"说了这句话,周子和心中有数了,我的心情也紧张起来。

1937年4月左右,突然接到一封信,信是杨汉玉(杨森侄儿在贵州当军长)下面的参谋长卢洪济写的,来信说:"我们的军长要请你帮助他,希望你快来。"信封上是写给我的。看到情况不对,我与我四叔王应崧商量,为周子和筹备路费,并把信给杨连长看,打了招呼,我们派王永清、郑义周送其到毕节。走时,我们一家老小都哭起来了,周也哭了。他到毕节后,就直到湖南,还买了茅台酒和一些湖南笔墨带来给我。

他到上海找到李亚群(又名李亚夫,小亚)。小亚写过一封信给我,内容是:"湖光,老周在你们那里,得到你们热情的帮助,我们非常的高兴,何年何月重见面,当痛饮300杯。"

此后不久,周子和于1937年到延安,又写信给我们,说他到延安后进了抗大第一期将领班。

周子和在我们那里教书时,订了《新蜀报》等,使我们有报纸可看。同周一道到罗坎的还有一个叫做侯建成,住在周一戎家,很老实,文化不高,周子和十分信任他,我们凑了点本钱给他,他常到四川做小生意,但具体情况我们不清楚。

二、周子和离开我们家后,家乡的情况

周子和离开我们那里,才一个多月的时间里,杨连长逮捕了我的四叔王应崧和周承业,押送到威信,时间大约在1937年6月左右(七七事变)。他们逮捕后加的罪名是:"通共。"我也同着到了威信,到处请人说情,找了李德厚,当时是县参议会会长,威信县县长叫李涤尘,他出来担保,把我四叔留在衙门牢房中,当时不知为什么李涤尘会出来担保他,后来听袁文煊说:李涤尘是地下党员(实际不是,但他杀土匪而不杀共产党——游击队给他做过一些工作——这是听威信县党史办的同志讲的)。又写信给四川大学读书的王樵,王樵写信给安恩溥,安与我四叔同过学,由于多方面的求情,大约两个月就放了。后李涤尘离任,从我们家乡走,徒步而行,我四叔送他一匹马。周承业也是同时一起被释放的。他当时关在威信监狱里,我曾到监狱里陪过他。

周承业被放回后,一直是在家乡教书,不久他就被土匪杀害了,时间也是1937年。

周承业死后,李亚群来信说"三哥死得其所,不是死在无所为的穷乡僻壤(三哥是指杨伟贤,在彝良牛街一带活动过)"。

后邹风〔凤〕平(即周子和)从延安回到四川,写信给我(约 1937 年冬)。我约起侯建成、堂兄王煦(周承业姐夫)三人去成都。到成都之后,侯建成被安排到新华日报社送报,我租了少成公园后面的一家姓周的房子住。碰到重庆的张树勋,经周子和介绍到延安读抗大,我也要去,周子和不让我去,说这里一样可以学习、工作,介绍信的条子上有几个字,上面写:"交林伯渠"。我堂兄走到陕西耀县被国民党军挡住,在那里参加了国民党兵,到解放前夕才转来。张树勋后来听说到陕北公学,后回到四川。

当时,云南有好几个人(共 6 人,如镇雄的郑光达、黄四先)跑到成都找到我们。

我在成都住着十分着急,周子和写信介绍我到星芒社找于忠,这时,报纸上登载华西大学招生,我对郭讲我要去报考,周子和也支持我去。

1939 年底我回家,接到周的信说胃病很重,要开刀,我又给周寄了一些钱去。

1940 年到延安后,就没有信件来往了。

周子和到我家住了一年多,总的情况就是这样。

王灼口述

记录人:刘顺和

1984 年 5 月 29 日上午

(录自云南镇雄县委党史征集研究室编《红旗卷起农奴戟》,1991 年印行,第 326～331 页)

# 游击纵队的情况

余明江

### 调查笔录

余明江：男，现在 58 岁，家庭贫农，本人农民，家住斑鸠大塆街上生产队，现在麟凤农具厂工作，曾在 1936 年 9 月间参加红军川滇黔边游击队，至同年 10 月于大落角的石坳子离队。

我是 1936 年 9 月初，刘复初指〔领〕导的红军游击队驻扎斑鸠沟，我因与家头老人有意见，就跑去参加红军。经过大塆子、水田寨、燕子口、大渡口、摩尼、石厢子等处，参加第三天就打仗，我是在大塆子得到枪栓的，转来转去，打了不少仗。

后在 10 月份队伍开转来，在□□□山上打了一仗，大部队人员就打散了，等我从这里逃出来，集队 11 人，其中有李海廷（四川珙县上罗人）、赖明兴（镇雄关上人），组织准备拖队抢人，后我就留下准备跑回来，就被团丁抓住，送来罗罗坝敌乡长李应春处。后家里老人说才来取回家。

在游击队中认识参加的人员有：

龙永福：家庭贫农，本人农民，现住街上生产队，他在我前去，是在后天坪出来的，出来后帮地主家。

王连友：家庭贫农，本人农民，现住荣家坳生产队，一路出来仍帮地主家。

江家全：家住荣家坳，农民出身，进游击队后，不知从哪里逃出，后地主逼他逃走，不明去向，其弟叫江家奇。

黄四满：家住马河一马地，原帮徐宗泽家，由范方元动员他去参加的，9 月进去，后在水田寨被省军来打，战场负伤，其堂弟叫黄天松。

戈昌显：家住上街队，家庭贫农，于大落角石坳子一仗，带有一支枪出来，投徐月楼，后拴枪，抢人，新中国成立后镇压。

范方仁：是斑鸠街上人，家庭是银匠，于大落脚石坳子一仗，带一支枪出来投奔徐月楼，后拴枪数年，迁四川范单桥做手业而死。

徐月松：家在街上，在我前头参加，从后天坪出来，仍在街上摆些摊，后迁后天坪坐家，后病死于麦地坝。

徐廷书：家庭贫农，做小买卖，从石坳子出来，不知带有枪否，就跑到徐月楼家拴枪，新中国成立前病死。

黎四:穷人出身,家住黎家坳,此人参加得早,从石坳子出来,没有带枪,仍与徐月楼拴枪,新中国成立前病死。

周轻斌:家住河底下,参加时还是9月份,最后一次参加10月份,同时从大雪山跑出来,不久就抓去当壮丁,在昆明落河而死。此人在游击队中是和医生一路,背有一个水壶。

王天贵:柏香茶园沟人,本人是农民,进出情况不清。此人已死了。徐成伯,余明品此二人我不认识。

付仕全:平房沙子坝人,已死了,此人是否参加不清。

鲁先之:付之子,已死了。

红军流落的人员有:

曾广胜:此人不知从哪点流落下来,一来斑鸠沟就挨宗其均家收税,当掌柜,做买卖,开小铺子。后来宗其均租给一块土地,一间房子,由他与赖德均、孙柏林三人耕种。新中国成立后,任联防队乡长。

赖德均,此人流落下来,帮宗其均家,后一起种地,新中国成立后回原籍。

宗其均,地主,是宗杰武(敌队长)侄子,解决土匪黄德方得横财而发家,与徐月楼是联手,有几支枪,后来当过队长。徐月楼是镇长,后来当乡长,有几十支枪,其中有二十来支是当年红军长征路过此地丢在街上任仕朝家厕所里头的,徐月楼就拿去配好来用。徐没打过红军游击队,因为他当时不敢打。此二人都是新中国成立镇压了的,与红军的游击队没有联系。

参加红军游击队的人我回忆起来,还有个颜子清,此人家住平房大队沙子坝,贫农出身,参加游击队后,于后天坪这方出来的,没有带枪来,我进徐月楼那里,他已在里头了,挨徐拴枪……新中国成立时镇压了。

余明江

1970年8月18日

(录自雷吉常《余明江谈游击纵队的情况》,1970年8月18日。威信县委党史研究室档案,全宗号1,目录号18,案卷号55,第28页)

# 红军游击纵队在威信的活动

## 兰澄清

我是由川军起义投奔红军游击队的。在边区开展的武装斗争中，未能打破三省敌军的"会剿"，纵队失利，主要领导人被捕、牺牲。许多红军游击纵队队员失散在边区。国共合作后，我受原纵队司令员刘复初的派遣，由泸州回到边区收容红军失散人员，了解地方游击武装活动，动员红军人员上前线，做了一些工作，只因在大塘口负了重伤，遂留在威信、珙县边境，随后在洛表住家至解放。

### 一连川军起义投奔红军

我原在四川陆军暂编第一师（亦称教导师）第二旅第四团第三营第十一连任中士班长。1936 年夏该旅驻宜宾后，第三营于 10 月初奉命开往珙县，"进剿"红军游击纵队。第十连驻县城，第十二连驻上罗，第十一连驻底硐铺。由于四川军阀争权夺利，在外鱼肉百姓，民不聊生；在内欺压士兵，克扣军饷，使得许多工农出身的士兵极为不满。

在红军和游击队"打富济贫"、官兵平等，不虐待俘虏政策和行为的感召下，穷苦出身的士兵刘少成、李德廷和我等毅然决然地于 10 月 18 日组织起义，打死反动军官弃暗投明，奔向红军游击纵队。是日清晨值日排长蒋知生独断专横，与连长卓厚光闹矛盾。我和中士班长刘少成察觉是发动兵变的极好机会，遂串联召集 11 名骨干分子举行会议，决定晚上 9 时发动武装暴动。

当晚，刘少成等 5 人乘机进入硐楼扼守。值日中士李绍斌、给养班长万常兴带人杀死排长蒋知生，砍伤排长王亚群。班长左辉廷带人乘势缴了底硐乡公所和联保队枪 30 余支，抓获乡队长孙泽元等。我同李德廷、刘少成看到暴动成功，即时发出紧急集合令，迅速向边境方向撤离。将队伍带到周家沟，放走人质。营部获得第十一连兵变的信息，速派上罗之第十连追赶前来。为应付追兵，义军在大庙附近阻击，不幸李绍斌、万常兴二人掩护撤退时走错路被追兵抓去，押解宜宾杀害。

起义军百余人整装经兴文双河，达到川滇交界处轿顶山，推举刘少成和我领队。李德廷直接提议将队伍带到红军里面去，由此决定到川滇边境寻找红军游击队。刘少成把队伍带到长官司下面，一个姓解的送信来，到罗布坳对面山，遇着游击队侦察员蒋丹清、刘方、赖道林等人,义军派代表二人由蒋等人引进到罗布坳街上会见司令员刘复初,提出请求参加红军游击队。纵队热情接待,经了解审查,边区特委批准,同意接收我们起义部队。

接着义军代表回来带队伍去罗布坳合队,红军游击纵队敲锣打鼓,在河边列队鼓掌欢迎。罗布坳合队后,随即转移到簸箕坝整编部队,杀猪款待,晚上举行欢迎会。起义士兵受到如此隆重接待,个个心情振奋,感慨万千,纷纷控诉国民党军阀的滔天罪行,提高了觉悟认识。特委将起义部队编为纵队第三大队,派曾广胜担任指导员,刘少成任大队长,我任副大队长。下属两个中队,6个分队。

起义部队拥有长短枪 100 余支、机枪 3 挺、小钢炮 3 门、子弹 50 余箱、冲锋枪 6 支、手榴弹 300 多枚,给红军游击纵队增添了武装力量。

### 在威信境内的反"围剿"战斗

10月中旬的一天,部队吃罢早饭紧急行动,连续攻下长安寺、倮洛坝,进驻烂坭坝、金凤林。一面做饭,一面准备军需粮秣,定于午后开进大雪山休整。前日,据侦察参谋邝善荣报告,滇军补充团与同地方民团 1000 多人兵力,正向游击队扑来。且说补充团是龙云高薪募的,装备精良,训练有素,多属管家富豪子弟组成,对红军非常仇恨。我游击队进烂坭坝时,按"一三二"行军秩序住下,即一大队驻觅槽沟,三大队驻花秋坝,把官僚地主杨成才(滇军营长)、杨明三(团总)的粮仓打开,碾米造饭,每人备粮 8 斤,准备进山食用。

滇军补充团,骄横狂妄,跑步跟踪直追。司令员刘复初根据情报,为保存实力,避敌锋芒,暂不与战。下令仍按"一三二"为序,且战且退,快速撤离。在此关键时刻,敌军已经追上,来不及请示报告。大队长刘少成与我交换了意见,迅速将队伍摆开,收拾这股敌人。刘率第一中队占据右翼山头,第二中队占〈据〉左翼山头,我率直属中队和炮排居中拥阵,隐蔽于山背后,摆开一个口袋阵,专等敌军前来挨打。慌忙中未能派人及时告知第二大队,第二大队仍在继续掩护第一、三大队撤退,拼死把敌军堵在袋形口。敌军越来越多,第二大队压力越来越大。20 分钟左右,第二大队长易德胜壮烈牺牲。敌人凭借数量上的优势,潮水般涌向第二大队阵地,形势对第二大队极为不利。此时,刘少成率第一中队端着刺刀杀下山来,冲入敌群,第二大队乘机出击,敌人争相逃命败退下去。经过片刻慌乱后,敌人在军官的威逼督战下,又从两方围抄上来。敌众我寡,眼看阵地将其变化,我连忙命令炮排开炮。三发炮弹在敌群中开花,敌军倒下一片,失去了进攻能力。此时司令员刘复初认为是脱离接触的大好时机,忙令吹起冲锋号佯为冲锋,实则撤退。纵队听见号声,停止追击,相互掩护着撤退。敌人恐防有诈,也不敢前进,只好目送我军一队队安全进入大雪山。

之后,纵队打了母享,抓着陇三官,提了陇的40多条枪,俘虏了二三十人,然后到毕节燕子口,遇着四川军阀杨森的保商队,纵队冲了上去,缴获了100多挑货物。接着就与杨森的一个营、云南安恩溥的田富伍营、四川叙永县长带的一个营在鸡鸣三省的水田寨附近接连打了几仗,丢失了一门炮,损失了100多人。进入威信的天池、蒿枝坝、大落脚等地,田营同独立营一直跟追、围攻,在海子坝被滇军包围,政委龙厚生带人突围转移大雪山。

我带一个班掩护,躲避在混合林中,等敌军密集队伍赶到时,用手枪冲锋枪手榴弹打得滇军措手不及,使得部队安全转移。敌人追上来,包围了我们,我不慎滑落到一个炭槽里,巧妙地躲过了敌人搜捕,寻机逃脱。随后转到斑鸠沟,回到四川隆昌老家,与纵队脱离了联系。

### 接受任务回到边区活动

沙子坡、海子坝一仗后,纵队司令员刘复初病重,寄养在大雪山安稳坝白沙河,在请人开单买药医治,派部下去王场买药,被叛徒王逸涛的人抓去,前来捉拿刘复初。刘被川军抓捕,脚镣手铐关押泸州第三监狱。龙厚生率队由大雪山转移到水田寨,在镇雄新地方(野腊溪)准备宿营,被滇军田营"围剿",阚思颖、李桂洪〔英〕二女红军等多人被抓捕。押送扎西、昭通关押。龙厚生、曾春鉴、李青云、刘少成、李德廷等人突围到水田寨,被郑耀东、艾宗藩将队伍带开,分散隐蔽,把枪支夺下,在一天晚上郑、艾将13名干部抓捕暗杀了。

纵队失利后,邝善荣、陈兴才、贺东朝、钟明三、刘水高、刘求晗等红军人员来到县府。后邝、陈等人随同卸职县长李涤尘到昆明,贺东朝、刘水高等人一同到古芒部,因无路费转回,贺挨绿林邓楷部、刘挨绿林刘品高部,其余胡紫键在关上陈明飞部,陈华久在殷禄才的游击支队,曾广胜、赖德均、老孙等流落在斑鸠沟谋生,杨德胜做生意往绥江安家了。

1938年初,在泸州接受了刘复初(出狱到武汉八路军办事处汇报后回泸州)的委派,要我回边区传达国共合作,抗日统一战线,动员边区失散人员投入抗日运动,收容红军留落人员去延安。3月22日,我带着刘的信和新华书局的宣传书籍来到边区,除了三次与殷禄才、陈华久的云南游击队取得联系外,到了镇雄关上找到了胡紫键。将刘的信交与胡,胡已给陈明飞当分队长,离不开,又转了一信去找邓楷、黄德方部的贺东朝等。贺等准备去延安,要我等候,再做邓队伍的争取工作。不几天,宗其敏与袁学栋争当乡长打起来,我在大塘口负伤,打着胸部和右眼,残废了,在梅子沟医治。我当即写有一信经蒋义平转去延安,刘复初收到后,要我安心养伤,多多发展"业务"将来自有好处。就此不能到前线,流落在边区,直到解放。

(根据兰澄清回忆口述材料整理)

(录自云南威信县委党史征集研究室编《威信春晖》,1993年印行,第383～386页)

# 激战金凤烂泥坝

兰澄清

1935年2月,中央红军在威信扎西组建川南(川滇黔边区)游击纵队(以下简称纵队),掩护红军主力北上。从此,纵队转战于云、贵、川3省边界的广大地区,历尽艰险,与敌人浴血奋战。1936年秋,纵队在经过上百次战斗后,疲惫至极。纵队领导决定把部队带到威信、筠连、珙县3县交界的大雪山休整,总结战斗经验,商讨下一步行动计划。

为了拔除靠近大雪山的威信长安寺(今长安乡)和倮罗坝(今麟凤乡)两个国民党乡公所,免除游击队在休整时前来骚扰捣乱,1936年10月的一天,纵队奉司令员刘复初命令,天未亮提前吃饭,踏着黎明前的黑暗急行军,以迅雷不及掩耳之势,干净利落地连续打下长安寺和倮罗坝两个敌人的据点。

司令部侦察参谋邝善荣侦探得情报:滇军第二旅补充团第四、第五、第六中队,加上地方民团1000余人的兵力,在第五中队队长李浚源的指挥下,从镇雄芒部、罗坎方向猛扑过来。这股敌人可能住宿威信县城,与部队相距只有几十里。情报还说,这股敌人与一般敌人不同,它的兵源不是强拉的壮丁组成的,而是龙云用高薪招募来的,属于龙云的精锐嫡系,士兵的素质条件比一般的部队要好,有一定文化水平,身材高大、体格魁梧。经过严格挑选程序,符合一定的标准才能录用。这些士兵多出身官门富家子弟,对红军非常仇恨敌对,而且,刚刚完成训练任务,听说打仗,个个跃跃欲试。指挥官李浚源,是龙云的心腹,为讨主子欢心宠爱,邀功取胜心迫切。由于属龙云嫡系,武器装备精良,粮饷弹药充足,一个中队为欧三响,另两个中队为龙头马枪,两种枪均为德国造,龙云花大笔外汇从国外进口的。在当时国内武器库中,要算新式武器……

10月21日清晨,纵队来到大雪山附近的烂泥坝(今金凤村)。进驻烂泥坝时,部队仍按"一三二"(即三个大队的编次名称)行军次序住下。为了保守军事秘密,纵队行军时,经常变换行军次序,有时"一二三",有时"三二一",有时"二一三",俨如一字长蛇阵。第一大队驻笕槽沟(司令部与第一大队同驻),好像伸向大雪山的一个龙头;第三大队居中,驻烂泥坝;第二大队为后卫,驻扎花秋坝。花秋坝背后是观音坡,地势高而险要,登高远眺,可将倮罗坝及威信方向10多公里内景物尽收眼底,山坡两边悬崖峭壁,只有一条小路从中间通过。第二大队军事警戒哨就安设在这里,监视观察倮罗坝和威信方向的敌情。

纵队进到烂泥坝,在金凤杨成才(滇军营长、地主土豪)家驻下,一面煮饭,一面筹集粮草。纵队把杨成才、杨明三(长安乡团总)的粮仓打开,准备每人带足8斤粮食,把各自的粮袋装满,以备进驻大雪山食用。同时,也备下一些油肉,携带进山供改善生活。当部队正抓紧生火造饭和繁忙准备时,第二大队军事警戒哨送来紧急情报,说滇军第二旅补充队与地方民团已从倮罗坝方向出动过来了。

滇军第二旅补充团骄横跋扈,依据镇雄独立营通知,到倮罗坝"会剿"纵队,路过威信县城时,却不停留,日夜兼程追了上来。到倮罗坝时,又得到倮罗坝区长周光汉飞报称纵队尚在烂坭坝,故马不停蹄,跑步前进,跟踪狂追。

司令员刘复初根据收到的情报,决定为了保存实力,避开敌人锋芒,暂不与战,认为只要纵队进入大雪山,这个遮天蔽地的原始森林区,纵有千军万马,也奈我不得。当即下令:仍按"一三二"为序,立即开拔,相互掩护,快速进入大雪山。命令下达后,刘复初率领一大队抢先占领韩〔寒〕婆岭,因为它是纵队进入大雪山必经的咽喉之地,准备在此掩护第二、第三大队撤退。

正当部队行动时刻,敌人已经逼近。情况紧急已来不及请示报告。第三大队队长刘少成和副大队长兰澄清2人交换了意见,分析认为:敌人兼程赶路进军,已经疲惫至极,骄横则不警,已成强弩之末,而纵队是以逸待劳,应战取胜希望很大,决定给这股骄狂凶恶的敌人以迎头痛击,把它的威风傲气打掉,以便摆脱尾追,顺利进入休整。为了避免受到牵制,迅速把队伍摆开。大队长刘少成率第一中队抢占右翼铜马山;第二中队由队长倪九江率领抢占左翼钻天坡;副大队长兰澄清率领直属中队和炮排居中压阵,隐蔽于后山之上。摆下口袋阵,专等敌军前来自投罗网。

第二大队对突如其来的情况变化,与第三大队新的作战部署全然不同,仍执行司令部要他们掩护第一、第三大队撤退的命令,拼死把攻击的敌人阻挡在袋形阵口的东皇殿脚下。敌人仗着人多势众,攻击的人数愈来愈多,从而给第二大队的压力愈来愈大,双方打得激烈残酷。战斗进行了20多分钟,大队长易德胜(江西人)壮烈牺牲。敌人凭借数量上的优势,潮水般涌向第二大队阵地,形势对第二大队十分不利。在这千钧一发之际,埋伏在铜马山的第三大队长刘少成,眼见诱敌深入的计划已经不能实现,又见到第二大队处境十分危急,便身先士卒,率领第三大队第一中队50多名战士,端着刺刀,杀奔下山来,冲入敌群,发起反攻,与敌人展开一场惊心动魄的肉搏战。

滇军与民团被纵队敢于近战的声威给吓呆了,阵地顿时大乱。第二大队的战士们见第三大队来援,也提起精神,愈战愈勇。敌军在纵队的冲击下,渐渐不支开始溃退,但敌军到底人多势众,经过一阵慌乱之后,在敌军军官逼迫督战之下,又从四面八方围抄上来。敌众我寡,眼看战场形势又要起变化,埋伏在钻天坡的第2中队战士,顾虑到敌人从长安寺方向进击,使纵队腹背受敌,不敢贸然下山增援。此时隐蔽在后山上的第三大队副队长兰澄清,果断下令炮排架炮,"轰轰轰"几发炮弹落在敌群中开花,敌人倒下一片。敌军阵势大乱,有些士兵不顾长官命令,拖着枪掉头就往后跑,敌人一时失去进攻能力。

在韩〔寒〕婆岭上指挥战斗的刘复初司令员,瞭望得一清二楚,认为是脱离接触的最好时机,忙令司号员吹起冲锋号。原来纵队与敌人斗智斗谋,虚虚实实,真真假假,使敌人摸不清纵队底细,故规定今天的号音,暗号是:吹冲锋就撤退,吹撤退就冲锋。部队闻听到冲锋号后,就停止了追击,有计划地相互掩护,有组织地撤退。敌人听见纵队吹起冲锋号,还以为纵队大部队即将全力反击,但见部队后撤,本想追上来,又唯恐有诈,不敢轻易追击。刹那间,一个个像泥塑菩萨样在阵地上呆愣着,目送纵队一队队安全转移,进入大雪山。大雪山纵横绵延数百里,群山叠嶂,古树参天,荆棘弥漫,雾雨迷蒙,纵队在这种得天独厚自然条件的掩护和荫庇下,得以平静地喘息休整。

金凤烂泥坝一战,纵队缴获敌人两挺重机枪,10多支步枪,1000余发子弹。但也牺牲第二大队队长易德胜等8名同志,埋葬于东皇殿脚下的桥头上。滇军第二旅补充团第五中队死伤陈元学等30多人。为此,中队长李浚源被龙云召回昆明,挨了一顿训斥责骂后,革除中队长职务。

何沛魁整理

整理者附注:此文根据兰澄清同志回忆材料整理而成。整理中,参照党史办雷吉常同志提供材料,在一些具体情节上作了订正。

(录自威信县政协文史办公室编《威信文史资料选辑·第12辑》,1992年印行,第9~13页)

# 张世明谈游击纵队的情况(节录)

张世明:男,汉族,现在56岁,家庭出身贫农,原籍四川省犍为县几家庙人。后住云南省镇雄县城关,现在贵州省赫章县铅锌矿运输连。

本人简历:13岁以前在家乡帮李树成家看牛;13岁至16岁,在敌川军刘湘教导师第二旅第四团第三营第十一连当传士兵,二等兵;16岁至17岁起义参加川南游击队,先后当战士、副班长;17岁至19岁在水田寨敌乡长郑友一(郑佑渔)家当乡丁;19岁至36岁,到云南镇、彝、威敌独立营陇承尧部下当传士兵;36岁至39岁在镇雄给国家运输盐巴;39岁至56岁经镇雄坡关镇介绍到妈姑铅锌矿。

## 参加游击队的经过

我原在刘湘部队,从宜宾开出到珙县底硐铺住了3个月,主要是打刘复初。由于没有军饷,士兵几个月未吃上饭,中士刘少成、兰澄清派人出去与刘复初联系起义。起义前是先把枪下了,把连排长杀了才起义的。那天是天麻麻亮。

## 游击队的组织情况

我们起义过来,刘复初的人只100多人,我们有150几〔多〕人,枪、子弹有50箱,每人都背3个手榴弹,还有3门小钢炮,3挺机枪,6支冲锋枪。

我们起义1月以后,人员又进一步增加,大约四五百人就进行编队,编为3个大队,司令部司令刘复初(四川古宋人),政委龙厚生(北方人具体不知),参谋长姓王(名记不得了,北方人)。搞宣传的有3个女同志,有个叫阚思颖,有个姓李,姓沈,都是北方人。

指导员黄青云(北方人),第一大队刘成明(北方人),指导员熊长发(北方人),第一大队分为3个中队。第一中队记不得,第2〔二〕中队长李济生(湖南人),第3〔三〕中队长谭树生(听说是江西人);第二大队长姓曾,名字记不得,指导员刘树生(北方人),下分3个中队,第一中队长李发祥(湖南人),第2〔二〕中队长和第3〔三〕中队长记不得了;第三大队长刘少成,副大队长罗青云(以上二人系四川人,罗是顺庆人,刘是合江人)。下分3(个)中队,第一中队长沈忠明(四川人),第二中队长魏炳成(内江人),第三中队长兰澄清(四川人)。我是第三中队的,下分3个班,我在第九班,班长是李明清(四川人),副班长是我。这班的战士有胡占云(四川高县上罗人),王正明(四川泸县江安上头李庄区人)。

## 参加游击队的活动

一、宣传打土豪分田地,对老百姓干人要爱护,不拿干人的东西,买东西要给钱,不调戏妇女。

二、活动地有大雪山、簸箕坝、簸箕峡、上乐、镇州、大塆子、母享簸笠坳、林口、燕子口、石厢子、河坝场等。

三、打大塆子与母享区,打不进只是把碉烧了,每人都得到20多支枪。后战贵州燕子口,遇到贵州的保商队一营,打败他们,得枪200多支,打死伤七八十人,俘到两百人。他们愿意参加游击队的有五六十人,其余的回家。

在花朗坝又与陇承尧打,他们还有川军,即边打边退,那时我们只七八百人了。以后就是几省联合起来打,把我们打退到大雪山,只有四五百人。一个星期左右,三省的敌兵来大雪山包围,打了几天,子弹打完,人打散,我即跟着龙厚生政委20余人退到云南威信双河场,正是夜间。在双河场都是住在双河以上,三四天。

龙厚生政委即派袁绍清去与水田寨艾宗藩联系,去躲。袁去联系好,随即派一个人来带着这20多人走坛厂,是12点了,住在街上的碉里,整饭吃,洗脚,即在碉里休息。睡在草上,天麻麻亮,郑有一(郑幼渔)即派30余人把我们的枪下了。头晚上我们还见到艾宗藩,第二天未见艾宗藩。当时这20多人中有3个女同志,是住在楼上去了。

我们的枪下了,又把我们拴起,就一个个地问,是敌乡长郑幼渔问。喊我问,我就说不知道。后郑说:"艾已说了,我们都知道的。"逼得我只好说了:龙厚生是政委,刘德龙是第一大队第1中队长(江西人),陈占云(不知湖南人还是福建人)战士,李富全(战士,北方人),另外还说了3个女同志阚思颖、李××、沈××是搞宣传的,又问我其他的人,我说他们都是战士。问我是什么,我也说是兵。

问时是一个个捆去问的,问完9点左右,开饭10点就把我们拴着都押到水田后山,当时打了龙厚生政委、刘中队长(刘德龙)、指导员黄青云,另外两个战士陈占云、李富泉,其余的是陪杀。但3个女同志未捆。以后把我们带到古蔺住一晚就转来。三个女的未转来。我们转来的有13人,到坛厂关了几晚上未拴。

后郑(乡长郑幼渔)对我们说,你们是远方人,回去没有钱,就在这里挨我背枪,因此这13人都留下了,有李绍波(四川)、余九江(川北人)、谭占云(四川)、朱明才(四川高县人)、何占云(四川筠连)、张占云(四川荣县)。

交待人张世明印

1970 年 8 月 14 日

赫章铅锌矿革命委员会(调查材料专用章)

（录自杨国民《张世明谈游击纵队的情况》(抄于镇雄二办)，1970 年 9 月 21 日。云南省昭通市威信县委党史研究室档案，全宗号 1，目录号 18，案卷号 55，第 33 页)

# 我曾是红军川滇黔游击队员(节录)

张少清

我 16 岁时在银山镇邱玉和(麻子)店上当学徒,做罐子四个月,后在来凤户和我哥张自成在扎子口卖油粽粑一年,后又到苏家塝花户市和哥做面馆一年多生意,改行卖蒸笼包 3 至 4 个月。在 1934 年过端阳后,就去当兵。是隆昌的兰澄清(是第十一连的一个班长)介绍我和张少华在资中文庙补进暂编第一师第三团第三营第十一连当兵。在资中住文庙 1 个多月,就开往宜宾。住吊黄楼和李压数天,开高县过八月十五。住了一个月,又开往底硐铺住了十多天,即 8 月 29 日,我连就反了国民党,连长排长也跑了,由军士万长清、黄钻成(是刘少成)、兰澄清(隆昌人)、宋华(眉州人)等将部队带到云南管的一小场走了两天,宿了两夜,在旧历九月追上了刘复初的部队,全连就投靠了刘复初。

后就将我们编为第三大队,他的人(指刘复初的部队——编者注)两个大队,另有一个手枪大队,一个侦察大队,共 5 个大队,有个司令部,有个韩独手,外省人,当天欢迎我们,还演剧,每个奖励两文大洋,宣布三大纪律,即失掉武器枪决,买东西不给钱和奸淫妇女和私打土豪等要枪决。

第二天就开往四川的大坝、镇州、花朗坝、大塆子、洛表、洛亥、上罗,到云南大雪山、水田寨等和云南的省军田营打了一仗,我们两人就掉了队。住在新地方,住下煮饭吃,放有 4 个岗哨。有一老百姓来叫,上面房子有吴子云队长,叫我们去两个人(吴是保商队艾宗藩的队长)。当时由宋华和我等 3 人去。吴子云对宋华说:"刘复初的部队,我们是保护的,你们就住下休息再走。"后又来了一人被岗哨抓来了,他说是老百姓,放走后却是侦探。吴就叫枪缴了,宋华缴了 5 支枪,当晚想走未成。第二天早被包围,我们 22 人,被枪决 14 人,余下 8 人,都是外乡人,分两处住。

我和宋华等 4 人住在郑家。住了 10 多天后我们要走,去找吴队长,吴说要送我们去水田寨,他母亲说可放他们走,你拖欠两条命债呢?后吴就拿〈给〉我们每人两角钱、玉米一斤,叫我和宋华去云南的分水岭。〈我们〉又被扣留一天,说我们是共产党打散的人,宋华叫〔给〕他们说后才回泸州。〈我〉和宋华住在大河街。

又在 1935 年①间,我在泸州哥面店时,兰澄清来给我说:刘复初在第三监狱,我们去看一看。兰澄清在我哥店内耍 10 多天,我们去看刘二三次。去监狱时,先在厅外登记,然后隔窗口谈话。

1971 年 8 月 7 日

(录自云南威信县委党史研究室档案,全宗号 1,目录号 18,案卷号 56,第 16 页)

---

① 刘复初被捕时间为 1937 年 1 月,此处时间有误。

## 关于大湾锄奸的情况

兰澄清

我们打大湾子时,记得当时那里驻着陇承尧的宗连,我们过了罗甸河,到陇家仓房上,当时分兵3路,我们第三大队打中路,第一、二大队打左右两翼,我们冲上去,将宗连打垮,在大湾子住了一夜,收了3家地主的财物,堆了好大一堆。在大湾子我们处理了一个内奸,这个人是当时参加游击队的,他在地方上抢人混不下去,就来投游击队,由于他路线熟悉,当上了一个小队长。当晚住在大湾子,他住在张乡长家,张乡长看到游击队去,就躲在床脚下,此人发现,把张抓出来,说:"出来、出来,不出来我就把你枪毙掉。"张乡长出来后,他们原来是相识的,说:"你不要打我。"我们的这个小队长就说:"把你的枪缴出来。"张交出手枪,就对他说:"你当红军不是好事,将来你回来时,如果你现在留条后路,我将来可以在地方上为你说点好话。"并拿出来了300多银元给他,他就叫张快出去。张刚一出门,就遇到我的部下,被抓来见我。我看到他穿着一身烂衣服,认为他是干人,叫留饭给他吃,这时,旁边有一个游击队员看见,就对我说,这个人是张乡长。等他吃完饭,我把他叫进屋里,冷不防对他说:张××,我是认识你的,你为什么不老实,他吓得混身发抖,把与我们那个小队长相遇的事全部招认了,我就向刘复初汇报。当夜,我叫人把这个小队长叫来,我拔出手枪对着他说,把枪交出来,就没收了发给他的枪,又从他身上搜出1支来,并搜出300块银元,把他警备起来。

第二天,在大湾开群众大会时,刘复初叫把他抓出来,并对大家说:"这个人在地方抢人呆不住了,来投游击队,本性不改,又私收300块银洋,放了张乡长,如果我们将他放了,他出来吃喝嫖赌,又要拿着这支枪去抢你们小商小贩,对你们不利,对我们也不利。如果他投靠敌人,把枪交给敌人,又要带人来打我们,所以,不能放他。"众声一致。刘复初就说:"把他枪毙掉!"刚一落口,陈彪就拔出手枪,从他背上砰砰砰打了几枪,打死了他。当时,我都感到吃惊,心想,为什么不拿远点去打,怕子弹打着其他人。

口述人:兰澄清,原川滇黔游击队员

时间:1985年2月8日

地点:扎西招待所207号

在场人:汪家友、罗光明、鲁才伦

采访记录:刘顺和

(录自云南镇雄县委党史征集研究室编《红旗卷起农奴戟》,1991 年印行,第333~336 页)

# 参加刘复初组织的游击队

## 钱长明

刘复初是古宋人，他过江西去〔而〕来，就在洛赛、洛柏林组织游击队，名称记不清楚，参加的人很多，约三四百人，有几个大队。金璇是他一个队长（兴文后房的人），还有黄队长，是江西人。我是罗刚武（洛赛的一个地主后代，被大坝黄树云杀了，并砍首级）介绍参加的。当时我才十一二岁，只是跟着耍，也没有栓枪，在里面吃住，跟着就是在洛赛、洛柏林、文家沟一带，一晚上都要住几个地势，没有固定在什么地方。刘复初有个基本队伍，有百余人，80多条短枪，20多支长枪，是黄队长负责，跟刘复初同路，我就是在黄队长这个支队，其他的还有几个支队，我不清楚。

组织两年之后（我参加进去3月左右），队伍开在文家沟，被国民党的地方军、地方团丁1000多人来打，将队伍打散，围困了、活抓了刘复初。黄队带伤①被俘，送往兴文医治，后放出来，在街上耍，在馆子里吃了发物而死。金璇跑脱了。听说刘复初被捕后从兴文送往古宋、泸州、成都去，是用滑竿抬起去。听说后来他还是反国民党，还骂他家人。

刘复初开始组织的时间，是红军长征未过之前，大概是1935（年）以前两三年。游击队组织起来，是打大户、杀贫农，还杀了一些地霸，如杀兴文岳家塆岳××、办团的地霸等等。

我就是由于帮人，一年搬几家，无办法，就去参加了这个游击队。约3个月的时间，就打散跑出来了。后来就没听说游击队的情况了。

天蓬公社河坝九队钱长明

1969年11月8日

（录自威信县委党史研究室档案，全宗号1，目录号18，案卷号51，第34页）

---

① 四川话，负伤的意思。

# 我参加游击队的情况

### 王发宗

1936年农历七月间，我参加了刘复初的红军，一起参加的有我、卿和贵、郭永常等，到里边去是阚思英〔颖〕同志登记，我们这几人分在第一、第二、第三大队，我在第三大队，大队长姓赖，又是指导员，江西人，还有个叫向中均，听说他是军队里边的团附，到大队任大队长。中队长是韦龙安，江西人（现罗坎大温水住），那时叫区队长，以下中队长许跃林（彝良角奎人，死了）。出发到柳溪，打着（听说陇寡妇家）布挑子，人没有打，只把布挑子拿了。几百件布发给士兵，到拦马坎缝衣服。从罗尾坝大水井下去到罗坎和威信连接的安乐溪打晋洪登家岩洞，去那天没有打开，我们受伤一个人，里边有后路，人些退〔逃〕掉了，没有得到些啥子。后到罗罗坝、斑鸠沟、瓜雄、雨河，从雨河环山到大塘口又和袁学栋的团防打，上梁子去就没有追了，到茶杠坡、坳田，听见罗坎有军队，又去尾坝大水井过河到后天坪歇。

第二天爬后天坪坡就接上火线，可能是周光汉的团防，一冲上坡去，他们就跑了，无伤亡，那天到花秋坝歇。第二天经罗罗坝、斑鸠沟、瓜雄就黑了，那晚上又拖到大湾子，打大湾，抓了熊支连、陈福全、王明召等好几个，把熊支连和其他家的镍币（第二天）撒到街上给群众拣，还把熊支连等的猪杀了十几头，一小块一小块的砍丢到街上给群众捡，走时又把王州昭拉出去要杀了，群众些保他才没有杀。

后从花果梁子到花朗，被余化龙家的人从碉头打枪出来打死了两个，游击队从侧边绕过去，他的人跑了，当天在花朗歇，第二天把碉烧了，一走就和田营长的人打，我们边打边退，经大河滩、水田寨，又拖转威信。那时四川刘少成带队到罗布坳找游击队，合队以后力量要好点，在罗罗坝又打杨大贤家岩洞，攻下来以后又攻到花秋坝，这时补充团和周光汉的部队又来打我们，把他打败了，还提到一班多人的龙头马枪，不知打死多少人，我们死了一个叫毛明显（是红军进来的人），周树青和毛是一起的人，当时周还哭了。补充团退到后天坪，要罗坎的王应崧派人抬伤员上昭通，老百姓不干。后来田营的部队又追过来了，我们下四川去……

1936年九十月间，我们部队开到母享这边来，从一碗水这边冲下来，突然包围了母享区公所，第一、第二大队正面攻，刘少成大队用炮轰，隔一下又甩一颗手榴弹进去，可能两三个钟头才打进去。姜区长的太太受伤（乳房被炸烂，游击队进去还给她上药）。姜的队长也被打死了。我们这边第二大队中队长正副都牺牲掉，名字记不起,第二天用大木头埋在母享街背后。这次战斗,听说缴了40多支枪和一些弹药。

后经玻璃坳,刘伯州办了交涉,互不侵犯,游击队还是派人监视他。后又到林口、镰刀湾、糯米镇歇,又转到燕子口遇到运给杨森的物资,打到一大批,第二天杨森的部队就到了,我们退到石厢子,和杨的部队打,刘少成的老么披起他的大衣被打死掉,我们的迫击炮丢了一门。刘少成还要杀这个队长,后刘复初说:"不能杀。"我们的武器丢了又去找。后我们被追过河,田营的部队又一直追起打,那时,刘复初又病了,是抬起走,那两个女同志叫要保护好司令员。因先头部队休息,正擦枪,机枪零件是搂来兜起跑,一直跑回大雪山这边来,队伍一路被打散了,我们是在陇杠王秀高家,我钻到一个坟林头躲,黑了,敌人追过了,我们才出来到王秀高家去的。王秀高没在家,他母亲煮点稀饭给我们吃,深夜了王秀高才回来,因王也是参加游击队的,到第二天他和我们又到山上去躲,在这里打散剩下的人有许跃林、李跃廷(队长)、李云周(副队长)、廖忠堂、王秀高、康云安(康疯子)、杨顺顶、向必军(队长)。

口述人:王发宗,68岁,罗坎石头沟住人

地点:县委招待所

时间:1983年5月15日

采访人:邓尚书李英才(记录)

(录自云南镇雄县委党史征集研究室编《红旗卷起农奴戟》,1991年印行,第332～334页)

# 关于川滇黔游击队的一些情况

## 张开祥

我叫张开祥,彝族,今年已 66 岁,务农。

我们在解放前红军来过后,就去参加刘复初和龙厚生的红军,我们去参加时是一个冬天,记不起是哪个月了,只记得他们到洛表时,甘蔗都成林了。我是从家里看见他们红军经常走这里过,还放个游击大队长给我们大坝子的陈绍容,并且来这里住过 5 次,看见他们吃穿都好,我就跟着去,找点穿。

我们从落堡方向去分水到高珙两县一带,又回到威信的罗布坳。那时从四川来有一个连川军人,打起红旗来参加我们。后来我们就从斑鸠沟过来到瓜雄,后来我们从大塆子去打陇家。第二天我们到花朗坝,早上黔军就来打我们。记得我们分队去打□□时脚负伤,我们将他抬到街上。第二天早上就被黔军来打我们,我们吃了败仗,一直退桐麻坝,我到落堡才请假回家的。我回家时一样都没有得到。

关于我知道的红军游击队经常来这里,送陈绍荣的大烟和枪弹,这些枪弹后来被孔政荣来杀艾宗藩那次,将陈绍荣都抓去陪来,枪也被孔政荣收去了。

(录自杨国民《张开祥讲述关于川滇黔游击队的一些情况》,1970 年 6 月 11 日。威信县委党史研究室档案,全宗号 1 目录号 18 案卷号 54,第 23 页)

# 关于我参加红军知道的情况

## 李清明

1936 年 7 月,我于镇雄河乃溪参加红军游击队,至同年的 10 月,游击队在三口塘秦菜埫与省军作战,后被打散离队,由彭班长带起去四川,后回家帮人务农。现住瓦石永红生产队,家庭贫农,本人农民,现年 57 岁。1957 年间曾任过生产队队长职。

同我一起参加红军游击队的人员有:

李兴周:家庭贫农,本人农民,家住河乃溪,1936 年 7 月参加红军,于 9 月初在郭家坟打土豪英勇牺牲。现家有兄弟李兴科,仍住河乃溪。

马成方:穷人出身,帮人,家住河乃溪,1936 年 7 月参加游击队,在炊事班工作,后不知在何地生死未知,一直未见回家。

方玉田:镇雄关上人,参加游击队,于烂泥坝战斗中牺牲。

谭兴周:家住关上河乃溪,本人农民,会补锅,一同参加游击队,1 月左右就跑了出来,就补锅,当铁匠,新中国成立后病死。

黄××:此人是奎香林口下来帮人的,1 月参加红军游击队,在炊事班背东西,一二月后就不见了,不知是在哪点打死了。

同我一起从三口塘出来的有 7 人,由彭班长(洛亥云南街上人)带起去投洛表区长李正武,他们 6 人去招抚,缴了 6 支枪,登记后,各自回家去了,都是四川人,名字忘记了。

我出来没有带枪,我的枪是在站哨中,睡觉,敌人追起来了,一同站哨的两人喊我跑,就此失掉了,我在洛亥在了四五天就回家务农,后在河乃溪害怕,迁往茶扎坡帮人、坐家、务农。新中国成立前夕才迁来这里住的。

李清明

1970 年 8 月 15 日

(录自云南威信县委党史研究室档案,全宗号 1,目录号 18,案卷号 54,第 25 页)

# 回忆在游击纵队里的情况(节录)

## 官玉明

我叫官玉明,男,现年 52 岁,汉族,原籍贵州省八寨县城关镇,现住珙县洛表原复兴公社杨柳大队一生产队(榜上)。

我 14 岁,不知是 1935 或 1936 年七八月间,红军二万五千里长征经贵州石阡县,我参加红军,就跟着红军走,就到遵义了。在遵义国民党的中央军来遵义打红军,红军就和他们打,打了两天或一天,我们红军就进遵义城头去,后我掉队了,就逃到毕节来。(第二年)我在毕节场口腰店子头添饭吃,有两个生意人说"这里有红军"。我就走到大渡坊,就参加了刘复初的队伍……

转到花朗,被国民党贵州军队给我们打了一火线,杨松榛负伤,我和杨就从大石盘到洛亥来养伤了。我和杨在洛亥一二十天。杨伤好就说他要去找队伍,我就和他由洛表到大石盘去找,来大石盘没有找到我们的部队。

洛亥云南街上没有个彭班长,李清明我认不得。

余明福这个人没有听说过。

笔录

官玉明手印

(录自雷吉常《官玉明回忆在游击纵队里的情况》,1970 年 12 月 4 日。威信县委党史研究室档案,全宗号 1,目录号 18,案卷号 55,第 8 页)

# 回忆参加红军游击队的情况

### 李明杨

我在十二三岁时,就听旁人说,我父母在一年内先后害病双亡。父母死后我就到贵州江口县帮汤炳成家放牛,后来犁田可以做了,像帮好几年,具体不清。约20岁高矮(的样子),我有个姐姐在湖南病了,我就去看,后来我姐姐也死了。

这时我就在湖南省晃洲〔新晃〕县湖平参加红军长征,军长彭德怀(瓜雄的王清和都同我在一个部队,当时认不得,出部队后摆谈认识的),部队编制我不清楚,我是在第六支队,队长姓杨……指导员姓董(女子,后牺牲)。我们从湖南进贵州再进云南,打了不少仗,我只记得一人叫杨在礼(福建人)在云南被打垮后,我俩一堆要过饭。他说他要回福建。

我们从云南分手后,我就参加了刘复初的游击队,不知是在威信或镇雄地方参加的,现记不清了,也不知是哪年。现在我只记得刘复初是支队长,龙厚生是指导员,其他想不起了。那时候没有几个支队,叫川黔滇游击队,我在游击队一直背浆糊,粘标语,走到哪里粘到哪里。

听说刘复初在大雪山害病,被国民党捉着,送走洛表过,我想去会他,洛表街上的人说:"正在清你们,你还敢去会吗?"这样我就未去会刘复初了。

我是在郭家坎过来,就被洛表的敌保商队李正武带人捉到洛表来的,同我被捉的一个是游老幺(不知名姓住址),在李正武那里住有约1月,李正武还借点钱与他,他像回去了。我被李正武捉来洛表的时间记不清了,像是在打谷子,地里还有包谷秆。来洛表后,问我的情况,我就说了。他问了我:"有多少人,多少枪?"李正武亲自问我:"我要杀你,你怕不怕?"我说:"人多得很,枪也很多,我不晓得,我是一个兵,我是刘复初的部队,要杀我我也没办法,我也跑不脱,不杀我,我还是一个兵。"先后问我几次,后李正武说,让我不要跑,以后给他保布帮,并又问我:"打仗怕不怕?"我说我没有拿过枪,我不怕。这样我给李正武扫地、挑水,搞了几个月。李正武就被军队(不知什么军队)弄去杀死在洛亥。

这时我在洛表没有着落,就被洛表乡公所捉壮丁,送我到珙县关在卡头,我就害病,到第二年栽秧子时,病松了,就把我送到长宁县去。到长宁县不收我,就放我回洛表。我从长宁回来后,就和李正武的舅子保商队队长张华松背枪,大约背了两三年,后张华松被他人杀了,我就在洛表做盐布生意到解放,新中国成立后又做一年的生意,后就务农到今天。

游老幺也是红军,来参加到刘复初部队的,参加刘的部队后在郭家坟同我被捕。

李明杨,男,汉族,61 或 62 岁,贫农,原籍湖南省晃洲县〔新晃县〕(小地名不清)现在珙县洛表区洛表公社红卫大队。

李明杨口述笔录

杨德举记录

以上材料属实基本可靠,供参考

珙县洛表人民公社革委会(公章)

1970 年 12 月 4 日

(录自云南威信县委党史研究室档案,全宗号 1,目录号 18,案卷号 55,第 11 页)

## 红军游击队的黄坭之战和石包田之战

1936 年(丙子年)4 月 2 日(农历三月十一)黄坭之战

川军一排人给顾晓凡团部送钱来,住在现黄坭小学(原万寿宫)。在吃早饭时,红军游击队约几百人把他们包围起来,准备把他们一举消灭。刚开始打时,顾晓凡亲自带领一团人(约几千人)来接钱。当走到黄坭河对门时,枪声一响,就打起来了。接着游击队和顾敌军相持打开了。最后,游击队吹调号撤走了。战斗结束,消灭川军一个排长,一个中士,一个班长。游击队无奈地安全转移到宋家山那边去了。

1936 年 4 月 12 日(农历三月二十一)石包田之战

红军川南游击队开到黄坭当天,有一个人叫姚国君来喊我,说王四爸(王逸涛)找我。我去时,有王逸涛。王元德(王的弟)就说:"我和你(赵巴子)去两河探一下白军到两河口没有。"就拿了 12 个毫子、4 吊铜钱给我。

我刚走到天生桥时(时间:太阳已经落山了),当时白军周营长的队伍已开出来了。前哨兵就问我:"你是从那〔哪〕儿来,是不是共军探子?"我刚要返身回去,被赵平川(敌军)抓住我,问我走那〔哪〕里去,说着就给我一巴掌,并搜身搜去了我的钱,就把我和另外一个被抓的叫杜从新一起押回两河到周营部。

刚走到两河口,周营长到了,问杜,你怎么来的,杜说:"我是被王逸涛逼来的,我是来报告你们。"周营长就给他松了绑,周又问我。我也如此答了他,他也给我松了绳。后来敌军继续向前。哪知游击队已部署好了兵力,准备在石包田坎上消灭敌军。

游击队等敌军走进火力网,一声打字,就知〔和〕敌人战斗开了,游击队十分浓厚〔勇敢〕,高喊:"周营长被打死了,冲呀!"敌军听后,不明真相,摆阵而逃,当〔打〕伤打死敌兵数人,最后敌军又发起了进攻。在敌强我弱的情况下,游击队为了保持实力,胜利向树坪方向转移撤了。我游击队一个中队长不幸负伤,后英勇牺牲了(现在树坪后圈凹某地)。

未打仗前,游击队在黄坭坊上杀了周银武、刘复(两人是收苛捐杂税的)。给了敌人一点利害。

调查走访组

(录自四川泸州市叙永县县委党史工作委员会档案,全宗号 307,目录号 1,1977 年,案卷号 8,第 247~249 页)

# 红军游击队在烂泥坝与滇军的战斗情况

李顺堂

我弟吴锡州是刘复初部下的一个小队长,经过吴的介绍我参加了刘复初的队伍。大概是 1936 年秋,川军到斑竹塘围歼刘带领的部队,殷禄才带领我们和刘的部队一起击溃了川军。

1936 年秋,刘(复初)带领我们到大雪山一带活动。一天早上,我们到了烂泥坝的金凤村,刚把大地主杨成才的猪拉来杀了,还未得到早饭吃,滇军几百人就从麟凤花秋坝这方追上来了。由于哨兵向正在开会的领导汇报"滇军来势凶猛",游击队负责人就命令马上撤退。这时滇军已经和游击队接近了。当红军从杨成才的房子处撤到大田坝时,就和追上来的滇军接上了火线。于是游击队领导命令边打边退,争占有利地形。红军退到拐弯的大田垮处,部队就左右两方埋伏,左方是埋伏在东黄龙〔庙〕的山脚下,右方就埋伏在大坟山(东面对面的包包)的山脚上,当滇军刚打进垮就进入了红军的埋伏圈,红军把滇军打出拐弯处,滇军又攻了进来,而且用两挺重机枪压阵。要打垮敌人必须先销毁两挺重机枪,于是红军的一个排向重机枪处攻去,有两个红军被子弹打死了,有两个红军从机枪上跳过去,还未来得及消灭机枪射手就被滇军打死了。正在这时,红军中一个又高又大的大麻子(名字不知道)冲了架机枪处的敌群,将手里的大马刀砍得飞圆,当他负伤后,他拉响了手榴弹,敌人死了约 10 来个,他也光荣的〔地〕牺牲了。红军趁此机会把滇军打溃散了。敌人丢了两挺重机枪,还丢了龙头步枪,我亲自和一些红军拾得的就有 5 支,其他红军拾到多少我不知道,还缴获子弹(多少颗我不知道)。

由于担心滇军增援部队到来,为了保存红军实力,于是红军就从大坟山退到石家山。当从石家山退到花秋坝时,刘复初同志还讲了话,表扬大家作战勇敢,要大家以后继续战斗。在花秋坝开会后,红军主力就往四川方向撤了。

这一次战斗只打了一个多点小时,但是我参加红军游击队来打的最激烈的一仗,机枪、步枪声、喊杀声真是惊天动地,双方数百人参加战斗。红军虽有伤亡,但没有滇军大,红军是获胜了的。据说,杨成才和周光汉也带民团来助滇军的战,但由于红军获胜了,他们不敢来投入战斗。

1935 年 7 至 8 月这一段时间,红军也来过烂泥坝,把大地主杨明三的碉烧毁了。杨明三和杨成才带人来和红军打,见到红军势力大,斗不过红军,只打了几枪就逃跑了。

红军在烂泥坝和滇军打仗后一年左右的时间,刘复初的部队又来到了大雪山。当时刘复初病重,是用滑竿抬起来的。由于川军又来"剿"红军,于是红军又隐蔽起来。刘复初白天在森林里隐蔽,晚上就用人背,我背了刘两晚上,是从青龙嘴背到江正昌家,我把刘背到江家后,为了不让人多暴露目标,我们就走了,是由吴锡州带几个人照顾刘复初。

走访人:廖珍琪　林昌华

地点:龙塘乡铁厂村李顺堂家

时间:1984 年 8 月 6 日

（录自云南威信县委党史研究室档案,全宗号 1,目录号 18,案卷号 51,第 1 页）

# 我参加川南游击队的情况

## 杨树成

我于 1936 年在建武参加红军游击队。正是 1936 年 4 月,由涂良希介绍我参加的,涂是我的班长,建武人,排长姓金,名字记不起来了,好像没有连长一级,上面就是游击大队,队长刘复初,在他身边的两个女同志,一个叫阚思颖,一个姓李的,其他的领导人就不清楚了。我参加时,还不到 90 个人。

队伍在建武的地方,首先搞袁克明(建武敌乡长),搞了 5 支枪,得了子弹,就到周家沟。两天后,开往上罗,搞了曹焕田 7 支枪,曹是兴文珙县下罗乡的乡长。到洛表,准备搞李正武,李跑了,就到洛亥,上高寨顶石碑口,后又回建武,又开到炭厂、吴家沟、三官店,到叙永双桥子、红岩坝、两河口、金鹅池,走三河口,出猫坝、从大坝山上到兴文回建武,转去转来的。后来,就从镇雄地界到贵州的镰刀湾,住了 10 多天,在大渡口打过杨登高(因杨抢亮岩),又开下古蔺,走双桥子(雨林)回建武。到 9 月份,我就到威信三口塘,是从石碑、司营铺到郭家坟经斑竹上来的。

我们游击队的名称,只听刘复初讲话是川南游击队(没有打着旗子),游击队的任务,目的是打富济贫,分地主田地,还说要打垮蒋介石,解放全中国等。

其他的由于时间长,再加上我在里面时间短,又是一个士兵,不知内情,不很了解,就是这些。

天蓬公社柏香二队杨树成

1969 年 11 月 9 日

(录自云南威信县委党史研究室档案,全宗号 1,目录号 18,案卷号 56,第 11 页)

# 参加游击队的回忆

## 廖珍银

廖珍银,现年65岁,柏香大队峰岩坝人。他说他于大红军来过的第二年草蘼完时,因他们没有父母,只有他妹弟2人,生活困难帮人。

廖珍银:我到斑鸠沟赶场正赶刘复初的红军来到了,因为我们穷人都没有跑,看热闹,结果就有两个女红军在街上向我们宣传解放的政策,问我们愿意参加红军的都可以去。我也就报名参加了。

我到游击队后编在第一大队第二中队。但是我没有问领导的姓名,都是一些江西人,见着他们就叫队长。我们那个队不准交头接耳,说走就走,说吃就吃,不准多说话。我还背一根长枪,进去以后还是好几个月。

我们打进大埸子街一家区长家和一家姓邵的碉〈堡〉,又打进母享陇家,转来转去我现在记不清了。花朗坝打仗我没有参加,咋打的我不知道。海子坝这一仗我是在的。我先是在贵州燕子口打杨森,缴获了牛奶糖和一些宽布,我都分得一块,得的钱全交司令部作伙食用。当天打的是马帮驮的,有二三十个军队人保护。将他们赶跑了,打得东西后我们队还有两三百人,退回来一段就住下来。

第二天来到一个大坳,突然黔军围下来了,我们都打不出来,有些都流泪了。刘复初直接讲话:"同志们不要怕,现在怕也无用的,大家把武器准备好,我们要勇敢一点打出去,现在还不知敌人到底有多少,打下来再说。"枪声已经逼近,我们就冲锋打了一阵,人也落了很多,不知道是死了还是捉去了,也不知道跑散了的。

第二天我们就赶到四川那边,又接着跟川军打了一天的仗。走到一个山沟里头将到云南的时〈候〉又遇着滇军,接到〔着〕就打了一大仗。打仗快黑了,我们又过一道河,走一阵住下做饭吃,那时候我们知道人不多了,最多也不过百来个,当晚上半夜就叫我们赶路,因为刘司令打摆子病一两天了,大家都抬他走。

一直是爬山,上到一个小坝子的地方天又亮了,就叫我住下来,煮饭吃。早饭还没熟,岗哨上来传达滇军又跟上了,当时有的说要打,有的说是要住下来煮饭吃。我们也不打了,昨天才和他们打过,他们也一定要吃饭的。随后站岗的回来讲,滇军也烧火煮饭吃了,结果我们是先煮饭的,一定在他们前面吃饭。吃过饭后司令部的人先去,我们爬山翻下去就到一个有老林的地方,就命令停下堵滇军。等刘司令们走远我们才慢走跟上。

结果我们各找堵口,前后分层堵着,没多时滇军就顺着我们打过来了,因我们是找好的堵头,他们打了很多枪。由于对头山远,他们冲不上来,乱放枪,我们的人没有打好多枪,光是骂他们不敢过来,直拖了一半天,滇军就去喊些民团从几边都围进来,我们才撤走了。那不早了,滇军也跟不上我们,我就走到大石坝街上来才住下来,叫大家都整饭吃来,歇下休息。煮饭的在茅坝沟找地点煮饭,我们是在山上堵口子。不多时就传来滇军跟上来了,立马又叫我们往海子坝方向走。我们退到石坳子那里,我们这里的张瑞伦就爬到大老包山顶大吼"共军在石坳子"等。结果不知是我们的哪个人爬到二等岩去,发一枪打准张瑞伦,把他打死了。

随着这一枪战火就打开了。从石坳子打到海子坝可能有10来华里,那天的仗火打得很紧。我们连几天都打仗,跑不起得很,只好边打边退,这一弯〔条〕路又窄,我们的子弹又少,结果滇军逼得很近,枪打得很密,将路旁的木头树枝都打断,一路都是,连路都挡着不好走,人也死去一些,前后都在打。好在山上树木多,我们被滇军打散在这深山里头。

我是打到花秋坝那边打散的,出来后我将枪丢了,就从三口塘那边,到四川躲了好几天。我们的队伍也听不见去哪里了,滇军也没有听说。我在王场耍一天,遇到一些认识的人下去,听说我们红军打完了,没有人了,滇军也走了,我才回柏香这里,仍然回来帮人求生活。

调查人:杨国明

1983 年 3 月 7 日于廖珍银家中

(录自云南威信县委党史研究室档案,全宗号 1,目录号 18,案卷号 57,第 1 页)

# 川滇黔边区游击纵队的情况

## 宗其武

我叫宗其武,丙午年生的,现在已 79 岁了。当刘复初常来后天坪,他部下的人找我要,叫我们参加红军,结果我和宗大伧、宋跃文、潘孝□等 4 人一同进去,他们 3 个都死了,只剩我一人了。我进去时是给他们带路。一多月的时间,没有背过枪,后转回这里来我就不走了。我在里面的一个月时间,没有打大仗,又没编在哪个班、排,饭熟吃饭,要走时我就带路,有时晚上走的〔得〕多。所以回到后天坪我就不走了,他们 3 个先后也就回家来了,都没有干得好长。

我们去时有时间那两个女红军就教我们唱军歌,她们教的歌是:人人都要当红军,士农工商都欢迎,排长连长都一样,没有哪个压迫人。这是一空时就要大家来唱的歌,每到一个地方后,那两个女红军就出去宣传,她们先是讲我们红军是打土豪杀贪官,不关你们穷人何相干,叫老百姓们今后见着他们红军来就不要跑了,好好的〔地〕看着自己的家,播好自己的庄稼。

红军的弟兄们没有发钱,只有饭吃,只发些新布给大家打草鞋穿,我们在了一个月的时间出来了。

调查人杨国明

1983 年 7 月 15 日于后天坪

（录自杨国民《宗其武讲述川滇黔边区游击纵队的情况》,1983 年 1 月 15 日。云南威信县委党史研究室档案,全宗号 1,目录号 18,案卷号 58,第 8 页）

# 刘复初率部队到天坪的情况

## 宗大成

我是吴锡州身边老幺，我们随同吴参加刘复初部队的人是胡志华、胡志大，我们一路进去，还有外地人，我记不起名字了。那时黄德芳〈他〉们也进去过，黄德芳带进去的人我认得的有黄德吕、黄德武、宗大线、宗志武、宗大林，外面来的人多但我记不起了。

……

宗大成现年 62 岁，后天坪的老年人。

调查人杨国明

1983 年 7 月 16 日于干塝

（录自杨国民《宗大成回忆刘复初率部队到天坪的情况》，1983 年 7 月 16 日。威信县委党史研究室档案，全宗号 1，目录号 18，案卷号 58，第 17 页）

# 我参加红军游击队的回忆

## 周德富

1936 年,我做小买卖,卖布匹、盐巴。有一次,我从宜宾、大坝背布、盐来到扎西老街,被收税的任清华挡着,要我上 500 元钱的税。我没有钱,就把我送进监狱里关起来。一进监狱,就有 20 多犯人,要我"团仓"(出钱办招待)。监狱里关有一个游击队员柯大贵,帮我说好话,就没有出钱团仓了。我关了半个多月,家里的人送钱来交,才把我放出来。我出狱时,送给柯大贵 2 元钱,我俩就结下了感情。

我出狱的第二年夏天,到镇雄大湾子赶场,游击队就住在大湾子街上。柯大贵不知哪时出狱到游击队去的,他在大湾子街上又遇着我,就叫我参加游击队,并说游击队好得很,是打富济贫,为穷人翻身作主的。我就从那天参加了游击队。我一进去,柯大贵就对我说:"我是分队长,宗奇正是中队长。"把我编入第二大队,大队长是高明亮。发给我一支步枪。

那天下午就在大湾子街上开群众大会,刘复初司令员站在一张桌子上讲话说,红军游击队,是打富济贫的,是为贫苦大众翻身求解放的,实现人人平等,穷人当家作主,等等。当场就将没收地主粮食财物分给穷人,有的分得粮,有的分得钱,有的分得物。又在街上给一些穷人理发。

第二天就从大湾子出来走到香坝的上游,花朗的下游一个半坡上马井子地方,被乡长李红江勾结陇家带 20 余人枪,去阻击我们,向我们开枪射击。刚听到枪声,子弹就从我身边飞过去,打着我后面的一个游击队员,当场牺牲了。李红江见我们 300 多人的队伍,来势凶猛,就仓皇逃跑。我们随后追击,追到花朗坝,抓着了李红江的侄儿李明阶、区长王明章,并将李红江的房子烧了。

当晚我们住在花朗街上。李红江乘机报复,去报滇军来打我们。我们听到信后,就将李明阶、王明章押着退到石板坳。滇军追到石板坳后,我们又从石板坳退到蚊河的菜营、落甫、河坝场、后山等地,周旋了两个多月。

有一天在河坝场打一个乡长的碉楼,打了两个多小时,乡长投降了,交出六支步枪、数发子弹和部分财物,随后就把那个乡长和李明阶、王明章放回家了。以后,我们又到了贵州的林口。我们买猪杀来改善生活。又到镇雄母享街上包围一个区长的房子,打死了那个区长,打伤他的老婆,缴获了 20 多条枪和部分子弹。到了晚上那个区长的团丁来了 20 多人,想偷袭我们,被哨兵发觉了,没有袭击着。

第二天我们就到了燕子口，又缴获了一个保长的四五支枪。当天下午袭击两张〔辆〕商车，缴获一批布匹、香烟。我们就撤到滥泥沟，买猪来改善生活，又将缴获的罐头和香烟，每个队员发给三盒，还发有伯姑牌、高塔牌香烟。那时我们有四个大队，一个司令部，第一大队长姓向；第二大队长高明亮；第三大队是龙厚生副司令代队长；第四大队长不知名字。当时大概还有300多人。司令员是刘复初。

在滥泥沟住了几天，国民党军队开来围歼我们，刘复初司令员从各大队抽出有战斗经验的老游击队员，组成有40多人的伏击队，对国民党军队进行伏击。这次伏击很成功，打死打伤10多人，并把国民党军队追退10多里路远，我们只牺牲一个同志。

我们连夜走到四川的水潦的下游大渡口、石厢子等地，抓获两个国民党的侦察兵，得知云贵川三省军队要来"围剿"我们。不一会儿，国民党军队就和我们相遇，我们就边打边退，退到分水岭的田坝头，把那个国民党的侦察兵枪毙了。

刘复初司令员生病，游击队员用滑竿抬着走，走到菜营苦朝坝，司令员住杨洪章家，我们住下面的房子头。听说有一个女游击队员牺牲了，有两个女游击队员没看见。第二天到龙里坝住。第三天到大河坝与一个姓张的乡长打。国民党军队又追上来了，接着又和国民党军队打了三四个小时。我们的部队打散了，有的牺牲了。还有100多人跟随刘司令员退到三口塘。在那里住了几天，刘司令员病重，叫龙厚生、高明亮负责部队，刘司令员带一个班退到大雪山养病，龙厚生、高明亮带我们退到金银山、核桃坪。这时国民党军队随后追击我们。当时有的群众叫我们退远点，才能摆脱国民党军队的追击。

我们连夜退到石坎的院子脚半沟，我就从那里回家看望家里去了。龙厚生、高明亮们向水田寨方向去了。我是腊月初回家就没有回部队。后来我听说龙厚生、高明亮他们被郑耀东杀害了。

周德富回忆

王满富整理

1993 年 4 月 17 日

（录自云南威信县政协文史资料办公室编《威信文史资料选辑》第 14 辑，1993年印行，第 27～29 页）

# 我参加红军游击队的经过

## 王元兵

丙子年(1936年)六月初几头,游击队刘复初从毛坝下来住在发地,把富农雷中良家猪杀来吃,步哨放到我们门前来。他们请我女人杨莲芝去缝米口袋,晚上回来时,撮了一皮撮米、砍了一块肉、六吊铜元给我女人带回来。我说:"这支队伍好礼节,明天还要缝不缝?"我女人说:"还要缝。"

第二天,我女人去给他们缝米袋。我装做带孩子去吃奶,去看这一帮队伍到底是些什么人。站岗的战士问了我的来意后,便放我进雷家坝子去。我把我娃娃递给我女人喂奶,战士们便招呼我坐,摆饭,抬肉给我吃。我在吃着饭,他们动员我参加红军。我说,我家中有困难,他们叫我背雷家包谷来吃,又说,以后打土豪带钱回来买。经他们动员,我同意参加红军。

我回来,花朗的陈正武(汪家湾子)、陈正周(滚桶坝)来我家耍,我对他们说了此事。他们也要参加,叫我去对红军讲。刘复初问明二人的情况后,同意收他们。因此,我们3人便一同参加了红军游击队。

当晚,我们从发地起身到林正环岩,杀徐么老师家猪来吃。第二天到苦胆林陇玉书家,在苦胆林住两天。其后由花朗石板坳、饭果到脚板沟。在脚板沟打土匪练少青,提着12支枪。到院子消灭胡绳武,提着12支枪;到瓜雄打大地主甘家,提着两班人的枪。由瓜雄到郭家坟,遇着地主办酒,摆四桌半背枪的人,我们把他打死五六人,提了枪。

由郭家坟到四川中心场和团防打,打死团丁2人,提得枪4支。一个团丁钻老百姓的屋逃跑,一个战士打了枪,把老百姓的一个姑娘打死了,红军便买棺材来埋。又由中心场,转到底蓬、大庙等地,又转到罗坎(关上)的茶坊(可能是茶蔚),我住在拦马坎,土匪李老乱(大雪山人、其名不详)来信说愿投红军。当晚召集李老乱开会,对他讲红军打土豪,不抢百姓的政策,叫他把抢来的东西退还给老百姓。李认错后,愿意退还所抢之物。我们写信到关上。第二天我们把东西背去退还老百姓,关上的群众放火炮欢迎我们,每人送两个饼子给我们。在关上打厘金房得枪4支。后又到溪口打确佐陇家布挑子,把打来的布分给当地群众,每人两件。打死保帮的 20 多人,枪全部提掉,管事未杀,宣传政策后发给路费释放。

口述人:王元兵,64 岁

时间:1974 年 1 月 6 日

采访记录:汪聪

(录自云南省镇雄县委党史研究室编《红旗卷起农奴戟》,1991 年印行,第 314～315 页)

## 刘复初要我负责寄养伤员

吴相之

原珙县周家乡乡长吴相之,84岁,1984年4月11日回忆。

当时红军游击队过周家时,刘复初曾给我丢了信,要我负责寄养伤员3人。我把伤员隐蔽在山上一家农户后,采取两面应付的办法,通知(县府有游击队在附近活动)后,刘治国带队来打,叫我带路。我带队大概是沙河的民团(实为孝儿的民团——原整理者注),走到半山就打响了。当天打得刘治国的队伍狼狈不堪,刘治国完全吓哑了,把衣服脱来放在河沟边大石头上,趁此蒙混躲在附近路桥下面侧边一个石缝里,直到天黑人静后,他才从包谷林内溜出来,到苗民杨兴隆家,估逼杨兴隆背到地主何保长家,后用竹竿捆好抬到底硐。

我负责寄养的游击队3名伤员,后又遇到刘治国派团丁来"清乡"(大庙之战后几天),吓得我急忙将伤员转移到山上洞子里隐蔽起来,幸运没有被清查搜出。

雷少全记录,陆正华整理

(录自《中国工农红军川滇黔边区游击纵队斗争史》编写组编《中国工农红军川滇黔边区游击纵队斗争史(副本)·下册》,1985年印行,5—75~76)

# 红军执行纪律枪毙黄炳廷的情况

江安县五谷公社龙君大队沱田生产队黄少云说:"我叫黄少云,现年 69 岁,我曾同我大哥黄炳廷、四哥黄朝发等 8 人,每人挑一担包箩到红硐场,碰见了红军,我们就参加了红军。……因我大哥平时乱拿东西,被红军枪决在古佛台,还贴出了罪状。"

江安县五谷公社五谷大队联合生产队王树清说:"我叫王树清,现年 74 岁,1934 年在洪硐场参加红军。……当时红军对我们讲:缴获东西要归公。黄炳廷因随时〔意〕在红军拿东西走,最后被枪决了。"

(录自《中国工农红军川滇黔边区游击纵队斗争史》编写组编《中国工农红军川滇黔边区游击纵队斗争史(副本)·下册》,1985 年印行,7—21)

# 游击队的统战工作

### 王金源

游击队建立统战关系的,在水田寨与艾宗藩建立互相合作关系。艾还办招待,在石厢子开过欢迎会。第二天就去水田寨〈见〉陇承尧独立营的人。此后,艾宗藩之弟艾思州曾带队跟游击队一路活动,游击队又跟郑耀东建立关系,互不侵犯。郑还跟游击队买子弹等援助。在天蓬寨,与赵礼龙也有过互不侵犯的情况。后来赵礼龙直接跟游击队交战了。

1936 年底,游击队打散后,龙厚生、曾春鉴带剩下的人员到水田寨郑香谷处躲避,被郑香谷欺骗杀害于坛厂金竹林。这次事件之后,游击队就没有听到活动了。

关于艾宗藩被杀的问题,听说游击队政治部有个人,艾宗藩部下为表功,杀了这个人,将尸体送坛厂孔指挥。艾宗藩带一班人随后去,孔指挥杀了艾宗藩和艾的几个人,杀的原因没有听说。连陈绍云也被杀了。

(录自云南省昭通市镇雄县县委组织部《川滇黔游击队材料》第 4 卷第 1199~1200 页)

# 川滇黔边区游击纵队的一些情况(通信)

## 李桂英

富昌同志:您好!

来信收到。我曾跟同志们一起在川、滇、黔进行过艰苦的战斗,那里的父老乡亲给了我们无数的关怀和帮助,他们和游击队的同志们的革命感情,不是亲人,胜似亲人。

我的脚被刺戳伤,被老乡救护,这件事我没忘记,但地点我记不清了。我就是那次戳伤脚后,被国民党滇军抓去,后来押到重庆坐牢,经党营救出狱,继续革命工作。本来,在庆祝川、滇、黔游击队成立五十周年时,我很想去老根据地,看望那里的乡亲们,但只因我身患多种疾病,双目失明,未能如愿。在此,请您代向其他乡亲们问好!

阚思颖〔甘棠〕同志解放后曾任四川省高级人民法院〈副〉院长,"文化大革命"中去世。

不多写。祝您们全家好!

此致

敬礼

李桂英

1968 年 1 月 6 日

(录自李桂英给刘富昌的信。威信县委党史研究室档案,全宗号 1,目录号 18,案卷号 101,第 39 页)

# 关于刘复初在我家养病的情况

## 左天鹏

1936 年冬,在一个晚上,我们都睡了。吴锡州的弟兄胡启才,背着一支枪,带起三个人来到我们家。胡告诉说:这个人(刘复初)是四川的,敏么老师,他是我们五哥(指吴锡州)的朋友,做生意时候的老打堆,这次他上来,要到镇雄去,在路上病了,我五哥说把他送在我这里来暂扎几天。胡交代后就走了,留下了刘复初和田少清,还有个老周,后二人是服侍刘复初的。

住了五六天,吴锡州来会见刘复初一次,并叫刘给他写信,信是写给宗顺明(宗杰武之弟),叫宗还他的枪弹。信写好后,吴锡州就走了,其后就一直没见来。

刘复初在此次住了将近 20 天,我二哥左天发从外面做木活回来,便说,这个是红军里面的头呀,不是敏么老师。宗杰武的队伍已经住在天坪了,怕查出后出问题。这样我三哥才去找了吴锡州,当天晚上吴就打发胡启才来到我们家。当时刘复初病得很厉害,走不起,就用滑竿来抬。由老周与刘定福二人抬,我跟着背刘的行李,胡启才带路,连夜送到中坝江正昌家,我们就走了。就由老周在那里服侍他,至于他寄在那里的情况和被捕的情况我就不清楚了。

关于田少清,不知是哪里人,说话也不多,在此住期间,我发现他带有一个本子儿,上面就记有伙食账,某晚宿营,用去多少伙食等。不时用水笔来写,但一见人望他时,他就收起来了。此人大概是四川人,当时有十七八岁。

关于刘复初的病,不知是什么病,很可能是寒。在此住期间,开始还不怎样,也没有吭声,10 天之后,病更加深沉,连睡都睡不起了。有时就是老周背起他在园地里走一走。后来病重了,呻吟声也大了,甚至有时昏迷……后来送江正昌家去了。

安乐大队田坝小队青龙咀左天鹏

1970 年 8 月 12 日

(录自左天鹏《关于刘复初在我家养病的情况》,1970 年 8 月 12 日。威信县委党史研究室档案,全宗号 1,目录号 18,案卷号 52,第 35 页)

# 刘复初被俘情况

胡志珍

1936年11月20几号,吴锡州的人在一天晚上将刘复初抬来到我家养病。当时我们不认识他是红军司令,吴锡州的人也没有说,就把他安排下来了。

此人病实深沉,几天未见他吃饭,躺在床上,经常就是随同他的同志老周服侍他,每天只见吃点开水、柑子。吴锡州还请了麦地坝的张国成(此人已死)来给他"扫送",又请了当地的李兴发(已死)来给他治疗,都没见好。到了四五天之后,正吃过早饭,看见很多军队从大雪山方向过来。我就跑去给他们说:你们两位大哥究竟是哪点的?军队来得多得很呀。当时刘复初说:从哪点来的,那么怎么办?就叫老周出来看。刘又说:大嫂,你们做好事,只要把我们顾出来,今后我到哪里都来看你……

这时我们就商量,用一些烂衣服来给他穿上,他作为我后家老人,说来这里耍,病在这里的。老周就说是我后家哥哥,来看老人的。但是刘复初穿上烂衣服还是掩护不过,这时川军又过的多,就这样恐怕在屋头不行,我们又商量转移到山上去。我同老周把他背到后山老林头,因为天气冷,他又有病,我们就在山上烧点小火来烤。从大早饭时候就背出来,一直挨到晚上了。由于天气太冷,军队也走远了,我们才又把他背回来。刚背到家,我们就烧火(豆草火)给他烤,火刚烧燃,就听见门外狗咬,我家江正昌就出门去看,就见一个人从坡上冲跑下来。江就问他是哪个,那人答说:我是老江。江一听声音不同吴锡州,又看见后面来了人,他见伺机不对就开跑了。后面接着来了不少人,把我们房子围了起来,我见势不妙,也赶快逃跑了。

那些军队还是白天去的那些,有几百人,不知怎的又折回来抓着刘复初和老周,就在我们的屋里闹了好一阵,在门口烧起大火来烤,后来就用滑竿将刘复初连夜抬到林口去。第二天早上,川军又来扫我家通口,又把我也抓去,问我为啥要隐藏红军头子,我说我不晓得。

弄我到林口,见着那军队把刘复初扶出来解手,准备送走。解手回来,刘复初就说:老板娘子,你抬条板凳来我坐嘛。我说:我都还脱不了手,是军队把我弄起来的。刘看了我一眼,才认识我,便坐在一个板凳上,给一个军士说:你去把你们的长官喊来,我给他说。那个军士就去喊一个人来,可能是他们的上司。刘就对他说:这个大姐嘛,不关她的事,你们把她放回去。那人说:可以,等我们的队伍走了后,才叫她回去。川军抓着了刘复初和老周,一清早就沿着小路把刘复初抬下四川去了。

我回家在半路上,又遇着一帮军队,抓着我叫我指给他们看,刘复初是在哪间屋子头抓着的,说我为什么不来报。他们把我弄到胡户长家里去,给我说,叫我男的回家,自己来投监,才放我回去。

川军把刘复初抓去的第二天早上,来扫我家通口,并把户长胡志聪也弄起去,并跟川军一起到了小沟坝才放回来。回来他说我家带害他,就去乡长周兴邦那里告,准备要整我家。后周兴邦就把他扣留起来,送到区长周光汉那里,周光汉又把他送扎西县府关押,后田营长把他杀了。说他当户长,刘复初隐蔽在他管辖下他不报。刘复初在我家养病期间,除吴锡州请医生来给他看病以外,在一天晚上,还有一个不认识的人来看他。因当时他病重谈话困难,就给老周摆了一阵,当晚就走了。后来听说是刘复初手下的人来会他。

1970 年 8 月 12 日

(录自云南威信县委党史征集研究室编《威信春晖》,1993 年印行,第 399~401 页)

## 刘复初谈被捕后金瑹曾到泸州监狱探望

1936年秋,我被捕送关泸州监狱后,金瑹同志受川南游击支队的委托,到泸州监狱探望我时,我告诉他在革命处于低潮时,你们要保存实力,待机行动,防止敌人袭击,工作必须保持机密,要秘密发展党的组织,谨慎地逐步壮大武装力量,时刻防备敌人的进攻,工作上做到万无一失,打击敌人时,要有理有节有力。

1938年夏,我出狱后到武汉,受党中央指示,返回川滇黔边,找红军川滇黔边被打散的党和队伍,传达党中央同国民党合作的方针政策。我到古宋,找到金瑹、兰澄清等同志,在古宋城外油沙坡文功元同志老家背后,同金瑹讲:现在党中央已同国民党联合抗日,目前党中央的方针、政策是"团结一切可以团结的力量,共同抗日,打倒外来的侵略"。我们的方针、政策变了,我们的斗争任务也要随之变化。我们在后方,要打出抗日救亡运动的旗帜,宣传群众,组织群众,联合一切可以联合的力量,共同抗日。金瑹同志问:蒋介石他不抗日怎么办? 我说我们做两手准备,一手同他联合抗日,另一手也要准备同他斗争到底。我又讲:游击队在目前要化整为零,分散发动群众,隐蔽斗争准备力量,为将来的斗争。怕暴露,谈的时间很短就分开了。兰澄清同志通知我,王逸涛组织到处暗杀地下党同志,听说你返回川南滇边活动,叫我赶快离开川南,不宜继续在川南活动。我离开去延安了。

1983年11月6日在古宋区所讲

(录自《中国工农红军川滇黔边区游击纵队斗争史》编写组编《中国工农红军川滇黔边区游击纵队斗争史(副本)·下册》,1985年印行,6—15)

# 李涤尘保护我们上前线

## 陈 彪

1936年11月,红军川滇黔边区游击纵队攻打贵州燕子口回来,在根据地内连续被川滇敌军包围,部队打到大雪山脚仍未摆脱困境。我因病发高烧,经龙厚生、曾春鉴等领导同意,遂留老百姓家疗养。此时,敌人发动了三省"会剿",跟得很紧,隐蔽困难。我身体恢复后,就迅速转移到簸箕坝。我是做地方工作的,走到哪里,老百姓都为我作掩护。不久,转移到水田寨,找到原有统战关系的艾宗藩部下张班长家里住了几天。时逢过春节,敌军搜查得更紧,我钻到张家楼上草堆里躲着,避开了敌人。随后我又逃出水田寨转到分水岭大深沟刘洪章家隐蔽,帮他家干些活,打听部队下落。这时,听说我们的队伍全被打散了,主要领导人已经牺牲。在大深沟住了一些时间,刘洪章来扎西赶集,发现邝善荣在县政府内。邝原是共青团闽(福建)赣(江西)省委书记,长征时在干部团,因脚伤秘留大河滩疗养。1936年进入游击纵队任侦察参谋,与阮俊臣、陶树清合队时任第二支队政委,离开阮、陶后,参加特委为成员。我在大深沟得知他在扎西,便写信给他,邝回信要我去,我于1937年秋到了扎西,在县政府会见了邝善荣,据他所说,他已经在扎西一两月了。

在扎西会见了时任威信县长的李涤尘。据李所说他是云南讲武堂毕业生,曾在护国军里当过营长,与朱德同学,认识朱德。且说他是无党派人士,在前任职期间,向上报告调军队来"围剿"游击纵队,也可能杀有红军(他杀的人多,凡是说"土匪",他不论青黄皂白就推出去杀了)。西安事变后,国共两党开始合作,形势发生了变化。由于形势所迫,他的政治态度也转变了,因而救了我们。他若要杀我们是很容易的事情,但他没有那样做,反而把我们保护了下来,他身边也留下一些红军人员,大多是从游击纵队抓来的,我从大深沟来到扎西,同邝善荣住在李涤尘那里,地点是狮子营。在那里住了两三个月。

在扎西还见到了失散在老百姓家帮工和在扎西街上做生意买卖的红军游击队员。为了组织抗日力量上前线,根据邝善荣的提议,我们在扎西成立了一个党支部,是不太公开的秘密组织,都是红军游击队失散的党员组成。这些人都是江西、湖南籍,由邝善荣、贺东朝、高良民、刘树高、钟品三、刘求晗和我等10余人,大家推举邝善荣任支部书记。支部组建后,经常在一起活动,大家一致认为边区武装斗争暂时停止了,但我们仍要坚持党的组织,独立自主地开展工作,动员红军失散人员多方筹集经费投入抗日战争。

由于邝善荣任青年团闽赣书记时,与张鼎丞、邓子恢、彭雪枫、李富春等领导同志相熟识,所以由他立即写信给八路军总政治部李富春、彭雪枫联系,要求归队,返回延安。住在扎西这段时间,李涤尘确实保护了我们,如若他要杀我们是很容易的,但他没有那样做。他对我们讲,红军抗日救国是光荣的,你们是有主义的,不是"赤匪",你们年轻有为,经过艰难困苦,能得保存下来很不容易。现在国共合作,你们还要努力为国出力,将来定会有希望的。

1937年冬,李涤尘卸职回昆明,他除了请人挑东西(有个姓曹的红军人员,给李挑东西)外,还把邝善荣、贺东朝、钟品三和我等人一同带上昆明。贺、钟等人到了镇雄芒部,仍想在边区继续坚持游击战争,未能随同前往,只有邝和我等三人到昆明,住在南大街祖户巷李涤尘家。在这里住了两天,就收到李富春、彭雪枫给我们写来的回信,寄来护照和大洋100元。这时,邝和我二人确定去延安。李涤尘知道后为我们出主意、想办法,他打听到滇军第六十军(模范军)补充团要上前线抗日,拟定要我们跟着走,这样在路上方便些,少走些弯路。我们临别时,李送了我们一床杏黄色毯子,李的夫人还煮些鸡蛋给我们路上吃。还说,要我们在路途中多加保重,注意保护好身体。滇军罗旅长带了2000多人从昆明出发,我们两人跟在他们的队伍后面走,经过了两天到了曲靖,连长发现我俩老跟着他们,便把我们叫去问,我俩将实情说了。他带我们去见罗旅长,我们见到了罗旅长说明了身份和情由后,罗旅长表示说:"红军人员北上抗日,我们支持。"从此,允许我俩同他们部队一起走。经泸州乘船到了武汉,并找到了武汉八路军办事处,见到了处长钱之光、副处长罗炳辉,这时我们深感亲切,见到了亲人,千言万语难以表达我们离别之情。住了两天,由八路军办事处介绍我们2人转到延安。

1938年3月,我们到达了陕北瓦窑堡,组织上分配我们在抗大第一大队学习,时任队长苏振华、政委胡耀邦。8月毕业后我被分配在晋察冀军区工作,直接投入轰轰烈烈的抗日战争。全国解放后,奉组织命令转到东北,后到吉林省军区。(1970年,我曾奉命到缅甸任支队政委,在昆明短暂逗留,在南大街祖户巷查访李涤尘家后人,未能如愿。因无关系往来,也查不出个所以然。)

邝善荣到延安后,被分配到城防司令部(司令员贺龙)工作。1945年党的七大以后邝善荣在王震部队干部部门任部长,后来听说在华中反"扫荡"战斗中英勇牺牲。这就是我俩由扎西上前线投入抗日战争的经过。

陈彪口述,雷凡整理

此文是陈彪同志1985年6月26日在南京军区后勤部由云贵川三省五地市召开的老同志座谈会上的发言及以后的谈话,根据记录整理。

（录自云南威信县政协文史资料办公室编《威信县文史资料选辑》第24辑,1998年印行,第39页）

## 6. 抗日救国军、贵州支队活动情况

## 抗日救国军的组建

### 邓止戈

1935 年冬季,我到贵州毕节布置川滇黔武装工作时,曾和当时川滇黔边红军游击纵队余泽鸿同志联系,在互通情报中,余泽鸿曾将川滇黔边和他有联系的线索告知我,其中就有阮俊臣同志的情况,因此我才和阮俊臣有联系。

1936 年 2 月,红二方面军向黔西进军时,我即与红二方面军联系,约定在毕节会师。当时除有席大明和周质夫二同志的武装外,我派人去找余泽鸿同志来毕节会师,但当时余泽鸿部已分散活动,无法找到他本人。只找到阮俊臣同志到贵州毕节会师,即成立"贵州抗日救国军",阮俊臣同志任贵州抗日救国军第三支队司令员。

当时因萧克同志想找到余泽鸿来毕节,教我即派阮俊臣到川滇边去接余泽鸿部来贵州,但阮走后几天,王震同志说部队即夜就要转移,来不及通知阮俊臣我们即出发长征了,以后就不知道了。

1982 年 6 月 4 日

(录自云南镇雄县委党史征集研究室编《红旗卷起农奴戟》,1991 年印行,第309 页)

# 长征路上建新军

## 邓止戈

1936年2月14日,一支具有历史意义的爱国武装——贵州抗日救国军,在贵州省的毕节诞生了。它的诞生不是偶然的。早在1935年2月间,中共中央即指示中共贵州省工委,在川滇黔边组织武装,以配合已经长征入黔的红军,从而为日后成立贵州抗日救国军创造条件。到1936年,当红二、六军团入黔,北渡乌江,向黔西、大定挺进时,2月8日贵州省工委即与进至大定的红六军团取得联系,并组织地下党领导的2000余武装去迎接红军到毕节会合,于是促成了贵州抗日救国军的成立。

贵州抗日救国军对支援红军长征和北上抗日作出了积极的贡献。红军长征后,它们又在川滇黔地区坚持革命斗争,直到抗日战争初期。时间虽然已过去50多年,但我对贵州抗日救国军成立的经过和斗争情况,至今仍记忆犹新。

一

中央红军长征到贵州之前,我先后在贵州省的湄潭、贵阳、毕节等地搞兵运工作。我和林青、缪正元、黄大陆、秦天真等地下党员,曾于贵阳开过几次会,共同研究认为:贵州地下党还没有和党中央取得联系,要很好地开展工作,关键的问题是想办法派人去找党中央联系。1935年1月,党中央率领中央红军到达遵义。我们闻讯万分欣喜,即由林青同志前往遵义,找到中央组织部长兼红军总政治部地方工作部部长罗迈(李维汉)同志,汇报了贵州地下党的活动情况。罗迈同志代表党中央批准成立贵州省工委,由林青任书记,我和秦天真为委员,我分管军事工作。

1935年2月间,中央代表杨涛(潘汉年)同志到贵阳向贵州省工委布置了在川滇黔边开展武装斗争,并迎接以后可能来贵州的红军的任务,还交代了省工委同红军接头的暗语。省工委把党中央部署的这个任务分工给我去执行。当时贵州省工委尚没有自己领导的武装部队,我和黄大陆等同志正在利用蒋介石同贵州地方势力王家烈的矛盾,推动贵州人民和贵州军队起义反蒋,以便从中建立我们的武装,配合中央红军在遵义西北地区的活动。

中央红军3月21日第四次渡过赤水后,于4月初南渡乌江,佯攻贵阳,随即进入盘江八属,作入滇准备。

当中央红军将离贵州之际,蒋介石即施行其"剪除异己"的阴谋,免去王家烈贵州省主席职务,保留军职;4月26日,任命吴忠信为贵州省主席。蒋介石力图把贵州作为其统治西南的基地,提出"贵州中央化"的口号,推行保甲制度和"新生活运动",实施"剿匪""反共"大戒严、大搜捕、"清乡"、清城等黑暗恐怖的法西斯统治,使贵州人民处于水深火热之中,并加剧了蒋介石与贵州地方势力的矛盾。

蒋介石又于4月底免去王家烈原第二十五军军长职务,调任军事参议院中将参议。接着又改编黔军,将第二十五军的原两师、第五旅、第十五团,改编为两个师,每师3个团。这时贵州军队反蒋情绪高涨,在改编前即有周方仁旅长率两个团起义反蒋,拒绝改编。改编后,贵州的编余官兵在两广军阀的暗中支持下,在贵州各地开展"新黔军"活动。但这些反蒋军人大多数是跟陈济棠、李宗仁走的,他们想搞西南政府,采取反蒋反共的立场,不和我们合作。因此我们只有争取其中觉悟较高,对抗日反蒋有认识,能和我们合作的少数先进分子,对他们进行工作和帮助。

当时许多反蒋军人为了拉队伍,都纷纷回到各自的地盘去搞团队武装,发展自己的势力。曾在第二十五军当过营、团长的席大明也在编余遣散之列。他特地到水城找黄大陆同志帮助,黄要席回家去搞武装,并给他两支手枪和几百发子弹。席大明回到家乡赫章后,组织了一支队伍,活跃于滇黔边境。

原在第二十五军任少校参谋的周质夫,在被编遣后回到家乡毕节县海子街。在区长、联保主任等职务的掩护下,组织了一支数百人的武装,反蒋情绪很高。

但是,贵州军人的"新黔军"运动和反蒋活动没有活跃多久即到尾声了。

1935年7月19日,贵州省工委遭到国民党特务的破坏,在贵阳制造了"七一九"事件。省工委书记林青等同志被捕后,省工委于8月间召开了临时会议,决定仍由我到川黔边继续开展武装斗争。我即去毕节一带活动了。

## 二

1935年8月我到毕节后,一方面发展党组织,个别接收杨杰、邱在先、康庆长为党员,建立了毕节支部;另一方面派杨宝民到赫章、杨家湾一带同席大明部联系,派康庆长到川黔边找中央红军在"四渡赤水"中留下的川滇黔边游击纵队联系,派杨育民去毕节海子街找周质夫等部联系。

当时国民党已在毕节设有专员公署。专员莫雄原系江西省吉安专区的专员。1935年4月间,蒋介石接见莫雄时说:共军在贵州赤水河留下约七八千人的游击队,要莫雄把吉安专署的原班人马搬到贵州毕节负责"剿办"。此后,该专署人员即于 5 月从江西吉安来到贵州毕节,正式成立贵州毕节专署,管辖黔(西)、大(定)、毕(节)、威(宁)、水(城)五个县。

莫雄到毕节后,下令限期收缴民间私藏枪支。席大明是彝族人,他的队伍同云南镇雄安家彝族军常打冤家,两家各有 1000 余支枪,势力相当。席大明的枪支是用来械斗保家的,因此拒绝收缴。莫雄便派军队"进剿"。因席大明的队伍平时是拿锄头种地的农民,莫雄的官兵是外乡人,人地生疏,所以"进剿"无结果。

杨宝民找到席大明时,席说要我帮助他想办法对付莫雄。我知道这一情况后,即要杨转告席大明,说我准备找红军川滇黔游击纵队余泽鸿部到赫章来帮助他打莫雄。康庆长即为此带着我的信去川滇黔边找余鸿洪〔泽鸿〕联系。

中央红军在四渡赤水中,曾在川黔边留下川南游击队、黔北游击队和黔西游击队,这些都是为准备坚持川黔边武装斗争而部署的。中央红军南渡乌江后,除黔西游击队被敌人击溃散失外,黔北游击队后与川南游击队会合成立中国工农红军川滇黔游击纵队,原司令员徐策牺牲后由余泽鸿任司令员。

余泽鸿接到康庆长捎去的信后,回信说,他们被云南龙云的军队和四川刘湘的军队围攻,正准备分兵突围,看情况以后再联系;另介绍他们所属的在贵州边境活动的一支游击队阮俊臣部与我联系。

以后我再派康庆长去与余泽鸿部联系时,该部在突围时主力已被打散,只剩下百余骨干昼伏夜出活动,就未联系上了。

1936 年 2 月 5 日,我在毕节喜闻红二、六军团已胜利渡过乌江上游的鸭池河,向黔西、大定、毕节挺进。毕节专署的官员和城里的豪绅等,听到红军渡过鸭池河的消息后,纷纷向专员莫雄献策说:红军来了,主要是打红军,暂时不要打席大明,席是本地人,也有保乡守土之责。还说最好的办法是招席大明打红军,打走红军后再解决席大明。

莫雄即派出 8 个豪绅作代表找席大明谈判,委任席大明为毕节专区黔、大、毕、威、水 5 县的"清乡"司令,并要他立即率领部队到大定防御红军。

席即将这一情况报告我,请我想办法出主意。我考虑了红军向黔大毕挺进的形势,考虑了莫雄同席大明势力不相上下,估计莫雄此时不敢攻打席大明等情况后,即向席说:红军来后,莫雄可能采取一箭双雕之计,我们可以将计就计,同红军会师来消灭他。现在你可以答应接受他的委任,但要提出:打红军要子弹,要钱粮,要莫雄送 10 箱子弹、1000 元银元来,部队才能开拔。

莫雄答应了席大明的要求,但要席部开进毕节城后才照发子弹和现金。席大明旋即率部进城,莫雄果然兑现了许诺,并要席部立即开赴前线。

这时我按照党中央规定的同红军联系的暗语,写信派人同席出发去前方。信的内容是:刘祖玉:我是小开派来找你们的(即党中央规定的同红军联系的暗语)。现在我们有部分地方武装配合你们攻打毕节专署,请即开到毕节来……

我还布置席大明部把沿途的军事要地先行占领,不让敌保安团占去,并要席等到了前方立即想法把信送交红军取得联系,迎接红军进毕节城。

这时红二、六军团已进占黔西、大定。2月8日,席大明和我派出的送信人在大定见到了红六军团先头部队的指挥员谭家述,把信交给了他,并汇报了这里搞武装的情况。谭将信转报任弼时、王震、夏曦后,红六军团领导即决定速向毕节进军。毕节专员莫雄等及保安团,见席部一枪不打就往回退,又将毕节城郊的制高点占领,后面还有红军跟进,始知中计,立即弃城逃跑。红军遂不费一枪一弹占领了毕节城,并俘虏了莫雄的弟弟和敌保安司令部参谋长。

红军进城后,我即亲率席大明等会见王震和夏曦等同志。随后周质夫、阮俊臣等部也陆续开进了城。至此,贵州省工委执行党中央关于在川滇黔边搞武装,迎接红军的任务初步完成。

### 三

红二、六军团在长征途中,还在石阡时(1936年1月)就由任弼时同志传达了党中央瓦窑堡会议制定的抗日民族统一战线的政策精神。瓦窑堡会议精神对红二、六军团在黔、大、毕时期整个群众工作包括争取团结地方武装,有重大的指导意义。红二、六军团由石阡进到黔西时,成立了中共川滇黔省委,进占大定后,又成立了以贺龙同志为主席的中华苏维埃人民共和国川滇黔省革命委员会。由此,各项群众工作即在抗日民族统一战线的旗帜下展开了。

贵州地下党领导的席大明、周质夫、阮俊臣各部武装于2月9日陆续到毕节集中。这时我请示王震同志用什么名义来统一编制,王震同志对我说,贺老总的意见,现在抗日救国是全党全国的重要任务,要贯彻执行党的抗日民族统一战线政策,就以地下党领导的武装为基础,成立贵州抗日救国军好了。

王震同志还对我说,周素园老先生是赞成马克思主义、赞成抗日救国的开明士绅,我们要团结他,就请他来当抗日救国军的司令员,同时要我当参谋长指挥部队。周素园是贵州辛亥革命的领导人之一,曾任贵州军政府行政总理。他受革命思想的影响,对国民党政府不满,拒绝蒋介石的委任,寓居家乡毕节,德高望重。为了抗日救国,拯救民族危机,周素园老先生毅然接受红军的委任,担任了抗日救国军司令员,产生了很大的影响。

2月14日,地下党领导的各部武装,齐集毕节县城小教场开会,正式宣布成立贵州抗日救国军,由周素园任司令员,我任参谋长,还宣布了各支队的领导人员。

第一支队司令员席大明,全队1000余人,由第六军团政治部破坏部部长李国彬任政治主任。

第二支队司令员周质夫,全队七八百人,由第六军团第十八师政治部组织部长廖明任政治主任。

第三支队司令员阮俊臣,全队四五百人,由第六军团第十八师的一个团政委欧阳崇庭任政治主任。

由于地下党在毕节的活动有较好的基础,为红军到来后开展各项工作创造了有利的条件。

一天,王震和夏曦同志来救国军司令部视察,说:"总部决定以黔大毕为基础,创造川滇黔边新苏区,以配合红军主力作战,救国军担任新苏区的后勤工作,并加速扩军,壮大红军力量。"

抗日救国军在党的领导下,活动是很积极的。原川滇黔游击纵队司令余泽鸿突围失散后,只带了不上100人的干部人员在川边叙永一带隐蔽活动,我们就派第三支队阮俊臣部去接余泽鸿等来毕节。滇黔边的少数民族都有武装,我们就派席大明率第一支队去滇黔边境联合这些武装,扩大救国军。这时救国军的第二支队周质夫部留守司令部。

后来,红六军团政治部宣传部的胡部长调来抗日救国军任政治部主任。我即介绍毕节中学的进步教师刘竹君等,组织寒假中由贵阳回家的学生和毕节的进步中小学教师,以及参加过草原艺术社的群众,50余人,同红六军团的宣传部一起组成宣传队,进行抗日救亡宣传,动员群众支援红军作战,动员城关各行各业照常营业。这时红六军团政治部还印发了《为抗日讨蒋告工农民众爱国战士书》,号召工人、农民、贫民、学生、商人和爱国军人"不做亡国奴",加入抗日救国军或红军,"去打日本帝国主义""共同挽救中国的民族危亡"。毕节一时出现了革命的、热烈的新气象。

2月18日,夏曦同志来司令部对我说:川滇黔省委决定建立毕节县党的临时区委,要我指定在毕节工作的本地党员一人参加。我就介绍毕节地下党支部书记杨杰去参加。夏曦写了介绍信,叫杨杰去找区委书记李国斌接洽,李让杨参加了毕节街道组的工作。

在红军和地下党同志主持下,2月18日在百花山召集了苦大仇深的积极分子开代表会议,有挑水夫朱绍清和妇女积极分子李高吉等数十人参加,在会上成立了毕节县革命委员会,选举朱绍清为主任,下设宣传处、供给处和妇女会等办事机构。县革命委员会一成立,毕节人民兴高采烈地说:"干人的苦日子出头了,挑水夫都能当县长了!"

在党的抗日民族统一战线政策号召下,当地赞成抗日反蒋的武装力量和革命群众都纷纷起来参加抗日救国军和地方游击队,毕节、大定和黔西地区,区、乡建立了苏维埃政权和救国会。当时各县共建立了8个区苏维埃临时政权,90多个乡、村苏维埃政权和救国会。在黔西北高原上第一次出现了人民的政权。同时,还组建了不少地方游击队。如大定的苗族独立团,黔西的沙窝、甘棠大寨等游击队,毕节的鸭池、朱昌、宋伍等游击队,配合红军进行战斗,壮大了人民武装力量。

在组建苗族独立团时,红六军团政委王震同志接见了大定八堡六寨的苗族代表和独立团的领导人李正芳等,鼓励他们团结起来抗日反蒋、保卫家乡的利益。王震同志还派政治部巡视团主任谢友才(现名谢中光)任苗族独立团政委,并拨给该团一批枪支和数百元大洋以资活动。苗族独立团很快发展壮大起来,在黔西北少数民族中有很大的影响。

在红军和地方党组织、苏维埃政权的配合宣传、组织下,黔西北的广大群众发动起来了。红二、六军团赢得了时间进行休整和补充给养。大定、毕节两县的妇女积极为红军赶制新衣,使全军指战员几乎都穿上了一套新衣服。在红军开展扩军工作中,从黔大毕各区乡游击队中,选拔了许多青壮年参加红军,扩充新战士5000多名。

黔、大、毕地区的人民对于红二、六军团夺取长征的胜利做〔作〕出了很大贡献。红二、六军团的同志们回忆起长征的战斗历程时常说:"在贵州的黔大毕,是二方面军长征途中的黄金时代。"

四

1936年2月27日凌晨,王震和夏曦同志对我说,红军要作战略转移,要我立即率领抗日救国军撤退。当时因第一和第三支队都已经出去活动了,我即率领第二支队随同救国军司令部撤退。

由于当时社会的弊习,这个支队有不少人抽大烟,支队司令员周质夫也抽大烟,在行军途中不抽大烟就走不动,很不适应行军打仗的要求。进到赫章附近时,红六军团政治部即动员抽大烟的人回去坚持斗争,把不抽大烟的三四百人组织起来,编入红六军团第十八师第五十二团参加长征。周质夫因抽大烟,率领吸烟的100余人回去继续坚持斗争。我和周素园则随红军长征。

抗日救国军第一支队席大明部,在红军撤出毕节后,继续在赫章城、平山堡、杨家湾一带坚持了半年多的游击战争,以后在反动派的重兵围攻下失散,席大明在毕节被捕壮烈牺牲。

第二支队周质夫率领的一部分游击队在滇黔边境坚持了一段时间,周质夫后来在云南镇雄病逝。

抗日救国军第三支队阮俊臣部在川黔边境坚持斗争,后来阮俊臣和政治主任欧阳崇庭发动毕节驻军某团连长陶树清起义。陶于1926年冬参加过刘伯承领导的泸州起义,为反对蒋介石的不抗日、专反共的反动政策,率领一个营300多人起义,后同阮部一起到云南镇雄加入川滇黔游击纵队。该队司令员余泽鸿牺牲以后,阮俊臣即任纵队司令员,刘复初任政委,陶树清任副司令员。这支游击纵队坚持斗争一直到1942年,经过7年多硝烟弥漫的苦斗,最后在国民党川滇黔三省"会剿"中失败,阮俊臣、欧阳崇庭、陶树清等同志英勇献身。

抗日救国军在土地革命战争末期,开创黔大毕新苏区,支援红军长征北上抗日,抗日战争初期又在川滇黔边高举坚持抗战、反对投降,坚持进步、反对倒退,坚持团结、反对分裂的旗帜,英勇战斗,对中国革命事业作出了难能可贵的贡献。抗日救国军这种不屈不挠的革命精神和光辉业绩,永远留在人民心中,镌刻在革命的丰碑之上。

(录自中共大方县委党史研究室编《红军在大方》,2011年印行,第155~163页)

## 邓止戈谈同中央红军和红军游击队的联系

邓止戈同志说:我们同中央红军和红军游击队如何联系上？中央特派员潘汉年同志告诉我们的联络暗号是:"刘祖玉""小开"。只要对上这些暗号就联络上了。这些暗号的大意是指中央领导的红军、地方党和地方游击队的负责人。1935年中央红军长征,留下余泽鸿等同志率领的游击队在川滇黔边区活动,我早就知道。我到毕节后,写信向康庆长交待的暗号:"老板叫我来找小开。"就是按照中央特派员告诉的暗号告诉他的。而且以后派人送信给红二、六军团,也用潘汉年交待的暗号联系上的。

我第一次给余泽鸿的信,内容主要是:"中央要我到川滇黔边区武装,迎接后面来的中央红军,现在写信派人前来同你们联系。"康庆长终于找到了余泽鸿。余泽鸿第一次给我的回信内容是:谈了他们部队的情况,活动地点,友军的情况及敌情等。很详细的。还说他们现在被敌人"围剿",队伍疲惫,力量不足,打算分兵突围,等等。我看过信后,感到他们分兵突围没有集中突围、把部队带到川滇黔边区来迎接后面来的红军好。又赶快回信,仍派康庆长送去,要他们集中兵力突围。但第二次送去信后,康庆长回来说,见余泽鸿们的人很少,这次没有带来回信。1936年2月,红二、红六军团来到毕节后,我把余泽鸿给我的回信送去给了萧克同志。当时我和萧克同志都不知道余泽鸿同志牺牲了。萧克同志过去就认识余泽鸿,现在他想同余泽鸿见见面,所以叫我派阮俊臣带领部队去找余泽鸿来毕节谈。但阮俊臣出发不久,由于情况变化,红二、红六军团离开了毕节,阮俊臣他们没有来得及跟着走。至于我派康庆长三次同余泽鸿联系的时间,一是余泽鸿还活着的时候,二是红军游击纵队到黔、大、毕地区活动的时候,具体是哪月,哪天记不清楚。可找杨杰、康庆长他们回忆一下。

靡崇习、杨天模记录

1984 年 8 月 25 日

（录自《中国工农红军川滇黔边区游击纵队斗争史》编写组《中国工农红军川滇黔边区游击纵队斗争史（副本）·下册》,1985 年印行,4—69）

# 我所知道的黔西抗日救国军

何　辉

　　贺龙同志不仅善于用兵指挥打仗，而且善于做统战工作，运用自己丰富的阅历和生活经验，结合实际情况，机动灵活地执行党的政策，团结各阶层、各种不同政治领域的人士，扩大我党我军的力量。这一点我是有亲身感受的。

　　其中，1936年春，红二、六军团长征到达贵州黔（西）、大（定）、毕（节）地区组织的抗日救国军，就是统战工作成功的一个特殊例子。说特殊，是因为红二、六军团长征经过贵州，在黔大毕地区一共才停留20多天。从1936年2月2日进入黔西，至2月27日离开毕节，就在这短短的20多天里，军团在地方党的密切协助和大力支持下，不仅在黔大毕建立了川滇黔省革命委员会，开展了一系列的地方各级革命政权活动，而且迅速收编了一批地方游杂武装改建为党领导的抗日救国军共3个支队二三千人，扩充了红军队伍。

　　当时，党中央提出抗日民族统一战线政策的瓦窑堡会议精神，已经传达到红二、六军团，以贺龙为主席的川滇黔省革命委员会发布的布告明确宣布："团结广大工农民众及一切爱国志士加入抗日的队伍""不分政治派别，不论成份〔分〕，一致联合起来，组织抗日救国军"；而且针对当时当地"兵匪"难分的复杂情况指出，团结的对象包括那些不愿受国民党压迫"而携械散在山林之白军第二十五军官佐士兵及民团绿林与一切反蒋队伍"。

　　第二十五军为贵州省主席王家烈的基本队伍。1935年，蒋介石趁"追剿"中央红军进入贵州后，排除异己，"蠲除"了王家烈，第二十五军官兵多数散入山林。这一方针的公布，扩大了统一战线的广泛性，具有极大的号召力和引导力，周围许多游杂武装都在抗日救国的旗帜下，在地下党的引导下，投入了抗日反蒋的斗争洪流。许多人则参加了红军。当时在家乡寓居的国民党元老，在讨袁时期曾任贵州军政府行政总理的周素园老先生，挺身而出担任抗日救国军总司令，更为时人所注目。周素园在贺龙亲自关照下，以近六旬高龄，随红军长征到陕北。留在贵州当地的抗日救国军部队和领导人也程度不同地坚持抗日救国斗争，发挥了配合红军北上抗日的作用。

　　关于整个抗日救国军的情况，邓止戈等同志写了详尽的材料我看过以后，觉得还没有包括我所亲历的一支队伍的情况，为此，特将我所知道的黔西抗日救国

联军的始末,忆述如下:

红二、六军团长征到达黔西时,我在红二军团政治部破坏部(敌工部)工作,记得军团指挥部在黔西驻扎了两天,又率领部队出发打仗。我因有病奉命留守,住在黔西城里一家炒货铺子里。这家铺子,主要是炒爆米花。女主人做生意卖开水泡炒米。男主人是中医,胖胖的身子,人很和善,我请他号脉看病,吃了几服中药,身体好了一些。

几天后,军团政治部主任甘泗淇回来,匆匆地对我说:在城外收编了一些地方部队,叫抗日救国联军,急需干部,领导决定,过你去那里当政委。就这样很简单地交代了几句,并让我从政治部带八九个干部立即出发。

我们一行匆匆来到黔西城西20多里地的一个小镇子上,找到了这支抗日救国联军的司令部。在我们来到之前,军团司令部的一个侦察参谋已先去工作,并担任参谋长。这个侦察参谋的姓名,我现在记不起来了,只记得他是四川人,中等个子,年龄比我大,二十八九岁,精通军事业务,还懂哥老会那一套。当时军团部的不少参谋年龄都比较大,都有与三教九流交往的本领,派到地方游杂部队工作是最合适不过了。我们二人在军团部就认识,来到这支抗日救国联军又一起工作了半个多月。

黔西抗日救国联军约有七八百人,司令员姓李,我们都叫他李司令。他是贵州本地人,40多岁,原在王家烈部队当过团长,被遣散回乡,有一定的爱国思想,对王家烈和蒋介石都不满,于是在黔西山区拉起一支队伍,自封为司令,打着保卫家乡的旗号,进行游击活动,蒋介石的嫡系部队进入贵州他也敢打。他拥护红军的抗日主张,特别赞赏红军打仗勇敢和作风艰苦。见红军大部队一到,他想依靠红军求生存,找出路。他本人表现也比较朴实,不带家眷,独自一人,随部队流动生活,行装很简单,有一匹体高膘肥的大马。司令部机构也很小,只有几个参谋、副官和个把勤务员。

这支部队,司令部下设几个中队,中队下设几个小队。各中队人数不一,少则100多,多则近200人,小队各为三四十人。士兵成份〔分〕多数是贫苦农民,少数是小商小贩出身;军官大多是行伍出身。官兵帮会思想十分浓厚,实行封建统治,一切都是李司令说了算。在生活上很艰苦,衣着杂乱简陋,都是赤脚行军,但装备武器比我们红军还强。弹药比较充足,每支步枪有六七十发子弹,军官佩带的盒子枪,每支有上百发子弹,平时都上了膛。和王家烈的部队相似,很多是"双枪兵"，上自李司令，下至士兵，多数都抽大烟。每到宿营地，这些人就用稻草或包谷秸往地上一铺，摆开大烟灯，各自嗞嗞地抽起烟来。这种在旧社会反动统治下造成的恶习，当时是无法也不能戒绝的（整个贵州农村，不抽大烟的人很少）。为了争取教育团结他们，我们初到部队后，在生活上尽量照顾他们，给他们发一些钱，有时还把从官府和地主豪绅家没收来的烟土送一些给他们抽。由于旧军队的积习，这支部队纪律很差，走到哪里，吃到哪里，违反群众纪律的事很多。

我们几个人作了分工，我和参谋长等三四人，留在司令部，做李司令等上层的工作，另外三四个同志分到中队、小队去，有的当教导员，有的当指导员，主要做基层人员和士兵的工作。上级给我们的任务是教育鼓励部队的抗日情绪，搞调查研究，摸清人员基本情况，逐步改造争取他们，在条件成熟时进行改编，以充实红军主力，必要时配合红军主力作战。工作方式主要是个别谈心。

这位李司令从来没有集合部队开过全体大会，我也没有见过整个部队的全貌，只听李司令作过一些介绍，但全部队究竟有多少人，多少枪，谁也说不准。我们几个人只能通过找司令，找军官，找士兵谈话。了解情况，进行教育。例如，我们看到部队宿营吃了老乡的东西不给钱，借了东西不还，我们就向李司令汇报，并就此宣传红军的宗旨和三大纪律八项注意，向李司令指出：现在已经编到红军里来了，成为抗日的人民队伍了，就要遵守红军的纪律，爱护人民，对地主豪绅，可以分东西，对贫苦老百姓和工人要保护，买卖公平，按价付钱，损坏东西要赔偿，处处替老百姓着想，才能得到群众的拥护，才能打胜仗。李司令听了，"嗯、啊"几声，点头说："对，按你们的办吧！"于是，我们几个就跟在部队后边做群众工作，给老百姓付钱，赔偿，给白洋，有的也给烟土（作价折钱）。群众高兴地说："李司令的队伍变了，变好了！"

老百姓夸赞部队，李司令也高兴，我们的工作也好做了。有时，他也坐下来和我们聊天。这人很讲义气，乡土观念特别重。他说，这支部队就是黔西老乡花钱养的军队，谁要侵犯本地的利益，我们就打谁，不管是蒋介石、王家烈还是日本人，只要侵犯贵州，我们就打。10多天里，我们组织这支部队配合红军主力参加将军山外围战斗，接连出动了几次，部队士气很高，打起仗来都很勇敢。但开头出发宿营时不放哨。我们发现这个问题后，向李司令提意见，他却说："没问题，本乡本土，怕什么？敌人真来了，就打，打不赢拔腿就走，走了再回来打！"我们说："现在仗打得很大，要学红军，不能按过去的办法了。"经过这次提意见后，改了，每到一地都加岗放哨,比较警惕了。

我们派到中、小队基层工作的同志,常利用行军休息时间,召集一些官兵谈话,主要宣传红军的三大纪律八项注意和有关政策,逐步改善了军民关系。但由于前后只 10 来天时间,加上频繁地行军、出击,工作来不及深人〔入〕,收效还不明显。

一天,我们行军来到距毕节县城 20 里的一个村子宿营。半夜时分,军团指挥部派来两个侦察员送信交给参谋长,说总指挥部命令,拂晓以前把部队全部带到毕节县城集合,执行紧急任务。

如此紧急,是什么任务? 当时,我们几个同志由于进驻这支部队已半个多月,对外面形势不很清楚,发生了什么事,一点也不知道。参谋长拿了总指挥部的命令来找我研究,然后又去找李司令决定提前起床开饭,按命令集合进城。李司令当时没说什么话。谁知开过饭以后要集合时,部队却向后转,向黔西方向进发了。李司令骑上马,大声对我说:“对不起了,我们不跟着进城了,请你回去向贺总指挥报告一声,就说我李某人对他不起……”

这时天还没亮,眼看着这个部队举着火把,向远处山间小道上急行。参谋长看着急得直想发火,我一再劝阻他。参谋长忍着性子对李司令说:“那你也得给贺总指挥写个信呀!”李司令回答说:“不写了,就说感谢贺总指挥对我们的照顾,我对不起贺总指挥,后会有期!”李司令又一连说了几遍“对不起”,然后转身策马,拉着他的部队向黔西而去。

原来,李司令的这支队伍,都是贵州人,而且多数是黔西的,保卫家乡,抗击入侵者,他们都义无反顾,勇往直前,而且出钱出人,流血牺牲都在所不惜;但要他们离开家乡,就很不愿意了。他们看到最近几仗,红军打得不太好,有撤离贵州的动向,人心就有些浮动。当李司令接到拂晓前赶赴毕节集合的命令时,他就猜想准要把部队带走了。于是,他明面上支应着我们,暗地里则背着我们通知他的部属,到时把队伍拉回黔西。我和参谋长对此都没有估计到,眼看着李司令离去,既突然又确实无可奈何,因为凭我们这八九个人,进驻不到 20 天,连情况都没有完全弄清楚,说话没人听,指挥不动,要来硬的更不行。我们两人就决定让他们走,只有两个士兵,因掉队才带着枪跟我们到了红二军团。而我们派到基层去的几个干部,因事出突然,不明情况,也无法通知就随大队伍被李司令带走了。

“这一下 20 天的工作白费了,弄得精光,还贴了几名干部。回到军团,准得挨克受处分了!"我边走边想,黎明前赶到了毕节城。我怀着忐忑不安的心情,和侦察参谋两人找到了总指挥部,径直向贺总指挥的屋子走去。贺总指挥、任政委、关政委等几位首长正在吃早饭。我喊了声"报告!"首长们招呼我们吃早饭。我说:"吃过了。"接着又喊了一声:"报告首长",本来应当很快就将部队没带来的情况报告首长的,可是却一下卡了壳,心跳得厉害。贺总指挥看出有问题,叫我慢慢说,莫着急。我这才把部队"向后转"和李司令说"对不起"贺老总的话向首长们作了汇报,请首长给我处分。侦察参谋又补充了一些情况,也请首长给予处分。

贺总指挥听罢,冷静了一下,首先发话说:"同志! 这还算好呀! 他们对你们还算客气的,没有收拾你们,没有下你们的枪,就是好事!"任政委安慰我们说:"安全回来了就好,说明你们的工作还是有成效的!"贺总指挥在屋里来回踱了几步,又愤愤地补了一句:"要不是党的政策,我早把他们收拾了!"这时,天已大亮,任政委对我们说:"好吧,队伍要出发了,你们快回原单位集合去! 听完首长的话,我感到如释重负,急忙行了个礼,赶到集合场,我又回到军团政治部的行列,随大队离开毕节,向云南转移。

事后我想,像我这样一个学徒出身〔的人〕,文化和政治水平都不高,社会阅历又很少,对这样一支复杂的队伍,工作确实没有做好,但党的政策,还是起了一定的作用。贺总指挥等首长们政策观念强,看得远,虽然心里也很气愤,但还是按照党的政策对待李司令和这支收编不到 20 天的抗日救国联军。也不责备我这个救国联军的"政委",反而给我安慰鼓励,使我十分感动。

后来听说,我们离开贵州北上后,这位李司令还带信给贺老总,说他们这支抗日救国联军仍在黔西一带坚持抗日救国活动,还来信要求贺老总再派几名干部去帮助他们工作。这说明,党的抗日民族统一战线政策,我们短短的 20 多天工作,对这支旧军队确实起了良好作用,影响是深远的。这支队伍的情况,与以周素园为总司令的贵州抗日救国军的情况很相似。贵州抗日救国军的 3 个支队的司令员和部队的大部分人员,也不愿离开本土,没有跟红军〔军〕长征北上,都留在了当地,但他们也都一定程度地坚持了抗日斗争,对红军乃至对以后的解放战争都起了一定的支援作用。

卜鳌海整理

(录自中共大方县委党史研究室编《红军在大方》,2011 年印行,第 164～169 页)

# 我寻找红军游击队的经过（节录）

## 康庆长

康庆长（又名康西庚），男，69 岁，退休干部，住贵阳市环城西路 174 号。

1935 年，在毕节，经过同学杨杰的介绍，认识了邓止戈，他十分健谈，摆起龙门阵来，可以把我越说越爱听，使我越听越有精神，对他产生了敬佩的心情，我们都喊他大哥。

他谈到未来的光明，共产党的伟大，人生的意义，等等。我就巴不得自己立即投身到党的怀抱里。

后经杨杰的介绍，我参加了党。一个漆黑的夜晚，在黑神庙前马路上，杨杰领着我去宣誓，就此参加了党。

其后，杨在过组织生活时，就严肃的说一些必须遵守的纪律……丢了命，都要保密，这是再三再四叮嘱的。冬月，一天傍晚时分，杨杰来我家找我玩，一出门，他说，到我那里去。到他住的楼房里，他说稍玩一下，有个事商量。一会儿，邓止戈也到房里来了。我们互相望着点头之后，谁也没有说话。房里显得很清静。

杨杰低声说：庆长，现在有个事交给你去做，你拿起大哥的信去找余泽鸿他们。会着队伍，问你来做啥？你说："老板叫我来找小开。"又问你找哪个，你又说"找小开"。说完，就递给我一个三指宽的信封，封得很坚实的信封，没有写字。他又说，想办法带好，一定要做到，等你拿回信来。赶快回去睡觉，明天早点起来去。

第二天，天没亮，我就起来，吃些冷饭，稍见亮，便出门，往叙永方向去了。走到观音桥，毛基（机）厂这些，就听人说，四川那边的"共匪"窜过来了，走林口、亮岩那边，窜到瓢儿井去哪，我就直奔瓢儿井。

经过一天一夜的跋山涉水，到瓢儿井的大石板，就被乡兵盘问。我说：我是林口的，我家哥被拉起来哪，我要去找。乡兵说，找个球，听说在长宁整死了好些，怕你是去找死。说完，就不管我了。我就往长岩走，走到一个山脚的小路上，就听见声音说：注意！有人。我就朝着声音望去，是三个背有枪的人。我想，怕是了，我就向他们走去。其中一人就叫："别过来。"我就站着说："我要找人。"又有人说："管他找不找人带他上去。"另一个边走边说："走嘛，走那点（指上山的一条草铺满的小路）上去。"我就跟着路走在前，他提着枪走在后。走到一个草房边，有人就在窗子内探头问说："干啥的？"在我后边的那人就说他找人的。房里的人就说，看他身上有东西吗？在我后边的那人就走拢我，从上到下摸我的身上，摸完就说："没有。"屋里的人说："叫他进来。"我便走去。那人走来，一到门边，他就说："站住，我问你。"我就在门外站着。他说："你来做啥？"我说："老板叫我来找小开。"他又问："找哪个？"我说"找小开"。他就一边点头一边说："进来坐嘛。"同时用手指垫有灰地的地铺，我就进去坐下来。他就坐在床那边，我们都没有说话，这时，我才看清她是女的（阚思英〔颖〕）。我在裤腰上撒开补巴，把信拿出来给她。她接去后，便说："你就在这点坐着，不要乱动。"说完，就起身来走了。

过一会儿，她和一个男的（余泽鸿）一道进来，她仍坐在那边床头，男的蹲在一边。她说："哪个叫你来的？"我说把派我来的情况说一遍。那男的说："拿点东西给他吃"。女的说："你坐着，等一下吃饭吧。"她（他）们便出去了。一会儿，一个女的抱一盒饭和菜来。我吃饭后，天已黑，我被带到一个房里去睡觉。

不知什么时候，我被叫醒，交给我一件白衬衣，叫我穿在夹层里；一封包好了的信，叫我挽在裤脚里，又拿一包鸦片烟（约二三十两）叫我说是做生意的，又给我吃了一碗饭，便叫个人送我下山。我经过一些险阻之后，回到毕节，见到邓、杨、交了带回的信等。这是第一次联系到的情况。

第二次，邓对我说："小康，去告诉老余，集中本钱做生意，比把本钱分散来做要好得多。"我又追到打鼓新场过去点的白腊坎，送到邓交去向信。余泽鸿说："去给你们大哥讲，我们穷困了，本钱也少了。"此次我回毕节后，只见过邓一面，说了以上的话。

第三次，是杨杰对我说：你还要去看看他们，明天就去。我又去白腊坎，未遇。一直到了半水，又回到安底，都没有会着。听说在半水，去了扑空。说是在安底，又去扑空。我已身无什么钱了，无法，只好回毕节。可是到了毕节，邓和杨都找不着。

注：

1. 老板是指党，小开是指组织。老板叫我找小开（寓意是党派我找组织）这话是邓止戈教的。

2. 集中本钱做生意比分散做生意好得多，是说集中兵力突围好得多。

3. 第一次带回的信里是战斗纲领。

曾用名康庆长，现名康西庚<br>1984 年 4 月 2 日（印）

（录自《中国工农红军川滇黔边区游击纵队斗争史》编写组编《中国工农红军川滇黔边区游击纵队斗争史（副本）·下册》，1985 年印行，4—70～73）

# 党组织派我和红军游击队联系的回忆补充

康庆长

事情距现在已经 50 个年头了,回忆困难,过去我口述和寄的都是事实,时间要记得准确无误就难,现按公历推算补充如下:

1935 年的 10 月,两次会着余泽鸿部队。第一次在长岩附近的山上找着,会着阚思英(阚思颖)、余泽鸿,来回四五天。来毕节向邓止戈汇报,并将带回的斗争纲领等交给杨杰、邓止戈同志。随着又派我接着去找余泽鸿,并叫我送信给他,当面告诉他说,集中本钱做生意比分散本钱做生意好得多。来回约半月,我在白腊坎(靠近金沙这边)找到。当时,余泽鸿说:"你要赶快走! 回去和你们大哥说我们穷困了,本钱也少了。"我回毕节见了邓止戈同志说了以上的话。第三次是下一个月,又派我去,还要我去看看他们。我去到白腊坎半水,安底等处处处扑空,没有找着了,来回找了 20 多天。找不到回到毕节,杨杰,邓止戈也找不着了。

如有必要,再回忆补充。

康庆长盖章

1984 年 8 月 22 日于贵阳

(录自《中国工农红军川滇黔边区游击纵队斗争史》编写组编《中国工农红军川滇黔边区游击纵队斗争史(副本)·下册》,1985 年印行,4—73~74)

## 邓止戈关于康庆长情况的证明材料

1935年秋,我为了完成指定我到川滇黔开展武装工作,迎接红军二方面军的任务时,我才第二次到毕节去工作。那时康西庚(康庆长)经杨杰同志介绍,经我批准入党,确有此事。

我让他去川边与当时中央红军川滇黔边区游击队司令余泽鸿同志联系,他几次都完成指定任务,也是确实的。

邓止戈于成都十二桥

1984年6月29日

(摘抄于康西庚档案内)

(录自《中国工农红军川滇黔边区游击纵队斗争史》编写组编《中国工农红军川滇黔边区游击纵队斗争史(副本)·下册》,1985年印行,4—70)

# 杨慎物回忆派康庆长去金沙与红军游击队接头的情况

1935年秋天,邓止戈同志给我说,有个红军游击队在金沙一带活动,要我考虑派一个比较机灵的同志去接头。当时和我有直接联系的四个同志,邱在先、周道云、罗应和、康庆长。邱在先是老师,从他的派头风度到乡下执行这种任务不恰当;周道云、罗应和都不及康庆长机灵,所以我提出派康庆长去。

我给康庆长说准备派他去乡下执行一个艰巨的任务,他很爽快的〔地〕承认了。我带他来和邓止戈见面,由邓止戈同志具体交待任务。游击队活动地点在金沙,游击队的领导是余泽鸿,接头的暗号是"老板叫我来找小开",接头的目的是问需要我们帮助什么。路费是邓止戈同志给的,致〔至〕于当时邓止戈同志交代任务的详情,我回忆不起了。

记得康庆长回来汇报说:沿途不敢问游击队的行踪,是听老百姓的口风前进的,要接近游击队,白天不敢走,晚上也不敢走大路,是由包谷林里前进的。见到余泽鸿的地点是后山(不知我记错没有),听说他们的领导是邓止戈,余泽鸿说了一些止戈同志的特征,好像他们曾见过似的,并说暂不需要我们支援什么。

杨慎物(原名杨杰)

1984年4月28日

(录自中共金沙县委党史办编《中共金沙县党史红军资料专辑》,第73页)

## 杨慎物回忆派人联络游击队的情况(节录)

在 1934 年种小麦时,邓(国忠)带我和邱在先,在观音塘对面山坟地里宣誓入党。1935 年上半年,发展入共青团不久,有一个游击队在金沙、仁怀一带活动,邓国忠派康去联络。当时联络的口号是"老板叫我来找小开"。那个游击队的负责人叫余泽鸿。

邓国忠的笔名叫邓止戈。一天下午我在街上碰见邓止戈,他告诉我,成立了"抗日救国军司令部",周素园任司令,邓任参谋长。

杨慎物(杨杰、杨光弟)

1970 年 1 月 16 日

(摘自云南省昭通市镇雄县委组织部档案第二卷,第 728 页。《中国工农红军川滇黔边区游击纵队斗争史》编写组编《中国工农红军川滇黔边区游击纵队斗争史(副本)·下册》,1985 年印行,4—75)

# 杨慎物给地区党史办的信

地区党史办：

1935 年秋派康庆长去金沙找红军游击队余泽鸿同志接头的时间是农历 9〔九〕月至 10〔十〕月之间。这次遵义会议论稿中说是冬末，这是供稿的同志回忆错了。请再找邓止戈、康庆长二同志核实。

杨慎物（原名杨杰）具
1984 年 8 月 1 日

（录自《中国工农红军川滇黔边区游击纵队斗争史》编写组编《中国工农红军川滇黔边区游击纵队斗争史（副本）·下册》，1985 年印行，4—75）

# 抗日救国军第三支队的情况

李淑和

## （一）

欧阳崇庭陪阮俊臣去百花山见萧克,回来后告诉我说萧克给了我们一个任务,要我们部队到马蹄滩一带去接余泽鸿到毕节来会师。那时,余泽鸿的部队驻扎也是不固定的,我们的队伍开到镇雄毕节交界的黄塘梁子驻下后,就四处派人打听余泽鸿和队伍的情况,一旦联系上,队伍就开去接他们,那时他们的队伍基本不多了,所以要部队去接。

口述人:李淑和

时间:1984 年 8 月 17 日

采访人:张迎新、李东升

## （二）

阮俊臣未与红军接头时,打的口号是"奉天行道,打富济贫"。那时,和阮俊臣比较密切的有黄仇,听说进过黄埔军校,人高高大大的,眼睛鼓鼓的,很有本事;康海平、黄于龙,四川人,是阮的心腹,其他为黄华先、吴清顺、胡昆、詹少武、李其三、叶绍〔少〕奎、廖忠堂、甘少清等。

阮俊臣先和邓主任(邓止戈)有联系,红二、六军团到毕节,阮的部队被委为抗日救国军第三支队,夏主任(夏曦)派人到第三支队来,夏和邓我都亲眼见过。红军到阮俊臣这里边来的有欧阳,是政委,很多事都是由他决定;李国栋,是司令部军需处的处长,打来的东西都要交给他,拿出来也要经过他;文元贵,也是红军派来的,任阮部独立营营长;游崇武,是红军派来的,在司令部工作,好像是副官,后来在黄坭坡与陇承尧的独立营打牺牲掉了;还有一个姚同志,记不得名字了。后来,阮的部队出城去执行任务,住田坝桥这边,红军走时,他不知道,等听到红军走了,中央军到毕节,他还大吃一惊,但毕节被中央军卡断了,过不去,他原听说红军要经凉山到新疆这边去,就组织队伍经母享、镇雄这边,与安恩溥的部队打起来了,不能过去。

阮俊臣对士兵很客气,哪个病了,他要亲自煮稀饭、搞生姜、海椒去给他吃,不吃要监督吃,还亲自搞草药熬给病人吃,士兵对他也非常好,打起仗来也很勇敢。听说,欧阳发展他为党员,他还对我们说,我是共产党员,要为党办事。阮俊臣与地方部队联系得较多。

……

阮俊臣策动陶树清起义后,经杨家湾、放珠场、哲庄坝、泼机、关门山到黑树、母享边上,然后经过以勒、倮佐、香坝河、花朗,到院子合队。

当时,我是跟阮俊臣搞联络,知道一些情况,阮俊臣要到柳旅里去时,是 1936 年秋天,阮俊臣在母享先暗地召集他的大小头头开会,说:各位弟兄,并不是我要真心实意的到柳旅去,是要多干点事,你们各到一个地点发展,到以后是有出路的,我想法办成以后,大家再会在一起。他想从柳旅里拖出一些人枪来大干,过去时,把许多重要大队长和得力人物安排在各地组织发展队伍。当时,要到柳旅中去,是因为这支队伍拖得够了,子弹供应不上,困难比较大,为了搞武器、搞子弹,不得已招抚到柳旅去。柳际明知道他的厉害,到了遵义,就停下来编队,把阮的人编散了,不好办,阮就向柳请假,柳准他的假,并给了他 1000 元钱,他就到贵阳开旅社,想招兵再干,但不好办,就又回到毕节,想组织原来各支队伍,开出去打日本,就写信给我们送,我是到镇雄红岩找叶绍〔少〕奎、廖忠堂他们,他们住在红岩陈家寨。我 1937 年冬天送信到红岩,信的内容是要叶绍〔少〕奎和叫他通知黄于龙等其他队伍一起开过贵州金沙等地(那时阮在金沙与当地吴向云联系有七八百人)编成一个师,开到前线打日本。我随去随来,叶绍〔少〕奎的队伍里有一个人叫苏建渡,笔墨比较好。

阮俊臣在母享时,与张开福家建立了统战关系,一个不打一个,第四大队在红岩时,陇确佐家不敢惹他们,派管事去和他们讲和,并要求保密,进出牛场要假装打枪,陇家给他们粮、钱,还给了一些武器弹药。

阮俊臣由贵阳回到毕节后,与孙丙奎(毕节专署谍察长)有联系,他们联系的地点有君再来旅馆、天明诊所等。阮俊臣在毕节这边,与黄华先他们都是通的,阮俊臣与胡昆、黄华先、吴清顺他们去过织金化竹这边。后来黄华先被害,他家姑爷、姑娘、儿子这些都跑过来躲避,镇雄派人来拿他们,都是掩护他们,胡昆是镇雄母享人,在我们毕节这边的时间多。

口述人:李淑和,男,汉族,71 岁,原阮俊臣联络员。

时间:1985 年 5 月 17 日

地点:毕节军分区小招待所

记录:李英才

(录自云南镇雄县委党史征集研究室编《红旗卷起农奴戟》,1991 年印行,第 345~347 页)

## 贵州游击支队第四大队革命斗争史料征集座谈会议记录

时间:1984年3月23日晚上

地点:中共云南省镇雄县委招待所

参加会议人员:

姚庆延:中共大方县委党史办公室主任

傅绍华:男,75岁,住云南省镇雄县母享公社后槽大队,游击队员。

田海清:男,63岁,住云南省镇雄县母享公社花山大队老蘑菇生产队、游击队员。原在花山供销社工作,已离休。

苏正科:男,75岁,住云南省镇雄县坪上公社红岩大队上寨生产队,游击队员。

晋善泉:男,75岁,住云南省镇雄县大湾公社石田大队马家湾生产队,游击队员。

陈焕章:男,63岁,住云南省镇雄县坪上公社红岩大队法窝生产队、游击队员。

饶印祥:男,65岁,住赫章县可乐区可乐公社可乐大队银河生产队、游击队员。

李云贵:游击队员李廷宣之子,住云南省镇雄县坪上公社红岩大队周坡生产队。

记录:高祥勋

姚庆延:今天把你们几个老人请在一起来,主要是回忆当年你们这支游击队在大定活动的情况,哪位老人先谈都行。

陈焕章:关于游击队在红岩整编前的情况,今天在座谈会上,大家都讲了很多。这里就不谈了。我想,大方的同志主要了解的是游击队在大定的活动,我们就从红岩整编谈起吧。

叶绍〔少〕奎、廖忠堂率队伍到达红岩时,有100多人,大家都称他们做队长。后来,部队在红岩一带活动,发展了。很多人都参加了游击队,我当时只有十四五岁,也参加了,当王松柏的警卫员。部队发展之后,才在红岩编队的,时间大约是民国二十六年古历九月,将大队部去掉,成立指挥部,叶绍〔少〕奎任指挥官,大家都叫他"叶五哥",廖忠堂是大队长。参谋长是王伯炎,招待处主任王云亭,指挥部设有几个副官,和叶绍〔少〕奎、廖忠堂他们在一起。名字有些记不得了。有姚副官(即姚显延——记录者注),李副官(即李有阶——记录者注)、杜副官,名字叫杜海廷,丁副官等。杜海廷先跟廖忠堂到红岩,其他几个副官都是和叶绍〔少〕奎一起去红岩的。

指挥部设有一个独立排,本来排长是郑绍品。但郑绍品跟童德明有矛盾,童德明就不同意他去当独立排排长。叶绍〔少〕奎他们就决定郑绍品暂不任排长,由值日副官指挥独立排。指挥部的副官们轮流值日,叫值日官,负责指挥部队,安排生活,料理住宿等等。

指挥部将队伍编为 7 个队。第一队队长刘伯常,第二队队长王松柏,第三队队长常绍恩,游击队队长童德明,特务队队长孙德清,补充队队长陈胜德,第一分队(也叫标子队,死勇队,勇敢队,全部用梭标)队长王正文。

编队以后,听王松柏讲,阮俊臣派人从遵义送了一封信给叶绍奎。信中说:"五哥,你要下定决心,克服一切困难,完成我交给你的任务。"是什么任务,王松柏没有讲。信是王伯炎送来的,他原来是阮俊臣的参谋长,个子很高,戴一顶黄帽子,穿一件白衣裳,身上常常有千里镜(即望远镜),笔墨(指文化)好得很。他不经常在部队,是搞地下工作的,经常活动在毕节、贵阳、遵义等地。负责阮俊臣和叶绍〔少〕奎之间的联系,还负责为部队购买枪支子弹。这个人如还健在,有 80 多岁了,字写很快,而且又写得好。

丙丑年(1937 年)十月初一(公历 11 月 3 日),叶绍〔少〕奎满 41 岁,在红岩做大生,借做大生为名,看周围的几个官家的反应。几个官家是确卓官家,离红岩 41 里;岩洞脚官家,离红岩 20 里;小米多官家,离红岩 30 里;河坝头陇官家。另一方面,看群众的拥护程度。叶绍〔少〕奎做生的那天,热闹得很,摆了 100 多桌客,周围的群众和几个官家都来给他做生。妇女、小孩们都来的。有一个妇女来看热闹,没有得到饭吃就回去了,被叶绍奎知道,立即煮了两碗面条亲自送去,并给这个妇女赔礼道歉。后来,这个妇女逢人就讲:说叶绍〔少〕奎是土匪,正规军队还没有那样关心我们老百姓。

我们部队的纪律很严。比如:明天要出发了,今天晚上指挥部的值日副官就拿着本子来通知,各队队长均要在本子上签名。如果行动慢了,就要受到严厉的处分。吃饭时间一般都是在天亮之前,吃完饭后,一切东西都必须收拾停当。

等军号一响,就集合出发。值日副官把队伍整理好,叶绍〔少〕奎就对当天的行动进行布置:各队抽两个人组成便衣队跟随值日副官打前站。在便衣队后面,派了两个尖兵,负责便衣队与叶绍〔少〕奎之间的联络。待便衣队和尖兵走了之后,才安排谁担负前卫,谁担任后卫。

到达宿营地之前,值日副官就把住处安排好,便衣队就站在路口指点各路的住处,由尖兵带路。到宿营地点时,不准抢先进屋,全部有秩序的站在门口,由带队的连排长先进去看好之后,其他人才能进去。营长的房子,由警卫员收拾好,营长才能进去。伙房,必须由做饭的先进去收拾好。还规定:对房东要有礼貌,不准乱拿人家的东西。假如主人家的东西失落了,谁先进屋就找谁。伙食由副官统一安排,拨给司务长,司务长再拨给各营。

十月初三,我们从红岩出发。当时,部队有四五百人。出发的时候,队伍在坪子上集合,廖忠堂站在一个土台子上给大家讲话,他说:我们今天要出发到远方去,不比在红岩周围,有点差错,老百姓会原谅我们。在路上,要特别注意纪律,不准违法乱纪。如果谁违反了,那就对不起了。我们要抱定阮俊臣大哥的宗旨,要听大哥的话,做什么事都要根据大哥的指示去做。在行军时,要有秩序,不准进民房,不要学土匪性质,我们是有纪律,有制度的队伍,我们作〔做〕事是有计划有步骤的。我们要吃的是有钱人家的饭,穿的是有钱人家的衣。对于老干人,有饭我们要分给他们吃,有衣我们要分给他们穿。我们只有同老百姓打成一片,才是我们的出路。无论到什么地方,都要有礼貌。妇女是我们的姐妹,牛马动作是不可做的。将来我们是要走上正轨的。到了那时,我们就有吃有穿了。把土豪劣绅消灭光,农民也有吃有穿了,大家都一样了。因此,要老百姓保护我们,如果老百姓不保护我们,那就十分恼火了。

廖忠堂还宣布了行军纪律:一、买卖公平,不准估吃霸赊,巧取豪夺;二、行军途中,不准乱钻民房,骚扰百姓;三、尊重妇女,不准嬉戏调情,奸淫侮辱;四、爱护干人,有饭同吃,有衣分穿,不准强行拉夫;五、尊重风俗习惯,宿营时不准下门板,对房东要有礼貌,不准乱钻内室;六、不准抢劫干人和小本钱商人;七、一切缴获上交指挥部,统一安排;八、服从命令,一切行动听指挥。

廖忠堂讲完话之后,部队就出发了,具体到什么地方也没有讲,后来听王松柏说,是阮大哥叫到贵州去。当天晚上,我们到达干河沟宿营。晚上,我问王松柏:"队长,王参谋长到哪里去了,为何不跟我们一道走?"王松柏说:"你晓得啥,他找大哥去了。"究竟干啥,我们不知道,王松柏他们也不肯讲。第二天,陈听礼、陈洪顺带着几十个人追上了我们,参加了游击队。叶绍〔少〕奎又把他们编为两个队,由陈听礼、陈洪顺任队长。那天晚上,到达赫章财神堂宿营,在那里住了一个晚上，出发时，廖忠堂又一次向大家交待了纪律。

苏正科：廖忠堂在财神堂的上街走到下街，要老百姓清理家中的东西，如有失落，赶快报告他，由他帮助清回。廖忠堂为人正直，脾气不好，大家既尊重他，也怕他。有个别刚参加的，想拿东西，听到廖忠堂讲话，赶快放下东西就跑。廖忠堂集合队伍讲完话后，部队又出发了，当天晚上住海马姑。

陈焕章：部队经过的一些地方，由于年代久远，好些都记不准了，只记得一些大概的印象，姚同志、高同志，你们对那些地方比较熟悉，我们说出来，你们指正，同时也帮助我们回忆。

从财神堂出发，过野马川时，听到放火炮，搞不清是什么原因。有的说是威宁县的龙（雨苍）县长带人来打我们，到达野马川，野马川街上的绅士们放火炮迎接。王松柏说："人家是迎接我们，是老百姓放的火炮。"究竟是迎接龙县长还是迎接我们，不知道。在海马姑宿营之后，到达威奢、古达，在那里打了两家土豪。

席大明的亲戚铁金鳌带200多人来会叶绍〔少〕奎，并且参加了游击队。叶绍〔少〕奎将他们编为一个队，由铁金鳌任队长。在古达休息了5天，部队继续前进，到达猫儿兔。哲庄坝甘少清又率200多人参加了游击队，仍然编为一个队，甘少清任队长。这时，部队已发展到1000多人了。在猫儿兔住了七八天之后，又出发到姑开宿营，叶绍〔少〕奎派廖忠堂带两班人去松林寨寻找曾和阮俊臣活动过的熊勃来会谈，争取他合队。商谈结果，熊勃不同意，合队的目的没有达到。廖忠堂原是熊勃的老幺，想招抚给熊勃，叶绍〔少〕奎不同意，两人在姑开发生矛盾，大吵起来，廖忠堂见叶绍〔少〕奎发火，才不讲话了。后来，姚副官等人和王松柏做廖忠堂的工作，廖忠堂才放弃了招抚给熊勃的想法。这时，活动于这一带的绿林武装首领朱思学又带50多人来参加了游击队。

由于部队发展很快，指挥部在姑开开了几次会议，决定在姑开再一次进行整编，然后继续进军。

整编时，将指挥部改为司令部，将部队编为3个团，一个游击大队和一个特务营。叶绍〔少〕奎任司令员，司令部副官有姚显廷、李有阶、杜海廷、王少安、周坤、丁××等人。参谋长是王伯炎，招待处主任王云成，总事务长是林子云。廖忠堂任第一团团长，辖三个营：第一营长刘伯常，副营长蒋子成，司务长李席彬。补充队编为第一营的一个连，陈胜德任连长。其余的连长记不起了。第二营营长王松柏，副营长黄树青，司务长苏正科。第二营辖三个连，第一连连长陈洪顺，王松柏委周吉文当第二连连长,周吉文说:"营长,你叫我当连长,我没有功苦疾劳,不能胜任。"王松柏又决定由黄树青兼任第二连连长,叫周吉文任第一排排长。叫陈听科任第二排排长。梭标队编在第二营,为1个排,王正文任排长,还有两个排长,一个叫陈听兰,一个是曾老班。第三营营长常绍恩,副营长郭明扬,司务长任汝平。第三营第一连连长是陈听礼。其余连长不知道。

第二团团长王伯炎兼任,由于王伯炎在红岩出发时已离开部队从事地下活动,给游击队购买枪弹没有到,司令部决定第二团由廖忠堂统一指挥。第二团也辖3个营:第一营营长甘少清,第二营营长孙德清,第三营营长朱思学。因朱思学受指挥部派遣,带了几个弟兄回去发展队伍,也没有到职。我编在第一团第二营,所以不知道其他团营的详细编制。

第三团是预备团,没有人员编制,李国栋任团长,刘顺成任副团长,待队伍发展时,再行补充。李国栋在司令部活动,刘顺成随第一团第一营行动。

童德明任游击大队大队长,铁金鳌任特务营营长。游击大队、特务营由司令部直接管。编队的晚上,我问王松柏,童大队长他们为何不编,王松柏说:"我们的根子是游击队,游击队的名称不可改,将来我们走上正轨后,才打算。"司令部独立排仍由值日副官指挥,叶绍〔少〕奎说:等以后把郑绍品和童德明之间的疙瘩解了之后,才正式由郑绍品担任独立排排长。

在姑开住了七八天之后,继续出发,涉过野鸡河,在五股田坝住了一晚上,那里是司令部独立排龚子能的家乡。行军路上,龚子能对王松柏说:"营长,不防又走到我的家乡来了。"王松柏说:"既然到了你的家乡,你应该请大家去坐一坐嘛!"龚子能回答:"营长,这里离我家还有10多里路,大家去坐一坐也是应该的。不过,我是个无家可归的人,上无老父老母,下无妻子儿女。回到家,连坐处都没有一个。"说完,非常痛苦。大家也默不作声。第二天,到达梅花箐,在梅花箐住了两个晚上。

傅绍华:我们在梅花箐住了两个晚上,就到方竹坝了,那里的人户很多,家家都造纸,我们到那里时,好多人家都泡得有竹子。在方竹坝住了一晚上,第二天到毛栗坡。然后经过双山下落脚河,上羊场到海马宫、白泥窝、锅厂到陂阶寨。双山街上有碉堡,我们过双山那天是甘少清担任后卫,前队走完之后,双山民团就截住甘少清打。甘少清一边抵抗,一边派人报告叶绍〔少〕奎:"后面火线起了!"要求派人援助,叶绍〔少〕奎说:"几个团花儿,大惊小怪,打不赢不要来见我。"部队仍继续前进,甘少清和民团接起打,没有多久,就把民团打钻碉堡去了。甘少清也不再攻击,带起人追赶队伍。

苏正科:我记得落脚河两边山很高,很陡,是一条狭窄的巷道,河上面有一座较高的石桥。我们就从桥上面过。经羊场,越过公路,到达海马宫。

田海清:在海马宫,我们还抓到一个土豪的娃娃。

傅绍华:那个娃娃是李豆花家的,据说他家有几根枪,我们去提,但已被前面的队伍提走了,他家正在办酒,我们就把他家的小娃娃抓走了,叫他家拿钱来取。走到锅厂,天快黑了,到陂阶寨时,天已经黑了。陂阶寨在一匹长长的白岩下边。岩脚有个官家,姓什么不知道,有团防。我们刚走到那里,他"呼"的一排枪打来,差点把叶绍〔少〕奎打下马来。我们火了,七八个人打起电筒,提起快慢枪就冲上去。待我们冲进去时,人影都不见一个,早就吓跑了。晚上就住在那家下来的一个坪子上。一家正在办酒,大家走饿了,就开钱叫他家摆来与我们吃。第二天早上,部队出发了,这些团防又追在我们后头打枪,廖忠堂带一班人和他们打了一早上,掩护部队往前走。我们人少,被民团打退10多里路。不过没有伤亡,还缴获了一支枪。那天,我实在太累了,走不动,叶绍〔少〕奎叫我骑上他的马走。

陈焕章:当时有个规矩,一切听司令部安排,司令部安排那〔哪〕个部队去打,那〔哪〕个部队就上前,对于布置的任务一定要完成,其他的人不得乱动。

傅绍华:晚上,我们就歇撮窝坝了。那里有一个官家,管事姓熊,还放火炮欢迎我们。撮窝坝是一条街,那天正是赶场。未进街之前,叶绍〔少〕奎吩咐便衣队赶快前去布置,部队进街后,不准污糟,不准乱来,不准骚扰百姓,要公买公卖,如果那〔哪〕个估倒抓人家东西吃,非枪毙不可。

进街后,部队在街边房檐下面坐下来,没有人乱窜。因此,赶场的还是赶场,做生意的还是做生意。不料,甘少清的警卫员(又是他的老表)去买一个老婆婆的烟来抽,甘少清的警卫员给老婆婆镍币,老婆婆不要,要铜板。甘少清的警卫员就和老婆婆吵起来了。这时,叶绍〔少〕奎正骑着马巡视部队,看到甘少清的警卫员和老婆婆吵架,就问:"干哪样"?老婆婆就说:"他买我的烟,不拿钱。"叶绍〔少〕奎听说,随即拔出手枪,"砰砰"两枪,子弹擦破膀子上的皮,甘少清的警卫员就跑进屋去了。叶绍〔少〕奎的本意是吓唬一下他,不料,晚上就死了。甘少清从此对叶绍〔少〕奎怀恨在心。

姚庆延:据我们在群众中调查,你们未到撮窝坝之前,叶绍〔少〕奎派了两个弟兄送得有一封信去给那里的联保主任。这个联保主任叫余祝丰。信中通知余祝丰，等他来撮窝坝开会，署名是：指挥官叶名扬。那个联保主任搞不清楚是怎么回事，就带起人跑了。他们刚出街，你们就到达了。

晋善泉：当时要到哪里，司令部都有计划的。

傅绍华：在撮窝坝住了一个晚上，第二天就到白腊场，在那里住了两晚上，司令部扎在街上，部队大多数扎在乡里面，一个姓姜或姓张的袍哥大爷来联系。

陈焕章：白腊街是一个"丁"字形，在一个偏坡上。那天是杜海廷值日，他朝天打了一枪，告诉大家："要遵守纪律，不要乱动，不准乱七八糟，枪口一律朝下。"部队安静下来之后，叶绍〔少〕奎带着我们到馆子里面去吃晌午。还把李豆花的娃娃也带去了。叶绍〔少〕奎说，他是带他的少爷。晌午吃的是小蒸笼的渣肉，这是大定的风味小吃。吃完之后，叶绍〔少〕奎给的钱。我们就住在"丁"字拐那里。

晋善泉：司令部就住在姓姜或姓张的那家一间大房子，那个老头子是袍哥大爷，还杀了一头猪招待我们。

傅绍华：我们到达白腊场，何专员和保安团就追到撮窝坝了。叶绍〔少〕奎把驻在街上的队伍集合起来讲话。他说："何专员当送亲舅子，已经追了好几天了，我们准备在这里欢迎他，你们怕不怕？"大家异口同声："不怕！"当时，白腊场的区长已经跑了。老百姓推出代表来跟叶绍〔少〕奎讲，要求把火线拉到草坪去打，以免伤着百姓，以免白腊场街受损失。

苏正科：我记得队伍到达街口时，还有一些人放火炮欢迎我们，并且送我们两背草鞋。

晋善泉：和司令部住街上的是童德明的游击大队。部队就集合在司令部门口的平街上。叶绍〔少〕奎说："要不是老百姓来要求，我们就把战场摆在街上和他们打。如果他打赢了，这街上就要松一些，如果他打败了，今后白腊街上要吃大亏，可能要被烧掉。所以我们接受老百姓的要求，将战场摆到草坪去。随他来，大家不要乱。"叶绍〔少〕奎讲完话后，部队就开到草坪去了。在草坪住了两晚上，第三天早上就开始打火线了。

陈焕章：我们到草坪的那天晚上，从赫章可乐区水营头抓来的区长刘昭德就跑了。

晋善泉：刘昭德是我们看守的人放跑的。这几个人跟着他到毕节，刘昭德就把他们的枪提了，人也杀了。在草坪的那天晚上，刘昭德骗看守的人说："你们把我放了,要钱给钱,要绸缎给绸缎,我在毕节开得有商号。"这几个人是贵州参加游击队的,见钱眼开,上当受骗,就把他放了。结果什么也没有得到,反而连命都丢了。

陈焕章:第二天早上,廖忠堂看到他的警卫员向老幺从主人房间里出来,就问他:"向老幺,你干啥?"向老幺吞吞吐吐,答不出来。廖忠堂说:"连你都号召不住,我还号召得了几千人吗?"随即将向老幺带到门口,一枪打死。有些人说是向老幺知会放跑刘区长。不是的,如果向老幺真的放跑了刘区长,那他也跟着走了。实际上是违反纪律。

刘昭德逃跑以后,廖忠堂随即安排各营派一个人,组成便衣队,到草坪周围调查刘昭德的下落,又派了一些人到白腊场侦察保安团的情况。我们营派彦班长去,他还在白腊场给我带回去两包"白姑娘"牌香烟。当天,我的头痛得厉害,陈听科烧鸦片烟给我抽,他是我的叔子,当排长。这时,司令部下来命令,要各营准备好,明天在草坪"欢迎"保安团。

第二天天还没亮,各营都吃了饭,准备好了,只等司令部的号令。陈听科点起灯准备抽大烟,王松柏来了,说:"陈听科,马上要打火线了,你还在干啥子?"陈听科说:"营长,不怕得,水到临头便开沟。"陈听科点起灯,先喊我:"陈老幺,你的头痛,你来吃。"我刚躺下,一杆烟都没有吃完,外面"咔咚"一声,枪就响了。王松柏对陈听科说:"你这个家伙,跟你说要打火线,你还不信!"陈听科说:"营长,你以为我怕吗?"马上收拾起烟枪,就冲出门去,参加打火钱〔线〕。这时,天已经亮了,太阳爬上了山边,直射国民党军队的眼睛。王松柏将他的马给我骑,他去指挥打仗。我骑着马,跟着辎重(做饭的、挑东西的)往山上走了。

晋善泉:国民党的军队分3路进兵,企图包围我们。草坪那个地方,是一座大山,有一匹长长的横岩,我们就扎在岩的对面。国民党的军队有两路顺两头岩脚过来,一路从草坪街那里过来。叶绍〔少〕奎他们将部队分为3路。叶绍〔少〕奎带游击大队和标子队打中路,迎击何专员的保安队。廖忠堂带刘伯常和常绍恩打左翼,王松柏、铁金整打右翼。甘少清、孙德清等人负责接应,跟在叶绍〔少〕奎后面。叶绍奎迎击何专员,一个冲锋,打死何专员的不少人,缴获的枪拿不完,全丢给后面的甘少清。那天,如果童德明不牺牲的话,还要多抓一倍俘虏,机枪也要多缴好几挺。童德明打仗很勇敢,梭标队跟在童德明的后面。梭标队在王正文的带领下也杀得很凶,他们赤着脚,翻滚着杀入阵地,梭标舞得团团转,使人眼花缭乱。开枪又打不着他们，敌人非常害怕，整班整班地跪下缴枪。梭标队缴到枪不会使用，全往后面丢，因此，大多数都是甘少清他们捡到。在前面的唯独蒋子成得一枝〔支〕。缴到的枪全是一色的八角新汉阳，就是中正式。缴了枪，把俘虏喊到后边休息，梭标队又继续往前杀。火线打平启息，才把俘虏带下来，不过有些已经跑了。这一仗，打死了何专员的舅子，活捉了专署的秘书刘××。后来，何专员派人给叶绍〔少〕奎讲，只要不杀刘秘书，要多少枪多少子弹都可以。可是，在我们转移到屯上的时候，由于天气太冷，刘秘书得缩阴症死了。

姚庆延：有人说是吞金死的。

晋善泉：不是吞金死的，俘虏他的时候，我们搜查过他的身上，有一块怀表和一个金箍子。都收了的，全交给了叶绍〔少〕奎。因此，他身上没有金的东西了，确实是缩阴症死的。他死了以后，我们还看过，如果他不死，将他跟何专员换枪，换子弹，我们的队伍就会更加壮大起来。

傅绍华：我们分成3路攻击敌人，参战的人都是经过挑选的。我跟着叶绍〔少〕奎迎战何专员，把何专员打垮以后，我们跟踪追击，我发现一个胖子慌不择路，我就跟着他追，只离丈把远了。叶绍〔少〕奎说："不要追了，那是何专员。"这时，侧面又有敌人冲过来，我赶紧还击，让何专员跑了。这一股敌人主要是何专员的保安大队，没有经过大的阵仗，不多久就把他们全部打垮了。左翼和右翼是保二团，团长姓肖。

陈焕章：我骑着马跑到上面的坪子上，第一团第三营营长常绍恩带着全营人卧在那里。郭明扬副营长侧卧在阵地上，正在指挥打仗。见到我在那里，就对我说："还不快跑，当心打死你。"这时，机枪子弹"秋秋秋"的在头上飞过，树叶被打飞起来，然后又纷纷落在地上。我赶紧打马向树林中跑去，穿过树林时，树枝将我挂下马来，马向前跑了，我不敢动，就睡在树林里，枪声很密，被子弹刷落的树叶落在我身上盖了好厚一层。枪声还未平息，我慢慢爬出树林，正遇上给我牵马的老田。这时，听到有人喊："副营长牺牲了！"我忙问老田："谁牺牲了？"老田说："郭副营长牺牲了。"听到郭副营长牺牲了，我们很难过。

我和老田顺着一个鸡弓梁子往上爬，在我们的后面，司令部军械员田炮匠和饲养马的饶印祥正背着东西往上爬。招待处主任王云成提着枪站在梁子上，叫我们赶快隐蔽。我和老田刚好爬到梁子上，田炮匠和饶印祥就滚到我们面前，拉起来一看，饶印祥没事，田炮匠被打死了。至于打仗的详细情形，傅绍华、晋善泉他们比我清楚。

苏正科：我们退到梁子上，廖忠堂看到下面攻我们的是些团防，就对常绍恩说：你带人回去夺机枪。常绍恩说："团长，我的队伍撤退时已经散了，收不拢来，怎么回去提得了机枪。"廖忠堂就对我们说："我们大家一起下去夺机枪。"随即，童德明、王正文、周吉文、傅少华他们就带着二三十个人顺着山摸下来，准备夺机枪。

傅绍华：我们在山上看到保安团在下面架机枪，枪架好了，不知是害怕还是胆小，机枪子弹老是装不上去，这是一挺重机枪，用一班人保护，清一色的新俄枪。

苏正科：他们摸下山之后，渐渐向敌人的机枪阵地摸去。只隔四五丈了，童德明、王正文、周吉文他们爬起身来，向机枪扑去。这时，敌人的机枪、步枪一齐响了，朝着童德明他们扫射。童德明、王正文、周吉文等人全部中弹倒地，伤亡 10 多个人。保安团怕我们再次组织进攻，就抬起机枪跑了，童德明他们倒下了，大家也无心再去夺机枪，就拉着童德明、王正文、周吉文回来了。

傅绍华：夺机枪时，我们已经打了胜仗，准备撤走了。看到敌人的机枪子弹盘上不上去，廖忠堂才叫童德明他们去夺的。下去后，还没有开枪，敌人就一排枪打来，我们当即伤亡十几个。敌人害怕，随即把机枪拉跑了。为了夺这挺机枪，付出的代价太大，而且没有得到，是很值不得的。

火线开始时，叶绍〔少〕奎带着我们打何专员，把何专员打垮之后，又转回草坪，廖忠堂他们正打得激烈。廖忠堂叫我跟他在一起，6 个人守一个石丫丫，石丫丫下面是一个麻窝，敌人用手榴弹打我们。我们大家的枪法都很好，一枪一枪地还击，敌人始终没有攻上来。后来，廖忠堂喊，我们没有听见。他就跑过来，把我按伏在地下。原来，一颗手榴弹飞落在我背后，我没有看见，廖忠堂喊我注意，我不知道，他见我没有听见，就跑过来，把我按倒之后，将手榴弹捡甩回去，才在敌人中爆炸。敌人见我们人不多，就拼命往上冲，企图捉住我们 6 个人。廖忠堂火了，夺过我手中的枪，两支快慢枪一齐射向敌人，子弹打完了，叫我们给他压上，一共打去 37 板子弹。敌人越来越多，情况非常紧急，廖忠堂急中生智，掏出从滇军缴来的马哨，"嘀——嘀——嘀"的〔地〕吹起来。这种哨子，游击队里只有廖忠堂和叶绍〔少〕奎有。并且互相定好了的，火线中谁遇到危急，就吹这种哨子，另一方就赶来救援。叶绍〔少〕奎听到廖忠堂吹哨子，马上带领独立排赶来增援。将敌围在麻窝里面，全部活捉，把他们的枪缴了之后，廖忠堂才命令去夺机枪的。

童德明负伤后，火线打得更厉害了。这时，太阳又和我们作对，射着我们的眼睛,看不清对方,瞄不准。这时候,我们又伤亡了一些人。这一仗,我们共打死 80 多个敌人,活捉 90 多个,有些把枪缴了之后就跑了。缴获各种步枪 130 多枝,子弹 5000 余发。俘虏的敌人,带到大山脚过去的一个大荒草坡,叶绍〔少〕奎把他们集合起来,进行教育之后,释放了,有些要求参加我们的部队,叶绍〔少〕奎说:"我暂时不要你们,放你们回去和亲人团圆。我们发路费给你们。"说完,就叫我发路费,我提着口袋一个一个的〔地〕发,路远的发两块,路近的发一块五,一色的小板,那些俘虏很受感动。

陈焕章:释放俘虏时,我也在场的,有一个人喊口令,让他们立正,给叶绍〔少〕奎敬礼。当宣布放他们回家时,有些俘虏提出要跟叶绍〔少〕奎走。叶绍〔少〕奎说:"你们是国民党的兵,是被拉来的。我们队伍里的人,全是自觉自愿参加的。你们被国民党拉兵,多的有十来年了,少的有三四年了。这一次我不接收你们,你们回去,好好地种庄稼,和你们的老父老母,妻子儿女团圆。如果要转回你们队伍上去的,我劝你们最好回去和老父老母、妻子儿女见一面后再去,我发路费给你们。想跟我走的,你们回去和老父老母、妻子儿女商量好以后,打听到我在那〔哪〕里,你们再来,那时,我一定接收你们。要不然,在这次火线中,死的人不少,伤的人也不少,你们的亲人得不到你们的消息,更挂欠你们。如果转回部队去的,请你们告诉何专员,我们不是抢人的土匪,也不是杀人不眨眼的魔王,我们是替国家出力的,是共产党、红军的游击队,是为老百姓的。他们如果要继续和我们作对,派兵来'围剿'我们,我们也决不会害怕,一定奉陪他们到底。专署的刘秘书被我们活捉了,我们暂时不能放他,但也不会杀害他。叫何专员准备 500 条枪,500 箱子弹来取。"

晋善泉:这个秘书跟何专员是亲戚,个子不高,脸白白的,文静得很,身体很差。如果他不死,我们得到这批枪弹,就不容易失败了。

傅绍华:战斗结束后,叶绍〔少〕奎叫清点人数,我们总共伤亡 30 多人。

陈焕章:伤了抬起走的有童德明、王正文、周吉文、罗龙海等人。

王正文抬到坪子上就死了。王松柏很难过,脱下自己的青卡其驼绒棉衣盖在王正文身上。当时,我虽然参加游击队,但年纪很小,不懂事,就说:"营长,他死了,还把衣裳盖在他身上,可惜了。"王松柏一跌脚,说:"你这个小鬼,真不懂事,我可惜的是人,除人之外,我什么也不可惜。"随后,就把王正文埋了。

晋善泉:还有个负伤的,叫叶存海,四川人,个子高高大大的,一脸麻子,是司令部的人,背一支疙蚤龙冲锋枪。寄放在松树一个老百姓家。这家老百姓很穷,住一小间茅草房。

陈焕章:把俘虏释放之后,国民党的军队撤走了。我们就到山顶上去了。

晋善泉:童德明抬到松树街上,部队刚刚住下来,他就牺牲了。叶绍〔少〕奎很难过,还流了眼泪。对大家说,你们谁有绸子,借出来裹了童大队长,今后我还你们,大家自觉将分得的绸缎献出来,裹在童大队(长)身上,一共裹了五六层,我们把当地一个地主家的木头抬来把童大队长装殓了,停放在一个石旯旮里头,第二天就到大山去了,在大山过去一个叫山锅庄的地方释放俘虏。当时,请松树的几个人埋童德明,几天之后,听说还没有埋,又派人回来埋的。

陈焕章:到达山顶上,当地保董饶恩阳来与叶绍〔少〕奎联系。叶绍〔少〕奎送了他一匹马,饶恩阳很高兴。叶绍奎对饶恩阳说:"这里有两个伤兵,把他们寄放在你这里吧,请你找个人给他们医,我非常感激你。"饶恩阳说:"五哥尽管放心。"第二天就派人来把周吉文、罗龙海接去。周吉文跟叶绍〔少〕奎讲,要我去照料他,叶绍〔少〕奎答应了,并拿了50块大洋给我带上,刘伯常、王松柏又各拿了5块,总共60块大洋。我收好后,叶绍〔少〕奎又拿了一些大头菜给我带上,说:"如果你们想吃稀饭,好调一调口味。"还派了刘老云去照料罗龙海。不久,周吉文因伤重,又受医疗条件的限制,伤口恶化而牺牲了。临死前,他叫我转告刘营长,一定要通知他的家中,并嘱咐我一定要安埋好他。我埋了周排长之后,刘老云跑了。这时,饶恩阳来看我们,便叫我继续照料罗排长,后来罗排长也死了。我埋了罗排长之后,王松柏派朱龙倍来接我,他对我说,他们去埋了童德明之后才来接我的。我跟朱龙倍到大山时,部队开走了,大山街上全是敌人。一个好心的人把我们拉进屋里,叫我们快走。出门后,我和朱龙倍走散了。找不到部队,我又回到饶恩阳家,在那里住了半年,才回到家。

苏正科:我们在屯上住了两天,第三天夜里,甘少清、孙德清、常绍恩等人就把第二团第一营、第二团第二营、第一团第三营拉走了,走时,通知游击大队长童德俊,他也糊里糊涂地跟着走了。甘少清等人将队伍拉走,使部队战斗力损失大半,他们拖走了四五百人,500多条枪。

陈焕章:甘少清为什么要拉走队伍呢? 有两个方面的原因,一是叶绍〔少〕奎打死了他的老表,对叶绍〔少〕奎不满;二是草坪战斗中缴获的武器,大部分在他手里,在山锅庄释放俘虏时,叶绍〔少〕奎曾说过要整编队伍。甘少清起了疑心,认为叶绍奎对他不信任,要调他的枪来分给各营,削弱他的势力。因此,他活动了孙德清、常绍恩等人拉走队伍。游击大队因童德明牺牲,军心有些涣散,司令部决定由童德明的弟弟童德俊代理大队长。但童德俊当时只有十七八岁,没有威信,号令不住。被甘少清等人一鼓动,也就跟着走了。据童德俊讲:走的时候,他正在睡觉,有人推醒他,说:走了,他也就糊里糊涂的〔地〕跟着走了。

甘少清他们是半夜三更拉起队伍走的,并且也没有住在一块,所以司令部的人一个也不知道。甘少清他们拉起队伍,朝瓢儿井、普宜方向走,然后,各散一方。童德俊的人全回家了。孙德清招抚给确卓陇寡妇,后米又打红岩的人。甘少清回野马川后将队伍解散,把枪卖了。后来啥也没做,解放后也没有被管制,前几年死了。他有几个儿子参加了工作。常绍恩带着队伍回到以沙岔河后,被陇承尧打败,常绍恩被俘,陇承尧将他杀了。

苏正科:甘少清他们拉走队伍以后,司令部考虑到甘少清可能投敌,为了避免不必要的战斗引起不必要的伤亡。叶绍〔少〕奎将部队转移到羊圈驻扎。我们二营营部就驻扎在一个老乡家,主人家女的姓杨,还和杨少安认家门。在羊圈扎了两天,就转到大山来了。

傅绍华:我们到大山以后,有个王银成来会叶绍〔少〕奎,人们都喊他三营长,他和叶绍〔少〕奎他们在司令部会谈,谈些啥子我们不知道。因为凡是有人来与叶绍〔少〕奎接洽的时候或者是司令部开会时候,都要把我们这些人喊出来。在大山那几天,司令部天天开会,什么内容也不知道。只是要我们守在门口,不许人进去。

晋善泉:在大山脚的那几天,保一团团长刘鹤鸣,保二团团长肖厚乐还派人来谈判过,要我们招抚。当时,司令部住大山街上一间高房子里面,门口有几步石梯子。在大山扎了一个星期,刘、肖团长派了两个副官来,与叶绍〔少〕奎、廖忠堂他们谈。最后,叶绍〔少〕奎说:3个月以后答复你们,答复以后,在大兔场点兵。当时大家议论,如要招抚,就跟保安团要钱、要枪,然后拉走。当天晚上,两个副官在司令部住,第二天早晨,在招待处吃过了饭以后,他们要叶绍〔少〕奎将谈判结果给刘、肖团长写一封信。叶绍〔少〕奎说:我这里没有会写字的人,你们就将我说的那几句话带回去答复刘、肖二位团长罢。所以,谈判没有形成文字的东西。

谈判的时候,为了显示实力,使敌人不敢小看我们,叶绍〔少〕奎叫独立排的人轮流背两支德国二十响手枪进进出出,当时这种枪很少,我们队伍里也只有这两支枪最好。两个副官看见我们实力雄厚，在谈判时也老实得多。保二团在草坪吃了大亏，非常恨我们，千方百计想"剿灭"我们。一天，我们的人去背煤给老百姓烧，听他们回来讲，保安团追起来了。廖忠堂马上带两班人迎上去。当天雾罩很大，双方都看不清，打了两排枪之后，都各自退了。叶绍〔少〕奎说："不要打了，开起走算了。"当天晚上，驻扎在松树。

傅绍华：在大山街上，司令部买了一头猪来杀，准备分给各营。可是杀猪匠杀了两刀都没死，我说，杀不死，这是怪事，随即找了一支枪投上刺刀，就把猪杀死了。杀猪匠对我说："老弟，你们这支队伍要小心啊。"说完就走了。

陈焕章：听朱龙倍讲，部队开到松树埋童德明时，还开过追悼会，然后转回大山，用箩筐装泥巴在街口筑工事，如果国民党的军队来，就准备和他们打一仗。

田海清：是筑得有工事。

晋善泉：我们住在大山街上，那个时候已经是冬天了，老百姓很穷，很苦，煤炭都没有烧，一家人就围着一堆柴火。司令部安排了一些人去运煤炭，拿一些我们自己烧，拿一些分给老百姓。这时，地下工作人员和便衣侦察员赶来报告，说：云贵川三省的军队集中"围剿"我们，贵州的军队已经开来了。形势对我们非常不利，甘少清等人又将队伍拉走了一半，为了保存革命力量，以图发展壮大，司令部决定将部队带回镇彝威根据地，采取新的行动。

傅绍华：听背煤回来的兄弟们讲，国民党军队来了，我们追过去看，打了几枪，因为雾大，敌人退了。郑绍品的一枝新俄枪打不响了。回来后，我对他说："你那里面的子弹上了膛的，怕伤着自己人。"郑绍品扳了一阵，枪机怎么也扳不开，就丢了。

苏正科：在大山和国民党打的时候，已经是小早饭时候了，那天雾罩很大，打了一阵，叶绍〔少〕奎喊备好马，就带起队伍走了。当天晚上歇松树。第二天，经过白腊场街口到革左。革左在一个山梁子上，下面是一丘田坝。那天正逢赶场，为了防止走漏风声，我们将革左全部围起来，不准赶场的人走。但是，由于那里树大林深，路径复杂，不少人还是趁乱中跑了。后来，也基本上走完了。

傅绍华：我们在革左街上，还抓住一个来赶场的官家小姐，讲成用15支枪来取，约定第二天中午12点送来。第二天早晨，吃过饭本来要开走的，就是等这15支枪，15支枪一到就开走。

苏正科：左等右等老是不见来，正准备打粮食做晌午饭来吃，听到步哨喊："敌人来了。"大家就准备打火线去了。叶绍〔少〕奎住的房子后面,敌人架了三四挺机枪,房子的板壁被机枪子弹撕成条条。上场口也架了两三挺机枪,朝着街中心扫射,只是下场口没有架设机枪,我们的人就顺着房檐冲出去,当天下大凌,雾罩大得很,看不清楚人。步哨一喊,机枪就响了,我顺着屋檐脚跑出去,曾排长跟在我后面,我说:"曾排长,不要走街心,走房檐脚,慢慢地摸出去。"曾排长不听,他刚一跳到街心,就被机枪子弹射死了。我回头一看,陈兴顺等三四人也被打死在街中间了。这时,刘伯常在下街口喊:"不要乱,快占领地形打。"傅绍华在刘伯常身边,刘营长刚一说完,就被打死在刺蓬蓬上了。傅绍华捡起刘伯常的枪也撤退了。

傅绍华:我是最后一个跑出街口的。这时,刘伯常正伏在街口下面的一个刺蓬脚阻击敌人。他看见我跑过来,就问我:"五哥他们走了没有?"我说:"已经全部走了。"他又问:"街上的人退完了没有?"我说:"都退完了。"他准备和我一道退走,不料刚站起身,就被敌人的机枪子弹射中了,倒在刺蓬蓬上,他的马也被打死在旁边。子弹从他嘴巴里打进去,由后脑勺出来。刘营长牺牲后,我捡起他的枪,看了看他,也来不及掩埋,就追部队去了。

苏正科:离刘伯常丈把远的地方,陈明开也卧在那里阻击敌人,我刚跑过他身边,他就被打死了。我顺着田埂跑过去,看到大路上摆着好多弟兄的尸体。廖忠堂的鞋子也掉了,赤着脚边打边退。过去一点,就与铁金鳌、王松柏会合了。那个火线厉害极了,山上的火草被机枪子弹打飞起来,象〔像〕毡帽一样,一团一团的〔地〕往下落。廖忠堂带着队伍一直往前走。他的一个叔叔和我一路,我说:"大家散开走,不要走成一路,敌人用机枪扫射,不比步枪。"他不听我的话,结果被打死在我的面前。随后,我们就爬上丫〔垭〕口去了,这时,枪声逐渐稀疏下来,冲出来的人在丫〔垭〕口上休息,等待后面冲出来的人。不一会,龚子能来了,听到他讲,叶五哥被打伤了。我说,我还听到叶五哥喊:"傅绍华、傅绍华,快拿筒子来!"筒子就是刘伯常用的那枝套筒枪。龚子能说:"就是那时候被打伤的。"部队到达丫〔垭〕口上时,只有200多人了。

傅绍华:我捡起刘伯常的枪,追上叶绍〔少〕奎,他看到我背着两支枪,就问我是谁的枪,我说:"是刘营长的,他已经牺牲了!"这时,叶绍〔少〕奎非常难过。他看到还有些弟兄在后面,叫我把刘伯常的枪给他,刚打了两枪,我说:"五哥,他们走远了,我们走吧!"叶绍〔少〕奎答应了一声,刚刚站起来走了丈把远,就被流弹打穿大腿,鲜血直流,我赶忙扶住他。这时,铁金鳌的老表许老横从后面上来,我让老许背着叶绍〔少〕奎在前走,我一边打一边走。走不多远,老许也被打伤了,血染红了他的白裤子。我让他把叶绍〔少〕奎放下,叫他快走。这时候,叶绍〔少〕奎身边只剩下我一个人。我说:"五哥,我背你走吧!"他说:"你赶快走,追上廖忠堂,再派人来接我。"我说:"我们还是一起走吧!"他不肯,再三催促我快走,并要我告诉廖忠堂,把队伍带好,他活着的话,会来找我们。我把他扶到一个岩洞里躺下之后,回转身追赶部队,我跑到丫〔垭〕口上,一个人也不见了,保二团的人在后边追。我追上廖忠堂他们时,已经到化眉井了。

苏正科:在丫〔垭〕口上休息了一阵,廖忠堂把队伍集合起来,他说:"不怕死的跟我走在前面。"当时,队伍里面光脚板的多得很,连草鞋都没有一双。大家光着脚板在凌路上走,脚底辣呼呼的,走的时间久了,脚被划破,一步一个血印。来到化眉井,有一支军队驻扎在那里,有两个传令兵出来送公事,被走在前面的廖忠堂他们捉住,把他们背的两支枪缴了。押着他们走在前面,再走过去一点,他们队伍上的人出来办交涉,只要我们把他们的人和枪还给他们,大家互不侵犯。廖忠堂就把两个传令兵和枪都还给了他们。过了化眉井,下坡就到乌溪了。在乌溪桥上休息了一会,天就黑了,爬上对面湾子,就在那里宿营。第二天早晨,起身到野坝。

晋善泉:我们是下午五时左右到达革左街上的,正值革左赶场,抓住一个官家太太和一个小姐,她家有十几条枪,约定拿枪来取。晚上,我们就住在革左街头,一夜无事。第二天早晨,部队吃过了早饭,等那个官家送枪来。这一天是刘伯常值班,值日副官是王少安。刘伯常刚刚把步哨放出去,枪就响了。刘伯常住在下街口半坡的一间草房里,枪响后,他赶紧带人在街口边阻击,他和唐海银、蒋志成、汪三老盖等人在一个包包上掩护队伍撤退。我们的后队刚冲出街口,刘伯常抬起头来跟傅绍华讲,叶绍〔少〕奎走了没有,傅绍华说走了。这时,一枪打来,从刘伯常的嘴里打进去,由后脑勺出来,就牺牲了。刘伯常用的是一枝德国二马驹枪。傅绍华捡起他的枪,跑步追上叶绍〔少〕奎。叶绍〔少〕奎问:"你为何背两支枪?"傅少华说:"刘营长牺牲了。"叶绍〔少〕奎捶了一下胸口:"拐了!拐了!今天吃亏了,火线没有打好。"我们跟着叶绍〔少〕奎迅速撤退,保安二团又从街口包包上包围过来,机枪朝着我们扫射。在一个半坡上,叶绍〔少〕奎负了伤。那时候,我们已经散了。

苏正科:我们到野坝的时候,四面山上有人围着我们打,我们不理他们,一枪未还。后来,他们问我们是哪个的部队,我们回答是叶绍〔少〕奎的部队。他们就说:既然是叶绍〔少〕奎的部队,何专员有通电,叶绍〔少〕奎已经招抚了,叫你们到大兔场去点兵。我们也不管,径直往前走。到了白布河,我们找到一只船,把部队全部渡过河,刚刚渡完最后一船,保二团就追到河边来了。看到我们已经过河去,只得在河对岸放了一阵枪之后,就退回珠场去了。为了避免敌人找到渡船过河来追击我们,过河之后,我们便把船放到河中漂走了。晚上,部队扎在白布河安家寨,有的人说是对江屯。廖忠堂住寨子里面,王松柏和我们也住在那里。那时候,凌冻很大,天气冷得很,我们没有去惊动主人家。白布河产煤,主人家门口堆有一堆煤炭,我们就跟主人家讲,用火烧那堆煤取暖。晚上,白布河的民团摸去打我们,把王松柏的马打死了。我们就撤到指挥部住的那里。我在那里组织了一班人和他们打,没有多久,就把他们打垮了。第二天,我们就出发了,经过大水井,到以列猫场,以列猫场在一个丫〔垭〕口上,周围梁子上有几座碉。我们进街时,有钱人家都跑了。只听到街上有人在"嘟呜! 嘟呜!"的吹牛角报警,那意思是说有队伍进街了。我们在猫场住了几天,都是住在那几座碉里面。

田海清:我们到达猫场时,廖忠堂把队伍集合在一个坝子上,先宣布了纪律,才开进街去的。

傅绍华:我们在猫场,打了一个地主家,这个地主家住在一个丫〔垭〕口上。在他家里得一口袋铜元,廖忠堂叫我把它倒在街上,喊老百姓来捡。

苏正科:在以列猫场住了几天,我们疲劳的身体基本上恢复了。又继续进发,过了天生桥,就到化作龙场了。天生桥很险要,底下有阴河,深得很,从那里过,看都不敢往下看。到达小兔场松林寨之后,廖忠堂考虑到队伍集中在一起目标大,不好行动,就和王松柏他们商量,将部队分为两路,他自己带一路。由王松柏、铁金鳌带一路,并要他们去找朱思学,把队伍发展起来后,又来集中活动。第二天,我就随王松柏他们一起走了。我们到达姑开,在姑开住了两天,廖忠堂的司务长林子云追上了我们,我问他:"林司务长,你们那一部人怎么样了?"他说:"我们从一洞桥上过,敌人用机枪扫射我们,死的死了,散的散了,没剩几个人了。"我还对他说:"上次我们在姑开拿了李区长家的一些米来吃。他家恨我们,你不要到处乱窜,恐怕他家整你。"他说:"不怕得,我找到廖团长就好了。"没有几天,林子云就被李区长家抓去杀了。林子云被杀了以后,我们大家都很难过,同时又感到情况不妙。我就对王松柏说:"营长,我们还是把队伍拉回老家去吧! 在那里要好一些。"

王松柏说："再等几天,待团长有了消息再说。"我说："营长,我不等了,我先回去吧!"他说："你实在要走你就先走吧!"这样,我就离开他们先回来了。刚好到家,就过年了,以后的情况我就不知道了。

田海清:我跟着廖忠堂,到达陇舍,那早上,还没有住下来,大家疲倦得很,正在铺床准备休息,敌人的机枪就"哗哗哗"的〔地〕叫起来了。情况来得突然,大家不及应战就跑了,爬上一个湾子,又过了一个湾子,从湾子上去,爬上一个梁子,副官周坤被打倒在那里,叫我捡起他的手枪走,我顾不及他,就翻过梁子去了。接着就是下坡,左面是大岩,敌人的机枪指着岩上打。我顺着岩脚过去,就过桥去了。往上爬就是松林,到松林里清点人数,只剩下20多个人。在那里,廖忠堂叫大家把枪解下来卖给了一个姓张的,每人发给我们三块小板,我们就回家了。我和唐海银、赵银科等人一路,走了10多天才到家,到家10多天就过年了。

傅绍华:听说廖忠堂在小兔场后来是发展了几十个人。我们后槽的陇山官到大兔场去的时候,因陇山官和我们是通气的,廖忠堂还带人会过他。在那里,廖忠堂将自己的快慢机送给陇山官。陇山官说："兄弟,这是你的保身枪,你为何要送给我,还是你留着用吧。你如果在这个地方没有办法,等几天我回来时,跟我到后槽去。"可是,陇山官还没回来,廖忠堂就被杀了。

陈焕章:听龚子能讲,廖忠堂把他们带到小兔场以后,住在他老表家。住了一段时间,弟兄们劝他走,他说："五哥还没有消息,再等几天,五哥有消息了再走吧!"看样子,他可能派得有人去找叶绍〔少〕奎。这时,有的弟兄已看出他老表不怀好意,又不好跟廖忠堂讲,就告别他走了。临走时,大家还流眼泪,抱头痛哭。弟兄们对他说："团长,你住在这里千万要小心。"他还说："不怕,这是我老表家,他不会把我怎样。"后来,他老表推荐他去当保商队队长,廖忠堂不干,并说："我暂时在你这里住几天,休息一下,我是要走的,我还要去干我的事情。"他老表见说不动他,就起了黑心。一天晚上,他老表抬水给他洗脚。他老表趁他不备,从床上拿起手枪。"砰、砰"两枪,就把廖忠堂打死了。廖忠堂死后,他老表拿着他的快慢枪,当上了保商队队长。住在周围的弟兄们知道廖忠堂被杀,相机把他老表家两父子捉来杀在廖忠堂的坟前,就各散一方了。廖忠堂的老表,听说是姓张,是个地主。

苏正科:我补充一句,在姑开整编时,为了配合司令部争取熊勃合队,司令部副官周坤提着石灰桶在街上写标语,我记得有两条是这样的:"光棍出头不中用,团结起闹革命!""打倒土豪劣绅!打倒贪官污吏!"在革左战斗之后,司令部的副官姚显廷、李有阶、杜海廷、王少安、丁××等人失散了,不知是牺牲了还是逃出去了。直到后来,没有听到他们的音信。第三团团长李国栋、第二团团长王伯炎等人也不知下落。

陈焕章:我听陈洪顺说,廖忠堂把队伍带到松林寨,本来想分为3路的,叫陈洪顺带一路,将来好联系,但陈洪顺劝廖忠堂带着弟兄们转回镇雄红岩。廖忠堂说:我是不想在这里久住的,但是,现在五哥没有下落,阮大哥又没有消息,等到五哥和大哥有了消息,我们就有希望了。还说:如果要走的可以走,等大哥和五哥有消息之后,我一定来找你们。说罢,泪水如雨,弟兄们顿时哭成一团,忍痛离别。

王松柏、铁金鳌带着队伍没有找到朱思学,就到郭家河去了。在那里住了一段时间,王松柏想回贵州找廖忠堂商量发展队伍之事,就劝铁金鳌和他同行。铁金鳌不干,王松柏耐心地劝说他。铁金鳌表面上答应,暗地下投降了陇承尧,王松柏催他走,他总是支支吾吾,拖延时间。后来,他趁王松柏不备,将王松柏抓住,用绳子勒死后丢进阴河。还把王松柏的部下强行缴械遣散。王松柏的警卫员悄悄跑脱,投靠绿林武装王三老飞。将王松柏的遭遇告诉了王三老飞,王松柏也(是)绿林中出名的人,王松柏的遭遇得到王三老飞的同情。后来,王三老飞相机袭击铁金鳌,铁金鳌顽抗,王三老飞用柴点燃铁金鳌的房子,铁金鳌用铁锅盖住自己。结果,房子烧垮,铁金鳌被活活烧死。

王松柏是毕节人,很有本事,曾在第二十五军中当过营长,叶绍〔少〕奎原来是他手下的连长,叶绍〔少〕奎反水以后,他又脱离第二十五军,投靠叶绍〔少〕奎。

注:根据付绍祖回忆,阮俊臣的参谋长是王本渊。所以,座谈中,游击队员回忆为王伯炎,是谐音之误,我们在写《贵州游击支队四大队转战大定始末》一文时,改称王本渊。

(录自中共大方县委党史研究室编《红军在大方》,2011 年印行,第 295～317 页)

# 毕节暴动后参加红军游击队情况

## 王更新(王震)

我是 1930 年江西宁都暴动参加的红军。……

我被黔军抓到,当了 3 个月的黔军,后在毕节暴动(时间是 1936 年四五月份),我串连了我排排长谢明安后,谢又串连了其他人,当时有 3 个连参加暴动,700 多人。

暴动中打死个敌连长唐占福(当时我当二等兵),后来与游击队接上了头,番号称"红军游击队",一般群众称"小红军"。后来谢负了伤(升为营长),暴动以后我是副官。我在贵州寨头照顾谢。20 多天以后因任务的关系,就和刘复初部队分开继续游击。我仍在暴动这一队(团长陶琦)任管理员,我们的方向是准备发展后出川北找红军。后来到了雨洒河与黔军部队交火,于 1936 年七八月份与刘复初部同时失败。黔军旅长柳际明,他们是一旅人和滇军白营长(或田营长)一营人与刘复初部队交火。刘复初部接火地点在山羊坝、董家庄一带。我们失败后陶团长被俘,被割掉了上嘴唇,后来整死了。我们这个团原来只有两三百人,当时牺牲了一些,有的由因政治工作没有时间做,乘机逃跑了。当时我们撤退,有的在郭家坟一带被俘,带去下落不明。最后只剩 100 人不到,因无子弹、口粮,就散了(自动散的)。

老红军王更新(王震)

1959 年 2 月 6 日

〔录自雷吉常《老红军王更新(王震)谈参加红军情况》(摘抄于威信县公安局),1980 年 4 月 26 日,威信县委党史研究室档案,全宗号 1,目录号 18,案卷号 52,第 78 页〕

# 抗日救国军第三支队第四大队在镇雄的活动

刘顺成等

口述人:

刘顺成,男,抗日救围军第三支队队员,现住花山小滰水岩。

陈德周,男,抗日救国军第三支队队员,住母享上街。

胡亮华,男,抗日救国军第三支队队员胡昆之子,住母享串九。

阮明均,男,抗日救国军第三支队司令员阮俊臣侄儿,兴文县志办。

晋善全,男,原第四大队叶绍〔少〕奎警卫员,现住大湾石田马家湾村。

陈焕章,男,原第四大队王松柏警卫员,现住坪上红岩法窝。

傅绍华,男,原第四大队队员,现住母享后槽。

参加座谈的其他第四大队队员:王必正、常正业、苏正科、童德俊、饶引〔印〕祥。

时间:1983年4月、1984年3月、1988年5月。

地点:镇雄县招待所、党史办

记录:刘顺和、李英才、吉斌

整理:刘顺和

刘顺成:我和阮俊臣从四川古宋一起上来的,开初,不知阮俊臣找哪点的地下党联系。这时,康海平是第一大队长,魏老莽是第二大队长,孙德清是第三大队长。3个大队共六七百人。此后,在毕节和红二、红六军团会合,我们住在城外边,进去找红军是阮俊臣带起黄于龙、康海平他们去。红军派欧阳崇庭、姚同志等好几个人到阮俊臣的部队,还给了一些武器。红军领导还派人来给我们开会,队伍发展了一些后,我们被派到川滇这边来,后来听阮俊臣说,红军派欧阳等同志来,一起留在地方。这时,常在阮俊臣身边的还有叶绍〔少〕奎、廖忠堂、黄仇、刘伯常、蒋自成、王德云、杜海廷、李齐山等人。红军派来的还有李有阶、钟品三、游成武等。我们在四川边上活动,在薅枝坝我的脚负伤,就寄在张占云家养伤,过了半年多,叶绍〔少〕奎带起队伍说在威信这边打仗,把我接起走了。

晋善全:叶绍〔少〕奎、廖忠堂原也是阮俊臣下边的一个队,叫警卫大队,后叫四大队,叶绍〔少〕奎是队长,廖是副队长。黄仇是北京人,进过黄埔军校,很有本事,后来阮留下四大队在镇雄一带活动时,才派黄到四大队任大队长充实力量的。

陈焕章:听廖忠堂说,他是毕节毛机厂的人,叶绍〔少〕奎是贵州独山人。廖忠堂本姓陈,是带到廖家去的,家里当时只剩下一个母亲在家。

陈德周:阮俊臣队里我记得还有黄仇、胡昆、兰绍文。我们和阮俊臣跟柳旅雷大龙的人谈判合队,从母享到黑树又到毕节那边,这时,阮的人还有几百人,柳旅长的很多,时间大约是在1936年9月至10月间。到桐梓改编后,阮像是任营长。

胡亮华:听老人讲,到暂编第五旅是为了搞些枪弹,做工作。后来没有搞成,就又退出来。阮俊臣派我父亲去找刘复初,当时,刘被关押在泸州,会到刘复初,刘说国民党不敢杀他,叫我父亲带他的话跟阮讲,要阮组织好队伍,我父亲回来后没有找到阮,就被陇渭贤家捉去关起来了。

阮明均:1936年3月至4月,阮俊臣的队伍和陶树清队合队前往镇雄花朗,派欧阳和陶队一个人去找刘复初联系,接上了头。阮俊臣1935年可能夏天到贵州,阮俊臣和康海平一起20多人,黄于龙在二大队有80多人,兰绍文在一大队,王国祥是最后一队有50多人。

晋善全:我听陈正祥讲,阮俊臣在杨家湾和陶树清合队后,一同到贵州织金去攻织金城,当时,织金城里有一团人守城,阮俊臣、陶树清的队伍进攻了两次,都被打退回来。第三次又要组织进攻时,天下大雨,河里突然涨了齐头水,把阮俊臣带去打织金的人隔在河这边,不能再攻打,阮俊臣就率队伍退了。以后,刘复初率纵队与阮俊臣的人合队,不久,又分开活动。分手后,刘复初曾在旧历八九月间率队经瓜雄、妥泥到大湾子,把王明召、熊支连、陈兆鹏的财产分给了群众,把铜元镍币撒在街上给群众捡。第二天,队伍从花朗这边开过去,又和滇军田福伍营的人打。阮俊臣的队伍以后被打散,阮俊臣与黄仇、叶绍〔少〕奎的队伍分开活动,阮俊臣到水田寨,途经簸笠时,和敌军打,渡河死了不少人。

我是在大湾子过去的俣佐参加黄仇、叶绍〔少〕奎的四大队的。参加不久,住在陇东湾,陇承尧就派吕绍清(吕小福寿)来打我们。吕绍清带着独立营第四连来,有一两百人,叶绍〔少〕奎的人才有100多人。叶绍〔少〕奎得了信后,决定先打独立营一下再撤退,就把队伍埋伏在几面的山头,吕绍清的人一来,叶绍〔少〕奎一声喊打,我们就一齐开火,一下子打死了他两个,打伤十几个,敌人就乱了,我们就撤到白杨林,转移到初都这边去了。在初都,又被毕节保安团打,我们就决定转到威信这边。这时,第四大队的大队长是黄仇,副大队长是叶绍〔少〕奎。黄仇是地下党派来的,又高又胖,进过黄埔军校,很会打仗。

此后,我们由初都到对坡,由水田寨到川滇交界的黄连坝,住在黄连坝庙子头,这个庙子比较大,还有楼,庙子的左右是山林,后面有一个丫〔垭〕口,前面是一片水田。我们在黄连坝住了几天,侦察到陇承尧亲自率独立营的4个连,带了很多粮草、弹药、钱和鸦片烟,准备要缠我们。陇承尧分兵3路,耀武扬威,来到黄连坝附近。黄仇、叶绍〔少〕奎他们商量后,就开了动员会,说,陇承尧的队伍,你不打他,他就会缠着你不放,要大家鼓足勇气,打好这一仗。

会后,就由廖忠堂率一路埋伏在庙子背后,黄仇率一部埋伏于庙子左侧山头,叶绍〔少〕奎率一路埋伏在庙子右侧山头。第二天早晨,独立营的尖兵与我们的前哨接触,我们的前哨就退到树林中,故意引他们进入埋伏圈。陇承尧一股先到,见打败了我们的前哨,就威风凛凛的〔地〕冲来,隔庙子几十丈远时,吹起冲锋号,扑过来。看见陇承尧部气势汹汹,有的队员准备开枪,黄仇说:他们是被我们打怕掉的,人家要沉着气。隔我们才十多二十丈远时,黄仇一声喊打,几边一齐开火,陇承尧的人遭到伏击,一下子就乱了,有的跑到水田中走都走不动。廖忠堂率人从庙子后冲出来,陇承尧指挥不灵了,见事火不对,急忙跳下马来,混进士兵中逃跑了。我们一齐冲出,大声呐喊,像攮鸡儿一样,追了好几里路,陇承尧的辎重、粮草、枪支、弹药丢得一地都是,一直逃回威信。

这一仗,打死独立营的五六人,活捉12人,其中有1个排长,缴到长短枪30余支,子弹两箱多,还有陇承尧带起在路上吸的精致老鸦片烟和1支女式碧玉烟枪,大洋1000多块。战斗结束后,叶绍〔少〕奎就对俘虏讲了话,每人发一块大洋给他们,放他们回去了。

第二天,我们派去搞情报的人由威信回来,说陇承尧还要来进攻。我们正在庙中吃饭时,听到庙子后面有枪声,叶绍〔少〕奎叫人些不要乱,他带几个人出来看,原来是我们的前哨在庙子后面的丫口上捉到一个农民模样的人,送到庙前,叶绍〔少〕奎叫不要让他进庙里,就地审问,那个人就招了,说是陇承尧派他来侦察游击队到底有多少人的。叶绍〔少〕奎就暗中布置一些人,把好的枪轮流背起,进进出出,好像人多,枪支也好,故意让这个人看。以后,又叫人抬饭来给他吃,并说:你去对陇承尧讲,叫他不要来了,走几十里路你们难得跑了,我们会到威信去将就你们的,会一直把你们送到斑鸠沟的。当天,就发了一块钱给他做路费放他回威信。第二天,听说陇承尧退到斑鸠沟,第三天,我们也离开黄连坝。

黄连坝战斗后,我们就到四川兴文去休整,队伍发展到200多人。住了约一个星期,我们就去打威信潘家山……

以后,就从威信到镇雄罗坎,经马厂、泼机这些地方到母享的苏木、尾咀〔嘴〕、串九、黑树这一带活动。与阮俊臣分手时,曾配备了不少好武器给四大队,有一支转盘机关枪,打 150 发的,两支德国二马驹,打 50 发的,一支虼蚤笼,两个弹仓,可打六七十发,两支德国十响手枪。分开时,只有 100 多人,80 来支枪。回到母享时,已发展到 200 多人了。这时,我们就住在串九一带,以青龙山为根据地,到处活动。

大约在旧历九十月间,天气已经比较冷了,毕节保安第二、第四团加专员公署的独立营由毕节经大坝梁子、黑树、尾咀〔嘴〕翻大关口到串九。敌人到黑树时,我们的地下联络员就跑来报。当时,我们住在青龙山边,黄仇就下命令,叫各中队作好准备,快把饭吃了,退进青龙山老林。青龙山老林有两三里宽,七八里长,里面全是大树子,有的要几个人牵手围才围得住,保安团的把我们围在里面,我们借树木为掩护,到处窜来窜去的同敌人周旋。保安团的武器好,人又多,把树叶、树枝打断了很多,掉下来,并逐渐缩小包围圈,打了一整天。到天黑时,敌人见青龙山地形复杂,围而不攻。我们又累又饿,子弹又不多了,负伤的十几个,被打死几个,叶绍〔少〕奎、黄仇他们就商量突围,并组织人东打一阵、西打一阵,把敌人搞得忙得不可开交,得不到休息。天完全黑了,黄仇有意朝山上猛攻,等敌人调兵力过去时,便带着部队从下边冲开一条路过河,经后槽边山上一直冲到塘房熊贝这边才驻下来。这一仗我们损失很大,到熊贝时可能才有六七十人。

第四大队到熊贝梁子的摆柳坪,大约在 1936 年冬月间,黄仇、叶绍〔少〕奎、廖忠堂、钟品山等开会研究,决定分开活动,离开母享一带,当时,敌人在这一带组织"围剿"很厉害。决定由廖忠堂带三四十人及好的枪支到牛场红岩一带活动,黄仇到贵州去寻找阮俊臣联系,叶绍〔少〕奎带二三十人及不好的枪支去假意投降陇承尧,一边搞枪弹,去瓦解陇承尧的队伍。当时,陇承尧来信到熊贝招抚叶绍〔少〕奎。会后,黄仇就到大湾玉田岩上袁兴武家拿他原来放在那里的钱做路费,袁兴武是当地的地主,与游击队建立了统战关系,见四大队受到损失,有〔又〕贪图钱财,便将黄仇杀了。黄仇走后,大湾区长陈兆鹏召集了一些民团,有果珠、高坡、拉埃的,追到摆柳坪,他们拢来了,叶绍〔少〕奎和廖忠堂才把〔带〕早准备好的队伍冲过去,吓得民团鸡飞狗跳,喊爹叫娘的,那些民团都包有白布帕子,被追跑了,满山挂得白哗哗的,象〔像〕上坟时挂的坟飘一样。民团逃跑后,叶绍〔少〕奎说:"不要打他,吓他一下算了,我们要假招抚给陇承尧,怕搞糟掉。抓住的几个人,都教育了释放。"

击退民团后,叶绍〔少〕奎与廖忠堂分手了。廖忠堂率人到红岩,叶绍〔少〕奎便写信给陇承尧,说同意接受招抚,但不知队伍住〔驻〕在哪里。陇承尧回信并通知大湾陈兆鹏,接叶绍〔少〕奎部住〔驻〕大湾子,正合叶绍〔少〕奎之意。陇承尧还委任叶绍〔少〕奎为大湾剿匪大队长。叶绍〔少〕奎便带起二三十个人到大湾,住〔驻〕大街背后的庙子头,由黄于龙、李齐山、周绍先负责。

过了几天,陇承尧去公函,要叫叶绍〔少〕奎去镇雄见他,叶绍〔少〕奎便带了我、陈正祥、李有阶、游成武、钟品山等人,背起一支英国手枪和一支德国二马驹,到镇雄后,住在西门小十字张家。叶绍〔少〕奎只身到陇承尧的指挥部,见了门卫,说明来意,过了两道岗,才见到陇承尧。叶绍〔少〕奎给陇承尧行了一个礼,并把带去的枪献给陇承尧,陇承尧看到是一支英国手枪,十分高兴,抽了一支烟给叶绍〔少〕奎,并问:"你的队伍是不是全来了?"叶绍〔少〕奎回答说:"全都来了。"摆了一阵,就回来了。

第二天,除留下我外,其他的都打发回大湾去了。叶绍〔少〕奎此后便早出晚归,不知搞了些什么活动,有时同陇承尧独立营的连长打麻将,和他们搞得很熟,并逐步搞了一些枪弹到红岩给廖忠堂。转眼就过去了两个多月,叶绍〔少〕奎在城里拉拢了独立营的号目黄树清,廖忠堂派人和叶绍〔少〕奎在黄树清家接上了头,叶绍〔少〕奎对他们讲,要送点钱来才好活动。他们转去后,叶绍〔少〕奎带着我回大湾子看了一次,第二天仍然又回转镇雄,又过了一会儿,廖忠堂派人送钱来了,叶绍〔少〕奎就把这笔钱抓一把,撒一把的,与独立营上下拉关系,搞了两支快慢机,一支罗汉枪,两箱子弹,叫傅绍华他们背起送到红岩。

一天,我看到吕绍清带起人往新街上跑去,我估计是去大湾子方向。我看见他们与一般的外出不同,回来,见到叶绍〔少〕奎,我将情况告诉他,他闷了一下,说,管他妈的。此后,听说吕绍清率部到大湾子,黄于龙他们见状,便请他班排长以上的吃饭,并派了两班人荷枪实弹,驻在后面的山头上,吕绍清见有了准备,便不敢贸然下手,假意说:对坡那边有一股土匪,要去"剿匪"。就把游击队的四十多人带到湾沟那边。此后,回到大湾,吕绍清就又办招待请黄于龙、游成武、李有阶、周绍先他们吃饭,并在吃饭时叫部队把游击队住的庙子包围起,将这二三十人缴械,并捉住李齐山、周绍先。黄于龙是几个人抱住他,他打开跑脱了,其他人都解散了。以后,李齐山被杀害了,周绍先被放了,可能到黄于龙那里去了。

叶绍〔少〕奎知道部队被解散了,也不动声色,照样每天去见陇承尧,但,没说几句话就走了。过了七八天,游成武便进城见叶绍〔少〕奎,报告队伍被解散的经过。一天晚上,彭兴周问陇承尧:叶绍〔少〕奎的队伍都解决掉了,他还带起个老么在这里。第二天傍晚,陇承尧身边的人就来对叶绍〔少〕奎说了这件事。叶绍〔少〕奎问:"指挥官是如何说的?"那人说:"指挥官说,随便他们。"叶绍〔少〕奎说:"兄弟,不要紧,你不要怕,我不在这里在〔这〕两三个月对不住你们。"这时,我把饭做好了,叶绍〔少〕奎若无其事地留他吃饭,那个人没有吃,走了。叶绍〔少〕奎刚吃了半碗饭,见他走远了,便把碗一放,叫我收拾东西,马上离开。我把行李收拾好,已经天黑了,就到黄号目家,一起趁天黑到马厂去。黄的女人还见我们到江家沟过去才回家去。我们经过泥鲁沟,走到马厂,就遇到廖忠堂的队伍,原来廖已派人到这里接我们了,我们就一起到红岩了。

叶绍〔少〕奎离城的第二天,陇承尧发现了,立即派出彭兴周、宗杰武两个连尾后追来。他们去时,我们是住在岩洞脚接赫章地界的黄坭坡,宗杰武他们还带起一些民团,分成三股追来,包围我们,我们只有几十个人。看到敌强我弱,王松柏和刘伯常说:"不要打了,我们人太少了,实力不足。"叶绍〔少〕奎说:"老弟,不要考虑了,他们来的是宗杰武、彭兴周。如不狠狠地打他们,我们这支队伍拖久了,我们就要失败。"并说,这一仗只准打赢,不准打输,大家要拿出精神来。

于是,就由廖忠堂、叶绍〔少〕奎率人分头把守要道。开头从水塘子冲过去的是宗杰武这个连,遇到叶绍〔少〕奎的埋伏,等他们走近时才开打,一下子打倒他几个,他们调头就开跑。叶绍〔少〕奎指挥部队一直追过去,冲过几个小山包,打死了独立营的排长肖汉卿。廖忠堂的队伍与彭兴周的接触,也打退了。我们这边牺牲了游成武,他是红二、六军团派来的红军战士。为了不与敌纠缠,我们乘胜从岩头上转移了。战斗结束后,刘伯常、王松柏他们称赞叶绍〔少〕奎指挥有方,叶绍〔少〕奎说,如果不打他们一下,他们天天追你,明天、后天都有仗打,这回他们就不敢来了。此后,我们在红岩住了好久,都没有打仗了。

第四大队在红岩一带,袭击了以萨豆戛寨,又打五德小河的黄区长家,缴获了三四十支枪和很多东西,把不少东西丢出去给赶场的人些去捡。1937年农历八九月间,又打赫章可乐水营头。此后,开回红岩。队伍开到贵州,从红岩走时,可能有七八百人了。

刘顿成：廖忠堂和叶绍〔少〕奎分手以后，带队从小关口经松林，与官家打了一仗，松林官家只来一两班人，我们有 30 多个人，打了两顿饭时，把他们打垮了，活捉了他们好几个人，是些烂枪，没要他的。因我们每人都有两支枪了，只要他保证我们 3 天不打火线，教育后放了。我们又从五德爬坡到自夹林、花山、老毛姑，又到阿甫寨，后到法窝这一带住下来。

陈焕章：廖忠堂是 1936 年 10 月底（农历），带起 80 多人，有 100 多支枪到红岩的。当时有廖忠堂，还有队长：康德明、谢××、花××、向××、黄××。陈洪顺听童德森说，到了一帮队伍，比军队还要礼节一点，吃酒开酒钱，吃饭开饭钱。第二天，陈洪顺就到红岩法窝童德举家接触这帮人。见面后交谈之中，廖忠堂说：我们要打大户，不能伤害老百姓。廖忠堂的人到红岩不久，不少老百姓把粑粑、包谷花卖给他们，队员们争着开钱，并多开了钱。当地的农民说，哪里有这样抢人的，像这样抢人，不抢背时才是怪事。

廖忠堂与陈洪顺见面后的第二天，陈洪顺就抱起一只公鸡，提起一瓶酒，与廖忠堂及各队长和红岩的陈听南、陈听科、王少安、童德森等到红岩神农庙中去喝血酒，拜把。陈洪顺对廖忠堂说：童德举是法窝的保长，在他家住起不安全，怕乡上、区上有人到这里遇着。就将廖忠堂他们安排在山背后贫苦农民家中，廖忠堂在郭长聪家，有的住陈听松家，陈洪顺就回去杀了猪，背米给廖忠堂他们吃。

10 月尾、冬月初，无事时，廖忠堂常到红岩，和当地农民混得很熟。当时，廖忠堂有一支水笔，有些人说，他是神仙，拿起一支黑棍棍一划，就会出现一些黑线线变成字。过了不久，陈洪顺说："廖队长，对块有个吴学贤，与我是冤孽，你要帮我一个忙，报这个仇。"廖忠堂问明吴学贤亦是被逼上梁山的穷人，能拉联 100 多支枪，就说："他有这样大的队伍，是我们的一支硬角了，何必要起隔阂？你们没有矛盾，不要再结矛盾；有了矛盾，要解，要以团结为主，团结起来，我们力量越搞越大，我们之间相互起隔阂，敌人就会欺负我们。我们现在两手棚一抄，别人都不敢惹我们，如果把吴学贤团结过来，三支手棚起来，力量更大了，你要报仇的事，万万不可，团结的事，有我负责任。"

陈洪顺回去与童德森等研究，准备杀害廖忠堂，拿他的武器，找吴学贤开火。腊月间了，陈洪顺招集队伍 100 多人，说明意图，陈昕科（陈听科）、杨绍安等人极力反对，陈洪顺叫愿意一起去的人举手，一个也没有举手。王少安将情况告诉廖忠堂，廖忠堂对陈洪顺等人进行了教育，使他们不敢再乱来。此后，王少安与廖忠堂等人到赫章和镇雄交界的法冲、丰岩一带活动,发展队伍,其他队长分开活动,只剩下廖忠堂、康德云、刘伯常等人。廖忠堂等人又到铁匠寨,大火地的龙佐云到铁匠寨会见廖忠堂,为了解决游击队活动经费,相约攻打彝良油房沟潘保董家。当天晚上,进行研究,并告诫队员,打那〔哪〕家就打那〔哪〕家,不要乱钻老百姓家。当夜,从铁匠寨出发,由廖忠堂、王少安带队打先锋,康德云、龙佐云带队接应,我与康德云等一路去。到油房沟时,天已经亮了,潘保董家已攻下来了。听廖忠堂说,还未到油房沟,就砍竹子绑成楼梯抬起,拂晓,他们到油房沟,搭起梯子,翻墙而入,他家围墙只有一丈多高。这一仗得到了大量的铜元、镍币,有的东西叫当地老百姓来拿,有的哼哼唧唧的,说怕带过。廖忠堂高声动员说:"不要怕,以后我们会常到这里的。"第三天,到大火地,把潘保董交给龙佐云,后其家用钱赎回。回到红岩不几天,就过年了。

正月间一个月,廖忠堂都是在王少安那里过年。廖忠堂叫杨少安、杜海亭到丰岩,拿钱给他们背起送进城来给叶绍〔少〕奎用。2月间,又叫他们给叶绍〔少〕奎送钱去,并吩咐他们告诉叶绍〔少〕奎,如果镇雄在不住,赶快转回来。此后,叶绍〔少〕奎打发王文亭、任汝平等8人到红岩,住在庙湾陈洪顺家。

傅绍华:那些钱进去,叶绍〔少〕奎买了一些弹药武器运转红岩,并叫我和李明高到红岩参加队伍,去后,廖忠堂发枪给我们。

陈焕章:1937年农历三月初几头,廖忠堂叫杨绍安到城头去接叶绍〔少〕奎,接到红岩,廖忠堂也到红岩来集中,开到黄坭坡、岩洞脚一带,这时康德云、王少安部也带起人到黄坭坡,有百十个人。陇承尧的人追到红岩,彭兴州叫红岩的陈听礼带路。陈听礼知道红岩一带老百姓是拥护廖忠堂的,就叫人通知岩洞脚,组织民团,与彭兴州、宗杰武连由岩洞脚进攻游击队。

游击队住在李家寨子,听说敌人来了,叶绍〔少〕奎用远里镜去看,看到敌人来了,说:"一边来的是彭兴州,一边来的是宗杰武。我们过去与陇承尧打过,相互了解,大家要努力,打不赢了,就不是一仗两仗能下台的,打胜了,陇承尧的队伍就不敢追了。我们到梁子上同他们摆战场,在这里,怕影响老百姓。"

此后,游击队就从李家寨拖到水塘子丫〔垭〕口(龙塘),这里正是镇雄、赫章的交界处,游击队在赫章这边,对面的石山岩洞就是镇雄。这时,宗杰武连由箱子岩洞转李家寨子扑空后又转龙塘,迂回包围游击队。彭兴州由场坝直开龙塘,攻击游击队。彭连先与游击队叶绍〔少〕奎、廖忠堂部在龙塘丫〔垭〕口遭遇。

打响后不久，游成武(红军战士)牺牲了。廖忠堂来报告说："有一个穿便衣的冲在前头，打得凶得很。"叶绍〔少〕奎说："彭兴州的人我是同他试过的，不是打一两次了，没有哪一个凶得很。"廖忠堂问陈听南，说："二哥，你打得起不？"陈听南说："我有啥子打不起的，打火线都打不起，还有什么用？"廖忠堂从棉背心后随手抽一支枪给陈听南，并提起枪冲出去打彭连，手枪卡壳。陈听南叫廖忠堂卧倒，接过手枪来看，是叉叉环打来卡起了，放下后，又打响了。二人向彭兴州连开火。这时，才看清冲在前面的是红岩陈听礼。陈听南说："绝儿，你怎样这样无道，带起人来打叶五哥的人。"打了一阵，彭兴州的人逃跑，陈听礼说，要比脚杆长不是，说完就跟在后面跑了。廖忠堂就朝前冲去，其他队员随后，彭兴州的人就从老林沟退下去。独立营彭连的肖排长就被打死了。叶绍〔少〕奎率人赶来，一直打到老林沟，打死打伤彭兴州17人。

这时，岩洞脚民团100余人率宗杰武连绕道与游击队王少安、康德云部接触，刚一接火，民团就退下去了，到梁子上袖手旁观。宗杰武率部猛攻康德云部，双方鏖战十多分钟。廖忠堂、叶绍〔少〕奎率部回来，听到枪响，陈听南说："五哥，我们还要去打。"叶绍〔少〕奎说："不怕了，只要彭兴州这一股头退下去了，宗杰武的人就抵不住了。"

叶绍〔少〕奎、廖中掌就带起人去声援康德云部。当时，情况十分危急，双方战斗势均力敌，彭兴州这边的人除肖排随陈听礼逃跑外，其余的又随彭兴州转来与宗杰武合队进攻康德云部，康正抵敌不住，恰好叶绍〔少〕奎率人去支援，就把宗杰武、彭兴州两连的人打垮，一直追击到苗寨(寨上)。独立营退到岩洞脚街上，叫民团到木家沟去搬伤亡的人，叶绍〔少〕奎、廖忠堂就率部退到黄坭坡。这次战斗胜利结束了。

不久，听说滇军安旅田营长带得有人来打游击队，为了缩小日〔目〕标，便于隐蔽，叶绍〔少〕奎将队伍分开活动。康德云与王少安分成一股头，大约有三四十人，到花山那边火烧棚、石家大厂一带活动。廖忠堂与叶绍〔少〕奎率主力回到红岩，到阿甫寨时，遇到王正文带起一些人来投游击队。他带来的人，都是用梭标，王正文说，用梭标很方便，如果短兵相接，等你瞄准扣上了火，我已几步窜到你身边了。王正文打赤脚，作战很勇敢，就组织了梭标队，由他任队长。到农历四月初，康德云在石家大厂和滇军遭遇，人马都被打死在那里，王绍安把剩下的队伍拖到半边去了。

廖忠堂和叶绍〔少〕奎带队到花山老毛姑澄水岩住下来,那里只有两座大房子。住了几天,滇军来打,天一亮就和前哨打起来,滇军是一个营不到点,两挺机枪架在半坡头,先打了一枪,叶绍〔少〕奎问哪里打枪,知道不是自己的,就组织起这里 60 人,趁天还未明看不清时冲出去,顺黄家外边那沟头冲出来。这次相互都没有伤亡,我们退到红岩这边来。

后来,敌人组织"围剿"游击队,滇军和镇雄独立营的以及各区民团遍山的来,童德明和群众来报告情况。童德明是吴学贤的人,由于叶绍〔少〕奎他们团结教育了吴学贤,吴就派童德明带几十人枪来参加叶绍〔少〕奎部。吴学贤知道陈洪顺约廖忠堂去打他,廖不同意这件事,对第四大队很好。这时,第四大队隐蔽在法窝山背后,吴学贤又来支应"清剿"的敌人。所以,第四大队没有受到什么大的损失。这种情况发生过几次,由于内外的消息比较灵通,都顺利地隐蔽过去了。

在红岩隐蔽期间,发生过一次误会,第四大队在一天晚上两支队伍相遇,互相认为是滇军,在垭口上打起来,后发现是自己人,但未有什么伤亡。

以萨豆戛寨陇吉昌的女人是以萨区长罗清伦的妹,其家有钱有势,人称其为陇小官。

1937 年 5 月(农历)尾,红岩对门有个常二杠子来找叶绍〔少〕奎,他穿着一件倒长不短的棉衣,一双毡袜,拄着一根拐杖。来了后,对叶绍〔少〕奎说:"有个官家,你们敢不敢去打?"叶绍〔少〕奎问是哪个官家,常绍恩说:"是豆戛寨官家,他收租心凶得很,敲磕佃户,包谷不好他不收。他家亲戚些又硬得很。"叶绍〔少〕奎说:"我们要整的就是这些人,你去调查,要多少人才打得起,用什么办法打,调查好,好作准备。并叫人把包谷撮了一斗叫常背去给他女人、小孩吃。"

四五天后,常又来了,叶绍〔少〕奎与他睡在床上商量,悄悄的〔地〕谈话,我不知道谈些什么。到农历六月二十九,要起身去了,我父亲说去了要翻什么洞子,我就没有去了。转来听他们说,豆戛家在一个洞子的营盘中,外面砌有一个营盘,翻了进去。王松柏对我说:"我犯了一个危险,翻墙时,下面一个煤坑,我一跳下去,就滑进煤坑中,豆戛家的一个家丁一梭镖杀来,从我身上擦过去,镖子一下子杀进墙去,幸好我滚到煤坑中,反手一枪,把那团丁打死。"打豆戛寨,得了十二三支枪,这一仗,是廖忠堂带起人去打的。

打了豆戛寨后,就接见了常绍恩。常绍恩率队到滥箐投第四大队。每年农历七月的头一个猪日,五德小河的人要赶场吃仙水。和尚桥上有一个大石头,上有一个窝窝,积雨水,人些说是仙水,吃了可以却病弭灾,早生贵子。这时小河黄区长(黄树贤),是当地大地主,他的侄儿黄国先、黄再先也去喝仙水,被龚子能发现,叶绍〔少〕奎带着常绍恩过来就抓住他们,写信给黄区长带枪弹去取,黄区长和黄占先同意交枪弹,黄区长的幺儿黄小五呷(黄正先)说:"与其拿枪弹去取,不如跟他们打,看他有多大的本事。"叶绍〔少〕奎知道后,写信给黄区长,信上说:"要打警防八月二十四……"

黄家看信后就不相信,认为叶绍〔少〕奎是在说大话吓人的。当时,黄家也买了20多支汉阳枪及大量子弹,平时,天天注意。8月中旬,刘伯常带起人到小河去侦察。二十三(日),叶绍〔少〕奎带起人从薅枝坝,把当地苗族的衣服换起,穿起麻布衣服,背起烂兜兜,装做些卖猪、卖包谷、卖席子的人,经常带起这些人打先锋,廖忠堂打接应。背箩箩的、卖席子带长枪,其余的把手枪壳壳去掉,把枪卡在腰带上。来到小河,黄正先在街上卖盐巴布匹,童联光等人挤到摊摊之前,假装扯布纠缠不休,黄正先大声地吼,说:"滚开,不许挤到这里,影响我的生意。"

有人认得第四大队的人,说刘伯常来了,黄正先与刘伯常等打起来,被刘伯常一枪打在脚上,黄倒地拔出手枪,刘一脚踢去,顺手抓过手枪,黄被活捉。听到枪响,黄占先关上碉门,黄区长刚要跑,就被在街上抓住。街上乱起来了,廖忠堂就说:我们不是土匪,我们要找的是黄区长,做生意的逐渐安定下来了。

廖忠堂带人去攻碉,向里面宣传,并保证开门投降后决不伤人。刘顺成接近碉边,被黄占先一枪打来,打在脚后跟上,廖忠堂宣布黄小五呷(黄正先,黄区长之子)的罪行后处决了他,一边又宣布黄区长的罪行,黄区长急忙喊黄占先开门,不得已,黄占先打开碉门投降,缴了几支手枪和几十支长枪,取其浮财抛到街上给群众捡,带了一部分大洋作军费,并叫商人些去认各自的东西。当天转河坝,第三天回红岩。

农历九月中旬,第四大队又去打赫章可乐水营头。

刘顺成、傅绍华:我们去打水营头,用40人左右化装起去的,带队的是廖忠堂、刘伯常。

陈焕章:童联光装做要饭的。

晋善全:有3个用鸡蛋清敷在脚上,又贴上瘦肉,看着是烂脚杆。

陈焕章:水营头是可乐区公所,周围是围墙,围墙外有水,里面才是碉,围墙的槽门是站有岗的,要搭起扬桥才能进去。

刘顺成:先进去两个装做要饭的,回来一个报告情况,又去一个,不断回来报告,就这样你来我去的。晚上,里边炮楼正赌钱赌得起劲,天要亮了,这几十个人突然冲进去,要饭的人拿手枪守住各处,很快就从炮楼上提了靠起的几支枪。

傅绍华:我在廖忠堂的后头,冲进去的4个人,一跨扬桥就提了他站岗的几支枪,我拿到一支德国二马驹,扫一梭子弹进去,打死两个前哨,我们几个人一边打,一边堆柴草烧碉,眼看实在保不住了,里边只好投降,把枪一捆一捆的〔地〕吊下来,说他们是县上来的,人都被打掉一个了,枪全缴了,刘区长(刘德昭)不准开门,他要吊死,叫我们快点进去。我们用梯子搭起,我第一个从窗子头翻进去,随后进去几个人,捉了刘德昭,打开碉门。打下水营头,缴了几十支枪和很多物资,单铜元镍币都是几包篓,叶绍〔少〕奎赶到了,叫分给群众,一人一碗,有个回来了三次,我问叶绍〔少〕奎要不要再给他,叶说:给他,又给了他一碗铜元,分了好长时间。清点时,缴获了长短枪41支和很多子弹。后来,听说威宁龙县长要调人来打我们,叶说,我们到多坤去驻下来等他,同他打一仗,后来听说威宁县长派人联络镇雄陇承尧来打我们,叶把队伍开回红岩。

共同回忆:八月十五,在林口去背油饼来过中秋,并在红岩组织指挥部。指挥部住大地头,第一队刘伯常,驻庙湾,在东方庙子丫口,把守坪上一方,第二队王松柏,驻西方法窝丫口,堵岩洞脚来的队伍,游击队童德明部驻场坝上,注意确佐方面来的队伍,第三队常绍恩驻杨绍恩家与补充队陈胜德负责干河沟路线,扼阻牛场坝小米多陇承康部到红岩的必由之路,特务队驻狮子湾,紧靠指挥部,梭标队王正文驻河边家,亦抵制陇承康一面来的队伍,以红岩做根据地,为中心点。

在红岩,王松柏他们教我们唱歌,如《保家乡》,歌词是:"同胞们,细听我来讲,我们的东邻有一个小东洋,几年来练兵马东亚称霸强,一心要把中国亡,咿呀海!同胞们,大家要知道,这时候不想法大祸要临到,亡了国灭了宗后悔就不行了,还有谁来把仇报? 有钱的出钱把家乡保,练新兵,造枪炮目前就办好,要不然,敌兵来,拿你去打同胞,有了钱你没处逃。有力的,当兵把家保,脚步快,枪法好,前线去打仗,要不然,敌兵来,拿你去打同胞,你白白送了命一条。"

叶绍〔少〕奎在红岩对人们讲,我没得的是人,只要有人,武器弹药以后我们有,只要我们一上了轨道,什么都会有。当时,我们红岩的人说他说的是上鬼门关的"鬼道",真想笑,说他谈的话不好听,其余的人才说:是火车走的路叫轨道,不是鬼道。

傅绍华:打水营头回到红岩后,接到陇承尧给叶绍〔少〕奎的信,大意是说威宁县长要我们配合他们打你们,我不得不假装一下,要叶绍〔少〕奎让开一步,尽量不要在他的地盘上活动,免得上边找他的麻烦。

陈焕章:陇承尧拿信给叶绍〔少〕奎是真的,是要叶绍〔少〕奎移开一步,给他敷个脸,如果不走,把名字改过。后来叶绍〔少〕奎回了一封信,说我们是要到前方抗日的,但暂时不能走,我叶绍〔少〕奎行不改名,坐不改姓。回到红岩不久,阮俊臣便带信来给叶绍〔少〕奎,说了他的情况不好,叫叶绍〔少〕奎不要学他样,部队被编散了,一定要想尽办法按原布置的任务去办。叶绍〔少〕奎看了信后说,一定要报定抗日救国军的宗旨,坚决干下去。并说阮俊臣想改编黔军的主意没有实现。

刘顺成:给叶绍〔少〕奎的信是阮俊臣从贵阳带过去的,像是王伯炎(王本渊)进去的。

陈焕章:当时接到信,叶绍〔少〕奎的脸色不好看,说阮俊臣叫他不要接受招抚去当解差,要忍苦耐劳,完成交给的任务。说阮俊臣到柳旅后,队伍被编散,自己不好活动,困难大。叶绍〔少〕奎说,他是在阮俊臣面前表示过的,保证一定要照办。

1937年十月初一(农历),叶绍〔少〕奎以做生为名,看周围几个官家的反应,几个官家是却佐官家,离红岩40里;岩洞脚官家,离红岩20里;小米多官家,离红岩30里;河坝头官家。另一方面,看群众的拥护程度。那天,很热闹,摆了100多桌客,周围的群众和几个官家都来给他做生。妇女、小孩们都来了。有一个妇女来看热闹,没有得到饭吃就回去了,被叶绍〔少〕奎知道,立即煮了两碗面条亲自送去,并给这个妇女赔礼道歉,后来,这个妇女对人讲:"说叶绍〔少〕奎是土匪,正规军队还没有那样关心我们老百姓。"

我们部队的纪律很严。比如:明天要出发了,今天晚上指挥部的值日副官就拿着本子来通知,各队队长均要在本子上签名。如果行动慢了,就要受到严厉的处分。吃饭时间一般都是在天亮之前,吃完饭后,一切东西都必须收拾停当。等军号一响,就集合出发。值日副官把队伍整理好,叶绍〔少〕奎就对当天的行动进行布置。各队抽两个人组成便衣队跟随值日副官打前站。在便衣队后面,派了两个尖兵,负责便衣队与叶绍〔少〕奎之间的联系。待便衣队和尖兵走了之后,才安排谁担任前卫,谁担任后卫。到达宿营地之前,值日副官就把住处安排好,便衣队就站在路口指点各路的住处,由尖兵带路。到宿营地点,不准抢先进屋,全部有秩序的〔地〕站在门口,由带队的连排长先进去看好之后,其他人才能进去。大队长的房子,由警卫员收拾好,大队长才进去。还规定:对房东要有礼貌,不准乱拿人家的东西。假如主人家的东西失落了,谁先进去就找谁。伙食由副官统一安排,拨给了司务长,司务长再拨给各营。

十月初三,我们从红岩出发。当时,部队有四五百人。出发的时候,队伍在坪子上集合,廖忠堂站在一个土台子上给大家讲话,他说:"我们今天要出发到远方去,不比在红岩周围,有点差错,老百姓会原谅我们。在路上,要特别注意纪律,不准违法乱纪。如果谁违反了,那就对不起了。我们要抱定阮大哥的宗旨,要听大哥的话,做什么事都要根据大哥的指示去做。在行军时,要有秩序,不准进民房,不要学士匪性质,我们是有纪律,有制度的队伍,我们做事要有计划有步骤的。我们要吃的是有钱人的饭,穿的是有钱人的衣。对于老干人,有饭我们要分给他们吃,有衣我们要分给他们穿。我们只有同老百姓打成一片,才是我们的出路。无论到什么地方,都要有礼貌。妇女是我们的姐妹,牛马动作是不可做的,将来我们是要走上正轨的。到那时,我们就有吃有穿了。把土豪劣绅消灭光,农民也有吃有穿了,大家都一样了,因此,要老百姓拥护我们,如果老百姓不保护我们,那就十分老火了。"

廖忠堂还宣布了行军纪律:一、买卖公平,不准估吃霸赊,巧取豪夺;二、行军途中,不准乱钻民房,骚扰百姓;三、尊重妇女,不准嬉戏调情,奸淫侮辱;四、爱护干人,有饭同吃,有衣分穿,不准强行拉伕;五、尊重风俗习惯,宿营时不准下门板,对房东要有礼貌,不准乱钻内室;六、不准抢劫干人和小本钱商人;七、一切缴获上交指挥部,统一安排;八、服从命令,一切行动听指挥。

廖忠堂讲完话之后,部队就出发了,具体到什么地方也没有讲,后来听王松柏说,是阮俊臣叫到贵州去。

廖忠堂讲话后,叶绍〔少〕奎又号召大家要像个队伍的样子,正正规规,等找到阮俊臣的队伍,一起去打日本。

晋善全:还说日本人打进中国来了,我们要去抵抗。

(第四大队到贵州活动情况略)

陈焕章:我听陈洪顺说,贵州革左战斗,游击队遭到很大损失,廖忠堂把队伍带到松林寨,本来想分为三路的,叫陈洪顺带一路,将来好联系,但,陈洪顺不愿离开廖忠堂,就只分成两路。在小兔场住了一段时间。陈洪顺劝廖忠堂带着弟兄转回镇雄红岩,廖忠堂说:我是不想在这里久住的,但是,现在五哥没有下落,阮大哥又没有消息,等到五哥和大哥有消息,我们就有希望了。还说:如果要走可以走,等大哥和五哥有消息之后,我一定来找你们,说罢,泪水如雨,弟兄们顿时哭做一团,忍痛分别。

王松柏、铁金鳌带着队伍没找到朱思学,就到郭家河去了。在那里住了一段时间,王松柏想到贵州找廖忠堂商量发展队伍之事,就劝铁金鳌他们同行。铁金鳌不干,王松柏耐心地劝说他。铁金鳌表面上答应,暗地下投降了陇承尧。王松柏催促他,他总是支支吾吾,拖延时间。后来,他趁王松柏不备,将王松柏抓住,用绳子勒死丢进阴河。还把王松柏的部下强行缴械遣散。王松柏的警卫员悄悄跑脱,投靠绿林武装王三老飞,将王松柏的遭遇告诉了王三老飞,得到他的同情。后来,王三老飞相机袭击铁金鳌,用柴点燃铁金鳌的房子,铁金鳌用铁锅盖住自己,结果,房子烧垮,铁金鳌被活活烧死。

第四大队在红岩时,喊的口号是:"打贪官污吏,打土豪劣绅,打富济贫"。后来向贵州进发时,部队指定周坤(部队笔墨人)在墙壁上写了"光棍出头不中用,团结起来闹革命,打倒贪官污吏,打倒上豪劣绅,打富济贫"等口号。

说明:

1983 年 4 月,镇雄县委党史办召开了党史资料知情人座谈会,党史办邓尚书、刘顺和、申时誉、李英才参加了会议,关于第四大队的活动,李英才、刘顺和分别作了记录。1984 年 3 月,镇雄县委党史办又召开了第二次座谈会,邀请了川滇黔边的叙永、兴文、毕节、大方、赫章等县党史、史志办的同志参加,镇雄县委党史的邓尚书、李英才、申时誉、吉斌、王先华等同志参加了会议,并由李英才、吉斌分别作了会议记录。1988 年 5 月,陈焕章又应邀到县委党史办座谈,对第四大队的活动作了详细的介绍,由刘顺和作了记录。以上 5 份记录,主要精神是一致的,但互有详略。为了避免过多重复,我们将以上 5 份记录取长补短,整理出这份《抗日救国军第三支队第四大队在镇雄的活动》。在整理中,尽量保持原谈话内容,并删去第四大队在贵州的活动部分及征集资料人的一些插话,为了前后连贯,整理时在发言秩序上作了适当调整。

(录自云南镇雄县委党史征集研究室编《红旗卷起农奴戟》,1991 年印行,第 354～373 页)

# 红军游击队在镇雄活动的情况(节录)

苏焱波

在 1934 年冬天,我在大湾子遇到北京人黄仇和盐津人王孝秋,他们两个都是搞地下工作的。先是在 1934 年腊月遇到王孝秋,1935 年正月在大湾子认识黄仇,黄与王联系过多次。1935 年 8 月,黄第二次来大湾,以后黄、王经常与我们来往。

当时,黄仇在吴清尧家谈到国民党黑暗,共产党的政策好,日本侵略中国,蒋介石不打,红军长征是要打日本,青年们都要保卫祖国,抗日救国等,当时有吴清尧、母享街上胡昆(参加过游击队)和我都同意他这种说法。黄又说:要把势力串连到才能去抗战打日本,并叫我们下去串连,只要抗日,打日本,有钱人也可以。

我们 3 人分头下去发动,吴清尧与我到花朗这边去串连,黄仇与黄传新、胡昆带部队(这个部队当时黄仇说是属华南游击队分出来的,暂叫华南游击队,名字不打出去),王孝秋脚跛,就在大湾附近串连。吴与我串连了威信院子的江渭川、江永秀,他们把枪交胡纯武发展,胡把枪归私有。

1936 年 4 月四川金鹅池苏永康,罗麻子带有 17 条枪拖来找刘复初,未找到,参加了胡纯武部。5 月初,威信石坎区区长王明久把胡纯武招抚去威信县当大队长,将部下 100 多人编为 3 个中队,委张麻子、苏永康、陶老湾当中队长,陶不愿干,拖出 20 多人来。

当时,刘复初、黄仇和我一同研究后叫我一人去,看能不能把苏永康等 17 人叫来,我到院子与胡纯武周旋一下,暗地与苏永康说后,苏也同意,但胡防范得紧,苏与我谈,胡对我的印象不好,想单独与我来找刘复初……

(农历)六月二十一,胡把苏等人的枪提走,苏就跑了,余下的发给少许路费就遣散了。这些人未回去,找到了陶老湾,想报复,而陶的父亲又被胡送到扎西政府关押。(农历)六月二十四下午,胡到院子街上赶场,要走一二里路,经过一个夹沟,陶等想埋伏于沟两边,但未埋伏好,胡已进沟,结果打了一排子枪,打死他的一个兄弟,胡左手受伤,跑脱了。

陶等到院子街上宣传说:我们是来找刘复初的,被胡提了枪,我们是为革命来的,又不是抢人,如他不还我们的枪,我们的大队来,就叫他鸡犬不宁。坐了不一会,我们就走了。

第二天到范阁(文阁),就遇到刘复初、黄仇他们,在那里住一天,六月二十七开到院子,当时有 300 多人,我先带便衣到街上。这时,陶老湾与苏永康已串连了 100 多人,烧了胡的房子,围着胡的石碉打,部队到后,大恶霸未捉到,刘、黄就来胡家叫胡,缴出枪,叫他出来,把他的枪提了 20 多支,把胡带走,他的弟兄放了。

天黑了,听说扎西要调 1000 多人来打,原想开到石坎乐利下去,但才到堰沟坝,太黑,才开刊乐岔,听说镇雄独立营副营长许兴昌已抓了几十人杀了。这时,吴清尧受伤,要送到大湾,刘、黄叫我送去,并写了一封信交给团总袁佐成、副团总陈子云,叫保护吴清尧,袁、陈与刘、黄有联系,我送吴到大湾,医了一个多月,我们又在大湾搞点情报,有时也在部队。从乐岔出来后,刘、黄人多目标大,分开活动,刘在威信、川南一带活动,黄仇的人在镇雄的毛坝、关包、煤洞坪、木黑、黑树等地。

1936 年 9 月 16 日(农历)晚,刘复初开来打大湾子王明召、陈子云、熊芝联、邵炳章等 4 家,在事前,我们作过侦察。这次,刘复初带 300 来人打,黄没有来,结果打下来,提了陈子云的儿子陈福贞、陈福厚、王明召等,提了几家的 10 支枪,把粮食分给街上的穷人。这次打了后,又开过花朗去,滇军就到了,天天跟着刘复初打,刘被滇军一个营和民团打,加上刘部出了叛徒,郝耀东拉出 200 多人枪,与滇军里应外合,把刘的部队打散了……

此后,我到妥泥,听说黄仇他们把队伍化整为零,分散活动,黄仇被玉田岩上袁绍业暗杀了。叶绍〔少〕奎就假招抚在陇承尧手下,后来又到红岩,我当书记(文书)。

1937 年秋,队伍发展大了,陇承尧写信给叶说:"你的名字已报滇黔绥靖公署去了,如你在这个地方闹也不好,要影响我,我对你过去也有些好处,请你拉远点去搞,不要在我的地面上搞,纵是不去,把你的名字改过。"大概内容就是这样,叶叫我写信说:"陇指挥官对我很好,我也不忘你的情,我们这个队伍,不是在镇雄,准备到前线抗战,不过暂时不能去,指挥官要我改名,我叶某行不改名,坐不改姓。"

另外,周少先被叶派去补充黄于龙,不到 3 个月,发展到了 300 多人,1937 年 7 月中旬,派人与叶通信,如可能的话,开下去会师打水田寨。走前,派杜海亭先去宣传群众,不要打,我们是借路过。结果到了银厂那天晚上做饭时,总部号目李树云串到王松柏那个大队,当时正吃饭,枪放在岳闰长家的屋里,由黄树清看着。不小心被一些人拿着标子杀了,提了他的枪,还想拿屋里的枪,被李发现,李拿出手枪,把这部分人打退了,又怕陇承尧知道打起来,决定退,并把岳闰长捆起来,叫把死人埋了,枪还来,就放岳闾长,结果第 3 天没有来还,叶就把岳闾长杀了,水田寨未去成。

第二阶段,1935 年 10 月尾,刘复初与龙厚生拉起 200 多人,坚持游击到 1936 年 10 月底,水田寨失败。同时,黄仇又组织了一部分游击队,阮俊臣任司令,下分 3 个营和一个警卫队,大队长叶绍〔少〕奎,一营营长黄仇,二营营长胡昆,三营营长黄华先,这个队伍发展最多时有 1000 多人。因部队太大,阮、黄决定分散活动,由黄仇带 200 多人,叶绍〔少〕奎带 100 多人,胡昆带五六十人,黄华先带七八十人分头活动。

1969 年 10 月 30 日

(录自云南镇雄县委党史征集研究室编《红旗卷起农奴戟》,1991 年印行,第 348～350 页)

## 我在毕节参加了阮俊臣部

傅绍祖

1936年红军过后不久,我趁学校放假之机,到金银山、堰塘一带去赶乡场卖些零碎东西以充家用。我原系毕节城关人,家住小横街肖家坝,赶场到了堰塘下去的一个小街上,被阮俊臣的兵把我带到司令部见了阮司令,摆谈中他听说我是学生,就很喜欢我,把我留在那里住了一久〔段〕。阮的军队纪律很好,驻扎地方当地群众照样赶场,他的队伍晚上到街上来,当地还有人唱戏给他们听,他们对人家毫无侵犯,我在阮俊臣的队伍住下的这段时间,他们待我很好,很尊重有文化的人,多次流露要我留下在部队搞宣传,但我因人年纪小,家里又不知道,不便留下,住了10多天后就依依不舍地离开了他们返毕节。

但回到毕节时,暂编第五旅的队伍已进驻毕节了,先来的是一个营,即是陶树清的那个营,是率兵起义,欧阳、阮二人便衣悄悄潜进毕节城里做工作起义的,至于他们到毕节接触过哪些人,我就不知道了,反正起义出去后陶的部队和他们在一起。另外阮的部队里还有个仁殿清,是军阀侯之担手下团长仁佩龙(仁香)的堂兄弟,贵州印江县人,枪打得很好,一直跟随在阮的身边干事。前边讲的,是我没有在阮的队伍里干事。只是在他们队伍里玩耍,由此结识了他们身边的许多领导骨干,处得很有感情,所知道的情况。

1936年10月左右,因阮的队伍长期作战,弹药无补充之处,又因人员在战斗中有所减少,为了打进敌人内部分化柳旅,保存基本力量,他决定打进柳旅,目的是为了在其中搞兵变,他们队伍到毕节时,我才参加的,和我一道在毕节参加阮的队伍的还有个曾文鉴,阮部到柳旅编为一个大队,他带去的兵有300余人,编3个中队,第一中队长兰文,第二中队长陈俊儒,第三中队长胡昆,他的队伍开始都是一个完整的大队,没被编散,随队到柳旅的有唐伯安、阚世文、王本渊、陈文本、仁殿清、曾文鉴等,黄仇也跟随着部队去的,但到桐梓后他就转回毕节了,他跟随着去是看沿途的地形,到桐梓后转来带留在后方的队伍。

阮俊臣率领队伍离开毕节后,先住黔西,后驻扎桐梓,又调到麻柳湾驻扎,在麻柳湾住了3个月,队伍才被改编散了。

在麻柳湾驻扎时,阮俊臣就召集我、兰绍文、王本渊、阚世方、曾文鉴、仁殿清、唐伯安、胡昆等人,在住〔驻〕地麻董石敏家里开会,阮俊臣预定了时间,布置把队伍带到旋溪镇去开展斗争,他说了:"旋溪这个地方是二省交界处,地势险要,有悬岩绝壁,只要占领了该地,有一团人来一个排也守得住。"到会的人都同意他的这个方案,决定听他的号令行动。那〔哪〕知开会后的第二天,即礼拜,那时叫纪念周,柳际明在侯之担家门口集合队伍,说是要发好枪给队伍,就收掉了我们大队的"旧"枪,随后就编散了部队。当天晚上阮俊臣气得流了泪,饭也没有吃,非常后悔,一是不该打进柳旅,二是没提前行动。

在柳旅,开始柳派了两个人到我们的大队任职,一个叫严兴任大队副,阮是大队长。另一个叫肖荣昌是上尉,任指导员。阮俊臣在柳旅的活动,除了上边说的是想搞兵变,把队伍带出去打游击外,他还活动柳际明的参谋长贺正涛,和贺的关系很好,在队伍被编散时,贺还积极为我们大队说话,反对编散我们的队伍,但是没有生效。阮还把上尉指导员肖荣昌硬是拉了过来,从贵阳回毕节时,他把肖荣昌带到了毕节,我问他带肖来干啥?他说肖荣昌思想进步,是个人才,创事业有用。

他带到柳旅的枪支不多,大多数人都是打空手,少部分人有一些烂枪、破枪,都少有子弹,好的枪弹都留给留守的部队了,他们的目的是想这几百人一旦在柳旅都领到好枪好弹后,一拉出来力量就大了,但柳旅却有戒心,迟迟不发枪,未能实现阮的预想计划。

我在阮的大队任秘书,还有一个秘书是曾文鉴,在阮大哥身边的还有两个人,职务没有明确,一个是仁殿清,一个是王本渊,一天到晚只是吃酒吃饭,伴陪在大哥身边。队伍被编散,阮调往贵阳城,被委为招待处主任后,我被编到第三十五团任文书。在南厂驻了2个多月,部队要开出去抗日,我不想去,准备和张成一道回毕节,但那时抓逃兵很凶,想走也走不成,幸好在贵阳遇到了秦天芬,她住惠文路14号(是老乡认识的),她得知我们想逃回毕节的想法后,就大力资助我们,拿了二套学生服装给我和张成换装,并拿了二颗易城中学的证章给我们戴上,我在1937年9月间就顺利回到毕节。

到毕节没几个月,阮也回毕节了。同阮俊臣到毕节的有肖荣昌、王本渊、刘绍荣等人。到毕节后,王本渊派到镇雄组织队伍,把刘绍荣派到阴底娃疏联络武装,刘绍荣的弟刘绍华就交给我带管,黄华先等人的队伍是阮在毕节指挥的,除直接联系这支队伍外,阮还通过和孙炳奎的关系,活动了毕节保安队的大队副严继兵,和孙炳奎交往好的周和轩大队副、何树全分队长等。

阮俊臣到毕节时曾问他:"你回来做啥子?"他答:"重振旗鼓。"在毕节时有人来和他联系,他也不时悄悄出去。有一次黄华先在打仗中负了伤,秘密来毕节治疗,是李道生化水给黄取出子弹。医好后阮又派去扩大武装,有一次黄华先进城与阮俊臣联系,走时被伪〔敌〕专署跟踪,我就被派送他到何官屯。

阮俊臣几十年都被称为"匪头",人被国民党杀了,名声却蒙受不白之冤,据我所知的,并不是他们来调查我才这样说,他所带领的队伍,纪律很好,专门针对的是土豪、大户;队伍住〔驻〕在哪里,老百姓也照样赶场,军民关系很好。他的队伍在红军走后,在金银山一带和国民党的正规军打过大仗,队伍还打过织金、水城,在纳雍还包围了刘国清的一个营,团长刘国清也被包围在里面。

至于阮俊臣是不是地下党员,我不知道,只是从具体作〔做〕法上、行动上看出和共产党的主张一样。但是他和红军政委刘复初是密切联系的,就是在柳旅,也时常派身边的王本渊出外联络,同时和后方的队伍经常联系。

以上所述都是我亲身经历和目睹的,并无编造,我只不过是尽历史见证人的责任,并无什么别的要求。

当时我是在毕节,虽然没在他们队伍中,但是我与他们是秘密联系的,兰绍文、孙绍清、彭化明等人悄悄到城里,也到我家。他进柳旅前行军去黑树,也来我家住了两夜,那是等留在后边的孙绍清来选好枪弹药,这事彭文宾也知道。后来我进了柳旅在阮身边任秘书,知心话阮也对我说。如果不是为了革命目的他在麻脚湾就不会先派人到施溪去侦察地势,了解情况,并布置拉队伍到那里去的事了。记得起的都讲了,有回忆起的以后再补充。

1984 年 5 月 22 日

注:傅绍祖,男,系游击队员,原籍贵州毕节城关人,后为贵阳缝纫厂退休工作人员,家住贵阳市都市路 234 号。

(录自谢正发主编《乌蒙磅礴——毕节地区党史资料丛书之十五》,中共毕节地委党史研究室 1996 年印行,第 240~243 页。收入本书时标题作了改动)

# 傅绍华补述抗日救国军第四大队情况

口述人:傅绍华,男,汉族,母享后槽人,75 岁

时间:1987 年 10 月 18 日

地点:傅绍华家中

采访记录:刘顺和

叶绍〔少〕奎被招抚后,队伍驻大湾子,母亭〔享〕土豪王连高抢人,叶曾带人来打王连高,将他抓住交给陇承尧。后槽这边有匹烈马,好多人不敢骑,我将其制伏住了。叶绍〔少〕奎看上了我,就动员我参加游击队,我就随他进了城。叶绍〔少〕奎进城后,拿起一支枪去送陇承尧,并说,以后准备回家。陇承尧安慰他,说以后让他当独立营新四连连长。叶进城后,扎在东门小十字一家客店中。为了麻痹敌人,每天打麻将,又暗中派李明高二人到洛表买了两支好枪(买枪的钱是廖忠堂叫人送来的)。

当时,游击队主力由廖忠堂带到八卡(坪上)一带活动。八卡的翁区长到城里,陇问翁,你们那里这一段时间清净不清净,翁说,清净什么,有一支部队,枪好得很,尽是比利时造的,打的旗号是叶绍〔少〕奎的。陇叫他不要吭声,并暗地策划,要扣留叶绍〔少〕奎,逼缴游击队的枪。

陇承尧身边有一个班长,与叶是好朋友,听到消息,便来报信,叶当晚就转移到南门口黄号目家,天未亮就出城经牛场坝到安家坝,与游击队主力会合。

第二天,陇承尧听到消息,就派独立营的宗杰武连和彭兴州连紧追。当时,游击队只有 40 来人,分成三组在镇雄、赫章交界的黄坭坡上埋伏起来。叶绍〔少〕奎带一个组(共 8 人)埋伏在黄坭坡丫〔垭〕口侧面,我和游成武也在这里。游成武见独立营的来了,叫我与他一道冲下坡去,刚走几步,游中弹牺牲,我接过他的枪,见他不动了,返回丫〔垭〕口固守。敌人进攻很猛,在我身边的刘伯常举起枪,一枪一个,打倒了独立营几个人,将独立营的一个连击退。廖忠堂还要带起人出击,由于子弹不多,被叶绍〔少〕奎制止住了。过了一会,独立营第三连又冲了上来,一个士兵,躲在石头后大骂游击队。刘伯常枪法很准,他说,你敢骂人,我就打你的嘴,那人刚一伸头,刘一枪打去,把那个兵的嘴擦掉一大块皮。刘又说,你敢伸出手来,我说打你的哪个指头就打哪个指头。独立营的被吓坏了,不敢进逼。

黄坭坡战斗后,我们在戛纳溪一带驻了一段时间。当时,镇雄独立营在八卡、

滇军在奎香一带、黔军在可乐向我们进攻。为了隐蔽，游击队由康德云率一部分隐蔽。一天夜里，游击队主力转移到老毛姑滤水岩一带，那里有两座房子，座〔坐〕落在斜坡上，相距有几十丈远，斜坡脚有一条深沟。我与叶绍〔少〕奎、廖忠堂等10多人住在下面一幢房子，王松柏率10多人住在梁子上的房子里。我们的驻地被滇军发现了，被他们悄悄包围住了。天快亮时，滇军打了一枪，听到枪声是比利时枪打的，叶绍〔少〕奎认为是王松柏他们乱打枪，我便在门外去问，谁乱打枪。话音未落，四面响起枪声，若干支手电筒向我们一齐射来。叶绍〔少〕奎发现被敌人包围了，叫大家不要慌张，赶快卧倒。一时，滇军机枪，步枪朝游击队打来。王松柏听到下面枪响，率部冲下接应，叶绍〔少〕奎便组织冲出门去，顺坡冲到沟中，顺沟转移到滤水岩上，占领有利地形，掩护后面冲上来的队伍，打了不一阵，打死滇军一人。为了节约子弹，叶绍〔少〕奎下令脱离战斗。到林中时一看，我们身上背的洋号和碗都被打烂了，但人未伤着。

由于滇军和黔军来"围剿"游击队，我们便隐蔽在大小火地一带的罗汉林中。这里竹木万顷，深不可测，里面有人打笋子，我们就住在他们搭的棚子里。当地放牲口的农民炒包谷花藏到披毡下，偷偷地送到竹林中，我们一升一升地量来吃，有钱的马上就付，没有钱就开个借条。滇军在竹林外摸索了几天，由于里面地形复杂，沟壑纵横，竹树茂密，不敢深入。过了不久，把分散活动的康德云部解决后，便回昭通去了。

我们从竹林中出来，主要是在红岩到花山一带活动。一次，游击队从豆戛寨经过，陇吉昌家开枪阻截。此后的一个晚上，叶绍〔少〕奎带起部份队员从三山手扒岩出发，到豆戛寨，从墙上翻进去，一枪未放，就将豆戛寨打下，抓到小官陇吉昌。

小河黄区长是当地大土豪，打他家的那天，我们的队伍化装起去，有的装成扛席子上街卖的，把长枪卷在草席里；有的装成算八字的、看相、取痔的，还有的装成货郎，三教九流，无所不有。到小河街上，黄区长之子黄小五哩正在街上设摊，有人认得刘伯常，对他讲了，他便转身要去叫人来抓。刚一转身，刘把腰一弯，从腰间抽出手枪，一枪打去。接着，街上枪声四起，百姓四处乱跑。这时，游击队主力由叶绍〔少〕奎率领赶到，向群众解释我们是游击队，来打黄区长家的，叫大家不要慌张，并迅速将黄家碉楼围住。我们抓住黄区长及黄小五哩，并把他们带到碉前，碉上不开门，并从上面射击，打伤游击队员刘顺成等3人。廖叫人把黄小五哩拖到碉脚,几枪把他打在地上,又拖出黄区长,黄急忙叫投降,碉上的人就把枪用绳子掉下来,共18支步枪,1支手枪。碉门打开,我们冲了进去,里面有几十挑大烟,就抬出来叫当地居民来认领。战斗结束后,游击队退到红岩,把打到的财产拿去买了两支快慢机,一支左推,两支可打50发的冲锋枪。

此后,我们又打下可乐水营头,住了几天,威宁龙县长调队来打我们,叶说,水营头不是摆战场的地方,我们退到多块等他。龙就调陇承尧来打我们,我们退到红岩,陇承尧写信来,叶说,既然他都怕了,我们就不打他了。此后,阮俊臣写信到红岩,叫要完成他交给的任务,叶绍〔少〕奎一笑一笑地说,想必任务是可以完成的。此后,就奉阮俊臣之令,东进贵州。

(录自云南镇雄县委党史征集研究室编《红旗卷起农奴戟》,1991 年印行,第374～376 页)

## 陈焕章谈游击队的影响和一些统战工作

时间:1983 年 5 月 15 日上午

地点:镇雄县委招待所

以前,叶绍〔少〕奎和廖忠堂他们带队住在我们那里时,除了打击罪大恶极的大家伙外,还很注意团结一些愿意跟他们和好的。当时对周围一转的影响还是比较大的。我们八卡对坎的吴学贤是当时陇承尧(镇雄独立营营长)的队长。通过做工作,吴学贤除了给游击队很多钱、粮、武器弹药的支持外,还经常给叶绍〔少〕奎他们报告消息。所以,几次上边来"清剿"他们,游击队都安全地隐蔽了。特别到后来,派了吴的一个得力队长叫童德明,带了 50 多人和枪到游击队来。童德明在游击队后任游击大队长,很有本事,又勇敢。为了夺取保安团的机枪牺牲了。大家都哭了。特别叶绍〔少〕奎说:可惜我的人了……

另外,贵州赫章田坝的安小满,是坪山朱家的营长,有 100 多条枪,周围一带都比较出名。可是叶绍〔少〕奎会做工作,使他和游击队搞好关系。安小满派人送过很多粮食和钱给游击队,还给了些武器。后来还提供情况,把赫章可乐刘区长(刘昭德)的老窝打下来。安小满还备办伙食送去,放火炮迎接游击队。

还有我们坪上的乡长师爷傅思贤,受到叶绍〔少〕奎和廖忠堂们的影响,对他的教育比较大。傅思贤后来写了一条对联贴在土地庙上。对联说:"区、乡、间、邻,如同四条猛虎,实在逍遥,土、民、工、商,恰似鸡犬猪羊,好不可怜。"另外一联贴在国车〈属镇雄县〉的土地庙上:"乡约保政,臭虫蚤虱。"傅思贤又叫会清正。解放后,自己吃烟死掉的。

陈焕章,男,汉族,62 岁,原参加第四大队当传令兵,现住镇雄红岩法窝生产队。

(录自《中国工农红军川滇黔边区游击纵队斗争史》编写组编《中国工农红军川滇黔边区游击纵队斗争史(副本)·下册》,1985 年印行,8—10)

# 抗日救国军第四大队在红岩

蒋洪亮

时间:1986年3月20日上午

地点:镇雄县委大院砖房103号

口述人:蒋洪亮,男,74岁,汉族。原住镇雄花山老毛姑,现住贵州都匀银思区杨柳街前进二队(本人当年亲自参加抗日救国军第三支队第四大队活动,曾当过廖忠堂的警卫员)。

采访记录:李英才

1936年冬,叶绍〔少〕奎、廖忠堂的部队攻打葬良油房沟潘保董家后,转移到老毛姑。我看到这支部队纪律很好,他们不但不拿贫穷人的东西,还给予救济。当时像我这样的许多穷人纷纷参加这支队伍。

我到部队后,才知道部队的司令官叫阮俊臣,叶绍〔少〕奎是大队长,看到了部队番号是抗日救国军第三支队第四大队。口号是"打富救贫"。部队的纪律是:"不准乱拿乱吃,不许欺负小男妇女,对老百姓要尊重,谁人乱来,犯了纪律,坚决处治。"在此期间,部队一直驻红岩一带,并攻打了安家坝陇家,小河区黄区长家,可乐刘区长家,红岩的大地主申四顺。没收地主的财产,一部分用来解决部队用费,一部分分给穷苦百姓。当时群众和部队的关系处得很好。滇军和镇雄独立营有几次去偷袭部队,都得到群众的报告和掩护,使部队迅速转移。

一天夜里,我们住在滤水岩黄家。滇军从彝良林口过来偷袭我们部队,机枪架在黄家后面那个包包上。天开亮时,滇军与我部前哨接触廖忠堂指挥我们从前面冲下沟,到黄岩。后转移到红岩法窝。

民国二十六年(1937年)冬天,阮司令官指示第三支队第四大队开往贵州会合。准备到前线抗日。但由于中途受阻,领导人相继牺牲,部队被打散,我才流落贵州。

张翼明整理

(录自云南镇雄县委党史征集研究室编《红旗卷起农奴戟》,1991年印行,第377页)

# 一支游击队的文化宣传活动

傅绍华

阮俊臣领导的抗日救国军第三支队所属第四大队在镇雄红岩时,文化宣传活动开展十分活跃。在大队和群众中经常教唱歌曲。记得的如《保家乡》,歌词是:"同胞们,细听我来讲,我们的东邻有一个小东洋,几年来练兵马东亚称霸强,一心要把中国亡,咿呀嗨!同胞们,大家要知道,这时候不想法大祸要临到,亡了国家灭了宗后悔就不行了,还有谁来把仇报?有钱的出钱把家乡保。练新兵,造枪炮目前就办好,要不然,敌兵来,拿你我去打同胞,有了钱你没处逃。有力的,当兵把家保,脚步快,枪法好,前线去打仗,要不然,敌兵来,拿你去打同胞,你白白送了命一条。"

与此同时,广写标语和呼喊响亮的口号。在红岩时,喊的口号是:"打贪官污吏,打土豪劣绅,打富济贫"。后来向贵州进发时,部队指定周坤(部队笔墨人)在墙上写了"光棍出头不中用,团结起来闹革命""打倒贪官污吏,打倒土豪劣绅,打富济贫"等口号。

游击队是一支有纪律的部队。从红岩出发转移后,队长要求,在路上,要特别注意纪律,不准违法乱纪,如果谁违反了,那就对不起。我们要抱定阮大哥的宗旨,要听大哥的话,做什么事情都要根据大哥的指示去做。还宣布了行军纪律:一、买卖公平,不准估吃霸赊,巧取豪夺;二、行军途中,不准乱钻民房,骚扰百姓;三、尊重妇女,不准嬉戏调情,奸淫侮辱;四、爱护干人,有饭同吃,有衣分穿,不准强行拉伕;五、尊重风俗习惯,宿营时,不准下门板,对房东要有礼貌,不准乱钻内室;六、不准抢劫干人和小本钱商人;七、一切缴获上交指挥部,统一安排;八、服从命令,一切行动听指挥。并要求队员们向群众广为宣传游击队的上述纪律。

据原红军游击队员傅绍华等人回忆。

记录整理:刘顺和、李英才、吉斌

(录自四川省文化厅、云南省文化厅、贵州省文化厅编《川滇黔边红色武装文化史料选编》,贵州人民出版社1995年版,第383~384页)

# 阮俊臣部在黄连坝与滇军打仗的情况

### 李鸿华

打阮俊臣的那个部队是云南军的一个马营长,全戴钢盔帽,一个营分为两路进发,一路去板厂沟上,一路去岩桑庄上。从观斗山上打下来,阮部的人死了八九个,队伍全被打散了。从黄连坝下来,过大湾那边去了。有的散兵就据在地方上了。

口述人:李鸿华

1983 年 6 月 2 日

(录自雷吉常《李鸿华讲述阮俊臣部在黄连坝与滇军打仗的情况》,1983 年 6月 3 日。威信县委党史研究室档案,全宗号 1,目录号 18,案卷号 53,第 44 页)

## 陈德周谈随陶树清起义到红军游击队

陈德周(男,汉族,69岁,原属柳际明部队,后随陶树清起义到游击队,现住母享上街)回忆

时间:1983年12月7日上午

地点:镇雄县母享公社上街陈德周家

记录:李英才

我是被国民党抓去当兵的,开头去是在黔军第五旅柳际明的部队,后来,陶树清组织兵变,在毕节杀死营长,带到共产党部队,由阮俊臣派人到毕节大小环街接应,合队一起到杨家湾这边来。在那一转住了几天,又到镇雄的尾嘴、黑树这边,后经母享等地到花朗,先派欧阳同志与刘复初的部队联系,决定在花朗合队。

柳际明派皮副旅长率几百人追到花朗,就打起来了。我们也参加打,仗火打得很紧,双方都死了些人。后来还是把皮光泽的人打退了,我们才转到威信的院子。我是在第二大队,只记得连长叫胡昆,其他记不清楚。陶树清象〔像〕是副司令员,后来,没几个月陶在威信这边,可能是大河滩一带,被黔军和陇承尧的人捉了,捆送哪里我不清楚,当时我不在那个部队了,我是在阮俊臣的部队来了。以后,阮招抚到黔军,抗日打日本,我们到黔西。民国二十六年农历九月二十七(日)参加上前线打日本,我编在第九十二师第二七四旅第五七八团迫击炮连。

刘复初率队来打母享敌区公所时,我去贵阳去了,只知道有这回事,我哥为这事,也被姜区长抓去关,差点杀掉了,说陈德宽参加打敌区公所,其实是参加黄华先的部队,黄华先和刘复初有联系的,刘复初还布置他在母享发展队伍。

后来,黄又是参加阮俊臣的队伍,经常和阮俊臣在一起研究,1941年才被陇生文派康传兵杀害的。听说黄华先还参加过共产党组织,进过军官学校,具体我这里不清楚。

(录自云南镇雄县委党史研究室编《红旗卷起农奴戟》,1991年印行,第317页)

# 我知道的抗日救国军

## 宁汉戈

宁汉戈(宁起琨),男,70 岁,山东省教育厅顾问,原在抗日救国军中工作。

1935 年贵州省工委成立后,委员邓止戈到毕节来作了快一年的秘密武装工作,与席大明部均有密切联系,这些队伍处于党的影响与控制之下。

红军进占毕节县城,席大明到毕节,迎接红二、红六军团。经过迅速的准备工作,军团领导同志亲自到周素园老先生家邀请他出来任抗日救国军司令员。周慨然允诺并由邓止戈同志任参谋长,贵州抗日救国军就正式成立了。司令部就在周老的住宅里,吸收了毕节一些革命青年和教师参加司令部工作,发表告群众书和致川滇黔地方武装的代电。号召团结起来,反蒋抗日,拥护红军。

抗日救国军下设 3 个支队。第一支队席大明任司令,第二支队周质夫任司令,第三支队阮俊臣任司令。3 支队伍都集中到毕节与红军会师进行了初步整训,3 个支队的武装力量有的随红军走了,席大明部,红军叫他率所部去毕节、威宁、镇雄交界地区发动群众,继续打游击。

1984 年 9 月 19 日

(录自宁汉戈《难忘的十八天——记红二、六军团在毕节》,中国人民政治协商会议贵州省毕节县委员会文史办公室编《毕节文史资料选辑》第 1 期,1982 年印行,第 30 页)

# 关于阮俊臣情况的回忆

曾广胜

我是 1930 年参加中国工农红军第三军第八师,编在第八师师部迫击炮连任文书。1931 年调到中央红军学校第四期学习,当时红军学校在瑞金县城,后来敌机轰炸,学校转移到瑞金九堡,8 月份我在红军学校由刘金云同志介绍加入中国共产党,10 月份毕业后介绍回部队当连指导员,后因年龄小留在学校当人事科长。1932 年 12 月调中央红军军委会秘书处机要摘要员。1934 年 4 月调中国工农红军总司令部任会计科科长。

1934 年 10 月参加长征,由瑞金出发经过湖南、广西、贵州、云南、四川等地。1935 年 2 月中央红军在云南扎西召开军委扩大会议,在会上就决定留下一部分红军在地方上组织游击队。扎西会议后,经军委决定,并下了命令,我被留在地方打游击,任"黔北游击队"供给主任。此后,就一直在川、滇、黔边打游击。

1935 年五六月间,黔西游击队在放牛坪和我们合队。合队后在放牛坪附近活动了一段时间,后又到叙永县的分水岭朱家山和川南游击队合队,合队后有 700 多人,改名"川滇黔边游击纵队"。川南特委此时已改为"川滇黔边特委"。1935 年月份我记不清了,在博望山(靠近四川长宁县)和刘复初同志带的部队合队。合队后共有八九百人。刘复初的部队编为第三支队,刘任支队政委。

后来在云南威信长官司同敌人打了一次大仗。这一仗敌我双方伤亡都很大,我们牺牲了 80 多人,特委书记兼司令部政委的徐策同志和一支队长张宏〔凤〕光在战斗中牺牲。后由余泽鸿担任司令部政委,胡紫健〔键〕任第一支队长。余泽鸿同志牺牲后,又由刘复初同志任特委书记兼政委,龙厚生任宣传委员兼司令员,李青云任组织委员兼特派员。这时候我们只有 200 多人了,为两个支队,一个支队100 多人,以支队单独行动。后来又打了很多次仗,两个支队伤亡都很大。

1935 年在洛柏林过旧历年,两个支队合到一块只有 20 多人。正月初一又在银光坪打了一仗,后又打了几仗。

1936 年 3 月间,在威信花朗坝阮俊臣和陶树清带部队同我们合队,合队后改为"川滇黔边区抗日先遣队",刘复初任政委,阮俊臣任司令员,陶树清任副司令员,下属三个支队,阮、陶部队总共有七八百人,我们只有四五十人。阮俊臣的部队编为第一支队,陶树清的部队编为第二支队,我们编为第三支队,各人的人马编入各人带的支队。合队后住在一块,统一行动。

合队后的当天开会,会开到中途,贵州军柳际明部队就追来了,阮和陶当时很慌张,刘复初同志就说:"水来土淹〔掩〕,敌人来了由我们来对付。"叫阮、陶部队撤到一个街子等我们。当时,我们只四五十个人,大部分都是老苏区去的,都有战斗经验,敌人有四五百人,我们在一个山头上,等敌人到了半山,我们一个反冲锋,把敌人打退了。

打退敌人后,又同阮、陶部队会合,阮俊臣、陶树清都说:今天权〔全〕得你们,不是你们把敌人打垮,我们还不知道怎样来对付。打了这一仗后,我们同阮、陶部队又一起向贵州方向前进,到了野马川民团部队都退了,没有打仗。在野马川住了二天,后来又抽过杨家湾这面来,到了离杨家湾还有一段路的一个山脚下,有一条小街,我们就和阮、陶部队分开了,记得我们是半夜时过杨家湾的。分开的原因:龙厚生说:陶树清有野心,不分开怕被他们吃掉,陶树清说过要把我们枪提掉,提掉后他排长以上的都一人有一棵〔支〕手枪。当时我们四五十个人用的都是手枪,所以警惕性都是很高的,枪经常是不离身的。刘复初同志的意见是不分开,要继续争取和改造他们。但是同意龙厚生意见的人多,所以就分开了。

阮俊臣、陶树清的部队同我们合队到分开只一个多月时间,不到二个月。分开后,我就不知道阮、陶的情况了。后来听说,分开后阮、陶的部队去打水城没有打下,后又退回来,国民党的部队到处追着打,陶树清的队伍全部被打散,阮俊臣的部队剩下一部分人,阮俊臣被柳际明招安了。这些都是听说的,具体情况不了解。

阮俊臣的部队原是绿林部队,纪律比陶树清带的部队好,但成份〔分〕比较复杂。阮的部队一般都是打土豪和有钱的人,穷人他不打,但在群众中的影响不很好。阮俊臣是不是党员,我不清楚,也没有听说过他是党员。在威信花朗小坝合队后,我们是第三支队,支队长是龙厚生,我当时是第三支队党总支书记,我只知道第三支队党组织情况,第一、第二支队的情况不清楚,刘复初是特委书记,看他是不是清楚。我原来也不认识阮俊臣,是在花朗小坝合队后才认识的,但很少见面。

欧阳崇庭是江西兴国县城岗公社人,是红军第二、第六军团派到阮俊臣部队作政治工作的。欧阳崇庭是老苏区去的,他肯定是党员。在花朗坝合队后,他经常来我们处玩,大家见了都很亲热。原来我也不认识欧阳崇庭,是到花朗坝合队后才认识的。阮、陶部队分开后,我就没有和他见过面了,也不了解他后来的情况。

关于阮俊臣的情况,我和他认识和接触都很少,时间也很短,所以不很了解他的情况,刘复初是特委书记,可能了解阮俊臣的情况。

口述人:曾广胜,男,72岁,住江西省兴国崇贤公社崇胜大队梅石生产队。

1984年1月14日

(录自谢正发主编《乌蒙磅礴》毕节地区党史资料丛书之十五,中共毕节地委党史研究室1996年印行,第248~250页)

## 李淑和谈陶树清起义的情况

李淑和,男,76岁,螃蟹乡务农,阮俊臣的联络员。

陶树清同阮俊臣是结义弟兄,毛厚平同阮也结过义,他们三人先后都在黔军共过事相识。陶树清后在暂编第五旅,1936年春开到毕节驻防,来不久就同毛厚平、阮俊臣来往联系。经过阮俊臣的工作,陶愿起义当红军。

有一天阮大哥(俊臣)叫我带封信来在万寿宫(现在的六小)找到陶树清,我们约会在小横街茶馆借吃茶交谈,陶到后我才去家中拿了阮大哥的信给他,事情商量后,我去乡下约阮大哥同他会面。

有天夜里阮大哥来到我家云集站(现在双井路),我就去通知陶树清来到我家,他们二人交谈到二更(10点钟),陶走后,我问如何,大哥说:"事成了。"阮大哥次日回部队去同欧阳商谈后,由欧阳带领10多名便衣队进城,欧阳住小横街"同乐堆店",便衣队住在平街上(现双井路),两处靠近陶树清部的左右二边只有几十公尺,欧阳不许人会他,要会在茶馆中吃茶见,欧阳来后我去找了陶树清同欧阳会面交谈。过两天,欧阳帮助陶树清带领部队起义了。

起义的早上杀了反对的一个营长,一个连长,一个排长,暂编第五旅驻了几个营在城外,陶树清营住万寿宫,有个营住珠市街,一个营住黑神庙,起义动了这三个营的兵是7个连,约有200来人捞到些钱后,隐倒回家去了。起义去的人足有一个营。

部队拖出去后在杨家湾同阮俊臣带的部队汇合。

走的路线,从半边街出去过长春铺、杨家湾、放猪场、哲庄坝、泼机、关门山、里树、母享,以来香坝、花坝、院子场与红军游击队合队。

访问人:李英才、糜崇习,1985年5月23日

(录自《中国工农红军川滇黔边区游击纵队斗争史》编写组编《中国工农红军川滇黔边区游击纵队斗争史(副本)·下册》,1985年印行,5—15)

## 韩丙辉谈陶树清两次到毕节

韩丙辉(男,75岁,现毕节县建筑一公司临时工)回忆:

陶树清是两次到毕节。第一次是1932〈年〉、1933年,宋醒(马刀)任国民党第二混成旅长驻毕节时,其部下有个团长叫江荣华,当时陶树清就在江的身边背枪(警卫)。那时陶树清不过20来岁,人才不错,很机灵。一次,宋与江发生争执,江就带其警卫陶树清、殷红武等人离开毕节前往贵阳,并向王家烈(省主席)奏了宋的冷本,宋因此被迫〔排〕挤到川南一带,江就派往安顺任一团长,陶、殷也一同到安顺。

第二次是1935年红军到贵州,江荣华团被红军打垮后,蒋介石将第二十五军打散士兵收拢整编,叫暂编第五旅,柳际明任旅长,皮光泽任副旅长,陶树清也到了暂五旅。他当时是一个排长(中尉连附),于1936年3月开驻毕节。

毛厚平原是黔军(毛光翔时期)的一个营长,与阮俊臣是朋友,因阮曾在第二十五军当过稽核所所长。红军长征到贵州后,毛厚平曾任过新编团团长,但是空架子。

陶树清到毕节时,毛已不在军队,流落住在毕节城里。陶到毕节不久就同故友毛厚平来往。陶后来在毕节拉走一个营时,毛也是其中要员,当时有人喊毛厚平叫毛团长(一个团),其实拉走的只有一个营多点。陶起义与阮俊臣有过联系,阮还派便衣队进城接应陶。当时"反水"人数有700人左右,当天晚上就打了大小横街几家商号及大地主瓦绍康、沈春甫家的财物,一部分士兵抢到财物后就悄悄走了,跟陶走的只有500人左右。

陶"反水"时,柳际明和皮光泽都没有在毕节,有事到贵阳去了,后是皮光泽回毕时带雷团"追剿"。

陶走时还带走了宋小板家的二姑娘,叫宋克明。我看到过这个姑娘,长得漂亮,他们没有结婚,是伙到走的。

起义是由长春铺、黄坭冲、岔河(今青场区家乡)、泼机、黑树庄、母享,然后到云南的威信。

还有一个人叫文景超,原是毛厚平的部下。起义后,因思想不坚决,想回毕节投诚,陶怕其当卖客,一再劝告不行,文走时,陶就密派殷洪武把文枪毙了。

访问人:糜崇习、周铭、朱东凤,1984年4月13日

(录自《中国工农红军川滇黔边区游击纵队斗争史》编写组编《中国工农红军川滇黔边区游击纵队斗争史(副本)·下册》,1985年印行,5—16)

## 宋克明谈陶树清起义情况

宋克明(女,66 岁,现住四川省重庆市市中区七星岗新民街 81 号附 7 号)回忆:

1936 年,我家住贵州毕节县城十字街,全家四口人,家境很穷,父亲早逝,我母亲带我们姐妹三个靠做小生意(卖汤圆)度日。那时,陶树清是国民党驻毕节的一个军官(连、排长),他经常到我家吃汤圆,故而看中了我,当时,陶只有二十二三岁,长得浓眉大眼,五官清秀,结实丰满,看有精神。不久陶就请人到我家提亲。

陶带兵起义的那天,我记得天还没亮,大约五点来钟,他派两个人到我家喊出我,我还不知发生了什么事,就被来叫我的两个人用马接走了(一个是兰伯乾,都称兰老么;一个叫顾松柏)。我问他们到哪里去,他们说"打富济贫,找红军去"。

起义队伍是从半边街这个方向走的,经过长春铺,第二天到杨家湾吃晌午。在此见到了欧阳(崇庭——笔者注),阮大哥(俊臣——笔者注),在这里住了一两天,还一同在一起开会。参加开会的人员有:欧阳、阮大哥、陶树清、文景超(起义骨干,是个连长)。

因在队伍中,我是陶的女人(起义后我们就算结婚了),并且在我们住的房中(安排我们住单间),我都看见。但我当时年纪小,不懂事,对开会的内容不大过问,有时是兰老么保护我的,还给我说两句他们的去向。兰还告诉我,起义前欧阳和阮大哥就和陶树清有过联系,曾向陶作过建议和指导,鼓动起义之类的事。

我与陶起义后就在一起结婚了。在起义前,我们暗地有过接触,并把我妈说要他上门当女婿的话告诉他。陶说,哪能上门,我要奔前途。以后陶又告诉我,他很快就要拉走了,那时会派人来接你的。起义后,陶对我说,现在很辛苦,等有一个去处就好了。并说,我以后可以学医,为伤员包扎。陶告诉我说,他是都匀人,母亲已死,父亲还在,其他家里人没提到。陶是初中文化,写东西和批改东西都很快,很流利(我读过两三年书,看得出来)。在行军中,我还经常看见有一个人专门写标语,写的稿子要经他批,然后写成标语到处张贴。

记得文景超在起义后不想干了。他(陶)就说,你不干就走,文真的要走,后就把文枪毙了。

起义队伍每到一地,都是吃大户,住大户家。一些大村寨,都要召集群众和士兵在一起开大会,开大会就是由欧阳主持,然后是阮大哥、陶树清讲话。在队伍中,士兵们都很尊敬陶,称他陶团长或陶司令,他的威信很高。队伍中的纪律好,士兵不乱拿穷人的东西,反而打了大户的东西分给穷人。

起义没多久,暂编第五旅皮光泽就带部队追来,并且还有地方团队阻击,队伍每天都要走,转来转去的,有很多地方都到过,哲庄坝、拨机、母享,一些小地名就记不清了,后到了花坝,在花坝打了一大仗,我骑在马上几乎被打死,现在想起来,我都是二世人喽!

在花朗坝我就听说什么刘复初的队伍,后到威信的院子场住下,以后陶就叫我住到洛表的袁家。我住袁家的原因,是说刘复初部队里面的人讲陶树清带有老婆。大约1月后,陶的队伍就被打散,陶还被抓带回毕节,我当时就痛哭了。后陶被杀在毕节。

11月份左右,我回到毕节,有人还说我是给陶树清当了压寨夫人。

访问人:糜崇习、周铭、朱东凤,1984年3月17日

(录自《中国工农红军川滇黔边区游击纵队斗争史》编写组编《中国工农红军川滇黔边区游击纵队斗争史(副本)·下册》,1985年印行,5—18)

## 刘复初谈贵州游击支队的领导人

1936 年正二月,我们发展了赵文海入党,这人不错,叫他成立贵州游击队。赵任队长,阮不在叫阮任副队长,赵同我们活动一段后,我们去云南途中,叫他向黔西北方面活动,当时只有 20 多人。曾广胜只知现象,不知其因。那是特委定的这个决定,其他人不知道。

阮俊臣和我三次会面。第一次是 1935 年秋;第二次是 1936 年阮要求来合队成立抗日先遣队;第三次是 1936 年秋在水田寨找到我们,发展了他入党后叫他去找赵文海合并,任贵州游击支队政委。

阮俊臣离开我们时,曾向他说过,建立根据地,宣传抗日扩大影响,要他团结各民族及各界层人士,一有机会千方百计打入白军,瓦解敌军,壮大自己。

李声亮、朱东凤、糜崇习专访,记录:糜崇习

1984 年 5 月 29 日于四川叙永县委招待所

(录自《中国工农红军川滇黔边区游击纵队斗争史》编写组编《中国工农红军川滇黔边区游击纵队斗争史(副本)·下册》,1985 年印行,6—2)

# 我参加了阮俊臣领导的游击队

## 晋普金

1936年8月间，我们参加了阮俊臣领导的游击队。阮的队伍有几个大队，我在的是叶绍〔少〕奎的大队（第四大队）。

我们这一队从罗坎出来到罗佐，计划到垄东湾，到了李恒先家那里就和陇承尧的独立营接上火。我们伤了些人就退到初都，以后就在对坡、尾嘴、黄塘一带活动。这时敌人的"围剿"开始了，经常同团防、正规军打，绕了几个月，我们伤亡很大。最后只剩下几十个人了。

这时陇承尧来信要我们招抚，我们就去镇雄假投陇家。由于敌情变化，我们又从陇家拖出来，同廖忠堂（道）的队伍合在一起，队伍发展到四五百人。在〈镇雄〉红岩住了半年左右，又开往大定（大方）。大定的甘绍〔少〕清、铁金鳌等人带几百人参加我们，队伍就增加到800多人。

在大定的草坪打了一仗我们大获全胜，以后到草坪吃亏了，队伍被打散，叶绍〔少〕奎负了重伤，下落不明。廖忠堂带百把人冲了出去，以后死在纳雍。队伍失散后，我就回镇雄老家务农，做生意。

晋普金口述

（录自毕节县委党史办整理《贵州游击支队附件·下册》，第15～21页）

# 草坪战斗的胜利

晋普金

在草坪,国民党军队分路进兵,企图包围我们,草坪是一座大山。敌人有两路顺两头岩脚过来,叶绍〔少〕奎将部队分为三路,他亲自带大队和梭标队打中路,迎接何专员的保安队,廖忠堂带刘伯常和常绍恩打左翼,王松柏、铁金鳌打右翼,甘少清、孙德清等负责接应。叶绍〔少〕奎的大队一个冲锋,打死何专员的不少人,缴获很多枪支,机枪都有好几挺。梭标队在王正文带领下,个个赤着脚,杀入敌阵,敌人整班整班的〔地〕跪下投降。在这次战斗中,大队长童德明牺牲,打死了何专员的舅子,活捉了专署的周副官。

(录自《大方县党史资料》第七辑,第41页)

# 我所知道的阮俊臣

傅绍祖

我原是毕节城关人，家住小横街肖家坝。

1936年农历十月，因阮俊臣的队伍长期作战，弹药无补充，战士减少，为保存实力，打进柳旅内部搞兵变，因此同意和柳际明谈判带了300来人编进柳旅，一个大队分为三个中队，只有100来支烂枪，其他是空手，带去的骨干有唐伯英、王本渊、陈文本、任殿清、阚思芳、曾文鉴、第一中队长兰绍文，第二中队长陈俊儒，第三中队长胡奎。

我们的队伍开到麻柳湾驻扎时，召开骨干会，准备队伍装备了再拖出去，那〔哪〕知敌人对我们监视，有天礼拜一上纪念周叫我们集合交烂枪换好枪。但枪交了没有发枪队伍就被编散了，阮俊臣气得只是掉泪。

1937年7月，队伍改编调贵阳，阮编任招待处主任，我任第三十五团文书。

1938年初，阮俊臣已回毕节，带回了些人，王本渊、肖荣昌、刘绍荣等人，我回毕节来会到了阮。他说：要从事艰苦事业必须多几个人好，国难当头，不可偷闲，要筹集武装。于是他派刘绍荣到阴底娃疏去联络组织力量，王本渊派到镇雄去协助黄华先带领和发展队伍。阮俊臣又四处奔波各方面联系，他秘密到水田寨、十里岩、初都等地活动外，其他时候都以公开身份居住毕节。他通过孙炳奎的特殊关系同一些上等人物接触得以支持，如大队附何继兵、周和轩、杨凯，中队长何全，秦军法官等人都与阮交往甚密，带兵出去不打阮的游击队，黄华先负伤送毕通过李道生医好回去仍带武装。

阮俊臣在柳旅没有停止过活动，和后方队伍经常联系加以指导，他身边王本渊就是一个红军干部，他队伍中的兰绍文、孙绍青、彭化明、黄仇等人悄悄来城也到过我家。我听他们谈打进柳旅到黑树庄一带时，驻扎两夜，把人枪选一批留下，分给叶绍〔少〕奎，安排叶在后方继续发展民用工业，好枪弹装备留下队伍，安排好后才去柳旅内。

1941年，敌专员廖兴序，不顾国家民族安危，向阮俊臣、赵文海等人下了毒手，还有赵的儿子赵银臣前后被杀害，这次屠杀中孙炳奎同样被杀害。

傅绍祖(男，65岁，现住贵阳市都市路234号，贵阳缝纫厂退休工作员，原任贵州游击支队文书)回忆

(录自毕节县委党史办整理《贵州游击支队附件·下册》)

# 我和阮俊臣的认识

陈俊儒

我和阮俊臣认识是1935年。那时间军阀割据,川军来古宋接替黔军,我们在黔军侯之担部任香团长的领导下,阮俊臣在古宋厘金局,我在拖船丫任卡员。黔军一走,我们就失业,我和阮俊臣一起到贵州毕节。

当时川北来了一个彭云辉在古宋活动,和阮接上了联系。彭原和爱人一起在川北活动,由于他的胆子太大,国民党第二十军的兰师长向上报告,就派人四处捉他,所以他就跑到叙永、古宋活动,先找到兰绍文(贵州马场人,任香部副连长),我估计彭是川北地下党人,他接触兰绍文后,对兰说:"这个时事,国民党腐败无能,人吃人的社会,〈被〉压迫穷人只有起来跟国民党干,靠共产党才有出路。"所以彭就拖部队到贵州找阮俊臣,我就和他一起去,到了阮部。他们委任彭云辉任打仗总指挥。后来彭在分水岭活动,把一些弹药先运到朱家山,然后送到水田寨,在这一带交界的川黔边区活动。这时阮俊臣的活动是比较隐蔽的,任香团没有事干的人都陆续去阮的部队,所以阮的部队就一天一天的〔地〕扩大起来了。

阮俊臣对老百姓很好,被老百姓称为"义匪"。当时和阮在一起的有黄仇、叶绍〔少〕奎,他们的部队没有独立活动好久,红军第二、第六军团就到毕节,阮俊臣就把部队带到毕节会红二、红六军团,在军团的领导下,把我们编成一个支队。红军派了一个叫欧阳崇庭的到阮俊臣的部队任政治指导员(政委),同时来的还有文元贵、姚显庭和红军连长(名字记不清),都是江西人。之后,部队开到对坡黄塘梁子一带建立根据地。

当时,我们的部队去会红二、红六军团时,带有300多人,一路都摆得有,开进毕节的是一个营,住在大横街,约六七天的时间。胡文宣等十多人编入红军走了,我的名字也是编入红军的。后来欧阳崇庭看到我年轻精干,就叫我不去,我把留下了,红二、红六军团走后,我们的部队就在毕节对坡一带活动,并配合红军作战,那时我们的队伍有1000人以上,先是开走小坝去,后又从小坝迁回来,海子街驻防的国民党兵,知道我们从小坝走来,就在金银山一个坡坡上布防等我们。彭云辉率领我们到达金银山时,看到和了解了敌人的动向,就下命令准备和敌人打仗。在敌人驻地的西面坡坡上摆一个营埋伏在那里。仗火还未正式开始打,敌人的伏兵就开始放冷枪，打中了彭云辉，后来由于伤势过重，抬回黄塘梁子就牺牲了。但正式开伙打仗，还是我们取得了胜利。这一仗之后，不久我们又去孙家铺打了一仗。因我们部队住在黄塘梁子，有人来报告，说孙家铺有国民党的商担，要我们部队去打，拂晓赶到，我们集合出发时，规定一个密号叫"老表"，能喊这个口号的就不杀，当时是叶卫山的儿子护送这批货物，我们赶到一接上火线，就喊缴枪不杀，和敌人对打起来，我部的匡忠全、艾银祥在这次战斗中牺牲了，战火打得很激烈，敌人抵挡不住，就开始退逃，我们把货物（担子）全部夺过来，挑到黄塘梁子做军饷。

这次去的部队还有个叫谢绍木的人，他是四川古宋金鹅池的人。

黄仇是北平人，很能干，他带有二三十人的部队，他的活动神不知鬼不觉，要走就走，要来就来，担任阮俊臣的大队长。

我们在毕节一带打了一些游击战后，大约四五月间，黔军驻防毕节的柳际明旅一个连长陶树清率部起义到阮俊臣部队来，还有一个毛厚平（毛铁）也和陶树清一起来，阮俊臣派人到黑树庄去接陶的部队，接来了一个营的人，有一个机枪连，影响很大，柳旅的副旅长皮德佩〔光泽〕带起人打我们。在川滇黔边境一带打了很多仗，我们和敌方对抗了一段时间，边打边走，寻找刘复初的部队，所以终于在镇雄、威信交界的院子场找到了。但是，找到合队后，由于受到三省国民党军"会剿"，战斗打得很艰苦，这时，刘复初又把阮、陶的部队甩掉，还有一个多营的人由唐和忠带队冲出了敌人包围走织金这个方向去了，欧阳先就是同这支部队一起走的。而这时的陶树清已在罗布坳被敌人捉住，后来被敌人杀害了。

我们和柳际明旅又打了一天的仗，才逐步撤出战斗，甩掉敌人在四川和云南交界的镇雄地带找到了刘复初的部队，虽然部队在一起，也天天和柳旅打仗，国民党又增派了部队，滇军安恩溥旅、川军徐团、黔军一个团，四处"围剿"刘、阮部队，由此刘和阮的部队再次被隔断，失去联系，打去打来打得二家都十分疲惫，柳旅才派康团附〔副〕到永田寨找到阮俊臣，要求合作，川军里头派人来做阮的工作，阮的部下抗世方原在川军当一个中士班长。川军来没有找到阮俊臣，却找到了抗，然而抗报着试一试的目的，把好枪留下就去川军里头。阮俊臣听到抗世方走，就派我去分水岭把抗世方找回来，说这样做不行，他都和柳旅达成了协议，要抗和他一起走，这样也和柳旅走了。

我们到黔西住了两月,发衣服后又开到贵州桐梓,编三个大队,阮任大队长(营长),抗任副大队长。我们这个大队共三个中队,我在第二中队任中尉队长,大约搞了三四个月就调在教导连,每天执行检查车辆来往的任务。后来派王书文来黔西、大定招募新兵,我就向上级打了个报告,要求来黔、大、毕招募新兵。这时我知道阮俊臣的部下还有魏绍周在毕节活动,我来后,就到毕节了解情况,但我没有直接找到魏,而是找到他的弟兄,说魏的部队隐蔽在黄塘梁子,我就跟他的弟兄说,我在毕节,叫他到毕节找我,后来我在毕节杨志家玩,听说柳旅下通缉令,要在赤水河捉拿我,并叫专署执行,由此我就怕了,便请杨家找人带我走小路逃下四川叙永。在叙永,我听说陈明芬组织部队在长宁、兴文一带活动,我去找没有找到。便了解到王逸涛叛变后,组织人清理地下党和游击队。

我来黔、大、毕招兵时,事前我跟阮俊臣讲过,我说,王文书去黔、大、毕招兵,我要跟他们去,阮对我说,你去要注意一些,事情复杂,你去可以了解一下我们原来的人的情况。

我到毕节时,阮俊臣还在桐梓,以后他才回来的。我记得他从贵阳回来,我在赤水河碰上他,我们都住在刘会川家,他问我如何?我就和他摆谈原来留下来的人的情况,阮就对我说,他的部队在镰刀湾活动,由詹绍武带领,他住在赤水河。他又说,彭云辉牺牲了,可惜!这时我转在盐商队当兵,后来盐商队改为税警队,开大定瓢儿井,我不愿去,就离队了,不久阮回毕节就被杀害了。时间大概是1941年的样子。

我们去柳旅是跟刘复初通消息的,但具体内容我就不知道了。阮去柳旅肯定有目的的,关系很大,一般士兵不会知道,我只知道阮俊臣到柳部常和一个参谋长谈话,只要没有人,两人就谈“袍哥”上的事,一见有人就不谈,有一次松坎游击队来两个人跟柳部一个中士班长搞上关系,购炸药,后来这两个人被中士班长出卖,柳际明就把这两个人抓来杀了,阮俊臣看到这件事,就跟我们说,你们注意一点,从那以后,阮和那位参谋的来往也就少了。但阮常和一起去的红军文元贵在一起,时时谈论。我从桐梓离开时我都和阮俊臣、文元贵说过的,我说我要去找那批人,文元贵说,你不要说,我都知道了。他还写了个密号给我,他说以后会上,可拿这个联系。我走时文元贵也走了,他告诉阮俊臣,他要回江西,不知说些什么就走了。

我们到柳旅很注意,每一个人都不敢多说,各人心中有数就行。但相互联系起来看,阮的做法的确是一个共产党员的做法,对老百姓很好,一向打富济贫。红军派的人一直和他走,特别是文元贵走得长。

注:陈俊儒,男,1911年生,原任游击队中队长,家住四川省叙永县城关宝珠街。

(录自谢正发主编《乌蒙磅礴·毕节地区党史资料丛书之十五》,中共毕节地委党史研究室1996年印行,第244~247页)

# 贵州游击支队长赵文海的情况

毛继芳

采访毛继芳录音整理

整理人：车履飞

时间：2015 年 10 月 22 日下午

地点：赤水镇孙家村三社

参加人员：市委党研室：官燕（副主任）、马小涛（地方志科科长）

叙永县档案史志局：曹丹（局长）、傅志强（副局长）、黄永红（史志股长）、杨华（信息中心副主任）、刘毅艺（摄影师）

赤水镇：陈斌（民政办工作员）

采访对象：毛继芳（赤水镇孙家村三社村民）

采访内容：

曹丹：老人家（毛继芳），我是叙永县档案史志局的曹丹，今天和我们市委党研室的领导官主任、马科长等，来看望您，并了解贵州游击支队的有关情况。请老人家谈谈你的经历与贵州游击支队队长赵文海及其儿子赵银成情况。

毛继芳：我是贵州大方长石区的人，参加游击队时 17 岁，是赵文海的通讯员。赵文海是一个支队长，路明轩是总队长。

当时游击队 1000 多人，从长石出发，到了毕节，又到大方，住了几天。川南游击队改编为远征军。

从长石到云南保山，驻得有国民党一个军，第七十九军。我们武器太差，穿得也差。国民党就把我们收到国民党的部队，换了装备。没住几天，就由保山去长沙，参加大会战。

我们打了一仗，牺牲了 200 多人。

日军的碉堡、工事很强，轻重机枪打出来，很厉害。只能用手榴弹，躲过子弹贴上去炸。当时选了 600 人，一律不带长枪，每人发了 10 个手榴弹。在轻重机枪子弹的间隙中，滚着去，爬着去，到了就投手榴弹。还要把炸药贴在碉堡上，然后退回来，用电来引炸。

日军跑了，我们就追到市区内打。日军退了，我们就住〔驻〕在长沙。但我们没有正式的军训，要烧鸦片烟。国民党军叫军训，不烧鸦片烟，我们不同意。我们的目的不是去打长沙的敌人,而是要开到缅甸。国民党军要把纵队改编成第七十九军的部队,我们不同意。

赤水河参加的有骆吉昌、唐朝鲜,已死了。

后来日本人来了个反间计,用飞机在国民党军的军部上空投传单。军部捡到传单上,有路明轩、黄云龙、赵文海的名字。第七十九军召集他们去开会,就枪毙了他们。赵文海因出差,才躲过了。

我们就不相信国民党军,部队也就散了。我就跟着赵文海、赵银成回到了赤水河。赵文海一家住黄贵钦的房子,赵银成娶了杨家的姑娘,生了个儿子。当时国民党没有管他们。

赵文海带领游击队在水田时,燕子口的一个区长,叫阮少培,带领地方民团去打他,被赵文海瓦解,阮少培也被逮着了。赵文海叫阮少培交 10 挑鸦片、100 根枪。后经刘合川作保,阮少培打了欠条,赵文海放了阮少培。

赵文海回来后,全家住在赤水河黄家,人客很多。时间长了,经济上有困难。赵家老太婆手上有阮少培写的欠条,就去找刘合川。刘就去专署找阮少培(阮己〔已〕升任地区的官员),他们串通起来,来到贵州的南关上(河对面)。

当时,桥的两面有交通部的兵把守。那天半夜五更的来了人,卫兵不让过。来人说要到连部去,卫兵派人去报告。

赵文海前一天晚上打麻将,很晚才睡。要天亮时,我听见响动,从窗口向外看,戒严了。他们把赵文海抓了出来,押到贵州。河边车站,赵银成去买菜,不知是什么事,就去看,就正好被捆住了。不多会,九点过,就在南关黄桷树那儿被打死了。

他们两父子都是游击队员,都参加过远征军,参加过长沙会战,后来同时被抓,被杀。

我一直是赵文海的通讯员,从长沙回赤水后,经赵文海介绍,在乡公所当了 5 年兵,有饭吃,也躲了祸。新中国成立后,我被判了 5 年刑。

我是 17 岁参加游击队的,现在身份是抗战老兵。

走访游击队员毛继芳:关于贵州游击支队长赵文海及其儿子情况

(四川叙永县档案史志局 2015 年调查采访资料)

# 对阮俊臣、赵文海、陶树清的证明

刘复初

阮俊臣、赵文海两人,是 1935 年、1936 年期间,经中共川滇黔边区特委培养、教育考察,经过特委批准,接收为中共党员的。当时发展党员,是秘密进行的,介绍人和接收入党都是一人,代表党组织的。在白色恐怖下,阶级斗争尖锐复杂,故不允许发生横的关系,避免发生问题后党组织遭到破坏。

阮俊臣担任中国共产党领导的中国工农红军川滇黔边区游击纵队贵州支队政委,赵文海是贵州支队的支队长。他们都是中共川滇黔边区特委任命的,他们的工作任务是党交给的。我当时是特委书记,党的建设、武装斗争都是我管,但是经特委共同讨论决定的。

阮俊臣同敌人柳际明谈判,打进柳旅问题。他同敌人谈判时没有同我们谈过。但有一条,特委曾对他讲过:我们要注意分化瓦解敌人。对待俘虏,要宽大,要耐心教育,放回原部为我工作,其次要设法打进敌人内部去,等待时机成熟时,率敌军起义过来。毛主席说过:"敌中有我。"这样的例子很多。阮俊臣是采用了这条政策的。看问题要看实质,不要看现象。据说阮俊臣的部队有 800 来人,他留 500 精干人枪,继续活动,仅带了 300 人残缺武装打进了敌人内部秘密活动,准备扩大革命力量,但被敌人察觉了,故最后被敌人杀害了,为革命而献出了自己的生命,是可贵的,这是问题的实质。经毕节地区调查,他确是革命的。

陶树清是 1936 年 5 月发动黔军柳际明部的一个营起义来当红军的。为了扩大统一战线,影响白军继续起义来当红军,特委决定任命他担任抗日先遣队副司令员,这对革命事业是有益的。

1984 年 7 月 4 日

(此材料系刘复初同志来毕节地区了解有关阮俊臣等人落实政策情况后,所写证明材料)

(录自谢正发主编《乌蒙磅礴·毕节地区党史资料丛书之十五》,中共毕节地委党史研究室 1996 年印行,第 272~273 页)

## 7. 云南支队活动情况

### 回忆红军云南游击支队

刘复初

　　红军长征期间诞生的云南游击支队,是中共川滇黔边区特委组建和领导的,是红军川滇黔游击纵队的组成部分,又是云南东北的武装工作队。其主要任务是:(1) 壮大游击支队,在云南地区配合纵队牵制滇军;(2) 组织工农群众在云南东北部创建农村苏维埃政权;(3) 建设党的组织,经常宣传、执行党的路线政策,组织劳动人民支援革命战争。但抗日开始后,主要是:(1) 宣传党的抗日救国主张,团结一致,共同抗日;(2) 发动群众支援抗日,反对分裂亲日卖国;(3) 秘密建党和武装工农,保存实力,待机出动。

　　红军云南游击支队根据以上任务,做了一些有益工作,尤其是认真的贯彻执行党的路线政策和红军纪律,为民除害,镇压反革命,深受劳动人民的欢迎。坚持对敌斗争 10 多年,阶级敌人恨之入骨。1947 年在国民党第七十九师和地方反动武装联合"围剿"中失败了。但党的良好政治影响,当地人民是不会忘记的。为了总结当时武装斗争和党的建设经验,据我知道的情况,简要回忆如下:

　　(一)红军云南游击支队产生的因素

　　1935 年 2 月在扎西召开的中央军委扩大会议后,为了牵制强大的川军围追堵击,配合红军东征重占遵义,开创新的战场,变被动挨打为主动进攻的形势,彻底粉碎敌军"围剿",便于红军顺利长征。因此中央决定调出 5 名师级干部和保卫局第五连及留下一些伤病员共 200 来人,同地方游击队会合,组成中国工农红军川南游击纵队,纵队领导核心是中共川南特委,立刻开赴川南地区,发动劳苦大众闹革命。很快壮大到 1000 多人的工农红色武装,广泛开展游击战争,各处威胁川军,摧毁敌军的基层政权,打掉它们的苛捐杂税,破坏其社会基础和经济来源。果真革命烽火燃遍川南,引起川军惶恐不安,视为心腹之患,积极防守川南重要城市,迅速集中兵力"围剿"游击纵队。曾调教导师、第五师、保安兵团等围追堵击,这样就到了牵制川军的目的。

　　但是红军在四渡赤水中,必须把敌军牵制在贵州地区,同时急需把滇军调出来参战,以利红军西进北上抗日。为此红军川南游击纵队,必须转战川滇黔边区和在川滇黔创建革命根据地,更有力的配合主力红军长征,因而下定决心,紧紧拖住云贵川敌军的后腿,让它固守老巢,不敢再追红军,这是当时形势任务的迫切要求。故将红军川南游击纵队改称中国工农红军川滇黔游击纵队,中共川南特委改称中共川滇黔边区特委。并向滇东北、黔西北进军,扩大游击区、扩大游击战争,破坏敌军的基层政权和经济基础,造成敌军后顾之忧。红旗插遍川滇黔边区后,敌军最怕丧失老巢,故于1935年夏,组织川滇黔三省敌军"围剿",实行重重包围,跟踪追击,大、中、小城市和交通要道、关口,驻兵防守,堵截袭击,武装穷追,促使游击队形成疲惫之师,妄图彻底消灭革命力量。但我们坚持对敌斗争,战胜一切困难,前仆后继,同敌人打了二年,1935年配合中央红军长征,1936年配合红二方面军长征,这样又达到了牵制云贵川敌军之目的。

在敌后开展武装斗争,存在重重难关,敌多我少,敌强我弱,孤军深入敌区,每天行军作战,缺少休整机会。尤其是在敌军残酷"围剿"中,伤病员增多不能妥善安置,军需物资不能及时供应,兵员有减无增越打越少。这些影响游击纵队的健康成长,为了总结武装斗争的经验教训,1936年1月在洛柏林召开特委扩大会议,重新选出刘复初、龙厚生、李青云等同志组成中共川滇黔边区特委,刘任特委书记兼纵队政委,龙任组织委员兼纵队司令员,李任宣传委员兼纵队特派员。同时我们反复研究,一致认为武装斗争和建党、建政三者关系是紧密联系分不开的,它起着互相支持和促进发展的作用。红军游击纵队要想壮大,长期生存发展下去,必须在川滇黔边区建立革命根据地作为后盾。要牢固的建设农村苏维埃政权,必须发展地方党组织,大力开展群众运动,赤化农村。要建立根据地和发展党组织,必须组织地方游击队,保卫党的领导和支持群众革命。把武装斗争、阶级斗争、建党、建政密切结合起来,革命胜利才有保证。武装斗争才能在川滇黔边区扎根、开花、结果。同时为了长期坚持敌后武装斗争和政治斗争,逐步开创革命新局面,必须采取公开斗争和秘密斗争相结合。红军游击纵队是同阶级敌人公开斗争的组织形式,地方游击队是武装工作队,应当隐蔽山区农村,认真做好群众工作,这是孤军深入敌后的需要。目的是为了争取时间保存实力,迎接更大胜利。秘密建立地方党组织,便于有计划的开展群众运动,散播革命火种。在农村建立农会、赤卫队、妇女会、农村政权,组织群众保卫家乡、支援红军。并在工作实践中物色先进分子及时吸收入党,培养革命积极分子,迅速加强群众团体和农村政权的领导力量,切实巩固农村根据地,为革命奠定雄厚的物质基础。特委为实现以上的指导思想,决定在川滇黔边区新建地方游击队,首先在川南地区组建红军川南游击支队和建设根据地;在贵州黔西北地区组建贵州游击支队和建设根据地;在云南东北部组建红军云南游击支队和建设革命根据地。同时根据敌后武装斗争的经验,还要做到:

第一,大力开展群众工作,必须注意:1. 经常宣传党的政策,认真按照党的政策办事;2. 严格执行红军三大纪律八项注意,及时表扬好的批评差的;3. 干部以身作则,艰苦奋斗,切实保护群众利益;4. 经常关心群众疾苦,积极帮助解决困难(包括部队和地方的)群众;5. 发动群众镇压民愤大的恶霸、贪官、反革命分子,为民除害;6. 不断提高群众阶级觉悟,加强内部团结、共同对敌;7. 提高群众革命警惕,随时防止敌人破坏;8. 发动群众保护伤病员,教育伤病员做好群众工作;9. 注意培养群众中的优秀分子,大胆提拔使用;10. 组织群众做到革命和生产两不误。

第二,开展武装斗争必须注意:1. 明确地方游击队的任务,既是武装工作队,又是宣传工作队;2. 在白色恐怖环境中,注意保存实力,在农村中扎根;3. 同工农在一起生活、工作,做群众的知心朋友;4. 注意组织赤卫队,作为壮大游击队的后备力量;5. 平时必须秘密活动,在必要时用武装支持群众对敌斗争;6. 组织群众侦察敌情,及时报告敌情;7. 做好白军工作,组织士兵起义当红军;8. 改造绿林武装,争取他们参加革命。

第三,注意保密工作。1. 建立地方党组织,要绝对保密;2. 发展党员不要发生横的关系;3. 没有组织介绍和证明,不准发生组织关系;4. 严格执行组织纪律;5. 加强党的基本知识的教育;6. 防止叛徒破坏党的建设。

以上历史经验总结,是我们以往工作的教训,对于改进斗争策略,开展新局面都是有益的,必须把建设川滇黔革命根据地的行动纲领变成实际行动,注意克服"左"右倾机会主义对革命的危害。

组建红军云南游击支队和在滇东北创建革命根据地,就是依据当时形势任务和实际情况而产生的。也是根据特委总结武装斗争经验的指导思想而提出的。正是这些重要因素形成的历史事实,应当是无可非议的。

(二)在滇东北创建革命根据地

1936 年 1 月特委决定:要在川滇黔边区创建革命根据地之后,提出了建设根据地的行动纲领十二条。分析了川滇黔边区的实际情况,各有特点,但云南东北地区条件较好,更有利于建设革命根据地,它的优点:

第一,从群众条件上看,滇东北地区的各族劳动人民,长期深受压迫剥削的痛苦,饥寒交迫、仇恨封建势力的万恶,迫切要求解放,真心拥护共产党,热爱红军,经过我们教育,提高阶级觉悟,必然坚决革命。

第二,从地利条件上看,滇东北多是大山森林,山区地形险要,又同川南和黔西边境地区毗连,便于开展游击战争,便于出击川黔边区,前可进退可守,在战略上大有回旋的余地。

第三,从生活条件上看,滇东北土地辽阔,有山地、有平原、有河流,雨水不缺,出产各种粮食,发展畜牧和林业大有希望。我们实行打土豪分田地,解除束缚农民的枷锁,定能努力发展生产,改善人民生活是有保证的。

第四,从上层建筑上看,滇东北是反动统治阶级的薄弱环节,军阀和地主之间有矛盾,官家与官家之间有矛盾,交通不便,统治鞭长莫及,所谓山高皇帝远。这些矛盾,有利于发展革命。

根据以上有利条件,特委计划以滇东北作为建设根据地的重点,首先以威信、镇雄等县为中心,逐步赤化滇东北地区,进而扩大到川南、黔西北,把川滇黔边区连成一块革命根据地,解放劳苦大众。为此我们作了一些思想和组织的准备,武装夺取政权的准备。

(三)组成红军云南游击支队

在阶级斗争中,建党建政,必须武装保卫。军事斗争是政治斗争的继续,武装夺取政权。中央苏区行之有效的经验,我们在白区工作多年,对此深有体会。故于1935年中曾在各地组织小游击队,但无革命骨干,成效甚少。纵队在1935年冬末失败后,又总结经验教训,认为必须在川滇黔边密建武装工作队,开展群众运动,支援革命战争,才能战胜强大的敌人。因此1936年春,抓紧密建了红军川南游击支队、贵州游击支队,留在地方工作。

云南威信郭家坟有个殷禄才,在1935年秋,找到游击纵队联系,说他深受旧社会压迫的痛苦,逼上梁山,当了绿林弟兄,红军为劳苦人民打天下,要打倒国民党军阀,推翻压迫剥削人民的政府,干人们很赞成。因此请求参加革命。他要报仇、镇压土豪恶霸。但对殷禄才不了解,只是鼓励他坚定革命意志,认真执行党的政策,回去发动群众闹革命。打倒人民痛恨的阶级敌人,并常同游击纵队联系。1936年秋游击纵队到了威信地区,殷禄才又来送情报,坚决要求当红军,为我们侦查敌情,当向导,很积极。因此,留他随军学习作为骨干培养,经常教育他,提高阶级觉悟,认清谁是敌人,谁是朋友。明确革命方向,了解党的路线政策和红军纪律,懂得军事常识和战术战略,增强组织领导武装斗争的能力,注意斗争策略和保密问题。经过随军学习的考查,殷禄才表现很好,思想进步快,主动请求参加共产党。经过特委研究,认为符合党员条件,批准他入党的要求。同时为了组建武装,留在滇东北创建革命根据地。特委决定,成立红军云南游击支队,直属特委领导,派殷禄才同志任红军云南游击支队队长,派红军干部陈华久同志任支队政委并发给拾(十)多支枪,充实武器装备。其主要任务:1. 壮大游击支队,在云南配合纵队牵制滇军;2. 组织工农群众在滇东北创建农村苏维埃政权;3. 建设党的组织,经常宣传党的政策,组织劳动人民支援革命战争。以上决定,特委领导同志报告殷禄才时,他表示坚决服从特委决定,在党的领导下,为革命而艰苦奋斗终身。殷在离队前又经特委领导亲切的谈话,作了些指示,殷禄才感动流泪,表示坚决执行特委的决定和指示。殷去后,曾向特委报告工作,主要反映建成云南游击支队的情况及战士们情绪饱满,老乡们热烈支持……

据威信党史办调查,原川滇黔边区游击纵队第三大队指导员曾广胜同志证实:1936 年秋,纵队在四川中心场一带休整时,殷禄才来找过游击队,并在游击队训练过一个时期,他愿意接受游击队给的任务和委派,所以游击纵队委任他一个云南游击支队的番号就回去了。

据四川兴文建武的罗海全、肖顺才等人回忆证实:1936 年春天,陈二排来我们这里养伤,后来刘复初的队伍到了我们这里,他又和刘复初的队伍走了。后来听说刘复初派他到殷禄才的队伍里去了。

据殷禄才的士兵王跃斌说:1937 年我们去打五村乡公所,街上很乱,殷禄才大声地喊:我们是刘复初的队伍,是来打乡公所的,请不要怕,我们不会伤着大家。这一次公开打出了刘复初的旗号。

(四)红军云南游击支队的革命活动

红军云南游击支队的成长,是党的领导支持和群众的艰苦奋斗的结果,也是殷禄才与陈华久二同志的坚持对敌斗争,战胜各种困难,努力工作,团结群众密切分不开的,这是客观对待历史的正确态度。实践是检验真理的标准,殷禄才、陈华久和云南游击支队共存亡,同当地革命群众共生死,他们为革命而艰苦奋斗十多年如一日。这个实践行动就是检验历史的标准。根据威信县党史办的调查,用事实说明殷禄才和陈华久率领的云南游击支队,是执行共产党的路线政策和红军纪

律的,确实是革命的,这是公正的结论,再举如下的革命活动:

(1) 殷禄才和陈华久率领的云南游击支队,开始约有 40 人,住在郭家坟和四川中心场的腰蹬岩,活动于兴文的大石盘、石碑、建武、五村等地。1938 年后,逐步发展 200 多到 500 来人的武装,在川滇黔边区长期坚持对敌斗争,引起阶级敌人畏惧,曾组织兵力进行 3 次"围剿"。1946 年到 1947 年,国民党派七十九师和地方反动武装,对云南游击支队实行第三次残酷"围剿"。由于敌我力量悬殊,四面楚歌,游击支队被打散,殷禄才、陈华久被敌围困,在枪林弹雨中,壮烈牺牲。被俘的同志在敌人屠刀下,英勇就义,这是可歌可泣的革命英雄形象。

(2) 云南游击支队的战斗情况。

1937 年夏,殷禄才带领部队到长宁洪硐场打游击,活捉土豪刘道邦、刘兴邦等人,罚款解决部队困难。

1937 年 9 月,去兴文顶冠山袭击国民党的团长罗天祥和大地主罗德修等人,缴获枪数支和一些子弹。

1937 年 12 月,去兴文五村,袭击乡公所,缴获枪数支和一些物资。

1941 年到珙县罗星渡杨家沟,镇压了欺压老百姓、到处抓丁派款、杀死 3 名红军的彭明武,缴获枪数支和数十手榴弹。

1943 年 5 月,袭击珙县王场敌乡长杨伯仿,缴获步枪 20 支、子弹 12 箱。1944 年,先后袭击了兴文县大庙乡公所,江安水栏杆乡公所,筠连的沐爱、落木柔乡公所。

1945 年 6 月,殷禄才和陈华久带领 200 多人,长途奔袭四川叙永马岭乡公所,缴获了 30 多支步枪。同时截获国民党军用汽车一辆,获得一车步枪子弹。

1946 年 2 月,殷禄才和陈华久带领 200 多人,袭击筠连县巡司区小乐瓦在国民党部队中任师长的田栋云家,缴获 100 多支步枪和大批物品。1946 年 3 月,殷禄才和陈华久带 300 多人,在叙永县江门剪草铺袭击国民党的军用汽车队,击毁汽车一辆,获得一批弹药,对国民党川滇公路交通威胁很大。1946 年 4 月,在珙县木梯山袭击宜宾专员,获得大批物资,在威信卫靖司袭击威信县长,缴获大量物资,还袭击镇雄雨河乡公所。

1946 年 5 月 13 日,抓了顺河乡长张占云。1946 年 6 月 18 日,抓了中心场乡长杨文凤。因杨文凤杀过红军,经常与红军游击队作对,抓住后就枪决。1946 年 8 月,殷禄才和陈华久带领部队同威信县长赵光斗组织的 1000 多地方武装进行反"围剿"战斗,打死打伤一批敌人。1946 年 9 月,袭击筠连镇州敌乡公所,缴获步枪

18 支。1946 年 10 月,在王棚山、和尚司同国民党航空特务旅第七团、四川保安队进行反"围剿"战斗,杀死杀伤一批国民党士兵。

1947 年 2 月,同国民党整编第七十九师进行反"围剿"战斗,直至最后牺牲。

(3) 殷禄才和陈华久经常宣传党的政策。据游击队员吴树良说:他当兵时殷禄才对他讲,我们要为穷人打天下。殷禄才给部队讲话说:"我们是闹革命的,红军打回来,我们就是正规的红军了,我们是共产党领导的。今年,我们有帽花、领章和旗子,像个军人的样子。"陈华久也经常给部队讲:我们红军今后是有前途的,我们在什么艰难困苦的时候,都要坚持对敌斗争,只要坚持下去,今后一定有出路,一个人要不怕死,革命就要不怕死,经常想到为穷人打天下。向连珍回忆说:丈夫陈华久经常给她讲穷人今后要翻身和怎样革命的道理。据游击队员殷禄成、彭树宣等回忆:陈华久还经常给他们讲江西共产党领导闹革命的情况和革命的前途。教育战士要好好干革命,把地主、恶霸、土豪打垮了,我们才有好日子过。

(4) 云南游击支队有严格的组织纪律。据游击队员殷光聪、宋兴武、李国良等提供的材料:1936 年 9 月,殷禄才受滇军"围剿",他将部队分散隐蔽,他的舅舅杨青云与殷崇科在一起活动,便将殷崇科杀害,提枪逃走。1937 年被殷禄才抓住,召开大会,宣布罪状,要进行枪决,殷禄才的母亲不让杀。殷禄才说,他虽然是舅舅,犯了法不枪决,怎样能带好队伍。不管是哪个,犯了法该杀就杀。于是,当众执行了枪决。

有一个士兵叫吴天禄,是中心场龚家坝的人,有一次请假回家,强奸了贫农郭春和的女儿,郭春和跑到郭家坟找到殷禄才告状。殷禄才了解后,在一个赶场天召开大会,把吴天禄枪决了。

1946 年去袭击国民党的军用汽车,出发之前,殷禄才就宣布了部队纪律:不能拿老百姓一点东西,损坏了老百姓的东西要赔偿,买东西要给钱。那〔哪〕个违反了纪律,要坚决处分。如果不听招呼,故意犯法的要枪毙。

贫农社员蒲仕财说:洛亥木梯山有个土匪叫王明宣,经常在那个地方抢人,甚至杀人,老百姓非常恨他,殷禄才听到后,就带着部队埋伏在开家坳口,王明宣抢人路过这里,就把他杀掉了,老百姓非常高兴,殷禄才为穷人出了口气。

贫农社员陈绍先、张廷富、邵永聪说:殷禄才对我们穷人很好,在我们遇到困难的时候都得到他的救济,我们感谢他,他总是说我们穷人今后是要翻身的。

四川马岭(场)的曾凯、白奇龙、刘文华等人说:殷禄才带的队伍打开马岭,没有动过一家老百姓,吃饭给钱,还宣布不准拿老百姓一点东西,他们打了敌乡公所后,还把一些东西丢在街上让老百姓拿。

游击队员张廷富说:1946 年我们到江门剪草铺打国民党的军车回来,到了东坝时,有许多农民挑了很多花生放在路边,让我们吃。因为有纪律,没有那〔哪〕个去抓一把。部队走完,农民的花生还是好好的。事后,听老百姓说,这些人跟红军差不多。

以上事例,摘自威信县党史办的调查。这又进一步说明殷禄才、陈华久率领的红军云南游击支队,确是忠于党、忠于人民的革命武装。国民党反动派也认为殷禄才带的队伍是共产党领导的。据"围剿"云南游击支队的第七十九师参谋长说:殷禄才是受延安策动的"共匪",扰乱川滇边防,要坚决消灭它……又据中央社讯:川滇"巨匪"殷禄才,有人枪三四百名,骚扰云贵川三省边区,历有数年,该匪受共产党刘复初策动,极为猖獗,扩大叛乱阴谋。要重庆行辕派兵彻底消灭匪患……由此可见,国民党认定了云南游击支队是它的后患,故要坚决消灭云南游击队。当然这是你死我活的阶级斗争,是不奇怪的。

(五)红军云南游击支队和党的领导关系

1935 年秋,殷禄才前来游击纵队要求参加革命,经过特委教育,鼓励他回去组织工农群众,开展武装斗争,殷曾打击镇雄地主武装陈明飞的部队,捉杀敌团长张占云的队长张发富,攻打王场敌乡长。经过这些活动,发展 40 多人的武装,后被滇军安旅"围剿"而失败了。

1936 年秋,殷禄才第二次来纵队,坚决要当红军,特委留他随军学习,经过实践考查,思想进步,工作积极,艰苦朴实,革命意志坚定,主动要求入党。经特委研究决定,批准殷禄才参加共产党,任命殷禄才为红军云南游击支队长,发给武器,要他整顿原有队伍,迅速组成游击支队,在云南东北地区开展群众运动,殷去后同特委有联系。

1936 年底,红军游击纵队,在敌军川滇黔三省"围剿"中被打散了,特委领导成员刘复初受伤患病被捕,其他成员在流散中牺牲。从此殷禄才与特委失去联系,1937 年 10 月下旬经党组织保释刘复初同志出狱。

1938 年春,八路军武汉办事处派刘回川了解游击队的情况,刘派原纵队第三大队副队长兰澄清同志找殷禄才传达党在当时的政策:国共合作,共同抗日,发动群众支援抗日、秘密建党、保存实力、捍卫人民利益。但我到川南不久,叛徒王逸涛向川军密告:"共匪"刘复初来收容残匪,要进攻川军……因此川军准备组织暗杀,我军重庆联络处深怕造成事故,通知我回武汉办事处,向领导汇报情况后,又要我动(身)去党中央请求。后据李富春同志说：收编川滇黔游击队很难，阶级斗争尖锐复杂呵……

1938年秋，国民党开始搞分裂活动，实行反共反人民的勾当，各地特务横行，镇压革命。唯恐影响工作，我们之间隔绝联系。

1938年后，殷禄才、陈华久二同志根据当时形势发展的需要，更加活跃起来，积极找组织关系。据威信党史办调查，地下党珙兴支部书记张国忠证明，殷、陈二同志曾托他去宜宾找党的组织。但因四川地下党已遭破坏，仍未找到关系。殷禄才等只好以革命行动等待。

又据威信党史办调查：1946年八九月，四川地下党川南工委书记廖林生同志知道殷禄才的武装开展活动的情况以后，向南方局钱瑛同志作了汇报。南方局指示他们来云南联系，搞军事据点。接到南方局的指示，廖林生等同志来到了威信旧城，站住脚后便准备与殷禄才接关系。因国民党重庆行辕派国民党整编第七十九师来"围剿"云南游击支队，未能联系上。与此同时，云南省工委也派陈季伯同志到威信调查了解殷禄才这支武装的情况，由于敌第七十九师的"围剿"，也同样没有联系上。

1938年，云南游击支队为了适应新形势的需要，改称云南抗日后援军，既要扩大党的政治影响，又要缩小别人攻击目标，辩证的运用政治斗争和武装斗争紧密结合，因此，一方面主动的联合川南游击支队，互相支援，密切配合，有计划的〔地〕开创新的局面；另一方面实行劳武结合，把部队编成若干小队，分住农村做群众工作，平时参加生产劳动，休整训练，有事临时集中，抓紧时间完成任务，这种斗争策略，有利于在白区开展群众运动，更便于切实保存工农武装力量，在阶级斗争中，争取更大的胜利。后来蒋介石策划内战，肃清后顾之忧，组织嫡系部队，坚决消灭后方的革命力量。云南游击支队虽在敌强我弱处境艰险的情况下失败了，但它在敌后开展武装斗争的经验教训，是游击纵队进行革命战争的组成部分，应当实事求是的〔地〕加以总结。这对于当前保卫祖国和反侵略战争，都〈是〉可以参考的。

以上回忆是30年代、40年代中的经历，有些记忆不清了，仅供参考，欢迎同志们补充修改，争取更准确更完善。

罗为群整理

1984年5月

（录自云南威信县委党史研究室档案，全宗号1，目录号18，案卷号90，第19页）

# 关于川滇黔边区游击纵队的一些说明(通信)

## 刘复初

按:本刊第一期发表陈必初所写《川滇黔游击纵队第三大支队情况简介》一文后,原中国工农红军川滇黔边区游击纵队政委兼司令员刘复初同志来信说明其中一些史实,兹将原信刊载于后。(题目是编者加的)

四川珙县文史资料委员会:

珙县文史资料,内容丰富多彩,特别重视总结历史经验,发扬爱国主义思想和精神文明,激励青年为祖国社会主义建设而艰苦创业,具有深远地教育意义。为了准确反映云南游击支队的历史事实,简介以下情况:

1935年1月,中央红军长征到川滇黔边区,为了顺利实现战略转移北上抗日,派出少数干部和武装同川南地区游击队合并,成立红军川滇黔边区游击纵队,留在敌后开展游击战争,创建革命根据地。其中第三支队,原是红军南六游击队改编的。1936年春,纵队为了创建云南东北革命根据地,组织抗日同盟,为中华民族的生存而奋斗,组建红军云南游击支队,留在地方开展群众工作。珙县原是红军南六游击队和纵队的老游击区之一,又与云南东北毗连,游击队员中有些便是珙县人。因而云南游击支队在珙县活动频繁。

红军云南游击支队是武装工作队、宣传队。它的基本武器是纵队发给的。支队长殷录〔禄〕才是纵队委任的。支队政委陈华久是纵队派去的。同时纵队组建的红军川南游击支队,为了反对国民党反动派破坏抗日,在后方镇压革命和实行苛捐杂税,造成民不聊生,故川南游击支队联合云南游击支队共同战斗。因而珙县境内也成为游击队出入的要道。

陈华久、殷禄才等都是共产党员,他们根据特委指示,在支队中成立党小组,后建云南东北特区区委,负责支队和地区的组织建设、思想建设、地区建设,为劳动人民的解放而奋斗,直属中共川滇黔边区特委领导。我是当时特委书记,曾与陈、殷等同志研究有关问题。实践证明云南游击支队为革命而艰苦奋斗,在川滇边区人民中留下了良好的政治影响。

以上情况,供作参考。并致

敬礼!

刘复初

1988 年 1 月 27 日

(录自中国人民政治协商会议四川省珙县委员会编《珙县文史资料》选辑 2,1988 年印行,第 31～32 页)

# 陈华久到殷禄才队伍的情况

## 张永昌等

陈少云（威信新田乡人，早期参加殷禄才队伍）说：1936 年殷禄才开始组织队伍，叫地下游击队。陈华久来到游击队后殷禄才曾向我们讲："陈二排是前方派到我们这个队伍来的，今后我们的队伍就靠陈华久管理，大家要听他的号召，服从他的指挥。"陈华久说："我们搞的是川南游击队，现在实力小，队伍人也少。大家要动脑筋、想办法，夺取土豪、官僚的枪支来武装我们自己，充实扩大我们队伍的力量。"还讲了我们现在还很困难，要大家忍苦耐劳，打起仗来只顾朝前走，不准往后退，胜利了不要冲昏头脑，失败了也不要灰心，只有齐心努力奋斗，才有出头的日子。

胡聪亮（威信罗布乡人，参加过殷禄才队伍）说：陈二排长大约是 1936 年到 1937 年初来到殷禄才队伍里的。我记得有一次在郭家坟街背后大坨开过一次会，先是干部，后来骨干也参加了，30 多人。会上殷禄才给大家讲："这个会秘密得很，不是随便什么人都叫参加的。我与陈二排是一起的人，我们是穷人，只有跟着共产党靠武装斗争，穷人才能翻身。"陈二排讲："我当过红军，现在来到殷禄才这里，眼下我们闹共产党是隐蔽活动，大家在队伍里要好好干，将来共产党闹到头了，我们大家的日子就好过了。"并嘱咐我们要注意保密，谁暴露了不是一个人的事情，一个人牺牲了不要紧，要顾全大局。还有一次要准备打仗时在郭家坟的和尚司也开过会，这次主要是强调纪律，陈二排在会上讲："我们是打富济贫，杀贪官打富豪，部队随便走到哪里都不准乱拿乱吃，要维护人民的利益，违反了纪律要受处罚，只有这样我们这个游击队才闹得走。"

林世方（威信罗布乡人，曾参加殷禄才队伍搞过情报工作）说：民国三十年（1941 年）后，我到郭家坟在殷禄明那里在了一年，后殷禄明被殷禄成手下当师爷的叶怀清夺枪杀害，殷禄才就叫我参加他的队伍。陈二排也找我动员，叫我不要三心二意到处逛，好好跟起殷队长干，现在艰苦一点，以后我们的队伍扩大了，穷人就会有好日子过了。还讲到他们在江西工农红军起义时人是很多的，后来转移到这里。不要光看我们有的队伍失败了，一些同志牺牲了，我们穷苦人多得很，有的是，共产党是永远长久的，今后革命是会成功的。

张永昌（威信三桃人，参加禄殷才队伍当过分队队长）说：国民三十四年（1945

年)底,陈二排与牟定书(与张是亲戚关系)来到我家中,陈二排就动员我参加殷禄才的队伍,他说:殷禄才的队伍是打富济贫,打土豪分土地,取消一切苛捐杂税。当时我心里想大红军、小红军(指游击队)都提这些口号,刘复初闹了一段时间那么多队伍都被打垮了。陈见我有疑虑又给我讲了形势,他说经过抗日,现在北边延安甘肃一带,南面四川大巴山都是我们共产党的。后来我到了环房,见到兰澄清(原川滇黔游击纵队三大队副大队长),兰也说对,叫我去参加殷禄才的队伍。我参加殷的队伍后,打顺河敌乡长张占云时叫我当了个分队长(我这个分队有 30 来人,40 条枪)。

提供情况:张永昌、林世方、陈少云、胡聪亮

(录自雷吉常《胡聪亮、陈少云回忆关于陈华久派到支队的情况》,1984 年 6 月。云南威信县委党史研究室档案,全宗号 1,目录号 18,案卷号 114,第 79 页)

# 我所知道的殷禄才、陈华久

## 张国忠

我是 1937 年的下半年经秦得清介绍到顺河小学教书的。因为我在四川搞的地下党组织受到破坏，潜伏到这里来的。我在顺河教书后，郭家坟来读书的人也多。当时，我已知道郭家坟殷禄才组织有一支队伍，大约几十个人。于是，我经常去郭家坟耍，久而久之就与殷禄才（外号殷骡子）联系上了，同我见面的还有陈华久，经过几次交往，我们便更熟悉了。他们已了解我过去是地下党的。于是，陈华久就跟我说，他是刘复初派到这里来工作的。因刘的队伍被打散了，他与组织失去了联系，问我能不能再去找组织联系。谈的时候，殷禄才也在，但我不知道他是不是党员，他也没有给我说过。他们两个都叫我去四川找一下。我于是去了宜宾、珙县、兴文等地跑了一趟，又不敢公开，这一趟也没有了解到什么情况就回来了，因为四川也要抓我，我回来后，将情况给他们二人谈了，他们也说实在没办法等以后再说。

我在顺河教了两年书，每隔几天都到郭家坟跑一趟。这时滇军不时来打他们。陈华久与殷禄才就对我说，他们消息也不灵通，要我到县上（威信）来教书以便了解情况，经常报告他们。就这样我和我的老婆一起到县上，我被介绍给彭兴州当家庭教师，教他的两个娃娃，我的老婆在县城小学，但是没几天她就害病，治不好就死了。我在县上住了一年多，知道驻在镇雄威信的军队不是专门来打殷禄才，只是驻扎。过一段时间我又说下顺河去，实际上是给他们谈情况。我在县上住了一年多，大湾子的洪玉恩来找我，叫我去帮助他工作。说他那里发展很困难。我把这个情况与陈华久和殷禄才谈。他们说县上的情况也并非很重要，就叫我去。有什么情况叫我过来说。后来他们的活动情况就知道得少了。每隔一些时后又来，知道一些，我来一次，他们给一点东西。

大约在 1946 年，重庆地下党派了徐林森来镇雄组织军反工作，在大湾找到我，我把殷的情况也向他谈过。但是不久，第七十九师就来"围剿"殷禄才了。我还没有来得及同陈华久联系上，也就不敢再来了。

我在威信这些时间，没有发展过党的组织，也没有与党的上级取得联系，特别是后边几年，我都是住在镇雄，来得也少一些。

张国忠回忆

座谈人:林庆明,赵有伦、李盛江

时间:1982 年 5 月 14 日

地点:扎西纪念馆

（录自中共威信县委党史征集研究室编《中国工农红军川滇黔边区游击纵队云南支队斗争史略》,1991 年印行,第 113~114 页）

# 袭击四川兴文县顶冠山罗天祥家

## 吴树良

罗天祥,四川省兴文县顶冠山人氏,在国民党川军杨森部任团长,后又在兴文县任国民党县党部参议长。其父罗竹斋和家人依仗儿子的权势,欺压百姓,盘剥人民,在乡里横行霸道,群众深受其害。云南支队了解这一情况后,决定给予惩罚,以打击当权地霸罗竹斋的嚣张气焰。

1937年9月的一天,云南支队在支队长殷禄才的带领下联合干滩子等地绿林武装100多人,摸黑从郭家坟出发,经长官司、大坝、五村直插兴文顶冠山。

经一夜一天急行军,于傍晚时分到达顶冠山附近,殷禄才部署队伍,除留一部分队员占守山头等待接应外,主力进入村内立即分别包围地霸罗竹斋和罗德修家,同时发起攻击。

尖兵迅速冲入罗家园内,护院的家丁措手不及就被缴了械。缴获罗竹斋家步枪两支、手枪两支、子弹100余发和一批财物。罗德修家搜刮百姓来的财物也做了没收。同时扣押了罗竹斋及其女儿罗香兰。

周围群众见罗家被打,无不拍手称快,既不报信也不救援。战斗结束时支队很快撤出村外,乡上少数团丁闻讯赶来追打,占据山头的支队队员随即进行阻击,打伤团丁一名,其余团丁见状不敢再追,支队遂由原路顺利返回郭家坟。

事后不久,罗竹斋家里即派人送信给罗天祥,告诉其家被殷禄才队伍"打劫"的情况。罗天祥怀恨在心,立即控告到宜宾保安司令部,声称:"云南威信郭家坟殷骡子,拖有人枪百余,是刘复初支持的一支'共匪'武装。"要求派保安团进行"清剿"。

之后,保安团"追剿"也无济于事,罗天祥感到无可奈何,深恐其父被支队杀害,只得托人说情,并派人送800块大洋前来赎人,支队才释放了罗竹斋和罗香兰。

(录自中共威信县委党史征集研究室编《中国工农红军川滇黔边区游击纵队云南支队斗争史略》,1991年印行,第125~126页)

# 在云南游击支队的战斗岁月(节录)

## 雷庭忠

我是罗布籁花家坝人,父母早亡,少时帮人度日。1935年红军长征过后不久,殷禄才组织起一支游击武装开始闹革命。那时,我因举目无亲,20多岁还是独身。在殷禄才动员下,便参加了他的队伍。当时,队伍只有20多人,大多是殷禄才小时候的朋友,穷苦兄弟。我进殷禄才的队伍后,由于斗争坚决,作战勇敢,没过多久,殷禄才便叫我当第一班班长,还出面给我介绍了一个妹子,拿出一大笔钱帮我成婚。从此,我在殷禄才的队伍里一干就是10年。但在后来的几年里,殷帮我安家在中心场邓家河,我就没长期在他身边,有事才到部队来。1946年9月,参加五村乡公所战斗时负伤后,殷禄才把我安置在我的亲戚家养伤离开了部队。1947年,国民党第七十九师来"围剿"殷禄才领导的队伍,我因伤未愈还没有归队免遭杀害。下面,我把在云南游击支队中亲自参加的几次战斗情况回忆如下:

一、找到红军游击纵队

1936年4月,殷禄才前去四川石碑、籁箕峡找过川滇黔边区游击纵队。以后,殷禄才又去一段时间才回来。一次,他很高兴地对我们说:这回有靠山了,纵队司令员刘复初送给我们10多支枪,叫我们扩大队伍。从今以后,我们这支队伍的名称就叫川滇黔边区游击纵队云南游击支队,我任支队长,还要派一位红军干部来当政委,是打土豪、分田地、革命活动的。还说,我们都是穷苦贫民出身,要好好地干,要为穷人打天下,今后大家都会有出头的日子。半月后,殷禄才率我们10多人去四川石碑运来了刘司令员送的16条枪。这样,又有一些人主动投奔支队,我们的队伍日渐壮大。

二、将计就计除掉张发富

张发富,威信县长官司人,与顺河地霸张占云是远房叔侄。在张占云的指使下,曾到镇雄关上投靠绿林武装头目陈明飞。陈见张发富精明能干,委他一个小队长职务。张发富在陈明飞部干了一段时间后与陈闹别扭,将陈部30余人枪拖走,自立门户,在大雪山拦路抢劫。之后,来与殷禄才联合,殷未应允。张发富厚着脸皮向殷借枪。为不伤绿林和气,殷禄才借了几支枪给张发富,还商定了还枪日期。谁知张发富一去就是一个老将不会面。殷禄才觉得张发富不守信用,很生气,几次派人去找他,他不但不还枪,连草鞋钱都不给一个。到三月间,一天,殷禄才派我带人去大雪山找张发富,把借去的枪要回来。我带了三人去找了好几个地方,终于在大雪山林中一家瓦房里找到了张的人,向张说殷队长要我们来拿几个伙食钱。张说没有,叫我们先回去给殷队长说些好话,他过几天就来郭家坟见殷禄才。

过了一个多月,到 1936 年 4 月下旬,张发富果然来了,同时还带着二三十人枪,把队伍带来住在郭家坪上,先去顺河杜家湾、团田与张占云会面。叔侄密谋策划,利用假装前来投靠入伙的办法,妄图借机杀害殷禄才,接管其武装。殷禄才接到团田王家的人来透露这一情报后,决定将计就计,处决张发富,解除其武装。第二天,张发富带着张占云的人来到郭家坟,传话要见殷禄才,商谈投靠之事。按照殷禄才的布置,由殷禄才把张发富请到偏岩子杨金祥开的烟馆吸鸦片,稳住张发富,其他几个随从被喊到街上一家酒店喝酒。张发富躺在烟床上,将快慢机手枪上膛摆在胸前,吞云吐雾抽了一阵鸦片后,急切地问殷禄申:"骡子来了没有,咋个还不来?"殷禄申趁机走到床前,挡住门口视线,对张发富说:"稍等一下就来!"就在这时,勤务兵周仕奎轻轻从门外闯了进来,周的个子特别矮小,不易发觉,他将手枪从殷禄申腋下伸去向张发富开了一枪。张受伤急忙抓起放在胸前铺上的手枪,殷禄申手疾眼快,将张发富的 20 响手枪夺了过来交给随同进来的殷禄才。周仕奎接着又补了一枪,张当场毙命。殷禄才见张确实已死,便叫人将尸体拖了出来。我和殷崇科等几个人同时在酒店里也解除了张发富带来的人的武装。紧接着集队到坪上,把张发富弟兄住的房子包围起来。殷禄才亲自率领队员冲进屋内,用枪对着那些正在喝酒吃鸡的士兵,大喊一声:"弟兄们,不许动!你们被包围了,你们赶快缴枪投降!"有一个家伙妄图举枪反抗,伸手去拿枪被周仕奎一枪击中手背。其余的人见大势已去,一个个举手投降交了枪。然后被押到院坝排成两行。殷禄才对这些人说:"你们的队长张发富要暗害我,已经被我们处决了,你们都是穷苦人家出身,愿留下的跟我干,不愿留下的发给路费可以走。"除两人要回家外,其余 20 多人都愿意留在支队。

这次消灭张发富,共缴获长短枪 30 余支,又一次扩大了力量。张占云的企图落空,偷鸡不成蚀把米。但他老奸巨猾,一计不成,又生一计,忙叫师爷写一封密信派人送给陈明飞,阴谋挑拨陈明飞与殷禄才的关系,企图借陈的武装力量把殷禄才的武装吃掉。殷禄才得知这一情况后,派我去向陈明飞说明情况,同时转告了殷禄才愿把缴获张发富的枪支送还给他。陈明飞听后非常高兴,开怀大笑对我说:"殷禄才够朋友,本来我早就想解决张发富的,感谢都还来不及呢。"陈明飞要我给殷禄才讲,收缴张发富的枪就不用还给他了,只希望得到其中"罗汉"20响手枪。我回来给殷禄才说后,为了加强与绿林的团结,殷禄才慷慨地派我把两支手枪送到石碑交给了陈明飞,并转告了殷禄才对陈的问候,进一步密切了同绿林武装的关系,从而又一次击败了张占云的挑拨离间之计。

三、伏击杨伯仿的"保商队"

一天下午,殷禄才派出的侦查员罗学林从四川珙县地界回来说:王场乡长杨伯仿的保商队,有一个班多的人枪于第二天早上要护送一些商人去洛表。殷禄才听了这个消息很高兴,当天晚上便率领我们60多人从郭家坟出发,赶到从王场通往洛表的必经之路凉风坳埋伏。那时已经进入深秋,虽未下雨,但到半夜寒气袭来,大家衣着单薄,冷得发抖,但没有一个队员叫苦,一直坚持下来。到第二天早上杨伯仿的保商队果然护着一些商人从王场而来,当这些"保商队"一进入伏击圈,为了不伤着那些商人,殷禄才枪一响,我们突然冲出树林,采取短兵相接的办法,有几名保商队的士兵一听枪响就像兔子一样没命地逃了,有几名见事不妙只好举手缴枪投降。商人们一听枪声,吓得趴在地上发抖。殷禄才对这些商人说:"大家不要怕,我们打的是王场乡长杨伯仿的保商队,你们是商人,我们不要你们一点东西,放心去做生意吧。"接着把被俘的保商队员教育一番之后全部释放。我们把缴获的6支枪和100多发子弹、10枚手榴弹装好,很快离开伏击地点凉风坳,胜利返回郭家坟。

四、捣毁地霸杨培英兵工厂

杨培英乃是四川珙县中心场一大地霸,为了发家和压迫剥削穷苦人民,暗暗招请了一些造枪匠人,在司营铺的山上一个岩洞里办了一个兵工厂,专门制造步枪和手榴弹。这个消息被殷禄才知道后,派人多次侦察,就是搞不清造枪地点。事有凑巧,一天,殷禄才正为这事烦恼,一个乞丐装扮的人来到郭家坟街上询问要见殷禄才。周仕奎跑进内室转告,殷觉得事有蹊跷,便走出门外见了这人,和善地问有什么事。这人见殷禄才说话和气,态度忠厚很受感动,便说有事相告。殷请这人入内。原来这个化装成乞丐的人,是杨培英请来造枪的匠人。因杨对匠人残酷剥削,生活待遇不好,还克扣工钱。这个匠人领头向杨培英提出意见,遭到杨一顿大骂,撵了出来。听说郭家坟的殷禄才讲义气,因此有意来投奔。殷禄才热情地接待了这个匠人。当晚,造枪匠人把兵工厂所在地绘图交给殷禄才后便走了。

殷禄才派人侦察后,在一个晚上,率领我们两班人,迅速地向司营铺进发。经过一个多小时的急行军,摸到造枪洞口下,解决了暗哨,冲进洞内,缴获新造步枪20多支和一些步枪零件、手榴弹40余枚,并将其造枪用的机器砸烂丢在岩下,彻底捣毁了杨培英的"兵工厂"。

五、老鹰洞支队突围麻柳山殷崇科被杀

殷禄才联系纵队之后,率领我们杀富济贫,专打恶霸和国民党区乡政权。同时率队配合纵队在斑竹山羊坝作战,击退川滇敌军。由于云南游击支队在郭家坟的兴起和壮大发展,对国民党基层政权和地霸势力造成了极大威胁。

1936年9月下旬的一天,顺河地霸张占云骑着马,带着几名家丁,到郭家坟赶集。当天,支队派魏从金(外号魏老猫)率一个小队在郭家坟街上维持街场秩序。张占云到街上后见支队人少,借机故意挑起事端,趁小队长魏从金正理发时,开枪打伤魏从金,打死魏朝云。枪声一响,整个街场一片混乱。支队队员胡聪亮跑回老鹰洞向殷禄才报告了情况。殷禄才听后十分气愤,从老鹰洞率领30余名队员赶至街上。张占云怕吃亏,带着家丁边打边退回顺河场,因天色已晚支队没有再行追击。

第二天,张占云就请来镇雄独立营"围剿"郭家坟。殷禄才率领我们很快撤进麻凼湾老鹰洞,一面派殷崇科(殷禄才的叔叔)率10多人在洞外联络纵队接应。随后滇军田富伍营也开来一个连(卢连长)"围剿"。殷禄成的队伍住〔驻〕大硝洞,我们住老鹰洞。敌军将两个洞围得水泄不通。滇军田营派团丁逼迫老百姓砍树烧洞子,押带殷吉奎、殷绍兰来洞外喊话,叫我们出洞投诚。由于石洞坚固、险要,又有充足的粮草,我们不予理睬。田营、独立营和张占云、王显州的团队围了20多天,把〔拿〕我们没办法,便施用毒计,扬言要拆郭家坟街上老百姓的住房烧洞。殷禄才和我们商议,为了不连累乡亲们,决定突围转移。在一个漆黑的夜晚,埋藏了一部分枪支,除留下一个队员看守洞子和照料家属外,殷禄才亲率主力三四十人突围转移到四川洛表腰蹬岩驻扎。在敌军围洞前派去联络纵队的殷崇科,因纵队也遭敌军"围剿"未联系上,便带10余人在麻柳山隐蔽活动。不几天,跟随殷崇科一道转移的殷禄才的舅舅杨青云,趁其他队员出外筹粮之机,杀害了殷崇科,抢走手枪两支逃往四川石碑等地,打着殷禄才的旗号拦路抢劫作案。殷禄才听到这一消息,半天没说出话来,气怒过后,令王子明率一小队人马专门到石碑捉拿杨青云。经过查询,把杨青云捉拿归案。殷禄才召集全体队员开会,审判舅舅杨青云的罪行。这件事被殷禄才的母亲知道了,出面说情,反而被殷禄才说服。他说:虽是母舅,但他杀害了队员,犯下了滔天罪行,如若不处决,我怎么向队员们交待,今后怎能带好队伍,遂将杨青云处决。殷禄才大义灭亲,对队员们影响很大。

六、夜袭杜家湾碉楼

1937年夏初的一天,顺河地霸张占云的团丁周光伦,跑到四川腰蹬岩伪装前去投奔支队,说借口他与张占云的女儿行为不轨,张占云要杀他。并说,他的哥哥周光华现在还在张占云那里,如果支队要去打张占云,他愿做内应。事隔不久,殷禄才收到一封周光华请人送来的信,内容大意是说张占云现患病卧床不起,正好下手。殷禄才觉得是个机会,但思想上仍有怀疑,经过准备,亲自率领支队20多人随同周光伦到郭家坟,吃罢饭,天刚黑,摸到了顺河场。为防万一,殷禄才叫我带一个班的人同周光伦过河去先看看情况。临过河时,反复交待我说:"庭忠老弟,我把这十几个队员交给你,你要见机行事,如果情况有变,赶快撤出,把大家带回来,我带着队伍在河边增援你们。"我率队过河摸到杜家湾张占云的住地,按周光华信中的安排,从马厩上碉楼。周光伦先入马厩上了碉楼,接着放下一根绳子,准备把我们一个个拉上去,队员王德明在我前边步入马厩,刚伸手拉着绳子,突然掷下一颗手榴弹,接着又一声枪响,王德明倒在血泊中。我冲进马厩,见王德明已死,知道中了计,忙抓过王德明用的步枪,迅速退出马厩。此时,碉楼内枪声大作。我命令伏在墙脚下的几名队员隐蔽撤退,我在后面阻击,边打边撤至河边。殷禄才询问情况怎么样? 我回答中他们诡计了。接着,张占云在碉楼内破口大骂:"殷禄才你们有本事就上来嘛!"碉内又响起枪声,殷禄才在河对面放了几枪,接应我们过河。张占云一时搞不清支队有多少人,不敢来追,我们连夜撤回腰蹬岩。原来周光伦逃走后,张把周光华抓来审问,周怕受严刑拷打,说出了其弟已投靠殷禄才。奸诈狡猾的张占云逼着周光华写信给殷禄才,引殷上钩。可殷只到河边,不然就将有生命危险。由于事情办得不好,张占云不久即收买人将周氏兄弟杀害。

(录自中共云南威信县委党史征集研究室编《中国工农红军川滇黔边区游击纵队云南支队斗争史略》,1991年印行,第127~134页)

# 国民党部队"围剿"云南游击支队的情况

殷禄成　杨联斌

殷禄才与红军川滇黔边游击队联系,组织发动群众,扩大队伍实力,把斗争矛头对准敌区乡长和土豪富绅,对边界一带反动势力造成威胁,国民党派军队对殷禄才领导的游击武装先后进行过多次"围剿"。

第一次"围剿"是1936年10月,殷禄才杀了敌队长张发富,接着又打了王场敌乡长杨伯仿的保商队,有枪五六十支,队伍发展到近百人。国民党派滇军安旅田富伍营到威信"围剿"红军游击纵队,同时开始了对殷禄才的"围剿"。

这年的10月,田富伍带军队到了郭家坟,殷禄才得信后将队伍带入郭家坟的大硝洞(又叫老鹰洞)隐蔽固守。田营派军队围住大硝洞,但由于山势险峻,殷禄才在洞内早已作了准备,易守艰攻,围攻了一个多月,始终未能打进洞内。反动军队久攻不下,就扬言要把郭家坟街上的房子拆来烧洞,并且开始拆了几间房子。街上的人趁夜摸入洞内向殷禄才报信。殷禄才感到再坚持下去,群众势必要吃反动军队的大亏,于是把长枪分散踩〔埋〕了,只带领一二十人和七八支短枪突出洞子转移到四川珙县腰蹬岩一带去活动。这是国民党军队对殷禄才的第一次"围剿"。

殷禄才队伍情况调查座谈会记录材料

时间:1984年6月19日至20日

地点:威信县政府招待所

提供情况人:殷禄成、宋兴武、徐光全、张永昌、胡聪银,杨联斌、林世方等

(录自赵沛《殷禄成、杨联斌讲述国民党派部队六次"围剿"云南游击支队的情况》,1984年6月19日。云南威信县委党史研究室档案,全宗号1,目录号18,案卷号83,第51页)

# 我在殷禄才部当侦探

## 潘银章

1936 年,殷禄才带着 20 余人到四川红桥活动,我做水烟锅行当(生意)求生活,与殷禄才结识,侦得团防局内军纪涣散。于夜间化装深入,偷袭得枪 11 支,双方无一伤亡。

殷禄才队伍到红桥双槐树,化装进王伯军家准备行动,被王家发现调一连兵力来打,殷禄才退回郭家坟。后来我到殷禄才部当侦探,并在四川安乐为支队买回枪支 40 余条。

(录自雷吉常《潘银章自述参加游击队的情况》,摘自威信县民政局潘银章档案,1987 年 2 月 23 日。威信县委党史研究室档案,全宗号 1,目录号 18,案卷号 91,第 90 页)

# 殷禄才率云南支队攻打王场

## 杨绍平

杨绍平说：关于李华先参加殷禄才队伍打王场一事，打王场是斑竹艾银章出的点子，当时殷禄才的枪很少，就结伙张治聪（2 支枪）、吴占奎（1 支枪）等人共同打王场，殷禄坤派了 3 人参加，其中就有李华先、王少万、任仕钊 3 人。我属张治聪派去的。

（录自雷吉常《杨绍平介绍云南支队李华先情况》（摘自威信县民政局李华先档案），1987 年 2 月 23 日。威信县委党史研究室档案，全宗号 1，目录号 18，案卷号 91，第 91 页）

# 刘复初送枪给云南支队

## 吴树良

我们在殷禄才的领导下,经常听到殷和陈二排说:刘复初经常给我们讲,叫我们扩大实力,要有两三千人,等大部队来,我们才有出头。还有教育部下,不许奸、淫、烧、杀,估吃霸赊,才是前途。

有一回,殷和陈二排到建武下面簸箕峡去过一久,回来后,就派我和周仕奎、杨世龙、郭良成、李绍云、晋其招等人去背枪。我们总共背回来 16 支,有汉阳造、湖北产的黑壳紧口枪等。我们背回郭家坟后,殷召开一个小队长参加的会议,会上殷说:"这回我们又增加了一部分实力。"王子明问他增加了什么? 殷说:"刘司令员送给我们 16 支枪,已经背回来了。"

陈二排长来后,殷禄才说陈二排是红军,是从红军游击队来的。陈排长说:"我们红军今后是有前途的,就是要在什么艰难困苦的时候都要坚持斗争……我们要发展实力,不仅要有兵权,还要有政权……革命就要不怕死,要经常想到为穷人打天下。"

殷禄才的警卫战士吴树良的回忆(节录)

调查记录人:赵有伦、廖珍祺、常宗德

时间:1979 年 12 月 15 日

地点:郭家坟

(录自廖珍祺、林庆明《吴树良回忆纵队送枪给云南支队的情况》,1979 年 12 月 15 日。威信县委党史研究室档案,全宗号 1,目录号 18,案卷号 85,第 5 页)

# 殷禄才率队给山羊坝刘复初部队解危

### 徐光全

1936 年的 9 月 20 日左右,滇军从金沟、三口塘到山羊坝,"围歼"驻在山羊坝的刘复初所率领的队伍。川军也从复兴赶往山羊坝下面的斑竹塘堵截。当刘的部队在山羊坝的下面和从上边压下来的滇军接上火线时,殷禄才率领近 100 人的队伍又从滇军后面压下来,滇军受到殷的突然袭击,只好往院子〈场〉方向溃退。当滇军和刘的部队接上火线时,因刘未占着有利地形,便退到新芬方向的树林里,殷的部队朝滇军后(开枪),将滇军打死打伤了好几个人。由于川军从斑竹向山羊坝援救滇军,所以没有继续追歼,就往郭家坟方向撤退,后从烂田坝油瓶口到山羊坝方向去了。

关于殷禄才率队到斑竹山羊坝给刘复初部队解危的调查资料

被调查人:徐光全,男,现 67 岁,住斑竹水沟头队。

口述人:徐光全

调查人:林昌华、廖珍祺

1984 年 8 月 20 日

(录自云南威信县委党史研究室档案,全宗号 1,目录号 18,案卷号 85,第44 页)

# 云南支队配合纵队反击滇军和四川保安队进攻

## 李顺堂

1936年9月中旬左右,红军川滇黔游击纵队由四川兴文建武、石碑等地活动转移到威信斑竹时,四川江安马丹如、兴文蒋富田等保安中队300人左右由罗亥顺河追上去,滇军田富伍营和地主民团三四百人也由五谷湾、院子向斑竹扑去,妄图和四川保安队一起包围打击纵队。纵队司令员刘复初得悉后,便派人带信给殷禄才,要他带支队立即赶来支援纵队对付滇军和川敌。红军游击队边打边撤,撤到山羊坝即与扑来的滇军接上火。山羊坝中间是一个小平坝,三面环山,一面接河,敌人来势汹汹,地形于我不利。正在这时,殷禄才带领支队近百人由王朋山、木梯山赶到,从滇军后面突然袭击,打伤滇军数人。滇军被支队的突然袭击打昏了头,向院子〈场〉方向溃退下去。同时,红军游击纵队也向川军保安队发起猛攻。由于游击队员作战勇敢,川军保安队被追由原来路逃回罗亥。由于敌我双方力量悬殊过大,刘司令员带领纵队没有继续追击,于当天夜里顺山梁撤向大坳口向大雪山方向转移。殷禄才也带领支队转回郭家坟去了。

座谈人员:李顺堂,原参加纵队后参加云南支队,徐光全、胡聪银、张永昌系云南支队队员。

(原件存云南省昭通市威信县县委党史办)

(录自《中国工农红军川滇黔边区游击纵队斗争史》编写组编《中国工农红军川滇黔边区游击纵队斗争史(副本)·下册》,1985年印行,5—64~65)

# 殷禄才率领云南支队为纵队解围

## 李顺堂

1936 年八九月间,那个时候我和吴锡州都还在游击纵队里头。当时的纵队司令员是刘复初,他率队伍在四川的石碑口一带活动了一段时间,然后将队伍转移到斑竹塘的山羊坝进行休整。不知是谁走漏了消息,四川马端如、蒋聋子(蒋富田)的保安中队有 400 人左右,顺洛表方向木柳山朝纵队追来。随后,滇军田富伍营和威信地方民团四五百人也由五谷湾、三桃、院子向山羊坝扑来,很快将纵队包围在山羊坝。

川滇军几面向纵队发起进攻。我们的部队组织力量反击,但由于地形于我不利,几次反攻都失利了。纵队的火力无法施展开,伤亡较大,纵队被敌人的火力压缩在山羊坝的寨子头。从上午 11 点左右打到下午两三点钟,纵队组织力量突围,但还是无法冲出去。就在这个时候,滇军的后面(山上)突然响起了激烈的枪声,顿时滇军大乱,不战自逃了。原来是殷禄才率队伍赶来支援纵队。纵队看到滇军逃走,敌军火力大减,又加上支队支援,游击队员们越打越勇,向川军发起猛烈进攻。川敌被打死打伤七八个人后,向斑竹方向顺着河沟退走了。纵队停止了对川军的追击,在山羊坝停留了不到半个小时。殷禄才就领着他的队伍七八十人从大坳口返回郭家坟去了,纵队由刘司令员率领转移到大雪山。

后来听吴锡州说:山羊坝这一仗要不是刘司令事先派人送信叫殷禄才赶来支援,游击纵队有可能全被敌人吃掉的危险。

走访人:杨应村

时间:1986 年 10 月 10 日

(录自中共威信县委党史研究室档案,全宗号 1,目录号 18,案卷号 136,第 56 页)

# 我参加云南支队的情况

秦德康

殷禄才是我的干爹,我 19 岁时就参加了他的部队,先后和部队一起打过镇州乡公所、五村乡公所、王场乡公所及王棚山战斗,我属于张占标这个大队,有时又和周仕奎一起搞警卫。我在部队里,大家都叫我老幺。殷有什么公事要送,就叫我送。王棚山战斗开始时,殷就要我送信给复兴的民团队长杨子成,叫杨把他的民团撤开,殷要往复兴方向撤退,杨接到信后就撤走了。殷带队从大坳口撤退后转到方向就未遭到围击。

解放后当地政府和人们都说我是殷部的土匪,因此历次运动都受到冲击,不但我抬不起头,就连我的子女在政治上也抬不起头。现在这支队伍得到昭雪,我深感党的英明伟大。如果你们怀疑我不是殷陈部队的人,请听解放初当地人给我编的一首小曲:“秦是他的姓,德康是他的名,杨家逮到要老命,捆绑吊打不留情,俞兴周悄悄来解脱,德康进了殷家门,投靠殷骡子,四处去抢人,七九来剿着了急,煤洞藏身不露形。”

口述人:秦德康

调查人:谬珍祺、林昌华

1984 年 8 月 18 日

(录自云南威信县委党史研究室档案,全宗号 1,目录号 18,案卷号 86,第45 页)

# 打四川顶冠山罗天祥的情况

### 陈绍银　林善堂　潘银章

打四川兴文县顶冠山的罗天祥家（国民党团长）是 1937 年七八月间。罗家罗老太爷在顶冠山一带是出名的大户，罗家有三个儿子，大儿子罗天祥在国民党部队干团长。

我们的部队去了 500 多人，是大、小老班牵的线，由张占标、张慧臣指挥，从团田出发到曹营—炭厂—沙槽—长宁—红桥—顶冠山，队伍就把罗家住房围起来。

罗家共有 6 座碉堡，由于事先大老班和罗家的团丁有联系，没有打一枪就攻进了罗家，缴得枪支 120 多支、鸦片 600 多担、银子 70 多□、子弹 26 箱，衣物等没有要。我们把东西拿到手后，是沿原路返回郭家坟的，拿回的东西殷禄才还送了一部分给彭兴周。

陈绍银、杨成才、林善堂回忆

走访：刘明高、黄键、杨应村

1986 年 4 月 19 日顺河街上

（录自云南威信县委党史研究室档案，全宗号 1，目录号 18，案卷号 87，第 3 页）

## 云南支队第一次反"围剿"战斗

胡聪亮

1936 年 9 月初,滇军田富伍营来威信一带"围剿"红军川滇黔游击纵队(刘复初的队伍)时,顺河场的地霸张占云派人送信上扎西去,要求滇军来郭家坟打殷禄才。滇军田营和独立营以及一些地方民团果然开到郭家坟打殷禄才的队伍。好在殷禄才事先得知扎西内线送来消息说滇军要来攻打郭家坟,因此作了一些准备。殷禄才将一部分人员分散出去(当时殷队已有近 100 人枪),留下了 60 多人退到大硝洞固守。头天晚上刚把队伍撤进大硝洞,第二天早上 10 点钟左右,滇军、独立营和一些民团共有六七百人就把大硝洞围起来了,一直围了一个多月。滇军派人去郭家坟街上把老百姓的房子拆下来烧硝洞。殷禄才担忧乡亲们吃亏,才组织队伍将一部分枪支埋了,在一个晚上从一个出洞口突围出去。又把队伍分成两部分,30 多人交给殷禄才的叔叔殷崇科带,殷禄才自己带了 30 多人去四川腰蹬岩住。殷崇科带的 30 余人后来又撤一部分,殷崇科只带 8 个人在麻柳山过去一点叫小矮子的一个岩槽头住,被殷禄才的母舅杨爪手(杨青云)杀害,提走手枪三支逃去四川。杨青云后来又被殷禄才抓去杀了。

走访人:黄健、杨应村

地点:海吉社

时间:1986 年 4 月 27 日

(录自威信县委党史研究室档案,全宗号 1,目录号 18,案卷号 87,第 9 页)

# 关于云南游击支队筹集游击队资金的情况

徐光全

当时我在游击队管理牵来的黄牛（绅粮〈人质〉），长宁梅硐场徐华久与殷禄才取上联系，在梅硐场牵有绅粮刘兴邦、刘兴才、林道邦，还有一个姓陈、姓黄的梅硐一共有 5 个黄牛，另外还有 3 人，共交我管的黄牛 8 人。我把他们 8 人关在郭家坟梁子上一些洞子头。林道邦从学堂头牵来的，是徐华久与殷禄才取得联系，徐华久在大岭上向我讲，叫我不要亏待林道邦，以后他家拿钱来取人，才能放他。

这些人关了一年，放又不敢放，家里又没有人来取，我们每天还要派几十条枪看守，又怕敌人来打我们。林道邦自由的没有拴他。关了一年多把刘兴邦放回去了，他们的弟兄是两个母亲生的。刘兴邦走时我叫他二个星期来取人，如果不来就要枪毙刘兴才。

时间到了两个星期，果然长宁梅硐场码头上舵把子，不知名字，年龄 73 岁老头，是刘兴才的伯老丈人，还有二个青年人背了一个夹背（背篓）到珙县的中心场找到杨音堂（殷禄才部），又去找王海云（殷禄才的分队长），王又找我接头见面，我才把他们带到郭家坟的道前洞，在廖道友家买了一只鸡来招待梅硐来的人。

这些牵来的黄牛，我对他们还是好，要过年了找人把他们头剃了，衣服换下，虱子多得很。我去水井坎找殷禄才去时他叫我抽大烟，我向他说关于一年多我把刘兴邦放回去了，殷马上放下脸骂我狗日的好大胆子。

梅硐码头上的人不知为何找起来的，我说放刘回去了。这次来拿了好多钱，记不太清楚，好像是 2000 还是 3000 元。我才派游击队员张国民找张国庭带一班人将刘兴才送兴文的石碑交与梅硐刘兴才的伯老丈人。刘兴邦回去没有来了，时间记不清了。事情就是这样。我们没听见说是〈去〉梅硐时牵来的黄牛。

关于云南游击队殷禄才在梅硐牵走绅粮刘兴邦等三人去郭家坟筹集游击队资金的情况

被调查人：徐光全

调查人：罗志文于云南扎西招待所一楼 113 号房间

在场人：张国中

1985 年 2 月 9 日

摘自长宁县委党史资料本卷编号 265 流水号 444

杨应村笔录,1986 年 5 月 23 日

[录自杨应村《徐光全提供关于云南游击支队殷禄才在梅硐牵走刘兴邦等三人去郭家坟筹集游击队资金的情况》(摘抄自四川省长宁县委党史资料本卷编号 265 流水号 444),1986 年 5 月 23 日。云南威信县委党史研究室档案,全宗号 1,目录号 18,案卷号 87,第 16 页]

# 我所知道的殷禄才与红军游击队的关系

曾广胜

殷禄才是郭家坟的人,原来是绿林部队。我们与川南游击队合队以后的一段时间,听说部队在四川中心场一带休整时殷禄才来找过游击队,并在游击队训练过一个时期,据说有一个星期左右。他愿意接受游击队的任务和委派,所以游击队委了他一个云南支队的番号,于是他就回去了。

后来,殷禄才没有与我们游击队一起活动过,我从来没有见到过他。游击队与他怎样联系或给了他什么任务,我不清楚。那时做地方工作,只是单线联系,只有直的关系,没有横的关系。直到他后来怎样被国民党第七十九师"围剿"我都不清楚。因为我在斑鸠沟。他们告诉我,最好让我躲远点,所以那一段时间我没有在威信。

曾广胜(注:红军长征时为总司令部会计科科长)

1982 年 6 月 27 日

于江西兴国崇贤公社崇胜大队

走访人:雷吉常、赵有伦

(录自云南威信县委党史研究室档案,全宗号 1,目录号 18,案卷号 90,第 1 页)

## 殷禄成谈殷禄才的活动和起落情况

1935 年,即乙亥年的六七月间,殷禄才、吴必全、殷崇科、殷禄明等人从陈正杰那里拖有 4 支枪(其中有支短枪)出来,我去找了吴必全、殷禄明要了两支步枪,还剩一支步枪、一支短枪,陈得了两支枪当天就回去了。

殷禄才得了陈的两支枪,就首先去提了青山坝(王场附近)王家(保长或甲长)的两支枪,又在马草坡肖缺嘴那里得了两支枪。后来张占云为了要搞他,将陈明飞队伍头的张发富(张占云的侄子,在陈部下当队长)派过来搞他,殷发觉,杀了张发富,提了 10 多支短枪,10 多支长枪。这时殷禄才有五六十条枪了,这都是1935 年。

到了 1936 年冬月,田富伍来"进剿",殷派殷崇科带领 10 多人枪准备联系刘复初来营救,未找着。在麻柳山岩洞头,杨青云(殷禄才的堂母舅,任队长)把殷崇科杀了,其余的人散了。殷禄才杀了杨青云,队伍受了损失。田富伍(滇军安旅第二营营长)围大硝洞,殷禄才只带 10 多人逃出来,随后殷的妇人把硐门打开,投诚了田,其余人交了枪。

这次田富伍"围剿"后,只剩下 10 多人了,一二十条枪,把队伍拖到了四川下面。到了 1937 年四五月间,他带回来有四五十人枪,由龙德渊(管公租的仓管员)与殷禄才联系,前去县政府找杨庆龙(县秘书),杨见过县长陈坤,办了招抚,并发了委任状,称为队长。在地方,殷禄才和他部下人员没有去,枪也没交,仍旧在地方活动。

时间:1982 年 11 月 14 日晚

地点:王棚山

被寻访人:殷禄成

调查人:雷吉常

(录自雷吉常《殷禄成谈殷禄才的活动和起落情况》,1986 年 9 月 25 日,威信县委党史研究室档案,全宗号 1,目录号 18,案卷号 90,第 55 页)

# 我所知道的陈二排

*曾广胜*

陈二排是江西寻乌人,原来是在川南游击队的。这个人在红军里是当过排长,在游击队当中队长,因为大家习惯了都叫他陈二排,具体叫什么名字,我们都不知道。这个人是党员,同我们战斗过一段时间,后来到哪里去,我们不清楚。他是怎样到殷禄才那里去,和殷禄才怎样牺牲我都不知道。因为后来我们没有打过交道。

至于我们叫他陈二排,是一个习惯的问题。我虽然在游击队当指导员,但大家仍然叫我曾科长。就像老资格,因为他是井冈山下来的,资格比较老,大家就叫他老资格,连真名都不叫了。后来连他真名我们都忘记了。

曾广胜(长征时为总司令部会计科科长,在游击队后任大队指导员。)

1982 年 6 月 27 日于江西兴国崇贤公社崇胜大队

走访人:雷吉常、赵有伦

(录自威信县委党史研究室档案,全宗号 1,目录号 18,案卷号 114,第 83 页)

## 关于云南支队的情况(节录)

张永昌　陈少云等

### 陈二排和殷禄才召开干部会议的情况

开这次会议的时间是在第一次打赵光斗的第二天晚上在嘣咚沟开的。

在郭家坟背后,陈二排、殷禄才召开干部会议,当时参加的人员有:张占标、殷禄坤、晋方权、徐光全、张永昌、胡聪银、任仕召、王应其,还有一些我记不起了,但这次会议四川下面在支队的人员没有参加。当时陈二排主持会议,在会上宣读了参加这次会议人员的名单,陈二排说:我宣读的这些人的名单等我联系组织后,由我介绍批准你们加入共产党,你们的工作要好好的〔地〕干,在任何地方都应该对人民要好,不要苛刻老百姓。殷禄才接着讲说:我们这帮人都是本地人,既然大家都参加游击队,我们就要坚决干到底。在会上殷禄才还宣布陈华久是我们这支队伍的政委,一定要听陈二排的指挥,将来我们是有出头之日的。

提供情况人员:张永昌

### 关于殷禄才队伍的组织建制名称番号

陈少云说:殷禄才最先开始组织队伍时,我听殷禄才讲过是地下游击队,开始二三十到四五十人时只编了几个班,后来人员发展多了,总的才叫大队,下面编了几个小队,一个小队有30来人,下面分成几个班。

一九三九〔1939〕年时,我听我们小队长黄元树说过,你不要小看陈华久,他是纵队派来我们这里当政委的。

张永昌说:我参加殷禄才的队伍以后,当过分队干部。一次我和张占标、孙德龙、殷禄坤等人在一起时,殷禄才对我们说:我们部队的称号是叫云南游击支队,并说陈华久是政委。我们担心到处打区乡政府,还打军车,祸惹大了今后怎么办?陈二排就给我们说:大家不要担心,以后我们是有出路的。他说他是共产党,殷队长也是刘复初介绍批准参加党了的,以后等有机会和党组织联系上了,他可以介绍我们入党,要我们不要把这些情况透露出去,大家好好干,队伍的实力扩大了,我们这些当队长的以后也是会有好前途的。

打张占云时(顺河敌乡长),我们这支部队发展很快,参加支队的人越来越多,滇川一带参加支队的人最多,共有人枪五六百支,外加边棚可达千人左右。

当过分队长的,我记得姓名的有:王应其(三桃人)、古仁和(四川人)、周云(古宋人)、晋方乾(麟凤金竹人)、俞顺明(麟凤人)、张廷坤(新田人)、余腾飞(双河人)、徐光全(斑竹人)也当过队长,后来是在部队专管抓来的土豪。

张廷富(郭家坟人,参加殷禄才的队伍)说:殷禄才组织的队伍,1944 年以后迅速发展,抗日战争胜利到 1946 年年底一段时间人数是最多的。长期驻在郭家坟水井坎、瘦坡一带的有 300 人,平时分散住在家里的也是两三百人,加上受殷禄才影响,与殷禄才建立边棚关系,可以受殷禄才指挥调动的有千把人。

徐光全(1938 年参加殷禄才队伍,当过队干部,后在队部工作)说:人数最多的时候,支队设了 8 个大队:第一大队队长张慧臣(四川珙县人,后搬到郭家坟住),第二大队长王子明(兴文建武人),第三大队长杨世龙(郭家坟人),第四大队长张占标(水田小河人),第五大队长殷禄坤(郭家坟人)、第六大队长王海云(郭家坟人)、第七大队长孙德龙(斑竹人)、第八大队长刘平思(珙县蓝田坝人)。

大队下面设有分队。我记得的分队长有:曾子云、曾仲文、吴绍华、王树三、张永昌、王应其、黄元树、王少吉、王绍万、张安兵、张廷富等。

支队部殷禄才是队长,陈二排是政委,后勤司务肖栋成,号兵有冯子云、张少成、李少云、李老幺,警卫人员的有周仕奎、殷士焕、陈家海、罗星春、吴树良和我等人。

殷禄成(殷禄才的堂哥)说:殷禄才的外号叫殷骡子,又名殷国清。这个名字听殷禄才给我说过,取(名)殷国清是去找到了刘复初,在刘复初的队伍里加入党以后改的,只有刘复初队伍里面的人知道。殷禄才去找游击队联系,我知道的有两次,一次是 1936 年的四五月间,殷到建武周家沟找到。回来后向我说过,刘复初要他回来继续发展队伍,扰乱敌人的后方战线。我曾向他说,要他考虑得周到一点,国民党的势力大,弄得不好要吃亏。后来秋收时,约七八月,又到建武下面去找过刘复初,刘复初给了他一些武器(我记得好像是 8 支枪)。后来听殷禄才说,这回有后台,有本钱了,刘复初委他为支队长,叫他继续发展扩大队伍,队伍扩大以后以威珙兴为根据地。1936 年冬月,陈华久受刘复初派遣来到殷禄才的队伍里任政委。殷禄才说要照陈华久的意见把队伍组织好,还说他受国民党地霸的摧累残害,非要找他们斗争不可,不斗争也是死,找到刘复初我就要向国民党的残酷统治开火。

殷禄才组织领导的队伍,在 1936 年秋时有五六十人到近百人。1936 年 10月,滇军安旅田富伍营在威信"围剿"红军游击队时,也到郭家坟"围剿"了殷禄才,殷禄才把队伍拖进大硝洞,田营围攻不下扬言要拆郭家坟的街烧洞子,殷禄才即把人员分散,突出洞子带了一二十人转移到四川珙县腰蹬岩一带,以后又发展到四五十人。就在这一段时间,陈华久被派来找殷禄才,问到茅草坡找李明兴,李明兴不在家。找到殷禄文的老婆的一个堂嫂李桂珍才带他找到了殷禄才。这一段时间殷禄才主要带领队伍在四川边界活动,有时也转到郭家坟来过。一直到1938年八九月才又转回来住在郭家坟,这时队伍有六七十人。

从1938年底到1943年这一段,队伍有所发展,但都只是一个大队,大队下面分成几个小队,小队长有张慧臣、杨世龙、王子明等人。

1944年以后队伍开始大发展,以后才改称支队,支队下面有大队,大队下面设中队或分队。大队干部我记得的还有姚锡九,也是四川人。

(录自雷吉常《吴树良、张永昌等谈关于云南支队的情况》,1979年12月15日。威信县委党史研究室档案,全宗号1,目录号18,案卷号114,第85页)

# 关于殷禄才部和护送刘复初的一些情况

肖相成

69 岁的肖相成，是回龙大队新田生产队人。他在旧社会背过枪，当过副队长，也抢过人。青年曾参加过宋兴珙地下党组织的游击队，是李国明部下的队员。云霄战斗这支队伍垮完后，他在兴文县簸箕峡站不住脚，才逃往云南（龙马）来找地种，迁居于此地的。因解放前背枪抓过壮丁，大镇反中他有一条枪，就被抓进昆明劳教过十多年才回家。据他说他还结识过刘复初，也□提过刘复初等经过。

肖相成说：肖缺嘴不是马草坡人，而是寨子上的人。因我是四川来的，到这里时他父亲已死，我不知道他父何名，而肖缺嘴名叫肖盛才，他们是 5 弟兄，大哥肖良弟、二哥肖二英、他自己老三叫肖盛才，他还有个兄弟叫肖老五的。他们家世不怎么好，只有他安了家，其余弟兄都是光杆汉到死。他大哥肖良弟是赵礼隆的一个小队长，因此他弟兄几个很快就捞到几支抢来，各人都有根枪。肖盛才背的是一根三八式枪，听说这些枪是大红军过时得来的。有一次刘复初派人来缴枪，没有得到就将肖老五杀掉了。

至于肖盛才后将他的三八式枪背投殷禄才，可能是给他一个小队长。他们和李国明原来有些关系，后不知道怎样"毛了"（翻脸了）。殷禄才派他们去抢李国明的枪支，结果肖盛才到大石盘李国明的营盘洞口，李国明一枪打来，就将他打死在李国明的洞口那里，不知后来有无人拉来埋。我后来到大石盘耍，听见李国明讲的。因为我原是李国明部下的人，后来遇着他时他对我讲：肖盛才们翻脸不认人，还想缴他的枪支。不成，反将肖盛才杀了。李国明也参加四川宋兴珙游击队，解放后没任公事，这人在 1975 年才病死的。现在我在四川参加游击队的事无人证明，人家也不知道我。现在人也老了，我虽是去劳教十多年，留队时按月发给几十元钱，与干工作一样，我回来带回几百元，国家发给我的钱修了一间房子，群众对我没有什么意见，因此我也不想再到四川去找他们证实了。

至于刘复初落难时间记不起了，是大红军来过的第二年，那时我在龙马梁子租一块荒地来种。1935 年 8 月间，突然来个小伙子到我家，天晚了要求宿下。他住下来那晚上说他是闹共产的人，因事先是我说是四川人，因闹共不成迁往云南来的。这时刘复初才说：我也闹共的，被陈春明的人把我抓来关了几天在簸箕峡，昨天打脱后，才走到这里来的。因此刘复初叫我找烂衣裳给穿上，他将身上的钱全部给我，叫我送他去找游击队。

我们到旧城街上见到罗连长的人守在桥上，旧城民团也有人在，我认得这些人。他们问去哪里，我说："这小伙子是我家亲戚，四川分水那边的人，得信来说他妈死了，要回家去埋，因你们在看哨，我特送他过关。对不起你们，麻烦。"那些团丁倒同意，而滇军兵些不干，我们就闹起来要去找罗连长，问哪家无父母等，结果团丁些说肖哥何必找那么多的麻烦事，真的死了人也可以的，不过事情倒要办些手续。我就问什么手续，莫非你们想吃晌午不是？有些人打帮说你既然知道照办就是了。当时旧城也没有什么买的，我就假说老表就这样，本来我们带这点钱是买钱纸烧给姑婆的，但现又走不脱，只好招待一下军士们才行啊。老刘也装得非常痛苦的样子，说要得嘛。我就走进街去买了一簸箕粑粑来分给看桥的士兵吃，最后拿个给刘复初。我吃一个就往前面走，老刘轻轻的〔地〕说："你真有办法，不然又要麻烦了。"

我们来到蚂蟥坳又遇着民团在守路，人些我也认得一些，但更不准过，要我们回旧城街上连部取得证明才准走。我说大家都是认得的人要什么证明，刚才我们在街上桥头也不准走，我说我这老表死了母亲，要去找罗连长说情，他们有些劝不要找了，买点东西招待弟兄们。我都将买纸钱烧给大姑婆的钱买粑粑给他们吃了，为什（么）又卡我们，你们怕是想吃东西，可是这里要买什么都没有怎么办？结果有个调皮的民团说有烧酒，就买烧酒也可以。我装得太生气的样子，说算了，起先都要这样做，也只好将盘缠钱（路费）买给你们，我边讨饭边走也好，怕人家等着我去埋那老人家。

结果我一看刘家柜台上摆着一坛烧酒，大约十来斤。就问刘家：你们这酒要多少钱，刘家一称说没有动过要15个大毫，我说起先用了一些，可能没有这么多，等我数一下再说。随手在衣袋里拿出一把钱数才13个毫子，问他做不做，刘家说至少也得14个。这时刘复初在旁边站着说：走时表嫂拿给我一个毫子，就拿去吧。将14个毫子交给刘家，把那坛酒抬出来，叫他们各人找碗来喝酒。我也找着一个碗先打半碗喝下，递给老刘，老刘气冲冲地说我妈死来摆起，不敢吃酒呢！我本来也不该吃，可是钱都用完了，怕讨不着饭吃，暂时吃上一点再说。这些民团家伙见到有酒，拥挤一团争酒吃，我们趁此几大步就走脱了。

老刘在路上好感概："两次都有东西给他们，不然就麻烦了。因为路上耽误时间太多，我身上有的是钱你尽管照办，幸好家伙些不搜我们身上，不然就糟糕了。

等下我才拿给你些钱好不好?"我说:"不要紧,我是穷人,也闹过共,我要你什么钱,只要你咬牙找着部队就算了,我是做小生意求生的,只要混得过就算了。"

结果我们在罗布坳找到部队,很多人都来握手叫他营长的,叫他首长的拥挤进屋去了。刘复初反复叫他部下弄饭给我吃,叫我在那里住下来。刘复初让人送来一把毫子给我做伙食。他们来的人说老刘夸你真有办法,叫你不要回去,直往扎西,做做小生意,了解军队有多少,来找我们告知,以后再给你钱用。结果我到扎西把情况了解后,转回来他们都走完了,就这样不知他下落。如今才知他还在。

反映人:肖相成

1983 年 9 月 8 日于回龙大队

(录自肖相成、殷禄成《关于殷禄才部的肖缺嘴的情况调查》,1983 年 10 月 10 日。云南威信县委党史研究室档案,全宗号 1,目录号 18,案卷号 115,第 4 页)

## 谈陈华久的情况

向朝珍

我同陈华久结婚时,他来郭家坟都有两年多了。他来的时候住在殷禄才家里头。住了大约有两年,殷禄才就请殷禄位的女人李启珍来跟我说:陈二排请她来跟我谈的。一连说了两三回,我都没有答应。后来殷禄才的大老婆何吉珍又来跟我谈,说嫁给他,也不会缺吃少穿。这样左三右四,我才答应了。我答应后,陈二排就买了一截布送给我,还上门对我说:"现在我们穷点不要紧,今后我们穷人要翻身,老财地主要背时。我们的队伍在下边,多得很。"答应了不久,殷禄才经过宗朝云介绍,把陈二排弄到县上姚启贵部下去背枪。去了以后,姚启贵就问他安了家没有,如果安了家就要搬上去住。接着他就带信来叫我上去。上去后,姚启贵就在扎西新街他家后边给我们一间房子,我们就住那里了。我们住了一久,我就跟他说:"闲起不好,找点事来做,家里还有老人需要钱。"他对我说:"不要紧,老人在下边有老板家会照顾他们的,没有人敢整我的老人。我在县上就买点粮食,做些粑粑豆腐来卖。"

我们在县上一住就是两年,他的身上有一个口袋是用针来缝起的,还是叫我给他缝的,里面装有帽花、领章这类东西,但他不准我看。有一回我要看,他说,你看又看不懂,有哪样看场,劝我不要看了。还给我说,他们打长官司的红山顶,人死得多,他是打干滩子时受了伤的,被送到四川建武去养伤,伤好后,刘复初跟他谈,他要派人到殷禄才这里来工作,就喊他来了。他上县来是和殷禄才两个商量过的,他原来的手枪都放在殷禄才那里。

在县上满两年多一点,我要生孩子了。他对我说,他要到斑鸠沟去赶场,想会一下曾广胜。他去了回来不久,我就生了。孩子刚满 7 天就死了。陈二排很气,我也气,我气得病了。孩子还是一个叫曾老班的给我们埋的,还劝我们不要气。又过了几个月,他又到曾广胜那里去了一回。回来以后,他就跟我说,有什么好一点的东西要收好,事情不太好。后来,殷禄才要跟大儿子殷光成结媳妇,他下来吃酒。下来后,就带信上县去叫我下来。开始我还以为他还要到县上,没有下来。后来又催了我两次,我才收拾起下来,我下来以后,他再也没有上县去了。

他下来不久,就开始牵张占云。牵张占云以后,就牵杨文凤,和航七团的在王棚山打。在王棚山,他又受了伤,送他到邓家河去养伤,叫人来通知我去看他。我买起肉、买起米去看他。过十多天我又去看一回,他已经好了,听说是从延边请人来医的。这回出去,听说是打杨伯仿的,很久没有回家来。后来我打听到他在雷家山,我又去看他,去了也没有见着他,只是听他手下的人说他忙得很,马上要打火线,劝我赶快回来。我回来天已黑了。从那以后,一直到第七十九师来"围剿",他都没有回来过。说他死了,我被捉来关在顺河,叫我去看他的尸体,我才知道他真的死了。在顺河我被关了两个多月,差一点被杀了,还是我的一些亲人把我保了出来的。

我和陈华久结婚后,他对我是很好的,从来没有跟我吵过架、打过我。跟他结婚时,我才16岁,懂不得些什么,他常常跟我摆一些道理,使我懂得我们穷人总有一天要翻身的话。从县上回来,我在郭家坟街上租了一点地种,喂了两头大肥猪,没有在殷家住了。他死后,我被放了出来,我伤心哭了多久,还请人为他做斋烧纸。因为又怕被害,没敢去把他尸体弄回来。后来解放了,我都是积极地工作的。现在老了,但想起陈华久来,心里都还在难过。其他的情况,我也记不起来多少了。

注:向朝珍(又名向连珍),今年64岁,是陈华久同志的爱人,陈华久牺牲后,她一直没有再嫁。是解放后1953年,因自己无儿无女,才改嫁的。到解放后,她还当过妇女干部。现在郭家大队麻园街上住。她的小名叫连珍儿,有的人又喊她向连珍。

走访人:廖珍祺、常宗德、彭文丽、赵友伦
地点:威信县郭家大队办公室
时间:1979年12月21日
(录自威信县委党史研究室档案,全宗号1,目录号18,案卷号115,第22页)

## 再谈陈华久的情况

向朝珍

老陈好像是大红军走后两年才来的,他来了以后,大约又有两年多的时间才跟我订婚。跟我订婚后,为了要到县上去拉县上的武装,他跟殷禄才商量,他就去姚启贵手下背枪,他的手枪都是放在殷禄才这里的。他去县上差不多有一年,才接我到县上去住,先是住在姚启贵家的后头,随后又搬到老街王升礼的对门刘三娘家,我在那里灌酒来卖,赚点钱使。在县上共住了4年。我生小孩后一年,他才下来的。他来后,带信去叫我下来住,总共住了4年。他在县上,经常带着人到我们家里来要。来得多的就是刘文才,这个人也是红军,但是在县衙门头做事,他的女人是院子蒿枝坝的。在县上他没有给我摆过什么,只是他对我谈过他的家里有6弟兄,是江西大萍乡的人,他是老幺。江西还给他来过两封信,是县上刘文才转给他的,这个信我不晓得什么内容,但我还是收藏起来。刚解放那年,被土匪抢了我的家,丢失了。

我们结婚近一年后,他给我摆过,他是在刘复初的队伍里头,是刘复初派他来的。说是打干滩子时他受了伤,弄他到建武去养伤,好了以后,刘复初喊他来殷禄才这里的。他还说,等以后大红军来了,我们这里遍地都是兵,干人就有出头的日子了。大约来了一〔不〕久,就听他说过,他跟殷禄才两人曾派王子明去四川扯红布打旗子。但是旗子我没有见到过。有一回,殷禄才来找陈华久,陈华久出去了,我在,殷还带着王子明来,他们就在屋头等他。我听殷禄才跟王子明说:"二排是刘老板派来的,到我们这里帮助闹共产,我们要听他的,扩大实力,今后就有奔头。"接着陈二排来了,他们摆什么我就没有听了。其余的情况,我的记性不好,记不起了。

同在那里的有一个舒云贵,还有一个姓邓的。

向朝(连)珍第二次谈陈华久同志的情况,向朝珍口述记录

1980年1月16日下午于郭家大队街上。

据向朝珍第三次谈话回忆,陈华久1937年初来郭家坟,住近3年时间。1940年到县姚启贵那里当兵,在县住了4年。到1944年又返回郭家坟。回来两年多组织打了很多仗后,国民党第七十九师来"剿"死的,时间是1947年3月(农历二月二十几头)。

(录自廖珍祺、赵友伦《向朝珍第二次谈陈华久的情况》,1980年元月16日。威信县委党史研究室档案,全宗号1,目录号18,案卷号115,第38页)

# 关于陈华久在建武养伤的情况

## 罗海全　肖顺才　蒋明清

　　罗海全:1936 年春,刘复初的队伍打威信干滩子,陈二排长负伤后,就来我们这里养伤。还有一个叫钟树清的也都在我们这里养伤。在这里住了 10 多天后,后来刘复初的部队到了我们这里,他俩又和刘复初的部队走了。因为当时,我也是参加游击队的,我在红山顶负伤回来的。我只知道陈二排、钟树清在建武和蒋明清做生意来维持生活,后来蒋明清在蒋富田那里当兵抢人去了。陈二排和钟树清又到刘复初那里去,后听说参加殷骡子的部队去了。

　　肖顺才口述:陈二排来建武的时候,我们记得大概是 1936 年春夏,当时他是刘复初部下的一个排长,据说他是从云南长官司干滩子打仗打伤的,我们亲自看见他到我们建武来,牙巴都是伤的。这个人是个中等身材,是个江西人,参加过红军留下的。据说是红军里面的一排长,他到建武后经常都来我们这里耍。这个人对人很踏〔诚〕实,他曾在张友三家养过伤。这个时期他是在刘复初的部下当兵。大家都叫他陈二排,刘复初的部队原来到我们建武的时候住在原来的店子里面,现在的营业所。他们这支部队叫游击队,有 200 多人的样子,他们队伍都是分散住的。

　　在建武这段时间,共有 2 个多月,陈二排就和刘复初的部队到云南去了。后听说刘复初派他到殷骡子下面背枪,后一直就没有见他下来了。我还记得余泽鸿在这里的时候,我还卖了子弹给他们,因为当时我是做生意。国民党的军队、模范师、教导师、警备第二师的军队来我们这里,我给他们的兵买了一些子弹。国民党的兵走后,余泽鸿到了我们这里,我就把这些子弹卖给他们共计 200 匣(共 1000多发),他们给三锭半银子和一些花钱。

　　这帮队伍比较好,来了这里,不拿群众的一点东西,公买公卖,对穷人很好,还送一部分干人穿的和一些生活用具,还向群众宣传,打富救贫,打土豪分土地。由于时间长了我只记得这些。

　　蒋明清口述:陈二排是大红军过后一年多时间后来我们建武的。当时来的时候是在玉秀陈天顺家养伤。伤好后,就和我们一起做生意。他说他是江西人,在红军里面是个排长,号名陈明三,他就入了我们的伙。当时我们搞枪、弹、大烟来卖,他和我们在一起一共一年多的时间。在这段时间,他没有抢过人。

后来我参加蒋富田的土匪组织后,就不知道陈二排到哪里了。陈二排在这里这段时间,刘复初在云南,他们之间关系我不知道。他说他没参加红军这段时间我是在学堂,红军到了我们学堂,我就和红军一起到这里。我只知道这些,别的情况我不了解。

调查陈华久在建武养伤的情况

口述人:肖顺才于建武街上

被调查人:兴文县建武公社□□队罗海全口述

调查人:林庆明、常宗

参加座谈:陈国权、蒋光成

1980 年 4 月 2 日下午于建武街上

(录自云南威信县委党史研究室档案,全宗号 1,目录号 18,案卷号 115,第 26 页)

# 殷禄才的家庭情况和他的有关活动情况(节录)

殷禄成口述

## (一)

殷禄才是壬子年生的。他的父亲叫殷崇明,外号叫殷二吵吵,是在郭家坟当屠户,专门买猪来杀了卖,在1917年就死了。他父亲死的时候,殷禄才只有6岁。他父亲死了以后,家庭由他叔叔殷吉安当家。他的叔子有两个老婆,都是姓何,有二女,都比殷禄才大。殷禄才有4个姐姐,他是老五,也是一个独儿子。他父亲死后,全家共有11个人吃饭,没有分家。

在殷禄才的父亲手头,全家只有两三亩菜园地。殷崇明就靠杀猪赚点钱来维持生活。他父亲死了以后,他叔子就做买卖,主要是做大烟生意。他的母亲是一个比较和气的老实人,就推粑粑豆腐在街上卖。没有过两年,他叔子做生意相当红火,赚了钱,就在斑竹买了大约30石租的地(每石租400斤),在郭家坟有将近10来石租。买了这部分地后,除了园地是自己种以外,全部租了出去。每年收租大约在40石,16 000斤粮食。当时他家11个人,每年都存近一半的剩余。

殷禄才的叔叔殷吉安是在1921年死的,当时殷禄才有9岁多,快满10岁了。他叔子死后,仍然由他大婶娘何氏当家。因为他叔子只有两个女儿,没有儿子,这个家的财产到后来肯定是由殷禄才继承。所以,在他叔叔死后,他婶娘就送殷禄才在郭家坟街上读书,读的是私塾。因为他母亲是一个温柔和顺的人,与他婶娘的关系也还处得来。殷禄才读了1年多时间的书,他的婶娘又死了。死了以后,他的第二个婶娘也还比较老实,才由他的母亲当家。

他的母亲当家后,他又继续读了1年多的书。这时,殷禄才有14岁了,他家里就给他讨了亲,并在14岁那年给他成亲了。他的女人姓何,叫何吉珍,是丁未年1907年出生的,大他好几岁,是卫靖司(现在新街大队)的人。在他结婚前后,他的二婶娘改嫁到威信街上,他的几个姐姐都先后出了门。大姐是嫁在四川兴文大尖砣,夫家姓张(这家无后);二姐嫁在顺河彭行禄家;三姐嫁在斑竹孙家;四姐嫁在兴文罗家。

## (二)

殷禄才结婚后的这段时间,在郭家坟有一个土匪头子叫吴仕兴,经常拖起队伍到处抢人。当时昭通镇东史司令官陇建模住威信,曾到郭家坟来招安吴仕兴,吴已顺从,封了他一个营长的职务。吴仕兴有一个抱儿(五起的人)叫吴必高,过了不久就把吴仕兴杀了,继承吴仕兴当了营长。刚刚当了100天,吴仕兴原来认的侄孙子吴亮成(四川江安底蓬人)又把吴必高杀了,又继承当了营长。当时吴仕兴的儿子很小,不能理家立业。吴亮成当了营长以后,经常敲诈人,殷禄才家就是他敲诈的主要对象。他说:"他把李汉清、陈大眉毛、王启户(土匪)等人都打垮了,殷家才得清平日子过。"所以,要派殷家买枪、买子弹。

殷禄才的母亲是个老实人,听说要钱,只有卖地方,差不多被吴亮成敲掉20石租的地。为了避免再受吴家的敲诈,殷禄才的母亲带着他和他的老婆何氏一起搬到卫靖司去住,去住了1年左右,又搬了回来。殷禄才这时还学着赌钱,差不多又输了10石租的地,被他母亲骂了以后,才没有赌。

大约是在丁卯年(1927年),殷禄才有15岁多了。这一年,吴亮成被陇家调去打龙云,回来以后,在镇雄被胡达打死了。他的队伍被吴银章拖回郭家坟,吴银章就接任当营长。这时候,我们殷家寨有个岩洞,就是硝洞,家里头凑了点钱买了几支枪守这个洞子。吴银章回来以后,向殷禄才家要1200块钱买枪买子弹,殷禄才就跑到洞子头去躲了起来。这个时候,天蓬寨的兰清云又拖起两支枪来找他,共计有了七八支枪。他躲在岩洞头,吴家也把它没有什么办法。后来他还了解到吴银章正在请人在家修理枪支,便带上这几支枪,偷偷的〔地〕去吴银章家把修好的这七八条步枪提了。吴银章更加气愤,天天开着队伍来围着洞子打,也把殷禄才没有奈何,就报告了在威信的陇承周。

陇承周早就想彻底把吴的队伍解决掉,找到了这个很好的借口,马上派了一营人来郭家坟,同吴银章一起把硝洞围了起来。当时因为殷禄才还小,在洞里是由他四叔殷吉奎当家的,殷吉奎主张投了算了,殷禄才当然不答应,但也由不得他。殷吉奎就到这个营长这里办了招抚(招安即顺从),把枪全部交了。殷禄才等人也就放回家。这个营长反过来把吴银章的人全部围起来,解决了。

解决了吴银章的人以后,殷禄才回家搞生产。但是张占云又站出来说他要办团,要他家买3支枪,每支枪250吊钱,共750吊。殷禄才的母亲请人给张占云说了好多好话都不行。没有钱,把卫靖司的地方全部卖光了,才支清张占云的枪款。把张占云的钱还完,他的土地只有郭家坟这边的十来石租了。这时,他已经有了16岁。为了躲避张占云的敲诈,殷禄才就搬到四川洛亥石滩子去住。在那里他典了10来石租的土地来种,他搬下去只有他母亲和他老婆共3人。

在那里住了近两年时间。离他家不远的一个地方叫杨柳沟,住有一个叫康子成的人,和殷禄才关系较好,来往也密切。康的姐夫是兴文、珙县的团防队长,叫张光宗。有一次,张就跟康子成说,叫他请殷禄才上云南来帮他卖枪,殷禄才也就答应了。于是殷禄才就帮他带上 3 支枪上云南来卖。这时,殷禄才已有 18 岁了。他带着枪上来,就到卫靖司找到何万顺,因为他老婆姓何,就认做亲戚。何万顺是个土匪,但他同保长黄朝兴又比较好。何万顺就说把枪卖给黄朝兴。于是,何就把殷带起到黄朝兴家去。黄朝兴听说后,就想要这几支枪,先用酒把何万顺灌醉,捆起来,然后又把殷禄才也捆起来,送到新芬的大乡长陈昌尧那里,就说何与殷要去杀他等等。陈就开大会把何万顺杀了。殷禄才又是被家里头出面去保了出来,枪支也丢失了。出来以后,又把洛亥的地全部又卖了,才把这丢失的枪款赔清。

枪款赔清以后,康子成又叫他上来卖子弹,每架子弹卖 1 块钱,他去点来是 8 角,每架赚 2 角。康子成说他可以去点 100 多架,可以赚 20 多块钱。殷禄才想赚一点好弥补损失掉的枪款,也就答应了。于是,康子成就交给他 100 多架子弹,他背起来就到高田陈正杰那里去卖。陈正杰与我们殷家是亲戚,陈正杰也很想要这些子弹,想买来保家。但是他又信不过他周围的人,又要叫殷禄才到他家那里去为他保家。就这样,钱也不拿给殷,又要挽留他。在洛亥,康子成是定了个期限的,到时候不拿来,不但要利息,连价钱也还要涨。三天两头到殷禄才的家里去追钱,天天追,殷禄才的母亲也无法。信带来了,殷禄才也没有回去,她只好将家头的两石菜子、两头大肥猪全部卖掉,还清了下边的子弹钱。殷禄才在陈正杰那里没有得到钱,又接到家里带来的信,就转回洛亥去。这回一样东西都没有了,又把家搬回郭家坟来往。

在郭家坟,他自己种了四五石租的地,还有四五石租的地租给别人种。这时候他已经有 19 岁了(1931 年)。刚上来不久,他就约起殷崇科、殷禄明、吴必全和他一起去高田为陈正杰背枪。他去的时候,大约是 7 月间。在那里住了一个多月,陈正杰还是不拿子弹钱给他。他越想越气,觉得钱也得不到,家里也搞光了。所以,他下决心把陈正杰的枪拖出来拉队伍。于是,他伙同这几个人把枪从高田拖回郭家坟。他回来后,旧城龙马的一个肖缺嘴又拿着两支枪过来伙着他。陈正杰带起几十个人来郭家坟守起要枪,但是姓殷的人都一起走了,只有殷禄厚一个人在家,他就抓住这个人不放。殷禄厚跟陈正杰保证说,半个月后来还给他。陈正杰也没有什么办法,只好带着人回去了。

殷禄才有了这几支枪后,他就带起这几支枪到了王场青山坝,提了这个地区的壮丁队长的两支枪。这个队长姓什么我不知道。后来,他又在王场的麻窖又提了一个姓王的(还是壮丁队长)枪,也是两支。他得到这两回便宜,共4支枪后,又在中心场的过路田打了乡长杨文书,又得到3支枪。加起来,他一共有了13条枪了。在这一段时间内,殷禄才除了去提过这两回枪,基本上没有干什么,他已经有二十二三岁了。

这一年大红军来了。大红军来是正月间。大红军从长官司到扎西,四川的川军教导师、模范师从长官司就追红军,这两个部队从扎西返回四川后,有一部分从中心场这边回四川。殷禄才和殷偏大哥(殷崇科)两个人在酸水井过去一点,每人拿着1支手枪,守落伍在后边的军队,想弄两支枪。后来落伍在后边的两个兵,被他们抓住,这两个人的枪是被前边的人背起走了,他们得到了两袋子弹和两把刺刀。

红军走后的第二年春天,张发富拖了一部分队伍来到郭家坟。张发富是长官司的人,在上边陈明飞手下任队长。他从镇雄的关上把他的队伍拖到郭家坟来,目的是要拖出来投张占云的。但是张占云又叫张发富把殷禄才的人解决了才去。张发富有30多个人,有10来支手枪、20多支长枪。张本人使的还是一支快慢机。他的这个阴谋被殷禄才知道了。当时张只带几个人在郭家坟街上来,他的一部分人在坪上住起。在街上的时候,殷禄才就来了个先下手为强,把张杀了,得到他的几支手枪。接着,他又跑到坪上,把那里住的人的枪全部提了,并招收了这一帮人。他得到这二三十支枪后,力量也就大了。但是就惹怒了张占云,张占云就到县上去告殷禄才。

打了张发富不久,他拖起这部分队伍就去打王场杨伯仿,打杨伯仿是打他的保商队。据说是杨伯仿带着他的保商队到洛表开会,在顺井山凉风坳这个地方打的。殷禄才了解到这情况,事先把队伍拖来埋伏在这里。开打时,杨伯仿走在后边,他就爬起来跑了,这一次共提了他10多条枪。据说这一次还有一部分商人与保商队一道走,但他们只是拿了枪,没有要商人一点东西。

在这一年,他的队伍发展很大,有了六七十条枪,100多号人。他这些队伍,大部分是住在大硝洞,在郭家坟街上经常只有班把人。了解这个情况的人,还有一个雷庭忠,是中心公社邓家河的人;还有个吴老三哥,叫吴树良,住在小岩子;还有个张廷坤,还是个小队长,也是他的个大棒手(得力的助手),李国良是后头才跟着干的,可能不晓得。

他这一年打了张发富,又打了杨伯仿,就开始出了点名了。张占云告他,四川的杨伯仿也在告他。县上才派了团营长带人来打他,这回他的队伍全部跑到老鹰洞里头去住起。记得是九十月间,围了一个多月,要拆街,他才带起队伍又跑出来,有的分散下去,把枪藏了,他只带了30多人跑到四川去了。他这一次损失了很大一部分枪。接着他就把家一起搬到四川腰蹬岩去住。在这里大约又住了一年多,到1937年底才又搬到郭家坟来的。在腰蹬岩是住在岩洞头的。洛表的队伍还打过他,但他在这一带,经常活动于大石盘、司营铺、炭厂、建武等地方,到处牵"毛子"(绑架人)。

他在下边活动这一段时间,就听说他跟刘复初见到过,具体我不晓得。刘复初我也没有见到过。在下边活动了一年多,又搬上郭家坟来住。来郭家坟以后不久,陈二排就来了,怎样来的我不知道,都是来了以后才晓得的。大概是1937年秋天了。陈二排跟我见过面,但次数较少,他给我摆过江西那些地方共产党领导闹革命,穷人翻了身,还给我讲过从江西来到这里的一些战斗情况,说今后穷人是会有出路的。

从那年以后,殷禄才打过了地方多了,主要是搞枪,我记得打过这些地方:

△打过筠连小乐瓦的田家,这家有人在外面当师长,这个师长叫田栋云。

△打过威信的陈县长,叫陈才宝,这个人是从威信下洛亥,在卫靖司堵住打的,据说得了大笔财物。

△打过沐爱的县政府。

……

(三)

殷禄才从1936年开始后,就一直没有买过土地,他的地只剩下自己种的园地外,还有四五石租的地(每年收入只有2000来斤粮食),1937年讨了第二个老婆,1939年他的大儿子出世。后来又搬到水井坎住,那时,他家有七八个人吃饭。

1979年12月24日下午1时在郭家大队磺厂

(录自云南威信县委党史研究室档案,全宗号1,目录号18,案卷号115,第41页)

# 关于殷禄才的情况

## 宋兴武

殷禄才是在卫靖司(新街大队)生的。他家有40石粮食的收入,自己种一部分,出租一部分,大约各占一半。在他10多岁时候,卫靖司的保长黄朝兴把他捉来关起,要叫他家出钱来取。殷禄才的父亲叫殷二吵吵(外号)死得很早,只有他母亲一人在。他们家与当地的牟家有点亲戚关系,他母亲去求牟家帮忙,由牟家出面给黄朝兴办交涉。牟家族大,势力也较大,他们给黄朝兴说:"你抓这个人只能要他的钱,不能要他的命,不然大家都不好看。"结果,殷禄才的母亲卖了20石粮食的地,也就是一半了,才把殷禄才放了出来。放的时候,还在殷禄才的脚肚子上割了一刀。

殷禄才出来以后,认为在那里不能住了,同他母亲一起搬到郭家坟来了。到郭家坟以后,下东四甲(顺河、郭家、新田等地)的大队长张占云又来找上门,派殷禄才买枪、买子弹来交,如交不来,就要交钱。殷禄才当时认为,我没有多少东西,为什么在哪〔那〕里也挨整,在这里来还是挨整呢。

(他)不买张占云的账,又带着全家连夜搬到四川洛亥去住。在洛亥什么地方我记不得了。一住就住了10来年,又才搬回郭家坟。听说他回来就带有一支出头马枪。张占云听到后,就叫殷禄才把这支枪缴给他。当时,殷禄才不干,就带着这支枪到处躲藏。高田钨城的陈正杰,是殷禄才的堂姐夫,他是一个队长,也有几支枪,因为是亲戚关系,就带信来喊殷禄才去给他栓〔拴〕枪。这样,什么人都不敢整他了。

殷禄才就约了殷禄明(堂兄)、殷崇科(幺叔)二人和吴德全、王应田二人,连他共5个一起到钨城去栓〔拴〕枪。据说,陈正杰家还有一个弟兄,共有6支枪。在高田住了一段时间,他的幺叔殷崇科比较奸猾,对殷禄才说:"我们把这几支枪给他背起到郭家坟去算了。"有一天,就一起下河去洗澡,陈家的家丁还未上岸来,殷禄才这几人已穿好衣服,拿着枪对准这个家丁。这个家丁问:"你们要干什么?"殷禄才说:"我们要背起枪下郭家坟去了,你回去报告了,今后我们在哪里遇到你,你就在那〔哪〕里发财。"这个家丁见回去也不好交差,干脆说:"那我也跟着你们一起去算了。"这样,他们6个人一起到了郭家坟。但是,就惹了陈正杰,他在他管的三甲,调了两三百人来郭家坟吃公租,扬言要给殷禄才吃一砣来摆起。陈正杰亲自找上门来,找殷禄才的叔叔、伯伯,要殷禄才还枪。殷的叔伯无法,办起酒肉来找殷禄才,主要是要殷禄才把枪还给陈正杰。但殷从不出面,最后在他长辈的压力下,还给陈正杰 4 支。还有一支手枪,一支长枪,都是比较好的没有还。他自己背一支,他二叔殷崇科背一支。陈正杰得四支后,还差两支好的,仍然不依,还赖着不走,一定要这两支枪,并找殷的长辈讲道理。

过了两三天,殷禄才了解到陈正杰在街上,他就回来朝天放了几枪,就对陈正杰喊话说:"陈正杰老表你听到,你跟我殷家是亲戚,你的枪我都还你 4 支了,剩这两支不还你了,就算借给我,今后我干得了事,我跟你送一班人的枪来,干不了事,你这两支枪就算甩丢了。"就这样边打枪边喊:"如果你实在要,我一颗一颗的〔地〕拿给你,你不要这样。"他喊,陈正杰也听到了,这样就等于跟他说,陈正杰看样子是得不到了,第二天就把人全部带回去了。也没有人来过问,只是把他老婆(殷禄才的堂姐)喊回来在郭家坟住起,哪时得枪哪时回去,收不到就不准回去。

从这里开始,殷禄才凭着这两支枪到处去拖,主要是去牵毛子(把人拉来后,向他家索取枪支和钱财),牵的都是有钱的地主,而且都是远的,主要是四川的。不久就发展到 100 多条枪。他发展了队伍,又修老鹰洞来住。敌队长张占云上书省里后,上面就派兵来"围剿"他。当时他在老鹰洞住起,省军奈何他不得,在洞门口修起工事守起,扬言要把郭家坟的房子拆来烧洞。殷禄才听到后说:不行,我要走了。我在这里,老百姓要吃亏。所以,带着队伍就跑到四川兴文县的腰蹬岩去住,损失了一部分枪。

住了大约有两年,听说四川要调兵来打他,问他招不招,他承认招。说好第二天中午到洛表办招抚手续,但是,殷禄才还是比较聪明,说的是吃早饭以后,他天不亮就把队伍带到洛表把区公所包围起来。他冲进去向县长办招抚手续,并说我要回云南,你要给我一个手续,我到云南也办一个,县长奈何他不得,也给了一个到云南的公事,殷禄才就回来了。回来后他真的去县上一次,还封他个大队长。听说这时候的县长姓陈,还给了县长三支枪。他还有 100 多条枪。这时,他选了五种枪(手枪、步枪各类)共 10 支,送给高田陈正杰,他的堂姐姐也送起去了。

这段时间,大红军已经过了,剩下的是小红军,就是游击队。听说就是刘复初带的队伍。当时我们听说有 3 支游击队,一支是刘复初的,一支是阮俊臣的,还有一支是国民党的军反过来的一个营,也成了游击队,但这支队伍差些,不像样子。

刘复初找殷禄才我们不知道,只是有一次连三娃(杨文明)和余石匠的娃娃两人,他们是在陈万三(殷禄才的司务长)的手下,陈收到刘复初写来的信,通知说他的部队要从郭家坟到中心场,叫殷禄才部队的人让开,但是这两个人没有将信送给殷禄才。没有接到通知,殷禄才手下的一个班长带着一班人仍在街上逛。

刘复初的队伍到了,就发生了误会,把这一班人的枪提了,还打死一个人叫刘金成的。还抓了一个人,这个人说是殷禄才的队伍时,刘复初说误会了,写了一封信给殷吉奎(殷禄才的叔叔)转给殷禄才,叫他去领枪,说发生误会,并说信为什么没有收到。殷禄才知道后,连声说算了算了。但他手下的人不服气,周妹娃(周士奎)不让殷禄才知道,带着一班人去中心,被刘复初的哨兵发现,几枪把他们打跑了回来,殷禄才还批评过他。

陈二排是红军游击队打干滩子后,受伤的。不知道是在哪里养伤,养好伤后,就到殷禄才这里来了。这个人嘴巴是歪的,个子很高,雄〔得〕很。他来后,殷禄才对他好得很,听他的话,没有对哪个弟兄象〔像〕陈二排这样好。他们在陈二排来了以后,专门打乡公所,得了很多枪,发展越来越大〔快〕。陈二排一直到死都是和殷禄才在一起的。最后第七十九师来"围剿"他们,是在卫靖司关子洞死的,还是他们自杀的。尸体抬到簸箕又转到古宋去开会,埋在那里。

另外,我还想起来,陈二排名字叫陈华久,但不是真名真姓。他来这里以后,有一次请我父亲(宋启华,道士先生)给他写信回家,他的老家是江西,说他有四弟兄,都参加革命了,不知情况如何? 写完后,叫落名仲施福。我父亲就问他为啥子叫这个名字,他说这才是他的真名真姓。他四弟兄的名字的最后一个字是"福禄寿喜"四字,他还是老大。还给我父亲说,不要跟别人说了,如果不写真名收不到。

我记得大约就是这些。还有的情况要找当时在他手下的人才清楚。在他手下干过的还有竹林的吴树良,沙心张廷坤、张廷富等人再作了解。

此材料是在郭家大队街上殷远培家开调查会时的发言记录。被调查人有宋兴武、段自全、吴有光 3 人。这 3 人都是在郭家住的,60 多岁了。

宋兴武回忆

宋兴武(指印)

赵有伦记录

1979 年 12 月 14 日晚上、15 日晚于郭家

(录自廖珍祺、常宗德、彭文丽、赵友伦《关于殷禄才的情况调查宋兴武的回忆叙述》,1979 年 12 月 14 日。云南威信县委党史研究室档案,全宗号 1,目录号 18,案卷号 115,第 51 页)

# 殷禄才支队的陈华久

## 吴树良

我记得陈二排是打了干滩子以后才来郭家坟的,来了以后,伤都还没有完全好。听殷禄才给我们讲话的时候说过,陈二排是红军,是从红军游击队来的。来我们这里主要是养伤,也同时跟着我们干。但是过了不久,他就经常和殷禄才一起住,他说的话殷禄才听,基本上说什么都听。有一回,我和周士奎听着他跟殷队长说:"我们红军今后是有前途的,就是要在什么艰难的时候都要坚持斗争,只要能够坚持下去,今后一定有出路。"他还说,他是刘复初的部下,今后要枪要子弹,他可以去跟刘司令说可以给一点。我们要发展实力,不仅需有兵权,还要有政权。如果今后红军打回来,我们通通都是兵,那个时候就对头了。

我们还打过旗子,但是没有亮出来过,是拿给周士奎背起的。我听周土〔士〕奎跟我说,旗子是陈二排下四川去打来的。有一晚上,我同周士奎打开来看,被殷禄才看到,他就给我们说,你们看一下可以,今后反正我们是要打出来的。但是现在还不能扯出来,现在亮出来还不是时候,今后是要用的。还说,今后我们不仅要打旗子,还要有帽花和领章,像个军人的样子。今后我们终究是闹革命的,红军打回来,我们就是红军,是共产党领导的。这个旗子,经常是周士奎背起,陈二排还支持他,不准给任何人看,也不要说,要等以后才说。这个旗子没有打出来过。

还有一回,陈二排跟我摆龙门阵,他说他们打干滩子,是晚上去攻碉,他受了伤,其余也有人受伤,才没有攻。他是到簸箕峡去养伤一久才来这里的。还给我们说过,一个人要不怕死,要经常想到为穷人打天下,他都是说得到做得到。第一回去打军车,得了一车子弹,陈二排跟殷禄才两个商量,要叫一个弟兄背一箱,有一部分人不背,但背后还剩18箱,就要准备走了,陈二排不准走,一定要喊背完。他说,我都不怕死,你们也不要怕,革命就要不怕死,没有子弹我们还有啥子干场,于是没有背的也背了,才背光。他和殷禄才走后头,在路上又请人背。大家看到他们两个都不慌不忙,坚持把子弹背完了。后来大家说,陈二排不枉自是大队伍头干过的。不简单。

关于旗子后来放在哪里,就不清楚了,因为后来到处都在打乡公所,就没有注意了。

吴树良口述记录(第三次谈话)

时间:1980 年元月 16 日中午

调查人:廖珍祺、赵有伦

地点:郭家大队办公室

（录自云南威信县委党史研究室档案,全宗号 1,目录号 18,案卷号 117,第 177 页）

# 云南游击支队执行纪律的情况

彭树宣

我是罗渡杨家沟人,被彭明五抓壮丁逼得没法才跑去参加殷禄才这支队伍的。殷禄才队伍里有老红军战士陈二排,又叫陈华久、陈占五,真名宋诗富〔仲施福〕。早年在家乡参加革命,后来参加长征,在长征途中受伤,伤好后参加刘复初领导的游击队,后又受游击队派遣来我们队伍里帮助殷禄才带队伍,起着党代表的作用。陈二排在我们队伍里工作前后 12 年,他打仗勇敢,带队伍有经验,很快这支队伍就发展起来,专跟那些当官的大绅粮作对,闹得他们日夜不安。1947 年,国民党派第七十九师对我们实行"清剿",陈二排主张把队伍拖进大雪山,殷禄才不同意,他说前几次"清剿",我们都是把人员分散,在这些山头上梭出来的,肯信他这次就能住一辈子?"清剿"军走了我们又出来嘛。就把队伍解散了。陈华久不放心,不肯离开殷禄才,最后两人牺牲在一起。陈华久离开我们已经快 40 年了,但有几件事我们还牢牢记得,我写出来作为对陈二排的追悼纪念。

一、不准抢穷人。陈二排来我们队伍里立了很多规矩,不准抢穷人就是其中一条。开初兄弟伙想不通,说不准抢人我们吃啥子?陈二排耐心地跟大家解释,你们家里都是穷人吧,家里有半升包谷,被个没良心的抢走了,断了你的烟火,你是咋个想法?同时我们是 100 多两百人的大队伍,抢穷人抢了一匹坡(很多的意思)远不够吃一顿,抢他当官的,抢他百多两百担租的大绅粮,抢一家不吃 3 月也要吃两月嘛,大家听了很信服。

二、不准抢女人。这一条很受老百姓拥护,他在会上宣布谁违犯了杀谁的脑壳。有一次有个弟兄张有才(后更改说吴天禄才对)请假回卫靖司去,抢走了邓家河船夫子郭春和的女儿。殷禄才在一个赶场天集合队伍讲话,当着众多赶场的人把他枪毙在郭家坟下场口青杠树,群众很称赞。

三、不准烧房子。有一次我们在爬海溪(去打烟帮)遭到保商队和民团的三面夹攻,退齐漏风垭,弟兄伙就吼烧房子,陈二排坚决制止了。回到驻地还跟大家说,打不赢我们就烧房子,不正上官府的当?他正造谣说我们到处杀人放火,我们怎么能帮助官府制造口实。我们再打不赢也不烧房子,事情久了,官府谣言就会不吹自破嘛,就没有人相信他的了。

四、不准乱杀人。我要报仇,要求杀掉彭明五。殷禄才、陈华久听了以后,不同意乱杀人。陈二排还安慰我,说仇哪个都有,都该报,不过目前形势要求我们先报大仇公仇,大仇公仇报了,其他什么仇都报了。他还举例说国民党不推翻,那些靠着他作威作福的乡长、保长,你杀一个,他又委派一个,这个拉壮丁,那个上台还不是拉壮丁呀!后他不放心,还亲自带队前去,只抄了彭明五的家,未伤及人,没收生丝 100 多斤和一些金银财物,追回被夺去的红军武器,长枪 2 支、短枪 1 支、手榴弹 16 个〔颗〕,其中有个还是铜壳子的。

其他我还记得打王棚山,川滇两军混战一场,游击队安全突围,有人事后编了车车灯来唱:第二次王棚山打火线,步枪如雨点,又加机枪连,枪榴弹爆发起狼烟,大炮甚凶险,冲锋上前……

洛亥乡群益村

1984 年 4 月

(录自威信县委党史研究室档案,全宗号 1,目录号 18,案卷号 118,第 300 页)

# 参加殷禄才队伍的情况

## 罗学林

我是四川资中县人,因为学理发,有了点手艺就到处走。因为我会吃大烟,就跑到云南来。到了郭家坟来以后,我这个手艺很吃香,也结识了不少的人。

我认识殷禄才和陈二排以后,陈二排和殷禄才跟我说:我们穷人都是受压迫的,将来是有出头日子的。我们做事情要正义的才干,不能小偷小摸。现在我们的力量小,要扩大实力,今后要一是一、二是二的〔地〕搞。他们两人就叫我到各处去给他们了解情况,了解到什么我就来给他说。其他的事情我都没有参加过,只参加打过一回汽车。

有一回我听他们说,殷禄才去过刘复初队伍头,还入了什么党的,刘复初还给过他一些枪。详细怎样给的我不知道。但是,总的说来,殷禄才没有做过对不起干人的事,不信你们去了解。(国民党)第七十九师来"剿",我就出去躲去了。

罗学林口述记录

调查人:廖珍祺、赵有伦

时间地点:1980 年 1 月 14 日在新田水井湾生产队

注:罗学林原是殷禄才的侦察员,现 70 岁,已退休。

(录自中共威信县委党史研究室档案,全宗号 1,目录号 18,案卷号 116,第77 页)

## 殷禄才枪决吴天禄的情况

殷光聪

殷禄才有个兵叫吴天禄,是四川中心公社龚家坝的人。有一次他回家去,强奸了他们那个地方郭春和的女儿,这个姑娘大约十五六岁。当时郭春和不在,回来后听说很气愤,就跑到郭家坟找殷禄才告状。殷禄才叫他先回去,他一定会处理的。吴天禄回来后,殷禄才叫人把吴捆了起来,问他为什么要去乱干,破坏他的军风。捆到第二天,遇赶场了,就把他枪毙在麻园。枪决以前,还煮了好几碗面条给他吃。

1979 年 12 月 25 日于郭家大队,殷光聪口述记录

调查人:常宗德、赵有伦、廖珍祺

(录自中共威信县委党史研究室档案,全宗号 1,目录号 18,案卷号 116,第 93 页)

# 吴天禄强奸贫女被枪决

## 宋兴武

殷禄才和陈二排带的队伍,执行纪律是很严格的。殷禄才队伍中的吴天禄,偷偷地将农民郭春和之女(十六七岁)抢了藏在卫靖司,郭的侄儿在殷的部下当班长。后来郭春和知道了这样就找殷禄才告了吴的状。殷即派人将吴天禄抓了起来,并召集队伍开了会讲了吴的犯罪事实,交大家讨论。部队讨论大家都认为这事是不合法的,违犯了部队的纪律,破坏了军风,影响了群众关系,应严肃处理。最后决定当众将吴天禄枪毙在郭家坟大青杠树。

其亲堂母舅杨春云(四川人又叫杨抓手),在滇军"围剿"队伍分散时,将与其在一起并派他保护的殷从科(殷禄才的堂二爸)杀害,拖枪逃跑,后来在石碑口发现。殷派人将杨抓获,押回郭家坟后,殷禄才的母亲出来说情。殷禄才回答他母亲说,这个情你讲不到,母舅犯法不处理怎么能教育大家带好部队。殷召集部队开会,讲了杨的罪行,就拉到河坝头枪毙了。

宋兴武(男,70岁,住威宁县罗卜区郭家乡)口述

采访人赵沛,1984年6月22日,老同志座谈会上

(录自《中国工农红军川滇黔边区游击纵队斗争史》编写组编《中国工农红军川滇黔边区游击纵队斗争史(副本)·下册》,1985年印行,7—23)

## 殷禄才枪杀他亲舅舅的情况

宋兴武　段自全等

1936年9月12日,正逢郭家坟赶场(郭家坟赶的是二、五、八)。田营长的队伍来打殷禄才,还有张占云、王绍恒的团丁参加。他们把殷禄才围在老鹰洞头,一直围了两个多月。这段时间,殷禄才有了100多条枪。他们围起来后,在洞口前修起哨所,扬言不把殷禄才围死在洞头就不走,还说要拆郭家坟的街去烧洞。军队叫殷吉奎、殷绍兰两人每天在洞门口喊话,叫殷禄才出来办招抚。这两个人天天喊,他们也不答话。接着又派王丙清和黄丙云两个人进洞去说,再不出来,就要拆街来烧洞。这两个人去说了,还是不出来。张占云还打了这两个人几巴掌,说他们没有说好。

接着,真的开始拆街了,拆了两个列子,还把这些木头扛去洞门口。李伯奎看到这种情况(他是一个比较老实的穷人),趁在洞口站岗的哨兵打瞌睡的时候,摸进洞去,告诉殷禄才拆街来烧洞的情况。殷禄才说:"我相信这个老实人说的话,我不出去,他们也把我没奈何。这个洞他是烧不着的,但是我不出去,老百姓要吃亏。"所以,他决定还是要离开这个洞。因为白天不能出来,这个洞有两条路,门前这一条是被守起的,要从后边那一条出去。后边这一条路,原来也是李伯奎找出来的,如果没有李伯奎也无法出来。于是,就在那天晚上,李伯奎就带着他们全部出来了。有一个叫童兴昌的,不小心落下去在藤子网网头,部队走后,过了9天才把他救了上来。

出洞来以后,殷就宣布把队伍化小、分散活动。因为目标大了,容易被发现。于是,殷禄才就派他舅舅叫杨抓手儿的和晋海儿两人,去保卫他的叔叔殷崇科,他们3个人住在麻柳山的岩洞头躲避。有一天,杨抓手儿就叫晋海儿去炒包谷花来吃。晋海儿去寨子里炒起包谷花来以后,杨抓手儿就不见了,殷崇科被杀死在毡子上,头包起,手枪也被拿去了。晋海儿就去找殷禄才。杨抓手儿就拿着两支手枪到处逛。

事情过了一年多。有一天,杨抓手到石碑口街上来赶场,被殷禄才的弟兄发现了,报告了殷禄才,殷就派胡兰清等人化装成便衣去捉拿杨抓手儿。捉到后,就带着来腰蹬岩。那个时候,他们的家一起搬到腰蹬岩住的。殷禄才很气愤的〔地〕质问他说:"你是我的一个亲舅舅,我相信你,才派你去保卫我的叔子,你为啥子要把他杀掉。"杨抓手儿哑口无言,没有回答。殷禄才又说:"你既然没有话,不怕你是我的一个亲舅舅,违反了纪律,我一定要枪决你的,这是没有啥情面可讲的。"殷禄才的母亲听说要杀她的兄弟,就出来保杨抓手儿,说:"你不看一处要看一处,他是你的亲舅舅,不能杀掉。"殷禄才说:"他犯了法,我不枪毙他,怎样带得了队伍。如果你实在要保他,你去把我的叔子医活。"他母亲无法,只好哭着走了。于是,他就召开全体大会,跟大家讲话。他说:"弟兄们,我们这样的跑滩匠,起了歪心行不行,大家想一下,应不应该枪毙他? 如果大家都认为不该枪毙他,我就不毙他;如果大家认为该杀,那我坚决把他杀掉。你们不要以为他是我的亲母舅,我就可以饶他,不管哪个,犯了法该杀就杀。"大家见他态度坚决,他的母亲来都保不住,哪个也不再说好话,大家都很愤怒,纷纷说:像这样的人,应该坚决把他杀掉。大家还提议说,不要一枪打死了,放远一点,大家来打靶解恨。于是,把杨抓手儿捆得远远的,让大家打靶。就这样杀了他的亲母舅,他带的弟兄更忠实于他。

走访人:廖珍祺、常宗德、彭文丽、赵友伦

地点:威信县郭家大队

时间:1979 年 12 月 20 日

(录自中共威信县委党史研究室档案,全宗号 1,目录号 18,案卷号 116,第94 页)

## 赵光兴谈参加殷禄才部队的情况

我在殷禄才部下拴枪 3 年零 7 个月……

队伍开到大雪山,在那里开大会。会后就去抢筠连,1000 多人去抢筠连县城,但还没有进城,就被城里的军队追出来打了一火线。队伍退到小落瓦时,田区长正在集中壮丁搞训练,就又打了一火线。我亲手打死田区长壮丁 2 名,抢了田区长家胡棉铺盖 30 床,枪 30 多支。又退洛木祥半个月,又在龙马住了 22 天。到了冬月十四日,听说有中央军开到,我就把手枪拿起两支逃走了……

摘抄自威信县公安局赵光兴案卷

1987 年 2 月 20 日杨映村抄录

(录自云南省昭通市威信县县委党史研究室档案,全宗号 1,目录号 18,案卷号 113,第 31 页)

# 参加殷禄才队伍的情况

徐光全

那是 1937 年 8 月间,我因与开少云争地方来种,有一晚上开少云家被人抢,开少云就大声呼喊:"徐光全抢人啊! 徐光全抢人!"当时,本地的人都去帮他追贼,我也去追。由于人多,贼和被抢去的牛和东西都被追回来了。于是我骂了开少云一顿。开少云不服气,仗着他女人的母舅尹从章在斑竹麻窝凼当中士,开少云就去跟尹从章沟通,要把我捉去当义勇丁。我听到信后,才跑到郭家坟帮人,在杨培英那里帮他抬石头修房子。此后,殷禄才修大硝洞,就把我们在杨家的一伙抬工请去给他抬石头。抬了 3 天,殷要石工、木工、抬工总的选一,去他那里领钱米来发给大家买烟和草鞋,当时大家就选了我。洞子修到那年的腊月二十五后,就全都放了工,叫我们到他家里过年。以后,这个洞子就再也没有修了,因为陈二排说:洞子修不修都行。到了腊月二十九,我就在殷禄才那里栓〔拴〕上了枪。

那时,王子明带有一小队人,因在半年前牵了兴文洪硐场的绅粮林道邦、刘兴邦、刘兴才,还有一个叫老唐,一个叫老陈,这几个人都交给王子明看守。由于王子明性子急躁,腊月十几头绅粮逃跑,王子明下令弟兄们架起枪来打,刘兴邦的脑壳被子弹划了一条槽。为了此事,殷禄才把王子明调了出去,叫我当了他那个小队的队长。也就在腊月二十九这一天,我就在殷家背了粉子面和黄粑等物,分给小队的弟兄们和那些绅粮们吃。这些绅粮才被关了半年,头发长的〔得〕好长,都生了虱子,我叫弟兄们找了一把剃头刀来,给绅粮们把头发剃了,并叫他们不要跑,去挑水来洗衣服过年。这些绅粮不但没有跑,反而听我的话,过年时还打牌掷色。后来,弟兄们仍向殷禄才告了我。殷禄才批评我说:"你这个人,胆子好大,你这样做不怕绅粮跑。"我对殷禄才说:"他们保证跑不了。"到了第二年三四月,刘兴邦、刘兴才等人已经被扣留了一年了,他们的家里以为他们早就死了,一直没有人来问,我想了个办法,让刘兴邦回家去,把他们的弟兄继续扣留着,要叫刘兴邦去办一班人的枪来,并限定他十天之内一定回信。后来九天不到,刘兴邦的伯丈人就来会我们,说:路程远了,这些枪拿不来,怕来到半路被人吃掉,要我们干脆说成现钱。我跟殷禄才说:刘兴邦家里来了人。他说:怎么一年多了才来人? 我就把放刘兴邦回去的事情给他说了。殷禄才又批评我说:你这个胆子真大。又说:时间关长了,干脆叫刘兴邦去跟老唐和老陈的家里说,叫他们出点草鞋钱就算了。

从此,殷对我很重用,凡是他要办的事只要他没去,就一定要叫我去办,这就是我初去殷禄才那里的情况。

在殷禄才的队伍里,殷禄才和陈二排经常对我们讲:对于老百姓不要克扣他们,我们要打富济贫,我们打大户时,对于贫穷的都要分一些东西给他们;吃穷人的东西要给钱,不要乱吃;火线再凶都不能烧老百姓的房子;不准伤人,不准奸淫妇女,犯了要严格处分,累教不改的要枪毙等等。我们这个队伍纪律很严,例如吴天禄这个人因奸污郭良成的堂妹妹,屡犯不改,被殷禄才、陈二排在郭家坟的大青树下宣布了他的罪状,当着赶场的人们枪毙了。

陈二排就是刘复初派来掌握大事情的,他曾对我们说:"我是跟着毛泽东、朱德从井冈山到云南来的,我们要学习毛泽东、朱德,等待前方大事成功,以后刘复初的红军会给我们信的。"

殷禄才的枪支大部分是刘复初给他的。大约有两回,一回有16支,另一回有90支,大部分是步枪,有小部分手枪。另外是张占云派张发富装着靠拢殷禄才,实际上是准备杀殷禄才的,这事被殷禄才发觉后,先下了张发富的手,提了他的十多支枪,这些都是武器的来源。

关于打火线,打顶冠山罗家最先,打汽车在后,打汽车是美国车子。我因病留在家里,是张占标和陈二排、殷禄才带人去的。打镇州我去了,是在白天从镇州过来点的地方出发去的。那天,我是在后头督队,叫队伍快冲,由于跑的太快了,连我的肚子都跑痛了,我的手枪都是叫一个弟兄与我拿着跑。我们首先打乡公所,由于是白天,打不过乡公所,就跑了。后来又打一个绅粮的染房,得了许多布匹,都是从染缸里捞起来的。打了镇州转来,殷禄才到珙县洛亥的豆地坳来接我们。在豆地坳,他亮出了10杆红旗,两杆大的,八杆小的,都插在豆地坳的山坳头。大的两杆,一面上写有"云贵川后援军游击纵队司令部",一面上写着"云贵川后援游击纵队指挥部",旗子上有镰刀斧子,八杆小的上面写有"云贵川后援军游击纵队第×大队",两面大的是红绫子的,小的是红布的,红旗都是方的,一面有白布边,字就写在白布上面。这十面红旗插在山坳上亮晃晃的,热闹得很,还喊了口号,喊:"打土豪,打贪官,打绅粮,救济贫穷人,不要去抢穷人"这些。

就在红旗打出来这几天,陈二排和殷禄才召集干部开会。陈二排在会上说:"现在我们旗子都打出来了,就要照旗子上的称号选司令官。"他一提大家选殷禄才当司令官,大家选我当总指挥。下设八个大队:一大队长张慧臣,二大队长王子明,三大队长杨世龙,四大队长张占标,五大队长殷禄坤,六大队长王海云,七大队长孙德龙,八大队长刘平思。大队下面又设分队,分队长大约就是这些:大老班(曾子云)、四老口(吴绍华)、张永昌、王应其、王树三、黄元树、王少吉、王少万、张安兵(张占标的儿子)、张显富(殷禄才的舅子)、汪富安,还有的记不起来了。当时肖栋成当总司务长,王树云专门给司令部弄菜,号兵有冯子云(又叫红豆儿)、张少成(人称张号模)、李少云、李老幺。陈二排等于总师爷,是只管传达政策、指路线的人。殷禄才的身边护兵有周士奎、殷禄焕、陈家海、罗星春、徐光全,还有吴老三儿吴树良,是个近视眼。

这段时间是我们队伍最兴旺的时候,在〔有〕1000 人左右,枪有 800 多支,人家外头人吼起说我们是几万人。当时陈二排说,云贵川我们有三个游击队。殷禄才有一支德国快枪,一支天星比国枪,平时他喜欢使哪一支就使哪一支,其余的一支由我和殷禄焕、陈家海、罗志祥(罗星春)四个人轮着使用。

那一年航七团和川军来"围剿"我们,当时我们在司营铺已经挖了战壕,准备与敌人打。但是滇军还未到,川军不敢攻。后来,我们把队伍拖到郭家坟,滇军才到来。当时和弟兄们住在小湾子,第二天天刚亮,我就一人出队去山上要。殷禄才睡醒起来,不见了我,问护兵我到哪里去了,他身边的护兵说可能上山要去了。殷禄才说:"去找他回来,这个人胆子大得很,怕他惹祸。"他们找了我好久,都没找到,后来找到张占标那里,张对他们说:刚在这里烧了根烟出去了。后来殷禄才说:"为什么他一个人去,不派几个弟兄跟着,恐怕他找事。"于是队伍立马拖上街,四面八方到处住起,就四处拿人找我。后来,我回到小湾子,弟兄们对我说你干的好事,多少人都没有找到你,队长冒火了。我就到街上会殷禄才,会到后,他只说:"为啥子一个人跑,不叫弟兄跟着。"后来张占标调人去打殷家寨,调不动弟兄,我听了很生气,立马叫人去把李老幺叫来,叫他吹集合号,吹了集合号,我又吹哨子,就叫张占标站头,愿意者的入列,一下子就入列了 80 多个弟兄。我叫张占标在前带队伍去酸水井,吹了集合号。殷禄才听到四处很静,就对人说:"徐光全回来,我批评了他两句,他就叫人吹集合号,此时怎么不见动静?"弟兄们对他说:"张占标要去打殷家寨。"这话被殷禄季听到了,来对殷禄才说:"白日皇天的别妄想,以前吴家的人围殷家寨 40 多天都没有打进去。"后来殷禄才叫人立马把队伍叫回来。想来不对头,他又亲自去把队伍叫了回来,去罗家坪扣留了彭定奎的妹妹,后来把彭的妹妹扣留到嘣咚沟。第二天云南军就到了,在嘣咚沟上了火线,就把彭的妹妹交给杨登龙（他的家里人），因为张占标的妹子被彭定奎扣留了。我叫赵相朝赶快带回去，今天的火线有打。正在我和赵相朝交涉时，我们身边的 80 多个弟兄早退了四五丈远，只有我和殷禄才两个人了。我一看事情不对，就立马拉着殷禄才的手跑了上去，向弟兄们吼道："你们光是想躲退，你们蜂筒里的蜂王在哪里得？"队伍才停着。追上队伍退过大坳口，我才命令第一大队占领大坳口的山梁子。胡子云（一家老百姓）那里，就叫第二大队第三大队镇守。

在大坳口，我们一直和航七团的人打到天快黑，那时太阳还有一竿子高。我们的子弹打枯了，阵地上马上来人到指挥部拿子弹。我问他们："打了这么久，我们的弟兄打伤的有没有？"来的弟兄回答说："未伤得有。"我听了心里头高兴得很，随着拿子弹的弟兄到了阵地。就跟着在各阵地下命令，我说："天挨黑，就不要乱打炮，如果有敌人上来就用刺刀拼。"天黑后，我就设计叫队伍全部退到指挥部来，以后又退到开家坳口。我们的人马悄悄一走，云南军就与四川军在大坳口梁子上干了起来。那一仗中，保安队（指川军）死伤几十个人，云南军被我们打死了一个连长，会打机枪的。我们退到开家坳口就弄晚饭吃。吃完晚饭后，殷禄才带一半队伍，我带一半队伍又退到了烂田坝，摆脱了火线。这就是出了名的大坳口战斗，连航七团的一个营长都说，殷骡子不得了，我手下的这个连长在打××地的时候都没有被打死，这次却死在殷骡子的手头。

从我到殷禄才的部队，我知道打了这些地方：五村、顶冠山、洪硐场、财神沟、王场、镇州、羊场、打军车（我病了没去）、田师长家、红桥、中心场杨文凤、顺河张占云、打舅老爷。如果第七十九师不来"剿"，我们还准备打叙永、威信、镇雄、兴文、珙县等地。另外，我还听陈二排说过，殷禄才是 1935 年就参加游击队的。

走访人：李盛江、林庆明、常宗德

地点：斑竹大队磨刀湾生产队徐光全家里

时间：1980 年 1 月 15 日

（录自中共威信县委党史研究室档案，全宗号 1，目录号 18，案卷号 116，第 105 页）

# 关于殷禄才活动情况的反映

## 吴树良

吴树良（曾任殷禄才的勤务员）口述：我是四川古宋县城关的人，因无职业到云南求生活，从小就随同父亲吴相方来到水井坎，帮吴仕兴家缝衣服。因吴仕兴也是个四川人，在古宋我家与吴仕兴家是一宗族，他们先到云南，我们后来才跟着来云南的。

我们来一段时间后，吴仕兴被吴必高杀死。吴仕兴之孙子吴亮成到镇雄找事做，请来滇军部队，又杀掉吴必高。后来有两个姓吴的，叫吴衡章、吴银章等。彭兴周的姐夫吴银章，又将吴亮成杀死了，又才将此地的事接下来，统领着这块地方。在先后更换这几帮人时，我都在水井坎帮人。当时我父亲死后我就依靠我叔子吴相清生活，我自小叔子吴相清说我不听话，就打我一顿，说我专吃不做等。那时我才是十多岁人，就此我到处找饭吃。记得丙子年（1936 年），我走到顺河场范正章家，住了一天后，范对我说：你这样大的小伙子了，现在到处流浪受苦到头来没啥意思，最好到殷禄才那里去找点事干好一些。于是我就找范正章介绍我到殷部去当勤务员，当时的时间是丙子年（1936 年）的秋天。

我到殷禄才部下后的第二年的春天时，从外来了个老红军，他叫陈华久，是个江西人。后来我们就经常在一起。陈的外号叫二排长，人们都习惯称他陈二排。到殷部来后职务没有公布，但是殷禄才的很多事情都找陈商量，多数是陈决定，殷禄才经常称陈华久叫陈二哥等。因我是勤务人员，都没很好的〔地〕细听他们说什么。

我到殷禄才部下后，他的人马那时不过 80 来人枪，这部分人员叫做穿边人员，其外面拖着的小股人枪名叫边棚人员。四川的沙心地方有个吴绍华，他有 50 多人枪。还有吴绍华之弟记不起名字，这个人有人枪 60 多。还有外号叫大小班的曾仲华弟兄，他们两人有人枪 70 多。至于他们的职务都没有公开宣布，总的只叫他们一个队长的名号。四川珙县新房子那边有个姚锡九的队长，也有人枪 30 来人。四川叙永县的清水河那面有个叫张占标的，他本人原是李汉清的旧部。张占标有人枪 100 多。张占标是殷部的主要人员，陈华久外出他才决定事情。有时陈华久没在，殷禄才就叫张占标出面办事。

四川筠连县的王家场也有个叫邓凯的人，有 20 来人枪。那时我们打筠连田栋云(川军师长)家,邓是联络人之一。本地的沙心张廷坤有 10 多人枪。旧城文兴的刘树苍也有 30 来人枪。四川的兴文县大石碑那边有个叫罗文清的,有人枪 60 多。四川的宜宾方向有个叫黄树安的,也有 30 多人枪。四川的江安县中浪塘有个叫唐四安的,有人枪 80 多。四川兴文县还有叫罗吉贤的,也有人枪 30 多。四川兴文县还有罗树良的,是和罗吉贤一个地方的人,有人枪 40 多。新田大队的胡光右有 10 来人枪。四川长宁县的徐华久有人枪 70 多。长宁的洪硐场还有个叫车国华的,也有人枪 80 多。张占云的儿子张志聪也有人枪 50 多。

龙马那边有个肖缺嘴是殷禄才的重要人之一,打大石盘那回,开到李国明的营盘时,被李的人从里面打出来,中弹落下岩去被水冲走了。当时他是背根短三八式,刚打到李国明的营盘门口(闸子门),他就被李的人从营盘打枪出来打死了的。这回没有打进去,因这个营盘路很险要。

殷禄才的直系部队经常只有七八十人枪,最多时也不过两百来人枪。当时在殷身边的一些队干部有杨世龙(沙心人)、王子明(珙县人)、张席廷(四川江安人)。还有个潘明章,是新田的人。

常在殷禄才身边的小领导,大多是由陈华久出面指挥安排。殷禄才经常对大家讲话时都习惯说:"势力是我的,办法要靠陈二哥,总之我们将来是会有一条出路的,弟兄们现在苦一点是为了我们将来过好日子。以后我们总会有一个出头之路的。"

我们跟着殷禄才跑了十几年,到处打仗。因为我从小就是帮人为生,没有读过书,所以很多事情连个时间都记不清楚。第一次打四川的马岭,我们都先打乡公所,后来公路上来了一辆美国汽车,一打下来就发觉一些美造弹(七九弹),还有些布匹。单是子弹我们都背不完,还请了些挑夫给我们挑,其他的东西都全部送老百姓。当时我们的陈二排长对我们讲:其他的东西统统不要了,但是子弹要拿完回去才有办法。这次我们打死马岭乡公所的十几个人,拿到他们 20 多支枪,其中有六支短枪,请了几个农民帮我们挑子弹,我们自己队伍弟兄将自己的子弹装满,每人都还要背两箱子弹。除这些以外,在车上带到一只黄皮箱,里面装些什么没有开来看过,我们是一般人不清楚。

第二次我们又去打四川的江门。这次原听说要去拿的是枪支弹药,先来四辆汽车我拦着上去看是一些布匹,尽是卡机布和英单布等东西。我们没有要东西,放了这四辆汽车,跑开了。等好半天又才来了三辆汽车,一上去看还是些布匹。

这时时间也不早了,领队的说:管它什么,也拿上些做伙食生活费用。结果将布匹拿下来后,又才发现下半车装的全是机枪弹。这些机枪弹也拿了部分回来,但是都用不上。把东西拿下来后,审问押车的和开车的司机,他们说前面那四辆车子装的全是机枪和中正式的步枪。这时我们才知道被国民党伪装逃脱了。没有达到目的,拿回的机枪弹也没有用上。这两次是算行动规模大一点的战斗。打江门这一次,我因误了时间,才使川军跟上来,打了好半天的仗才将川军甩脱掉,双方都伤一些人,但是详细的我不太知道。

除马岭、江门这两次较大的战斗外,平时的战斗倒是很多的,但是我记不清了。如我们在王棚山这一仗也打得厉害。开始攻时,我以为只是滇军打我们,后才得知川军也来了。当时领导上就通知我们领队的人,说今天的仗不单是我们与滇军打,而且还有机会让川军和滇军好好的打一仗。王棚山生得怪,南北两面山峰一样高,看去是一个山头,其实在两山之间又有阴槽湾向东西方向。川滇军都只管要拿下主峰,争制高点。在这种情况下,我们的领导决定我军从川滇两军的缝隙中让出,等川滇两军都不知情况的前提下,互相打起来。这时我军从西侧悄悄的〔地〕溜出去了。结果川滇两军真的大打起来,滇军将川军打死了十多个。很稀奇的是,川军还将自己被滇军打死的人首级割下来拿回领奖。还有是在打的当中,滇军发觉是和川军打仗,滇军就大骂:"老子们以为打的是殷骡子,还不知是你们川军也来云南,打起我们滇军了,要讲打殷骡子可以让你们川军来打,又怎么打在我们头上来。"后来我们将人马拖出战场,领导上对我们讲这一仗我们是坐山观虎斗,让他们将自己的首级割下来领奖。这就是我们跟殷禄才 10 多年来靠探听情况和地形熟悉打游击的结果。还有的是领导说,我们虽然枪弹没有人家的好,能够和美式装备的国民党正规军打仗,靠地形熟悉、靠人员通信、靠化整为零、化零为整的〔地〕与他们打仗。就这样大大小小打过的仗是很多的。如在大石盘、炭厂、洛亥、王家场、筠连、三口塘、斑竹、倮倮坝、瓜雄、大湾子、范果、花秋坝、双河的天池,还在附近打的大小仗就太多了。附近打的仗,要算 1946 年秋和县长赵光斗集中全县民团和常备队等近千来人打的和尚司战斗,这次共打了 3 天,结果民团死了十多人,我们没有死人。战火一起,我们跟着殷禄才就撤出走了,只留一名叫余老□的(余腾飞)在后督战。此战后,我们就战火连天在打,不分时间都在遭遇战斗,人员也越来越少下去了。在这段时间后,国民党仍然不放松打我们,直到将我们全部打垮。

走访人:杨国明

地点:郭家大队吴树良家中

时间:1983 年 1 月 2 日

(录自中共威信县委党史研究室档案,全宗号 1,目录号 18,案卷号 116,第 117 页)

# 殷禄才和陈二排的情况

## 彭树宣

我到殷禄才那里背枪的时候,陈二排早就到了。殷那里我只知道陈二排原来是刘复初的队伍里面的,在旧城打干滩子,陈受伤后,刘复初的队伍撤到四川兴文的建武,陈二排就在建武养伤。

这段时间,刘复初又和建武的乡长陈吉元打了一仗,这一仗后刘复初的队伍渐渐少了。刘复初就派陈二排到郭家坟殷禄才这里来领导这帮队伍,因为殷禄才的部队原来就和刘复初的部队有过关系。听说殷禄才还参加过他们的党,刘复初也从四川上云南了。陈到殷这里,大事小事都要和殷禄才商谈,他是掌管这个队伍性质的。

我参加这段时间,陈二排亲自指挥打过四川的大庙、军车等很多次战斗。陈经常教育部队,要好好的干,他和部下关系比较好。经常讲党的政策来教育我们,他说他也是一个共产党员,红军是毛、朱领导的一支穷人队伍,是为穷人打天下的。要我们大家要好好的干,将来是有出路的。他还说:贺龙也是爬山打游击出身的,所以我们的前途是光明的。但我们不能乱拿老百姓的东西,我们〈是〉穷人的部队,是为天下穷人打天下的。我们要团结广大劳苦大众才是我们出路,我们的队伍要扩大,要壮大我们的势力,才能进行新的战争。将来我们的刘司令来就好了,我们有一部分枪都是刘司令给我们的,我们是属于他领导的一支队伍。

时间相离几十年,有好多东西记不起了。

彭树宣谈殷禄才和陈二排的情况

彭树宣口述

1980 年 3 月 29 日

调查整理:常宗德、林庆明

(录自中共威信县委党史研究室档案,全宗号 1,目录号 18,案卷号 116,第147 页)

## 关于殷禄才队伍伏击冷薰南保安队的情况（节录）

### 殷禄成

可能是 1936 年 3 月，殷禄才又将来假投的张发富带来的 30 多人枪全部缴获。到了这年五六月，殷禄才的队伍（包括我有一部分）合起来就有 100 余人。这是〔时〕殷禄才就出去找红军游击纵队，并且又在纵队里边去了一些时间（大约 3 个月）才回来。

当时我已经和殷禄才合在一起了。我们活动的地盘主要在石碑口、大石盘、曹营、簸箕峡、司营铺一带，还有一个地方叫什么洞岩（腰蹬岩）。我记得在那里活动时，被冷薰南派来的保安队"围剿"过，是一个姓王的团长率领的。当时，这帮队伍的武器很不错，他们用炮轰我们住的洞子，有一个叫司毛二红的队员就是被炮弹炸死的。还有几个队员负了伤，费了点功〔工〕夫才突围走脱。对此殷禄才很生气。

过了不久，也就是 1935 年 8 月间，殷禄才听说冷薰南来珙县巡视，便派人出去侦查，侦探回来报说冷薰南和珙县县长刘治国还有一个保安队司令（姓周）要一起到上罗、洛表一带视察。听到这个消息后，殷禄才集合起全部 100 来人的队伍开到罗渡上去一点的财神沟埋伏在那里，等冷薰南和所带的两个保安队一到就开火。由于我们的枪不好，队员又无作战经验，加上保安队的枪好，所以没有抓住冷专员，被保安队接走了。这次只打伤珙县县长的警卫员，得了一支手枪。当我们的队伍撤到漏风垭时，正和国民党的特种巡察大队（周海云任大队长）打了一仗火，边打边退，到斑竹才撤出战斗返回来。

我们去的路线是从石碑—槽营—罗渡—财神沟的。冷薰南所率领队伍从珙县—上罗—洛表（刘治国到了王场和中心）返回。当时陈华久还没有来支队。这次战斗是殷禄才指挥的。

调查时间：1986 年 12 月 11 日

地点：威信县粮食局办公室

访问对象：殷禄成，男，汉族，现年 76 岁，罗布区郭家乡王棚山人，原在云南游击支队干过，后被威信县政府招抚为威信县边防大队长。

调查人：雷吉常、杨应村，旁听：王忠才、吴天汇

笔录：杨应村

殷禄成补充说明:冷薰南率领两个中队(保安队),在洛表听说红军游击队从周家沟到上罗的隘口来伏击他们,便和保安副司令一起带着两个中队人马离开了洛表转上罗返珙县。据说冷专员的人马过了隘口不久,纵队才到隘口,已迟了,实际在财神沟被殷禄才的队伍伏击的是刘治国率领的县警中队和冷专员留在后面的一个保安中队人马。这次冷薰南率领保安队来珙县明是视察,主要目的是"围剿"游击纵队。

(录自中共威信县委党史研究室档案,全宗号 1,目录号 18,案卷号 135,第62 页)

# 关于殷禄才支队打筠连小乐瓦田家的情况

吴树良

田家是筠连大地霸,田栋云在国民党军队当师长,住房有的还是黑漆大门,18个天井,24条屋脊,还修有后花园,有几百保丁保家。

经过周密侦察,游击队去打的时候,把红布撕成条条,每人发一条拴在胸口上做为标记,先派出短枪队化装成便衣队先摸进去。便衣先摸进田家后,田家的保丁还在打牌和麻将,大队伍到后将房子周围围住,里外一起动手,那些保丁听见枪响爬起来就跑,短枪队即到处追打,当场就打死了很多人。然后把缴获的枪一捆一捆的〔地〕从楼上搬下来,100多条。并把田师长的兄弟和家人都喊出来要他们交军费,田家拿出一些衣物,殷说这些东西只能救济穷人,要叫交军费,不交即把田家的人扣押几个,叫田家拿出 5000 元来交,后来田家派人把钱送去才把田家的人放了回去。

(录自林庆明、赵友伦记录整理,1986 年 12 月。云南威信县委党史研究室档案,全宗号 1,目录号 18,案卷号 113,第 58 页)

# 我参加殷禄才游击队的情况

## 张廷云

我于1936年9月参加殷禄才这支游击队伍,当时我只有12岁,在殷禄才身边当勤务兵,殷禄才是我的姑爷。因我们是内亲,当然殷禄才对我相当好,教我上枪、下枪、擦枪、练枪。在此同时,云南省军来打郭家坟老鹰洞前后一个多月,我们用绳子一个一个从洞里〔口〕吊下来,过石碑口、大石盘、私人朴(司营铺)、邓家河、腰洞岩,就在这一带进行游击活动。随转移到郭家坟环街上住了几年,因队伍发展较快,人愈来愈多,房子小窄住不下,才买水井坎的房子,队伍住〔驻〕进水井坎。

当时,赵光斗做威信(扎西)县县长,调来全威信县民团攻打一天一夜以后,当时我队伍无法追击,只好跑出来,就在威信县三桃乡斑竹林村山羊坝、雷家山、木梯山一带活动。随后分为两支,一支住进贵州;一支就在雷家山住下,进行游击活动,我便是这支游击队伍的一员。

就在这个时候,因我家里母亲病危,要回家照(顾)母亲,我便回家了。后来因殷禄才被害,这支游击队伍解散,我只好呆在家里了。

张廷云

1988年10月4日

注:现场证明人:徐光全、殷光宋、李兴权

(录自张廷云《申请》,1988年10月4日。云南威信县委党史研究室档案,全宗号1,目录号18,案卷号102,第11页)

# 关于殷禄坤参加云南游击支队的回忆

秦大元

我丈夫殷禄坤与殷禄才是叔伯兄弟，同住在一个地方，接触的时间多。1935年（乙亥年）以前在家理家务。乙亥年以后有刘寿昌、刘泽民、方登锡等先后参加殷禄才的队伍。因我丈夫殷录〔禄〕坤与他们3人有一定的亲戚关系，常见他们与殷禄才、陈二排长在一起，不知他们在做什么，觉得很有意思，就和他们有所来往。后经刘寿昌、刘泽民、方登锡3人介绍正式参加殷禄才们的活动。

殷禄坤是在殷禄才的身边，起初只是几人在一起，有点像现在开会。后来他们的队伍大起来了，一次他们在我家的火耳头（烤火的地方）开会，我听见他们说要闹革命。由于我是妇道人家，不便过问他们的事情。后来发展到他们队伍拉去四川抢国民党的汽车、打罗哻湾等。他们从四川回来后，我看见他们带回一些子弹，比平时用的子弹要大，要长一些，听他们说打不成。当时我拖儿带女，真有些担心害怕，几次想劝丈夫，但又不敢过问他的事情。5月13日他们又去牵杜家湾张占云。队伍分几路，配合不好，没有抓着张占云的儿子，还被团田的王显州一起抓走，后来好像是用钱做抵押的。

6月间，威信之敌县长赵光斗带着国民党第七十九师来打他们。他们听到风声，又在我家开过一次会，我听到我丈夫与殷禄才、陈二排长说要把队伍拉到贵州去，去贵州找刘复初。殷禄才说去贵州后我们的家要受株连，最后决定还是不去。后来风声紧了，就把队伍打散，自找办法隐蔽。

他们跑出去后，就剩下我们孤儿寡母，我带着娃娃跑到四川亲戚家去躲藏。刘寿昌跑到白杨坡被捉着，送给赵礼隆，后被赵礼隆杀害。殷禄才与陈二排长跑到母留坝（菜坝）被国民党第七十九师打死。

队伍被散后，我丈夫殷禄坤就跑到燕子口去找杨志成会面商量，准备去找曾兴政一同去贵州找刘复初，由于刘复初的活动性大，搞不清他正确的地点，就与曾兴政分头去找，曾到泸州，殷禄坤由洛表到珙县，在途中被抓着，送到大坝关押（当时第七十九师的师部在大坝），在大坝殷禄坤与张占标同一天被国民党杀害，现坟墓仍留在大坝。

以上是我的回忆,请上级有关部门给予核实。

此报告

申请人　秦大元

1987 年元月

(录自秦大元《关于落实殷禄坤参加云南游击支队的申请报告》,1987 年 1 月。中共威信县委党史研究室档案,全宗号 1,目录号 18,案卷号 99,第 94 页)

# 我与殷禄才和陈华久的联系

兰澄清

我是 1936 年 5 月从川军教导师第二旅第四团第十一连起义参加红军游击队的。我们起义的地点是在珙县底碉，起义后就开到威信县的罗布坳与游击队合队，到了簸箕坝还开会欢迎我们。当时游击队编为 3 个大队，我们新起义过来这个连为第三大队，我们的大队长是刘少成，我是副大队长，指导员是曾广胜。

我参加队伍的时候，殷禄才已经在游击队里头了。他是在土豪班，直属司令部的领导。土豪班的人是专门管理抓来的土豪，一是给土豪做工作，二是要土豪出款作为军饷。我参加游击队不久就认识他，他随司令部走。我们从簸箕坝就走到三口塘、花朗坝，下落木柔、镇州、沐爱、小乐瓦、大乐瓦等地。过了不久，他就离开队伍了，估计有半年左右，这段时间大约是 1936 年底，当时我还不知道他是参加了组织的。

陈华久是二大队的，他怎样派到殷禄才队伍里头我不清楚。我是 1938 年从许剑霜那里见到刘复初以后，刘复初派我又回川南来联系失败的游击队人员，我才去找陈华久他们的。在复兴（洛亥）、三口塘、山羊坝和他们见过三次面。第一次见面我就和陈华久、殷禄才传达了刘复初同志出狱的情况，就说原来的口号暂时不喊了，红军这个名称也不要了，现在是国共合作、共同抗日，并转达他们，刘司令员已经到了武汉办事处报到了。于是我们共同商量，陈华久提议将他们领导的队伍改为"川滇黔抗日后援军"。在摆谈中，陈华久还谈到殷禄才在游击队里入了党的。第二次联系，陈华久还告诉我，他们已经把旗子打好了，但这旗子一直没有打出来过。过了两年，日本就投降了。抗日胜利了，旗子我们没有见到过，以后就由他们那里派殷禄坤来这里和我联系。

抗日胜利后，那时国共又起摩擦，我是到江安闻火先那里知道的。我回来又到富家山见到过陈二排和殷禄才，告诉他们现在又开始打起来了。他们商量决定扩大实力，发展武装。我回来后，他们就打军车，到处的〔地〕打乡公所搞枪，这些活动，我没有参加，也不了解。

我了解一件事是打镇州，那是张占标带的队伍，原先他们是要去筠连打一个富豪，这个人有的是钱，开银矿，后来没有打着。张占标回来就把镇州的染房老板抓了。这个事是不对头的，因为那个染房是为穷人办事的。我还给他们提过意见,殷禄才和陈华久都说他们不知道,是部下干的,今后要纠正,其余的事不清楚。

走访人:廖珍祺、常宗德、赵友伦、林庆明

时间:1980 年 1 月 21 日

(录自威信县委党史研究室档案,全宗号 1,目录号 18,案卷号 83,第 59 页)

# 所谓办"招抚"情况

陈少云　宋兴武等

陈少云说:1936年10月,滇军安旅田富伍营曾到郭家坟"围剿"过殷禄才领导的云南支队。当时,殷禄成、殷禄才两兄弟还在一起,殷禄成主张我们兄弟还是办个招抚手续算了。殷禄才口头应付,实际不干。这样,殷禄成就和殷禄才分手了,殷禄成带了几个人和枪,与顺河团田的王显州(地霸)、杜家湾的张占云(地霸)伙在一起,办了一个招抚手续,走上了另外一条道路,当上了郭家坟的自卫队长。

宋兴武(郭家坟街上人,与禄殷才是邻居)说:所谓办"招抚"之事,我听说有过三次。第一次是1936年10月,这是殷禄才已与红军游击纵队有过联系,组织了四五十人抢,红军游击纵队来往经过郭家坟附近时,都要派人送信与殷禄才取得联系,但这事殷禄成可能不太清楚。滇军安旅派田富伍营到威信"围剿"红军游击纵队,同时也来郭家坟"围剿"殷禄才领导的队伍,殷将队伍撤进大硝洞固守,田营久攻不下,就扬言要拆郭家坟街上的房子来烧大硝洞。殷禄才见群众要受损失,就把长枪分散埋藏了,只带起二十多人、十七八支短枪跑出了大硝洞。这次,殷禄成(殷禄才的堂哥)就叫殷禄才办个招抚,但殷禄才就是不干,把自己的人枪拖着走了。殷禄成办了招抚,就当了郭家坟的自卫队长。第二次,殷禄才由大硝洞走出后,就转移到四川珙县么洞岩地方,又继续组织发展队伍,拉起了40多人枪。这次是珙县的县长送信来,要叫殷禄才办招抚,殷就回信叫珙县县长确定时间、地点,他去会见。地点定在洛表区公所。到时,殷禄才提前几个小时就把人枪带到洛表,在场口上布置了一些人,做好应战准备,自己亲带上20多人枪进入区公所后,大声喊问县长在哪里?他要谈什么?县长一出来见到殷带了很多人和枪,就吓着了,哼哼哈哈说了几句,说也说不清楚。因殷本意就不是去办什么"招抚",见县长这狼狈相也没有再说什么,转身带着自己的人枪就走了。这两次殷禄才都是不接受所谓的"招抚"的。第三次,殷禄才又带着人枪回到郭家坟来住(大约是1938年秋),这次是龙得渊代殷禄才到县上办的。龙得渊当过师爷,又包了郭家卫靖司一带收交学田公租之事,(没收交公的地方就由龙负责收租,产100石,交30石),龙拉拢殷禄才,不然他管的公租怕收不了,所以一方面讨政府的好,一方面想拉拢殷禄才,实际是龙得渊自己弄的,不是殷禄才要他干的。

殷光宗(殷禄才之子)说:我听郭家农协主席、老乡长、又是支部书记邱玉兴说,龙得渊在郭家坟等地管收公租时,当时我家里很穷,就帮龙得渊家。龙得渊跟殷禄才办招抚,是龙得渊到县上找了陈县长说了办的,就一个纸条条,说是安殷禄才个队长。龙由县上回到顺河乡板厂家里,就叫邱将这个条条送到郭家坟交给殷禄才。殷禄才不同意,就招呼几个人吃酒,意思是办个回销。只听到殷禄才说,管它队长不队长,现在统一战线,我只是假招抚,只要能坚持独立自主地开展活动,等打败了日本侵略者以后再说。

林世方说:龙得渊是顺河黑墩坝人。在旧社会当过袍哥,任过师爷,告状打官司都有他,众人都晓得是出了名的,他尽干烂事,两面讨好,光捞油水。这件事他既讨了敌政府的好,又可以拉拢殷禄才不妨碍他收管公租,实际是他自己想的点子,而不是殷禄才要他干的。

（录自威信县委党史研究室档案,全宗号 1,目录号 18,案卷号 114,第 81 页）

## 8. 母享游击队活动情况

### 关于母享游击队的问题

刘复初

中共镇雄县委党史办公室：

你们来信收到,关于母享游击队的问题,是 50 多年前的历史确实有些忘怀了。但据来信要求,我曾〔据〕回忆仅介绍以下情况：

在 1936 年中,红军川滇黔边区游击纵队,常于云南东北地区活动,曾到母享开展群众工作,宣传党的政策,发动群众参加革命。当时母享有黄华先、李廷珍……数人(姓名记不清了)对革命表现比较热情,为了培养地方干部,我找他们谈话,提高其政治觉悟和斗争策略知识,同时提出：一在母享建立联络站,经常侦察敌情,并向我部报告;二是成立母享小游击队,经常宣传党的政策,支持劳动人民革命。黄等表示衷心拥护。因此,我部发给少数武器,以黄华先、李廷珍等为骨干,筹建母享小游击队,逐步扩大工农武装,直接同我部联系,报告敌情,常与纵队司令部侦察队长刘金宝联系。

黄华先经过党的教育,提高了思想认识,他认为中国共产党是劳苦大众的救星,坚决跟着共产党闹革命才得翻身,积极要求参加共产党。1936 年秋,我代表中共川滇黔边区特委批准黄华先为党员,留在母享地区工作。但 1937 年 1 月,在川滇黔三省敌军更加残酷"围剿"中,由于敌强我弱,纵队遭到失败,因而我们同地方小游击队隔断联系。

1938 年春,我回川了解川滇黔边区游击队的情况,不久调到延安。曾派同志到云南游击支队,传达党中央抗日救国的政策,要求地方大小游击队隐散农村工作,并发动群众支持抗日。但 1938 年后,国民党反动派破坏抗日,在后方镇压革命,游击队为了自卫,逼迫对敌斗争,母享小游击队同云南、贵州等游击支队有何联系,我不清楚。

以上情况,供作考虑问题的参考,我的健康如常,请释远念。遥祝

同志们康乐！

刘复初

1988 年 1 月 29 日

(录自云南镇雄县委党史征集研究室编《红旗卷起农奴戟》,1991 年印行,第 302～303 页)

# 母享游击队的活动情况

胡弟宣

母享游击队是在党的领导下,由黄华先、李廷珍、吴清顺、詹绍武等人组织的。

## (一)

1936年下半年,游击队曾派张金彪(河南人,共产党员)以耍猴戏为名到母享活动,张到母享后,租刘正明的房子居住。

1936年农历七月十四,刘复初率游击队一进母享。秋后,二进母享,指挥部设在我家。游击队打了这里的区公所以及大户兰子云、王银三两家,当时要烧王银三家的碉,后来因碉在街上没有烧成。进攻区公所时,牺牲的有一个红军,埋在滟水岩。游击队走后不几天,范泽高的三哥因捡到一件破衣服,就被陇三官拿去吊打。

刘复初到母享时,黄华先才从贵阳读书回来,思想比较进步,就与刘复初联系,刘复初叫他们组织起来。但,黄华先、李廷珍与刘复初具体是如何接洽的,有什么具体布置,我不知道。此后,黄华先、李廷珍在母享以组织哥老会为名,组织了一些人,听说刘复初给了一些枪。开初组织起的时候有几十个人,名称叫"母享革命游击队",并提出"上打军阀官僚、下打土豪劣绅"的口号。后来认为"上打军阀官僚"办不到,结合地方上的实际,改为"上打贪官污吏、下打土豪劣绅"。那时,我是在学校教书,帮助他们搞点笔墨,所以具体打仗的情况不够清楚。

不久,四川周海云就带了60多人枪到母享参加了游击队。游击队编队后,由李廷珍任第一游击大队长,周海云任第二游击大队长,张应飞、艾继禄任中队长,艾长寿任小队长,后艾长寿乱拿老百姓的东西,就被免去以观后效。

队伍组织起来不久,准备出发到毕节螃蟹井街,走到对坡被周青云带民团截击追打。游击队退到母享关口,又被张开富派民团追打,打死李廷珍的警卫员,胡殿英受重伤被俘抬到母享街口汪家营就死了,游击队就隐蔽下来。

1937年一天晚上,游击队悄悄经过离母享牛困塘不远的砂子坡刘家岩洞脚,在岩洞中住的人大骂游击队,不让游击队过路。黄华先与张应飞十分气忿,攻打岩洞,打不进去,二人就想爬到岩顶上丢手榴弹进去。刚爬了几步,洞中土炮打出来,张应飞左臂负伤残废,黄华先左肩受伤较轻。黄华先就到毕节去治伤,并进行革命活动,暗中与多方面的人联络。张应飞转到母享黄华先侄女家隐蔽,暗中请人医治,此后左手残废。

本来是不打母享镇公所的,但1938年农历七月半以前的一天,李廷珍的父亲李汉宣由堰塘赶场回来,被母享镇公所的涂队长带兵去捆绑拿到镇公所,严刑吊打,并用针钉进十个手指头。刘正明在路上看见,跑回家中向张金彪说明,又跑到李廷珍家中向李喜珍报信。张金彪锁好门,到李喜珍家正在商量中,镇公所的人就来了,把李家包周住。张金彪听到外面有响动,马上跑出李家门。张走了之后,镇公所的人就打枪了,把一个来送米的18岁的青年人打死。刘正明被打伤后拿到母享下街口补枪打死。

李喜珍逃脱后,就与李廷珍联系上。1938年农历七月十三,游击队就来围攻母享镇公所。镇公所有准备打不进去,到天明只好撤退到发贡一带。遇着独立营的队伍,双方接上火线后,游击队边打边退到麻柳垮,又转战到黄坭坡(以勒、大湾交界)。母享的民团把游击队各部截断,并组织重点进攻,追打周海云部,一直追到茶木的楠木窝,活捉周海云及其警卫员陈德华。独立营把周海云二人押到母享,关在上街段廷章面馆中。当天晚上,周海云跑脱,第二天陈德华被枪杀于母享下街口。

### (二)

母享革命游击队被击散后,在楠木窝一带重新聚合。这时,游击队只有30多人了,李喜珍又带一二十人去汇〔会〕合。楠木桥的李太祥带起60多人来找游击队,找了几天才找到,就与游击队一起合队,再加上黄华先、胡昆带来合队的人,共200多人。当时,就在楠木桥岩口开大会整训,正式宣布,把"革命游击队"改为"川滇黔边区游击队母享游击大队"。在大会上决定由李廷珍任大队长,同时,抓住了内奸李兴邦,在大会上宣布了他的罪恶,把他的舌头割去后放了。会后,黄华先到毕节,见形势不好,就在毕节没有回来。

李廷珍、李太祥带起队伍,隐蔽在保着、堰塘对面中山一带。一天晚上,我和张成元一道去会见游击队。隐蔽了好长时间,游击队转移到泼机。第二天早上,陇承尧率独立营来了,接上火线后,陇承尧步步紧紧的〔地〕跟踪追打,游击队顺山撤退,到晚上,退到熊贝梁子后,陇承尧亦带人退到以勒街上,并连夜派人到镇雄运来大量子弹。这次战斗,李廷珍负重伤,李太祥也受轻伤,他们商量,决定派人下四川找刘复初。李太祥与张应飞2人当晚到川滇交界之处,住于店中,被朱保长出卖,二人各自逃跑,后李太祥到昭通被捉关进大牢而死,张应飞逃到坡头德隆三岔河过河时,河水陡涨,翻船而死。李喜珍带人到四川找刘复初,到达水田寨时,被陇承尧追打一起逃到石厢子背后。李喜珍到四川,没有找到刘复初,以后到沙槽,被国民党的新第十八师打垮了。

（三）

李廷珍负伤后,在发贡一带隐蔽住下,请一个四川医官来医治。在此期间,李廷珍与黄华先、胡昆等商量,认为第一、二次失败的主要原因是:(一)与川滇黔边区游击队长期失去联系,不能互相支持、互通情报;(二)内奸不断混入暗害。因此,要尽早与领导联系,设立情报网,防止内奸。这时,镇雄县国民党政府组织对游击队的人小包围,大湾和锁尾槽的陇家吼称要准备三石米炒面,与游击队大战十天半月,李廷珍听到后针锋相对说:我们无米,也要准备三石包谷炒面,定与陇万恶战斗到底,决不投降。

一次吴清尧带 200 多人枪,由大湾子追到煤洞坪附近,看见游击队,就边打边骂。李廷珍忍着气没有骂。战斗打响后,吴清尧被打死。一次,陇家的三少爷骑马在后押阵,唐希尧骑马带 300 多人枪,追打游击队,李廷珍带着人后退 10 多里到鱼洞反背,爬上坡后,李廷珍慎重地打了招呼,说:追人不上 100 步,你们追我 10 多里了,请不要再追了! 唐希尧反而大骂,并先开枪,李廷珍在忍无可忍的情况下命令反击,唐希尧急下马带人逃回大湾。

一次罗学泮暗中调集两连多人枪,于夜间分散行至母享天凶坝集中,突然发起袭击。听到枪响,李廷珍指挥队伍散开,并派枪法好的 20 多人阻击,罗学泮部被打死打伤数十人后,肥胖的罗学泮急忙下马,在团丁的扶持下逃跑。以后,陇承尧从民团中选出一些精干到县整训,陇渭贤指使林开珍再次设法寻找李廷珍,林开珍又指使李兴邦混进游击队,将内内外外仔细查看后暗中报告陇承尧。

陇承尧派兵在李廷珍必行的要路处把守,到最后就派出大部队,从四面八方围住,逐步缩小包围圈,将李廷珍部约 120 余人枪围追逼到隔母享 10 多里路的天凶坝后,就把所有道路堵死。陇渭贤派林开珍等加强重点射击,对准李廷珍放枪,并悬赏击毙李廷珍后赏大洋 200 元。李廷珍在战斗中身负重伤,但民团和独立营的人不敢接近,怕被李廷珍击中,直到李廷珍把子弹完全打空,把手枪、步枪完全砸成破渣渣后,民团冲上前去,捉住李廷珍,并用破棉布硬塞进李廷珍口中后,说怕李廷珍到杀场时乱说什么妖言惑众。后李廷珍被杀于母享下街口。

陇渭贤叫李兴芳来做工作,将 16 岁的李香普软扣在区公所,并叫李香普去发贡拿存在那里的东西,又吩咐涂队长一道去,当晚住于三洞桥吴绍英家碉中,陇渭贤又指使吴国桢于次日晨将吴家碉楼围住。同去的人把枪缴了,捆着李香普下大湾,李喜珍的父亲李汉宣马上找李兴芳向陇渭贤说情,陇渭贤假装不知,勃然大怒,随即便装做心情十分难过,倒在床上说李香普太年轻,出山太阳,并说要写证明,把他放回家,不妨李家连跑三次,过了半个多月的一天早晨才写了介绍并盖上章,李汉宣赶快拿着走到半路,就见李香普被杀了抬着回来,不久,李汉宣就病死了。

(四)

黄华先在毕节听说这个消息,就约了吴清顺来找李喜珍,并写信与外面联系,不久,由阮俊臣派来了一个叫詹绍武的人,与黄华先、吴清顺见面,在母享刘家山一带组织了五个大队。不久,护卫团的来了,围黄华先、吴清顺于刘家山,黄华先退到贵州,吴清顺逃到四川,李喜珍因伤残回去,詹绍武被王伯川诱捕送镇雄被杀害。

1941年夏,黄华先从毕节这边回来,被陇承尧派康传兵和黄华先拜把,送了黄几支枪,并与黄华先拜为把兄弟。不久,康的人就在朱德高家下黄华先的手,把他杀了,砍头示众,差点把他全家都杀光了。

(本资料以胡弟宣1983年9月23日所写的回忆录、1983年5月17日至18日李英才、刘顺和采访胡弟宣的两份记录为主,参照胡弟宣的三次补充订正和口述进行整理,整理人:刘顺和)

(录自云南镇雄县委党史征集研究室编《红旗卷起农奴戟》,1991年印行,第380~384页)

# 母享游击队始末(节录)

## 李全珍

一、我的家世及与陇家矛盾的形成。我家原系顶拉的人,因母享邓姓与申姓打官司,邓被抓关起,我父亲到镇雄托人把邓放出,邓感激我父亲,对我父亲说,母享地广人稀,劝我父亲搬到母享去住。后来,我父亲到母享看了一次,就举家迁到母享。当时,母享到处都是老林,荒地很多,邓就叫我家开了一片荒地来种。

我家兄弟四人,二哥李喜珍,四哥李廷珍,还有一个弟弟叫李香普。解放前,母享一带是陇家的天下,我们这里明团暗匪的王伯川等人依附陇家,敲诈勒索,无恶不作。为了反对这些人的压迫,母享的一些人便参加哥老会,李廷珍、黄福先等人,都在哥老会中。

一次,王伯川与陈焕军在苗埂赌钱,闹了起来,双方开火,有人二面挑拨,说李廷珍要参加械斗,引起陈、王对李的矛盾,陈率人来捉李廷珍。是时,李廷珍娶亲,王又派人来抢亲。他们还勾结陇家,要迫害我家。在走投无路的情况下,李廷珍便拉起了一支农民武装。

就在这个时候,有一个叫张金彪的河南人,常到我家来玩,与李廷珍、黄华先多次接触。据说,他是一个党员,以耍猴戏为名到母享的,谁派来的,我不清楚,对这件事,他常对李廷珍说红军的好处,要李廷珍组织起队伍,参加红军,打倒地方豪强,以后参加抗日。他们当时谈得很多,我在一边听了一些,但人小,记不得了。

二、母享游击队的组成。大约是1936年,刘复初带起红军游击队来攻打母享镇公所。此后,李廷珍就与黄华先他们商量,分头出去发动贫苦农民,组织游击队,不久组织了二三十人的队伍。那时,我人小尚未参加游击队,他们的活动不清楚。后来,黄华先受了伤,要李廷珍等人暂时回家隐蔽,李廷珍不答应,说刘复初他们坚持斗争一天,我们也要坚持斗争一天。此后,黄华先隐蔽养伤,并过毕节找阮俊臣,李廷珍带起一部分队员在发贡一带隐蔽活动。在此期间,黄华先从毕节运回一些枪支,是一支英国快慢机和几支步枪,并常常想办法运回一些弹药。

这时,游击队主要驻扎隐蔽在发贡梁子,队员是以当地的农民为主,平时在家种地,有敌情才集中起来对付敌人。

游击队的纪律是十分严明的。最初提出的口号是"上打贪官污吏,下打土豪劣绅"。到了发贡后,游击队制定了五条纪律:

1. 不准乱杀人；

2. 不准烧房子；

3. 不准奸污妇女；

4. 不准乱拿东西(指缴获来的东西)；

5. 对穷人的东西，不要一针一线。

谁触犯了纪律，就要严肃处理，我们队里有一个叫邓进昌的队员，在发贡梁子霸占人家的媳妇，这个媳妇的老公公向李廷珍告状，李就把邓拿去枪毙在发贡梁子上。犯一般错误，如果没有造成严重后果，是进行教育。

游击队不乱杀人，李兴邦是林开珍派进游击队作内奸的，但游击队认为他还要供养一家人，通过教育，他认了错，就把他放了。其他抓到的一些乡长、队长，虽然他们曾多次率队进攻游击队，但都没有杀他们，是通过教育后放掉的。

由于游击队纪律严明，深受群众欢迎。当地群众说"要得廷珍不造反，除非不拉丁不派款"。群众还常来给游击队报告敌人进攻我们的消息。我们住在发贡梁子上的农民家中，农民把米、包谷背来卖给我们，我们付钱时只会多给，不会少给。群众还冒着危险，把纸烟、电池都背来卖给游击队。

游击队所到之处，深受群众欢迎，他们常向游击队告状，说当地的土豪如何背他们的包谷，土匪如何抢他们的东西。游击队为民除害，一次，以勒的范香云在发贡一带假冒游击队名义抢人，不少农民来报告，说游击队抢人。李廷珍听到后，先是在内部调查，没有发现违背纪律的，又派人出去调查，查清是范香云干的，就派游击队中的王队长去找范。王与范是好友，把范找到游击队中，范要赖，李廷珍见其无悔改之意，在送行时，示意王队长从后面将其击毙，并下了其部下的枪，将他们解散。

三、袭击以勒乡长吴国祯。一年的农历七月间，李廷珍带人去袭击参加围攻游击队、敲诈勒索穷人的以勒吴乡长。那时，我已参加了游击队。当天，打听到吴外出，游击队几十个队员在李廷珍率领下，埋伏在吴回家时的必经之路的包谷林中。晚上，月亮很明，吴乡长带起10多个乡丁，慢慢而来。李廷珍一声令下，游击队员一下子从几面冲了出来，把他们围住，吴部措手不及，枪全部被缴了，并活捉吴乡长。此后，吴乡长表示再不带人袭击游击队，并答应向游击队提供一些弹药，游击队便叫他找保人保出。

四、袭击对坡土豪。大约是1936年农历八月份，李廷珍率部攻打对坡大地主舒应庆家。这次共去了七八十人。舒家家丁很多,他叫一个姓周的队长带人来打我们,被游击队击退,舒也被打伤,赶快退走,退到一个山边,游击队一枪打去,把周头上的白帕子打掉,吓得他嘴青脸青,急忙率人逃跑。这一次,缴获了他一班人的枪弹。战斗结束后,我们便退回发贡。

五、夜袭王必任。1937 年,母享区民团队长王必任把我父亲抓去,并对他进行严刑吊打,要他交出李廷珍。我父亲回答说:"儿大爷难管,水大不跟沟,我管不着他。"王看达不到目的,要我家交出 2000 元钱,说是给他部下抓人的草鞋钱。当时,我家很穷,没法交出这样多的钱,他就继续把我父亲关在牢房中,不断折磨他。李廷珍接到消息,便给王必任来信,说如果再折磨我父亲,将对他不客气。后来,我家中又托人去办交涉,答应借 100 元钱去赎我父亲。王必任派人送回我父亲,我们家中推豆花、称肉请他们吃。第二天借钱交给他们,他们才走掉。此后,李廷珍就经常派人去打听他的消息。王必任平时作恶多端,他家周围农民对他恨之入骨。一天夜里,王家不远的一个农民到发贡告诉李廷珍说:"大队长,今天晚上王必任回来了。"并告诉了王必任住的地点及在家的人。当天晚上,李廷珍带 10 余人去袭击王家,到了王门口,将门踢开,冲了进去。王必任从梦中惊醒,突然看见李廷珍,吓得浑身发抖。李伸手卡住王的脖子。这时,对面也被几个队员打开,将其部下抓来捆起。王必任进行反抗,被一队员拔刀在其大腿上捅了几刀,并把他抓来捆起带走。王必任求饶,并答应不再迫害游击队员家属,李廷珍放了他,他反而到镇雄告了一状,并躲在他家的岩洞中。王必任家洞在青杠个岩凹上,下面砌起两丈多的墙子,墙子上没〔设〕有封尖。李廷珍接到消息后,就派人去打,用竹竿绑成长楼梯,队伍赶到碉前,王用枪封锁住,游击队员架起楼梯,队里有两个善于攀援的人爬了上去,从墙头上向洞里打枪。王的人看到他们上去,吓得枪都拿不稳,王急忙磕头请罪,游击队缴了他们的枪,又将他放了。

六、围攻木黑乡公所。1937 年农历八月份左右,游击队经过木黑,正在休息,木黑的乡丁跑来,打了几枪,打伤了游击队的人,并扬言要消灭游击队,李廷珍叫人把乡公所围着,打开碉门,冲进去把乡丁的 20 多支枪缴了,并对乡丁进行教育后,又放了他们。

七、识破内奸。打了木黑乡公所后,我们捆起木黑李乡长,走了一段,经过教育,他表示以后不再与游击队为敌,就放他转木黑。不久李乡长到县上报告,陇承尧就派独立营来围攻我们。我们隐蔽在发贡深山老林中,陇承尧的人找不到游击队踪影,就收买了一个叫李兴邦的土匪,带起 20 来人枪投降我们。游击队将其部收编为一个小队,并由李兴邦担任小队长。他了解到我们的活动情况,随时报告陇承尧。游击队派进城里侦察的王占斌(陇家的佃户)回来后说:游击队中有奸细。李廷珍接到报告后,怕误伤好人,就暗中派人监视李兴邦的行动。过了两三个月,逐渐发现他常私自派人进城。一天,母享区长派林开珍率民团从楠木桥来发贡岩口,准备相机进攻游击队。李廷珍便派人突然把李兴邦及其部下的枪下了。见游击队有了准备,就又把队伍带回楠水窝。李兴邦被抓后,他赶快坦白说,陇承尧收买了他,答应帮助解决李廷珍后,让他到独立营供职,并连连承认错误,说他有眼不识泰山。李坦白后,李廷珍就把他放了。……

母享游击队与贵州阮俊臣的游击队不是一支游击队。母享游击队是红军川滇黔边区游击纵队司令刘复初到母享来组织的,在其活动时期,阮俊臣已经接受招抚。阮俊臣也从未到母享游击队中来过,只是母享游击队中黄华先常到毕节找阮俊臣,互相有过联系,但不是从属关系。母享游击队在活动中,曾提出过"活捉陇承尧,打倒卖国贼,驱逐洋鬼子"的口号。

口述人:李全珍,男,68 岁,镇雄母享岩上人,原母享游击队队员

地点:李全珍家中

记录整理:刘顺和

(录自云南镇雄县委党史征集研究室编《红旗卷起农奴戟》,1991 年印行,第385～395 页)

# 我知道的黄华先和阮俊臣

## 陈德宽

我是在毕节时,听说黄华先加入了中国共产党,并出外去了几个月,大概是去进什么军官学校。后,黄转来毕节,要我也入党,由于缺乏这方面的知识,我说我不懂。在毕节,我们住在"八一三"旅社,和孙炳奎们在一起。孙和黄经常联系,并根据阮俊臣的安排,孙又到外边去联系。具体内容不清楚,因为是保密的。

黄华先和阮俊臣是哪年分开的,记不得了。分开时,阮到贵州开展工作,黄华先就在母享一带组织队伍,并和吴清顺大队联系。一段时间,两个队还住在一起。我们在串九刘家山一带活动,可能有几年,驻房是用树皮子盖的。以后滇军陇森文部来打我们,我们驻在刘家山的只有100余人。由于滇军人多,武器装备比我们好,我们被迫突破〔围〕转移。这次战斗,我们牺牲了3个队员。此后,我们还是坚持战斗,直到黄华先同志遇难后,队伍才解散。

口述人:陈德宽,男,汉族,78岁

时间:1983年12月7日上午

地点:母享上街陈德宽家

采访记录:李英才

张翼明整理

(录自云南镇雄县委党史征集研究室编《红旗卷起农奴戟》,1991年印行,第396页)

# 胡昆、黄华先等人的活动

陈林秀 胡亮华

胡昆,学名胡德轩,1911年生于母享串九,家庭贫穷,1918年至1921年在串九读私学,此后在家务农。当时,母享是土司官陇家的天下,陇辅臣第四子叫陇四官的把持母享串九,横行霸道,看到哪家妻、女长得好,就要霸占,当地人民十分愤恨。陈南昌是陇四官家佃户,陇四官看上陈南昌的姐姐,就要抢去做丫环,陈南昌等佃户十分愤怒,就联合起来,拉拢为陇四官家背枪的家丁10多人,这些家丁实际上都是佃户,他们在一起袭击陇四官家,把陇四官抓住,后在母享河边放掉了,陇四官就调人来杀了几个反佃的人,其他有的便逃到贵州。胡昆与陈南昌等有联系,陇四官要杀他,胡昆就被迫离开母享,到贵州去当兵。

1934年,胡昆拉出几个黔军,在母享组织了一些人,与地下党员范敬章在一起活动,打过把持地方、敲诈勒索人民的平山堡朱乡长、金银山朱保长家。当时海子街农民沈克民说胡昆是绿林自卫总司令,专门打富济贫,为民除害。胡昆的活动引起当时国民党政府的注意。

一次,胡昆到对坡与范敬章等人联系准备打对坡场杨砥中家时,被杨砥中调毕节保安团去打,把范敬章抓住,母享的黄金方也被打死。当时打死的人很多,胡昆就把剩余的枪支藏起,找到阮俊臣,参加了阮俊臣的队伍。

阮俊臣常到尾嘴一带活动,打毕节金银山等是从黑树起身的,阮俊臣的指挥部就设在朱堂普家,周围尾嘴、苏木都扎起阮的人。有一次彭云辉牺牲,抬到串九开追悼会,用大木头埋掉。阮俊臣策动陶树清起义,率队到花朗坝合队,胡昆也是一起去的。游击队打散后,胡昆回到母享与黄华先一起活动,在母享陈司仁家被阮辅臣的人抓着,关到母享区公所,家中请人去说情,背了不少花钱大板去行贿,并交了留在对坡的枪支。陇家说,只要改邪归正,不再做乱事就算了,此后就把胡昆放了。

胡昆出狱后,就在母享中街李金方家房子中开茶馆,实际上是游击队的联络点,由黄华先出面组织队伍,胡昆给游击队通风报信。不久,胡昆打入国民党母享区分部任宣传员。

黄华先的队伍组织起后,以刘家山为根据地,刘家山到处是大老林,山顶上有三个小山包,中间是一个大坪子,有10来亩左右,黄华先的第二大队就是在山头坝子上安营扎寨的。刘家山战斗,是陇生文带滇军来打,滇军分三路进攻,一路从关口上,一路从串九爬望乡台,一路从黄猫寨爬古家地梁子,滇军刚一翻丫〔垭〕口,就被黄华先的哨兵发觉,被打死几个,据说,机枪射手都被打死了。爬望乡台一股,未到范家坪就与吴清顺一股接触,关口来的那一支也是与黄华先的主力打,也被打死几个,游击队撤下刘家山后,一直到青龙山一带,被滇军追击。

康传斌〔兵〕到母享暗害黄华先的那次,胡昆都提醒黄华先,说康是黄鼠狼给鸡拜年,没安好心。黄华先说,不怕他,他这几个人,用手指甲都掐得死。黄华先被害后,陇家发现胡昆与黄华先有联系,要杀胡昆,胡昆又逃到贵州。此后,胡昆回来,陇德超叫王涵和胡弟宣来对胡昆说:原来就饶了他的死罪,现在继续搞乱事,就要杀胡昆。此后,胡昆离开母享,陇德超就派人把胡昆的五哥胡德才抓去,说跑得了和尚跑不了庙,以后又借口叫胡德才背起枪到小关口那边催租子,又派人去把胡德才打死在小关口,说是土匪。

黄华先拉起队伍,提出过"打倒陇承尧,打倒卖国贼,驱逐洋鬼子"的口号。

口述人:陈林秀,女,77 岁,胡昆之妻

胡亮华,男,55 岁,胡昆之子

地点:母享串九胡亮华家中

时间:1987 年 10 月 11 日

记录:刘顺和

(录自云南镇雄县委党史征集研究室编《红旗卷起农奴戟》,1991 年印行,第403～405 页)

# 黄华先游击队在母享一带的活动

胡志远

我们母享这一带，解放前是陇家的天下，陇氏弟兄横行霸道，在母享要打那〔哪〕个打哪个，要杀那〔哪〕个杀那〔哪〕个，因此，当地的穷人和一般的中小地主对陇家都极为不满，要联合起来，推翻陇家的统治，打倒欺压人民的陇承尧。湾沟吴清顺家有一个妹子，陇承尧的人王连成来提亲，吴清顺不同意，王连成就派人来抢去。以后，陇家就要派人来杀吴清顺，吴清顺就逼迫起来反抗。

黄华先同吴清顺在毕节住了一段时间，黄华先就回来了，把队伍带起经大嘴沟到毕节、镇雄交界的高家山。不久，黄光明、王伯川他们也陆续赶到了。游击队成立不久，我们到林口，住在箱子厂，遇到加戛家（土目杨砥中家，住于林口）一个家丁。我们派人去办交涉，说只是借路过，准备下四川。当晚，杨家的中队长周青就送了一些东西来给我们吃。住在箱子厂时，我们整个支队的人都是在的。有第一、第二、第三、第四大队，由詹绍武率领。

第二天早上，杨砥中的人就由周青率队将我们围住。这时，我们刚起来，有的正在穿衣服，有的正在洗脸，听到枪响，我们大队的黄华先叫大家不要乱，要沉住气，于是，就率领我们房子中的五六个人冲出去，带起第二大队的向杨砥中的队伍反扑过去。杨部抵挡不住，急忙后退，一直退到林口街上，把他们压进碉中，碉门关上，后来，我们没有攻碉就走了。

这就是林口打杨砥中的大体情况。

从林口过来后，我们就下四川，又转到威信的石坎子。那时，石坎子有一支队伍，为首的叫王发成，有几十条枪，黄华先要去动员他参加游击队。到石坎子，听说独立营的来打王发成，王已经把队伍拉到山上去了，我们叫王发成家管事到山上去找王，王回来后，杀猪打酒的〔地〕招待我们，并要我们一同反击陇承尧的队伍，到天亮时，王发成单独把队伍带起走了，就没有同我们一起去了。

早上，我们出发，刚到王发成家房子背后的坳口上，遇到镇雄独立营第一连和第四连两个连，说，这条路我们奉了命令，不准通过。我们就顺着沟过去。我们刚到沟脚，独立营的就朝我们开枪。沟中有一堵墙，黄华先率陈国林、杨老咩和我共4人以土墙为掩体，阻击敌人，并命令其余的人继续前进，并边走边布置人选择有利地形，组织伏击。他们布置好后，我们就飞快地赶过去，这样轮流堵截，我们一直退到了四川水潦的陇杠。

我们队里有个高号目,他见独立营紧追不舍,就对黄说:"二哥,独立营的火线,你不打,他们就不会退。你边打边退,他们就会追起你打几天。"黄华先一听有理,就命令王伯川大队、黄光明大队各大队抽出 10 人,第二大队抽出 10 人,共计30 人,由黄华先指挥,向独立营的第一连、第四连冲去。那里有一个台地,上面长满桦槁树,我们从横边冲过去,独立营的第一连、第四连急忙后退,把机枪弹盒都丢了。这次战斗,我们的人没有伤着,此后我们就收兵了。

接着,詹绍武与黄华先、王伯川、黄光明研究,准备趁夜摸独立营的夜螺蛳。此时,独立营的人驻山上,我们在山这边,两相对峙。入夜,敌烧起几堆大火,我们悄悄攻上去,扑了个空,敌人早已退走了。

第二天早上,我们从大渡口到贵州的镰刀湾,又转回云南镇雄,当天住锅圈岩。陇承尧的队伍驻在母享街上,住了两三天。这时,陇承尧派人送信去给王伯川,要王伯川解决黄华先。王伯川原是陇承尧手下的一个排长,此后,出来搞明团暗匪,黄华先、吴清顺组织起游击队后,王找他们联系,加入游击队。王伯川被陇承尧收买后,回信说,无法解决黄华先,但可首先解决詹绍武。于是王伯川带信给詹绍武,说有人介绍得有一笔生意来,叫詹绍武速去商量。

将近中午,黄华先带着我和施在高 3 人到詹绍武那里去玩,见其不在,黄问詹绍武的部下,其警卫员说:"王大队长说有一笔生意,请过去开会去了。"黄华先说:"什么生意,怎么连我也没有听说,走,我们去看看。"我们到王伯川那里,刚进门,就听到里面乱烘烘〔哄哄〕的,王伯川叫解枪。黄华先见事火〔头〕不对,赶快退出来,我们退过小坡上,黄华先大骂王伯川说:"王伯川,你起黑良心,当时吴清顺要杀你,我都不肯,你招呼着。"原来,吴清顺在合队之初,就怀疑王伯川与陇承尧曾经有联系,提出要解决王,并将此意见对黄华先说,黄华先不同意,说:"这个队伍是刚刚才组织起来的,一开始就在内部杀人,不利发展,等以后再说。"

吴清顺见不杀王伯川,恐遭其害,就提出单独去活动。王伯川听到黄华先骂他,出来说:"大队长,我也没有办法,我是奉指挥官的命令。"黄又骂了王几句,恐吃王伯川的亏,便把我们大队的七八十人拉到母享街上。此时,陇承尧已经不在母享了。

小干河在镇雄、毕节交界的地方,靠近苏木、泥坝。一天,我们扎在小干河,早上吃饭后准备出发,突然听到枪声四起,我们冲出房外,一看,原来是毕节保四团的由尾嘴到苏木泥坝,将我们包围了。这时,我们尚有300余人,詹绍武尚未遇害,王伯川队和黄光明队与我们都还在一起。由于遭到敌人的突然袭击,各队一时慌乱起来,黄华先跑去见詹绍武,要各大队把子弹解下来,留给第二大队,抵制毕节保安团的进攻。但各队慌乱起来,詹已没有办法指挥,我们在那里抵抗了约两小时左右,趁敌人枪声稀疏,我们就后退了。

那天,太阳很大,保四团的一直追起我们打到响午过。各大队撤退各大队的,无法统一指挥。由于没有组织有效的堵截,伤亡很大,特别是黄光明大队,死亡最多。黄华先见情况不妙,带着队伍,杀开血路,冲出重围。

我们边打边退到水箐口,此时才〔只〕有一二十人了。后来敌人又追到水箐口,把我们打散。我就跑到罗开举家,把枪藏起。后黄华先派人来找到我们,我们又取起枪,与黄汇〔会〕合在一起。一直找几天,才找齐队伍。这一仗的具体时间记不得了,那时,正在收庄稼,大约10月份。

此后我们退到刘家山,这里是我们活动根据地。黄华先是二大队,当时驻刘家山,吴清顺是四大队,驻刘家山侧面的黄猫寨。一天,天刚亮,我们做好饭,准备吃了后出发,当时我、邓彪、刘顺祥同黄华先到外面去,想寻点野味来下饭。刚到山边,看到从背煤丫〔垭〕口(刘家山靠青龙山那面)经范家坪一带有滇军来了。敌人离我们约有五六十米远,看到敌人的钢盔发亮,听到滇军的刺刀响和人拨开树子的声音。看到滇军来了,黄华先就说:"敌人来了,赶快开枪。"

刘家山一带是大森林,树子有一抱多粗一棵,地下到处荆棘丛中〔生〕,听到黄华先的命令后,我们几个便闪身躲在大树背后,阻击滇军。随着我们的枪响,击毙了数名滇军,但滇军来得很多,仍向刘家山山顶二大队驻地分头进攻,枪声密集。

听到敌人的枪声,扎在棚子里的队员就赶快跑出来还击,各中队分头堵住山口,各自为战。战斗进行了约莫半小时左右,看到滇军的人越来越多,机枪、步枪一齐向我们开火。看到抵挡不住了,黄华先就命令队员后退,并派陈国林率人在后面掩护。我就和黄华先及其队员撤退到范家坪,然后经母享河边到林口。

有一次我们从木黑经过,遇到一家人结婚,见我们去,就跑了。我们没有出现违反纪律的现象。

在母享街上,遇到康传兵,他先前与黄华先是金兰之交,陇承尧就派他来杀黄华先。开初,康说,不要说捉活的,就是死的,我也没有办法。陇承尧说:不抓来黄华先,就拿你康传兵来抵,康就到母享来暗害黄。

听黄华先说,詹绍武是四川上来的,当时,还要带大队伍到镇雄来打陇承尧,詹绍武初到时,带得有 10 来个人来,以后常有人到,都是带有短枪的,他来时,是从毕节那面过来的。

以上事情,由于年代久远,具体时间记不准了。

口述人:胡志远,母享镇人,67 岁

时间:1987 年 10 月 12 日至 16 日

地点:母享镇胡志远家中

记录整理:刘顺和

(录自云南镇雄县委党史征集研究室编《红旗卷起农奴戟》,1991 年印行,第408～412 页)

# 母享游击队后期活动情况

## 范泽章

据说，黄华先过去就与刘复初、阮俊臣他们有联系的，后来，他们在毕节也有联系，黄华先过毕节后，黄福先组织起人在母享活动，写信给黄华先，黄华先才回来的。吴清顺是惹着当地头的人才被迫出来的。听黄华先说，他们曾在毕节与阮俊臣、詹绍武、吴清顺、黄于龙、黄光明等在毕节的新街一个大房子中拜过把。詹绍武是阮俊臣派来领导我们几个大队的人。

具体年份记不得了。有一天，黄华先到我家中，叫我同他们一同去。我说，我人年轻，没有见过世面，黄说：我让你在我身边，我死得、你也死得。我又推说没有打过枪，黄说：母享的人那〔哪〕个都清楚。我同他一起去到刘家山那边。住了几天，王伯川、吴清顺、黄光明也带起人来了。

詹绍武来了后，我们就编队，第一大队长吴清顺，第二大队长黄华先，第三大队长王发成，第四大队长王伯川，第五大队长黄光明。编了队后，我们就集中活动，准备下四川。当时，王发成队没有来合队。我们就一起行动。

### 打木黑乡公所的碉

我们曾在木黑去打过乡公所的碉，由吴清顺打前站。我们去时，碉已经打开了。碉中几十挑大烟。木黑有家姓张的正在办酒，有一班多人送亲，我们去那里，他们怕了，都爬起跑掉，第二大队就住在这里。我看到人多队伍杂，怕出事，就对新娘子说，你快去躲起，她就跑到山上的庙子中去躲起。

我们住在木黑，遇到民团的人由果珠方向过来，我们住在木黑坝子里，他们一来，便吹问答号，我们用号音回答，号音没有对上，他们就说：是吴清顺、詹绍武的人，并向我们散开包围开枪。我们第一、第二、第三个大队吹起冲锋号前进，一个冲锋，就把敌人击垮，敌人逃跑回去了，我们仍住木黑，并作好准备，以防其调兵进攻，住了两三天，民团的不敢来了，我们才继续开走。

以上是过木黑的情况。

不久，我们想到四川去，曾经过锅圈岩。黄华先、詹绍武他们决定到四川与四川队伍联络，我们第二大队打前站，遇到杨七麻子家步哨去对杨说：他们标标杆杆的，从这里经过。杨说：我们调集七八百人枪，他们还不够我捉。杨叫人对黄说：你们停在箱子厂，明天玩几枪，并抬了两头猪、两龙坛酒，买一些纸烟来，想把我们灌醉。第二天刚天亮,我们正围着柴堆烤火取暖(当时我们住在山上)。敌人就从林口出发向我们进攻,一阵枪,把柴火都打熄掉。黄华先叫大家快散开,此时,杨砥中部从湾子头上来,我们抢占两山高地,敌发起进攻,枪声密集,我们不动声色,等敌人靠近,就捡起大石头,一阵乱打下去,将敌人击退。

我们一个冲锋,把敌人追回林口街上,围攻杨的碉,没有攻开,听说敌来援兵,我们就走了。

### 四川可竹沟战斗

我们进入四川,后到石坎子与陇承尧的人打,我们一直退到四川可竹沟、鹿角乡一带,遇到当地民团,围着我们,把我们压在沟中,枪从四面打下来,把我们的队伍打散。此后,我们又集中起退回镇雄来。

### 小干河战斗情况

我们同保安二团在鱼洞区的小干河一带打。这一仗是 10 月间的一个白天打的。我们头一夜住在那里,太阳刚出,保二团从母享方向过来,我们饭都没吃,就看到他们翻丫〔垭〕口了,把我们追上关火梁子,此后,我们退到毕节水箐口,当天晚上,又拉回黄毛寨。

要过年了,我们就转回刘家山,吴清顺说,我们住在刘家山,二大队住在蚂蟥沟梁子上,如果有敌人,我们这里枪一叫,你们就知道了。我们在山上砍树搭棚,用丝栗树皮来盖起棚子,二大队连哨棚,厨房共五个棚子,每间可住十五六个人,当时一个大队才六七十个人。我们就在刘家山过年。正月十二,护卫团的又带起军队,从刘家山对门过河翻丫口下来,来时,天尚未亮,在煤炭丫口架起机枪。天亮了,敌进到我们驻地附近的山脚下,被我们发现,陈国林还在开玩笑,他喊我说:小老飞(我的绰号),你看,树林里有毛羊咾在拱。我说:省军都下来了,还在二玩二醒的。滇军越走越近,听见他们的钢盔与刺刀的撞击声,拨开树木的声音。我们当时正好开饭。就接上火了。

看到敌人来了,我对黄华先说,快走! 黄说,这时四面都是敌人,朝哪里走。我说,从煤炭丫〔垭〕口冲出去。我走在前头,刚爬乌梅刺笼笼,见滇军 4 挺机枪架在丫〔垭〕口两侧,向我开火,我急忙卧倒在刺笼之中,泥巴打来我浑身都盖满。黄华先叫我快退回去。这时,有陈国林、黄福先、黄华先和我们 4 人在一起。黄福先说:今天怎么办,只有死路一条了。

我自恃年青〔轻〕力壮胆子大,说,再给我一支枪,让我走在前面,一路打出去。

来到路口上,见几个滇军,我靠着一棵大树倒下,头枕着一支枪,朝他们喊:"来!来!来!我给你们撩倒几个在这里。"几个滇军举枪正要向我开枪,我一翻身就隐蔽到树后,大喊,弟兄们快开枪,几个滇军不知虚实,翻身就跑,我们4个乘势冲出,将这一路的几个滇军击溃,他们钢盔、盐巴都打落在地上。

我们冲到半坡,一些滇军看到我们,喊着抓活的,我们就同他们扭打起来,把滇军放翻,那时,敌我混在一起,他们不敢放枪,怕伤着同伙。我们乘势顺着坡滚下去,边滚边拉着树枝。滚到一个密林处,我们停下来,前面有一稍平的地方,怕敌人开枪,我就用一根长棍子去打乌梅刺的叶子,进行试探,见没有枪声,知滇军已冲到山上去了,便与黄华先他们从这里梭下去,此时二大队的人也来了不少,从这里一起梭下去。

我们冲到黄猫寨,后到河边,进入后槽。在黄猫寨,我们捉到一个滇军,他捡4支枪背起,被我们缴了,把他枪毙在黄毛寨豪猪洞梁梁,以后人们叫那里为滇军梁梁。

我们一直冲到锅圈岩,住下来搞饭吃,听到刘家山上滇军还在用机枪"剿"。是时,夕阳西下,我们睡在锅圈岩上晒太阳,由他们去打刘家山的古树刺笼。

在锅圈岩,黄华先派一班人装做农民,我提起粪撮箕,去侦察敌情。我们到母享,已是夜深了,见滇军把机枪架在母享街上的阴沟上,睡在屋檐下,酣声大作,我听到烟馆里有人吸烟,就推开门走进去,见滇军一个长官在床上躺着吸烟。我进去,他问我说,黄华先的人有多少,我说不知道,我是种庄稼的。那个长官说,我们把他们打散了,明天要派人去侦察,把黄华先搞掉。

住了两天,滇军走了,陇承尧写信给康传兵来母享,康传兵到母享后,写信给黄华先。我们的队伍从关口上拉到熊家寨。当时,康传兵带信给黄,黄带几个人到街上,后两人在一起吸烟,黄华先的手枪已推上红槽,放在身边,康传兵的是空枪,放在康身边,康要看黄的枪,黄说,你要注意,我的枪已经推上红槽了,康把他的枪放在黄的身边,并趁看枪之时,向黄开了一枪,黄起身来同康扭打起来。康的部下听见枪声,进去帮忙,杀了黄的腹部一刀,黄顿时倒地。我们听到黄被害的消息后,便从熊家寨冲上来,要解决康传兵的10多个人,但康杀死黄后,便带起部下逃跑了,并要迫害我们,我们就分散开了。

### 阮俊臣在簸过河的情况

听说,阮俊臣被敌人追到簸笠,前面有人堵,后来把队伍布置在河这面掩护,向河对门开火,那面的队伍看到堵不住,才退着跑掉。

此后,阮的队伍被招抚了。

口述人:范泽章,74 岁,母享街上人

时间:1987 年 10 月 12～13 日

地点:母享街上范泽章家中

记录整理:刘顺和

(录自云南镇雄县委党史征集研究室编《红旗卷起农奴戟》,1991 年印行,第
413～416 页)

# 黄华先队伍的始末

范泽荣

红军长征过毕节时,我参加了红军,后由毕节到黔西,与犹国才部打了一仗,我就回来了。

记不得是哪一年了。一天,黄华先在母享街上他家中对我说,他在贵州加入了共产党,叫我与他一起干,以后会有好处的。此后,他就拉联起果珠的黄光明、母享关地头的王伯川、湾沟的吴清顺、石坎子的王发成、都的戛的刘海云等一起活动。

我们活动到贵州那边的镇西(靠近林口),遇到阮俊臣。黄对阮说,我们有千把人了,你来领导,我们大家公推你当头头。阮说:我的队伍已经被改编了,我写信去叫我的一个朋友来。他就写信下四川。

此后,詹绍武就带一班人枪,与黄的队伍相会。詹的人,清一色的手枪。不久,王发成、吴清顺的队伍就拉起来了。这时,我们准备下四川,拉联队伍,共同打镇雄城,活捉陇承尧。

一、林口同杨砥中之战

我们到四川,经过林口,在厢子厂一带,曾与杨砥中(当地土司、大地主,绰号杨七麻子)打过一仗。杨听说我们经过那里,就去调集林口附近的 800 名敌军来打我们。当时我们 5 个大队在一起,共有千把人,声势很大。我们在厢子厂驻下后,杨就放侦探去探我们的情况,他派去的侦探一叫张光龙,一叫邓正兵。邓正兵是母享人,我认得他的,他在我们驻扎的隘口遇到我,就对我说,杨砥中在毕节调来了 800 大军来,要打你们,你们要小心。我问他什么时候打,他说:不到天亮就要来,你们要作好准备。我把这个消息报告黄华先,黄就对詹绍武讲了,詹就叫各大队作好准备。

厢子厂是一个大沟,两面青山对峙,中间有一个小坝子,里面有几家人,我们人住在四面山上,黄等住在人家之中。詹与黄等事先商量好,我们 4 个大队,每队有一支〔把〕号,敌人进攻那〔哪〕里,那〔哪〕里就吹号,各大队就去增援,由号声指挥。天刚亮,杨率部从林口出发,顺沟而来,先进攻黄华先大队,黄部司号员一吹调号,各大队就抢先占了两边高地,并集中火力攻击敌人,将敌打散,压到沟中,杨部急掉头回窜。我们又吹起冲锋号,一直追到林口街上,将杨围于碉中,其余四散。我们集中火力,围攻敌碉,由于没有重武器,一时攻打不下。这时,杨到碉上办交涉说,不要与他打了,游击队借路过,他调人来打是他的错误,叫我们让他一个车马,后又听说陇承尧的独立营派人增援,我们就撤退了。

二、石坎子战斗

陇承尧的人追着我们,听说王发成同我们拉联在一起,就派韩、宗二连长率人去抄王发成的家。王发成家送信来联络我们,我们各大队的头头商量后,就率队到石坎子,见独立营的人去抄王发成家,我们就围着王发成的房子,我们同敌人周旋了好长时间,将敌人打败后,就转母享。

三、水箐口战斗

石坎子战斗后,我们又拉过毕节,我们住大水箐口的菖蒲田。那时,我们这里有刘海云、黄华先两个大队,詹绍武随我们在一起。时间大约是 10 月间,我们沿途写了"打土豪""杀贪官"等口号,来到菖蒲田,就在这里住〔驻〕下了。

菖蒲田青山四围,中间是一个二三里宽的大火草坝坝。这里到处是沼泽地带。坝子中间,有一个小村落,住着一家安姓地主,派人给保四团的送信,保四团的人就从黑树一方过来,从四面山上,将我们包围起来,最后缩小包围圈,将我们包围在安家房子中。那时,正准备集队出发。保四团的围着我们 200 余人,詹绍武就布置黄华先的二大队顶着敌人打,并从房里率其余大队冲出去。由于保四团的火力太猛,机枪、步枪一齐向我们打来,我们支持不住,边打边撤,我们的伤亡很大,队伍被打散了。此后,我们就退到刘家山一带梁子上,摆脱敌人火力的尾追,逐渐集合部队。

四、刘家山战斗

我们在刘家山一带逐步将队伍集中到一起后,已经快到年关了,我们就住〔驻〕在刘家山。刘家山当年是一片大老林,黄华先叫人搭起三个叉叉房。当时,只有二大队扎在这里,我们就在刘家山过年。

这段时间,吴清顺正遭滇军尾击。正月十二,吴清顺也撤到刘家山半坡的范家坪,写信给黄华先,信中说,滇军追着打我,怎么办?是撤退还是在刘家山打。黄华先回信说:敌强我弱,宁肯让开。吴又回信说:滇军与毕节保安团追着打,到处是敌人,让是让不开的,这里地形好,干脆在这里打一仗火。并说:如果滇军先进攻我们,你们就打增援,如果先打你们,我们打增援,这样,互为犄角。

一天,天尚未亮,滇军就分兵三路,向我们发起进攻。一路从黄猫寨上古家地仰攻黄华先,一路从母享爬望乡台上范家坪进攻吴清顺部,一路从尾嘴出发经梭坝翻煤炭丫〔垭〕口上刘家山仰攻黄华先部。

刘家山拔地而起,地势险要,山上起峰,有三个小山头,中是一道山沟,我们就住在这个山沟中。三个山峰脚我们各搭一间哨棚,黄华先住在中间一个哨棚中,陈国林和范树云扎在靠古家地一方,我扎在哨棚靠尾嘴一方。

我们也是有准备同滇军打的,放得有步哨出去,滇军进攻,被我们步哨发现,转来汇报,黄华先叫各部赶快开饭,并带人分头去阻击敌人。是时,古家地一股先到,黄到古家地,与滇军作战,凭借险要地形,抵抗滇军进攻。但滇军人多,一会儿就分头爬到四面山头。同时,煤炭丫〔垭〕口一股也赶到,将我们两面夹击,四面围攻。我们的人刚拿起碗,准备吃饭,就听到山头四面响起枪声,把碗一丢,就三面阻击滇军,派人叫一大队增援。但范家坪一带也响起枪声,知一大队也与滇军遭遇。我们在山上打了一天,滇军也冲到山头老林中,到了山头。我到天黑才摸起下山来,吴清顺他们也由范家坪撤到山下。

此后,我们经过何家寨到初都(现阳光、平桥乡一带),在初都一带二大队住了三天。听到滇军退了,我们就转移到对坡,在对坡住二十来天。这时,我二哥被滇军抓住,叫他把我交出,后将我二哥范泽华杀在母享。

五、詹绍武、黄华先遇害的情况

詹绍武遇害,是我们从四川上来时,王伯川就率队离开我们了。我们从林口回来到锅圈岩时,王写信给詹绍武,说有一个大户人家,要打100多挑烟,叫詹去商量,詹绍武去后,就被王抓去捆起送陇承尧被陇杀害。

刘家山战斗后,黄华先从林口到母享街上遇到康传兵,康过去与黄是把兄弟,后黄被康杀害。

六、第二、第三、第四大队住木黑的情况

一天,我们转到木黑坝子,有一个姓张的人家办喜事,看到我们去,就都跑光了,那家进亲的都有一班多人枪。我们几个大队住在坝子头。黄华先派人到处去喊,叫他们不要躲,快回来,每个人都有这样一节,你家办喜事办你家的,但那家不敢回来。黄华先怕人多杂乱,东西失落,就对詹绍武说好,由二大队住在这里,帮他们看着家。那天,那个新娘子躲在山上的尼姑庙中,没有人敢去调戏他。第二天,我们走时,还把他家的东西点给当地的老百姓,请他们代为管看。

七、黄华先、吴清顺走上反抗道路的原因及与李廷珍队伍的关系

黄华先与阮俊臣他们原来就是有联系的,至于他在毕节那一段时间是做些什么,我不清楚。

黄华先的队伍,是由黄福先在这里拉起,此后,黄华先从毕节过来,拉联了各大队。黄福先拉起队伍,是因为陇家弄他去打,他寒心了,才与陇家拼的。

吴清顺原来是陇家中队长,后来,陇家的亲信王连成来说吴的妹子做女人,吴家不答应,王就派人来抢去,吴说陇家太欺负人了,以后,陇家要杀他,他才拉起人干的。

李廷珍的队伍,是在刘复初到母享的那一年组织起来的。黄华先曾给李一部分枪弹,以后李廷珍的队伍垮了以后,黄华先的队伍才组织起的。

口述人:范泽荣,77 岁,母享大窝子人

口述地点:范泽荣家中

口述时间:1987 年 10 月 13 日

采访记录:刘顺和

(录自云南镇雄县委党史征集研究室编《红旗卷起农奴戟》,1991 年印行,第417～421 页)

# 吴清顺队伍活动始末

## 吴清发

### 一、吴清顺支持阮俊臣的活动

吴清顺是我四哥,在母享是有几班人枪的。他与阮俊臣有联系。记得有一年,阮俊臣带起队伍经过以勒时,以勒地主陈四毛牛家就开枪打阮的队伍。阮俊臣派人去办交涉说:"我们是借路过的,不扰害你们。"但陈四毛牛不听,继续开枪,将阮队的人打伤。阮俊臣就住下同陈家打。那时,大约是秋收季节,山上没有粮食了。先攻陈家的正房子,打不进去,就放火烧,把陈家的房子放火烧掉。

陈四毛牛突围逃到向家寨的岩洞中,这个岩洞是他家的,修在一个大岩凹中,右边巴岩修一座十来丈的碉,左边在岩上依势修一小小悬在半岩的哨台,有事时,派人在哨台里架起枪,向着攻碉的人打,这样互为犄角,使人近不得碉楼。阮俊臣攻碉攻了三四天,都没有攻下,最后阮俊臣派人去对他们说:如果今后你们还要开枪,我们攻进去就一个不留,你们不打枪了,就饶你们。后来哨台的人不敢开枪了,阮队的黄华先就爬上碉去,把手榴弹从窗子里甩进去,就把陈四毛牛炸死掉。

在攻打陈四毛牛家,吴清顺要叫一个熟悉以勒情况,认得陈家岩洞的人送子弹给阮,就叫我去送,我把两百槽子弹放在筬筬中,上面放点猪草,拿起镰刀,装做割猪草的把子弹背到向家寨岩洞,找到阮的人,把子弹交给他们。这一仗,黄华先的大腿着一枪。阮把伤员抬几个来交给吴清顺医治,死了3个。

### 二、吴清顺被逼出母享

陇承尧知道吴清顺与阮俊臣关系好,如果让他在镇雄,以后对陇家的统治不利,要杀害吴清顺。因此,就写公函来给独立营新四连连长陇德坤,叫把吴清顺杀掉。陇德坤接到信后说:我哥做的这些事,要不得,人家在我们的跟前没有做过狠心事,为什么要杀人家,我就不干。就把公函转给茶木的民团队长林开珍。这时的时间,大约是在民国廿四、廿五年的二三月间。

一天,我同吴清顺一起去赶堰塘,林开珍也带人到堰塘街上,他们两人的关系也较好,林不愿中陇借刀杀人之计,就把公函叫一个团丁送给吴去看。当时,我们正在茶馆中喝茶,看了公函后,他也不吭声,就马上带起我离开堰塘街上,回到母享家中。

到家一小时不到,我们在门外,看到畜牧沟那边来了一队人,不一会,来到街上,原来是陇承尧独立营二连长韩泽宣率队从毕节赶到母享。我急转身进屋,对吴清顺说:"哥,二连的军队来了。"他阴阴淡淡的,闷了一会说:"来了不是,我们要作好准备。"我说:"我们怎么办?"他不说话,站在街上看了一下,闷了好一息。

我进屋去一会,出来一看,也看不到他了。就到处找他,找不到。一直到天黑,他也没有回来,家中人很着急,我就带起一班人枪朝黑树一方追去,估计他当晚要歇黑树,因他爱住在黑树杨永昌家。到了黑树一问,说没有来这里,因他同当地土豪些有矛盾,我们更吓慌了。

天黑尽了,我坐在杨家屋檐下,十分愁闷,突然,抬头看见一个人打起亮从尾嘴那面匆匆忙忙的〔地〕走过来。我迎上去问:"你打亮要到那里去?""你是做啥子的?"他说:"我是尾嘴的,吴清顺今天来到尾嘴,他估计家中要拿人来找他,叫我对他家人讲,赶他去。"我听到,心头才落下。

我随同拿火把的那个人到尾嘴,他当时住在赵得邦家。第二天,他对我说:"家头住不得了,你们把枪带回去,各人隐藏好再回来,我们一同到毕节。"第二天,吴住尾嘴,我把人枪带回母享,叫他们把枪拿去分散藏起,第三天我去尾嘴,第四天就到毕节。

三、在毕节的活动

我们到毕节后,住于箱子街。一住就是几个月,我常常回来。在毕节住一久,官地头大地主当时与吴清顺有矛盾,并与陇是一丘之貉,他们说吴与阮俊臣是一伙的,进了两挑鸦片烟到毕节专员公署,买通他们,叫把吴清顺杀掉。说吴清顺是个坏人。

专员公署的一个办事员叫孙丙奎,与阮俊臣有联系,孙得消息,就与吴清顺说:"你们那里有个姓王的派人送烟来,要叫杀你。"过几天,我到毕节,我四哥把这件事对我说了,又说,兄弟,看来毕节在不长了,你休息几天,等我把事情搞好,干脆出去算了,在家要被杀,出来也要被杀,干,干其〔到〕那〔哪〕点算那〔哪〕点。

在毕节,我们碰到果珠的朱怀才,他对吴清顺说,镇雄这些陇家大户,是些烂土豪,要杀那〔哪〕个杀那〔哪〕个,在他们的压迫下你永远伸不起腰来,你们先走着一步,我以后搞到两百条枪,赶你们来,把镇雄陇家搞掉。

这时,听吴清顺说,阮俊臣、詹绍武、黄华先、黄光明、朱怀才等和他在毕节相会研究,并叫我在毕节等几天,他们等詹绍武的人到齐后,就要重新组织游击队了。詹绍武是四川人,他的人在四川,不敢明显上来,陆续来了十二个人,都是短枪,不敢带长枪。此后,吴清顺又对我说,詹绍武的人来了,阮俊臣对詹说,本来要叫吴清顺管几个大队,当司令。但吴清顺说人怕出名猪怕壮,他与陇家是拗的,再当头头,他家一家人怕要被陇家杀光,因此,才研究几个大队叫你统一领导,但你要依靠吴清顺他们。远方的龙神,不如当方的土地,你情况不熟,要打土豪,如何行动,要找吴清顺,吴清顺说干得,你才干,说干不得,你就不要干,不要摆架子,如果你不多多与他们商量,以后坏了火门就拐了,你要听我的话。詹绍武也点头认可。

阮俊臣又对他(吴清顺)说,叫想个办法,把队伍转移到贵州,把王伯川干掉,因为他与陇承尧的关系是割不断的。这时,确定的是第一大队长吴清顺,第二大队长黄华先,第三大队长黄光明(果珠人),第四大队长王伯川,也是表面上与王好,但是用大肚皮装他。游击队的司令员是詹绍武,参谋长黄在忠。

四、楠家寨集中

毕节会议后,黄华先就走开了。我哥对我说,黄老二已经去了,你明天回去,把枪些收好,我晚一点回去,在初都石厂坝等你。把愿来的人带来,不愿来的就算了。我回来后,就在年轻人中串连,带了10多人,20多支枪,第二天到初都,我们就到镇毕交界处的高家山,那时,黄华先、黄光明、王伯川已经到了。到高家山后,吴清顺又检查了枪,把不好的叫几个人背回去保家。我们又从高家山拖到南家寨(黑树庄附近、镇雄地界),在楠家寨住了几天,等詹绍武带起十一个人来,都是清一色的短家伙。在楠家寨研究了下步行动,集中编队,并写信给阮俊臣,就是否要解决王伯川的问题征求阮俊臣的意见。阮回信来说,一个部队初初支个桩,暂时不要解决,这样不利,要解决时,再写信给你们,这像一个家一样,还未理伸,慢一步。

五、攻打林口杨砥中

接到阮的信后,第二天,我们就转移到林口的镇西,当时4个大队1000余条枪,全部由与黄华先有关系的镇西一家地主供给伙食。住了3天,转移到白泥坝,住一夜。有的队员说,吴大哥,林口杨大地主家,我们要到四川地界,他们拿人来堵我们,怕通不过。吴说,通不过? 我要叫一枪一弹都不打就通过。吴清顺写了一封信,通知杨家的两个队长周清和陈应栋。信中说:"我们要从林口过,望你两人维持一下。我们别处不走,一定要走这里。"这两个队长写回信说,依老板的话说,打死多少人都不准通过,但我们人是对了,可以瞒上不瞒下,你们从两山来,每面打两三百枪,不要打人,朝天打。于是游击队结合起队伍,吴清顺讲话说,我们到箱子厂,经过林口,如果发生了事情,大家朝天打枪,不要打人。

我们到林口,林口那里住了几班人,就朝天打枪,砰砰砰砰,一时声势大作,十分热闹。当晚过去就歇箱子厂。吴清顺同詹绍武研究,估计杨砥中一定要来打的,为了削弱王伯川的势力,就把他的人安置在箱子厂街口上,估计一旦发生战斗,那里是首当其冲的地方。黄华先队扎在山梁上,吴清顺扎山腰。入夜,吴清顺对黄说:老二,今晚上不到半夜,你带起你们的人到山上撑(迂回包抄)过去。这时是九十月份了,包谷都收完了,有点冷,黄部烧火烤。天尚未明。听到一梭子弹打来,打在火堆上,火被打得到处飞,人未伤着。一大队听到枪响,知杨部也来,迅速爬上山梁。黄华先指挥大家离开火堆,散开卧倒,让火堆给杨部打。天麻麻亮,四面山露出了轮廓,黄华先带信来说,你们一大队从右方进攻,我们从左方迂回,把火堆让给他们打,你们一大队从山背后迂回包抄过去,我们准备好,一齐按下去。我们迂回到敌背后,这时敌仍然朝火堆方向进攻,我们大喊一声,一下子按下去,把敌人打退。我们冲下湾子,抓到两个人,并一直冲到街上,将杨七麻子围于碉中攻打。没有打进去,我们就走了。

六、楠木窝分队

我们此后,进到四川大渡口,第二天过河到坛厂,休息一夜,又到楠木窝。吴清顺说:今天我们去水田寨,要遇到独立营的新四连,要吃败仗,而且詹绍武听王伯川的话,我们要暂时按研究分开单独活动一段时间。几个大队过去后,一大队就到瓜果休息,后又到熊贝、火草一带活动。

七、关门山之战

过了3天后,我们就转到荒都。荒都在关门山脚。准备打镇长黄镇荣,原因是黄镇荣过去曾联络享地龙大队长来打过我们。

当天,就派了一个侦探去,侦察到黄镇荣在家中。吃完饭,我们就准备出发,这时,第二道侦察就来说,滇军护卫团的开来了,泼机那面的民团也调来了,有1000多人。原来,敌人正在尾追我们。吴清顺出门一看,见关门山那边的敌人正在翻山而来,有几十杆旗子,几十匹马。队伍很大。吴清顺说:"兄弟,走去看一看,今天的火线看来是要打的,退是退不掉的。"我们一起去3个,另一个背着一支好冲锋枪,看到滇军吓得腿直发抖,吴清顺就下了他的冲锋枪,并站在石头上看了一会,说:"打得了。"于是,我和吴清顺就开枪了。敌顿时四面散开。我就叫吴清顺先转去,由我先顶着,他回去把队伍布置好。

我转过沟,找到一个有利地形刚隐蔽好,敌人就冲上来了,被我阻着,他们就架起机枪向我隐蔽的地点扫射,一会,我们这边的人又梭过来两个人,他们说,下面有两挺机枪怕抵不住。我仔细一看,下面果然有两挺机枪,人扑地上,朝我打来。我有点惊了,就翻身爬上来,避开敌人正面火力。我们3人在一起。我堂兄弟吴清莲说:"兄弟,我的手枪打不远,你拿你的步枪来给我打。"他连打3枪,没有打响,我接过来说,我的100多发子弹打了都打得响,你连打3枪打不响。我接过来,3颗子弹都打响了。我说:"你的火头不高,你要注意点。"

我们在那里抵了一个多小时,敌人先派享地龙家的人来打,打不下,又把滇军的人调来打我们。打了一阵,我们这边又调来两人增援。这时,吴维芳说:"我们脚下有人,那边有人,我们这里视野不开阔,我们到你原来的那里去打。"我说:"那面正对机枪,不要去碰。"吴清莲说:"去,过去打。"他们4个过去,我没有过去。刚过去,敌机枪一扫,就被打伤三个,吴维芳打着手膀子,从背上打出去,对直从手膀中打穿出来,吴清莲一枪从气膛上打过去,拉了五寸长的槽,黄子清从背上打进去,子弹没有出来。黄跑上梁子,吴清莲喊我说:"退不得,兄弟。"我说:"你去,放心。"他二人退了。只有吴维芳不能动弹,倒在石旯旮中,气都没有了。这时,敌人上来3个,我打掉一个,打伤一个,跑掉一个。我对未受伤的李海兵(四川营盘山人)说:李班长,我在这里抵着,你去看看吴维芳。或者你顶着,我去看吴维芳。他说:"我顶不住,你顶着,我去看。我的枪没有你的好,你长短枪都有。"

他去了,我在这边顶着打,掩护他。吴维芳〔芳〕的身上背着一个包包,里面装满子弹,李上去,见敌人火力很猛,不敢靠近吴维芳身边,老远伸过手去,把吴维芳的枪一把拖过来,就拿起枪退回去了。

由于我们在的是一个很深的茅草坡,他去了我也不知道。过了一会,不见回来,我堵的那条路口也没有人上来,我就借茅草掩护,爬过去,叫他把子弹解给我。他听到我的喊声,说,好象〔像〕有人打我一榔头,痛得很,我就昏过去了,你要子弹,你不怕你来解,我动弹不得。我听到他的声气,顺着声音爬过去,见他躺在茅草丛中,口中,身上都是血块块,我解下他的子弹。这时,敌人又用机枪向我们这里扫来,把周围的茅草,朗鸡草上打得擦擦擦擦的,齐齐斩断。我说:"你赶快梭起回去,我掩护你。"吴维芳就慢慢地梭回去了。

打了一会,我们这边又梭来项恩周家五爷子。我的子弹打完了,我叫项恩周把他的子弹解给我,他舍不得,只给我两板,我对他说,前面那几个人,我同他们打了几个小时了,看我下去把他们解决掉。我就缓缓地梭下坡去,同他们越来越近,隐蔽在一个石堆后面,同敌正面对打。我侧面有一敌人开枪打我,我就稍一车身,一枪把那个人打倒在地,敌指挥员就一枪向我打来,打在我手膀子上,我一举手,试着没有伤着骨头,也顾不得包扎,就不顾一切,立起身来,端好枪,一枪打去,把他打倒在地,打着他左面的气膛,对穿,顿时断气。他是敌人指挥员,穿得很好,姓什么不知道。他的兄弟来顾他,见他已死,拉不动,返身就跑了,我们六个人一下子冲过去,把敌人机枪弹盒都打落三个,一直打到河沟中。这时一个大汉子,端起一挺机枪逃跑,项恩周说:"小吴,敬开,我们看他如何打我们,他才一个人,看他怎么办。"

只见那个汉子冲上来,又从胸口里抽出一支快枪,一梭子打来,把项恩周的侄儿项天锡的头上打一个槽,当时就倒在地上。那个汉子,反手把机枪抓着就跑了。项家几爷子,服侍起那个伤员走了。

接着,我们的大队人马冲下来,敌人已冲上来了。由于双方的人都穿的是杂的衣服,混淆不清,我们问他们是什么人,他们说是三大队,我们认为是黄光明大队来了,就放他们过去,过一阵,又来一帮人,我们问,他们说是张队长,我们就缴了他们的枪。这时,怕滇军攻上来,我们就退到荒都。并把黄镇荣的老么捉来杀了。

天黑了,吴清顺命令我在打火线的路口放步哨。我带四人去放哨,坐下休息,隐隐约约看见下面河沟中敌正在收尸,民团互相问答口令,被我听到,我叫他们三个守着,我去搞几支枪来。我去找子弹,吴清顺问我回去干什么,我说:"那个中队有子弹,拿点给我去河坝头找点子弹来用。"吴清顺说:"兄弟,你倒高兴。"我说:"有什么不高兴的,到那〔哪〕步说那〔哪〕步的话。"他说:"你看,又是滇军,又是陇生文带来的,又有陇承尧的独立营,又有民团,他们地形又熟,不知家中要被他们搞成什么样。"我说:"不要管他,我要赶快去。"我在下面时,听到他们要砍竹子做9副担架,还差4个,又听到了他们的口令,再晚就占不着便宜了。但吴清顺不允许。一会儿,吃了饭,就出发,准备到水箐口。

八、水箐口战斗

当晚,我们进到菖蒲田,见黄光明跑过来,一下倒在床上哭起说:"吴大队长,我值不得,打来才剩我一个人了,在路上,又遇着打闷头棒棒的,把我一闷棒打在这沟头,我返身过来喊我的老么,也不知他在哪里去了。"

原来,就在我们在荒都与敌战斗的同时,黄光明队和黄华先队在小干河背后,与毕节保四团、保二团的打。当晚,我们宿营于菖蒲田,听老百姓说,黄华先的人白天才与毕节的人打,打死很多,有的用丫丫撑起,明天就要搜山,叫我们不要去。

第二天,我们还是去了。到水箐口,烟笼雾锁,雾气随风,阵阵飘来,雾刚一过,我看敌人远远的〔地〕来了,我叫他们看,雾又遮过来了,没有看到。吴清顺听说有敌人过来,就叫二中队长带人到山下去抵挡。不一会,敌人上来,发现我们,就用机枪扫来。二中队抵挡不住,又无子弹,敌人一色的手榴弹甩来,我们的人只好退到半山,我们的一道防线被冲破。

我带人同曾亚雄的人组成二道防线。但地势不利,我们有人说在这里打这个地形很危险,叫我同他转移,我没有去,去的人刚一过去,就被打垮,我也只好撤退到第三道防线。吴清顺问我去做什么? 我说今天的火线厉害得很,又没有子弹。这时一个躺在地上的弟兄翻身爬起来,拿了20多槽子弹来,给我10槽。吴清顺叫我全部拿起去,说,身边的这些人都是当老太爷的,打不成仗。

我们的第三道防线是一个山丫〔垭〕,地形很好,我们守了很长一段时间,一直打到傍晚。战火十分激烈,敌人一甩手榴弹来,一炸就是几个,敌有一人,枪法极准,看到目标,一打就是一个。到五点过,天快黑了,又是山风带着云雾,阵阵扑来。雾刚一散开,敌人甩来两颗手榴弹,刘海云在我后面的坎子上,随手就把手榴弹甩回去,就把敌人打倒几个,敌人暂时停止进攻。

此时,敌人向我左翼进攻。二中队长找吴清顺,叫派人打左翼,吴就令二中队派一个小队去打左翼,为了不致指挥失调,要有一个懂号音的带着去,就派我去。我们到左翼阵地,先一个猛冲,敌措手不及,被我打死保安团的二人,并缴获一支新俄枪。敌又重新组织火力,猛烈进攻,冲上来离我们20多米远,由于雾气飘忽不定,双方不知虚实,敌也不敢贸然进逼,我方一些人没有见过这个仗火,临阵后退,我用刺刀挡他们,但,他们用手把枪消〔推〕开就开跑,这时,就剩下项恩周等3人,我们就在那里顶着。

我们3人分成三锅桩形,等雾一散开,就打几枪,休息四五分钟,雾又散开,又每人打一枪。我对项恩周说,敌人肯定不敢来了。他问,你怎么知道。我说:"枪打出去,一点不摆,也不后坐,稳稳当当的。"几个都说,对头,我们都是这样,怕不撩倒他几个。于是,我们又趁雾合拢来,就抓紧时间退回去,我们大队伍已经撤退了。我们随后跟进,见对面有好多人,就问他们是什么人,原来是调来打我们的民团,他们的头头说:"你们要走快点走,你们大队长与我们办过交涉的,不要吭声了,免得说我们放你们走。"我才对项恩周他们说,不要慌,他们是朱家和张家的人(尾嘴朱堂普,苏木张开富),大队长是办过交涉的,大家才定下心来,穿过敌人的包围圈。

九、重整队伍

当晚,我们来到刘家山,在范家坪拿饭上去吃,吃了后,又连夜走到苗埂。这时,我们人也走散了。只剩下我、陈永忠及曹凯。

在苗埂山上,吴清顺坐了一个多小时。我们又转到毛坝,我们是白天休息,晚上走路,到毛坝时已经深夜了。毛坝的大地主范家与我们是亲戚,我们把情况告诉他,他给我们20槽子弹。当晚到麻里湾去歇,又到那里找子弹,他们送我们21槽,第三天又转到大山那边,住了三四天,躲在一个半截碉中。到第四天光景,遇到我们的向绍武队和大湾子中队,此后,以勒的人又来了,共有200多条枪。队伍又重新组织起来了。

十、刘家山战斗

此后,我们便转移到刘家山,我们住在老林头。一天,天刚亮,有消息送上去,说黄毛寨到处都是人,被滇军围了,没法出来。说着,就见一敌排长带一挺机枪冲上来了。我们路口上的人同他们打起来,敌人一打就折身,我们抓到敌人的排长,吴问他来的是什么队伍,他说是滇军护卫团及镇雄独立营第一、第二、第三连,团防全部来齐。问他们那〔哪〕一个驻那个口子,他说,他是远路人,不清楚,他们先上老林。问他哪方没有人?他说:哪方都是围好的,只有串九龙潭一方,下面是河流,退下去就是死,没有人围。我们就派一个兄弟送他出去,出去不一会,就听到一声枪响,知那个滇军排长被其打死。吴清顺十分愤怒,他回来就要枪毙他。后大家说情,说大敌当前,不能先打掉自己兄弟,让他戴罪立功。

我们刚出老林,我们的队长向开堂就被放翻了,死伤不小。但打出口子,下面就没有敌人了,我们就顺山退到串九。我和吴清顺、曾亚雄、吴清莲、范德尧几个从黄猫寨翻下来,范被打着,他说着了,说着说着,他就倒下去了。我们4人到对坡一方去,其余的人就从苗埂方向去了。到了对坡街上,住在吴广客家,把剩下的4支枪交给他保管,第二天就到叙永。

我们下四川去半年左右,又从四川回石坎子,王发成的队伍还在,吴清顺叫我和吴清莲去抢,到石坎子去滚大队伍。我脚疼走不动叫吴清莲去取,吴把枪拿了。第二天,曾亚雄又带起滇军去取,吴家说已经拿掉了。但吴清莲把枪拿走后,又不承认。我和吴清顺就转到四川。吴清顺最后死在江安,时间是此后年把的时间。

十一、反击民团进攻

记得有一件事,我们一次住在大山陈家碉中,第二天天亮来,我对吴清顺说,今天要打火线,我们要打胜仗。吴清顺走到门外,看到有两个老鸭在门外打架,就说真的要打,并马上下令,各队马上收拾行李枪支。刚说完,毛坝这边的枪就响了。我准备马上出发,吴清顺挡着我说,有人送信给我,说朱怀才要跟他们打火线。等了好一阵,只听见枪响,不见有人送信来,于是,我们才出去看,看到朱怀才追着一帮人打。大湾子的人一看到朱怀才,说他平时敲诈勒索,就要去打。我们的人冲下去,半路打一个伏击,朱怀才正在乘胜追击,突见半路上杀出一股队伍来,正不知所措,就被我们活捉过来。朱问,你们头头是谁?我说,吴清顺。他说,你带我去见他。我带他去,吴清顺认得他,要放他,几个中队长不干,说:这种人不杀要杀哪个。吴清顺不放口,后与大家讲好,除掉火线上缴获外,另拿3支枪,3箱子弹来给我们,由黄光明到范果梁子去取。第二天黄光明把枪和子弹拿来,打开一看,说子弹都是新的,好得很。我过去一看,原来子弹的火药都是给匀掉的。以勒中队长进去抓了朱怀才出来要杀他,黄光明说,去拿子弹,不知是被湾陇治中家匀掉的,你们先打死我,再打死他,或者让我重新去换子弹来,朱怀才说:大队长,我原来说的话怕不行了。吴清顺就说他,叫他以后不要再作恶多端了,要改邪归正,于是,又说服大家,我们杀了他一个,也吃不成人肉汤,让他给我们弄点子弹补贴用一下也好,朱怀才也表示要改过,于是大家放开他,由黄光明去背起3箱子弹回来,才把朱怀才拿给黄光明带起去。

以后,我们的队伍到花果、茶木、新坪,住于荞子坪,到荞子坪时,庄稼还未收,大约是五六月了。去荞子坪,听说团防大队长陇体民调一帮人来打我们,后被朱怀才劝回去,说,你们去打吴清顺吗?不要去,我都顶不住。那帮人被吓住了,回去对大队长陇体民说,朱乡长叫不要去了。这件事,是在荒都战斗之前。

十二、关于游击队的给养问题

游击队中纪律是十分严密的。我们每到一个地方,都要教育队员不要到处去乱搞,要严守纪律,不要像土匪那样到处乱抢人。至于游击队的给养,都是依靠当地与游击队关系要好的一些大户供给的,因为当地不少大户,也受到陇承尧他们的压迫,所以,他们之间矛盾重重,就支持游击队,游击队到什么地方,便写信给这些大户,向他们借粮来吃,从来没有打扰过当地的老百姓。

与游击队关系好的为母享张开富、朱堂甫家,大湾子那边的陈家,与吴清顺是亲的,吴清顺到了那里,叫当地的陈家佃户背粮食来吃,吃了后打个条子,他们就拿去顶租子了。在贵州地界,与镇西的一个土〈人头〉目的寡妇关系较好,这个女土〈人头〉目男的姓杨,男人死了后,杨砥中欺负她,她就与黄华先他们联系,关系很好,时常向游击队提供枪支弹药及粮食,镇西家家大得很。

1941年初,我们被滇军陇生文的护卫团袭击后,隐蔽在果珠的摆柳坪梁子上。当时,四处大雪封山,又有滇军及民团,镇雄独立营到处"围剿"我们,找不到吃的,又面临春节到来,没有办法,就派人装做佃户,去向当地大地主罗安氏家去借粮,被她家识破,并开枪射击。去的几个队员顺手弄到一些吃的跑回山上,并抓了罗安氏的儿子和儿媳一同上山。当晚住在香林。罗安氏的儿子和儿媳睡在厨房的床上,有两个队员坐在床上去挤,被吴清顺发现,把他二人叫来批评教育一顿,并说,我们要图个名声,你们这样做,就会坏了游击队的名,今天晚上,只准他家两口子住在这里,如果哪个去挤,我抓到一个算一个。此后,就没有人敢去挤了。

第二天,吴清顺就叫当地保长来,把这个女的送回家去。这是我们游击队自组建后打过的唯一的一次土豪。不久,游击队就到以勒新田过年,粮食由向开堂、向绍武家提供。向开堂他们是参加游击队的。这时,一大队陈听高中队的一个游击队员叶吉富听到后,就去对新田的保长、闾长些①说,吴清顺的人要在新田过年,叫他们作准备。

到初四那天,新田的保长、闾长拿起酒,抱鸡来,说给吴大队长拜年。他们坐下后,谈起叶吉富在腊月间来这里,叫准备几百斤米、几百斤肉,吴大队长要在这里过年,并问够不够吃,不够吃再去准备。吴清顺听了后,大吃一惊,说,在这里的给养是由向开堂他们供应的,没有叫叶吉富去布置过。这些保长说,肉,米、酒都交给叶吉富了。吴清顺说,这怎么了得。下午,这些保长告辞走了,吴清顺叫他们第二天来参加开会。

第二天吃早饭时,保长些来了,吴清顺叫各中队组织开大会,在会上,问陈听高为什么叫叶吉富去派粮。陈听高听了说,我也不知道,并说请吴清顺按纪律处

---

① "保长些",西南方言,"保长们"的意思。

理。吴清顺说要把他拉去杀掉,各中队的都表示同意。当即便叫陈听高中队一姓赵的班长把叶吉富拉出去枪毙在山上。

十三、其他问题

游击队中,第一大队的人较多,第一大队的大队长吴清顺,下辖3个中队,第一中队中队长项恩周,第二中队中队长陈听高,第三中队中队长刘德禄。除这3个中队外,还有余劲夫这个支队的六七十个人,张银飞的十多个人,周海云带的30多人,刘海云带的30多人。项恩周后来叛变,陈听高在游击队失败后回到以勒家中,被陇三官调王伯川的队伍去打,陈听高被打死在以勒坝子中。刘德禄在游击队被打散后也被人家杀掉。

游击队散后,周海云去投石坎子王发成,周海云原是杨砥中部下反水过来的,被杨砥中抓去杀了。余劲夫是与詹绍武一同由四川上来的,不知是个什么学校毕业的,身上爱带一根刀带,人年轻。游击队失败后,我们一同到叙永,相处的时间较多。胡昆后来表面上是帮陇家办事,但暗中与吴清顺他们接触得多,关系密切。后来,陇德超说他有问题,要杀他,他就逃到毕节。

听胡昆讲过,他曾在一个监狱中去见过刘复初。另外,林开珍不是游击队的人,是陇德超的人,他与游击队没有什么联系。但林开珍与朱怀才是有矛盾的,所以,朱怀才说林开珍是游击队的头头,目的是要把林开珍搞掉。

口述人:吴清发,68 岁,母享湾沟吴家寨

地点:吴清发家中

时间:1987 年 10 月 14 日、15 日

采访记录:刘顺和

(录自云南镇雄县委党史征集研究室编《红旗卷起农奴戟》,1991 年印行,第422～436 页)

（三）回忆口述资料之二

## 1. 游击纵队在四川筠连县的活动

### 红军川南游击队打进筠连城简况

1935 年农历八月初一,红军川南游击队打进筠连城,国民党三个团防堵,无能为力。红军在筠连县境三进三出。

红军打进城 3 个钟头,敌县长罗从礼逃跑。这个家伙,红军一打就跑了。红军打进敌县府,烧了官轿、官骑和文书档案。还打了监狱,救出了 200 多个无辜百姓。

两个女红军讲了一个多钟头的话。

红军没收了财政科科长杨忠目,和大土豪吴志明的糖果铺的财产,没收了两箩铜元分给群众。一个卖鸡长带的奸商,红军去买,他越卖越贵,后来就没收了他的。

在乡下捉了田跃腾、田子春等 5 个大土豪来到城了,都处死了。一个打在大雪山,一个打在云南盘刀溪。

还处决了一个坏人姓江,红军请他带路,他有意把红军游击队带到一个两三里长的烂泥滩里,人踩下去,下半人身。在这种情况下与国民党遭遇,红军伤亡严重,李桂洪〔英〕在大会上讲了这事,问大家,这个人有没有罪过? 是好人还是坏人,该不该处决。后来把他杀了。

筠连文办在 1975 年 10 月区文物会上汇报材料记录整理

1975 年 11 月

刘克强记录整理

(录自四川省泸州市叙永县馆藏中共叙永县委党史工作委员会档案,全宗号307,目录号 1,年度:1978 年,案卷号 9,第 115~116 页)

## 川滇黔边区游击队纵队在落木柔活动的情况(调查笔录)

川滇黔游击队在落木柔活动情况座谈会

时间:2003 年 12 月 16 日上午

地点:(四川省宜宾市筠连县)落木柔镇党委会议室

参加座谈人:孙国权、邓达明、郭彰林、孙德星

主持:黄祖华

记录:陈金元

座谈内容:调查了解 1935 年至 1947 年期间刘复初领导的川滇黔游击队在落木柔一带活动频繁,有时一年来一次,有时一年来两次,珙县的殷骡子亲自带队到落木柔来打富济贫过两次,游击队活动的主要任务是打击土豪劣绅和恶霸势力,并在当地建立了川滇黔游击队雪山支队,罗玉葱任支队长,任忠高任指挥员,知道的成员有郭野农、李朝殿、何奎兴、何灌等人。何奎兴是中共地下党镇舟党支部书记。另有郭子新是中共老党员,曾与李硕勋、陈林在一个支部活动过,1937 年因身体患病回乡养病后,于 1942 年组织修建了民治乡中心小学(即现在的民主中心校),临近解放时其弟郭孝舟带头闹土匪,企图与解放军对抗。他骂郭孝舟不识时务,国民党的几百万军队都被打垮了,李潜都被打跑到缅甸去了,你们还不清醒吗,几十人、几百人怎么敢给解放军对抗,真是自不量力。是否建立农会的事不清楚,因他们都是秘密活动的。

参加座谈人:郭彰林、孙国权、邓达明、孙德星

2013 年 12 月 16 日

(注:文中所提雪山支队,系口述者将 1949 年由爱国人士组建的雪山支队误为川滇黔游击纵队下属组织——陶)

调查笔录

时间:2003 年 12 月 17 日 13 点

地点:(四川省宜宾市筠连县大雪山镇)东红村新民社刘可群家

调查人:魏灵之、鲁丽    记录:毛俊

被调查人:刘可群,年龄:93 岁

调查事件:1935 年至 1946 年间红军、地下党在原落木柔乡活动情况

问：老刘，请将你了解的1935年至1946年间红军地下党在落木柔乡活动的情况给我们讲一下。

答：大概是1934年间，红军队伍约三四十人从落木柔乡经过，将地主喻少修抓到团林，后由落木柔袍哥会组织财物前去赎回。后红军转至海子湾（今海湾村）将大地主郭玉凡抓至云南郭家坝，并将郭玉凡家中粮食、物品收缴放至落木柔街心，由群众前去拾取。

时由李朝殿带领的队伍因主要活动在雪山一带，人称"雪山支队"，常有劫富济贫之举，殷禄才（绰号殷骡子）率队活动在云南郭家坟一带，与红军队伍有联系。

在郭伯章任民主乡长时，江安县的高术河到镇舟联络人员参加红军队伍，并在镇舟高国成家杀猪，喝血酒。不久消息走漏，被宜宾专区派人前来抓了黄国聪、胡宗付、刘可辉等人，后不知何原因，被抓之人均被释放。

被调查人：刘可群

调查笔录

时间：2003年12月17日15点

地点：（四川省宜宾市筠连县落木柔镇）街村郭召林家

调查人：魏灵之、鲁丽　记录：毛俊

被调查人：郭召林，年龄：74岁

调查事件：1935年至1946年间红军、地下党在原落木柔乡活动情况

问：老郭，请你给我们介绍一下当年红军、地下党在我们落木柔活动情况。

答：红军自云南下，骑马过落木柔乡，曾在任幺娘家喝茶，每人喝完茶后均留下一铜板。红军队伍中有两女兵，负责写标语，字迹工整，标语内容多为"打富济贫""打倒土豪分田地"等。红军队伍行至沐爱蒿子冲时，与沐爱潘松培的队伍交战，红军被打死一人，打伤数人，但受伤之人均英勇作战，终因力量悬殊战败，沿途返回至云南，旋即又至落木柔海子湾，将大地主郭玉凡捉走，并将郭玉凡家粮食数石提运走，散发了部分给当地贫民。后郭家人携鸦片前去赎人，但未成功。后传言郭玉凡被处决在王场。

当时共产党在落木柔应该有组织，有活动，这是因为有几个迹象可表明：

1. 传言有李姓二湖南人均为共产党员，人称大湖南、小湖南。小湖南行踪飘忽，大湖南装逃兵至巡司，在巡司当兵，因其枪法如神被招至县中队当中队长，解

放初被传言通云南李德兴,被国民党捉拿。

2. 国民党在落木柔选国大代表,分老党、新党;雪山支队被划为老党,后迎接解放。

3. 郭子新晚年生病,卧床不起,却知道共产党的军事行动。郭子新为共产党员,解放后枪支交共产党,子弹由宗德伟背去倒了狮子崖。

4. 后红军自王场下,郭野龙组织队伍准备迎接解放,时人称之为"郭大爷",但郭野龙不准他人这样称呼他,要人称之为"大哥"或"同志"。

传言地下党当时党支部书记为何文兴,是镇舟人。

被调查人:郭召林

调查笔录

时间:2003 年 12 月 17 日 17 点

地点:(四川省宜宾市筠连县大雪山镇)寨子村鱼池组付贵琳家

调查人:魏灵之、鲁丽　记录:毛俊

被调查人:傅贵琳,年龄:92 岁

调查事件:1935 年至 1946 年间红军、地下党在我们落木柔乡的活动情况

问:傅老人家,请你给我们讲一下 1935 年至 1946 年间红军、地下党在落木柔活动时的情况。

答:红军从这里过的时候,我在泸州,我回来后只听说红军在这里过时干的一件事。那就是民国二十七年,红军到海子湾将大地主郭玉凡捉走押至王场,并没收了郭玉凡家的部分财物。

问:那地下党在我们这里的活动你晓得多少呢?

答:我知道郭野龙、郭子清是地下党,郭子清原名郭仕元,他主持修建了占地宽广的落木柔学校,后改名为民主小学。他们还捐资帮助了三个贫困学生读大学。我只记得其中一个贫困学生名陈道申,是个孩儿,后来考取了四川大学,另外二个学生一个叫杨光云,一人叫李继发,考取的学校我记不清了。还有一件事,就是当时有一个壮汉名叫古直必,横行乡里,抢劫,欺压穷人,后被郭野龙、郭子清抓去关牢了。

被调查人:傅贵琳

调查笔录

时间:2003 年 12 月 18 日 10 点

地点:(四川省宜宾市筠连县大雪山镇)高峰村翠坪组李友福家

调查人:张成虎

记录:毛俊

被调查人:王传贵,年龄:82 岁

调查事件:1935 年至 1946 年间红军在落木柔乡活动

问:老人家,当年红军从这里过的情况你晓得一些吧,给我们谈谈好吗?

答:要得。当时我还是姑娘家,家住云南花椒嘴。当时我家是地主成份〔分〕,住房较宽,但尚未收进租子。由于害怕红军收我们的财产,父亲外出去躲了,母亲就装穷人上山去砍柴。红军来我家时,母亲刚从山上砍了些柴回来。红军见了认为我们并不富有,就对我们说:"你们家住房虽大,但还不算富人,假如你们家中的东西不在了,可以叫我们来帮你清查。"说完他们就到我七伯家里去了。七伯名叫王叔男,是保长,红军到七伯家去将七伯家的猪杀了吃,并拿了一些粮食。

红军当时有二三百人,在我们花椒嘴驻扎时不会打扰旁人,还编了一些宣传口号如:上等之人欠我们的钱,中等之人不照闲,下等之人同我去,一个月还有五块钱。后红军到四川落木柔,绑了海子湾大地主郭玉凡到花椒嘴,住了几天去攻打国民党的一个连长晋红灯,晋红灯有一妻二妾,在双方交战中,晋红灯的一个小妾膀子被打伤,晋红灯才率队逃走。

被调查人:王传贵

调查笔录

时间:2003 年 12 月 18 日 12 点

地点:(四川省宜宾市筠连县)落木柔镇民主中学

调查人:张成虎

记录:毛俊

被调查人:右大庸,年龄:70 岁

调查事件:1935 年至 1946 年间红军过落木柔的情况

问:右老师,请你给我们说一下红军过落木柔时的一些情况,好吗?

答:好。当时我很小,只是后来听说的一些事情。当时毛泽东的队伍在云南扎西。一部分队伍走散至筠连来,在落木柔的这支队伍内一个叫刘复初的率领。原准备过金沙江会师徐向前队伍,因国民党在沿江一带布下重兵,遂在落木柔暂时停留。其间,红军将当地有钱人(时称绅粮)绑走,俗称"牵毛子",令其家人拿钱去赎人,以筹集钱粮。海子湾郭玉凡就是这时被捉走的。红军走时有部分群众参加了红军队伍。

至于地下党的活动,我知道的主要是郭子清。他主持修建了落木柔小学。另外有镇舟何文兴,何吉兴好像是地下党员,但多在外活动。后何吉兴因害重病回乡;据说何文兴后来自动退党,也不知真假如何。

被调查人:右大庸

调查笔录

时间:2003 年 12 月 18 日

地点:高丰村白沙组(官才田)(现属四川省宜宾市临港区)

调查人:马成秀、李树容

记录:李树容

被调查人:余海丰(原高丰村支部书记)

在场人:余从耀、郭召会

问:红军第一次从这些地方过是什么时间?

答:1935 年农历二月,红军刘复初的部队从焦村到筠连的莲花乡,从现在的景阳山冲到县里面。当时国民党的县长罗从礼,财政部长杨忠谟(现公安局老地点),把财政局的钱有铜元、纸钱拿出来散给老百姓,宣传红军的政策,宣传后没有在筠连歇,在杨忠谟的房里烧饭吃的。然后到巡司红花殿歇的。第二天国民党周化成的部队就给红军追起来,来到顺井山大桥(地名顺井山王仁庙)就碰到余泽鸿带领的红军,两支部队江合一起就坐船过河,就把国民党周化成的部队甩在了河对面,然后红军就从郭仕廉的房子爬上仰天窝下来到郭仕清那儿,上街以后就分成两路走的,刘复初就从现在寨子的鸡窝坪下去趟水过河到岸上的中坎到解放乡的崖口,余泽鸿从自由乡扎口上去到现在的威信的庙沟。

调查笔录

时间:2003 年 12 月 18 日

地点:高丰村白沙组(官才田)(现属四川省宜宾市临港区)

调查人:马在秀、李树容

记录:李树容

被调查人:余海丰(原高丰村支部书记)

在场人:余从耀、郭召会

问:红军走过的地方打扰到村民没有?

答:没有。后来第二次刘复初又转回来,在海子湾抓到郭一〔玉〕凡大地主,街上余绍休,抓后就到镇舟休息了三天,就叫郭一〔玉〕凡、余绍休在街上耍,也没关他们,就给他们说如果有两百个穷人拿名字来担保就可以放你们。后来有人担保余绍休就把他放了,郭一〔玉〕凡因没人担保,后来红军带到平安乡就把他处死了,红军就转到大乐去把田动云的两座碉堡打了一座。

问:你知道刘复初解放后担任了什么职务?

答:在一个兵工厂担任总支部书记。"文化大革命"刚结束,曾到筠连、威信来做过报告,一个乡去一个人,民主乡是吴怀清去听的报告。回来后给全乡的支部书记做了报告。

口述人:余海丰

在场人:郭召会、余从耀

调查笔录

时间:2003 年 12 月 17 日

地点:(四川省宜宾市筠连县大雪山镇)寨子村鱼池组郭仕美家

调查人:梁开容、高为平、翁元均

记录:高为平

被调查人:寨子村鱼池组翁成高

在场人:梁开容、高为平、翁元均、翁之均、郭仕金、周以琼

问:我们今天几人来主要问你 1935 年 2 月至 1946 年红军路过此地的情况。

答:我当时是在石家榜住。听到和看到红军从王场街上路过,土匪些到我们家躲。有人看哨,关于其他组织我不太清楚,只是红军路过没有住,接路就走了。

当地成立的地下组织、农会、赤卫队等组织我只是听说过,我没有文化,没有参加过。当时的保长、甲长有时叫我开会,讲的内容现在我也记不清楚了。

翁成高

2003 年 12 月 17 日

调查笔录

时间:2003 年 12 月 17 日

地点:(四川省宜宾市筠连县大雪山镇)寨子村鱼池组李顺书家

调查人:梁开容、高为平、翁元均

记录:高为平

被调查人:左兴连

在场人:梁开容、高为平、翁元均、曹正书、田英

左兴连,女,现年 90 岁,住寨子村鱼井组

问:请你回答一下 1935 年红军路过此地时的大体情况。

答:红军路过此地是接连不断的。过了二三天,没有在我们这里住,随后有土匪进行反宣传说,红军要抓人、抢劫,但过了后,没有发生这样的情况。我们还是害怕,都跑去躲了,具体情况不大回忆起了,只知道第二年闹土匪。关于组织等情况我们不算清楚。由郭章林等人组织了自卫队、农会进行了土改。进行分田地,就到现在。

左兴连

2003 年 12 月 17 日

调查笔录

时间:2003 年 12 月 16 日

地点:(四川省宜宾市筠连县落木柔镇)海塆村田塆组

调查人:余国玲、毛以双,记录:余国玲

被调查人:宋盛连,女,现年 68 岁,住海塆村海塆组。宋盛如,现年 70 岁,中共党员,老龄会长,住海塆村海塆组。

在场人:张召非

余:我们问您老人家了解一下当年红军路过海塆时的情况和农会活动的情况。具体时间 1935 至 1946 年期间。

937

宋胜连:要得。听我父亲宋占艮讲当时红军路过海塆村,时间好像是1934年,是刘复初司令带的部队。队伍有多少人,没有确切的数字,来来往往。住在海塆村海塆组瓦房(就是大房子)大约100人。住了三日,就把大地主郭玉凡带走,走向不明。他们在这里主要是整大地主。民主地盘上就只整了郭玉凡(郭玉凡是以前高县地区内势力最强、最大的大地主)。当时民主地方,叫民治乡,有四姓地主,街村余家、洞塝李家、东皇殿王家,还有海塆郭家。并且在海子塆河坝头召集了两个保开了斗争会,斗争郭玉凡,并把郭玉凡家头的被子、棉衣等送给了穷苦人,搞一些宣传共产党的政策,有适龄青年,自愿参加红军的收归部队,但又没有军饷,又没有军衣,到那个地方吃地主。

关于农会活动的情况,是1950年,由解放军第八十四团部队组织的。他们来后,民治乡凡是带长字号的,全部都离家去躲了。其中民治乡乡长郭白章、副乡长李申从,解放军到了川后,无法开始工作,就从社会上了解到,海子塆大地主郭晓凡的儿子郭子新相当有名气,但也得病卧病不起,就差人去把郭子新抬来街上土烟铺郭殿恩家,找人护理。这个人就是宋胜好。叫郭子青亲手写书通知,要求乡上带长字号的人,全部归位。当事人接到通知后,全部到位。就把敌政府的领导们闭门改造。之后成立了区、乡政府,最后成立农民协会,选出农会主席,才选出新的乡长。就建立村和村人民制度。四级政权就健全,农会就自然消失了。在四级政权建立中,1951年腊月划分成份〔分〕,1952年土改分田土。

2003年12月16日

口述人签字:宋盛如、宋盛连

关于殷骡子调查材料

被调查人:章正辉,住(四川宜宾市筠连县)落木柔镇夏泉村红春社

调查时间:2003年12月18日

调查地点:夏泉村红春社章廷辉家

调查人:苏安泰、李先华

问:关于殷骡子1935年至1946年在我们这个地方有什么活动?

答:我都是听说,我有一个亲哥哥和我的老爷被殷骡子抓去了,抓去的地方,现在的解放乡大榜村新隆组(小地名埂上),抓去后我祖公就办银两和鸦片去把我爷取回来了。我哥哥没银两去取就被殷骡子带起去了至今不知去向。大约是在

1940 年左右他在这个地方来过大约三次,来时就抢富人家的钱财,就现在落木柔镇街村都抢过三次(当时称提通口)。他在这个地方对贫苦人家他不管,都是抢富豪之家,后来从解放乡的五道河出来从自由的青山沟过王场去了。

问:他来发展农会等组织没有?

答:没有听说过。

被调查人:章正辉<br>2003 年 12 月 18 日

调查笔录

时间:2003 年 12 月 17 日

地点:(四川宜宾市筠连县)落木柔镇冬燕村周元方家

调查人:李映从

记录:李消松

被调查人:周元当,冬燕村应燕组村民,现年 83 岁

在场人:罗元贵及周元方家里人

问:红军是什么时候经过这地方的活动情况如何?

答:红军是 1935 年下半年从此经过的。当时就把地主些吓跑了,同时还通知农民人些去背地主的粮食。但没有人敢去背,因为红军一走,地主们回来后又受不了折磨。

王仕定的兄弟王仕新曾经当过国民党时候自由乡的乡长。王仕定由于受共军的影响的及红军从此经过时的影响,后来弃敌从正,到延安参加共产党,解放后任某炮兵团的团长。他参加共产党后还多次来信通知其弟把地送给穷人们种。

2003 年 12 月 17 日

调查笔录

时间:2003 年 12 月 17 日

地点:(四川宜宾市筠连县)落木柔镇冬燕村刘忠付家

调查人:李映从

记录:李海松

被调查人:万家民,落木柔镇冬燕村村民,现年 83 岁

939

在场人：罗远贵、刘忠付

问：红军是哪年走这儿经过的，具体又是如何活动的？

答：1. 红军从这里经过是 1935 年秋，当时是刘复初具体带队。从珙县王场翻大凸经过水冲坝直接到落木柔，先后经历了半个月时间。随后经大雪山上云南。途中在雪山被云南的周区长阻击，打了一小仗，牺牲了两名红军（不知姓名），埋在了雪山的大海子。最近几年县武装部还派人去查找并了解。

2. 红军支队到云南后边坪时，由于忙于赶路，还留下了一位伤员，绰号叫南瞎子。这位瞎子由当时的章香年收留，供吃、供住，一直到 1951 年共产党才把此老同志接走。就因为章香年做了这件好事，所以后来只坐了 87 天的牢就放了，没有受其他的任何处分。

3. 1949 年还成立了雪山支队，该队伍由牛栏坝的李朝殿担队长。随后开到平寨保粮仓（本人亲自在场），一直到腊月。第二年正月，田动云、郭老五又成立了反动组织扬言要打解放军，且说雪山支队是反革命组织，但由于势力有限，没有得逞。

调查人：

被调查人：万家民

记录人：李海松

在场：罗远贵

2003 年 12 月 18 日

（四川省宜宾市党史研究室提供）

# 红军游击队在高坪活动情况（调查笔录）

调查笔录

时间：2003 年 12 月 16 日

地点：（四川宜宾市筠连县高坪苗族乡先锋村黄圮组）郭昭普家

调查人：王朝辉

被调查人：郭昭普，男，79 岁，1925 年出生，家住高坪苗族乡先锋村黄圮组

调查内容：

问：我今天来，主要是要向您了解一下，当时红军从这里走过的一些情况，请您给我谈谈。

答：红军来高坪一共 3 次，分别是乙亥年（1935 年）大约是 6 月份，7 月份和 8 月份。

问：请你分别介绍一下当时的情况。

答：第一次（乙亥年 6 月份）是从落木柔到联合上高坪来的，听说是一个女同志带队。来后在学校门口抓了教我们的老师，这位老师名为罗孝师，缴了乡上站岗和江银武的枪。在高坪街上住了一晚后，到蒿坝，途经小地名鸡爪山时又抓了一个叫田二老师的大地主带走了。到蒿坝后把罗孝师放回来了。另外，这次还当场杀死了一名替国民党送公事（送信）的叫简简的人。这次大约有二三百人，临走还在郭少陪家题了字。

问：第二次的情况怎样？

答：第二次是从落木柔到解放乡，经联合乡的红竹、红春两村，沿高坪乡的先锋村大坡组（小地名老鹰岩），最后才到高坪街上。收缴了当时吉祥乡的刘余海队长为首的 3 个人的四杆枪，并令刘余海帮他们抬滑杆。后来，跑脱回来了。

问：请你谈谈红军第三次经过的情况。

答：红军第三次到高坪，是从蒿坝镇方向过来的，在高坪街上住了一夜后，就从联合乡上云南去了。

问：其他你还有补充的吗？

答：就是第二次红军来后，高坪乡的陈和美、郭召全、曹书成、曹志高、曹海明、郭仕凯、唐贵清 7 人跟随红军去了。但快到毕节时，遭国民党滇军围攻，非常危险，此 7 人害怕，全部跑回来了，其中郭召全的脚板心挨了一枪。

被调查人：郭昭普

调查笔录

时间：2003 年 12 月 15 日

地点：(四川宜宾市筠连县高坪苗族乡槐树村和平组)郭孝平家

调查人：王朝辉

被调查人：郭殿明，男，现年 75 岁，家住高坪苗族乡槐树村和平组

调查内容：

问：我今天来，主要是想向您了解一下，当时红军从高坪经过的相关事情，请您说一下吧。

答：大约 60 多年前，我还相当小，看见红军刘复初亲自来，是一位姓刘的女同志带起来的。

问：她大约带了多少人？

答：大约几百人，具体不知道。

问：红军到高坪主要做了什么？

答：到高坪停留了两三天，他们在高坪宣传革命，打土豪等，还把当时乡队长刘兴伍的大坛子酒，抬出来舀给老百姓喝。

问：还有什么事情？

答：还有就是当时高坪后坝的陈和美还给他们一起去了。听说，到毕节出来后打了一仗，陈和美看打得吓人，就跑回来了。此人前两年死了。

问：听说还在高坪题了字，你知道吗？

答：知道。是在郭少陪的老房子里写的，写在木板壁上，解放后，还专门照过相。

被调查人：郭殿明

(四川省宜宾市党史研究室提供)

## 红军游击队在龙镇乡活动情况(座谈笔录)

座谈材料

时间:2003 年 12 月 16 日

地点:(四川宜宾市筠连县龙镇乡龙塘二组)王成邦的家里

座谈人:母乾贵,龙镇党委副书记

被座谈人:王成邦,72 岁,男,汉,四川筠连县龙镇乡龙塘二组

主要内容:

问:在 1937 年到 1947 年有没有红军或农会组织等,或红军从这里经过没有?

答:有。那时我很小,红军从这里经过,且红军还逗我们,并送我一个橡皮娃。门上写有标语,但不很清楚,也摄过相,红军是从这里经过,门上写有"打倒土豪劣绅"。在 1945 年,全街上都放鞭炮,庆祝日本投降的场面。1946 年,龙镇龙灯凹落了一架美国的飞机,很大。

问:幺姑坝打仗是咋回事呢?

答:1949 年时,土匪苏元之的部队同解放军第八十四团在龙塘一队相遇,但在此作战,解放军战死一个,用的是七九步枪。

问:当时作战时,我乡有人参加过没有?

答:没有。当时觉悟低,有点害怕,当地人也没有人参加。

问:其他还有人参加过地下组织、红军农会组织等没有。

答:记不起了。

被座谈人:王成邦

2003 年 12 月 16 日

座谈材料

时间:2003 年 12 月 16 日

地点:(四川宜宾市筠连县龙镇乡龙塘三组)李良湘家里

座谈人:母乾贵,龙镇乡党委副书记

被座谈人:李良湘,男,汉,75 岁,龙镇乡龙塘三组

主要内容:

问:1937 年到 1947 年,红军的武装组织或农会组织在这里开展过工作?

答:是,1937年从这里经过,当时全街都住满了。地下打扫得很干净,并抱我耍。第二天早晨,红军就走了,刚走约两个小时,国民党的部队就追来了。

问:我们本地人有没有人参加?

答:当时小,不很清楚。

问:幺姑坝的战斗情况你知道吗?

答:是1949年,解放军走龙塘下去,10时许,到母乾艮哪〔那〕里有一个竹林,就在那里碰到土匪(国民党部队)苏元之的部队,便展开战斗,直到东坪五队,战斗了大半天,由于解放军八十四团又不熟悉路线,其一排长被打伤了。下午要黑时,解放军的一排长受伤后,便找龙镇乡长李良德找人用滑杆〔竿〕抬下筠连去医,由于抢救无效,牺牲了,现葬于筠连县烈士墓。

被座谈人:李良湘

2003年12月16日

座谈材料

时间:2003年12月16日

地点:(四川宜宾市筠连县龙镇乡卜好村七组)汤泽龙家里

座谈人:母乾贵,龙镇乡党委副书记孙存辉

被座谈人:汤尔元,男,汉,现年81岁,四川筠连人,家住龙镇乡卜好村七组

座谈内容:

问:你了解1935年到1947年这一段时间有没有红军、地下组织和农会组织在龙镇乡开展过工作?

答:1935年红军从这里经过,当时我才8岁,红军不多,只有十来个人,从卜好村到蒿坝,转到大洛瓦,逮到田耀堂地主,当时红军是打富救贫,富人红军是不喜欢的,都是喜欢穷苦农民,没有在这里开展过工作。

问:说你1949年带解放军打土匪是怎么回事呢?

答:当时,是苏元之写信给魏保长(苏元之即土匪头),魏保长叫我送信给保队附田似品,叫田似品为田动云准备粮食,这时,解放军来了,土匪已躲起来了,在送的过程中,被解放军逮着,信被解放军搜去,并将我绑起来。经调查,解放军部队便确认我不是土匪的通讯员便将我放了。回来后,魏保长叫我第二天去带解放军打土匪(苏元之的部队)。第二天早晨,我便去带解放军打土匪,这时,土匪住在后

溪一队(田坝子)唐进富家里,共有 20 来个土匪。去时,土匪正在吃早饭,当场打死两个土匪,逮着一个土匪(该土匪是盐津县江艮舟部队的游少乾),并带了一支〔挺〕轻机枪,被解放军缴获,打死的两个土匪一个叫 W 国,一个是刘少安之子,其名字现记不清楚。剩下的土匪全跑了,土匪头苏元之逃跑到盐津县庙坝乡,被温明德(也是国民党的土匪头子)打死。

问:你知道 1939 年到 1947 年之间有地下组织和本地人参加过红军等没有?

答:没有。

被座谈人:汤尔元

2003 年 12 月 16 日

(四川省宜宾市党史研究室提供)

# 红军游击队在孔雀乡活动情况（调查笔录）

询问记录

时间：2003 年 12 月 15 日下午 3 时

地点：（四川宜宾市筠连县孔雀乡）刘家华火儿头

询问人：陶刚、陈志权

记录人：陈志权

问：老刘今年高寿？

答：77 岁了。

问：请向你知不知道或者听说过川、滇、黔游击队从我们孔雀经过？

答：听说从孔雀过。

问：从孔雀过的时间是好久。

答：记不清楚了，那时我才几岁。

问：听说过是谁带领的没有？

答：搞不清楚。

问：我们孔雀有没有人参加过川、滇、黔游击队。

答：不知道。

问：老刘听没听说过我们孔雀有没有人支援过红军队伍？

答：不清楚，只知道在孔雀街上经过一夜。

问：还有你知不知道我们这些地方有没有农工会、贫民会、农翻会组织？

答：不清楚。

口述人：刘家华

询问笔录

时间：2003 年 12 月 15 日下午 4 时

地点：（四川宜宾市筠连县孔雀乡）辛顺伦檐口

询问人：陶刚、陈志权

记录人：陈志权

问：李老人家多大年纪？

答：记不清了，但是有 90 多了。

问:红军走这里过路你晓得不?

答:晓得,像是民国十八年。

问:红军在孔雀场住了一晚上,是住的那〔哪〕家的房子?

答:是丁永安的房子。丁永安已死,房子也变样了,地点就是现在孙忠纯住的那个地点。

问:红军官兵大体有多少人?

答:不多,可能是 30 人左右,在孔雀住了一晚上就过龙塘回去了。

问:你老再回忆一下,有没有农翻会、贫民会、赤卫队等这些组织?

答:不太清楚。

问:有没有人与红军有联系?

答:我想起龙塘沟新胜一队何永丰把红军送到蒿坝场,后来还说他有功,何永丰于去年 6 月去世了。

问:红军在孔雀住过,其他有没有人和他们接触?

答:不清楚,因为当时大家都怕,躲起来了,你们再了解一下其他年纪大的。

口述人:李贞龙

询问记录

时间:2003 年 12 月 15 日下午 5 时

地点:(四川宜宾市筠连县孔雀乡)辛顺伦家檐口

询问人:陶刚、陈志权

记录人:陈志权

问:老辛,你们当地有没有人组织起来和国民党斗争过?

答:有一个叫温明德的人,有二三十人枪,他手下人有罗明西(大榜上人,龙塘沟),苏元之(龙塘沟街上)两人后来投诚共产党。

问:温明德和国民党打过吗?

答:打过,温明德当时就住在李顺龙家,但他是土匪,他在孔雀处得不错,尽是在长沟,塘坝等外地打劫家财较富的,国民党来打过他,解放军也打他。

问:你清楚这三人的结局吗?

答:较清楚。罗明西和苏元之投诚共产党后,共产党叫他二人去劝降温队长(温明德),由于说话方式,苏元之被温明德枪毙,罗明西还是由于罪大恶极被共产党枪毙,温明德在云南吃鸦片死了,听说死后都被解放军打了几枪。

问:温明德被国民党打击在哪些地方?

答:就在是孔雀和云南交界一带,但他没有什么损失,一是人缘宽,二是地形复杂,国民党对他没什么办法,所以后来都是吃鸦片烟死的。

问:温明德在孔雀时间是好久?

答:大体在民国 31 年到解放这段时间。

口述人:辛顺伦

询问笔录

时间:2003 年 12 月 16 日

地点:(四川宜宾市筠连县孔雀乡)新沟村

被询问人:杨可文

询问人:陶刚

记录人:陈晓明

问:你知不知道孔雀有没有农会、贫民会、农翻会等?

答:不知道,没有听说过,我只是听到解放前有个哥老会的。

问:请问哥老会主要是做什么的?

答:它主要是打抱不平,比如哪个老百姓被人欺辱,它会出面进行调解等。

问:请问你知不知道当时有人单独或联合其他的人来共同对付国民党这种情况?

答:没有,当时有一个筠连城来孔雀教书的,名字叫占本元,当时他的思想比较上进,经常教育学生要给共产党走,与共产党保持一致。

问:请问他经常接触哪些人?

答:不清楚,当时我们还是小孩。

问:他是何时离开孔雀的?

答:像是 1942 年离开的。

问:后来你听说过此人的情况吗?

答:没有听说过。

问:你听你的老人说过他们小时候给那些欺压贫苦农民的人作斗争的事迹吗?

答:没有,那时很多人胆子小,都不敢干。

口述人:杨可文

询问笔录

时间:2003 年 12 月 16 日

地点:(四川宜宾市筠连县孔雀乡)中心村

询问人:陶刚

记录人:陈晓明

被询问人:朱林江

问:请问你多少岁了?

答:我现在 70 多岁了。

问:我想向你了解一下 1927 年至 1949 年红军和一些其他组织在孔雀乡的活动情况。

答:可以。

问:你知道红军从这儿过吗?

答:知道,当时我还小,记得不是很清楚。

问:你们这里有没有(当时)一部分人组织起来反抗当时的国民政府和欺压百姓的人?

答:这个没有听说,有些人想反抗,但当时统治比较凶,没有人敢。

问:你听说过贫民会、农翻会、赤卫队这些组织吗?

答:没有听说过。

问:你听你的老人或其他老人讲过类似的事情吗?

答:没有,我是孤儿,也没有听其他人讲过。

口述人:朱林江

询问笔录

时间:2003 年 12 月 14 日下午 5 时

地点:六井村五组(现属四川宜宾市筠连县孔雀乡)宋加贵家

询问人:陶刚,乡党委副书记

被询问人:宋加贵,男,现年 82 岁,住六井村五组

949

笔录人:罗仕乾

今天我们来找你,主要是向您了解有关川滇游击队当年在我乡活动的情况,你知道吗?

答:我晓得一些。

问:你给我们说一下当年的情况可以吗?

答:要得。是哪年的事我记不清楚了。记得当年是两支队伍走这一带过,有一支走大乐瓦把大地主田动云的家丁200多人打跑了,把田家的吓走,在那里打开粮仓救济穷人。当时我在龙塘沟住,听说红军救济穷人,我们就有几十人去背粮食吃。到了大乐瓦,红军已经走了,还安排有人在那里发粮食,我就去领了60斤粮食背回来吃。有一支人马是从塘坝上来的,大约有四五十个人,经过藤乡圳、中山、龙灯圳(原六井村地界)、平原村的烂坝子到云南庙坝去了。

问:他们在这些地方开会没有,是否成立过什么组织?

答:没有开会,见到人就宣传说他们是穷人的队伍,是给穷人办事的,要大家都要团结起来跟地主斗,有些地方还写了标语。

问:你见到过他们吗?

答:在鹿井沟我没有亲自看到,我下筇连时在路上看见过。

问:你说的是否属实?

答:是真的。

口述人:宋加贵

2003 年 12 月 14 日

(四川省宜宾市党史研究室提供)

## 红军游击队在塘坝乡活动情况座谈会记录

会议时间:2003 年 12 月 15 日下午 2 点至 5 点

会议地点:(四川省宜宾市筠连县)塘坝乡小会议室

会议参加人员:唐光林、丁中才、李田钟、李祖吉、孙国田

　　　　　　罗大煊、丁基元、陈国富、杨光兵

会议主持人:唐光林

会议记录人:李田钟

会议主要议题:调查了解 1927 年至 1946 年期间塘坝乡农村组织、农会情况,乡主要重大事件。

唐光林:今天召集六位老人,即李祖吉、孙国田、罗大煊、丁基元、陈国富、杨光兵召开一个座谈会,主要向你们了解塘坝 1927 年至 1946 年期间农会情况、地方组织情况,这对于了解塘坝的过去,更好地为今天塘坝的政治经济服务有十分重要的意义,申报革命老区具有十分重要的意义,希望大家在轻松愉快的环境中,细细回味过去发生的事。

孙国田:解放以前,我记得没有农会组织,只有到了解放以后,才设有乡农会,大概是 1950 年时,设了乡农会和村农会。

杨光兵:1950 年,我们这里还不叫塘坝乡,那时称丰乐乡。乡设了一个农会组织,各村都设了农会机构,当时的农会是一个政权机关,1950 年的乡农会主任是杨德舟,当时的乡只设代乡长,没有正式乡长,还没有实行民主选乡长,50 年代当过代乡长的有李秀商,陈道支、代向东。当时乡农会主任的权力比代乡长权力大。

李祖吉:解放以前,将到 30 年代到 40 年代之时,塘坝是川云丝绸之路的南路线,塘坝有“马店子”之称,每天从塘坝沿往牛寨到云南的马匹数以千计,乡场赶集人口,流动人口平均在 800 人至 900 人之间,在当时的筠连非常繁华。

孙国田:解放以前,即 1949 年以前,塘坝乡民间盛行哥老会,其成员均为本乡本组村民代表参加,哥老会下设仁、义、礼、吉、德、孝六个分支组织,仁即仁字旗,礼指礼得学,德指德叙宫,孝指方孝字,塘坝只有仁字旗、礼得学、德叙宫、方孝字四个组织,哥老会中只有德叙宫组织的队伍最庞大,最具威信,每年农历五月十三哥老会将在庙宇举行盛大的单刀会,以祭祀诸神灵和关羽。

陈国富:塘坝哥老会下设的德叙宫头上陈子华、李继前很有威信,人们习惯称

哥老会头上称为大爷,他们可以帮助协调各种矛盾纠纷,有的甚至官方都难以解决的问题哥老会都可以迎刃而解,头目大爷们的言语很具威信,一般群众言听计从。他们有一定的政治背景,在当时对于维护地方安全稳定、保证本乡人不受外乡人欺负具有一定的作用。

李祖吉:1937 年 8 月 15 日有一支部队从巡司经龙槐坝翻李子坳到达塘坝场。红军大约有 100 多人,红军将塘坝场上下场口用机关枪封锁,围攻旧政府,结果旧政府的人听说红军到了已经仓皇逃走了。红军把全乡最富有的尹叔才抓起来批斗,把他家中的 11 头猪杀了 9 头,把肉分给上街赶集的贫苦群众,只把猪板油带走了。当时人们只知道红军是打土豪劣绅、打富救贫的队伍。

罗大煊:红军到达塘坝后,四处搜寻当时的团正,当时的团正所管辖的范围从横山子以下水老塘到塘坝和孔雀,红军未逮着团正,却把团正的儿子尹茂关给逮着了,红军认为他是学生出身,一副文相,并问他要不要跟红军走,他说他不懂政策,还要继续读书,要为本地教育奉献力量,结果红军把他给放了。红军将旧政府关押在碉堡里的 7 个贫苦农民给放了,当时,整个街道的人们无不拍手称快,热烈欢迎红军。

陈国富:当时的红军在塘坝场向人民群众宣传他们的政策,一位女红军战士宣传他们红军要打富救贫,使贫苦百姓翻身作主。红军是 1937 年 8 月 15 日 9 点左右来的,大约 3 个小时之后,红军整整齐齐地朝着孔雀乡方向离开了。

丁基元:红军到达塘坝在半路上遇到塘坝幸福村人王兴舟,红军有点怀疑他是坏蛋,并抓住他,问他是干什么的。王兴舟说他是替别人送信的,红军从他的身上搜到一封反对红军的信和几颗子弹。于是,红军就把他杀了。红军一走后,塘坝老百姓仍旧过着他们受压迫的生活,谁都不敢起来反抗。

罗大煊:筠连有一个地下党名叫林见龙,我的父亲罗兴海就是林见龙的学生。林见龙成立了一个组织,参加该组织多数是思想进步的学生。罗兴海当时在筠连甲种农业学校读书,而林见龙就在那里教书,边教书,边从事革命活动。后来林见龙由于被一名湖南的红军叛徒的出卖,在残酷的斗争下,被逼走投无路,最后在今筠连镇廉洛村的一个炭洞子里自杀了。林见龙牺牲后,他的学生名单全部毁了,主要是为了保护学生们的安全。

陈国富:1949 年腊月底,永昆支队 100 余人在蒋永兵队长的带领下,徒步到达塘坝场,当时的政委姓马,这支队伍是由昆明大学生组织的,在到达塘坝之前,已在今盐津谱耳遭到反动地方武装的袭击,伤亡90余人,到塘坝时已是弹尽粮绝,吃穿非常困难。由于永昆支队是共产党领导的队伍,决不拿当地群众一针一线,深得当地百姓的赞扬。塘坝开明地主尹博生大开粮仓,杀猪给永昆支队用,当时塘坝街上人民自编歌舞,热烈欢迎他们的到来。永昆支队住了一月后,才离开塘坝的。

杨光兵:永昆支队来的时候,魏仲青是乡长,尹博生是副乡长,两人思想较开明,他们想带领全乡集中起义,要跟永昆支队走,可是乡公所里的杨元昌、尹可红、尹可含、詹光红等人反对,乡集中丁队长尹可红还准备趁永昆支队有机可乘,要准备拿走永昆支队一班人的枪,因为这些枪比他们的要先进得多。我及时把情况告诉了蒋永兵,我带着姓卢的班长共十多人秘密转移隐蔽在碉堡里,使乡公所居心不良之徒未果。事后,支队长蒋永兵非常感谢我,并要求我跟他们干,可我考虑到家庭里原因未答应。尹博生是一个非常有学识和有才干的人,他曾在国民党某工兵营当过营长。

唐光林:我们六位老同志不怕寒冷,参加我们这个座谈会,而且把自己知道关于塘坝过去50年以前的故事讲述给我们听,留给我们许多珍贵的历史资料,我们应该感谢他们这种无私,对待历史客观公正,今天下午已经是五点了,我建议会议就进行到这里。

陈国富,1924年出生,塘坝乡川丰村二组人

李祖吉,1925年出生,现年78岁,街村人

孙国田,1921年出生,塘坝川丰三队人

罗大煊,1925年出生,塘坝木映村四组人

丁基元,1927年出生,塘坝街村人

杨光兵,1928年出生,塘坝幸福六组人

(四川省宜宾市党史研究室提供)

# 红军游击队在蒿坝活动情况(调查笔录)

关于申报革命老区的调查笔录

时间:2003 年 12 月 15 日 18:46—19:51

地点:(四川省宜宾市筠连县)蒿坝镇街村杨永贵家

询问人:林付强

记录人:张会权

被调查人:刘公彬,男,汉族,生于 1919 年,筠连县蒿坝镇蒿坝村六组人

问:请问当年红军游击队、地下党组织以及农会、农翻会等组织在蒿坝的活动情况你知道吗?

答:我知道一些。

问:请你把你知道的情况给我们介绍一下好吗?

答:好,仿佛是一九三几年(几月间我记不清了),100 多红军从云南牛街甘家坝到蒿坝,到了蒿坝以后,进行打富济贫,把复兴乡(现蒿坝镇)乡长郭同武家造的纸票子撒在街上让穷人们去捡,又把他家的猪杀来分给穷人们。之后,他们就从现在蒿坝镇高桥村去了高坪乡,然后到了大雪山(现在解放乡)。

问:当年红军们着装没有,带武器没有?

答:他们都穿了统一的军装,但比较烂,而且都带了枪。

问:你知道"殷骡子"这个人吗?

答:我知道这个人,这人枪法比较准,当时人们叫他土匪头子,实际上他是一位地下党,专门打富济贫。

问:你还知道其他的情况吗?

答:其他的情况,我已记不清了。

我们把材料念给你听,如果没有错,请你签字或按手印。

被调查人:刘公彬

关于申报革命老区的调查笔录

时间:2003 年 12 月 15 日晚

地点:(四川省宜宾市筠连县)蒿坝镇蒿坝村六组高启发家

询问人:林付强

记录人:张会权

被调查人:高启发,男,汉族,小学文化,出生于1932年3月5日,家住筠连县蒿坝镇蒿坝村六组

问:你了解当年的红军游击队、地下党和农会等组织吗?

答:我了解一些。

问:请你给我们介绍一下。

答:大概是1937年三四月的时候,100多位红军从云南威信县下来到蒿坝,他们头戴红帽,身穿青衣,到蒿坝以后,他们把郭同武(当时的乡长)造的纸票子撒在街上,叫穷人们别上他的当,然后就走了。当时蒿坝街上的高启德就随他们去了,到了半路,他又跑回来,被郭同武抓到,把他杀了。还有,当时红军中有两位叫"大湖南"和"小湖南"的,他们两位留在了蒿坝,"小湖南"在蒿坝住了两年,"大湖南"没住多久,去了巡司,后来叛变了。

问:你还知道其他的情况吗?

答:其他的情况我已记不清了。

我们把材料念给你听,如果没错,请你签字或按手印。

被调查人:高启发

关于申报革命老区的调查笔录

时间:2003年12月16日晚

地点:(四川省宜宾市)筠连县筠州南路母家大院B幢一号

询问人:谢召文

记录人:张会权

被调查人:田太康,男,汉族,初中文化,出生于1929年7月,现户籍在筠连县筠连镇,原户籍筠连县蒿坝镇街道居委会,抗美援朝老军人。

问:你知道当年红军游击队、地下党的农会在蒿坝的活动情况吗?

答:我知道一些。

问:请你给我们介绍一下。

答:是1934年或1935年大约六七月间的一天,我们全家人正在吃饭,我家一位亲戚去赶落木柔。回来后,给我们说,红军已经到了小寨(现高桥村)。我的幺姑娘就叫我去叫我的三姑娘过来我们一起去躲,当我走到街中间时,就听到几声

枪声,回头一看,有几位叫花子边跑边打枪。这时,我吓到了,赶紧往回跑,当跑到家时,看到全家人已不知去向。我无法,只知道哭,这时我们屋后的一位染匠(蒿坝街上人)听到我的哭声后,就出来把我抱到我家屋后和他们几个人一起。这时,我们看见一支红军(人数较多,统一军装)已到了叉口(高桥村口)。他们并没有立即上街,晚上,红军上了街,就驻扎在街上。当天,由于害怕,我们一直没敢出门,到了晚上,染匠出于对我负责,把我带到了他的家(因为他家比我家穷,认为红军不会对他家造成威胁)。到了第二天早上,我们又看见一支红军从中街方向进入蒿坝。他们都统一军装,身带枪,而且街上的墙上、门上全写了标语(我不认得,后听说是打富济贫的口号)。当天,一些女红军骑在马上进行口头宣传,他们还把郭同武家私造的流通券给搜出来撒在街上。我们就去捡来玩。还把王地主家的猪给杀了吃。当天下午所有红军都往筠连大乐方向去了。有4位留了下来,其中一位叫"大湖南"的,后在筠连县城剿匪中牺牲,被追认为烈士。红军们在蒿坝的两天行动中,主要是打富济贫。

请你看材料,如果没错,请你签字。

被调查人:田太康

(四川省宜宾市党史研究室提供)

# 红军到筠连城情况走访记录

地点:(四川省宜宾市筠连县筠连镇)南郊路 118 号

时间:2003 年 12 月 15 日

走访人:黄发琼

被走访人,胡尚宜,85 岁

走访人问:1926 年至 1946 年红军到筠连的情况你了解不?

被走访人答:红军是 1935 年到筠连。

问:来了多少人?

答:人数多少不知道。

问:来住了几天?

答:当天来当天就走了的。

问:来了后有没有地方组织协助开展工作?

答:我不晓得,只晓得在现地税门口讲了话。

问:其他还知道什么?

答:其他不知道。

被走访人:胡尚宜

座谈记录

时间:2003 年 12 月 15 日

地点:(四川省宜宾市筠连县筠连镇)景阳社区办公室

座谈人:郭洪琼,赵云琼

被座谈人:肖青云,男,93 岁,1956 年入党,现住人民街 40 号

问:今天我们找你来,主要了解一下 1926 年至 1946 年期间当时红军从这里走过时的一些情况。

答:当时我只有 16 岁多,我们在街上玩的时候,就看见了红军从峰子岩那边过来。我们几个人就跟着红军追。红军还在街上宣传,宣传他们来的好处,他们来是打富济贫的。红军走的时候,我们一直追到大耳朵菩萨那点。有一个红军就叫我们转来,还拿了一颗子弹给我,说以后我们还要来的,你们拿这个子弹不要乱扔。后来我得了这个子弹,就一直把他保存到现在。我的侄儿肖得全还把红军送

到蒿坝才回来。

问:还有些什么组织?

答:不知道。

口述人:肖青云

2003 年 12 月 15 日

座谈记录

时间:2003 年 12 月 15 日

地点:(四川省宜宾市筠连县筠连镇)景阳社区办公室

座谈人:郭洪琼,赵云琼

被座谈人:陈光银,男,77 岁,现住人民街 91 岁

郭洪琼问:今天找你,主要是了解一下 1926 年至 1946 年期间当时的一些情况。

陈光银说:我今年 77 岁,当时我很小,又不大懂事,所以对当时的情况不够了解。当时我有一个大哥(现死),他当时到处跑,有一天在外面玩的时候,看见红军从这点过。

问:当时知不知道有什么组织?

答:不知道。

口述人:陈光银

2003 年 12 月 15 日

座谈记录

时间:2003 年 12 月 15 日

地点:(四川省宜宾市筠连县)景阳社区办公室

座谈人:郭洪琼,赵云琼

被座谈人:江先琼,女,76 岁,中共党员

郭洪琼说:今天我们找你,主要了解一下 1926 年到 1946 年期间红军从筠连过,当时的一些情况,和有些什么组织。

江先琼说:当时听说红军从这点过,那时我是巡司人,没有亲自看见过,不了解当时的情况。

口述人：江先琼

2003 年 12 月 15 日

调查记录

时间：2003 年 12 月 15 日 11 点 40 分

调查人：罗跃平，曾光勇，肖召琼

被调查人：罗友才

地点：（四川省宜宾市筠连县）罗友才家中

罗友才，男，出生于 1922 年 4 月，1950 年 3 月入党，1951 年入朝参战（日本投降那年当兵，在国民党重庆军团第七十九师，1949 年起义）。我在当兵前只知道红军进入筠连时留下一人叫大湖南在筠连开展党的活动。因我出去了，也不知道有些什么组织活动。红军第一次来筠连时间是 1930 年左右，住巡司，第二次是 1935 年左右，从巡司下来，到金家沟，在长沙坝打了一仗（与国民党部队），后直到筠连，住筠连城的庙内。走后，留下大湖南在县城活动，其他活动我不知道。

被调查人：罗友才

调查记录

时间：2003 年 12 月 15 日

地点：（四川省宜宾市筠连县）腾达街村

参加调查人：刘作湘、郝忠全、刘莉、付威堂

被调查人：黄先友，63 岁，街村党支书

黄先友口述：

（余孝思笔录）

小时听老人摆说：红军长征时，从珙县的上罗乡回龙乡有红军 20 多人进入腾达地区，从两河口过河，经粑粑店（地名），经蜂子岩去沐爱镇，在沐爱坡被沐爱民团阻击，打了一仗，牺牲一名女红军，土匪民团败退，红军进住沐爱场。

被调查人：黄先友

2003 年 12 月 15 日

调查记录

时间:2003 年 12 月 15 日

地点:(四川省宜宾市筠连县)腾达街村

参加调查人:刘作湘、郝忠全、刘莉、付威堂

调查人:余孝思

余孝思口述:

红军长征时,我才几岁,后来才听说,红军是从珙县上罗回龙乡进入腾达界内的。红军是从腾达两河口过河,往上走,经维新蜂子岩进攻沐爱,在沐爱坡打了一仗,牺牲一名女红军,攻占沐爱后,打土豪,将袁凯臣、万佐成等富人的财钱分给穷人。

余孝思

2003 年 12 月 15 日

(四川省宜宾市党史研究室提供资料)

# 筠连县民政局在维新镇座谈会议记录

时间:2003 年 12 月 14 日

地点:(四川省宜宾市筠连县)维新镇政府会议室

主持人:镇党委书记裴仁强

副镇长陈其英

组织干事、宣传委员张会银

县民政局熊金平、温涛

维新镇参加座谈会人员:李文全(61 岁,落箭村党支部书记)、牟思银(61 岁,退休干部)、叶发九(96 岁)、朱义文、刘万全、屈孝文,还有扶叶发九老人的儿和孙四人。

记录人:张会银、牟思钦

首先,熊金平讲,1935—1947 年间红军为主和地下党组织在维新活动,农民中的进步组织的活动情况。

温涛讲话:(略)

叶发九老人家发言:我今年满过 96 岁,在红军来维新时我在开油房,只晓得他们路过维新,并住一晚上,他们打富济贫苦人,当时地方势力跑开了。红军搞宣传,对百姓很好,没有侵犯,他们到处贴标语,其他活动我不了解。(清泉 6 队人。)

屈孝义发言,83 岁,清泉村 2 队人。

1935 年,红军 300 多人,走到维新新场(至团练驻地),住了一夜。他们来在街上到处贴宣传。他们打富救贫,国民党营长周吉成跟斗追,他们到沐艾、镇舟,到云南。当时地方势力青帮、袍哥,我们没有接触,只听到红军宣传。我们赶场看到标语口号。

朱义文,男,85 岁,共产党员,家住落箭五组。解放前参加淮海战役和抗美援朝战争。

他讲,当时红军到我们地方时我 20 来岁,当时地方上袍哥组织。红军在街上宣传,我父亲朱民安,招呼了 3 个红军吃过一顿包谷面面饭,帮他带路送到锋岩沟蜂子岩,上沐爱方向,但我们不敢开腔,反正脱不了手。他们在街上送我们的布不敢要。他们说,我们是红军,不得侵犯老百姓,是打富济贫、消灭敌人的队伍,你们不要怕。

这个地区的一些情况,你向我们说一下?

答:要得。

问:你晓得解放前,红军到过联合乡没有?

答:在解放以前,我们这儿还没有解放,红军从这儿过的事情我晓得,当时我的一个妹妹在我家门口的河沟头看见红军从河沟头过,我的妹妹害怕还摔到河里,衣服都打湿了。后来红军没有在联合乡住,一直从联合乡到高坪上云南去了。

问:你亲眼见过红军没有?

答:我没有亲眼看见,我只是听我妹妹回家来说的。后来解放后解放军到联合乡的事情我晓得一些。

问:你说一下情况?

答:联合乡刚解放的时候,解放军到联合乡来,当时解放军有二十多个人,就住在此社乡政府老房子头。当时联合乡政府的老房子是我的家,是七个三〔天〕井的大房子,解放军住在我们大房子里,在这里吃住,还自己劳动,喂猪,挑水,平时教些唱歌,上门去帮别人扯豆子搞劳动,后头住了近两个月才走的。

问:你晓得红军路过的时候做过些什么事情?

答:我不晓得。当时红军来的时候没有到我家里来,只听说红军路过只把民主海塆村的郭一凡(地主)抓起走了。其他做些啥子我不晓得。因为当时我们还是女娃子,不怎么懂事。

问:你晓得殷骡子的事情不?

答:当时我们年龄小,又是女孩子,不咋过〔个〕出门,只听说殷骡子是抢人的,只要听说殷骡子,人些都怕,只是说是抢人的来了,听说他是云南"郭家坟"的人。

问:你还晓得一些啥子情况?

答:其他的我不晓得。

问:把刚才的资料念给你听,对头不?

答:我听了,对头的。

口述人:周孝树

情况了解记录

被调查人:郭仕勇,男,40岁,家住(四川省宜宾市筠连县大雪山镇联合乡)革新村三社

调查时间:2003 年 12 月 16 日

调查地点:郭仕勇

参加调查人:余加琼、郭仕勇、王成金、王志琴

问:郭仕勇同志,据说你了解一些情况,请你给我们叙述一下?

答:2002 年 4 月 26 日,在民主开郭氏团聚会,郭仕红的妹郭仕黄 84 岁,郭仕黄就给我们摆了摆郭子新的历史。郭子新是 1921 年参加共产党,郭子新原住落木柔海子湾。1927 年郭子新发电报回家,叫他家把土地退给穷人做。郭仕黄还介绍说李鹏的父亲李硕勋入党的介绍人是郭子新。当时郭子新还抱着李鹏照了一张相片。后来郭子新病逝。

被调查人:郭仕勇

2003 年 12 月 16 日

调查材料

被调查人:唐林章,男,汉族,出生于 1923 年,原住址(四川省宜宾市筠连县大雪山镇联合乡)革新村,现住高坪乡东风村

调查时间:2003 年 12 月 16 日

调查地点:革新村三社王宗奎家中

参加调查人:余加琼、郭仕勇、王成金、王志琴

问:老唐,解放前红军从这里过过没有?

答:红军从这里过过,当时我有 11 岁,但我记得很清楚,红军从这里走了三天。

问:当时您怎么知道他们是红军?

答:他们是自己亮牌是红军的。他们打富济贫,不乱拿群众的东西。

问:当时您〔你〕们这个地点有人参加红军没得?

答:有。当时有唐友芹参加红军(原住革新村),去后没有音讯;还有曹海民参加红军(原住革新村),他跟着部队到了宜宾叙府。由于红军走得快,跟不上部队,掉队回家,解放前就已去世。还有唐占银参加红军(原住蒿坝),他去后没有回来。

问:老人家您还知道些什么?

答:当时红军从这里过后一个月,又有一支大部队从这过,当时打听不是红军,这支队伍是国民党二十一军部队,国民党二十一军长刘湘带队。当时他们提

出的口号:"红也红不走,共也共不走,来得四川地,死得刘湘手。"

被调查人:唐林章

2003 年 12 月 16 日

调查材料

被调查人:郭昭荣,男,汉,出生于 1933 年,现年 71 岁,家住(四川省宜宾市筠连县大雪山镇联合乡)革新三社

调查时间:2003 年 12 月 16 日

调查地点:革新村三社王世云家

参加调查人:余加琼、郭仕勇、王成金、王志琴

问:老人家,请问您晓得红军从这里过不?

答:红军从这里过时,我只有 3 岁,记不清楚,只是听大人们摆红军的大部队从这里经过。

问:老人家,您晓得些什么,请您给我们摆一下?

答:我们这些是 1945 年解放的,成立农会是 1949 年的 9 月,当时的农会主任熊占青,副主任是李海青,1951 年,我还记得当时他们搞清匪反霸减租退押,他们把富人的钱财东西没收来拿给穷人,1952 年搞土改。

被调查人:郭昭荣

2003 年 12 月 16 日

调查材料

被调查人:王世云,男,汉,出生于 1927 年,现年 76 岁,家住(四川省宜宾市筠连县大雪山镇联合乡)革新三社

调查时间:2003 年 12 月 16 日

调查地点:革新村三社王世云家

参加调查人:余加琼、郭仕勇、王成金、王志琴

问:老人家,你晓得红军从这里经过吗?

答:我晓得。红军从这里过的时候我有 6 岁,这是我亲眼所见的,当时我在两合岩放牛,大概有几百红军,他们从这里过时不停顿的。

问:您是亲眼所见的吗?

答:是,我看斗他们背着架背,走得特别快。

问:你还晓得些什么?

答:我还晓得红军从落木柔过时,当时我哥哥王世明在落木柔郭殿申家中帮他割猪草(王世明是郭殿申的干儿子),郭殿申与孙宝初是邻居,王世明就到孙宝初家中玩耍。当时红军的一些人在孙宝初家中吃饭,有一个红军还端了一碗饭给我的哥哥王世明吃。吃后红军还脱了一件白布衬衣给王世明穿,还喊他给他们去当红军。因为当时他年龄小不懂事,没去。

问:您还想给我们介绍一些有关情况吗?

答:我给你们摆一下我大哥王世明的情况。1947 年 7 月 13 日,王世明被国民党抓壮丁抓去了。当时是在革新村青冈林被抓的。在 1961 年,我听宗其宽(当时的总支书记)说,县上民政科科长熊文品收到一封信,这封信是王世明写来问他的弟弟王世云情况。当时据县上的领导说王世明曾是地下共产党员,这封信当时艾新华县长都晓得这个事,曾经艾新华县长在革新村三社李朝平的家门口对我说,您不是有一个哥哥在外当兵吗,您好好为人民服务,以后有你的幸福日子。

被调查人:王世云

调查材料

调查时间:2003 年 12 月 16 日

调查地点:四川省宜宾市筠连县大雪山镇联合乡花术一社燕子坪郭召洪家

参加调查人:章春贤、郭仕野

记录人:章春贤

被调查人:朱登连,汉族,女,生于 1914 年 10 月 1 日,现年 89 周岁,住联合乡花术一社

问:我们是乡政府的,今天找您老人家了解一下,据说以前红军从这个地方过过,请您老人家回忆一下当时的情景。

答:我的后家是本乡甜竹村,我与郭成丙结婚,具体是多少岁到郭家的我记不清了。我回忆当时我们家的房子是在花树榜住,取名川心店。我们家还开了烟馆、粑粑店,还有住宿,能住 10 余人。我记得是我到郭家两年后,好像是甲戌乙亥年(1935 年)正月初八,吃早饭时候就看到一大帮人,有的扛旗子,都是红旗,我的

老婆婆说那家结婚,我看不是,他们是从民主方向来的。他们穿的都是黄衣服,打了背包,并抬了枪,一个多小时才过完,是往落木柔方向走的。又在第二年一个晚上来了 100 多人还是一样的,有的走不起了,要在我们家住,我的老婆婆说住不了。于是我和我丈夫就跑在背后的岩洞去躲起来不敢回家。这些人就在我家住了一晚上。第二天早上,又打起背包往落木祥方向去了,以后连续过了 7 天 7 夜,直到没有人过了我们才回家。

后来听说叫啥红军。以后又听到我老的和其他人说,不知是那〔哪〕年,又有一帮从毛家芹出来一支部队,说是何金权的队伍,是晚上家来到蛇家坡与章家声的队伍打了一架,以后就到大雪山去了。

我知道的听说的就是这些。

问:我念给您听,是否有错。

答:其中一段,是我说那家结婚,不是老婆婆说那家结婚。是老婆婆说不是结婚,轿子都没得,而不是我说,我看不是。其他的都没记错。

问:好就谈到这里,如果以后上面来人,还需人老人家详细回忆。

答:要得。

回忆人:朱登连

2003 年 12 月 16 日

情况了解记录

时间:2003 年 12 月 14 日中午

地点:四川省宜宾市筠连县联合苗族乡田竹村二社章在彬家

了解人:章北伟、杨彩武兼记录

被问人:陈世彬,男,汉族,现年△岁,家住筠连县联合苗族乡田竹村二社,务农。

问:老人家,我们是乡政府的,今天我们来找你了解在解放前红军在我们地区的一些活动情况,请你把你了解的情况如实的〔地〕向我们谈一下。

答:以前的事情,我都记不清楚了。红军在我们这个地方的活动情况,因为当时我们年龄还小,具体的情况也不很了解。

问:你把了解的情况说一下。

答:在甲戌年的时候,当时我只有 11 岁左右,红军从落木柔方向来,从我们联合乡过,说是要上云南。当时红军来到我们联合乡找不到路,叫我大哥陈玉朝给他们带路。大哥把红军游击队带到和平乡(高坪乡)后,当天就回来了。

问:红军从联合乡过的时候,有多少人。

答:红军从联合乡过的时候,只有一二百个人,据说是要往云南方向去。

问:后来的情况呢?

答:红军是甲戌年六月份到联合乡的,从联合乡上和平去以后,蒋介石的国民党中央第二十一军在当年的正月间又从联合乡过,说要去追打红军的。

问:红军从联合乡过的时候,我们这个地方有人参加红军队伍没有?

答:我只晓得当时红春坝的吴炳银参加了红军,后来不知道在什么地方被打散后回来了。这个人现在已经死了10年左右了。另外还有一个姓周的(不晓得姓名)参加红军后没有消息的。

问:你听说过殷骡子的事情吗?

答:我只晓得一些印象。他的父亲叫殷吉祥,听说他有一支队伍,是云南郭家坟的人,具体的活动我不晓得。

问:你还了解一些什么情况?

答:其他的实在记不起来了。

问:把刚才记的念给你听,对头不?

答:对头的。

调查人:章北伟、杨彩武

口述人:陈世彬

情况了解记录

时间:2003年12月14日

地点:四川省宜宾市筠连县联合苗族乡田竹村二社母胜田家

了解人:章北伟、杨彩武兼记录

被问人:母胜田,男,汉族,现年81岁,家住筠连县联合苗族乡田竹村二社,务农

问:老人家,我们是乡政府的,今天我们找你了解解放前红军以及其他革命组织在我们地区活动的一些情况,请你如实的〔地〕给我们谈一下。

答:要得。

问:请你先谈一下红军在我们地区活动的情况?

答:红军在我们联合乡过的时候,我们年龄还很小,不懂事,只晓得红军从落木柔方向来,从联合乡路过朝云南方向去。当时红军路过的时候,大人们还说没有衣服穿的红军可以给衣服穿,叫我们去要。红军穿的普通衣服,有的还挑有箩筐,红军到联合路过还追问当时我们这一带有名的地主头子郭孝洲,后来没有逮倒〔到〕,就从联合乡上和平到云南去了。

问:红军在我们地区有些什么活动?

答:红军从我们这里过的时候,都不是正规部队,只是三五个一路,挑着箩筐,头戴斗笠,是个别情况。做地下工作,在红军过以前,蒋介石的第二十四军也从联合乡过。当时走了三天三夜,沿路走就抓人当兵挑东西。红军来就是了解这些情况,另外就是来抓抢人的地主头子,后来没有抓倒〔到〕就走了。

问:解放前我们这个地方有些什么活动?

答:我记不清楚了。我只晓得红军路过都是沿路走沿路搞宣传,个别情况,因为年纪小,也不晓得具体活动情况。

问:联合乡有人参军(参加红军)没得?

答:在我们联合乡花树郭奎和红春的吴炳银,现在都已经死了。

问:你了解殷骡子的事情不?

答:具体不晓得,只晓得他是一个抢人的,是云南郭家坟的人,有一支队伍,据说抢人的都朝那个地方去。

问:解放前我们地方有什么群众的革命组织没得?

答:这些我不晓得。

问:你还了解些什么情况?

答:其他没有什么了。

问:把刚才记的念给你听,对头不?

答:对头的。

口述人:母胜田

(四川省宜宾市党史研究室提供)

## 红军游击队在筠连县乐义乡活动情况（调查笔录）

调查记录

时间：2003 年 11 月 14 日

地点：(四川省宜宾市筠连县乐义乡)黄金三社牟学良家

被访问人：牟学良，83 岁，中共党员

访问人：徐元康，徐世华

问：我们今天来找你了解一下 1935 年到 1946 年我们乐义乡的有关历史，主要指有关地下党组织、游击队，农民自发组织和农翻会、贫民会等。

答：红军是 1935 年末 1936 年初到过乐义，来的一天是赶场，先是一个年轻人背了一背兜南瓜来卖，没人买，刘志魁的夫人叫他背到背上，价钱那么贵，没人买得。正在这时，年轻人把南瓜倒了，从背兜底下拿出一把手枪，就和其他红军一起出来，原来人们才晓得他是侦探。

我们这些没有农会、农翻会、贫民会等，只有哥老会。

调查记录

时间：2003 年 12 月 16 日

地点：(四川省宜宾市筠连县)乐义乡综治办公室

被调查人：刘兴朝，男，生于 1922 年 2 月 5 日，现年 81 岁，家住乐义乡花园村一组

调查、记录人：杨代芹

问：1927 年至 1935 年土地革命战争时期，是否开展土地革命，有无农会组织，这个情况主要是在乐义范围内。按你的生年计算，就是年满 13 岁前的事。

答：那时，我只有十余岁，不晓得啥子事情，但没有听说过我们乐义范围内搞什么土地革命，也未听说过成立什么农会组织。

问：1935 年至 1946 年，红军入筠到过乐义没有，红军到乐义来，是否搞了一些宣传，乐义有没有人跟随红军一起去(13 岁至 24 岁期间)？

答：逢赶场的一天，我在街上听到人些说(谁说的记不起了)红军来到我们乐义的禹王宫，停留了一会儿就走了，没有搞什么宣传，人不多，听说是几个人。红军在乐义禹王宫来一会儿就走了，不晓得有人跟随去没有，我不知道。向那〔哪〕

个方向走的也不清楚。

问:殷骡子(殷禄才)是否到乐义,或者是他的手下是否到过乐义发展组织。

答:殷骡子这个人,我只是听到说过有这样一个人,他是顺何场的人,郭家坟下去,他这个人住在顺何场上面的岩子上,是个抢人的头子。但是抢有钱的人。我晓得这个人没有来过乐义,也没有听说过他的手下来过乐义,也没听说过在乐义发展什么组织。

问:1935 年至 1946 年乐义有无农会组织?

答:那段时间乐义没有农会组织。

问:1927 年至 1946 年间,乐义有无地下党组织?

答:没有听说过有什么地下党组织。

以上记录,念给我听了,没有错误。

口述人:刘兴朝

2003 年 12 月 16 日

调查记录

时间:2003 年 12 月 15 日

地点:四川省宜宾市筠连县乐义乡综治办公室

调查记录人:杨代芹

被调查人:罗顺天,男,生于 1917 年 7 月,现年 86 岁,住乐义乡中坝三村

问:1927 年至 1935 年土地革命时期是否开展土地革命,有无农会组织?

答:那段时间没有开展土地革命。我只晓得解放后才搞土地革命,也没有什么农会组织得〔的〕。

问:1935 年至 1946 年,红军入筠连乐义的情况,是否搞了宣传,本地有无人员跟随红军外出?

答:我记得我十六七岁的时候,红军到过乐义街上,大约有二三十个红军,到乐义来牵了一些人走。我们乐义的聂运刚都被牵去到洛表〈镇〉上罗〈镇〉。牵去一两天后聂运刚就放回来了。大概怕是牵去问路的,看从哪点到哪点怎样走。另外都还有一个被红军牵走,但名字记不起了,要问聂运刚才晓得。但没有人跟随红军一起去的。

问:殷骡子是否到过乐义或其手下是否到过乐义发展组织?

答:只晓得殷骡子是抢人的,没有来过乐义,没有听说过殷骡子和他的手下来过乐义,更不消说发展什么组织。

问:1935年至1946年乐义有无农会组织?

答:那段时间乐义没有什么农会组织。

问:1927年至1946年间乐义有无地下党组织?

答:那段时间乐义没有什么地下党组织。

以上原文读给我听过,没有错误。

口述人:罗顺天

2013年12月15号

(四川省宜宾市党史研究室提供)

## 红军在筠连县大乐乡活动情况（调查笔录）

大乐乡革命老区历史调查

时间：2003 年 12 月 15 日中午

地点：四川省宜宾市筠连县大乐乡鱼池村 3 组刘明楷家

调查人：高发丙

记录：刘万均

被调查人：周德莲，女，现年 90 岁，生于 1913 年 1 月 2 日，高小文化，现住大乐乡鱼池村 3 组，务农，籍贯四川省珙县洛表人。

问：今天我们来向您老人家了解一些大乐的原先的一些历史，请您给我们谈一下，好吗？

答：要得。

问：请问您老人家有没有听说有一个姓殷的和一个姓钱的这两个人？

答：有这么两个人。姓殷的是一个土匪头子，是云南郭家坟的人，在我很小的时候就听说过，这个人 30 岁左右，我是在 1935 年农历正月二十二到田家（田耀东）来结婚的，田家被姓殷的等大约 200 多人抢，是第二年的农历二月二十二，当时被抢了 90 多条枪，打死了 11 个人（团丁）。另外还抢了很多金、银、玉器等值钱的东西。只知道姓殷的叫殷骡子，另外姓钱的是我的亲戚，当时大约是近 40 岁的人。他的名字叫钱文华，在我还未到田家结婚之前就认识这个人的。他当时担任国民党洛表四区的区长，就是他介绍我到田家结婚。钱文华在任区长之前就在成都和田耀东，还有钱文华的妻子苏端佩一起参加了共产党的，这些都是听人说的。

问：请问您知不知道大湖南和小湖南的情况？

答：晓得。但不知道大湖南和小湖南的来路，也没见过，都是听人说的。这些人都是当时的筠连警察中队的，听说枪打得准。另外大湖南和小湖南都是红军的部队的人，都是搞地下共产党工作的。

问：请问您知道多少关于大湖南和小湖南的活动情况？

答：只知道大湖南是最后打入到筠连的警察中队的一个人，在大湖南进入警察中队后，就不晓得小湖南的情况了，就这些了。

（四川省宜宾市党史研究室提供）

## 红军在筠连县解放乡活动情况（调查笔录）

关于红军在解放乡活动情况的调查走访记录

时间：2003年12月22日

地点：大榜村中心组（现属四川省宜宾市筠连县大雪山镇）李启金家

调查人：李群陈、罗高

被调查人：李启金，男，77岁（大榜村中心组）

问：你知道当年红军在解放乡活动的情况吗？请给我们介绍一下。

答：刘复初红军部队来的时候我们都比较小，只有12岁。当时红军部队住在大榜（现王少祥在此居住）和新房子（原李启信的老房子，现已拆除）。红军部队住下后，写下了"打倒国民党"等标语，在大榜村神龙庙肖嘴处挖了战壕。估计有几百人，住了两三天，把当时绅粮李世松、李世刚之妻章廷莲带上云南去。后来又将两人放了回来。在第三天早上，当时团上（李世宽是团上领导），在大坪上放炮，周化成部队从后面追来，在新房子发生了交火，打死了两个，是红军打死的，但不知是什么人，后来李有伦将打死的两人埋了。后红军部队经河口向云南方向进发。

问：红军从河口上大雪山，在大雪山活动情况你是否知道？

答：在河口的情况我不清楚，我只知道，红军在上大雪山途中遇到了国民党的队伍从云南过来堵截，但交战伤亡情况我不清楚，只听说抬了一个人下去，但不知是哪方抬的哪个人，当时在地方上较有名气的李德明出面把抬的人保了下来。

问：你还知道其他情况吗？

答：我还听说当时红军骑了战马，未到这里驻下，后就开始写标语字。

被调查人：李启金

调查记录

时间：2013年12月15日记录：李宗贵

地点：牟光贵家

调查人：李立荣、李启涛、罗勇

被调查人：牟成德，现年80岁，住（现四川省宜宾市筠连县）解放乡石龙村石龙组

调查内容：关于中国工农红军遗迹

问：我们找你调查了解中国工农红军在解放乡的遗迹，请你实事求是，知道多

少就讲多少。

答：红军是从王场上到云南威信，是壬申癸酉年，那时我已 10 岁。刘复初从王场到我们这个地方是丙子年（1936 年）。刘复初在王场的时候，国民党周化成国民党新二师中央军的队伍在洛表。听到说红军来了，人些都怕，主要住在水冲坝、姚家垮这几架房子，这个地方住两三夜。主要住在李启信的老房，李启其的房子，红军住在这个地方主要写标语搞宣传，到处看干人的地方，家家小户，叫穷人到大家人户家里背粮食，但穷人不敢，当时好多老百姓都跑了。写的标语可能都还找得到，有"红得久，共得走""打大户，杀贪官，关你穷人求相干"。红军走后，周化成队伍来又把标语改成"红不久，共不走，逮斗你，不宰只脚都宰只手"。红军在这里住了三天，周化成的队伍遇上的当晚就在水冲坝河口打了一仗。当时死了两个红军，是李世堂等人掩埋的。当时有一个红军口头还有饭，手里还抓着一把饭，我是亲自去看到的。两个红军一起埋在河口那个石甲的。红军都过了河口，这两个红军不知是转来拿啥子东西被打死的。这仗之后红军直上大雪山，周化成的队伍这回从大坝翻过王场去了。红军上雪山后在大雪山就与周光汉的队伍大雪山激战，周光汉〈是〉国民党龙军（云南省龙云的部队）。龙云是当时云南省主席，周光汉的老家是云南威信长安乡瓦市村人。红军与周光汉激战时死了两个红军，死在大海子上一碗水的边边上。红军就从大雪山丫〔垭〕口翻云南去了，去云南瓦市逮了周光汉的弟弟周五老师，把周光汉的房子烧了。

问：周化成的队伍在这个地方的情况？

答：李步云去躲了出来去背他母亲，周化成的队伍看到后，一枪就把他打了。周化成的队伍不依文武，打穷人，周化成队伍来，吃饭驻扎在李世恒、李世坤、李世钱、李世昌四大绅粮家。

问：周光汉是在哪儿出现的？

答：是从云南瓦市直接翻雪山来打红军的。

问：红军来的其他情况？

答：有一年的九月间，吴锡周又把红军带起从花秋坪过，抬了个红军说是叫刘复初，天黑了，晚歇车厂垮卢学伍、卢学全、卢学明家，这次大约有 300 多人，还叫我的父亲牟首亲到落木柔给他买 30 斤盐巴，5 条烟。这 5 条烟都是买三主子才凑齐。五条烟拿去一个人取一半支来烧，盐巴和烟都是我亲自送去的。第二天翻雪山到云南去了。这是第三次，从王场经三河上大坳过南厂过花秋坪，在厂垮翻雪山的。吴锡周的一个贱头儿,参加红军了的。吴锡周带这次把刘复初藏在安稳坝胡伯聪的房子头,后头周化成的队伍来逮走的,是抬走的。最后红军又从大雪山翻过来的,从花秋坪到了王场。他们冷急了,是冬月间,我们还烧火给他们烤。红军送了我们一家9件衣服,有一个女红军送了我的母亲一件衣是胡绵,我母亲还不敢穿出来,怕别人说是抢的。她说这个大娘太苦了。

问:其他你知道什么?

答:最后是解放战争时候了,庚寅年,解放军从云南翻雪山经三河到王场是刘伯承的队伍。来这个地方解放军没有什么活动。

问:你知道殷骡子吗?

答:殷骡子在这侧边住过一夜,是国民党第七十九师"剿"杀的。

口述人:牟成德

李友元是云南的,下来抱给张李志坤当儿,跟红军跑过两个月后头转的。这个人说来没有后,我认为有,但不给你们说。

(四川省宜宾市党史研究室提供)


走访记录

时间:2003年12月15日

地点:(现四川省宜宾市筠连县大雪山镇)石龙村鱼龙组王少均家里

调查人:李立芹、邓朝、李启涛

被调查人:李世权,76岁(石龙村鱼龙组)

问:今天我们主要来了解一下,当年红军在这一带活动的情况?

答:当时听说是刘复初的部队,来驻扎在李启其家里,具体时间记不清了,当时队伍把钱发给了当地农民,当时大榜的李友贵还参加过,是元田社张英奎出生那年。

问:你自己亲眼看见过红军没有?

答:没有。听说当时红军是从云南过来的,大约是1955年时,公安局的同志都找我了解过情况。当时还有李世堂(已故)、毛汉章、罗兴发也参加过红军,现已故,都来参加了公安局的询问。当时了解的情况是红军从云南过来,住在李启其家里(李启其系石龙村石龙组人)。第二年正月间又回来,住到了李启其房子里,并在大榜村中苏组五家坝与云南周光汉的土匪队交火,交火中没有造成红军伤亡。后红军往大雪山向云南方向进发,在大雪山红岩入口处再次遭到周光汉残匪部队的阻截,发生了第二次交火,在交火中共有两名红军壮烈牺牲。后游击队在雪山村雪山组黄赞明房子旁边又发生了交火,当时死了两个,但身份不明。后红军部队又向云南进发,在大雪山主峰脚下(现大简山)处受到了周光汉主力部队阻击,红军一死一伤,当地群众李明江和王宗友将牺牲的红军安埋后,又将受伤的红军抬至家中进行抢救,第二天因抢救无效牺牲。后将红军埋在大雪山大海子脚下。后红军队伍把周光汉队伍追到雪山坳下凉水塝处又发生激战,战斗中两名红军壮烈牺牲。雪山老人吴定明(现已去世)将两名红军偷偷的〔地〕埋在了凉水塝沟边上。后为了寻找红军遗骨,当时我们向乡党委政府申请修缮红军坟,当时有周明文(解放派出所长,现回金銮老家)、刘敏交(乡人民武装部长)、张方奎(解放乡村民),在吴定明老人的带领下,参加人另外还有杨晨江等,我们挖到了红军遗骨,红军喝水的水瓶盖。我们将骨头掩埋后,当时水瓶盖由周明文保管。后红军退至云南省长安乡瓦石村酥麻坪,将土匪头子周光汉击毙,将周光汉的房子烧成灰烬。我所知道的就这些。

调查记录

时间:2013 年 12 月 15 日

记录:杨宗贵

地点:王少军家

调查人:李启涛、李立萍、罗勇

被调查人:李世全,现年 76 岁,住(现属四川省宜宾市筠连县)解放乡石龙村鱼龙社,粮农

调查内容:红军遗迹

问:我们找你调查了解红军在这个地方行动的情况,你知道多少说多少。

答:红军来的情况当时大约是五几年公安局的来调查过,找过我和毛免章、黄自宽、李孟员这几个人。

红军来是哪一年我记不起了,反正是走马岭章英奎出生那年,但是从云南翻大雪山坳口,到水冲坝石龙埂李启其的大房子头住过一夜。红军们自己弄饭吃了后,把花钱铜摆了几箩筐叫穷人些拿,叫穷人随手拿,但是没有人拿。第二天,就从石龙埂到走马岭,从水对溪翻云南的。当时许多人都怕红军,大人些全部逃躲去了,急忙中丢下了章英奎一个婴儿在家。红军到他家,看到章英奎,便用了几件

军服把章英奎裹着,放了些花〈钱〉在身边,黄自宽亲眼看到。

问:当时有多少红军?

答:好多人我不知道,反正住了好多家房子,到处都住得是。这些都是听到说的。

问:在这个地方打过仗没有?

答:没有听斗〔到〕说打仗。

问:你还知道多少?

答:听斗说殷骡子抢国民党的子弹,在王场邓玉伯的家里是四川省主席(邓锡侯)。当时杨国正是王场的乡长,殷骡子与杨国正是一伙的。当时殷骡子抢来的子弹拿给杨国正要卖给当地绅粮些时,邓玉伯看斗〔到〕子弹不对头,就拿了两架起来,然后写信给邓锡侯,经对质该子弹实属国民党正规军的子弹(美造弹,又叫笔尖弹)。后邓锡侯派兵把杨国正逮捕在长宁法办的。殷骡子没有受伤。

问:殷骡子要从你们这个地方过是哪年?

答:具体哪年我都不知道,红军来后的两三年时间,殷骡子的队伍从云南长安潘家山来的。牵了云南一家姓潘的两个毛子(人质,两兄弟),押着要潘家拿钱取。大约有几百号人,我们鱼井坝几家人是住满的,在鱼井家住了三天,好像听说是国民党正规军要来,吓着就走了。当时还杀了李国权的一个大猪,有四五百斤大,另外吃点粮食,殷骡子不欺负老百姓,只是有办法的,打富济贫。

问:殷骡子的队伍是正规军?

答:不是,是贼,最后走这点过大概走白花到云南的隔斗郭家坟(殷骡子的老家)被邓锡侯的正规部队"剿灭"的。

问:殷骡子和朱林成有没有联系?

答:有联系,殷骡子要过来首先要写信给朱林成或朱林武叫他不要来,说这面没有多少钱财,而且这面有一批大刀队,刀枪不入,殷骡子就没有来。

问:殷骡子那次从云南来是为什么?

答:他是到处拖起走的队伍,就是那次来才认识朱林武的,朱林武也是打富济贫的。

口述人:李世金

李世槐

李世朝

2003 年 12 月 15 日

调查记录

时间:2013 年 12 月 16 日

记录:杨宗贵

地点:(现四川省宜宾市筠连县)农会村圆山社章家现家

调查人:李立萍、李启涛、罗勇

被调查人:章家现,男,汉族,现年 90 岁,住解放乡农会村圆山社

调查内容:中国工农红军在解放乡活动遗迹

问:我们找你了解当年红军在解放乡活动的情况,请你根据当时的实际情况给我们谈一下。

答:民国二十五年(丙子年,1936 年)九月,刘复初部队住进五道河,我知道好像只有二三十人,驻在水对溪老百姓家中,刘复初当时还递"公事"(书信)给章家申联络(章家申是国民党南六县"剿匪"队长),章家申不仅不认,反于 9 月 14 日早上率民治乡团丁在水对溪激战,红军死了 3 人。战场在水对溪余大屋基,红军走后,我们还在余大屋基门口拾到一根枪,是打断了的。红军在此败退翻海子坪去云南安稳坝。

章家申杀人的权力是宜宾冷薰南专员托以南六县"剿匪"队长的原因。后来国民党正规军陈志远(营长)了解到章家申团务办得好,便直接与章家申联络。陈志远都来到水冲坝探得刘复初下落后,前往云南安稳坝活捉正在病中的刘复初,用担架从珙县抬到宜宾,在宜宾跑掉的。解放后,刘复初都来五道河探望过。

我当时是参加章家申的队伍,属团丁的成员。听〔所〕以对方刘复初的队伍究竟多少人我们不很清楚,我只顾给斗〔到〕打仗。

问:红军是从哪个地方来的?

答:不很清楚。

问:其他你还了解些什么?

答:解放战争时候我们都参加过战斗,打过仗,这些就不细说了。

口述人:章家现

(四川省宜宾市党史研究室提供)

# 关于川滇红军游击队在大雪山活动情况(调查笔录)

走访记录

时间:2003 年 12 月 15 日

地点:(现四川省宜宾市筠连县)解放乡雪山村游世奎(支书)家

调查人:李立萍、李启涛

被调查人:游世奎,男,46 岁(雪山村支部书记)

记录:罗勇

问:我们今天来,主要向你了解一下以前红军游击队在大雪山活动的情况,请你把你知道的给我们介绍一下。

答:我担任雪山村雪山组长时,就有意识收集过这些资料,作过一些走访和调查,我曾听杨辰江老人(已故)说过,当时刘复初的部队来最先住在了石龙村石龙组李启奇的大房子里,当时还打出标语"吃大户,打贪官,不关穷人求相干",第一次住了一个多星期,后朝云南方向去了,有几箩筐,叫穷人些分钱,但只能用被怀兜。第二天从走马里经磨刀坡出了云南。当〈时〉章英奎只有几个月,当时因群众不知情,被红军吓跑了。红军见章英奎没穿衣服,将军服脱下后包在了章英奎身上后就上了云南。

调查记录

时间:2013 年 12 月 16 日

记录:杨宗贵

地点:李启信家

被调查人:李启信,男,汉族,现年×岁,住(现四川省宜宾市筠连县)解放乡大榜村中苏组

调查事项:中国工农红军遗迹

问:我们找你调查了解红军在解放乡活动情况,请你给我们讲一下?

答:红军在这个地方活动情况我知道,但都是听说的,那时我还没有出生。第一次红军来是住在我们家的房子,其他还住在石龙坡、马家榜、尧家塆、大榜几相房子,人可不少。我们那房子外有个纸厂房,红军在纸厂房周围写了不少标语。1960 年清理红军历史遗迹的〔时〕把这些标语洗干净,用墨填现来照了照片的。这

个纸厂房后来拆来修公房去了。公房是哨坪组王万明买去了,标语是写在石灰壁头上的,拆房就烧了。从我们这边走的不是主力部队,是牵引敌人的部队。可惜李启良死早了,如果他在他就知道得多。李启良当时参加过。

（四川省宜宾市党史研究室提供）

# 红军在筠连县镇舟镇活动情况（调查笔录）

走访笔录

时间：2003 年 12 月 15 日

地点：饶学员〔元〕家（四川省宜宾市筠连县马家村俄坪组）

记录人：罗付帅

在场人：张培佑、潘光信

问：红军从马家村经过吗？

答：经过了，但记不起时间了，大孩子饶祖伦（现年 61 岁）已经生了。红军从这里经过时是早晨，正在下大雨。人数比较多，经过时红军较饥饿，还搬〔掰〕了百姓玉米棒子吃，还向百姓借帽子等。经过时红军要抬夫，要求百姓给他背东西，所以当时潘光信就藏在坟阴沟里面。

问：当时建立了党支部的情况，你知道吗？

答：不知道，因为我 9 岁时就从潘家山到马家村来住了，没有文化。

问：你知道大刀会、农工会吗？

答：没听说过，一辈子没有出过门，不知道。

被访人：潘光信

2003 年 12 月 15 日

走访笔录

时间：2003 年 12 月 15 日下午 3 点

地点：饶学员〔元〕家（四川省宜宾市筠连县马家村俄坪组）

记录人：罗付帅

在场人：张培佑

问：红军从这里经过吗？

答：红军是从电厂到民主的，电话通知，红军把电杆砍了，国民党的军队不知道，就这样从现在洞口电厂上落木柔。

问：红军打仗了吗？

答：打了，但只听到枪声，没伤到，红军走了之后，国民党的部队随后追到民主（落木柔），还看到国民党的士兵喂马，没看到国民党的军队再继续追了。

问：当时的时间是哪年？

答：当时我有 13 至 15 岁，现年 83 岁。

问：当时红军从镇舟经过时情况你叙述一下？

我知道红军就从这儿过了一次，当时听到很大的敌炮声，红军大约是 10 点左右经过镇舟，从洞口电厂到落木柔，走了之后马上把电杆砍了，土匪随后追来，但未追到红军。

问：当时镇舟建立了党支部，你知道吗？

答：不知道，只有十几岁人，不晓得。

问：当时你知道有农工会、大刀会吗？

答：只是听到做纸生意说有大刀会存在。

询问人签字：饶学元

2003 年 12 月 15 日

调查记录

时间：2003 年 12 月 15 日

地点：张员昌家（四川省宜宾市筠连县镇舟镇）

记录：罗付帅

在场人：张培佑、张员昌

问：红军从镇舟经过吗？

答：经过，大约在甲戌年 1934 年五六月间，有 100 多人，还有一位女兵在镇舟街上讲话，提倡"打富济贫"。据说是刘伯承〔注：实为刘复初〕部队，刘文辉所管辖国民政府，其中经过路线，雪山（牛街）—落木柔—镇舟—高坎—珙县。当时抓了两位大地主余照修（落木柔街上的人）、郭一〔玉〕凡（民主海子湾）二人，余照修放了，郭一〔玉〕凡拉走后无消息。

问：在刘伯承部队经过后，有没有共产党地下组织？

答：以前没听说有地下组织，后来听说地下党员李志清。李志清叙述〔据说〕在云岭教过书（鸡婆学），李志清在云南省当省长，后来李志清来找余从光（镇舟前进黄金社），说是一个组织的人，喊他去找些工作给他干，当时就给了余从光几百元钱，后镇上知道此事后，给了余从光几年薪水，后死了。

问：解放那年共产党经过镇舟吗？

答:经过,从高坎—镇舟—沐爱—筠连,有的又说是从落木柔—镇舟—沐爱,时间是庚寅年六月年,第二年(辛卯)才算真正解放。解放时土匪拿撮箕顶着躲藏,雨特别大,解放军没用一枪一炮。国民党部队"童团"在沐爱给解放军打了一会儿,"童团"队伍撤走(从落木柔—自由撤走)。解放时,田动云(民国党师长)、肖永昌(国民党连长)这两个人成立反动组织,因此在辛卯年才彻底解放。

问:镇舟有人参加过大刀会、农会吗?

答:听说国民党时成立了"大刀会"在高县、横江打不进杀不进。罗玉聪在高县当之大部部长,调罗玉聪去打大刀会,罗国中给他出了点子,用狗血浇在子弹壳上打死了大刀会成员,因此罗玉聪当县长。

问:你知道其他组织吗?

答:不知道。

问:红军从马家坳过到自由对吗?

答:不对,当时土匪才从马家翻过到百圣。

被询问人:张贾昌

2003 年 12 月 15 日

调查记录

时间:2003 年 12 月 15 日

地点:张学员家(四川省宜宾市筠连县镇舟镇)

记录人:罗付帅

在场人:李玉文、张培佑

问:红军第一次经过镇舟的时间?

答:正午〔1935〕年正月,从高坎—金沙—镇舟—沐爱,走了三天三夜,在沙坝用罗锅煮饭吃,纪律性很强。

问:解放那〔哪〕年红军经过镇舟吗?

答:只看到"童团"队伍被打散经过马家,镇舟—民主—雪山,"童团"队伍被打散的还到过马家村民中讨过饭吃。

问:你知道大刀会、农工会吗?

答:不知道。

调查人:张学员

2003 年 12 月 15 日

走访笔录

时间:2003 年 12 月 15 日

地点:杨登连家(四川省宜宾市筠连县镇舟镇)

记录人:罗付帅

问:红军经过镇舟吗?

答:红军从落木柔到自由乡(绵布埂)到珙县方向走,人数不多,时间两天,这是第一次。第二次时有些穿红衣服,抬大炮过了三天三夜,还是从落木柔到自由乡(绵布埂)到珙县方向。

问:还有吗?

答:土匪来时,涨大水,过两次,第一次人少,第二次人多。

被询问人:杨登连

2003 年 12 月 15 日

走访笔录

时间:2003 年 2 月 15 日

地点:(四川省宜宾市筠连县镇舟镇)南坝村骑龙组

走访对象:姚建城

走访人:林元培、邓义英

记录人:林元培

问:红军长征时走过镇舟的经过你知道吗?

答:当时我只有十来岁,听说红军来了,我们老百姓都很害怕,根本不晓得他们是一支啥样子的队伍,当时红军在前面走,国民党的部队军在后面追,不敢给共产党正面交战。红军不进老百姓的屋,纪律很严格,从镇舟到大乐瓦去,打乐瓦打当地的地主(田洞云家)。

问:你对农会的组织建立开展的工作了解吗?

答:不了解。

被走访人:姚建城

2003 年 12 月 15 日

走访笔录

时间:2003 年 12 月 15 日

地点:(四川省宜宾市筠连县镇舟镇)街村罗均祥家里

采访对象:罗均祥(1923 年 8 月)

采访人:邓义英、蒋应丛

记录人:林元培

问:红军长征从镇舟经过你晓得吗?

答:红军从这经过时我还在读书(只有 8 岁)当时红军路过这里时只有 100 多个红军战士,其中有一部是女红军,女红军的主要任务是搞宣传,在街上贴标语,标语写的内容:打倒日本侵略者。当时没有给国民党正面交战,后来红军就到民主去。

问:农会的组建和开展的组织活动你知道吗?

答:1947 年以前农会的组建和开展的工作我不太清楚。

被采访人:罗均祥

2003 年 12 月 15 日

走访笔录

时间:2003 年 12 月 15 日

地点:(四川省宜宾市筠连县镇舟镇)政兴村李兴才家

采访对象:李天明

采访人:邓义英、蒋应丛

记录人:林元培

问:红军长征路过镇舟的经过你知道吗?

答:红军长征的时候,我还很小,路过镇舟时把原来国民党的旗子撕烂了,把保长李少云家里的财产分给穷苦百姓,红军的纪律严格,不拿群众一针一线,不进老百姓家里,后来从镇舟去大乐瓦打田洞云的队伍。

问:农会的建立、所开展的活动,你晓得吗?

答:我是 1944 年就出去当兵的,于 1952 年从成都回来,对农会的建立、开展的工作只是听说一些,具体情况不清楚。

问:修建乡政府的时候,挖到一具红军的尸体,你晓得吗?

答:具体情况不清楚,只是听说过。

被采访人:李天明

2003 年 12 月 15 日

走访笔录

时间:2003 年 12 月 15 日

地点:(四川省宜宾市筠连县镇舟镇)政兴村师包组王之丛家。

采访对象:银际信

采访人:邓义英、蒋应丛

记录人:林元培

问:红军长征时期从镇舟经过的情况你了解吗?

答:了解一些,当时共产党的一部分队伍从镇舟经过,首长叫刘复初,当时有两个女红军(一个叫大湖南、一个小湖南),主要是搞政策宣传的。

问:你对农会组织的情况了解吗?

答:不了解。

被采访人:银际信

2003 年 12 月 15 日

走访笔录

时间:2003 年 12 月 15 日

地点:(四川省宜宾市筠连县镇舟镇)政兴村周宗付家。

采访对象:周友云(生于 1915 年 1 月 15 日)

采访人:邓义英、蒋应丛

记录人:林元培

问:红军长征经过镇舟时的情况你了解吗?

答:红军长征的时候只是路过镇舟,当时红军在前面走,周化成(国民党的队伍)的队伍就后面追,不敢给共产党队伍正面交战,当时红军的主要任务是打富济贫。

问:地下党在镇舟开展那〔哪〕些工作你知道吗?

答:当时有一个姓张(记不清楚)的大概有 40 岁,在云岭教书,就在镇舟开展地下工作,发展的党员有余从光、何文兴的二兄弟等。当时他们开展的工作相当的隐蔽,很多人都不晓得。

问:农会的组建你知道吗?

答:不很清楚。

走访材料

时间:2003 年 12 月 15 日

地点:(四川省宜宾市筠连县镇舟镇)母猪咀李远付家

走访人:杨申龙、刘光明

被访人:李远付,现年 81 岁

记录人:杨申龙

问:今天我们来找你了解一下,红军到镇舟的有关情况,请你如实陈述!

答:要得,我记得是乙亥年(1935 年)的腊月,从云岭村的母猪咀到镇舟场公开宣传中国共产党的英明政策,把敌乡长罗述函的猪杀来分给老百姓,每人只能割几斤。

问:当时红军到过云岭村发展什么组织没有?

答:那时我才 14 岁,不很了解,据我了解好像没有。

问:知道"农会"这个组织吗?

答:知道有个农会组织,农会主任是现在的政权村一个叫李开从的,那人参加,我就不晓得其他人参加没有。

问:你晓得那时候有人到过云岭村发展过地下党组织没有?

答:晓得,地下党组织曾派李×〈永〉青到牟家山何奎星家教书,发展过地下党组织,地下党员,何奎星和李×〈永〉青随时与其兄弟何吉星地下党员保持联系,何吉星同志曾参加过黄埔军校读书,加入地下党组织,详细情况,现住前进村的胡光亭同志知道。

走访记录

时间:2003 年 12 月 15 日

地点:(四川省宜宾市筠连县)镇舟镇云岭村茶园组梁克文家

参加人员:杨申龙、刘光明

走访人：王勇（镇舟镇纪委书记）

陈述人：梁夕舟，现年 96 岁，10 月 22 日生，文盲，务农

问：你参加过农会没有？

答：参加过。

问：你知不知道镇舟在 1926〈年〉至 1947 年间建过共产党支部？

答：建立过共产党的支部，大概有多少人，不知道。

问：你参加过其他社会组织没有？

答：没有参加过。

问：你知道不知道现在活的人中，那些当时参加过共产党组织的人？

答：记不清楚了。

问：我念给你听，看给你说的是不是一样。

答：给说的一样的。


走访笔录

时间：2003 年 12 月 15 日

地点：张龙贵家（四川省宜宾市筠连县镇舟镇）

调查人：张德珍、张龙顺、何星荣

被调查人：张德珍

问：向你了解 1927 年至 1947 年间有关农会的情况。

答：1950 年后才有农会，在这之前有哥老会，当时相当普遍，几乎所有的老百姓都参加，分仁字、义字、礼字、纪字、德字、孝字等级。

罗玉聪是仁字的大爷。

哥老会是一种社会性的组织，各组织维护其利益，扶弱济贫，严述云自己都是仁字的成员。

问：向你了解 1927 年至 1947 年地下党的情况。

答：何纪星是共产党员，从成都回来，带来党员李永青，并发展党员杨永贵、杨政书、杨永恒、杨永成、彭宗福、余从光。当时，何纪星、李永青到牟家山教书掩饰身份，1950 年李永青回贵阳，曾任贵阳市长。

何纪星的哥哥何奎星是雪山支队的政委，镇舟乡乡长。

李朝殿是雪山支队支队长。

李永青等在镇舟成立镇舟支部,可能是任支部书记。

问:红军何时来过镇舟?

答:1936年,由刘复初、余泽鸿带领红军100多人来镇舟,宣传3个多小时后离开。

后来,又来过两次,从民主下来的红军到镇舟时,途经前进村柳公庙,被驻扎在那里的敌乡公所的一个班发现,敌军仓皇逃跑,从蒿坝过来红军逮捕了地主豪绅周明三,离开镇舟途经沐爱、浩子冲时遭到沐爱警察中队的偷袭。

走访笔录

时间:2003年12月15日

地点:张龙贵家(四川省宜宾市筠连县镇舟镇前进村落箭组)

调查人:张德珍、张龙顺、何星英

被调查人:宋第全,80岁,男,汉,前进村落箭组

记录人:张德珍

问:向你了解1927年至1947年农会的情况。

答:解放前没有农会,只有哥老会,帮助解决一些问题,如不忠不孝。属民间组织,乡公所无法解决问题,几乎都是哥老会解决,相当有权势。罗玉聪是当时哥老会仁字的大爷,曾任高县公安局长,(本人属镇舟景阳村人)红旗管事蔡德给成员讲关系,分属于各堂口。

问:向你了解1927年至1947年地下党组织的情况。

答:1939年,何纪星从成都回来,在镇舟三小学教书,当时带回一些进步书籍,余第全〈权〉都借阅过二本书,是宣传共产党内容。同时带回李永青(党员),并在当地发展党员,这些人都是长工、佃户,有何德高、胡方亭、杨政书、杨永成、杨永贵、余从光,成立镇舟支部,李永青任支部书记。

李永青解放前因身份暴露后离开,曾任贵阳市长。

何奎星因弟弟的关系参加共产党,解放时,李朝殿成立雪山支队,任政委,李朝殿是雪山支队支队长。

问:红军何时来镇舟?

答:1932年,红军从民主下来,带来地主郭玉凡,后来死在半边崖,到镇舟逮捕地主豪绅周明三。

沐爱浩子冲和沐爱中队打上火线。

在镇舟街上把地主孙二星的钱财分给穷人,并做了有关共产党的演讲。

走访笔录

时间:2003 年 12 月 15 日

地点:唐仕珍家里(四川省宜宾市筠连县镇舟镇)

调查人:张德珍、张龙顺、何星英

被调查人:唐仕珍,党员

记录人:张德珍

问:向你了解 1927 年至 1947 年农会的情况。

答:农会相当于叫哥老会,1930 年开始一直到解放才结束,肖永成、肖永昌、罗玉从,哥老会的首领被称为大哥、大爷,等级分别为各校级。哥老会有什么事,就是由大哥、大爷挂出灯笼统治各堂口,具体情况不清楚。

问:向你了解 1927 年至 1947 年地下党组织的情况。

答:郭明、郭仕元是地下党,听说镇舟支部,具体情况要余第权才清楚。当时的党分为老党、新党,老党支持共产党。

当时农会是 1949 年以后才开始以农会的形式出现。

走访笔录

时间:2003 年 12 月 15 日

地点:孙怀友家(四川省宜宾市筠连县镇舟镇)

调查人:张德珍、张龙顺、何星英

被调查人:孙怀友,党员,80 岁

记录人:张德珍

问:向你了解 1927 年至 1947 年农会的情况。

答:1927 年至 1947 年没有农会组织,只有亲友互助会,约是 1945 年事。

在 1945 年前有袍哥会,分仁级、礼级、孝级,会首称大哥、大爷,具体情况不清楚。

解放后,参加武工队,曾任队长,乡队长,乡农会主席(1950 年)

问:向你了解 1927 年至 1947 年地下党组织的情况。

答:有,政兴狮包何正文(支书)、前进黄金杨永成、杨永贵、余从光、杨世恒、肖玉惠,约10个。

当时的党分为老党和新党,如余从光、何正文、何文奎都于前几年平反,其他情况不清楚。

问:当时的地下党干了那〔哪〕些具体工作?

答:有些在乡、村做事,如杨永贵、杨永成曾任保长,其他情况不清楚。

走访笔录

时间:2003年12月15日下午二时

地点:(四川省宜宾市)筠连县镇舟镇水泉村百花组师孝仁家

走访人:余国平

被走访人:师孝仁,男,汉族,现年81岁,生于1922年8月2日,中共党员。

问:我今天来找你,请你给我介绍一下关于我们这个地方在解放前,也就是1926年到1947年地下党组织开展工作的情况。

答:我晓得大约是四几年的时候,解放军(红军)的队伍从我们这儿过,是从镇舟进沙坝子过高坎到洛表上威信县的,然后,国民党的军队一个叫周化成的带队追红军,当时红军人马不多,大约几十人,周化成的队伍较多,红军只过一次,周化成的过了7天7夜。

问:另外,你知不知道以前的农会、哥老会,以及其他的组织?

答:其他我不晓得,只有"盂兰会",实际上就相似现在的老年人协会,对老年人的,每年七月十五办会,对已故老年人进行悼念,其他的我就不晓得了。

随访记录

时间:2003年12月15日

地点:刘怀德家(四川省宜宾市筠连县镇舟镇)

访问人:刘怀德,89岁

记录人:胡友谊

问:红军经过镇舟的情况。

答:1927〈年〉至1928年,我在三小学现镇舟中学读书,红军从桅杆坳经过花滩子过河,向东到沐义。听说曹德龙和乡丁堵路口,曾德龙的脖子被红军打了一个口子。

问:你知道建立党支部的情况吗?

答:当时何贵军当乡长,有袍哥。

问:谁是袍哥大爷?

答:是罗云聪的袍哥大爷,有六堂袍哥。

问:红军经过时,有没有人随军?

答:没有。

走访笔录

时间:2003年12月15日

地点:(四川省宜宾市筠连县)镇舟镇金沙村金沙组

调查人:应大书、徐兴

被调查人:毛世栓,现年83岁,男性,教师

记录:徐兴

问:请你说说当时红军路过镇舟情况。

答:大概1931年,红军从民主方向,经过镇舟,当时我读小学,红军长征时的游击队往来牟家山,何孝星在江安中学读书时参加过共青团,当时我也在江安中学读书,读的一年级,当时是刘复初的队伍,从镇舟到××方向走了,当时住在镇舟镇上学堂,人数不多,几百人左右,不知住了多久,也不知朝那〔哪〕走了,当时只知道毛家湾有个毛姓的人(毛四清的二弟)参加了红军。后来在部队上死了。算是半个长征干部。

问:1947年前这里有没有地下活动?

答:只知道有个牟家湾何吉星参加了共产党。当时我和他一起在成都普高,我只读了几个星期,他一直在读,听说国民党也要培养他,他后来病重回家死亡。

问:当时有没有什么帮会组织?

答:有,当时沙坝子就是国民党时期的农会,我也是其中一员,只是没干什么事,叫农会,主要开展一些互助活动,政治上没起什么作用,但团结了群众,目的是反对当权派。主要反对罗守玉、罗起进、罗名中、罗中期等当权派。当时他们掌握了一些地方政权和地方武装,曾经组织起来告过罗氏当权派。当时罗玉聪的二子也加入了农会,曾为国民党效力的罗氏家族。当时我也参加了去牟过他们。解放

后共产党刚来就把他们枪毙了,当时王子英是县长。

问:有没有所说支部建立情况?

答:大概1940年左右听说有个党员住在牟家山,组织过,但没有建立起支部,当时是何奎星的关系才来的,何奎星解放前四几年就死了。

走访笔录

时间:2003 年 12 月 15 日

调查人:(四川省宜宾市筠连县)镇舟镇金沙村金泉组

被调查人:邹坤和,男,85 岁

记录人:何号

询问:万大书、何号

调查内容:当时红军经过镇舟情况

问:请你说明一下当时情况。

答:当时我帮长年,红军在金沙村坝子歇了一夜,还挨家询问。当时绅粮〈有钱人〉是跑光了的。当时大约几百人,站满了坝子,大概民国 20 年左右,当时住了一天一夜,自己带了烧饭的,对贫下中农非常好,还给我们衣服等,从珙县洛表方向来,后来出了沙坝子,当时拿了 5 万钱给我。我是贫农,叫我在城买些粮回来,但没有找着。后来,几个月后中央军从这里经过去找红军。中央军有许多伤兵,金沙村曹英章曾被叫去拉夫,抬了两三年东西才放回来,后来在家去世。

问:哥老会是咋回事呢?

答:当时解放前到处都有,其中有共产党的,也有国民党的人加入。当时拿钱给我用的那个排长,山西人。

(邹坤和的家人刘亚银补充:平时他给我们讲过,说的是从镇舟场过来,从高坎坳田口出去的。)

走访笔录

时间:2003 年 12 月 15 日

地点:(四川省宜宾市筠连县)镇舟镇金沙村金家组

调查人:徐兴、万大叔、邹品从

被调查人:师恒武

问:解放前是否有红军地下活动?（1926年至1947年）

答:有,当时共产党是悄悄活动的,但是不了解情况,当时哥老会是普遍建立的民间组织,发生在民国20—23年间,当时罗玉聪是镇舟哥老会头头,后被枪毙。但在80年代后被平反。当时是西南片区军队,高县的局长,吊黄楼的神军是罗玉聪捉尽的,枪毙时55岁。镇舟现中学是当时枪毙现场,他是当时国民党哥老会,在解放前投诚了共产党,当时可能因误判被枪毙。

师恒武答:红军当时曾找过我带路,离解放10多年前,我在现沐爱桅杆坳做饭,在那儿被红军叫住去带路。当时两个军人提着枪晃,兜里装着玉米棒,叫我带到镇舟。后来我带到镇舟砂锅厂,我就说带到了。当时红军里一个是镇舟毛家湾（今高兴组,郭村）毛从高,可能当时是一个兵,背着一杆步枪,后来大队人马（30人左右）跟了上来,我被吓着就躲了。当时毛从高在大部队里被我看见,而不是前面两个人中的某一个,后来直到解放才看到过解放军。

补充:师恒武现89岁。

走访笔录

时间:2003年12月15日

地点:（四川省宜宾市筠连县）镇舟镇金中村桂坪组毛联方家

走访人:陈廷才、刘文涛

被访人:毛联方,男,汉族,现年80岁,住金中村桂平组

问:对红军的情况你了解那〔哪〕些情况?

答:红军乙亥年（1935年）从这里过,毛仕新的兄弟参加过红军,现在已无音讯。从这里过的时间是乙亥年正月间,国民党队伍追红军干了一天一夜,其他情况我也不很清楚。当时有一段时间我不在家,我到巡场去了。

问:对当地当时民间组织了解哪些? 是什么情况?

答:沙坝成了一个袍哥,叫古钱穿〈帮〉,罗玉书是大爷,我于1944年左右参加哥老会,罗训银当大爷,人数有100多到200。高县成立了一个党支部（共产党）,发展党员,人数多少不清楚,支部书记大约是何杰西。关于大刀会的情况,我没听说过。

问:你所说的是否都是事实,还有无补充?

答:都是事实,没有补充了。

走访笔录

时间:2003 年 12 月 15 日

地点:(四川省宜宾市筠连县)镇舟镇金钟村下坪组毛世端家

走访人:陈廷才、刘文涛

被访问人:毛世端,81 岁

问:你对 1926 年至 1947 年间红军在当地的情况了解哪些?

答:我只听说红军到过镇舟,只是从这里过,没有干过其他事情,毛家湾的毛从高听说参加红军,但到现在都杳无音讯,其他情况不清楚。

问:对当地的民间组织你了解哪些情况? 给我们介绍一下。

答:民间组织在当地只有哥老会,沙坝子的孝字叫古钱帮,在仁、义、礼、吉、德、孝中占吉,大爷叫罗玉书、叶良成副大爷,人数有 100 多人。关于共产党的组织在沙坝子我了解没有具体组织。我只参加过哥老会这个组织。

问:你介绍的以上情况是否属实,还有无补充?

答:属实,没有其他补充了。


走访笔录

时间:2003 年 12 月 15 日

地点:(四川省宜宾市筠连县)镇舟镇景阳村桂花组毛联柱家

走访人:陈廷才、刘文涛

被访问人:毛联柱,80 岁

问:请你给我们介绍一下 1926 年至 1947 年间民间组织的情况吧。

答:关于大刀队,我只听说过,没有见过,听说毛文远参加过,可以向他了解有关情况。

我只参加过沙坝子的哥老会,沙坝子属吉字,罗玉书属礼字,是大爷。不知道当时有没有共产党的组织。

问:有关红军的情况你知道不?

答:知道,听说走这里过过,没见过,具体情况不清楚,关于政府地点挖出尸体的事不清楚。

调查情况

地点:四川省宜宾市筠连县镇舟镇

记录人:谢世钊

时间:2003 年 12 月 15 日

被调查人:章光明

问:你叫什么名字,生于何年何月何时?

答:叫章光明,生于 1921 年五月初六

问:今年多少岁?

答:86 周岁。

问:红军过的时候你知道吗,是哪年哪月?

答:知道,但是哪年哪月记不清了,月份记得住,六月十一早晨,大雨。

问:红军走哪里过?

答:走桅杆坳经过,土匪走前头走,红军后头追。

问:你参加过当时的组织没有?

答:没有,因我是种庄稼人,有什么精力去参加。

问:农会时期你参加过吗?

答:没有参加组织,只开会,但那〔哪〕年不知道。

问:你知农会的过程吗?

答:首先,沐爱的底民军,走牛栏坝,李波庭祠堂开会,选农会主任,农会主任罗久明,村长火烧岭熊正海,干了三年就散了。选举会我是参加了的。但是没有参加任何组织。

走访笔录材料

时间:2003 年 12 月 15 日

地点:(四川省宜宾市筠连县)镇舟镇九龙村九龙组黄坭坳

走访人:江祖涛、唐运坤、师本洪

被走访人:宋均于,男,汉,1923 年 11 月生于镇舟镇九龙村九龙组

问:1921 年至 1947 年镇舟是否成立过农会?

答:没有成立过农会,我不晓得,也没听说过。

问:有无党组织和地下党员工作?

答:有党组织,有地下党员,有余从光,我们也是根据他们的工作估计他们是地下党员,都是解放后才得到证实的。

问:你当时参加过地下党吗?

答:没有,我们也没有暴露过地下党。

问:其他你还晓得些什么?

答:其他不晓得,记不起了。

问:我把记录念给你听,你看是否属实。

答:是对头的。

走访笔录材料

时间:2003 年 12 月 15 日

地点:(四川省宜宾市筠连县)镇舟镇九龙村花仙组花滩子

走访人:江祖涛、唐运坤、师本洪

被走访人:游永付,男,汉,出生于 1930 年 4 月,生于镇舟镇九龙村花仙组

问:你是否晓得 1921 年至 1947 年期间镇舟成立过农会?

答:不晓得,只听说过有个乡民茶社,具体是干啥子的不晓得。

问:有没有中共地下党组织在这里活动过? 有没有地下党员,具体有那〔哪〕些?

答:有地下党组织,有地下党员。大概有余从光、肖启光、杨正书、杨永贵、杨永成、杨少恒、胡方亨。目前只有胡方亨在世,前进村狮子二社的,当时估计是地下党员,解放后才得到证实。

问:其他你还了解些啥子?

答:其他不晓得。

问:我把记录念给你听,你看是否属实。

答:是对头的。

(四川省宜宾市党史研究室提供)

# 忆红军进筠连城——记儿时知道的情况

张修文

1935 年,在这山旮旯,交通不方便的筠连城,城小人少,差不多都是平房瓦屋和草房,唯一的一幢砖木四层房,在现今税务局处,人们喊洋式房子,不知何时修的已经陈旧了。晚上没有电灯,通城清静呼烟。但是,平时街上的生意还是闹热的。

那时我家住在万寿寺偏街的草房里。父亲靠摆摊卖干巴牛肉,供一家五口的生活。有一天上午(据筠连党史资料记载确切时间为 1935 年 8 月 29 日),天上才出点烘烘太阳的时候,我得到妈拿的半个铜元,上大街去买两个碗嘴粑吃。我看到街上的样子跟往常不同,便一边吃粑粑,一边朝石灰市、小南街、兴隆街、花生市那个豆腐干箱箱转了一转。看见一些有钱人、开店子的人,都是慌里慌张的,有的提箱子,有的拿包包,有的背背篼,有拿伞的,戴竹斗笠的,朝不同的方向乱走。当时我正走在南街上,一头有一个人从衙门口那边跑过来。喊人:快点!×县头都骑马朝校场坝方向跑了。一迈子全街就大乱起来。到处都是啪、啪、啪的关铺板门声,喊妈喊儿的哭叫声,好多人提起东西就开跑,样子有点骇人,我不知道出了什么事,赶紧回家说给父亲听。他说:管他龟儿子些跑啥子啊!还是要摆老子的牛肉摊子才有饭吃。

听了父亲的话,我一点事也没有了。拿起几个小钱一人在地上丢窝嘴。猛然听到河对门边打起枪声来了,有人说是从仙鹅抱蛋那点下来的,朝城里的方向打过来。只听得子弹从脑壳顶上嗖、嗖、嗖的〔地〕飞过。当时我觉得好听,但大人们直喊快趴倒、快趴倒,防遭飞枪打。大街上好多人朝我们这条穷街跑来,有一家人提着东西到抬轿子向家的茅叉房躲去了。听到很多的枪声打过后,一霎霎儿就停止了,街上也好像不开枪了。

万寿寺街的人都出来,一堆一堆地站在街心里说着。趁父亲没有注意到我的时候,跟斗〈到〉人跑上大街,走到花生市口,阶沿坎上都站起好多人在看。

从花生市走过来四个穿灰布旧衣、戴红五星军帽的人。有一个人的帽遮阳趴在额头上,有两个人的衣裳补得有巴巴,都是打的绑腿,穿的鞋子也好像是烂的。他们背长枪,有两个手里还提着连造枪,人又高大,又雄式。有个大声地喊:"我们是红军,老乡们不要怕,绅粮的东西尽管去拿,有我们在,快!快!"在场的人都互相你望我、我望你不敢动手。还是我们街的何麻子么叔胆子大,他大吼一声,要得！走嘛！带头跑进吴家山货店搬东西，有些人也就跟着去了。

我正想跑去看，不料母亲从后面一把抓着我不准去，我急得哭起来了。那个站岗的红军看我哭，把横端起的枪放在肩上，一步跑过街去，用手捧了一捧小扇的碗嘴糖给我，我用穿的短汗褡衣翻转来接着，欢喜地一趟跑回家，把糖倒在莒〔筥〕箕里，转身又跑上街来。

从站岗的红军背后上街。这时街上的人好像忙得很，从铺子里面出来的，手里都拿得有东西，红军只在阶簷〔檐〕上站起岗望斗〔着〕大家拿起走。在南街上我看到的人，差不多肩上都搭得有丝娃子、布匹，还看到一个红军弄一匹布，放在一个老婆婆的肩上扛回去，在那个时候，虽然是人很多很忙，倒转来听不到啥子声气。

杨忠谟的京果铺里有很多人在进出，不知那〔哪〕个人在喊我的名字：张毛娃嘴快进来。我就朝京果铺里走，看到人些是在翻东西拿。走到一个大缸子面前，里面有小半缸白糖渣起的黑漆漆的方可可糖，左右看看没有人管我，身子就扑在缸子上，埋起脑壳只顾抓来吃，只觉得又甜又带酸又好吃。吃够了到衬〔撑〕起来，又在半边拿了些冬瓜糖、猫儿屎，把短汗褡裹得满满的。出门时又在柜台上的瓶子里，腾出一只手来抓了十几小包洋白糖，双手捧着衣裳朝家里跑。边跑边觉得一只眼睛有点模糊，用手一揩，原来是白糖挂在眼睫毛上。才发觉我的头发里，头脸鼻子，一身衣服都糊满了白糖，沾瓦沾瓦的。

第四次上街是同父亲一起。街上已经没有人搬东西了，有一堆人靠在占家酒店的铺板门上看。我挤进去，看是白墨写的几路字，我只认得到几个。有人喊李香平老者念，他念的是："老乡们，不要怕，天下穷人是一家。红军今天来筠连，为的是穷人把身翻，绅粮的东西尽管去搬……"还念些啥子也记不清楚了，前面几句顺口的多念两道记得了。（红军走后的几天，我在万寿寺街上，同伙伴们玩耍时，就将记得的：老乡们，不要怕，天下穷人是一家……大声伍〔武〕气地唱。被父亲晓得了，跑起来整我一耳巴子，扯着我的耳朵回家，挨一顿骂，从此不敢唱了。）

我同父亲一起，走进了从来没有去过的县衙门。到处都是戴红五星的红军，有的端枪站起岗，有七八个在坝子半边立斗〔着〕在放什么。我不晓得父亲从哪一个官的家里，弄来一个花边瓷盆，一个荷叶边枕头，叫我拿回家去。我把瓷盆扣在头上，左手夹枕头，右手用一根棍子敲着瓷盆，发出清脆的声音，从县衙里的大堂上洋洋得意，大摇大摆的〔地〕敲起出来。

将将〔刚刚〕走出县衙门倒拐，就看见洋式房子门口，几边的口子上都站满了人，在听一个女红军站在一条高板凳上说话，我从人缝里钻进去，隔说话的人不远的地方，把盆子扑在地上坐起听，就是听不懂说些啥子。但是我用心的〔地〕盯着女红军的红五星，特别是她左边右边的腰杆上，都别得有连造枪，枪把子上都拴得有红凌〔绫〕子。脚杆上打的人字路绑腿很整齐。她说话的声音很响，要不要〔时不时〕伸起手来用劲的〔地〕比划。她把话说完，人也就开始散了。

我又跟在她的背后，看到她的双枪朝衙门门口走，其他的红军这时也来了。不久他们就一帮一帮的〔地〕朝南门走去，没有好久就看不见红军的踪影了。

红军去了，却在我幼小的心灵里，留下了不可磨灭的印象。最能记得住的一句话，听大人传说：朱毛的队伍是帮穷人的忙的好人。

注：

连造枪：可连发的手枪，又称连枪。

短汗褡：对襟子，布纽子短衣。

校场坝：在现粮站过去。

丝娃子：大车丝，捆成十斤二十斤一个的。

洋白糖：白色不透明颗粒糖精。

（四川省宜宾市党史研究室提供资料）

# 关于川南游击纵队过筠连的情况

詹天浩

1. 中央红军未到过筠连,听说经过"松坎"这个地方,1934 年秋。

2. 川南游击队:川南游击队进入筠连城的简要情况

1935 年 7 月,庆、高、筠三县敌团队开往原吴家坝平安堡一带阻截游击队,当时是由胡道卿、胡次元、邓再章三个分队长带队,中队长是刘子高(海瀛人)。

游击队是从珙县方面向筠连移动的,这三个团队就在吴家坝接火庆符团队被打垮撤退,筠连团队叫模范中队,也被打伤 5 人,遂也撤退。其中一个班长郑庭良在一个包谷地里被红军抓住了,看到负伤了,我红军卫生员就地把伤口包扎好送到巡司。

巡司的地方老财退了,红军就占领巡司,拟向筠连城进发。约农历七月二十九至三十就向卡子进攻,卡子防卫队就是筠连庆符(今高县)精选模范中队堵攻,接连相持两天,游击队未攻上来。当时团队即精选队长秦书易是守卡子的,将手榴弹一排排的〔地〕丢下去。

红军攻到三十号半夜突停未攻了,平静后,第二天红军绕道金家沟、古楼场分三路进攻筠连城,一支走龙怀坝,分三路进城,其中一路走风子岩;二路走城南大梁子来;三路从木冲进城。8 点钟时就在城附近出现,当时城里的保安团四散奔逃。

当时敌县长罗崇礼偕科局、地方土劣约 20 人,惊惶失色,从县政府走出来,临时组织了一个便衣队由地痞流氓组织起来保护县当局官员,侦察情况,传递队也有 10 多人,从大车口方向逃窜,这时水口坪方向高、庆、筠团队也从南向海银方向逃窜。县府官员刚跑逃大车口下,城里我军枪声猛响。这时我同甘霖一道去看,从西河岸追过河边,逼近观音阁,几个小兵氓失魂落魄地被抓住,交枪后抛至河中,令其回家以后不再来了。

红军队伍一部队进城了。1. 首先打开监狱放犯人。2. 在县府二堂烧毁了敌文件档案一部分。3. 在街上看见一支宣传队,其中女红军二人其中有一个叫甘棠在税局处宣传。4. 搜找土劣、恶霸,枪响后,到外〔处〕未找到,让敌县长逃跑了。又把杨的糖果茶铺抄了,有两个红军去该店买电池,高价卖给红军,很多人就说是奸商,就将店货物向街头抛,叫群众拿去用。

红军是秋毫无犯,公买公卖,并写了标语:不交租、不交粮,工农红军是穷人的子弟兵(队伍),苏维埃万岁。约在城里逗留两个钟头,时至12点,只听口笛叫两声,很快集中向木冲方向开去了。

另外红军走后,我见到街上一个老乡说,我今天遇到了,卖梨子的得到公毫约7.8元。红军撤出城后当天晚便在坨嘴上占文宪家里(地主家),把粮仓打开,就地将粮食分给了农民。

第三天听说红军在塘坝街上宣传,未进民房只在街檐,群众送东西也不要,走时还把街上扫干净才离开。

另一个消息,听说到过大地主田跃堂家(即田世琨之父)把田芷江抓住了(即大乐瓦小乐瓦),随军带走了,不知带到哪处被红军杀了,后由家属领尸体回来埋葬了。

约于1940年胡紫键(即大湖南)告诉我个情况,川南游击队只有四个支队约900人,主要负责人有:余泽鸿、刘复初、王逸〈涛〉。第一支队长黄复山(据说是河北人,知识分子),第二支队长胡紫键,其余两个支队记不起了。在兴文建成召开了一个党的扩大会议,还是一个军事会议(不大了解),黄复山提出反对余泽鸿打城市的路线,据胡紫键说,黄复山就是这次被处决了的。不久这个队伍就分散了。

第二支队队长胡紫键就跑到江安红桥,吃了穆盈洲土匪200多支枪。后来胡这100多人散了,流散在兴、珙,云南牛街、关上一带。胡只好到关上招安的头子陈茗芬那里当兵去了。以后陈茗芬到四川的岷江上游不知哪个县被国民党人打死了,大队就失散了。

胡紫键就逃至筠连小河子,买了几石地种庄稼,这是1939年。后又到吴家坝敌乡公所当乡队长。约1939年时,这时与巡司地下党文大朋接上了组织关系,当时胡家里有个外地人叫聂荣华的是福建人,通过胡关系进吴家坝小学教书,另有一个唐大成,小湖南(李)欧阳洪带几人去川做生意落脚在胡家。

胡紫键有段历史我清楚。胡是湖南平江人(平江起义,是彭德怀领导的),在苏区时候(即江西时)任过红十三师宣传科科长。师政治部主任赖传珠解放后曾在藩阳队任政委,已病逝。红十三师第三十九团政治处干事,解放后是驻宜宾第二十八师政委赖大元。赖与胡是上下级关系,这是赖大元本人与我讲的,那年我在宜宾他找到我说的。当时我去宜宾找陈林,在川盐长行内,就遇上赖大元,胡在宜宾学习时遇上的。

红军其他一支拖到云南东打散了。

对余泽鸿之死,我是 1936 年春天在宜宾看到国民党拍的照片,是在一个担架上,在瓦厂铺,约有六寸〈大的〉照片。还有王逸涛活相照片,是国民党搞的宣传照片。

口述:詹天浩

记录:郑量才

1983 年 7 月 12 日于家里

(四川省宜宾市党史研究室提供)

## 游击队攻打筠连城座谈记录

郭远谋　表朝相　表德怀等

1983 年 9 月 25 日于政协会议室：

主持人：郑如泉

郑如泉谈座谈会的意图（略）

1. 发言人：郭远谋（住民主街 139 号）

1935 年八月初一，红军游击队进占筠连城，活动了两个多钟头，进行了讲演，写了"打倒蒋介石"等标语。

部队从大乐瓦插金家沟，过古楼坝进城的。当时县长罗崇礼（苍溪人）与庆符县长×××是朋友，庆符就派了一班人声援罗，被游击队战士打死了一个班长在金家沟口。

游击队进城，没收了杨忠谟（财政科科长）的西药（带走了），还把杨的粮食糕点给穷人，把蒲吉仁的绸缎杂货抛在街上，叫穷人拿。

游击队战士砸了第一科的吊牌，毁了职员表。

当时情况紧急，罗崇礼叫团防局固守，他的刘秘书说："走啊，'共匪'要进城了。"罗混在便衣队中逃走了。逃至陈村，住了一夜，第二天返回城。随后罗参加了刘湘办的"县职训练班"，由秘书刘庆光代为工作。罗一直未回。第二年春就交印把子了。当时上峰追究，罗被记大过一个。

游击队进城时，彭汉成（海瀛人，可能是分队长）守古楼坝，庆符团丁是从真武山翻坡跑的。

游击队进城，地主跑光，政府官员跑光，杨忠谟跑到高县躲，我是第三科一般工作员，跑到焦村住了一夜。可是群众很欢！

游击队在城内活动时，留了些人在蜂子岩。据说田跃堂就押在其间。游击队后撤到李子坳。据说带路人江××故意引游击队走弯路，误了战机，在李子坳被枪决。

这些情况，何亮清（何德清，住民主一巷）、王明佐（派出所对门）、郑吉珍（煤经部工作）可能知道一些。

2. 发言人：表朝相（住胜利街 45 号）

大家吼起匪要来，我叫爱人同我一起跑，她因孕不愿走，我带着兄弟，抱起大女儿就冲走了。到街上,游击队从对面走来,三四个一伍,端起枪,根本不威胁我、吼嚇我。

我跑到莲花坝,碰见一姓夏的农民说:"不关事,你做起农民的样儿就没事。"于是他摘了几个南瓜给我,我做成卖茶人就上街了。一看确实无事,在外北街,游击队分两排(左右街檐坎)坐地,不乱动弹,胆子大的居民端茶给他们喝,他们分着吃了不多点,不乱拿东西。

我离家时,门是抵着的,回家时,一切照旧,我问爱人:"有人来过吗?"爱人说,门都无人推一下。

又听说有两个女红军在洋房子门口讲演,讲得很好。

表德兵(我侄子)可能知道些。

3. 表德怀(住烈士陵园)介绍

红军抓了一把糖给我。

16岁被抓了丁,于宜宾。在七十九军第九十八师第二九四团第二营炮排当兵。国民党提出"活捉殷骡子"。我们第二九四团分几路出击,大约是1947年。第一次步兵去包围一天未取胜,10多天以后又去,我团抬了七八个回来。殷专门打保安队、保商队,还分散生产。我们去时不见兵,后来是分散的。殷的尸抬来,枪运来,第二天就运走了,他是被打来退到一个岩腔里被打死的。

4. 叶家彬(74岁,住新华街155号)介绍

红军游击队写:"欢迎团防士兵,拖枪当红军!"

余泽鸿走在头,戴顶草帽,平顶,穿一套白制服,手握短枪系绿绸带,腰间别一只〔支〕手枪,后有一战士手提石灰桶在后,上写标语"打倒卖国罪魁蒋介中正"。

陈武(卖药的)端茶给游击队吃。

衙门头的职员都跑完了。

沈拜言、杨中谟、刁楚恒、豪绅、县长罗崇礼混在人群中,扬言是号上的,就跑完了。镇长吴跃兵也遁去。

庆符来了团丁,没有谈高县来过援兵。

秦先云(住窑洞之南)、母志云(住窑洞之北)可介绍情况。

谭志均(81岁,住新华街10号)、田国兵(益煤老工人)、董绍清(杨光珍之公公)班长。

云南王二新扯红军旗号抢人,搞得社会上怕红军。我在镇雄罗坎(关上)开茶

馆。一天来了几个戴博士帽的人,叫我冲茶,又问街上有些啥人,随后叫我转信给班长,我问他是哪里的人,他说他是红军,大渡口人。于是我先给王队长家投了信,又有去找卢队长、镇长分别投了信,同样说的是红军。时隔了两三点钟,大队伍就到了。要我告诉群众,摆摊的各自摆,不要怕。晚上取了百姓门板在街上做铺,不进屋。这是民国24年的情况。

8月,红军游击队占筠连城,我在家(筠连),队伍走巡司背后,插古楼坝,御风亭,蜂子岩都扎下人马,庆符团防在杨家沟用门板设卡。大梁子一支先进城,直逼衙门,汤品端等被释放。时逢杨忠谟之父死,侦查人员混在其中探虚实。黄安文是被放的。

蒲吉仁(南上街上住)卖烟逐渐涨价,卖电也渐涨价,于是把货铺抓了,时县中队约八九十条枪。

阚思颖在洋房子门口演讲,站在板凳上,讲革命的道理。当时有几十个人参加了游击队,罗崇礼混在盐商中遁了。

5. 发言人:谭官明(70岁,住和平街139号)

红军进城时,我在和郑金欧护送挑担去海瀛,挑内是贵重物资。

团防局局长黄九成。

"红军不要钱,撒给穷人,这才好。"穷人说。

6. 发言人:张奎文,儿张宗洋(巡司)

习惯天天作日记

7. 发言人:张鸽林

郭泽文掩护罗崇礼败逃。说什么:"县长早都逃走了。"

8. 发言人:吴是艮(古楼公社桂花大队长沙生产队,72岁)

天亮不久,多数人未吃早饭,游击队从小乐瓦开过来,拢长沙坝接火,庆符团丁只有一班人,被打死一个。

庆符团先设防慈竹坳,侦得游击队已到小乐瓦,就准备去阻击金家沟一线。尤其是石门子,地形险恶。

9. 发言人:郝兆海(74岁),余宗富(85岁),均长沙生产队

卿俊奎当中队长,带兵去四合头堵口子,刚刚拢贺学元门口(长沙坝),便和红军碰头(长沙坝的拐弯处),敌先退上棺山包顽抗,有五六人卧在矿坑里刁斗〔着〕打。游击队奋勇迎击,也冲上棺山包,团花嘴不得不掉下纸伞,背架嘴。敌一部在

河沟底,游击队让了他们一手。敌退到堰沟,在汤家门口刁着打,红军以草堆做掩护。

团花嘴死一个在笔夹村,像是个队长。

红军向敌军说:"我们打富济贫,救干人,你们别打,红军先有来信联系。"

10. 发言人:刘明祥,59岁,沙坝生产队,杜永贵,56岁,沙坝生产队

游击队打死一人在棺山包,仆(卧)起的,血都流了一大滩,把路都染红了。过了两三天,杜少全、杜少云、刘其林三人把死难的游击队员拖来掩埋在铁矿坑里,死者背了一袋米,穷人刘丙章拣去煮来吃了。

据说,死难的烈士的出生年月、地址、家庭人口都记在他身上的,但没有捡来搁起。

游击队还负伤一人,借王明克之祖父的木梯抬起走的,据说这木梯(13级)还在廖正发(中和大队蜂岩生产队)家中。

11. 发言人:董绍清(董绍云),72岁,德红泉六队

民国十八九年颜志澄任团务处处长,团防局局长吴九成,刘文辉部的刘营长住筠连,赶走了颜志澄,乐兴一(双河场)任班长。〈当〉时我送信去刘文辉处,筠连失陷时我不在。颜被刘文彩捕于成都(民国18年)后杀了。颜后母德成任团务委员长,以后是刘子高任中队长,胡道清任分队长二中队长,江启华、王二任中队附,邓招云任分队长,赵团任分队长,陈松云(海瀛人)任分队长,刘子纯任分队长,刘仅纯任事务长,钟治武当大队长。

胡道清任班长时在建武与红军作对,冉志忠(双河人)带队打红"匪"。

12. 发言人:邓松云

(分队长)带第一分队去建武打"匪"。

陈道熙接替母德成,胡道清打过沐爱坡,任过第二中队长。胡的爱人姓张,住中华街尾,顶阳山脚下。胡与陈松云打过吴家坝。

陈华(班长)捕了三个红军,此三个人都当了团丁,队伍改作保安队,调出川走了。我是在母德成手下当兵。

陈道熙任委员长,我任班长,当勤务,然后叫我到二区区团部,刘久华当中队长,我补为中队副,住巡司,随后由区团部派遣到二坪子。当时有张从沐(班长)、肖方华(巡司人,健在),刘绍清,以后派罗绍兴接刘先华职,此时我个人回巡司。督练长黄保成支持我下了野,转到筠连时卿吉奎任义勇队中队长(前中队长童明华)住公安局侧面,分队长有占于伍、杨责林、陶×。红军进城前,我们退高县了。

游击队先与彭汉成部接火,后与卿吉奎接火,敌兵从水口坪至奔渡、田坝头、李家菜园、杨家沱,红军与义勇队相距不到几里路,红军从大沙坝过河,走火神庙巷子,追至龙洞,过大车口河(万寿寺即新村路,包箩街即幸福街,南华宫即旧电影院)。有的侦察兵担谷草卖,藏上枪支进城。

义勇队90来人,卿志奎任中队长,"模范队"大队长钟绍武,一中队长刘子高,约90人,二中队胡道清,约90人,壮丁队(镇公所)杨,黄保成(督练长),陈道熙(委员长)。

刘××,田坝头即水口坪真武六队,参军未回;陈××,猪场对门;牛市,刘宗兵。

13. 发言人:占生堂,66岁,搬运队退休工人

当时我在帮人,进城时看伙热闹,部队住李子坳坎下,何家地主家,我得到一件衣服穿起,随队伍从丰乐、龙塘、海瀛转回双河,我从小走不得,就没有去了。

14. 发言人:翁少云

红军进城,在古楼石门子打仗,红军还打死一个,当时就掩埋在鼓楼坝的铁矿坑里,把庆符团打死一个。

周化成的部队八月初一走沐爱到巡司,听说红军进城了,当时战士在弄饭吃,接到红军占城的电话,一军官一脚把罗锅踢翻,强迫士兵马上去追。

1983年9月27日座谈记录

(四川省宜宾市市委党史研究室提供)

# 回忆红军游击队过沐爱

## 魏永模

1935年红军来沐爱,还没有到沐爱街上就打了一仗,红军重伤一个,死一个,死这个人是因河头涨水,他带着手榴弹倒在河头,手榴弹爆炸把他炸死了。

红军来了,叫老百姓到小学开会,杀了土豪的猪,把肉拿给老百姓。毛二娃说要参加红军。红军说:我们是来撒种子的,你不要参加了,红军走了后,毛二娃就被土匪杀了,还割了毛二娃的耳朵、舌头。红军来沐爱有二三百人,枪不多,有几个女的,又高又大。红军进城一枪未打,前头是端着手提式冲锋枪的队伍,都是使的双枪。他们端着枪上街,不惊吓哪一个,过了川主庙,才把枪放下,他们指定住几个店子。

红军没有进街以前就来了侦探。街上有一个人叫徐云光,那是奸商。来了一个侦探买油,他拿着单百铜元要打一两油,但那时要双百铜元才能打一两油,徐云光不卖,侦探就在他的门上打了一个记号,红军来了就收拾了徐云光。红军在街上写了好多标语,有"活捉周化成"的口号。红军走了,土匪就把这些口号刷掉换上"活捉贺龙"的口号。周化成的队伍被称为"送亲队伍"。

红军在街上住了一夜,就走木映塘顺杨家河到镇舟去了。

记录整理:陶熙远

时间:1988年1月21日

(四川省宜宾市党史研究室提供)

# 回忆红军游击队过沐爱

## 杨国太

红军过沐爱是长征时,不是毛主席的队伍,是王逸涛的部队,有余泽鸿。红军是从维新过来的,到沐爱只有 100 多人,潘松培、彭宗绪去堵,红军在离沐爱不远打了一仗,红军还丢了几个人,红军在这里住了一天,打死的人还埋了几个在场口上,第二天走了。红军把平仲云家的银元、小钱、鸦片烟丢在街上让老百姓拣。有些红军在我的店子住。红军里头还有几个女的。

口述:杨国太,现年 93 岁,住沐爱街村

记录:陶熙远

时间:1988 年 1 月 21 日

(四川省宜宾市党史研究室提供)

# 我给红军游击队带过路

刘汉钦

1935年红军长征路过沐爱(现属四川省宜宾市筠连县——编者注),在沐爱打开了几家绅粮大户的仓库,让穷苦人民运粮回家,又打开了几家绅粮(有钱人)的钱库,把"袁大头"(银元)撒在街心,(让)穷苦人民捡去用。到处刷大标语,有"打土豪、分田地""穷人打天下,当家作主""跟着红军闹革命""北上抗日"等等。当地的绅粮大户尽皆逃匿。

某日(因年代太久远,详细的日子已记不清了),红军沿老鹰岩石板路到沐荫塘,找了一个李姓农民带路。当时我是10来岁的小娃儿,看到很多人,不知是干啥的,也去看热闹,这个李娃农民一看见我,就跟红军首领说:"你们要走的那条路,我不熟悉,这个娃嘴才熟悉,叫他带吧。"于是红军首领就跟我说:"小幺哥(大人对孩子的亲切称呼)你带我们路吧!"于是,我带领红军爬长岭埂过许家沟,再到石笋沟,翻杨柳坳,经过七书坝,翻龙井湾坳口。沿路红军有说有笑,还拿他们包里的熟食给我吃。间或也问一些当地的情况或讲他们长征的目的,具体讲些什么也忘了。爬上龙井湾坳口时,大家都累了,坐下来休息。

这时红军把在筠连县大乐瓦抓到的大绅粮田耀堂枪杀在此(不知是田在此处想逃跑或是走不动了,是红军的累赘才枪杀的呢?我不知道)。

到了此处,我与红军说,那边我再也找不到路了,我要回家了。红军首领说:"谢谢你,小幺哥,你回家吧!"我沿着回家的山坡路下去,就回家了。

沐爱镇二街居民刘汉钦口述,77岁

沐爱镇中心小学退休教师徐跃乾记录

2003年12月16日

(四川省宜宾市党史研究室提供)

## 红军游击队在沐爱打富济贫实况回忆

徐明海

1936年春天,红军游击队途经沐爱,打开了兴隆街平重云家夹壁内的密仓,得到很多粮食、铜板和银币。除银元留下作军饷外,铜板全部救济贫民,粮食也大部分分给了贫民。

红军在沐爱小学开群众大会宣传"打土豪、分田地",宣传北上抗日……会后把没收万佐臣(沐爱袍哥总龙头大爷)的几头肥猪杀了,无偿分给贫民。当时我还是个孩子,也分到八九斤猪肉,费了很大的气力才提回家。

徐明海口述

曹取吴整理

(四川省宜宾市党史研究室提供)

# 红军游击队过武德情况

曾召裕　魏守口

1935年,曾召裕当时4岁,红军(余泽鸿一部)为掩护红军主力过泸定桥,到过筠连武德一带活动。当时筠连有国民党警察中队、保安队300余人,敌人到处都设有哨长。红军到武德,是先派了两个侦察员打前站,两名红军侦察员化装成农民到武德时,被敌人的哨长捉住并进行盘问,后被敌人抓了起来。一个红军侦察员是被敌人吊起来进行拷打,另一个被敌人关押起来。被吊起来拷打的红军没向敌人吐露情况,敌人就用枪将他打死了。枪响的时候,街上的人听见枪声,以为是红军来了,就喊:"红军来了!"敌人就慌了。被关押的红军趁敌人慌乱之时,就趁机从被关押的地方逃出。跑到胡三姐家,胡三姐看见红军十分可怜,就将他锁在衣柜里,保护起来。看押的两个敌人回来没有看见被关押的红军,就四处找,没有找到红军。这时,后面的红军没有看到两个侦察兵回来,就从两面山上夹攻过来了。敌人看到红军来了,就四处逃窜,被红军打伤七八个,其余的逃之夭夭了。

红军来后,就四处宣传说:"老乡们别怕,我们是红军,是给老百姓打天下的,是给老百姓办事的。"红军来到街上,没有进百姓任何一家的屋,就在屋檐下休息。红军当时带的是干粮、炒面。红军当时让曾召裕的婆婆烧了两大缸开水吃炒面,并给曾召裕的婆婆10个铜元。曾召裕的婆婆说:"不要,我们的水很方便。"红军战士待人很和气。曾召裕的母亲也拿了两个棕色壶的水给红军吃。红军也给了曾的母亲2个铜元。红军战士吃完了炒面、干粮后,大概歇息了半把个钟头就离开了武德。红军走后,那个牺牲的红军就由当地群众组织的慈善会出钱,请了两个抬轿子的轿夫,一个姓向,另一个姓郭,将牺牲的红军战士安葬在少年坡(现在中华村四组的地盘)。

后来,红军都第二次到过武德,但没有上街。

注:《筠连报》《武德英魂》就是〈讲〉此故事。

现解放村的钟清河(儿子钟启绿还在),曾跟随红军,当了红军。经历过五六次战斗,红军绕道去珙县时,给敌人打了起来。当时红军牺牲了很多。钟清河被打散了,与红军联络不上,就悄悄回了。钟清河在红军队伍里只干了二三个月。

当时参加红军的,都要发一个"苏维埃红军"的章。

殷老六,绰号"殷骡子",曾到过武德打富济贫。

当时曾家是武德的"团正"(地方长官),殷骡子带部队来后,就包围了武德。白天放枪喊话。曾家的人白天在家,晚上在山洞里躲。曾召裕的父亲曾广富被殷骡子的队伍抓住。同时被抓的还有肖启绿。沐爱万祖成的女儿也被抓了。作为"肥猪",关在"长官司"郭家坟的一个山洞里。殷骡子的人叫3人的家里分别拿出10挑银子(1挑100个)来换人(殷骡子主要是买枪支用)。但最后不知什么原因,3人都跑脱了。

殷骡子到武德一带活动,对老百姓秋毫不犯。

聂期林,当时14岁,一共13个娃娃,父母是红军,在井岗山〔中央革命根据地〕第五次反"围剿"中牺牲。被打散后流落到珙县,被珙县一大富聂姓收为养子,送他读书。读书后18岁,知道胡紫键(红军中队长)是聂父母的战友,在武德当敌乡队长(为了生存),枪打得好。聂找到胡紫键后,胡紫键介绍聂给张文九(敌乡长)在学校教书当"童军"教官,边教书边宣传红军,宣传井冈山战斗。被国民党知道后,通知到高县开会,去无踪影。新中国成立后,高县来人调查,说被人活埋,死时18岁,教了一期书。

胡紫键,刘司令员当时是余泽鸿的政委,后当新疆军区副司令员,刘司令员亲自到筠连三次,为胡紫键平反。

林德镇,中华村人。

宜宾中山学校,当时学校有一人项造帮,与林是同学,想要培养林入党。国民党知道项是共产党员,要逮捕项。林知道通知项,项跑脱了。

项是共产党,在大屠杀中,曾跑到林德镇家中躲,一共躲了5天。

曾召裕口述

蒋新荣记录

2003 年 12 月 14 日

(四川省宜宾市党史研究室提供)

## 王家昌谈殷禄才和红军游击队打田栋云家的情况

我记得是丙子年(1936年)红军来牵〔抓〕过田子香,时间像是六月十几头,天气很热,这一回没有打,红军来六七百人,是从几股头来的,来了以后就把田子香栓〔拴〕起走了,连同他的管事苏洛康一起牵起走,一直牵到双河区那边的塘坝下去椅子坝才把田子香杀了,他的表哥放了回来。这是一次。

王家昌口述记录

1980年1月23日中午

调查人:林庆明、赵有伦

1980年1月23日于筠连县巡司区大乐公社即小乐瓦田家房子里头调查

(录自云南省昭通市威信县县委党史研究室档案,全宗号1,目录号18,案卷号113,第56页)

## 2. 游击队在四川其他县活动情况

### 中国工农红军川滇黔边区游击纵队在江安

1935 年 2 月,中央红军在云南扎西(今威信)整编中,中央军委和毛泽东同志决定,留下一些指战员同地方游击队合并,在敌后开展游击战争,创建革命根据地,牵制敌军以配合主力红军长征北上。于是,抽调红三军团第六师政委徐策、中央红军干部团政治科长、上干队政委余泽鸿、红八军团民运部部长戴元怀、红八军团补充师师长曾春鉴、新编师师长刘干臣等同志组成中共川南特委,直属中央领导。川南特委由徐策任书记,余泽鸿任宣传部部长,戴元怀任组织部部长,并以国家保卫局第五连和一些伤病员 300 多人为基础,于 1935 年 2 月 14 日在威信石坎子正式成立了中国工农红军川南游击纵队。

此后又与泸县中心县委领导的叙永五龙山特区游击队合编。随后由张宏光(原红军总部第四局第四科科长)、陈宏(原福建军区第六作战分区司令员)领导的黔北游击队和宋兴特支刘复初领导的川南游击支队也先后前来合队。特委为了适应革命形势发展和斗争的需要,将川南特委改名为中共川滇黔边区特委,红军川南游击纵队改名为中国工农红军川滇黔边区游击纵队,徐策同志任特委书记兼政委、刘干臣任司令员、曾春鉴任参谋长、余泽鸿任政治部主任、龙厚生任组织部部长。

红军川滇黔边区游击纵队在川滇黔边区特委的领导下,其主要任务:一是打击和牵制敌人,配合中央红军北上;二是安置和保护好伤病员;三是逐步建立革命根据地。从此,红军川滇黔边区游击纵队,与国民党反动军阀和地方团练武装辗转迂回战斗在川滇黔边区。现将红军游击纵队在江安的革命活动情况调查记述如下:

一、红军游击纵队打下红桥镇和古佛台战斗

1935 年农历八月初,游击纵队从珙县上罗到兴文建武袭击江安防共副指挥长、义勇"剿赤"保安联队大队长李品三部队。由于侦察有误,不知前一夜已由川军穆瀛州部换防。当游击队从玉秀峰、茶么坡爬上玉坎石,冲到骑马垭时,被敌发现。同玉屏墩守敌接火,致使我军失利。

几天之后,红军游击纵队在长宁的梅硐场同长宁保安队李云武部打了一仗,把李部击溃。江安李品三的联防队闻讯追至梅硐。但游击队早已撤出到兴文博望山。稍作休整后，经兴文三块石、小红桥，于8月10日便直取红桥镇地区和兴文玉屏场（与红桥镇相连）。先是一班人的便衣由周思和带领，一举拿下镇公所，团丁只放了几枪就缴了械，镇长、大土豪陈登武吓得抱头鼠窜。随着，红军游击纵队进入街上，收缴了几家大盐店和布店的盐巴，棉布、银元、铜元及地主绅粮的粮食，全部分给穷苦百姓，并烧了陈登武的碉堡。

红军游击纵队中有两个女同志（据说是阚思颖、李桂英），用土红和墨在门板上、地头上、大桥头写标语，并把四川军阀刘湘两字写成一条狗的形状，把刘湘比喻成为蒋介石的走狗。她们还在大十字街头向群众宣传讲演，大意是红军游击队是中国共产党领导的人民军队，是为穷苦大众打天下的；不拉夫，不扰民，公买公卖；红军游击队打贪官污吏，打土豪劣绅，打富济贫；劳苦大众要翻身就得支持红军，欢迎老百姓参加红军；在党的领导下推翻国民党反动政府，建立劳动人民当家作主的政权。

红军游击纵队的司令部住在花园头（现在红桥区粮站）。就在这天下午，余泽鸿同志召集红桥街上部分青年在花园头开会。他首先讲了中国共产党的主张、政策，然后讲了当时的国内情况和革命形势，坚信革命一定能胜利，并动员青年们参加红军，一道干革命。

这时，红军游击纵队探明国民党川军陈明谦的第五师达凤岗旅（游击队员称他叫达回子）和宜宾保安团江安保安大队李品三要来合击红军游击纵队。因此，第二天便撤出了红桥、到现在五谷公社的古佛台。五阁老住了一天，于第三天到梅硐，李品三追到梅硐时，我游击纵队又分兵两路撤出梅硐，一直走古佛台，一直走小红桥，余泽鸿同志估计李品三到梅硐扑空时，必然返回红桥，而要返回红桥就必须经古佛台，便提议在古佛台下的开阔地带布下口袋阵活捉李品三，歼灭李部。这一提议得到大家的赞同，立即秘密行动，我军游击纵队隐蔽在有利地形，居高临下，等待李品三经过古佛台下龙君庙坝时，三面合围伏击，全歼李部。

我红军游击纵队刚把队伍阵势安排好，李品三部果然来了，看看就要进入包围圈，在这关键时刻，红军游击纵队一排长沉不住气，还没有等到李品三部下坝就提前开了枪，霎时枪声四起，李品三滚下滑竿逃窜，其部惊慌失措，乱作一团。李见势不妙，便从水碾湾、肖其湾翻华铁山，听到大炮山方向枪声较稀，便来到大炮山阴阳背下，探知是红桥人杨叔宽抗守在上面，立即就叫他的大儿子李辛伯（中队长)把衣服脱光,只穿了一条内裤、赤手空拳,上山坡去找杨叔宽谈判,要求让路。并通过邓晏清(外号邓格疬)和李安插在杨叔宽队伍里的坐探活动。就这样,杨叔宽卖了火线,一枪不发,让李品三和其所率匪部跑脱,逃去砂槽。

这一仗让李品三这个地头蛇、反动的地方团队武装头子漏了网,给红军游击纵队留下了一个隐患。后来红军这个排长被撤了职。对杨叔宽卖火线问题,因我军初来红桥地区,为了争取地方的支持,所以对他没有及时处理。

红军游击纵队这次来红桥约三四百人,由于国民党部队的跟踪,游击纵队逐渐撤出了红桥地区。住〔驻〕长宁的马军槽、拖岗槽,又被敌追击,后撤到兴文博望山……

其后,红军游击纵队的小部队来红桥地区多次,他们纪律严明,对老百姓秋毫无犯。游击队员黄炳廷(五谷公社人),经常违法乱纪,到处借红军游击队的名誉,乱拿群众的东西,更为严重的是把组织上给他买子弹的 200 块大洋吃掉,在群众和部队中造成很坏的影响。为了纯洁革命队伍,保障群众利益,在古佛台开会公判枪决了黄炳廷,并贴了罪状在他身上。

二、红军游击纵队到达大妙

1935 年农历九月,红军游击纵队攻打泸州兰田坝和纳西县的大洲驿后,从和丰场(当时属江安所辖,现归纳溪)岩上来江安大妙境内,途经三星观、黑虎寨到大妙街上,恰好那天逢赶场,上午天又下雨。

刚进场时,有的群众害怕,要关店门,红军即向群众讲明说:"老乡们不要怕,我们是共产党领导的工农红军游击队,是穷苦大众的队伍,不会打扰你们,请照样赶场做买卖!"接着就在大妙学校门前向群众宣传了共产党的主张和红军的纪律,老百姓听了都说:"这个军队好,不乱来。"红军还没收了保正赵四兴糖铺的一小箩铜元来分给穷苦群众。红军不管买什么东西都照价付钱,有时还多给钱。

据大妙公社宋泽甫介绍,他当时卖了两笼鸭儿粑给红军吃,得到的钱还比平时多一倍,又据大妙公社 78 岁的老人陈福兴讲:当时他摆摊卖小吃,有个红军战士无意把摊子上的一张草纸弄下了地搞脏了,红军马上赔礼道歉,并立即赔了一个铜钱,此虽小事,但足以说明红军言行一致,纪律严明。

红军游击纵队约四五百人在街上休息大概两三个钟头,天未黑就开到均坝岩上,当晚住在大妙公社均坝周围的老房子,小屋基、班竹咀〔嘴〕、新房子、湾头、坝头、鱼塘坎,司令部住〔驻〕湾头,并在鱼塘坎挖了战坑,防止大妙方向可能发生的敌情。红军游击纵队战备观念强、警惕性高,凡住〔驻〕地周围的要地都设了岗哨、伐木横拦于路中。同时要注意宣传工作,到了这里也不例外。

红军游击纵队来到大妙、均坝,得到均坝一带群众的支持和欢迎。这一带的群众主动为红军送谷草、让屋罢铺,谈谈笑笑,亲如一家。当晚挑了小屋基、老房子等地主的粮,杀了他们的肥猪,除给红军战士吃一部分外,余下的部分给穷苦农民。

红军游击纵队在均坝住〔驻〕了一晚上,抓了恶霸地主陈鼎勋、陈明远、陈德方、陈步先。天刚亮时,红军游击纵队请穷苦农民梁国华、何子成带路,将地主陈鼎勋等四人随军挑运枪支。途经现仁和公社鹿鸣村芭蕉坳时,看见王三桶匠床上只有一条烂棕垫当被子,红军立即送了一床新棉被给他,体现了红军对穷苦的阶级弟兄十分关怀。

紧接着红军游击纵队分走现佛耳岩公社水口寺、仁和公社的会龙桥,进入叙永和古宋境内,朝云南方向挺进。红军到达古宋东坝的坟坝头时,对大妙均坝小屋基的恶霸地主陈鼎勋给以处死,为大妙人民除了一霸。

农民梁国华、何子成到此完成了这段带路任务,与红军游击纵队分别时,二人分别得到红军游击纵队给的皮衫和银元。大妙街上的宋文斌连续坚持十多天抬红军游击纵队脚受伤的女同志丁昆到云南的扎宿沙沙坡,回家时,红军游击纵队给了他很多大洋,至今宋文斌对红军游击纵队还有深刻的怀念。

三、红军游击纵队到仁和烂田坝

1935 年农历十月的一天下午,逢赶底蓬场,红军游击纵队约四五百人从长宁的安宁桥(现长宁县城所在地),途经桃坪,进入江安底蓬地区的现白家公社的梅子坎、现底蓬公社的小阳茶园,从大干滩过河到现底蓬区仁和公社义合大队的烂田坝。红军住宿湾头、圆水井、庙背后、坝坝上、店子上、沟头、凤凰咀〔嘴〕、黄角咀〔嘴〕、下厂、水塘坎等房子,司令部住在店子上。红军游击纵队在烂田坝向穷苦群众宣传了我〔共产〕党的主张、政策和纪律,他们在宣传时编了一些通俗易懂的顺口溜,使人们听了,又好记又好理解。如:"上等差我的钱,中等莫照闲,下等跟我走,平时当过年。"其实质上是宣传抗租、抗债、抗捐、抗税,争取中间势力,动员广大劳苦群众跟红军游击纵队一起干革命。红军当时宣传的这些内容,至今还铭记在人民心中。

红军游击纵队在仁和公社烂田坝期间,广大农民为红军送谷草、拿柴、挑水、煮饭。饭好后，红军请穷苦百姓一锅吃，晚上军民共烤一堆火谈心，洗脚同一盆水，真是军民鱼水情，亲上又加亲。同时，红军还把地主的粮食分给穷人，当时烂田坝的周四兴说："好得红军分给我的粮食，不仅过年有饭吃，我还渡过了一个枯月。"仁和公社义合林场的邓树成说："红军送我一袋米，全家皆欢喜!"

红军游击纵队不管到了哪里，住〔驻〕地周围的要地都站岗放哨，砍树设障碍于道路，并在底蓬方向的庙背后（房子名称）挖有战坑，以防国民党敌军的偷袭。当晚在此地抓了保长林子方，保队副队长林汉乔，给以处罚，并把从安宁桥抓了地主梁伯川等四人关在猪圈里，教育他们应重新做人，如执迷不悟，继续为非作歹，残害劳苦人民，决无好下场。

红军游击纵队在烂田坝住〔驻〕了一晚上，天刚亮时就请青年农民邓树成带路，翻仁和寨经天堂坝、会龙桥进入古宋境内向前迈进。当红军游击纵队后续部队刚翻上仁和寨时，国民党地方团队才从底蓬方向追上来，我红军居高临下一排炮射击，使敌军不能前进一步，只好收兵败回底蓬。

四、敌政权惊慌，人民群众叫好

红军长征时，刘湘总揽四川军政大权，奉蒋介石命令调兵遣将，堵塞要隘，妄图阻止红军越出雷池一步。他们一面通令全省各县，设立防共指挥部，加强地方武装，修筑碉堡、哨棚，加重人民负担；一方面又大肆进行反共宣传，说共产党要共妻、共产、杀人放火，……以此恐吓群众，激起仇视心理。

那时，江安敌县长李抱清把刘湘的命令奉为圣旨，充当江安防共指挥部指挥长，李品三任防共副指挥长。李抱清两次派人向泸州驻军师长周成虎购买枪支210 支，子弹 6 万发，耗资 10500 元大洋。枪弹分配一部分给各乡镇。依乡镇的大小，设队丁 30～50 人；并测量重要地点，逼老百姓就地取材，修筑碉堡和防御工事，轮班看守，日夜不息。原有两个常备中队还感到不够用，以新买的枪弹一部分，另成立了一个独立中队，统归李品三调动指挥。同时，还登记县内沿江船筏，编号调用，遇到必要时将船一律靠住北岸。还决定："如果红军到江安，就放弃南岸、固守北岸。"就这样一年之内竟把江安的防堵费（防共费）征收到 16 万元之多的大洋。

然而，人民不可侮。红军游击纵队先后多次来到红桥和大妙、仁和地区，经过宣传共产党的主张和革命道理，认真执行党的政策及"三大纪律，八项注意"，使老百姓深受鼓舞。红军游击纵队到老乡家里宿营，老乡们都自动让房、烧茶、煮饭、送菜、送柴,真是军民一家,在群众中的影响是很大的。群众异口同声地称赞:"红军不拉夫、不扰民、公买公卖,"对穷苦人关心,亲如一家,江安人民曾经还流传着:"穷人要翻身,就得当红军""日子要过得好,跟着共产党跑⋯⋯"说明群众是拥护共产党和热爱红军游击队的。至今在江安人民群众的心中还留下了永不磨灭的印象。

在红军游击纵队的革命影响下,江安县红桥的五谷、五矿、板桥(现连天公社)等地区的苟海云、王树成、张树云、黄绍云、王树清、金树清、黄云成、黄长发、刘海成等十多名穷苦青年,都先后参加了红军游击纵队,红军在江安播下了革命火种。

五、红军游击纵队受挫,余泽鸿同志的牺牲

我英勇的游击纵队同敌辗转迂回战斗在川滇黔地区,但由于敌众我寡、敌强我弱,同时长时间行军作战难以休整,战斗减员越来越多。从1935年春开始,到这年冬天,我川滇黔边区游击纵队只剩下百余人左右,伤亡很大。徐策同志牺牲后,游击纵队在特委书记兼政委余泽鸿同志的率领下,于1935年11月底(或12月初),在长宁贾家湾召开特委会研究决定,把现有人员分成两个支队:第一支队队长胡志坚、政委李青云,这个支队随纵队司令部余泽鸿、刘复初活动,以江安、长宁、兴文、古宋、叙永等县为中心,在川南开展游击战争。第二支队长刘干臣、政委龙厚生,这个支队以镇雄、威信、毕节等县为中心,在云贵边区开展游击战争。并制定了两个支队如何互相配合的行动计划。

第二支队到兴文县炭厂时,因暴露了目标,遭到炭厂守敌袭击,全队数十人被打散。由于有的被俘,泄露了我游击纵队的行动计划,使敌人掌握了余泽鸿同志率领的一支队的行踪。因而长宁县梅硐场守敌立即派重兵追击余泽鸿同志和第一支队。第一支队独力难支,节节失利,敌人追击到江安和古宋边界的泥溪槽,这时游击队只有20人左右了,在余泽鸿同志的率领下,由陈三木匠(陈义顺)带路撤退到江安板桥乡(现在的连天公社)碗厂坡的大坪上农民梁海明家。开头梁家不敢开门,这时红军讲明:我们是共产党领导的军队。老乡们知道几个月前打红桥吧!打红桥就是我们红军。梁听了后忙让红军进屋,并腾出一间屋给红军住。另外在梁的侧边卓四爷家住了部分红军游击队战士。为了安全,红军请梁海明和妻子廖兴富、伯父梁品三及客人卓大娘暂住一间屋,不出门,牵牛吃水、喂草、挑水、拿柴、煮饭都由战士代劳。

红军住的第一天晚上天刚亮时,梁家四人忽然听到红军屋内"砰"的一声,像放一个小火炮那样,随即有"哎哟、哎哟"的呻吟声。这时又有人说:"拐了①,拐了!"约三四声以后就没有动静了。只见一个随军医生(据说姓薄)出来后端了一碗水进屋去,当天见战士们非常悲痛,看见死者头部是血,右边太阳筋处有枪伤,戴的军帽被血染红了,一件鲜红色的夹衫盖在身上,死者躺在床上,床铺上的席子都有血。这是一壁之隔,主人从壁缝窥探到的情况。

当天晚上,红军请梁海明帮忙埋死者,梁害怕未去。借了两把锄头、一把扒梳给战士,一名战士用黄军毯裹着尸体抱出去埋在房子侧边的油麦地(麦苗有四五寸深了),中间是埋的平棺。埋好后,红军清点人数时少了一个,原来那个薄医生偷跑了。这个医生等红军走了后,他立即拿了一床军毯给卓三长兴,请卓带路到碗厂坡海子湾碗厂头找保长陈绍伯,并交了一支手枪给陈保长。第二天陈就带薄去见李品三,第三天李品三就亲自带起"清乡"兵来估〔威〕逼梁家交出余泽鸿同志的尸体。尽管梁家受屈,也未说出余泽鸿安葬的地方。敌人东找西找,在油麦地里找到了。敌人叫号兵吹起军号,在麦地里起出了余泽鸿的尸体,估〔威〕逼梁海明和卓少云抬到板桥,后又叫人抬到江安示众。为此,叛徒王逸涛(原游击纵队领导人之一,叛变投敌后,任国民党"剿共"招抚特派员),在江安县城还举行了记者招待会。

余泽鸿同志牺牲后,江安人民广泛传颂着余泽鸿同志及其战友们可歌可泣的光荣业绩,他的家乡长宁县专门为他修了余泽鸿纪念馆,纪念这位伟大的无产阶级革命战士。

余泽鸿同志不幸牺牲,对我党我军来说都是一个损失,仅剩下的十多名干部战士,在刘复初同志的领导下,化悲痛为力量,坚定革命必胜的信念,揩干身上的血迹,仍坚持战斗。

这时特委在踏水桥召开紧急会议,经研究决定,为了保存实力,争取革命的胜利,游击队上山隐蔽休整,等敌撤回城后,再下山扩大红军游击队,继续同敌人开展游击战争。以后,红军游击队在党的领导下又由弱到强,有了新的发展,继续战斗在川滇黔边区。

红军川滇黔边区游击纵队的英勇奋战,活跃在川滇黔边区的 20 多个县和 40多个场镇,在各地威胁着国民党反动派及地方军阀们的老巢,迫使敌军固守宜宾、泸州、重庆等城市,不敢再向前追击我中央红军,而是以川滇黔三省的国民党反动

---

① "拐了",四川方言,"糟了"的意思。

派的兵力来"围剿"红军游击纵队,这正是红军游击纵队要达到的目的,既〔即〕牵制了敌军,配合了中央红军顺利长征北上,胜利地完成了中央军委和毛泽东同志的声西击东的军事计划。

江安县党史办公室调查人:梁崇德、易佑康

1983 年 10 月 19 日脱稿

## 红军经过金华和游击队的情况

李其祥等

红军长征经两河区金华公社调查材料

金华公社一共有 10 个大队：金华、金银、尖山、还乡、六界、西山、六邦、和平、大林、太平。现按大队分述如下：

太平大队：

访李其祥，1976 年 12 月 13 日

李其祥，75 岁（五保户）住太平三队

乙亥年（1935 年）正月初一早上，我们吃汤圆后，就看见红军从大树的六角堡翻过苏家坳口，朝西山、黄坭咀〔嘴〕方向去。红军来时，我家住在大路边，看到部队过来就跑。红军前队叫我们不要跑，说是我们的好。当时在太平山庙子一转写了很多标语。我记得一些农民来联合红军，前头去北上抗日，打倒土豪，分田地，打倒贪官污吏，打倒一切压迫，打倒土豪劣绅，打倒一切封建势力等。几年后，红军标语就被蒋介石的中央军刮掉了，路上也写得有。

那天，有千把红军从天亮过到晌午，很多都是江西人，有 30 多岁，说话不懂，只听一句是："老乡，我们帮你耕田。"红军脸上个个都是白卡卡的。可能是生活太苦了。红军在我们这一带歇了两三个钟头（一排哨），扛的机枪多，一根挨一根的〔地〕摆起，有里把路长。因我家在路边上，很多红军都在我家要，各人背着干粮（包谷花、炒豆子）。

有两个年轻的红军，有 20 余岁，因脚走崴了，掉了队在我家宿。那时我家是瓦房，两间小屋，他们睡在一称〔张〕床上，我们全家睡一间屋。第二天早上，两个红军吃了我家的饭后，还拿两张纸币给我们，因那时用不得，就没有要。我们就说："一两顿饭是小事，没关系。"两个红军就走了。这两个红军说他们打迫击炮（没有背枪），他们戴着蓝布帽，穿蓝军服，脚穿草鞋（用布襟包着），身上只背着通带（袋）。

记得大队红军经过时还问我们："王逸涛在哪里？"我们说："王逸涛在黄坭嘴那面。"红军就走了。

另外有个红军坟。

同一次红军经过我们这个地方，有一个小红军十六七岁（不知姓啥）害病在地

主胥奎家(当时在太平山庙侧边大路边上)。一两天后,保上队长樊为洲就来把小红军身上睡垫的毯子(乌色)拿走了。红军又冷,地主胥奎不要这个红军住在他家,就拿钱请了一个人(赵世爷,有点地方,出两石粮食)把红军娃儿背到猪儿岩的一个岩洞头。过两天红军娃儿就死了(我家离猪儿岩洞头有五里路)。死后几天,听说就有人把红军娃儿埋在岩洞头(具体哪些人埋不知道)。

### 访田复章

田复章,68 岁,住太平大队一生产队。

解放前,我家住在太平九队山坡上的一间大草房(五列七柱,住六七个人)。不知哪一年,看见红军,一直过了三天三夜(我在山坡上,屋侧边看见)。河对面的还乡坡、司里坪、燕子坡的大路上都有红军大队经过,没有经过太平九队。红军没有在太平九队住〔驻〕过,不知他们从哪里来,到哪里去。

听说有几个红军经过太平商店一带,有个红军背着枪弹,病了走不得,吃不得,住在地主胥奎(土改死)家开的烟馆里,不知什么原因,后胥奎伙同敌保队长樊为洲(死),拿鸦片烟给爱吃大烟的李双全(死),叫他背着这个红军丢在猪儿岩的岩洞里。红军病的〔得〕很凶,没有几天,就死在岩洞里。

### 访周向南

1976 年 12 月 13 日

周向南,82 岁,住太平五队

红军来时,我住在太平 8 队(桐巴坪),乙亥年(1935 年)腊月间丙子年(1936年)正月初一,我们吃过汤圆,就听见人说很多兵过来,我站在坡上看见红军从六角堡、五桐塆(太平五队)、仰天窝(太平一队)、太平山(一队)、燕子岩(太平一队)爬上西山蔡家坳、核桃村,走长塆翻安尾坝、六国坡,走黄坭。红军从初一早上走过起一直到初二天上午,共一天多。红军写标语在太平山庙子玉杵殿柱上:农民早起、富贵平等,焚烧田契地约。标语早已不在,今年庙子拆了。听说在同一条路红军中,有个小红军病了,走进地主胥奎开的大烟馆里睡下,还叫老板娘:"我要喝水。"那时,胥奎屋头姓赵(三家坝人),比较贤惠。小红军在胥奎家住了三四天,胥奎就找保队长樊为洲拿了几颗鸦片烟,叫赵银发(做生意死)把小红军病员背到猪儿岩一个洞里去了,具体情况我就不清楚了。

访张又清

1976 年 12 月 13 日

张又清,58 岁,原支书,现主任,住太平六队。

红军来时,我正在太平一队住(太平商店大路边)。

乙亥年(1935 年)正月初一,红军大队从大树区石口嘴翻过来,从太平商店爬坡上燕子岩翻西山走岩尾坝、白秧河、六迷(海坝)可能到放马坝去黄坭。当时红军大队从早上过到下午近五点钟左右,有些走不得就掉队,他们穿着兰〔蓝〕、青等杂色衣服,脚打绑腿,穿草鞋,用布条缠脚,有马不多,驮东西,抬滑竿(病人)有六七付〔副〕。中午时候,有个红军在我家吃茶后就走了,他的话我听不懂。

听说有一个年轻红军掉队在和九队周小全家,后来帮人,以后不知去向。

访罗应汉、周安珍

1976 年 12 月□日

罗应汉,68 岁,罗区书父亲(太平三队)

周安珍,57 岁,罗区书二婶(太平三队)

乙亥年(1935 年)正月初一,红军从太平山(一队)过时,听说一个小红军病,走不的,一挨黑在地主胥奎家。大年初一,胥奎家进菩萨,敲"庆",小红军就骂(胥奎信迷信)。当时小红军肚子痛,又屙了一些屎,很臭。后不知怎么,胥奎伙同保队长樊为洲拿两盒大烟,请二流子赵云发把小红军背到猪儿岩去(红军的一床黑毯子也被赵拿走)。第二天,小红军(病情恶化,又冷又饿)就死在岩洞里。当时我(周安珍)还送茶饭给小红军吃,见他已吃不得了。小红军穿件烂棉衣,带五星帽,光脚。红军死后第二天,樊为洲的老爹樊泽安(保长)就叫贫农罗青云和杨德云用土把尸体埋在猪儿岩洞里。

红军路线:

① 六角堡—五桐塆—太平山—燕子岩—爬坡上西山下五厂,石包田到黄坭。

② 后山—海坝—石哥—放马—黄坭。

红军标语:(庙子头,大路上)焚烧契约,男女平等。

红军经过时间:乙亥年(1935 年)正月初一,过了一天一夜。

小红军战士的枪、一床毯子、挂包,都被地主胥奎、敌保队长樊为洲抢去了。

金华公社太平三队猪儿岩红军烈士情况

猪儿岩死的红军是1935年农历甲戌年腊月二十九红军长征时,从落卜到太平山经过,走西山到黄坭去了,路过太平山时,当天天刚亮,就开始过,一直过到天黑时,才基本过完。

到天黑时,大部队基本要过完了。后过来了一个红军战士年龄不过十六岁左右,说话不好懂,是个外省人。来时手里杵了一根棍子,是病了的,当时脚都走瘸了,来就落点在大地主胥奎家,在太平桥当头。身穿一身灰布衣裳,还背得有行李,一块黑毯子和被条。当时病得有点凶,来就睡在胥奎的堂屋头。在胥奎家睡起就起不来,就喊老板,老板,我要屙屎呀!我要屙屎呀!然后又喊:"我要吃点米果果。"在地主胥奎家住到1935年正月初五。地主胥奎把红军战士拉出去不说,还到敌保长樊为洲那里报告说他家落得有一个共军。他们一起把这个病得凶的红军丢在猪儿岩岩洞头。当时胥奎拿了两盒大烟给二流子林洪发,巴太常,脱完衣服背去丢在猪儿岩,两天以后就死了。他们丢在猪儿岩后,第二天,我们穷人去送饭,看他就断了气。穷人看见他死了,就把他抬起埋在岩洞门口。

党员名单(参加埋坟)略

太平二队郭光荣

1971年5月11日

访刘朝贵

1976年12月16日

刘朝贵,中年人,教师,住大林小学

我家原住两河公社,听母亲(已去世)讲:

红军路线:(1935年)正月初一,观音堂(鱼付)、黄角坝(鱼付)、五老沟(两河)、大陆堡(立新)、镇国(两河)、大山坪(大树与两河交界)、黄草坪(云山)、猪儿岩(太平三队)、太平山。

访万向全

万向全,60岁,六邦一队

1976年12月14日

不知那〔哪〕一年甲戌腊月三十上午,我们还未吃饭,就看见红军过来,一直到中午才过完,沿大路走,有千把人,有些女兵。红军中机枪多,穿黄衣服,滑底胶鞋,听说走正东(还打了一仗)、大湾坊(大树磺厂)、落脚堡(大树)、桂花树(大树)、大林一队、六邦一队、和平九队、桐鼓坡(海坝)到海坝(六邦到海坝有 12 里路)、黄坭。

访周克成

1976 年 12 月 15 日

周克成,55 岁,住和平十队(原住和平二队,帮人)

乙亥年(1935 年)正月初一天亮,看见红军从大树六角堡方向过来,经过太平一队,从地主胥奎烟馆(现石桥)经过,爬西山,下岩尾坝,经长秧上黄坭去了,一直过到第二天上午,有一个掉队红军在地主胥奎家住,后来死了。

访龚复全

1976 年 12 月 15 日

龚复全,56 岁,住和平十队(原在八队耍)

我听说红军腊月三十在海坝的工嘴田宿,初一天就下六迷(海坝),翻泡桶嘴(黄坭放马大队)到黄坭去了。

我知道红军没有从和平大队地盘过。

访李少清

1976 年 12 月 15 日

李少清,69 岁,住和平一队,原住和平十队。

红军甲戌年腊月三十到了海坝,住在坝下的唐家湾,当时我有一个老辈子(二依)李福兴(贫农,1952 年去世)就在唐家湾住,红军来也住在他家。我从两河口买了三十根甘蔗,打了十几双草鞋到唐家湾卖。红军来时,看到甘蔗、草鞋,就问我甘蔗多少钱一根,草鞋多少钱一双。我说甘蔗一个铜元一根,草鞋两个铜元一双。红军很快就把甘蔗和草鞋买光了,我卖得好多铜元,拿去买粮食吃了。

红军在海坝的唐家湾(回龙大队)住一晚上后,第二天早上就找我二依(方言,二爷的意思)带路,朝石瓜,立神岩(海坝与黄坭交界)后就合大路,红军就叫我二依回来说,你老的(当时已 40 余岁)回去了,这里已和大路,我们能走到黄坭去了

（这都是我二依回来讲的）。红军半天多过完，下半天我就回和平十队了。

和平十队离海坝 10 里路。

### 访胡顺清

1976 年 12 月 15 日

胡顺清，68 岁，住和平 4 队（原住海坝胡家寨）

甲戌年腊月三十下午，红军到了海坝街上（胡家寨离海坝街上一里路），到处扎满，我家也住了一排红军 30 多个。我家当时是草房三间屋，我家火炉，堂屋两间屋都睡满了红军。当时，我家四个人，父亲和我们三姊妹。红军在我家煮饭吃，他们还用石灰粉当汤元面煮来吃不得。有一个 30 多岁的红军（江西人）给我们买了两块猪肉，在我们家煮来吃，他们自己带粮食。第二天天一亮，红军就走。当天红军还在我们这一转打了一个〔条〕狗吃。

我看见从海坝的镇国寺牵电线过来，走时就收了，没有看见电台。红军穿着衣服，长短不一，脚穿布草鞋。晚上，红军都在打草鞋，他们背的都是长枪，架在我家堂屋头，第二天红军就从海坝的石哥、烈神岩、放马坝到黄垤去了。

### 访周树林

1976 年 12 月 15 日

周树林，74 岁，住和平八队（新田湾）

红军长征路线

甲戌年腊月三十（1935 年 1 月 23 日——编者注）：高楼方〈后山〉→洛夫〈海坝〉→标水岩〈海坝〉→田坝头〈海坝〉，海坝，黄垤

乙亥年正月初一（1935 年 1 月 24 日——编者注）：六角堡〈大树〉→太平山→沙天坳〈六邦一队〉→青杠林〈六邦三队〉→朝新路出六神岩、放马坝去黄垤。

### 访陈万清

1976 年 12 月 15 日

陈万清，74 岁，住金华二队

乙亥年（1935 年）腊月三十，红军到两河，正月初一不知何地到黄垤，可能是经天生桥，还乡去黄垤。

红军没有经过金华大队地盘。

记得红军经过太平山时，我们大队的罗元清出去卖麻糖，红军拿了几张传单之类的纸给他。麻糖卖完后，他把这几张红军纸（有八开纸这样大可能是传单）带回来给大家看，以后不知他搞掉在什么地方去了。1959 年他就死了。

访何怀江（在公社遇见）

1976 年 12 月 16 日

何怀江：59 岁，住两河公社建国大队

1935 年腊月三十晚上，红军经过路线：三家坝岩上→龙洞安（镇国）良加沟→六界（两河街上）。

红军经过的路有一丈多宽。两河岩头上吴起羊（已死）家煮酒，红军在他家推了一些谷子拿给农民，人家怕要。龙井湾山脚下的建国大队，当时的保长王丙林（已死）捡到红军一支长枪。

两河到金鹅的大路：经盖首山、小庆子、雷家营、独龙占、绞车关、马刨井下坡到金鹅大路。（原来盖首山通金鹅的大小路即两河赶场到金鹅的大路，相距三十里）。

访陈少章

1976 年 12 月 16 日

陈少章，70 岁，金华一队（白拖）

红军没有经过我们这里，只知道在乙亥年（1935 年）正月初一，太阳当顶（中午）隔河看见红军从叙永、两河经天生桥、还乡坡大路经过，一直到太阳落山，沿分水大路上黄坭，见红军穿着青色衣服。

访黄树全、刘德全

1976 年 12 月 18 日

黄树全 62 岁，刘德全 62 岁，住还乡大队一队（□英团）

正月初一天亮，我们远远看见，红军从西山岩尾（坝梁子咀上）下大河坝（过五厂）、干沟坡、放马坡、黄坭，排成一队，一直过到吃晌午，他们穿着青衣、蓝衣，脚上穿布襻襻编的草鞋。听说有女红军，很少。

访张银先

1976 年 12 月 18 日

张银先:女,72 岁,住还乡一队(六国河)

乙亥年(1935 年)正月初一晌午,看见红军从两河右向经狮子坳(现粮站)下六国河,去黄坭,一直过到晚上,没有住宿。其他不清楚。

访刘树云

1976 年 12 月 18 日

刘树云,79 岁,住五厂

几十年前我们几弟兄住在一间烂瓦房头。红军是正月初一从六角堡过来,走太平山,西山,岩尾坝下五厂(两合水)过河爬干沟坡、大店子、放马坝、黄坭。

红军从初一天亮一直过到下午挨黑才完。路有多宽,走多宽。牵成线线走,有很多人。那天我在家里,来了 5 个红军,背着长枪,穿着青短衣到我家来,我就跑,红军叫我不要跑,但我有点怕,就从后门跑了。到老林里躲起来。看见这五个红军把枪靠在屋外面壁头上,晌午时就合〔和〕大队伍走了。我们回来,只看见三十天晚上吃剩的冷饭(半升多米)被红军吃完了(正月初一我们吃汤圆)。肉和其他东西,红军都没有摸。

访李树莲

1976 年 12 月 18 日

李树莲:70 岁,住还乡一队〈六国河〉

不知哪一年,记得红军在正月初一早晨,从两河方向过来,经还乡坡,下六国河,过河爬六国坡、大店子、放马坡,去黄坭。

那天,我们刚吃过汤圆。

红军从早上一直过到黑,分成好几条小路。他们穿着青衣服、布草鞋,没有在这里宿。

记得有一个红军,大约三十几岁,脚走崴了,掉队,在晚上睡在我家屋檐坎上,一直到第二天早上,我们开门出来才看见(那时男的跑出去,女的留在家中)。我们几家穷人看他可怜,都舀饭给红军吃。在一个毛棚里住了两三天,掉队红军就沿着大队红军走的路朝前面走了。

### 访刘明远

1976 年 12 月 18 日

刘明远,60 岁,还乡坡〈原大路边上〉还乡二队(红军宿营地)

正月初一早上,我正在山上放牛,听说红军来,我们怕就跑在观音岩一个洞里躲起来。当晚到周明干家住(在大路坎下,无红军),只有我母亲在家。初二天上午回来,听母亲讲前面部队当天走了,后面有几十个红军掉队,在这一带住宿。有二十几个红军住我家,自己煮饭吃,用布撕成条条打草鞋,枪到处放。在我家头炕边,堂屋头铺上草,盖上毯子就睡了。第二天早上(初二)吃过饭,红军就走了。红军待人很和气,不拿一点东西。听我母亲讲,第二天天亮红军要起身时,才看见一些红军在房间里收拾,才知道是女红军。那时,我们是两家分两头住的一间五列四间屋,加一个厢房的大草房。

红军从两河岩上分水大路经天生桥、司里坪、还乡坡(红军只住大路边人家户)、枇杷沟、石包田上黄坭去了。

### 访刘光珍

1976 年 12 月 18 日

刘光珍,女,65 岁,还乡二队〈现一碗水,原南坳上〉支书母亲。

记得是乙亥年(1935 年)正月初一早上,有的吃过汤圆,有的还没有吃,就见红军从叙永方向过来,经过两河、天生桥、司里坪、还乡坡、皮杷沟过石包田去黄坭,是沿上分水的大路走的。红军没有在还乡坡宿,那时我家在大路坎下面,见红军穿着青衣裳,听人说有女红军,一直过到晚上,初九我们到黄坭赶场,看见路上到处撒的谷草,听说是红军铺在上面睡。

### 访刘富云

1976 年 12 月 18 日

刘富云,67 岁,住还乡坡二队

不知哪一年正月初一早晨,听说红军从叙永方向过来,经过两河、天生桥(六界六队)、司里坪(尖山一队)、还乡坡(还乡二队)、枇杷沟(三队)、石包田去黄坭。

当时,我家在大路坎下住,看见红军经过,一直过了一天多,我家没有住红军,还乡坡大路边上的人家户也住得少,听说枇杷沟也住有少数红军。

尖山大队,1976年12月18日

① 司里坪,② 大园地,③ 庙嘴山,④ 大尖山,⑤ 简家山

访杨国清

杨国清,72岁,住司里坪一队

正月初一早晨,我们还没有吃早饭,我就在大路上边(当时住尖山二队山包上)看见红军大队来了,一直过到吃晌午饭时候。队伍中有多匹马,上面骑人,长短枪都背得有。穿蓝衣服,有的戴帽子,红军穿草鞋,用布襟包脚,没有宿。

路线:两河、天生桥、麻园坡、司里坪、还乡坡、皮杷沟、石包田、冻风洞(黄坭),去黄坭。我们还听别人说,红军路过时还问王逸涛在哪里住,人们对红军说,王逸涛住在黄坭咀〔嘴〕后面的土地坪(王逸涛的老家)。

访赵德发、赵和芬(赵之女)

1976年12月19日

赵德发、89岁,赵和芬,64岁,住尖山二队(麻园坡)

不知那〔哪〕一年,正月初一早上,我们还在推包谷(外地借的)准备做饭吃,就见红军来了。他们从两河、龙搭沟(两河公社)、天生桥、麻园坡、司里坪、还乡坡、皮杷沟、石包田上黄坭,红军排成两路,一直过了两天,没有在这里住。

赵德发:麻园坡到长官司(旧城)有160里,经过上高田公布(云南)分路,到陶坝、白水下罗布坳、岔河道长官司;麻园坡到扎西120里,长官司(旧城)到扎西70里,两河到长官司要经过清水河。当时我是木匠,云南许多地名我清楚,红军来时,我在云南的高田做木工。

赵和芬:三月间,我们正在点包谷,就看见一些走路的红军从我们后面的一条大石板路(云南边的代家塆经黄坭)下来,没有枪,只背着行李,谈话不懂,有的红军把毯子、袜子送给穷人,穷人也拿饭给红军吃。

有一个红军30多岁,到我家来说他肚子饿了,我就舀饭给他吃。吃了饭后,中午来吃(晌午才走)。这个掉队红军就拿两块大板(方言,指铜元)给我们,还说了一些感激的话。我们不要钱,他说我们是穷人,硬把两块大板给了我们,就走天生桥宿了。零散红

军走后几天,滇军穿着黄衣服,很多马上驮弹药,东西追来,过了三天,在泡桶树宿了一晚上。红军给的两块大板,我们拿到两河街上打油、称盐巴、买东西去了。

访赵德安

1976 年 12 月 19 日

赵德安,84 岁,住在还乡三队〈庙嘴山大路边〉

第一次见红军是正月初一,早晨从两河上来的,我到赵德发〈麻园坡〉家坎上看〈赵德发是我的老辈子〉。红军从早上到晌午才过完,没有住。红军戴着帽子,穿兰〔蓝〕衣服,脚穿布草鞋(自己打的),背长枪,不知有无短枪,没有马。他们经过天生桥、麻园坡、司里坪、还乡坡、皮杷沟、石包田上黄坭。没有从我们庙嘴山、大尖山经过去云南的红军。

访陈少云

1976 年 12 月 19 日

陈少云,72 岁,金银大队四生产队〈马家塆〉

不知是哪一年正月初一,吃过早饭,我下三锅庄看见很多兵从两河方向经天生桥沿大路朝黄坭,两三个钟头过完,我又上来看见红军从三家坝,六林坝(镇口)过良家沟(金银五队)、红花塆(五队)下天生桥。这一路有好几百,穿着衣服,戴青帽(有红标志),有些女红军(她们上厕所叫一些当地姑娘带她们去,当地姑娘怕,她们说,不要怕,我们都是一样的),背短枪、行李,男红军背长枪多,有少数背短枪。

我看见无线电安在“五一山”坳上,有几个红军安了一个架子,电线牵朝天生桥方向,听见有响声(忘记是什么声音了)。红军过后,我才知道是无线电,没有好大一会儿,就没了。

当时那里的地头还坐可能有 100 多个红军。从两河到三锅庄的红军一路走,一路写标语在三锅庄壁头上,现很多房子都换了,我认不得字。

红军没有经过金银大队和金华大队,因不通大路,只有到海坝的大路。

当时我给别人调麻糖来卖。在天生桥,红军拿纸币和铜元给我买麻糖。我得到的纸币和铜元都买东西去了。

关于白龙沱(还乡一队)抢红军东西一事,是地主杨少武、杨仲平、杨俊昌三人抢的。现只有杨俊昌(现管)在,此事可找他。

何光会(土改工作组、主持大会)、赵成安(农协主任、金华大队圈子坡)、刘与章(大会记录、金华三队长底埂)调查真相,证实此事。

六界大队访刘树云

1976 年 12 月 20 日

刘树云,70 岁,住六队(三锅庄)

不知哪一年正月初一早上,我们吃过汤圆,就看见红军过来,在我们这里休息。红军来时,在我家附近的保长张海清家把一头猪杀来吃了,我还看见在我家门口休息得红军用刀切着猪肉吃。那天,有一个红军背着长枪,有二十几岁来喊我到保长张海清家去,我同这个红军到了张海清家堂屋头站了一会,我有些害怕,就从后阳沟的猪圈头爬出来跑了。就在后面山梁子上看见穷人些挑着担子到猫猫沟的富农王兴龙家挑粮食。到下半天,等红军走了,我才回来。红军没有拿我家烂瓦房里的一点东西,后来我才知道可能是红军叫我们穷人去挑粮食。

红军路线:三家坝→翻过山梁子→龙洞安→六林坝→三锅庄→天生桥→麻园坡→司里坪→还乡坡→皮杷沟→石包田,朝黄坭。

红军从早晨,一直过到黑。红军过后第二天,川军就从叙永方向追了过来。

访刘长远

1976 年 12 月 20 日

刘长远,62 岁,住三锅庄(原住六界坝)

乙亥年(1935 年)正月初一早晨,看见红军走三家坝、六林坝(镇口)、六界坝、三锅庄、天生桥、麻园坡、司里坪、还乡坡、皮杷沟、石包田上黄坭。红军没有走我们家门口过,队伍从早晨一直过到吃中午饭。

访刘友明

1976 年 12 月 20 日

刘友明,女,63 岁,六界三队(青杠坡)

红军是正月初一早晨从三家坝经龙洞安到青杠坡的,那天我坐月子才 10 天,只有我母亲(老婆婆)在屋头。红军来时(当时不知是红军)倒在我家有火炕那间屋和屋外面就睡,枪放在一边。红军在我家借我们的锅热饭吃(自己带的)。他们看见我们〈过年〉三十天吃饭后余下的一锅萝卜汤,硬要买来吃。我母亲说不干净,但红军硬拿一个铜元舀一碗来吃。我们一共得了十几个铜元,到了晚上,红军又打着火把沿大路经天生桥上黄坭去了。

那时红军买卖公平,待人和气,生活艰苦得很。红军走后不久,我们就把铜元全部用了。


访张杨氏

1976 年 12 月 20 日

张杨氏,75 岁,住青杠坡(生产队长母亲)

不知哪一年正月初一早晨,红军从两河口一路经天生桥,上黄坭,一路从三家坝经龙洞安、青杠坡、天生桥上黄坭,分水去云南。我记得红军从早上一直过到黑,有的还打着火把过。


访周建珍、罗昌贵

1976 年 12 月 20 日

周建珍,女,65 岁,罗昌贵,62 岁(过去是一家)(解放前有点财产,瓦房两栋三间,中农)

乙亥年(1935 年)正月初一吃过早饭,听说红军到了两河过来的水井湾,因我们怕(地主造谣红军要杀人)就丢掉汤粑面和一头 100 多斤重的猪,跑上对面大老林去了(看得见大路)。我们在老林里看见红军从六角堡、两河上来,经过三锅庄、天生桥,沿大路上分水方向去了。一直过了两天。

红军走后,我们回来见到泥壁的竹片被抽去打火把,汤粑面吃了,地下还撒的有,杀了猪,剩下一个猪脑壳在堂屋头的桌子上,肠肚丢在猪圈里,锅不知端在哪里去了。红军没有在这里住宿,红军也没有留下钱或其他东西给我们。


访邓子贵

1976 年 12 月 20 日

邓子贵,56 岁,党员,队干,住天生桥(六界六队)

红军是乙亥年(1935 年)正月初一来的,那时,我住在还乡坡〈现三队〉大路边上。1943 年才搬天生桥。

我见到和听到的红军路线有下面几条：

三家坝经两河背后龙洞安,两河岩头上,青杠坡,三锅庄分两路：

① 火石坳(金银三队)转弯坝(金华三队),漉水岩(金华三队)、西山、岩尾坝出大河坝(五厂)、六国河沿大桥上、皮杷沟、石包田,去黄坭(两百多人)

② 天生桥分成三路：

A.牛洞(还乡一队顺河)合六国华(大河坝、五厂),沿大路朝黄坭(百十人)。B.麻园坡、司里坪、还乡坡、皮杷沟、石包田、黄坭(一天一夜大部队千把人)。C.麻园坡、庙嘴山(尖山三队)、关防坳(三队)、之湾(还乡四队)、磨子坪(黄坭复来四队)。这支部队有 100 多人,听说是王逸涛接去的,留在黄坭、田中就没有走,在这些地方搞了两三年。

红军穿着黑衣服,主要是布襟,打草鞋,有少数穿胶鞋。

正月初一早晨,听说红军来,我们怕就跑到对面山包上去躲(看得见红军),看见很多红军从还乡坡大路经过,直到第二天早上,我和老表刘齐远才回来(那时我帮我家公放牛,大一间七列六间屋的大草房住着我家公和四家公家)。我们回阿里先走四家公家过,看见一个背长枪的红军站岗,屋里有二十几个红军在烤火,有的在地上躺着(地上铺草,上面盖毯子),红军看见我们,还叫去烤火。我们没有烤,转了一下就朝家公家来。

跨进家公屋里,看见一个年青〔轻〕红军(20 岁左右,如果现还在也只 60 多点)穿着黄卡其短军装,戴黄卡其帽,上面有个红十字,脚穿一双人头球鞋,壁头上挂着一只手枪。红军坐在火边烤火。他看见我和老表刘齐远,就招呼我们,小娃娃,坐,坐,坐,听口音是江西人。我们就坐在火边,他就问我们是哪里的,我家公就从另一间屋里出来说是他家家人。他还问我们到哪里去来,我们见他说话和气、笑眯眯的,就说:怕你们,跑出去躲来。他就说:"你们不要怕,我们不吓唬你们,我们是打回家的。"我们知道他说反话,就对红军说:"你哄我们,你们就是红军。"他们说他是去打红军的,就这样说笑一阵之后,他又说:"跟我们去吧,我们去打红军,有肉吃,有饭吃,不得饭。"我们说:"我们小了,跑不赢你们。"他又问我们这两家有哪些人,我就讲:"屋里这个老人是我家公,还有老表、母舅,怕你们都跑去躲了。"他就问:"他们能不能回来。"我们说他们去的〔得〕远了,不能回来。我们有点怯,要想走,他抽手拉着我们说:"还摆一会,还摆一会。"后他又说:你们这些人说的话我也不懂。随着他又把脚在火炕边的石板上掭了掭,你们说这是什么,我说是"石板"。问他，说是"榨板"。他望着筲箕，我问说什么，他说是："立机"，说"刷把"是"刷子"等。

他正在问我们时，有三个红军天亮到两河，返回来（可能是尾队，派人去探听消息），朝我家来，这个红军看见三个红军过来，就取下墙壁上的手枪，朝老表刘明远（四家公）家走去，我们也乘机离开。看见一个红军（背长枪）吹声口哨，二十几个红军就排队在敞坝（大路穿过）集合，不一会就朝黄坭走了。大队红军过了后十多天，一个月，还有一个，三五个红军掉队，从黄坭方向沿大路回来。

正月十四天晚上，我和刘明远半夜到皮杷沟抬手，就听见一个洞里有人呻吟，是外省口音，我们就伸头去看见一个年青〔轻〕红军，没有带帽子，穿破烂衣服，光着脚，肿得很凶，冻得抖。第二天天亮，我们在家门口，看见这个女红军杵〔挂〕着一根竹棍子过来，撇着脚走，从敞坝扯身走过。

正月初七八左右，五个掉队红军，有两三根枪，他说在黄坭掉队，到了石包田。国民党一个地方官（段长，比保长大）赵丙山听说红军有枪，准备把红军哄过来，哄了几天，他又不敢整。当时王逸涛有人，害怕脱不倒手。就由保长张永清送上边去，当时国民党有命令，先叫杀红军，后又叫把红军往上送，五个红军在保长张永清的"护送"下，沿大路下两河来。那天我家公杀了一个五六十斤重的猪，正在吃饭，五个红军经过我家门口，肚子饿坏了就用手一个抓一把肉吃着走了。张永清有私心，也想弄枪，又想到"命令"，也没把枪弄成。

大队红军过后，我们在山上放牛，从还乡坡观音菩萨的一个石洞里摸到几张中华苏维埃纸币，因用不得，就撕烂甩〔摔〕了。正月三十，滇军才从黄坭方向下来，以后就是国民党军队打王逸涛。

关于游击队（听说）：

当时王逸涛住在田中黄坭一带，时隔个把月或更短的时间，国民党部队，杨森、顾晓凡（四川大土匪头子，后招安当团长）等部队打过王逸涛，不但没有打着王逸涛，反而被游击队打败。

当时游击队里有本地人，红军有几百条枪，有些快慢机手枪。有一次，插秧时节，顾晓凡的一支部队开到田中驻扎下来，打王逸涛。那天赶场，趁国民党一些当官的出来要，百十个游击队员化装成插秧农民，用快慢机手枪当场袭击打死 7 个敌军官，这是我在大路边上看见用竹滑杆〔竿〕抬着下来的。

不知好久,我听说在木厂梁子打过一次大仗,叙永所有的城防和国民党军队去打王逸涛。这次战斗,游击队牺牲的〔得〕多,国民党也死得多。以后又听说到分水朱家山去烧地主大碉,烧死好几十人。由于战场摆得多,声势摆得大,王逸涛乘不住风浪,就投降国民党了。

红军四渡赤水经金华公社

一、红军墓一座(太平山猪儿岩取名红军岩)

二、红军宿营地一处(还乡坡)

三、路线

肯定了的路线:

乙亥年(1935 年)正月初一:

① 六角堡、五桐湾、仰天寨、太平山、燕子岩、西山蔡加坳、核桃树、长湾、岩尾坝,大河坝(五厂、两台水、黄加场、六国河)、干沟坡、大店子、放马坝、黄坭。

② 正嘴田、六迷、泡桐咀、黄坭。唐家湾、石哥、立神岩、黄坭,胡加寨、石哥、六神岩、放马坝、黄坭。

③ 三家坝、龙洞安、六林坝、良加沟、红花湾、天生桥、两河、六界坝、三锅安、天生桥。

④ 天生桥、麻园坡、司里坪、还乡坡、皮杷沟、石包田、黄坭,天生桥—中洞—六国河。

⑤ 还乡坡、狮子坳、六国河、六国坡、店子、放马坝、黄坭。

(叙永)县赴两河区文物征集组<br>1976 年 12 月 27 日

调查走访金华公社:红军经过金华和游击队的情况(第 9～86 页)

(录自《红军长征过叙永、两河区普查资料》。四川省泸州市叙永县县委党史研究室档案,全宗号 307,目录号 1,1977 年,案卷号 8)

# 川南游击队路过安宁桥的情况

## 周德华

1935 年九月九日（阳历 10 月 6 日）半下午的时候，余泽鸿的队伍到了安宁桥（现在长宁县城），先头部队从后街滩子口进场，经过老十字口去张爷庙敌镇公所缴了团丁的枪。镇长张献民当时正在同地方上的一伙有钱人在后殿打麻将，听到外头枪响，晓得是红军打来了，赶紧就从后门跑了。

早在 3 个月以前就有人议论，说红军要打安宁桥。不管红军是攻泸州还是打宜宾，都要经过安宁桥。如果国民党军队和地方武装抵抗不住，蒋介石就只得放弃长江以南，守在江北。

红军打进安宁桥缴了团丁的枪以后，地主豪绅和官商大多数都逃跑了，只有穷人没有跑，都站在街两边看热闹。红军来了后，首先我在街上写标语（首先在我街上写标语），在花铺板上写的是"打倒卖国贼蒋中正！打倒土豪劣绅，拥护苏维埃政权！"这些标语都很大。红军在恶霸地主梁绍安家的中堂扁里头抓到了无恶不作的梁汝坤。梁汝坤是梁绍安的儿子，捆在镇公所门前来示众。在下街李云泰酱园铺门口（现邮政局）围了很多人，听女红军宣传红军和共产党的政策。

红军纪律严得很，对老百姓特别好。战士买东西都用现大洋，公买公卖，当天晚上黑了以后，全部过河到南岸去住。第二天一早就离开安宁桥，朝老翁场方向去了。

那天晚上，半夜过后，刘文辉（应为刘湘）的军队突然来了，沿街敲门说要扎兵。并要求家家户户点上屋檐灯，闹得人心惶惶，鸡犬不宁，一直到天亮。到了第二天吃过晌午，才向红军走的方向开。当时听说是蒋介石命令来堵红军。

周德华口述

廖荣华记录

地点：长宁老翁场

时间：1981 年 11 月 8 日

（四川省泸州市纳溪区采访口述资料）

## 赵君仲谈红军游击队开辟地方组织的情况

1935年正月初,红军长征过后,散着一部分队伍在这个地方活动,我们这里有杨登高在里头,正月十七(2月20日——编者注)来到这里。留下两个红军人员,大队伍住在李家沟,两个红军来到湾头,搞地下工作。其中有个姓阮的当大队长。安置有农会主任杨联海(又名杨敬安),土地委员钱焕章,王泽帮安个中队长,白银安的中队副。都是红军的一个政委姓张,在此地安的。大家都叫他张政委。记不得名字。七八天后,这些红军在此地工作,串连了几十个人,经过开会,地点在湾头,每天开一次,开头二三十人,后来有四五十人。开了三四天,讲的是共产党,打土豪,分田地,要组织起来闹革命。

不久,高田陈科文、天蓬赵礼隆带起人来,罗布坳的团也来,说上路榜、黄连坝地方上的枪都交给了红军,要来"进剿"。实际上红军带来四支枪,两个红军有两支,白银安、王泽帮各得一支,也带了进来,钱焕章将枪交出来后,那些人说:"我给你一支枪,去把两个红军杀了。"钱就去仁岭岩伙同里面的白银安、王泽帮等人打死两个红军人员。解放后,王泽帮、杨祥尧镇压了,白银安劳改后病死了。听说当时在仁岭岩钱焕章下去,抢了这位姓张红军。杨祥尧打来,打死了姓张的,打伤钱的大拇指。王泽帮一枪打死姓阮的红军。这是后来的人传说的。

杨联海当了农会主任,也就是要成立农民协会,安〈排〉钱焕章的土地委员。

成立地方游击队,主要就是安了王泽帮、白银安的中队长和中队附,也就是成立游击大队,设一个中队。大队长是姓阮的红军。

赵君仲口述记录

1983年2月22日

(录自云南省昭通市威信县委党史研究室档案,全宗号1,目录号18,案卷号53,第27页)

## 关于红军长征时的点滴和王逸涛的一些片段

一、1935年正月初,我大哥黄少华出行时,看见红军由海边方向来到黄坭,一天过到黑,晚上才入民房住宿,电台设在黄坭坊上,当天,我们都跑去躲,我家到了撮箕口杜厨子家,有一路红军就从海边经六眉、白秧河、于讲坡、大店子、撮箕口、猪帝岩到黄坭,直上分水方向而去。

二、王逸涛系黄坭公社大田坝人,弟兄三个,逸涛占大,老二王元忠,家有租20多石的田地。据王逸涛口述:他出去以后,曾在叶挺部某团任骑兵通讯班长,入共产党后,保送就读黄埔军校第四期,后来分到福建某部,在福建军政府成立时,与国民党军队作战多次,后升到副团长职务,由于部队被打散,没有归队,而后潜回老家,在黄坭办小学,当教师,宣传马列主义,黄坭第一间新学即为他创办,后我们这些都读私塾。红军长征时王闻知后,即组织了游击队,有十多人。后来红军长征即与红军接头,红军拨了近百人与他成立川南游击队,后来又叫川滇黔边区游击队。

我也听到谈过,木厂梁子打的一仗。说的是:1935年某日,国民党军员顾晓凡〈师长〉部由叙永来"剿"王逸涛,到两河时当时杨济安任局长,即派人通知王逸涛。顾部周营到石包田即找到赵登舟(清乡大队长),赵即到周部由张家榜、李四、潦树坪、具安坊,在团树子即打响,另一股国民党军由黄坭过河,走大田坝、店子上、田中间到六堡,也在六堡一带打响,据说国民党军部的一个团部即设在黄坭街上,当天打了仗以后,国民党军损伤很大,黄坭街上遍街摆满了伤员和死尸,而王逸涛等伤亡不大。但是后来大家都说:这一仗利用地形地物,发挥了火力,仗打赢了,部队打散了,其理由是后劲没有跟上,红军没有吃上饭。后来就撤到云南那边去了。

王逸涛叛变革命后,国民党派了唐痕章(现住树坪公社)等二人来监视王逸涛,唐是国民党反共支部的成员。

田中公社黄××

1976年12月19日

(录自四川省泸州市叙永县馆藏中共叙永县委党史工作委员会档案,全宗号307,目录号1,1976年,案卷号3,第52~54页)

# 肖吉才口述国民党军打红军

红军来那年,我才12岁,他们住我们家。第二天早上,敌人就来了很多,从瓦匠坪方向打响。红军从屋里拉出去,往山上冲,又打退下来,就从新庄湾水竹林中打过鸡板石,枪声打得很激烈。第三天,敌人把他们的头割下来抬到石碑、建武示众。战后,我同几个小孩放牛上山,看到兴文大石盘通往云南边境去路的山垭口,倒了几个尸体,没有头部,也没有衣服。我们听说来打红军的是国民党军黄团和李品三部队。

肖吉才(公社退休干部,现住大石盘三队,原住新庄湾)

赖青、王德勋、陈国辅记

1983 年 7 月 17 日

(录自《中国工农红军川滇黔边区游击纵队斗争史》编写组编《中国工农红军川滇黔边区游击纵队斗争史(副本)·下册》,1985 年印行,3—19)

## 李荣章回忆观音山战斗

1935 年 3 月下旬，红军游击队，在余泽鸿的领导下，来到大石盘，住在新庄湾、新佛寺庙内、瓦匠坪、园石板、学堂湾、大田坝一带。第三天拂晓，国民党军队黄团长同李品三的队伍来打红军，天亮从瓦匠坪开始打过来，红军队伍边打边往观音山上撤，但敌人有当地民团带路，抢先占领了观音岭，红军冲上去，又打退下来，红军可能想走那条小路往云南走。但被敌封锁了，红军只好从半山腰的水竹林中边打边退，往鸡板石走，下了鸡板山，就是云南的长官司。有一个小分队的红军始终阻击敌人前进。战斗打得很激烈，枪声响得很密，我们吓得躲在灶头后面不敢出来。枪响得远了，我们才出来看，红军已经走完。敌人撤下山后，我们上山看到红军牺牲十多个在观音岭的山垭口，衣服被李品三的团花抢去，还把头割下抬到石碑、建武去"示众"。后来听说李品三抬去报功。

李荣章，现住大石盘（属四川省宜宾市兴文县）园石板

赖青、王德勋、陈国辅记

1983 年 5 月 17 日

（录自《中国工农红军川滇黔边区游击纵队斗争史》编写组编《中国工农红军川滇黔边区游击纵队斗争史（副本）·下册》，1985 年印行，3—20）

## 汪向文回忆红军游击队到梅硐(节录)

汪向文(男,75 岁,住梅硐正坪五队长秧田)口述:

那天黑了,红军不知从哪里来,坳田坡胡海山叫看牛匠引他们到水口寺朱禄高家住起。朱禄高的看牛匠悄悄去跟国民党军队报了信,第二天陈五师的军队就打来了。红军冲出来,在大坟坝被打死一个。红军吃亏就撤走了,往大经山退的。

过了几天,红军又回来捉朱禄高的母亲,把她捆起来……

走访:罗志文、王安全

记录:曹远强

1983 年 12 月 11 日

(录自《中国工农红军川滇黔边区游击纵队斗争史》编写组编《中国工农红军川滇黔边区游击纵队斗争史(副本)·下册》,1985 年印行,4—92)

## 唐口文谈红军游击队攻打梅硐（节录）

那天是农历五月二十五（6月25日——编者注），中午时候，先来了一个人，是个高大汉。他说，我到大沟去看树子来。红军都到观音堂（富兴）了，都还是没得啥子事得。这是在街上对群众说的。怕隔有十多分钟，枪就响了。后来才晓得先来这个是红军的侦察员。当时李云武的保安中队是90多人，有一个分队住在县城。这里住在川全丰的只有两个分队60多人。大门上站了两个卫兵，一个向上，一个向下。红军从观音堂翻庞家山，从郑村沟过河，走白高山这边过来的。向下的卫兵见了，喊了声：来了！就跳进大门，把大门推过来挡了。向上的那个叫石三（石绍清），是水泸坝的人，本来不该他的岗，当班那个保安兵要打牌，拿了3个铜元，请石三帮他站一根香（以点香计站岗时间，一根香为一班的时间）。听说来了，还没有明白过来，就被红军一枪打死了。后来人们说他为3个铜元丢了一条命。保安队也打枪，这就打起来了。打了一会儿，保安兵边打边退，就从后墙翻出去，跳在底下的秧田头跑了。红军就追，从烂包变〔边〕追到藩家坝才转来。

（游击队）在这里把午饭吃了，就搬到余家祠去了。晚上住〔驻〕在那里。听说第二天就开到周家沟去了。当时红军牺牲了一个，用一个大黑漆木头（棺材）抬去埋在余家祠的。

当时，梅硐乡的乡公所在大庙头。那天乡长只有师爷刘仲华，还有个石师爷，还有个算冬防费的张海云。我在帮乡公所煮饭。乡长周极辉、乡队长余极之都不在乡上。有20多支步枪收起来，集中放在大庙东皇菩萨背后屋里。红军来就拿走了。

保安兵跳墙时，还有几个受伤的。有个重伤的走不动，就躲在稻田里，晚上叫唤，才有人去抬起来，放在戏院子楼下，隔两天就死了。

唐口文（70岁，原梅硐乡公所伙夫，现住长宁县梅硐街上）1983年12月10日口述

走访：曹表文、曹远强（记录）

（录自《中国工农红军川滇黔边区游击纵队斗争史》编写组编《中国工农红军川滇黔边区游击纵队斗争史（副本）·下册》，1985年印行，3—44～46）

# 唐敬明谈红军游击队打梅硐

打梅硐那天是五月二十五(6 月 25 日——编者注),先走观音堂来……先就把石老三打死在门口,石老三是得 4 个铜元帮人家站一班岗,就把命丢了。红军前站是装成挑洋芋的,穿长衫,手枪藏在身上,跑上龙牙齿摸出来就给石老三一枪。我住在回龙山,隔川全丰大门有几十公尺远,亲眼看见打翻的。打了一会儿,李云武保队的人就从后墙跳下来跑了。挞〔摔〕伤了几个。有个姓干的,受伤后就躲在稻田里,天黑后才抬出来放在戏楼下,第三天就死了。红军被打死一个,埋在余家祠。红军有七八百人。

当时乡公所里没人。有两班乡丁先就跑了。他们和红军是通的。留下的枪放在乡公所里,好点的红军都拿走了。红军晌午过点拢〔到〕的,到挨天黑才走。晚上扎余家祠,后山坡上都住满了。

唐敬明(男,73 岁,梅硐街上居民)口述

1983 年 12 月 12 日

(录自《中国工农红军川滇黔边区游击纵队斗争史》编写组编《中国工农红军川滇黔边区游击纵队斗争史(副本)·下册》,1985 年印行,3—46～47)

# 川滇黔工农红军游击队袭击回龙(节录)

1935年夏,川滇黔工农红军游击队辗转战斗在兴文、珙县邻境,准备途经回龙(下罗)直插筠连向云南边区挺进……农历五月二十七,逢场之期,派了两名侦察员化装成农民模样,前往回龙卖水竹烟杆,侦察敌情。二人英勇机智地摸清团防局枪支、人数,并查清联保主任尹瑞山、队长黄维利二人在回龙为非作歹、作恶多端,和尹瑞山常穿白绸衫的特点,速返部队汇报情报。游击队掌握敌情,当即决定:奇袭回龙,捉拿尹瑞山,打击敌人的嚣张气焰,扩大党的影响。

当天下午,红军游击队率队进入彭家山吃夜饭,休息待命。保长彭崇成忙到回龙告急。尹瑞山得知消息,急忙吩咐喽啰,增设岗哨,严加防守,并亲自到团和防局督战,妄图与〈红军〉决一死战。

二十八日,清晨5点,天色朦胧,游击队行经回龙对面雷打坡山上直插街村。在接近街村之际,团丁班长余占武查哨发现黑压压一大队人马向街村靠近,知道情况不妙,慌忙向街心跑去,边跑边喊:来了!来了!已经来了!并向空中连放机枪报警,把人们从梦中惊醒。寂静的小镇顿时慌乱起来。团防局一班兵丁忙乱开火。游击队尖兵班冲锋陷阵。双方展开激战。游击队战士英勇顽强……敌兵抵挡不住,弃阵败逃,尖兵班冲进街去。

尹瑞山、黄维利见乡丁抵挡不住,忙乘乡民混乱之际,跳窗逃走。地主李子明在佃户黄兴武家里吓得晕头转向,慌忙中抓一床白铺盖背在背上准备潜逃。他刚出门倒拐,迎面碰上游击队,又扭头往回跑。游击队问:"什么人?站住!不准动!"他不听命令,只顾逃命,被游击队一枪击毙于熊清荣住房侧面的屋角里。躲在一旁发抖的李逸斋(地主)束手就擒。

早上10点,部队整装出发,押着李逸斋从老鸦沱(屋中山公社)经沐爱向筠连方向挺进。

(录自珙县雷少全搜集的下罗公社党委主持座谈,由罗江津、田伯钧、田连成、余兴华、尹朝龙、余兴家、罗光乾、李跃海、罗少荣等介绍,1983年8月20日。《中国工农红军川滇黔边区游击纵队斗争史》编写组编《中国工农红军川滇黔边区游击纵队斗争史(副本)·下册》,1985年印行,3—56~58)

# 红军游击队到珙县上罗镇

### 张伯昌　刘泽培　聂期麟

红军游击队了解到大地主孙术云是上罗场上头上老肥，家里开大糟房〔槽坊〕，对老百姓盘剥很凶，就决定没收他的部分财产分给穷人，游击队战士先打开厨房背后那个粮仓，派人在街上大喊："快去背谷子啰！红军把孙术云的仓打开啰!"刘泽培一家8口，平时做碗耳粑卖，听到喊声，真是喜从天降，带起弟弟老五、老六，拿着家伙跑到孙家门口，见一个手里提枪的红军站在门前，不断地说："快进去，各自背，不要怕!"另一个红军手里拿着升子，来的人他问一声，说是"干人"，他就说，要好多，自己去撮。说不是"干人"，他就去撮一升来给他，不让进去。刘泽培兄弟三人都说是"干人"，就进去自己撮。不久，厨房背后的那个仓分完了，又把正房里另一个仓打开。刘泽培想，红军难得来，多背点，免得今后做粑粑吃没有米，于是三兄弟来来去去的〔地〕背了800多斤，家里箱箱柜柜都装满了，连装水吃的黄桶也拿腾出来装谷子。

街上附近的农民听到消息跑来，谷子已经分完。游击队战士就〔把〕糟房〔槽坊〕里的28头肥猪赶到牛市坝杀跑跑猪，用大马刀砍，一刀一个，有些猪脑壳砍下来还在跑。看热闹的人很多，小娃娃尤其高兴。分肉时开毛边，猪肚上一刀，先取出肚腹，然后把肉割成小块，边油都还附在上面，说是"干人"的就提块子肉，其他人就吃头蹄肚腹。大家都说是"干人"，块子肉很快就提完了。刘泽培兄背了谷子又提肉。

在分肉的同时，红军又从地主袁三酒店用3斗笋筐抬来铜元，不管什么人，也不分大人小孩，见人发12个，后来人多了，就见人抓一把。

这天，上罗人们特别高兴，家家都在打"牙祭"，小娃娃身上都有几个铜元。刘（泽培）怕红军走后孙术云回来脱不到手，母子几个连夜把谷子弄到乡下藏好，又回家割肉，把肉皮剥下来拿到在娃娃岩河里。他妈就把肉切成小块熬油，油渣也藏起来。天热油不凝，后来拿了一些酒来，改做黄粑卖。刘泽培说：红军来了我们硬是沾光，从此才有饱饭吃。

张伯昌、刘泽培、聂期麟口述，均住珙县在罗镇

记录整理：叶贤良、雷少全、袁大夫

1983年7月

（录自《中国工农红军川滇黔边区游击纵队斗争史》编写组编《中国工农红军川滇黔边区游击纵队斗争史（副本）·下册》，1985年印行，7—8）

## 肖世敏谈游击队攻打建武

肖世敏(72 岁,建武街上人)回忆

1935 年 8 月上旬,红军游击队,由余泽鸿率队从珙县上罗方向转战到小□鸣、玉秀,侦察到李品三保安队住建武城。红军游击队准备消灭这股反动武装。4 日晚,侦察员报告:建武城内驻有李品三保安队 100 多人,李品三派有当地团丁 30 几人驻玉屏墩(建武后山)顶上。加上当时天天小雨,山顶有雾看不清,正是消灭敌人的好机会。红军游击队从玉秀爬上五谷仓山上,下骑马岑到玉屏墩,打下哨所,占领制高点,控制建武城内敌人,一下消灭李品三匪部。

5 日中午,红军游击队同敌人打响,红军冲到玉屏墩脚下,城内敌人把机枪抬上山顶,往山下游击队扫射。红军反复冲杀,都未冲上山。城内敌人倾巢出动,仗打得很激烈。红军可能发现敌人不是李品三部,而是穆瀛州部队。红军开始向玉秀方向撤去,边打边退。由于山陡路滑,敌人猖狂,红军在现在小学背后牺牲了 9 人,又在黄莲树搜出一人当场杀害。听说是一个红军连长姓黄,又一位叫李青仁。

走访、记录:赖青、陈国辅

1983 年 7 月 24 日

(录自《中国工农红军川滇黔边区游击纵队斗争史》编写组编《中国工农红军川滇黔边区游击纵队斗争史(副本)·下册》,1985 年印行,3—32～33)

# 龙雨清谈博望山合队

龙雨清(兴文,现年 76 岁)

1935 年农历八月十二((阳历)9 月 9 日),余泽鸿同志率队到了兴文县博望山龙洞湾。司令部通知刘复初带领川南游击队前去合队。这次合编,是把所有川滇黔整个游击队集中起来,整编为 3 个支队。原川南游击队编为第三支队。游击队是 8 月 11 日开到博望山的龙洞湾、桂花坪等地驻扎整编,杀了头集猪来庆贺。曾捕获敌人两名侦察枪杀在龙石坳。整编后于 13 日向同心开去。在同心千秋壕塔台演剧宣传,随即向纳溪方向出发,开始向川南敌军攻击,摧毁区乡政权,镇压反革命土豪劣绅,取消苛捐杂税。

赖青、陈国辅采访记录

1983 年 6 月 15 日

(录自《中国工农红军川滇黔边区游击纵队斗争史》编写组编《中国工农红军川滇黔边区游击纵队斗争史(副本)·下册》,1985 年印行,4—38)

## 王春先谈红桥和古佛台战斗

民国二十四年农历八月初十(〈阳历〉1935 年 9 月 7 日),红军由三块石来红桥,先是一班人的便衣队,由参谋周思和带队。红桥镇长陈墩武逃跑,团丁放了几炮也缴了械。随着有李桂英、阚思颖两个女红军,用土红在铺板上写宣传标语:"打倒贪官污吏、土豪恶霸""团防是地主豪绅的看家狗"等。有的红军收报纸杂志,把有关材料剪下来;有的绘地图。下午收缴了几家大盐店和布店的盐巴、棉布、银元、铜元等,在街上分给穷人,但部队不能拿。这次烧了陈墩武的碉楼。

红军在李品三来路上古佛台布置"口袋",准备全歼李部,可是有个红军二排长没等李下坝就开枪,李见势不妙,便摸起走水碾湾、簸箕湾,翻华铁山逃窜砂漕。这次杨叔宽守大炮山,私下一枪没发,放走李品三。

红桥退休干部王春先

1983 年 4 月 20 日

(录自中共江安县委党史研究室资料,分类号 A210,索取号 119)

# 古佛台战斗

## 杨中亚

古佛台战斗,杨叔宽守大炮山,李品三的部队逃至大炮山下,问谁在上面? 听说是杨的队伍,就叫儿子李辛伯脱光衣服去找杨叔宽,要求让路,杨卖火线,放李品三逃到砂漕。

红桥退休干部杨中亚

1983 年 4 月 27 日

(录自中共江安县委党史研究室资料,分类号 A210,索取号 119)

# 我们知道的红军游击队

刘德明等

**1. 刘德明(男,现年 63 岁)口述**

红军来到水口寺,大队伍住在老营盘。在街上的是红军的宣传队。大概是当天下午四五点钟,就到文昌宫去了。

**2. 刘德胜(男,70 岁,上马街上人)口述**

红军是从文昌乡到上马场的,来时是上午八九点钟。打了几十枪,打死乡公所的一个号兵杨虎均,就打死在乡公所(火神庙)的门口。还打死了一个团丁,名字记不得了。乡公所的电杆,用马刀砍断。

**3. 梁焕云(男,77 岁,护国镇人)口述**

红军到护国打了一仗,缴获了区政府的枪支弹药,打死区政府一个,不知姓名。当时,大里村岩上住〔驻〕有"清乡"司令肖镇南的队伍。红军叫人给肖镇南带信:明天要到大里村岩上。肖镇南加紧防守,可是第二天天不亮,红军已去百合、打鼓。

**4. 卢伯生(男,60 岁,打鼓人)口述**

我家住在打鼓。记得是 1935 年农历八月二十一日,这天是母亲的生日,我在打鼓读书。红军走白合场来,在白合场没有休息。红军来了先打药铺和乡公所,把药铺头的地主提去,打伤了一个团丁(后来死了)。第二天,红军去打楼方田地主殷罗氏的庄园,有 4 个炮台,没有打进去,还牺牲了一个红军。

**5. 刘明宣(男,77 岁,白合乡人)口述**

红军路过白合,打了乡公所,烧了乡公所的碉楼,没有休息就走了。红军叫我带路。我把红军带到打鼓场的唐家坝,药铺头就打响了,有个乡丁曾绍云对抗,被红军打死。

**6. 于国模(男,71 岁,楼方田侧边住,医生)口述**

红军到打鼓那天逢场,先打大店子乡公所和药铺头,打死乡丁何六,还枪决了一个收"灯捐"的税官。第二天打楼方田,因为有 4 个炮台,没有打进去,红军牺牲了一个战士,是恶霸地主殷罗氏的家丁张锡州打的。楼方田打仗后,红军分两路走了,一路走黄石墩,一路走象鼻子到天池。在天池与骆国湘、刘洪安的保安队激战一天,到麦地坝住了一夜,后来回到打鼓、白合、大里村岩上。

7. 陈仲民(男,67岁,大里村人,原肖镇南的佃户)口述

我帮肖镇南家看牛。他家伏龙嘴与上马、打鼓、泸州等地安有电话。红军从上马来,肖镇南就电话通知各地堵住。不几天,红军来大里村岩上,住新屋基地方团总刘四马棒家。在刘家吃了早饭,叫他带到肖镇南家。走到岩洞头碰到甲长张理承。张问:刘团总这样早到那〔哪〕里去?刘知道身份暴露了,走到长屋基河沟边把两个红军推倒,逃跑了。红军没有打他,换头走沙树嘴、黄家同、渣口岩到乐道子。肖镇南的四老婆打电话不通,二老婆就叫张连长带人去追红军。文昌宫的曾团派一个排去追,叫我背一箱子弹。我只12岁,不大背得起,到龙坳上吃午饭后,追到渣子口岩,张连长和曾团正都不敢下岩。

8. 卓成宣(男,72岁,乐道子人)口述

我家在乐道子口岩上做小生意。红军来时我没有跑。记得红军到乐道是农历九月初一。当天下小雨。早饭后来的,只有两个钟头。民团乡丁卓继全(外号叫卓大麻子)与红军对抗,被打死在黄角树河坝头,把他的手枪没收了。红军有的过河到渠坝,有一路顺河朝叙永方向去了。

9. 白怀品(男,60岁,大妙乡人)口述

红军走大妙场过,在伏耳岩、小屋基陈家住了两夜。

调查人:黎成久、古容昭,1984年7月1日

(录自《中国工农红军川滇黔边区游击纵队斗争史》编写组编《中国工农红军川滇黔边区游击纵队斗争史(副本)·下册》,1985年印行,4—45～47)

## 红军游击队扯萝卜吃

### 陈正方　尚显忠　毛其生

　　1935年农历九月上旬,游击队来到室山小溪一带,农民种的旱萝卜已趋成熟。纵队战士为了解渴,就扯了一个来尝,又甜又香。但三大纪律八项注意规定不拿群众一针一线,游击队战士想付钱又不见主人,怎么办? 后来战士们想了一下,把萝卜扯起来就随手把刚在黄家分到的铜元放一个在萝卜窝头,这样主人来看见,就会知道这是红军付给的萝卜钱。

　　红军走后,老百姓回来看见自己的萝卜被人扯了,开头还骂,这些烂杆杆军队,真来糟蹋老百姓。后来在萝卜窝里发现铜元,他还以为是扯萝卜的人搞落的,以后发觉每个窝窝都有,家家户户都如此,人们不禁愣住了,真乃千古奇闻,人间怪事呀! 那〔哪〕朝那〔哪〕代军队有这样讲理,这样有道德,这到底是什么军队? 人们迷惑不解。后来听说从这里开过的红军,人们才恍然大悟。哦! 是红军给的萝卜钱,就是打富济贫的红军,多好的军队啊! 于是一传十,十传百,很快就传遍了三山五岭。红军扯萝卜吃的佳话,一时竟成为恒丰街上某茶馆酒店人们谈话的主题。事情已经过去40多年了,佳话代代传,谈起红军扯萝卜吃的故事,使人们听了津津有味。

陈正方、尚显忠、毛其生(均属珙县恒丰公社)口述

记录人:叶贤良,1983年8月16日

　　(录自《中国工农红军川滇黔边区游击纵队斗争史》编写组编《中国工农红军川滇黔边区游击纵队斗争史(副本)·下册》,1985年印行,7—14~17)

# 红军川南游击队在合江县境革命活动情况

合江县石鼎山公社红军大队一生产队是红军游击队修〔休〕整住〔驻〕过的地方。此地有红军标语和漫画，现在漫画尚存。画面是红军拿着矛杆子杀向三只虎。

1975 年 11 月 10 日区文物会

合江调查组汇报

刘克强记录整理

（录自四川省泸州市叙永县馆藏中共叙永县委党史工作委员会档案,全宗号307,目录号 1,1978 年,案卷号 9,第 114 页）

## 关于中国工农红军川南游击队经马岭区所属范围情况综合

1. 经过马岭区麦地公社时间:1935 年(乙亥年)九月二十五

2. 所经过路线及地名:从水尾—天池—渣口石(天池白村大队)—翘脚土地(天池柏村大队)—玉皇观(柏村大队)—清静沟(柏村大队)—金狮沟(柏村大队)—朱和△(关村大队)(以上均属天池公社)—麦地坝(麦地公社)—阿弥陀佛(麦地黄林大队)—洞子上(黄林大队)—柏橹树(麦地黄谷大队)—灵官菩萨(黄谷大队)—跳墩子(黄谷大队)—小村沟(麦地街阳大队)—高梁湾(天池公社)—高木顶(天池公社)—密城——碗水(贵州地)。

3. 宿营地:在麦地坝宿一夜。

4. 发生事情:在麦地坝炭灰堆杀保长一人(此人系现水尾公社黄桷坝大队双树塝人)

5. 群众印象:对人和气,不拉扶,没搞群众一点东西,恭敬的〔得〕很,等等。

6. 具体人数不详。

(四川省泸州市叙永县)马岭区调查走访组

(录自四川省泸州市叙永县馆藏中共叙永县委党史工作委员会档案,全宗号307,目录号 1,案卷号 3,1976 年,第 235 页)

# 王义纯回忆红军游击队在一碗水

王义纯(男,67岁,四川叙永县马岭区麦地坝人)口述：

红军在麦地坝住了一夜,第二天天不亮就出发到大石母、一碗水、大坎坡,又大战一场,打死国民党兵七八十人。第二天国民党兵到麦地坝,就将红军伤员杀害在大田沟。

调查人:黎成久、古容昭,1984年7月1日

(录自《中国工农红军川滇黔边区游击纵队斗争史》编写组编《中国工农红军川滇黔边区游击纵队斗争史(副本)·下册》,1985年印行,4—57)

# 回忆红军游击队的一碗水战斗

### 李国民等

1. 李国民（81岁，宝元街居民）口述：

红军游击队到一碗水，还没吃饭就打响了。红军埋伏在关爷庙，川军冲上来，被打败了。打抄围的川军在半边看。红军打到天黑撤退，从方碑、大坝、山王坳、双观音过河。天黑看不见，用拍手板声来引路。李本初当时是大同区区长，很反动。叫我二老辈李洪发（外号李二厨子）、三老辈李正发（外号李三大锤）埋死人，没有得到任何报酬。

2. 陈贵兰（女，74岁，叙永水尾区大石公社）口述：

红军守城门，川军分三路进攻。中路到城门就交战，战斗很激烈，子弹从我家屋顶上飞过。川军伤亡很大，红军死了几个。事后家里人去看，沟里到处埋有死尸。

3. 李绍卿（68岁，宝元公社玉华大队人）口述：

红军守城门，川军进攻，川军一个班几乎全部打死，川军分三路，小城门一个营，老儿岩一个营，只中路一个营接火线。李本初是大同区区长，派李洪光给川军带路。

4. 王月恒（70岁，宝元公社潭子坎）口述：

我家住在潭子坎。我在背后大路上看见许多红军来了，在关爷庙、南坳田，街上煮饭。埋伏在关爷庙右后槽沟。早上9点左右，川军追来，尖兵班全部被打死。中路川军走狮子岩、大坎坡、小城门，又向红军冲来。大石联保主任谢玉丰的团丁在大石嘴上打红军，大同区长李本初的团丁在牛儿尖山上打。战斗从早打到晚，红军陆续撤退。后来知道，在月亮田牺牲一个红军，是舒国华埋的。狮子山牺牲一个，大堰上牺牲一个。川军伤亡很大，拉老百姓的房子来埋，伤亡的朝大石方向抬走了。

5. 蔡体成（原李本初宝元联保处团丁，宝元公社石坝头）口述：

8月间，区长李本初，宝元联保主任张玉乾，副主任王明高，我当班长。南坳田的哨兵喊：红军来了。我们从官田坝、洛阳坝、李家嘴，走赵沟，到玉林李本初住地牛儿尖山去看。红军在大坎坡，主要部队指挥所设在院子头。有些守城门、关爷庙、界牌、漏风垭、南坳田都有。川军一个营从袁家坝冲来，从上午8点左右打到天黑。川军伤亡30多人，尖兵班只剩一个人。红军牺牲十多人。川军是三营人，天星桥来一营，桂花场来一营、大田来一营走中路。红军撤到方碑、大鹏，又折回法王寺、土门子、回龙场,去牌坊坪,过天星桥。

6. 张敬之(中共党员,宝元公社玉华大队)口述:

小时候,家住冷山坪。我看见关帝庙、土伏沟、界牌一带有烟子,有枪响,从早响到黑。后来听赶场人讲,川军中路一个营追击红军,尖兵班全部被消灭。红军先胜后逐步转移。大同乡长伪乡长李洪光给川军带路,李本初民团在牛家尖儿打掩护,阴一枪阳一枪打。第二天,我第一次看到天上有四架飞机,说是刘湘的。李本初命令老百姓大肆搜山,得地瓜手榴弹上百数。

以上由唐电儒、刘大寿记录整理。

(录自《中国工农红军川滇黔边区游击纵队斗争史》编写组编《中国工农红军川滇黔边区游击纵队斗争史(副本)·下册》,1985 年印行,4—60)

# 女红军和红军游击队在大妙的情况

宋文彬

记得民国二十四年(1935年)农历十月间,红军从河丰岩上下三青贯黑虎寨来大妙街上,红军有100多人,其中有一个女同志叫(丁坤)脚被崴了,走不得。红军在街上把赵四兴保定的粮食铺的一小萝铜元倒在街上分给贫苦群众。红军叫我和一个(不知名)人抬丁坤到小屋基,每人一块大洋。休息后,我们每人吃了五个饼子,又叫我们抬到水口市,给我们每人两块大洋。休息后吃了东西后,又叫我们抬到赶旁坝每人两元,休息后,又抬到古宋大坝还是每人陆元。到大坝后,又叫我们抬到云南长官司,给大洋每人五元。

到了长官司后,丁坤叫我问本地有熟人否? 我回答她本地有我一个家侄孙宋斗南,丁坤写了一个条子叫我贴在宋的大门上,叫我把全部大洋寄放在宋斗南处,她说:我们红军不要你们的。我们请你们都先给钱,从长官司又抬到扎西每人给五元大洋,到扎西后又抬到沙沙坡每人又给了我们许多钱。丁坤就动员我们两人参加红军,不要走。她说,我们红军的待遇不错,平等。她给我们每人两根米袋,叫我们把我们的银元装在米袋里,把衣服脱光,米袋架肩膀子背,并写了一个条子,她说红军见到不要你们的。因为我们家有老母,给丁坤讲清了,就没有参加红军。照她的谈话照办就离开了丁坤,走了半天在路上就被乡公所把我的大洋搜去了。红军另一支是走的兴文炭厂,去打田二麻子(田海云)。

红军到大妙后打了一排炮,随后就贴标语(纸写的)。

大妙公社赵岩大队回龙湾生产队 宋文彬,67岁

1983年9月4日

梁崇德记录

(录自四川省江安县县委党史研究室资料,分类号 A210,索取号 065)

# 红军游击队杀黄炳廷的情况

## 王春先等

王春先1983年4月20日口述：

民国23年，听说红军过乌江。农历八月初十红军到红桥地区，宣传打倒贪官污吏、土豪劣绅，杀黄炳廷（拿买枪支弹药的大洋200元，在街上挑盐巴〈的〉，公布了罪状）。

阳中亚（江安县川剧团创作人员，1958年）：〈红军游击队〉在古佛台一带布置好截击李品三。第二天余泽鸿到五谷来。第四天早饭后才走。临走时，在古佛台脚下田子内开大会，枪毙一个骗子黄炳廷（红桥五谷人）。黄炳廷当时在叙永时就加入部队，经常卖东西。后来骗了红军卖洋油款子。在红军到红桥，他又趁火打劫，假冒充红军牌子，乱拿老百姓的东西，被红军认出，抓来关起，开大会，当地宣布罪状，枪毙。

古佛台，在江安县红桥区五乡龙君村的古佛生产队。

江安县县委党史办公室，1985年6月11日

（录自《中国工农红军川滇黔边区游击纵队斗争史》编写组编《中国工农红军川滇黔边区游击纵队斗争史（副本）·下册》，1985年印行，7—21）

# 黄虎山负伤情况

### 张元新

我记得是 1936 年正月,游击队由黄虎山带领来到袁兴顺家住。当天早晨游击队找袁兴顺大儿子袁仲民帮忙,在垭上李二兴家买大米。回来后,大约吃过早饭时,青联、联保别动队带领反动派来打游击队。当时游击队领导人黄虎山站在火麻沟梁兴顺的正房子与耳房相接处。敌人子弹打穿壁头,又打在黄虎山的大腿上。游击队立即撤到大山上,同时把袁仲民也带走。游击队反攻回来打退敌人,一直追到老鹰岩湾。游击队回来把袁仲民处决在凉水井。我记得的就是这些。

青联公社团结五队张元新,76 岁。

1983 年 9 月,陈国辅记

陈明德,1984 年 3 月 19 日抄

(录自中共江安县委党史研究室资料,分类号 A210,索取号 032)

# 余泽鸿捉梁七胖子和潘国良的情况

黄德光

红军甲戌年来安宁桥,又从安宁桥到老翁白脚坎住。红军走的时候,捉了潘国良和潘树生,但后来把潘树生放了。潘国良同从安宁桥捉来的梁七胖子一齐打在公星山上。中央军开到安宁桥的时候,余泽鸿的部队又向永宁方向开起走了。

红军吃东西开钱,不乱来、讲信守。

(四川省宜宾市)长宁桃坪联明二队黄德光口述

廖荣华记录

地点:长宁农胜中学

时间:1980 年 11 月 10 日

(四川省泸州市纳溪区采访口述资料)

## 余泽鸿捉潘国良的情况

### 罗炳成

余泽鸿来的时候,我只有 20 多岁。安宁桥永顺全布号罗相久说,他当时已经参加了组织了。就带人把梁七胖子捉了。红军从安宁桥上来,到老翁场现在的松林大队,又把地主潘国良捉了。安宁桥有个姓冯的,派管事去保梁七胖子,没有保成。后来,潘国良被打在石道场,梁七胖子被打在桃坪的懒板凳。

罗炳成口述

廖荣华记录

地点:(四川省宜宾市)长宁桃坪联明七队

时间:1981 年 12 月 8 日

(四川省泸州市纳溪区采访口述资料)

# 余泽鸿找余绍江的情况

### 刘叔中

1979 年余朝秀曾写信给邓小平,问他父亲余绍江、叔叔余国梁的党籍。邓小平回信说只认识余泽鸿,余绍江的情况不知道。

余绍江是从宜宾赶船走到南溪筲箕背时,被罗席珍把船弄翻淹死的。余泽鸿带领红军到安宁桥后,又到老翁松林一队小寨子山去找余绍江。当时余绍江已经死了,没有找到,只有其弟余国梁在。红军走的时候,把潘国良杀在石道场。现在是平原三队。把梁七胖子丢在堵水田头。

余国梁有一个箱子,是红军用的,不知现在还在不在。他能造子弹。

(四川省宜宾市)长宁桃坪联明七队刘叔中口述

廖荣华记录

地点:长宁农胜中学

时间:1981 年 12 月 1 日

(四川省泸州市纳溪区采访口述资料)

## 余国梁造子弹的情况

余国梁是老翁松林村（现属四川省宜宾市长宁县老翁镇）人。现在入党证丢了,他给红军造过子弹,解放后当过村文书,参加过土改。

（四川省泸州市纳溪区采访口述资料）

### 陈明清介绍余绍江的情况

余绍江在云南做过生意,买米支援云南镇雄等地的灾民。余绍江同余泽鸿一起在上海住过。余绍江的弟弟余国梁在红军到老翁的时候帮红军装(造)过子弹。余国梁同余泽鸿是大学同学。

余国梁装子弹的机器埋在松林四队河边上,解放后拿去交给政府了。

(四川省宜宾市)长宁桃坪联明五队陈明清口述

廖荣华记录

地点:农胜中学

时间:1981 年 3 月 10 日

(四川省泸州市纳溪区采访口述资料)

## 关于红军川滇黔边区游击纵队司令员刘干臣牺牲的调查材料

### （一）

我们记得是乙亥年（1935年）栽完秧子的时候,红军有20多人住在花园头（同乐公社）遭到国民党,碗厂头一个姓徐的是县政乡别动队长（徐子成的儿子徐明高）带了反动武装,包围花园头。红军被打出来,转了几个山又回到原处,在大门神过坳足下弯弯头,有两个红军被打死了,头被割了。红军退走了,敌人就到处"搜剿"。清乡军挨家挨户清查红军一口袋文件的箱子,坟湾头、杉树湾这两家清得最凶,到处挖箱子。

打仗那天,刘干臣（是个猎手）在杉树湾躲起。当时高友全是个调解员,与刘复初是亲戚。第二天,敌军来"清乡"他就往山上去躲,敌人又在山上到处搜查（刘住在水井坎上荒林头）,又往杉树湾里跑,在凤山舂米的屋子头用手枪自杀了（是一枝左轮枪）。敌人又把杉树湾包围起来,把头割下,提去那枝手枪,落在敌人手中还打了几枪。刘干臣的尸体死在高友全的佃户万树宣家里,掩埋是万树宣。

据说解放后,在取方西烈士的坟墓时,取走了刘干臣的遗体。

东阳公社长春四队高成中笔

1976年5月24日,高少白笔录

随访人:共乐中学廖祥君

调查人:蒲宇伦

### （二）

大约是1936年中央军在杉树塆后石花园头捉到一个老红军刘干臣,将刘的头部割来吊在东坝场—市坡的黄桷树上。后来又拿到古宋去。

证明人:东阳公社东方红一队社员高登全

1976年5月23日

### （三）

高少白等老贫农回忆:

刘干臣右手是负过伤的,是个杵杵,外号刘独手,用左手打左轮手枪,又叫刘左左。

关于墓地问题查不确,有两种可能:一种是在杉树湾,头被敌人割走后,身子是高友全的佃户万发兴埋的,因为死于他的米房里,但当时杉树湾的老年人都死了。另一种情况是敌人把尸体也抬到东阳、割下头，吊在树上，身子埋在关山上，但没有这方面的线索。

（四）

1935 年秋末，红军游击队有一二十人住在花园头（现同乐公社），遭到李品三清乡军的"围剿"，红军冲出去，冲到山上又遭到古宋方面开来的反动武装——徐明高带的别动队。从杉木沟爬上去截击我游击队。在沙嘴子牺牲了两个红军。

刘干臣住在杉树湾（东阳公社长春大队）高友全家，因负过伤，足是跛的，敌人"清乡"，他冲出去准备上山，后发现敌人包围上来，又折头回杉树湾，可是场门子已紧紧关闭，敌人又紧逼追上，壮烈牺牲（手枪打的头部前额）。

敌人把刘干臣的头割下，先是吊在东阳街黄桷树上示众，继后又拿到了古宋。

东方红一队：高明清，老贫农，70 多岁

高大章，老贫农，会计，60 多岁

调查人：蒲宇伦

随访人：廖祥君

1976 年 5 月 23 日

（五）

红军川滇黔边区游击队司令部参谋长、司令员刘干臣同志牺牲于叙永共乐区东阳公社长春大队第四生产队，小地名杉树埫。

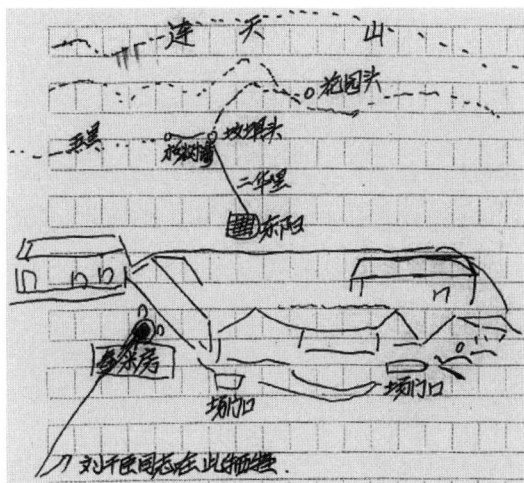

**1976 年 5 月 24 日**

证明

新中国成立前大约是1936年,江安李品三和古宋徐明高在花园头打红军,听说是刘复初的人,当时听说在高洪安吊嘴上打死一人。听说刘干臣在杉树湾高友全家耍,跑出来他自已打死在杉树湾后面。最后李品三把刘干臣的头部割走了。

证明人东阳公社东方红一队

社员高大章

1976年5月23日

(录自中共叙永县委党史工作委员会档案,全宗号307,目录号1,1976年,案卷号3,第160～168页)

# 红军川滇黔边区游击纵队队员邓楷牺牲材料

调查材料

访:长宁黄金公社村桂花八队老贫农周××。调查邓楷〔凯〕是怎样牺牲的?

邓楷是红军留下来搞地下工作的,听说是长征时毛主席派到川南游击队里来的。

地方反动势力的头目周吉辉、周少华他们准备把邓楷骗在碾子坝(打死),后来由他们暗中策划定谋,由周少华出面将邓楷骗至周有光(碾子坝)吃酒,吃到半夜,一面吃酒,一面周少华派人通知周吉辉,周吉辉派了几十个人赶来,将邓楷打死在床上(同邓楷〔凯〕睡一起的是肖子高),然后将邓楷的尸体拖到朝门口埋了。

邓楷的尸体埋了后大约六七天,又把坟挖开,当时由敌县政府派兵来,逼着肖子高把邓楷〔凯〕的头割下来,身体仍埋在原处,头拿去挂在梅硐街于黄桷树上示众。现在埋的坟里没有邓楷〔凯〕的头。

邓楷是江西人,是个老红军。

继后,同情和支持红军的严海云、兰守先等人,替邓楷报仇。他们先以为是周有光干的,就把周有光杀死了,后来才知道是周少华干的,就把周少华捉去杀死在兴文新街的场口上,为邓楷烈士报仇雪恨。

1976 年 5 月 19 日

(录自四川省泸州市叙永县馆藏中共叙永县委党史工作委员会档案,全宗号307,目录号 1,1976 年,案卷号 3,第 173~174 页)

# 余泽鸿之死

## 廖兴富

我家原住红桥乡兴复寺坡上牛厂坡的大坪上(碗厂坡对门)。

那是 1935 年 10 月份(油麦有 5 寸左右),一天晚上,余泽鸿的部队二三十人,由陈三木匠带回路来我家,已经半夜了。喊门时我们很怕,不知是什么人,进门后说明是红军,是穷人的队伍,打富济贫的,曾经到过红桥。

天刚亮。听到隔壁枪响(有大爆竹声音大),有人呻吟"哎哟! 哎哟!";有人说:"拐了! 拐了!"见医官端碗水进去,有人惊慌,过一会儿就清静了。到晚上夜深了,叫梁海明(我丈夫)去帮忙埋人(才知死了人)。梁怕,红军向我家借了两把锄头,在屋侧油麦地中挖了一个坑,伙夫把尸体抱起出去,埋上,埋的平棺。埋好后,红军就开走了。第二天我家去补栽好油麦……

第三天李品山带起兵(那个医官亦来了),来就要梁家交出余泽鸿的尸体。敌人东找西找,在油麦地里起出余泽鸿尸体,抬去红桥、江安,向上级请赏。

现住五矿乡金星大队仙鹅洞生产队廖兴富,女,64 岁,1983 年 4 月 21 日,1984年 4 月 26 日

梁海明(已去世),1969 年 1 月 24 日。

(四川省泸州市江安县红桥区政府提供)

## 杨少武谈川滇黔边区游击纵队在天池打仗的情况

事情发现在 1936 年秋天,大概是九十月间的一个霜天早晨,那时我是在熊孔的敌户长家背枪,我的家也离熊治周户长家不远,可能四五十丈远。晚上都在家玩,半夜才回家睡觉。

天快亮时听见大喊我名(杨少武)快来有急事。当时因我弟兄多,怕抓壮丁就投靠熊治周好躲壮丁,就此当了他家的身边户部。他将我牵到跟前,吩咐说:晚上半夜有鸡毛信,滇军追来"共匪"刘复初之小红军从水潦方向来,可能要经我们天池过,令要把好关口不让经过等。

我就立马到处叫人(当时户长熊治周的民团没有住在一起,都是各个人在生活)。因要将几十条枪集中来一时是办不到的,我们老实,但快到吃午饭时也未将人枪叫齐来。这时滇军差人亲自到熊孔、熊治周的门上催熊治周带人入战,那时也急令叫我们前去参战。

当时的战场摆在罗汉林那边的黄杆水那个山上。我一到场,滇军之头目就大骂说熊治周等民团是通融"共匪"等之罪名,如吃败仗非要割头之罪,边说边就叫一军人指挥我们从战地的左侧爬山去超围"共匪"。因左侧是一高山,我们则到山腰就被小红军们的枪弹拦住。我们只好又从这一点的一背湾头冲上去。结果我们冲到至〔制〕高点,已是中午之时。当我们开枪射击时已不见回枪。

在从小红军要往的方向(过街楼)那看去,见得廿多人的一小队人马连走带跑的,一去多远,将是十来里之路,再对我的方向发了几枪来。我还记得是三把式和讲嘴枪的枪声响着。

这时滇军头目将我们叫下山去,对着熊治周和户队长杨万富他们大骂一场,说今后如若再不急时打就将要砍脑壳(论砍头之罪)。这一天下午时滇军接连又从□□方向随刘复初的小红军路线跟踪追去了,我们在回头的路中才知杨万富户队长说:今天的小红军是从坛厂方向与川滇两军打仗后,昨晚在苦茶坝杨洪章处睡,下半夜因滇军追之太近才往我地爬上来,刚好到天池坝头才天亮。

因刘复初司令在昨天战斗中得病难行,都是用滑竿抬着来的。我们和刘司令一起,水田那边还有亲戚而且也想多休息一下才走,可是刚安锅做饭,就发觉滇军也追来,住对面(大营头),相隔两里左右。杨万富说:就在我家住着。我们也问亲戚是否赶快离开,以免战斗连累我们,结果刘司令说:不用害怕,这里不是我常住之地,没有这种牵连,二来滇军还是要吃午饭才行军的,双方那么多人一时还弄不到那么多饭吃,况且我们先到,饭已快吃,等我们将饭吃饱,直接鸣号便通知滇军叫他们赶忙追杀我们,这就(使)他来不及再追我们在此煮饭的责任了。

结果真的小红军们把饭吃饱,还叫杨万富副队长放人探一下滇军的饭弄得如何? 探信的人回来告诉:饭刚下锅没有弄好,当时年青〔轻〕的刘复初司令就不慌(不)忙地叫弟兄们收拾好东西,付好柴菜钱,将田坎上他们住地做饭的几家人都叫出来,先问部队损坏你东西没有? 柴菜钱开了没有? 大家都说钱已开多了,东西无损。年轻的刘司令头包着一些白布条帕,防他着凉病了走不起,接着就告诉住地的几家人,今天要在我去向之北山上打仗,请你们大小人都不要往这方向上走往,防止弹中人畜,更要注意的是滇军遇着就拉夫打骂人之类。吩咐好,真的他们小红军鸣号吹哨上山了,还放了几枪通知滇军。

当时小红军是有几个苗族就在里面,住地那几家问滇军已到你们为何不怕? 回答:与滇军打仗是常早晚都遇着的,怕什么,不光他们会打枪,其实他们是怕我们打死他们的,不信今天就要在这后山上打起仗来,他们虽然天天追我们,但是挨近来他们是不敢来的。在说的当中那些苗族亲戚们还指着他们身上的一捆布,说我们这些人想得简单,就是不会怕死,我们愿被枪打死刀砍死,不愿意慢慢的〔地〕冷饿死,既然被打死弟兄将身上的布匹裹上,如能遇有棺材拉来就算好得很,我不一定活得很长,但是决不会死在你这后面山上。就这样听说他们除了吹号鸣哨外,还按苗族的习惯吹木叶子,意思是说我今后再来。

这一仗后就没有听见他们的炮声了。在打仗那地方上挖了几条战壕现在都还留在那山上,现在听说刘司令还在,不知他老人家是多大的年纪了。

调查人:杨国民 1983 年 3 月 3 日于家叙讲

(录自云南省昭通市威信县县委党史研究室档案,全宗号 1,目录号 18,案卷号 58,第 4 页)

# 肖向成谈殷禄才在腰蹬岩的情况

肖向成,今年 80 岁,家庭成份〔分〕中农。

殷禄才来腰蹬岩住的时间,年头我记不起来了,大概还是在春天,是大红军来了以后的事情。这段时间,他只带有 23 个人。一共住了 4 个多月。是四川省军来打时,他才搬走的。

他在这边住起的时候,没有抢过一家老百姓。他是专门抢大户。在腰蹬岩这段时间,他没有出过其他的远门。在老百姓家吃了饭,他是开钱的,有时甚至拿钱买粮吃。我就晓得这些了,你们再找其他人了解。

肖向成口述记录

地点:四川中心公社跃进一队肖向成家

1980 年 4 月 1 日中午

(录自林庆明、常宗德《肖向成谈殷禄才的情况》,1980 年 4 月 1 日。云南省昭通市威信县县委党史研究室档案,全宗号 1,目录号 18,案卷号 115,第 65 页)

## 张谚生谈张占云想捉拿殷禄才的情况

那时候我还小，只有几岁，记得有一次大概是甲戌年四月间的时候，我手里拿着一串枇杷吃，我父亲（张占云）叫我找华吉明、何泽州（二人是我家的家丁）来一下，我把二人叫来后。我父亲说：殷骡子在坪上袁大娘那里，去把他请来。两人去不多时，果然叫来了一个人，穿一件青丝布汗衣，手里拿着一根刺桑条子，刚一进门，就叫我父亲一声："张二叔。"

我父亲叫他坐下，装了烟、吃过茶。我父亲就说："禄才，听说你有一支手枪，现在我们办团防需要，你交出来，我们按价给你买，你留着没有意思，万一地方上出了问题，恐怕要连累你。"殷禄才说："我没有啥子（什么）手枪啊，是人家吹（瞎说）的。"我父亲说："我是了解清楚的，你不交出来，我就叫人跟你提了，你考虑一下嘛，三天之内给我回信。"殷禄才没有回答，我父亲留他吃过午饭，他就走了。临走时我父亲还再三叮咛，叫他好好考虑。哪知一去就没有再来。

过了十几天，我父亲就叫张少云、华吉明、唐明久、何万喜等10多个背抢的团丁，去捉拿殷骡子。去了一晚上，直到天亮他们才回来，说殷骡子已经跑了，这次就没有抓着。又过了几个月，大概是九月间，父亲又听说他在王家冲段么爷那里，又叫三四个人去捉拿，仍然跑脱了，没有捉着。以后就听说他带着几个人跑上郭家坟去了，就这样我们两家怨恨就结起来了。

殷禄才跑上郭家坟后，听说联络了不少人，据说还有几十条枪，经常给我父亲带高脚信（托人带口信）来，叫他多加注意，不外乎对我父亲要进行刺杀，以雪其当年追捕逼枪之恨。

真的不久，大约是丁丑年腊月十几头，那时我已经有十来岁了，我同父亲一起到洛表大坪上范良方那里做生（庆生）去了。天刚亮，华吉民就来跟我父亲说：二老爷，昨晚上你家被抢了，东西都抢光了，还到处找你呢，幸好你不在家。看样子如果找到你，也就没有活命了。他说东西抢了后，经胡家沟过盘二坡，在盘二坡被唐拔元的人打了一阵，东西追回了将近一半，现在唐拔元都还在你家等你。

我同父亲立即回来，真的看见门壁窗扇全部被砸烂，堂屋中间堆了一大堆都是麻袋装的衣被□物等。当时我父亲同唐拔元见了面，感谢了他一番，不外乎招待了一下。唐临走时又给我父亲说，二叔你要注意啊，大概是某人和你的关系问题,今后你要多加提防。

第二次,是我姐出嫁的时候。十天以前,我同父亲在任少成那里耍,我见一个人手里拿着一坨纸疙瘩,丢在我父亲怀里,我父亲捡来一看,上面写着"喜期注意"。我问父亲那人是谁,父亲说是你艾大叔,事后我才知道是艾治安(已镇压)。当时我父亲就去同王佐清商量对策。王说:"二舅,你干脆去找陈志远,叫他带人到你家里去保一下。"陈志远是田海云的排长,手下有40多人住在洛亥。于是我父亲就准备了一些礼物去送陈排长,说明来历,陈满口应允,并说张二爷你老人家尽管放心,到了时期,我叫王班长把人全部带来,保你万无一失。

到了二姐结婚那天,确实王班长、石中士他们就来了。有40多根枪,加上唐拔元20多个人,我们自己也有几根枪,共计就有七八十根枪了。当天晚上,听说一个姓李的是殷禄才的外堂管事,带了四五十个人抢陪奁(陪嫁物品)。来到陇大地湾,听说陈志远的人在保我家,才没有来,回去把范占云抢了(范是保长)。真是殃及池鱼,本来矛头是对准我家的,结果累及范占云。

从此以后,我父亲和我就不敢归家了,每到天要黑的时候,我父亲同我就把几根枪带起,这里宿一夜,那里住一宵,我连学校都不敢进了,就怕他们来牵毛子(绑架)。这样过了将近半年,才通过顺河场的龙德渊袍哥大爷、中心场的杨文书(乡长)、杨培英(殷结拜弟兄)从中调和,送了殷禄才一支短一寸手枪、一支套筒枪,才算(了事)……

洛亥泰和村　张谚生
1983 年 12 月

(录自四川珙县县委党史办公室资料 A210—3。云南省昭通市威信县县委党史研究室档案,全宗号 1,目录号 18,案卷号 118,第 307 页)

## 华全辛谈殷禄才的情况

华全辛,今年75岁,家庭成分贫农

殷禄才还是在高田他姐夫那里拿了两支枪回来以后才拖起了队伍的。他在云南的时候,因为惹到云南,云南军队捉他,才拖起二三十人到腰蹬岩来住的。一共住了挨近一年的时间。这段时间,他只打过底蓬周家沟。下来的时间我记不得了,反正是在大红军过了以后才来的。来了以后,没有抢过这周围的老百姓。后来四川军阀来"清剿",他才搬回老鹰洞去了。

华全辛口述记录

1980年4月1日下午

调查人:林庆明、常宗德

地点:四川中心公社跃进一队华全辛家里

(录自常宗德、林庆明《华全辛谈殷禄才的情况》,1980年4月1日。云南省昭通市威信县县委党史研究室档案,全宗号1,目录号18,案卷号116,第98页)

# 关于贵州游击支队长赵文海及其儿子赵银臣情况

### 曾光英　夏明武

采访曾光英、夏明武录音整理

整理人:车履飞

时间:2015 年 10 月 22 日上午

地点:赤水镇人民政府会议室

采访对象:赤水镇小学退休教师曾光英、赤水镇政府退休干部夏明武

曾光英:我生于 1942 年,今年 73 岁,赤水中心校退休教师。

我是赵银臣的舅母子,赵银臣是我老公的姐夫。赵文海(纳溪人)是赵银臣的爹。

听我母亲(婆婆)讲:赵文海父子俩是 1942 年腊月二十六早晨被抓的,是贵州毕节公署来抓的。赵文海是从我家对门屋子的楼上被抓走的,当时赵文海租住在那里。到了桥头,四川这边不放过,贵州来的人找人说了情况,才把赵文海带过去了。他们又回来抓赵银臣,赵银臣去沙罗弯扯萝卜去了。他们又去沙罗弯抓走了赵银臣,打(死)在贵州黄桷树那点,一个打在马路那头,一个打在马路前头。当时的绳子都绷断了,李德光捡了回来说好栓〔拴〕猪儿(民间说捆过死人的草绳拴猪,长得快)。

赵文海、赵银臣俩父子被枪杀后,我家婆婆出面,和赵文海老婆一块请人抬回来,凑钱买棺木办了丧事。

16 天后,我姐姐(姑子)杨彩霞生了赵元清,现名赵辉,现居新疆伊犁市。杨彩霞母子生活一直由我婆婆供养。后来,我婆婆生了病,生活很困难,姐姐改嫁到了隆昌。赵元清 9 岁时,他婆婆带着他一路讨饭到隆昌去找他妈,赵元清脚板都打起了血泡。但那里的人认为赵元清是土匪的儿子,都很受歧视。后父要他改姓,但赵元清不答应。在那里,他考起学校也得不到读,很绝望,就一人流浪到了新疆。

夏明武:赵文海被抓前,听说了贵州有人要抓他,但他量大(大意、疏忽)了。第二天贵州来了几个人抓他,他没有准备,被抓了。赵银臣在沙罗弯扯萝卜去了。去了 4 个人抓了赵银臣绑起。过赤水桥时,不能通过,拿了语言才通过。审问了半小时,在马路边上被处决了。

赵文海带领人在毕节打土豪,在赵子山、小沟一带活动,有 1000 多人。抓了严伯平,要烟土 20 条,枪 100 条。后经刘二爷作保,放了严,但严写得有借据一张。

后来,赵文海跑到赤水河住起,赵去吃酒,遇到刘二爷,索要烟土,被刘二爷告密,毕节来了武装特务,抓了赵文海父子。

(四川省叙永县档案史志局 2015 年调查采访资料)

### 3. 游击队在云南的活动

## 李德厚谈红军进驻扎西成立游击队

红军到威信是 1935 年旧年元旦早晨到扎西的,先头部队由李富春领导。以后从二日到初九早晨,都有来去的,估计有五六万人。听说毛主席、朱总司令都同来,前后住 9 天。是初九日早晨走完的,向镇雄毕节方向去的。走后据我所知是邹大鹏同阮某(女)等几人,在滇川边境领导游击队活动。因为邹、阮二人是留在镇雄关上王灼(现在云南农业厅工作)家。王是我的昭通中学同学,邹、阮在关上住不下去,才送来我这里的。当时我是扎西小学校长。他们二人是 1935 年冬天来扎西,住在学校里隐藏起。住了半年,上面追究得严,李涤尘知道情况后私自通知我把他们送走,以免牵连我们,主要是怕我受影响。这是我 1937 年 5 月由威信逃走的主要因素之一。新中国成立后 1950 年,我在昆明报上看到邹任党中央最高情报署署长,阮任重庆市委会秘书长,他们都是成都人。

邹、阮二人在滇川边境领导的游击部队,一共有三个支队。第一个支队是川南支队,公开领导人是四川古宋县人刘复初(新中国成立后我在报上见着他的名字,任哈尔滨市市长和济南市长),有 1000 多人,活动地区是珙县、兴文、古宋的建武、石碑一带,执行政策比较正确一些。一支是第二支队,公开领导人是四川叙永县的王逸涛,约有千把几百人,活动地区是古蔺、叙永一带,不听号召,有时进行抢劫。第三支队公开领导人(假充)是镇雄关上的陈明飞(大地主,不久被反动派军队"围剿"打死),约有 500 来人,活动地区镇雄关上、彝良牛街一带,公开抢劫。以〈上〉三个支队都是在 1937 年我未离开威信前,就被反动军队"围剿"解散的。

红军 1935 年元月到威信 9 天,到初九早晨离开威信。反动派军队没有到威信,所以在威信未交过火。在初九下午,反动派"剿赤"第三纵队的先头部队第二旅旅长安恩溥亲率一团人到扎西,还到街上安抚老百姓。我因在昭通读书时,见过他的面,因此他到街上,我也同他见面谈红军经过情况。

安恩溥住扎西三天。当时的县长是杨冠章(云南洱源人,后抗战时期任嵩明县长,因修飞机场占用民田,被群众愤怒打死)。在此期间,经常乡保上都有人把红军流落人员送到县府及安恩溥部。如何处理,我不知道。

1936 年的 2 月间有安恩溥的第四团(团长万保邦,现在北京)到威信,住在文庙里(现民警队)。同时有四川刘湘的教导师(师长潘文华,今下落不明)两个团来威信会同"清乡",主要就是搜索红〈军〉流落人员及枪支,以及刘复初支队的残余人员。潘、李、万三人请客,我都在座。

"会剿"川南支队及王逸涛部的敌军队,是川军及安恩溥的第四团部队,打陈明飞部的是镇威独立营及安恩溥第三团(团长郭建臣,解放后住昆明珠街)。与川南支队交火的地方,大都是在石碑口一带。其余我不知道。

红军流落人员在威信死得多的,主要是在乡保甲上,原因是他们有枪支,地主及乡保甲长们和一般人们为了贪图枪支,残忍的〔地〕把红军私杀。以我知道就有三起,一是扎西区长肖联升,1935 年 5 月在石龙山附近得到几个红军、两挺水机枪,不惜私杀了 6 个红军。肖联升已死,这两挺机枪,是金陵兵工厂造,零件不齐。后来被张思齐(解放时镇压)知道,以独立营身份估佰(强占)去了,经过情形我都知道。二是……

交代人:李德厚

1959 年 2 月 6 日于威信看守所

另外红军到威信后,在 1935 年正月初五六日攻狮子营时,红军死 20 多人。狮子营住的是敌县长杨冠群、敌党部特派员耿兴文、敌常备中队长张世英及队丁几十人,地主恶霸家属 100 多人。在初六的那天中午,有红军政委一人,在狮子营宣传三天,被狮子营里的人放冷枪打死。打枪的这个人问老街的张运文、吴清荣二人,可以查出来。

(录自云南省昭通市威信县县委党史研究室档案,全宗号 1,目录号 18,案卷号 70,第 16 页)

## 杨永斌回忆双河参加红军游击队人员的情况

关于双河公社双河大队参加红军游击队人员调查记

1983 年 7 月初我们到双河公社、双河大队的已朵寨找了老年人杨永斌苗族老人了解参加红军人员的情况的记录。

杨永斌现年已 74 岁了……

我们这里参加王逸涛们闹小红军的人有杨洪富、杨洪法、王国英、王国甫、杨永华等人。他们是与石厢子的陶正发们有亲戚关系,听说王逸涛和刘复初闹时陶正发和王国英都是些头儿,可能是小队长之类。不过陶正发解放发病死外,他们几个都是被人家说是土匪抓杀死了。杨洪法杀在坡头那边,杨洪富杀在双河这里,王国英被杀得早些,杀在分水街那边。

还有个汉族的郑国良是来我们这里织裙子的机匠,也跟着去闹共产。后来回四川□□那边去了。这个人没有音信,可能还在活着的。这些回来(的人)讲他们都是在长官司打仗打散了跑来的。他们回时讲的那次死的人太多了,他们捡得活的,他们回来都带着枪回来。

后房家来逼枪,他们不愿交枪就拖着枪又跑出了。因此就叫他们是土匪,抓着一个杀一个的,不久就将他们都杀完了。

调查人杨国民,1983 年 7 月 4 日于双河

(录自杨国民《杨永斌回忆双河参加红军游击队人员的情况》,1983 年 7 月 4 日。云南省昭通市威信县县委党史研究室档案,全宗号 1,目录号 18,案卷号 58,第 1 页)

## 刘行高讲述川南游击队在大地头战斗情况

在 1935 年 5 月,红军川南游击队 100 余人,由麻园方向进入扎西街(老街),休息一会,便向双河方向开拔。游击队刚到扎西街东面大地头,威信县长杨冠群伙同镇雄独立营四连连长彭兴周,组织了 100 多〈人的〉团队,分两路追赶上来,一路由大路直上大地头,一路由草子地湾(今油库)向大地头迂回包围。

游击队以一个排的兵力在大地头坳口阻击两路团队,大部分人员继续前进。彭兴周到达光生田(草子地湾坎下),军帽便被一颗子弹打落。团队见攻不上去,便退回扎西街上,游击队没有追击,从容离开。战斗大约有半个小时,双方都无伤亡。

刘行高

1984 年 8 月 22 日

(录自雷吉常《刘行高讲述川南游击队在大地头战斗情况》,1984 年 8 月 22 日。云南省昭通市威信县县委党史研究室档案,全宗号 1,目录号 18,案卷号 56,第 29 页)

# 颜永福、朱思元谈游击队过路去赫章

颜永福(男,67 岁,住金山公社沙田生产队)回忆：

部队大概有 1000 人左右,是晌午时候到朱益山家,在朱家住了一夜后向赫章方向去了。队伍是先到后山,将张子俊(后山堡大土豪)家碉烧了一座。后到朱益山家,是先派七八个便衣,化装成卖杂货的商人,挑着担子进入朱家天井,就叫卖：主人家,买杂货,买杂货！边喊边从担子里拿出手枪,在院内打了起来,当时将朱家抱养儿陶发勤、赵树兰(均 30 多岁)两人打死。院内未有人回击。部队便冲了上来将朱家围得水泄不通,将朱家保镖(背枪)颜永和、管事朱烟龙及靳思荣抓起来,又将朱益山活捉,朱反抗红军砍了朱后脑勺一马刀。

采访者：龙正诠李克明,1983 年 12 月 9 日

朱思元(男,64 岁,住金山公社荷花生产队)回忆：

朱益山家在地方上都是很有名的,收租几百石,有上百亩的土地,还有家丁。周围的一些大地主家的人枪他都可以调。我当时是在朱家帮工。记得部队过金山打朱家的时候,就有几个人挑着担子,化装成卖杂货的从大门直接进入大院,后面进来的就是一排枪,当时将陶发勤(朱家家丁)、赵树兰两人打死。后来客房的内室将朱益山和靳思荣活捉。

采访者：龙正诠、李克明,1983 年 9 月

(录自《中国工农红军川滇黔边区游击纵队斗争史》编写组编《中国工农红军川滇黔边区游击纵队斗争史(副本)·下册》,1985 年印行,4—20)

## 谭兴弟谈观音塘战斗的经过情况

红军游击队是六月十六日那天,从彭家林来,从奶头山下长官司的,第二天早出发,被敌人截击,就遇火线,因为前头部队走过去了,被敌截击的是后面的部队,有300多人,是在观音塘打仗,往上攻,攻到山头上才撤下来,前面过去的部队不知折回来跟着打没有。红山顶上无战壕,打仗没有在那里打,是在观音塘后面的树林打。红军是被阻击,来不及挖战壕。中学后的战壕是那年第二十四军驻扎在前线时挖的,挖的战壕是对准长官司城外的。我跑上去看见死了很多红军在上面,还死了两个女红军医生。川军发现我,把我追跑到龙凤寺躲起来。

红军游击队来这里时,赵礼隆的人在路正面堵口子,曾派人先把川军带回来,川军赶上来在龙凤寺山上包围红军游击队。

谭兴弟口述,1983 年 4 月 8 日

(录自雷吉常《谭兴弟讲述观音塘战斗的经过情况》,1983 年 4 月 8 日。云南省昭通市威信县县委党史研究室档案,全宗号 1,目录号 18,案卷号 53,第 5 页)

## 杨定华谈红山顶战斗情况

记得红山顶打仗是 1935 年六月十七日（农历），第三天也就是十九那天，我去赶三口塘，又见着红军游击队，那天红军游击队还在三口塘杀了个镇雄收宣金税的。

游击队在红山顶打仗，由于地形不熟，被川军和地方团丁居高临下，有几百人从上面围下来，甩手榴弹下来，我们红军人员伤亡很大。

同年冬月，地方慈善会江荣开等人又派我们三四人去拣山上的尸骨，有红军的还有白军的还有其他人的，反正是尸骨。我们都把他拣回来倒在万人坑里面，有四五十人，有些是砍过头的，川军砍红军的人头有很多个，挑在街上，后来倒在万人坑里了。

杨定华口述

1983 年 4 月 8 日

（录自雷吉常《杨定华讲述红山顶战斗情况》，1983 年 4 月 8 日。云南省昭通市威信县县委党史研究室档案，全宗号 1，目录号 18，案卷号 53，第 7 页）

## 雷国清谈红山顶打仗前后情况

红军游击队在乙亥年（1935年）六月间从山后头开宿长官司街上，第二天凌晨准备往石碑方向走，刚翻过红山顶，就被川军一营人突然截击。

川军是头天晚上连夜从古宋、大坝方向赶上来的，天刚亮就打火线，双方都有很大损失。打完这一仗后，团上还派我们送柴草，送到赵礼隆那里。当时赵礼隆当大队长驻扎在鱼跳，杨银川当队长驻在陈天星家那里，军队驻扎在长官司，驻扎有两三天，军队走了，团上才撤。据说川军这帮子已经三个月未发饷了。说为什么没发饷，就是派他们来打红军，三个月没接上火线，所以就三个月没有发给薪饷。这次战斗，敌军很卖力，也就是这个道理。

游击队到长官司时，从山后头过来顺梁子走。那时赵礼隆驻扎在文兴干洞岩，是个洞子，听说游击队在梁子上，他就派人去，在下面打枪，不准红军游击队下花龙沟。这样，游击队就去杨家沟那里（大山）下长官司了。当天晚上赵礼隆的人就出动去堵，但没有说打。第二天赵礼隆的人才又配合川军打红军游击队。

雷国清口述

1983年4月7日

（录自雷吉常《雷国清讲述红山顶打仗前后情况》，1983年4月7日。云南省昭通市威信县县委党史研究室档案，全宗号1，目录号18，案卷号53，第9页）

## 张维英谈红军游击队在关口坳打仗情况

记得在 1935 年夏,徐策率领红军游击队在扎西关口坳,就是小关口,现在公路坎上,那时全是森林荒地。独立营的人去打。主要是张思齐、彭兴周(宗杰武是否跟着),战了两次冲不上去,被打垮下来。

在张思齐垮下来的时候,陇承尧(独立营长)在狮子营门口坪坪头亲自指挥督战,并用快慢机手枪在那里打了一梭子弹大骂道:"张思齐! 你狗日的,妈的个卖×的,稀屎!"命令张思齐再冲,张的人被打死了几个,伤了几个,才撤了下来。大概打了两个来小时。独立营的有个大汉,腿子上中了一枪,从伤口里挖出一颗子弹来,后才好了。

徐策的队伍是从石龙那边走的。

红军的人员打仗很厉害,那次人少,要多点,独立营的人要被吃掉,这一仗红军游击队是打了胜仗的。

1936 年安旅派第三团第二营田福武驻扎在此,常子华那个营也过来,但时间不长,魏保邦那个团也有两个连住过此地,也可能是 1935 年。

1983 年 3 月 15 日张维英在扎西口述。

雷吉常记录

(录自云南省昭通市威信县县委党史征集研究室编《威信春晖》,1993 年印行,第 393 页)

# 红军游击队在观音塘战斗的经过情况

周雪培

红军游击队打仗的地点,具体地点在观音塘。敌军占领了观音塘上面的三个山头,下面是牛厂坪,上面是老凹窝。

红军从长官司街上出来,翻过红山顶,经小路到观音塘,敌人占领了左面的一股埂子,居高临下,对红军进行突然袭击。

此路是到石碑的必经之路。红军发起猛攻,把敌人占据的山头一个一个拿下来,在观音塘右侧的那股埂子,先被夺下来,又发起攻观音塘后面的三个山头。

那时候,这片山上全是树和荒坡,敌人是躲在树林里,并在山上挖有战壕(现在还在),准备对付红军游击队的,在这三个山头下面就打了很长一段时间,敌人在上面山头将手榴弹往下甩,只听得砰砰砰!砰砰砰的响声,敌人扔手榴弹把山头周围的草木都烧光了。红军战士不敢硬上去,只能从湾湾里头往上冲,经过多次冲锋,才攻上最后一个山头(老凹窝),把占据山头的敌人(就是扔手榴弹的那几个),红军用刺刀把他们刺死了,才撤退下来。

其他敌人缩到老凹窝梁子那边,红军部队撤下来后,他们才下来。红军游击队经过松林湾过河,爬蚂蟥坳,往庙坪方向走了。

走访调查时间:1983 年 4 月 9 日

(录自云南省昭通市威信县县委党史征集研究室编《威信春晖》,1993 年印行,第 395 页)

# 徐策牺牲情况

林世芳

徐策在长官司打仗那天,我们在河里洗澡。见着红军游击队的人来了,我们就回了家。

徐策负伤,先头部队把他抬起来放在街上,有个红军女同志要我赶快去给老徐搞点开水来,刚烧了点开水后,独立营的人和滇军的人就赶到了回龙山。听见枪声,红军的人就赶快从场口撤退,后边的部队也就没上街,从史家坡碾子湾撤走。

敌军追起来,并用机枪扫射,把老徐打落在牛角丘,敌人填枪打死了老徐,其余红军指战员被敌人打死一二十个,碓窝塘那里被打死了十多个,马道子黄桷树下也死了几个,就埋在那里,都是后来老百姓安埋的。

徐策死在牛角丘,叶培根叫我与赖奉辉俩去看,看了就是被敌人填枪打死的。独立营的人不准埋,说要照相。第二天彭定奎叫人去照了相,还取了几颗金牙齿,大概是五颗。照相之后,老百姓才去安埋的,就埋在牛角丘路上一窝竹子旁边,后来那里被挖来种庄稼了,又被水冲,找不着坟,但地点就在那里。

这一仗还打伤了一个指导员,独立营的人抬在街上来,叫人给他洗伤,那个指导员不让他们洗,还骂他们滚开,后独立营的人把他拖至上河坝杀了,后来老百姓把他抬来埋在回头山。

走访调查时间:1983 年 7 月 3 日

（录自云南省昭通市威信县县委党史征集研究室编《威信春晖》,1993 年印行,第 396 页）

## 访赵玉科老人谈话记录

独立营的人是从马家坝、青龙下来到罗布坳的，在回龙山架起机枪阻击红军。红军队伍由史家坡、碾子湾撤退。

徐策在长官司受伤，抬到牛角丘，红军的人就把他放在那里。独立营的人追上去，问他是谁，他说是徐策，那人就把他一枪打死了。后独立营的人追问这个士兵，并把枪给下了。

徐策牺牲后，就埋在那里。尸骨被水冲下河边坝坝里，这是后来见着的。

红军游击队当天傍晚在我们山岭上休息，搞着些洋芋来吃，从这里起身就黑了，是赵玉田带路到簸箕坝的，后来听说在那里整编队伍，补充军官。

（录自云南省昭通市威信县县委党史征集研究室编《威信春晖》，1993 年印行，第 396 页）

## 杨在林谈游击队在罗布的活动情况

红军游击队在长官司战斗后撤退经庙坪来到罗布坳,前卫部队到达罗布街上,后卫部队还未过河。

这时,滇军镇威独主营的人由青龙方向赶来,在回龙山埂子上阻击进驻街上的部队。红军游击队边打边撤,向碾子湾方向撤,后面部队就没有渡船,从小河屁股那里渡河,爬碾子湾。

独立营的人也追了上去,徐策就死在牛角丘过来这面坡坡上。

1936 年 8 月,刘复初又带着部队来到这里,住在我们街上。那时我们家正推粑粑豆腐卖,还卖甜酒、草鞋等。那时游击队经常进出我们家,有个女同志沿街一家一家的〔地〕访问,看游击队战士有没有拿东西、买东西没有给钱的,也就是没有违反纪律的。那个女同志在走的时候要我给他们送猪肉去。后来,我跟他们背东西到了簸箕坝,住在街上王绍刚的家。

游击队来到罗布坳下面的两合岩,小地名叫烂湾,游击队抓着团田的乡长王二老师(王税阶),不知道哪时抓着的。那里面有个刘品高,已经早就在里头了。我去了后,我还给他说,我来参加你们的红军。他说,你不能来了,我都要出来了。当天我去了簸箕坝,刘整饭给我吃,送我出来,我回来后,就听说那天晚上刘品高把王二老师背了出来,王是游击〈队〉抓着的土豪。

刘在游击队,王答应给 10 担租子之地,王出去以后,给刘的地方,刘不要。看来刘是想搞王的枪,在团田住了一阵,就回扎西了。

杨在林口述

原住扎西街后住罗布坳

1983 年 4 月 10 日

(录自雷吉常《杨在林讲述游击队在罗布的活动情况》,1983 年 4 月 10 日。云南省昭通市威信县县委党史研究室档案,全宗号 1,目录号 18,案卷号 63,第 49 页)

# 张焕云谈红军游击队在花朗的活动

口述人：张焕云，男，87岁，花朗街上人

时间：1990年2月10日下午

地点：张焕云家中

采访记录：刘顺和

刘复初带的红军游击队是经常住在花朗这里的，来的时候一般有100多至200人左右。游击队在这里打了好些仗。第一次是打花朗乡长李洪江家。那天，游击队到花朗，半路上被李洪江发现，带起民团跑了，游击队便烧了李洪江家碉。

第二次是在花朗街上打，具体时间记不清了。这一仗，刘复初他们在花朗街上杀了地主的猪来吃，过苦胆林时，打了地主陇玉书家的人。过了几天，阮俊臣的人也来了，阮俊臣的人很多，可能有千把人。这一次，是柳旅长的人追来打的，打了一会，阮俊臣、刘复初的人都跑脱了。

第三次大约是10月间了，当天天气不好，下着毛毛雨，花朗一带，大雾茫茫，看不到多远。那次，刘复初的人在大湾子打了几家绅粮（有钱人），抓了仓房上陇家的管事王明召等几个人，来了后，住在花朗坝街上。这次，有300来人。次日晚上，陇生文带的滇军从威信后天坪那边赶来，弄不清花朗街上的情况，便住在沙地头梁子（又叫杀人坳），并在山上背风处烧火烤。

第二天早上，陇生文他们没有听到街上打枪，就朝街上放了几枪。听到枪声，刘复初的人说，李洪江的团花嘴些还向我们打枪了，就从沟这边向沙地头梁子冲去，冲到半坡，被陇生文的滇军发现，陇生文说，那不是土匪是什么，就架起机枪，劈劈叭叭的〔地〕向刘复初的人开枪。刘复初的人听到枪声响得很，就问当地老百姓，这些是不是李洪江的民团？知道情况的老百姓说，这是陇生文带来的滇军。

于是，刘复初的人就赶快退下来，朝威信石坎子那边跑去，一边跑，一边布置人阻击，在唐家湾、林正、安家寨那边都打。打了后，就分成两股头，一股朝院子那边跑，一股朝威信石坎子这边跑。陇生文指挥滇军边打边追，但路很烂，下着雨，没有追上，刘复初的人被一直追到马家坳，沿途被打散的人不少。这一仗，我们这里参加游击队的滕光玉也被打散跑了回来。他说，火线"辣"得很，打到马家坳时，300来人只剩下百十个人了。刘复初的人在新街那里被打死三个，有几个伤员隐蔽在百姓家中，被李洪江知道后，叫人牵起去杀在沟头，游击队一共牺牲七八个人。游击队的被袭击,在大湾子抓来的王明召等人就趁机跑脱了。

花朗这一带参加刘复初队伍的有十多个人,老百姓对游击队是支持的,游击队时常到这里来。最后一次是在花朗野腊溪打了一仗,此后就没有来过了,游击队到这里,有两个女的,经常向群众宣传,要组织起来,打土豪,分田地。花朗的官家有一个叫余二官,叫余纯普,1924 年就死了,不久,水潦余家来一个人上门,两三年就死了。余二官的女人是坡头安多啰的,余二官曾拜李洪江家妈做干女儿。余三官不知叫什么名字,死后,李洪江常欺负余三官的女人,余二官与余三官的女人与李洪江都有矛盾。后来,陇承尧想霸占余三官家的财产,便估着来与余三官的女人上门,他们之间是明好暗不好,面和心不合的。

另外,1935 年后,黄仇曾到过我们这里,他是一个外省人,我在余三官家会到过,这个人文才很好,听说是个地下党员,他来这里拉联了黄传薪他们。黄仇与母享湾沟的吴清顺好得很,吴清顺不是抢人的,他的妹妹被母享王家抢去做小老婆,吴清顺日〔生〕气了,说,告也告不翻他们,就拉起队伍来了。吴清顺的人没有抢过人,他的部下绝大多数是当地农民,常常跑回家去,如果有什么行动,又集中起来。吴清顺的好多亲戚都是有家屋的,没有吃的,几十个人,就跑去拿些来吃。

（录自云南省昭通市镇雄县县委党史研究室编《红旗卷起农奴戟》,1991 年印行,第 337～339 页）

## 关于红军川滇黔边区游击队在花朗坝打仗的情况

时间:1983 年 5 月 13 日下午

地点:镇雄花朗街上刘富元家

参加座谈人员:张焕银,男,80 岁;刘富元,男,58 岁;刘富贤,男,54 岁;谢仁富,男,61 岁,花朗街上住人。

采访人:李英才(记录)、刘顺和

1935〈年〉、1936 年,一些红军部队经常从我们这里过,有时就在这里歇。在这里打得最凶的是和柳旅打那一仗,时间是 1936 年的夏天了。那时都吃洋芋了。先是说刘复初的队伍(游击队)开到这里住下来,因那时我们这里的余三官家与他们的关系还好,所以他们随时到这里来住。这次住下来三四天时间。

后来听说贵州那边的陶树清带一营人反水过来找游击队,听说是和阮俊臣的人一起过来的,到我们这里找到刘复初他们,商量了就合并队伍。

第二天,柳旅的人追到这里,就驻在对门那坡上,怕有六七百人,武器些也好。开头打的时候,刘复初和阮俊臣他们的人死了好几个,又伤了八九个,寄在这街上。

后来,看事〔势〕头不对,刘复初们这些部队就边打边退,退到滚桶坝里面去,把柳旅的人追出那湾槽头去才几山指到打,把柳旅的人打死几十个,也打伤一些,

后看地点不对头,柳旅的人就让了,退到山背后那边去。刘复初和阮、陶的人就退到威信的大沟滩、院子这边去了。刘的人伤了几个在这街上,还被梅士喜抓些来杀在街侧边这沟头,是砍掉脑壳,多久都还在臭。

阮、陶带的人还是比较多,武器也还是好,还有一个女人,骑起马,说是陶树青〔清〕的女人,差点被打掉了。

那一次过后,刘复初、阮俊臣他们还是在这里过,后来,说刘复初的人在黑山背后窑厂的地方,和滇军田营打,被捉到两个女同志。

(录自云南省昭通市镇雄县县委党史研究室编《红旗卷起农奴戟》,1991 年印行,第 316 页)

# 魏银海谈红军游击队的活动情况

问话记录

问:红军游击队有多少人,来了几次?

答:红军走后留下了一小部分人(100多人,后来发展到1000多人),一般都叫游击队或红军后方游击队。领导最初是王逸涛,后来王不干就交给刘复初。后来刘复初在与安恩溥的田营长打仗中受伤,躲在新三区(原来第八区)麦地坝,被川军逮捕,听说抓到中央去了。后来田营长知道刘复初被川军逮捕,他就告状把麦地坝的当事人(乡长)拉来杀在盐井坝。说为什么不将此情况向他报告,因田"围剿"刘复初一月多都未捕着刘。

问:红军游击队失败了又组织过吗?

答:失败以后就没有组织了,只是留下十多个红军人员(姓名不知)。新中国成立后都由政府给车旅费回原籍去了。

魏海银

1959年2月3日

(录自云南省昭通市威信县公安局档案,1980年4月26日。云南省威信县委党史研究室档案,全宗号1,目录号18,案卷号52,第59页)

## 卓立谈安旅防堵红军田营"围剿"纵队(节录)

红军在镇威边境曾留有一支游击部队,领导是两个女的,一名阚思颖,四川人,一名李桂英,江西人。这两人后来是被安恩溥旅营长田富伍俘着了,队伍也被消减了。

卓立

1958 年 8 月 26 日

(录自云南省昭通市威信县县委党史研究室档案,全宗号 1,目录号 18,案卷号 52,第 70 页)

# 李德厚谈红军纵队的情况

讯问记录

问:刘复初是怎样失败的?

答:刘复初失败后他的弟兄各散了。时间是 1937 年春天,被川军部队"围剿"打散。

问:县府这时送过两个女红军吗?

答:我记得 1935 年 9 月间是送过三个女红军来县府,有一个是李桂洪〔英〕,另一个不知名字,另外还有一个是成都人,她们三人是一齐被县府送走的。

李德厚

1959 年 2 月 11 日

(录自云南省昭通市威信县委党史研究室档案,全宗号 1,目录号 18,案卷号 52,第 74 页)

## 黄天成谈红军游击队常来后天坪的情况

天平大队老教师黄天成反映川南游击队常来后天坪的情况

黄天成（又名黄天乾），现年 64 岁，是天坪大队干湾生产队的老年人，他在旧社会读过书。

他说，我们（家）离后天坪街不到一里路。当刘复初的游击队经常来街上时都有人下来我们干湾这里。乙亥年（1935 年）秋天，他们来我们干湾杀敌户长黄德文家的猪，好的猪肉拿到后天坪街上熟吃，剩下的猪杂全送我们穷人吃。

当时我女的不知道他们是好人，说他们是土匪。她把我们家被盖和一碗大烟端着往山上跑。红军的同志正遇着她，就喊她回我们家来，并说："你们是贫苦农民，不要乱将东西往山上搬，怕别人趁此机会将你们的东西拿走，我们是红军，是为你们打江山的人，不会拿你的东西的，你们如有鸡有蛋我们都要拿钱给你们买才能吃的。"

他们红军游击队先后五次来我们这里，都是搞扩军宣传，动员穷人参加红军。有个女的学生经常一来就教大家唱扩军歌，内容是：当兵要当正红军，士农工商都欢迎，排长连长都一样，没有哪个压迫人。

至于我们这里的参加游击队的人，我是听说有几个，但不知他们去多久。如吴锡州带进去的有黄德吕、黄德林，我听说黄德芳也进去过。黄的部下还有邓凯、周光见、朱德超等边棚，有 100 人左右。黄德芳的人还有黄占贵、黄德胜们都是进去的。

刘复初当年在这里来派人去打麻垮黄德宗地主家，得很多东西，那家人当收几十石租子的，是我们这里的头户人家。他们打来的粮，宰他家的猪给红军吃，其余衣服等件是在后天坪分给没有穿的穷人。那次打黄家是在这里住了好几天。后来周光汉还调了几百民团来围攻刘复初们，当时刘复初人员不算太多，可能不上两百。

民团到来他们在吃早饭，刘复初亲自出来叫弟兄们不要慌，等饭吃完才慢慢的〔地〕打，结果就派四股红军出去一打，就抓回两个民团来，是周光汉的人。他将他们缴了枪，将人拉到街下面杀死了。其中有一个是周光汉的老么，打伤了，躲在我们这村子边上。有个红军背着一把大马刀来要将他砍死，结果那个伤兵不要命跑掉了。

仗打完后，提到周光汉的好些枪，又将周的土炮打烂在场口上那边。他们把周光汉追跑后又回来住了几天,才往四川那边去了。刘复初进后天坪是很频繁的,因有吴锡州、黄德芳在里面,他一来就给后天坪的哥老会拉队员。刘一到后天坪,哥老会的人些都去吃刘的招待。这里的人与刘复初们都很好,因此后来兰澄清留在这里好多年。

调查人杨国民

1983 年 8 月 1 日

（录自云南省昭通市威信县县委党史研究室档案,全宗号 1,目录号 18,案卷号 58,第 10 页）

## 宗其英谈川滇黔边区游击纵队的活动情况

天坪街上宗其英对川南游击队情况反映记录

宗其英,今年已是 71 岁的老人,关于刘复初的队伍常来后天坪街住的经过反映:大红军过后的第二年,刘复初们经常都来这里休息。他们的人员有时多,有时少,都在一两百人,最多时有四五百来人。他们的人一来时都有两个女红军跟着来,所以我们这个地方的人只要见着有两个女人跟着来人些就不跑了。

刘复初此人当时很年轻,但对人也还不错。他一来就住在我们街上的斗市上这里,还专门找一间屋子招待我们。当时我们这里有个袍哥会,人数不多,有我(宗其英)、黄跃先、宗其伦、宗发清,我们四人,大爷是黄跃先。

刘复初一到后天坪就拿大烟煮好招待我们去摆龙门阵。他很关心社会上的传说,对于他们小红军的认识等。由于我家宗杰武是独立营的人,在他部下的后天坪的人也不少,所以有情况我们也知一些,因此他(刘复初)都爱找我要吹这些事。他们多来几次人些都耍熟了,比如他打麻湾黄德宗家人(地主)杀几条猪来吃就招待这街上的人吃东西,将黄家那些衣物等件送给少穿的人,黄家的粮食叫我们街上没有吃的人去背来吃。

那两个女红军经常找我们老百姓来开会,讲红军的政策是打富济贫,叫我们穷人参加红军,教大家唱扩军歌。我还记得这样的内容:"当兵要当正红军,士农工商都欢迎,连长排长都一样,没有哪个压迫人。"就现在的有些人,都还会唱这个歌。因此在我们这里进(游击队)去的也有。黄德芳那时是土匪的小头目有几十个人,听说都拉进过。这个人后来被宗杰武杀害于斑鸠沟。黄德芳们的人有个邓凯是四川王场人,有个周光见像是彝良那边的人,还有个朱德超像是三口塘那边人,总的我是听说的,不那么真实。

可能是丙子年(1936 年)秋天,刘复初们在这是和周光汉民团打了一仗。游击队有 100 多人,民团可能有三四百人,来打之前几天就听说周区长在调人马要来打刘复初人,晚上我们到刘的招待处吃大烟,刘问我们周光汉的人打仗凶吗? 我说不怎么的,你不要怕,到了我们就告诉你们。

真的那天晚上下半夜,民团就来围起后天坪周围,天刚亮就到处打空枪,不敢挨近来打。刘复初叫红军人员做饭吃饱再找他们打,并且叫街上的老百姓不要乱跑,怕乱枪打死人不好。等他们吃过饭后派人出去冲锋号一响,没打多少枪就将民团都吓跑光了,将周光汉抬来的大炮碰烂在坳上(生铁铸的),用火药和石子打的。在追周光汉时抓着两人来杀掉,还打伤周光汉的老幺。

总的才两顿饭的时间,红军些又回来集合在街上,又烧锅做晚饭吃。那红军战士些笑嘻嘻的〔地〕说:"周光汉花了好几天的力,一下子全跑光了,周光汉要不是早点骑着马跑,我们就要他砍成几块来看他到底有个咋样的狗胆? 我(红军)连枪不放声只见到我们明晃晃的大马刀就跑得命都不要,连自己身边的老幺都丢掉了。"红军回来后又住了几天才往三口塘那边去了。(红军)就这样进我们这里。

因此就游击打散完后,兰澄清还回这里来住了好几年才到洛表安家,后来还都肯来找人们耍。我们这个街是一条穷街,所以红军都好来这里。龙塘那边吴学章的父亲吴锡州跟着刘复初们跑,后来被周光汉打死在林口(安稳坝)那方。我因与他们是一般相交,只知一些听说之词,要找直接参加的人些才清楚,至于刘复初听说因病在白沙河的高楼(炉)江正昌家被川军抓走的,现在听〔说〕还在,如若他能回扎西我还想找他耍的。

调查人杨国民

1983 年 7 月 15 日于后天坪街上

(录自云南省昭通市威信县县委党史研究室档案,全宗号 1,目录号 18,案卷号 58,第 13 页)

## 黄朝汉对川南游击纵队的反映

1936 年时可能四月间(蕨草)时候,刘复初们来这后天坪街上,他们有 100 多人员。过了几天周光汉(敌区长)调几百民团来打游击队他们。

当天是早上,我们发觉街的前后都有民团的人,又乱打枪。那时刘复初住在这街上,他们的人都没动,叫大家把早饭吃了才去与周光汉打仗,并且叫我们老百姓不要慌不要乱跑,防止乱枪打到人。

他们红军吃完早饭才开始与周光汉开火打起来。民团的几百人不抵事,才打几顿饭时间就全部追不见了。周光汉的人被红军抓了两个来杀在这街上的下面,打伤周光汉的老么,周光汉是骑着马跑了,不然就要抓着周光汉。

民团来的几百人是四山都有。但是不敢接近火线来打。周光汉还抬一门大炮来冲游击队,被游击拿着用石头将那炮碰烂了。自从那以后刘复初来周光汉再不敢来惹他们了。

天坪街上黄朝汉对川南游击队的反映

调查人:杨国民

1983 年 7 月 15 日于后天坪

(录自云南省昭通市威信县县委党史研究室档案,全宗号 1,目录号 18,案卷号58,第 20 页)

## 胡光清谈红军游击队打干滩子的情况

胡光清,男,现年 70 岁,住旧城公社旧城大队。

我记得是在丙子年(1936 年)四月间,我们在栽秧子,游击队刘复初的队伍来打干滩子李文武、李文渊的碉,游击队的陈二排从后檐沟冲过去,被碉里的人打了一枪,正中陈二排的嘴巴。游击队打了两个小时就撤了。

后来不久,我到我的老表殷禄才那里去耍,陈二排都在殷禄才部下了,伤已好了。后来陈二排还经常来我家耍。我经常赶场也都到那里去耍。我还听说他是参加共产党,和红军一起来的。还给我讲了一些道理,说穷苦老百姓要组织力量,才能推翻地主恶霸,要打土豪分田地。他还说我的老表是参加游击队的和共产党有关系的,是游击队三支队〔伍〕的大队长。

胡光清口述

调查人:常宗德、林庆明

1980 年 3 月 24 日

(录自云南省昭通市威信县县委党史研究室档案,全宗号 1,目录号 18,案卷号 116,第 97 页)

## 杨支宣回忆杨洪章参加红军游击队的情况

双河公社蔡营大队苦茶坝上寨队杨支宣反映杨洪章的情况记要

我今年已 62 岁了,我自生以来都在这住的。

关于杨洪章情况是这样的,他是天池上面的人,同姓不同宗。他来这里住是这样的,因我们族中杨支仲之父早去世,他是下来座户我婶娘家才来这里住的。来时听说他是个跑摊匠(土匪),来到我们这里座户后他本身只有一根平口马枪,他的本性好和社会上的跑摊匠交往,从我们这里经过的一些跑摊人都来找他交道,我当时也参加他的部下去躲壮丁。直接抢人我没有干过,只在有时有事叫我跟他往山上打个伴。与他来往的人多数我们认不得,我是个老实人也没过问他们是什么关系。

说到刘复初,此人来几次这里,他带的人不少,社会上说他是个小红军的头人,我们叫他是打闹的人,来时没有长住,只好住个把晚上也就走了。他们到这里时也派人找过三叔(杨洪章),说些什么我们都不知。我们当时有个习惯,只有见着有两个女的跟着来就知道是刘复初的队伍,我们就不跑了。最后来那次是一个晚上来的,我没有在,他们是连夜就上天池上面去了。天亮后滇军也过来了,听见三叔说还是他派人带路上天池的,叫我们不要乱讲。后来刘复初的人就没有来了。至于刘复初与洪章叔是什么关系我是不清楚的。

调查人:杨国民

1983 年 5 月 30 日

(录自云南省昭通市威信县县委党史研究室档案,全宗号 1,目录号 18,案卷号 58,第 28 页)

## 唐声发、周结元、朱明云谈川滇黔边区游击队在雨河活动的情况

口述人:唐声发,男,69 岁,雨河半边街人

周结元,男,70 岁,雨河环街人

朱明云,男,67 岁,雨河环街人

时间:1974 年 10 月 29 日

采访人:陈寿辉

唐声发:刘复初的游击队来雨河住过一夜,时间记不清了,晌午到这里,第二天天不亮就走。这些游击队到这里,我和赵成元一个拿一个油筒筒提起,装做上街打油。两个女学生在中街头(现在陆家门口)摆龙门阵,见我俩就喊我们,坐起摆,说是我们的后家,要叫我们帮着买草鞋、纸烟等,不要怕。我和她们摆到黑,就说她们有两个客,叫打饭给我们吃,吃了后要支我们在刘兴龙家客房头休息。那晚有月亮,鸡叫就走了。

一年的 7 月 13 日,来的是阮俊臣的部队,是打起跑的,没有在街上住。

周结元:"上等之人争我钱,中等之人不照闲,下等之人跟我走,每月给你四十元。"四句话是王二兴(四川窝子箐的人)和刘毛二(威宁的人)打的旗号,那帮人朝这里过,怕有 50 年了,在红军来之前。7 月 13 日朝这里过的是阮俊臣的人。听人些说,阮带人去打织金,隔城 20 里,第二天下雨。没有按计划攻城,城里面的人就晓得了,倒把他们追着打。

7 月 13 日晌午到雨河街上,阮还在吃晌午,镇雄的陇指挥官就来包围着他们了。阮的人报告阮说,大哥,他们的人些来了。阮"砰砰砰"的〔地〕打了两枪,像是递点子,他的人些就像淌水一样的〔地〕出去了。陇的人想叫阮投降,阮不干,一直追到斑鸠沟下面去了。刘复初的人是以后才来的,前头一直走了,后面的就住在街上,有些女学生,吹起口琴这些搞宣传。人不多,住一夜第二天就拉起走了。

朱明云:阮俊臣的人是 7 月 13 日来,黔军在街上追起打,没有在街上休息。刘复初的人在这里过,在街上休息了一夜,听说有几个女学生宣传。

(录自云南省昭通市镇雄县县委党史研究室编《红旗卷起农奴戟》,1991 年印行,第 352~353 页)

## 阮、陶部队在簸箕坝打仗的情况

王克初

1936年的夏天,黔军柳旅追着阮俊臣、陶树清、刘复初的队伍,1000多人,从镇雄的瓜雄、大海子,到新芬的岩脚打了一仗。

又到新庄的野猫坳口,阮俊臣的人堵住柳旅的人追击,就是簸箕坝和新庄交界处的那个坳口上打了两个钟头,打得很起劲。阮、陶的人占着有利地形,居高临下,黔军攻不上去,柳旅觉得不能胜利,就采取从右面迂回包围,刚要包抄过来的时候,阮、陶的人就撤退了,撤离了战斗。

柳旅的人在攻打的时候,打伤了两个,有个抬着过河到柳尾坝死了。阮、陶事后来到簸箕坝,一路去对秋坳,一路去长湾簸火,出青龙。柳旅的人当晚住在簸箕坝街上,第二天才又去追,不知道追到哪里去了。

口述人:王克初,1983年7月14日

(录自云南省昭通市威信县县委党史研究室档案,全宗号1,目录号18,案卷号53,第46页)

# 黄赞龙谈川滇黔边区游击纵队到长安天坪活动的情况

采访时间:2015 年 7 月 7 日

采访地点:长安镇天坪村柿子坝社(属云南省昭通市威信县)

采访对象:黄赞龙(89 岁)

采访人:骆忠贵、宗德新、罗吉芬

问:刘复初的队伍来过这里几次,大约都在什么时间?

答:来过 4 次,是在一年内,分别是在农历的四、五、六、八月来过,九十月在烂泥坝遇到中央军打仗后就没来过了。

第一次来的时候,到地主黄德宗家,没收了他家家产分给穷人,杀了黄家 2 头或是 3 头猪,在柿子坝开会的时候也一同分给了穷人,一家一块肉,有的两三斤,有的一块有四五斤,是毛边肉,宗顺元还排着队去领了三块。那次没有杀人,开始的时候是领了黄德恩去陪杀的,因他才十五六岁,没有当家,而其哥哥地霸黄德宗已跑了,最后就没有杀黄德恩。当时后边坪、柿子坝到处都住满了人,有好几百近千人,驻了一个星期,他们吃的菜是向老百姓买的。柿子坝和后边坪都分别有一个伙食团,红军对老百姓和气。

第二次来的时候是第一次后还不到一个月。第三次来的时候,周光汉带团丁打,他们在安稳坝被打,有的就来这里养伤。第四次来的时候打烂泥坝,此后就没来过。他们每次来都是从长安寺上来的。红军来的时候老百姓都不怕,他们写了大标语,标语有"杀贪官、打土豪"等,内容很丰富。

(云南省昭通市威信县县委党史研究室提供)

## 陈仕江讲述川滇黔边区游击纵队在长安活动的一些情况

采访时间：2015 年 7 月 8 日

采访地点：(云南省昭通市威信县)长安镇瓦石村白杨塝社

采访对象：陈仕江(80 岁)

采访人：骆忠贵、宗德新、罗吉芬

毛主席来威信的时候，我才出世。刘复初来瓦石住过三天，刘复初来时是正月。走雪山上，周光汉带团丁打后，纵队来瓦石住，团总周光汉家就住瓦石，纵队打了周光汉家，打了牛苦岩洞子，还打死了王玉宗的哥哥，他是看洞子的。那个洞子当时是有钱有权人共同住的，藏有浮财。纵队来的时候和百姓讲：打大户救穷人。但百姓由于吃过打仗的亏，所以一见军队来就跑了。当时我母亲坐月子，也跑了。

(云南省昭通市威信县县委党史研究室提供)

# 蒋正如、胡志举讲述川滇黔边区游击纵队在
# 长安安稳坝活动的一些情况

采访时间：2015 年 7 月 8 日

采访地点：(云南省昭通市威信县)长安镇安稳坝街上

采访对象：蒋正如(85 岁)、胡志举(75 岁)

采访人：骆忠贵、宗德新、罗吉芬

蒋正如：我原本是木卓人，13 岁得〔的〕时候搬到这里来住的。以前听说下面就叫红军坝，当时打死三四个人，就埋在学校背后。刘复初病了后，就住在江正昌家。

胡志举：刘复初病了，在中坝胡志聪(户长)家住，胡被带到威信盐井街以"窝匪"被杀，财产也被扫。刘复初本来是在江家住的，胡不服，去找周光汉，后被周光汉扣留，半年后，在盐井街被杀。

(云南省昭通市威信县县委党史研究室提供)

### 胡聪华讲述川滇黔边区游击纵队在长安安稳坝的活动情况

采访时间:2015 年 7 月 8 日

采访地点:(云南省昭通市威信县)长安镇安稳坝坳上社

采访对象:胡聪华(91 岁)

采访人:骆忠贵、宗德新、罗吉芬

刘复初从大雪山来安稳坝,周光汉带兵去打。春天,在大雪山凉水垮(属四川)打,打死两个红军,埋在大海子,后修公路挖来埋在坳口。红军追周光汉到麦地坝的时候,红军问老乡周光汉去哪里了,不明真相的水头上一冃姓妇女(胡聪华幺娘娘)说周光汉顺河往马家沟跑了,而周光汉实际是骑着马往相反方向的水头沟跑了,红军就没打着周光汉。纵队在安稳坝住了一夜,第二天往四川方向走,向大林往落木柔。

另一次是从烂泥坝来。8 月间,把杨八爷砍在胡志介家后边(老学校、即老街附近)。后来第三次把宗老太爷的(儿子)五爷、六爷抓来,从天坪来。吴锡州把宗家兄弟保出来,五爷、六爷都是宗杰武的兄弟,后来共产党给吴锡州平了反。

当时我在吴锡州家(现老学校)读书,知道当时刘复初派了一个江西的红军,叫管冲山,当时十七八岁,到吴锡州那儿当老幺,现在看应该是指导员,我当时十一二岁,那个红军比我没大几岁,他没读书,而是背着枪,还经常和我一起耍。红军穿普通衣服,没有正式衣服,没有人穿军装。

刘复初来第二次时打了风岩沟麻园洞子,那个洞里躲了晋洪登家的人,晋洪登是云南省军的连长,洞口只能一个人进,那些人都躲进去了,红军进不去,就杀了晋洪登家的猪,背了谷子,拿到老学校那里煮来吃。

纵队有次来是驻在坳上胡明聪家,带来马克沁重机枪(里面要装水),来过安稳坝三四次,是晚上来的,快天亮了,从哪里来的我不知道。

冬天的时候,田老幺和刘复初一起来到左家的,田老幺爱出来耍,还把大烟私自拿去卖。刘复初就打他,后来田就跑了。刘复初转移到江家。他是快黑的时候被抓的,坐滑竿,被押到中坝。纵队第二次来的时候住了两三天。

吴锡州住的是商会的房子,纵队一般来是住在街上,每次来都是几百人,住不了就住在坎上。带有小钢炮、炮弹。

纵队第二次来的时候,刘复初的人见胡志安穿得破烂(胡见队伍来,害怕,就换了烂衣服,坐在火炉边),拿了一杠大铜元给他,但他怕拿,过了一会儿,红军见他没拿,以为他嫌少,就又给了他一杠。红军走了后,胡志安才收起来。

张子林的儿子,住在井口坝(安乐村麦地坝管),身体残疾,腿不能走路,他家租地种,就住在大林。红军来,他就爬到路边,放一个包笓在地上。红军遇到穷人就给钱,就捐了满满的一包笓钱给张子林儿子。

纵队总的来过五次,每次来都要在这里住,常住两三天,短住一天。每次来不会乱拉〔拿〕乱吃、睡人家内屋。每次走了后都要打扫干净。

刘复初被捕那次,我去找马。川军从雪山到大林就走了,没有住。下午看见抬着刘复初。

(云南省昭通市威信县县委党史研究室提供)

## 吴谁仿讲述吴锡州参加川滇黔边区游击纵队的情况

采访时间:2015 年 7 月 8 日

采访地点:(云南省昭通市威信县)长安镇安稳坝街上

采访对象:吴谁仿(55 岁,吴锡州侄孙)

采访人:骆忠贵、宗德新、罗吉芬

刘复初来到这里的时候,吴锡州开始是绿林武装。周光汉是三区区长,吴锡州就带刘复初去打了周光汉的房子,粮食也没收了。从此,周光汉就和吴锡州势不两立,派胡颖聪去要杀吴锡州。

一次,吴锡州说带了一槽子枪要去找刘复初(枪是藏起来的)。刘复初叫他带人去(拿枪),他却只带了一个人。回到家,胡颖聪就来了。枪是藏在林口的,吴锡州回来直奔林口,没想就被周光汉给杀了,吴家的房子也被烧,人被杀,四分五裂。吴锡州的儿子是被宗家人偷来保起来的(之前吴锡州帮过宗家,宗家记情)。现在吴锡州的儿子吴学章已去世,他的儿子还住在龙塘坝。

刘复初病了,吴锡州到处背,找人医。后来刘复初被捕,吴锡州被杀。吴锡州有两个妻子,大的姓胡,小的姓刘。生有一个孩子,即吴学章。

吴锡州最开始的时候没钱,家族人在四川落木柔开店,他就去借钱,去宜宾背盐卖,落木柔那家就眼红,叫他立即还钱,还把他盐巴扣了。吴锡州就反去绑架这家人,这家人质打杀看守的人后逃走,吴锡州就调人去彝良打这人,反倒把对方杀死,后来就开始做生意的(即抢人)。但是吴锡州不抢本地人,抢彝良、筠连等地富人。

吴锡州死的时候是 1938 年,大概二三十岁。吴锡州的队伍平时只有十几个人。

(云南省昭通市威信县县委党史研究室提供)

### 胡志娥讲述川滇黔边区游击纵队在安稳坝活动的情况

采访时间:2015 年 7 月 8 日

采访地点:(云南省昭通市威信县)长安镇安稳坝街上

采访对象:胡志娥(77 岁,胡启才女儿)

采访人:骆忠贵、宗德新、罗吉芬

我父亲是胡启才,他参加过刘复初的部队。

我父亲和我说过,刘复初在打摆子,他跟着其他人一起背他到打架埫、古脑,背到江正昌家,又运到河坝头左家旁边的庙子里。

当时这里死过红军,去扯白布来裹,有两个红军。红军坝就在胡志介家旁边。

(云南省昭通市威信县县委党史研究室提供)

### 杨文虎讲述红军川滇黔边区游击纵队在麟凤活动的一些情况

采访时间：2015年7月9日

采访地点：(云南省昭通市威信县)麟凤镇金凤村马店社

采访对象：杨文虎(75岁)

采访人：骆忠贵、宗德新、罗吉芬

我听说刘复初来过这里一次。乙亥年(1935年)第一次从这里经过，当时我家就住在马店。杨成才家住金凤林。他带团丁和红军在烂泥坝河坝上打了一仗。红军先住在杨家房子头做饭吃。再打了一仗，回来就把杨家房子烧了。红军在花楸坝等地写标语。

(云南省昭通市威信县提供)

# 杨文榜讲述烂泥坝战斗的一些情况

采访时间:2015 年 7 月 9 日

采访地点:(云南省昭通市威信县)麟凤镇

采访对象:杨文榜(91 岁)

采访人:骆忠贵、宗德新、罗吉芬

刘复初从这里过时我 12 岁,我们本家有个杨成才,是地主。纵队打富济贫,杨成才有 30 个兵,是黄水河保商队的,他带团丁打纵队,纵队就把他家的猪杀来吃了。刘复初住在后边坪街上,还把杨家的房子给烧了。滇军从麟凤花楸坝跟着来,刘复初以为是杨成才的二三十人,就与他们打,没想到是滇军,把刘复初的队伍打死十多人。省军打死 2 人,伤几个。

(云南省昭通市威信县县委党史研究室提供)

## 宗其友讲述川滇黔边区游击纵队在麟凤龙塘活动的一些情况

采访时间：2015 年 7 月 9 日

采访地点：(云南省昭通市威信县)麟凤镇龙塘村大塆头社

采访对象：宗其友(83 岁)

采访人：骆忠贵、宗德新、罗吉芬

刘复初的队伍当年经常在大雪山，当时这里梁子上住有黄德顺、黄德云家，韭菜坝住何家两家，猪背河坝住有黄家、潘家等，在里面种有庄稼，高粱湾也有人住。1936 年的时候，雪山里住有十多家人，从万家湾到苗子山到梁子上，彭家屋基到梯子岩到青龙咀。李顺堂当时住在猪儿埂(尖峰山反背)。

(云南省昭通市威信县县委党史研究室提供)

# 李应春讲述红军游击队的一些情况

关于红军游击队调查纪要

我名李应春,今年已 66 岁,在旧社会任达 5 年之久的乡长,是在改团保时我才接任的,在我任期的上司有区长,下有户长。我第一个区长是杨运熬,任期一年多,第二个李应三,任期半年,后一个周光汉 2 年多,后杨建远接任区长时我就离职,没有再当乡长了。

在我的任期之时,正是大红军长征这个时期的前后几年中。关于红军游击队的一些情况我也得知一些,不够全面,加之时间已久不能确切。

我记得当时红军过后,又出了一个余泽鸿、王逸涛的小红军,最后期又是刘复初领导这支队伍,他们先后活动两年多。

我记得确切一次是周光汉调我们去打刘部的人,地点后天坪,那次是乡队长杨觉吾去参战。那次双方损失不大,我们这一个乡死一人名叫杨思□的人。

随后也有数仗,我们没有参加。这支游击队只听说刘复初在四川被川军抓着,其余就不知道了。

至于周光汉与游击队关系是死对头,他只要听见游击队来就调兵遣将攻打游击队。

以上的情况是本人反映。

被调查人:李应春

1970 年 8 月 18 日

(录自杨国民《李应春讲述关于红军游击队的一些情况》,1970 年 8 月 18 日。云南省昭通市威信县县委党史研究室档案,全宗号 1,目录号 18,案卷号 56,第26 页)

## 李应春关于川南游击支队的情况反映

大红军走了之后社会上就传说,红军留有徐策、王逸涛、余泽鸿等人领导有部分人在进我们地盘打游击。过了不久,真的他们将近几千人就来到我们倮罗坝了,但是并没有打我们这里,因为当时杨家也没有多少枪支。他们只管弄些吃的,最多住下整点饭吃走了。他们活动时间将近 3 年。最后是说刘复初又来领导这支队伍。

在丙子年的冬月间,那时我已经谢□了,可能是周光汉听主□,刘复初们从镇雄的木卓这面来走马河这边,从宗家坳走过来,经锁背峡来到木鱼包,到花秋坝,在烂泥坝的金凤林地主杨成才家整早饭吃。听说滇军护卫团的田富伍们是从镇雄的芒部那边来,由庙沟来周光汉那里一路来到麟凤(倮罗坝)才到观音山上花秋坝的。

他们双方去后就在烂泥坝打起来。我听说,滇军从东侧进攻,周光汉是从后天坪在南山上,杨成才当时在黄水河那方收到有几十条枪,就从那边在北山上。听说民团都没有参战,只是观战。我们后来听说小红军死了 10 个人,滇军死 2 人,传说小红军差点将滇军的机枪都抬走,听说硬是拼刺刀战,杉树坝沟边死的那几个人浑身都烂。但是听说的,我没有看见。

除这次以外,小红军从三桃(三口塘)也打进我们区公所,是晚上来的。因为区公所的枪支早就撤到营盘头〔岩碉〕去了,没有拿着。又一次刘复初的人从□石料打周光汉,我已经上来。当时滇军就住岩□□头,他们听说周光汉躲在那里就打起来。当时我没有在家,晚上我们的人流失了,他们也没打了。

后来兰澄清又来我家时说,那次打岩音是□□打的,如知周先汉不在里面我们是不会乱打的。就曾广胜在斑鸠沟宋家住时,我与他也相见过。此人还有文化,回江西后不知道是否还在世。

调查人:杨国民

李应春家中

1983 年 3 月 24 日

(录自杨国民《李迎春关于川南游击支队的情况反映》,1983 年 3 月 24 日。云南省昭通市威信县县委党史研究室档案,全宗号 1,目录号 18,案卷号 57,第 12 页)

# 红军游击队在彝良洛旺

## 黄天华　黄文忠等

黄天华,男,60岁,洛旺街上人。

1936年农历六月下旬,红军游击队从罗坎向洛旺前进,团防队发现后,边打边退,往文过沟方向退去。

第一次从关上来时是下午,第二次从四川筠连转来天已黑了,时间是农历七月十三(8月29日——编者注)。

李万凤(55岁,女,黄天华之妻)插话说,有两个女的,我们喊"女司令官"。红军来了,地主杨保林跑了,他家的粮仓被打开,分粮给群众,肥猪杀来分给群众。由"女司令官"在万寿宫(现在的粮管所)门前讲话,她说:"红军是干人的队伍,打富济贫的军队……"分肉时群众来的〔得〕很多,很拥挤。粮食也分给群众,街上的人家有个别不敢要,红军叫他们把家伙放好,给他们背去。

当天下午在街后面,杀了一个从罗坎洛□提住收重税的国民党税卡人员(名字不详)。

在追击民团时抓着一个民团名杨名章,是杨保林的贴心狗腿,专门敲诈农民,群众恨之入骨。红军在追击时抓着他以后把他处决了。

街上大部分的人都跑了,听到红军是爱干人的就慢慢的〔地〕又回来了。李万凤又说:两个"女司令官"身穿制服。当时我家在街上是最穷的,那时我才七八岁,一个女司令官摸着我的头说:"小鬼,可怜啊,你家妈妈死得早……红军嘛都喜欢穷人。"

从四川筠连回来在路上截住陇确佐(镇雄中场)地主家的布匹,到洛旺请当地群众加工衣服、绑腿、包单等,絮布给群众作工钱。

两个女司令官,矮胖矮胖的,相距至今已47年了。两个女司令官住街上龙定邦家。那时我母亲在家里,叫把簸箕放好,他〔她〕们给我家背粮食来。第一次开仓分粮给群众,第二次到洛旺是加工衣服。

从筠连转来民团就不敢同红军打了,听说红军来了就跑了。

黄文忠,男,67岁,染匠,洛旺街上人。

丙子年(1936年)农历七月十三红军从四川筠连回到洛旺,我帮他们染了七八十件白布,给我两件白布做工钱。他们自找煮兰〔蓝〕,只是帮他们加工。红军从筠连来时,在街上用了大甑子蒸饭放在街上,给乡下来街上的老百姓吃。乡下农民听说是红军的队伍来了,都说他们和平得很,大多数都跑到街上来,又得饭吃,还得一些东西,妇女帮红军缝衣服。

红军染布时不是统一来染的,都是三三两两的〔地〕来染。他们拿来的煮〔蓝〕是几斤几桶。几个红军来联系,我说,煮兰〔蓝〕我没用过(当时叫洋绽)。他们说,放在锅头煮就行了。

染布时红军一个战士和我认亲戚,他说他母亲后家姓黄,同我相称老表,同时送给我一个绣着蛤蟆的枕头,眼睛、嘴巴都活灵活象〔像〕。他说:老表我没啥子,只有这个枕头送给你。

红军把地主家的粮食送到我家柜子旮旯头,乡头农民分得的粮食都背回家去了。

红军第一次来时,民团放哨的喊,红军来了,我站在大门后边偷着看,前边有些背架背箩的,斗笠放在背箩上。当时我吓着了,跑到屋后边的阴沟里去躲。过一久〔阵〕,还是象〔像〕没得事一样,我母亲喊,我们才出来。

红军对人客气得很。他们中午吃饭时,对我说累很了,歇一下吃了饭再染吧!从清早染起,到吃晚饭才染完。

余文厚,男,57岁,洛旺街上住人。

红军来时只顾去追民团,敌团长蒋良善的枪打爆了,被红军抓住,经教育后,红军把他放了。我看见两个女司令官审蒋良善,挤进他们的驻地龙定邦家去看,蒋盘着脚坐起。

红军去四川经洛旺过的文过沟,四川的洛沐祥、蒿坝、吴家坝、巡司进筠连的县城。转回来是由筠连,经巡司、吴家坝、蒿坝、尖山子,云南的茶坊、柳溪、洛旺,回来时在洛旺住了两晚上,以后经罗坎方向去了(七月十三晚至十四晚上住洛旺街上,十五从洛旺出发)。

红军在洛旺街上的过街楼两边抱着枪坐着休息,中间留了个走道(在征集材料时,我们作了实地观察,过街楼约100来米长)。

王德〔道〕奎,男63岁,洛旺街上人。

红军杀猪分给穷人,我分得一个猪脑壳。分肉时女红军在台子上讲话:"打倒土豪劣绅,打倒贪官污吏,红军是穷人的军队,红军最爱穷人……"红军有300多人。

红军用红纸写的标语贴得满街都是,"打倒土豪劣绅,打倒官僚地主,红军是穷人的军队"……

两个女红军送给王伯娘(孤老二人)一袜子镍币(数目不详)。那时一个镍币要买几升包谷(五市斤)。红军走后都很感激红军的恩情。

红军走的时候把他们驻的地方打扫得干干净净,所借的东西都原物送还,买东西都是公买公卖。

红军从洛旺出发时都换上新衣服。

红军来时经镇雄关上(现在罗坎区)经洛杭、溪口(属彝良)到洛旺。

这个材料我办于1983年2月2日至4月9日先后去洛旺调查核实3次,采访了十余人,现归纳寄给你们。

中共彝良县委党史办公室

1985年6月16日

(录自《中国工农红军川滇黔边区游击纵队斗争史》编写组编《中国工农红军川滇黔边区游击纵队斗争史(副本)·下册》,1985年印行,5—60～64)

## 红军两次来彝良洛旺

### 王道奎

刘复初的队伍来到洛旺,其中有两个女学生。红军来了还开了杨保林的粮仓,杀了他家的猪,开毛也分给穷人。我家还得了个猪脑壳。

两个女红军送一穷人王伯娘一补袜子镍币。那时一个镍币要买一升包谷。王伯娘是个帮零工的。红军走后,她对我说,红军送的。

在街上红军发肉,一个一块。

红军走的时候把屋里打扫得干干净净,借的东西还了。我们家里都住了好几个人。他们走时,还说,谢谢你们了,来麻烦你们了。

王道奎(男,63岁,住洛旺街上)口述。

1983年2月2日

(云南省昭通市彝良县委党史办提供)

## 杨文堂、杨文端回忆红军游击队在杉树坝打仗的情况

杨文堂那年 67 岁,家住在龙塘大队河坝上。

杨文堂老人反映小红军刘复初部队与滇军李副团长的军队在杉树坝打仗的很多情况:

丙子年冬月的一天吃早饭时开火的。打之前刘复初的部队是从雨河那边过来,就在金凤林杨成才地霸(周光汉的营长)家宰猪来吃,共宰三头猪。早上到金凤林,才在那里吃早饭后就开火。宰好的猪是开毛边没有煮来吃,就这样背走了。

而滇军李副团长是从芒部由瓦石过来走麟凤上来在花秋〔楸〕坝,才来打仗的。

当天除滇军外还有周光汉的民团 100 多人,从瓦石来。(黄水河)杨成才的人 50 多人从北面来。滇军还从东面来,三路夹击红军。开打时是在金凤林就打起的。红军还将杨成才家的房子烧掉碉两座。火苗烧着房子时红军还喊群众去打火不要让房子烧着。

早饭时就开打,先是滇军开打,红军还击。打了好大半天时才散火。打仗中,因为滇军有机枪,所以红军死去十个人,在杉树坝拼刺刀时死五六个,迈么坪又死四个,另外死去十个人。红军的人打得很厉害,拿起刺刀跟滇军拼,差点滇军就打输在他们面前,原因是滇军是些学生兵,战斗力没有红军强,只因为他们有机枪,就没有拼机枪(红军),也将滇军的机枪砸掉了一挺,才撤的。

打到要走时,红军是住在龙塘杨成香家碉头。滇军、民团都不敢上来。晚上红军才走了。滇军也回到花秋〔楸〕坝。他们被打死的 2 人第二天才抬去在花秋〔楸〕坝那边。而红军的 10 个人在第二天老百姓才去抬来埋的。当时我们还见两个女红军跟一路打仗。

杨文端,现年 70 岁,家住在金凤大队(花秋〔楸〕坝)街上。

关于刘复初的小红军,在我们杉村坝打仗我没有看见,当时我们离那里还有十来里路。所以只听说,时间(长)我记不起来了。

不知道哪一年,在一个六七月时,花生还没收进来。记得是在一个早上还没吃早饭时,刘复初的队伍就从我们这里经过。滇军田富伍赶过来,可能是刘复初在杉村坝做早饭吃,结果他们两方的人就在杉村坝有座桥那里打起来。

红军游击队在桥那边,滇军护卫团的两个连就在这边打起来。打了好半天,红军听说死七八个人,埋在桥头边岩脚下。滇军被打死的两个抬来埋在我们街侧边,伤的我们就不清楚了。

打后滇军回来后往倮罗坝方向去。红军往大雪山方向去了。我们听说因滇军的一挺机枪打坏了,不然那天死亡还更多。这些我们没有亲眼看见打,打后大家讲的。

调查人:杨国民

1983 年 3 月 23 日

(录自杨国民《杨文堂、杨文端回忆红军游击队在烂泥坝打仗的情况》,1983 年 3 月 23 日。云南省昭通市威信县县委党史研究室档案,全宗号 1,目录号 18,案卷号 57,第 15 页)

## 胡信聪谈红军游击队打胡纯武的情况

刘复初的队伍打胡纯武是这样的：胡纯武有一个弟兄叫罗麻子，背了三支枪到胡纯武这里来。后来，胡纯武经县粮政科的科长姚泽普介绍，在县长李涤尘那里办了招抚手续。胡纯武为了感谢姚泽普，就将自己的一匹好马送给他。敌区长王明九很喜欢这匹马，很不满。就跟胡纯武说：你招抚了，罗麻子要反，你趁早把他的枪收了。胡纯武听了后，果然把罗麻子的枪缴了，把罗麻子赶走了。这个罗麻子是江安沙槽〔漕〕人，很不满意，就跑去找刘复初。在丙子年七月间带着刘复初的队伍来围起胡纯武家的碉。他们用碓杆把碉门撞开，又加上胡纯武老幺刘品高从里面反出来，胡纯武看到无法，只好缴枪投降。胡纯武的另一个老幺在碉门口被打死。刘复初的队伍把胡纯武的枪收了，把胡纯武拉走后，就把碉给烧了。胡纯武带到罗泥小闹被罗麻子杀了。

阮俊臣的队伍来过院子，但只是路过没有住。

走访调查：赵友伦、林庆明

1984 年 4 月 3 日中午

于胡信聪家（院子青杠坡生产队）

胡现年 75 岁。

（录自赵友伦、林庆明《胡信聪谈红军到院子和游击队打胡纯武的情况》，1984年 4 月 3 日。云南省昭通市威信县县委党史研究室档案，全宗号 1，目录号 18，案卷号 57，第 34 页）

## 陈良才谈刘复初队伍在窑厂被追击的情况

时间:1983 年 12 月 9 日下午

地点:大湾公社花朗大队海子队丫〔垭〕口

谈话人:陈良才,男,62 岁,住海子队

记录:李英才

哪年我记不清楚了,反正是冬月间了。刘复初的队伍从花朗沟这边过来,到我们窑厂那点时快要黑了。那时我们是在窑厂做工,只有十多岁。他们来的人可能有 100 多人,把我们那里的几间房子全住满了,跟我们借了些谷子,请我们那里的人来做晚饭。他们正在洗脚,饭也还没有吃,后边丫口上的枪声就响了,是滇军从后面(花朗沟这边)追来了,机枪架在罗家屋基侧边一点,向着我们这边打。刘复初的人就顺沟跑下去(经海子、野腊溪这边),一个人也没有被打到,只是把我家一条小牛打死掉,大牛被打伤过几天才死掉。有两个女学生光起脚就跑,一个被竹子戳着脚,在我们房子外边那竹林外头的大田头被捉到,追下去一截又在海子头那大田头捉到一个,其他的都从黄茅草那边跑出去了,没有被打伤,也没有被捉到。

那天来的滇军怕有几百人,一直追下去,天也黑了,听说是在大河滩走远了。以后就没有来过了。

(录自云南省昭通市镇雄县县委党史研究室编《红旗卷起农奴戟》,1991 年印行,第 339 页)

# 郑明莲谈刘复初队伍在窑厂的情况

时间:1983 年 12 月 9 日下午

地点:云南省镇雄县大湾花朗窑厂(野腊溪生产队)郑明莲家

口述人:郑明莲,女,汉族,71 岁,窑厂住人

记录:李英才

年限我记不得了,大概是冬天了,刘复初的队伍从花朗沟那边过来,已经是下午挨黑了,我家的晚饭都快熟了,他们来的人怕有百把多,那时我家是四立三间的大木房,两边还有厢房,厢房外边才是牛圈。另外那边半坡头还修得有一座看牲口、堆过冬的草料的房子,这两处全住满了他们的人。住下以后,一些跟我借谷子来在磨子上拉(去壳)来做晚饭,一些去挑水,一些扫地,一些烧水洗脸、洗脚,正在忙的时候,后边的枪声就响了,是花朗沟那边的李开发(一般农民)带着滇军追过来,听说是从瓜雄那边就追过来的了。滇军把机枪架在我家房后隔几十丈远的那个包包上,但因天黑了,看不清楚,是乱打的,一个人都没有打倒。

那些住在这里的人,有些正在洗脚,也来不及穿鞋,光起脚跑出去了。一个女学生被竹签子戳了脚,跑不动了,天又黑,就在竹林外边那大田头被滇军捉到了,追下去到海子头又捉到一个女学生。其他人全顺海子头经野腊溪下边跑脱出去,有些跑散了。

那天晚上,滇军搜查一阵,还要整我家,我们只是求情,说不晓得。他们当天晚上拿走了被追丢的一些东西,又到大河滩去歇。第二天又转来搜,把那些丢的牙膏牙刷、破草鞋破衣服全搜背起去,以后就没有来过了。

我们这里,那时全是大老林,满沟的竹林,只有我家姓陈的在这里住,是一幢大木房子,有些壁头是用竹子夹的,以后失火烧掉了,后来又修成现在这个房子,还是像原来那样摆的,但没有原来大了。

(录自云南省昭通市镇雄县委党史研究室编《红旗卷起农奴戟》,1991 年印行,第 340~341 页)

## 郑明莲谈红军游击队在窑厂被滇军"围剿"的情况

过去我们家是一个三合头房子，我们的老人叫陈焕章（即她的公公），周围是一片大竹林。

记得那年腊月间，晌午过一点烧晚饭锅的时候，红军就来我们家了。有20多个人。来了以后，就从楼上拿谷子下来，叫我去帮他们春米。两个女红军就住在我的房里，他们全部都烧水洗了脚，听他们两个说，是从瓜雄到花郎〔朗〕沟来我们这里的。

他们连饭都还没吃着，滇军就来了。于是叫我的公公给他们带路从这里到野腊溪下石坎子。这两个女红军连鞋都没有穿好就跑出去，刚跑到门口的竹林头，就戳着脚被滇军抓到了。滇军围着我家房子打，我们怕得不行，还把我家一头牛打死了。

这两个女红军当天晚上就从烂田沟押下大河滩，送到扎西。游击队那天晚上被围，枪支全部被追落了。有两支枪藏在我家豆草里。第二天滇军又来了两班人在我家搜查。把我的男人陈东才捆起来打，说我们窝匪，还把他们藏的两支枪搜起去了。

这些滇军还在这一带的老桥头拾到不少枪。后来听我的公公回来说，他摸着黑把这些红军从野腊溪带下石坎子，他才回来，说到石坎子已经没有几个人了。

郑明莲，71岁，口述记录

走访调查人：赵友伦、林庆明

1983年4月5日

（录自云南省昭通市威信县县委党史征集研究室编《威信春晖》，1993年印行，第401页）

# 郑绍成谈杀害龙厚生等人的经过(节录)

艾宗藩和龙厚生的关系很好。过去龙厚生给过艾宗藩一部分枪,后来龙厚生的人剩下不多了,龙厚生等到水田来找到艾宗藩,艾宗藩就把他藏在干沟孙树清家,叫孙树清照顾好这几个人,他就到镇雄去办什么事去了。

艾宗藩和郑相谷、郑耀东是亲戚,各人都有队伍,但艾宗藩的人多,势力大。艾宗藩到镇雄去了,郑相谷和郑耀东二人就带着人到干沟孙树清家把龙厚生等人捆起来,听说在一起抓起来的是3人,除了龙厚生,其余的人不知道名字,说有一个是爪手。他们把这3个人捆到水田格照坝水沟坡罗世举家,晚上带出去杀的。罗世举参与杀害,罗世举也在艾宗藩手下背枪,但郑耀东也调得动。第二天罗世栋等人去背煤炭,把他们吓着了。这个地点原来叫水梨子弯弯,后来就改成龙爪手弯弯了。

郑相谷和郑耀东把龙厚生等三人杀了以后不久,艾宗藩就从镇雄回来了。听说他们杀了龙厚生,艾宗藩与郑相谷、郑耀东大吵了一架,把这两人狠狠的〔地〕骂了一通,说他留的这几个人今后是要帮他干大事的,为什么要乱杀他们。郑相谷和郑耀东下不了台,只好请人给艾宗藩说好话。因为是亲戚,七说八说,反正人已死了,艾宗藩也只好算了。后来艾宗藩又到干沟孙树清家去过问,孙树清还差点说不清。因为这段时间,我是在艾宗藩的部下栓〔拴〕枪,他们吵架我都知道。

郑相谷和郑耀东受了艾宗藩的骂,因为势力又没他大,很不满意,就暗地商量到四川坛厂勾结孔指挥(孔政荣),通知艾宗藩到坛厂去商量"剿匪",并说要委任艾宗藩一个什么大队长。艾宗藩就带着我们去坛厂,结果全部被抓起来杀掉,因为我是郑有余的佃户,郑有余把我保了出来。艾宗藩带去的二三十人,就是我和胡少州二人被保回来,其余全杀了。

走访调查人:赵友伦、林庆明

1983 年 3 月 22 日

(录自云南省昭通市威信县县委党史征集研究室编《威信春晖》,1993 年印,第402 页)

## 刘洪勋谈邝善荣在大河滩的情况

红军走后,把刘雄(邝善云)留在彭文胜家,还给他留下钱和大烟。开始这家人还做点饭给他吃,后来把他的钱拿了以后,就把他抬出来。刘雄是大腿受伤动不得,这家人把他抬在堰沟上,我看见后,就跑到庙头去跟雷和尚说。雷和尚就叫范二哥去背来,范二哥不干,雷和尚说拿点烟给他吃才去。

来到庙里,雷和尚请人给他医,不几个月就好了。雷和尚有一片庙地,他种大烟,就叫刘雄去为他赶烟会,做买卖。上云南下四川,到处都让他去买些东西来庙里卖,有一次去后就没来了。

1983 年 4 月 6 日

（录自云南省昭通市威信县县委党史征集研究室编《威信春晖》,1993 年印行,第 403 页）

## 安登举谈阮俊臣部的活动

口述人：安登举，71岁，大湾以勒大队长湾人

地点：坡头公社瓜果大队塘口生产队陈绍林家

时间：1983年12月7日

采访记录：李英才

国民党时期，我们以勒有家比较出名的地主叫陈明发，又名陈四毛牛。那年（民国二十几年）阮俊臣的队伍被滇军追。阮部从陈四毛牛家碉侧边经过，被陈把阮的人打死一个在店子上。陈四毛牛还得一匹青马，一支枪，那个死的弟兄是当地人，挖点土埋在那个竹林头。

过了一段时间，阮俊臣又带队伍经过这里。就兵分两路，一部分人去打陈四毛牛，一部分去打范才龙家。相对来说，范家还比陈家有钱，两家都属当地的大户，一年可收几百石租。阮部先打下陈四毛牛的碉，没有打死人，只得了一些东西。

陈四毛牛见无法抵挡，便率家小躲进岩洞（现这个岩洞属母享陇东向家寨）头。这个岩洞修得比较好，中间有条沟，左边是岩洞，右边又有一个偏岩洞，这个偏岩洞也砌好的，易守难攻。陈的弟兄些在里面保对门的岩洞，对面的岩洞又保着这个偏岩洞。阮部正无法攻进时，街上有个叫小蛮子的人（姓任）到阮部队里去讲这个岩洞是个螺丝形，一转一转的〔地〕转上顶去，顶上有小洞，原来用一块大石板补起来的。后，阮的人把石板撬开丢手榴弹下去，把陈四毛牛吓慌了。因平时陈四毛牛对人不好，弟兄些在对面岩洞就放手不管，不开枪。陈四毛牛往窗子头看弟兄些，又看阮的人，就被阮的人一枪打着后脑勺，他一下坐下去，头一点一点的。陈的女人看见事火不对，就叫打开碉门，并说："要是怎样就是怎样。"以后，阮攻入碉中，把陈的家抄了，并把陈的两个儿子也带走（后走到水城又放回来）。

阮部攻范才龙家的没有攻下，只把陈攻下就开起队伍走了。打陈四毛牛家，阮的人从头天晚上一直到第二天早饭时才攻下。

后来阮俊臣走了以后，陈四毛牛死了，他女人又喊弟兄些把任家那小蛮子抓在陈四毛牛的坟前去杀了。

（录自云南省昭通市镇雄县县委党史研究室编《红旗卷起农奴戟》，1991年印行，第318～319页）

## 熊楚银谈抗日先遣队古洞坪战斗情况

口述人：熊楚银，男，汉族，77 岁，母享古洞坪人

地点：古洞坪熊楚银家中

时间：1989 年 8 月 18 日

采访人：刘顺和

具体的时间记不清了。那时，我才二十四五岁，阮俊臣他们在尾嘴、刘家山一带活动，队伍很大。一次，大约是 7 月间，阮俊臣从木黑那边退到古洞坪，在这里住了天把。他们是在那边打了仗才过来的。后来，听说陇承尧他们从木黑那边打过来了，阮俊臣的人在四面山上埋伏，与陇承尧的人打了一火线，就拉起到大关口、黑树那边去了，后来又经过黄塘梁子到对坡去，黄塘梁子是指从母享街背后起，到初都反背一带，是镇雄地界，翻过黄塘梁子就是贵州了。因年代久远，具体如何打，记不得了。

李廷珍被俘的那一次时间记不得了，当时他们才有几十个人，李廷珍住在天凼邓海青家，被陇家包围在小地儿丫〔垭〕口打伤，抓到母享杀掉的。李廷珍他们在我们这一带没有打过哪家，他们从不乱抢人，从来不会拿老百姓家的东西，纪律相当好。

（录自云南省昭通市镇雄县县委党史研究室编《红旗卷起农奴戟》，1991 年印行，第 320 页）

# 成仕新谈阮俊臣到镇雄活动

口述人:成仕新,母享镇人,73 岁

时间:1987 年 10 月 22 日

地点:母享镇成仕新家中

采访记录:刘顺和

阮俊臣初到镇雄时,那时陇辅臣正在当母享区长,曾去打过河对门后槽硝林田杨先生家。当时,陇辅臣叫我和项恩周等十余人到后槽去,带起后槽的人去追阮的人,在苗埂窝追到阮,被阮打败。此后,陇承尧叫独立营二连长姚启贵去招抚阮。姚启贵到母享带起我到黄塘梁子,他说接受招抚,后我与姚启贵刚走,阮就拖起到毕节县地界高家山去了。

从母享街反背一直到大关口一带 30 来里地,都是黄塘梁子,黄塘梁子过去才是贵州地界。上面有老百姓住,黄塘梁子上面有个朱家是个六立五间的大房子。阮在黄塘梁子时,扎在朱家的时间居多,是阮俊臣活动的地方,那里背静、高。朱家在的地点是镇雄管辖。

(录自云南省昭通市镇雄县县委党史研究室编《红旗卷起农奴戟》,1991 年印行,第 344 页)

## 彭文珍谈马克武牺牲情况

口述人：彭文珍，女，64 岁

地点：乌峰镇贺家湾彭文珍家中

时间：1988 年 11 月 24 日

记录：刘顺和

黄仁义是我的二叔，他家当时很穷，租张世华家地种。一年，还是杨国珍在镇雄当县长时，有个叫马克武的人到镇雄城来，住在四川庙脚张能义家，随同马克武来的还有几个人。人们叫马克武又叫马华三、马五哥。那时，我母亲去帮马克武他们缝衣服，此后，马克武同黄仁义就有来往了。

到了五月端午节，马克武、龚克勤都到我家吃粽子，当时把酒打翻在地上，他们开玩笑说不吉利。中午，黄仁义与他二人到外面去游百病，就听说马克武被打死了，后来被拖去丢在西门外的万人坑中。第二天就来我家搜，在我家割大烟的烟筒中的底下搜出一个红本本，说是得到了证据。黄仁义被抓进去后，张世华想去把他保出来，张宝卿他们说："你保他出来，他以后勾结阮俊臣来，先就从你家进起。"此后，张世华就不敢去保了。

到了五月初十，就把黄仁义和龚克勤推出去杀了。黄仁义被杀不久，杨国珍离开镇雄，我后奶奶就买了一些钱纸，杨国珍在前头走，我后奶奶就在他的后头烧钱纸一路送起他走。

当时我才 10 多岁，所以，他们具体有什么活动就搞不清楚了。

（录自云南省昭通市镇雄县委党史研究室编《红旗卷起农奴戟》，1991 年印行，第 351 页）

## 蒲仕财谈殷禄才在木梯山打土匪王明宣的情况

时间:1979 年 12 月 19 日上午

地点:郭家大队硫磺厂

我原来是在洛亥的木梯山住。我有两个舅舅在殷禄才的手下当兵。他们和殷禄才下四川都要从我们那里进出。我们那一带有个土匪叫王明宣,经常在我们那个地方抢人,不管啥子人他都要抢。

有一次我的二母舅身上有一点大烟,被王明宣杀掉了,抢了这点烟。我母亲很生气。殷禄才带起队伍去打镇州回来,我们就把情况告诉他。这一带的老百姓也恨死王明宣。殷禄才听了后说:"这个家伙专门整我们这些干穷人,我先把他收拾算了。"

过了两三天,王明宣带人去卫靖司抢人回来。在开家坳,殷禄才把队伍埋伏在那里等他,他的人有的被打死,有的投降了。王明宣当场被打死。打了王明宣,我们那一带的老百姓很高兴,都说殷禄才为大家出了口气。

我们那个队,有个人叫王丙高,很穷,帮一升,吃一升,连穿的也没有。有一次殷禄才去牵"毛子"回来,就给了王丙高两三套衣服。我家也给了两套。在我家吃饭,还要给点钱,我们不要,他是不答应的。

我的父亲跟大红军去了以后,我们还经常得到过他的救济。我们收了他的饭钱后,他过上过下,都经常来我们那里,叫做饭给他们吃。有好吃好,有歹吃歹,他也不说啥子。

蒲仕财口述

1979 年 12 月 19 日于郭家大队磺厂

(录自廖珍祺、常宗德、彭文丽、赵友伦《蒲仕财谈殷禄才在木梯山打土匪王明宣的情况》,1979 年 12 月 19 日。云南省昭通市威信县县委党史研究室档案,全宗号 1,目录号 18,案卷号 115,第 63 页)

## 罗绍安谈殷禄才的队伍打顶冠山罗家的情况

顶冠山出名的罗家,实际就是罗团长(在外边国民党的部队里头当团长)这家。他叫罗天祥,有两个兄弟,一个叫罗立祥,原在枇杷湾一带(现在先锋区)当乡长,一个叫罗国祥,父亲就叫罗竹斋。

有一年的九月间,就是红军过后两年左右的一天,因罗立祥叫黄青云到长宁的安宁桥取钱,叫我早点做饭,所以这天天还没亮我就起床了。当我刚把后房门开开,偏冠鸡(名叫周照林)和徐连方带来的人就用手枪抵起进屋来。这时罗家房子已经被包围了,进屋来的接着就开(始)搬东西。

天刚擦亮时,庞兴发提起一根单支枪从山背后跑下来喊道:"有人抢新房子了!有人抢新房子了!"一边喊一边跑去喊团丁(当时的团丁住在罗家的附近,没有住罗家)。团丁这才发现,后两方就打起来了。

打了一段时间,偏冠鸡他们就牵起罗竹斋、罗国祥、罗香兰和罗从先(罗天祥的叔伯兄弟)朝云南方向跑走了。他们到了高竹平,就把罗国祥和罗从先放了回来,叫他们拿钱来取罗竹斋和罗香兰。

罗立祥听了回来这两人谈的情况后,就发报给罗天祥。结果没有拿钱去取人,罗天祥还发报回来说:"如果他们不还人,我就要叫中央军来打。"

这次他们抢了4支枪,两支德国汉洋,两支甲板枪,还有几十发子弹。另外衣物就多了,基本上是拿完走了的,还打死了一个姓黄的团丁。

这次他们来打的时候,是分作两帮,一帮去打罗德修(地方大地主,有200多石租)家,一帮来打罗天祥这里,听说是一个叫陈二排的带起来打的(有200多人)。殷骡子没有下来,据说是个总头目。

罗竹斋和罗香兰被牵去后的第二年的三月间,罗竹斋就被偏冠鸡带着两班人送起回来了。来时还有一帮人在山背后驻守起,保护下来的两班人。罗香兰又是后来云南军和四川军打殷骡子时才跑出来的,关于殷骡子的队伍来打罗家的事情,我就记得这些了。

调查人:常宗德、林庆明

被调查人:罗绍安(此人原在罗家帮工)

1980 年 4 月 5 日中午于丁心公社

(录自云南省昭通市威信县县委党史研究室档案,全宗号1,目录号18,案卷号115,第 34 页)

## 陈锡伍谈殷禄才的情况

陈锡伍是郭家大队坝头生产队社员，现年 60 岁。

我原来是在卫靖司（现新街大队）住，殷禄才住在何吉州家，何吉州是他的舅子。当时，殷禄才在何万顺的手头背枪。何万顺是一个拖滩的，到处抢人。有一年何万顺到我家来，把我家的一个大肥猪杀起去了，钱都不拿一文的。

有一次何万顺的两个弟兄装起出去吹高粱，就把黄朝兴（甲长）捉来了。黄朝兴跟何万顺说起钱（就是交一笔钱给何万顺），当时拿了一部分，说到冬月间才拿清，何万顺就把他放了。

从那以后，黄朝兴就开始做何万顺的工作，经常请他去吃酒吃肉，黄朝兴还把他的一个娃娃栓〔拴〕给何万顺。就这样，何万顺也对黄朝兴很好。

有一次，何万顺带着殷禄才、陈银辉二人去黄家耍。黄朝兴就把殷和陈二人留在下边这座房子耍，把何万顺带到上边那座房子耍，用酒把何灌的〔得〕烂醉，就把何万顺捆起来，放在后边去。然后又下来喊殷禄才和陈银辉，把这两个人喊上去后，又分别把他们捉住了，三个人一起送到陈光昌（乡长）家，准备一齐杀掉。不知是哪些人出面来保殷禄才，殷才没有被杀。其他两个是在新芬开大会杀的。

殷禄才出来以后，对黄朝兴很气愤，听他说："我没有整你，你还要杀我。"就记了黄朝兴的仇。后来他不晓得是怎样拉起了队伍，有一年正月十五，黄朝兴家做大斋，殷禄才带人打了去。黄虽然跑了，殷烧了十多间房子走了。从那回烧过房子以后，黄朝兴又怕殷禄才去杀他，住都没有一个固定的地点，背起枪到处游夜。有一回，黄朝兴派些人查夜，查了一下把枪放在杨老章家，各人回去睡觉了。殷禄才了解到这一情况，派人到杨老章家把枪都拿走了。

后来，殷禄才又到石马坡杨子均（户长）家，就跟杨子均说："你要去报告黄朝兴，说我们来这里了，不然以后我们走了，他又来收拾你。"杨子均就跑去跟黄朝兴说："我们那坡上可能有人来，昨晚上狗一晚叫到亮。"报告以后，杨就回家了。

黄朝兴就喊上他周围的两个人，一个叫张定傲，一个叫刘润强和他一起到杨子均家。到了杨家门口，喊不应人，也没有见到人，不晓得是怎么的，他爬起来就跑。实际上，殷禄才他们是埋伏好的，看到他一跑，就追。追到半山头，就把黄朝兴打死了。脑壳还割下来丢在沟沟头。他们走了以后，好多人才去找到。这是杀黄朝兴的情况。

关于为闫明海追回被土匪罗应清抢去的牛，是这样的，大概是己卯年（1939

年)四月间,罗应清来抢了闫明海的一头水牛(母牛)。抢走后,闫明海才跑出去喊人。殷禄才听到后,带着几个弟兄就开追,追到石碑口(四川兴文地盘)。罗应清把牛脚印都用土埋了,把牛牵到岩洞里藏了起来,他自己害怕殷禄才,就躲起来了。殷禄才追到后,把牛找了出来,连罗应清的洞都给他抄掉了。把牛牵回来还给闫明海。闫明海很感谢他,还问他要不要点草鞋钱,他一样都不要。说为了草鞋钱,我就不追了。

又过了两年(大约是 1941 年)腊月间,罗应清又在芭蕉沟抢人,主要是抢过路的人买过年的东西。殷禄才派人到四川去买点东西,也被他抢了。殷禄才就带着队伍去包围了罗应清的房子,罗应清跑了,殷的人就把他的女人和兄弟媳妇都打死了,东西全部给他拿光。从那以后,罗应清更不敢惹殷禄才了。

我了解的就是这些,他给马端如打仗,牵张占云,杀杨文凤等,只是听说,详细不清楚。

陈锡伍口述

调查人:廖真奇　常宗德　彭文丽　赵有伦

1979 年 12 月 16 日上午在陈锡伍家

(录自云南省昭通市威信县县委党史研究室档案,全宗号 1,目录号 18,案卷号116,第 90 页)

## 邱玉清谈殷禄才的情况

殷禄才是大红军从这里过后,来了一个陈二排才开始干事的。打了一个张发富才扩大力量。殷禄才的确没有在本地抢过人。至于他是不是共产党,这个我不知道。就是地下党,当时也没有公开。

他牵〔逮〕张占云,主要是他出钱,据说还吃了血酒,张回去保证不调队伍来打他。至于第七十九师来打殷禄才,不是张占云告的,而是打国民党的汽车,才惹到的。后来又听说是他告的,具体怎样告,我不知道。

第七十九师派人来侦察过殷禄才,可能有这个事。来"围剿"时,团部住〔驻〕在这里。其余情况我不清楚。

邱玉清口述

1982 年 3 月 20 日

(录自常宗德、林庆明《邱玉清谈殷禄才的情况》,1982 年 3 月 20 日。云南省昭通市威信县县委党史研究室档案,全宗号 1,目录号 18,案卷号 116,第 100 页)

## 唐申发谈殷禄才打雨河敌乡长的情况

关于殷骡子来雨河打乡长的情况反映

反映人唐申发,现年 78 岁,是雨河镇半边街人。

唐老人家说:殷骡子来雨河打乡长肖德(外号野狗)时间,因我不识字,记不清楚。他们先后来过 4 次,都没有抓着肖野狗,当时人们痛恨肖野狗,抓肖野狗杀掉平民愤。

有一次,我记不起年月,但是正是我 30 岁那年,农业上正薅头道草之时,可能是民国 30 年(1941 年)那年,突然听说殷骡子又打进文武观(当时乡公所是设在那个庙子里面的),肖德没有在乡公所。但乡公所放着一些枪支,数目我不清,听说都被殷骡子的人拿走了,当时记得枪都没有打的,他们的人也不过进来 30 多人枪。拿着枪支,殷的人就走了,没有打仗,前后几次来这里都没有打仗。

为什么经常要来打肖德,具体情况我不清楚。殷骡子经常突然来去,又没有抓着肖德,因肖是木卓那边的人,也少住乡公所,有几次都没有抓着肖德,后来社会上传说因肖德勒索人民,如果拿着肖,要杀掉他的。

反映人:唐申发

1984 年 8 月 2 日于雨河

(录自杨国民《唐申发讲述关于殷禄才打雨河敌乡长的情况》,1984 年 8 月 2 日。云南省昭通市威信县县委党史研究室档案,全宗号 1,目录号 18,案卷号 83,第 10 页)

# 顺河下坝社李华美证明王国清属云南支队队员

## 证 明

兹证明顺河村下坝社社员梁启芬,现年 60 多岁。

证明我社社员梁启芬原夫王国清,原在殷禄才部下工作。于 1935 年给(同)国民党打仗时期,被土匪杀害(于)顺河、郭家两乡交界之处。

革命烈士王国清之妻梁启芬于本年找上云南威信顺河,未找到(他也〔已〕被杀死)。后来落户于顺河下坝到今。特出此证明,请各级政府按政策规定解决。(王国清已生一女,现取名张佐秀,已结婚于旧城。)

情况确属,望上级政府查实。

顺河下坝社社长:李华美

〔顺河村公所(盖章)〕1992 年 1 月 4 日

(录自顺河下坝社《证明该社梁启芬丈夫王国清属云南支队队员》,1992 年 1 月 4 日。云南省昭通市威信县县委党史研究室档案,全宗号 1,目录号 18,案卷号 102,第 78 页)

## 王应嵩曾帮助红军游击队（节录）

王应嵩，化名王定忠，男，汉族，出生于1889年，本县罗坎区茶蔚乡石头沟人。1902年至1911年在家入私塾。1912年至1916年在镇雄高级小学、昆明旧制师范学校读书；1916年至1925年先后在镇雄凤山镇、罗坎镇教书并任校长。1926年至1932年料理家务；1933年至1936年任罗坎区长。因掩护地下党干部邹凤〔凤〕平同志被捕。

在1933年至1936年任罗坎区长期间，曾冒着个人及全家人的生命危险，掩护地下党的高级干部邹凤平同志，两次为路过罗坎的刘复初带领〈的〉红军游击队购买子弹。因此，于1936年约农历二月被国民党驻罗坎的部队，以"通共殃民"之罪抓捕，送威信县关押。王被捕始终没有出卖邹凤平同志，使邹得以安全转移。

中国共产党镇雄县委员会（章）

1985年5月7日

（录自《中国工农红军川滇黔边区游击纵队斗争史》编写组编《中国工农红军川滇黔边区游击纵队斗争史（副本）·下册》，1985年印行，8—13～16）

国家出版基金项目
NATIONAL PUBLICATION FOUNDATION

本书编写组 编

# 中国工农红军川滇黔边区游击队史料选编〔下〕

江苏人民出版社

图书在版编目(CIP)数据

中国工农红军川滇黔边区游击队史料选编/本书编写组编.—南京:江苏人民出版社,2024.9
ISBN 978-7-214-28385-6

Ⅰ.①中… Ⅱ.①本… Ⅲ.①中国工农红军-游击队-史料-西南地区 Ⅳ.①E297.2

中国国家版本馆 CIP 数据核字(2023)第 178089 号

书　　名　中国工农红军川滇黔边区游击队史料选编
编　　者　本书编写组
责任编辑　马晓晓
装帧设计　周伟伟
责任监制　王　娟
出版发行　江苏人民出版社
地　　址　南京市湖南路 1 号 A 楼,邮编:210009
照　　排　江苏凤凰制版有限公司
印　　刷　苏州市越洋印刷有限公司
开　　本　718 毫米×1000 毫米　1/16
印　　张　112.5　插页 15
字　　数　1833 千字
版　　次　2024 年 9 月第 1 版
印　　次　2024 年 9 月第 1 次印刷
标准书号　ISBN 978-7-214-28385-6
定　　价　598.00 元(上中下册)

(江苏人民出版社图书凡印装错误可向承印厂调换)

# 郑德亮谈王松柏遇害的情况

时间:1984 年 2 月 18 日下午

地点:泼机公社郭家河街上叶国金家

口述人:郑德亮,男,59 岁,现住郭家河三合头

采访记录:李英才

1937 年冬,铁军鳌出去两三个月后,一天晚上,不知从什么地方转到郭家河,并和一个叫王营长的人一起来。这个王营长不知叫什么名字,个子不高,带有 200 人左右,铁的有百余人。

到了郭家河以后,王的人分散住,有的住马脑壳,有的住对塔,一部分和王营长住在铁家。大约过了两个月,王营长找铁做工作,要回去找部队。其实铁军鳌已投降了陇承尧,并将王的情况向陇作了密告。为了取得陇的信任,起心要杀掉王营长。与此同时,王营长的人看到铁的所作所为不像革命队伍,陆续走掉,当时在王营长身边的只有几十人。

3 月的一天,王营长的队伍被派出去执行任务。铁看时机已到,假装约王营长到得卓湾摆街宋兴元家去吹烟。路途中,铁趁王不备,将其按倒,吩咐下属将王营长用绳子勒在脖子上拖丢到花鱼洞中去。铁将王营长杀害后,向陇承尧交了 20 支枪,陇安排铁军鳌在泼机当队长。

王营长死后,其下属被迫解散。王生前的警卫员一心想报仇,但又苦于势单力薄,奈何不了铁军鳌。于是便投靠了王三老飞,王三老飞虽是一个大土匪,但对穷人还较好,是陇承尧的死对头。当王听说铁军鳌投靠陇承尧,并且杀害了王营长后,决心干掉这种见利忘义的小人。

1938 年秋的一天,久雨天晴。铁军鳌把队伍集中到田里去割谷子。王三老飞了解到这一情况后,迅速出发,分出一部将铁的人包围在田里。(由于铁的人武器全部留在铁家碉里,无法抵抗。)王三老飞亲自带人直冲铁家大院。铁军鳌只带着王营长生前用过的那支手枪在房后玩。当王三老飞的人冲到时,铁慌了神,铁一面还击、一面躲避。带伤后逃到余德三家里,凭借余的碉负隅顽抗。王等看到一

时攻不下,就放火烧房子。铁躲在一口大铁锅里,盖在煤坑头烧死。铁军鳌死后,王营长的这个警卫员才离开郭家河。

张翼明整理

（录自云南省昭通市镇雄县县委党史研究室编《红旗卷起农奴戟》,1991 年印行,第 378～379 页）

# 我救了红军干部等七人（节录）

## 李涤尘

我救了红军干部等 7 人。经过的情形是这样的：当时游击队失败后，有游击（队）干部旷〔邝〕善云、司号员张正才、战士管永生、刘济高、赵、杨、张等人，我救了他们的生命。1937 年底，我带旷〔邝〕善云、张正才、管永生回省，并发给路费，送他们到延安归队。临行赠送旷〔邝〕善云毛毯一条，刘济高等留在威信禁烟委员高炳亮处。

（李官云 1969 年 11 月 4 日抄于威信县李涤尘档案）

（录自镇雄县委组织部《川滇黔游击队材料》第二卷第 530 页）

## 云南省昭通市威信县民政局落实红军
## 川滇黔边区游击纵队人员档案摘抄

1987 年 2 月 24 日

刘子路:1936 年参加纵队,牺牲于镇雄花朗(打官家岩洞)。麟凤街上人(又名刘德贵),时年 32 岁。

毛匡能:麟凤坪房毛家埼人,1936 年参加纵队,同年 11 月初牺牲于叙永石厢子,时年 21 岁。

张廷宝:麟凤柏乡村菜坝社人,1936 年参加纵队,同年 11 月由大海子出来在马河躲避,被敌抓到镇雄杀害,时年 23 岁。

白世科:长安乡场坝头人,1935 年 5 月参加纵队,在地方做宣传活动,被乡长潘治军以"通匪"罪杀害。时年 31 岁。

王绍才:长安马河芭蕉窝人,1935 年参加纵队,1936 年 8 月在海子沟战斗牺牲。时年 20 岁。

张富喜:长安界牌沟人,1936 年参加纵队,据说在珙县周家沟战斗中牺牲。

张富寿:长安界牌沟人,1936 年参加纵队后无音信。

陈富兴:高田新华李家沟人,1935 年 2 月参加纵队,被委派为地方游击队长,同年 3 月被地方武装抓捕杀害。

吴锡州:长安安乐草子坡人,1936 年 8 月参加纵队,1936 年 12 月寄养保护刘复初,刘被捕后,吴也被杀害。

宗其云:长安宗家坳茶桃坝人,参加纵队,1936 年 7 月被民团杀害于镇雄牛场,时年 21 岁。

宗其升:长安宗家坳四方地人,1935 年 7 月参加纵队,1936 年 10 月牺牲于叙永石厢子,时年 20 岁。

宗其正:长安宗家坳四方地人,参加纵队,1936 年被杀害于镇雄罗坎。时年 27 岁。

(录自云南省昭通市威信县县委党史研究室档案,全宗号 1,目录号 17,案卷号 35,第 3 页)

## 云南省昭通市威信县委组织部等部门关于红军
## 川滇黔边区游击纵队、云南支队的报告

地委组织部、地区中级人民法院、地区公安处、民政处：

根据昭通地委组织部、公安处、中级人民法院、民政处地组连字(1985)47号文件《关于抓紧做好落实地下党、"边纵"历史遗留问题的联合通知》精神，经共同研究，现将我县落实地下党、红军游击队历史遗留问题所需经费报告于后：

我县是毛泽东、周恩来、朱德老一辈无产阶级革命家率领中央红军长征集结过的地方，中央和军委在扎西召开了重要会议，并在这里整编扩大了红军队伍，播下革命火种，留下红三军团第六师政委徐策、干部团上干队政委余泽鸿、第八军团民运部长戴元怀等同志组建中共川南特委，同时，留下400多人组成红军川南游击纵队以后改称川滇黔边区游击纵队，在川滇黔边区开展游击战争，两次发展近千人，从1935年到1936年，这支游击队为配合主力红军北上，开展了轰轰烈烈的武装斗争，在国民党反动派三省数次残酷"围剿"下，游击队的主要领导除刘复初外(现在内蒙古自治区)，其余大部分都牺牲了，在此期间，纵队又在我县郭家坟组织发展了殷禄才(外号殷骡子)和陈华久(红军干部)等人领导的云南游击支队数百人，一直开展游击战争，直到1947年被国民党军"围剿"，殷禄才、陈华久等光荣牺牲。先后12年间，在威信这块土地上，牺牲的红军和游击队上千人，其中：团营以上干部就有20多人，党的十一届三中全会以后，对这支游击队进行了清理落实，据初步统计，属威信县境内应落实的就有360多人。

落实后应进行追烈的有251人(仅现掌握的)，应发给抚恤费。根据地区文件规定，每人按新的抚恤标准，一次抚恤2000元，共计50.2万元。

遗属生活困难定期抚恤费，每人每月25元，251人的家属，共计502人，每月需要12600元，每年需要15.06万元。

现在还健在的游击队员60岁以上的100余人，要给予评残和定期补助，每人每月按30元，每年计3.6万元。

错关错判，需平反昭雪的21人，每人发给冤狱费600元，共计1.2万元。

在开展这项工作中，由于面大、分散，需要出差外调和办公经费，计2万元。

红军在扎西整编扩军时，威信随红军长征的有100多人，现在下落不明，流落红军、红军游击纵队、云南游击支队的遗属有100多人。

以上共需经费 72.06 万元，请及时批给，以便开展这项工作。

附名单于后。

威信县委组织部

威信县人民法院

威信县公安局

威信县民政局

1985 年 4 月 19 日

抄报：中共云南省委组织部、省高级人民法院、公安厅、民政厅。


红军和红军游击纵队及云南支队在威信境域牺牲的革命英烈名单：

曹德钦：湖南省邵阳县人，长征时任红军第三军团第六师师长，1935 年 2 月 7 日在向扎西集结的行军途中，因害疟疾病，逝世于高田区鱼井老庙子，安葬于鱼井下坪木杆树。

徐策：原名徐连甲，化名徐海霞，湖北省阳新县大箕铺乡（今属大冶县）人。1923 年参加革命。1925 年加入中国共产党，1928 年调入红军任红八军团第三纵队政委，1934 年参加长征，任红三军团第六师政委，1935 年 2 月到威信县城扎西，中央决定建立中共川南特委和组建红军川南游击纵队，任特委书记兼纵队政委，领导和开展川滇黔边区游击武装斗争，配合中央红军战略转移。1935 年七月，川南游击纵队与黔北游击纵队合编，改称中共川滇黔边区特委和[红军]川滇黔边区游击纵队，任特委书记兼纵队政委。1935 年 7 月 13 日在威信县长官司战斗中身负重伤，转移到罗布坳时壮烈牺牲，遗体葬于碾子湾牛角丘。

张凤光：又名张功礼，湖南人，中共党员。长征时任红军总部第四局第四科科长。1935 年 2 月 12 日，中央红军回师到贵州省习水县东隍殿，组建红军黔北游击队，任命为政委。1935 年 7 月率队来叙永朱家山与川南游击纵队会师，组建红军川滇黔边区游击纵队任副政委。7 月 13 日在威信县长官司观音塘同敌作战时英勇牺牲。

龙厚生：江西永新县人，中共党员，长征前由国家政治保卫局派驻通讯学校任特派员，1935 年 2 月，随中央红军长征到达扎西，调任红军川南游击纵队特派员，后任中共川滇黔边区特委成员。1936 年 2 月继任川滇黔边区游击纵队政委。1937 年 1 月在反击敌军的"围剿"战斗中，部队失利，被水田寨地霸武装杀害，壮烈牺牲。

曾春鉴：湖南人，中共党员，长征时任红三军团第六师参谋长，1935 年 2 月调任红军川南游击纵队参谋长。1936 年任川滇黔边区游击纵队参谋长，中共川滇黔边区特委委员。1937 年 1 月因部队失利，被水田寨地霸武装杀害，壮烈牺牲，遗体葬于水梨子塆塆。

董玉清：江西人，红军川南游击纵队第一大队长，1935 年 4 月初进攻水田寨敌碉时，英勇牺牲。

邓登山：红军川滇黔边区游击纵队第三大队长，1935 年 7 月 13 日在罗布坳战斗中英勇牺牲。

董跃忠：红军川滇黔边区游击纵队第六大队长，1935 年 7 月 13 日在长官司观音塘战斗中英勇牺牲。

余德胜：红军黔西游击队特派员，红军川滇黔边区游击纵队第二大队长。1936 年 10 月下旬在威信烂泥坝战斗中英勇牺牲。

刘少成：四川古宋人，1936 年 10 月中旬在珙县底硐铺率川军一连起义，投奔红军，任川滇黔边区游击纵队第三大队长，1937 年 1 月在水田寨被地霸武装杀害，光荣牺牲。

殷禄才：又名殷国清，外号殷骡子，威信县郭家乡人，生于 1912 年 5 月。1935 年初自发组织农民武装主动找到红军游击纵队，1936 年夏由特委批准为中共党员，并把他的队伍整编为云南游击支队任支队长。1938 年国共两党合作后，曾一度把队伍改名为云贵川抗日后援军。1947 年 3 月在反击国民党军队的"围剿"战争中，英勇牺牲于卫靖司水沟头，遗体葬于古宋苏家坟地，时年 34 岁。

陈华久：外号陈二排，原国家政治保卫局第五连第二排排长，中共党员，在红军川滇黔边区游击纵队任中队长。1936 年夏，奉特委和纵队派遣任红军云南游击支队政委，1947 年 3 月在同国民党军队的"围剿"战斗中英勇牺牲于卫靖司关子洞，遗体葬于古宋苏家坟地。

张占标：威信水田寨人，红军川滇黔边区游击纵队云南支队大队长。1947 年 3 月被国民党军第七十九师抓捕，在四川大坝英勇就义。

杨世龙：威信郭家乡人，红军川滇黔边区游击纵队云南支队大队长，1947 年 3 月被国民党军第七十九师抓捕，杀害于顺河场，英勇牺牲。

殷禄坤：威信郭家乡人，红军川滇黔边区游击纵队云南支队大队长，1947 年 3

月被国民党军第七十九师抓捕,在大坝英勇就义。

王海银:威信郭家乡人,红军川滇黔边区游击纵队云南支队大队长,1945年11月被四川中心乡长杨文凤抓捕杀害,光荣牺牲。

孙德龙:威信斑竹乡人,红军川滇黔边区游击纵队云南支队大队长。1947年被敌张占云杀害,光荣牺牲。

余腾飞:威信双河乡人,红军川滇黔边区游击纵队云南支队中队长。1947年6月在国民党第七十九师"围剿"战斗中英勇牺牲。

周仕奎:威信郭家乡人,红军川滇黔边区游击纵队云南支队警卫排排长,1947年被国民党第七十九师杀害,光荣牺牲。

李青云:江西省莲花县人,中共党员,原国家政治保卫局干部,随红军长征,黔北游击队任特派员,后任川滇黔边区游击纵队特派员,中共川滇黔边区特委成员。1937年1月在水田寨被地霸武装杀害,壮烈牺牲。

殷张氏:威信郭家乡人(殷禄才妻)被国民党第七十九师抓捕杀害于簸箕峡。

殷三妹:威信县郭家乡人(殷之姐姐)被国民党第七十九师抓捕杀害于郭家坟。

肖栋成:威信县郭家乡人,云南支队队员,被国民党第七十九师"围剿"时英勇牺牲。

吴大媒:威信郭家乡人(吴银州之子)被国民党第七十九师"围剿"时英勇牺牲。

潘明章:威信新田乡人,云南支队队员,被国民党第七十九师"围剿",英勇牺牲。

周王二:威信郭家乡人(周仕奎之妻),被国民党第七十九师"围剿"英勇牺牲。

殷崇科:威信郭家乡人,云南支队队员,1936年被杨青云杀害,光荣牺牲。

殷禄明:威信郭家乡人,云南支队队员,被叶怀清杀害,光荣牺牲。

晋其招:威信郭家乡人,云南支队队员,被国民党第七十九师"围剿"时英勇牺牲。

陈家海:威信郭家乡人,云南支队队员,被国民党第七十九师"围剿"时英勇牺牲。

张安斌:威信县水田寨人,云南支队中队长,被国民党第七十九师"围剿"时英勇牺牲。

张氏:威信县水田寨人(张安斌之妻),被国民党第七十九师"围剿"时英勇牺牲。

王应其:威信县菜坝人,云南支队队员,被国民党第七十九师"围剿"时英勇牺牲。

王树三:威信县斑竹乡人,支队中队长,攻张占云碉时英勇牺牲。

晋方全:威信县金竹乡人,支队中队长,被国民党第七十九师"围剿"时英勇牺牲。

王绍万:威信县簸箕乡人,支队中队长,被敌张占云"围剿"时英勇牺牲。

曾子云:四川古宋人,支队大队长,被敌"围剿"失败后英勇牺牲。

殷禄焕:支队中队司号员,被"围剿"时在战斗中英勇牺牲。

冯子云:支队司号员,被"围剿"时在战斗中英勇牺牲。

王耀辉:威信县新田乡人,支队队员,被"围剿"时英勇牺牲。

胡氏:威信县郭家乡人(杨世龙之妻),被"围剿"时杀害,英勇牺牲。

刘顺清:威信县菜坝乡人,支队队员,被"围剿"时杀害,英勇牺牲。

任仕超:威信县三桃乡人,支队通讯员,被"围剿"时杀害,英勇牺牲。

陈兰廷:威信县三桃乡人,支队队员,被"围剿"时杀害,英勇牺牲。

张显富:威信县斑竹乡人,支队队员,被"围剿"时杀害,英勇牺牲。

欧海生:四川中心乡人,支队队员,被"围剿"时杀害,英勇牺牲。

吴孝全:威信县簸箕乡人,支队队员,与敌航第七团在王棚山战斗中英勇牺牲。

任仕焕:威信县三桃乡人,支队侦察员,与敌航第七团在王棚山战斗中英勇牺牲。

王苗子:威信县三桃乡人,支队队员,与敌第七团战斗时英勇牺牲。

俞顺明:威信县麟凤乡人,支队队员,与敌第七团战斗时英勇牺牲。

段昌元:(殷禄才干儿),斑竹乡人,被国民党第七十九师抓捕杀害,英勇牺牲。

李开华:斑竹乡人,被七十九师抓捕杀害,英勇牺牲。

潘孝弟:威信县新田乡人,支队队员,被国民党第七十九师"围剿"时英勇牺牲。

牟德书:威信县环房乡人,支队队员,被国民党第七十九师"围剿"时英勇牺牲。

开银堂：威信县斑竹乡人，支队队员，被国民党第七十九师"围剿"时英勇牺牲。

杨显清：威信县斑竹乡人，支队队员，被国民党第七十九师"围剿"时英勇牺牲。

黄元泰：威信县新田乡人，支队队员，被国民党第七十九师"围剿"时英勇牺牲。

黄建章：威信县新田乡人，支队队员，被第七十九师"围剿"时英勇牺牲。

陈昌喜：威信县菜坝乡人，支队队员，被第七十九师"围剿"时英勇牺牲。

彭××（老彭）：红军人员，打尖山子牟家牺牲。

殷崇才：（地址不详），支队队员，打尖山子牟家牺牲。

李绍云：威信县郭家乡人，支队队员，被第七十九师"围剿"时英勇牺牲。

赖心成：（大湖南），红军人员，新中国成立后劳改未回。

刘文正：（小湖南），红军人员，已病故。

刘玺成：红军人员，国民党第七十九师"围剿"时被敌牟正伟杀于三桃，光荣牺牲。

王恩培：贵州人，红军人员，跟殷禄才，已死。

吴××：四川水潦人，云南游击支队队员。

李泽鲜：古宋东坝人，云南游击支队队员。

王克仁：威信斑竹乡人，云南游击支队队员。被国民党第七十九师"围剿"时牺牲。

徐仁义：威信斑竹乡人，云南游击支队队员。被国民党第七十九师"围剿"时牺牲。

王克武：威信斑竹乡人，云南游击支队队员。被国民党第七十九师"围剿"时牺牲。

雷方能：郭家乡人，支队队员，被国民党第七十九师"围剿"时牺牲。

张氏：张占标之妻，被国民党第七十九师"围剿"时牺牲。

梁炳儿：四川人，被国民党第七十九师"围剿"时牺牲。

杨子兵：威信新街乡人，在卫靖司观音塘掩护支队，被敌第七十九师杀害，英勇牺牲。

阮光明：江西人，红军干部，1935年随中央红军长征来到扎西，留红军川南游击纵队做地方工作,奉特委和纵队派遣到高田华咀(今新华),被地霸武装"围剿"杀害英勇牺牲。当时任地方游击队大队长。

张志高:江西人,红军干部。1935年随中央红军来到扎西,留红军川南游击纵队做地方工作,奉特委和纵队派遣到高田华咀(今新华)任地方游击队大队指导员,后被地霸武装"围剿"杀害于仁岭岩大碉,英勇牺牲。

陈少清:湖南人,红军战士,1935年7月13日于长官司战斗牺牲。

徐振山:红军游击队干部,1935年7月13日于罗布坳战斗牺牲。

刘子六:威信麟凤人,纵队战士,1936年于花楸坝牺牲。

余明品:威信县斑鸠乡人,纵队战士,1936年于花楸坝牺牲。

张根发:威信县凤阳乡人,纵队战士,1935年3月于木厂战斗牺牲。

王国才:威信双河乡人,纵队战士,1935年7月13日于长官司战斗牺牲。

熊兴发:威信高田凤阳乡人,游击纵队战士,1935年3月于木厂战斗牺牲。

方玉田:镇雄县关上人,游击纵队战士,1935年10月于烂泥坝牺牲。

杨福寿:叙永田中人,游击纵队战士,1935年4月于水田寨牺牲。

张大志:叙永石坝坛厂人,游击纵队战士,1935年5月于干滩子牺牲。

张成云:叙永石坝坛厂人,游击纵队战士,1935年5月于干滩子牺牲。

李发云:兴文县人,游击纵队战士,1936年10月于烂泥坝牺牲。

艾绍青:洛表人,云南游击支队,1946年夫妇二人在白仁坡被人杀害。

古仁和:古宋大坝人,云南支队小队长,1947年被保长魏德银杀害。

王欢明:麟凤人,支队小队长,被国民党第七十九师杀害于麟凤大硝洞。

刘道清:菜坝母牛人,云南支队,被国民党第七十九师杀害。

王绍吉:王场人,云南支队,劳改后放回病死。

周云:珙县高石坳人,云南支队,被第七十九师杀害。

汪富安:斑竹人,云南支队,被国民党第七十九师俘去未回。

罗志祥:珙县人,因其父罗彩平被国民党第七十九师抓去,去换其父被国民党第七十九师杀害。

张跛子:郭家人,云南支队,被国民党第七十九师杀害。

潘孝均:郭家人,云南支队,被国民党第七十九师杀害。

张绍武:郭家人,云南支队,被国民党第七十九师杀害。

师玉成:新田乡人,云南支队,被国民党第七十九师杀害。

魏朝云：威信三桃人，云南支队，被敌张占云杀害。

刘云科：威信斑竹人，云南支队，被国民党第七十九师杀害。

魏从金：威信罗布人，云南支队，攻打地霸张占云负伤，在天蓬死去。

胡二姐：(杨世龙之妻)，郭家人，云南支队，被国民党第七十九师杀害。

肖永和：威信郭家人，云南支队，被国民党第七十九师杀害。

秦目兴：中心场人，云南支队，被国民党第七十九师杀害。

张应宽：(张辅廷的大儿)，兴文县人，被国民党第七十九师杀害于簸箕峡。

牟业元：威信县环房乡人，被国民党第七十九师杀害。

牟德书：罗布黑龙大队，被国民党第七十九师杀害。

黄建章：罗布新田乡人，被国民党第七十九师杀害。

林树兵：四川珙县人，被国民党第七十九师杀害。

杨炳嘴：珙县复兴人，在宜宾被国民党第七十九师杀害。


红军川滇黔边区游击纵队在威信历次战斗中牺牲的不知名的有：

长官司观音塘战斗牺牲七八十人；

罗布坳战斗牺牲十多人；

水田寨战斗前后牺牲十多名；

烂泥坝战斗牺牲八人；

海子坝战斗牺牲五六名。(共110多名)


云南省昭通市威信县参加红军游击队人员：

廖珍银：麟凤区柏香人(现在)。

李顺堂：长安镇安乐人(现在)。

陶成坤：文兴乡兴隆人(现在)。

潘孝康：长安镇渔坝人(现在)。

胡启富：安乐乡平头人。

龙永福：斑鸠街上。

江家全：斑鸠街上。

蔡银三：斑鸠街上。

王联友：斑鸠街上。

范方义:斑鸠街上。

鲁先华:三桃街上。

胡聪全:罗布区海吉人。

王国虎:双河街上人。

郑明斗:水田区水田人。

杨永高:天池乡人(现在)。

黄树清:旧城区天蓬人。

王绍斗:簸箕乡人。

王天贵:柏香乡人(劳改死)。

叶大江:石坎区人。

孔少华:石坎区人。

刘启斌:新城区长地乡人。

陶少云:高田凤阳乡人。

周德富:石坎区石坎人(现在)。

余明江:麟凤区人。

肖向成:旧城区人。

刘少成:麟凤镇人(现在)。

杨登高:高田区坟坝人,率领绿林武装七八十人参加红军川滇黔边区游击纵队,任第三大队长。

杨永安:高田区坟坝人,率领绿林武装七八十人参加红军川滇黔边区游击纵队,任第三大队副长。

吴锡州:长安区安乐乡人,率领绿林武装十余人参加川滇黔边区游击纵队,被地霸武装"围剿"牺牲。

陈福兴:新华乡李家沟人,参加地方游击队任队长,被地霸武装杀害牺牲。

艾宗藩:镇雄茶木人,参加纵队任支队长,率七八十人参加纵队。

叶培根:重庆人,与纵队有联系,保护伤病人员,后被地霸武装杀害。

左天鹏:长安安乐人,保护纵队领导干部,家庭被扫通口[地方土语,意指抢劫烧杀一空],逼迫出逃。

江正昌:隐蔽纵队领导干部,家庭被扫通口,逼迫出逃。

杨志成:洛表人,以通殷禄才被国民党第七十九师杀害。

曾兴正:洛表人,以通殷禄才被国民党第七十九师杀害。

袁友宽:洛表人,以通殷禄才被国民党第七十九师杀害。

陈肇仓:新芬人,给殷禄才部队运送弹药被敌逼走死亡。

权元斌:新田莲花人,支队医生,以通殷禄才受株连,被敌张占云扣押。


参加云南游击支队的现有人员:

林树宾:建武人,现住建武。

路国方:珙县复兴人,现住复兴。

余正朝:三桃街上人,现住三桃街上。

唐吉三:斑竹人,现住斑竹。

任国强:簸箕人,现住簸箕。

陈兴华:菜坝岩口人,现住菜坝岩口。

李兴全:斑竹人,现住斑竹。

王成恩:石龙人,敌第七十九师来时回家病死。

张老幺:兴文黄统坡人,随大老班人到殷部,现住簸箕峡。

刘少聪:斑竹人,参加殷部中途回家,现仍住斑竹。

任汝林:(又名任汝兵),珙县罗罗垮人。

洪银兵:珙县复兴人。

潘明昭:珙县复兴人。

彭玉科:兴文人。

徐光全:斑竹人,支队小队长。

张永昌:三桃人,支队小队长。

张廷坤:郭家乡人,支队中队长。

吴树良:郭家乡人,支队勤务兵。

钟家祥:郭家乡人,支队战士。

邱春明:郭家乡人,支队战士。

李国良:郭家乡人,支队战士。

胡聪亮:罗布海吉人,支队战士。

林世方:罗布镇人,支队战士。

罗学林:新田乡人,支队战士。

陈少云:新田乡人,支队战士。

秦德康:中心场人,支队战士。

胡聪银:罗布新田人。

(云南省昭通市威信县县委党史研究室档案,全宗号1,目录号17,案卷号35,
第5页)

# 云南支队部分牺牲人员名单(部分健在)

王营:三支队队员,被国民党第七十九师抓杀于顺河。

王绍:三支队队员,被国民党第七十九师抓杀于顺河。

孙德龙:中队长,被敌张占云指殷禄成杀害于郭家坟。

王树:三支队,1945 年 6 月在攻打知敌张国龙的碉时牺牲。

任仕钊:队员,被国民党第七十九师害于菜坝老虎洞。

殷禄焕:小队长,被国民党第七十九师杀害于石碑。

刘泽明:队员,四川叙永人。

刘绍聪:队员,健在。

王克文:队员,健在,新街铁炉人。

吴绍华:队员,四川中心人。

王兴明:队员,健在。

李国才:队员,健在,罗布顺河岩上村。

李国文:队员,健在,顺河余家岩人。

胡聪银:队员,健在新田乡人。

秦崇兴:大管事,被国民党第七十九师杀害于顺河,四川中心场人。

吴必龙:队员,无档案资料。

肖盛才:队员。

徐高嘴:队员。

李子明:队员。

刘富贵:队员。

李文兴:队员。

胡纯孝:队员。

李志平:队员。

左天鹏:队员。

江怀周:队员。

杨德三:队员,被国民党第七十九师杀害于新街板栗湾。

晋其昭:队员,1946 年被民团抓住送县杀害于运动场。

殷从才:队员,1939 年死于与黄德芳的战斗中。

开老么:队员,牺牲顺河场,年18岁在天池被抓。

王克仁:队员,牺牲顺河场,年29岁。

刘道清:队员,牺牲于斑竹乡漆树坝。

王国清:队员,被79师抓杀于顺河,江安万家桥人。

张治武:队员、号兵,1944年被蒋聋子打死牺牲于炭厂,四川人。

涂显举:队员,1939年牺牲于大龙塘,四川人。

曾承明:队员,1981年病故,新街人。

吴树良:勤卫兵,病故,郭家人。

罗学林:勤卫兵,病故,郭家人。

牟烈元:队员,碉垮打死。

罗炳义:队员,病故,斑竹马坎生产队人。

王成恩:小队长,病故,住新城石龙。

何能高:队员,病故,新街青杠林人。

王绍杰:队员,病故,三桃斑竹人。

段字全:队员,病故,郭家坎人。

晋方全:队员,病故,麟凤金竹人。

王跃彬:队员,病故,新田水井坎人。

杨大元:队员,病故,新田乡人。

任国乾:队员,病故,新街人。

谢绍先:队员,病故,簸箕人。

程学孝:队员,病故,三桃人。

王绍平:纵队,病故。

黄四蛮:纵队,病故。

(录自威信县民政局李华先档案,1987年2月23日。云南省昭通市威信县县委党史研究室档案,全宗号1,目录号18,案卷号91,第92页)

## 4. 游击队在贵州的活动

## 红军在东皇打仗

谢咏松

关于东皇打仗的情况。大约 1935 年农历四月间,是东皇区公所电话上通知赤水、温水,也向县城报告,所以国民党的军队才几面来"围剿"红军。因为战后被打死的杨排长(任骧团第一营第四连的)和第四连的两个士兵以及第二营第五连的两个伤兵,抬到官渡习水县城我亲眼得见。回东皇又听大家摆谈,所以知道当时打仗的情况。

红军有多少人不知道,当时谣传是"老二",但红军游击队到东皇秋毫无犯,人心安定。突然温水方向来了两连人,第一营的第四连和第二营的第五连(连长段云武,土城人,新中国成立后才死的)。这两个连先与红军打,快扫尾时,驻防官渡县城的第三营第九、第十两连才来接上火线。这次火线主要是任骧团打的(黔军侯之担部新编第二十五师,师长沈久诚,第二旅长是侯汉佑,任是第二旅第四团团长)。损失大,红军也有伤亡。听说区公所一个姓冷的师爷就打死一个红军,肯定还有受伤的。打这一仗,确有其事。

*谢咏松,男,习水县一中教师*

*访问记录人,习水县委党史办何映华*

1984 年 3 月 24 日

(录自《中国工农红军川滇黔边区游击纵队斗争史》编写组编《中国工农红军川滇黔边区游击纵队斗争史(副本)·下册》,1985 年印行,3—74)

# 红军游击队在放牛坪（节录）

### 任世湘

红军游击队在放牛坪，还教小孩们唱歌。现在我还记当时红军歌的有《纪律歌》《我们真快乐》《我们的红军扎满天下》等多首红军歌曲。歌词有的至今还能背熟，如《纪律歌》："红军纪律要严明，行动听命令，切莫乱行；打土豪，要归公，买卖要公平；对人要和气，开口莫骂人，借物要归还，洗澡避女人；军民之间，相亲相爱，胜似一家人。"

任世湘（64 岁，习水县桃乡）口述

詹永辉记录整理

1984 年 4 月 10 日

（录自《中国工农红军川滇黔边区游击纵队斗争史》编写组编《中国工农红军川滇黔边区游击纵队斗争史（副本）·下册》，1985 年印行，7—14）

## 黔北红军游击队抓了乡长任勋陶

我家伯父任勋陶，是省立三中毕业。家里贫寒。当时他是本乡（博爱）乡长。红军黔北游击队抓郭双和的同一晚上，也把他抓去。家里人很着急，认为共产党对国民党乡镇长要杀，用钱去赎吗？没有钱。商量结果，买些草鞋、纸烟、电池，托人去游击队说情，探听游击队领导对这事的态度。

说情人还没有动身，伯父却眉开眼笑回来了。当时游击队领导还派了两个队员护送，并给他两块银元。据伯父讲：在遣返他时，张公理①对他说：听群众反映，你虽然当乡长，但没有敲诈老百姓。我们对贪官污吏才惩罚。对你这样的乡长，我们还要保护呢！望你回去宣传共产党的政策，帮助我们做点工作，以后在放牛坪还要常见面的。后来，每次游击队来到桃林街上，伯父都去会见领导，汇报工作。

（录自《中国工农红军川滇黔边区游击纵队斗争史》编写组编《中国工农红军川滇黔边区游击纵队斗争史（副本）·下册》，1985年印行，8—30）

---

① 张公理，张凤光的别名之一。

# 高大坪附近平营、新田战斗材料

陈安全、魏仿尧（家庭出身农民，个人成份区丁，年龄 70 岁）、王启贵（农民）口述：

1935 年 4 月，有支红军游击队约 300 人，武器装备齐全，由三合区荣华公社园满观出发，到今大坝区所属的平营、新田等地。当时的仁怀县长吴鸿基、保安大队长兼副指挥官赵守恒知道后，带领保安中队长雷华廷、田维新、民练队长蔡少清等在新田和红军游击队打了一仗。打仗以后曾有两名游击队员流落农村当小贩。以后不知去向。红军游击队从平营到火石岗（现仁怀县火石公社）方向而去。

采访记录：陈乾树

1983 年 4 月 8 日于仁怀大坝区街上

（录自《中国工农红军川滇黔边区游击纵队斗争史》编写组编《中国工农红军川滇黔边区游击纵队斗争史（副本）·下册》，1985 年印行，3—66～67）

## 从火石岗到花井岗战斗

吴德明、吴喜寿(仁怀三合区团结公社明光队人,男,年龄均在 70 岁以上,农民)口述:

红军游击队从火石岗到水井沟。保安大队长兼副指挥官赵守恒,带领一部分团练从欧家营到水井沟堵截,打了一火线,历时大约两个钟头。以后由陈炳兴带路,经团结公社的坟坝岗直下到鱼塘渡河(桐梓河),直上到花井岗(今习水县观摩公社)。赵守恒率领的地方团队有三合区的蔡小端、桑木区的乡长兼民练队长周海清,共〔约〕数百人,一直跟追不舍。红军游击队占领了花井岗高地,进行反击。周海清被打死,花井岗战斗结束。

采访记录人:蔡克勤

1983 年 4 月 9 日

(录自《中国工农红军川滇黔边区游击纵队斗争史》编写组编《中国工农红军川滇黔边区游击纵队斗争史(副本)·下册》,1985 年印行,3—67~68)

# 苏文彬口述红军来芝麻坪

红军走后,张公理带有 100 多人,有的是打散流落的红军,来芝麻坪一带打土豪,把左伯超拉到二郎坝杀了。还拉了王德川,要王家拿 300 块大洋去赎回来。

苏文彬口述(住遵义县芝麻坪水井)

记录人:遵义县委党史办罗文、何寅

1984 年 5 月 30 日

(录自《中国工农红军川滇黔边区游击纵队斗争史》编写组编《中国工农红军川滇黔边区游击纵队斗争史(副本)·下册》,1985 年印行,3—68)

## 吴锡州口述红军在李梓关活动

　　红军过后,桐梓人魏银清(解放后为匪被镇压),他和被打散的红军来李梓关,有 100 多人,在这里活动两三个月。去打毛石坎的区公所,打杨伯君(区长)他们打有枪的,还到仁怀、桐梓等处活动。

吴锡州(男,住遵义李梓公社枧坝铁索桥,社员)

记录人:遵义县委党史办何寅、罗文

1984 年 5 月 31 日

（录自《中国工农红军川滇黔边区游击纵队斗争史》编写组编《中国工农红军川滇黔边区游击纵队斗争史(副本)·下册》,1985 年印行,3—68～69）

# 红军在花井岗打仗

张松廷

红军从欧基沿(沿家营)来,分为两股,一股到观音岩,一股到花井岗,各有 20 多人。红军在花井岗与赵守恒部周海清打仗。周带有几十人。周海清在半山腰瞄准了枪,打死一个红军。从山顶滚到半山腰。战后是余贵效、余贵堂掩埋的。由于红军战士看到周海清打死了他们的人,很气愤,两个红军同时瞄准周海清,将周从半山打死滚下来。赵守恒的部队下午赶来时,红军早走了。

张松廷(75 岁,住观摩乡)口述

(录自《中国工农红军川滇黔边区游击纵队斗争史》编写组编《中国工农红军川滇黔边区游击纵队斗争史(副本)·下册》,1985 年印行,3—69)

## 访问刘贵英记录

张公理部队从永安袄子岩经河坝乡的香树湾来,有六个中队,到陈家沟(即小火土)就碰到中央军陈营长的部队。中央军有一营人。在这里打了一仗。从早上开始打了三个多小时。中央军被打死了一个人。还有地方民团从桑木方向来。是相遇战。

刘贵英(男,80岁,住习水土河陈家沟队)

陈光清记录

1984年4月

(录自《中国工农红军川滇黔边区游击纵队斗争史》编写组编《中国工农红军川滇黔边区游击纵队斗争史(副本)·下册》,1985年印行,3—76~77)

## 访问黄明林记录

民国二十四年（1935年）的六月间，红军游击队从河坝公社的香树湾来，有300多人。川军有一个营，营长姓刘，也是300多人。川军从后面追来。在马山店子（现在土河乡政府）开战，一直打到石狮子。双方都打得厉害。他们都有自己的号兵。号兵吹进军号，部队就冲锋。

川军在小火土被打死一个，在石狮子被打死两个，在干溪沟被打死一个，共死四个，被打伤的有十几个。被打伤的川军就拦农民抬伤兵跟川军一起走。农民都吓跑了。红军游击队没有被打死一个。

黄明林，73岁，习水河乡新桥大队洞口生产队人

记录：陈光清

1984年4月25日

（录自《中国工农红军川滇黔边区游击纵队斗争史》编写组编《中国工农红军川滇黔边区游击纵队斗争史（副本）·下册》，1985年印行，3—77）

## 鄢德高谈游击队到赫章

鄢德高(男,71 岁,住赫章县城城关鄢家巷)回忆

部队过赫章是民国二十四年阴历七月间,大致有三四百人,是从镇雄经金山往赫章来的。部队行进到赫章县境内金山时,遇到席大方率其部(几十人)在金山,就在金山住了一夜。席大方是第二天鸡叫头遍带人马离开金山去赫章的,并沿街告诉席凡等人说:红军来了,一传十、十传百,全街都知道红军来了。红军则是第二天清晨才经赫章来的。当时,沈义方是分县长工,天亮到肖兰普家写条叫席来抵抗红军,又令安尧阶、张凤明、肖兰普、张跃宗前去堵击红军,共率二三十名团丁顺路去。红军在黄泥坡附近发觉团丁,便预先埋伏在路旁,等团丁走向玉沟沟时,向团丁射击。团丁边打边退,向青山梁子逃跑。张跃宗被红军活捉,后部队分兵两路,在上午 11 点左右进入赫章城。

采访者:龙正诠、李克明

1983 年 12 月 7 日

(录自《中国工农红军川滇黔边区游击纵队斗争史》编写组编《中国工农红军川滇黔边区游击纵队斗争史(副本)·下册》,1985 年印行,4—20～21)

## 鄢天佑、张朝忠等人谈游击队在赫章

1. 鄢天佑(男,70 岁,住赫章县城城关中街鄢家巷口)回忆

红军到来时,是金山方向保甲长向县政府报告,县长沈义方派安尧阶、张凤明、张跃宗、安登朝等率二三十名团丁前去堵击。前面的尖兵在水坡遇上一些挑担子的人(红军尖兵化装成商人),红军等敌尖兵过后,拔出枪来从后面射击,将张跃宗等人活捉,后面安等人看情况不妙,便从狗头坡向青山梁子逃跑。

县长沈义方见红军从塔子山上向县城扑来,便带一二十名保警兵沿后河向窑头方向逃跑。

2. 张朝忠(男,70 岁,住赫章县城城关中街)回忆

县政府听说红军到来,纠集一伙土豪在水坡准备堵击,被红军发觉,当时就打死夏家传(安尧阶手下的连长)等 3 人,张跃宗被活捉,带到鄢家巷处决。

红军在水坡接上火后,县政府人马便逃窜到墟屯的磨盘山。

红军在城内召集老百姓,派出宣传员,在街头向大家宣传说,我们出来是打土豪的,是打贪官污吏的,大家不要怕。因为在红军来之前,听说"匪"来了,大家都跑了。平时国民党宣传说,共匪凶得很,共产共妻,什么都不分你我。

红军在杀张跃宗前,向一些老百姓问了张跃宗是好人还是坏人。

3. 张明光(男,73 岁,住赫章县城城关中街)回忆

前去水坡堵击红军的团练有 200 余人,被红军先头部队(便衣队)伏击打散,当场击毙夏家传等二人,其余团丁被打散往青山梁子逃去。张跃宗被活捉,后带到鄢家巷被红军处决。

采访者:龙正诠、李克明,1983 年 12 月 6 日

4. 张正国(男,74 岁,住赫章县城城关解放东路 1 号)回忆

当时的县长沈义方听说红军来了,便忙带其老婆、保警兵 20 多人和政府科员、法警和当地比较有钱的人向窝铅厂逃跑,后在杨家住一夜,惟恐不安全,第二天晚上又跑到磨盘山。

采访者:龙正诠、李克明,1983 年 12 月 29 日

5. 彭润沾(男,70 岁,住赫章县城城关镇中街)回忆

红军进住赫章,住两夜,在城内还写了一些标语,"欢迎绿林席代①兄弟参加!""苏维埃社会主义万岁!""打倒土豪分田地!"还开了下街徐正荣、上街徐杜氏〔氏〕、杨燕涛等几家大户的粮仓,把粮食分红穷人。

以后部队从墟屯到水塘、中田、财神、朱明、毛姑,进入镇雄境界安耳洞、彭家寨,在彭家寨还杀了一个恶霸地主,姓名不传。

采访者:龙正诠、李克明,1983 年 12 月 5 日

6. 陈家兴(男,66 岁,住赫章县财神塘街上)回忆

部队从赫章去四川,经彭家寨时,打了乡长彭玉诚家,将彭玉诚和彭四荣带走,后将彭玉诚枪毙在路上。

采访者:龙正诠、李克明,1983 年 12 月 23 日

7. 王正华(男,66 岁,住以萨牛场街上)、李元衡(男,60 岁,川△小学党支书)回忆

红军是从芒部进牛场坝来的,正好遇上滇军王营长带些人在这里,双方就交火。后红军就到彭家寨去了。乡长彭玉诚带了些人,想抵抗,见红军人多,全部躲到公碉里面。游击队来后,把碉围了起来,并向他喊话,叫其投降。彭不投降,游击队就准备放火烧碉。彭玉诚见其状,只好开门投降。就这样红军将彭家的东西缴了。乡长彭玉诚及大地主刘银山被抓走。队伍开到芝部那边就把彭、刘砍了。

采访者:李英才,1984 年 6 月 3 日

(录自《中国工农红军川滇黔边区游击纵队斗争史》编写组编《中国工农红军川滇黔边区游击纵队斗争史(副本)·下册》,1985 年印行,4—20～23)

---

① 资料原文如此,疑"席代"二字是衍文。

# 林少成谈红军来到翠华乡

林少成(彝族,农民)回忆

1935 年,翠华乡属(贵州)黔西县第八区(今金沙县契默乡)管辖。

当时,有一支红军有二三百人,从大方县阿石(毕节普宜)经(大定)大石板到长岩(即长石)转入毕节安顶,从卧牛河上桥过河进入犀牛岩。随后分两支:一支爬羊角佬,陇家在岩边打了几十炮。一支从野唢啦(现兴隆坝)包抄从陇家背后打入陇家,陇家就退到蓑衣垮背面岩边洞中躲藏。红军就在陇家休息,杀了陇家的猪,吃了陇家的粮。他们在陇家灶壁等地方写了很多标语,打倒土豪劣绅等。

第二天早上,中央军就从大方长石经乌溪河翻过果瓦,爬上黄豆坡(现名高脚楼)分成三股,一股从蓑衣垮、薯棚梁子,一股从隆坝,一股从纳尾,包围过来。其中隆坝一股中央军遇上游击队。其他两股未遇上红军。中央军来后,在瓦厂门口、契默沟口(川祖庙处)及沙吉轩家背后柏香林树上架起机枪,封锁了陇家朝门,结果打死了两个红军战士。听说一个是司务长,20 多岁,另一个是被机枪打穿膝盖,经医治无效死的,他说是江西人,未穿军衣,穿的是一般便衣。

游击队从陇家后面出来退到底戛,经兴隆坝穿过坝子(现马路公社)桶井下石阶路,走隆烘沟到铸钟地界休息,再翻过羊坡往清水坡向茅坝、仁怀方向向往遵义行进。在翻羊坡时及当地肖万杰、肖万智家打了一仗才走的。

游击队撤走四天后,陇家才敢下山。听说游击队有一些女兵跟着,不知道叫什么名字。当时马占云找到了一支红军在隆烘沟落下了赤造枪(指赤水制造的枪)。有人去报告陇家,陇家立即通知马家送去。

红军有一个叫陈玉洪的流落在沙锉啰吴少轩家,帮吴家干活,吴少轩还帮陈玉洪说了媳妇,以后生了一个小孩。陈解放后死了,他女的带着儿子走了,不知道到哪里去了。

中央军追兵起码有一个营以上,约一千几百人。

红军是由契默乡撤退,是当地农民张斌贵带路,中央军从没有追上过。

那一年红军曾在大方县百纳过去、戛木下去一点(革唑)与中央军在那里挖了沟,摆了阵地打得相当厉害,双方伤亡都很大。

采访人:徐承柱、王小弟(记录)

1984 年 3 月 22 日

(录自中共金沙县委党史办编《中共金沙县委党史资料专辑》,第 119 页)

# 罗明州谈游击队来打翠华乡

罗明州(男,72岁,彝族,住贵州金沙县契默乡民族一队)回忆

现在的契默公社和马路公社,就是过去的翠华乡。民国二十四年(1935年),翠华乡乡长最初是王启珍,以后就是陇成德当乡长〔陇成德曾任过"清乡"大队长,是王家烈部第二十五师师长尤禹九(荔波府人)封他的,以后石场龙质斌成立川南边防军长团长时,曾封令其当营长〕。

红军到打翠华乡时,古历八月十七日,那天,天正下大雨,红军分两路上来,一路只有七八个人。从羊角佬引诱,一路从野唢啦、底夏翻过兴隆坝,从陇家山后面冲下来,陇家看到人多,就逃到大方县管辖苗家寨蓑衣垮,水淹坝下面契默洞躲藏。从开火线到进入陇家打了二三个小时。

当时红军有七八百人,进入契默沟后有的驻扎瓦房,有的住大水井,有的住扎底夏和青龙山遍地都是。

红军是吃早饭的时候来的。第二天早饭过又开了火线。红军放了步哨在后龙山秦家。红军来时,(乡长)陇成德带兵丁在岩边石上、羊角佬、川祖庙打过阻击未堵住,当时(陇家)把所有财产全部带去藏,留下的米和猪等在家,红军到后,出米、杀猪煮吃。

第二天早饭后,中央军在长石有个魏营长带了部队来。长石乡乡长叫陈占武,他调请(国民党)中央军魏营长、瓢儿井盐防军王正林带了部队,从长石经果瓦到高脚楼、黄豆儿坡与陇家汇合。魏营长带一连人从梁子上包抄下来,王正林带路从黄豆(儿)坡包抄下来。中央军用机枪在青龙山上和我家背后的柏香林边封锁陇家朝门。当时我在后阳沟整沟坎,他们叫我快走,还说我:"不要命了不是?"

我赶紧躲到屋中。一会儿枪就响了,打死了一个戴博士帽的红军,他叫邓占奎,是个分队长。中央军魏营长在他身上搜到一本日记本说的。以后这日记本被魏营长带走了。另有一名红军战士被机枪打穿了膝盖处,经救治无效死了。他说他们是游击队,在茅村打了曾银壮家(又名曾百万)。中央军叫红军为老表。陇家说红军游击队惹不起,还是把两名游击队员安埋了。邓占奎被埋在磨房沙忠仁家旁边的墓山上,另一个埋在李忠华家边边上的乱坟山上。这一带几经开荒已经不好找了。

红军来后,在陇家墙上到处都写过标语。记得他们说是:打倒土豪,分田土给

干人,还说歪戴帽子斜穿衣要铲除。

中央军后,红军由张忠良的老爹张斌奎带路,从民族队后龙山经兴隆坝小丫〔垭〕口、石阶路,过陇烘沟到桷井、铸钟,从桐子林爬坡,渡过水边河经银盆坡、羊跳圈、清水塘向九仓坝方向去了。中央军追到铸钟就扎下了,一直没有追上(红军),经〔之〕后就返回契默返长石。

1984 年 3 月 22 日

采访者:徐承柱、王小弟(记录)

(录自《中国工农红军川滇黔边区游击纵队斗争史》编写组编《中国工农红军川滇黔边区游击纵队斗争史(副本)·下册》,1985 年印行,4—76、77~78)

## 王少安谈游击队打陇家

王少安（男，72岁，住金沙县清池区街后上坝）回忆

民国二十四年（1935年），游击队从毕节安顶下来过上桥打陇家。陇家带些兵打阻击，分三路分别在陇家村对面岩上、川祖庙及羊角佬等处。这时红军约十来人，进入羊角佬，被民团发现。双方交上火，后把陇家打退过小河边爬坡经水淹坝、衣垮进契默洞躲藏，红军进入陇家。大约早饭时，陇家当时有个队长叫秦波，胆小不敢打，被陇家说他是"稀屎狗"，以后就走了。

中央军追来那天，雨下得很大，中央军把机枪架起，包围了住陇家那里的红军，战斗打响后，红军从陇家后院缺口处跑出，往后面的大柏香林爬坡，边打边撤，到双山路边时已经半夜，雨下得很大。

1984年3月25日

采访者：徐承柱、王小弟（记录）

（录自《中国工农红军川滇黔边区游击纵队斗争史》编写组编《中国工农红军川滇黔边区游击纵队斗争史（副本）·下册》，1985年印行，4—78）

# 余石恩口述

余石恩(男,62岁,原金沙县契默、马路公社书记)

1935年八九月间,听说过有一支红军从马蹄(四川)方向来,穿过毕节县安顶公社下卧牛河,从犀牛岩上桥过河到犀牛岩脚,他们用几个人从犀牛岩右侧羊角佬引诱陇家团丁,在川祖庙接火,大队伍从左侧遇回兴隆坝底戛深入大弯子陇家山背后直攻陇家,陇家全部人马退到契默洞中。

第二天中央军往长石方向追来。游击队从陇家大院子背后柏香林中撤到兴隆坝翻过欧家坡到铸种,随后经店子过银盆坪、羊跳圈、转转回向仁怀九仓坝方向进军。

1984年3月21日

采访人:徐承拉、王小弟

(录自《中国工农红军川滇黔边区游击纵队斗争史》编写组编《中国工农红军川滇黔边区游击纵队斗争史(副本)·下册》,1985年印行,4—76)

## 红军游击队到长岗

张宗义(男,现年75岁,长岗区公所老炊事员,已退休)口述

1935年秋天,谷子已经打完的时候,有一支红军(游击队)从长岗的堰头方向来。经过长岗街上,下午四五点钟的时候,来到我们这个地方宿营,分三处住,一部分住在高坎子杨小初家,一部分住在洞脑壳杨作均家,司令部就住在长九间我的家。

红军经过长岗街上的时候,把当时的乡长杨明鲜和乡公所的文书王泽龙(国民党区长王泽广的弟弟)抓到黄连坝,就在我家的房头进行审问。有一个红军的领导干部和一个女同志一起审问。审问时杨明鲜是被捆住手的。红军问:你是杨明鲜吗?杨答:不是。红军又问:是你当乡长吗?杨答:不是。杨明鲜不承认是乡长,很顽固。红军说:你不是杨明鲜?你的左颈上长有指头大的一颗肉,这就是记号。当天晚上经过审问后,就有人看守,关在我家厢房里。

第二天早晨,红军天亮就吹军号、吃早饭、打起背包准备行军。临走的时候,把王泽龙放了,把杨明鲜拉到黄沙子岭岗这个地方的一块土头,把杨明鲜砍头处死。

红军从黄连坝起身的时候,找了黄连坝的一个农民,叫侯春亭带路。侯春亭带路回来对我们讲,红军去黄连坝的当天,经过太阳坪,到遵义地界的蔡家范,当晚在名叫泥坝的地方宿营。

记录:袁泽光、朱明安

1984年6月29日

吕光华(75岁,长岗街上居民)口述(节录)

红军长征后的下半年,有一股红军从五马、云安方向来,经过堰头的斯栗园就跑上街,直到住在杨家祠堂的乡公所(现在长岗区挂食仓库的门市部那个地方),把乡长杨明鲜、乡公所的师爷(文书)王泽龙抓住,没有停,就到黄连坝去宿营。把王泽龙放了,把杨明鲜杀了。杨明鲜这个人,额头上有指头大的一颗肉。

我们听说红军从茅坝那边上来,当时的鲁班区区长(陈蕴周——原笔者注)打电话给杨明鲜,说红军来了,叫他派人堵口子。杨明鲜接到电话后,立即叫乡公所的师爷王泽龙去写条子通知各保的保长派人堵口子。条子写好还没有发出,红军

就到长岗,经过街上就把杨明鲜、王泽龙抓了。

杨明鲜被杀后,他家中的人知道了才去搬尸,我当时也参加了,是用刀砍的。

记录:袁泽光、朱明安

1984 年 6 月 28 日

(录自《中国工农红军川滇黔边区游击纵队斗争史》编写组编《中国工农红军川滇黔边区游击纵队斗争史(副本)·下册》,1985 年印行,4—83~84)

# 杨西林口述

杨西林(74 岁,贵州省桐梓县花秋区街上人)回忆

1935 年下半年的一天,张公理他们部队从麻子坝又来到花秋。那次正是赶场,不想赶场。张公理的部队向群众宣传政策:红军不拿群众一针一线,公平买卖,不干涉群众的活动。经红军这一宣传,群众照样赶场。天快黑了,部队集合往下场口朝放牛坪方向走去。刚出场口,国民党中央军就追拢来了,不问青红皂白,端起机枪乱扫射,当场打死两个,打伤几个。老百姓对中央军恨之入骨。中央军第二天朝高桥方向去了。

采访人:杨隆昌

1984 年 5 月 23 日

(录自《中国工农红军川滇黔边区游击纵队斗争史》编写组编《中国工农红军川滇黔边区游击纵队斗争史(副本)·下册》,1985 年印行,4—85)

# 周光荣口述

周光荣（84 岁，花秋街山后人）

红军对人很文明，张公理来花秋〔楸〕那次，我给他们送菜去。不一会听说国民党兵来了，红军拉起部队就走了。国民党烂军进场机枪就乱扫射，没有打着红军，把郑下林和何炳云的女人打死了，还打伤了人。

红军是晌午来，天快黑的时候走的，是乙亥年（1935 年）刚收完庄稼时节。他们在街上宣传红军是干人的队伍，帮助干人打土豪，有几百人，火线打得好，他们滑来滑去，国民党把他们没有办法。

采访人：杨隆昌

1984 年 5 月 24 日

（录自《中国工农红军川滇黔边区游击纵队斗争史》编写组编《中国工农红军川滇黔边区游击纵队斗争史（副本）·下册》，1985 年印行，4—85）

## 吴宽仁谈红军游击队来习水

吴宽仁(65 岁,习水桑木食品站退休工人)口述

张公理的游击队(当地群众对黔北、川滇黔边区游击队的习惯称呼),从核桃湾,经过沙坝场、罗基营、鱼孔,到桑木老磨山,听说红军游击队来了,区长周梦生派人去堵。当时区公所左侧一个碉堡,后面一个碉堡,右侧有一个哨棚。周梦生派一部分去碉堡防守,哨棚看守,一部分人到老磨山堵口子,那时区公所有 20 多条枪,几十个人。游击队在老磨山打 100 多枪,民团吓跑了。周梦生在区里病了,吴包董把周背走蛋家坡。红军从现在的中学一枪把吴打了,过三天才死的。战后,红军从〔朝〕士河方向去了。

记录人:陈光清

1984 年 4 月

(录自《中国工农红军川滇黔边区游击纵队斗争史》编写组编《中国工农红军川滇黔边区游击纵队斗争史(副本)·下册》,1985 年印行,4—87)

## 游击队急进安宁桥奔袭燕子口

钟世祥(71岁,长宁镇综合商店退休职工)口述

红军是农历乙亥年的九月间来的。那天正在办土地会(九月初九)。红军是从达马洞老路来的,分两路进城,一路从街上,一路从摊子口进来的。红军进城没有听到打枪,也没有听说红军提了团丁的枪。后来镇公所报损失枪支弹药,那是说不清的。我听说过他们有人用枪支调换鸦片烟的。红军在城头没有住,只作了宣传,把梁绍安的儿子梁七抓走了。下午红军从栏杆坝过河,用三只渡般〔船〕渡过去的。晚上住在南岸,第二天一早就走了。从老翁,走桃坪,过万岭就到永宁去了。

国民党的部队晚上才从江安开来,住在城里面。第二天红军都恐怕上万岭了,国民党军队才过河,一路慢慢打听起消息去了。

走访记录曹远强

杭锡儒(70岁,住安宁桥山庙)口述

红军游击队到安宁桥是民国二十四年,红军来是分两路来,多数是从斗□山来的,走老街进城;一路是从摊子口进城。来时大约是下午三四点钟,估计有七八百人。

当时镇公所在张爷庙,区公所也在一起。那时不是镇长,是联保主任。红军来时,镇公所、区署的人都从后门逃跑了,顺倒〔着〕小河边就跑了。红军连镇公所的门都没有进,也没有提枪,只在梁家捉了梁七胖子和梁三胖子,押到路上梁三胖子走不动,推在田头后跑回来,梁七胖子被打在十道场。

采访记录曹远强,1983年11月24日

邓树成(64岁,仁和乡中厂)口述

红军是从安宁桥来的,时间大概是1935年9月间,捉有梁北川等4个地主。那天逢赶底篷,红军驻在兰田坝的湾头、园水井、庙背后、坝坝上、水鸭塘、店子上、凤凰嘴、黄角嘴、下厂、沟头、水塘坎等处。

第二天红军从仁和寨走会龙桥,前往古宋。我带路走到那里就回来了。

林德安(61岁,仁和乡大山队)口述

红军来那天可能是 10 月 10 日,兰田坝一带都扎满了,有千把人,驻在湾头、沟头……都说是从安宁桥来的,听说是余泽鸿的部队,在这里住了一夜,第二天就撤上仁和寨,国民党地方武装来追。

1983 年 9 月 6 日

向雪清(72 岁,毕节县燕子口亮岩关儿箐)口述

红军打燕子口的那一年是民国二十四年旧历九月下旬,是刘复初、董淑尧的部队,有七八百人,从镇雄方向来,当时燕子口区之长是李保河,区公所由王琣之(保安队长)带有 30 多人驻守,我是在段家坪给李保河守兵工厂。刘复初的队伍来打区公所,李保河听到枪声就逃跑了。王培〔琣〕之放了几枪就跑,连脚都摔断。红军在街上还把城里派下来的税契委员周希白捉到,缴了区公所的十多支枪。刘复初的队伍有挑客,有商号,也有马帮。他们是上午来的,下午就开到亮岩,晚上住〔驻〕亮岩街上,在亮岩还杀了周希白。第二天清早就朝水田坝方向去了。

采访:张万朝、朱东风

记录:张迎新

1983 年 12 月 8 日

(录自《中国工农红军川滇黔边区游击纵队斗争史》编写组编《中国工农红军川滇黔边区游击纵队斗争史(副本)·下册》,1985 年印行,4—63~65)

# 游击队到了燕子口

黄荣(73岁,毕节县燕子口街上)口述

余泽鸿、刘复初是哪年到燕子口的年份记不起了。队伍有千把人,其中还有几个女红军,是从对坡方向来,来到街上就从王炳冷家抓了周希白,杀在亮岩。我是跟着去的,到了亮岩我就跑回来了。在燕子口保长周砚清也被抓了,原来是要杀在马槽田,后来大家去保才没有杀。人家周砚清还是正派,所以大家都保他。红军在马槽田开会,开了一两个小时。刘复初先讲话,余泽鸿后讲。散会后,我就跟去亮岩,去的有十多个人,我们是给他们背东西,去到亮岩,"匹头"(指马帮、挑担一类)来了,是夏卫山护的帮,毕节国民党官家的宽货,全是马驮,有几十驮,来到亮岩就被共产党接收了。我还得了一瓶曲酒、一盒纸烟,是一个女红军给我们的。截到的东西,都是些宽货,没有武器。晚上红军就住在亮岩。红军从燕子口到亮岩,还把一路的电杆全部砍倒。第二天就朝水田坝往金沙方向去了。下去不久,余泽鸿就"烫倒了"。①

采访:张万朝、朱东风

记录:张迎新

1983年12月10日

闫光钱(毕节县燕子口亮岩街上)口述

大约是1935年农历十月间左右,红军从玻璃坳来到亮岩,到亮岩已经是下午6点左右了。队伍有500多人,也有女的。先到亮岩的红军有一个排的人。来时"清匪"大队长闫伯平正在家里打牌、吹烟。听到消息后,拉开后门,带起他的十多个乡丁就往后山上跑,红军也没有追。放了几枪吓一下就算了。过了个把小时,大部队才来到。他们也不进哪家的门,各人在房檐角、台阶上坐起,顺街休息。

当天晚上,红军就住在亮岩,枪毙了从燕子口抓来的税契委员周希白。第二天黎明出发,往金沙方向去了。

采访:张万朝、朱东风

记录:张迎新

1983年12月8日

(录自《中国工农红军川滇黔边区游击纵队斗争史》编写组编《中国工农红军川滇黔边区游击纵队斗争史(副本)·下册》,1985年印行,4—65~66)

---

① "烫"念平声。"烫倒了",西南官话,一般是"遇上了"不好的事,这里指余泽鸿牺牲。

# 林绍武谈红军在亮岩

在亮岩打了大地主闫治平，杀了几十条猪，分粮给群众，打了 60 多匹马驮布缝衣服，共 120 驮。有 60 驮退回到赤水河去，没有截住，有十字布、铜筒烟。还将从燕子口抓来的县税卡委员杀在亮岩。

采访记录：古高门、王元柱

1973 年于坛厂公社

（录自《中国工农红军川滇黔边区游击纵队斗争史》编写组编《中国工农红军川滇黔边区游击纵队斗争史（副本）·下册》，1985 年印行，4—67）

# 杨正起谈雀井又来了红军游击队

访问杨正起记录

大队红军走过后不久,我们雀井又来了红军,在我家房前小山堡上打了一仗,我是亲眼看到的。那时雀井只有四五户人家,一户姓王,叫王华廷,其余都姓杨。雀井前面是陡壁,直下河沟,后面是悬岩。半坡缺水,有一口井装的水仅够雀喝,故叫雀井,这地方以此得名。

红军来的那时正是点包谷。他们从后水沟上来,早上到的雀井。在我哥杨正和家煮饭吃。饭没有煮好,我哥抱出3坛醪糟给红军吃。两个戴斗笠的红军向我招手说:"老乡,不要怕!"我还是不敢过去。一会儿,杜叔季的兵从岗那边过来了。在柏香林堡挑起打红军。红军饭也顾不得吃,就和杜叔季的兵打起来了。红军一看是地方团队,把洋号一吹,一个劲的〔地〕往前闪。民团朝箐场、望天关跑了。红军被杜叔季的兵打伤一个,王华廷请医生医治,伤重,3天后死了。"文化大革命"中,将红军尸骨烧起送到县里去了。

红军还在我们村竹林边边杀了一个人。这个人叫邱国春。他为红军带路,从洪关、枣树垭带起,过白杨窝、郑常、容光坝、下后岩,本来往后水沟出去,顺河到麻垭,过河可到仁怀,翻过对门的邱家湾可到习水。结果带起往茅草岗上雀井。雀井地方进退很难。再加上到雀井杜叔季的兵来围打,红军认为他是探子,就把他杀人〔了〕。

这一仗红军失了一匹马,丢了一挑药。

杨正起(男,81岁,住贵州桐梓县花秋区容光乡雀井村)

采访记录人:杨隆昌、张元伦

1984年5月4日

(录自《中国工农红军川滇黔边区游击纵队斗争史》编写组编《中国工农红军川滇黔边区游击纵队斗争史(副本)·下册》,1985年印行,3—70~71)

## 陈华安谈红军游击队在周家场

乙亥年(1935年),游击队从观木岩(观摩岩)二郎坝方向来,在周家场的轿子山上住了几天。当地的土匪是□坪黄定邦、肖春和、吴定成为首带来的,共有四五百人。土匪从石笋的小土冲上去,游击队从轿子山上打下来。黄定邦打死了一个红军负责人,夺走一支手枪(快慢机)、一只〔块〕手表。由于土匪打死红军游击队的负责人,激起游击队的愤恨,红军把土匪追到石海云的坝子里来,用刀砍死了一个土匪。土匪头子肖春和、吴定成被杀在生基坳。轿子山脚下一块坪子土,红军游击队和土匪在这里进行肉搏战,土匪败退了。游击队追到白岩嘴(现龙兴大队),土匪来时强迫一些人和他们一起打游击队,不去的罚50斤火药。

陈华安(男,住贵州习水周家民中大队)

陈光清采访记录

1984年4月

(录自《中国工农红军川滇黔边区游击纵队斗争史》编写组编《中国工农红军川滇黔边区游击纵队斗争史(副本)·下册》,1985年印行,3—70～71)

## 红军游击队烧了杜家碉楼

头股红军到雀井过后半个月,从岔水那边又有股红军过来,直到杜叔季的家,在杜家煮饭吃。下午朝大梁方向走去。杜家的兵早就躲藏了。红军到了杜家天刚亮。

红军在杜家停留,我记得在街上〈拉〉曾炳和家(当时绅粮,有钱人)猪杀剥了皮来吃。临走时把街上打扫得干干净净,把水缸挑满。

从岔水来的红军,把杜家碉楼烧了。这是张公理部队。后来拉到放牛坪去了。

温少清(69 岁)、王志伟(62 岁)、余光明(69 岁)口述

记录人:杨隆昌,1984 年 5 月 9 日

(录自《中国工农红军川滇黔边区游击纵队斗争史》编写组编《中国工农红军川滇黔边区游击纵队斗争史(副本)·下册》,1985 年印行,3—72~73)

## 韩世谈红军游击队从对坡来

刘复初带的红军从对坡过来,在南坳田截住了由夏万山护送的商队,是毕节城里商行的,有 100 多担。打了商队后,下午 5 点左右就到韩家沟,大约有五六百人,其中有个女子是司令官。随部队抓来的有 20 多个土豪,有一个是母享姜区长的老丈人,叫鲁老太爷,是用滑杆〔竿〕抬来的。红军在韩家沟住下后,用钱给老百姓买了五六百的谷子,椿〔舂〕了后做饭吃。他们不会做饭,米里的谷子都没有椿〔舂〕干净,就倒在锅里煮,还放了些猪油在里面。第二天清早,李保何就带起二三十个团丁追到韩家沟,想来打红军。他们不敢从大路来,顺着山爬,刚爬到八瓜山那点,就被红军的步哨打了一下,当时就打死两个,退了下来。李保何来的时候,红军正在吃饭,有的还没有吃,听见枪声他们也不管,各人吃各人的。听说城里的中央军到了燕子口也不慌,同样吃他们的饭,吃完了还要扫地,还借的东西,什么都搞完了才开始走。司令部先走,鲁老太爷走不动了便不走,红军就把他枪毙了。

下午二点钟中央军才来到。这时红军已撤到巷道山,在山上筑好了工事。来的中央军整整一个营,看见红军在山上走,他们就冲上去。双方接上火,红军一个冲锋打下来,就打死打伤敌十多个。败下来停在山脚,过一会中央军以为红军都走了,又冲上去。结果红军没有走,又被打死几个。火线前后打了个把钟头。红军就撤退了,一进鸡窝老林就难找了。后听说红军从巷道山过鸡窝老林,又过林口的大渡口,到叙永的石厢子住了两天才开走的。

当时红军的司令部就设在韩万尧家里。

张万朝、张迎新记录

1983 年 12 月 11 日

（录自《中国工农红军川滇黔边区游击纵队斗争史》编写组编《中国工农红军川滇黔边区游击纵队斗争史(副本)·下册》,1985 年印行,5—105～106)

# 刘复初的部队驻扎在韩家沟

邵玉昭

1936 年农历十月初一,刘复初带来的部队从对坡方向开来,在燕子口的南坳田截住了毕节官商从四川买的一批宽货,约百十来担。下午 5 点钟开到韩家沟来驻扎的,其中有两个女子住在司令部。

红军第三大队住在我家。队长不到 30 岁,说话清楚,红军从母享来时,还烧了湾沟王伯川家的碉,把母享姜区长的老太爷抓了起来。第二天,中央军到韩家沟同红军接火时,就把鲁老太爷打死在山下。当时李保何刚从城里当营长回来不久,有几十人枪,区长是龙九成,后来杨森还下令龙九成收回被抢走的东西。

第二天,红军在韩家沟吃过饭后,还把屋子打扫得干干净净,后才上梁子去的。中央军一追上梁子就被红军打退下来,死伤了十几个。当时红军大部都撤出了韩家沟,只剩一部分红军打。后敌人又组织第二次冲锋,还把我们这些老百姓抓去带路。

部队顺林口那面去了,到了石厢子的头榴,还在那里开了追悼会,掩埋了死的人。在那里就遇上滇军的钱营。双方接上火后,第三大队一个冲锋将钱营打退,后部队到了威信,又与当地的土匪陈明虎遭遇,加上后追的钱营一直跟着打,部队的损失就大了。

邵玉昭,67 岁,住毕节县燕子口区韩家沟队。

张万朝、张迎新记录

1983 年 12 月 11 日

(录自《中国工农红军川滇黔边区游击纵队斗争史》编写组编《中国工农红军川滇黔边区游击纵队斗争史(副本)·下册》,1985 年印行,5—106~107)

# 红军游击队来到了韩家沟

## 余银金

红军是丙子年（1936 年）十月初一那天来到韩家沟的。当时我坐月子还未满月。我家家里头的人都跑出去了，只有我一个人在家。红军来了以后，就到我家里来了。看见我在坐月子就说不准进我的屋。那时候我们是一幢房子，我住在里屋，西边厢房就住红军。有一个司令部就住在我家厢房的一边，另一边是两个女兵，约有 18 岁的样子。我还帮他们缠脚带，他们还拿些钱给我，还给我讲那一张是几角，那一张又是几角。歇在我家的那个司令部，那些人都喊他们司令部。有两个红军看见我有半篮子鸡蛋，就给我说，想拼①两个给司令部吃。司令部听见后就说：不准！不准拼她的鸡蛋，她是穷人，她也在受难！还叫他们舀了一瓢猪油给我吃。那猪油都哈口②了。

住在我家厢房里的还有一个病人。我看见他们用匙子喂他吃东西。半夜些我从窗子头看见还有一个死的停在房子的外面，是用白布盖起的，脚边还有一盏煤油灯。第二天红军打了中央军后就往鸡窝老林那边去了。

余银金，78 岁，毕节县燕子口区韩家沟队

张万朝、张迎新记录

1983 年 12 月 17 日

（录自《中国工农红军川滇黔边区游击纵队斗争史》编写组编《中国工农红军川滇黔边区游击纵队斗争史（副本）·下册》，1985 年印行，7—7～8）

---

① 西南官话。出让的意思，接受方不付代价或付代价。
② 西南官话。北方话是有哈喇味了。

# 孟启万、孟光山回忆红军游击队

孟启万说,截布帮一事是发生在那一年的十月初一。不太记得清了。护帮的是夏卫山。货物全是百货,无武器。其父和其兄都为红军担担子到燕子口街上,还分到了两个瓷碗和一根扁担,其兄孟启昌分得一个瓷碗,一个瓷盆。过后又被夏卫山的人收回去了。不交的或迟交的都受到毒打、罚款。

红军与夏万山部接火近一二十钟,打垮了夏的保商队 30 余人。夏万山被打逃到罗家坪后绕道回到亮岩,过几天才回来收东西。

孟光山说,红军的部队突然从大坡上冲下来,在石街截住了由夏万山护往毕节的百货帮,约有百十挑。夏万山、王绍林的护帮队有百把人,与红军接火后被打退到东瓜林,然后翻过山岭朝罗家坪方向逃去,打伤的也被抬走。

被红军截走的货物有布匹、烟酒、瓷碗、盆、牛奶、自鸣锤等,并无武器。

孟启万,54 岁;孟光山,75 岁,毕节县燕子口区石街队

李声亮、张万朝、朱东风、张迎新记录

1983 年 12 月 17 日

(录自《中国工农红军川滇黔边区游击纵队斗争史》编写组编《中国工农红军川滇黔边区游击纵队斗争史(副本)·下册》,1985 年印行,5—108)

# 红军两次到燕子口

## 孟宪章

　　红军到燕子口共有两次。一次是 1935 年,第二次是第二年的农历十月初一。我当时在燕子口教书。上午 10 点钟左右,红军就到燕子口。在街上还打了几家大染店,缴了联保主任丁永刚及部属的几支枪。丁逃到吴家寨。后在燕子口出去几里路的石街,红军截住了保商队卫护的百十挑布帮,还分了一些给石街的群众,后把东西挑到燕子口的庙坝了,在那里分了一阵子。下午 4 点左右撤到韩家沟去住。当时的区长是龙九成。李保何是保安大队长。红军一到就跑光了。

李声亮、朱东风、张万朝、张迎新记录

1983 年 12 月 17 日

　　(录自《中国工农红军川滇黔边区游击纵队斗争史》编写组编《中国工农红军川滇黔边区游击纵队斗争史(副本)·下册》,1985 年印行,5—102~103)

# 红军游击队第二次到燕子口

### 薛治华　黄荣

薛治华回忆说:红军第二次到燕子口,也是从对坡方向开来的,没有在燕子口停留,直接往韩家沟开去。当时是李保何的保安队队长。上午9时到燕子口。下午三四点钟就到韩家沟,在那里煮饭吃,宿了一夜。第二天县城里的保安团就到燕子口,在韩家沟与红军接上火。红军不慌不忙吃完饭,把后勤及辎重先转移到鸡窝老林方向,然后才与保安团接火,打死、打伤保安团的二三十人,以后才开到鸡窝老林方向去了,当时丁永刚是联保主任。

黄荣回忆说:来到燕子口的韩家沟和第二十军杨森部队打的也是刘复初的红军。那个时候余泽鸿已死了,只剩刘复初,也是从对坡方向来。到燕子口还打了"匹头",又把李绍成、周建成、蒙玉成等几家大商店抄了,才开到韩家沟。我当时在韩家沟帮人。红军来我还得了一桶煤油、一床棉絮。我拿来后藏在牛圈头,后来被李保何搜去了。队伍在韩家沟住下后,第二天毕节的第二十军就开来了,整整一个营,装备很好,同红军在老道山、大山坡打仗,红军一个冲锋,中央军打输了,死了几个,伤了七八个。中央军兵败如山倒,一直追到窝罗米。后红军往鸡窝老林下四川去了。

薛治华,64岁,住毕节县燕子口街上。

黄荣,73岁,住毕节县燕子口街上。

张万朝、张迎新记录

1983年12月7日

(录自《中国工农红军川滇黔边区游击纵队斗争史》编写组编《中国工农红军川滇黔边区游击纵队斗争史(副本)·下册》,1985年印行,5—104～105)

## 红军游击队在毕节燕子口

薛治华

刘复初的队伍有千把人，早上八九点开到燕子口。那天正逢赶场，人很多，但是大家都不怕，照常地赶场。红军几个一堆一堆的〔地〕坐在一起，那天在街上抓了两个人，一个是县的税卡委员周希白，一个是燕子口街上的保董周硕青。捉来关在区公所侧边的山堆上。周希白是在陈家烟馆头抓到的，抓的时候还在门上写了一个状子，就是说周希白是国民党的委员，所以要抓他。红军在街上活动了几个小时，到处写一些标语作宣传。红军来的时候区公所的人早都跑光了，红军一枪也没有放过就占领了区公所。

大概到下午二点钟，红军全部集中在马槽田准备出发。这时我们街上的人去了500多人，全部涌到马槽田给周硕青求情，因为周硕青这个人在街上为人还是比较公正，没有做过坏事。他当保董还不到两个月的时间。所以说是去保周硕青，大家都去了。

赵炳的父亲带着（人）到了马槽田，就对红军说，我们是来会红军爷爷的。讲了几句话，红军见了就说不要忙走，等一下。其中有3个骑马的，两男一女就跳下马来，把跪起的人扶起来，说不要跪，你们有那〔哪〕样话尽管说，你们都是些穷人。大家站起来后，就对红军讲了是来保周硕青的事。其中一个男子下马后对我们说，他我们了解，看来周硕青这个人还是比较好的，虽然当保长，但没有整老百姓，我们也打算把他放了。我们说话是算话的。因为我们现在要走了，而周硕青和周希白的事由前队押走了，要是早点说我们就把他放了。但是我们明天一定放他回来。今晚我们歇那〔哪〕点就从那〔哪〕点把他放回来，保证明天你们一定能看到他回来。听见这样说，大家都认为要得。这时红军就喊大家坐下，红军也坐下，红军就开了一个大会。

刘复初讲了话怕有两个小时，主要就是说：红军是和穷人一家人，是打土豪、杀贪官的。这些口号我们现在都还记得。部队来的多数是北方人，装备好。时间大约是在九十月间，包谷刚收。会开完后，队伍就朝亮岩方向去了，去那〔哪〕里歇也不晓得。第二天中午周硕青就回来了。周硕青回来后说，这支部队还是好。

薛治华，64岁，毕节县燕子口街上住

张迎新、朱东风、张万朝采访，张迎新记录

1983年12月7日

（录自《中国工农红军川滇黔边区游击纵队斗争史》编写组编《中国工农红军川滇黔边区游击纵队斗争史（副本）·下册》，1985年印行，7—5～7）

## 彭正明谈阮俊臣部袭击国民党部队

彭正明(男,80 岁,汉族,住贵州省毕节县先进母猪箐生产队)口述

民国二十五年(1936 年)贺龙领导的红军从毕节过。万耀煌,万军长的部队是蒋介石的嫡系,是追红军主力的。有一个团吧,要从金银山过河官屯,出白家哨往杨家湾追红军的主要部队。阮俊臣的部队半夜从黄塘梁子开过来,埋伏在金银山的屯上梁子,这个梁子很大,地势险要。

第二天清早,国民党的部队一到屯脚,就被阮的部队打了个袭击,一下就死伤二三十个兵。双方接上火,打了一天,连国民党副团长都给打死了。打去打来,国民党见拿不下屯上来,就四处调兵,想围在屯上收拾阮的部队,而阮部天黑就摸起走了。

这一仗打得大,那枪声响得像麻杆一样密,国民党的追〔迫〕击炮、重机枪也指倒〔着〕上面打。

1984 年 1 月 9 日

(录自毕节县贵州游击支队的资料)

## 阮迪英谈阮俊臣的部队做的好事多

阮迪英(男,67 岁,汉族,住贵州省毕节县烂泥乡龙塘生产队)口述

黄塘那个地方是阮的部队经常驻扎的老地点。

阮俊臣的队伍在栽包谷的时候过的(1936 年贺龙、萧克的红军过了之后),在金银山屯脚。他们还跟万耀煌的正规军打了一场恶仗,连副团长都被他们红军打死。这些正规军是想去追贺龙、萧克的大部队,但是被阮俊臣狠狠地打了一家伙。

阮俊臣的部队做的好事多,我们这一带老百姓中都有流传,时间久远了。我记起的就以上这些,用着嘛供国家写书。

1984 年 6 月 1 日

(录自毕节县贵州游击支队的资料)

# 关于陶树清在毕节起义

胡大荣

陶树清是国民党驻毕军队中的一名中尉连副。部队分别住〔驻〕在寿福寺、川祖庙、皇宗庙（即现在看守所、地区中心支行）三处，我家世代就在此地居住，与陶部的士兵是面对面。当时我是在我伯伯家住。

陶树清"反水"的具体时间我记不清了，只记得是在一天晚上，陶把营长捆了起来，带着士兵们抢了大横街的几家商店，天亮后，就带着200多士兵（一营人没有走完）朝草堤、朱昌方向开去。第二天，正值毕节赶场。听从朱昌、宋伍那边来的人讲："毕节的士兵，身上穿得红红绿绿的，朝那边开过去。"第二天全城人都知道，陶树清带人"反水"了。以后的情况就不清楚了。过了半把年后，陶树清被抓回毕节，杀在大较〔校〕场（毕节县粮食局背后）。杀的那天我们还去看过，陶被戴上脚镣手铐，背上插有斩条，斩条上还用红笔把名字叉了，这点我是看得很清楚的。

胡大荣，男，1911年生，家住贵州省毕节城关珠市路171号附2号。

（录自谢正发主编《乌蒙磅礴》毕节地区党史资料丛书之十五，中共毕节地委党史研究室1996年印行，第271～272页）

## 姚定祥谈所知道的陶树清

姚定祥(男,1911 年生,家住贵州毕节城关桂花路 19 号附 121 号)口述

陶树清在毕节驻防时,是暂编第五旅的一个连附〔副〕,时间记不清了。陶到毕节后,与我哥哥的爱人宋克珍(现在都匀铁路医院工作,约 70 岁)的妹妹宋克明(现在重庆市新明街 81 号居住)有过关系。当时宋克明只有 20 岁左右,人年青〔轻〕、漂亮,有些非凡,他们之间的往来大概有几个月的时间,后来陶树清"反水"了,杀了一个营长、两个连长才走的,"反水"后,宋克明也外出了,去到哪里我们也不清楚。

(录自谢正发主编《乌蒙磅礴》,中共毕节地委党史研究室 1996 年印行,第272 页)

## 韩宝辉口述

陶树清被抓回毕节时我看见了,被杀的时候,我也看见,戴着脚镣手铐,背着斩条。当时杀人都要吹反音号,陶坐地不走,要吹正音号"打的打达"是"欢迎!欢迎!"他才走,并作了宣讲,高喊,国民党克扣军饷,假抗日真反共,共产党好,等等。抓住他时是用铁丝穿过他的肩胛骨拉走。杀在毕节大较〔校〕场,尸体是他的朋友们(当兵的)买棺材埋的,埋在毕节文风角(现毕节二中上面)。

韩宝辉,男,74 岁,现毕节县建一司临时工,1984 年 4 月 13 日。

糜崇习、周铭朱、东凤记录整理,1984 年 4 月 20 日。

(录自《中国工农红军川滇黔边区游击纵队斗争史》编写组编《中国工农红军川滇黔边区游击纵队斗争史(副本)·下册》,1985 年印行,5—51)

## 聂靖口述

陶树清杀的一天,早上我就见一个人磨刀。我家住在十字街,离县政府很近。磨刀人说今天要杀人。中午从县政府押陶树清的〔上〕街去杀,出门以反音号"该挨刀……""该挨刀……"陶提出反抗不走,随后改成吹正音号"打的打达、打的打达……"他才走。就让他讲了一番。他大声揭露国民党罪行。后来要他跪下,他不跪,盘脚一坐。一刀割在胫〔颈〕动脉出血,随身倒地。当时我们小,追起看,讲话时兵围起的,离的〔得〕远,是站在个墙上看,听得不大清楚。

聂靖,男,贵阳美术公司,58岁。

秦心诚、糜崇习记录整理

1984年5月20日

（录自《中国工农红军川滇黔边区游击纵队斗争史》编写组编《中国工农红军川滇黔边区游击纵队斗争史（副本）·下册》,1985年印行,5—51～52）

# 我与阮俊臣在古宋认识

彭文彬

我与阮俊臣认识是在头轮红军来以前的事了。当时我是在古宋拖船哑当巡僚，阮俊臣是在古宋当税务所的所长，也就是厘金所。他是属于部队上的人，是侯之担任川南边防军时的部下，阮俊臣原是在外面活动的，是侯之担把他招在易绍全旅任佩龙团任第一营营长的，后来任佩龙就委他驻古宋任税务局的局长，是军队派在地方的特派员，我们是属于他的下手，都归任佩龙团管。第一次红军过四川，我们随任佩龙开往遵义，从这时起我就与阮俊臣失去联系了。红军过后，第二十五军垮了，队伍被完全编散了。我就到了贵阳，后来经朋友的介绍到两河税务局当巡僚，是十月间的事，我顺路过毕节，在毕节停了几天，遇见我的一个家门彭焕民。他是在阮俊臣身边的人，他告诉我说：现在阮俊臣已经答应和柳旅长合作了，现在队伍住在母享，问我愿不愿意去，我当时就答应说愿意去。他就介绍我和胡恒普一起先到母享，说他还有点事要办。后来我才晓得胡恒普就是请来说服阮俊臣答应同柳合作的。他是川南的参议员。我和胡恒普当天就赶到母享的，阮的队伍就是住在那里，当时阮正和柳旅的江团附〔副〕在说话，见我来以后，他就把我带到一间正在打麻将的屋里摆谈，主要就是说合作是因为队伍被打散了，想先到柳旅避过这阵风再说。

第二天，我们就接到从毕节来的公事，阮也就下令朝毕节开，来到黑树庄歇了一夜，说是要等孙绍清来，彭焕民给我悄悄说，是等孙绍清来扛枪，半夜孙绍清果真带了几十个人来了，把枪扛走了百十支，只剩些杂七杂八的破枪。第二天我们又起身到了毕节，队伍没有进城，全部住在流仓桥，有 300 多人的样子，阮俊臣只带了十几个人进城来见专署的人，办理手续，第二天才走了。他的队伍编去以后就到了桐梓，我没有去，仍回到了两河税务局，他的情况我也晓得了。后来大约是民国二十七年五月间，全省的税卡全部撤销，我从赤水河回到毕节，在阮同生家又见到阮俊臣，听人讲才晓得他的队伍到桐梓以后编散了，抗日去了，只把他留下来，他没有办法，就跑到贵阳，结果又被绥靖公署抓起来，说是他想造反，把他关起来，之后还是全得他手下的一些人到处用钱托人才把他从牢头救了出来，就这样他回毕节来。阮俊臣这个人对人对事都很好，还像一个文人，我在古宋时就知道他有点进步，是地下人员，因为那时李远芳和缪正元从上海回来，故意说到古宋去会见了他,李远芳被杀时我正在贵阳,听见人家说,他是共产党,又听到他喊共产党万岁! 打倒蒋介石! 我联想起来才知道他们一定有关系。

彭文彬,男,1909 年生,系贵州省毕节地区百货公司退休职工,家住毕节城铁匠街。

(录自谢正发主编《乌蒙磅礴》毕节地区党史资料丛书之十五,中共毕节地委党史研究室 1996 年印行,第 255~256 页)

# 卢少臣口述

民国二十五年农历六月中旬(1936 年 7 月下旬)阮俊臣率其部朱丙〔炳〕章等,从大兔场(今纳雍县、原系大定县管)拖了一支千把人的队伍,路过纳雍的卧寨猫场,收集了当地杨少舟、吴少全、吴仲武等的绿林队伍,路过五佐河时,又收集了刘义山、刘银舟、刘银安等的队伍,再加上原纳雍熊扑与宋老跛(显珍)的绿林部队其三四千人(另有大新厂郭南非、张福清以及罗圈王玉清等的队伍也都参加)在纳雍的波罗沟集中,准备到织金围城。

当时的以那区长黄道昌闻读〔听〕后,一方面派人到织金报警,一方面通知当地的富户跑散隐蔽。故当阮、熊、朱等部队路过以那时,可谓"秋毫无犯",没有骚扰百姓,也没有打富济贫。

是夜天气晴明,月朗星稀,只闻人马急行军杂踏的脚步声,没有听到喊杀声。因为这样,我们街上没有生活出路的穷苦人都被迫铤而走险,跟了阮大爷进城。他们走了以那后,天就下起了暴雨。

故以后听说,他们到织金时,因大雨倾盆,河水陡涨。再加上国民党第二十五军霍世才驻织金的部队组织壮丁保城,防守严密。所以他们空跑一趟,没有把织金打下,没有达到他们预计的目的。

我们街上的徐兴么,是罗圈人,王玉清的部队,也跟着阮俊臣去围攻织金,被霍世才的部队打死在北门桥上。

另外,闻说阮俊臣、熊扑的部队拉回来时,有一小部分约四五百人是经八步过来的,在路过八步时,他们还打了街上的陈么公陈文林、陈文达等几家富户,并把这几家有钱人的财物拿出来分给穷人。但具体情况是怎样的我不知道。

还有,阮俊臣与熊扑的队伍撤离织金后,南区的恶霸李名山,曾经借口说我去欢迎过阮进城,把我拉去敲诈了我的 120 元大洋。这真是黑天冤枉。李名山又借口说五佐河的刘义山、刘银安是匪,跟阮俊臣去围攻过织金,因而带兵去把五佐河老百姓的财物抢尽,牛马猪羊等牲畜全部牵光。这就是李名山发家采取的恶劣手段之一。

卢少臣,男,76 岁,住以那架桥边(以那镇位于织金县西北部,距县城 36 公里)。

严成芳、黄贵先记录

(录自《中国工农红军川滇黔边区游击纵队斗争史》编写组编《中国工农红军川滇黔边区游击纵队斗争史(副本)·下册》,1985 年印行,5—52～54)

## 宋少伍口述

宋少伍,男,68岁,住以那架三洞桥(以那镇位于织金县西北部,距县城36公里)。

民国二十五年古历六月十四(1936年7月31日)上午,阮俊臣和熊扑等带兵从纳雍来去打织金(县城)时,路过我们三洞桥这里,纪律是非常好的,没有打家劫寨,扰百姓,可我们三洞桥的宋兴顺和宋良成等却命令他手下的弟兄们,用土炮阻击阮大爷的部队,阮的部队因忙去打织金,所以没有理料宋兴顺等,他手下的兵只是说:"好好记倒,你用土炮打老子们,等老子们回来才跟你算总帐〔账〕!"所以当时没有出现过什么不好的情况,但阮俊臣、熊扑去围织金不下退回来时,事情却发生了。

大概是六月二十一左右,我们寨里的宋兴顺、宋良成几家富户因听说阮俊臣去打织金不下又带着队伍撤回来了,都带着他们的家属,隐蔽好贵重的东西,跑到山背后没有人到的地方去躲避起来了。寨子中的穷人因怕遭到兵跑光了,故阮、熊的部队,路过宋家寨时,放了一把火把几家大富的房子烧了起来。因没人救火,故寄存器得老百姓的房子都跟着被烧成灰烬,至于他们到织金,回纳雍的情况到底怎样我不知道。

黄贵先、严成芳记录

(录自《中国工农红军川滇黔边区游击纵队斗争史》编写组编《中国工农红军川滇黔边区游击纵队斗争史(副本)·下册》,1985年印行,5—54~55)

# 潘朝鼎口述

1936 年夏,阮俊臣、朱炳章的部队在纳雍的卧寨猫场,五佐河、杨家湾、权坝一带进行活动时,他们提出的口号是:"上等之人(富户)差我的钱,中等之人莫照闲,下等之人(穷人)跟我去过年。"用此来宣传号召,使穷人们都参加他的队伍,打老财、济贫民,因而他们的队伍越来越大,越集越多,过以那时有两三千人,两千左右条枪,并且他们的队伍,纪律很好,对穷人没有什么骚扰,相反还把打得的财物粮食等分给穷人。

去打织金不下来回时,在多吉的熊家寨小红岩等地住了一两天,听说过打过几家财主,把一些粮食财物分给了穷人,却根本没有拿过老百姓一针一线。但也有部分在半路收编的拖摊匠队伍中的极少数士兵,因为没有受到严格的纪律教育,表现得不够好,有随便就去拿有钱人的东西的现象。

因为阮俊臣、熊扑的部队路过以那时,我正在贵阳读书,故对他们在这一带的活动情况我是不清楚的,以上这些,是我读书回来听说的,所以难免有些"道听途说",不够真实。

潘朝鼎,男,73 岁,住以那架果永公社。

黄贵先、严成芳记录

(录自《中国工农红军川滇黔边区游击纵队斗争史》编写组编《中国工农红军川滇黔边区游击纵队斗争史(副本)·下册》,1985 年印行,5—55~56)

## 胡国香谈阮俊臣

阮俊臣原是侯之担的部队,任营长,后来他从旧军队里反出来拉了些队伍,一道到贵州来的有黄余龙、康海平、伍国全等。队伍常住毕节与镇雄交界的黄塘梁子、镰刀湾一带。红军到毕节后,他带队伍参加了红军,留在后边打游击。

阮俊臣在社会上结交很广,对他的事业有帮助的人他都肯结交。专员何朝宗的谍查长孙炳奎就经常给阮送消息、递情报,还送枪弹。为这些事,后来何专员廖兴序杀了阮俊臣后,还对孙炳奎下了毒手,杀害了孙炳奎。

胡国香口述,男,71岁,毕节机公社镇江大队许家河知情者

（录自《中国工农红军川滇黔边区游击纵队斗争史》编写组编《中国工农红军川滇黔边区游击纵队斗争史(副本)·下册》,1985年印行,6—6～7)

## 5. 亲友的回忆

### 回忆父亲胡紫键二三事

胡庆莲

要谈我父亲的经历,这已是三四十年前的事了。我那时人小,知道的很少,只记得母亲牛此云 1980 年在病期间,给我讲过的点滴情况。

我父亲胡紫键,又名胡志坚,人称大湖南,祖籍湖南平江县,土地革命时期参加彭德怀领导的平江起义,历任红军战士、班长、排长、连长、红十三师师部宣传科科长。1935 年 1 月遵义会议以后,他奉令到川南游击纵队,任第三支队长。

1936 年春,在兴文县的一次战斗中,他身负重伤,经组织安排,由当地一位姓李的农民掩护,背到大山一个废炭洞里隐蔽养伤。伤好后按党组织的安排,在云南镇雄、四川筠连一带潜伏下来开展活动。他先到旧镇雄县罗坎区,任陈明芬大队分队长。1939 年定居巡司。

为了便于开展党的工作,曾任过吴家坝(武德乡)乡队附〔副〕。为了便于与党组织接关系,他在巡司街上开了一个茶馆。经巡司人文大鹏(当时的地下党员)介绍,与筠连地下党负责人李永清、詹梦瑶接上关系,并一起工作过。1949 年冬,参加了"川滇边区地方人民解放司令部"所属定水支队任队长。1950 年到宜宾学习时,受到宜宾军管会主任陈林、二十八师师长陈中民、政委赖大元接见,后回筠连,在公安局工作。

母亲临终前颤抖着对我说:"以前我一直没有给你说过,因为你年龄小不懂事,你父亲来筠连是党组织的安排。自从部队打散,刘政委(复初)安排他在川南一带隐藏下来,打入当时的国民党政府里面去任一点职,与本地地下党组织接上关系,开展革命工作。刘政委还特意为你父亲取了个名字叫'胡志坚'。你父亲是听党的话的,完成了刘政委安排的任务。现在刘政委也没有下落,如果他还在的话,他能证实你父亲的历史。"

我父亲常救人于水火。他在筠连警察中队任分队长时,有一个流落川南的红军游击队员聂素华(现住珙县)到我们家里来,相商谋生之路,父亲介绍他去吴家坝教书。后来张文九把聂素华抓起来准备枪杀,我父亲暗施巧计,把他放了,还把自己的一双皮鞋卖来给他作路费,叫他逃离险境。临走时,我父亲叮嘱他说:"你一定不能出卖同志，不管怎样，死了也不能说。"聂素华恳切地回答："我是不会的。"

陈连生与父亲是同乡，也是战友，川南游击纵队失散后，他流落到筠连，举目无亲，生活无着落。父亲就叫他住在我们家里同吃同劳动。父亲之所以这样做，想到的还是同一根藤上结的瓜嘛。我父把他当作亲弟兄，情同手脚，我叫他陈伯伯。他和我们同甘共苦多年。1953 年，陈伯伯害病身死，我母亲请人拆下家里的楼板做成棺木，把他埋在十家砣岩上。我父亲不仅保护了红军战士陈伯伯，还在生活上给了他极大的方便。

还记得巡司上游二队社员谢大同，新中国成立前被抓壮丁的乡丁杀伤，我父亲目不忍睹，用药为谢治好了伤口。谢至今还记忆犹新，十分承情我父亲的好意。

我父亲生前做过许多有益于人民的工作。我所了解的，只是其中零零碎碎的一点。


筠连县党史办公室：

我将母亲牛此云生前遗嘱父亲胡紫键参加革命以来的历史说一下。

我父亲胡紫键，人称大湖南，又名胡志坚，祖籍湖南省平江县人，土地革命〈战争〉时期参加彭德怀领导的平江起义，历任红军号手、战士、班长、排长、连长、红十三师师部宣传科科长。

遵义会议以后，为了配合红军北上抗日，奉命随余泽鸿、刘复初领导的由红军骨干组成的川滇黔游击纵队，任三支队队长，在转战三省的战斗中纵队司令余泽鸿不幸牺牲，由政委刘复初任纵队司令员。

1935 年部队打散，在兴文县的一次战斗中，父亲身负重伤，经组织安排，由当地一位姓李的农民掩护，背到大山林中一个废炭洞内隐蔽养伤。伤好后，多次设法找党，盼望归队，由于部队打散无法找到，只有按党的安排在云南四川一带潜伏下来。先到云南省罗坎区任陈明芬大队分队长，1939 年迁居四川省筠连县巡司场街上，为了与组织接头，在街上开了一个茶馆，任吴家坝乡队附〔副〕，经筠连人文大鹏介绍与地下党接上关系，由贵州人李永清、筠连人詹梦瑶领导，打入警察中队任分队长。

1946 年地下党人士等组织了反对内战的民主运动。1949 年又联合地下党人，策动筠连和平解放，对新中国的成立作了贡献。

我父亲任警察分队长时,有一个叫聂素华的人到我们家来过,后来我父亲介绍他到吴家坝去教书,后来张文九把聂素华抓了起来准备枪杀,我父亲知道后把他放了,当时我们比较困难,父亲把一双皮鞋卖来给他做路费,他走时我父亲给他说:"你一定不能出卖同志,不管怎样,死了也不能说。"他说:"我是不会的"。走后父亲对我们讲,他是一个好同志。

以前我父亲带来一个人叫陈连生,是他的同乡。街上的人都叫他陈排长,这个陈排长一直给〔跟〕我们住到死的。他是 1939 年就来我们这里的,在我们家中住了 10 多年。死于1953 年,当时是我母亲叫人把我们的楼板拆下来把他埋的,是请两个人把他埋的,还付了工钱。当时我小听母亲说是埋在十家砣的岩上的。由于当时我小,对父亲的事,只知道我清楚的。当时,有很多知道我父亲的历史和事迹的,但现在只有少数的老年人了。

胡庆莲供稿

石明增整理

1983 年 11 月 18 日

胡庆莲介绍:

小乐瓦一穷青年在巡司被宋仕仁抓作壮丁,胡紫健〔键〕出面抗争,被保护了下来。

谢大同(巡司上游二队社员)曾被抓壮丁的兵丁杀伤,胡为谢治好了刀伤,谢十分感激。

陈连生(游击队员)是我们保护了他,养活了他。

聂素华(游击队员)也受过胡紫健〔键〕的资助。

(四川省宜宾市党史研究室提供)

# 回忆父亲殷禄才

## 殷光宗

我父亲殷禄才,生于1912年3月15日。因我家人丁稀少,父亲出世时,用一只箩筐装下,取乳名"箩子",也就是后人称"殷骡(箩)子"。那时候我家很穷,祖父殷从明是个屠宰户,祖母杨氏在家磨豆腐,做粑粑生意,以此维持一家人生活,土地只有一块菜园。1921年,祖父病故,家庭由幺老爷殷吉安掌管,他以买卖为主,并兼做大烟生意。幺老爷做生意赚了钱,在斑竹买了38石租的地,在郭家坟买了10石租的土地。全家11口人,每年耕种,除生活外,稍有节余。1922年,幺老爷病故了,家庭又由大祖母何氏当家。这时,我父亲刚满10岁,在郭家坟入学读私塾。大祖母逝世,二祖母改嫁,家务才由祖母掌管。父亲读了私塾,有了初步的文化知识,认识到穷苦大众要摆脱剥削和压迫,只有组织起来,抗租抗税,与国民党地方官府作斗争。

1928年,威信顺河自卫队大队长张占云,以我父亲占了两房人的家产为由,强迫父亲买两支枪和子弹给他办团。我父亲本身就是最恨这些欺压穷人的地方鹰犬,怎么能够出钱买枪助纣为虐呢?他逃去四川珙县半边桥找堂祖父佃了5石租的土地,准备在四川安身。他回来向祖母谎说在芭蕉沟遭抢劫,欲使全家下川。半夜过后,父亲跪在祖母面前哀求道:我们不能在云南了,这地方上有吴亮成、吴恒章、张占云等恶人敲诈勒索,我们穷人受不了,我在珙县洛亥白沙石滩子佃了几石租的土地,我们最好搬往四川去住。征得祖母的同意,迁居两年时间,父亲结识了康子成。康的姐夫张光宗是珙县团防局队长。康子成托父亲上云南帮他姐夫卖枪,一行二人,来到威信斑竹塘。保安队长黄朝兴将父亲及同行捆绑扣押。家里得知,请了牟么老师和陈昌尧当保人,许给黄20石租子土地,父亲才得以获释,但其大腿上被黄砍了一刀。牟将父亲背至环房他家中医治。尚未痊愈,顺河乡长张占云听说了,就到牟家捕捉父亲,想乘机大捞一把。在牟么老师大力帮助下,父亲侥幸逃脱险境。回来后,康子成又来找父亲说:"为了弥补损失,请帮我卖点子弹。"父亲到高田找姐夫陈正杰(自卫大队长),陈把子弹拿去,不但不给父亲子弹款,反要父亲为他背枪。父亲无奈,只好又到四川卖了土地和家产,赔偿了子弹款,搬回郭家坟居住。

1935年夏天,父亲邀集殷崇科、殷禄明、王应田、吴德全等几个穷人去帮陈正杰家背枪。去了两个多月,几个人暗自商量,趁下河洗澡之机,将枪拖出来(后来还了4支,有2支未还),就以这2支枪起家,开始组织起武装部队。

为了发展和壮大队伍,父亲带着人到青山坝,缴获壮丁队枪两支,又到麻告缴了分队副的枪两支。龙马乡有个外号叫缺嘴的带了3支枪来投靠,就这样,人有了,枪有了,就公开打出殷禄才队伍的旗号。我父亲认为只有团结穷苦百姓,拿起枪杆子,打富济贫,惩罚恶霸,才是出路。父亲决定先擒掉黄朝兴,把更多的穷苦百姓团结起来。父亲带了10多人到新街石马坡,把队员伪装起来,将脚上的草鞋倒转来穿。来到一家姓杨的家里,叫姓杨的去报告黄朝兴,说家里来了十几个"土匪"。黄信以为真,带着人马直闯杨家,并问匪到哪里去了?杨家的人说早就走了。黄闯进屋里,父亲就从屋里打出来,与黄交上了手。埋伏屋外的殷崇科扣动扳机,当场击毙黄朝兴,为当地人民除掉一害。农民兄弟个个叫好,人人称快。就这样,队伍更进一步壮大,"殷骡子"队伍出名了。

1935年,中国工农红军长征集结扎西,在云贵川三省边区成立红军游击纵队。父亲跋山涉水,历尽艰辛,终于找到了红军游击纵队司令部,会见了纵队领导人,并要求参加红军闹革命,为穷人打天下。纵队领导给父亲政治思想上作了很大的帮助和指导。父亲高兴万分,多年来要寻找为穷人解除困难的救星——中国共产党找到了。红军游击纵队为了考验他,叫他回到地方组织游击队伍,经常与纵队联系,送情报等。1936年春,张占云勾结张发富,准备袭击郭家坟,企图杀害我父亲。此事被父亲知道后,机智地将张发富杀了,缴获了30多支枪,扩大了游击队的武装,随即打了珙县王场杨伯仿的保商队。杨勾结张占云到威信县政府控告,县长报知滇军安旅田营来"围剿"郭家坟。当时父亲的队伍撤往大硝洞里,后突围出来,受到很大损失。于是,父亲带着队伍及家属搬到邓家河腰蹬岩住。1936年秋,特委同意父亲请求,叫他随军学习。在学习期间,他工作积极,打仗勇敢。不久,经刘复初介绍,特委批准,光荣加入中国共产党。特委派他回地方发展游击队伍,成立云南支队,任支队长。父亲随即率队到四川兴文、建武、大石盘、炭厂一带活动,特委和纵队非常关心游击武装的成长,派红军干部陈华久到云南支队作政治工作,任支队政委。此时,红军游击纵队遭到国民党军队"围剿",受到很大损失,部分人员壮烈牺牲。主要领导人刘复初被捕。这样,云南游击支队与纵队失去联系。父亲又搬回郭家坟。

七七事变后,刘复初出狱,派兰澄清回来和父亲联系。兰找到父亲和陈华久后,商量决定,将这支部队改名为"云贵川抗日后援军",开展抗日民族统一战线工作。抗战胜利后,国民党反动派发动大规模内战,这时父亲的这支队伍已经扩大为拥有三四百人枪,进行革命活动。曾在叙永马岭、江门地区,截击国民党军用汽车,缴获不少子弹物资。同时又攻打马岭乡公所,对川滇公路影响很大。接着又攻打筠连巡司区小乐瓦田栋云家(田栋云是国民党重庆军统局第十三交警队少将大队长),缴获100多条枪。游击队的活动,引起了国民党反动派的惊恐,他们对父亲和支队恨之入骨,在报刊上骂我父亲是"土匪""金骡子""长耳朵"等等。1947年,国民党派中央军第七十九师对游击部队进行残酷地〔的〕大规模的"围剿"。因敌众我寡,力量悬殊,父亲与陈华久在战斗中阵亡,其余100多名干部战士在反击敌人的"清剿"中,壮烈牺牲。干部秦从兴被第七十九师的军队抓捕,他不向敌人低头,昂首挺胸,走到刑场,英勇就义。无数革命先烈虽然献出了宝贵的生命,但是他们的英雄业绩,将永远铭刻在我们心中。

(录自云南省昭通市《威信县文史资料选辑第1辑》,1986年印行,第35页)

# 对父亲黄华先生平的片段回忆

黄训尧

　　父亲黄华先兄弟四人,他排行第二,1915 年 4 月出生在镇雄县母享上街口的一个农民家庭,我们家共有 22 个人口。在半封建半殖民地的旧中国,为了养活这个人口众多的家庭,不分家是不可能的。父亲有 10 岁那年,祖父向我外祖父家要了一个屋基,在武庙门口街上起了一幢木房,祖父分开家,把我们全家,9 口人一起搬迁到街上去坐了,全家的生活都是靠煮酒熬糖为生。

　　据母亲说,父亲自小聪明能干,性情刚直,胆量大,反抗精神强。据说父亲读老书,书背不得,被私塾先生打了顿竹板,回到家后没有得祖父同情,相反被骂了一顿,出走了十几天,从此,不管家里如何说,就是不去读私学。

　　1933 年,我们家在祖父的操持下,家里小本经营结余了一点钱,叫父亲去贵阳读书。据说 1935 年红军长征后,父亲在校受到革命思想的熏陶,接受了中共党组织革命任务,于 1936 年春离校返家。回到家中不久,就干起了"乱事",把我三叔富先喊在一起,经常和串九的胡昆、黄二叔(一位不知名的外省人)来往,好几次都在半夜在我家中开会商量搞"乱事"。每次开会,父亲他们都叫姐姐训荣放哨,并对姐姐说,是自己的人来,先要在房圈门上敲两下,下面门上敲一下,才准开门,若门敲乱了,叫姐姐咳一声,他们就从后门走了。据说,父亲他们这样的会开了好几次,就搞到枪了。后来的会,他们三人都带有手枪。事后不到半年,父亲他们就大干起来,先约了三舅陈国顺、五舅陈国林,又约了街上的胡志远、施才高、刘么爷家七十五、长哥儿、黄道先等几十个年青人就把队伍拉起来了。随后队伍越拉越大,有时多到 1000 多人。

　　姐姐回忆说:有一年(大概 1937 年春)四川的一位阮司令员(母亲喊他阮大爷)来过我家,并带有一个姓黄的,一个姓康的两个人。来的当晚夜深人静,喊胡昆和我父亲一起在我家中房间里开了一次严肃的秘密会议。商量了很长时间,会开完天未亮阮司令员他们走了。走时父亲和胡昆一起陪他们去,第二晚上才回来。姐姐还说,阮司令员人很精瘦、斯文,戴顶灰色博士帽,还有眼镜,说话温和。自此以后,父亲十天半月要去找阮司令员一次,每次都要好几天才回来。父亲每去一次都不让家里人知道,只告诉姐姐说:有人问他去哪里,只准姐姐说去大湾子叶老瓜公家。有时父亲也叫胡昆八伯去阮司令那里一趟,回来都要在我家里开一次会商量,同时也有一次出去的行动(据说是去打土老肥)。

在贵州活动的期间,经常与保安二团、保四团打仗,打起来仗火很激烈,有一次在小干河打了一仗,吴清顺的大队被保安团打死两人,受伤好几人。保安团也被五舅他们打死12人,抓到7支枪。垮沟的吴维劳就是这次打仗背上负了伤。父亲大队的人,皮都未擦着一块。

五舅常说,父亲待部下很好,队员们对他也很好,很尊重他,打起仗来都是生死相顾,从不计较个人得失。如果哪个队员负伤,无论如何他都要叫顾起走。又说,父亲人高大,胆子也大,跑得快,行军作战穿袜子套布鞋,打起仗来很勇敢,每逢打起仗来,父亲把枪木壳子插在皮带上,叫大家卧下来,不管对方火力怎样密他都不怕,让敌人接近后,他就带头冲锋,每次都要在敌人换子弹时,跑在敌人中间去用马刀乱砍,因此,贵州军说起黄二毛牛(游击队员呼父亲的外号,有亲切之意)都要吓得火腿弹三弦,最怕碰上父亲的队伍。

五舅回忆说,游击队组织起来那年(1936年),他们带起队伍去扎西下面找过刘复初司令员,这次打算找到刘司令员就不回来了,可是很不凑巧,队伍开到扎西下面,刘司令员的人也提前走了,只留三个人在那里等他们,得了7支枪,两箱子弹,1封信,他们就回来了。据五舅说,信的内容是叫父亲把队伍拉大,要坚持,并把地主阶级打倒才有出路,才站得住脚。至此以后,队伍就拉大了。第二年父亲的队伍在串九刘家山老林搭了九个大帐篷,住了四个大队的人,吃的是叫财主张开富杀猪宰羊送进去。

五舅说,父亲有一次居心把土匪队队长王伯川干掉。1939年秋,父亲借口下四川打汽车,把王伯川哄到金银山下面,还未有机会下手,这家伙烟瘾发,没有烟吹,就掉头返回来了,父亲只好把队伍又跟随回来,父亲事后对五舅几个心腹说,让他多活几天,以后再想办法。

大概是1940年,阮司令员派了一位姓詹的司令员来到游击队中,詹只带来七八个人。半年左右,詹司令员就惨遭毒手,被王伯川害掉。

据说,父亲、王伯川、詹司令官等一起在嘎腊(现在的母享三合大队)一家姓聂的人家户吃饭,王伯川先有准备,安排他的40多人,3个对付詹司令官的一个,王掷杯为号,在饭桌上把詹和詹的人全部捆起来,父亲起来问王伯川干什么?王声称说:"不关你的事,我们是奉陇指挥官(即陇承尧)的命令,请不要多管闲事。"父亲当时只有七八个人在身边,考虑动起手来要吃眼前亏,只好把部下带走。

詹司令官被押到镇雄遇害不久,龙云就派滇军护卫团陇生文来"围剿"游击队。父亲他们与滇军打了十几仗,周旋了半年多,因子弹打完了没有后援,只得把队伍化整为零,分散活动,计划等滇军走后再把队伍集中起来,搞革命活动。不料,这种行动恰中敌人的阴谋,以陇均平为首的土匪地霸武装,趁机狗仗人势,立即组织了一支反动谍查队,利用惯匪康传兵这个走狗把父亲跟踪盯上,用拜把送枪弹为幌子,麻痹父亲意志,趁父亲不备之机将其杀害,惨状目不忍睹,将父亲砍头去脚,剖腹掏心,抛弃荒郊野外,不准亲朋掩埋。更甚恶毒的是国民党还要将我家铲草除根,追尽杀绝。

幸得亲族朋友革命同志,好心人顾得我们一家。父亲被害的当天,把消息告诉了妈,族中的单身汉苗大伯为了保护我们,把生死置之度外,当晚将我背进到包包上黄家躲避,连夜又转到串九风岩湾黄才文家与姐姐会合,第二天又转送毕节城里,先躲在水巷子张忠林家,吃住安全等均由敌专署谍查队队长何明钦二叔安排(阮俊臣在毕节的统战对象)。

为了我们姐弟不落入敌人的魔爪,何二叔又与傅绍祖商量,由傅出面将我们转移到平街上杨伯伯家(这家开店,妹叫四秀),后又转移到大街上高家(听说高家有人是地下党员)。白天姐姐将我待在身边,形影不离,晚上何二叔将我带进专署和他睡在一起。

大约一月左右,不见何二叔来看望我们了。有一天,傅绍祖才来对姐姐说:"训荣,你何二叔他走了(据说是被敌专署廖专员拉去杀害了,付怕说出实情使我们恐慌),我也得出远门(大概他和我们关系暴露得出走)。今后你们姐弟有人会照顾,不必担心。"

第二天,傅绍祖装成上坟,把我和姐姐送去他家坟山地一家姓付的人家躲起来,付绍祖从此就没有和我们见面了。我们在毕节期间,何二叔将我改名张志三,姐姐改名张翠荣。

我们到毕节后,三叔富先也同时逃到毕节,后来听说三叔被张朝梁出卖,写信给阮继尧,向陇生文的连长龙家录告密,派杨排长带一排滇军去毕节田坝桥林茂权家把三叔捉到母享杀害,遇害时年仅17岁。

我们逃走的当天,妈妈同时将妹妹背起出走,躲去文笔山姑父涂广忠家。妈妈走后,行踪被敌队长朱怀才发觉,捉去非刑吊打,用猪鬃穿乳房,受尽人间苦楚。连几个月的妹妹训明要吃奶都不把妈妈放下来,只能叫人把妹妹抱去吃奶。妈妈曾被朱怀才整昏死去又活过来,幸得好心人朱怀才的长工看不下去,起了怜悯之心,在一天晚上趁朱不备,把妈妈送出虎口。这位好心的老大爷也不敢再回朱家。

1941年下半年,妈妈才叫三舅去毕节把我们接回来,我们母子姐妹四人见面,有家无处归,房屋家产全部被国民党当匪产充公没收,余下的四人,只好寄宿于二外公家。妈妈和姐姐整天累得死去活来。在亲友的帮助下,妈妈去山上找了两天,最后在一棚刺林上找到父亲死前穿过的一条血迹斑斑的破短裤,在一堆乱石中找到一条右腿骨。

1984年4月8日

(录自云南省昭通市镇雄县县委党史研究室编《红旗卷起农奴戟》,1991年印行,第398~402页)

# 关于父亲艾宗藩的一些情况

艾祖辉

我的父亲艾宗藩本属艾姓世家子弟,艾氏系书香门第,由于家难被逼上梁山,聚集百余人,依威信(扎西)水田郑家(我母亲的后家)扎驻。

1935年红军扎西会议决定,收集绿林好汉入伍,编入川南游击队,并指派政工人员作指导。刘复初任川南游击队主要领导,刘介绍了殷禄才入党,随后又吸收了我父亲入党,将我父亲收编到游击队任第五支队支队长,在川、滇、黔三界开展了游击战。

由于国民党的"围剿",游击队受到些损失,后有江西籍共产党员骨干龙厚生(政委)、曾建春〔曾春鉴〕(参谋长)、李青云(特派员)等人潜赴水田与我父亲联系上。我父亲带领部队将镇雄、威信两县的大地霸陇承尧击败从威信逃回镇雄。接着打垮了陇承尧部下的廖某某,参加打了镰刀湾、法嘎白沙等地的封建大土司。而川、滇两届〔界〕的穷苦农民村庄根本没有骚扰过,相反是安抚他们,秋毫不犯。

1937年间,国民党官员郑幼渔等人趁我父亲有事回茶木老家之时,杀害了龙等三人,我父亲与郑家大生隔阂。不到半月之久,郑姓向川南国民党要员孔指挥告密,共同策谋,在水田坛厂杀了我父亲,其手段之残忍,骇人听闻,众所周知。

艾祖辉

1990年4月10日

(录自云南省昭通市威信县县委党史研究室档案,全宗号1,目录号18,案卷号101,第73页)

## 关于艾宗藩与川滇黔游击队的关系的情况查证材料

到毕节县坝寨公社找艾宗藩之妻郑树伦调查

郑树伦,小名郑大五,年已73岁,1983年4月24日已故,因此未予查证。我们到坝寨街时,找到郑树伦之女儿赵惠芳,现年41岁。赵对我们反映她母亲在生前讲给她听的一些话:

她说,前父艾宗藩,不知何原因被她的外公郑耀东们杀害于坛厂。她母亲要死时还叫她大哥艾祖辉去将他父亲艾宗藩的坟理好等嘱咐(艾祖辉现在镇雄,坡头公社,茶木大队教书)。

郑树伦对她女儿赵惠芳讲,当郑耀东杀害艾宗藩时,郑树伦是没在水田寨家头,她是躲在镇雄县亲戚家里。头天杀了艾宗藩,还要杀害艾宗〔祖〕辉母子俩〔两〕人,设法要斩草除根。

杀害艾宗藩的当天,一姓张的使女(保姆)由水田寨连夜赶到镇雄木卓来告诉她(郑树伦),说郑耀东还要杀害她〔他〕们母子,这一姓张女人刚到讲此话,接连郑耀东派去杀郑树伦的人也赶到。结果姓张的女抱着艾祖辉她们三人就从后门逃出。走到一道园边前,正赶郑耀东的人将园边揪倒,正压在郑树伦等三人的身上,以此隐蔽了她们没有被杀害。

郑耀东派去的人因是夜间去的,没有找着郑树伦母子也就连夜撤回水田寨那方去了。随后才由亲戚们将她们母子俩送到毕节躲难。后来才改嫁给赵才明家来当小婆子的。

赵家也是地主成分,大老婆有一儿二女,郑树伦只赵惠芳一女。赵明才是一文人,新中国成立前在撒拉绥中学当校长,也在毕节县当过粮赋官,新中国成立后随她〔他〕儿子在贵阳市居住,从没回家过。

艾宗藩之子艾祖辉现年47岁,新中国成立后在镇雄参加工作(教书),因个人关系与前妻李朗坝李家姑娘,是被李家通过□私□□□将艾祖辉开除工作。又迁回毕节县坝寨去安一家,现家中有三个孩子和他女人在坝寨住。艾祖辉经查平反,仍回镇雄县坡头公社茶木大队教书。

据赵惠芳反映:入社时坝寨公社小寨的燕如学斗争过她母亲,说她母亲是袍哥大爷,所以称五哥(郑五哥)。曾到水田寨查证是郑树伦她兄妹六人,她和妹妹是第五胎双胞胎,因此称大五小五。在这时郑树伦说过燕如学在艾宗藩部背过枪,所以才知道艾宗藩和郑树伦等情况。

我们也前找到燕如学,他是一共产党员,他说只在坡头地方住过,知道艾宗藩的情况是听说的,没有与艾宗藩背枪抢过人。

调查人杨国民

1983 年 5 月 19 日于坝寨平

(录自杨国民《郑树伦讲述关于艾宗藩与川滇黔游击队的关系》,1983 年 5 月 19 日。云南省昭通市威信县县委党史研究室档案,全宗号 1,目录号 18,案卷号 66,第 40 页)

# 我父亲王炳章参加红军游击队牺牲了(节录)

## 王继明

王炳章是我的父亲,书名伦拜。他出去参加红军游击队是同大伯王树清(已死)、苟海云等一路。那时我只有一岁半,家中有妈妈、大姐、三姐等四口人。

父亲牺牲的消息传来,庐长杨席成骂我们是红军家属,不准在本地住,要撵出去。地主又来夺佃。孤儿寡母,哭无出路。好在大伯(已回家)和三叔到处说情,并给庐长送了礼——两斤叶子烟、两斤泡子酒,一只肥母鸡,才保得一条生路。

听说父亲牺牲在斑鸠沟,又说牺牲在熊见寺。老表刘海清(过去在本大队同心生产队金龟山住)那时亦在游击队里,打仗的事他知道,过后他亲自去见过尸体,是当地老百姓帮助掩埋的,地点忘了。苟海云离队回家后,和我妈妈摆谈说父亲可能是在熊见寺一仗被打死的。

王继明,50岁,五谷乡龙君村院子头生产队(新房子)。

易佑康记录整理

1984年11月

(四川省泸州市江安县县委党史工作委员会提供)

## 陈绍武谈父亲陈福兴被害情况

红军游击队于乙亥年（1935 年）正月来我们大埂上。那时，我们家住在河沟头，其他的人都跑了，我的父亲老人在家，游击队给〔跟〕我父亲拉上关系后，安〔任〕我父陈福兴为游击队大队长。

游击队走后，我父亲跑去躲，在天蓬〔篷〕寨住几天，走观斗山回来，走到土地坳遇着吴际发（冬犁树人）、张建寿（荒田坝）、廖树成（四栗沟人）、魏洪顺（李家沟人）等人，就把我父抓来，用八甲枪杀了。我母亲知道后，把父亲埋了。这些人扫我们家的通口，把家产全扫走了，还说要把我们家铲草除根。就这样我母亲只好把我们四兄弟带起过天蓬〔篷〕寨那边去了。两年后，我母亲死了。我大哥、二哥也死了，剩我和兄弟，在肖家湾一直住到 1949 年才过来老家居住。现在我兄弟也死了，只有我们这两个家庭。

我父亲被杀之后，地方上不准说。我爷爷还在，住在李鸿华家。那时李鸿华的父亲不服气说："陈福兴投红军，保长要杀他，他是我管下的百姓，为什么不告诉我，你们就悄悄地抓来杀了，这个道理不合。"后来我祖父就去县政府告起，也没得结果。那些人在县被扣留，塞过钱也就出来。我爷爷不几年也死了也没有人过问。

口述人：陈绍武（半坡生产队）

1983 年 6 月 2 日

（录自雷吉常《陈绍武讲述川南特委开辟李家沟地方组织情况》，1983 年 6 月 2 日。云南省昭通市威信县县委党史研究室档案，全宗号 1，目录号 18，案卷号 53，第 25 页）

## 吴学章谈其父吴锡州参加红军游击队

龙塘大队垮头生产队吴锡州之子吴学章对他父亲的情况反映

我叫吴学章,今年 56 岁了,我是丁卯年生的,我父亲死时我才 10 岁大,后来听说我父亲吴锡州是刘复初的人,经常与小红军出外,他们叫我父亲就是土匪。

其实我们是先在彝良的洛旺那边住,上下跑点小生意,认得一些来往,后来搬过安稳坝开座煮酒、喂猪,找到一点钱,周光汉就来敲诈勒索,得不到满意就说我爹为匪抢人等……(说)我爹与刘复初们去打大户去了。

爹死后,听妈说我们那刘舅舅(刘复初妻子姓刘,故孩子叫刘复初舅舅)红军,常来我们家耍,对我们都很恩爱,结果为了我们那位舅舅的安全,将我爹的命也送掉了。

周光汉杀死我爹后还要斩草除根的,幸好我爹在生前做过些好事,我妈去找宗其斌(宗杰武的大哥),因我爹在游击队时保护过他,听说游击队抓着宗其斌时,我爹给那个刘复初大舅讲这些人没有租担而将他放回,后来宗就给游击队办了些好事。因他弟宗杰武是独立营的连长,他在那里知道的事都告诉游击队。所以我父因游击〈队〉垮了,单独行动,被周光汉调来几十人将他打死在安稳坝的林口,还要杀害我。

我妈来找宗其斌,他说叫把我送去他家。所以我一直落在宗其斌家。我在土改中也是分得他家(地主)的房子。我听说刘大舅前几年还回来过扎西。当我听到说后我很想与刘复初见一面,但不知他是否还认我们的。

我妈没死以前说:"你爹对你那个舅舅很好,经常来我们家,刘大舅(刘复初)病得很厉害,你爹(吴锡州)将他抬回家来医。"但不幸被川军抓去了。如果刘大舅还在,可能不会忘我们的。

调查人杨国民

1983 年 7 月 16 日于白沙河

(录自云南省昭通市威信县县委党史研究室档案,全宗号 1,目录号 18,案卷号 58,第 22 页)

# 关于我父张慧臣、兄张应宽二人参加云南游击 支队后被国民党杀害的情况

张应奎

关于我父张慧臣,兄张应宽父子二人参加云南游击支队后被国民党第七十九师杀害情况

我父亲张慧臣于1936年10月参加殷禄才同志领导的云南支队,开始当战士,于1937年提升当班长,后于1939年担任小队干部,后又于1944年任大队长。在历时12年对敌斗争的艰苦岁月中曾参加过数百次大小战斗。于1947年国民党派第七十九师搞第六次"围剿"。部队失散后,我父亲遵照党隐蔽坚持斗争的指示,以致在我家附近的红椿坡岩上隐蔽坚持斗争。

同年12月19日晚出来搞饭吃,被民团的人发现,飞报民团大队长姚启后那里,姚又上报敌乡公所。第二天20日早上,国民党第七十九师的敌军来了,开初用机枪射我父隐蔽的地方,又派民团增援搜山,最后放火烧山,我父看来无法隐蔽,就跑出来捡起石块和敌人拼搏,寡不敌众,被敌人当场枪杀。头被反动民团的"地头蛇"李明安割下来,由张安良提来挂在我家附近的大桑树上悬首示众。第三天又提到云南顺河场示众,后又被提到古宋第七十九师的师部见他们的方师长邀功请赏,照相而〔后〕抛丢。

我兄张应宽1940年参加部队一直是战士,于1947年2月在我村张应刚家隐蔽,后被保安团捕后送到簸箕峡杀害。

具申请人张应奎

摘抄自四川珙县党史工委会资料

1986年11月8日

(录自云南省昭通市威信县县委党史研究室档案,全宗号1,目录号18,案卷号91,第79页)

## 黄赞勋、黄赞敏、黄天虎、黄天春谈川滇黔边区游击纵队的一些情况

采访时间:2015年7月7日

采访地点:长安镇天坪村甘沟口社(属云南省昭通市威信县)

采访对象:黄赞勋(70岁)、黄赞敏(73岁)、黄天虎(50岁)、黄天春(61岁)

采访人:骆忠贵、宗德新、罗吉芬

问:今天请你们来,是要请你们讲讲你们的父辈黄德修等参加刘复初队伍的一些情况。

黄赞勋:黄德吕、黄德修都参加了川滇黔边区游击纵队。黄德修回来说,黄德吕见枪就没精神,胆小。刘复初部队的标语有"打土豪、杀贪官,不管你穷人求相干",写在甘沟坳的坳上的岩上,很多,新中国成立时都还在。

刘复初带纵队从甘沟到丝塆去打周光汉,周光汉认为是黄德修带去打的,于是就一直和黄家过不去,派人把黄德修家房子都烧了。刘复初带部队在甘沟住过。

新中国成立后,刘复初来到叙永,曾打电话问过当时在天坪当文书的甘沟人黄赞顺,关于黄家两兄弟的情况,问黄氏兄弟是否还在,还有些什么人。黄德修是1948年被毒死的,黄德吕是在大镇反时遭镇压死的。刘复初在内蒙古写过信来。

黄赞敏:听黄德香讲,当时黄德修有点调皮,在旧社会受欺负,听红军宣传口气大,就去看,不知是在龙里坝还是大海子,刘复初就看上了他,就把他吸收为红军。

在大海子的时候,纵队被打散,刘复初病了,李顺堂背起刘复初,由黄德修殿后,到青龙嘴养伤。有个姓田的跟着照顾刘复初,黄德修不敢回家,白天就躲起来,晚上偷偷去看刘复初,这样好几次,刘复初在江家、左家,黄德修都去看过。

后来纵队失利后,由三桃人牟正伟介绍参加了殷禄才的支队,在三桃保商。黄德修枪法好,参加打江门剪草铺。支队结束后,又被潘维香委以中队长。在三桃保商的时候,黄德吕、黄德修、黄德江、黄赞美、黄德宽等五人一起去参加的,其中黄德江当师爷,黄德宽打斗。黄家的房子被烧后,兰澄清来找过黄德修,但找不到住处。

黄天虎:当年黄德全讲,黄德修练枪很刻苦,在家里的中柱、亮柱上打眼,上面用水纸蒙上,再射击,三根柱头上三点一线。睡姿是侧身,随机射击,练成神枪。

黄天春：刘复初病的时候，黄德修背他到左家，背到竹林里面躲。黄德修、黄德文、李顺堂都背过刘复初。

（云南省昭通市威信县县委党史研究室提供资料）

## 黄赞细、黄赞勋、黄赞进谈黄德吕和黄德修
## 参加川滇黔游击纵队的情况

黄赞细、黄赞勋、黄赞进弟兄三人，汉族，本人成分农民，家庭成分中农，系（云南省昭通市威信县）长安乡天坪村沟口人。

我们父亲黄德吕和叔父黄德修参加刘复初所领导的川滇黔游击纵队，在天坪、安乐、龙塘等地打游击。

因当时我们弟兄三人都很小，听现在 70 多岁的老人讲，我们父亲黄德吕、（叔父）黄德修大约于 1935 年至 1936 年间参加刘复初所领导的川滇黔游击纵队在天坪、瓦石、安乐、龙塘、罗坎等地打游击。

在最后一次战斗中，队伍失利被打散，他们被迫回家。国民党川军在柏山（白沙）河捕获刘复初后，我父亲和叔父与部队失去联系，叔父黄德修于新中国成立前夕病故，我父亲虽看到解放，但在大镇反中被人迫害，当成土匪被基层政府镇压，致使我们承受几十年的"镇压家属"之罪名。

黄赞细　黄赞勋　黄赞进

1990 年 9 月 4 日

（录自黄赞细、黄赞勋、黄赞进《申请》，1990 年 9 月 4 日。云南省昭通市威信县县委党史研究室档案，全宗号 1，目录号 18，案卷号 102，第 49 页）

## 黄赞敏谈父亲黄德修参加川滇黔游击队情况

黄赞敏,男,汉族,现年50岁,家庭出身中农,本人成份〔分〕农民,系威信县长安乡天坪村干沟口社人。

我的父亲黄德修大约在1935年至1936年间参加刘复初同志所领导的川滇黔游击队。

我父亲黄德修,伯父黄德吕二人与李顺堂(林凤龙塘人)大约在1935年经兰澄清(四川珙县洛表人)介绍在本县长安乡后天坪参加刘复初同志所领导的川滇黔游击队。

我父亲和伯父参加川滇黔游击队后,刘复初同志率领他们先后在本县的瓦石、林凤、金凤等一带打游击。当刘率领我父、伯父他们参加的游击队在瓦石打了大地主周光汉后,周对游击队怀恨在心,周光汉于1936年冬趁我父在游击队不在家时,带领一批人马赶到我们家放火烧毁了我父亲的房子,并扫了我们家当时的村寨——干沟口的通口。

当刘复初同志率领的游击队打到金凤斑竹林时,刘负轻伤并拉痢疾。我父亲、伯父和李顺堂等人一起服侍刘,并请人用滑竿把刘抬到长安安稳坝村的白山(沙)河。后因当时游击队中一个姓田的用心不良偷了刘领导的川滇黔游击队所缴获的敌人的东西。刘生气就打了那个姓田的。姓田的就跑到四川勾结国民党川军到白山(沙)河把刘复初同志捕获。自此部队被打散,我父亲和伯父就与游击队失去联系,被迫回家。

据我父亲说,过一年多以后,兰澄清又来干沟口找我的父亲和伯父,当时,我父亲和伯父正好未在家。由于我们的房已被大地主周光汉烧掉,我的母亲见兰澄清又来找我的父亲和伯父时,就未与兰澄清说真话(因当时母亲作为一个家庭妇女,又没有文化,只知道兰澄清与我父亲、伯父一起去打了周光汉后,周才来烧我们房子的)。只是对兰说过我父亲和伯父在后天坪,请兰去后天坪找(但当时我父和伯父并未在后天坪)。后当我父和伯父回来,知道兰澄清来找他们时,就去找兰澄清,但一直未找着兰和刘复初同志。

我父于1947年因病去世。

黄赞敏<br>1991年9月5日

(录自黄赞敏《申请》,1991年9月5日。云南省昭通市威信县县委党史研究室档案,全宗号1,目录号18,案卷号102,第64页)

## 周海明谈母亲王银先、父亲周仕奎参加红军游击队的情况

周海明,男,汉族,现年51岁,贫农出身,家住本县罗布区郭家民族乡,罗坪村人。

我父周仕奎,我母王二姐参加中国工农红军川滇黔边区游击纵队云南支部(队)的真实情况,特申请威信县委党史办及时调查处理。

我父周仕奎是第一批就参加殷禄才领导的这支部队,当时这支部队才几个人。我父刚入伍后,殷禄才看得上他年龄小又灵活机动,就让我父在他的身边当警卫,随后部队的扩大和发展,殷禄才同志就宣布我父为他身边警卫班班长,不久我父又结拜给殷禄才的母亲当干儿,这样我父就与殷禄才是干弟兄之称,随后红军部队又派陈华久同志来这支队伍组织游击队,殷、陈二同志都最相信我父。

据现在参加这支队伍的同志说,周仕奎当时在殷禄才身边当警卫班班长,比当时在这支部队中当大队长、分队长的名誉都高,因有好多的重要军事情况,首先就让周仕奎知道,然后才让当大队长和分队长的人知道,这样证明我父在这支部队中,就不是一般战士。但是在威信县委在追烈这支部队的大会上宣布,我父是当时这支部队的战士,这完全不符合当时的历史,我现在不是为了争名誉,而是为了更进〈一〉步把这支游击队的情况搞清楚,我父到底是这支部队中的干部还是战士,特求上级领导及时调查处理。

我母王二姐,是当时在这支部队中通称的名字,我母亲是四川省珙县建武区人,当时与我父结婚后就参加了这支部队。当时殷禄才、陈华久等领导同志最相信她,专门叫她搞地下侦查工作。

每次部队要出击四川时,首先派她先去把情况侦查清楚,然后大部队才去。所以每次部队出击四川时都得到胜利归来。如一次川军要来"围剿"这支游击队,领导先派我母去把川军的行动计划,侦查清楚,结果一战川军打死打伤的很多,连川军的总头头也受重伤,这次战斗取得了很大的胜利。我母在这支游击队中搞侦查工作算得上第一个,她的真名在任何情况下都没有暴露,在整个部队都通称她"王二姐"。

最后国民党第七十九师大"围剿"时,我母将一个不满10岁的小孩背在背上,为了躲逃国民党的大屠杀,但是也被国民党的地方民团发现,将我母(亲)背上的小孩拽下来丢在一块石板上,将我母(亲)执行枪决。凶残的刽子手们打了我母(亲)两枪都没有打死,最后用石头活活将我母(亲)打死。我母亲死时的悲惨情景现在还有很多当地群众

记得,我母亲在这支游击队中算得上一个真正的侦察女英雄。

周海明

1988 年

（录自周海明《申请》,1988 年。云南省昭通市威信县县委党史研究室档案,全宗号 1,目录号 18,案卷号 102,第 6 页）

## 肖世伟谈祖父肖顺才参加殷禄才游击队情况

肖世伟,家住云南省威信县旧城乡龙马村长田社人。

祖父肖顺才参加殷禄才一事的情况。我祖父去时将自己的三支长枪都拿去参加的,自他去参加殷禄才这支游击队伍后,我们不知他的死活,当时这支游击队伍,到处跟地主、恶霸以及国民党的军队打仗,所以不知我祖父的死活问题。

肖世伟

1988 年 11 月 20 日

（录自肖世伟《申请》,1988 年 11 月 20 日。云南省昭通市威信县县委党史研究室档案,全宗号 1,目录号 18,案卷号 102,第 9 页）

## 殷远伦谈殷光前参加川滇黔游击队云南支队的情况

殷远伦,住本县旧城乡龙马村水井社。

其父殷光前是 1936 年参加中国工农红军川滇黔游击队云南支队的,在殷禄才领导的支队里,扛枪几年。

一次,去高田陈正杰的家劫枪时,回路途中负伤,回来在支队长殷禄才家养伤医治,医了一段时间,又送回我们家里。因当时医术难找高超医生,最后伤实〔势〕过重,患了骨髓炎而死。

父亲死后,我母(亲)将我们两子(姊)妹代(带)起度过几个春秋,最后生活无法维持,又将我们两子(姊)妹一行三人代(带)去和伯母贾氏一起过活。一直到解放化(划)阶级时,就以伯母贾氏化(划)为地主,子(姊)妹为子女,一直到解放地富脱帽,才成为公社社员。

1988 年 12 月 12 日

(录自殷远伦《申请》,1988 年 12 月 12 日。云南省昭通市威信县县委党史研究室档案,全宗号 1,目录号 18,案卷号 102,第 14 页)

## 叶大远谈叶培根为川南游击纵队建立联络站

叶培根(1903—1944),字正贵,号麟书,四川省重庆市巴县金凤乡人。出身自耕中农,有兄弟姐妹八人,排行第四,幼年受过良好教育。其父叶清云,以务农为业,兼营碗厂、纸厂(均为小作坊)。

叶培根原配邹氏,系四川省璧山县狮子乡人,无子,亦双目失明。1939年在云南省威信县罗布坳又娶张氏,系四川省兴文县石碑口人,生有一子(即本文申请人)一女(在巴县务农)。

叶培根早年就读于重庆市南岸鹿角场学校,受过进步教育。1930年(民国十九年)以经商(卖布)为公开身份,只身前往四川省的泸州、宜宾、高县、兴文,贵州省的毕节等地。1933年随同云南东陆大学学生、威信县县长叶天云(此人下落不明)来到罗布坳,创办罗布学校。叶培根任校长、教员,宣传新思想、新文化,招收贫苦劳动人民子弟入学,带头撤掉罗布坳街口龙山的庙宇。

1935年2月9日,中央红军长征入云南,于扎西地区集结,党中央在此召开了扎西会议。会议决定成立中共川南特委会和组建中国工农红军川南游击纵队,隶属中央直接领导。任务是:一、打击牵制敌人,配合中央红军作战;二、安置和保护红军伤病人员;三、建立川滇黔边区革命根据地。

1935年4月,在长征途中……第六师(政委徐策)、参谋长曾春鉴同志及红军伤病员李光辉、赖奉辉等十多人寄养在罗布坳学校叶培根处,建立了以叶培根为首的红军联络站,为红军游击纵队递送军事情报,购买枪支子弹,转交信函、物品,安置和保护红军伤病人员。曾春鉴参谋长发展叶培根为中共党员,任支部成员,罗布坳党支部书记等职务。

1935年7月13日,政委徐策同志在罗布坳牺牲,叶培根组织学校学生及贫苦农民将徐政委的遗体葬在罗布坳牛角丘(徐策墓最近被列为威信县重点文物保护单位)。

曾春鉴参谋长及红军伤病人员经一年多时间的治疗、休整,于1936年5月伤愈离开罗布坳,充实到红军游击纵队,曾春鉴同志参加川南特委会,任纵队参谋长。

叶培根还推荐其部下胡聪亮等人参加红军云南游击支队。

1937年1月,红军川南游击纵队遭受国民党反动派的重兵"围剿",曾春鉴参谋长等纵队几位主要领导同志相继壮烈牺牲。游击队员被敌追捕，杀害，纵队就此失散。由曾春鉴参谋长发展起来的罗布坳党支部也遭受破坏，失去与上级组织的联系。

叶培根受到国民党反动派势力的通缉，被迫把家迁回四川省的大坝、五村等地隐居。1939年白色恐怖平息了，又回到罗布坳以教学、打斗（收押金）为合法身份进行地下活动。国民党镇武（雄）独立营连长彭兴周常在罗布坳一带活动，公开叫嚣要抓他、杀他，叶培根以为人正直，与贫苦劳动人民感情深厚，在罗布坳影响较大，有坚实的群众基础，与国民党反动势力作斗争。到1944年，被彭兴周以叶培根"通共""窝藏红军"为罪名，指使其凶手牟登平、赵永朝、王克彬等人（凶手于解放后被我人民政府镇压）于12月24日深夜闯入叶培根卧室将其暗杀。

叶大远

1988年5月

（录自叶大远《关于落实我父亲叶培根入党问题的申请报告》，1988年5月。云南省昭通市威信县县委党史研究室档案，全宗号1，目录号18，案卷号102，第16页）

## 陈孝先谈祖父陈元朝参加刘复初支队情况

我祖父陈元朝由于壬申年红军队伍刘复初支队,路经此地,当年我祖父年仅三十岁,家庭处于〔境〕贫寒,以帮人求得几口人的生存,在地主家仅(尽)管怎么做,每天连他本人也得过半饱。

我祖母说:当时红军刘复初支队就住在我们陈家沟,因红军路途不熟,我祖父(知道红军)是支为民而革命的军队,他就不帮人了,上山砍柴来给红军烧火做饭和取暖。红军见我祖父忠诚,就把他给收下(了),在我们这个地区给红军带路剿匪,后来就和红军一起走了,出门几十年至今不见此人回归。

长安乡瓦石村陈家沟社员陈孝先

1990 年 5 月 14 日

(录自陈孝先《申请》,1990 年 5 月 14 日。云南省昭通市威信县县委党史研究室档案,全宗号 1,目录号 18,案卷号 102,第 47 页)

# 陶家英谈父亲为川滇黔游击纵队工作

陶家英,男,现年53岁,苗族,家住双河乡半河村竹林社社员。

1935年9月,游击纵队到达叙永石坝区坛厂,游击队员陶正举是我母(亲)的〈老〉表,他带领游击队的侦察参谋金克伦来我家联系工作,还送了我家一支德国罗汉手枪,我父又送他两箱子弹,从此就建立了关系。

此后就把党的兵工厂建立在我后方即猴洞牛路坪。然后被国民党"围剿"查封,拉走机器。当时我父担任区队长,至1937年我父又任区长,就支持了云南支队和四川省支队。

1945年金克伦合作曾老班打国民党的故〔古〕宋县城。此时,我父支援了金克伦的几十条枪。1945年我父派杨开雄、陶正田、罗国权、熊化明、余腾和等数人代表云南支队配合四川支队伏击国民党的军车,缴获了一批军用物资。

1944年由于金克伦同志的介绍,川滇黔的地下党徐林生来到滇北,我父就为解决党组织活动经费的困难(80万元)交金克伦及转交徐林生收。此事还有收据。

陶家英

1991年1月29日

(录自陶家英《申请书》,1991年1月29日。云南省昭通市威信县县委党史研究室档案,全宗号1,目录号18,案卷号102,第52页)

## 肖世伟谈肖盛才系川南游击队云南支队殷禄才部下

肖世伟,现年60岁,汉族,家住本县旧城镇龙马办事处长田社。

我祖父肖盛才曾属川南游击队云南支队殷禄才部下。并且根据威信县委会党史办公室文史资料记载。

肖世伟

旧城镇龙马办事处长田社

1993年5月4日

（录自肖世伟《申请》,1993年5月4日。云南省昭通市威信县县委党史研究室档案,全宗号1,目录号18,案卷号102,第81页）

## 王世吉谈王铭久因"通共"被杀

我名叫王世吉,现年 55 岁,家住云南省威信县石坎区石坎镇石捡槽队,现在贵州侨联企业公司工作(贵阳市浣沙路 15 号)。

1936 年,我父王铭久任威信县大河区(石坎区)区长,当时共产党地下党的刘复初在石坎一带组织游击队,就多次来我们家和我父联系组建川滇黔游击队,发展人民武装。我父同意将自己的枪支弹药和粮草支持刘组建游击队。

由于不幸走漏了机密,刘复初被捕后,我父则被敌昭通专区保安团为彭营长(人称彭疯子)以调开会为名,将我父骗到扎西,于 1937 年 3 月 7 日(旧历)将我父以通匪罪杀害。

我父死后,母亲告诉我们:我父被杀是因为他和刘复初联系参加刘复初的事情。红军长征路过威信石坎时,我父没有进攻红军,反而送东西给红军(主要送油粮肉蛋),红军也送来一些东西给我们(一些被面衣物)。并且我父亲同红军的一个姓侯的领导人畅谈了许久。

王世吉

1985 年 8 月 28 日

(录自王世吉《关于请求落实我父王铭九因"通共"被杀的报告》,1985 年 8 月 28 日。云南省昭通市威信县县委党史研究室档案,全宗号 1,目录号 18,案卷号 99,第 58 页)

## 刘福昌谈邝善云介绍刘国祥加入共产党的部队

于乙亥年(1935年)红军经过威信县时先到大河滩莲花山。当时我们这个地方老百姓闻息〔讯〕害怕,后经红军代主任李富春出布告宣传共产党的政策后,群众不但不害怕反而接近。我父亲也去会见住在木弄寨李开基家的李富春主任,他说共产党是打富济贫,铲除贪官污吏,打倒土豪劣绅的,我家送去的粮食即付给46元大洋。李富春主任又送给我家毛毯一床。感觉红军买东西公平,团邻都很喜欢。

一同来到此地的邝善云因为跌伤,红军就把他寄住在弄寨彭庆春姨母吴惠贞家,拿了钱、洋烟给他做养伤的费用。殊不知吴惠贞把烟钱拿到手后,即请人把邝善云背丢在大坝头河边。因雷杨氏家被盗,我父亲前往他家调查,深夜转回路经发现有个人在河边呻吟,听称是红军,乃把他搬回抬扶,又把他迁寄在雷本忠家,请姜荣臻给他医疗乃供他生活。

为了掩护乃改名刘雄,治疗1月后伤即痊愈,乃做小生意以求生活。到第二年(丙子年)即到罗布坳参加游击队还给我家的信。被滇军追赶到院子时通知我父去会见。我父除先和雷本忠、黄少清同我(刘福昌)三人白日会见后,(邝善云)又写信给我父当日深夜去相会,乃介绍我父亲(刘国祥)加入共产党的部队,并说红军胜利将来是有好处的。过后独立营彭兴周串同常备队张中队长说我家"通匪",乃叫我家扫携一空。

我父亲气急乃要投奔共产党干革命,避免受害。邝善云则说你是本地方上人,拖儿带女,你如出走干革命倒很好,家人是要受害的,还不如任一点公事作掩护,反正你也参加共产党,将来胜利和你们帮助我是分不开的。

刘复初统领游击队时又被滇军追击到镇雄海子头,准备休息,洗脚时又被滇军追到。当时红军李桂英、甘棠二人,因脚受伤即被捕获,滇军即将二人交我父看管,我父即将二人交儿媳吴清莲同宿,减除了捆绑。第二日乃交还滇军即送重庆关押。

第三次又在楠木窝又被滇军打散,邝善云又携带手枪两支,一支送王明久(王铭久),一支送李县长。(我父亲)亦随同到□□参加红军工作。

以上经过系我所知所见,同李桂英联系这事她还能记忆。除信已交党史办公室存查外,恳请政府念情按政策给我父亲予以处理,深感不忘。为此谨呈

威信县人民政府

见证人：黄少清（罗布镇庙平乡茶地村）

陈甫超（大河乡木异村）

刘法昌（大河乡桐梓塆村）

刘福昌，1986 年 6 月 2 日

（录自刘福昌《申请》，1986 年 6 月 2 日。云南省昭通市威信县县委党史研究室档案，全宗号 1，目录号 18，案卷号 99，第 75 页）

## 黄金莲谈父黄于龙参加川滇黔边区游击队的情况

我是黄于龙之女黄金莲,现在兴文县农机局工作,家住兴文县古宋区农机站内。

关于我父亲曾参加刘复初、阮俊臣等同志领导的川滇黔边区游击队,辗转于镇雄、威信、毕节等地从事革命活动及其任职的一段历史事实,承蒙各地各级党委及党史、革命史工作有关同志关心,进行了深入细致的调查研究,大部分已经弄清,作了结论。

我父在游击队后期任第三大队队长。当部队被敌人打散后又受阮俊臣之命只身潜回家乡,准备联络和接收秦焕云所带的一支小队伍,重新开展武装斗争。不幸被当时的乡长申泽民逮捕,并在叙永县长命令下,以"土匪"名义杀害于金鹅乡的黄桶坡。这一段史实发生在父亲老家所在地的金鹅,知情人士健在的还不少。

黄金莲

1986年7月30日

(录自黄金莲《请求澄清其父黄于龙史实》,1986年7月30日。云南省昭通市威信县县委党史研究室档案,全宗号1,目录号18,案卷号99,第77页)

## 王启麟谈王天学与王天贵参加刘复初游击队情况

王启麟,男,现年 33 岁,住林凤区柏香乡,塆子头村,务农。

父王天学自幼耕读为业,对偷盗行为实系丝毫未染,村邻人所共知。至丙子年(1936 年)民父王天学与堂伯王天贵到斑鸠沟赶场,是时有刘复初在川滇黔三省边区闹游击队,由此经过,有宣传指导员甘世英率领宣传队在斑鸠登台宣传,国民党之残酷恶劣,拉兵派款,土匪抢劫,恶霸地主收租和喊白工等,讲这种种恶劣,当时流泪者,非只一人,父和堂伯大有感觉,由此就参加入游击队。

后来开到贵州,摩尼、石厢子这个地方,就与贵州杨森部队开始大战,结果我军得到顺利。至丁丑年,滇军田营长和川军同镇威独立营 4 个连,"围剿"我部,滇军尾追,川军和独立营在海子沟埋伏,当时我部伤亡过半,其余打散了。当时指挥队伍由曾广胜负责。此人见全军覆没之后,他都是在马家躲脱的。

刘复初首长就潜行到郭家坟去了。后被川滇军搜山所获。双方还要□□□□后父与伯就返家了。有旧社会之乡长徐月楼派队员捉拿三次,还将家庭财产衣物被盖等件,扫掳一空,二两盐巴都是拿尽的,父逃避时,该恶如狼以虎之乡丁还打了两枪。

王启麟

1987 年 6 月 20 日

(录自王启麟《申请》,1983 年 6 月 20 日。云南省昭通市威信县县委党史研究室档案,全宗号 1,目录号 18,案卷号 99,第 86 页)

## 王启伦谈王天贵参加刘复初游击队情况

王启伦,男,现年33岁,住麟凤区柏香乡湾子头村务农。

缘民父王天贵自幼家业贫寒,在本乡茶无沟教书度日。至丙子年(1936年)刘复初在川滇边区闹游击,民父与三叔王天学到斑鸠沟赶场,就参加游击队,后开到贵州牟坨、石厢子与杨森部队大战,结果我军得到胜利。

至丁丑年滇军田营长和川军"围剿",又加上陇承尧之独立营在此埋伏,我部伤亡过半,其余就打散了,当时指挥队伍由曾广胜负责,他见全军覆没,他都是在马家躲脱的,刘复初首长就潜行到郭家坟去了,后被川滇军搜山所获。

民父同三叔王天学一路返家,我们当地万恶之乡长徐月楼说,民父和三叔不知得了多少大宝银子回来,在10天内到家里扫通口三次,衣物被全为之一空,一两盐巴都是拿去的。民父和三叔还躲了几个月,才隐隐出面。

王启伦

1987年6月13日

(录自云南省昭通市威信县县委党史研究室档案,全宗号1,目录号18,案卷号99,第88页)

## 6. 时属敌方人员的回忆

# 我参加打红军游击队和挖余泽鸿尸体的情况

李晓平

民国二十四年即公元 1935 年,我在江安县保安九团二大队二分队当分队长。大队长是李品三,有两个中队。一中队长是李品三的儿子李辛柏,二中队中队长是黄瑞卿,我是黄瑞卿中队的二分队长。

第一次打红军余泽鸿部队是在兴文大石盘,参加的部队有李品三的三大队的官兵,长宁两个队和兴文县庞某的一个分队。这一次我因为有事没有去。我的分队是红桥马树清代理我去打的。大石盘我们打了败仗。部队被打散了,有 8 个兵没有找到,还死了两个兵。余泽鸿部队战术好,有 300 多人。

第二次是在秋天,在兴文五村前面不知什么地方,遇着余泽鸿部队向我们开枪一打,我们的队伍就跑开了。参加这次行动的还有江安、长宁、兴文一带的武装。但都抵挡不住。这次我因结婚请假也没去。

第三次是 1935 年冬季。江安由李品三带队,全大队人马参加,长宁有两个中队,一齐开向梅硐。李品三看到余泽鸿部队有八九百人,没敢打,就叫各中队去煮饭拖延时间。后见红军向江安方向开去,我们也跟着去。到了江安长宁交界的古佛台时,我们又中了余泽鸿设下的埋伏,李品三随即命令部队向右大炝山的方向撤退。然后到王家场照台坎宿营。随即红军解放了红桥,还烧了大地主陈敦武家的房子,第二天红军就开走了。

红军从红桥走后,在前进路上遇着国民党军队,红军就后退到碗厂坡附近的草房头住宿。我们江安大队部李品三带了 100 多人到碗厂坡草房头时,土人讲,余泽鸿自己用枪打死的,打的头部。土人报余泽鸿的尸体埋在碗厂坡麦子地头。余泽鸿的警卫员是外省人,人年轻,被江安县保安中队长黄瑞卿引诱过去仍当警卫员。我亲自参加了从刚点起麦子的地里把余泽鸿的尸体取出来的,尸体是用白色布包的,又有旧衣服包的。尸体未发,取出尸体时叫警卫员(不知姓名)去看是否是余泽鸿,警卫员去把左脚上有瘤子为记的地方察看后认清是余泽鸿的尸体,我们把余泽鸿用滑竿绑起抬到江安县东外东林寺太平杆上示众几天,才抬去埋在东外官山上。李品三报奖说是他打死的,他领的赏钱照等级发的,我得到 10 元钱。后来说是我打死的,因此判我刑多年,实际不是我打死的。

李晓平

1983 年 1 月 22 日

廖荣华 1984 年 1 月抄于长宁余新煜家

（四川省泸州市纳溪区采访口述）

# 古楼坝堵截红军的回忆

## 丁明洲

县党史办公室：

　　来信收阅，关于信上谈到筠连古楼坝堵截红军一事，对此情况我们确实不了解，红军经过筠连后我在筠连听曹旦民、杨润齐告诉过我：红军在筠连城里宣传了一个多钟头，把城里吴九城等人的铜元、镍币倒在街上，让城里穷人拿走，因后有刘湘的队伍追赶，红军向大梁子退去。

　　民国二十四年大约是五六月份，我受县政府的安排，刘湘部队的一个李团长和他二连的陈连长亲自来此布置，由我和胡学纯（龙潭公社人，已死）各带一个班到珙县宝山公社大月滩堵截红军，在那里守了十多天，红军未经此地，所以未行交战，至于庆、高、筠连我没听说过交战情况（当时在我班里的都已死去）。

丁明洲

1983 年 9 月 28 日

（四川省宜宾市市委党史研究室提供）

## 李立之、徐伯庄交代王逸涛叛变情况（节录）

李立之（泸州市一中教师）1952 年交代：

1935 年红军过永宁外面轰传余泽鸿和王逸涛发动游击战争，我才知道他还在干党工作。他叛党那时我已由重庆回到家里，从报上晓得他叛党的消息。我碰见了他，我把我脱离组织的情形告诉了他，和他一路进入旅馆。在旅馆里，他向我说，找我作他书记，我当时就答应了他。不久，就和他同到永宁。他回永宁后，即带着他的兄弟王元德，与周思和一起到乡下，把潜伏起来的红军游击战士江西同志先后找出来，20 人左右。

是年底在他的办事处。是年底他的办事处撤销。他是敌行营特派员。他以下有一个庶务，是他兄弟王元德，一个干事是沪〔泸〕州人徐伯庄，一个领队是周思和，一个书记。撤销时，所有江西同志由王备文送敌行营。据说是通体转运回江西原籍。只有王晋山、周思和二人才得王介绍职业。至于我，则由我回家，并未提到职业的话。

徐伯庄 1957 年 9 月 15 日交代：

1935 年黄克成当泸县清共委员会主任，把我捕到城里，我叛党在清委会任录事二月另二十七天。下半年九十月之交，叙永王逸涛叛变来泸，约他弟弟王元德一道在泸会着。不久，王逸涛就下重庆。既后由重庆转泸县来，他就是国民党政府军事委员会委员长行营川南招抚特派员了。王逸涛是特派员，招抚员是王元德同周思和，秘书李立之同我。机关设在叙永公园图书馆。招抚的是由川滇黔游击队里面打散或打掉的人，及本地方参加过这个组织的人。……他机关内有与行营顾祝同、康泽及二十一军刘浦澄的密码电本。

（录自宜宾地区教育局的李立之档案，1984 年 3 月 14 日）

# 张缙乡检举王逸涛

时间 1951 年,审理分水区黄坭匪首王逸涛案卷

其中有讲川滇黔游击队部分情况摘抄

被检举人,王逸涛,原是地方中共党员,在四川永宁县一带组织游击队活动,在 1935 年当我红军长征经过永宁牛场坝(时),被检举人向党中央要求帮助,当是〔时〕即拨给重机枪一连。政工人员 20 多人,内有红军师级政委一个,及参谋长和两位部长,二位女干事,二位供给部(主任),一个连长(就是我)和警卫员、卫生员等人。

我们到达后即编为川滇黔游击队第一纵队。王逸涛任司令员,师政委任政委,参谋长任参谋,余泽鸿任宣传部部长,另一位任组织部部长。下有一个侦查〔察〕班,二个队。我们去的机枪连为第一队。原王逸涛所属的一个队为第二队。该队不是王逸涛自己组织起来的,是袍哥部队,以后我们就在四川、云南、贵州边境打游击。给那时统治阶级不小的严重威胁和打击,至 1935 年冬或 1936 年春,王逸涛突然带着他的全部侦查班(人枪各七八支)向永宁县敌人投降。侦查班的人员全是王逸涛的弟弟、侄儿和叙永的亲戚,内有他的三弟王逸民。这一次叛变,据我估计先是王逸民联系好的,因为平时王逸涛很相信他。王逃走后,他原领导的一个队,也不听我们指挥,他们自己行动去了。

那时政委余泽鸿〔徐策〕公布开除王逸涛党籍和军籍及职务。王逸涛投降后当上敌人的招抚员,我们派去的侦查员几乎都被他破获,并将我军我党内部情况□窃敌人(因为他叛变后不久,四川、云南、贵州三省地主武装和反动派军队,即向〔行〕大包围),我游击队几乎全部被消灭。余泽鸿政委在情况危急时牺牲了,参谋长(王逸涛叛变后任司令员)也牺牲了,敌人并将他残废的右手砍去送到永宁县。我也是被俘之一。我在永宁县反动派禁闭室,看见王逸涛一次。据敌人在他们开的胜利大会上说,游击队已被他们全部消灭完了。

王逸涛约 50 岁左右,四方脸,微黑色,永宁一带口音。

检举人:张缙乡

1956 年 2 月 12 日

摘自四川省叙永县公安局预备案卷 1976 号

摘抄人:杨德举、杨国民

1970 年 1 月 6 日于叙永县人武部清档室

(录自云南省昭通市威信县县委党史研究室档案,全宗号 1,目录号 18,案卷号 71,第 67 页)

## 安恩溥交代其部阻击红军"围剿"红军游击队

由于对蒋介石反动派趋炎附势和对龙云感恩图报的丑恶封建思想造成滔天大罪,那就是两次妨碍红军长征经过云南的反动罪行。我反动最力的是毛主席、朱总司令亲自率领的第一次。当时龙云最怕的是红军进入云南,蒋军跟来顺势解决统治云南的问题,失去他的云南王。所以他的指示是:"在川黔地区阻止红军入云南。"部队出省以后,孙渡等唯蒋介石、薛岳之命是听。只有我实行龙云的意图。大约是 1934 年的冬天,在毕节(贵州所属)知道红军已进入威信,将到镇雄,我不待孙渡之命兼程去援镇雄。我到古芒部(镇雄的一个镇),红军先头部队在两路口,与红军相距不远,探之红军折向四川,我兼程前赶(始终拉距一日),没有跟上。直到四川古蔺所属之马蹄滩才落停。后来知道红军入黔,我就由马蹄滩过河进黔境。在瓢儿井、大定、贵阳、贵定、长寨、安顺紫云等地面打若干圈圈。总是企图妨碍红军向云南前进,屡次脱离孙渡的指挥,孙素有烦言,我置之不理。后来龙云又授意献勤于蒋介石,以缓和解决云南之企图。贵州兵已调空。红军逼近贵阳,蒋介石着慌时,我兼程驰赴贵阳,所谓的"贵州勤王"还是效忠于龙云。当然当时也崇拜蒋介石,受了蒋介石的奖赏。我在贵阳又奉蒋介石的命令兼程去援贵州,孙渡等随后来。在观音山与龙里间中红军伏击,孙渡几乎丧命,而蒋宣传滇军打得好,打死红军 1000 多(据说实际打死两百多)。自此红军直向滇边前进,蒋军跟在红军后,把滇军放在蒋军后,直到黄坭河(滇黔交界)才让我部跟在红军后。与红军后卫部队在黄坭河及倮脚堡傅村等附近累〔屡〕有接触,但没有什么伤亡。红军主力到了曲靖以后,龙云急电要我莫为红军后卫牵制,说另取道兼程回昆明。我遂取道窝铅厂、陆良,到宜良上火车,到砖瓦厂下车,大部去到轮海子,游击队到大板桥,报告红军有便衣队在长坡。我部因太疲劳,在干海子一面掩护昆明,一面休息整顿。后来红军向金沙江边去了,孙渡率龚、鲁两旅也到嵩明。龙云命令孙渡指挥我们跟踪。原来红军系向武定、向滇西前进。我们也向武定、元谋前进。我们到达武定、元谋、永仁交界处,龙云电红军已撤回禄劝之绞车渡过江。我们也沿着江至武定属之万□(又名泰莲),龙云电红军已过江完毕,我们在万□一带停止,看蒋军的行动。蒋军也过江去了,我们才奉龙云之命各回原防。红军经云南过江是 1935 年的夏天。

这次我旅在毕节组织一个便衣游击队,由第三团每营挑选一个排组成三个小队,全队兵力相当于一个连。队长为苏向文(此人现被镇压),挑来的排长称队副。……这个游击队的任务是在部队先头三几十里行进,侦察狙击红军,作部队的耳目,有情况经报旅部,并报先头部队作准备。组成之后,直到回防才归还三团的建制。在组成期间,我认为他们已尽职,除了我旅没有如鲁道源、龚顺壁他们中过红军游击外,如在古芒部,他们报告在两路口的红军是林彪部,我们就□慎前进,在昆明大板桥报告长坡有红军便衣队被他们驱逐。历来不详。归还建制时曾分别奖励他们。

在威信一带跟进红军中,获有红军因病落伍的约十余人,除姓朱的一个排长,姓陈的一个译电员,忘记姓名的一个文书跟着我们到了昆明送到龙云处,其余的多病重就地交与敌威信县。当时的县长我记得是杨冠群(又名杨子豪),是敌宪兵司令部的参谋,由该部保安队去的,后来调嵩明县长,在任时被人民打死。这次获得的红军落伍人员,多数是我们获得的。这些人后来病死,未病死的也被处死。红军在威信县城,攻破恶霸肖某的碉堡,杀死他的父亲,红军前过我们还没有到以前,他把落伍的红军砍头杀掉十余人,我还装腔作势地追究他,命他以后获得红军人员必须送交旅部。

我们第二旅在万□奉命回昭通后,大约是 1935 年的秋天,派田富伍带兵一营去威信打红军留下的游击队一事。……当时奉龙云之命,同时威信县长李涤尘来电报告红军游击队十分厉害,镇威独立营(系龚部)无力剿灭,请求派兵协助。这个电报旅部少校单立翻译不来,跑去电报局才翻译出来。我们那时对下级,随便就骂泄露机密,应当军法从事,是常有的。龚成姚来电请示。于是就派田富伍带兵一营云协同独立营打垮红军留下的游击队(记得首□是姓刘,说是四川人),除打散外,打死几十人,擒获十余人,擒获的除阙〔阚〕思颖、李某及忘其姓名的三个女红军解到昭通询问后送至四川外(派谁送记不清了),余的十余人都交给威信县长李涤尘,后来由敌县府执行枪毙了。这些人是分几次交,哪次交几个,现在记不清了。田富伍是云南永善人,到镇反时在昭通自杀。总之这笔血债,虽然责任是多方面的,但是我要负主要责任。我对这样的血债大事,都不能主动交代清楚,所以我该死……

安恩溥的交待材料 1958 年 8 月 26 日

谨就回忆交待红军长征第一次经过云南我的反动罪恶

(录自云南省昭通市威信县县委党史研究室档案,全宗号 1,目录号 18,案卷号 70,第 33 页)

# 讯问张运文证言笔录

讯问证言笔录

时间：1959年2月3日下午2时

地点：威信县扎西街大队办公室

问：你叫什么名字？

答：我叫张运文。

问：你解放前在敌县政府工作过吗？

答：工作过。任过科员、科长等职，是在李县长（涤尘）手下干工作的。

问：今天政府有些事情找你谈一谈，你要如实回答。

答：我知道的都向政府讲。

问：你把红军长征路过威信情况及什么时间来的、什么时间走的情况谈一谈？

答：红军长征过威信时是民国廿四年正月初三。毛主席、李富春领导10多万［队伍］路过［扎西］街上（全城老乡都知道），并住在威信一星期左右。

红军分三路进入威信的，第一路是从四川叙永分水岭进入威信；第二路是从贵州遵义经过古蔺进入威信；第三路是从四川珙县进入威信。当时红军李富春是部长。

这时敌滇军安恩溥、鲁道源等匪军来威"围剿"红军，红军知悉后就分路撤退了。在红军撤退时留在威信的红军有五六百人，当时留下红军干部刘复初（现中华行政长官）、王逸涛（1952年在威信［叙永］因反共叛党被镇压）二人领导成立"云贵川边防游击大队"，在彝良、威信、镇雄、贵州毕节、四川叙永等地区活动。

问：游击队在威信一带活动了几个月呢？

答：活动共有两三个月，在这时间内，有镇雄敌军陇承尧的部队也来威〈信〉打过红军，但红军未被打退过，反打败陇的部队。过了一段时间，红军领导徐策牺牲后，红军慢慢弱下去，刘复初因病被川军俘获，再加上王逸涛叛党，这是红军第一次失败的经过情况，时间是民国二十四年（1935年）正月初三以后至同年十月间。

问：刘复初是怎样被俘的，原因及时间？

答：刘复初是民国二十五年（1936年）十月间因病被俘的。

问:当时与红军作战的是敌部队是什么番号,谁领导打红军的?

答:是滇军陇承尧(系营长)领导打红军的,下设4个连,第一连连长宋俊伍(宗杰武),解放后在威信被镇压。第二连连长彭兴周,在解放前被国民党第七十九师镇压。第三连连长张思齐,威信刚解放时被解放大军抓住镇压了。第四连连长陇承坤,解放后逃往四川,1952年四川当地抓捕押回镇雄镇压。营长陇承尧在威信解放时被打死。以上就是打红军的这个营的情况。

问:川军来过威信是什么时间?

答:是民国二十四年(1935年)夏天,第一次红军长征走后川军来过威信,住了一个月左右,修了一些打仗工事就走了。他们来的任务是"围剿"红军,但在威信没有接[交]过火。

问:你知道红军在威信活动[时]遗留下来的红军姓名吗? 住在何处?

答:记得我在县府时,县府曾统计过红军人数一次(现人民政府有册可查)。我知道参加红军的张某某(名不详),现住斑鸠沟,他有个女儿,在县里读书。第二个姓华(名不详),现住墨黑乡,他们二人是江西人,同毛主席、李富春一起来的。

问:李县长在此地杀过红军吗?

答:李县长任职时,有一次一个红军提[缴]了杨小忠的枪,还把杨小忠杀了。李县长闻知此情就派了县府警队、常备队到郭家坟附近抓了12人送回县府就杀了7个。其中有一个叫杨华清,因年轻才20多岁,被李涤尘留下不杀,做了他的警卫员,后培养成他的刀斧手(此人至今下落不明)。被抓的有4人是当地群众,后被释放了。被杀的这7人我亲眼看见过,是用刀砍的没有用枪打,是在现民众运动场(老地名盐井坝)。

问:那么杀这7个人有布告吗?

答:给出布告我记不得,对杀这7个人名义上是"匪",实际是红军。这7个人杀后,李县长用每人20个铜板,叫人拉去埋了。

问:除了这7个人外还有吗?

答:还有一次是在民国二十五年(1936年),不知本县哪一个区抓来一个姓名不详的人,送到县府给李春庸审讯,结果此人不供,被县长李涤尘审讯人用棍子逼供,并把此人的名字改了,叫手下人把脸画花,贴出布告拉出去杀了,地点在盐井坝。此人被杀时,高喊"共产党万岁!"(此人是红军)

问:审讯是在什么地点?

答:是在当时县府内审讯。

张运文

1959 年 2 月 3 日

1980 年 4 月 25 日抄自县公安局档案室

（录自云南省昭通市威信县县委党史研究室档案,全宗号 1,目录号 18,案卷号 70,第 11 页）

# 陇生文谈"进剿"川南游击队的情况

"进剿"川南游击队在 1935 年堵击长征红军之后,国民党军第二旅第三团第二营去"进剿"的,营长田福伍,永善人,解放后镇压。

第二旅驻防昭通,旅长安恩甫(溥),所属的两个团。第三团驻昭通,团长郭建臣。第四团驻曲靖,团长万保邦……以后部队奉命仍回原防,回到昭通后,旅部设威信,县长报有红军留下的游击队出没威信,抢杀。当时旅部派第三团第二营营长田福伍率领营的第五、六、七及我连,第五连连长熊启嵩,解放后镇压。第六连连长姓孙,第七连连长陇德成,我是第三营第十二连连长,暂由田营指挥的。

部队到达威信后,据县长谈这部分队伍是红军留下的游击队,有 100 多人,头子刘复初,人员武器好,战斗力强,行动很快,你们"进剿"要作好计划。当晚营长召集连长到营部开会,决心要把这部分游击队歼灭,作了以下部署:

① 以我连进驻通四川的要道朱家山。

② 由田营长率第五、六、七连狠追。

③ 调镇威独立营的彭连长率领该连随营作向导及侦察的任务,决定第二日休息准备,第三天开始行动。

部队行动后,只是小有接触,大约一个礼拜后即在威属的一个天心场地方进行战斗。当时,游击队在该地休息,不防被包围,所以损失较大。经战斗后,除刘复初率一部冲走外,大部分被击散,当场击毙游击队员 10 余名,有负伤的 10 余名,负伤的在清扫战场时被第五连全部杀害。当时俘获两个女同志。

田营长率部回威信,并通知要我连乘击散之后继续追击,全部歼灭。我率部追击后,游击队返回四川方面去掉〔了〕。我率部折回威信后,田营长已率部队并解两个女同志回昭通。

1969 年 11 月 8 日

(录自云南省昭通市镇雄县县委党史征集研究室编《红旗卷起农奴戟》,1993年印行,第 342~343 页)

# 我在田海云部当兵和与红军游击队作战情况

阳益清

我是民国二十三年到田海云（已枪决）匪部去当士兵的。正月尾去的，3月同田部下江桥来封过纸。6月间兴文成立安保独立二中队，田匪调一排人下来。黄某某当县长，杨吉文当教官，杨承成当中队长，下属三个分队。分队长田冯安（已死），班长李庚五、魏旺华，还有个班长记不起了（二人已死）。我在魏旺华那个班。中队成立后三分队调驻界武，8月份在武村街上同余泽鸿打了一仗。我们就调到兴文来。第二年3月间，三分队便解散了，枪弹还给田海云，我便回家来住了三四个月。民国二十四年，我又到燕子硐田海云匪部去帮田七做工。

当时在五村与余泽鸿打仗的有李品三的队伍，一个中队；长宁陈子方一个中队和我们这个分队。我们三支队伍从建武一路出发，我们走前面到盖牌，中士彬五带队。他有病，我们就掉来走后面。因此我们仗已经打过了，天也黑了，听说在五村出场口的山包上打死一个姓金的男红军，李品三和长宁的部队都伤亡有一两个。第二天我们就回兴文住，同我一个班有赫仲明（二区双河达子沟反背白村坝人，如果在有60多岁了）。在田海云匪部的还在的王成尧任军需，都叫他王军需；应相全（现在先锋街上，有70多岁）、明德远（红桥粮站，我进七部时他生背疮），最后去的有杨鹏（梅花）、曾旺良（兴文北门人，很多年未见不知在否）。我知道当地参加红军的有尹桂方同红军一路出去现在不知下落，问玉屏杀猪的尹树云不知是不是弟兄。

玉屏公社玉红二队小地名装塝头阳益清口述

王德中笔

1969 年 1 月 19 日

（录自四川省宜宾市江安县县委党史研究室资料，分类号 A210，索取号 041）

# 余泽鸿率红军到仁怀九仓

### 郑端常等

郑端常(男,77 岁,住九仓公社下旗坳。当时参加民练队。红军到时退守高山上,他本人在内)口述:

红军是余泽鸿为首,由犀角岩经浦子河顺河而上到九仓坝,有 300 来人。国民党中央军一个团在后面追(第二十三师刘团)。我们民练队集聚在高山上,有时打几枪吓他们一下。红军驻在余家沟、学校(九仓小学)和大山上,共驻三天。移驻旧屋基,曾杀了李茂元家的猪。还未得吃中央军就追到了。红军由楠木坪方向走。在楠木坪打了一仗。红军死了几个。中央军有机关枪。在犀角岩上伤的几个红军,在弯子头躲在草堆中,被民练团抓住了,抬去九仓坝交中央军医治。他们拒不上药,死了一个埋在弯子头。红军由铁匠坪走,退走后山方向去了。红军在余家沟杀了刘显章和谢灵岩(地主)两家的肥猪。红军是顺河而上九仓坝的,不叫红军,是红军游击队。

记录:朱明安、王明星,1984 年 6 月 10 日

柯昌文(男,70 岁,住黎民公社医院后面)口述:

红军从楠木坪、冷山下面的榜上来,在十三沟到回龙弯、望郎坡、窝凼、五里坡一带驻扎。吴万兴带黎民的民练。区队长周邦君(又名周雷)带民练四个班驻在假角山。红军从小弯过石场(金沙属)。周邦君驻在康成久(地主)家。周邦君带的民练先和红军交火。民练被打败退走了。中央军的郭连长驻在刘佐云家。他指挥部队立即接上来。因有机枪,红军打了败仗,分两路撤走:一路约有 30 来人往田八寨脱走,不知去向。另一股是主力,往小弯方向去了。吴万兴留他(们)当乡丁。范良顺交汉阳步枪一支,王富顺交新式步枪(即赤造枪)一支。钟西斗是个小鬼,没有枪交。三人同时留下当了乡丁。第二年王、钟二人由国民党的变动队王队长带回江西去了。他(指范良顺——编者注)已死亡多年了。

记录:朱明安、王明星

1984 年 6 月 13 日下午

(录自《中国工农红军川滇黔边区游击纵队斗争史》编写组编《中国工农红军川滇黔边区游击纵队斗争史(副本)·下册》,1985 年印行,4—80～81)

## 周梦生关于红军游击队情况的谈话记录(节录)

周梦生,现任贵州省仁怀县政协委员会副主席、贵州省政协委员。

1935年9月份,刘兴任贵州省绥靖主任,张公理部在古蔺、金沙、仁怀、遵义、桐梓、习水边界活动,他感到游击队对他是个威协〔胁〕,就派遵义驻防部队国民党第五十四师郝梦龄(师长)部"进剿"。郝派王早臣团驻仁怀负责"清剿"游击队。王早臣指定第三营长陈中负责"追剿"。县所辖的区,不准放弃。如果放弃不守,要受军法处治。当时桐梓也在"剿",其他县也派国民党部队"追剿"。10月份,张公理部队(游击队)过河梓河,到兴隆地境的小沟场,上老磨山到桑木。陈中"追剿"到白鹿岗,写信给我,说叫堵好老磨山要隘,他在后头追(老磨山隔桑木场三华里路)。我接到信后,对张康林(民练队长)讲:你去简华清,班长去守后翼碉堡,张康林守要隘。在老磨山,张公理的300多人,只打五分钟就把张康林的30多人打垮了。我就命令撤退。吴包董背起我走,我病了用白被条盖住,由一个姓郭的区丁背起走。陈中追到桑树恒街上,见失〔关〕隘失守,红军跑了,追问区长到哪里去了,派人到董家沟,见我病得厉害,用担架接回来,叫医官给医治。

从此以后,红军游击队就没再来了。

记录:袁泽光<br>1984年10月14日

(录自《中国工农红军川滇黔边区游击纵队斗争史》编写组编《中国工农红军川滇黔边区游击纵队斗争史(副本)·下册》,1985年印行,4—85~86)

# 周稚九谈黔军及驻毕节的情况

周稚九(男,84岁,现任毕节县政协副主席)回忆:

1934年,赖兴辉经〔任〕国民党四川省主席兼川军司令时,其部下有一个叫皮光泽(皮霍、皮德佩)的师长。由于皮的部队参加了由刘伯承领导的顺泸起义,当时在军队中言传皮的部队不纯,因此受到排挤,随后皮就投靠了黔军司令周西成,任副师长。不久,军阀混战,皮的部队被打垮。

1935年,蒋介石到贵阳,皮趁机找蒋为他整编队伍,蒋介石将皮原来的残部及其他一些零星人马收拢整编队伍,称谓暂编第五旅,派亲信柳际民〔明〕(柳普)兼旅长,皮任副旅长,实辖两个团的兵力,团长分别是徐孝安和雷大龙。

1936年3月,红二、红六军团走后不久,暂编第五旅即开到毕节驻防。柳旅到毕节不久,其手下的一位排长,顶多一个副连级,就"反水"拉走了一个营。至于怎样"反水"的,请你们再仔细调查一下。

访问人:糜崇习、朱东凤、周铭

1984年2月17日

(录自《中国工农红军川滇黔边区游击纵队斗争史》编写组编《中国工农红军川滇黔边区游击纵队斗争史(副本)·下册》,1985年印行,5—14)

## 周稚九谈保安团在大方被叶绍〔少〕奎打败

周稚九(男,85岁,现任毕节县政协副主席,任过毕节专署的参谋)回忆:

何专员带保安团第四大队去大方打叶绍〔少〕奎,(在草坪)被叶绍〔少〕奎部队打败,何专员几乎被捉到,被捉到的原说是专署的秘书,其实不是秘书,是专署的副官叫周小元。

这一仗何专员打败回来很气,去回的情况我都知道。当时何专员还找我去商误〔讨〕去打的情况,请我去,我不去,我无兵权,指挥不动。我劝他不去,他硬要去,结果吃败仗回来。

采访人:李英才、朱东凤、糜崇习

记录:糜崇习

1985年6月10日

(录自《中国工农红军川滇黔边区游击纵队斗争史》编写组编《中国工农红军川滇黔边区游击纵队斗争史(副本)·下册》,1985年印行)

# 金瑑第一次被捕经过

刘光远

1936 年 6 月上旬,金瑑到兴文城郊柏香坝岳父石万言(大地主)家,当时,石万言大摆宴席,招待新上任的兴文县长陈富训,宾客中还有宜宾专员公署保安副司令肖烈、国民党川南特抚特派员王逸涛等。金瑑也参加了宴会。他见到这伙反动头子,想到这是捉拿叛徒和地方反动头子的好机会,就秘密写了纸条,通知游击队前来,打算里应外合,将敌人一网打尽。哪知狡猾的王逸涛早就派叛徒周思和暗中监视金瑑的行动,截获了金瑑写的纸条,即将金瑑逮捕押交兴文监狱。

金瑑的二姐(由李亚群介绍参加共产党)通过地下党组织和亲友多方设法,尽力营救,姐夫李昌凤(当时县府民政科科长兼第一区区长)活动后,金瑑于 1936 年底获释。金琪时来我家研究营救办法,所以我知情。

陈国辅记录

(录自《中国工农红军川滇黔边区游击纵队斗争史》编写组编《中国工农红军川滇黔边区游击纵队斗争史(副本)·下册》,1985 年印行,6—23～24)

# 我随县长去"清乡"

## 王文隆

1936 年,红军游击队在川南一带展开英勇顽强的战斗。当时珙县县长李筱仙是个文人,上司认为他"昏庸无能,不称职守",把他撤换,另调曾任第二十军旅长的刘治国来接任珙县县长。刘治国到珙县,带来了快慢机手枪 22 支,冲锋枪 4 支,成立了县卫队,由他亲自指挥。在当时可算是相当精良的装备。刘治国上任后,号召公教人员军事化,统一裁制军服,不准穿长衫。他先后办了乡长、保长、乡队附〔副〕、保队附〔副〕集训班,又训练壮丁,扩大地方武装力量,并把他过去的部下团长何××派为洛表区长,营长谢焕青派为玉和区长,摆在一条线,伺机向游击队进攻。

当时我在珙县县府电话室当副话务员。农历八月十四,正电话员邱作霖通知我作好准备,带一门西门子皮包式电话机,明天随刘县长去清乡。同行还有县府录事赵光儒大爷,他熟悉人情,同我有亲谊关系,沿途有他照顾,我也就答应去了。

第二天是中秋节,一清早,刘治国在县体育场举行了阅兵式,从一区巡场、城厢、周村等乡公所调来团丁六七十人,二区孝儿、恒丰、底洞〔峒〕、回龙、玉和等乡公所调来的团丁七八十人,县警备队三四十人,直属卫队 30 多人,服装杂乱,精神不振,一眼望去就知道是临时凑合起来的。到场的还有来给县长送行的绅士和县属各单位负责人,铁炮三响,刘治国阅兵后上台讲演,他大讲"要安内攘外,珙县环境很好,但地方偏僻,同兴文接近的大庙、簸箕峡地方,常有土匪出没,对整个川南都有威胁。上级派我来此镇守,决不容许匪徒猖狂。因此,组织力量,联合兴文、高县进行'围剿'。我已呈报上级,调保安队配合清剿。我们人多枪弹足,供应无问题,定能出奇制胜,望大家遵守军纪,有功者奖,怠慢者罚"。讲完,又鸣铁炮九响,他就带头队伍向周村方向开去。地方士绅袁辑熙、杨冠英等送到木桥,齐声捧场说:"祝县长旗开得胜,马到成功,凯旋时,我等仍在此迎候。"刘治国非常得意,上马挥手起程。

路过周村、桐麻坪,两乡乡长齐贵良和梁子云带头乡丁和士绅在道旁迎送。到了底洞〔峒〕,梁子云设宴招待,官兵一律吃九大碗。席间,梁子云说:"刘复初的队伍作战勇敢,谋略过人,县长不可轻敌,征途劳累,最好在此休息一夜。"刘治国说:"红军游击队再强,东奔西跑,已成强弩之末,枪支弹药缺乏。兵法云:疲则可击。现在正是进击的好机会。"吃过晚饭,就命令紧急集合,向玉和方向急进。到达玉和,他命令部队就地坐下休息,把区长谢焕青喊来研究情况。谢提出取道隘口到上罗,刘治国说:"不入虎穴,焉得虎子。我要到大庙去看看,有这样多人,即使碰上游击队,我也不怕。"叫谢焕青找来一庙民当向导,抄小路向大庙前进。这个庙民说近几天大庙附近有土匪100多人,徒手的多,只有几支步枪。尖兵又回报说前方没有敌情。刘治国命令谢焕青带领二区团丁打先锋,搜索前进,在县卫队中选两名精干给谢作警卫。

到了大庙钟鼎山下面,谢焕青报告山高林密,道路险窄,怕遭伏击。刘治国命令保安队右侧山埂上前进,谢带一二两区团丁从中路上山,警备队走左侧,他带卫队在后,这样分兵三路彼此呼应,包抄截击,万无一失。谢焕青挑选十几名团丁,穿上便衣,分散走在前面侦察,刚爬上一个山坡,忽然发现山上有人,问是干什么的,对方操湖北口音回答是中央军。便衣信以为真,爬上山去,被缴了枪,才明白是遇上了红军游击队。游击队从这些俘虏手中,弄清了刘治国三路搜山,立即作了战斗部署。

谢焕青没有得到便衣队的报告,以为平安无事,继续带领团丁往上爬。山愈高,路愈小,正逢起大雾,10步之外,什么也看不清楚。忽然,左右两方和上面响起密集的枪声,子弹向团丁射来,打得树叶横飞,山鸣谷应。许多团丁没有作战经验,惊慌乱跑。谢焕青下令卧倒还击,但是浓雾中找不到目标。游击队紧缩包围圈,团丁争相逃命,谢焕青也跟着掉头逃跑。刘治国见团丁中了埋伏,溃不成军,命令卫队挡住阵脚,他挥着手枪大叫:"谁敢后退,军法从事!"他也挡不住狂逃的士兵。保安队朝上罗方向逃去,警备队一部分人被游击队活捉,队长周松凡也当了俘虏。刘治国吓得丢下军外氅,钻进浓雾,向左方山沟溜走。卫队不见县长,怕被游击队截断后路,也纷纷往后跑。赵光儒看见队伍溃不成军,喊我快跑。我们逢坎跳坎,跑过两个山头,才缓过气来。我的电话机摇手也摔掉了。保安队加团丁原有300多人,死的死,伤的伤,许多人逃散了。

游击队撤走了。谢焕青集合清点残部,只有60余人,枪40多支,到战场反复搜寻,都没有县长的下落,只发现尸体17具(其中保安队5人,其余12人),叫人抬回玉和办理后事。时天色已晚,不敢在山上久留,留下6人由张乡长带领继续寻找县长。

后来听说,刘治国躲在石夹缝里,天黑了才摸到山下,找到一家苗民,叫去通知保长。保长进屋一看是县长,赶紧派人用竹子绑了滑竿,像抬肥猪一样,由10

多支明火枪护送,把这个吓坏了的县长抬到底洞〔硐〕乡公所。

农历八月十六,被游击队俘去的 60 多人(保安队 10 多人、便衣队 10 多人、警备队和团丁 20 余人)陆续回到底洞〔硐〕。刘治国把这些人叫拢来,骂道:"你们这些蠢材,为什么要把枪弹送给游击队,违反军纪,全部关起来,听候处理!"八月十七,刘治国偃旗息鼓地回到县城。地方士绅前来慰问,刘治国还自吹:"胜败乃兵家常事。他们居高临下,条件优越,我们虽然人多枪多,误中埋伏,不能发挥火力,才有此失。下次派几个团去'清剿',把他们消灭,以报此仇。"

兴文县听说刘县长被打得一败涂地,慌忙把配合堵击的部队撤回去,高县更不敢来支援了。大庙一战,刘治国率领的种种部队,总共被打死 17 人,重伤 12 人,轻伤数十人,被俘 50 余人,丢失长短枪 80 余支,对川南震动很大。当时成渝两地报纸都作了报道。

王文隆

1982 年 10 月 6 日口述

杨介元记录整理

(录自《中国工农红军川滇黔边区游击纵队斗争史》编写组编《中国工农红军川滇黔边区游击纵队斗争史(副本)·下册》,1985 年印行,5—70~74)

# 我知道的刘县长失踪之后

### 张仕忠

刘治国来珙县任县长时，当时第一区区长是杨兴文（原县长青筱仙留下的人）、第二区区长谢焕青（曾任营长）、第三区区长何文远（曾任团长，此二人系刘治国带来的人）。

我当时在公民训练班任第二中队队长，第一中队队长刘子章，分队长有：饶礼云、汪雪樵、林成杰。公民训练班共办两期，每期 40 天。这时是第一期。

记得刘治国出来是民国二十五年八月十四（农历）被打失踪的。因八月十五下午天要黑时，县府第二科科长唐继高（因刘出事，代行县长）召集两个中队长人在县体育场开会讲，刘县长打失踪了，现城内空虚，要加强防守。会后每人发一个饼子。我是值星官，回去就清理枪支，只有几支枪打得，随即就布置防守，安排哨兵执勤，我还说这个饼子不好吃哟！

另外，回忆当时底硐川军反正是下半年，我听说时，已在烤火了。

张仕忠 1984 年 8 月 11 日口述

记录人：陆正华

（录自《中国工农红军川滇黔边区游击纵队斗争史》编写组编《中国工农红军川滇黔边区游击纵队斗争史（副本）·下册》，1985 年印行，5—76～77）

## 吴相云谈大庙战斗前后

乙亥年农历八月，我们这里就听说刘复初、余泽鸿的队伍要来。当时，我是保长。

珙县刘治国县长开队伍来的那天早晨，就有一支队伍从大路上向大庙开去，还有两杆旗子。又听说昨天刘复初、余泽鸿就到了周家沟街上。我就派了一个人出去打听消息。

中午，刘县长就带起保安队从玉和方向来了。几个传令兵到我家来喊：吴保长！我们县长有请！我从家里出去，刘县长已到我屋侧边。他见到我就说：昨天周家沟某乡长给我打电话说，"共匪"已到周家沟，要从此地经过。现在我们的队伍已开来，你立即送三石米到爬架岩去……正在这时，我派去打听消息的人回来了。他汇报说：刘复初的队伍已拢大庙。我把情况报告刘县长，并叫他退到对门埂子上。刘县长问：谢区长呢？我说今天早晨有一支队伍开上去，不知是不是谢区长。刘县长说：你马上带我们上大庙。这时，山上已经打响。刘县长叫我马上把沙河的保商队带上去。我又劝县长退过埂子上去。县长说：不行！我们只能前进，不能后退！

我把队伍带起爬到半山头，枪声越响越密，就像爆炒豆子一样。只看见山上烟雾沉沉，保商队士兵像潮水般往下按，遍坡丢了不少东西。上面一个领队的，大概就是谢区长，喊我们快点上去。我们正面，一个队长说：你们都顶不住，我们还顶得住呀？这里，一颗子弹飞来把我的帽子打滚起去，吓得我心惊肉跳。又一颗子弹飞来把我穿的长衫子打一个叉。我更魂飞魄散，慌忙往回跑，一直跑下沟，爬到躲兵洞里藏起来。

刘县长见士兵招架不住，队伍打散，在混乱中也慌忙跑下沟去。几个勤务兵边打边退，给他一起跑到沟头。他乘机把大衣甩在石头上，躲到一个岩缝里去。

枪声停了，我还在躲兵洞里打"腮壳子"，有几个人到洞门口喊我。有的说是罗仿书的人，有的说是袁队长的人，叫我出来跟着寻找县长和搜集被打散的兵丁，又叫我买米、买油办伙食，还要买点大烟给他们抽。

我把人些收拢，又找人办生活。受伤的人不少。就黑桃林那里就打死了 7 个。一会儿梁子荣拿公事来叫我找县长。一会儿何玉文又送公事来叫我找县长，我忙得不可开交。正在这个时候刘复初叫人给我送一张条子来叫我收养 3 个伤员,我接到条子才不好办。到处都住满了保商队的人,又不敢让他们知道。不收这3个人又不行,收了又不好办。最后才想了一个办法,私下找我二哥吴青云,叫他把这3个人给我收养起来好好侍候。为了不被人发现,又把这3个人藏在大山上哨洞子里。

天黑尽了,刘县长又从岩洞里爬出来,摸到苗民杨兴龙家里。杨兴龙的女婿王少南,不认识,又是晚上,拦腰把刘县长抱着。县长忙用手往腰间装子弹的皮包上一拍说:要干啥子! 老子把枪拿出,我是珙县县长! 王少南忙把手松开。

其实,刘县长的枪早就跑掉了。在此,他就叫杨兴龙把他送走。当时,杨兴龙把刘县长送到何光斗乡长那里,后来听说何乡长又连夜把他送到底硐铺。

那3个伤员藏在哨洞子以后不久,珙县知道了情况,就组织团队来捉。我搞慌了,又通知二哥赶快把他们转移地方。团队来,没有搜到他们。

他们住了3个月,伤好了以后,刘复初到新场(今玉秀公社)来,我方叫胡兴龙(已死)把他们送去交给刘复初。刘复初还给了胡兴龙6个铜元。

吴相云,兴文县玉秀公社国胜二队,1984年4月11日口述

记录人:雷少全

(录自《中国工农红军川滇黔边区游击纵队斗争史》编写组编《中国工农红军川滇黔边区游击纵队斗争史(副本)·下册》,1985年印行,5—76~80)

## 余泽鸿攻陷叙蓬溪经过(节录)

### 罗国昌

1935年,叙永县叙蓬溪区署办理户籍训练班,我在先操乡任文牍,乡长张泽民派我去受训。农历八月十九(公历9月16日)我到达叙蓬溪。二十号那天早上,我在理发店修面,突然见有两个头戴白帽红帽徽的手持步枪的人快步向街上冲来,口呼:任何人不要怕,我们是红军。

接着,〈红军〉大队〈伍〉长驱直入,将敌区署的枪全部提了,并将敌职员全部扣押在区署楼上。其时,敌区署还在办民团训练班,合计有集训壮丁一百六七十人。这部分人的枪也全部提去。对受训的民团和被扣留的敌职人员,当天下午由余泽鸿召开了一个大会,告诉他们,愿意参加红军的即可报名;不愿去的,发给路费回家。

其时,区长颜孔源到叙永开会去了,区里由其妻弟黄碧负责(黄碧是石佛公社三块碑人)。黄在当时认为,决不能活。次日晨,〈红军〉只将提款委员邓茂林在群众会宣布罪状予以镇压(邓是泸县人)。

其时前进〈方〉,大队已在大洲驿与肖镇南隔河鏖战,而叙蓬溪的队伍已撤出,退往打鼓场。肖镇南率队渡河在距叙蓬溪三四里时被包围,旋肖之后援大队赶至,而红军已全部安全退去矣。最后留截肖军的6位红军被俘,其中有一人面部受过枪伤。据说他们里面有遗留的长征战士,有100余人。

八月二十三(9月30日)那天,我们离开叙蓬溪,经大理村到泸州,红军又于二十四号由打鼓场绕道攻陷了大里村,进驻乐道子场上,泸县大震。在叙蓬溪被俘的6人,经颜孔源送往叙永。因为颜孔源认为,余泽鸿在叙蓬溪并没有乱杀一人故也。后闻余由乐道子转战到江门。以后余到江桥坝〈遇〉匪首李学儒袭击身死。遗留的队伍,由刘复初领导,转到古宋缺乏弹药全部失败,刘亦被捕,关押泸县至全国抗战爆发后获释——(编者对原注有修改)。

罗国昌

1963年12月8日

吴波筠记录于先市工商联

廖荣华1980年10月15日抄于叙永文化馆

(录自《中国工农红军川滇黔边区游击纵队斗争史》编写组编《中国工农红军川滇黔边区游击纵队斗争史(副本)·下册》,1985年印行,4—44~45)

## 魏绍全口述

我现在已70岁左右了。记得是刘畔甫当区长,我四叔魏俊天就当区员,我转到区里当兵,区队长是罗尊,是刘区长的贴心人。我是四叔的贴心人。

红军来天池那天,是农历八月二十五日。前几天,刘区长就叫我守电话,电话叫马岑调来一班人,刘鸿安调来一班人,加上区的一班人来守天池。马岑来的一班人在天池河对门,不过河;刘鸿安的一班人在八月二十四日赶场的下午就回盐井坝刘鸿安家里去了。说红军要来打天池,情况很紧张。

红军来的那天早上和早饭后,刘区长叫我摇电话给城里,叫派军队来驻守天池。我把电话接起来听不清,刚把电话放下不久,就听外面有人说红军从水尾来了。场上居民和区里都有些惊慌。但是否来了还不确定。不多一下,瞿树林从水尾场跑回天池过来向我说,红军拢水尾了,从后面追起来了。刘区长和我四叔听了,就向我说,快收拾东西跑。四叔叫我把他的烟盘子和大烟给他收来装起跑走。刚转过槽房〔坊〕头,就听说红军已拢场上了。刘区长慢一点就同团丁过第二渡。刚将渡船撑开岸,红军先头部队就抵拢河沙坝头了。红军抬起枪要打,船上坝岸上的老百姓喊打不得,船上有老百姓,红军才没有打枪。

团丁和刘区长到了槽房〔坊〕头下面那两块石碑那点,就躲在石碑背后面向红军开枪打了,红军也就从场这面与团丁打。一个红军足杆被打伤了。听说当时红军一个女兵还给他包扎。但是〈他〉走不动了,边防第二路军来就把他衣服脱走了。红军与边防第二路军打,边打边退,退向麦池坝。当时红军和边防第二路军都伤得有。红军可能少一点。边防第二路军是穆瀛舟的军队。我把四叔扶起走到独树子(离天池约八里),听得天池坝的枪声响得密得很。

记录人:张思齐

1984年4月21日

(录自《中国工农红军川滇黔边区游击纵队斗争史》编写组编《中国工农红军川滇黔边区游击纵队斗争史(副本)·下册》,1985年印行,4—48~49)

### 罗跃廷谈当年追红军游击队的情况

罗跃廷(男,77岁,汉族,原在国民党第七十一军第八十七师当兵,起义后在四野第一纵队第一师警卫营当战士。因在解放战争中负伤,批准三等残废,无儿女,月领15元生活费。所谈系亲身经历)回忆

那年,我已经27岁,是门户练(即民练),像是点小春时,红军从后山经岩孔翻梁子过来到刚家场、芭蕉沟、杠门子、茶路口、堰子到长岗。当时云安乡公所叫我们追。当时,一来人少,二来才学会打枪。不过上面叫追,我们不得不追。其实就是在后面跟着走。我们追到黄连坝,红军已经走了,是朝太阳坪方向去的。杨明鲜是杀在黄连坝的。

记录:朱明安

1984年6月19日上午11时

(录自《中国工农红军川滇黔边区游击纵队斗争史》编写组编《中国工农红军川滇黔边区游击纵队斗争史(副本)·下册》,1985年印行,4—83)

# 我当了红军游击队的俘虏

赵忠良

1936 年,红军游击队在威信、珙县、兴文等地神出鬼没,展开英勇顽强的战斗,地方团丁总是被动挨打。国民党反动派派出许多正规部队,到这些地区进行追击"围剿"。

我当时在四川省保安队第六团第三大队第十中队当兵。团长王登谷的团部驻在宜宾,第三大队队部驻长宁,我们第十中队驻珙县城关的万寿宫。3 个分队分驻珙县各个乡镇。那时珙县县长刘治国,自认为当过旅长,军事上有一套,妄想消灭游击队。但他又考虑地方团队力量单薄,就通知保安中队配合"清乡"。

1936 年农历八月十四(9 月 29 日),我们全中队 100 多人,清一色的黄军装,全部配备步枪,由上罗开到玉河。官长训话,说刘县长"带兵多年,身经百战,指挥有方,一定有消灭游击队的好办法",要我们听从刘县长的指挥。八月十五,刘治国率领团丁队伍,从底洞〔硐〕开到中和,同我们中队会合。刘治国下令分兵两路,向周家沟、大庙方向搜索前进。

到达钟鼎坎地方,刘治国的团队从左面山埂爬上去了,保安队沿着右面山埂往山上爬。左边是几十丈高的悬岩,右面是个斜坡,下面是一片梯田,中间是条羊肠小道。天正下着小雨,路很滑,非常难走。我们第三分队走在前面,还未到半山腰,突然,步枪、手枪一齐从上面射来。雾很大,看不清目标。红军游击队居高临下,打得我们抬不起头。我们只是盲目放枪。不一会,红军从两面包抄过来,形成一个撮箕口。我们队伍中的戴德渊、钟德成、刘成清 3 人被打死,眼看退路就要被截断。我们心想,糟了,不被打死,也得被活捉。大家争着逃命。

红军从山上冲下来,子弹打在四周,我们更加惊惶,有的拼命乱跑,有的钻草笼,有的藏在田坎脚下。兵败如山崩,什么军事纪律,早就抛到九霄云外去了。平时耀武扬威的队长们,也早已争先逃命,不知去向。

这时,山坡下那座只能通过一个人的小木桥,已经被红军火力控制。红军很快插入,把我们截成几段。我们既不能施展火力,也无法逃脱。我赶忙抱枪滚进一个救军粮笼笼里,刚好可以遮住身体。只听到红军高喊:"缴枪不杀!""优待俘虏!""穷人不打穷人!""欢迎保安队的弟兄们参加我们的队伍!"我看到我们被包围的士兵,把枪高举起来,表示愿意投降。接着红军把他们的一个个的枪弹解下来,向几个方向押走了。我等了好一阵,才从笼笼里钻出来,准备逃跑。突然,两个红军端着上了利刀的步枪向我走来,高喊:"不要跑! 到处都是我们的人,跑不脱了!"我也成了红军的俘虏,叫我把〈手〉倒背着,跟着走到一个地方。

坐下休息时,游击队手枪连连长走过来,和气地说:"你也是被迫当兵的,天下穷人是一家,你来了,等于回家,不要害怕。红军不虐待俘虏,不打人骂人,不侮辱人,你们已经被捉了几十个,我们一样宽待。"这时,我听到屋角有人呻唤喊疼,我一看,原来是县警备队队长周松凡也被俘了。他右手打伤了几个指头,血淋淋的,痛得他脸色发白。听到他的叫声,过来一位红军首长,到周松凡身边观察了一下,叫红军战士拿来一碗麻油,要周把它喝完,又叫游击队的卫生员给他敷药止痛。包扎完毕后,周松凡的情绪微安定了一些,也不叫了。红军这样优待俘虏,我深受感动。

接着,红军端来了核桃、花生,叫我们吃。我才想起今天是中秋。红军让我们过节。傍晚时分,又喊我们同红军一起吃饭,有肉有酒。手枪连连长同我一桌。他说:"不要拘束,尽管喝酒吃菜。你的同事也在其他地方吃,和我们吃的一样。我们红军没有官兵的分别。"这时,那位首长也走来入坐。手枪连长介绍:"这是刘参谋长。"又指着一位身穿青色军装的女红军说:"这是我们的司令员。"那个女红军一边请我们喝酒,一边说:"我叫阚思颖,南溪人。我们红军打帝国主义、土豪劣绅。你们当兵也是被迫的。我们应当团结起来。我们红军是讲政策的。你们把枪弹、胸章、领章,国民党的东西留下,私人的东西一律归还。"那个参谋长也诙谐地笑着对我说:"你把你们的当家枪都给我们送来了,你有功!"当时我用的步枪是我们分队唯一的一支德国步枪。他又说:"日本帝国主义侵略我们,要把我们国家灭亡,四万万人都替他作奴隶,当牛马。现在我们中华民族已经到了最危险的关头。我们红军是抗日救国的队伍,希望大家掉转枪口,联合下来,共同抗日。我们大家都是穷人,是受压迫受剥削的。你们看那些官僚,收地租,放高利贷,大斗小秤,一年到头把穷人剥削得喘不过气来,他们一事不做,坐着享福,难道我们就该终日劳动来供奉他们吗? 我们工农红军,就是为了消灭剥削阶级,替劳苦大众谋福利的,愿意参加我们这个队伍的,我们欢迎;要回家的也可以。"这次谈话,至今还印在我心里。像我这样当兵的,能同参谋长、司令员一起吃饭,这还是第一次,感到非常荣幸。当天晚上,我们被俘的 10 多个人,送来同我住在一起。大家虽然不便交谈,但不像先前那样害怕了。

第二天早晨,游击队把被俘人员的私人东西都退还了。手枪连连长问还有没有东西没有得到? 我大起胆子说:我还有一个旅行袋,袋内装有大烟 20 两。那是我妹妹的婆婆珙县胡伯娘怕上厘金(税),叫我帮她带的。还有一件工人服是我自己的。不到几分钟,连长就把旅行袋拿来还给我了。我见里面的大烟、衣服都未动,高兴极了。早饭后,那个被称为司令员的女红军,对我们讲话说:"你们愿意当红军可以留下,不愿意的可以马上回去。"因为我们是本地人,都有妻室儿女,参加红军怕连累家属,都表示愿意回家。红军游击队就把我们全部释放了。

我们走在路上,心里七上八下,不知回去是凶是吉。听说刘县长在底硐收容败兵,我们只好一同去见他。刘治国见我们空手回来,破口大骂:"你们这些饭桶!我们的军纪是枪在人在,枪亡人亡。你们为什么要把枪弹送给红军,去当俘虏?你们说红军厉害,为什么没有把我捉住?"下令把我们关进底硐乡公所,听候处理。关了我们一晚上,保安队的王团长从高县到了上罗。打电话向刘治国要人,他才不得不把我们放回保安队。

从此以后,我们保安队虽然奉命继续"清剿"游击队,但追来追去几个月,都没有认真打过一仗。有时虽然追上了,两山之间只隔一条小沟,相距很近,也没想开火。这固然一方面是保安队为了保存实力,一方面也是士兵们已经领受过大庙战斗的教训,受到红军游击队抗日救国宣传和优待俘虏的影响。

1982年9月20日口述,于四川珙县附城乡三江村。

杨介元记录整理

(录自《中国工农红军川滇黔边区游击纵队斗争史》编写组编《中国工农红军川滇黔边区游击纵队斗争史(副本)·下册》,1985年印行,5—68~70;8—18~19)

# 我参加攻打过红军游击队

张开福

1936年秋末冬初,我接到区公所的通知(当时我是乡长),要我们带队伍去初都(毕节对坡)打红军游击队。我即派了一个队长(姓陈)带了20个人去参加。头一天去到初都都没有找到红军游击队,便开到母享住在江西庙里边。第二天天亮不一会,红军游击队突然从碗水上边冲下去,可能有三五百人,分成三股冲到母享街上,把区公所包围起来。包围区公所的是两股,有一股守街上,分几处,发现我们的团丁住在江西庙头,就把江西庙也围起来了。我们去的20个人,姓陈的这个队长是母享街上人,他恰好回家去了。其余弟兄些不敢动,有两个胆子大点,游击队冲进去时,顺柱头爬上去,躲在天楼上,其他17个人都被捉到,缴去17支枪,弟兄些被集中在庙里教育了都放回去。后有10多个又回来,有几个不敢回来了。

打区公所这帮,挨大堰这边有炮,用炮轰。区公所背后墙要矮点,从那点丢手榴弹进去炸死几个士兵,把姜区长的女人胸部炸伤,后也死了。

当时区公所里边没有准备,有的在擦枪,人也不多,有些都回去了。由于墙高还是不好攻进去。后来攻进去时,姜区长躲到开花板上,没有被捉到,只捉到王开举、鲁老太爷(姜的岳父,叫鲁俊)和陇三官这些。这三个后来被抓进去,到林口这边把鲁俊和王开举杀了,放回陇三官来。

张开福,现年89岁,住母享公社苏木大队房子里。

1983年5月29日口述

记录人:李英才

(录自《中国工农红军川滇黔边区游击纵队斗争史》编写组编《中国工农红军川滇黔边区游击纵队斗争史(副本)·下册》,1985年印行,5—97～98)

# 关于黄华先这支队伍在荒都一仗的情况

邓执中

口述人:邓执中,男,63 岁

口述地点:泼机〈镇〉关门山沟边队,邓执中家

口述时间:1983 年 5 月 28 日下午

采访记录:李英才

哪年我记不得,那时是旧历九月间,詹司令的队伍到爪呜这边荒都(现贵毕节和镇雄交界,毕节荒都大队,下边是银厂沟)大队住在朱家院子,毕节那边有人去通知,保四团开来那天住黑树那边,我们这边县上是雷排长(名字记不起了),带 40 多个人来,泼机是罗学泮带起 30 多个人来,邓向臣带了 20 多个人,陇承尧的大队长陇永寿(后陇相人)带了 20 多人,关门山的胡国明带了 20 多人,我们这边有十多个人(那时我是张文荣家保长),一起到关门山王子清家那里集中。雷排长说他们不熟,统一由陇永寿指挥,后陇永寿安派雷排长带的人和我们十多个人从银厂下边包抄上去,邓向臣的人从荒都下边包抄上来,罗学泮的人在右边,陇永寿在中间。

雷排长带来的两挺机枪,一挺架在关门石外边老包上,一挺从下边随队伍冲上来。我们和雷排长的人从下边冲上去,先是雷排长的人掩护我们冲,到快上岩去时,上边石头、枪一齐打下来,就压在半山头那岩凹凹头了。打了一下,子弹打光了,无法上去,就通知雷排长,他们拿些机枪弹带上去,一打几枪,枪都打炸掉,接连炸了 6 支。不行了,我们就和雷排长的人换,我们掩护,他们冲,机枪架在岔沟一座房子背后。

射手刚架好伸起头一看,就被打滚下来,一直滚下沟来。第二个射手补上去,抬起机枪往下跑,脚脚都撞弯掉。左边邓向臣看事情不对,首先就跑了,到张开富家去了。罗的人被打死两个,就退了,陇永寿的人又被打死一个,已撤了下来,整整打了一天。

当晚开会,陇永寿重新安排,雷排长的人拿一班带着机枪,随他们前进,另两班跟随雷排长,趁夜袭击游击队。天亮冲过去,游击队不见了,追过新地方去没找到,就转来了。

(录自云南省昭通市镇雄县县委党史研究室编《红旗卷起农奴戟》,1991 年印行,第 437~438 页)

# 何吉兴谈所知道的川军起义

何吉兴,底碉乡景阳村,1984年8月3日口述

时间是丙子年十月左右,川军在底碉反叛。当时,我在乡公所背枪。他们是在县长刘治国挨打(大庙战斗)后不久开到底碉来的。连长姓卓。他们在底碉有一个姓刘的中士和兰瞎子(兰澄清)为首,串通几个人在火烧滩饶家营房子头盟誓唱血酒,就在那天晚上就反了。刘中士用马刀把蒋排长砍死,另外有人把王排长刺伤,麻排长回建武去了,他没有挨。

反了后,有一班人拖出去,在街上抢了一家绸缎铺(刘洁之的)就往珙县去了。走到大营坡还向反军打一排子弹,没有跟兰澄清他们走。

川军反时,将底碉乡队长孙泽荣的枪下了,叫孙当向导。当时乡丁有我、雷银山、贾玉安等几人一起被拉上周家沟。走拢半路我就把绑腿捆绳解脱跑回来了。孙泽荣、雷银山他们到了周家沟也放回来了。

当时那个阵仗还是吓人,听到嘈杂,我还没摸到魂头,就把我一齐"理清",喊我们交枪。我们就规规矩矩动都不敢动。当时联保主任是刘惠九君。反军还把刘的小儿子作人质,后到周家沟才放回的。

雷少全记录

(录自《中国工农红军川滇黔边区游击纵队斗争史》编写组编《中国工农红军川滇黔边区游击纵队斗争史(副本)·下册》,1985年印行,5—81~82)

## 罗长杰回忆云南支队关于打顶冠山罗天祥家的情况

罗天祥在叙永补充团当过团长，后来从部队返来在兴文县任参议长。

罗天祥家被打是 1937 年 8 月间（农历）的一个晚上。殷禄才和四川的绿林武装共计 100 多人来，其中有旧城李文阳和李文渊的队伍。将罗天祥和罗德修家的房子围起来，抓走了罗天祥的父亲（罗竹斋），将罗竹斋抓去先在李文渊的碉头，罗天祥的母亲被殷的部下用手枪柄打伤头部后得破伤风而死。

第二天早上，我听说罗天祥家被抄了家，拿走了罗家 3 支枪（一支手枪，两支步枪）和一些衣物。罗德修是一家大地主，财产也全部被殷的部下拿走，说是抄走烟土 100 多两和一些钱和衣物。后来罗天祥一气之下，写信到宜宾专区去告殷禄才。据说宜宾又告中央才派第七十九师来打殷禄才的。

罗天祥写信告殷的内容我还记得一些：殷禄才是云南郭家坟人，有 300 至 400 人队伍，有刘复初支持，是一支"共匪"武装，请求专员派大部队来"清剿"。并还说殷的队伍盘踞在干滩子李文渊家碉里。这信是写给宜宾专员冷薰南的。因我当时是在县常务中队任司务长，所以了解此情况。

注：参议长和县长平级。顶冠山又叫井观山。

被走访人：罗长杰

走访人：黄健、杨映村

1986 年 5 月 18 日于街心乡

（录自黄健、杨映村《罗长杰回忆云南支队关于打顶冠山罗天祥的情况》，1986 年 5 月 18 日。云南省昭通市威信县县委党史研究室档案，全宗号 1，目录号 18，案卷号 87，第 33 页）

## 云南省"剿赤"宣传总队在镇雄、威信的反共活动

崔龙光①

云南省"剿赤"宣传总队,是国民党政府针对红军游击队活动而组建的。它在镇雄、威信两县的反赤宣传、反共反人民的活动,早为广大人民群众所唾弃,并为事实所粉碎,扫入历史的垃圾堆。为研究历史上的重大事件起见,特把云南"剿赤"宣传总队的内幕,及其攻讦、污蔑、诽谤性的反共造谣宣传情况,录志于后。

### 省党务训练班

我家世居威信县麟凤乡斑鸠化槁坪。祖父、父亲都经营商业,兼收地租剥削。在当时乡村间里可算是富户之家。正因为这样,我家成为国民党政府乡保长敲磕勒索的对象。当时,我正在读书求学,对保甲长来催逼税款非常反感和气愤,立志读成书后要出这口气,所以拼命读书。学而优则仕,为的就是争个好前程,挣得一官半职,光宗耀祖,炫耀门庭。

1932年4月,我告别乡亲父老,长途跋涉,风餐露宿,不远千里奔赴昆明,投考中国国民党云南省第三期党务训练班。事不凑巧,待我一路奔波劳顿,步行20余天,到达昆明时,党务训练班招考事宜早已收场结束。只落得唉声叹气,瞪着眼望洋兴叹了! 自悲自怨命运多舛,只好在异乡徘徊,坐待时机。直到下学期招收考生,幸得云南建设厅长张西林以镇雄同乡关系出面推荐,俾得跨进第三学期党务训练班。我们这期有60多人,教学受训6个月,吃穿全由省党部供给。学习军事,学典范、令及武术、刺枪术、擒拿、无线电收发等,军事训练要完成班、排、连基本作战动作。学习政治课程有三民主义、五权宪法、建国大纲和地方自治等。参加学习人员训练结业后,一部分分配到边疆各县国民党县党部任常务委员(以后改称书记长);一部分到云南省党部或昆明市党部工作。1932年12月,我被分派到云南省党部宣传科,担任助理干事。

### 红军游击纵队频繁活动

1934年10月,中央红军撤离中央革命根据地,实行战略大转移。12月,蒋介石调集40万军队,准备围歼向湘西前进的中央红军。红军改向贵州挺进。蒋介

---

① 崔龙光,云南威信县麟凤乡斑鸠化槁坪村人,1936年任国民党云南省党部"剿赤"宣传队队员。

石急令云贵川三省军阀加紧堵截。他想一箭双雕,利用围追红军的机会,削弱地方军阀力量,达到完全控制西南的目的,而三省军阀既怕红军进入自己的辖区,威胁其地位和生存,又不愿为蒋介石卖命,竭力守住地盘,保存实力。他们反共立场是一致的,因而相互勾结,但各怀鬼胎,彼此勾心斗角,各有所图。1934 年 12 月,蒋介石电令云南省政府主席龙云兼"讨逆"军第十路总指挥,堵截红军。龙云采纳参谋长孙渡的主张,为了保存实力,"以出兵贵州为上策,总以不使共军进入云南为好。若共军进入云南,为免除一切麻烦起见,只有追而不堵,将共军尽快赶出去为好"。委任孙渡为总指挥行营主任,负责全权指挥,率部进至黔滇边境的宣威一线,企图"坐山观虎斗"。

1935 年 1 月,中共中央在遵义召开了政治局扩大会议,一致决定红军渡过长江,在成都之西南或西北建立苏区根据地。2 月 4 日,左路军先头部队进入威信县水田寨、大河滩。2 月 7 日,党中央及军委在大河滩电示各军团,命令各部向滇东北敌设防空虚的扎西集结。2 月 9 日,党中央及军委总队进驻扎西,红一、三、五、九军团陆续抵达扎西地区集结。根据扎西会议创建川滇黔边区新的根据地的决定,中央和中革军委抽调干部成立中共川南特委(后改称中共川滇黔边区特委)和红军川南游击纵队(后改称红军川滇黔边区游击纵队),在川滇黔边区一带宣传发动群众,扩大武装,打击敌人,牵制敌军,配合红军主力作战,创建云贵川边区根据地。红军游击队频繁活动,与日俱增,大有燎原之势。1936 年 2 月,红二、红六军团全部撤离黔西地区,向云南奎香一带挺进,云南地方官吏、土豪劣绅,惶惶不可终日,告急官牒文书,星夜驰送昆明。

成立云南省"剿赤"宣传总队

云南省龙云政府和国民党省党部大为震惊,把红军游击队视为心腹大患,惶恐恼恨,坐卧不安。为了把红军游击队消灭或赶出云南境地,他们除调集武装部队和组织地方民团进行军事"围剿"外,还抽调派遣政工人员到游击队活动地区搜集情报和有针对性地进行反共宣传。经过一番准备,由龙云政府出经费,省党部派人,终于组成了臭名昭著的云南省"剿赤"宣传总队。1935 年 12 月 19 日,"剿赤"宣传总队一共 9 人,在云南省党部大礼堂宣誓就职,任命罗加义(省党部宣传科科长,盐丰人)为宣传总队长,杨泽(宣传科总干事,省党部训练班一期学生,大理人)为副总队长,我和其余的人均任命为队员。同时宣布所有队员分派到各县:镇雄县崔宝华(我的别名)、威信县杨含焜(路南人)、彝良县王品、盐津县楚兴南、大关县×××、绥江县李森。宣誓就职由省党部书记长裴存藩主持,他带领大家诵读誓词,每个人高举右臂跟着他念诵。宣誓仪式相当严肃认真,会场讲台正中,悬挂孙中山总理画像,两边交叉国民党党旗和中华民国国旗。宣誓誓词是:

"余誓以至诚,信仰三民主义,效忠党国,决不自私自利。恪守纪律,严守秘密,彻底完成党国交给的任务。如有违背誓言,愿受党国最严厉的制裁。谨誓。"

集体宣誓后,裴存藩讲了话。内容是要每人尽忠守职,坚守工作岗位,为国民党、中华民国效劳。不怕艰苦,不怕牺牲,即使赴汤蹈火,牺牲性命也在所不辞。不成功便成仁,为党国立功者给予奖励;如有玩忽职令,不尽职守者,定予严惩不息。

龙云政府认为,红军是云南的大敌,决不能让红军在云南建立第二个江西根据地,如果那样将后患无穷,危害他的统治地位。所以,分派我们到各县的任务是:坚决执行蒋介石的命令,不能完全消灭红军,也要把红军驱赶出云南境地。大力组织军事"进剿"的同时,特别加强反共宣传,抵消红军的影响,把跟着红军走的人,争取过来。双管齐下,使政治工作和军事"进剿"相结合。"剿赤宣传总队"具体工作:一项是按照省党部确定的宣传纲领、要点,进行宣传演讲,向社会各界作演讲报告,俾使所有民众跟着国民党走,肃清共产党和红军的影响;另一项是向社会各方面作调查了解,搜集情报,情报内容三个方面:1. 军事。包括敌(红军)、我(滇军)、友(中央军)军。敌人的人员武器弹药装备、部队番号、指挥官姓名、作战能力、行军动向,以及军风纪和对人民群众的影响。2. 社情。当地发生的社会重大事件,社会各界对我军和友军的评论,对红军的看法。包括在军事期间有无奸淫抢劫情事。3. 政情。地方官吏贪赃枉法,欺压人民等,均须据情如实上报。

规定秘密通讯联络方法,指定通信信箱(我是一号信箱),确定每个"剿赤"宣传总队指导员的代号(我叫若英)及通讯联络密写方法。为了保守秘密,防备红军游击队截获,一是用米汤书写。总队收到情报后,再用碘酒洗砚;一是用酸矾书写,投清水内浸砚。两种密写情报方法,都是写在纸背面,信纸正面写一般的问候词句,一些日常生活无关内容,以掩人耳目,而在纸的背面,则用米汤或酸矾书写真正的情报。即使被抓获,也不知破译。

"剿赤"宣传总队在宣誓就职后,由裴存藩当场颁发给委任状。我们每个队员都加封为××县"剿赤"宣传队指导员头衔。发给条章等,上面刻有××县"剿赤"宣传队字样。出发前还组织欢送,召开晚会,摆设筵席,为我们饯行,由裴存藩、陈秀山等大员出席陪宴,以示隆重。

反共宣传煽惑人心

1935 年 12 月 24 日,"剿赤"宣传总队离昆出发。

1936 年 1 月 12 日,我同威信县"剿赤"宣传队指导员杨含焜,同时到达镇雄县城。杨同我在镇雄休息 3 天,16 号旋即离开镇雄转赴威信。在镇雄逗留期间,根据上级指示精神,我俩进一步商量决定,相互密切合作,并订立君子协定:两个县的边界偏僻乡村,打破县界地域,互相跨县交错宣传和搜集情报。所以,我虽负责镇雄,但是我也曾多次进入威信境内,进行反共反人民的宣传造谣活动。

1936 年 1 月 16 日,我偕同镇雄县党部书记长夏玉笙(昭通人,省党务训练班三期学生)联袂到县政府,拜会镇雄县长杨聘君,商洽成立镇雄县"剿赤"宣传队事宜。包括宣传队的组织机构、人员遴选任用、经费筹措、行动计划等。经过多方考虑,反复商谈,最后决定正式成立镇雄县"剿赤"宣传队,队长由我担任,副队长夏玉笙。下设三个宣传分队,每个分队设分队长一人,选拔国民党员担任,队员由学生中选拔任用。经费问题另造预算再作筹商,没有得到完全解决。

后经镇雄县参议长杨庆龙和夏玉笙从中斡旋,为减少开支,部分区乡的宣传,由我随身带一二人,以保甲会团方式集中开大会,所经过的重要集镇,适逢赶街期间,作街头宣传。"剿赤"宣传队所到,一律由当地政府派专人护送警卫,确保安全。保证宣传活动的顺利进行。

镇雄县城的反共宣传,比较大型的有这几次:第一次,以镇雄县国民党县党部的名义,通知城镇机关、团体、学校开大会。地点设在县党部,到会 200 余人。第二次,由镇雄县两级小学校长常蔚若出面,召集全校师生听演讲,到会学生 100 多人,地点在两级小学大礼堂。会后,得常蔚若大力协助,组织学生连续几天上街宣传。第三次,乘镇雄东西北三门赶街天,连续三天组织上街宣传。上街宣传时,横幅布标上有"镇雄县剿赤宣传队"字样。学生和一些人,手持红绿色三角旗帜,集队招摇过市,高呼反共口号,丑态百出地所谓示威游行。在重要热闹街口,张贴反共宣传单。这些标语口号,全部白底蓝框,长三四尺,宽五六寸,条幅头嵌印有国民党青天白日党徽,统一由石印版面印成,由我从昆明随身携带来的,100 多套,发往全县个〔各〕区乡张贴,内容极端反动,竭尽污蔑造谣之能事,每套 12 条。(略)

由受欺骗蒙蔽的学生和人员,摇旗呐喊过后,才由我正式登台讲演。我站立一张方桌上,头戴浅灰色呢制礼帽,身着藏青色呢料大衣,脚蹬一双锃亮皮鞋,俨然像个封疆大吏地进行反共宣传。这次宣讲的内容，及以后下乡多次宣讲的，都是严格按照云南省党部规定的剿赤宣传纲领要点进行。大致精神内容都差不多，翻来覆去，无非是对共产党和红军的诋毁、污蔑、谩骂。

镇雄县城宣传告一段落后，我带上赖思云一人，深入各有关区乡进行反共宣传，特别到受到红军游击队活动影响大的地方。1936年5月21日，到达芒部地区，住区长李玉轩家。由李玉轩出面用行政命令通知个〔各〕区乡、镇学校教师和民众（每户一人），到芒部街上聆听宣讲，到会200多人。李玉轩主持会议，由我作长篇反共报告。有位教师阿谀奉承，表态拥护我做的报告。5月24日，李玉轩之子李遐福陪伴我到木卓。李遐福与我是省党部训练班第三期同学，因病中途退学，此时我邀他参加我的宣传队。趁当天木卓赶街，即在街上就地宣传。由乡长胡聪主持，李遐福讲述反共要点，我只作补充强调。5月25日，到达关上，住宿区政府。与区长王应松商洽，下命令通知全区学校教师及人民群众，每户不少于一人。地址在区公所门前广场。会议由王应松主持，李遐福仍作反共宣传达，继而由我作补充。5月28日，李遐福转回芒部，我则继续前进跨入威信县辖区庙沟，当晚落榻好友方田良家。29日，适逢庙沟赶街，又在庙沟街上即席宣传。庙沟乡长袁文轩主持，并作讲话。他强调了这次"剿赤"宣传的重要意义，自然对红军游击队又进行一番恶毒攻击。还讲了几句没有前来欢迎我的谦词。因进入家乡地区，我的心情格外激动。会上我免不了装腔作势，炫耀做作一通，绘声绘色地作长篇演讲。5月30日，到达化槁坪，回到久别的故里。从6月1日至7日，每逢斑鸠沟赶集期间，乡长徐月楼专门通知全乡小学师生和民众100余人，我做演讲从斑鸠到麟凤区果乐坝，住宿区长杨仕光家。因杨过去与我是省党务训练班第三期同学，我们臭味相投，反共立场一致。在他的全力帮助下，我精神焕发，卖弄声色地作了一次街头宣传。15日，杨仕光召集全区民众、地方绅士耆老张宇村等人，及麟凤小学师生200多人，在小学操场正式集会。由杨仕光介绍开会的目的意义，继而我作反共宣传。最后张宇村还讲了话。他以国共两党情况作比较讲述，自然褒国民党，贬共产党，为国民党歌功颂德，涂脂抹粉，借机攻击、污蔑、谩骂共产党一番。

6月16日，抵三口塘，住宿乡长张国煌家碉堡内。因红军游击队常出没这地区，我恐惧被俘虏抓获当阶下囚，经常提心吊胆，惶惶然不可终日，再三再四叮嘱张国煌他们加强武装警卫，防备游击队的袭击。17日，正值三口塘赶街，由乡上派出地方团队 10 余人,在周围一转山头放哨警戒。我同张国煌由兵丁簇拥着来到临时宣讲台。我的心怦怦跳个不停,但想到我是省里派来的"大员",又专门受过训的,才慢慢平静下来。我强装笑脸,强打起精神,一边声嘶力竭地叫嚷,竭尽造谣诽谤之能事;一边老是心有余悸,担心害怕人群中有人射出颗子弹,结束我的生命。演讲结束后,急忙躲进张国煌碉堡内,生怕红军游击队前来报复逮我。6 月19 日,提前离开三口塘。

6 月 22 日,离开斑鸠沟直达镇雄县所属大湾子,下榻区公所。在这里得到一个名叫林鹤皋的教师帮助,他与我有亲戚关系,反共又十分卖力,除帮助张贴标语传单外,还用染印布下脚料作原料,沿街墙壁都书写上反共大字标语。区长陈兆鹏,于 25 日召集全区学校师生和民众集会,通知每户一人,到会 200 多人。陈兆鹏和我都讲了话。26 日,适逢大湾子赶街期间,又作了一次反共宣传。

6 月 27 日,转回芒部区的裸倘坝,住宿乡公所。28 日,在尖山坝街上作了一次街头宣传。29 日,乡长郑光辉召开全乡民众和学校师生会议,近 100 人。在郑光辉的主持下,我再次作了反共报告。6 月 30 日,到达镇雄县板桥。7 月 1 日,值板桥赶街,又在街上作了一次即席宣讲。7 月 2 日,返回镇雄县城,仍下榻县党部。原打算稍事休息后,再到镇雄八卡区、泼箕区、牛场区等处宣传,后因故未能成行。1936 年 11 月,我奉命调转回昆明。

我从 1936 年 1 月 12 日到达镇雄。11 月调回昆明,总计在镇雄、威信两县反共活动,将近一年时间。按照上峰命令,每到一地还要搜集情报,如实上报。我以"若英"为代号,正式向"一号信箱"写投的书面情报,先后共计三次。主要写红军大部队早已离开威信、镇雄去了贵州省,中央军和我省军也已离开威信、镇雄;红军组织留下的游击队有人枪 500 余,在川滇黔边境一带活动;威信境内的长官司、罗布坳、天坪、大雪山等地,游击队经常出没,活动频繁,声势浩大,不数月竟达千人之众,捣毁地方区乡政权,打富济贫,深得人民群众信任,大有燎原之势,如此发展下去,其后果将不堪设想。也写到红军路过镇、威后,各地"满目疮痍,殷忧未艾,民不聊生,须待安抚",把民众的一切疾苦,生死病老都归罪于红军,并建议给予抚恤救济,给穷苦百姓施点小恩小惠,以收买笼络民心。还写到人民群众被红军煽惑诱骗,都倒向皈依红军,有口皆碑,称赞"赤匪"好。经我进行反共宣传后,争取回头不少。还有就是报告我作"剿赤"宣传的工作进展,取得的成绩,收到的明显效果。这里我无中生有,编织许多条,意在邀功请赏,以及反映人员经费情况等等。

## 狼狈离开省党部

1936年12月16日，我同威信县"剿赤"宣传队指导员杨含焜二人，经昭通转回昆明，依然回到云南省党部宣传科工作。不久，省党部领导班子分裂为三派势力，互相勾心斗角，争权夺利，相互倾轧。派系斗争白热化，以省党部常务委员、黄埔军校一期学生陈秀山为首的派系势力最为强盛，几乎占压倒一切的统治地位，排挤倾覆以省政府建设厅厅长、孙中山同盟会成员张西林为首的张派势力，和以省党部书记长、黄埔军校三期学生裴存藩为首的裴派势力。我属于张西林一派，他们无时不想把我排斥出省党部。1937年，改派我赴腾冲国民党县党部工作，既无命令，又无一定职称，仅从别人口述，又不发经费，显系排除异己。我卖力为国民党效劳，不仅没有得到耀升提拔，反而被赶出省党部，落得个狼狈离开的下场。

何沛魁整理

1988年6月11日

（录自云南省昭通市《威信县文史资料选辑第5辑》，1988年印行，第40页）

# 审讯杨叔宽的记录(节录)

《审讯笔录》,被告人杨文英(杨叔宽),字杨兆群。

问:干过啥子?

杨:民国二十四年(1935年)八月,余泽鸿部队带了600多人,打了筠连城来红桥,我就投了他。当时江安团练司令李品三带了两个中队到红碉场,阻击红军。在红桥被红军消灭了一个中队,李品三由红碉场带一中队来增援,红军司令余泽鸿令我阻守大炮山,围歼李品三部队。李品三不知有埋伏,当时被困在古佛台大槽沟内。红军居高临下,打的李品三走投无路,眼看就要全部消灭,退不出去。那时我就想,我是江安人,我就没有打李品三,让他走,我一枪未发。如果开枪打李就要投降缴枪。放脱李品三,完全由我负责。同年冬月,我招安在李品三部下。

第19页:《审讯笔录》,被告人杨叔宽

问:怎么放走李品三的?

杨:民国二十四年(1935年),余泽鸿由筠连到红桥,有周思和在,部队有六七百人开到红桥来,把红桥镇公所的枪提了,司令部住在五阁楼。李品三在红碉场带了一个中队的人保红桥,听说余泽鸿到了筠连,带某人到红碉场去防止,听说到了红桥了,李品三就将人带到虹〔红〕桥来。(红军)司令部在五阁老,警戒在古佛台,我带了20多人有20多支枪在大炮山安警戒,李品三走古佛台被红军跟他一打,队伍退不转去,朝大炮山这方面走。要是我一打就在那点就缴械,可是我没有下令打,他(李)走到河边上绕到沙槽去了,就跑脱了。

问:为啥不打?

杨:因为我当时有些糊涂。

第21页,《亲笔供词》,杨叔宽

民国二十四年(1935年)八月初十早晨,余泽鸿同周思和,由筠连率领六七百人由长宁到梅桥,司令部住在五阁老王家,警戒放在古佛台,我住在大炮山。当天李品三在梅碉得信,说红军到了梅桥。他就率领部队到梅桥,至古佛台,红军开枪打击,李品三崩溃向大炮山退,我在大炮山没有开枪打击李品三,以致李品三退向沙槽。我当时没有打李品三的原因,思想有顾虑,因我是梅桥的人,怕他以后报复我的家庭。余泽鸿次日由红桥开往合江一碗水方向,向贵州边区去了。

1956年1月25日

(录自中共江安县委党史研究室资料,分类号A210,索取号119)

（四）敌方资料

## 督练长何涤泉报告团务委员会与叙永特区游击队作战情况

1934 年 9 月 2 日

窃据模范第二中队长文华九报告称:窃职于昨日在两河镇局报告以前经过情形后,查确该匪等开住还乡坡,侧近皂角树。职即率队向该处进发,至该处时,匪等已向倒流水开去。此时天色已晚,追至倒流水时,该匪又已开拔,只得跟踪寻追至二更时。职队即宿于佛来山,旋据该地土人报称,匪等宿于磨子坪新屋基等处。职即饬该地间长派丁数名引路,一面飞报黄坭嘴,杨镇长济安已于四更时派来杜、廖两队长各率队丁两班前来助战。所有饬令间长派丁一事竟未到达。职以事不宜迟,拟于拂晓攻击,即派定杜廖两队长由右翼进攻,本队吴队长由左翼进攻,周队长向正面猛攻,职随后指挥督战。该周队长果系猛勇,与匪接触烈战一钟之久,当即轰毙匪人一名,负伤二名。该匪不支,向后隐退,后经吴队长由左翼奋勇冲击,向前连夺几个阵地。此时杜廖两队长亦由右翼抄围该匪等,以被逼太急,退至大石包地点,系断绝路,只有一山尖不能退脱,故经几次冲击我地,均被吴队长奋勇接战。该匪等又负重伤退回原地。彼此相持约有半日之久。

廖两队长向称:匪等由此逃窜,必向木厂方面万难追上。职即收队到黄坭嘴会商杨济安再作办理。但职所率之周、吴两队原有枪械不良,子弹数少。此次作战枪械打坏太多,子弹耗尽。是以报请钧座俯予发给子弹。坏枪如何配置,静候示遵,谨报等情前来。职查此次匪情乘滇川四面围攻之际,若不乘此扑灭,后患非浅,拟令该中队长仍率所部协同杨镇长努力进剿,以期一致扑灭。若兵力单薄,令调大坝镇精选队一中队进驻四堰坝子,用资截击,而免内窜。至于该中队子弹缺乏,系属实情,以剿匪应用之急,应请从速补充,早收歼灭之效,可否之处,应理合其文报请钧会俯赐察核祗遵。

谨呈正委员长岑、副委员长胡

督练长　何涤泉报告

二十三年九月二日于督练部

(录自《叙永县政府追剿防御长征入境红军及川南游击队指令》。叙永县档案馆民国叙永县团务委员会档案,全宗号 6,目录号 1,案卷号 13)

## 两河镇报告境内叙永特区游击队宣传"赤化"、请示抚恤"进剿"死伤官丁

1934 年 11 月 27 日

窃职镇王逸涛组织共党,宣传赤化,麻醉一般乡民加入组织。职派队搜索,准其乡民反共既往不咎以自新,饬令各乡严加防守。概状暨经过情形具报在案,于昨夜复据探报称:王逆率带党羽十余人,盘踞大坝口。职派廖队长(长发)率丁两班往击。殊廖队长到达该地,天尚未明,该逆先已潜伏森林,以逸待劳。廖队到时,即与接触、开枪射击,该逆还枪,当将廖队长登时击毙,并打伤丁二名。一丁负伤颇重,命在旦夕。匪等约有负伤。该逆向木厂方向退逃。惟天今晨又遣队前往增援,跟踪追击去讫。所有廖队长击匪殒命、团丁负伤缘由,理合具报钧府察核,恳祈从优奖给恤金,以慰幽魂,而资鼓励。是否之处、恭候指令祗遵。

谨呈县长岑(炯昌)

(民国)二十三年十一月二十七日于两河镇黄坭场

据报王逸涛在坝口拒捕,个性殊属冥顽,仰即派队跟踪追击。一面知会邻团合力围攻,以免酿成巨患。除由府布告解散胁从,并请清委会遣派干员前往宣传侦缉外,所有伤亡队长团丁,府令团委会照章议恤可也。仰即遵照。仍将追击情形随时报府核示,此令。

三十一日

岑炯昌印

(录自叙永县团务委员会清剿匪患和叙永特区游击队公函。叙永县档案馆民国叙永县团务委员会档案,全宗号 6,目录号 1,案卷号 46)

## 叙永县政府准照拨发两河镇会剿叙永特区游击队耗用"剿匪费"

叙永县政府　训令　县训字第49号

令团委会　为令遵事

案据两河镇长杨济安呈明，剿办王匪逸涛，情形紧张，需耗巨款，请令行团委会查照前案拨款一案到府，除以据呈已悉。王匪逸涛务须剿灭，所请剿匪费用准照岑(县长)前任定案。令团委会照拨可也。此令。等语指令外合亟照抄原呈。令仰该会即便遵照前案拨给可也。

此令

计抄发原呈一件

呈为缕晰详查陈，恳请察核示遵事

窃三十一日案奉钧府明令开，顷奉剿匪总司令刘(湘)电令开，叙永先县长览治，密据纳溪县府电称：该县两河口地方有黄埔生王逸涛揭出红军旗帜，并有枪百余支，时有滋扰等情。除原文存案邀免未录外，摘抄后开，仰该镇长遵照务于短期内江〔将〕该匪扑灭具报，用绝根株。倘再玩忽贻误，致使匪患扩大，定以军法从事。凛之此令，等因奉此。

窃查该匪逆王逸涛实因地方连年频遭亢旱，饥馑众多。逸涛藉此宣传赤化，蛊惑乡愚、结聚穷痞数十人，肆横劫杀。迭奉前县长岑命令，职即率队往剿。该逆胆敢抗拒，射毙分队长廖长发、班长杜治荣，并伤民丁王海云，呈报在案。当经艾营长率队到乡会围、搜剿，讵该逆等溃窜森林，致未殄灭，继续奉会(团委会)饬职，移驻黄坭乡督率各乡民丁短期扑灭。

自奉令移驻以来，专司责守、安堵不遑，曾与该逆接触数次，奈该逆此击彼窜、诡诈多端，或解散隐蔽，故未立生效果。兼之职镇接壤滇黔，一面毗连黔省及古蔺，窜逃邻界容易藏身，屡屡如是。甚值前方赤焰吃紧，该逆暗地勾结杨匪登高，并郑绍尧余党郑香谷、艾宗帆(藩)、郑光文、龚子清串结〔集〕大庵。土匪乘机响应，四处暴发、抢劫时闻，迭报在案。

复奉岑前县长严令，大坝镇长向秉钧同职镇团队合力搜剿，务期荡平。兹幸黄团长率队来乡，会职镇团队直蹈〔捣〕匪巢，击毙逆匪二名，射伤匪党甚众，溃避滇属罗汉林。兹已商同黄团长联名函知威信杨县长、滇团陈正杰等，分守堵截，合力兜剿，并严饬职镇各乡队扼守各隘，誓期扑灭，务〔毋〕使漏网，斩绝根株。但职团队先后与匪战敌数次,消耗子弹靡费颇巨,前已呈报钧府,请予接济。

蒙前县长岑案准,令饬团委会将二十三年度团款浮加银水一角,计全镇共加〔计〕收洋一千余元,提作职镇剿办王逆费。嗣经该会拨来贰佰元,业经耗罄无存。兹奉明令,饬于最短期内务将该匪扑灭,曷敢延误。惟职垫累过巨,罗掘俱穷,伏恳钧府令饬团委会查照前案令拨之款,悉数拨给,以资购备子弹,而便剿匪用。特缕陈各缘由,呈恳察核。是否之处,指令祗遵。

谨呈县长　先(智渊)

两河镇镇长　杨济安

(录自叙永县部署堵截西征红军、叙永特区游击纵队等公函。叙永县档案馆民国叙永县商会档案,全宗号 11,目录号 1,案卷号 162)

# 严查川南地下党组织总部迁址叙永密令

1935 年 1 月 3 日

训令　民国二十四年一月三日叙永县政府密令团字第 3527 号

令团委会：

为密令遵办事。案奉二十一军军部特字第二一五二密令开：

为密令事，现据江北反共人周仲华称，最近赤党在下川南区域有严密巩固的庞大组织。泸县中心县委现迁叙永，于荣昌、隆昌、南溪、江安、纳溪、泸州、合江、赤水、古蔺、兴文各县设有机关，均由该中心县委领导、推进，并将各负责人姓名、住址开明，恳请核办前来。查此道匪风未息，该党急欲乘此时机于后方各地暗中活动，以资一逞。此为势所必然。一旦防范稍疏，扰乱堪虞。该党现既有整个组织，地域又复宽广，若非通力合作，同时并进，难收除恶务尽之效。除分令外，合行抄发原件，仰该县即便密商关系县份。各县会妥定办法，严密查缉，勿任漏网，是为至要。切切此令。计抄发原件一纸，等因奉此，合行抄发原件，令仰该会迅予密转各镇乡长遵照，一体严密防范，勿稍疏漏为要。此令。

计抄发原件一纸。

县长　岑炯昌

叙永县政府(钤印)

中华民国二十四年元月二日

（录自叙永县政府部署防御红军、辑查共产党泸县中心县委训令。叙永县档案馆民国叙永县团务委员会档案，全宗号 6，目录号 1，案卷号 35）

# 加紧修筑碉堡工事、密查过往行人训令

1935 年 1 月 3 日

叙永县政府　令团字第 3515 号

令团委会:为令遵事

案。奉遵义川南边防司令官侯(之担)陷电开:急。叙永岑县长、古蔺谬县长、古宋汤县长钧鉴:

查"赤匪"披猖,军务吃紧,亟宜先事预防,用期有备无患。所有各该县应筑碉堡着克日完成,并于赤水河左岸择要捶筑碉堡及坚固工事、散兵壕,以便于必要时扼匪之用。当此冬防期届,尤须督饬区团轮流防守要隘,密查行人,用弭奸细而维治安。事关防"匪"要政,须积极举行,勿得玩忽,致干查究为要,仍将遵办情形从速报查。切切此令。司令官侯之担。陷成印。等因奉此,合行令仰该会及即便遵照,迅即转饬各镇乡,将要隘碉堡依限修筑完竣。值此严重时期,来往行人务须切实检查,以遏乱源,不得稍事敷衍塞责。事关全县安危,勿得视为具文为要。先将遵办情形呈复,以凭转电,切切勿延。此令。

民国二十四年一月三日

(录自叙永县政府部署防御红军、缉查共产党泸县中心县委训令。叙永县档案馆民国叙永县团务委员会档案,全宗号 6,目录号 1,案卷号 35)

# 两河镇请求派兵"会剿"叙永特区游击队

## 1935 年 1 月 12 日

鼎公委员长（刘文鼎）钧鉴：

敬启者。查红军窜逃，职镇经过地点满目萧条。盖红军走后，土匪趁时窃发，其小股者，已饬各乡督练搜"剿"。惟黄坭乡之王逆逸涛伙同滇"匪"杨登高率党百余人、枪约五六十支在树坪一带东串〔窜〕西扰。人民愚钝，多被该"逆"麻醉。目前，该"逆"正各处向人民吹嘘，胁迫当匪。人民惊惶莫定。应请政府派兵镇摄〔慑〕，俟人心稍定，办理各乡善后以及扑灭王"逆"，均易收功，用是函陈。务恳钧座转陈政府，务念职镇情形特殊，迅派兵两连前来黄坭、树坪，镇摄〔慑〕人心，并"会剿"王"逆"。万一政府方面碍难抽调，务恳简派黄坭猷团出兵协助，不然王"逆"势焰膨胀、党羽一多，日后更难锄除。谨陈管见，伏冀采择如荷。俞允地方幸甚，尚函奉读祗颂。崇安

职　杨济安（两河镇镇长）上

（民国二十四）年正月十二日

（录自叙永县有关团防经费、枪械、协防入境红军公函。叙永县档案馆民国叙永县团务委员会档案，全宗号 6，目录号 1，案卷号 43）

# 奉命布防长征红军命令

## 1935 年 1 月 21 日

命令　　字第肆壹号　叙永县团务委员会

民国二十四年一月二十一日

　　顷奉　旅长面谕:现在"剿赤"期间,各镇乡团队亟应扎实准备,以备调遣。叙永全县各乡至少调集一中队待命。如违令,按军法从事。仰即转饬遵照,等因奉此。查现值"剿赤"期间□□奉令团队应受军事指挥,除分令外,合亟令该镇长即便遵照转饬各乡长,每乡克速调集民练一中队以备调遣,致受军法处罪为要。切切此令各镇镇长

　　(录自叙永县团务委员会"剿共匪"行动命令。叙永县档案馆民国叙永县团务委员会档案,全宗号 6,目录号 1,案卷号 15)

# 速赴县城待命堵截长征红军命令

1935 年 1 月 22 日

命令

民国二十四年一月二十二日午后二时于本会发

顷奉县府命令开:顷奉路指挥官范命令,本部为防止"赤匪"西窜起见,依限切实奉行,毋得故延,致干严究为要,切切此令,等因奉此。查此项分配关系补助军事工作,为"剿匪"期间各地团队应尽之任务,但限期严迫,该镇距离较近,应先调集团队(每乡一个中队),携带工作器具,依限来城听候支配,毋稍玩延。致干严究,除分令外,合亟令该镇长即便遵照。□镇属各乡长一体造〔遵〕办为要。切切此令

中城、宁和、两河、天池、马岭各镇长遵照

署衔名

(录自叙永县团务委员会"剿共匪"行动命令。叙永县档案馆民国叙永县团务委员会档案,全宗号 6,目录号 1,案卷号 15)

## 部署各镇坚壁清野、防堵长征红军命令

1935 年 1 月 22 日

命令

民国二十四年一月二十二日午后六时于本会发

顷奉县府命令开:顷奉第一路指挥官范命令开:刻值朱毛西窜之际,该邑逼处邻封,自当早为准备,实行坚壁清野政策。弟勿因循观望,致干重究,切切此令,等因奉此,除分令外,合亟令该镇长即便遵照,指定集中粮食地点,依限督饬,囤积完毕,拟定保护办法送呈县府查核转包〔报〕并分呈本会以凭汇转,事属紧急,勿稍玩延,致干重究,切切此令。

署衔名

(录自叙永县团务委员会"剿共匪"行动命令。叙永县档案馆民国叙永县团务委员会档案,全宗号 6,目录号 1,案卷号 15)

# 国民政府叙永县两河镇镇长杨济安报告
# 王逸涛的叙永特区活动情况（节录）

1935 年 1 月 26 日

（三）19 日夜，黄坭乡属田沟乡民李成舟、杨双和家业被杨"匪"登高抢出粮食衣物各〔多〕件，去到各（落）包，杀死百长王元兴一人。职闻之率队力追南海未获接触。

（四）连日职率队于川滇交界之黑泥孔与杨"匪"登高街战，该"匪"数十人连攻未伏，幸滇田援助，陈正杰率丁击毙"匪徒"四人，旋闻登高中伤，退进深林，山峁林密，仓率未保。

（五）王逸涛，前日经职队围击，殊该逆知机避逃未获，缉获惯"逆"李四海已解送县府，收禁在案。查该"逆"仅十余人……黔中共党猖獗，王"逆"籍〔藉〕以壮胆，犹暗中勾串杨登高、郑香谷、艾宗藩、郑光文、牟国云等"匪"为翼，确查该杨、郑、艾、牟等"匪"为数在 200 以下，聚在叙蔺交界黄丝坳、海龙等处，恐乘军事急切之机，后方肆乱……而王"逆"纠合多"匪"，结为一气，碍难割除，若不设法歼灭，必致乘间为祸，贻害"匪"轻。

（录自中共叙永县委宣传部、叙永县史志办公室编《中央红军长征在叙永》，2005 年印行，第 189 页）

## 两河镇报告叙永特区游击队在川滇交界的木厂一带结集

1935 年 1 月 26 日

委员长刘(文鼎)钧鉴:

迭奉明令调集民丁四中队曾已分转各乡遵照赶办,未敢违延。惟最近几日叠〔迭〕接各乡纷纷报告,当此共势猖獗,股"匪"乘机蠢起,四出抢劫,而王逆逸涛复又勾结郑香谷、艾宗藩、杨登高等"匪",滇边田沟木厂一带,啸聚二百余人虎视职镇,又大庵之"匪",出抢劫以是。奉令至今,而该民丁未敢擅离。昨经呈报在案,兹幸黄团〔来〕驻于兹,地方宁稍有倚赖。刻已转饬各乡调集来所,一俟整齐,即行开赴。耑肃敬复。

公安

(两河镇)代镇长  杨俊襄

(民国二十四年)元月二十六日

(录自叙永县有关团防经费、枪械、协防入境红军公函。叙永县档案馆民国叙永县团务委员会档案,全宗号 6,目录号 1,案卷号 43)

# 天池镇镇长探报长征红军与川军、黔军运动战报告

1935 年 1 月 27 日

民国二十四年元月二十八日到

报告 二十四年一月二十七日于天池镇公所

事由。本日据职属派出密探回报称：探得"共匪"于昨日（二十六）由土城分三路乡〔向〕赤水进攻。第一路攻山王庙（距赤水十五六里）为"匪"右路，第二路攻七里坎（距赤三十六里）为"匪"中路，第三路攻福兴场为"匪"左路，均被川军击退。中路退向旺龙场属之大白岩，约三百人。右路退向滥竹圳一带，约二百余人。惟左路福兴场一日连攻三次，迅逼榨子，均被川军力战击退。最后有"共匪"百余人在福兴场后山被川军围击，尚未解决。现各该地居民纷纷向三谷山一带迁移。又探得黔军部队约有一团退驻大坝山一带。据大洞场第三区公所范督练长向称，今日运送军服到一碗水，被该部队截去。嗣蒲营剑秋由四洞沟开出，始悉该部队进退维谷，恐有向大石母、水尾方向进窥之虞。又今晨（二十七）探得"共匪"有六七十人向垮角沱过河，经本地大洞场团队添丁四队防守，似此应请钧会特别注意等情。据此，除分令刘杨两大队长及各乡乡长认真防堵外，理合具文飞报钧会鉴核作主，祗侯〔候〕令遵。

谨呈副委员长刘

天池镇镇长 魏俊天

（录自叙永县政府"追剿"防御长征入境红军及川南游击队指令。叙永县档案馆民国叙永县团务委员会档案，全宗号 6，目录号 1，案卷号 13）

## 叙永县政府下达补损安置堵截长征红军军事行动
## 拆毁县城沿河两岸房屋训令

1935 年 1 月 28 日

训令　民国二十四年元月二十八日

叙永县政府训令　训字第　号

令团委会副委员长刘（文鼎）：

为令遵事：照得"赤匪"西窜，为固守城池计，不得不将沿城脚及上下两桥与夫东南西北各门外民居一律拆毁，免防射界。曾经本府转奉指挥部命令饬即调查登记，设法救济。由本府转令中城镇镇长查报在案，迄今多日，尚未报呈复前来。当此气候寒冷，各该难民露宿风餐，情极可怜。本日联席会议上，决公推该院长等总其大成，募集捐款分别散放，并指定公所或庙宇暂作栖止之所。以免调查被拆房屋，估价登记，给予证据。俟军事数〔枚〕平，即由全县人民筹款抵偿，以示体恤。除将捐册过印随令附发外，合行令仰该委员遵照火速办理。

计发捐册一本。

叙永县政府钤记

（录自叙永县政府部署防御红军、缉查共产党泸县中心县委训令。叙永县档案馆民国叙永县团务委员会档案，全宗号 6，目录号 1，案卷号 35）

# 两河镇报告"会剿"叙永特区游击队情况

### 1935 年 1 月 29 日

报告

(民国)二十四年一月二十九日于两河镇镇公所(钤记)

窃前奉县府命令歼灭王"逆"逸涛,职遵于本月十日率带常练移驻黄坭场,分令树坪、黄坭两乡团队分守要隘,合力"搜剿"。初次在大窝凼与"逆"接触,活捉要"匪"李泗海一名,送解关禁在案。"逆"等溃入森林,未便穷追;二次又在木厂一带,射伤逸涛羽党数名,溃窜逃匿,迭败数次。仇益钉心,暗聚杨"匪"登高,立寻报复。本(月)阴(历)十七(日)晨早,惟幸滇边区团长陈正杰督队夹攻,当时击毙杨登高管事班长杨正、曾老班、杨乔呀、杨双喜、廖敬清并王逸涛之排长杨东东共计七人,夺获手枪一支、步枪二支、标子二把,生擒二"匪"陈老幺、赵铁匠。当由陈区团长将人枪解送威信县府。且该"匪"现乘前方大股"匪共"披猖之际,一面勾结郑"匪"香谷、艾"匪"宗藩、牟"匪"国荣、王"匪"国全等,约期举事、啸聚田沟、意图爆发。计约连枪数十支、步枪一百余支、刀矛大棒,势焰弥张,分布各处箐林,经职探确。幸今黄团长来镇"搜剿",职当报请派兵协击,于二十七日拂晓时,职督率队长杜德珍、朱观尧、杜德兴、赵品三等同团部王连附〔副〕分三路进攻,于石门坎、□子头、田沟、大垭口与"匪"接触,开枪射击,相持约三小时之久。军团合力猛攻,该"匪"难支持,当轰毙正"匪"二人,枭首示众,射伤余"匪"数名。急向滇方三台罗汉林溃却。时因天色已晚,职率队归回黄坭场休息,探确"匪"踪跟〔赓〕即进剿。计是役消耗手枪弹五十四发、步枪弹五百二十四发。查该"匪共"等虽已溃退滇方,其勾结甚众,若不趁早扑灭,将来"匪"势生大,实为心腹之患。除分遣团队严密布防外,理合江〔将〕"剿办"经过状况暨"匪"势披猖情形呈请钧会鉴核。最后情形随时呈报。是否之处恭候示遵。谨呈

委员长刘(文鼎)

两河镇镇长　杨济安

(录自叙永县部署堵截西征红军、叙永特区游击纵队等公函。叙永县档案馆民国叙永县商会档案,全宗号 11,目录号 1,案卷号 162)

# 刘湘协力堵截长征红军训令

### 1935 年 1 月 30 日

训令　民国二十四年元月三十日

陆军第二十一军司令部训令（政字第 1877 号）

令叙永县民团总指挥

为令遵事　照得"共匪"暴行甚于洪水猛兽。流毒所至，闾里为墟。每一念及，曷胜发指。本军长素报〔抱〕有"匪"无我之决心，兴师以来，时以殄灭为己任。然公敌所在，各民众亦当秉匹夫有责之义，以伸同仇敌忾之愤。值兹此道"匪"氛未息，黔疆又复告警，念来日之大难，□祸至之，无日防御，苟或未周，贻患何堪？设想势非群策群力，共同捍卫，不足以救沦胥而保安全。特将应办各事分列如次：

（一）县中有声望能力及能唤醒民众合作者，应尽量延揽起用，使人才集中；

（二）富者出资，贫者出力，一体合作；

（三）练务人员如有不敷分配，应尽量酌用川康团务干部校历次毕业学员及本县曾任军职人员。

以上各点系为集中人力、财力起见，须粉笔〔分别〕切实遵办，以收众擎易举之效。除分令外，合亟令该部即便遵照办理，仍将奉文日期暨遵办情形报查。此令

中华民国二十四年一月十七日

军长　刘湘

（录自叙永县政府部署防御红军、缉查共产党泸县中心县委训令。叙永县档案馆民国叙永县团务委员会档案，全宗号 6，目录号 1，案卷号 35）

# 长宁县报告(节录)

王"匪"逸涛利用贫民,熟习地势,往来灵活,巧于避战,往往兵来"匪"去,兵去复来。而军队则无有歼"匪"决心,每次迟迟其行,与"匪"相左。至于团队,则因经费支出,不能调集多队为远道追击。且因联团出于自动,无有拘束力量,进退不能一致。以致"匪"仅数百,而军经数易,团联数县,时逾数月,不惟未能歼灭,反日益坐大,职此之故。

(录自宜宾地区档案馆档案,全宗号 39,目录号 37,案卷号 193)

## 长宁县县长李鸣和上报材料

民国二十四年八月四日查讯嫌疑犯余淑皋口供：……本年二月初十日，民子余泽鸿率领"共匪"到达民家宿，天明即走。与民见面，泽鸿面称他们是红军。

（录自四川省档案馆档案，字3，全宗号，目录号12806）

# 长宁县府报告(节录)

三月

滇边溃"匪"王一陶〔王逸涛〕率众约六百人,忽于本月十一日,由兴、珙窜入长宁,县长闻警,飞调团练模范精选各中队分守要隘,一面电知邻县一致出击,以收"围剿"之敌〔效〕。殊尚未得联络,该"匪"实窜踞〔距〕城十五里之王家沟,来势猖獗,似有犯城之样,民心异常惊惶。县长为安定人心计,不得已闭城困守,昼则亲赴前线指示机宜,夜则督守城垣,以资防御。如此七日,未敢稍懈。匪知我方有备,畏〔未〕于〔予〕深入,乃复向兴、珙逃窜。

(录自四川省档案馆编《红军长征四川史料——敌方文电》第十五卷,第1702页)

## 南、纳、江、长、高、珙、庆、筠、兴、叙、蔺、宋十二县联防会议公约

1935 年 1 月 30 日

（一）南、纳、江、长、高、珙、庆、筠、兴、叙、蔺、宋十二县境地，均接近"匪区"，实有联合团队，御防"匪共"之必要。

（二）设立十二县联团防"匪"临时办事处于江安县城。

（三）临时办事处设处长一人，总务主任一人，酌设办事员若干人，并自刊图记一颗，文曰：南纳江长高珙庆筠兴叙蔺宋十二县联团防"匪"临时办事处之图记，以照信守。

（四）推举梁叔子为临时办事处处长，张乃赓为总务主任，克日就职。

（五）临时办事处经费暂定为 300 元，先由到会八县（南纳江长高庆筠叙）各分担洋 30 元，按月送缴。

（六）联防各县在原有（基础上再组）精选队三中队以上，须添设大队长一人，每县共有精选队若干，中分队若干，须各造册送呈联防办事处备案，于必要时，得由联防办事处派员指挥之。

（七）以古蔺、叙永前方为第一线，由古蔺、叙永、兴文、古宋四县团队择隘防堵，高、珙、兴三县酌量补助。

以自江门文昌宫、连天山、万里菁至三江口一带岩地为第二防线。长宁上半县、叙永瓯脱地及江安、纳溪各县团队，凭岩防堵。

以自渠坝驿、绍坝、和丰场、江安南岸至佛来山、相公岭一带岩地，为第三防线，由长宁下半县、叙永瓯脱地及江安、纳溪各县团队，凭岩防堵，庆符酌量补助。

以自观音场对角公滩沿大江一带为第四防线，由南溪、江安、纳溪三县团队，凭江防堵。

（八）以上防御线，暂由附近各县团队分担防堵，如遇必要时，得临时通融办理，互为增加。

（九）其他联防详细办法，得由临时办事处处长、主任酌聘富有军事常识人员从事规划，随时函知，县分别执行。

（十）联防办事处对各县县府、团委会指挥部用函，对各级大中分队长用令。

（十一）以上公约，须分呈二十一军部、民团总指挥部、四川南岸"剿匪"前敌指挥部，备案存查。

（十二）以上民防公约由到会各县代表列名盖章，并函送未到会各县，征求同意，发生效力。

民国二十四年元月三十日

（录自四川省叙永县文史资料工作委员会编《叙永文史资料选辑·第1辑中央红军长征过叙永》，1981年印行，159—161）

# 星夜驰援布防县城后方红梁子一线命令

命令

民国二十四年二月二日于县政府发

现"匪"临城下,仰速飞派郑、刘两中队长率队驰援,布防红梁子一带,以免"匪徒"窜扰后方,切切此令

向镇长秉钧

县长

(录自叙永县团务委员会"剿共匪"行动命令。叙永县档案馆民国叙永县团务委员会档案,全宗号6,目录号1,案卷号15)

# 两河镇镇长报告叙永特区游击队军事集结动向

1935 年 2 月 11 日

民国二十四年二月十二日发

报告　　　　　　　　　　二十四年二月十一日于树坪行所

一、窃据黄坭乡间长陈安国、树坪乡间长杨辉廷飞报：树坪属小岩上有丁文举、陈国彬等结众数千人，据〔俱〕为共党骚扰地方，请于〔予〕扑灭，以免扩大，业经报告在案。职于本日率队督同两乡间长、分队长向该党所踞小岩上分路追击，约经两小时，耗去子弹三十七夹零贰颗，射伤该党三四人，击毙首领陈国彬一人，余"匪"溃逃。该地箐密山深，不易搜索。正拟遣队"搜剿"，忽接探报"匪"警，因练丁人少，不敷分配未行"搜剿"。

二、据探报红军有数千人经滇省军团截击，由职属分水岭锁马与隆山野耳坳一带溃退下来。不知要退何方，俟探实再报。

三、本日午后，黄坭嘴共党王逸涛同滇"匪"杨登高率党百余人，枪五六十支涌到树坪。职为地方安宁计，当即督饬团队于树坪之端公嘴大岩口一带警戒，正与该"逆"相持对峙中。

四、据树坪何乡长肇清报告：红军溃窜该乡，拾得步枪数支、手榴弹数颗。王"逆"来信索取，如不交还，决武力对付并陈原信，请调兵协助前来。

查该"逆"如此横行，若不及时请兵协"剿"扑灭，任其扩大，以后更难收拾。务恳钧府俯采舆情。转请政府迅派大军前来协团统"剿"，用安地方。除径报并将王"逆"原送县外，谨呈委员长刘

两河镇镇长　杨济安

（录自叙永县政府"追剿"防御长征入境红军及川南游击队指令。叙永县档案馆民国叙永县团务委员会档案，全宗号 6，目录号 1，案卷号 13）

# 命令"清剿"流落红军及叙永特区游击队

## 1935 年 2 月 13 日

命令

民国二十四年二月十三日午后九时于县团委会发

为严令饬令遵事，查"共匪"虽窜过永城，而溃散藏匿，所在尤多，□中股"土匪"亦乘机蠢动，地方治安堪虞。军队追击前方，我团练当固后防。责任之重，何待言喻。乃在各级团队以为"匪共"曾经过去，间面〔而〕视若无事，然者有之，殊堪痛恨。合亟严令饬遵，仰该大队长立饬所属一体遵照，嗣后各部应予严格训练，恪守军风两纪，并应随时戒备，不得稍涉疏忽。倘敢违误，即照军法从事，切切此令

毛大队长润青、杨大队长韦甫　遵照

（录自叙永县政府"追剿"防御长征入境红军及川南游击队指令。叙永县档案馆民国叙永县团务委员会档案，全宗号 6，目录号 1，案卷号 13）

# 乡镇精选队呈文堵截长征红军及叙永特区游击队

1935 年 2 月 22 日

呈

民国二十四年二月二十二日

呈为事协恳怜释情因共匪为害扰乱地方,职等奉令开援前进,防堵要隘,乃是为丁应尽之责。因职等转念枪械不精,弹丸尤虑缺乏,兼之永城大敌当前,炮声隆隆,职等恐其难敌,祈王中队附〔副〕则修向刘大队长鸿安要求收回成命,仍驻防天池。殊军令所在,不容更改,罪王中队附〔副〕一人现被扣押钧会已半月之久。刻今各分队长及请假逃丁等均已仍回队任务,皆已抱有罪无我等之决心,效力沙场、马革裹尸。况王中队附〔副〕为人性情纯正。其待职等恩威相加,宽猛相济,无愧于人,无愧于心,则是职等之罪大,而队附〔副〕之罪微,替众受其累拽,不忍坐视。只得怜恳钧会格外施仁,网开三面,俾得队附〔副〕省释。职等均沾再造。谨呈
委员长刘

　　　　天池镇太平乡精选队队长:刘继光　殷孔昭　赵国良　宋荣森

　　　　　　　　中士:唐定安　车仲能

　　　　　　　　班长:鄢荣清　陈见武　宋绍益

(录自叙永县政府"追剿"防御长征入境红军及川南游击队指令。叙永县档案馆民国叙永县团务委员会档案,全宗号 6,目录号 1,案卷号 13)

# 两河镇镇长报请调兵"会剿"川南游击纵队

1935 年 2 月 29 日

民国二十四年三月一日发

报告　　　　　　　　　　　二十四年二月二十九日于两河镇公所

顷据探报称：王匪逸涛于本(月)二十八日率匪三四百人在黄坭嘴附近石包田地方驻扎，现正攻打赵间长品三寨子，与场相聚仅十五里之遥，以故全场人民惊恐万状，而且本场团力薄弱。该"匪"一旦乘虚到镇，何从抵御，特此飞报。钧会察核，恳请转评〔诸〕县府速派兵来镇镇慑，或令大坝镇黄团长即日出发，一同"会剿"，以免蔓延而维治安，不胜迫切，待命之至。职所消息不通，所用电话因前滇军到镇，强迫借用，职取回保存，尚未安置，恳饬电务员随带电线二十余丈，速即来镇修理为要。

谨呈

委员长刘

　　　　　　　　　　　　　　　　　镇长　杨济安

（录自叙永县政府"追剿"防御长征入境红军及川南游击队指令。叙永县档案馆民国叙永县团务委员会档案，全宗号 6，目录号 1，案卷号 13）

# 奉令严查川南特委与川南游击队训令

1935 年 3 月 3 日

叙永县政府　　县字第　　号

令县团务委员会　为令饬转知照事

案奉南岸总指挥潘（文华）俭电开：乐山、犍为、屏山、宜宾、南溪、泸县、江津、合江、纳溪、江安、古宋、古蔺、叙永、兴文、长宁、庆符、筠连、高县、珙县各县县长钧鉴：奉刘总（湘）感午电开，顷准委员长行营参谋团通报开，案奉军事委员会办公厅函开，治密拟报四川被围，"赤匪"与非"匪区"内之共党联络传递公文，其法恶（为），以药水写于传递之人长衣或汗衣内，以避免检查。到达后仍以药水洗染之，即现出，且极明显等情。特此函达查照。等因。即请统领各部严密检查等由。特电遵照，等因特达。希即饬属严密查拿为要。潘文华俭已。等因奉此，除分令外，合亟令仰该会即便转饬各镇乡长一体知照为要。此令

中华民国二十四年三月三日

叙永县政府县长　先智渊

（录自叙永县政府部署防御红军、缉查共产党泸县中心县委训令。叙永县档案馆民国叙永县团务委员会档案，全宗号 6，目录号 1，案卷号 35）

## 四川省政府抄发高珙十二县联团办事处电陈
## 严禁军团骚扰意见饬查照办理训令

### 1935年3月3日

案准国民政府军事委员会委员长行营参谋团治字第二一〇号函开:案据江长云云。为荷。等由准此。查该处长等电陈各节,不为无见,足资参考。除函复外,合行抄发原电,令仰该府即便转饬所属团警一体遵照,勿得骚扰,并随时抚绥安辑〔缉〕,稗〔俾〕民得所,是为至要,仍将办理情形呈报查核。此令。

计抄发徐代电一件

附:抄原代电

重庆。刘总司令、参谋团贺、叙永潘总指挥钧鉴:

潘总指挥真午电,"赤匪"窜入滇边,川境现无匪迹,实该电"赤匪"确□回窜叙永等语。前者"赤匪"入黔,曾奉刘总司令布告,"匪"众不过三四万人,以习水、土城连次捷电,斩获共三四千人;又谍报由叙、蔺绕宋、兴、长、珙窜入滇边之"匪"约计七八千人,总按该"匪"死亡俘获及入滇之众不过一二万人,此外实尚有二万人以上。叙、蔺大山横贯滇黔,该"匪"真实势穷逃窜,仅可依山安全引退,何再回窜叙永,是该"匪"前烧〔绕〕兴宋长珙,今忽出扰叙蔺,确系乱我视线,诱我军团上下奔驰,疲劳不堪,彼得以逸制劳。至该"匪"前因湘赣闽鄂之众,语音不合,侦察□□失利,到川之日即变更烧杀策略,实施不进民房,不拉民夫,赈恤贫乏,小惠麻醉农工。我"剿匪"军经过荒旱区域,少数官兵不无征发便利拉夫〔挬〕价,风声所播,愚民嗟怨,故有"宁遭'共匪'杀,不愿官兵扎"之谬说。似此兵疲民怨,诚属影响"剿匪"大计,故恳实施蒋委员长稳扎稳打政策。防御进击,各别专任,固而后进,免受"匪"谲。再胁从之"匪",固照三分军事七分政治予以招徕,南岸各县荒旱之余,继以"匪"患,即虽未当"匪"冲,而征调布防民众已不堪命,□乞严饬军团厉禁骚扰,并恳蠲免捐税,拨款赈恤,庶免为"匪"利用,滋蔓难图。敬陈管见,伏维昭鉴。

[录自四川省档案馆编《国民党军追堵红军长征档案史料选编》(四川部分),档案出版社1986年版,第21~22页]

# 云南省民政厅训令关于"剿赤宣传队"的训令

## 1935 年 3 月 5 日

《云南省民政厅训令》,第 2941 号,民国二十四年三月五日

关于本省出兵"剿赤"后之后方宣传,亦经制定"剿赤"宣传队组织及工作要则。组织"剿赤"宣传队,专负指导本省毗连川黔各县"剿赤"宣传之责,已委派罗家一同志为"剿赤"宣传总队队长,杨泽同志为队副,制定云南出兵"剿赤"宣传大纲及宣传品多种,并委派杨含琨、李沛然、周毓挂、崔宝华、楚兴南、王品六同志为远东各县"剿赤"宣传指导员,分别前往彝良、镇雄、威信、绥江(兼永善)、盐津(兼大关)、罗平(兼师宗)等县,协同当地党部及县政府,遴选平日熟悉党务,努力工作之正预党员为队员,组织宣传分队,努力依照宣传大纲及工作要则,进行宣传。至昭通、赶战、会泽、曲靖、华坪等县,则令由各该县党部推定县指导委员一人为"剿赤"宣传队指导员,遵照要则,组织实施宣传,并酌量分别兼顾鲁甸、沾益、巧家、平彝、永仁等县之"剿赤"宣传工作。又其余距川、黔较远之县、市党部,再饬依照前颁各县、市党部实施民众自卫宣传大纲,切实宣传"防匪",不得因循守望。前各县宣传指导员,已于 1 月 30 日出发。

(录自云南省文化厅、中共云南省委党史研究室编《中国工农红军在云南革命文化史料选》,云南民族出版社 1996 年版,第 472 页)

# 蒋介石根据红军对人民毫无骚扰令饬改变军纪电

## 1935年3月6日

重庆刘总司令、刘主席,宜宾潘总指挥:

　　庭密。根据前朱毛"匪"部窜川南时,对人民毫无骚扰,有困〔因〕饿取食萝卜者,每取一头,必置铜元一枚于土中;又到叙永时,捉获团总四人,仅就内中贪污者一人杀毙,余均释放,借此煽惑民众,等情。希严饬所属军队团队,切实遵照上月养巳行参战电令,爱护民众,勿为"匪"所利用为要。

　　　　　　　　　　　　　　　　　蒋中正。鱼午。行参战。印。

　　[录自四川档案馆编《国民党军追堵红军长征档案史料选编》(四川部分),档案出版社1986年版,第22页]

# 蒋在珍电报湄绥共军游击队活动情形

### 1935 年 3 月 27 日

朱毛残"匪"二次离遵,分散小组游击队在遵桐一带,宣传赤化。兹探得游击队二百余人,在湄潭北区积极活动,当命职部谢营会同湄潭民团,前往扑灭,追至湄属青杠园,将"匪""围剿",击毙"匪"营长邓宪文及"匪徒"四十余人;生擒"匪"连长许凤标、贺晓卿等十一人。据俘"匪"供称,系伪命到湄、绥赤化。此役夺获太原造手提机两支,手枪四十七支,红军战术一册,间谍工作一册,苏俄步兵战斗条例一册,伪命七件。谢树华负伤阵亡,本军负伤阵亡连附〔副〕邓绩臣一员,中士马占奎及士兵十三名。

(录自贵州省档案馆编《红军转战贵州——旧政权档案史料选编》,贵州人民出版社1984年版,第503～504页)

## 合江县政府通缉令总字第 414 号

1935 年 3 月

为密饬事,据确探报称:此次盘踞五通乡场侧石顶山之"匪"共约一百八九十人,县籍"匪"首为余德章、先罗汉、冯泽、袁崇杰、向玉章等,"匪"拉踞石顶山后,即派多数"匪"探及联络分赴永、泸,赤属炳滩、大同场、马岭、魁星场、象鼻子、鄢家关、叙蓬溪、白节滩及合属尧坝、先市、二里、东钢咀、新店、玉皇场等处,运动潜伏"匪共"或团练起事。至于"匪"探暗记为裤带三节花式或借卖剪刀、泡糖及船夫子等为名。希各乡镇长一体严拿……

中华民国廿四年三月

县长　钱寿嵩

（录自中共四川省委党史工作委员会主编《土地革命战争时期四川党领导的武装斗争(下)》,四川大学出版社 1987 年版,第 418 页）

# 镇雄县政府报告

### 1935 年 4 月 10 日

报告　　　　　　　　　　　　四月十日于镇雄县政府

事由　现据各方探报如下：

1. 杨登高侵入县属三口塘,只逗留二日,除将张姓粮食食用及分给穷民外,除无滋扰,旋即折回威属母牛坝,现已退到川属建武一带。

2. 闻孙行营及五、七两旅已入贵阳,二旅到达乌江,"匪"有回窜湘西模样。

……谨呈

总指挥禄

副指挥杨

职　杨△△

（录自《昭通敌档》全宗号 95 附,目录号 3,卷号 49)

# 袁廷输的报告

## 1935 年 4 月 25 日

报告

民国廿四年四月廿五日

事由：窃职于二十一日在扎西接奉钧长函示，敬领一切，当即探得"共匪"王义桃〔王逸涛〕约有四百余人，枪支二百余支，徒手一百余名，现驻扎永宁之分水岭，我镇独立营业已开至威信所属之双和场协同后防，天池之苗团合力防堵，足可以对付"匪党"，以后探得"匪"情随即呈报。为此谨呈

县长杨

职员　袁廷输谨呈

民国廿四年四月廿五日

（录自《昭通敌伪档案》全宗号 95 附，目录号 1，案卷号 140，第 9 页）

## 遵义专员张笃伦关于黔北红军游击队活动的代电(节录)

### 1935 年 5 月

代电:黎字第七号

贵州省主席吴钧鉴:

案奉钧府省字第 114 号训令。以据桐梓县第三区区长杜永禧(杜叔季、民国二十四年五月),呈以桐梓仁怀习水三县毗连之放牛坪等处,有黔北红军先遣队及游击队等组织。到处窜扰。为〔危〕害地方……

(遵义专员)张笃伦 叩敬(印)

附:杜永禧报告

呈为"匪共"猖獗据情呈报邀恳鉴核作主而靖地方事。窃职棉〔绵〕薄,自区训所率业后谬蒙人民之推重,仰副政府之一,再委先后。服务均竟自持公守法,凡应兴应革事宜,竭尽推行。惟以铲除奸宄、爱护善良,为厥职未尝稍敢陨越。先后扑灭股"匪"数部,相继围攻"赤匪"数次,以致职与"匪共"相结深怨,誓必报仇。讵于昨五月七日该匪首长三老顺、辜海云、廖海云、王尊贤、宋明海、魏云清等联络"赤匪"游击队首领张氏,统率"匪共"千余人,由遵属芝麻坪经麻子坝、石关口向职区以大包围行进,于晨刻到将区公所困围。职以寡不敌众,奋勇脱险。于是,"匪"等大肆劫抢,周围十余里家若水洗焚烧。职住宅有碉楼一座,幸房室救灭,损坏区公所正修将成碉楼三座、石洞一个,毁烬文卷帐〔账〕据,损坏公物,抢员丁行李、银钱,伤区丁一人,拉去中队长林振华及绅民多人,午后四时退去。区所二十余里,现仅距十余里,全区人民惊惶万状,逃避不时。职区以枪少弹乏防堵不能,攻击万难,实殆害人民,伊胡底似非邀,恳发给枪弹、整理团队自卫加派大军"清剿",实不为功。窃思我钧长仁慈为怀在抱,悯念黔艰,无微不致〔至〕,想此区区"匪共"定必为人民扑灭矣。为此据情呈报。恳气钧长鉴核作主并邀发给枪弹,俾清"匪共"而靖地方实沾德便值。谨呈

省主席吴

桐梓县第三区区长　　杜永禧(盖章)

民国二十四年五月　　　日

(录自贵州省档案馆档案,全宗号 1,卷 4783,第 106～107 页)

## 龙云命清除共军标语手谕
### 1935 年 5 月 4 日

　　顷闻凡"匪"经过之地方,标语甚多。或用文字张贴,或用石灰红朱涂写抹墙壁,遍处皆有。应速令各县责成乡长派人随处搜寻,发现有此种标语,即予撕去或铲除洗涤,勿稍留痕迹为要。并将遵办情形报查。此谕

民政厅长丁

五月四日下午五时

　　(录自《川滇黔边红色武装文化史料选编》编写组编《川滇黔边红色武装文化史料选编》,贵州人民出版社 1995 年版,第 59 页)

# 叙永县政府严查川南游击队、填报治安日报训令

令　团务委员会副委员长刘文鼎

查本县僻处边陲,当川黔及南六衢要,幅员辽阔,民情复杂,过去受朱毛"赤匪"往返蹂躏,地方难免不无余匪潜伏,若不注意治安,严密清查,将来祸患,即不堪设想。

现上峰对本县治安,极为留意,故规定每日呈报治安日报表以资考核。本县地广民杂,尤应注意严防。关于匪情及一切于治安有关事情,尤应随时明瞭〔了〕,以便处理。

兹规定城乡各镇,凡镇公所,用电话呈报本府,以凭转报省府查核。如不通电话之镇公所,即用邮寄报告。事关治安要件,不得视为具文。并由奉令之日起实行。

除分令外,合亟检同表式,令仰遵照办理。

此令

附发治安日报表式一纸。

中华民国二十四年五月四日

县长　先智渊(钤印)

(录自叙永县政府部署防御红军、缉查共产党泸县中心县委训令。叙永县档案馆民国叙永县团务委员会档案,全宗号 6,目录号 1,案卷号 35)

# 四川省政府训令长宁县政府

1935 年 5 月

二十四年保字第 3004 号

保安处案呈奉委员长蒋世川行参治代电开：据长宁县县长计显麟呈称，顷据督练长袁虹桥呈称，月之十九日，"土匪"王逸涛混合"共匪"游击队昨被我团压迫，退据兴属顶冠山，旋复退据大石盘新福寺等处盘踞。于二十二日午后四时，在富兴场防。次奉黄团电令，限文到之日，即率模范一、二两中队，会同江安李团副"进剿"清凉寺，受吴营指挥，二十四日午后九时，复奉吴营命令，限二十五日午前四时，由锦屏坳出发，受李团副指挥，取道飞龙山，向大石盘、刘复寺之"匪"拂晓攻击。当即合同江安团队遵令出发，于午前七钟在新福寺附近与"匪"接触，该"匪"居高临下，顽强抵抗，幸职模范第二中队长皮瑞卿所率全队及江安义勇队第二中队，江宗山一中队（缺一分队）之官兵，深明大义，愤奋向前，由川主庙直上中天堂，夺得新福寺阵地，追至荒山老林搜索，历五小时之久，卒攻至距新福寺十里外之古家坪山顶，正与该"匪"肉搏，适吴营又同田队左方侧击，将该"匪"击成数股，奔岩而下，由亮窗口溃向云南威信地界引退，始停追击。"匪徒"去路到处血肉淋漓，沿途发现击毙"匪"尸二十三具。当夺取古家坪山顶是役，职队击毙该"匪"重要头目一名，当在该"匪"身旁搜得二十一年（1932 年）入党证一件，查系江西万泰县人，姓名代元怀，系伪党川南支部主任，携有地方干部训练计划表一张及自卫手枪，护照一幅、相片一张、摄影三人，验得左〔在〕右未戴帽者即该"匪"代元淮〔怀〕之像。均经一一粘陈，以备考查。查该"匪"被我轰击，除毙命见尸者二十三具外，尚有负伤逃窜者三十余人。我方江安团队阵亡二人，伤数人，职队伤三人。职部共耗步枪弹二千零五发、手榴弹五百七十发，理合报请存查等情。据此，查是役江安李副委员长品三，与职县督练长袁虹桥，均督率有方，指挥适当。而各队官兵嫉"匪"如仇，异常出力。除指令并将附件检呈"剿匪"总部外，理合具文详报，伏候鉴核等情，据此，查江安副委员长李品三及该县督练长袁虹桥等，与各队官兵"剿匪"出力，殊堪嘉慰。着由该省政府传令嘉奖，以昭激劝，仰即转饬遵照。等因奉此，查该县督练长袁虹桥等前据长宁县县长计显麟以详报，会攻伤亡匪共多名，及追击远退情形，仰祈鉴核等词径陈到府，业经予以嘉奖在案，奉电前因,除电复并分令外,合再令仰该县长即便遵照传令嘉奖,用昭激劝。此令。

中华民国二十四年五月　　日

主席兼保安司令　刘湘

保安处处长　费东明

（录自长宁县人民法院 1958 年度法刑[58]字第 446 号袁虹桥案卷,第 3131 号,第 142 页）

# 珙县政府报告(节录)

该"匪"突于五月十五日攻陷上罗,十六日攻陷玉和场、底硐场,十七日竟进逼县城……于二十二日拂晓时,该"匪"以全力进攻洛表,该镇团、商两队抵死抗战,击毙"匪徒"十余名,带伤二十余名。卒以寡不敌众,该"匪"竟从小道抄袭,洛表即于是日午后失陷。

(录自四川省档案馆《红军长征四川史料——敌方文电》第15卷,第1727~1728页)

# 高县县长给筠连县县长的函（余泽鸿部盘踞大雪山等情况）

1935 年 6 月 4 日

高县县长王子谦巡落木柔场时去函筠连县长张（吴）巡先函称：昨出巡莅此即落木柔场联保主任郭佩章报称，陈"匪"明芬原属余"匪"泽鸿旧部，现裹协〔胁〕"匪徒"四百余人盘踞大雪山及水通冲坝三岔水一带，四处抢掠，人心惶惶，复派遣侦探三名冒险深入，据回报确该主任所云并侦得该"匪"不单从事抢劫且记努力做政治工作，附近贫民受其小惠都已倾向"匪化"。弟认为实系叙南心腹之患，若不趁早扑灭，以后将成噬脐莫及。弟已率保安队两分队及手枪一分队并调集铲共义勇队三联队民丁二百余名驰赴沐柔前方之棉堡场一带施行拦截。现据便衣队长马骥报称该"匪"武器颇为精良，有冲锋枪十支步枪三百支左右，前锋已开始接触。望即增调其他部队以厚实力，等语。弟已无他部队可调，驻军又远在后方，拟请吾兄迅调保安队两分队及壮丁队驰赴前方增援。筠高互为唇齿之依，成辅车之势，望切实合作共灭此獠，否则令其坐大将致滋蔓难图……

筠批："报请上峰具体计思用期三省'围剿'并复商暂取守势力"

（民国二十四年）六月四日

县长盖章

（录自高县档案局档案，全宗号 1，目录号 5，案卷号 138）

## 长宁县报告游击队攻占富兴、梅硐两场

1935 年 7 月 6 日

呈为呈报王逸涛"匪部"边陷职县富兴、梅硐两场及损失善后详情,仰祈鉴核示遵事。

窃职县前据探报:王逸涛"匪部"约五百余人,由珙属大垭口于六月二十五日,分两路突袭县属距城二十余里之富兴场,割断电话线,掳去乡长、民丁中队长等。复于是日后一钟袭攻距城四十里之梅硐场,与职县派驻该要之模范队第一中队激战二小时,卒因寡众不敌,陆续退回县城各情,除一面调团尽力防堵,一面专电周司令化成告急外,曾于有未、有申、宥午电,飞请迅派大军进剿。并均蒙复示在案。

顷据富兴乡公所司事陈克明报称:六月二十五日午前十钟,王逸涛"匪"约五百余人长驱直入,将乡长余海州、民丁中队长万银安、乡队长杨增辉、富绅阎元兴等拉去。匪等在场逗留约二(点)钟之久,极力宣传诱惑,遍贴标语,裹胁乡愚,大肆劫掠,并将乡公所新旧文卷、粮票、帐〔账〕簿,全行焚毁。计损失手枪一支,新式马枪一支,仿造步枪三支,子弹五百余发,现洋二十余元。职员行李衣物悉被劫去。此外居民损失现尚无从估计。被掳各公务员及富绅,惟乡长余海州被惨杀。兹将匪徒宣布之罪状,专差携陈。等情。

旋据梅硐场乡长周极辉、民丁中队长余极之报称:六月二十五日,午后一钟,突有便衣"匪徒"十余人出所藏手枪,猛袭模范队及乡公所,大股"匪徒"五百余人,随即蜂拥而至,我模范队鏖战二小时,因众寡不敌,被迫退出。"匪"等在场高呼口号,大肆焚劫,威胁利诱,无所不至。当晚集队退出场外,驻宿距□□五里之余家祠、高福井一带。次晨复向多岗槽方面而去。乡公所新旧文卷、帖据粮票、衣物图记等全被焚失,计损失电话机一部、广枪二支、公社土废枪共十六支、子弹二十夹、公款数十元,阵亡模范队丁一人,川全丰中流弹殒命女工一名,拉去富绅余泽荣长子天泉,并劫去绅富居民川全丰林尊云、杨天成、高世荣、林福田、王树轩等财物及枪弹。此外受害者一时尚难估计。等情。

复据模范队第一中队长李云武报称:窃职日前奉令开驻梅硐场,于六月二十五日午刻,忽据探报,王"匪"逸涛约五百余人,由富兴场方面向此间窜扰,当即派丁严密稽查警戒。适有担售洋芋小贩畏避检查,并出身藏手枪,击毙岗兵古绍清一人。斯时大股便衣"匪徒"蜂涌〔拥〕入场,向职部开枪轰击。立即督同队丁尽力

抵御,激战约二小时。因见队丁子弹无多,"匪徒"愈打愈众,且职部第一分队又于日前开驻兴文县协防邻封,深恐人少被其包围,乃命以手榴弹猛轰,掩护队丁由驻营林川丰后门退却,过河取道返城。计当场毙"匪"四人,伤六七人,职除阵亡石绍清一人,失踪伙夫文相臣一人,负伤队丁六人外,职左腕亦负重伤。共损失步枪七支、刺刀二十把、消耗枪弹一千二百发,步枪弹一千二百七十八发,手榴弹十八枚。所有损失公私用物,另册呈报。各等情据此。

查富、梅两场,山深林密,时有"匪徒"出没。职曾一再出巡,向人民剀切开导,责令乡队长等严加防范,并特派模范一中队驻守,以期防范周密。殊王"匪"突倾全力猛袭两场,以致均遭失陷,公所各物损失一空。该乡队长事前毫无觉勘,实属漫不经心,除分别查究,遴员接充富兴场乡长,并饬其会合梅硐场乡长周极辉及当地甲首妥维地方秩序,上紧设法营救被拉人员出险外,一面派员带同团队驰往出事地点,分别查勘抚慰,痛述"赤匪"罪恶;一面优抚故乡长余海州家属,奖励受伤官兵,以安人心,而昭激劝。复查职县常设团队仅有中队模范队,各乡民丁均系临时征调,为数有限,以之"进剿""王匪",实属不孚分配。现该"匪"等凭恃山险,随时四出窜扰,人心惊惧异常。职为力图自卫及安定人心起见,正电请周司令化成派队"进剿",并与江、珙、兴各县协商联络堵"剿"办法。务恳钧署添派大军,并电商云南龙主席令饬驻防川滇边境部队,合力"围剿",以除川滇边区心腹巨患。

再,富兴乡余海州,平时任事,尚属勤慎,此次因公遇害,情实可闵〔悯〕。中队长李云武以少数团队,抗"匪"十倍之众,并身负重伤,犹能尽力撑持,击毙悍"匪"数人,引还团队,确能忠于职务,不无劳勋。拟恳钧署分别酌予奖恤,俾死者衔恩,生者愈加感奋。所有呈报各缘由,是否有当? 除分呈四川省政府、四川"剿匪"总司令部外,理合抄附该"匪"政治部宣布乡长余海州罪状原文,随之赍请钧署鉴核,伏候令遵。谨呈

四川省第六行政督察专员公署

计抄呈附件一纸

长宁县县长 李鸣和(章)

中华民国二十四年七月六日

(录自宜宾地区档案馆档案,全宗号39,目录号37,案卷号200)

## 四川省第六行政督察区情况调查表——调查员王家训报告

民国二十四年七月二十一日报告

"土匪"王亦桃〔逸涛〕率匪四五百人，于本月二十一日将筠连县所管、距城三十五里小巡检斯〔司〕，业将该场扫清，该地人民已向筠连城逃难。周化成司令官率队约一团之诸，又加庆符县团一分队、高县团一中队、筠连县全部团防，与"匪"攻击中。二十二夜，"匪"前进距筠连城约五六里，据周司令官督队将"匪"击退，现刻距城三十里之巡检斯〔司〕方向，我方约伤亡二十余人之诸。此信由筠连道上商人谈。

民国二十四年七月二十三日报告

据筠连县来客谈，前二十二（日）夜，王逸涛"匪"约八百名，进攻该县距城十五里卡子关，团队死力抵抗，未能攻下，天明退回巡检斯〔司〕方向去了，团队伤亡数人，"匪"亦伤亡十余人。

民国二十四年八月二日报告

筠连县第三镇巡司场，户口五百余家，距城三十里。王逸涛占据该地时，正是场期，人民惊慌，即宣传共产主义，劫抢富商李姓之盐，分散乡愚，又将首人之家及富户之室铜元，沿街洒散，以致愚民受此微数，无业游民投入者十四五人，以为衣食可靠。

附：巡司场德字恒号商场易金山草报

此次六月二十二日"赤匪"来场蹂躏，（镇长刘）克明所部团丁闻风先逃，毫无抵抗能力，仅于"匪"未到时虚放枪炮，大约去子弹不过百颗，后乃蒙报县府，控报去三千余发。至伊本人设备，在镇公所的被盖马匹等项，均已先行运走，竟将公有枪弹不顾，致使被"赤匪"毁掉九子二支、毛瑟七支，并掳去子弹一箱、军装裹腿弹袋多件而去。

民国二十四年八月三日易金山叩

（录自宜宾地区档案馆，全宗号 39，目录号 37，案卷号 1）

# 驻黔绥靖公署清剿黔境散"匪"计划（节录）

1935 年 8 月 3 日

"匪"情概要：

1. 仁怀之滴水岩附近"赤匪"五百余。

2. 九坝、花秋坝、放牛坪等处张恭澧（张公理）等股枪"匪"千余。

3. 遵义李子洞枪"匪"五百余。

4. 魏荣卿部叛"匪"一连。

指导要领：

三、滴水岩之股"匪"。正欲赤化民众；张恭澧（张公理）、张开清等股与滴水岩之"匪"亦有连〔联〕络。此数股"匪"，务尽先歼灭之。限九月中旬以前肃清。

……

三区

（三）川滇黔边境王逸涛股残"匪"，由六十三师酌派一部会同滇军"剿灭"之。

（录自贵州档案馆编《红军转战贵州——旧政权档案文件选编》，贵州人民出版社 1984 年版，第 473 页）

# 毕节专员莫雄电

1935 年 8 月 13 日

毕节发贵阳。

吴主席：

"赤匪"王逸涛,有人枪约千,真(十一)日由川窜抵毕属之林口地方,经商同六十三师于六日派赵旅保安队"协剿"。余情续呈。

莫雄

元(十三日)申秘印

（录自贵州档案馆编《红军转战贵州——旧政权档案文件选编》,贵州人民出版社 1984 年版,第 473 页）

# 呈请核销威信县"进剿"红军游击纵队消耗子弹祈示由

1935 年 8 月 14 日

呈为呈请准予核销事。案据威信县长杨冠群呈称,呈为呈请转核销事。

案据职县常备中队长张世英呈称:查职队于七月三日奉钧长命令开,顷据探报土共王逸涛、徐策等率党六七百余,由镇属上东三甲斑鸠沟窜至柏香坪,有进犯扎西模样。饬即率全队官兵严密防堵,等因,职即遵令办理。四日晨,该"匪"果蜂拥而来,双方相遇激战一小时,因敌众我寡,被"匪"由两山包抄,只得退往扎西街右翼高地,据险固守。当击毙"匪"三名,伤"匪"四名,旋得独立营尾随前进,"匪"腹背受敌,始向小关口溃退。职队得友军援助,士气振奋,直冲前进,至李家坟,又击伤匪五名、毙三名,尾追至小关口左翼高地与"匪"鏖战,匪等连冲数次,均不得逞,激战甚烈。职队阵亡中士谭正清一名,负伤士兵梁跃忠、林振举、杨成香等三名,队长左腿部亦受微伤。赖独立营一、三两军占据右翼高地,双方夹击,始将该"匪"击溃,向双河场方面退走。计是役职队消耗六八弹五百五十八发、七九弹一百二十三发、十响弹七十六发,失落刺刀两把。理合将奉令击溃土"共匪"耗子弹、亡士兵各缘由备文呈请钧长核转注销。谨呈。又据武警队长张培轩报告称,奉令击"匪"战斗结局,该队消耗村田子弹七十五发、径口子弹六十八发,请核销各节情。据此均经县长复查属实……查该县因土共王逸涛、徐策等率众扰乱,经该县派队将"匪"击溃,所有消耗各种子弹及失落刺刀两把各情,尚属实在,理合备文呈请钧处准予核销,是否之处,敬衡核示遵,以便转饬知照,实为公便。谨呈

云南全省团务督练处　　处长:卢

　　　　　　副处长:高、马

　　　　　　　　第一团务督练分处长　　景士奎

（录自云南省昭通市威信县军事志编纂委员会编《威信县军事志》,2011 年印行,353）

## 四川省政府保安处第七区代电（告川黔滇红军游击队活动情形）

### 1935 年 8 月 15 日

贵州省政府主席吴钧鉴：

　　顷读四川省政府保安处政训主任办公室第七区主任训练员刘惠伯微日代电，据称："川滇黔三省边区之两河镇、长官司、木厂山、罗汉岭一带大山，迭被'匪'首王逸涛乘机骚扰，形同割据。一载以来军团'围剿'，终属无效。报章所载，均非事实，现势力日渐增大"等语。消息传来，令人寒栗，诚以涓涓之滴，终成江河，此"匪"不除，隐忧何似！让者通巴除"匪"，无异跳梁，一朝坐大，竟成燎原，抚今追昔，余痛犹存。川南不幸，"匪"患频仍，小民何辜！惨遭蹂躏，去发朱毛窜扰数次，民力财力早已耗尽，若再任其啸聚，养精蓄锐，蠢动堪虑，将见川南富庶，有不为通巴第二者几希？今该"匪"首王逸涛果尔假朱毛接济以为援，合黔北残匪而回出，如古宋团部，皆为匪党悍将，气势汹汹，企图叵测。地方军团非不尽量"围剿"，奈何此击彼窜，到处烧杀，长此以往，祸必滋蔓，不仅为川南各县心腹之隐忧，抑且有碍"剿匪"之整个计划，应请速筹大计，赶派军团，先行择要封锁，继续断其接济；动员务期一致，工作分段进行，"匪"虽骠悍，流窜无方，一朝成擒，三省同庆，懿欤休哉！拭目以待，监颖神驰，无任惶恐。

　　　　　　　　　　四川省政府保安处第九区主任训练员何礼元叩

　　（录自贵州档案馆编《红军转战贵州——旧政权档案文件选编》，贵州人民出版社 1984 年版，第 473～474 页）

# 宜宾专员致四川省长电

1935 年 8 月 16 日

成都。

省长刘钧鉴:

民密。寒(十四日)民保电奉悉。筠城陷后,"匪党"注意宣传,并准备进扰高县。军团反攻,仓卒溃退。闻受损尚不甚巨,已由本署专员宣慰。兹奉电示,复电饬该县长,迅将损失情形查明详报,俟报道时再行奉承。

专员冷,秘书尹代,铣(十六日)印

(录自《中国工农红军川滇黔边区游击纵队斗争史》编写组编《中国工农红军川滇黔边区游击纵队斗争史(副本)•下册》,1985 年印行,4—30)

## 威宁县长严持强马电申明无兵救援赫章

### 1935 年 8 月 21 日

贵阳。

省主席吴、绥靖主任薛钧鉴：

　　顷据赫章分县报，突来"共匪"五百余占据赫章，团队难支，请救援等情。县境无兵应付。毕、威电线被毁，无以先调民丁截堵。并电请滇军就近"剿办"，俾免滋大。谨陈候示。

威宁县长严持强叩。马辰呈印

　　（录自贵州省档案馆编《红军转战贵州——旧政权档案史料选编》，贵州人民出版社 1984 年版，第 477 页）

## 赫章分县县长沈义方代电（呈报红军游击队攻占赫章）

1935 年 8 月 22 日

贵州省主席吴、绥靖主任薛、民政厅厅长曹钧鉴：

窃职分县团队力量薄弱，本月十七日午后四时，突来"共匪"五百余，占踞〔据〕县属之上金山，距分县三十余里。接区团报告后，职即调团练及府内特务队，人枪不过百余，分布要隘，扼守水坡（约距赫章十里）、卡上（约距赫章十二里）。职率特务队为后援接应。各队布防已定，十八日下午一点钟，"共匪"蜂至，分头猛攻。职亲率各部竭力抵抗，接触三小时之久，击毙"共匪"三名，阵亡团队官兵四名，负伤二名。嗣因团队力弱，被"匪"分一部绕道窜入，防堵各部亦不能支，"匪"等全部攻入，将赫章占踞〔据〕。职当时只得暂退距赫章数里之山佐炉，以便集团埋伏两山，一面就近飞报毕节陈师长、莫专员、威宁县严县长，请派大军"剿灭"。该"匪"等探闻大军将至，且知职调团情形，于翌日半夜逃窜分县属之财神塘（距赫章七十里）。职又飞调该处附近民团集团"围剿"。职于马日回府，清查分县府内，虽分县素未经管公款，而一切文件、坏枪、公款及职私人行李等件损失罄尽。人民损失亦巨。毕节六十三师赵旅长亦于马日率兵一团到章。现闻"匪"等未在财神塘。逃窜方向固未据确报，尚未明了。除调团跟踪追击外，理合电报，伏乞备案示遵。至此次出力阵亡团队官兵，应当如何分别奖励、抚恤之处，并候钧裁。

赫章分县县长沈义方叩。养印

八月二十五日发

附：贵州省政府民政厅指令

养代电悉。据报"共匪"窜踞县城，经团队围击逃窜。应即督饬团队侦查踪迹，商承国军协力"追剿"，务期殄灭，勿任窜扰为害地方；一面查明损失公物、枪支及出力阵亡团队官兵，分别开具清册，专案呈由正县转报来厅，以凭核办。再本案已拨分呈，并候省政府暨绥靖公署核示遵办，分报本厅查核为要。此令。

中华民国二十四年九月六日

（录自贵州省档案馆编《红军转战贵州——旧政权档案史料选编》，贵州人民出版社 1984 年版，第 474～475 页）

## 威宁县税务局长肖星北电呈（册报被烧）

### 1935 年 8 月 23 日

贵阳。

省主席吴、财政厅长王钧鉴：

职局七月份册报缴验票据，行至赫章被"共匪"烧毁，除另文补呈外，谨先电呈。

职肖星北。漾印

（录自贵州省档案馆编《红军转战贵州——旧政权档案史料选编》，贵州人民出版社 1984 年版，第 478 页）

## 威宁特货统税分局代电（呈报赫章、河坝场两所受损）

1935 年 8 月 25 日

贵州。

省主席吴钧鉴：

　　本月马日，驻毕六十三师军队赶到赫章，"匪"即向河坝场方面退去。计此次该匪在赫驻三日两夜，抢掳数户，屠杀数人。威宁于漾日滇军两连赶到，人心始定。惟职局赫章、河坝场两所税款衣物略受损失，幸所员及税票均告无恙。除将各所受损情形另文呈报外，谨此电呈，伏乞垂鉴。

　　　　　　　　　　　　　　　　　　　　　职　肖星北。有叩。

　　　　　　　　　中华民国二十四年八月二十五日发

　　（录自贵州省档案馆编《红军转战贵州——旧政权档案史料选编》，贵州人民出版社 1984 年版，第 478 页）

## 赫章分县公呈（报告红军游击队活动情形）

1935 年 8 月 29 日

此次职分县被"共匪"扰害各情，业经以巧、寝两代电呈报附近各长官及以寝代电详报省府钧厅在案。本月十七日半夜，突闻"共匪"千余占据分县属之上金山（据分县三十里），人民惊恐万状。职一面漏夜调团，一面鸣锣晓喻人民，各守镇静。天黎明时，仅调得附近团队数十人外；有自来投诚之夷人土目安尧阶、陆凤鸣两人，随带人枪三十（彼等初来会者）。早餐后职即率团队及安、陆之人扼守水城、大丫口要隘。"共匪"果到，猛攻激战三小时，安、陆之人阵亡数人，负伤数人，失枪数支，"共匪"亦伤亡数人。职见"共匪"实力十倍于我，团队不支，不得已暂退距赫数里之山右炉乡下，以便集团。幸职在此深得民心信仰，将来钧厅视察员到时，自明职所办各事也。到任两月，举办各事尚得民众信仰称道，尤以夷人信仰较深，各耆（多充区长）、夷家之有实力，多年未见官吏，负固自雄者，经职宣导后多数服从政令。此次只因"共匪"来速，一时难于赶到，及次日（三日）夷家区长杨正荣、陆凤鸣等到达四百余人。职令埋伏两山，准备拂晓攻击（中央军赵旅来援尚距四十里），共匪闻风（二十日）半夜逃窜，向川滇界去。职于马日转署办公，幸分县素未经管公款，损失不过文件、废土枪及私人行李而已。最可惜者，职数年心血所成之"县政蠡言"一部分草稿耳！除不究安、陆等过去过失，已保请中央军委以临时名义，饬其带〔戴〕罪立功，已令派土目安尧阶、陆凤鸣相机"追剿"；并令团队（多数夷人）暂住赫，奉以防"共匪"回窜外，谨此函呈经过。

赫章分县县长沈义方谨禀

（中华民国）二十四年八月二十九日

附：贵州省政府民政厅指令

函禀阅悉。查该分县于上月筱日突被"共匪"窜踞各情，前据养代电呈报到，经以警字第一四二零号指令饬遵在案。兹据报前情，仰仍遵照前令，督饬团队商承国军相机"追剿"，务期殄灭，勿任窜扰；并将遵办情形续报查核为要。此令。

中华民国二十四年九月十日

（录自贵州省档案馆编《红军转战贵州——旧政权档案史料选编》，贵州人民出版社 1984 年版，第 475～476 页）

## 筠连义勇中队长呈筠连县府一科（关于"共匪"入城，损失文件公物事由）

1935 年 9 月 10 日

一科查明办理　　民国二十四年九月十日

呈为呈报损失文件公物恳鉴核查案存查事。窃此次"赤匪"枭〔嚣〕张，迭犯边境，于八月二十九日午前九钟进扰县城，当"匪"入城之际，时间极为迫切，所有乡中队长经手之各指训会及队丁各种名册，概行收拾储物柜内，一时搬运不及，该"匪"入队时，将柜打烂，所有文件悉被"匪"人扯碎，鳞集遍地。并对内私人书籍笔墨及应用物品，纯系县中流氓乘"匪"入队，趁势劫去。所有损失缘由，理合具文连同损失清单，呈请……

代义勇中队长　陶渊（章）

（录自四川筠连县档案局档案，全宗号 1，目录号 5，案卷号 149，第 1 页）

## 第四行政督察专员莫雄转呈赫章分县长沈义方寝电

1935 年 9 月 2 日

案据赫章分县长沈义方寝日代电称:窃职县被"共匪"扰害各情,曾以巧代电呈报钧座在案。职当时因"匪"众我寡,力不能支,只得暂退踞赫章数里之山佐炉,集团埋伏两山。该"匪"等探闻大军将至,且知职调团埋伏情形,于莒日半夜逃窜财神塘方向。职于马日回府清查府内,虽分县素未经管公款,而一切文件、坏枪、公物及职私人行李等件损失罄尽。人民损失亦巨。查"共匪"事入时,仅有职分县府特务队二十人及投诚之安尧阶、陆凤鸣两部死力抵抗,终以寡众不故,以致安、陆两部阵亡队长夏家传、张耀中、普晋雄,士兵魏银安等四人;负伤队长谢德元,士兵张子才等二名;失去步枪三支,手枪二支。究应如何抚恤,以慰忠魂而励将来之处,伏乞备案示遵。再擒获"共匪"罗以克、吴绍章二名,究应如何处理,并恳训示。等情前来,理合据情转呈钧府察核示遵。

贵州省第四区行政督察专员　莫雄

中华民国二十四年九月二日

附一:贵州省政府训令　令保安处

本年九月二日,案据赫章分县长沈义方养代电呈报,"共匪"占据县城,经率团队击溃窜逃及伤亡官兵请分别奖恤一案到府。查该分县团队,奋勇击匪,因公伤亡,不无可悯,自应酌量分别奖恤,以资鼓励,而示矜恤。除指令外,合将原电抄发,令仰该处遵即酌议具复,以凭核夺饬遵。此令。

中华民国二十四年九月九日

附二:贵州省政府指令　令赫章分县长沈义方

代电悉。查此案业据莫专员电呈:六十三师赵旅及团队击溃"共匪",夺回县城,该匪向威宁逃窜,当经电复会军饬属"追剿"在案。兹据电呈各情,仰仍督饬团队严密防范,一面侦察该"匪"逃窜方向,知会驻军及邻封各县,调团跟踪追击,以免滋扰;至伤亡团队,应如何奖励抚恤,候饬保安处核议候夺,再行饬遵。

中华民国二十四年九月九日

(录自贵州省档案馆编《红军转战贵州——旧政权档案史料选编》,贵州人民出版社 1984 年版,第 476～477 页)

### 宜宾专员冷薰南1935年9月2日快邮代电

复筠连罗县长崇礼来电为恳请辞职　复电慰留由

筠连县罗县长鉴：

来电悉，东（1日）晨代电即达，筠失陷，不无疏密之咎，惟于十点钟内，即能率队恢复，功过足以相抵。仰仍遵照前电，继续努力，以靖蕉苻而安同里，是为至要。

专员冷，秘书尹代，咎（2日）印

（录自《中国工农红军川滇黔边区游击纵队斗争史》编写组编《中国工农红军川滇黔边区游击纵队斗争史（副本）·下册》，1985年印行，4—31）

# 赤水县"匪情"旬报表

## 赤字第三号

### 民国二十四年九月十日县长陈廷纲

| | |
|---|---|
| 姓名 | 据泸县探报，滇川边境有巨"匪"王逸涛；古蔺大村附近"匪徒"首领姓名未详；狗狮子系雷"匪"槐枝残部首领，姓名未详；合江富家坳"匪"首吴某，名未详。 |
| 踪迹 | 本县二区属狗狮子一带。 |
| 巢穴 | 四川古蔺县属西北之大村附近及合江、叙永、云南边界。 |
| 人数 | 据探报王逸涛所部约二千余，潜匿散伏叙永、云南交界地方；狗狮子雷槐残部约十余人；古蔺属大村附近约百余人；合江富家坳吴"匪"约有众数十人。 |
| 武器 | 据探报王逸涛所部约有枪二千余支；狗狮子雷"匪"残部约有枪十余支。据仁怀县驻军王团长电开：大村附近"匪徒"约有枪七八十支；合江富家坳"匪"首吴某枪数未悉。 |
| 活动 | 王逸涛部距离职县较远，刻无动静；狗狮子雷"匪"残部困据高山、出没无常；古蔺大村附近一股出没仁、赤、古各县边境一带；合江属富家坳吴"匪"部常在赤邑附近劫掠。 |
| 剿办 | 王逸涛部业经四川古宋、叙永团队及纳溪团防肖震南、古蔺团队骆国香前往"剿办"，"匪"部受创甚巨；狗狮子雷"匪"残部，现被职县团队围困在狗狮子高山中，肃清在即；古蔺大村附近"匪徒"，准仁怀驻军王团长电告后，即经转饬属境区团注意防堵；合江富家坳吴"匪"坐地分肥，除由属县密派眼线干警查缉，务期弋获，将靖地方外，并咨请四川合江县政府协缉归案究办。 |
| 说明 | 据泸县探报，滇川边境有王"匪"逸涛，人枪约二千余。传闻"共匪"彭德怀前经川边时曾赠予枪四百余支，并派人校阅、奖励，刻闻在叙永与云南交界间潜伏，暗培势力，实系将来一大隐患；又四川合江县属富家坳地方与赤水河仅隔一河，有被杀"匪"首吴有州之弟吴某，在该处坐地分肥，策运一切，以致赤邑附近不时发生"匪"警，县长莅任之后，侦得详情，现正设法密缉法办中。合并陈明。 |

附：省府代电

民国二十四年十月五日

赤水陈县长：

　　赤字第三号"匪"情旬报表悉。查王逸涛，奉委员长蒋电业已投诚。昨准四川刘主席电告，其残部现由余"匪"泽鸿率领，经川滇两军"会剿"溃败，有向黔属仁怀及该县毗连地方或该县土城大山逃窜之势，业经本府分电两县集团会军，严密防堵在案。仰仍随时认真防范，匆〔毋〕稍疏虞。至该县附近既不时发生"匪"警，亟应督饬区团设法侦缉,以清内奸,而杜匪患,仍随时报查为要。

主席吴忠信微印

(录自贵州省档案馆编《红军转战贵州——旧政权档案史料选编》,贵州人民出版社1984年版,第481~482页)

## 文昌乡乡长简学渊等飞报红军游击队活动情况

### 1935 年 9 月 27 日

文昌乡乡长简学渊、简鸣谦民国二十四年九月十七日午前三钟飞报：十六日午后四钟，据碉堡守丁飞报，有股匪八九百人，身着红军服的三百余人，由红硐场，过红桥场侧，到东坝场，直上马岩，经我乡水口寺食饭，转瞬即要开来文昌宫。据此警报，即由电话飞报钧府，殊合面到文昌乡岩路一带，电话线已被"匪"等割去四支。职见电话不通，赶集（急）飞调民丁、协同现住文昌乡之保安队，前经八角仓地方防守。

（录自纳溪县敌政权档案 319 卷第 49 页。抄件存中共江安县委党史研究室，资料分类号 A210，索取号 119）

## 四川第七保安司令部指令纳溪县长陈梦云

1935 年 9 月 13 日

四川第七保安司令部　指令

恭字第 120 号,令纳溪县长陈梦云

呈悉。查"匪共"千余人围攻李品三部,业经叙永县长先智渊、古宋县长陈洛涛以佳电呈明在案,并据情以佳灰两电转请省府派劲旅来泸分布"清剿"矣。在省开示未到之先,仍仰遵照原拟防堵计划切切防范,将"匪"情随时具报为要。此令。

中华民国二十四年九月十三日

兼司令　裴纲

副司令　李鹏南(章)

（录自纳溪县敌政权档案第 319 卷,第 50 页。抄件存中共江安县委党史研究室,资料分类号 A210,索取号 118）

# 四川省第六区专署"围剿"红军游击队报告

## 1935 年 9 月中旬

余"匪"泽鸿自窜扰江安属之板桥、梅桥以后，复由梅桥经水炉坝窜据兴文县城数里之博望山，有从五六百人。电令驻建武之成团，派队到炭厂截击，驻兴文县之韩白两区队，向匪进攻。"匪"复由博望山回窜兴属周家沟、吴家沟、洛柏林等处。经成团"追剿"，即窜据古宋江安交界之新塘子一带。赵团长已令谢营堵，滇军王营亦至。该"匪"复窜据叙永江安纳溪交界之文昌宫、水口寺、水栏杆一带大山。据探报"匪"窜驻目的，系购接械弹，招集"土匪"等语。除电令江安县府堵"剿"外，并电请第七区裴专员，迅令沿长江纳溪两流域各县府，严密检查往来船只，以杜"匪"运；复令赵团由拖船场向江纳推进，穆部何营向江安进到，并饬各县团队，严密防堵。

（录自四川省档案馆编《红军长征过四川》资料，敌方文电第 16 卷，第 1783 页）

# 江安县关于余泽鸿部队攻占梅桥镇情形报告（节录）

1935 年 9 月 11 日

四、当据李大队附〔副〕品三面报经过情形如次：

1. 职奉命防守建武，于八月十四日到达。九月一日，由穆部派陈代团长接防。二日即率队向五村之"匪"进攻，自午后一钟开始接触，七钟停止，计是役伤"匪"十余名，我部阵亡士兵一名，负伤二名，"匪"溃至三官殿方面。三日，复又向五村进驻兴文。是日，据探报知"匪"部向周家沟退却，有向长宁、兴文、梅桥方向窜扰企图。六日，即率部进驻红硐场防堵，以遇匪部窜扰。七日午刻，"匪"部约千余人由瓢匝岩绕道红硐场跑步向我梅桥袭击。我部闻悉，当即率长宁一中队、江安一中队，跑步向红桥袭击。因防线过长，路途崎岖，得报后，虽即集中部队跟踪追击，已不能及，匪竟先我到达梅桥，占据要隘。

2. 我部驰赴梅桥，经古佛台地方，即遇匪部埋伏据险四面包围。我部于是日午刻苦战至黄昏时，兵力已竭，弹将告尽，尤幸敌人伤亡过重，退集梅桥，我部始得引退沙糟，整顿所部，是夜宿营于此。

3. 我部保安第一中队之一、三两分队驻防梅桥，于是日午刻经品三电话通知，匪已向多梅桥跑步前进，饬代理中队长冯仲皆即率队向五老阁方向布防，因此处为红硐场到梅桥之要道故也。我一、三分队刚出发至中途，适"匪"人先头部队已绕金钟、扑地小路飞跑进场，向我中队进攻，交储存之公物、被服、械弹等一抢而光，并分头占领各要隘。我一、三分队到五老阁布防时，而敌人大部又已蜂拥而至，彼众我寡，无法应战，只得且战且退。殊将返场口，而场口枪声隆隆，腹背受敌，始知敌人完全占据梅桥，因此阵地一失，一、三分队被敌冲散。该代理中队长冯仲皆率队徒徙小溪，集中壮丁十余名，进向敌人弱点突围而出，直至次日，方克收容部队。

4. "匪"于七日午后占据梅桥，随派女子宣传并张贴标语，麻痹贫民。次日拂晓，乃施行其毁抢劫工作。经品三率队压迫，"匪"人欲望已遂，又官军合围，遂向五老阁方向退却。九日晨，退据北旺山，闻途杀毙公务人员不少。此后窜扰何地，不得而知，盖其乘虚乱窜，四处宣传，其故性也。

八、复查李大队附〔副〕品三之被围情形，有应特别呈明者。缘品三奉命驻防洪硐场，闻"匪"向梅桥方面飞窜，一面即电知该镇守兵准备，一面即率部驰回救援,殊行至古佛台地方,即遇"匪"人埋伏。以地形论,左为高山,右为悬岩,下即梅桥河,对面为大炮山,品三所部,合江长保安队仅二百余人至此,后面之匪约二百余断其后退之路,前面五老阁一带大瓦房及甘蔗林里,亦发现数百伏兵,而大炮山亦有数十人向我俯射,同时大叫缴枪,声震岩谷。而削壁石上,及房墙等处,遍书红字标语,大意谓欢迎李品三的部队加入红军去打日本等语。揣其布置,是欲完全消灭我江、长团队,而赤化南六也。因品三屡与"匪"敌,久遭忌恨,故阳袭梅桥以诱我必救,而故设井〔阱〕以待之。幸我李大队附〔副〕品三英勇性成,死力抵抗,虽子弹用尽,卒能涉过梅桥河而抢上大炮山,将该地之匪击毙五名,伤十余名,时近黄昏,遂得脱险。次日收容所部,结果仅负伤一名,全皆安全,使匪一网打尽之计不成。县长踏勘地形,询诸土人,均称品三之勇猛不置,似此官兵用令,奋勇以卫乡国,败而不败,甚功足多,固不能以梅桥之失而没其功劳也。

九、县长现与李大队附〔副〕品三率领的保安队,驻防梅桥待援,奉穆司令电饬严密防堵,俟援军到齐再行进攻。所有地形,容后续报

四川省第六区行政督察专员冷

江安县县长李挹清

(录自四川档案馆编《红军长征过四川》资料,敌方文电第 16 卷,第 1756～1765 页)

# 蒋中正电（关于王逸涛"自新"）

## 1935 年 9 月 13 日

据四川行政专门专员裴钢康（八日）申称，查扰乱川南共匪党巨魁，伪川滇黔三省游击司令王逸涛确已决心"自新"。现川滇黔边区，由前摆（?）叛伪政治主任之余匪泽鸿率领指挥，战斗能力已失。加以王之努力反共，川南剿匪军事自必急转直下，肃清当在指顾间矣。拟恳准将王逸涛通缉案撤销，各军政机关，各部队，以后文告电令及报载关于川南残匪，应一律改称余泽鸿匪部，勿再称为王部。又王逸涛通缉案由，除电令准予撤销外，希转饬有关军政机关遵照办理。

蒋中正。元（十三日）酉蓉行参战印

（录自贵州档案馆编《红军转战贵州——旧政权档案文件选编》，贵州人民出版社 1984 年版，第 484 页）

# 四川省第七区保安司令部指令

## 1935 年 9 月 13 日

四川省第七区保安司令部指令　恭字第 120 号

令纳溪县县长陈梦云

呈一件为据合面镇镇长报告匪情转请核示遵办一案由

呈悉,查匪共千余人围击李品三部,业经叙永县长先智渊、古宋县长陈济涛以佳电呈明在案,并根据以佳灰两电转请省府派劲旅来泸分布"清剿"矣。在省开示未到之前,仍仰遵照原拟防堵计划切切防范,将"匪"情随时具报为要。

此令

中华民国二十四年九月十三日

兼司令裴纲

副司令李鹏南

（录自纳溪县伪政档案第 319 卷,第 50 页）

## 筠连县第四分镇镇长呈报防堵应领伙食清册

### 1935 年 9 月 16 日

二科办　　二十四年九月十六日

呈为呈报奉令调丁防堵赤匪往返起止……本年八月二十八日午前七钟奉　钧府电令,探查"赤匪"现窜入落木柔,犯发我城行动,着职调集精选壮丁两分队并调来塘坝一分队共成一中队防守要隘,嗣闻城警职率队赴援,"匪"退,随奉钧令跟追袭击,由城开拔,遂经塘坝、孔雀、龙塘至大小落瓦,因匪远飙,奉令调回,在本镇要隘防守……

钧府仰祈鉴核予以给领此呈

县长　罗

附呈防堵应领伙食清单一份

第四分镇镇长　　秦书易(章)

(录自四川筠连县档案局档案,全宗号 1,目录号 5,案卷号 145,第 1 页)

## 赤水县长陈廷纲电呈（王逸涛部逼城）

### 1935 年 9 月 17 日

绥靖主任薛、省主席吴钧鉴：

　　顷据合江联团主任吴诚伯电话报称，转据五通场探报，本日午后三时，由川合江打鼓场突来王逸涛残部"赤匪"约千人，枪七八百支，机关枪、大炮具〔俱〕全，距赤城仅六十里，声势浩大，倡言明晨到赤。此间驻军无多，包团散布各处，正积极召集，严密防守，除与驻军切商"防剿"外，谨电乞示遵。

赤水县长陈廷纲叩。筱印

　　附：省府指令　令赤县长陈廷纲

　　查昨据该县长电呈，王逸涛部"残匪"逼城，情势至为紧张，并准云南龙主席、四川刘主席先后电达。余"匪"残部有逃窜黔境之模样，均经电饬集团会军切实防堵，毋稍疏虞，各在案。该县"土匪"既未肃清，尤应严防勾结为要。仰即遵照。此令。

主席吴忠信。

民国二十四年九月二十七日

　　（录自贵州省档案馆编《红军转战贵州——旧政权档案史料选编》，贵州人民出版社 1984 年版，第 478～480 页）

# 上马镇镇长同蜀樵、队长闵仁谦报告

1935 年 9 月 17 日

上马镇镇长同蜀樵、队长闵仁谦民国二十四年九月十七日午后二时报告：我镇于十五傍晚接得水口寺飞报，报称是日午饭时，突有"共匪"四百余人将该场包围，断绝交通，声势浩大。请为严重防御。职闻警报随即集合壮丁二班，商同驻此保安队长姚联级，派队警戒，并一面电知邻村乡镇援助。殊于本日拂晓时，该"匪"突由文昌宫方面蜂拥而来，向我警戒开枪射击，我队死力抵抗，终因寡不敌众，且战且退。

该"匪"等遂得直驱进场，随将大小电杆砍倒，在场大肆掳掠搜索约一时许，损失甚巨。陆续向叙蓬溪场方面窜去。去后清点人数，除姚队长队丁阵亡一名外，职阵亡李树云臀部负伤，杨甫君登时击毙。当失去步枪一支，子弹十六板。现闻该"匪"等集中叙场休息，企图不明。

县批：报告悉，已电呈上峰派队"援剿"。

（录自纳溪县伪政档案第 319 卷，第 45 页）

# 渠坝乡乡长刘伟宇、刘志通报告

## 1935 年 9 月 17 日

渠坝乡乡长刘伟宇、刘志通民国二十四年九月十七日午四时报告

据分队长张楷忻回场转据叙永县大州乡董乡长飞报称,围叙蓬场之"匪",曾在上马场击毙多人,提去团枪多支,闻风该"匪"今夜必到达纳溪县城等语。职恐现在所有团力不足,滋蔓难图,谨特再为报告钧府,恳请速急派队到职乡协助防堵,以防不测。

注:渠坝乡乡长是日午后一钟已报告一次。

(录自纳溪县伪政档案第 319 卷,第 47 页)

# 双阜乡乡长姜叔琼报告

1935 年 9 月 19 日

双阜乡乡长姜叔琼民国二十四年九月十九日报告

八月二十日即国历九月十七日午前,由上马镇护国镇场中,挨户搜罗团保,抄毁乡镇公所及富绅巨商,均遭劫掠,凡乡镇公所文卷,悉被烧毁。敝乡公所又与蓬溪乡街市含接,以至祸延莫收,街民曾树阶、邓德胜等亦被抄毁。职所各种文卷帐〔账〕簿,及陈进修与李相臣一案示、印、白契佃约等项均遭"共匪"一并搜毁,灰烬无余。该"共匪"盘踞至旧历八月二十一日即国历九月十八日,始行开拨〔拔〕到岩峡等处。刻无大军"进剿",不知蔓延几时。为此据实报钧府指示办法,以免祸延地方。倘着"共匪"长此以往,则地方害无底止也。

(录自四川省纳溪县伪政档案第 319 卷,第 53 页)

# 珙县县长向四川"剿"共总司令刘湘呈报"共匪"名单

## 1935 年 9 月

呈为"共匪"滋扰检获名单呈张鉴核准于通清获究以张法纪事

窃"共匪"残部王逸涛率领匪党数百人骚扰川滇边县,职县受害尤烈,连陷四镇三乡,因械弹缺乏难资防御。经职迭呈在案,谅邀垂察。惟该匪狡黠异常,时出时没,该军团疲于奔命,歼灭为难。前次该"匪"由洛表退王场时,经团追击,获"匪"林正兴一名。

讯称:本年三月,"匪首"朱德在扎西挑选一军团林彪所部两连兵士,交由王"匪"逸涛组织游击纵队,计在收容落伍、招集流氓。原只三百余人,改编五个中队。四中队在永宁木林与川军接触,即行败散。一、五两中队长均为江西人。二中队长曾正南,湖南人,年卅五岁,曾任三军团营长。三中队长杨登高,年卅岁左右,为扎西"土匪"。此两队战斗力较强,全队约五六百人,枪支三百多支,子弹缺乏。有女"匪"二名,一名为甘秀英、廿余岁,任该党代表。一名为李桂凤,亦廿余岁,任宣传工作。"匪"中士兵多不愿者,惟以异省关系,恐逃出被军团截杀;且以"匪"首监视太严,无从逃避。若能"剿"抚兼施,予彼辈以自新之路,两省联络会剿,无分领域,歼灭该"匪"计日可待。并检获该"匪"重要名册单一份,呈请作主等情前来。

职查该"匪"王逸涛等"统匪"扰民,宣传"赤化",裹胁日中,隐患堪虞,如不呈请缉究,恐滋蔓难图,贻祸匪浅。合将该"匪"重要名单抄呈钧部,恳予通令各县,严缉务获究办。是否有当,候令祗逐。谨呈

四川"剿匪"总司令刘

计呈"共匪"状名单一份

### 中国工农红军川南游击队政治部

| 纵队长 | 王逸涛 | 地方工作科 | 张梅凤 |
|---|---|---|---|
| 副队长 | 曾春鉴 | 支部书记 | 刘垂高 |
| 组织科长 | 戴元怀 | 宣传队 | 阚思颖〔甘棠〕 |
| 宣传科长 | 余泽鸿 | | 李桂凤〔英〕 |
| 特派员 | 龙厚生 | | 黄逸中 |
| 秘书 | 李倍〔沛〕群 | 参谋 | 刘干臣 |
| 特务员 | 谢一纪 | | 王福其 |
| 政治委员 | 徐策 | | 刘连炳 |

没委主任　范其明　　　　　　　　　　刘振威

特务员　　黄龙飞

　　　　　　　　　　　　　　　　珙县县长　陈国华

　　　　　　　　　　　　中华民国二十四年九月△日

（录自筠连县档案局档案，全宗号 39、目录号 5、卷号 677、第 49～51 页）

## 纳溪县长陈某报告红军游击队两次"窜扰" 县境及派队集丁扼要防御情形

1935 年 10 月 12 日

纳溪县长陈某民国二十四年十月十二日报：九月十七日据江安锦衣镇镇长尹公毅、县保安队驻防上马之分队长姚联级及渠坝乡联保主任刘伟宇等先后报称，大股"共匪"人枪约七八百，十六日由江安踏水桥进犯县境，经水口寺、文昌宫，十七日连经上马场及叙属之大洲驿、叙蓬溪等各地，形势严重，有进窥县城企图。据此，当经飞令文昌乡，调集壮丁队三分队，合面、上马两镇各调集二分队，并派简德明为临时指挥，统率三乡镇队丁，择要隘据险防堵，必要时得酌情多调附近团丁协同防御。并令驻水口寺之保安分队长李晓明及驻防上马分队长简联级受简指挥节制，扼守要隘，策应各方面；令驻渠坝之保安分队长余金和会同该乡临时调集壮丁队一分队，分别担任河道防务，维护交通；驻中兴保安队分队长黄清辉会同该乡临时调集之壮丁一分队担任宕疆一带防务。复令安富镇调集壮丁队一分队布防城区附近一带。所有分防各地队丁均严饬切取联络，互相声援，以待大军"进剿"。惟各乡镇壮丁队训练未精，器械不齐，团力薄弱，不敷分布。"匪"到叙蓬溪时，距县城仅六十里，在文昌乡、上马镇前线之保安队，以距城百里，不能调回。城中及隔河安富镇仅保安队二分队，枪劣弹缺，城守空虚，岌岌可危，人心慌恐，奔走相告。

十八日，区保安队司令部派宋付〔副〕官长异□来纳溪指挥团队，必要时再酌调泸县团队援助，人心因之稍定。十九日，探确该"匪"已由叙蓬溪窜往白合场、打鼓场。

二十一日，穆司令赢州所部有一营到县属上马场及叙属江门一带清乡时，"匪"已由鄢家关、象鼻子续窜麦地坝、天池，被驻叙军队出击，又图窜赤水，至黔边境之牌关，边境稍安。

县属壮丁队十五分钟集中，旬日借垫伙食，极感困难。二十六日下令暂行解散，指定要隘分配壮丁，自备伙食，就地防守。

殊不知，该"匪"被滇军截剿，同时被驻叙穆军协击，忽于二十八日午前窜至泸县属白节滩大理村，泸县甫经告警。而午后已窜至县属之渠坝驿，与驻该市之县保安队二分队遭遇激战。事出仓卒，众寡不敌，始退至山间隘口待援。渠市距县城三十里，城区仅保安队一分队，城守力薄，极待援助。安富街人民闻警，已有负舟避泸。人心惶惶，为大难之降临。职除飞令附城各镇集西布防外，并令各镇乡前次奉令已调壮丁队仍然集中使用,并准其新调增加,以资抵御。同时,电呈东区保安司令部增援。

是晚,泸县开团队一中队到纳布防城区附近,扼守要隘,探得该"匪"已于二十八日傍晚由渠坝驿窜至来凤乡岩上,及中心乡、绍坝乡一带盘踞。二十九日,区保安司令部唐参谋主任徐偕率泸县保安二分队及杨潘两部军队各二连,陆续来集,计划"进剿"。三十日由纳出发,向来凤、中兴两乡进击,而该"匪"已于前一日向江安和凤场大山遁去。因滇军一营及穆司令部在后尾追,相距数十里,匪不敢久据岩上。十月一、二日,"匪"虽在江、宋交界之万里箐一带,因受泸县及本县团队统一指挥的唐参谋严密布防,该"匪"未敢回窜。三日,江门峡、叙、纳、江三县交界,又发现股"匪"数起,百十成群,哨聚山间……唐参谋正指挥泸纳叙各县团队会同"清剿",指挥统一,不致再蹈以前此击彼窜之故。

计"共匪"窜扰县属前后两次,全县十二乡镇被扰,有文昌、上马、双阜、渠坝、来凤、中兴六乡镇,区域达过半。县保安队在上马场阵亡队丁一名,在渠坝驿受伤团丁一名,损失毛瑟枪十四支,又上马场壮丁分队队丁阵亡一名,受伤一名。地方团队训练枪支俱落后,不仅不能"进剿",即防御之力也苦不足。凡该"匪"经过之区、乡、镇公所,团务人员及著名人员富豪家宅,多遭掠劫;公文卷宗,任其烧毁。惭于农民、工人、苦力故示小惠,予以掠得之财,以买其欢心。故所过之区,失业工人及地痞流氓多乐就之。该"匪"每到场镇,必集合群众,宣传其荒谬之主义,攻击现社会之罪恶。博得场一般农苦群众之同情。虽在作战紧急情况之下,其宣传人员分工并进,亦不因之稍停。对于市面,仍以现金交易。此种虚伪的严密纪律,及政治反宣传,予社会人心莫大之影响。……查该"匪"两次进扰县境,虽有六七百人,精良枪支不过四五百支,而青年女子占二三十人,童子占有十人,行军迟缓。"剿匪"军多至数倍,大都尾追,不予截击,所以追剿愈久,糜烂愈宽,"匪"窜愈远,提枪裹背因之愈多。地方团防御匪不足,而人民枪枝资敌。经此次虚伪宣传之后,将来集丁御"匪"困难更多。涓口不塞,修成江河,通南巴之覆辙,可为殷鉴。望军事当局,指定数营军队负责"主剿",轻装急行,转战穷追,勿使休息,然后设伏会击,聚而歼之。各县团队凭借山险,扼要协剿,勿使穷寇遁入大山,以绝其死灰复燃。呈

四川省第七行政督察专员兼保安司令裴

四川省主席兼保安司令刘

纳溪县长　陈

秘书代印

民国二十四年十月十二日呈报

（录自四川省纳溪县伪政档案第 319 卷,第 84～89 页）

## 叙永急电（关于将"匪"击溃）

### 1935 年 9 月 23 日

古宋万团长、王县长，江安、兴文、长宁、高县、珙县、庆符、古蔺、筠连、合江、赤水、仁怀各县县长钧鉴：

弟团奉令追击余"匪"于马日（二十一日）率队至叙永，探得该匪约千余人，由水尾向天池窜逃。当令成谢两营驰赴"围剿"，我谢营子养（二十二日）未进至天池二里许之高地，与"匪"接触，成营由右包围。激战五小时，终将该"匪"击溃，截成数段，分窜鄢家关、麦地坝。复令各营跟踪追击。是役毙"匪"数十名，夺获"匪"徒枪械甚多。我部伤亡数名。相应通知，请烦督团队严防要隘，免"匪"漏逃，使此"剿"彼窜。俾尽歼灭之效。

边防二路一团团长 弟赵治国叩印

九月二十三日十点

中华民国二十四年九月二十三日午前三十分到

（录自四川省纳溪县伪政档案第 319 卷，第 60～62 页）

## 赤水县长陈廷纲电呈（余泽鸿部由叙东向情形）

### 1935 年 9 月 20 日

民国二十四年九月二十日

省主席吴、绥靖主任薛钧鉴：

皓电奉悉。（一）确报"赤匪"首领系余泽鸿，率众八九百人，今午由叙永属打鼓场东窜，距赤属大洞场十余里之石顶峙构筑工事宿营。（二）合江属车旺嘴匪众百余人窜扰，由鲶离溪下面过河，似与余"匪"策应。（三）职与驻军会商夹剿，现已由县召集团兵约五百人，预为协助及维持治安。惟赤邑迭经"匪共"及荒旱，穷无所归者为数极众，加以侯部编余官兵散留遍地，此次"剿匪"给养实已无法筹措，盐捐附加又纠纷未决，黔厘乏术，遭兹意外，如何应付，祈电示遵。

职陈廷纲叩。号印

附一：省府代电

民国二十四年九月二十三日

驻黔绥靖公署勋鉴：

顷据赤水县长陈廷纲号电称，确报"赤匪"首领系余泽鸿，祈电示遵等情。除电饬迅即会商驻军妥为防堵，勿〔毋〕稍疏虞；至盐捐附加并饬财厅议复外，用特电请核办见复为荷。

吴忠信。梗印

附二：驻黔绥署代电

民国二十四年九月二十六日

贵州省政府吴主席勋鉴：

省字第四一〇号梗代电敬悉。窜据赤属大洞场之"匪"，已电上官总指挥及郝、裴两师长饬属"截剿"，并与川军切取连〔联〕络矣。特复。

薛岳。宥印

（录自贵州省档案馆编《红军转战贵州——旧政权档案史料选编》，贵州人民出版社 1984 年版，第 480～481 页）

# 赤水县"匪情"旬报表　赤字第四号

### 1935 年 9 月 20 日

### 县长陈廷纲

| 姓名 | 传闻系王逸涛残部。 |
|---|---|
| 踪迹 | 四川泸县属二里场及叙永、古宋交界之打鼓场,合江属五通场一带。 |
| 巢穴 | 飘忽不定。 |
| 人数 | 在二里场一带者约百余人,在打鼓场一带者据探报约千人。 |
| 武器 | 一股约七八百支,一股约六七十支。 |
| 活动 | 随处宣传共产主义,搜掠富户银钱米谷。 |
| 剿办 | 飞调就近各区区团严密防堵。 |
| 说明 | 查本旬职县自将邹、雷股"匪"击溃后,各乡、场、镇已无大股"匪徒",惟零星散"匪"间有潜匿。业经转饬团队搜索,务绝根株,不料九月十八日突接叙永县长先智琫电称,"共匪"约八九百人,被军团压迫,由叙蓬溪、白鹤场有窥赤属土城之势。同时二里场发现股"匪"约百人,横窜赤水河到达赤属连鱼溪,转窜天台乡与打鼓场之匪互成犄角之势。情势紧张,当即调集团丁严密截堵,以防窥窜。 |

（录自贵州省档案馆编《红军转战贵州——旧政权档案史料选编》,贵州人民
出版社 1984 年版,第 483 页）

# 赤水县长陈廷纲电呈"赤共"所经地址及内部组织

1935 年 9 月 23 日

省主席吴、绥靖主任薛钧鉴：

政密。一、"赤匪"刻（受）练团防堵，现窜叙永属大石母、水尾、墩子场一带，正连〔联〕络会剿中。

二、捕获匪侦供称："匪"分三支队，每支队三大队，每大队两排，每排三班，每班七、八、九名；官长有指导员及江西籍女"匪"，著〔着〕武装、红裤。

三、城内捉获共党一名，已供认不讳，惟否认继续工作。

陈廷纲叩。漾印

（录自贵州省档案馆编《红军转战贵州——旧政权档案史料选编》，贵州人民出版社 1984 年版，第 481 页）

# 赤水县"匪情"旬报表　赤字第五号

1935 年 9 月 30 日

### 县长陈廷纲

| 姓名 | 据各方探报确系余泽鸿。 |
|---|---|
| 踪迹 | 四川叙永县属之叙蓬溪、白鹤场、水尾、鄢家关，古蔺之大石母暨叙永、古宋交界之打鼓场一带，二十三四等日且窜入石顶山及县属大洞场附近，并到鸡飞岩、风溪口一带。 |
| 巢穴 | 飘忽无定。 |
| 人数 | 约千人左右。 |
| 武器 | 约七八百支。 |
| 活动 | 建筑工事，征发米谷，劫掠富户，破坏交通、机关，捕杀公务人员。 |
| 剿办 | 调集县属各区团队约五百余人，严密防堵各要隘。 |
| 说明 | 查本旬职县先后接探报及叙永、宜宾各县长暨滇军赵团长电称：余"匪"泽鸿受川滇军之压迫，窜至古蔺、叙永、纳溪、古宋暨与职县接壤之大石母、打鼓场、鄢家关一带，有窜入赤水、仁怀之势各等语。旋即窜入职县鸡飞岩、大洞场、风溪口一带。当经派调团队相机严密防堵，一面在县城内切实清查户口，密捕"奸细"，并沿赤水河一带封锁渡口，检查来往船只，以防意外。所有"匪"情业经职县电呈钧府在案。刻余"匪"又窜往川属古蔺之大石母、打鼓场、白鹤场，并占领白节滩泸县团防肖震南枪厂以后，该"匪"企图未明，惟有严密防堵，以免窜入。 |

附：省府指令　令赤水县长陈廷纲

两表均悉。据报余"匪"泽鸿，现又窜往川属古蔺，占领白节滩泸县团防肖震南枪厂，企图未明等情。仰仍督饬区团严密防范，以免回窜，并随时侦察具报为要。此令。

主席吴忠信　民国二十四年十月二十四日

（录自贵州省档案馆编《红军转战贵州——旧政权档案史料选编》，贵州人民出版社 1984 年版，第 483～484 页）

# 第七区行政专员公署代王逸涛呈报"投诚自新"恳曲予矜原电

军事委员长行营委员长蒋、参谋团主任贺、省政府主席刘钧鉴：

逸涛曩以认识错误，堕入共产党，迨既参加实际行动以后，始知其害，以欺罔恐怖煽惑第杀为能事，逸涛良知未泯，始原全乖，痛苦彷徨，莫知所适，三边逃窜，罪戾弥深，归命"投诚"，决心已久，陈情无地，遂而稽延，前以第七区专员裴派员宣谕委座复兴民族之宏旨，与矜原既往之德音，遂于8月有日率弟所属共产党员之王元弈同随专署之员离开老山，经过叙永县城，既诣县府告发该县共产党组织商由先县长从速逮捕，以示义无反顾。旋于勘日到达泸县，束身专署，静候处分。顷奉专员谕知，转奉委座知准逸涛"投诚自新"，宥其既往，从兹重负顿释，生命重新，惟当矢诚竭力，谨在委座领导之下，奉行三民主义，"铲除"共产党于复兴中华民族过程中，尽国民应尽之天职，对于肃清川南"共匪"，尤当首事努力，惟念罪戾山积，贡献未遑，伏恳曲予矜原，施以鞭策，俾获效果，稍赎前愆，除另宣言通电宣布"反共"外，谨陈微外悃，敬候鉴纳训示祗遵。

王逸涛叩支

四川第七区行政专员公署代印发

（录自《四川保安季刊》民国二十五年第1期，公牍第91页）

## 第七区行政专员公署为呈报王逸涛"投诚反共"请予赐见电

成都。

省政府主席兼全省保安司令刘钧鉴:

模密。案查职署办理王逸涛"投诚"一案,关于"反共"手续,业已完成,王之思想个性能力,亦经职详加审察,认王思想确已转变,"反共"出自真诚,个性甚强,故勇于自勉,能力长于军事,而游击战术实为国家有用之才,尤适川南"剿匪"之用,王亦自告奋勇,亟愿于川南军事方面,效力建功,其志可嘉,其才可用,似应量其所能,予以名义,授以方略,责其成效,庶有用青年,才力有自见之地,川南"剿匪"克告歼灭之功,除王所拟具军事意见业已另文密呈外,特令王逸涛赴成都晋谒钧座,面陈一切,并乞赐见许其尽言,或于川南"剿共"前途,不无裨益,谨先电呈,伏乞鉴纳为祷。

职裴纲叩

秘书涂孟颓代行印

(抄自《四川保安季刊》民国二十五年第 1 期,公牍第 91～92 页)

# 第七区行政专员公署为密呈王逸涛拟具消灭川南共党及赤军游击队布置之意见书请派队从速猛"剿"以期歼灭由

1935 年 9 月

呈为密呈事:

窃职奉钧座密令,办理前共党"匪军"伪川滇黔三省游击司令王逸涛"反共自新"一案,谨遵迭令严密进行,经过大致情形,业经电呈在案,除全案始末详情似俟全案结束后,再行详呈外,兹据王逸涛拟具《我对于消灭川南共党以及赤军游击队布置之意见》一种,呈职审核,请求转呈前来,兹经职详加审阅,益以职数月来所得情报参证之结果,认为确系川南"剿共"根本办法之一种,颇具采纳施行之价值,理合亟先转呈,藉供鉴夺,伏念呈川南"共匪"因王逸涛"投诚",失其军事首领,当然系"匪"军内部动摇,颇呈崩溃之象,复据王逸涛面称,彼公开"反共"后,川南共党"匪军"必感恐慌,最近之鼠窜狼奔,即系"匪"首欲以战争奔走之紧张动作生活,冀以克制匪众动摇之心理的作用,且亦妨〔防〕彼"反共"后率领军队进攻老巢之举,故四窜以扰乱我方之视线,且避我之〔军〕切实"围剿"之危险,我军亟宜乘以"匪军"内部动摇之候,从速猛攻,不难"剿灭"等语,此项观测,出自甫离"匪军",熟谙"匪"情之王逸涛口中,自亦甚之可信价值,合并转呈,除分呈委座行营参谋团外,理合检具王逸涛亲笔意见书一份,统乞俯赐鉴核,指令祗遵。谨呈

四川省政府主席兼全省保安司令刘

附呈王逸涛消灭川南"共匪"意见书一份

四川省第七区行政督查察专员裴纲

秘书涂孟頫代行

中华民国二十四年九月　日

(录自《四川保安季刊》民国二十五年第 1 期,公牍第 75～76 页)

# 我对于消灭川南共产党以及"赤匪"游击队布置的意见

王逸涛

我们要消灭一个敌人,应该要知道他本身的任务,和他的优点以及弱点,他的组织与内部情形,他的兵力与战斗力,日常需用和供给的来源,尤其是当时当地的社会组织与一般情形;明瞭〔了〕了这些,才能够决定自己的行动,脱离了这些实际或违反,就不会收得一点效果,或者还要遭到意外的损失。

这个赤军游击队的本身任务,他是在川滇黔的边区地方游击创造根据地,并且要在很短的时间生长一部主力军起来,配合中央军的行动,争取川滇黔或四川首先胜利。这就是他的主要任务。在他的组织,是很坚固而且是很统一的,兵力也在一千人的左右(江西来的占十分之六七),器械颇好,战斗力也强。因此在这布置上,我有几点意见。

(甲)组织方面

1. 在这三省交界的边区地方,每每此击彼窜,不但不能互相堵截,有时连消息也通不到,反为所乘。今后在这三省边区地方,暂时该有一个较统一的指挥机关,如果能够指挥军事和一切更好,最低限度,除军事外,应该负起全部的责任来,才能达到任务。

2. 划定区域,如第七区叙、蔺、宋三县,第六区的长、兴、珙、高、筠五县,云南的镇、威两县,黔省的毕节,均应划入该区域内。

3. 各区选派得力和熟悉该区情形的干员,参加这个统一机关。

4. 收集一切消息,随时通知各部各区,各地应多设座探,多遣派侦探,随时与各部各区切取联络。

5. 准备一切军用品供给各部(如粮食、带路人、侦探、夫役……等)。

(乙)军事方面

1. 叙永区配备精兵一团,配合第七区保安队一部,常驻叙永南区一带。

2. 南六县配兵一团,配合第六区保安队一部,常住建武,或者落表落亥一带。

3. 云南镇威配置兵一团,配合镇雄独立营以及团队一部,常住扎西一带。

4. 毕节配置兵一团,配合该地团队一部,在水老河对岸择地住之。

5. 各区壮丁住守要隘,但只准用最土枪枝,发现敌情,施发警炮报告后方,并派人到后方报告详情(如在不得已时警炮放后可逃避),使后方作战部队,得充分的准备应付战斗。

6. 各区精选丁和保安队一部,应加紧肃清土匪,如力量不足时,得依情况由该区住〔驻〕军补助之。

7. 各区作战子弹尽量少带,至多不过十余牌足矣,(因敌人每闻子弹多的队伍必猛攻夺取子弹而士兵也随时有盗买之弊),但闻严禁多放枪。

8. 各部不论长住暂住,凡是住营,就该注意步哨和防御工作,免遭敌人袭击。

9. 各区指挥全权,应交该区保安司令,或者另指定人员,以便收得军团配合,统一指挥之效,否则不易奏效也。

上面的军事意见,完全是布置防御,出击时应该注意下列各点:这些地高山大,追击困难,最好是等他到了某区该区就出击,他离该区范围,就不可穷追,并且还要防他埋伏袭击反冲锋反突击。在没有十分把握时,不可分兵,不可追击,但是一到某区范围,该区就须出击,行动不可迟缓,宜迅速敏捷,作战时要下决心,攻击精神尤宜特别注意,不可犹疑畏缩,恐为所乘。我是找其紧要的写几点。

政治方面

(丙)坚壁清野

1. 川滇黔边区地方山碉很多,就旧有的稍加修整,即将附近的土礁〔磨〕石礁〔磨〕等集中搬进碉寨,或者碉寨附近枪能射击的地方,建立棚厂,集中在内可也。碉寨须指定团队住〔驻〕守,至少准备一星期粮食,不得任意失守。如能集中土石礁〔磨〕等,他虽有粮也无用也(集中粮食麻烦,时有彼此盗窃之弊)。

2. 检查人口,配用锅头,其余锅头以及大锅等集中进碉寨。如有婚丧,须先报告团甲发用(但严团甲勒索),事毕送回,各居民一闻警号,即将自用锅头带走,最好用本地土产沙锅,带不走时损毁,价值不过数百文钱,所损无几。

3. 考查他日常用品,择其重要封锁之。

4. 有部分富农地主等,私行请人先到敌人部队里交涉送款送弹物等,以为先交涉好,免后日发生问题,此必严禁。

(丁)封锁消息

1. 凡该区域内一切报章须即停止,或检查后发放。

2. 检查信件,如稍有怀疑者,或关于消息者一律停止。

3. 乡村各公务机关学校等文件,随时注意保存密藏起来。

4. 凡有警号之区,停止一切来往人等。

（附）碉堡不适用于游击队，如修碉堡，反使人民痛苦，致生问题，就是赤军固有根地，敌人操运动战，碉堡也收效甚微，凡是一个策略，都要因时因地而用，否则也无效也。

（戊）社会一般现象的注意

1. 地租问题，农村里面，佃农等在封建地主压迫剥削之下，终年勤苦收入除用六成以上付租外，还要为地主作苦工若干日，另外付粮款等，如遇天灾主人一颗一粒不让也有，终年劳苦所得者，挨饥受寒而已。

2. 高利贷，乡村里，每有借银十两，年付息谷八九斗或在一石以上者，有借钱百串而付与银十两同样利息者，夏季借谷一斗而秋季还二三斗也有，总之计其年息，每超过成本或二三倍。

3. 苛杂的剥削，苛捐杂税，名目繁多，调查起来，不下三四十种之多，尤可恶者团甲自由附加，自由筹款，超过数倍也有，如应纳一元之正税而纳到二三元四五元也有。

4. 民间早有积仓囤积谷物，以备荒年接济之用，殊为富豪等早把持亏用，虽政府早有明令清查，不过一纸空文，何能追究，此亦等于无事而已。

5. 赈灾，每次赈灾，均为团甲办理，或者派一个委协团合办，当中弊端也属甚大，况川南连年旱灾，十室十空，这样杯水车薪无济于事，此种赈款，应也从事业方面调济，否则不见效也。

6. 川南是三省交界之区，崇山峻岭，易潜匪类，从民国迄今，几无日无匪，教育早已破碎，应注意农村中贫民教育，如半日学校夜课学校……等尤应注意社会教育，贯输智识，从思想方面根本改换，才有办法。

在这封建残余势力的边区地方，豪绅团保贪官污吏，狼狈为奸，把持操纵压迫剥削，以致弊端百出，招摇撞骗者有之，借故扫搂者有之，非刑拷打者有之，藉公报私者有之，自由杀戮者有之，明团暗匪者有之，自由筹款者自由附加者有之……种种坏蛋，真无奇不有，在这样压迫剥削之下的民众们，在这暗无天日的环境中过生活，如何不造成共产党的机会与势力，就是土匪的来源，又何尝不是出于此途，军队拉夫，是四川的通病，虽然近来政府也有令禁止，可是要拉夫的人们是有枪阶级，一般空拳赤手的人民又奈他何，甚至借拉夫而搕索者，化装抢人者，奸淫估霸者……何尝又不普通现象呢，说到对人民开口骂，闭口就打，人民看见官兵，如怕虎狼尤甚。

政府机关,从乡镇公所县局各级政府,由丁役员司以至主管人员各级搕索贪污各种弊端无奇不有,四川之为地方各种各级长官,都是最高官之调济〔剂〕,而不是为人民服务,凡无一人不是如此。

在我的意见,不过简单写一点,要把民间苦痛写完,那就写不胜写,我总认为民间虽极小之事,我们应该极注意,如果稍一马虎,就遭失败,我总希望今后多做事人,少用做官人,多派人化装到民间去不但可调查一切,而且很易接近民众,甚易收效也。

宣传工作我过去所见种种,如标语一项,很原则而不切实,如像"共产党杀人放火奸淫估霸……"之类原则又不切实在民间生不起信仰,在事实上政府军队糟糕和政治不良,反使相信共产党,尤其是纸写的标语,前面张贴,后面就有人在扯,可说更无效,宣传费用的多,而收效甚少。今后我以为要抓住民间切身需要和共产党以事实材料,通俗化起来,用颜色写在岩上壁上墙上……这些地方。

在此次出兵"围剿"的时候,应该集中一部分军人员,政治人员,以及地方优秀青年,组织一个工作组,随军进退,到一个地方,深入到民间去接近民众,宣传组织,调查军队纪律(如能当时纠正更好)报告上级,一天一天的接近民众,融洽起来,收回民心才有办法,这些现象,一日不除,一日不易见效,今天就把他扑灭了,明天他又会生长起的。

在我还有一点意见,是把民间一切实际材料收集起来,毫不客气和隐藏的〔地〕白〔向〕群众承认过去的错失,今后应如何来改造,这样更好一点,不然专用打仗,也不易收效也。

（录自《四川保安季刊》民国二十五年第 1 期,公牍第 76～79 页）

## 吴承北 1935 年 10 月 1 日报告

据前方报告：回毕节之"匪"情况甚为疲乏，子弹亦似缺少。回至打鼓场系由场后经过，前去劫的百合场，乘夜攻大里村，直走文昌宫、落道子，过河向大沙坝方向而去。滇军三营及叙蓬溪、白节场团队随后跟踪追击，我方或可暂告安宁，等语。查该"匪"即已溃窜他方，距此刊远，我方集合防堵队似可撤回，除函商前方临时指挥洪主任听得外，理合据情报告钧府。

联保主任　吴承北

（录自四川省档案馆编《红军长征过四川》资料第 16 卷，第 1779～1781 页）

# 叙永穆荣电报(节录)

## 1935 年 10 月 4 日

余"匪"后被尾追,前受驻武村滇军截堵,于陷(三十)日窜兴长间之大口大缎山。现黄团尾追,并亲率两营由梅桥截"剿"。周司(指周化成)已派白代区队前往"清剿"。判断"匪"势必回窜兴长珙高中间地区,复令将到高县之何团部队迎击,俾期"围剿"。

穆肃中支(四日)

民国廿四年十月五日午后六时到

(录自纳溪县敌政权档案,第 319 卷,第 76~77 页)

# 贵州省政府代电

## 1935 年 10 月 5 日

赤水县陈县长：

赤字第三号"匪"情旬报表悉。查王逸涛,奉委员长蒋电业已"投诚"。昨准四川刘主席电告,其残部现由余"匪"泽鸿率领,经川滇两省"会剿"溃败,有向黔属仁怀及该县毗连地方或该县土城大山逃窜之势。业经本府分电该两县集团会军,严密防堵在案。仰仍随时认真防范,勿〔毋〕稍疏忽。至该县附近既不时发生"匪"警,函应督饬区团设法侦缉,以清内奸而杜"匪"患,仍随时报查为要。

主席吴忠信微(五日)印

（录自贵州档案馆编《红军转战贵州——旧政权档案文件选编》,贵州人民出版社 1984 年版,第 481 页）

# 筠连县政府呈四川省第六区行政督察专员公署文(节录)

1935 年 10 月 5 日

筠连县政府呈四川省第六区行政督察委员公署

遵电解送"投诚""赤匪"卢高贤等三名,请予核转解

"顷奉'剿匪'总部总特马电开,查筠连'投诚''赤匪',卢高贤等三名应即解送重庆行营俘虏收容所办理恢复等因,行电仰该县长即将卢高贤等三名解送来部以凭转解"

等因奉此。查该卢高贤刘成有二名于八月三十日来县"投诚"时,缴有步枪两支。业钧令颁发委员长行营所定:收缴境内匪遗枪弹暂行办法第一项各奖大洋贰拾元正。陈南相一名虽无枪械而不甘从"匪"之心,殊堪嘉尚,已经发给优奖洋壹拾元,以昭激烈,并由县供给伙食零用以优待。兹谨开具该卢高贤等年贯口供表一纸,派丁解送……

祗遵谨呈

四川省第六区行政督察专员冷

计呈卢高贤等年贯口供一件

筠连县县长罗

民国廿四年十月五日

(录自四川筠连县档案局档案,全宗号 1,目录号 5,案卷号 3,第 2 页)

## 四川省第六专署截击红军游击队报告(节录)

1935年10月上旬报告

余"匪"泽鸿,连日在叙永方面被军团击退,于陷(三十)日回窜兴文,傍晚逼近县城,入夜退据椒子园、碾子湾一带。东(一日)晨派队追击,复窜据珙县周村。支(四)日晨滇军辛营、王师达营及唐营附所部,并团队压迫,由大垭口溃窜恒丰乡。微(五)日窜高县、滩场、老王场,鱼(六)日窜长宁花滩桥附近之罗坪,与达旅周营激战。未刻以一部向长宁桥进扰。申刻周营追至,"匪"向桃坪方向溃窜。灰(十)日抵古宋之车场。该"匪"沿途劫掠,人数仅四五百人。

(录自中共四川省委党史工作委员会主编《土地革命战争时期四川党领导的武装斗争(下)》,四川大学出版社1987年版,第412~413页)

# 四川省第六区专署"围剿"红军游击队报告

## 1935 年 10 月下旬

呈"剿匪"总部,为转呈珙县"投诚""赤匪"杨仁生、安永古二名,可否准予"自新"后发给资证,护送回籍,请予核示。训令长宁兴文,为奉令转。据探报阚姓女"匪"肆扰各情。令饬该县从速"剿"办,勿任滋漫〔蔓〕。

呈省府,为审讯余"匪"泽鸿之胞叔余春凯在长宁活动,担任"赤匪"情报情形。

准七日专署密函。据投诚"赤匪"王逸涛王克仇弟兄供称,长宁保安大队附〔副〕袁虹桥暗通余"匪",并约有联络记号,等语。当经电呈省府,奉命撤职扣办。现已遵令逮捕来部,刻正审讯中。

奉"剿匪"总部电,转奉委座号(二十号)电准委王逸涛为川南招抚特派员,通令各县知办。

"清共"委员会奉令撤销。所有职务,归并县政府办理。

(录自四川省档案馆编《红军长征过四川》资料第 16 卷,第 1786～1787 页)

## 驻黔绥署代电报告余泽鸿部在毕大活动（节录）

1935 年 10 月 24 日

吴主席，冯处长：

综合最近黔境散"匪"情报。（一）略。（二）"共匪"余泽鸿率人枪八九百，由云南镇雄窜入毕节境内，删（十五）日经燕子口至亮岩，铣（十六）晨续向水田坝、普宜方向窜去，巧日抵普宜，皓（十九）日向瓢儿井方向前进。现饬（23）师工兵营于巧（十八日）开大定，协同刘团部，由刘团长指挥，于号（二十）日向瓢儿井前进觅"剿"。

职柳善。敬未筑参谋印

（录自贵州档案馆编《红军转战贵州——旧政权档案文件选编》，贵州人民出版社 1984 年版，第 485 页）

# 黔西代电　呈报堵击余泽鸿部情形

1935 年 10 月 30 日

贵州民政厅长曹钧鉴：

余泽鸿股"匪"由川窜黔，职早有所闻，业饬沿边各区乡严为防备，并增筑碉楼以资防御。正赶筑间，据报余"匪"率众七八百人，于梗（二十三）日由毕节窜入本县第八区翠华乡，当即迅调各区团队驰往堵截，并电请第二十七军派队协击。后复据报，该翠华乡乡长率领壮丁队竭力御"匪"，因众寡不敌，退守岩边待援，该乡遂被"匪"攻入。正危急之际，由军部工兵营到达，在契默沟击毙该股"匪"数十名，俘获颇多。"匪"向清水塘逃窜。有（二十五）日，复由清水塘经九昌坝逃向大定县属毛坝场而去。由军部刘团长率队跟追。等情。除仍饬各团队严密防范外，谨此电陈。

职林雁峰叩。陷印

附：省府民政厅复电

民国二十四年十一月九日

黔西林县长：

陷代电悉。查此案昨准绥署函在。"共匪"余泽鸿残股，有晨由清水塘经九昌坝向仁怀属毛坝与古蔺边界一带流窜，李师刘团正衔尾"追剿"，已电上官指挥，饬驻仁怀王团速与川境军团联络协力堵"剿"，等电。经电大定、仁怀两县饬团"协剿"在案。合行电仰该县长，遵即严饬团队认真搜击，并飞咨邻封，协力堵"剿"，务期歼灭，以靖地方。近情仍仰续报。

民政厅长曹经源。佳印

（录自贵州省档案馆编《红军转战贵州——旧政权档案史料选编》，贵州人民出版社 1984 年版，第 484～485 页）

## 部署"剿灭"川滇黔边区游击纵队建立根据地计划

1935 年 10 月 30 日

县长仁兄：

政阁同舟共济，借著贤劳远企，崇封时钦伟绩。值此"剿匪"军事顿趋紧张，各县汲汲办团，固在谋地方之自卫，亦即所以补助前线。惟关于军民间之相因为用者，必须统筹兼顾，始能趋于一致用策进行。民团总部之设胥基于此。镛以政席谬兼总务，维棉（绵）力之未逮。端赖众擎而易举，所幸各方同仁当所建白。镛亦来自田间，凡地方疾苦及一切困难靡不深悉，故此次总部□总指挥郭奉委就职以来，各项计划业已具体规定，惟待逐步具体实施，将来成效如何正有待于部内同人及各县贤有司之一致努力也。第二暂行团务实施办法缘本军改进团务方案系遵。督座意旨，试行寓兵于团，以确立民兵制度之基础。造端宏大，筹备需时，拟相当时间开昭着手。现已冬防在迩，赤焰犹炽，在新案未经确立实施以前，对于旧有团务办法不可遇事更张，只能切实督饬令力求，方能造成有组织的真正民众武力。实军民合作，共平大难，则萧（克）"匪"西串〔窜〕，其目的在与贺（龙）"匪"合股，佔踞〔占据〕川黔为根据地，并由陕甘、新疆打通国际路线，与第三国际之苏俄取得联络。此种阴谋，危害极大。本军驻防于川东南一带，适当川黔要冲，所有戍区各县团队亟应切实编练，事先预防，以免匪计得逞。更据国际情势观察，一九三六〔1936〕年世界二次大战即将爆发。目前，各国军备皆在积极扩张。惟吾国国防尚少设备。外侮日亟，内乱频仍。吾人处在今日，非安内固无以攘外，尤须集中全国力量及时消灭"共匪"无以救亡。若迟延日久，"共匪"犹未肃清，恐吾国纵不罹于赤化，亦为外人所宰割矣。故必须在最近期内努力奋斗，将"共匪"荡平，积极改革兵制，充实国防，全力以应对未来之大难。俾散漫之民众得受军事政治之组织训练，乃能争得吾民族永久之生存。

督座对于以上诸点均有深切认识，且下最大决心，故民团总部之组织认为刻不容缓，计自画暂行团务实施办法，曾经再三斟酌，既不敢徒发狂热，致涉夸大，转增民累，亦不便遇事紧缩，使其束手，难于设施。所有各项计划，行将次第公布。弟恐公文到达先后不一，各方或未周知其详，抑因各县环境不同，所拟容有未尽适合之处，特先择要布达，以供参考。〔第一〕民团总部成立宗旨：此次本军设立民团总指挥部，系为应对时势急需，良以"剿匪"延期，赤祸横流，若欲早告肃清，自非民众全体动员不可，亟须有一较高独立机关负责统筹民团编练计划,彻底酌加改进。一面为实行新制之准备,一面为维持过度之企图。爰由镛(甘绩镛)酌拟暂行团务实施办法,商同督练处签请督座暨总指挥核准。办法原签□长,特为择要抄附诸惟炻〔台〕察。尚望贤有司相与宏济时艰,鼎力推行,务使一般绅民共凛大义,通力合作,则浮玄自无由而起,反动亦无隙可乘,而地方当可达到目的矣。其各县因时因地斟酌人力财力及特殊情形,必须有所损益者,并盼发抒佛见,以凭商榷而竞成功。无任企〔祈〕祷,专此奉达,即颂政安。

弟甘绩镛　再拜

(民国二十四年)十月卅日

外附通函及办法一份 便转致团务副委员长为荷

(录自叙永县有关团防经费、枪械、协防入境红军公函。叙永县档案馆民国叙永县团务委员会档案,全宗号 6,目录号 1,案卷号 43)

## 四川省第六区专署"围剿"红军游击队报告

二十四年十一月上旬　周化成司令获送"共匪"伪参谋长陈宏,奉行营电准,予东(一)日处决。

（录自四川省档案馆编《红军长征过四川》资料第 16 卷,第 1787 页）

# 云南民政厅训令

1935 年 11 月 7 日

云南民政厅训令　字第 2285 号

令镇雄县县长杨国珍

案奉总司令部发下。据该县长呈报,该县第八区被"共匪"窜入,损失公款,焚毁公碉,并彭寿乡乡长彭玉成,遇害各情。祈备案抚恤,令送一案交厅核办。查所呈该第八区被"共匪"窜入,焚毁梯子脚、头道河两处公碉各一座。既据查明属实,应准备案。仍应督饬该区长赶速设法修复,以资防卫,至损失亩罚现金一百四十六元,既该经该县长分呈禁烟局核办。并将彭乡长从优给恤各情,办理尚无不合,应予备查。合行令仰该县长即便遵照。

此令。

厅长　丁兆冠

民国二十四年十一月七日收到

令第八区新归区长,分别遵照,并由新区长迅将公碉修复报批。

(录自云南省昭通市镇雄县委党史征集研究室编《红旗卷起农奴戟》,1991 年印行,518)

# 四川省第六区保安司令部指令

1935 年 11 月 7 日

二十四年保字第 198 号

令长宁县长李鸣和

呈一件为遵令撤职扣留押交保安大队附〔副〕袁虹桥。并据情特请鉴核一案由。呈心附件均悉。所称各节,尚属实情。查该袁虹桥前经"反共""投诚"之王逸涛弟兄所举发,仰候调王逸涛之弟克仇来部质讯。再行核夺。此令

兼司令　冷

中华民国廿四年十一月七日

（录自《中国工农红军川滇黔边区游击纵队斗争史》编写组编《中国工农红军川滇黔边区游击纵队斗争史(副本)·下册》,1985 年印行,8—27）

# 贵州省府民政厅复电

1935 年 11 月 9 日

黔西林县长：

陷代电悉。查此案昨准绥署函在。其"匪"余泽鸿残股，有晨由清水塘经九昌坝向仁怀属毛坝与古蔺边区一带流窜，李师刘团正御〔唧，衔〕尾"追剿"，等电。经电大定、仁怀两县饬团队协"剿"在案。合行电仰该县长，遵即严饬团队认真搜击，并飞咨邻封协力堵"剿"，务期歼灭，以靖地方。近情仍仰续报。

民政厅长曹经源　请印

（录自贵州省档案馆档案；《中国工农红军川滇黔边区游击纵队斗争史》编写组编《中国工农红军川滇黔边区游击纵队斗争史（副本）·下册》，1985 年印行，4—79）

## 驻黔绥靖公署代电(告王逸涛部正肃清中)

1935 年 11 月 14 日

贵府省字第一四七二公函暨齐秘一代电先后奉悉。查窜扰小河一带之王逸涛残"匪",迭被痛"剿",残余无几,刻正饬附近军团彻底肃清中……特达。

薛岳。寒未参战印

(录自贵州省档案馆编《红军转战贵州——旧政权档案史料选编》,贵州人民出版社 1984 年版,第 485～486 页)

## 驻黔绥署代电(转报余泽鸿部组织情形)

1935 年 11 月 16 日

贵阳。

吴主席、黔西李指挥官:

顷据郝军长梦龄佳辰代电称:据职师孔旅长转据仁怀王团长报告,职团陈中营"追剿"余泽鸿"匪",所擒"匪"中队长宋继元供称,本人(宋自称)系山东济宁人,曾充孙连仲部二十六军排长,此股"匪"系川滇黔游击队,司令员是刘干臣,安徽人,年约二十余;政委余泽鸿,四川兴文洪东〔红硐〕场人,年约三十岁;参谋长姓刘,不知其名。该"匪"部原有四百余人,枪三百支,马枪三十余支,手枪五十支,子弹共二千粒,冲锋(枪)二支,子弹二百粒;手提式枪四支;子弹很少;步马枪每支子弹五十粒;分为两支队,第一支队此次被各军击溃,第二支队亦受相当损失;等语。转报刘师。查该"匪"所供,多关"匪"部实力及组织,除将该"匪"组织列表附呈外,谨电奉闻。附呈"匪"股组织表一纸等情。据此特将该"匪"组织表附抄转达,即希查照为盼。

薛岳。铣辰筑参谋印

附:余泽鸿股"匪"组织表:

川滇黔游击队司令部暗号(江西)

工作团八人(担任征发给养)

肃反委员会之外有宣传员四人

侦察班二十人(担任侦察由参谋一人指挥)

通信班十二人(任传达)

司令员一人

政委一人

参谋二人

管理主任一人钟五陶(被三区俘获已令三区解送来部)

支队部

支队长一人

政委一人

文书员

通信班

第一支队暗号（北京）

第一大队（山东）

第三大队（东京）

第二支队（南京）

第四大队（湖南）

第六大队（开封）

大队部

卫生员一人

大队长一人

指导员一人

文书一人

通信员二人

（录自贵州省档案馆编《红军转战贵州——旧政权档案史料选编》，贵州人民出版社 1984 年版，第 486～487 页）

## 驻黔绥署代电　综合黔境最近情报

1935 年 11 月 20 日

贵阳吴主席、郭指挥官、冯保安处长：

　　综合黔省最近情报。（一）余"匪"泽鸿率残部百余人，由麻子梗渡河窜至花秋坝，被我 54D① 陈中营蹑尾痛击，向放牛坪方向窜去，追至沙鸡塘，又予击溃，"匪"向二里塘、白路岗，有经赤水回龙场、二郎滩窜回古蔺之样。我陈洪杰营蒸日经大渡滩、白路岗至两河口与陈中营会合后，"匪"闻风向核桃坝方向窜去……特达。

薛岳　哿午筑参谍印

　　（录自贵州省档案馆编《红军转战贵州——旧政权档案史料选编》，贵州人民出版社 1984 年版，第 486 页）

---

① D，师的英文缩写。54D 即第 54 师。

## 驻黔绥靖公署快邮代电——为综合黔境最近情报由（节录）

1935 年 11 月 21 日

贵阳。

吴主席、郭指挥官、冯保安处长：

密。综合黔省最近情报：（一）余"匪"泽鸿率残部百余人由麻子梗渡河窜至花秋坝被我 54D 陈中营蹑尾痛击向放牛坪方向窜去，追至沙溪塘又予击溃，"匪"向二里塘（场）白路岗，有经赤水、回龙场、二滩窜回古蔺之样。我陈洪杰营蒸（十）日经大渡滩白路岗至两河口与陈中营会合后，"匪"闻风向核桃坝方向窜去。

（录自贵州省档案馆第 01～45 卷。《中国工农红军川滇黔边区游击纵队斗争史》编写组编《中国工农红军川滇黔边区游击纵队斗争史（副本）·下册》，1985 年印行，4—88）

# 驻黔绥靖公署快邮代电——为综合黔境散"匪"情报由(节录)

## 1935 年 11 月 24 日

吴主席、冯处长:

密。综合最近黔境散匪情报:(一)……(二)"共匪"余泽鸿率人枪八九百由云南镇雄窜入毕节境内,删(十五)日经燕子口至亮岩(十六日),晨续向水日坝普泥方向窜去,巧(十八)日抵普泥,皓(十九)日向瓢儿井方向前进。现饬(二十三)日师工兵营于巧(十八)日开大定,协同刘团一部,由刘团长指挥,于巧(二十)日向瓢儿井方向前进觅"剿"。(三)……

柳普敬(二十四)。未筑参谋

(录自贵州省档案馆档案第 01—45 卷。《中国工农红军川滇黔边区游击纵队斗争史》编写组编《中国工农红军川滇黔边区游击纵队斗争史(副本)·下册》,1985 年印行,4—87~88)

## 贵州省政府民政厅视察员田东屏由威宁呈报席、犹、曹接触情况

1935 年 12 月 8 日

厅长钧鉴

　　密。呈者职在赫章分县,曾闻犹禹九潜过赫境,当时未证实,故未呈报。迨职抵威宁,据该县保安队中队长罗足斋向职称,谓于上月初由毕节入威时,过威属乌蒙铺,正向水坡前进,适犹禹九由滇潜返,席大明"匪首"率"匪"众数十在乌蒙铺迎接。该罗足斋与犹幸有一面之缘,免遭扣留。推计时日,职托钧福已先一日过乌蒙铺赶至赫章矣!犹约曹天全在毕大交界之阴底晤面,访罗足斋亲睹犹、席商定路线,又证之。曹"匪"在小兔场带久盘不去,是则犹、曹、席早有相当之计划,且王逸涛"共匪"窜扰赫章时,曾派参谋留训席之匪众,似此情形,职觉关系甚大,有飞呈钧座之必要。除一再电呈外,谨此详呈。至职在威宁亲睹土豪之跋扈,人民受层层之压榨,痛苦太深,拟分别宣慰。在威属石门坎苗民数万,内地会势力甚大,组织严密,文化侵略似已露骨,甚至资送苗民留学外洋,并许二十年后苗民能胜过中国人,该苗民男女亦刻苦自励。职即往详查,不但可搜集苗民材料,且楞为治理全省苗民之借镜也。职连在此间召集男女学生,保甲编查员,暨城内外旧乡镇闾邻长,分别代表钧座训话,并宣扬政府之意旨。职俟威宁工作毕即驰赴水城,谨遵钧命办理。余均分别另文呈报。肃此谨呈。

职田东屏谨呈

　　附一:贵州省政府密函(告席、犹、曹接触情况)

迳〔敬〕启者:

　　民政厅案呈,本年十二月八日据该厅视察员田东屏密呈,在赫章分县曾闻犹禹九潜过赫境,因未证实故未呈报。迨抵威宁,据该县保安队中队长罗足斋面称,上月初犹禹九由滇潜返,席大明"匪首"率"匪"众数十在威属乌蒙铺迎接,犹约曹天全在毕、大交界之阴底晤面,该罗足斋亲睹犹、席商定路线,又证之。曹"匪"在小兔场一带久盘不去,可知该犹、曹、席三"匪"早确相当之计划。且王逸涛"共匪"窜扰赫章时,曾派参谋留训席之"匪"众;等情一案,除密电毕、大两县饬属注意严防外,相应函请贵署查照迅饬驻军严密注意为荷。此致

驻黔绥靖公署

民国二十四年十二月十九日

　　(录自贵州省档案馆编《红军转战贵州——旧政权档案史料选编》,贵州人民出版社 1984 年版,第 488~489 页)

# 吴忠信电谢龙云承告共军游击队活动详情

## 1935 年 12 月 9 日

贵阳发昆明。

龙主席志舟兄勋鉴：

　　虞谋电悉。承示王、余、席等"共匪"窜扰详情，已转令毕节莫专员饬属认真击"剿"，并转绥署转驻驻军一体协击矣。特复。

弟吴忠信。佳秘一印

　　（录自贵州省档案馆编《红军转战贵州——旧政权档案史料选编》，贵州人民出版社 1984 年版，第 487 页）

## 电复冷区司令为击毙余"匪"泽鸿请分别给奖冉崇亮等准如所请办理并饬督率团队搜捕"残孽"以绝根株

宜宾冷区司令鉴：

巧电悉。该县长冉崇亮保安大队附〔副〕李品三中队长黄瑞卿等，赴机敏捷，克歼渠魁，殊深嘉慰，着先行传谕嘉奖，俟专案呈报到府，再行照章分别议叙，仍仰督饬所属团队，认真搜捕"残孽"，以绝根株为要。

刘湘敬（二十四日）

省保印

附冷区司令原电

委员长蒋，主任顾主席刘总司令钧鉴：

余"匪"泽洪〔鸿〕回窜江长兴及古安各边境，早经职飞令江长兴各县长派队助军协"剿"，篠日出巡到江安，据县长冉崇亮报称，遵令飞调大队附〔副〕李品三由南井驰往助"剿"，顷据该大队附〔副〕电话称删日督同中队长黄瑞卿率部驰赴江安古宋间之碗厂击余"匪"时，该匪只剩残部数十人，立即"围剿"，当经击毙十余人，不知有余"匪"在内，次日"匪"部军医江西人张作弼携手枪一枝来归，报告余"匪"业被击毙，复往搜索，获得余"匪"尸首等语，当饬解送来城，于本晨解到，经查看不虚，恳请查验以便拍照具呈等情，经职询后，当场查看，民众均称属实，谕即拍照，除饬再行严密"清剿"余"匪"并加紧清查户口整顿团队务绝根株及俟专案报到再分别附呈照片外，查余"匪"扰乱属区，迭陷重镇，时劳廑系，今幸伏诛，足除巨患，所有江安县长冉崇亮保安大队附〔副〕李品三中队长黄瑞卿赴机敏捷，克完任务，拟请分别给奖，以资鼓励，谨先电呈，伏候训示。

专员冷薰南叩巧印

（录自《四川保安季刊》民国二十五年第 1 期，公牍第 90～91 页）

# 镇雄县政府关于红军经过镇雄及游击队在镇雄活动的报告

## 1935 年

敬复者,国家不幸,"共匪"猖獗,卷土西窜,有如洪水。镇雄僻处滇边,东西接壤黔西,东北毗川南,"匪"若图川南渡江,则镇雄为必经之路。幸事前得官长力筹防御,临时复蒙大军临"剿",致县城得以保全,"匪"复回窜出境,所经边地,虽遭蹂躏,受创尚浅,易于弥缝。兹承垂询,拟搜编记,用意良深,计期垂世,无限钦佩,兹将当时敝县受灾实情,依照条询,逐为详复,以备采择,并希赐正,不胜称谢,恭颂先生文祉。

自"匪"由赣西窜时,镇雄县长卸,现任的杨公聘君以滇西大理县籍,曾任一〇一师部副官军需处长及彝良、大关、祥云、宾川等县长。固久历戎政,富有军事经验,当以镇雄为滇东门户,"匪"势西来,稍一不慎,影响全滇,乃将常备大队扩充名额,督率队长许绍伯,竭力训练,布置城防。独立营长陇公承尧以该营所部第一、二连分驻威信,第三、四连择驻川黔交界之要隘水田寨以扼边防。然兵单地阔,分布难周,复亲历各区,督率区长、镇长编联保甲,挑抽壮丁,各区组织保卫团一队,各驻要口,使其互相联络。此事前整顿团务之情也。

镇雄为山干的地区,沿边多有要隘(于是亲率领区乡镇长,亲自考查地形,于险要大小路口之总枢,从事碉堡工作)。县城亦四山环绕,东西北三面均能俯视城中,为易攻而不易守之地,乃于四城之周,修筑炮楼七座,环城并绕筑背墙,复于北关外之上街东关之凤岭修筑石碉二座,西关外之大堰塘建筑土碉二座,使内外相依策应。复于东北乌峰山顶黄莺坳建筑瞭望哨棚,将所有常备队,保卫团分配驻守。复率各区乡长亲临边地,考查地势之险要、大小之道路,从事碉堡工作,于县南与黔属威宁接界之第八区之梯子岩、彭家寨、石笋营及第一区常德乡之排路口、煤灰包,结乐乡之杨梅山、马鞍山,孝感乡之马综岭、关丫口、模沙夏,东南与毕节交界之第二区之二龙关、关门山及第三区之黑树庄、母享玻璃坳,县东与川属古蔺接界之第三区之白车,第四区之大关口,五区之四里坡、黄水河,第六区之罗坎关要隘口均各建石碉一座。其有民间私碉,若适合军事之用者,亦稍加修改。至各区道途非商旅行大路,均按图计划,责令各区乡长或为之塞阻,或为之炸断。镇雄山岩之中,每多石洞,佳成天险,令由人民自行联合修理。故"匪"窜至叙永时,即令各区所有区仓积谷及民间粮谷,除日常需用外,其余均令运存碉堡山洞,所有保管之法，出入之数，全由各区乡遴员负责登记，以免事后混乱。老弱妇孺亦准迁入洞中，而免"匪"剽劫。既无资"匪"用之虑，且能顾战时军民之食。此事前碉堡工作也。

镇雄山岭崎岖，交通不便，消息迟滞，保无遗误，呈请设无线电台一座于城中文庙内，改设邮政代寄为局，以灵通消息。且秘密多派探员，直达川黔有"匪"之处，侦查〔察〕"匪"踪，随时飞报。城镇之旅店宿客，路途之往来行旅，责令公安乡镇随时盘诘检查，逐日登记，以防混迹暴动，潜踪煽惑人民，亦互为稽查，无时疏懈。又恐人民之惊慌无措，无知盲从也，乃组织宣传队，编辑讲义标语，分区四出，晓以大义，谕以利害。故"匪"虽窜入边境，民虽多穷无知，然被诱惑协说者，百无一二。此事前力求消息预防奸宄之情形也。

"共匪"由黔溃至川南古蔺、古宋，即分三路窜入，除一路由古蔺之营盘山分水岭至双河场而达威信县治之扎西不述外，东路于2月□日由古蔺之石厢子、炭厂而入镇第四区之水田寨。当"匪"初到时，驻防之独立营三、四两连即在后山堵"剿"。殊"匪"大队陆续纷来，不下万余，连长张思齐、彭兴周以"匪"势浩大，众寡悬殊，乃退入碉内。"匪"将碉包围，忽而火力猛攻，忽而甘言利诱，然官兵均坚忍死守，一面飞报请援，一面随时还击，连日围攻不下（该"匪"即抽换包围，以后队到达围后，前队撤走），乃撤向石坎子、院子一带前进威信，或化零分窜第三区，张彭两连始得脱险，退守坡头，与派援之第一连相合。而"匪"之部，又适窜至于敷烟林接触，作战不久，"匪"仍退回。当"匪"由水田寨前进威信时，第四区之区副陇体庸、乡长李鸿江等率领民团，于"匪"经之石坎子、花朗坝、院子一带，或明截，或伏击，然终"匪"势甚大，团力薄弱，不能久抗。幸皆土著民团熟悉道路，未被包围，无甚伤亡。

北路由古宋经珙县之洛亥、王场，于2月△日而入镇第五区之四里坡、黄水河时，该处为县常备团队第二中队周光汉驻守，以"匪"势为蜂拥，众寡不敌，乃节节退守，飞报请示。而"匪"即由黄水河经观音坡、灵鸠镇直达雨河镇步哨，进至第九区之两路口，势将窜扰县城，当飞令该中队、第九区长李顺荣，并遣余登鲁率第一区民团会同扼守三滴水之要隘以待大军。当"匪"窜入四、五区时，我滇军之第二旅长安恩溥即由毕节取道第三区之黑树庄、母享进驻四区之大湾，相机"进剿"。及知"匪"将由雨河窜镇，乃复退至九区之芒部镇，欲以迎头痛击。而水田寨窜入之"匪"之一部即乘势窜扰大湾镇，殊我滇军之五旅鲁公子泉亦由毕节赶至，其先头之设营部队适与"匪"遭遇于大湾镇街口,猛烈激战,匪多伤亡,仍向威信溃逃,我军仅阵亡军士一名。两路口、雨河镇之匪知我大军已至,即于2月□日退去威信石坎子,院子一带之"匪"亦渐退出川境。我二旅乃由雨河镇左侧之柱山、大塘口进至果乐乡、灵鸠镇,一以防"匪"折回西窜,一以会师五七旅而取包围威信。此次自"匪"窜入至处境仅只七日,盖一幸大军之"进剿"甚速,一幸防务之预前筹划,故所扰之区,富户之被掳烧杀者不过数家,惟粮谷一项,无山洞之处,或存于碉内,或未搬运者,因"匪"到时人民逃避,多遭损失,计值约三万余元。此军团临时截"剿"之情形也。

该"匪"自退出镇威回窜川滇,留存匪王逸涛一部于古蔺、古宋边境,勾结土匪,随时由川洛表、王场窜入黄水河,扰我五区之三口塘、果乐乡、灵鸠镇、白香坪一带。经镇彝威独立营随时追剿,又复窜出古蔺之营盘山、石厢子折入四区之水田寨。陇营长仍然于此设伏痛剿,匪受创甚重,即溃窜第三区之母享黑树庄而至毕节之吴家屯,距镇城仅五十里。当飞令第二团队堵截二龙关,城中则躬亲率队戒严城守。时独立营一、二连长朱德声、宋杰伍〔武〕跟踪追剿,恐窜扰县城,即取道二区之白鸟四镇,以固城防。适我二旅第四团之营王营长亦率队由昭赶至,即分道由区之鱼乐乡、孝感乡,欲抄围兜"剿"。殊该"匪"由吴家屯上窜威宁县之赫章至财神堂,复窜入第八区之梯子脚、彭家寨而至牛场坝。王营长及朱宗两连长跟踪追至于牛场坝的桥头接触。时"匪"先踞两山,我军奋勇猛冲,"匪"亡甚多,力不能支,乃溃向一区之银厂坝、铁厂沟、尖山子,经九区之松林、七道河、木卓、黄水至六区而窜出川境。此股匪回窜川黔,残余骚扰之情形也。

镇自"匪"窜入为日不久,且仅乃边境,大军即临,人民之被烧掳买者不过数户,故自退后,一切建设随即恢复。粮谷虽遭蹂躏,然因年丰岁熟,尚无荒象,无济赈的必要,故仅令各区酌量调济,惟于团务竭力整顿。其如盐卤、森林、编布,关系民生要政者,亦力筹举办,以厚民生而遏乱源。此事后筹划之情形也。

以上各条均照当日事实详复,尚希指导为祷。

镇雄县长　杨

(录自云南省昭通市镇雄县委党史研究室编《红旗卷起农奴戟》,1991年印行,第490~493页)

# 筠连县第二区区署呈报奉发侦探费数目单

1936 年 2 月 24 日

呈为呈报奉办"防共"善后办法认真户口清查情形呈请鉴核备查事。二十四年十二月九日奉钧府秘字第一六八号训令开:案准陈师长俭电开:查余"匪"泽鸿经本部指挥达穆周三部"围剿"迭获胜利一案除原文邀免全录外后开:令仰该区长即便遵上办理,免致散"匪"匿迹境内扰乱治安,仍将遵办情形随时具报备查为要。此令。等因奉此。职遵即令饬各镇乡长并转所属保甲一体遵照。从户口方面认真搜查务绝根除,毋使残匪潜入各处地方,并派员随时宣传,避免该地土民"赤化"为"匪"利用。所有遵办情形理合具文呈报钧府鉴核备查并候。

遵会谨呈

筠连县县长罗

第二区区长　　郑鸿启(章)

| 侦探姓名 | 人数 | 事由 | 出发日期 | 到达地点 | 回报日期 | 共计天数 | 实支数目 | 备考 |
|---|---|---|---|---|---|---|---|---|
| 陈来惠 | 1人 | 侦查有无"匪共"区署初成特派往边境 | 二十四年十一月二十八日 | 镇洲落木柔一带 | 十二月二日 | 六天 | 一点八〇 | 大洋三角每人每天 |
| 曾炳忠 | 1人 | 同上 | 同上 | 洛木祥、蒿坝、烂泥坡等处 | 同上 | 六天 | 一点八〇 | |
| 薛家远 | 1人 | 因余"匪"泽鸿窜扰 | 十二月十五日 | 王场、黄水河各地 | 十二月廿一日 | 七天 | 二点一〇 | |
| 周光祥 | 1人 | 同上 | 同上 | 上罗、建武、洛亥 | 十二月二十四日 | 六天 | 一点八〇 | |
| 黄海廷 | 1人 | 同上 | 同上 | 洛表方面 | 十二月十九日 | 五天 | 一点五〇 | |

续表

| 侦探姓名 | 人数 | 事由 | 出发日期 | 到达地点 | 回报日期 | 共计天数 | 实支数目 | 备考 |
|---|---|---|---|---|---|---|---|---|
| 郝忠兴 | 1人 | 侦查陈明芬、殷骡子等"匪" | 廿五年一月七日 | 洛表 | 一月十日 | 四天 | 一点二〇 | |
| 唐兆三 | 1人 | 同上 | 同上 | 王场方面 | 一月十三日 | 七天 | 二点一〇 | |
| 詹益顺 | 1人 | 同上 | 同上 | 黄水河前方 | 一月十四日 | 八天 | 二点四〇 | |
| 李世昌 | 1人 | 因肖贺西窜 | 廿五年二月八日 | 长官司牛街 | 二月十八日 | 十一日 | 六点六〇 | |
| 合计 | | | | | | | 二一点三〇 | |

事由　呈为表报奉发侦探费数目呈请鉴核备查一案

拟办　呈表均悉准予备查此令表存

廿五、二、二四（章）

批示

备考

呈为表报奉侦探费数目,呈请鉴核备查事。窃查本区僻处边徼〔,〕山势险峻,匪共出没时有所闻。职署自成立以来即派侦探侦察〔查〕。迄今甫历三月,如余"匪"泽鸿、陈"匪"明芳〔芬〕以及金罗子等股相继寇边,最近又有肖〔萧〕贺窜扰之企图。人心惶恐,谣言诼滋多。尤有随时侦查以资防御是以前由。

第二区区长 郑洪启（章）

（录自四川筠连县档案局档案,全宗号1,目录号5,案卷号8,第2～3页）

# 四川省第六专署截击红军游击队报告

1936 年 1 月中旬

奉省府电,对击毙余"匪"泽鸿在事出力人员分别从优议奖,如次:

(一)第六、七两区司令冷薰南、裴钢及副司令员肖烈、雷清尘,督率有功,着各记功一次。

(二)江安县长冉崇亮,督"剿"得力,获"匪"尸身,古宋县长王致和,督队"围剿",因而毙命,着各记功一次,并给二等奖章。

(三)协同"剿办"之江安大队附〔副〕李品三,及中队长黄瑞卿、古宋壮丁队副队长张仲华,及保安队分队长,均属"剿办"得力。江安大队附〔副〕李品三着升级,并给二等奖章,保安中队长黄瑞卿,及古宋壮丁队副队长张仲华,并随同"剿匪"之保安队队长,除照后条分领奖金外,各给三等奖章。

(四)江安、古宋两县团队,各奖金一千元,由各该县县长查酌轻重,公分奖出力之保安中队长以下官兵,及壮丁队副队长以下员丁。

(五)其余协同"剿匪"各县保安队官兵,及壮丁员丁、各保甲人员,均着传令嘉奖。

(录自四川省档案馆编《红军长征过四川》资料第 16 卷,第 1790~1791 页)

# 筠连县第二区区长郑鸿启呈报纵队活动情况

1936 年 2 月 22 日

筠连县第二区区署呈

呈为呈报奉侦探费数目,呈请鉴报备查事。窃查本区僻处边□,山势险峻,"匪共"出没时有所闻,职署自成立以来即派侦查,迄今甫历三月,如余"匪"泽红〔鸿〕、陈"匪"明飞以及金罗子等股相续寇边,最近又有肖〔萧〕贺窜扰之企图,人心惶恐谣□滋多,尤应随时侦查以资防御是以前由。

第二区区长　郑鸿启(章)

中华民国二十五年二月二十二日

(录自四川筠连县档案局档案,全宗号 1,目录号 5,案卷号 8)

# 秘书处职员蔡德明报文卷损毁

1936年2月

县切结秘书处职员蔡德明今于

……历任行政各文件及刑各案卷宗于民国二十四年八月二十九日被余"匪"洪泽陷城将府内各文卷损毁……

中华民国二十五年二月　日

具切结人蔡德明（章）

（录自四川筠连县档案局档案，全宗号1，目录号5，案卷号261，第19页）

## 政务视察员黄宝轩视察兴文县、珙县日记(节录)

一九三六年三月三十日

三区蒋区长本日特到距建武四十里之炭厂访问,谓刘复初部已退出建武约十五里。据炭厂老百姓传言,刘"匪"仅有步枪二三十支、手枪五六十支,"匪"众百余人。惟内有江西人三十余人,一切计划均在江西人之手。以建武与五村相较,五村人民之受诱惑者,较建武为甚,五村反动分子,约占十之七八,建武仅居十之五六。惟程县长本日赴红洞场会议,尚未返县,想有一定之"清剿"计划也。必先将"匪"众击破,然后易言政治工作,转移人民心理,令其自新也。

一九三六年四月四日

五村第二联保,有落〔洛〕柏林者,即金绪〔金璇〕之故乡。其地居民,多属金家同族或其佃户,完全服其指挥。自金绪投身共党以后,落〔洛〕柏林居民见金家富有,且加入共产,于是相率参加,妄冀非分之利,以为从此生活解决。甚至乡间女子,亦受金绪〔金璇〕之妹金琪、金珊所诱惑,纷纷赤化。该地附近居民,既苦于捐税之繁重,保甲之剥削,平日已饱蓄解脱之思,今见共党之滋起,更乐于从命,受其宣传,是以落晒坡、小昏沟、鸭掌沟、乐家湾、水家坡、黄家坝、文家沟、老鹅寨(大多属于第二联保)一带人民,或受利诱,或被威胁,在下层社会之中,全体赤化(今之刘复初部,即以此间人民为最多)。及金绪〔金璇〕"反共",官军四面"进剿",稍知利害者,乃亦相率"反共",脱其牢笼。然而潜伏势力,仍未肃清。嗣五村虽成立二区区署,又毫无成绩表现,政治工作全未推动。迨刘复初再起,随时出没落〔洛〕柏林一带,其原有势力,不但不能减轻,愈益滋蔓燎原矣。

五村距兴文七十里,赴县必须经过大草坪。大草坪系属荒山,冈峦起伏,二十余里,竟无一户居民。近来劫杀途人于此者,已有多起。

五村居民以金、罗、雷三姓为多,次则袁姓。金姓之参加共党最著名者,有金绪〔金璇〕、金琪、金珊、金泽华(已死)、金小华、金青云之子金□及其妇女金三等。罗姓则几族参加,雷姓则有雷德馨者,现任落〔洛〕柏林分保长,赤化嫌疑极重。其族人参加者亦多。去年四月,五村上下保长均辞职。遂由艾湘泉、李少轩担任。艾湘泉遂与金绪〔金璇〕联成一气,代劳领导宣传。闾长吴伯洲亦参与赤化。五村之所以紊乱甚深者,实出于此。及金绪〔金璇〕失败,金泽华身死,刘复初等逃匿,五村上下保长又改由袁颜伯、金显漠(即金绪〔金璇〕之父)接任。袁颜伯本当地土豪,但对于治"匪"尚属得力。金显漠既不能办事,徒有虚名。于是落〔洛〕柏林之共产分子,仍暗中滋长。落〔洛〕柏林保长胡绪州身死已久,无人继任,由雷德馨充任。是以落柏林之紊乱情形,在五村又首屈一指。落晒坡距落〔洛〕柏林甚近,故落晒坡赤化亦极深,据称该两处居民,无一不是共产分子。平日内妇女割草放牛,暗中放哨,消息极为灵通。如有大兵入境,男丁即悉数藏匿,唯留妇女在家。往昔曾有团队入境搜索,发现大宅中有床榻数十具,皆铺谷草,似最近仍有人睡眠者。

至于刘复初"匪"众所至,各地民众均飞报情况,惟落〔洛〕柏林一带始终未言"匪"情,或明知道"匪"已去远,始来飞报。并闻该地有王兆周、王明清者,即负该地组织之责,约为三人一小组,五人一大组,会议事项,虽父子兄弟,亦不敢言。上月二十九日,古宋大坝驻军曾派队入落〔洛〕柏林,捕捉金子章、陈德阳、陈光前等而去,以古宋最近发现共党通信机关,正从严究办也。

大致在大草坪一带骚扰者,非刘复初即属落〔洛〕柏林匪部。二月十八日,将五村人民徐泽安在落〔洛〕柏林捉去,谓其勾结袁乡长(袁颜伯),压迫民众,以中国工农红军川滇黔边区政治部名义布告,执行枪决。金显漠家亦遭"匪"众抢劫,掳去金绪〔金璲〕之嫂。又小昏沟壮丁队队长苏海云及其兄友成,亦遭共党杀毙。最近继任队长蔡青云,又被掳去步枪,未戕其生(袁颜伯主任谓蔡青云有通共嫌疑,正查办中)。十昏闾长戴银洲家,又亦受抢劫。送飞报之张永和在大草坪地方被杀。其复杂情形,有如此者。

……小昏沟之吴银章、刘鼎明、刘子云、罗万国等,现在刘"匪"部下,均有悍名。

试以建武与五村相较,建武但有武力震慑,即可平静无事,五村则民众赤化,深入农村,组织严密,不易消灭。但宜从速"剿灭"刘匪,断其声援,然后将其领导人员,分别严办或发交感化院感化;一面极力宣传"赤匪"罪恶,从新〔重新〕组织保甲,将外地民众勒令散迁各乡,交保甲长严加看管,庶可以消隐患而绝乱源。若再迟延,事态将愈形扩大,不易收拾矣。

一九三六年四月七日

龙安场附近合麻沟,接连大草坪山脉,居民袁兴顺飞报"共匪"驻其家中,遂由龙安场别动队工作人员郑君璧、杨艾年、赵寿春三人,率同壮丁六十名,亲往袭击,"匪"众约百人,服装整齐,应战沉着,最初伪退,及壮丁追击,乃又反攻,相距甚近,壮丁开枪,每患不响。别动队员奋力应战,渐次后退,曾以快慢机手枪击伤穿大衣、戴呢帽之"匪徒"一人、班长一人、"匪"兵二人，均中腹部，伤势甚重。"匪"以袁兴顺泄漏消息，遂将其子袁正明枪杀。穿大衣之"匪"，闻居民云"匪"皆呼之为司令官，然又非刘复初，似刘复初尚须受其支配。查刘"匪"部内，有江西人二三十员，为之指挥一切。受伤者殆即赣人？

一九三六年四月十一日

早餐后离县就道，县府一科李科长来信，前晚入夜轻装赴龙安场，昨日入大草坪、落〔洛〕柏林清查"匪党"，乘其不备，捕获与共党充当通信机关之艾湘泉及嫌疑犯数人。过去金绪〔金璇〕宣传共产，艾湘泉即为之爪牙，兹复在落〔洛〕柏林教书，与"匪"工作，实属罪不容诛。又有雷双发者，正待设法捉拿。惟李科长当不知落〔洛〕柏柏林犹负责组织民众之人，乃告以王明清、王光南之名，遂返长宁。

一九三六年四月十九日

最近，刘复初股"匪"窜至上罗附近十余里之地，掳去富绅王雨林、王绍槐及其佣工袁辅成、罗绍章等四人。上罗镇常练闻信往"剿"，双方开枪射击，但"匪"方人众约有八十余人，当时阵亡常练队周希秉、何泽夫二人，"匪"方亦有伤亡。因众寡不敌，乃由守率队退却，后经县府商请现在驻扎上罗场之段营及调遣保安队与各地常练会剿，"匪"乃窜退兴文县界内大石盘。

珙县重要"匪"首为田海云、陈明芬、赵文海、刘复初、黄树猷、殷驴〔骡〕子等，各拥人枪数十支至数百支不等。内中陈明芬业被二十军夏师长斗枢"招安"，尚有残余留珙来去，抢劫如故。实力雄厚者则独推田海云，该"匪"以前曾任营长、征收局长等职，回县后盘踞兴文县建武所属炭厂一带，有人枪五百余人，附近二十里内之民众均被田"匪"收买"匪"化，代田任侦探望哨勤务。炭厂有个燕子洞，内可容数千人，田即盘踞其中，作为根据地，设厂造枪，囤积粮食能食年余，不告匮乏，洞外地势甚险，并有碉楼可资防守，若遇大军"围剿"即退守洞中，"匪"众较多，短期不易攻入。刘、黄、赵、殷诸"匪"均在卵翼之下，互通声气，借人借枪，坐地分肥。该"匪"不除，诚珙、长、兴三县人民之大患也。前日军团"围剿"刘"匪"复初时，曾在火线上遇一面生可疑之人，阻拦搜查，该人乃取一信放入口中咬毁。当在口中搜出，其信署名人之姓名，上下为田云二字，中一字已被咬坏，该匪为田海云遣与刘复初送信之人不可知也。夏师长斗枢驻防珙县时，欲收编田"匪"，给以相当名义，利用之以扰肖〔萧〕贺，曾召田至珙县城内协商收编事宜，送彼枪弹一千发，卖与枪支若干，事未成而夏氏则移防他去。罗旅长润德继防来珙，秉承夏师长意志，复召该"匪"至县城一次,卒因该"匪"狡狯,收编之事未能成功。刘区长复谈珙县山高地险,"匪徒"易于藏踪,前次刘兆藜、田贯武两旅会同珙、长、兴等县保安队及常练壮丁"围剿"刘复初,卒未成功,被"匪"飚去。若能以所费十分之一补助地方,作为补充械弹之用,责成地方防"剿",较易成功。盖以军队虽多,地势既不熟悉,指挥又不统一,且无利害关系,观望敷衍,难于生效也。若言地方则利害既深,地形又熟,早具痛恶"匪徒"之心,故易生"剿匪"之效。如洛表、上罗、王家场等地之常练均系地方土著,在外当兵多年返乡充当常练,又曾防御朱毛,"剿"扑刘复初等股"匪"具有成绩者,因地方财力拮据,械弹极为缺乏,难收"剿匪"之效。如由政府补充,联合珙、长、兴"会剿",较易生效。刘君(指第三区区长刘家祚)到珙将及八月,且亲身参加"剿匪"数次,对于地方情形及"匪"情极为谙熟,所言不为无理也。

（录自四川省档案馆编《红军长征过四川》资料第 16 卷,第 1810～1821 页、第 1827～1830 页）

# 柳际明致吴忠信

1936 年 4 月 5 日

省政府主席吴:

职部于上月俭日举会由筑移黔,分往黔大毕三县防剿护理各任务,业日率部抵黔西。兹复奉命将旅部移住大定,除分饬所部应适防地外,约鱼日可移防完毕,自愧庸愚,谬营军旅团防,长图报恳切。刘湘骥效驰驱尚气〔乞〕赐示,资师承。临电升驰,△往主管。

柳际明,缴辰机印

二十五年四月五日

(录自毕节县贵州游击支队的资料,1984 年 9 月 20 日。《中国工农红军川滇黔边区游击纵队斗争史》编写组编《中国工农红军川滇黔边区游击纵队斗争史(副本)·下册》,1985 年印行,5—13)

## 贵州省政府、民政厅关于"驻毕防军叛变、进剿"等情况

1936 年 5 月 10 日

毕节县商会：

　　览灰电悉。驻毕防军叛变，洗劫商民，殊深恻念，除由赵专员督团严防筹办善后并转电绥署核办外，恢复……

主席吴

民政厅长曹

代民警寒印

　　（录自贵州省档案馆档案。《中国工农红军川滇黔边区游击纵队斗争史》编写组编《中国工农红军川滇黔边区游击纵队斗争史（副本）·下册》，1985 年印行，5—21）

# 二十三师保路工完成开赴黔大毕等县驻"剿"

1936 年 5 月 20 日

已奉委座令二十三师保路工完成开赴驻"剿"希查照饬望由

廿五年五月十八日　戴曾锡

驻黔西绥靖公署快邮代电

复省府毕节兵变情形之据各处报告由。

贵州省政府勋鉴：

民警寒电及抄送电文之件均奉悉驻毕节暂编五旅部队哗变各情，已选据柳旅长、赵专员及该县商会等电呈到署。当经分别电复妥办，等后详情续报，并已奉委座电令，二十三师将滇黔公路完成后全部开赴黔大毕等县驻"剿"。此案准电前情，相应电复印。希查照，饬知为荷。

代理主任刘兴铣参战。

贵州省政府民政厅稿

代电 毕节赵专员

绥署铣代电，驻毕节兵变，已奉委座令，二十三师于滇黔公路完成后，开赴大毕驻"剿"一案由。

秘书长 曹

主席 吴

民国廿五年五月廿日

（录自贵州省档案馆档案。《中国工农红军川滇黔边区游击纵队斗争史》编写组编《中国工农红军川滇黔边区游击纵队斗争史（副本）·下册》，1985 年印行，5—22）

## 毕节专署转报关于阮俊臣活动情形

1936 年 6 月 6 日

毕节发贵州。

主任刘、主席关钧鉴：

　　窃查吾毕界连滇川，迭遭变故，"土匪"众多。巨"匪"阮俊臣曾受肖〔萧〕贺伪职，近复联合"匪党"二千余，盘踞边境，扰害达数百里，被抢人民不可胜数。九九师奉令协助五旅"清剿"。孙团率队到毕，军纪严明，民众欢欣。柳旅长数经计划，于昨日全部出发"进剿"，人民方庆更生。顷闻，孙团又将调防毕大黔防务，饬由柳旅分兵驻守。"剿匪"前途，殊嫌兵力单薄，难免功可〔亏〕一篑。拟恳暂留孙团在毕协助柳旅，俾尽"剿匪"全功，以解人民倒悬。不胜迫切待命之至。

　　　　　　　　　　　毕节各界代表刘殿英等叩。急代印。

　　（录自贵州省档案馆编《红军转战贵州——旧政权档案史料选编》，贵州人民出版社 1984 年版，第 497 页）

# 柳际明电呈"追剿"阮俊臣部情形

1936 年 6 月 8 日

毕节发贵阳。

曹厅长缧蘅兄：

查黔大毕股"匪"计大小兔场、对坡、杨家湾、天山脚四处内，尤以对坡阮俊臣股，人枪五百余，并有"共匪"干部任指挥。现叛兵残余无几，似可即速扑灭，免生后患。弟部除以三营任毕大城防及大小兔场防务外，余三营职已于微日恢复对坡阮"匪"川滇黔边境高山老巢；虞日，区分左右纵队，晓刻缴枪六支。匪退滇属罗卓。本晨后跟踪追击，香坝河畔截"匪"十二、肉票一、枪一、刀四。"匪"往川滇，民团及土民继续"追剿"，以期歼灭。谨闻。

弟柳际明。庚戌机印

（录自贵州省档案馆编《红军转战贵州——旧政权档案史料选编》，贵州人民出版社 1984 年版，第 498 页）

## 柳际明电呈暂五旅与阮俊臣激战情形

1936 年 6 月 9 日

贵阳。

九九师留守处冯科长一中兄,乞转曹厅长、冯处长暨司令部师长傅:

本旅庚晚侦(悉),阮"匪"等麇集聚花拉坝、镇雄、威宁间,即趁月色行,佳巳赶到,"匪"仓卒撤至花拉坝北方大高山顽抗。职旅正面展开三连,以地形高峻险阻,再分派二连由右翼高地迂回攻击,正面配置,后防队同时突击。为时达三小时,"匪"始不支,分二股向威信方面、镇雄方面逃窜。是役,阵地遗缴获枪十二支,俘"匪"三十余,伤二名。我亦伤官长一,士兵十余。据"匪"供及葆娱乡李乡长报称:毛"匪"化名毛铁,曾带民团两排及杨家湾"匪"部,枪百八十条。又古宋"共匪"刘复初,昨夜率枪九支及女宣传员三人来会,亦一并击散。谨闻。

柳际明。佳酉机印

(录自贵州省档案馆编《红军转战贵州——旧政权档案史料选编》,贵州人民出版社 1984 年版,第 498 页)

# 柳际明电呈阮俊臣所部已退至滇川边之夔雪山

### 1936 年 6 月 13 日

五旅留守处转曹厅长、冯处长：

　　阮"匪"、毛"匪"及古宋土共刘复初等股自佳日花拉坝之役被职旅击溃后,除伤亡、溃散约二百余外,余已向滇属威信西北方川滇边地之夔雪山窜去。灰日职旅进至班马沟附近,已无踪迹。兹以当日职旅无线电发生故障,并为顾虑黔大毕整个防务关系,不便再事远出,职已于元晚赶回毕城,部队已撤至毕节西三十里之河官屯,并拟略事整理,以待后命。谨闻。

职柳际明。元戌印

　　（录自贵州省档案馆编《红军转战贵州——旧政权档案史料选编》,贵州人民出版社 1984 年版,第 498～499 页）

# 派兵进驻威信镇雄等地,限七月内彻底肃清

### 1936 年 6 月 23 日

龙总司令奉委座号(二十日)电云,席"匪"大明、毛厚平、阮俊臣、詹继高等股"匪",流窜川滇黔边区,肆行骚扰,此"剿"彼窜,军队疲于奔命,及应指派相当兵力,严行"清剿",以除后患。着龙总司令,暨许指挥官,徐师、柳师等分别派相当兵力,进驻威信镇雄等地,认真"清剿",并所派军队,均归柳旅际明统一指挥,限七月内,彻底肃清,所有"清剿"布署,由柳旅长安拟施行。

(录自昭通敌伪政治档案,全宗号 95,目录号 4,案卷号 48。云南省昭通市威信县军事志编纂委员会编《威信县军事志》,2011 年印行,354)

# 殷禄才在川滇黔边作"共党"宣传

1936 年 8 月 1 日

据报,"奸伪"分子谭进,在云南葛〔郭〕家坟一带招抚"匪首"殷骡子、张占标、曾子云等"匪部"约千余人,有机枪、迫击炮等新式武器,公开作共党宣传活动。川滇黔接壤一带,居民纷纷逃避等情。除分电云南警备总部暨有关专员查"剿"外,希即饬属"剿办"见复为荷。

川康绥靖主任公署杨州绥参口

民国三十五年八月一日

（录自董有刚主编《川滇黔边红色武装文化史料选编》,贵州人民出版社 1995 年版,第 64 页）

## 珙县县政府 1936 年 10 月 20 日报告（节录）

为报情转报底洞镇被"叛军"劫掠公私失物清册俯鉴核量予抚绥一案

窃查职县底洞镇被"叛军"劫掠去团枪，前已将"叛变"情形电呈在案。兹据第二区区长何润民呈称：

案据底洞联保主任刘惠钧呈称，为"叛军"扫劫，据实呈报。请予鉴核特请□□□以安地方事，查九月下旬余"匪"残部刘"匪"复初由滇窜扰兴珙，蒙我钧座率队攻击，孰料"匪"势猖獗，又遇浓雾，以致失利。报请上峰速派四川陆军暂编第一师第二旅第三团第三营阳营长泽湘率部来县扼守，于本月三日率部来镇驻防，以十一连驻上场口，十二连驻联保处，十连驻街中，营部即驻碉内。旋于本月七日，阳营长率队一连移驻县城，以十二连开驻上罗，以十一连卓厚光连长留守职镇，即率所部移驻职处，与本处特卫壮丁未分界限，混和〔合〕驻扎，命本处壮丁所有枪械，禁区携持出入，相处数日无异，故未提防。职因奉令到县开会，羁迟未归，殊发生意外。于本月十五日午后九时，该连士兵偶生叛变，职在县闻讯赶回，查该叛军是夜肇事之初，先派兵五名，携枪五支，籍〔藉〕求笔墨纸张，乘势入碉扼守，一面将该连蒋排长杀死，王排长砍伤，随即派队将职家庭扫掠一空，又将幼孩拉去，并诱词报匪，捆获孙队长泽九。同时，沿街警戒，吼称清查匪奸，挨户掳掠，先搜其身，继则翻箱倒柜，衣银货物，扫劫一空，拉夫负运，幸逃脱者喊团鸣枪，该辈始惊，即将孙队长及捆获壮丁等并拉向周家乡开去。窃我底镇民贫地瘠，虽有住户二十余家，勉足衣食者不足十分之二，民四五六年迭被匪劫，甚有一年劫场三次，自民八以还，人民忍痛购枪，稍得宁靖至今，历费前各团总之心力，积二十年之久始获制此枪械以资捍卫，力犹不足，尚望上峰补救。况我场界连长(宁)兴(文)，峃垭隘口，时有匪劫，而建武、炭厂股匪濒临，一旦有警，我场枪械亦可以抵御，土匪亦稍自畏。且吾镇又为县城屏蔽，兹遭不幸，枪械均被叛军全劫。倘一旦"匪"至，势必长驱入县，若此不仅我场受害莫测，即县城亦少一屏藩，若此为患，何堪设想。……

谨呈

四川省第六区行政督察专员

珙县县长刘治国(章)

计赍呈公和失物清册一份照抄原呈一份(略)

(录自《中国工农红军川滇黔边区游击纵队斗争史》编写组编《中国工农红军川滇黔边区游击纵队斗争史(副本)·下册》,1985 年印行,5—81~82)

## 训令第六区保安司令部为据该区珙县县长刘治国呈报
## 保安壮丁各队"剿击"刘复初股"匪"经过各情请予鉴核由

1936 年 12 月 3 日

(民国)二十五年十二月三日保字第二一九二九号

案据该区珙县县长刘治国二十五年十月未记日清字未列号呈件,为呈报调集保安壮丁各队出"剿"刘复初股"匪"经过各情一案前来,除以呈表均悉:"据报调集保安壮丁各部队,分左右翼进攻,该县长率队由中路督'剿',计全县动员已达十四中队以上,又复由电话请第九团令派江兴大队长李品三率两中队,长宁罗大队长率一中队由建武向周家乡夹攻,何以中路部队,到达顶棕坎山腹,与'匪'激战,损失人枪甚巨,该县长亦复负伤,左右翼及江兴长宁各部队均未到来,似此贻误戎机,仰候令饬该管区司令,查明责任所在,拟具惩处办法,呈覆核夺,所有伤亡保壮队丁,应遵规定程序,分别专案报核,壮丁队消耗子弹,准由该县保甲经费及县预备费项下酌为补充,至保安队损耗枪弹,并应由该管区司令部遵照保字第一六一二六号训令规定表式,于月终填报汇核,仰即知照,此令"等语,指令外,合行抄发原呈,令仰遵照,此令。

主席兼保安司令　刘湘

保安处处长　费东明

(录自《四川保安季刊》民国二十五年第 3 期,公牍第 43~44 页)

# 刘复初部五六百人攻进母享

### 1936 年 12 月 13 日

据县属第三区区长姜兆钦本年十一月十八日呈称

呈为呈报"共匪"抄劫,伤毙员兵请于转呈务恤"剿"捕事等:

不图十一月十二日午前十点钟,我兵正擦式〔拭〕武器间,突遭"共匪"刘复初部五六百人,三股攻进母享……约三点钟,该匪后队渐次加入,将区公所围困,水息〔泄〕不通。而所内枪弹不精,不能应手……势不可逆。职见势不可支,只得爬上神龛顶花板内藏匿,得以身免等情。谨呈

云南省民政厅厅长丁

镇雄县县长 杨国珍

中华民国二十五年十二月十三日

（录自云南省档案馆档案。《中国工农红军川滇黔边区游击纵队斗争史》编写组编《中国工农红军川滇黔边区游击纵队斗争史（副本）·下册》,1985 年印行,5—100）

# 陇营长电呈(追"剿匪"胜利)

追"剿匪"胜利,当场击毙陈、向两"匪"队长,刘"匪"负伤现逃川境兴文

绥署镇雄独立营长陇德华俭(二十八)日电称,"土匪"刘复初文(十二)日窜扰镇属母享,职与田营,由威信分道追"剿"。寒(十四)日至母享,"匪"窜黔边初都燕子口与二十军部队接触。删(十五)日电,职第一连随同田营任追击,职率二、三连基本团队任截击。筱(十七)日,在石厢子三十里陇杠地方,将"匪"击溃后,仍尾追,职辗转堵截坡头、水田寨、石坎子一带……

(录自《云南日报》1936年12月3日)

# 四川省第六区专署报告

### 1936 年 12 月

据保安第九团团长王登谷面报:前迭奉层峰电令,已督同保安壮丁各队,联合达旅薛团,梁旅阳营等,将刘"匪"复初围困于滇属安尾坝老木坎一带。该"匪"迭遭痛击,损失甚大,遂化整为零,企图窜脱。殊军团节节进逼,无隙可乘,竟于鱼(六)日由薛团陈营将该刘"匪"擒获,残"匪"数百余人,逃散潜伏,刻正严密搜捕中。

本区"匪首"刘复初,已被驻军达旅薛团生擒,解泸监禁,专署电令叙、蔺、宋三县县长督团会同军队,"清剿"残匪。

(录自云南省昭通市威信县军事志编纂委员会编《威信县军事志》,2011 年印行,357)

## 川南边区民团指挥部公函（呈请筠连县政府鉴核嘉奖"追剿""共匪"刘复初部有功人员）

### 1937 年 2 月

存卷　三·十五

民国二十六年三月十五日到

川南边区民团指挥部公函

通启：此案，查本部奉令成立"剿办"川南边区"股匪"，自民国二十五年八月以来，至今六月，中间经过"剿办""共匪"刘复初，击毙其训员龙厚生，参谋长曾春鉴，以及"追剿""土匪"首恶，格毙余强华、唐复生、杜少华、艾宗藩、艾宗清、罗世举、瞎子老横诸役，多赖叙永县黄参议树猷、古蔺县骆参议国相，同中队长骆华舟、曾子宣、何少云，与云南镇雄奉本部委任之特务大队长郑跃东，中队长郑香谷、鲍树公、胡泽宽、郑幼鱼诸君，见义勇为，协同率队，听候调遣，乃能于最短期内奏成奇绩，而使边民室家相庆，重返故园。兹属本部任务终了奉令结束期间，所有黄、骆诸君功在桑梓，保障边隅，本指挥感谢劳，未使听其湮没，除汇案保请上峰鉴核嘉奖外相应函达贵政府请钦赐备查，以后对于县籍有关人员，并希鉴尝愈恒，加以优待，毋任盼祷之至！

此致

筠连县县政府

川南边区民团指挥　孔阵云（章）

中华民国二十六年二月△日

（录自筠连县档案局档案，全宗号 1，目录号 5，案卷号 139，第 1 页）

## 高县联防办事处呈高县第三区区署
## 报巡、沐两区有刘"匪"出没情况

1937 年 3 月 30 日

等因：窃查巡沐两区常有刘、殷、陈等股，出没大雪山一带，危害地方甚巨，最近接壤滇境，大雪山之高县界海子湾一带，有股"匪"约一百余人，步枪数十支，企图不明，已会饬该联保壮丁队随时防范……

高县联防办事处主任　邱达闻（章）

副主任　吕永何（章）

（录自四川省筠连县档案局敌伪档案）

（五）报刊资料

1.《新蜀报》

## 叙永共首王逸涛　二十一军部令各县缉拿

此间二十一军部，昨训令成区各县"清共"委员会通缉"共匪"王逸涛。原文云：为令遵事，案据叙永"清共"会呈报共党王逸涛抗传拒捕一案。当经指在饬由该县长率队缉捕令案。兹据该地驻军黄团长树犹，岑县长炯昌电称，查县属两河镇"共党"王逸涛，宣传赤化，开枪拒捕，曾经呈报在案。迭经军团攻击，山深林密，现已逃遁无踪，除严饬团队搜索务获究办外，应请钧部通令成区各军、各县政府，协缉归案，以靖地方，并候指令祗遵等情前来，除电复外合亟令仰该会饬属一体严缉，务获解送归案究办一切。此令云云。

（录自《新蜀报》，民国二十四年一月五日，第三版）

# (叙永县县长)岑炯昌丢官之经过

〔叙永通讯〕自(民国)21〔二十一〕年冬川战爆发,叙永古蔺古宋三县,因与贵州赤水接壤,侯之担氏恳请刘督办划与驻防,自侯区派其直辖川南边防军部队接防叙蔺宋三县以来,所有地方局,概由侯氏自委,概不通禀刘督办,复不呈报贵州省政府,是叙蔺宋三县,竟等侯氏之私物,县长岑炯昌对于二十一军部通令"剿匪"之后方防务上应办之五家连环保,修筑碉堡,编制精选队各种要务,尤复置诸高阁。(民国二十四年)1月12日,人民闻"匪"已逼近茅台仁怀两地,叙城仅有黄树犹部队三连,恐无法保障〈,〉遂相率出走,岑当出示禁止,非有亲笔条令,不准发行。当时全城哭声震地,惨不忍闻,嗣黄树犹团长,见出走者多属官绅巨室,遂大开方便之门,只要给以军饷200元,即可得亲笔放行条令一纸。岑见黄独享利权,彼亦大开方便之门,每日除亲书放行条令而外,真无暇见客,及至9日,范子英旅全部到时,人心始觉稍安。20日晚范子英旅长在县府召集机关法团会议,而所提五家连环保各种重要事件,岑竟无言可答,当由范旅将岑办理不善各情,电呈刘总司令请示,旋奉回电撤职,并委范旅之上榜参谋长先智渊继任。

(录自《新蜀报》,民国二十四年一月三十一日)

## 《新蜀报》一九三五年三月二十五日载

[本市消息]……又刘湘总司令为早日肃清朱毛起见,又增派田钟毅旅全部,开赴川黔边境助"剿"。田旅全部已于前日由田旅长本人率领开拔前往矣。

[江安通信]县团务副委员长李品三,此次联络兴文、古宋、长宁各县团队,出击周家沟之土共王逸涛,现据李于三月二十日自长宁来电,谓王"匪"已向长珙属之铜罐溪、龙潭、烂告子一带退去,计此次出击王"匪",长宁出兵四中队,由督练长袁虹桥率领,古宋、兴文团队由兴文团务副委员长杨元成率领。江安出兵四中队,由李品三率领。江安团队到达铜罐溪附近。刻间"匪"驻龙潭,闻我军到达,已向大坪上引退。兴文团队拟从炭厂抄出界牌抄去,"匪"有向周家沟方向退走模样。(二十一日)

## 《新蜀报》一九三五年三月二十六日载

[江安通信](一)"土匪"王逸涛,近挟"匪"众数百,窜扰长宁建武周家沟一带,(二)黄团长锦章,率部取道江门,进驻兴文负责"清剿",所有各该县团队,均归其指挥调遣。(二十日)

## 《新蜀报》一九三五年三月二十七日载

　　[江安通信]县团务副委员长李品三,奉命出击王"匪"逸涛各情,曾志前讯,兹探得近情如下:(一)我县团队,现已由铜罐溪、烂告子搜索前进,"共匪"昨日退窜鼎锅山,似有仍窜建武企图,长宁县团队已回小红桥、护心场休息……

## 《新蜀报》一九三五年三月三十一日载

[江安通信]江、长、兴、古县团队及二十一军黄锦章团,出击兴文建武王逸涛,王不支退守大石盘。廿六日为四县团队及黄团总攻大石盘之期。四县团队即约同黄团之吴营施行拂晓攻击。江安李品三即亲率"剿赤"义勇第二中队长李星北及山防队长等,开始攻击上山,连抢三个阵地,复指挥长宁团队增加,又抢一个阵地及毙"匪"二十余人,伤数十人,内有伪连长一人,范姓江西人,排长一人,曾姓,身旁搜出党证、苏维埃票子,及日记诸种,夺获湖北厂造步枪二支,"匪"抛弃辎重无算,因雾大不辨方向,现王"匪"已由兴属亮窗口退窜滇边威信云。

## 陈鸣谦派队剿王"匪"残部　　陈团已过江安前进　　"匪"部流窜长宁边境

〔江安通讯〕顷据探悉,"赤匪"王逸涛前(十八)日由长宁之上罗窜至兴文之建武,但该"匪"见兴文已有相当准备,昨(十九)日复由建武窜径〔经〕簸箕峡(兴文地)回窜至长宁边界。驻泸之五师陈明谦师长据各方电报,已派该师陈团前往"进剿",本(二十)日陈团所部,道经江安之怡尔梅花镇等地。据其部中人谈,复以二营开长宁,一营开珙县,到后即合同团队聚歼"残匪"。又自团务副员长刘品三见王"匪"溃光,惟恐流窜吾县境内,本日已率手枪兵一班,出发县南乡,以便相机出"剿"。(二十日)

(录自《新蜀报》,民国二十四年五月二十四日,第二版)

## "剿匪"军两团开抵兴文　王"匪"残部闻风逃窜

[江安通信]顷据悉探,"共匪"王逸涛在兴文周家沟盘踞,二十一军五师陈万仞师长所派所部陈团,二十一军边防第四路魏甫澄司令(现驻叙永)所(部)顾家辉团,均已抵兴文,担任"进剿"。该"匪"自知不敌,业向兴文大石盘方向退去云。(二日)

(录自《新蜀报》,民国二十四年五月二十六星期日,第二版)

## 《新蜀报》民国二十四年五月二十八日载

[泸县通信]二十一军第五师师长陈鸣谦奉命开赴嘉叙前方协"剿"朱毛残"匪"。该师十四旅四十一二团已于昨二十五日开赴叙府,陈师长则于本二十六日率领四十团由泸赴叙。(二十六日)

[泸县通信]国军第三十六军周浑元部教导大队由该军第九十六师三百七十六团团长熊克禧率领到泸。……敝队系四月二十日由江西南昌出发,由汉口转轮入川到重庆,因前系奉命入黔,殊到綦江后奉蒋委员长电令,停止入黔,即日开赴叙府待命。敝队任务系担任补充及应援等项,敝队编制有十二个中队,每中队有人枪一百五十余人支。

## 《新蜀报》民国二十四年六月七日载

二十军忠丰石联团"清乡"司令周化成调防南六,有步兵八个中队、手枪一连、特务一连,明(三)日开高县后再分驻地。

## 《新蜀报》民国二十四年六月九日载

周化成由古蔺调云南,拟在高县集六县团务委员会,将采跟追与扭打主义。

## 《新蜀报》民国二十四年八月二日载

昨委先智渊为叙蔺宋纳四县"清乡"指挥。

## "匪首"王逸涛"投诚" 蒋委员长已准其自新 现住泸县将公开"反共"

[泸县来电]重庆新蜀报社鉴,年来扰乱川南六共党巨魁伪川滇黔三省游击司令王逸涛,现经本署秉承委员长行营参谋团设法招抚,于八月宥(廿六)日偕其曾任共产党伪川南区特委之胞弟元希随本署派员,离开滇边之老山,廿八日到达泸县,留居本署。考察其言论思想,认王确具"反共"决心,业代呈奉委座核准,许其公开"反共自新",即在本署从事清除"匪共"工作。此事关系川南"剿共"军事颇巨,用先撮要奉闻,希即广为发布消息为祷,详情另邮。四川第七区行政专员斐纲叩,秘书涂聘侯行支(四日)印。

[泸县通信]伪川滇黔三省游击队司令王逸涛,年来迭经军团"会剿",均未肃清,骚扰三省边区,已非一日,月前第七区专员秉承蒋、贺意旨,设法招抚,两次派员,深入王之滇边老山,宣渝〔谕〕蒋复兴中华民族之宏旨与中国国家民族之危机,及共党消灭之必要性,与其个人之利害,剀切开导,推诚招抚。王逸涛因不赞成"共匪"策略,遂下决心"投诚反共",于八月二十六日,偕乃弟元德,即(川南共党特委)离开老山,来泸隐居专署秘室,由专署代呈委座,准予"反共自新"。路经叙永,请先县长,破覆共党机关,以示义无反顾。现王除负责肃清川南"匪共"发出通电宣言外,今日午前十时在大北街电影院,演说共党之经过,及共产党中一切黑幕,听众约千人以上云(五日)。

(录自《新蜀报》,民国二十四年九月六日,第二版)

## 南六残"匪"不难歼灭　共党纷纷向"清共会"自首

[叙永通讯]王"匪"逸涛"投诚"后,川滇边境"共匪"仅三四百人,由余"匪"泽鸿率领。日来经国军穆部会同各县团队"围剿","匪"精锐损失殆尽,以至日暮途穷,不难一鼓歼灭。于是南六县之共党,处境日益困迫,纷向"清共会"自首。日前此间"清共会"郑主任雨生复据密报,于此间东街破获一共党机关,搜出文件甚多,并捕获共党首要数人,刻正严加审讯,冀由此中再探得其他线索云。

(录自《新蜀报》,民国二十四年九月八日,第二张第四页)

# 江安保安队在兴文簸箕峡与"匪"激战一小时

[江安通信]倾〔顷〕接军息,县保安大队附〔副〕李品三,奉命担任南六防"匪"兴文属建武一带防务。昨(三日)午前十钟,兴文簸箕峡经查实为五村,发现"土匪"徐策部小股二百余人,在簸箕峡场囤驻。李氏据报,即率江安保安队两中队,长宁一中队前往攻击,即在簸箕峡场与匪巷战。继又彼此出场激战一小时,"匪"不支溃退。是役保安队与匪方皆有损失:"匪"方伤亡计二十余名,被李氏活捉者二名。保安队方面,魏九成队阵亡士兵一名,李小平队阵亡士兵两名,其余带伤四五名(因在电话上传来消息不详)。昨(三)日午后,李氏特赶回县梅花镇,为阵亡之兵追悼,并闻李氏以活捉之"共匪"二名,为活祭阵亡士兵云云。

(录自《新蜀报》,民国二十四年九月八日,第二版)

## 余泽鸿"匪"化整为零　拟合股同窜黔边

[成都十七日电]军息,余"匪"泽鸿经官军"团剿"化整为零,分为数股,一股窜古宋属之丹水罗泽,一股窜与交属梅桥水罗坎,及离兴文城数里之博望山,有希图合股同窜黔边模样,云云。(中央社)

(录自《新蜀报》,民国二十四年九月十八日,第二版)

## 南六投诚"共匪"王元德　努力"清共"工作

[江安通讯]共党"反共"人王逸涛弟王元德（逸涛即弟，扰乱南六者），此次被第六区专员公署录用，派出作"反共"工作，元德于前日奉命到江。于本月十二日晚，即在县青龙乡，将现任江叙合立留耕乡小学校长，身任青龙乡共党交通之李寒五捕获；同日午前，又在县大庙乡将现任大庙乡乡长张云松弟、现任共党书记之张汉秋捕获。现已一并交县看管。本月十四日晨元德后随县"清共"主任严静平，往县井口、锦衣镇一带捕共云。（十四日）

（录自《新蜀报》，民国二十四年九月二十日）

## 余"匪"窜扰叙永未逞　将向天池赤水等地退去

[成都二十日电]余"匪"泽鸿十六日在王官庙地方被我围攻,初向叙城窜去,继仍不得逞,改道退关上马场,似将窜往天池赤水等地。(中央社)

(录自《新蜀报》,民国二十四年九月二十一日)

## 余泽鸿"匪"部退窜赤水 江安属地已无"匪"踪

[中央社成都二十四日电]军息,余"匪"泽鸿连日均往赤水退却,江安县属各地,已无"匪"踪。

[中央社成都二十四日电]陈继承二十二日电呈蒋委员长称,据谭军长道源二十一日戌参电称,岳森师朱旅据俘"匪"供,徐"匪"彦刚……

(录自《新蜀报》,民国二十四年九月二十五日星期三,第一张第二页)

## 余"匪"图窜黔边　王逸涛抵蓉谈"匪"灭颇易
## 王昨谒贺国光今谒刘湘

[中央社成都二十六日电]军息,余"匪"泽鸿残部窜至纳溪县属,上马场经我军收复,现窜五通桥,图窜黔边深山藏匿。

[中央社成都二十六日电]新近"投诚"之伪川滇黔边区游击司令王逸涛,由泸县来省,晋谒军事长官。二十五日晚抵蓉,二十六日下午谒贺国光,定二十七日谒刘湘。中央社记者晤王于客次,王身躯魁梧,精神抖擞,年仅二十许,操川南口音,王除详述其"反共"经过,并谓"赤匪"现已至未〔末〕……

(录自《新蜀报》,民国二十四年九月二十七日)

## 余"匪"回窜兴文碰壁 一部溃窜安宁桥
## 川军达旅滇军万团已动员追击

[兴文通信]余"匪"泽鸿残部,窜扰县属各乡镇,迄今半载于兹,烧杀掳掠,惨不堪言。前次洗劫红桥后,随窜县属博望山、锦冠山、岳家塆,经拖船场,窜东坝、井口场,直向大州驿窜去。因受穆部赵团谢营痛击,溃为数股,现又会合回窜,闻已窜至距城四十余里之会龙桥、漏风垭、鸭子沟一带警戒。幸城中有周化成率区全队驻防。黄县长灿礼力持镇静,一方面饬保安中队严为布防,亲身上城监视。余匪诡计未逞,到达凤岗旅长属部之关营,已于二日午后一钟,由长宁到达此间,随即驰赴天星桥,协"剿"余"匪"。同时滇军万团今晨已由大坝出发,余"匪"见势不佳,一部又向江安长宁交界地之安宁桥流窜溃逃。想末路穷途之余"匪",当不难一鼓歼灭。(二日)

(录自《新蜀报》,民国二十四年十月九日,第二版)

## 滇军所携滇钞一律通用

[泸县通信]余"匪"泽鸿窜扰川南,滇军安旅奉命"会剿",所携滇钞不能通使,滇省龙主席漾日电请川省刘主席转令川南各县,人民一律行用,以利戎机,刘主席接电后曾于冬日规定办法,滇钞新券一元,旧券五元,折合滇半元、一元,照当地滇半元市价行使,电令川南各县政府布告人民一体遵悉,泸县政府奉令昨已布告县属人民一律通用滇钞,以利戎机。(四日)

(录自《新蜀报》,民国二十四年十月九日,第二版)

## 余"匪"歼灭在即　被滇军安旅迎头痛击损失甚大
### "匪"部粮弹缺乏短期内即可消灭

[江安通信]余"匪"泽鸿在长属古宋大山间,为滇军安旅所部迎头痛击,损失极大,又"匪"粮弹两缺,"匪部"极感恐慌,而滇黔两军,皆越境封锁,川军又四处穷追,歼灭之期当在目前(前面有"匪"一名向官军投诚,缴枪一支,只有子弹一颗)。

(录自《新蜀报》,民国二十四年十月十三日,第二版)

## 余泽鸿"匪"部溃窜叙永鸡鹅池　川滇黔各军正联合"围剿"
## 十三旅黄团已开往古宋

[泸县通信]余泽鸿"匪"部,窜扰永纳各县,详情已志本报,兹悉现"匪"部于八日窜抵兴龙场,九日在叙永西一区地方早餐(此地距叙永仅十余里),盘踞两河口一带地方,十号可由两河口地方窜到距叙永十余里之鸡鹅池,现川滇黔军正合围歼灭云。(十五日)

[江安通信]余泽鸿,受川滇防军合击,已狼狈不堪,现率队溃退来滇边境,人数已不足五百,刻川军廿一军五师十二旅三十七、八两团,本再接再厉精神肃清该"匪",分头追击。现三十七团已至出击时期,当开到古宋,闻黄团即将整队,前往出击云。又闻滇军安旅剿"匪"亦甚出力,前周在川境三支桥、会龙桥,冒黑夜大雨亦不辞辛劳,实行夜间行军……调(叙)南大"剿"区,异常出力,最近余"匪",受击狂溃,即为该部具体表现,闻该部二十七团与"匪"在叙永属赶场坝缴战,曾缴得"匪"枪二十支,毙"匪"数十名。(十五日)

(录自《新蜀报》,民国二十四年十月十九日,第二版)

## 余泽鸿"匪"部粮食缺乏　窜滇边长官司一带　月下南六各县已无"匪"踪
### 叙永兴珙等县戒备仍严

[成都二十二日电]军息,窜距兴文属灵霄峰之余"匪"泽鸿,退回该处山高气寒,粮食缺乏,冻死饿孚〔殍〕日甚一日,特改变方针,逃窜至滇省边地长官司一带。日下,南六已无"匪"踪,惟长官司距叙永及兴珙各县近在咫尺,官民戒备仍异常严密。(中央社)

[古蔺通讯]此间军事当局,昨接县属营盘山电话称,余"匪"泽鸿又率所部于昨由南六方面窜入县属河坝场一带,此间除酌留边防二路一团三营及本县公安队全体士兵守城外,余即派本县保安队于今日出发,开至营盘山一带负责堵截之。

(录自《新蜀报》,民国二十四年十月二十二日,第二版)

# 川南招抚员王逸涛由陈万仞指挥

[本市消息]川南招抚员王逸涛,行营令暂由陈万仞指挥,刘总司令特电令裴、冷两专员原电云:

宜宾冷专员,泸县裴专员,顷奉委座号蓉行参战电开,据康处长泽全,节放王逸涛请予以川南招抚特派员名义,发派赴第七区潘司令官处,专报招抚事宜,等除准照办,经费由行营发给,并给一委,解在潘司令未到以前,首暂由陈师长万仞指挥,希遵照,等因除呈复外,特录令,转饬遵照,刘湘总参径未印。(古军社)

(录自《新蜀报》,民国二十四年十一月七日,第二版)

## 余"匪"在黔大定被击溃　现率残部退二郎滩
## 伪参谋长陈宏已枪决

[大陆社叙永通讯]据本县第一区落窝电称,共"匪"余泽鸿在大定方向,被中央军陈光中师堵击,损失颇多,现已率领残部退至二郎滩一带,有回窜南区老巢模样,查该职往来飘忽,已成流寇,县属各区,被其窜扰,几无净土,尚望军政当局,作大规模之计划,将其肃剿,一鼓歼灭。俾不致久为地方之害,则等遭灾。

[宜宾通讯]当"赤匪"余泽鸿,首次扰及叙南、筠、高时,有伪参谋长陈宏,闻系湖北沙市人,因伤逃走不及,被剿"匪"军之忠丰石"清乡"司令周化成擒获,押解来叙,曾经提讯,供称在"匪"内已有多年,曾在徐策部下充当团长,即区司令等,初欲翼其改悔,故将伊令置囹圄,殊迄今三月,并不觉悟,是其受赤化已深,不可救药。顷冷宣东专员特崇准上峰,照"剿匪"区域对待俘虏条例第二则甲第七款之规定,处以死刑,于昨午(一日)特将其提出验明正身,绑赴刑场,处以枪决,当其押游各街时,尚无惧色,口含纸烟,执行时共挨两枪,倒地殒命。

(录自《新蜀报》,民国二十四年十一月十一日,第二版)

## 余"匪"泽鸿窜鱼岔　古蔺军团跟踪追击　叙永驻军队截堵

〔古蔺电信〕余"匪"泽鸿于本日（七日）午后四钟，由古蔺属二郎滩，经镇龙山，前窜鱼岔，随行仅有残"匪"二百余人。此间（古蔺）驻军曾团及山防队、保安队，立往跟踪"追剿"，一面又电知各方团队四处截堵，定明日（八日）午前"围剿"余"匪"。

〔叙永通信〕此间驻军边防二路司令部顷得余"匪"泽洪〔鸿〕窜鱼岔消息，特于本日派兵前往箭竹坪一带截堵，相机助"剿"，务期一鼓歼灭之。（八日）

（录自《新蜀报》，民国二十四年十一月十三日，第二版）

## 余"匪"窜古蔺雪山关　穆部分道追击　七区专署调各县团体"围剿"

[泸县通讯]余"匪"泽鸿率四五百人,佳(九)日窜古蔺属丁丫,蒸(十)日至蔺南雪山关附近,有回窜石厢子分水岭模样,经穆(瀛州)部分道击追,"匪"部伤亡颇众,裴专员已令各县调保安团队"围剿"。(十二日)

(录自《新蜀报》,民国二十四年十一月十四日,第二版)

## 余"匪"泽洪〔鸿〕窜坛厂等地　　江安团队现加紧戒备

〔叙永通信〕据昨两河镇电称,共"匪"余泽鸿在水田寨一带,被川滇军团击溃后,约二百余人逃窜。由木厂梁子经清水河到坛厂等地,军团向前往"围剿"。又据军讯,余"匪"泽鸿,则窜到叙属象鼻子、郭家关等地,江安团队得上警报至在县南乡,从事加紧戒备云。(十六日)

(录自《新蜀报》,民国二十四年十一月二十日,第二版)

# 余"匪"窜兴文博望山

[兴文通讯]余"匪"泽洪〔鸿〕被滇军痛击,损失人枪三百余,残余人枪约一百,回窜兴文、长宁边境,狼狈不堪。兹悉于本日(二十号)在长属之梅硐场附近,被周司令部下的区长率队围攻,激战四小时,"匪"不支向兴文博望山滇边退。此间驻军与团队,正出发"会剿"中。(二十三日)

(录自《新蜀报》,民国二十四年十一月二十九日,第二版)

## 余泽洪〔鸿〕残"匪"由滇边窜扰兴文境

[江安通讯]余泽洪〔鸿〕"匪"前次窜滇边以中央军夹击后,现又率残"匪"百余窜滇兴文之凌霄寨、观音岩、周家沟。各地连日发现小股"匪",于二十日夜将兴文县府某一科长架去,本县以各地"匪"风大焕,冬防吃紧,保安大队附〔副〕李品三,已率保安两中队在各地抽调壮丁三百到县梅花镇严密布防。(三十日)

(录自《新蜀报》,民国二十四年十一月三十日,第二版)

## 余"匪"泽洪〔鸿〕拟图窜梅花镇

〔江安通讯〕余"匪"泽鸿顷又率其"匪"队三百余人,到距县梅花镇五里之古佛台地方,似有重陷梅花镇企图。惟此次保安大队附〔副〕李品三部在该处严密布防,以逸待劳,谅无可虑。(交通社)

(录自《新蜀报》,民国二十四年十二月一日,第二版)

## 江安军团分道剿"匪" 余"匪"残部百余窜抵郭充垮
## 军团三路围攻当不难歼灭

[江安通讯]距梅花镇八时之郭充垮地方,发现余"匪"泽鸿"匪"队一百余人,军团为解决该"匪",于昨(二十七)夜三钟,已决定分三路往攻,计右翼为江安保安第一中队长黄顼卿,中路为保安大队附〔副〕李品三,左翼为二十一军边防二路翟营长,想余"匪"径〔经〕此次"围剿"当不难歼灭。县长冉崇亮当电冷专员,报告"匪"情。文云,宜宾专员冷,并译转师长陈,密,顷电系两次得洛表区长电话、刻李品三电话,余"匪"现在谷冲垮田保长家,距万里箐数里,距红桥亦近,"匪"只百余人。红桥到追兵两连,李定明由红桥出击,职冉崇亮即戌□□□。

(录自《新蜀报》,民国二十四年十二月三日,第二版)

## 余"匪"拟向叙永溃窜 先县长饬各区调团严防

〔叙永通信〕"赤匪"余泽鸿股,被各区团击溃,日前此间县府,接得前方团队报称,该"匪"一股约百余人,已于前日在炭厂附近,被王师长(达)营击溃,将取道五村,向本县境内逃窜,县长先智渊氏,为防未然计,特于昨日电于各区长,速即调集团队,严为扼守,以免该"匪"窜入县境,扰害间阎。

〔兴文通信〕余"匪"连日被军团"围剿",业已纷纷溃散,已无死灰复燃之可能,刻达营长,关营长,"搜剿"周家塝,残"匪",关营长,在蔺场待命,一面派兵两连主〔在〕大田坝一带搜索,一面会同彭营长及周化成部转攻,并通饬江、长、兴、叙、宋团队,严防要隘,以免漏网之。(二十九日)

(录自《新蜀报》,民国二十四年十二月四日,第二版)

# 余"匪"窜凉风坳　　被周化成部击溃　　残职已失联络不难歼灭

[长宁十日电]余"匪"泽鸿,经周化成部第二区队,在梅子坡附近之贾家塝,小红桥附近之沙子坎迭次截击,及某团在干沟附近将其击溃,该"匪"四处逃散,复经军团连日在底洞、周家沟等处一带大山搜击,颇多夺获,该"匪"三五成群,已失联络,唯余"匪"本人,尚率残余五六十人,窜至凉风坳,已被军团包围,不难歼灭。

[又电]周化成第二中队,九日进击凉风坳之余"匪",激战一小时,毙"匪"十余,"匪"不支,四散溃窜,随即搜索捕获"匪"队长熊吉,及从"匪"二名,夺获手枪、步枪各一枝,子弹十二夹。

[兴文通信]余"匪"目前于五村一股大受损失,被系各"匪"昨经穆部送来十二名,又经五村袁乡长送来五名,悉寄兴文狱中,记者走视前批十二名中,有一身长大汉,面目黎〔黧〕黑,身着"匪"装,据其自供,伊系黑杀队长,自到南六,经伊手杀者不下六百余人。其余各"匪",尽系十余岁青年,脚下尽用布片紧缠,外套草履,据云利于跳岩、跳坎与长路行进,不患难苦云。

(录自《新蜀报》,民国二十四年十二月十二日,第二版)

## 余"匪"又化整为零向叙永古宋境内溃窜    黄敝臣电江安县府

〔江安通信〕五师十三旅三十七团黄敝臣团长,顷将余"匪"击溃,并在战线上将"匪"主干官刘余成〔刘干臣〕右手砍断。兹将黄氏由长宁致此间县府一电录后:余"匪"现被我击散,复据战线上系"匪"供称,"匪首"余泽洪〔鸿〕,中等身材,左肋下有一红迹约一酒杯大有余,管干部主官刘余成〔刘干臣〕,系两眼斜视,脸瘦而尖,身干最高,右手被我砍断,现余"匪"失掉战斗能力,已化整为零,溃窜入叙永,古宋两地境云云。(十三日)

(录自《新蜀报》,民国廿四年十二月十七日,第二版)

# 余"匪"泽鸿有击毙说

[江安通信]自王逸涛脱共后,余"匪"泽鸿领导"匪"队,骚扰南六,时经半载,我平团迭次合围,皆未及解决。兹经南片"剿匪"军第二路指挥陈万仞于宜宾以佳未电指示,军团合围(计穆肃中任防叙永、古宋、古蔺,达凤岗任防珙、筠、高,周化成司令任兴、江,其余各县保安队,分任要隘防堵)。结果该"匪"军残(余)百(余),即走投无路,十六日午前十二钟,余"匪"被平团尾追至古宋属之碗厂坡地方,战斗力竭,即被尾追平团将"匪"部解决,并将余"匪"击毙,其余未死"匪"众,率多投降。据携手枪一枝至梅花镇向我方投降之"匪"供称,彼能指出余"匪"部尸首。保安大队附〔副〕李品三闻讯,已带队同来区前往清查云。(十七日)

(录自《新蜀报》,中华民国二十四年十二月二十日,第二版)

## 达旅召三县长"围剿""匪"会议　讨论"搜剿""残匪"事宜

[长宁通信]达旅黄团,以余泽鸿残"匪",消灭在即,现将在县属梅硐场,召集兴文、长宁、珙县三县长开会讨论"搜剿""残匪"事宜。此间李县长已于今日天晓起程赴会云。(十九日)

(录自《新蜀报》,民国二十四年十二月二十四日)

## 冷专员赴江安验余"匪"死身　伪司令官刘干臣已伏诛

[江安通信]第六区行政专员冷寅东氏,于日前将来查验余"匪"泽洪〔鸿〕尸身。召集"匪"部俘虏及当地土人,多方询问证明,确系余"匪"正身不伪。随即当时摄影一张,并一面电禀徒劳,及剿"匪"总部备案云。

[古宋通信]日前边防二路吴营长率兵搜集县属东坝附近,在王家坡地方,击毙"共匪"伪司令员刘干臣,并检获左轮枪一支。当将该"匪"枭首解查验云。(二十一日)

(录自《新蜀报》,民国二十四年十二月二十五日,第二版)

## 江安团队击毙余"匪"后　省府电令嘉奖

〔成都航讯〕余"匪"泽鸿被击毙消息已志本报,省府刘主席以江安县长冉崇亮等督率有功,剿"匪"得力,得电六冷区司令,传语嘉奖。所志其原电如后:

官充冷区司令鉴,巧电悉,保安大队附〔副〕李品三,中队长英瑞卿,李赴机灵敏,支歼渠魁,殊深嘉慰,首先行传谕嘉奖,待专案合报到府,再行电率分别议叙,仍仰督饬所属团队,认真搜捕残孽以绝根株云。(二十五日)

(录自《新蜀报》,民国二十四年十二月二十六日,第二版)

# 王逸涛由江安赴叙永招抚余泽鸿残部　余"匪"失却领导分散滇黔边境
# 如不绝"匪""自新"之路安抚极易

[江安通信]川南招抚特派员王逸涛氏,由泸因公来此,记者当赴城北于云集旅馆走访,王着全武装,服呢大衣,中等身材,人极英武,记者叩以余"匪"死后,"匪"部近状,王当发表谈话,兹录如下:

△致有身受一弹之苦△

据兄弟派出侦缉回报,现"匪"部因泽鸿已死,刘"匪"干臣又在古宋新场子自杀,"匪"(部)支队长黄复山,亦因没办而自毙,"匪"头刘复初亦化装潜逃,于是匪众皆失却领导,此时多分散滇黔边境,我据今日即须到叙永等地,从事招抚。王氏又述及泽鸿昔年在泸住川南师范时,即与我私交极好,我脱离"匪"部后,曾多番派人赴泽鸿处劝其来归,同做"反共"工作,不料,泽鸿执迷不悟,故有今日"匪"股分散,而致各逃生路,自受一弹之苦。

泽鸿之死　失我国一精干大才

在泽鸿本人,本事极好,若得"反共",不管为国家民族,增一健强份〔分〕子,此次之死,实失我国一精干人才。再"匪"部招抚事,本极易易,惟因"匪"部欲改过自新,历受县团保从中陷害,一遇"匪"人投诚,即私吞"匪"械,将降人暗杀,故绝其"自新"之路。此点,本人曾与裴专员、冷专员、陈师长鸣谦商量,还过各专员出示禁止此种陷害,但说者说,而害者仍害,此点不能不认为可悲可痛,现行营拨一中队别动队,交我指挥,将来此一中队人分布南六,个别宣传,安抚余"匪",或可感悟未归。谈约本钟,记者与辞而退。(二十二日)

[泸县通信]窜扰川南各县之土共余泽鸿,经江安团队毙击后,川南腹心之患已除,人心大快,兹志蒋座及刘总司令据报之后,对于七区专员,异常嘉奖,并令搜"剿"残"匪",用绝根株。(二十四日)

(录自《新蜀报》,民国二十四年十二月二十七日,第二版)

## 余"匪"残部窜兴文博望山　冷饬属区各县派队协"剿"

[成都廿一日午后九时发专电]余"匪"残部八九十人昨(二十)日窜至兴文属之博望山,冷薰南已饬属区各县派队协"剿"。

(录自《新蜀报》,民国二十五年一月二十二日,第二版)

## 长宁梅洞〔硐〕场"匪"徒又称土霸 军团前往协同"清剿" 余"匪"之弟缴械投诚

〔长宁通讯〕县属梅硐场附近股"匪"仍猖獗,县府异常重视,昨(十六)日特商请周营长派兵一连,前往该场协同团队兜"剿",周营顷已准请派兵前往"清乡",想不难指日歼灭云云。

〔又讯〕余"匪"泽鸿之弟仲康、吉武,当余"匪"由江西返里,即大肆猖獗,乘隙联合"土匪",打家劫舍,无所不至,最近在博望山黑洞坝、树棕坪等地,恣意屠人民,尤为残酷已极,幸恶贯满盈。昨经军团"围剿","二匪"势穷力蹙,各携步枪一支,向此间保安队投降,冀免一死,到漠大队附〔副〕已将枪一并解递县府,是请处理,县府然否准其"自新",尚属问题云。(十七日)

(录自《新蜀报》,民国二十五年二月十二日,第二版)

## 刘复初"匪"部百余扰江安南乡　保安队与"匪"缴战三羊坪

[江安通信]此间保安第二大队长李品三,前据报县南岸发现"匪"踪,当带队到南乡防堵,兹据保安大队部接梅桥转李氏电话,谓正在南乡三羊坪与"匪"部百余人("匪"首为刘复初)接触,战至烈,盼星夜调留守城防之保安五中队黄队长瑞卿,飞驰增援,保安队于午后二钟,接准前情,已调队星驰住〔往〕援云云。(四日)

(录自《新蜀报》,民国二十五年三月二十九日)

## 刘复初股"匪"经江安团队痛击退兴文

〔江安通信〕此间保安第一团第二大队长李品山〔三〕率部与刘复股"匪"战于县乡之三羊坪。兹据探悉,是役"匪"方战死三名,团队则阵亡鲁班国樑〔梁〕一名,现"匪"退兴文大山中。鲁枢不日运城办追悼会。(二十六日)

(录自《新蜀报》,民国二十五年三月三十一日,第二版)

## 江古兴长珙五县军团动员搜"剿"余"匪"残部

### 许师袁旅长任总指挥二日开始总攻击　潼合大蓬团队"围剿"高珙边股匪

[江安通信]江安、古宋、兴文、长宁、珙县五县保安队，及南六驻军徐绍宗师之袁旅，住长宁军委会某部，于本月三十日，在长宁梅硐场开五县"剿匪"扩大会议。兹据悉，出席会议者兴文、长宁、古宋、珙县各县长均亲列席。江安保安第二大队长李品三，除因料理后方事返县，乃派保安第五中队长张成仲出席。其会议结果，金谓目前窜扰至兴文顶冠山之余泽鸿残匪（现为刘复初统率）百余，设不幸与叙永股"匪"赵文海接合，实不啻为泽鸿第二。为保南六安全计，实有急起共"剿"之□要。爰决四月二日，为总攻击期，以军任出击，团队任防守，当推定总指挥为许师袁旅长，副指挥兴文县长陈永年，计江安保安队出兵四分队，任防零口、大坳口。古宋出兵两分队，守大坝、兴文，一分队守炭厂。珙县守周家沟。长宁守蛮丫、底硐铺。许师袁旅则任由兴文建武经簸箕峡、牛荡□，向"匪"宿地顶冠山进攻云云。

又讯，保安第二大队长李品三，因办理后防，及为二十七日三羊坪剿余"匪"残部。阵亡士兵鲁国梁料理丧事返城，兹已事闭〔毕〕。因前方总攻在即已匆赶往零口任防。（一日）

（录自《新蜀报》，民国二十五年四月六日，第二张第四页）

## 刘复初"匪"　省府电滇黔两省"会剿"

[中央社]刘复初"匪"伙同贵州盐防军叛兵毛团约千余人,窜扰叙南六县,并遍贴反动标语,其主力则在珙县洛表,及云南边境大雪山一带,省府刘主席以该"匪"肆行猖獗,为患地方,特电滇黔两省主席即日派队驰赴匪域,实施三省"会剿"。并一面令饬第六区行政专员保安司令冷熏南,严密兜"剿",务绝根株云。

(录自《新蜀报》,民国二十五年七月六日,第二版)

## 高县陈明芬"匪"部盘踞大雪山省府令饬尅日肃清

〔成都通信〕顷据第六行政督察区保安司令部代电，转踞高县政府以陈匪明芬原属余"匪"泽洪〔鸿〕旧部，现□协"匪徒"约四百余人，盘踞雪山及县属水通坝三岔水一带，实为叙南心腹大患，顷亲率保安壮丁各队，驰赴前方"清剿"。据探报该"匪"，有冲锋枪及连枪数十枝，步枪三百余枝等情。以陈"匪"明芬前已"投诚"二十军夏炯师，业饬详探，该"匪首"究系何人，并电请驻高范旅派队"协剿"，等语，省对指令云。查该部处理各节，尚无不合，业经电令转饬该县率队协军刻办，尅日肃清，以免滋蔓，并将"剿办"情形，确时报查云云。

（录自《新蜀报》，民国二十五年七月十三日，第二版）

## 刘"匪"复初回窜长宁兴文　李品三率队赴兴文"清剿"

[江安通信]刘"匪"复初扰害川滇,为日已久,曾经川滇黔三省合师"会剿",乃该"匪"被滇师击追,又窜达长宁兴文地界,驻江安保安第九团二大队长李品三,近奉令出"剿",本(十六)日已率领五七两中队,前往兴文之建武。(十六日)

(录自《新蜀报》,民国二十五年八月十九日)

## 刘复初残"匪"窜滇边碑口　珙县长"剿匪"员伤区长被俘
## 珙县驻军派队追"剿"

[珙县通信]叙南各县前被余匪泽洪蹂躏殆遍,旋幸军团"围剿",余"匪"伏诛,所有余"匪"数十,由刘"匪"复初统率,窜入滇边,叙南人民始获安枕。殊该"匪"于边境地方潜滋暗长,复又聚"匪"数百于日前窜扰兴文珙县各地,珙县县长刘治国据报该"匪"由建武进窜珙属之大庙,及亲率保安一中队沿途调集壮丁兼迳〔径〕向"匪"地前进,该"匪"侦知遂即率队迳〔径〕至大庙,时既无"匪"踪,遂于该地造膳,未几四山伏"匪"齐头并击,刘县长督饬丁壮与"匪"激战数小时,刘县长率以众寡不敌,且战且退。是役该县二区之时区长被俘虏。

（录自《新蜀报》民国二十五年十月二十三日）

## 川南边区股"匪"势力调查　共有"匪首"十余党徒二千余

[叙永通信]吾叙频年天灾人祸相继,致农村破产,民不聊生。一般无知农民,稍被引诱,即铤而走险,且以山多险阻,更易于啸聚潜踪,当地团甲无力"清剿",甚至通"匪"保家者,不乏其人,而"匪徒"对于人民,则威胁加入,故匪徒日多,一日打家劫舍,杀人越□之事,时有所闻,幸此次驻军薛团,暨民团孔指挥尽力"清剿",先后将巨"匪"阮俊臣招抚,共首刘复初擒获,训政员龙厚生击毙,匪患稍告清平,惟残余部落,暨其他零星股"匪"尚多,殊难于肃清,记者为昭瞭"匪"情,特亲赴前方考察,详细列表,用供读者。

川南边区现有"匪徒"实力调查

叙永,杨登高,有步枪百余支,人约百五十人,踞叙属大坳口、邱家坪后寨一带。王国全,人枪四十余,据大安山一带。

古蔺,魏海洲,手枪十余支,步枪八十支,人百余,踞两河乡。徐康林,人枪七十余,踞后陶乡。刘士臣,人枪四十余,踞印盒乡。

古宋,杨疤子,步枪百余支,人三百余人,踞泥溪漕。

兴文,陈朝芬,步枪二百余,手枪二百余,人五百左右,踞清溪,簸箕峡,大石盘。蒋金舟,人枪八十余,踞大小龙潭。

珙县,罗海云,大约人枪二百余,踞大庙、顶冠山一带。

高县,大电棒,人枪百余,踞盖顶山。

长宁,罗正伦,人枪二百余,踞梅硐。李锡林,人枪七十余,踞铜锣顶。邱麻子,人枪四十余,踞相公岭。牟染匠,人枪三十余,踞硐底。蒲扬文,人枪百余,踞龙透乡。

江安,王木匠,人枪四十余,踞王家河。乔罗周,人枪五十余,踞梅□桥。王成尧,人枪七十余,踞会龙山。罗德清,人枪百余,踞连天山(以上共有"匪首"十九人,"土匪"二千余人)。(二十八日)

(录自《新蜀报》民国二十六年二月三日,第二张第四页)

## 川军"围剿"纵队情况(1936年2月—10月)

一九三六年《新蜀报》 民国二十五年

二月十四日报 第四页

[江安通讯]二十三军五师十三旅部队及五师特务营于昨(九)日由高拱到江,分驻城外,今(十)日凌晨全部整队向叙永开拔。

五月十日报 第四页

[又讯]去年余"匪"泽鸿窜扰南六各县,经军团合力"围剿",业已伏诛,惟其残余"匪"部,由刘复初率领,在拱、长、兴三线边境,……一闻"匪"军川南游击第二支队长黄虎山,前在兴文水家坡被壮丁队击伤,逃匿洛柏林疗养。一号该县府科长李昌凤率队搜索该地,将该"匪"拿获,并捕"赤匪"六人,内有江西一人。据黄虎山供称,系山东人,先为中央廿六路军孙仲连部连副,二十二军在江西宁都"叛变",投入"匪"中,朱毛去岁窜川南,王逸涛为"匪"军川南游击司令,虎山任该部五大队长。余泽鸿击毙后,刘复初续起,虎山仍任第二支队长,人枪现约八十余,子弹缺乏。内有江西人三四十名,前日在兴文水家坡被壮丁队围击,虎山受伤数处,乃逃匿洛柏林疗养。现尚未愈,即被李科长搜获云。

九月十二日报 第四页

(高县通讯)"共匪"刘复初部,窜通县境时,人心必为惶恐,嗣经区署调集壮丁。会同保安队扼要防堵,曾与"匪"在水中坝一度接触,区员马冀率丁猛攻,获"匪"马二匹,步枪十支,毙"匪"数名。匪见此方有备,改窜滇境。(五日)

十月二日报 第四页

(古宋通讯)此间余"匪"残部刘"匪"复初,约有"匪徒"一百余人,手枪八十余支,曾经窜扰,嗣被滇[黔]军柳旅击溃。九月初间仍曾回窜古宋、兴文、叙永三县交界之五村、大坝等地,又与著名"土匪"阮俊臣、赵文海等会股……

(摘自重庆北碚图书馆《新蜀报》民国二十五年)

(转录自云南省昭通市威信县县委党史研究室档案,全宗号1,目录号18,案卷号71,第41页)

## 八路军亟需战士刘复初恢复自由　日内赶赴前方杀敌

［泸县通信］曾任红军游击队长及抗日救国军司令刘复初，自被捕拘禁四川第三监狱已达一年，近因前方八路军需要大批战士，该军驻京代表曾电请渝行营转电七区专署释放刘氏，速赴前方。该署奉行营电，已于昨（廿四）日晚将刘氏释放。刘氏已定日内赶赴前方去。（二十六日）

（录自《新蜀报》，民国二十六年十一月二十六日，第四版。1970 年 10 月 21 日抄于重庆市北碚人民图书馆）

2.《四川月报》

## 川、滇、黔三省"会剿"边区"共匪"

刘"匪"复初,伙同黔叛兵[共约]千余人,并有机枪、迫击炮等,在珙县及黔滇边境之四云山一带肆扰,刻正由川滇黔三省出师"会剿"云。

(录自《四川月报》第九卷第一期,民国二十五年七月,第361～362页)

# 各县"土匪"近况(十九则)

叙永第三区地面,接连滇边,汉"蛮"杂处,文化落后,兼以连年天旱,以致"土匪"异常猖獗,据调查区内著名服〔股〕"匪"十九股,计重要者为。

阮俊臣,古宋回龙场人,有步枪一百三十余支,手枪三十二支,於〔于〕滇境三甲马家坝、掌〔长〕官司、葛家坟一带。

杨登高,叙永三区滇边三峡人,手枪二十支,步枪四十余支,土广各半,在滇边高田子、长邑邓家坪、水洞子、三区长幻口。

刘复初,古宋银广坪人,江西约十余人在内,手枪十五六支,步枪三十余支,在叙永三区、大坝边境与兴文之月家塆、落表、银坪,有时窜入三区新龙场、广子坳。

王国全,叙永三区后山堡人,手枪八支,步枪三十余支,在叙永山区、大安后山、落堡、枧槽沟一带骚扰,有马二匹。

赵元〔文〕海,蓬溪洞子场,手枪五支,土广枪三十余支,在叙永第一区金鹅池、花支湾、落包,滇边罗汉林一带。

杨长安,三区后山堡人,手枪三支,百克门三支,步枪二十一支,在叙永三区大安后山、落堡、枧槽一带窜扰,有马二匹。

张占彪,滇边黄丝坳人,手枪三支、土广步枪二十七八支,在滇边黄丝坳,古蔺属落堡、叙永三区、广子坳、新龙山。

王崇高,叙永三区后山堡人,土广步枪三十余支,在叙永三区安山一带。

(录自《四川月报》,第九卷第二期,民国二十五年八月,第445～446页)

## "共匪"近讯　高县刘"匪"窜滇

"共匪"刘复初部,月初窜入高县境界,窜逼县境时,嗣经区署调集壮丁,令同保安队扼要防堵,曾与"匪"在水冲坝一度接触,"匪"已窜滇边云。

（录自《四川月报》第九卷第三期,民国二十五年九月,第408页）

## "共匪"杂讯　刘复初部逃窜滇边

刘"匪"复初,约有"匪徒"一百余人,手枪八十余支,前经滇军柳旅痛击,九月份遂复回,窜古宋、兴文、叙永三县交界之五村、大坝等地,又与著名之"土匪"阮竟成、赵文海等合股后又窜入珙县境周家镇等地,经珙县刘治国县长率队"进剿",始将"匪"部驱至滇属威信等地,叙南六属,稍得平安,然而根株未尽,后患仍未断绝也。

（录自《四川月报》第九卷第四期,民国二十五年十月,第 234 页）

## "赤匪"近讯　　高庆筠各县"围剿"刘复初部

十月二十一日,刘"匪"复初余"匪",约百余人,进犯距筠九十里,去高县所属邓洲场,二十二日晚更向前推进数里,盘踞于邓洲附近地方,经高县、筠连、庆符等县保安队及正式军队前往"围剿",已将该"匪"击溃,残部窜入黔境,现正由川滇黔军协剿中。

(录自《四川月报》第九卷第五期,民国二十五年十一月,第230页)

# 刘复初部尚未"肃清"

十一月下旬刘复初股"匪",八百余人,窜扰毕节一带,由杨森派部,将期击溃,该"匪"且战且却,积极向四川永宁属之海坝、两河口溃窜,经杨森部跟踪"进剿",后又窜至兴境内,关于该"匪"情形,据杨军长报告,刘复初"匪"人约八百,步枪四百余,手枪六十余,机枪二挺,迫击炮二门,前扰毕属林口燕子口,张贴标部,诬蔑领袖,伪称抗日救国,足见该匪以〔似〕有政治背景。十二月上旬,据云,刘复初"匪"已被击毙云。

(录自《四川月报》第九卷第六期,民国二十五年十二月,第 222～223 页)

## 叙南"匪"患消灭

第六区保安司令部顷呈省府报称,叙南共"匪"余孽刘复初,被陈营擒获后,共残部善根龙厚生,旋亦被水火寨乡长郑幼渔等击毙,余孽已全消灭,剿办刘"匪"业已告一段落,省府据报,已令饬该区保安司令,饬属认真"搜剿",以期彻底肃清矣。

(录自《四川月报》第十卷第一期,民国三十六年一月份,第263页)

3.《云南日报》

## 川南散"匪"扰窜川滇边境

[威信通讯]川南散"匪"扰窜川滇边境:(一)"共匪"川南游击队,于五月十四日劫扰四川珙县属上洛〔罗〕市场。川军闻报,开两团人由大坝"进剿","匪"即向滇边镇雄方向退窜,路经王场、黄水河等市镇抢掠。闻本日(二十四日)逃到斑鸠沟,不日又将窜扎西。(二)顷据重庆来函略谓:徐"匪"向前,企图攻成都,渡嘉陵江后,即倾巢进犯,率"匪"众数万人,连陷剑阁、阆中南部,梓桐,江油,中坝等□⋯⋯

(录自《云南日报》,民国二十四年六月十四日,第六版)

## 徐策、王逸涛部溃窜威镇边境已被军团击溃

总部于二十六日，奉蒋委员长叔(二十四)电，据周司令化成报称，王"匪"逸涛，经军团连日"追剿"，已由大雪山窜云南境界，情形狼狈等语，希速派队"追剿"，以绝根株为要等因，闻总部已派队"围剿"，以期早日□德云。

[又讯]总部于二十六日，先后据安旅长恩溥、威信县长杨冠群、特派员耿宪文，有(二十五)日苟(二十)日两电报告，徐策、王逸涛两"匪"首，妄称土共，聚党千余，窜扰威镇边境。镇雄独立营第三团第十连长唐鸿祝，会同威信第二、三区民团、川军周化成两部，四面"围剿"。于元(十三日)与徐王两"匪"兵激战于罗布坳。官兵奋勇，苦战四小时，击毙"匪"司令徐策、大队长邓登山及无名"匪党"二十余名，伤"匪"大队长徐振山、文书员曾维辉暨"匪徒"四十余人，生擒十余名。还夺获水机枪一挺、步枪八支。其余残"匪"六七百名，流窜至川边王场，现正跟踪"追剿"。不难永绝根株云。

(录自《云南日报》，民国二十四年七月二十七日)

# 川"匪"王逸涛回窜　筠连县城被攻陷

## 现进入盐津县境 安旅兼程"剿匪"

[彝良讯]川"匪"王逸涛，打"共匪"旗帜，滋扰川滇边境，已数月矣。日前窜至彝良县之红岩沟附近，经各县长亲率团队，深入截"剿"，并联络川边军团及我二旅唐连跟追，追至筠连、彝良以外，因前面无人防备致该"匪"等得由黔边之古宋方向溃去。待各军团返回未久，该"匪"又复率众千余，经川边复至镇彝边境，其经过之蒿坝、龙盆、大小洛瓦(均川境)等处，被其蹂躏甚惨。因大、小洛瓦距牛街甚近，牛街一带农民大起恐慌。幸县府早据探报，预先派团扼守要隘，驻防碉堡封锁紧要渡口，将渡船沉没，并请驻牛唐连，协同布防。该"匪"知难如愿后，遂扰过筠连，县城被陷，次日复窜盐津属之三棵庄，势殊猖獗。安旅长据报，已飞调常备各营兼程"进剿"，大军包围，当能一鼓歼灭也。

（录自《云南日报》，民国二十四年九月十八日）

## 镇威一带川"匪"蠢动　总部电杨军长派队痛"剿"

总部据镇雄县长杨明珍电称,近来该县地区,有席"匪"踞化鹏营盘,打舍劫家,意窥镇雄。其他郑跃东"匪",在水田寨伺机蠢动,威信"匪"气尤炽,在三口塘、芹菜塆、广湛等市镇一带抢劫。牛街等地,亦发现大股川"匪"。恳请速派兵"剿办"。总部据呈,昨(十九)日已转电杨队长派队痛"剿"云。

(录自《云南日报》,民国二十五年五月二十日)

# 镇威川"匪"蠢动

镇雄杨县长、独立营长陇德华呈报,镇雄威信地区,近年均发现川"匪"蠢动,当即总部已转电川军杨军长派队痛"剿"。刻闻军分处长已派兵会同各县团队,向者乐坝等地进攻,然"匪"踞高地,进攻较难。为事半功倍计,拟请派飞机轰炸作根本扫荡。壮声威所播,等存遏乱萌云。

(录自《云南日报》,民国二十五年五月二十一日)

## 威信镇雄近况

总司令准刘湘铣(十六)日电,现曾令南六属驻军迅速协战。顷据驻高珙之田钟毅旅删(十五日)电称,滇境席匪率人枪千余,现已窜达镇雄属之扎西及分水岭一带,与川"匪"刘复初等股汇合,企图不明等语,特附闻。

又,据刘兴铣(十六日)电,毕节县长陈明佳(九日)电,毕称该旅庚(八日)晚侦得阮"匪"等麇聚于花拉坝〔花朗坝〕镇雄威信间,复趁月色夜行。佳(九日)已赶到,该"匪"仓促撤至花拉坝〔花朗坝〕地方大高山顽抗,激战三小时,"匪"不支,分二股向威信方向之大鸦山、镇雄方向燎子(院子)逃窜,刘仍追击中。是役阵地遗尸卅余具,伤"匪"二名,我伤官一、兵二十余。据"匪"供毛"匪"厚平,化名毛护,曾协母享民团两排及杨家湾"匪"部,枪百八十余支。又古宋"共匪"刘复初昨夜率枪十余支,又女宣传员二人来,乞转川滇饬各该区驻军"围剿"等语,除转川营并电复饬认真追战扑灭外,请饬该靖各边县驻军,协力"围剿",以收聚歼之效。

又讯:盘踞镇雄县属三区(现坡头至花渔洞一带)地面之阮"匪"晋(俊)臣,刻正积极扩充队伍,并以伪救国军纵队司令官名义,麻醉民众,继有毕节"叛军"六连伙入,人员武器均在一千以上,在滇黔边界烧杀抢掳,声势浩大,前由肖〔萧〕克派伪政治部主任欧阳从听〔崇廷〕及伪政工人员四五名,在该"匪"部做政治工作,实有"共匪"活动,且收容川黔叛变军官,如彭荣辉(川二十一军叛变团长)等,势有久据川、滇、黔边之企图,近闻镇雄等县政府对该"匪"已有加紧"进剿"之计划云。

(录自《云南日报》,民国二十五年六月十二日)

## 川黔"土匪"图扰威信　呈请总部兵兼程援助

威信县长李涤尘昨呈总部,报告"土匪"滋扰情形。据称阮"匪"俊臣勾结股散各"匪"数百,枪半数,驻镇属母享,一月有余。目前伙夥结前黔叛兵五连,抢掠毕节大小横街,乃返母享。现黔中央军追至母享,该"匪"退洛表,本午退至镇属花朗坝口,称到威信。职率团队防堵,因余泽鸿残部百余现驻到叙永古阳间,高珙等地,大雪山亦有"匪"二百余,均有窜扰威信模样。职现各位团队刻即防宁,未敢调动,请速派兵两营,兼程援助,职誓以身图报云。

(录自《云南日报》,民国二十五年六月十三日,第六版)

## 镇雄境内"土匪"滋扰　黄水河查验税款被劫

[昭通讯]镇雄特税局所,展芹菜塆查验所,于五月七日,有匪四五十人,突来抢劫三口塘场市。马查验员子中闻之,即收印花税票清理,严加保护,其上旬所收税款适值解款期,仍收税解值营水河查验所。不料八日二更时,突来"土匪"十余人,到所掳劫,将是日所收税银壹拾元零叁角捌分抢劫而去,并收衣服零星等件,一并掳去,幸花税票,则并未损失云。

[又讯]镇雄黄水河大雪山各股"匪徒",系陈"匪"明芬〔飞〕党羽,势颇猖獗,昨夜窜至牛街境内。当由杨县佐报请镇雄独立营派兵"剿办"之际,又值席"匪"大明伙党四五百,啸取则章坝一带,近城四十余里,人心惶惶。独立营随即开队"驻剿",因其兵少,故至今"匪"尚盘踞不散。闻镇雄边境地方,股"匪"四起,系由于"共匪"经过后,所遗落伍残"匪",持有枪支,纠合地方素日潜伏之股"匪",乘大军远开之际,打抢村镇,出没山林云。

（录自《云南日报》,民国二十五年六月十七日,第七版）

## 柳旅到威信追"匪"　总部令威镇等县会同堵"剿"

据毕节暂编第五旅柳旅长际明齐(八日)戌电告称,职率主力庚(八日)电滇境燕场出发,我先头行至威信东南三十里之大田始追获叛兵一名,"匪"十二名,肉票二名。申刻因香坝河阻隔,今晚拟另侦"匪"窜方向,再选别径绕击,依判断"匪"或向威信聚集逃窜。乞转威信、镇雄等县团队堵"剿",以期类攻云云。总部接电已饬转威镇等县,会同堵"剿"云。

(录自《云南日报》,民国二十五年六月十九日)

## 刘阮毛等"匪"在川南被痛击

[军息]川主席刘湘筱(十七日)电,据珙县县长刘治国寒(十四日)电称:第三区区长何桂昨报称,区属洛亥镇,有股"匪"刘复初、阮俊臣等勾结黔军叛兵毛团,由镇窜入县境等情。当于元(十三日)晚率保安队及壮丁二队,会同驻军段营,由县城出发,元(十三日)到达洛表,夜拾钟。据探报,"匪"队星夜宿洛表附近,拟向王场方向窜扰。职于寒(十四日)拂晓,率保安中队暨壮丁二队,会同黔驻军段营长,率队"围剿"。午前十一时,王场附近,与"匪"遭遇,激战二小时,"匪"势不支,向大坳山冲坝溃逃,似有窜回滇境之大雪山之企图,现职正率队会同段营长,跟踪追击中。

[军息]景分处长士奎巧(十八日)电,顷据奕良县长筱(十七日)电称,本日接珙县刘县长专丁飞报,黔军叛兵,窜至珙县王场径军团劫击,已向奕属之大雪山溃退。又洛表之"匪"叛百人,已窜入"匪"冲坝,距职属地界,仅四十里,现有中央军一团跟"剿",分处据电,除饬令镇威各县,派队增援外,并电请驻昭补充队,派兵到彝,伺机堵击,俾矣蔓延。

(录自《云南日报》,民国二十五年六月二十一日)

# 柳旅长奉命"清剿"

　　总部据陆军暂编五旅柳旅长养(二十二日)午电称:奉委座号(二十日)电节开,川滇黔边区积"匪"阮俊臣、席大明、詹继高股,电均部派兵兜"剿",命职协同指挥"清剿",以除后患等因,窃职旅布防黔大毕后,"追剿"阮"匪"入川滇边区威信以北大雪山附近,以兼顾防务撤回,防"剿"无力,深惧陨越。此次奉命"清剿",谨当遵钧座命令,协同各军,努力"清剿",上待中央西顾之爱,下慰边民来苏之望。职部已抽出三个营,本日在毕节城待命,俾联络完后,即当遵命出发。钧部旅出队番号,主官姓名及到达位置,乞赐示遵,并祈机宜时赐,用资遵循。

　　(录自《云南日报》,民国二十五年六月二十五日)

## 阮"匪"俊臣数月来盘踞镇雄属边区

总部所有党部咨开,据镇雄县党部办事处微(五日)代电称,据报阮"匪"俊臣,数月来盘踞镇雄属边区,继有毕节叛军移入,在滇黔边界,势有久踞企图,除咨请县府,积极加紧保甲团练,防"匪"深入,并组织宣传、侦察外,仍将政府速将大军"剿"除,庶免边区隐患云云。总部准咨,以阮"匪"肆扰,本省已调安旅回防,会同川黔各军,协力"清剿",以除隐患,咨复查照云。

(录自《云南日报》,民国二十五年六月二十七日)

## 川滇黔边区"土匪"窜扰 委座电令张兵"清剿"

[军息]蒋委员长俭(二十八)午电:川滇黔边区"土匪"肆行窜扰,亟应"清剿",希查照号(二十)酉行奋仁电示,张兵两团,进驻威信镇雄一带,归柳旅际明指挥,所张何部希即速报,并迄电柳旅长知照为盼。

[军息]蒋委员长感(二十七)电:据川南招抚特派员王逸涛养(二十二)电,刘"逆"复初同"土匪"赵文海、席大明、席大方、阮俊臣等在毕节合伙,共计人数千余,且有机枪迫击炮等,现复窜川滇交界之扎西、王场、大石盘一带滋扰。川南农村破产,又值青黄不接,若不彻底解决,恐将蔓延等情,除电川滇两省府转饬该管专员,督饬边区各县长,集合团队民众力量,合同"剿办"外,希即张队协"剿",仍将"剿办"情形,随时报查。

(录自《云南日报》,民国二十五年六月三十日)

## 威镇一带"土匪"滋扰　勾结黔叛兵数约千余　地方税收大受影响

[昭通讯]镇雄威信一带,近日发生著名"匪首"阮晋〔俊〕臣啸聚党羽数百,勾结贵州毛厚平、李芳甫率领之黔省叛兵三连有余,人数约在千名以上,盘踞骚扰,复与水田寨艾宗藩、郑香谷、郑耀东及老母坎大雪山一带之陈明芬〔飞〕余党各部,联络一气,遥为声援,声势嚣张。"匪"结党羽,时时现扰税收,技手收威赫各税所,致税收人员不敢过问商人,闻谈□征收机关长官。已将"匪"情详呈上峰,转饬驻防部队,从速"会剿",以靖边围而维治安云。

### 扎西税款被劫一空

[又讯]扎西查验所丁邓瀛州,于上月四日由雨洒河动身,不意午后到达野猪洞,突遇"土匪"数人自林中窜出,手持连枪一支,马刀一把,小刀一把,将邓等人扭住,将所背包袱一个及身旁衣物,并另数税款,抢劫一空,内有"匪"两人以布蒙面,其语音传非本地腔云。

### 杨"匪"牵法逼近比喜

[又讯]比喜查验所折,杨登高股"匪",六月一日向三甲进发,即日,围攻陈正吉〔杰〕队碉堡,围攻一昼夜不下,该匪股仍退至蚂蟥埂驻扎,距所只十余里。二月,又向川属进行十余里,驻岩口向分水岭前去,是晨在岩口宰猪一头餐食,来赶分水岭场之布商王姓,被抢劫去色布数十件,其余商人皆裹足不前,三日,有小股"匪"约百余人,有十响六七十支,其余均带步枪,到朱家山住宿一夜,四日下午,方向水田寨窜去,住家山距比喜查验所仅十里,数日内"匪"股出没无常,本地团队竟置若罔闻。

### 大股"匪"窜向长官司

[又讯]芹菜塝查验所,于六月七日,突有股"匪"约七八百,由瓜雄地方取道斑鸠沟,向三口塘开拔,其前头"匪"众乔装商人前来,将巡丁许焕之扣留,待大队到时,即将各公务及大秤一杆折毁,又将由黄水河所收来百货税票一百张,印花及收入现款,概都劫去,旋将许带去三口塘住宿,于十一日晨向长官司方向窜去,走时现将许杀死,其损失公物税款,刻当来清理,前谈所已派人前往将许尸暂行安葬,而苏嵩水之许事口头病,该"匪"等退出该地,生死未卜云。

(录自《云南日报》,民国二十五年七月五日)

# 陇营"围剿"阮"匪" 飞请柳部"会剿"①

总部昨据陇德华杨国珍歌(五日)电,职营三十日出"剿"阮"匪",途中据探报,阮"匪"率主力千余人,由以勒窜古董坪,其余各小股,分散着花朗水田寨各处,当率军团,星夜向阮"匪"进攻,东(一)日拂晓接触,"匪"约三四百,凭藉古董坪侧面大山森林掩护。阮"匪"等逃黑树庄尾嘴,职将"匪"掩护队击溃,即跟追阮"匪",入夜至母享,阮"匪"窜毕属大坝,冬(二)日追至大坝,认为"匪"又向羊塘沟、岔河、黄泥冲逃窜,获"匪"二名。据供,阮"匪"有窜大定小兔场集中企图,江(三)日该"匪"窜吴家屯,迂回滇黔之间,现正尾追中,已飞请柳旅长派队夹击,并催彭队速至"围剿",镇城由职县集团严守,境内盗"匪"如毛,拟将阮"匪"扑灭后,随即从事"清剿","匪"情续报。

(录自《云南日报》,民国二十五年七月九日)

---

① 此标题为编者所加。

## 川滇黔边股"匪" 柳旅决定"会剿"计划 先与范旅连络协同"进剿"

阮曹等"匪"仍盘踞大毕间。总部根据柳旅长际明鱼(六)日电称;(一)曹天全、肖荣光等"匪"仍踞大定一带,阮"匪"俊臣近由镇雄之黑树庄溃退毕节大坝。(二)仁怀派蒋在珍师之李团,鱼(六)日可到。(三)职拟定会剿计划,三省……划区"剿办",职旅主力决先联络范旅会同"进剿",犹曾李詹等股匪,并兼固城防,被击破后,再折向滇边,协"剿"计划,另邮呈闻,并乞时示机宣〔宜〕,俾有遵循为祷。

(录自《云南日报》,中华民国二十五年七月十日)

## 陇营长电告　阮"匪"溃退杨家湾　我军转母享防"匪"四窜

从滇剿境内各小股"匪"。总部据陇德华阳（七日）电，昨于长坝获"匪"二名，一为费卒，一为□德阳。据供，前说黔西公安局长，被配代边，如随猫"匪"啸聚，等语，应如何办理，祈示道。现阮"匪"已溃退杨家湾一带，深入黔境，职歌（五）日转向母享防"匪"四窜，以"清剿"境内各小股"匪"。

（录自《云南日报》，民国二十五年七月十七日）

# 阮俊臣已过七星关西窜

总司令部据柳际明元（十三日）电，查……于滇黔边境股"匪"。（一）为阮俊臣，自被我雷团击溃后，已过七星关西窜。（二）为黔北新场大山脚间有犹禹九余党曹天全、肖荣光等股"匪"。□□□又据杨国珍、陇德华寒（十四日）电称，据探报日前匪职营长击逐南境，□□细吴家屯向杨家湾窜去，近已窜至大兔场，与黔中股"匪"相待。

（录自《云南日报》，民国二十五年七月十七日，第六版）

## 陇营长电告　阮"匪"窜毕威一带　三省"剿匪"军出动"会剿"

镇威民团指挥派陇德华兼充总部根据柳旅长所明文（十二）日电呈：阮俊臣股，被职旅雷团击溃后，已窜过七星关，席大明退杨家湾，熊正□扰小总场，犹"匪"党羽到赫章"土匪"土劣。"会剿"部队，将师李团已到仁怀，范旅已到古蔺、永宁，安旅先期到镇雄，刻李团到毛坝场，范旅以一团到大河口，其余协同民团在边境堵"剿"。职旅以徐团及绥绕督查队，但置大毕黔三□□□，职率雷团到瓢儿井同时向大山脚新场间□匪"会剿"，击败后，即电李团及范旅之一团连续"会剿"，肃清后的则率部西向与安旅"会剿"七里一带之"匪"，免其窜扰更大云。

［又讯］总部奉委员长次电，规定使用民团有效办法：（一）川滇黔三省边境区各股民团指挥一人，负责指挥有关各股民团，协助"剿匪"及办现地之善后，组织民众事宜；（二）云省边境民团指挥，关于残"匪"阮"剿"事宜，交柳旅长际明统一指挥，前闻总已派镇彝威独立营陇营长德华办镇威民团指挥，其所属人员，自行贤时候用，前已电复委密党核备案。

（录自《云南日报》，民国二十五年七月十四日）

## 陇营枪毙"匪"首　安旅不日出发"会剿"

总部接按顾祝同省（二十五）巳〔日〕电，根据滇黔边境大牧山一带，阮数□□股"匪"，枪为百支，刘复初股，人百余，枪七十余支，现改其他装束，战斗力尚不甚强壮。据查柳旅部队，刻在打鼓新场附近，"剿匪"□□高，李长林、铁长林各股，不但即出滇边"会剿"，此时就饬镇雄安旅，就近先行"剿办"，闻安旅不日即出发"会剿"云。

总部根据陇营长德华马（二十二）日电，阮已被陇营长逐出境外，有伊弟从伪连长阮新臣，率领数人，前来境，收容队伍，所属情况属实，派队秘往关丫口，将伪连长阮新臣及已将曾金海、李树全、吴沙罚等数名枪毙，现记录留案云。

（录自《云南日报》，民国二十五年七月二十八日）

# 股"匪"阮俊臣由大定向姑开窜

总部据柳旅长际明有(二十五)日电称,股"匪"阮俊臣,人枪约四百支,自江(三)□□□□□□□,率三营"追剿",由大定向姑开窜,给镇雄属播机,有(二十五)日到母享北之以勒,极为狼狈,但川滇黔边区,崇山险岭,不易扑灭。现职已令旅冯营会同杨抵中民团,感(二十七)日到黄塘,陇指挥率独立营及镇威民团,感(二十七)日到涝弯子花朗坝,范旅派所二营,俭(二十八)日到水田寨,职率感(二十七)率部驰追励〔厉〕行"会剿"。

(录自《云南日报》,民国二十五年八月二十九日)

## 川滇黔边区阮刘等"匪"窜扰　柳旅向郭家坟痛"剿"　绥署令安旅部协"剿"

绥靖公署据柳际明东(一)日电称,艳(二十九)日电计达,阮"匪"连日经职旅击溃,计分向县威信边界之郭家坟附近地区溃逃,后转窜兴文属石碑口或奕〔彝〕良、珙县间入大雪山。职旅三个营,世(三十一)日向郭家坟西北地区痛"剿",拟恳赐转珙县、兴文、昭通方向,驻军团队"会剿",以期歼灭为祷。

[又]绥署据第一团务督练分处长刘正伦经(二十四)日代电称,溪口"匪徒"围攻牛街,已先电呈,并派镇雄陇营驰救在案。兹据镇雄杨县长及陇营报告称,查溪口方面之"匪",称大股之一部分,其大股尚在镇黔界间。本日据第二区长邓振奎飞报,"匪"百余,本晨窜抵二龙关,距城仅五十里,其别股刘复初、黄仇,昨窜第四区花朗楠木窝。职营已派员兵两连驰"剿",拟将二龙关大股防"剿"后,南行驰"剿"溪口一股。绥署据呈,昨(三)日报电安旅长,仰即转电该旅驻昭补充队,酌派兵力,速往协"剿"云。

(录自《云南日报》,民国二十五年九月四日,第六版)

## 拟组三省会"剿"阮陶

　　绥署据柳际明鱼(六)日午电,阮俊臣股自职旅穷追后,老弱马匹辎重失散殆尽,其伪副指挥陶树清率其精兵十余,(二十九)日经后队掩护,不及追队,散窜珙县属之小溪。江(三日)被我滇省陇指挥部,包围解决,伪副指挥陶树清被俘,赐电指挥嘉奖。(二)阮"匪"残余有枪二百余,现窜川滇边界之清水河水田寨附近地区,范旅已派二营扼大坝,另二营沿赤水河南岸西进搜"剿",陇指挥在郭家坟堵"剿",职派雷团仍跟踪追击,"匪"势穷尽,不难歼灭;(三)职微(五)日到永宁与范旅长会商协"剿"事宜,并拟组织川滇黔三省民团指挥部联合办事处于林口,商讨而后,民团"清剿"边区散"匪",是否电钧鉴核示遵。

　　[又]绥署据陇营长德华支(四)日电称:阮"匪"回窜入镇雄,柳际明旅跟追,八月寝(二十六)日职率第三连由镇出发截堵,并调驻母享湾子许营付〔副〕"会剿",职由镇属之白鸟梯,与威属计菜坝、播机坝、星分等处,辗转截堵。三十日罗布坳"匪"窜郭家坟,许营也率一、二两连赶到,正跟进。乃据探报,小溪地方,发现股"匪",阮"匪"伪指挥陶树清在内,系柳旅部前此叛变军官,当饬军团包围,并用手腕周旋,许以重资准其缴械投诚。九月冬(二)日子时,派员携洋八百元,前往办理。丑时带来"匪徒"申绍华等人,缴来土造五子九支,赤造四支,九子一支,双筒二支,七响二支,惟陶树清及重要"匪徒",已于申绍华来缴械时,乘间(八日)逸,立派兵寻追,派团严密布置隘路,江(三日)丑时在郭家坟侧山腹截获枪毙伪连长黄树清,伪军士欧阳新,生擒陶树清,夺获汉阳枪一支,余"匪"向箐林深处逃窜,士兵负伤多名。除报柳旅长核办外,现阮"匪"窜天蓬寨,柳旅仍跟追,职也跟续"进剿",余情续报,谨电奉闻。

　　(录自《云南日报》,民国二十五年九月九日)

## 陇营长德华诱"匪""投诚"

兹闻绥署昨(九)日指令陇营长德华,以此次该营于小溪地方计诱"匪"人申绍华等"投诚",截获枪械甚多,并击毙伪连长黄树清,及生擒伪指挥陶树清。既系柳旅部叛官,着陇解交柳旅讯辨,负伤士兵,并应认真医治,俾期〔其〕早愈云。

(录自《云南日报》,民国二十五年九月十日,第六版)

## 陇营围攻阮部　阮转向镇雄方向

　　绥署据威信李县长呈报,陇营与威信民团支(四)日围攻阮"匪"叛军百余,于三区黄连坝,激战数小时,肉搏十余次,卒将阮"匪"全部击溃,化零急窜大雪山、镇雄大湾子两方。是役,陇营生擒叛军首领陶琦,擒降官兵百余名,夺重机关枪一挺,大小枪甚多。民团生擒匪数十名,打(死)回民子镇雄属林口邓姓小孩子一名,大小枪无算。各处隘路,截"匪"数十余名,击毙数十名,我民团死伤数名。微(五)日民团进攻刘复初、黄仇残"匪"共二百余名,于结乐坝黄水河一带,猛攻数次,击毙"匪"共十余名,团兵伤亡数名。"匪"不支,向镇雄属雨河方面溃窜,现正"清剿"中,余情续报云。缴来土造五子九支,赤造四支,九子一支,双筒二支、七响二支,惟陶树清及重要"匪徒",已于申绍华来缴械时,乘间逃逸,立派兵寻追。

　　(录自《云南日报》,民国二十五年九月十一日)

# 阮"匪"逃窜边区

绥靖公署,据柳旅长际明虞(七日)电,阮"匪"逃窜边区,经职及陇营长之"追剿",范旅及省民团防堵势力穷追,支(四日)我陇营指挥,率独立营当地民团,于黄连坝一役后,缴"匪"机关枪一挺,步枪二十余支,毙"匪"七十余名,毙连长二名。职旅雷团于关口附近之役缴"匪"步枪八支,毙"匪"十余名,俘"匪"六名。

镇雄独立营营长兼滇民团指挥陇承尧,过去剿"匪"很为出力,此次擒获伪副指挥陶树清,并前后役斩获甚众,拟恳酌颁奖金,以资鼓励,绥署现正办理中。

(录自《云南日报》,民国二十五年九月十二日)

## 陇营长电告　阮"匪"势极狼狈　人枪多被边团截获

### 分窜水田寨簸箕坝

绥署据陇营长德华结(七)日电,据探报阮"匪"窜黄连坝,职由罗布坳,立即率队向"匪"进"剿",申时抵黄连坝歇脚,"匪"在雨山,山高路险,"匪"众我寡,乃沿山上攻,激战一小时,"匪"不支,一股窜向职来路窜迎,竟将职方行李文件辎重悉数截去,总结是役毙"匪"四十余人,伤三十余人,牵获水机关枪一挺,各种步马枪二十六支,击毙阮"匪"伪指挥一名。阮"匪"率一股窜水田寨,唐味志率股窜簸箕坝,势极狼狈,闻人枪多被边防团截缴,除报柳旅核办外,谨电奉闻。

绥署据镇雄县长杨国珍元(十二)日电称,现阮"匪"敬〔俊〕臣部被我柳旅与独立营兜"剿",虽已受创,而势力尚存,刘"匪"分水部,经二旅补充队派三个中队到罗坎关,曾在大坝痛击,向大雪山退,恳饬充队暂住罗坎关一带,与柳旅陇营联络,协同堵"剿",以期月底歼灭,如何乞示。

(录自《云南日报》,民国二十五年九月十五日,第六版)

## 成立川滇黔三省民团联合办事处　阮"匪"俊臣遣派代表"投诚"

〔镇雄通讯〕阮"匪"俊臣由黔回镇雄边境后,经中央军柳旅长率兵三营跟踪追击,阮"匪"不能立足,即向威信方面逃窜。八月三十日匪至镇属九区雨洒河(雨河)街上,正搜寻饮食,掳掠财物之际,柳旅即由后面突击,"匪"仓促溃退,毙"匪"二十余名,伤三十余名,夺获枪支马匹甚多,军队亦有小伤亡。该阮"匪"自雨洒河败溃后,即向威信方面逃窜,即化整为零,军队亦即分头追击,并调集各方面团队严密堵截。九月一日我独立营官兵追至威信四区地面,阮"匪"伪纵队附〔副〕指挥兼二支队长陶树清,率"匪"数十余人在小溪,因被军团四面围困,乃派代表向陇营请投诚。陇营则一面严密监视,一面派人约见陶"匪"晓以大义令缴械投诚,惟须以一千元大洋为奖励,陇营立即应允,并先给八百元。殊陶"匪"狡悍,得钱后即暗率一部份〔分〕精装备逃走,以二十余人持械"投诚",以图掩护。及发觉陶"匪"未亲自来"投诚"时,该"匪"已乘月色昏暗中出走矣。陇营派队分头追寻,至三日始于郭家坟追及,立即开枪,将伪连长一名,军士二名击毙,乃擒陶"匪",缴械二十余支。四日复往威信四区天蓬寨截击阮"匪"俊臣,自午后五时激战至七时阮"匪"被迫率手枪队三十余跳岩向第三区高田、杜家梗方面逃窜,是役夺获枪七十余支,生擒五十余名,并马匹衣物甚多。至陶"匪"一名,原为柳旅长部下连长,鼓动士兵叛变,夥〔伙〕入阮部为"匪",现柳旅已令陇营长速解旅部办理。

(录自《云南日报》,民国二十五年九月二十三日)

## 阮陶残"匪"逃避大山　派遣代表请求"投诚"

### 柳旅长等会商训练边区民团并成立三省民团联合办事处

绥署据柳旅长际明电称，（一）阮俊臣、陶树清等股"匪"，盘踞三省边区，历有年所，此次迭遭我军团"会剿"，精锐尽失，陶树清被擒后，此部极恐慌，现已变多数小股，分置大山避续"剿"，一面派遣代表，向职旅"投诚"，已遵命集中，并经呈主任顾核示在案，今后边区主要股"匪"解决，其他"剿匪"及刘复初，已及解决，实事半功倍，除呈主任顾外，谨呈钧核示遵。（二）为三省边区民团"剿匪"方针，民团训练运用联络等事，于苟（二十四）日在林口与毕节赵专员，川滇黔边区孔、杨二指挥会商一切，并于林口成立三省民团联合办事处以资联击，当否乞钧裁。

（录自《云南日报》，民国二十五年九月二十三日，第六版）

## 川南招抚王特派员呈报滇川黔边区情形

### 供献改进政治开拓富源意见，省府转饬各厅及公路局拟办

省府昨奉国民政府军及委员会委员到营训令开：案据川南招抚特派员王逸涛，函呈招抚工作，及个人具体意见，并陈川滇黔交界区概况前来，查原函所列，关于政治部份〔分〕，概括至为下列六项，（一）川南边区地方政治，素为土劣把持，通"匪"劫掠，现为惯常，应严重取缔，并以相当力量，肃清"匪"患。（二）滇黔两省，土司世袭，常制自为，俨同化外，官吏莫敢过问，应设法改组。（三）川滇黔三省边区教育极幼稚，甚且尝未开发。（四）川南竹木甚茂，竹可造纸之需，木工作铁路枕木，应投〔设〕法开伐，并筹组大规模造纸厂。（五）永纳马路已修成一半，应迅速将全部督修完成。（六）农村借贷，现由土劣把持，实惠不能及民，应筹外救方法，或收作开伐实业之用。总核所求各节，于改进政治开拓富源，报饬四川"剿匪"总司令核办，既分到川黔两省府外，合将原呈各件抄发，令仰该省政府迅速分别查明，妥筹核办具报此令。省府奉会后，特改原件各件抄发，令饬民财教厅及公修总局遵上，通就言爱主次，分别查明，妥筹拟办，具复核转为委云。

（录自《云南日报》，民国二十五年九月二十六日，第六版）

## 川南边区民团指挥请联防"清剿"边区"匪患"
## 省府令毗邻川南各县知照

四川新委川南边区民团指挥孔阵云,昨以川滇关系密切,边区"匪"患素深,此后联防"清剿",应互拦联击,特电呈主座,请予提掣,并恳转知滇边军民长官与其联络,一致动作,以除隐患,闻省府已令民厅转到毗邻川南各县长知照,并咨绥署查转饬关。

(录自《云南日报》,民国二十五年九月二十三日,第六版)

## 刘复初合川"叛军"进据罗布坳等处

绥署据安旅长呈报,据第三团团长郭建臣呈报称,以该团前据威信县长李涤尘电报,土共刘复初合川"叛军"进据罗布坳坝等处,当旅第二营营长率兵一部,于上月二十四日驰往"剿办"。现据该营长十七日由牛街邮呈报告称,该营于二十七日午后四时到达牛街,得悉刘"匪"部四百余人,编四大队,每队三区队,刘复初自兼一大队,龙厚生一大队,陈绍仁一大队,付芳(不详)一大队,携带枪支,二十六日复窜洛木详,经龙塘到苏家沟等情。

(录自《云南日报》,民国二十五年十一月十九日)

## 第二旅补充队"围剿"刘"匪"胜利　当场毙"匪"二十余人
## 并夺获杂枪十余支

绥署据第二旅安旅长恩溥呈称,据补充队第五中队李浚源报告称,此次奉命率第四、五、六中队至镇威彝三县"剿匪",于十月十八日,接镇雄独立营函请至威信罗罗坝"会剿"刘"匪"复初。职即于二十日率队前往,是日宿营后天坪。于午后七时,据罗罗坝区长周光汉飞报,刘"匪"党羽四五百人围攻区公所及杨旭九家碉子,请即刻驰援。职乃于廿一日拂晓率队驰抵罗罗坝,匪正在驻此地三四里之烂泥坝休息。职即全部中队长率第四中队由左侧山麓直向匪抄击,职率第五中队及第六中队之第三分队由左侧山麓直捣"匪"巢,以第六中队之第一分队由中央河沟截"匪"腹部。午前时与刘"匪"接触,"匪"一面抵抗,一面溃退,我部奋勇追击。殊"匪"退至四五里,因地势险阻,即猛烈反攻,并以枪械迫击炮向我猛射,相持二小时许,因我火力雄厚,"匪"不得逞。各官长竭力督率,将"匪"杀退,向大雪山溃散。计此役当场击毙"匪"廿余人(经清获尸体表)、击伤"匪"约三四十余人,夺获杂枪十余支。职部第五中队阵亡学兵吴学义一名,重伤饶成仁、杨开禄二名。

绥署昨奉行营议(二十二)日电称,据杨森转杨汉城先(八）日来电称,刘复初股"匪"八百余人,窜拢毕属经燕子口一带,已派徐、蒋两营"追剿",为期一鼓荡平计,愿饬川滇黔边区驻军,派团队合力"围剿"等语,除电复照准外,希即饬属照办具报云。

(录自《云南日报》,民国二十五年十一月二十六日）

## 刘"匪"负伤现逃川境兴文

绥署据镇雄独立营长陇德华俭(十八)日电称,"土匪"刘复初文(十二)日窜扰镇属母享。职与田营,由威信分道"进剿"。寒(十四)日至母享,"匪"窜黔边初都燕子口与二十军部队接触。删(十五)日电,职第一连随同田营任追击。职率二、三连基本团队任截击。筱(十七)日在石箱子三十里陇杠地方将"匪"击溃后,仍尾追。职辗转堵截坡头、水田寨、石坎子一带,"匪"窜威信境。巧(十八)日在海子坝追击,双方夹攻,当场击毙陈、向两"匪"队长,"匪"二十余名,伤五十余名,刘"匪"负伤率残"匪"百余潜逃,余"匪"四散。自告(十九)日架(二十)两日跟踪追川境中心场,刘"匪"窜兴文炭厂田七耳洞内,乃收队回威信。是役职营第一连夺获"匪"枪六支,排长任德久负重伤,士兵负伤一名,消耗子弹一千六百余发。现职第一连趋向镇雄县八区"清剿"散"匪"。二连一排及五中队负"搜剿"责任,三连同田营驻防"匪"回窜,六、八中队趋向四区"剿办""土匪"。职因病回镇雄就医,稍愈即再外出"剿匪"云。

(录自《云南日报》,民国二十五年十二月三日,第六版)

## 安旅痛"剿"刘"匪"　追击三十余里　伤亡八十多人
## 滇川两省协力联"剿"

绥署昨接川省主席刘湘冬(二日)电称,陷电奉悉,前示不分界域,奸"剿"刘复初股"匪"办法,至协机宜,除已电饬叙永薛团联络贵省军团,不分界域,协同"剿办"外,尚希转饬贵阳省有关军团,联络"剿办"为荷。

绥署据第二旅安旅长恩浦呈报,据第三团团长郭建臣呈报,该团第二营于本月(十一月)十六日,在距川属石厢子三十里地方,将刘复初"匪"部击溃,追击三十余里,到达底踏宿营,是役该匪伤亡八十余名,夺获马枪十一支,负伤传事一名,子弹消耗四分之一,现正跟踪"追剿"云。

(录自《云南日报》,民国二十五年十二月四日,第六版)

## 安旅长呈报曾"匪"被团队击毙

绥署据第二旅安旅长呈报,滇黔川边区,最近"匪"情如下:(一)刘复初之参谋长曾春鉴单人潜逃,现被水田寨团队拿获,已将该"匪"首级与秃手解来。

(录自《云南日报》,民国二十六年一月二十二日)

4.《云南民国日报》

## 共军赤化宣传见闻

我这次的由毕节到古蔺，不是经与游历的事实，而是做"剿赤"的政治工作。……

我们由毕节出发，是奉龙总司令的命令，叫我们本旅——第一旅兼程赶赴威信担任截"剿"的任务。我们于是奉了总司令的命令以后，日夜不停的忙碌着，在一个曙光乍明的时候，由毕节而出发了。……到达湾子以后得到各方面的报告，什么大河滩、水田寨、陇家营、石坎子、院子、威信、雨洒河、斑鸠沟、果落坝，都是"匪"区，而且各处的"匪"都在数千以上。

可是万恶的狡而且猾的诡诈多端的"赤匪"，他听到了我们的军队到了，连头也不回的不分昼夜的赶快退却了。我们得到"赤匪"退却的消息后，即由旅长下令将所有的行李完全运往镇雄，亲率轻装的战士连夜向前追击。"赤匪"昼夜不息的逃跑，我们昼夜不息的追击。……

"赤匪"的宣传，不能说不努力吧。看，红的标语，绿的纸张，贴满了每个房屋的壁头，白的，红的，蓝的……字画，涂满了每处的墙壁，而且大的传单，小的宣言，差不多每处都是。

（录自《云南民国日报》，民国二十四年一月十四日所载修园稚子《由毕节到古蔺》一文）

## "赤匪"窜扰威信情形（节录）

共军在威信广贴传单书写标语

"赤匪"窜扰滇边，威信曾一度失陷……

"共匪"身着乔色制服，步行，官长或骑马，然其少见。行军不张旗锣，不布露主要人员姓名，便衣"匪"数名先到，风纪甚好。……伪政治部组织较全，人数亦甚多，所到之处，不论墙头石上，立即将"反动"标语用色土书写，并贴反动传单、布告。入夜宿营，警戒甚严，绝无嘈杂声。

（录自《云南民国日报》，民国二十四年七月二十二日）

# 镇雄威信"匪"势日涨

[威信讯]自二旅部队奉命"剿赤"出发后,镇雄威信"匪"势日涨,尤以近日为甚,有共党余孽刘复初勾结毕叛兵毛团,与阮"匪"俊臣等,约千余人,并有机枪大炮,前由镇属之大塆子、瓜雄,经威属之斑鸠沟、三口塘,复由庙沟大塘、木卓等地,窜入威属大雪山、白沙河,仍转入威境盘踞三、四、五、八等区,攻碉打碉。

(录自《云南民国日报》,民国二十五年七月二十日)

## 惯"匪"刘复初被捕　　移交薛岳团长处理

[镇雄讯]刘"匪"复初,日前在斑鸠沟海子坝等处击溃后,即患重病,可能随队而行,遂在安稳坝姜姓屋内养病,于本月二日,滇军田营与川军薛团联络会同往大雪山"搜剿",两军在安稳坝经过,刘"匪"即被获。随带之"匪徒"二人,亦被擒获,一并移交薛团长处理。

（录自《云南民国日报》,民国二十五年十二月二十五日,第七版）

# 昭通二旅三团"剿匪"近讯

[昭通通讯]刘"匪"复初,自入滇境扰乱以来,此"剿"彼窜,势甚猖狂。第二旅三团二营,奉命"剿办"。自出发与"匪"刘复初接触共计五次,均将"匪"溃败。而"匪"中最重要人员为刘复初、龙厚生、曾春鉴及二女等。先后战事结果,刘被我滇军在海子坝之役,确实带伤而被川军收索而去,又龙厚生在水田寨之役,将伊击毙,并割其首级悬于市面示众,曾春鉴现无踪行,二女共亦被俘,现在营中。其余俘虏"匪徒"约在百余人,均交扎西县府处理,缴得之枪,步枪共有六十余支、机关枪二支、迫击炮一门。

(录自《云南民国日报》,民国二十六年一月八日,第七版)

## 5. 其他报刊

### 国民党云南省党务指导委员会补助政府防"匪""剿赤"

省指委会自19〔十九〕年（1930年）成立后，对于"清共"工作，甚加重视，对于"赤匪"祸国情况，随时宣传，俾民众彻底认识"赤匪"之种种罪恶，嗣于24〔二十四〕年（1935年）朱（德）、毛（泽东）二"匪"率部窜扰川黔滇边境，本省政府，奉中央命令出兵协"剿"。省指委会，特组织"剿赤"宣传队，派赴毗连川黔各县，协同当地党政当局，组织宣传分队，深入各区乡宣传，收效颇大。

省指委会为适应社会之需要，编撰出版《防剿"赤匪"》等宣传小册子。

（摘自《云南概览》（党务）1937年印行）

（录自《川滇黔边红色武装文化史料选编》编写组编《川滇黔边红色武装文化史料选编》，贵州人民出版社1995年版，第60页）

# 《新新新闻》报道

本年三四月遭数县民团"围剿",阮活动于川滇黔毗邻连地带,收抚柳旅叛军及阮部"土匪",红军突增六七百人,因减少目标计,决去中国工农红军川滇黔游击队之名义,改为抗日救国军先遣队。刘任司令员,此后累被川军攻击……

（录自云南省昭通市威信县军事志编纂委员会编《威信县军事志》,2011年印行,354）

## 专访暂编五旅长柳际明

本报专访,暂编五旅长柳际明氏,自率部担任黔大毕防务后,秉承顾主任"剿匪"安民之意旨,对于"剿匪"工作,异常努力,柳氏为彻底肃清川滇黔三省边区散"匪"起见,特拟具三省边区民团"会剿"计划,呈经行营核之,并委定孔阵容为川南边区民团指挥,柳氏为总指挥,于八月初间实行"会剿"以来,成效卓著,现各地散"匪",均经次第肃清,柳氏特于日前偕同孔指挥阵云〔容〕,杨指挥阴春,由黔西防次乘车来省向当局报告"会剿"经过,并请示今后方针。记者为明悉"清剿"详情起见,特于昨(十四)日晨驱车往访柳氏于其寓邸,当承亲自出见,并殷勤招待,适孔杨两指挥亦在座,柳氏介绍后,略事寒暄,记者即以"剿匪"详情叩询,当蒙三氏见告甚详,兹将谈话分别志后。

柳氏谈话:

予奉命驻防黔大毕后,鉴于川滇黔三省边区散"匪"盘踞地方,危害甚烈,且因三省军队,素无联络,此击彼窜,不易"清剿",故该地"土匪",从未肃清,欲收指臂之效,实行三省联防"会剿",不足以竟全功。爰拟具计划,呈经行营核定,于八月初间,实行"会剿",在顾主任督促领导下,各指挥、各士兵一致努力,现三省边区股"匪"计经解决者,大小共二十四股,"投诚""匪"众,亦经行营派经理处周科长惠华赴黔大一带点编,并已正式实施训练,其余未解决散"匪",已为数不多,稍假时日,当可全数肃清。

林口会议:

柳氏复谓,予为彻底肃清三省边区散"匪",作一劳永逸计,会于上月召集三省民团指挥及各地绅民,在三省交界之林口,会商今后"清剿"办法,及善后方针,结果极为圆满,并于林口地方,设立川滇黔边区民团联合办事处,办理永久"清剿"事宜,由孔指挥任办事处主任,杨指挥、陇指挥任副主任,现已正式成立。将来为指挥便利计,拟迁设川边石厢子。以后三省边区"匪"患,当无忧矣。至黔大毕三县奉行绥署规定三大政策,建筑民碉,登记民枪,健全保甲,均已完成,尤以黔西成绩最佳,全县该已无一"土匪",人民均能安居乐业。

孔、杨谈话:

最后孔杨两指挥复话记者,谓川滇黔三省边区,素为"土匪"出没巢穴,如光绪年间悍匪罗海廷、殷吉祥等,即盘踞此带,无恶不作。反正后,李洪兴、君华容,亦据此十八年之久,军队从不易剿灭。此次柳旅长驻防黔大毕后,实行三省民团"会剿",于短期内竟将盘踞不易剿灭之大小股"匪",彻底肃清,实行〔非〕易事。要非柳旅长之督饬有方,亦难臻此,且柳旅长不畏艰险,亲赴"匪"巢数次,其果敢勇毅之精神,尤属难能。再予等次追随柳旅长秉承顾主任之命,"剿办"各地散"匪",经济极感困难,然抱定苦干精神,为人民做事,为地方保福,故亦不计。以后当再继续努力,在顾主任各长官及柳旅长指导下,"剿灭"未尽残"匪",是所愿也。记者以未便久留,即与辞也出。

解决"匪"部:

兹将三省边区及黔大毕三县解决"匪"首及"匪"部人数枪支数目亦志如后,计詹继皋部五百余人,枪百余支;王少云百余人,枪百余支;安尧阶、赵开文、丁树臣、周光竹、孔繁顺等部,各百余人,枪各数十支;王树臣、李长林、康秉权、王玉文、胡定宜、张明五、陈福均、张亮臣、翟亮之、徐和芝、李少全、陶树清等各数十人,枪每部二三十支不等。至即可解决,及尚待解决"匪"部,有阮俊臣、萧荣光等云。

(录自《革命日报》,民国二十五年十月十五日)

## 川滇黔边区"土匪"刘复初，日前窜扰本邑林口、燕子口一带

　　毕节通讯：川滇黔边区"土匪"刘复初，日前窜扰本邑林口、燕子口一带，经驻军杨师"进剿"，"匪"受巨创，溃逃川边等情，已志前讯。兹据确息，该"匪"因杨师压迫，现向四川叙永属之海坝、雨洒河口溃窜……

　　又讯，毕属燕子口，于日前被刘"匪"复初盘踞时，首将第三区公所劫掠一空，所有行李，损失无存。闻县府派往该区复查保甲之吴光、宋宪五，以道途不靖，恐有损失，遂将编查已完之统计表册等文件，寄存三区区公所，亦同时被劫，兹悉宋吴两员，以工作发生障碍，势难进行，已返报告。

　　（录自《贵州晨报》，民国二十五年十一月三十日，第二版）

# 重庆北碚图书馆报纸资料摘抄

（1935 年）二月二十八日报

[泸州二十六日电]据边防四路军第三团长顾筱[晓]帆（十二月）幽报，奉令肃清琐马梅坪黄泥〔圯〕嘴等地"共匪"，遵于自告（十九日）到达黄泥〔圯〕嘴，当探得"匪"首王逸涛联合大股残"匪"五六百人，啸聚锁马落包之地，马晨（二十一日）率部进攻，行至锁马附近，即便接触，该"匪"持险顽抗，激战三小时，始将该"匪"击溃，余逃向天蓬岩后方滇边窜去。

三月二十三日报

[江安通信]兴文属周家沟、建武一带，发现土共王逸涛五百余众，兹据探悉，江安、古宋、兴文、长宁四县团队已于今（十九日）向该"匪"施攻击。

三月三十日报　　王逸涛窜滇境

[江安廿七日通讯]江、长、兴、古四县团队与二十一军黄锦章团，出击兴文建武"共匪"王逸涛，王不支，退守大石盘。廿六日为四县团队及黄团总攻大石盘之期，四县团队及黄团吴营施行拂晓攻击，江安县李副委员长品三即率江安"剿匪"义勇第二中队李星北，及山防队长来，开始攻击上山，连抢三个阵地，复指挥长宁团队增加，又抢一阵地，及毙"匪"二十余人。伤"匪"数十人。毙"匪"内有伪连长一人，范姓江西人。排长一人，曾姓，身边搜出党证，伪苏维埃票子。及日记诸种，夺获湖北造步枪两支。"匪"抛弃辎重无算。因雾大不辨方向，现"土匪"已由兴属亮窗口窜滇边威信云。

四月二十四日报

[交通社兴文通讯]王逸涛股"匪"，即〔继〕在大石盘被军团溃击后，即窜入滇境□西长官司地方，籍〔藉〕其地山深林密，以遂其避实就虚之一贯策略，近据探报，该"匪"近日已回窜至长官司，人数增至八九百人，多为各地流氓，及生活困难之贫民。又据自"匪"中逃出贫民称，该"匪"前在武建时，曾宣言于五日再来，今"匪"距建武只数十里，该"匪"或将践其过去之陈言，而再度窜入，甚望有治安责任者凛〔秉〕星火燎原之戒而早为之，则南六人民之福也。

五月一日报

〔兴文通讯〕县属建武,距城一百二十里,其附近一带,山深林密,"匪徒"出没其间,"进剿"甚属困难,日前边防军第三路司令刘营,镇摄〔慑〕此地。尚称安静。近日刘氏已率队离建武,闻系开往雷马屏驻守,建武既无驻兵,而王逸涛"匪"部,遂乘机由长官司再出骚扰,日前县境内大石盘、石碑口、建武、簸箕峡等地,人心甚为惶恐,又县属顶冠山乡长罗贵章,民练队长罗象贤被王逸涛"匪"牵去,闻已在丝允堡〔司营铺〕将罗贵章惨杀,而罗象贤因年少力壮,乘黑夜逃跑,已出险地返家云。

五月十三日报 "赤匪"真面目

〔兴文通讯〕上六乡来客谈,该处前因朱毛窜过,继有王"匪"逸涛之盘旋,一股无业游民,及贫苦人民,次其小恩小惠,或沾得须〔许〕小利,遂盛称"共匪"之好。且或于分田分租之说,益发有意投伙。故王"匪"扰建武时,投入者不乏人。……

十月二日报第四页 穆肃中部开叙永剿余"匪"

〔江安通讯〕此间边防军二十一军五师十三旅三十七团第二、三两营同十三旅机枪营。奉三十七团代团长肖博云令,于〔于〕昨二十五日晚十钟时,开叙永大沙坝"剿匪"(系"剿"余"匪")。三十七团二、三营奉令,当于黑夜蒙蒙中,开拔江云云。

〔江安通讯〕念一军边防二路司令官称瀛洲〔州〕氏,昨(廿七)午后五钟,率其部由宜宾抵此,分驻城内外,今,廿八日晨,即向叙永开拔。(交通社)

十月十五日报第一页

〔中央社成都四日电〕余"匪"泽鸿,自败窜黔境被击,复又回窜叙永边属,据"反正"伪首王逸涛谈,余"匪"自徐策阵亡,领导乏人,故目前避实就虚,藉以骗取"匪"众政治上之信任。我军指挥统一,纪律森严,该"匪"当不难消灭也云云。又王对此事,已具呈蒋委员长刘总司令,请予采择。

十月二十三日报 第四页

〔成都二十二日电〕军息 窜距兴文属灵霄峰之余"匪"泽鸿,近因该处山高气寒,粮食缺乏,冻饿殍一日甚一日,特改变方针至滇省边地区长官司一带,日下南六已无"匪"踪,惟长官司距叙永及兴珙各县近在咫尺,官民戒备,仍常严密。(中央社)

十月二十四日报 第四页

[江安通讯]二十一军边防二路二团三营于昨(十九)日晚七钟时,随同边防第二路司令部经理各处宜宾来此,闻准(二十日)前来叙永听候穆肃中司令分配"剿匪"任务。

十一月十七日报 第二页 余"匪"受巨创

[成都十六日午后十时发专电]溃窜古蔺边境之余泽鸿"匪"部,经痛击后仅余残部百余人,急向云南边境逃窜。

十二月四日报 第四页

余"匪"拟向叙永溃窜

[叙永通讯]赤"匪"余泽鸿股,被各军团溃击,日前此间县府,接前方团防报称,该"匪"一股约百余人,正于今日在坛厂附近,被五师达营击溃,取道五村向本县境内逃窜。(十九日)

十二月卅一日报 第四页

[古宋通讯]自余"匪"泽鸿击毙后,残部三十余名向连天山方向逃窜,此间保安队会同边防第二路穆肃中部,遂开赴县属第五镇截击。于本(十九)日探得残匪窜距该属车坝场、水确冲地方藏匿,予以"围剿",当场毙"匪徒"三名,夺获枪械数根,余"匪"概被击散。闻该"剿匪"务部,除将毙"匪"首级割悬新场、共乐场以儆众外,并将四境隘口驻扎,责成该四五两镇保甲,切实办理九家连环保结,俾便挨户清查,以绝"匪"类根诛云。(廿日)

(1980年7月摘抄于重庆北碚图书馆)

(录自云南省昭通市威信县县委党史研究室档案,全宗号1,目录号18,案卷号71,第9页)

# 三、附　录

（一）组织序列

## 《中国共产党组织史资料》(节录)

(一)红军川滇黔边区游击纵队

1935年2月初,红一方面军在中共中央、中革军委率领下,一渡赤水西征入川,主力于2月6日转移到云南威信县境的大河滩一带。鉴于当时敌情的变化,中共中央及中革军委决定暂时放弃渡过长江进入川南的计划,仍以川、滇、黔三省结合部为发展区域,争取由西向东发展,并令各军团迅速脱离四川追敌,集结在威信整编部队。10日,军委下达各军团整编的命令。同日,中央从缩编下来的干部战士中,选派一批武装与川南地方党领导的叙永游击队合并,成立中国工农红军川南游击纵队,在川南的宜宾、泸州两县及长江以南、金沙江以东及川滇黔三省结合部二十余县的地区开展游击活动。

1. 红军川南游击纵队(1935.2～7)

| | |
|---|---|
| 司令员 | 王逸涛(1935.2～5) |
| | 徐　策(1935.5～7) |
| 政　委 | 徐　策(1935.2～7) |
| 副司令员 | 曾春鉴(1935.2～7) |

2. 红军川滇黔边区游击纵队(1935.7～1936.6)

| | |
|---|---|
| 司令员 | 徐　策(1935.7) |
| | 刘干臣(1935.7～12) |
| | 龙厚生(1935.12～1936.6) |
| 政　委 | 徐　策(1935.7) |
| | 余泽鸿(1935.7～12) |
| | 刘复初(1935.12～1936.6) |
| 副政委 | 张凤光(　　　) |

3. 川滇黔边区抗日先遣队(1936.6～7)

| | |
|---|---|
| 司令员 | 阮俊臣(1936.6～7) |
| 政　委 | 刘复初(1936.6～7) |
| 副司令员 | 陶树青〔清〕(1936.6～7) |

4. 红军川滇黔边区游击纵队(1936.9～1937.1)

| | |
|---|---|
| 司令员 | 刘复初(1936.9～1937.1) |

| 政　委 | 龙厚生(1936.9～1937.1) |

| 副司令员 | 陶树青〔清〕(1936.9～10) |

### 5. 川滇黔边游击纵队所辖支队

(1) 川南游击支队(1936～1937.7)

1936 年 3 月,红军川滇黔边区游击纵队派金燧〔璲〕回兴文县,秘密组织了二十余人的武装与长宁县梅硐区区委书记邓楷领导的十余人的游击队合编,成立川南游击支队。活动于长宁、兴文、叙永一带,一直战斗到 1945 年。

| 队　长 | 金燧〔璲〕(1936～　　) |

| 政　委 | 邓楷(1936～1937.1) |

(2) 云南支队(1936.9～1937.7)

该支队坚持到 1947 年 3 月。

| 队　长 | 殷禄才(1936.9～1937.7) |

| 政　委 | 陈华久(1936.9～1937.7) |

### 二、川滇黔边区游击队的党组织机构沿革

#### (一) 川南特别委员会—川滇黔边区特别委员会(1935.2～1937.1)

1935 年 2 月,中共中央及中革军委决定暂时放弃渡过长江进入川南的计划,仍以川、滇、黔三省结合部为发展区域,争取由西向东发展。10 日,军委下达各军团整编的命令,同日中央从缩编下来的干部战士中,选派一批武装与川南地方党领导的叙永游击队合并,成立中国工农红军川南游击纵队。同时,组建中共川南特别委员会,将中共四川泸县中心县委及所属的叙永、长宁、古宋、兴文等县党的组织划归该特委领导,以求组织上的统一。

川南特委及其领导下的游击纵队配合主力红军作战,在其后的第二、第三、第四次渡赤水作战中迷惑、牵制了大量敌军,不久便与中央失去联系。7 月,川南游击纵队与寻踪而至的红军黔北游击队会师,更名为川滇黔边区游击纵队,党的组织也改称中共川滇黔边区特别委员会。1935 年 7 月 13 日,徐策在敌三省"会剿"中牺牲。14 日,特委改组。9 月,增补刘复初为委员。12 月 15 日,余泽鸿牺牲。之后,刘干臣在家中养伤被捕牺牲。1936 年 2 月 6 日,特委选出新的领导成员。1936 年 5 月、7 月,增补曾春鉴、邝善荣为委员。1936 年 6 月,该纵队又与贵州抗日救国军所属第三支队会师,更名为川滇黔边区抗日先遣队。9 月,云南殷禄才领导的农民武装与川滇黔边区游击队联系,组建为川滇黔边区游击纵队云南支队。

1937年1月,因该纵队领导成员龙厚生、曾春鉴、李青云相继牺牲,该特委及纵队解体。

1. 川南特别委员会(1935.2~7)

书记　　　　　　　　　　徐策(1935.2~7)

委员　　　　　　　　　　徐策(1935.2~7)

戴元怀(　　　)

余泽鸿(　　　)

夏才曦(　　　)

邹风平(　　　)

2. 川滇黔边区特别委员会(1935.7~1937.1)

书记　　　　　　　　　　徐策(1935.7)

余泽鸿(1935.7~12)

刘复初(1936.2~1937.1)

委员　　　　　　　　　　徐策(1935.7)

余泽鸿(1935.7~12)

刘复初(1935.9~1937.1)

刘干臣(1935.7~1936.2)

龙厚生(1935.7~1937.1)

邝善荣(1936.7~1937.1)

李青云(1935.7~1937.1)

曾春鉴(1936.5~1937.1)

（录自中共中央组织部、中共中央党史研究室、中央档案馆编纂《中国共产党组织史资料(1921~1997)》第2卷,中共党史出版社2000年版,第1001~1004页）

## 《中国人民解放军组织史资料》(节录)

(一) 川滇黔边区游击纵队

1935年2月,为配合红军主力在黔北、川南地区机动作战,中革军委从军委纵队和红三、红九军团各抽调部分指战员,在川南、黔北组成几支游击队,红军主力继续长征后,几支游击队合并为川滇黔边区游击纵队,长期坚持该地区的游击战争。

1. 川南游击纵队

1934年10月,四川党组织建立了叙永特区游击队,王逸涛任队长。1935年2月,中革军委派出红三军团部分指战员加强这支游击队,并任命何宗周为政委(何不久牺牲)。2月中旬,游击队又得到干部团1个连、国家保卫局1个连和1个通信排、1个运输排、1个卫生班、1个修械班的加强,并接收了部分伤病员,改编为川南游击纵队。

(1) 川南游击纵队

| | |
|---|---|
| 司令员 | 洪　涛(王逸涛,1935.2~1935.5,叛变) |
| | 徐　策(兼,1935.5~1935.7) |
| 政　委 | 徐　策(1935.5~1935.7) |
| 副司令员 | 曾春鉴(1935.2~1935.7) |
| 参谋长 | 刘干臣(1935.2~1935.7) |
| 政治部主任 | 徐　策(兼,1935.2~1935.7) |
| 副主任 | 戴元怀(1935.2~1935.3,牺牲) |
| 总支书记 | 阚思颖(甘世英、甘棠,女,1935.2~1935.7,原中共苏区中央局秘书) |
| 特派员 | 龙厚生(1935.2~1935.7,原通信学校特派员) |
| 第一大队 | |
| 第二大队 | |
| 第三大队 | |
| 第四大队 | |
| 第五大队 | |

川南游击支队(1934年11月编成,原称南六游击队,1935年2月扩编为支队)

支队长　　　　戴德昌(邓楷,1935.2～1935.7)

政委　　　　　刘复初(1935.2～1935.7)

(2) 黔北游击队

1935年2月至3月,中革军委由红军总供给部和红三、红九军团各抽出部分兵力,组成黔北、赤水河和遵(义)湄(潭)绥(阳)游击队。4月,赤水河游击队编入黔北游击队,遵湄绥游击队被打散。

黔北游击队(1935年2月,由总供给部八十余人编成。赤水河游击队编入后,发展到两百余人)

队　长　　　　陈　宏(陈龙,1935.2～1935.7,原军委第一野战纵队第二梯
　　　　　　　　　　队参谋主任)

政　委　　　　张凤光(张公理,1935.2～1935.7,原军委第四局干部)

特派员　　　　李青云(1935.2～1935.7,原国家保卫局干部)

赤水河游击队(1935年3月初由红三军团一百余人编成,4月编入黔北游击队)

队　长　　　　罗　彬(罗明山,1935.3～1935.4)

政　委　　　　吴××(1935.3～1935.4,牺牲)

遵(义)湄(潭)绥(阳)游击队(1935年3月初由红九军团一百二十余人编成,4月被打散)

队　长　　　　刘××(1935.3)

　　　　　　　周凤山(1935.2～1935.4)

政　委　　　　王友发(1935.2～1935.4,原红九军团地方工作部部长,牺
　　　　　　　　　　牲)

特派员　　　　陈来中(陈久保,1935.3～1935.4)


(3) 川滇黔边区游击纵队

1935年7月上旬,川南游击纵队和黔北游击队在四川省叙永县朱家山会合,合编为红军川滇黔边区游击纵队。纵队辖两个支队、六个大队,八百余人。

川滇黔边区游击纵队

司令员　　　　徐　策(1935.7,牺牲)

　　　　　　　刘干臣(1935.7～1935.12,牺牲)

龙厚生(1935.12～1936.6)

政　委　　　　徐　策(兼 1935.7)

余泽鸿(1935.7～1935.12,牺牲)

刘复初(1936.2～1936.6)

副司令员　　　张凤光(张公理,1935.7,牺牲)

参谋长　　　　曾春鉴(1935.7～1936.6)

陈　宏(陈龙,代,1935.7～1935.11,牺牲)

政治部主任　　余泽鸿(1935.7;兼,1935.7～1935.12)

　　副主任　　李桂英(女,1935～1936,原中共粤赣省委妇女部副部长)

总支书记　　　阚思颖(甘世英、甘棠,女,1935.7～1936.6)

特派员　　　　李青云(1935.7～1936.6)

第一支队(由原川南游击纵队编成)

支队长　　　　刘干臣(1935.7)

胡紫剑〔键〕(1935.7～)

政　委　　　　胡方(1935.7～1935.11)

李青云(兼,1935.11～1936.6)

第二支队(由原黔北游击纵队编成)

支队长　　　　张凤光(张公理,兼,1935.7)

黄虎山(1935.7～1936.3,牺牲)

政　委　　　　胡紫剑〔键〕(1935.7)

龙厚生(1935.7～1936.6)

(4)川滇黔边区抗日先遣队

1936年6月,川滇黔边区游击纵队和红二、红六军团留下的贵州抗日救国军会合,组成红军川滇黔边区抗日先遣队,共九百余人。

川滇黔边区抗日先遣队

司令员　　　　阮俊臣(1936.6～1936.7)

政　委　　　　刘复初(1936.6～1936.7)

副司令员　　　陶树清(1936.6～1936.7,牺牲)

参谋长　　　　曾春鉴(1936.6～1936.7)

特派员　　　　李青云(1936.6～1936.7)

第一支队(由原贵州抗日救国军一部编成)

　　支队长　　阚世芳(1936.6～1936.7)

　　政　委　　欧阳崇庭(1936.6～1936.7,原赣南省苏维埃国民经济部部长)

第二支队(由国民党起义部队编成)

　　支队长　　唐和中(1936.6～1936.7)

　　政　委　　邝善荣(1936.6～1936.7,原少共闽赣省委书记)

第三支队(由原川滇黔边区游击纵队编成)

　　支队长　　龙厚生(1935.7～1936.6)

　　政　委　　刘复初(兼1936.6～1936.7)

(5)川滇黔边区游击纵队

1936年7月,川滇黔边区抗日先遣队第三支队恢复川滇黔边区游击纵队番号,辖3个大队,三百余人。1937年1月,游击纵队斗争失败,留下的少数人转入隐蔽斗争。

川滇黔边区游击纵队

司令员　　　　刘复初(1936.7～1937.1)

政　委　　　　龙厚生(1936.7～1937.1,牺牲)

参谋长　　　　曾春鉴(1936.7～1937.1,牺牲)

(录自中国人民解放军总政治部编《中国人民解放军组织史资料》第1卷,第236页)

## 《中国共产党四川省组织史资料 1921～1949》(节录)

第六节　红一方面军在川建立的组织

一　川南特委川滇黔边区特委及游击纵队

1935 年 2 月初。红一方面军在中共中央、中革军委率领下,"一渡赤水"西征入川,主力于 2 月 6 日转移至云南威信县境的大河滩一带。鉴于当时的敌情新变化,中央及军委决定暂时放弃渡过长江进入川南的计划,乃以川、滇、黔三省结合部为发展区域,争取由西向东发展。令各军团迅速脱离四川追敌,集结在威信整编部队。10 日,军委下达各军团缩编的命令。同日,中央从缩编下来的干部、战士中,选派一批武装与川南地方党领导的叙永游击队合并。成立中国工农红军川南游击纵队,在川南的宜宾、泸州两县长江以南、金沙江以东及川、滇、黔三省结合部二十余县的地区,开展游击活动,牵制川、黔两省敌军,配合红军主力部队作战,实现红一方面军的战略转移。同时,组建川南特委,将四川泸县中心县委及所属的叙永、长宁、古宋、兴文等县党的组织划归特委领导。特委及其领导下的游击纵队配合主力红军作战,在第二、第三、第四渡赤水作战中迷惑、牵制了大量敌军。其后便与中央失去联系。7 月,川南游击纵队与寻踪而至的红军黔北游击队会师,更名为川滇黔边区游击纵队,下属川南、黔北两个支队,党的组织也改称川滇黔边区特委。1936 年 6 月,纵队又与红二、红六军团在筹建黔(西)大(定)毕(节)根据地时创建的贵州抗日救国军所属第三支队会师,更名为川滇黔边区抗日先遣队。9月,云南殷禄才领导的农民武装与川滇黔边区游击纵队联系,正式组建为川滇黔边区游击纵队云南支队。1937 年 1 月,因纵队领导人相继牺牲或被捕,特委及纵队解体。但原属纵队领导的川、滇、黔三个支队仍然坚持斗争,直至 1947 年。

(一)地方党组织

1. 川南特委(1935.2～1935.7)

书　记　徐　策(红三军团五师政委)

委　员　戴元怀(红八军团民运部长)

　　　　余泽鸿(中央直属纵队干部团上干队政委)

　　　　夏才曦(随军地方干部)

　　　　邹风平(泸县中心县委书记)

2. 川滇黔边区特委(1935.7～1937.1)

领导人同川南特委相同。

7月13日,徐策在敌"三省会剿"中牺牲,14日特委改组。

书　记　余泽鸿

委　员　刘干臣(原红军新编师长、中央纵队干部团上干队队长)

　　　　龙厚生(国家保卫局干部)

　　　　李青云(红军总后勤部长,纵队特派员)

　　　　刘复初(1935.9 增补)

12月15日,余泽鸿牺牲。之后刘干臣在农民家中养伤被捕牺牲。1936年2月6日选举了新的特委领导人。

书　记　刘复初(原宋兴特支书记,南六游击队政委)

委　员　龙厚生

　　　　李青云

　　　　曾春鉴(1936.5,增补)

　　　　邝善荣(1936.7,增补)

1937年1月,龙厚生、曾春鉴、李青云牺牲,特委被破坏。

(二)游击纵队

1. 红军川南游击纵队(1935.2～1935.7)

司令员　王逸涛(原叙永特区游击队长)

政　　委　徐　策

副司令员　曾春鉴(红八军团补充师师长,曾任红三军团六师参谋长)

1935年5月上旬,王逸涛潜逃后叛变,徐策兼司令员。

2. 红军川滇黔边区游击纵队(1935.7～1936.6)

司令员兼政委　徐　策

副　政　委　　张凤光(红军总部第四局科长)

政治部主任　　余泽鸿

副司令员兼参谋长养伤未到职。

1935年7月徐策、张凤光牺牲后:

司　令　员　刘干臣

政　　委　余泽鸿

1935年12月余泽鸿、刘干臣相继牺牲后:

司 令 员　龙厚生

政　　委　刘复初

3. 川滇黔边区抗日先遣队(1936.6～1936.7)

司 令 员　阮俊臣(红二、红六军团组建的贵州抗日救国军第三支队司令员)

政　　委　刘复初

副司令员　陶树青〔清〕(国民党军队起义领导人)

4. 红军川滇黔边区游击纵队(1936.9～1937.1)

司 令 员　刘复初(1936年11月被捕,1937年7月,经党营救出狱)

政　　委　龙厚生(1937年1月牺牲)

副司令员　陶树青〔清〕(1936年10月被俘后牺牲)

5. 川南游击支队(1936～1945)

1936年3月,红军川滇黔边区游区游击纵队派金燧〔璲〕回兴文县,秘密组织了二十余人的武装与长宁县梅硐区区委书记邓楷(戴德昌)领导的十余人的游南(击)队合编,成立川南游击支队。活动于长宁、兴文、叙永一带,战斗至1945年。

队 长　金　燧〔璲〕

政 委　邓　楷(1937.1牺牲)

(录自中共四川省委组织部、中共四川省委党史研究室、四川省档案馆编《中国共产党四川省组织史资料1921～1949》,四川人民出版社1995年版,第305～307页)

## 《中国工农红军川滇黔边区游击纵队斗争史(副本)·上册》(节录)

1. 中国工农红军川南游击纵队(1935 年 2 月 10 日在云南威信县扎西湖广会馆成立)

| | |
|---|---|
| 司令员 | 王逸涛 |
| 政　委 | 徐　策 |
| 政治部主任 | 徐　策(兼) |
| | 余泽鸿(1935 年 6 月任) |
| 副司令员 | 曾春鉴 |
| 宣传部长 | 余泽鸿 |
| 组织部长 | 戴元怀 |
| 参谋长 | 刘干臣 |
| 供给处长 | 杨德胜 |
| 地方工作团主任 | 张梅凤(1935 年 5 月离队) |
| | 钟昌涛(1935 年 6 月任) |
| 特派员 | 龙厚生 |
| 司令部指导员 | 李桂红〔英〕 |
| 司令部秘书 | 阚思颖〔甘棠〕 |
| 第一大队 | |
| 大队长 | 董玉清(1935 年 4 月 30 日牺牲) |
| 指导员 | 贺东朝 |
| 第二大队 | |
| 大队长 | 曾正南　周大山 |
| 指导员 | ××× |
| 第三大队 | |
| 大队长 | 杨登高 |
| 副队长 | 杨永安 |
| 指导员 | 饶书麟 |
| 第四大队 | |
| 大队长 | 梁亚伯 |

| | |
|---|---|
| 指导员 | ×××|
| 第五大队 | |
| 大队长 | 黄富〔虎〕山 |
| 指导员 | ××× |

川南游击支队（1935 年 3 月由南六游击队编成）

| | |
|---|---|
| 支队长 | 戴德昌〔邓楷〕 |
| 政　委 | 刘复初 |

2. 中国工农红军川滇黔边区游击纵队（1935 年 7 月在川南朱家山和黔北游击队合队组建）

| | |
|---|---|
| 司令员兼政委 | 徐　策（1935 年 7 月 13 日牺牲） |
| 副政委 | 张凤光（1935 年 7 月 13 日牺牲） |
| 政治部主任 | 余泽鸿 |
| 参谋长 | 陈　宏（1935 年 7 月 13 日被俘） |
| 代参谋长 | 李青云 |
| 供给处长 | 杨德胜 |
| 地方工作团主任 | 钟昌涛 |
| 地方工作团副主任 | 陈兴才〔陈彪〕 |
| 负责组织 | 龙厚生 |
| 负责宣传 | 阚思颖〔甘棠〕 |
| 秘　书 | 聂昭良 |

原川南游击纵队为一支队

| | |
|---|---|
| 支队长 | 刘干臣 |
| 政　委 | 胡　方 |

黔北游击队为二支队

| | |
|---|---|
| 支队长 | 张凤光（兼） |
| 政　委 | 胡紫键 |

3. 中国工农红军川滇黔边区游击纵队（1935 年 7 月 14 日在云南威信罗布簸箕坝组建）

| | |
|---|---|
| 司令员 | 刘干臣（1935 年 12 月 17 日牺牲） |
| 政　委 | 余泽鸿（1935 年 12 月 15 日牺牲） |

政治部主任　　　　　钟昌涛（1935 年 8 月因伤被捕）

组织部长　　　　　　龙厚生

地方工作团副主任　　陈兴才〔陈彪〕

参谋长　　　　　　　聂昭良（1935 年 9 月初因伤寄养）

　　　　　　　　　　刘复初（1935 年 9 月任）

特派员　　　　　　　李青云

没收委员会主任　　　李桂红〔英〕

负责宣传　　　　　　阚思颖〔甘棠〕

第一支队

支队长　　　　　　　黄富〔虎〕山

政　委　　　　　　　胡　方

第二支队

支队长　　　　　　　胡紫键

政　委　　　　　　　胡紫键（兼）

三支队（1935 年 9 月川南游击支队编为）

支队长　　　　　　　郭平安　（后）胡紫键

政　委　　　　　　　刘复初（兼）

4. 中国工农红军川滇黔边区游击纵队（1936 年 2 月在四川兴文县洛柏林组建）

司令员　　　　　　　龙厚生

政　委　　　　　　　刘复初

参谋长　　　　　　　胡紫键（1936 年 4 月负伤离队）

　　　　　　　　　　曾春鉴（1936 年 5 月任）

政治部主任　　　　　李青云（兼）

特派员　　　　　　　李青云

负责宣传（秘书）　　阚思颖〔甘棠〕

第一大队

大队长　　　　　　　高明良

指导员　　　　　　　陈兴才〔陈彪〕

第二大队

| 大队长 | 黄富〔虎〕山 |
| --- | --- |
| 指导员 | 曾广胜 |

5. 中国工农红军川滇黔边区抗日先遣队（1936 年 6 月上旬在云南威信院子场组建）

| 司 令 员 | 阮俊臣 |
| --- | --- |
| 副司令员 | 陶树清 |
| 政　　委 | 刘复初 |
| 参 谋 长 | 曾春鉴 |
| 特 派 员 | 李青云 |

第一支队（阮部）

| 支队长 | 阚世芳 |
| --- | --- |
| 政　　委 | 欧阳崇庭 |

第二支队（陶部）

| 支队长 | 唐和中 |
| --- | --- |
| 政　　委 | 邝善荣 |

第三支队（原纵队部）

| 支队长 | 龙厚生 |
| --- | --- |
| 政　　委 | 刘复初（兼） |

6. 中国工农红军川滇黔边区游击纵队（1936 年 7 月初在威信水田寨改建）

| 司 令 员 | 刘复初（1936 年 12 月初被捕入狱） |
| --- | --- |
| 政　　委 | 龙厚生（1937 年 1 月初被敌杀害） |
| 参 谋 长 | 曾春鉴（1937 年 1 月初被敌杀害） |
| 政治部主任 | 李青云（1937 年 1 月初被敌杀害） |
| 特 派 员 | 李青云（兼）（1937 年 1 月初被敌杀害） |
| 负责宣传（秘书） | 阚思颖〔甘棠〕（1936 年 11 月被捕） |
| 侦察参谋 | 邝善荣（1937 年 1 月失散） |
| 一大队长 | 高良明 |
| 指 导 员 | 贺东朝（1936 年 10 月因病离队） |
| 二大队长 | 易德胜〔余德胜〕（1936 年 10 月 21 日牺牲） |
| 指 导 员 | 陈兴才〔陈彪〕（1936 年 10 月因病离队） |

三大队长　　　　　　　　刘少成(1937年1月牺牲)

指 导 员　　　　　　　　曾广胜(1936年11月中旬失散)

下辖三个游击支队：

川南游击支队(1936年3月组建)

支队长　　　　　　　　金　璇

政　委　　　　　　　　戴德昌〔邓楷〕(1936年夏牺牲)

贵州游击支队(1936年夏组建)

支队长　　　　　　　　赵文海

政　委　　　　　　　　阮俊臣

云南游击支队(1936年夏组建)

支队长　　　　　　　　殷禄才

政　委　　　　　　　　陈华久

一小队　　　队长　　殷禄明

二小队　　　队长　　王子明

三小队　　　队长　　杨世龙

四小队　　　队长　　殷禄坤

（录自《中国工农红军川滇黔边区游击纵队斗争史》编写组编《中国工农红军川滇黔边区游击纵队斗争史(副本)》上册,1985年印行）

# 中共川南(川滇黔边区)特委组织序列

1. 中共川南特委（1935.2.10～1935.7）

书记　徐　策（原红三军团第六师政委,1935 年 7 月牺牲）

委员　戴元怀（原红八军团民运部部长,1935 年 3 月牺牲）

　　　余泽鸿（原军委干部团上干队政委）

　　　夏才曦（夏采曦,曾任中共江苏省委宣传部部长、中共中央特科第三科科长,1935 年 4 月离开边区）

　　　王逸涛（原叙永特区游击队队长,1935 年 5 月投敌,解放后被处决）

　　　邹风平（时中共泸县中心县委书记）

　　　刘干臣（原红军新编师师长,上干队队长,1935 年 6 月增补）

　　　曾春鉴（原红三军团第六师参谋长,1935 年 6 月增补）

特委下属中共泸县中心县委(邹风平担任书记)和边区新建的高田(张志高任书记)、田中(戴元昌任书记)、两河(霍得文任书记)、梅硐(邓楷任书记)等区委及纵队内设立一个党总支(甘棠任书记)、五个党支部、一个党小组。

2. 中共川滇黔边区特委(1935.7～1936.2)

书记　余泽鸿(1935 年 12 月牺牲)

委员　刘干臣(1935 年 12 月牺牲)

　　　钟昌涛(1935 年 8 月被俘)

　　　龙厚生（原国家政治保卫局派驻通讯学校特派员）

　　　李青云（原黔北游击队特派员）

　　　刘复初（原川南支队政委,1935 年 9 月增补）

特委下属一个党总支、七个党支部。

3. 中共川滇黔边区特委(1936.2～1937.1)

书记　刘复初(1936 年 12 月被捕)

委员　龙厚生(1937 年 1 月牺牲)

　　　曾春鉴(1936 年 5 月增补,1937 年 1 月牺牲)

　　　李青云(1937 年 1 月牺牲)

　　　邝善荣（原闽赣省委青年团书记,1936 年 7 月增补,12 月失散）

特委下属支部

（1）中共罗布坳支部　书记　叶培根

（2）中共扎西支部　　书记　邝善荣

（编者根据有关资料整理）

（二）遗址、遗迹、遗物

1. 四川部分

## 彭德怀接见叙永特区游击队负责人旧址
### ——四川叙永县黄坭田中四化榜红三军团团部旧址

黄坭田中四化榜红三军团军团部旧址

彭德怀在红三军团军团部接见叙永特区游击队负责人旧址,位于四川省泸州市叙永县黄坭乡兴安村六社。现为张玉恒后人张云方住家,彭德怀于此接见叙永特区游击队负责人。建筑于清代末期,小青瓦屋面,土木结构。现存约两百余平方米。

1935年2月4日,彭德怀率红三军团部抵达叙永县黄坭田中四化榜,设军团指挥部于张玉恒家。是日,红三军团与叙永特区游击队取得联系,决定派遣红军干部,留下一些红军伤病员和枪支弹药,充实游击队。当天晚上,彭德怀在军团部接见了游击队负责人王逸涛、张有德、朱华清、李石坚等,讲述了革命形势和敌我情况。

(录自叙永县档案史志局编《鸡鸣三省老区叙永》,2014年印行,第36页)

## 白腊石道圈彭德怀派遣留下的红军与叙永特区游击队合队遗址

红军与叙永特区游击队合队遗址,位于四川省叙永县白腊乡亮窗口村六社。

**彭德怀派遣留下的红军与叙永特区游击队合队遗址——白腊石道圈**

1935 年 2 月 4 日深夜,红三军团军团长彭德怀接见叙永特区游击队负责人后,决定派遣红军干部,留下一些红军伤病员和枪支弹药,充实游击队,指定王逸涛任游击队队长、何宗舟任政委、陈盛才任政治处主任,张有德负责党的工作,朱华清负责团的工作。次日,红三军团第四师某团总支书记何宗舟、陈盛才(第三军团第五师某团特派员)等带数十名伤病员和 50 支步枪,6 挺机枪,在白腊石道圈与游击队合队。

(录自叙永县档案史志局编《叙永县革命遗址遗迹简介》,2012 年印行)

## 叙永特区游击队成立旧址黄坭狮子岩

黄坭狮子岩叙永特区游击队成立旧址位于四川省叙永县黄坭乡黄坭村四社。

**叙永特区游击队成立地狮子岩**

叙永特区游击队主要活动地四川叙永县黄坭田中

　　1934 年 8 月 12 日晚,脱离共产党组织回乡在黄坭活动的王逸涛约集共青团黄坭支部饶书麟、宣传委员王元富、组织委员王元贵和群众王元武等十余人,携带手枪三支、步枪两支和梭标、马刀等武器上了狮子岩(亦称狮子头)打游击,活动于川滇边界,争取云南高田杨登高绿林武装 40 多人参加游击队。随后,王逸涛派人向共青团叙永县委汇报,请求中共泸县中心县委领导。10 月,经过深入了解,泸县中心县委领导人邹凤〔风〕平到黄坭狮子岩游击区,宣布成立叙永特区游击队,王逸涛任队长(后叛变)。

　　(录自叙永县档案史志局编《叙永县革命遗址遗迹简介》,2012 年印行)


## 界首山苗民政府旧址

　　界首山,位于四川省泸州市叙永县城西南、两河镇西北面。

四川省叙永县两河镇的界首山苗民政府旧址

四川省叙永县两河镇的界首山

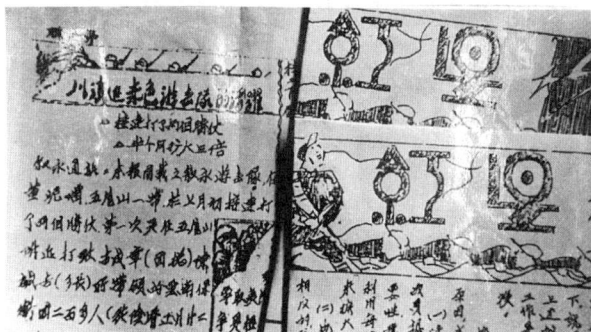

1935 年 4 月 10 日《红星》报载：叙永特区游击队活动

　　叙永县两河镇界首山是苗族聚居地。1934 年 2 月，中共泸县中心县委按照省委指示精神，到两河、黄坭等地发动苗民革命活动。8 月，中心县委在黄坭成立特区游击队。随后派人到有较好群众基础的两河界首山开展地方工作，组织成立界首山农民革命委员会，发动苗民群众参加农会，组建 20 多人参加的界首山苗民赤卫队，在此基础上建立了四川省第一个苗民政府。中心县委把界首山苗族上层人士杨绍华家作为党的联络点和活动中心，发展党组织，领导苗民革命活动，支持配合特区游击队行动。

　　两河界首山苗民政府旧址，位于两河镇双狮村十社大园地。坐北朝南，小青瓦屋面，穿逗式泥木结构，修建于清朝末期，占地 700 多平方米。南距川滇叙（永）威（信）公路 6 公里、两河场镇 7 公里两侧已改建为砖石结构，旧建筑尚存 300 多平方米，现为村民住宅。界首山苗民政府，是川南苗族人民行使当家作主建立民族自治权利的尝试，反映了中共川南特委和中共泸县中心县委的革命活动，有着极为深远的纪念和教育意义。

（录自叙永县档案史志局编《鸡鸣三省老区叙永》，2014年印行，第35页）

## 川南游击纵队与叙永特区游击队黄坭乡树坪庙门前合队遗址

黄坭乡树坪庙门前合队遗址位于四川省叙永县黄坭乡三溪村二社。

红军川南游击纵队与叙永特区游击纵队汇合地树坪庙门前

1935年2月10日，根据扎西会议精神，党中央和中革军委抽调红军干部组成中共川南特委和中国工农红军川南游击纵队，留下红军400多人。2月14日，与红军主力分手后的川南游击纵队通知王逸涛率叙永特区游击队在叙永黄坭树坪庙门前（也称庙门迁）等候合队，合队后有600多人。

（录自叙永县档案史志局编《叙永县革命遗址遗迹简介》，2012年印行）

## 中国工农红军川南游击纵队成立旧址

中国工农红军川南游击纵队成立旧址，位于四川省叙永县黄坭乡兴安村六社五龙山（又名玉龙山）寺庙。

1935年2月10日，根据扎西会议精神，党中央和中革军委抽调红军干部建立中共川南特委，由徐策（红三军团第六师政委）、余泽鸿（干部团上干队政委）、戴元怀（红九军团地方工作部部长）、王逸涛（叙永特区游击队队长）、邹风平（泸县中心县委书记）等人组成，直属中央领导，负责领导红军游击纵队及长江以南、金沙江

四川叙永县黄坭乡兴安村的中国工农红军
川南游击纵队成立地五龙山寺庙

黄坭五龙山寺庙远景

以东地区的地方工作；选派红军指战员四百余人，与叙永特区游击队合并，组建
"中国工农红军川南游击纵队"，抽调100多名红军干部，留下1个干部连、1个机
干连（国家政治保卫局第五连）、1个警卫通讯班、1个运输排、1个卫生班和几个修
枪工人到中国工农红军川南游击纵队。14日，与红军主力分手后的川南游击纵队
通知王逸涛率叙永特区游击队在叙永黄坭树坪庙门迁（前）等候合队。18日，合队
后的川南游击纵队600多人在黄坭五龙山寺庙召开成立大会，宣布中央关于组建
川南特委和红军川南游击纵队的决定，中国工农红军川南游击纵队设司令部、政
治部、供给处，政治部下设组织部、宣传部、地方工作团。王逸涛任司令员、徐策任
政委兼政治部主任、曾春鉴（红三军团第六师参谋长）任副司令员、余泽鸿任宣传

部长、戴元怀任组织部长、刘干臣(红军新编师师长)任参谋长、杨德胜(红军总部第四局供给处干部)任供给处长、张梅凤(红军干部)任地方工作团主任、龙厚生(国家政治保卫局驻红军通讯学校特派员)任特派员、李桂洪〔英〕(女,又名李桂英,卫生部担架连指导员)任司令部指导员、阚思颖(女,又名甘棠,中央妇女部秘书)任司令部秘书。纵队下设五个大队(支队)由董玉清(红军干部)任第一大队长、曾正南(红三军团营长)任第二大队长、杨登高(叙永特区游击队大队长)任第三大队长、梁亚伯(叙永特区游击队负责人)任第四大队长、黄虎山(国家政治保卫队第五连连长)任第五大队长,各大队设指导员。中共川南特委建立1个党总支、阚思颖任总支书记,5个支部、大队指导员任支部书记,1个党小组(直属总支)。会后,搭戏台表演节目,欢迎当地群众参加。

(录自中共四川省委党研室、中共泸州市委党研室、中共宜宾市委党研室编《四川省革命遗址通览》第12册,中共党史出版社2014年版,第62~63页)

## 宋兴游击队和江长游击队在四川长宁县梅硐沟合队处

梅硐镇位于四川省长宁县。

长宁县梅硐镇

1935年2月,宋兴游击队和江长游击队在四川长宁县梅硐沟合队,总称红军南六游击队。

## 川南游击纵队攻打石包田赵品山寨子遗址

川南游击纵队攻打石包田赵品山寨子遗址位于四川省泸州市叙永县黄坭乡安定村一社。

**赵品山寨子遗址**

1935年2月28日夜,刚合队完成建制的红军川南游击纵队从五龙山出发,乘夜攻打位于叙永县黄坭乡的、平素欺压百姓的间长赵品山的寨子,一举获胜,大快人心。

（录自叙永县档案史志局编《叙永县革命遗址遗迹简介》,2012年印行）

## 川南游击纵队落堡遭遇战遗址

川南游击纵队落堡遭遇战遗址位于四川省泸州市叙永县黄坭乡银方村四社。

**川南游击纵队落堡遭遇战遗址**

1935年3月4日下午,中国工农红军川南游击纵队进至落堡(又写作洛包),与黄坭嘴分路追来的川军顾晓凡部第三十七团第三营周遇祥会同两河镇长杨济安率民团在落堡突然遭遇。敌分三路以民团七个分队随同周营攻击纵队左翼代家湾一带;又以一个分队随周营攻击纵队大垭口河下一带;杨济安则亲率团丁一个分队协同周遇祥正面进攻落堡、木厂一带红军游击纵队主力。纵队第五大队长黄虎山,率战士抢占有利地形,居高临下,打得敌人满山乱窜。激战两个半小时,击毙敌人16名,杀伤15名,俘虏多人。傍晚,得悉敌人分三路包抄,纵队乃分三路转移至木厂梁子大山上。

(录自叙永县档案史志局编《叙永县革命遗址遗迹简介》,2012年印行)

## 川南游击纵队木厂梁子战斗遗址

川南游击纵队木厂梁子战斗遗址位于四川省泸州市叙永县黄坭乡兴安村四、五、六社和银方村六社。

川南游击纵队木厂梁子战斗遗址远景

1935年3月4日红军川南游击纵队乘夜转移至木厂梁子大山上。5日拂晓,驻守叙永的川军顾晓凡部第三十七团第三营周遇祥第十一、十二连由民团带路,从侧翼包抄木厂梁子,敌主力则由正面强攻。上午8时许,大雾弥漫、方向难辨,敌人已经逼近驻地,纵队方才发现,仓促反击。双方激战5小时,纵队遭遇左右夹击被冲散:杨登高带领第三大队退走滇边;余泽鸿率第二大队第一中队及运输排

川南游击纵队木厂梁子战斗遗址近景

木厂梁子战斗梁亚伯牺牲地遗址

转移至后沟,又受到当地民团伏击;徐策率第一大队在附近周旋,向清水河方向之石道圈甘洞一带前进至沙溪沟时,与尾追前来之敌交火,双方又激战两小时,周营伤亡 6 人;其余两个大队,在曾春鉴指挥下,打退敌人进攻,缴获三四十支枪。至午后五时,游击纵队第一大队长梁亚伯率领少数战士英勇与敌拼杀,掩护部队转移,右手被打伤,又用左手把持枪向敌人猛射,不幸被敌手榴弹炸成重伤,战友们将他抢救下来,终因流血过多光荣牺牲于安厂坝,后被老百姓掩埋在扇子地(今黄坭乡兴安村六社)。三天后,纵队被冲散的几部分才聚拢。

(录自叙永县档案史志局编《叙永县革命遗址遗迹简介》,2012 年印行)

### 川南游击纵队沙基沟战斗遗址

川南游击纵队沙基沟战斗遗址,位于四川省泸州市叙永县黄坭乡兴安村三社(原兴安村一、二队)。

**川南游击纵队沙基沟战斗遗址今貌**

1935年3月8日,红军川南游击纵队首战木厂梁子失利3天后才聚拢,迅速离开黄泥嘴,向清水河、石道圈、甘洞急进。至沙基沟时,与尾随的川军顾晓凡部第三十七团第三营周遇祥部激战,打至黄昏,纵队才甩掉敌人,一路急进离开叙永插向兴文县境。

(录自叙永县档案史志局编《叙永县革命遗址遗迹简介》,2012年印行)

### 水潦落堡中国工农红军川南游击纵队庆祝五一旧址

川南游击纵队庆五一旧址,位于四川省泸州市叙永县水潦彝族乡黄狮村一社落堡。房屋坐东南向西北,为小青瓦屋面,穿逗式梁架,三合院布局,建筑占地面积80平方米。

1935年1月,中央红军一渡赤水后进入叙永县境。2月18日,中共中央和军委在缩编中选派红军指战员四百余人,与叙永县特区游击队汇合,在五龙山成立中国工农红军川南游击纵队。4月30日,红军川南游击纵队在云南威信水田寨取

川南游击纵队庆祝五一旧址胡泽云家

红军川南游击纵队重要活动地落堡

落堡红军桥

得打击敌独立营的战斗胜利后,回师川南,从分水岭经坛厂抵达水潦落堡休整。第二天是"五一"国际劳动节,中共川南特委和红军川南游击纵队在水潦坛厂落堡胡泽云家召开五一国际劳动节庆祝大会,红军川南游击纵队政委兼政治部主任徐策作国际国内形势报告,中共川南特委颁布《川南工农劳苦群众目前斗争纲领》,并书写在会场房门前壁上。纵队还在落堡农家墙壁上书写了许多宣传标语,帮助建立落堡农会组织。

（录自叙永县档案史志局编《鸡鸣三省老区叙永》,2014 年印行,第 38 页）

## 落堡《川南工农劳苦群众目前斗争纲领》书写墙

落堡《川南工农劳苦群众目前斗争纲领》书写墙,位于四川省泸州市叙永县水潦彝族乡黄狮村 1 社落堡胡泽云房屋墙壁上。

1935 年 4 月 30 日,红军川南游击纵队在云南威信水田寨取得打击敌独立营的战斗胜利后,回师川南,从分水岭经坛厂抵达落堡休整。第二天是五一国际劳动节,纵队在落堡召开军民庆祝大会。徐策在会上作国际国内形势报告,颁发特委制定的《川南工农劳苦群众目前斗争纲领》,并将全文书写在胡泽云家墙壁上。纵队还在落堡农家墙壁上书写了许多宣传标语,帮助建立落堡农会组织。纲领共十二条,墨笔书写,行书字体,字径 0.1 米,字距 0.04 米,落款为"中国共产党川南特委制,1935 年五一劳动节"。

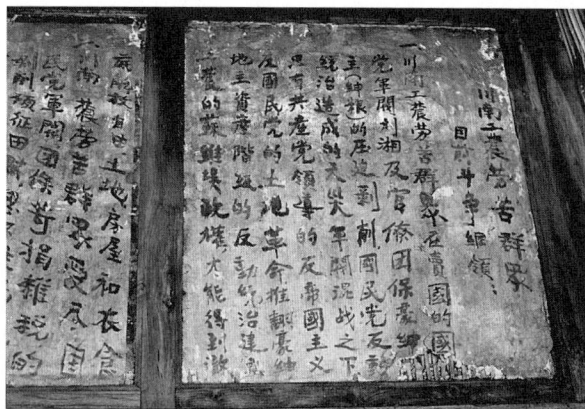

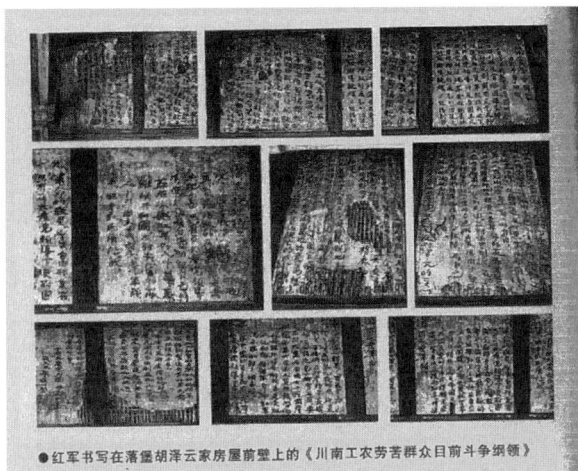

● 红军书写在落堡胡泽云家房屋前壁上的《川南工农劳苦群众目前斗争纲领》

**红军书于四川叙永落堡胡泽云家前壁上的《川南工农劳苦群众目前斗争纲领》**

（录自中共四川省委党研室、中共泸州市委党研室、中共宜宾市委党研室编
《四川省革命遗址通览》第 12 册，中共党史出版社 2014 年版，第 74 页）

## 叙永县分水镇木格倒红军标语

分水木格倒红军标语，位于四川省泸州市叙永县分水镇木格倒村一社陶柱君
住宅墙上。

四川省叙永县分水镇木格倒苗寨

## 中国工农红军川南游击纵队分水岭迎接黔北游击纵队遗址

川南游击纵队分水岭迎接黔北游击纵队遗址,位于四川省泸州市叙永县分水镇鱼洞村二社郭家寨。

川南游击纵队分水岭迎接黔北游击纵队遗址

1935年7月,中国工农红军川南游击纵队经历黄坭嘴与民团遭遇战、后沟遭伏击战、大石盘遭袭击战后,进至朱家山寨休整。一天,侦察员报告:从河坝场方向来了一支队伍,江西口音,说是来找红军川南游击纵队。川南特委领导一面派人前去联系,一面加强岗哨、提高警惕。通过接洽,过来的队伍是红军黔北游击队。中国工农红军川南游击纵队组织一班人前往分水岭迎接,4个号兵鸣号欢迎。

(录自叙永县档案史志局编《叙永县革命遗址遗迹简介》,2012年印行)

## 中国工农红军川南游击纵队、黔北游击队会师旧址

川南游击纵队、黔北游击队会师旧址,位于四川省叙永县分水镇路井村一社。

朱家山地处川滇交界,山高谷深林密,是川南游击纵队的游击区,纵队经常在此休整。1935年7月上旬,纵队在朱家山休整时,与前来寻找游击纵队的黔北游击队取得联系。当天晚上,两支红军游击队在朱家山会师。部队整合后,改称中国工农红军川滇黔边区游击纵队,特委改称中共川滇黔边区特委。中国工农红军川滇黔边区游击纵队设司令部、政治部、供给处、两个支队,800多人。徐策任司令员兼政委,张凤光任副政委,余泽鸿任政治部主任,参谋长曾春鉴因伤借养在罗布

四川省叙永县分水镇路井村的红军黔北游击队与川南游击
纵队会师地、川滇黔边区游击纵队成立地——朱家山

中国工农红军川滇黔边区游击纵队政治部印迹

坳,陈宏任代理参谋长,李青云(原国家政治保卫局干部)任特派员;杨德胜任供给处主任,钟昌桃任地方工作部主任,陈兴才任副主任,龙厚生管组织、阚思颖管宣传。原红军川南游击纵队为第一支队,刘干臣任支队长、胡方(赤水河游击队副队长)任支队政委;原红军黔北游击队为第二支队,张凤光兼支队长、胡紫键任支队政委。每个支队设三个大队。当晚,召开联欢晚会,搭台演戏,欢迎群众参加,并将没收土豪的浮财、粮食、猪肉等分给群众。

　　(录自中共四川省委党研室、中共泸州市委党研室、中共宜宾市委党研室编《四川省革命遗址通览》第 12 册,中共党史出版社 2014 年版,第 64～65 页)

## 中国工农红军川滇黔边区游击纵队田坝头火石坡战斗遗址

田坝头火石坡战斗遗址,位于四川省泸州市叙永县分水镇广子村五社。

**田坝头火石坡战斗遗址**

1935 年 7 月 8 日,中国工农红军川南游击纵队与黔北游击纵队于朱家山会师,改编为中国工农红军川滇黔边区游击纵队,队伍壮大至 1000 多人。第二天,纵队在分水田坝头火石坡袭击国民党川军顾晓凡部。代理参谋长陈宏指挥纵队一举占领主要高地,打退敌人多次冲锋,缴获一批武器。

(录自叙永县档案史志局编《叙永县革命遗址遗迹简介》,2012 年印行)

## 红军川滇黔边区游击纵队同所属的川南支队会合处

1935 年 7 月,中共川南特委在簸箕坝召开会议,决定增加刘复初为特委委员,任红军川滇黔边区游击纵队参谋长。并决定通知他带领川南支队到四川兴文博望山与纵队合队。

**博望山会合处**

## 红军川滇黔边区游击纵队建武战斗遗址

川滇黔边区游击纵队建武战斗遗址，位于四川兴文县的建武镇。

红军川滇黔边区游击纵队建武战斗遗址

## 红军川滇黔边区游击纵队打进筠连县城

1935年8月29日（农历八月初一），红军川南游击纵队打进筠连城。国民党军派出三个团防堵红军，但无能为力。红军游击队打进县城，县长罗从里逃跑。红军打进县政府，烧了官轿、官椅和文书档案，还打开监狱救出了200多名被关押的老百姓。两名女红军还讲了一个多钟头的话。红军没收了官僚、土豪和奸商的财产并分给群众。红军游击队在筠连县境三进三出。

四川筠连县城旧貌

# 四川江安县五谷乡红军川滇黔边区
# 游击纵队古佛台战斗遗址

川滇黔边区游击纵队古佛台战斗遗址

1935年9月7日，红军川滇黔边区游击纵队在四川江安县五谷乡的古佛台同敌人展开战斗。

## 川滇黔边区游击纵队天池战斗遗址

川滇黔边区游击纵队天池战斗遗址，位于四川省泸州市叙永县天池镇社区。

川滇黔边区游击纵队天池背水战遗址天池老街

**川滇黔边区游击纵队与川军驻叙永边防军天池
背水战的天池镇今貌**

1935 年 9 月 16 日至 18 日,中国工农红军川滇黔边区游击纵队连克上马、叙蓬溪两个乡公所,叙永、纳溪集结民团、驻军并调集隆昌、富顺民团来袭。19 日,游击纵队撤离叙蓬溪,经大石姆、水尾直驱天池镇。22 日,纵队与天池、水尾、马岭民团和川军驻叙永边防军于永宁河岸的天池镇激战 5 小时,游击纵队考虑到背水之战于己不利,趁夜转移至麦地坝,向贵州赤水宝源(一碗水)进发。

(录自叙永县档案史志局编《叙永县革命遗址遗迹简介》,2012 年印行)

## 川滇黔边区游击纵队马岭镇麦地坝宿营地遗址

川滇黔边区游击纵队马岭麦地坝宿营地旧址,位于四川叙永县马岭镇社区麦地场。

1935 年 9 月 22 日,中国工农红军川滇黔边区游击纵队在叙永县天池镇与天池、水尾、马岭民团和川军驻叙永县边防第二路第一团团长赵治国部成、谢两营激战 5 小时,双方互有伤亡。中国工农红军川滇黔边区游击纵队考虑到背水之战于己不利,于当晚转移至麦地坝宿营。麦地街村,只有二三十户人家,纵队夜间到达买不到食物,尚有几家正在熬麦芽糖,战士们又饥又饿,只好买点麦芽糖水充饥。第二天一早启程向川黔边境进发。

**川滇黔游击纵队马岭麦地坝
宿营地旧址**

(录自叙永县档案史志局编《叙永县革命遗址遗迹简介》,2012 年印行)

## 中国工农红军川滇黔边区游击纵队临时救护所旧址大坎坡寺庙

川滇黔边区游击纵队临时救护所旧址大坎坡寺庙,位于四川省叙永县大石乡大石村二社大坎坡丘陵地带的小山坡上。

1935年9月22日,中国工农红军川滇黔边区游击纵队在叙永县天池镇与天池、水尾、马岭民团和川军驻叙永县边防第二路第一团团长赵治国部成、谢两营激战5小时,双方互有伤亡。纵队考虑到背水之战于己不利,于当晚转移至麦地坝。第二天,经水尾三门场、大石姆向贵州赤水宝源(一碗水)进发。进入大石乡境内大坎坡,遭遇追来的川军驻叙永县边防第二路第一团团长赵治国部谢营。纵队300多人激战追击的川军赵团谢营,打死打伤谢营100多人,缴获步枪近百支,谢营死伤者摆满宝源半条街。战斗中,受伤的中国工农红军川滇黔边区游击纵队队员送入附近的大坎坡寺庙进行救护。大坎坡寺庙成为中国工农红军川滇黔边区游击纵队临时救护所。

川滇黔边区游击纵队临时救护所旧址大坎坡

(录自中共四川省委党研室、中共泸州市委党研室、中共宜宾市委党研室编《四川省革命遗址通览》第12册,中共党史出版社2014年版,第73页)

# 四川长宁老翁场厂的兵工厂旧址

兵工厂旧址

1935 年 10 月 7 日，红军川滇黔边区游击纵队在四川省长宁县老翁场厂、现松林二组河嘴上的兵工厂补充弹药。

# 红军游击纵队根据地大雪山

红军川滇黔边区游击纵队的根据地大雪山，位于四川珙县、筠连和云南彝良、威信四县交界处。

大雪山是红军川滇黔边区游击纵队经常活动处

大雪山上的森林

## 四川兴文炭厂战斗遗址

1935 年 12 月龙厚生、黄虎山率领的红军川滇黔边区游击纵队第二支队在四川兴文县炭厂同敌作战并被打散。

四川兴文炭厂战斗遗址

## 龙厚生等隐蔽处——四川兴文县洛柏林石匠田

四川兴文县洛柏林石匠田

龙厚生等红军川滇黔边区游击纵队领导人曾于 1936 年春在四川兴文县洛柏林石匠田隐蔽。

## 中共川南特委洛柏林扩大会议遗址

1936 年年初刘复初、李青云带着第一支队队员由连天山来到洛柏林。刘复初主持召开了特委扩大会议。刘复初在洛柏林会议上被选为中共川滇黔特别委员会书记兼川滇黔边区游击纵队司令员。

刘复初照片

中共川南特委洛柏林扩大会议遗址

## 川南游击支队支队长金瑬像

金瑬像

## 中共川南特委与两河区委分水岭街上联络点旧址

分水岭川南特委联络点旧址位于四川省泸州市叙永县分水镇分水岭社区。

**分水岭川南特委联络点旧址(原建筑已拆建为社区办公室)**

1935年2月18日,川南特委在黄坭五龙山寺庙召开中国工农红军川南游击纵队成立大会,宣布中央关于组建川南特委和红军川南游击纵队的决定。纵队以云贵接壤,且山高林密的分水岭朱家山、黄坭田中木厂梁子等为游击区。并秘密以分水岭街上家为中共川南特委与中共两河区委的联络点。

(录自叙永县档案史志局编《叙永县革命遗址遗迹简介》,2012年印行)

## 中共两河区委两河口附近牌坊口樊家店子联络点

两河口两河区委联络点位于四川省泸州市叙永县两河镇两河社区。

1935年3月初,中共川南特委派霍绍文(又名何玉芳、郝谦,原红军总部破坏部工作)、周守如随带特委书记徐策亲笔信,到两河口界首山杨绍华家,与先期离开叙永特区游击队到当地工作的朱华清接头,组成中共两河临时区委。霍任书记、周任组织委员、朱任宣传委员。组织深入偏僻山区的缺粮断炊农民,到外地打土豪、分粮食,掌握金鹅池小学教员刘思远家几条枪,并找何光奎做两河镇团丁的工作。临时区委书面写出区委成立情况汇报,由杨炳成带路,派周守如去向特委

两河镇的两河区委联络点樊家店子遗址

两河区委联络点杨炳成家旧址

汇报。周在黄泥嘴一带寻找,住王木匠(王清和)家,设法寻找特委,发展王木匠入党。不久,周、王在分水岭附近找到纵队,面向徐策汇报。特委批准成立中共两河区委,同意区委工作;采纳区委建议,王木匠为特委和区委交通员。建立特委的两个联络点:一处在分水岭街上,一处在扎西镇上;区委的联络点是在两河口附近牌坊口樊家店子。中共两河区委成立后,重新分工。霍绍文负责金鹅池地区,以刘家院子为联络点,以教书作掩护开展工作;周守如、朱华清仍留在两河地区,以杨炳成家为联络点,迅速开展工作,发展党员,方圆30里的地方,都有了基本群众。教育争取叙永后山、两河一带的项彬、牟国云、王国云等三支绿林武装,准备参加游击队。王逸涛公开叛变后,8月下旬两河区委遭到破坏。霍、周、朱转移到威信、古宋等地。11 月，周守如去重庆寻找党组织。

（录自叙永县档案史志局编《叙永县革命遗址遗迹简介》，2012 年印行）

## 川滇黔边区游击纵队书写的布告（照片）

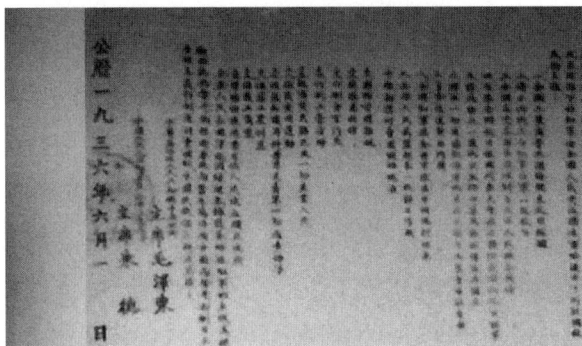

红军川滇黔边区游击纵队写在兴文博望山、仙峰等地的中华苏维埃政府和中国人民抗日红军革命军事委员会的布告（1936 年）

## 川滇黔边区游击纵队使用过的武器（照片）

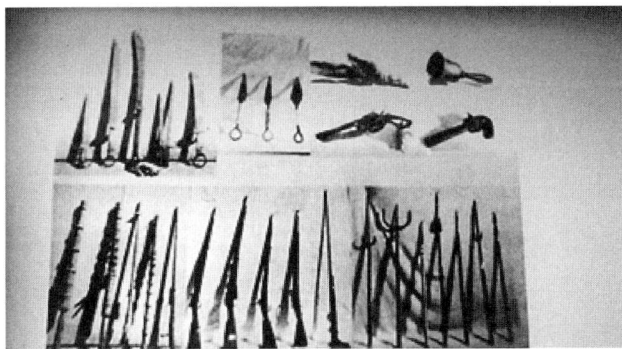

川滇黔边区游击纵队使用过的武器

## 红军川南游击队在四川书写的标语

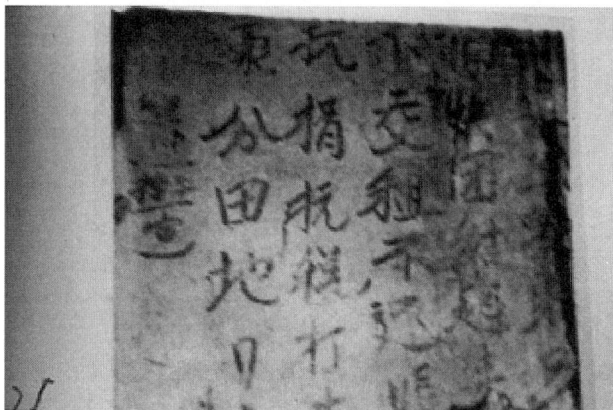

红军川南游击队在四川省兴文县仙峰山上写的标语

红军川南纵队在四川省长宁县梅硐写的标语

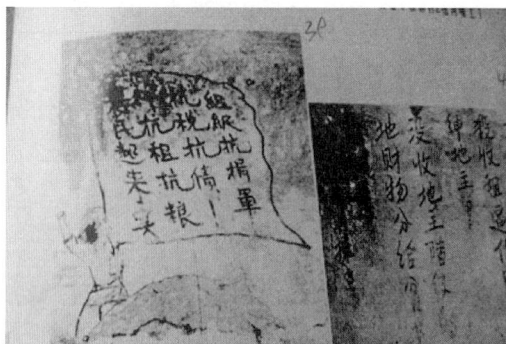

红军川滇黔游击纵队在梅硐黄金村农民家墙壁上写的标语

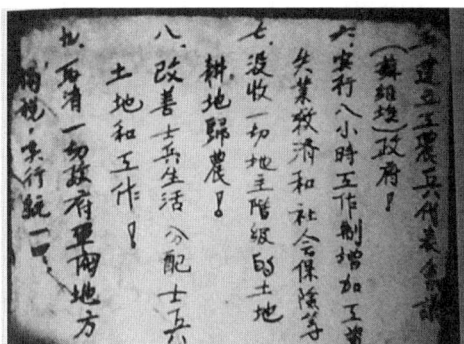

红军川滇黔游击纵队在四川省兴文县境内写的标语

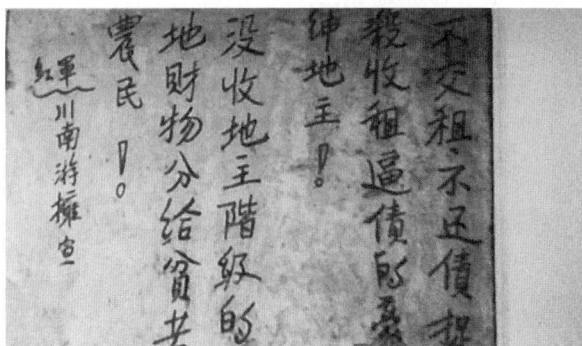

红军川南游击纵队在四川省兴文县五林街上写的标语

## 红军川滇黔游击纵队使用过的布币

红军川滇黔游击纵队使用过的布币

## 川南游击纵队中队长杨绍华等牺牲地遗址

川南游击纵队中队长杨绍华等牺牲地遗址,位于四川省泸州市叙永县黄坭乡兴安村三社木厂梁子。

**川南游击纵队中队长杨绍华等十余名队员隐藏牺牲的山洞**

1935年3月5日,红军川南游击纵队在木厂梁子战斗中失利,纵队被冲散后,中队长杨绍华带领杨文安、杨文兴、杨文华、王世华等十余人来到木厂梁子附近一亲戚家躲藏,被安置到一山洞隐蔽。后打听到纵队主力已聚合转移到兴文县,杨绍华率队向兴文方向追赶纵队,行至天蓬寨被赵理龙民团截击,乃折返经清水河,返回木厂梁子山洞隐蔽。后被告密,两河镇民团包围、封锁出口,集中火力向洞内猛攻,杨绍华组织奋力反击,终因寡不敌众,红军指战员全部壮烈牺牲。杨绍华的头颅被割下挂在两河区公所门前示众。

(录自叙永县档案史志局编《叙永县革命遗址遗迹简介》,2012年印行)

## 老盘湾红军墓地

老盘湾红军墓地,位于四川省泸州市叙永县黄坭乡兴安村6社。

1935年3月5日,红军川南游击纵队首战木厂梁子失利,纵队被冲散后,有6名身负重伤的游击纵队队员,至五龙山寺庙门前死去。后被当地群众掩埋于距寺

**老盘湾石旮旯红军墓地**

庙 500 米的老盘湾石旮旯里。知情人杜贵银、杨明友、张子华。

（录自叙永县档案史志局编《叙永县革命遗址遗迹简介》，2012 年印行）

# 王清和烈士墓

王清和烈士墓，位于四川省叙永县黄坭乡银方村五社。

**黄坭乡王清和烈士墓**

王清和(1890—1935)，叙永县人。出身贫农，以木工为业，兼务农。1935 年 2 月，中央红军长征过叙永，王清和积极参加农协会，送子参加红军，掩护红军伤病员。同时，中共川南特委决定组建中共两河区委，发展王清和加入中国共产党，任

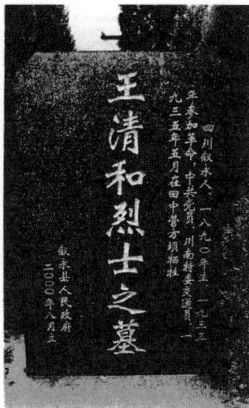

**叙永烈士陵园的王清和烈士墓碑**

特委与中共两河区委之间的交通员,负责将区委秘密购买的子弹、医药、草鞋等物资,送达游击纵队,将特委的指示传达给区委。9月,王清和被已叛变的王逸涛出卖杀害。

(录自叙永县档案史志局编《叙永县革命遗址遗迹简介》,2012年印行)

# 余泽鸿在江安县碗厂坡牺牲处

**余泽鸿照片**

1935 年 12 月 15 日,余泽鸿在江安县碗厂坡牺牲,此为旧址

余泽鸿牺牲地——四川江安县大井碗厂坡梁海明家

## 川南游击纵队司令员刘干臣牺牲处

**刘干臣牺牲处**

刘干臣，先后担任中国工农红军川南游击纵队参谋长、中国工农红军川滇黔边区游击纵队第一支队支队长、纵队司令员。1935年12月17日，刘干臣在四川古宋县（今属四川省宜宾市兴文县）杉树湾牺牲。

刘干臣牺牲后，敌人残暴地割下他的头挂在（今四川省宜宾市兴文县共乐镇东阳场）这棵黄桷树上示众。

**东阳场上的黄桷树**

# 龙厚生烈士牺牲地

龙厚生烈士牺牲地,位于四川省叙永县水潦彝族乡高坪村荆竹林。

**川滇黔边区游击纵队政委龙厚生烈士牺牲地**

龙厚生,原名龙承桃,生于 1891 年,湖南永兴人。1919 年在五四爱国运动的感召下,开始寻找革命真理。1926 年,参加朱德部队当兵,不久任军事教官。是年冬加入中国共产党。1927 年 8 月参加南昌起义。1928 年 1 月,随朱德、陈毅参加湘南暴动,后转战井冈山。1929 年 9 月,在国家保卫局工作。不久,任中央军红军通讯学校特派员,参加中央苏区历次反"围剿"作战。1934 年 10 月,随中央红军长征。1935 年 2 月,受派任命为中国工农红军川南游击纵队特派员,随红军川南游击纵队,穿插于川滇黔边境的叙永、兴文、长宁、镇雄、威信等 20 多个县,牵制敌人,配合红军的战略转移。1935 年 7 月,任中共川滇黔边区特委委员、组织部部长。11 月,兼任中国工农红军川南游击纵队第二支队政委。1936 年 2 月,任中国工农红军川滇黔边区游击纵队司令员。其时,贺龙、任弼时率领的红军二、六军团长征到达贵州毕节,龙厚生率部在扎西地区游击,牵制驻毕节国民党军队,使红军二、六军团顺利北上。6 月,收编国民党军队 1 个营的起义人员,红军川滇黔边区游击纵队人员增至一千余人,改名"中国工农红军川滇黔边区抗日先遣队",设三个支队,任第三支队支队长。率部扩大、组建云南、贵州、川南三支游击支队,争取两支起义队伍,联络绿林武装,进行抗日活动。川滇黔三省军阀发动"三省会剿",所部改称"中国工农红军川滇黔边区游击纵队",任政委。同年冬,红军川滇黔边区游击纵队在云南大雪山陷入敌军包围。1937 年

1月,率余部突围至云南扎西(今威信)水田寨野腊溪战斗受伤被俘牺牲。葬于四川叙永县水潦彝族乡高坪村。

（录自中共四川省委党研室、中共泸州市委党研室、中共宜宾市委党研室编《四川省革命遗址通览》第12册,中共党史出版社2014年版,第79页）

## 川滇黔边区游击纵队政委龙厚生烈士墓

川滇黔边区游击纵队政委龙厚生烈士墓,位于四川省泸州市叙永县水潦彝族乡高坪村四社苦竹沟。

四川省叙永水潦彝族乡高坪村的龙厚生烈士墓

叙永烈士陵园集墓内的
龙厚生烈士墓碑

四川省叙永县烈士陵园内的
龙厚生烈士雕像

（录自叙永县档案史志局编《叙永县革命遗址遗迹简介》,2012年印行）

## 曾春鉴烈士墓碑

曾春鉴(? ～1937),曾任中国工农红军川滇黔边区游击纵队参谋长。曾在战斗中负伤到罗布坳养伤。曾被称为曾抓手。伤愈后率十多名红军人员归队。曾参加中共川南特委,担任中国工农红军川滇黔边区抗日先遣队参谋长。1937 年 1 月在水田寨被敌人密谋杀害。

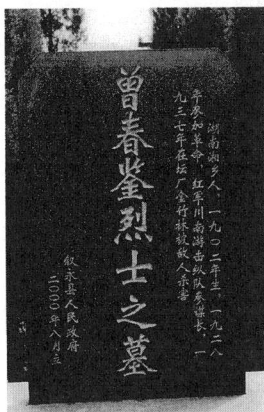

叙永烈士陵园内曾春鉴烈士墓碑

## 赵文海、赵银臣赤水镇住地旧址

赵文海、赵银臣父子赤水镇住地旧址,位于四川省泸州市赤水镇社区。

赵文海、赵银臣父子赤水镇住地旧址

**贵州游击支队队长赵文海秘密开展活动的赤水河
（今叙永县赤水镇）今貌**

赵文海（1898～1942），四川省纳溪人。1936年，参加中国工农红军川滇黔边区游击纵队，加入中国共产党。任贵州游击支队支队长，率部宣传抗日、抗捐减租、惩治贪官恶霸，转战于毕节、镇雄边境一带。

1936年，赵文海率领的中国工农红军川滇黔边区游击纵队贵州游击支队，宣传抗日、抗捐减租、惩治贪官恶霸，转战于毕节、镇雄边境一带。1940年，遭到贵州毕节、云南威信国民党联合"围剿"，寡不敌众，支队骨干遇害。1942年，赵文海、赵银臣父子秘密前往赤水河躲居，并秘密筹集活动经费。

（录自叙永县档案史志局编《叙永县革命遗址遗迹简介》，2012年印行）

## 赵文海、赵银臣父子牺牲地旧址

赵文海、赵银臣父子牺牲地旧址，位于贵州省毕节市七星关区清水铺镇镇南关黄桷树下。

赵文海1942年秘密前往赤水河筹集经费。腊月二十六日，与其子赵银臣（游击队员）同被毕节专署稽查便衣特务抓捕，枪杀于赤水河南关。

（录自叙永县档案史志局编《叙永县革命遗址遗迹简介》，2012年印行）

**1942年贵州游击纵队队长
赵文海及儿子赵银臣被国
民党枪杀于赤水河南关**

# 赵文海烈士墓

赵文海烈士墓,位于四川省泸州市叙永县赤水镇社区。

**赤水镇社区的贵州游击支队队长赵文海烈士墓**

赵文海和儿子赵银臣(游击队员)牺牲后。赵文海妻子和赵银臣居住于赤水镇的岳母出面找人将父子俩遗体抬回,葬于场口荒坡。2014年,叙永县民政局拨款建墓。

(录自叙永县档案史志局编《叙永县革命遗址遗迹简介》,2012年印行)

# 大荒地红军墓地

大荒地红军墓地,位于四川省泸州市叙永县黄坭乡兴安村六社。

**大荒地红军墓地**

1935年2月红军长征过五龙山时,红三军团长彭德怀接见叙永特区游击队负责人,决定派遣红军干部,留下一些红军伤病员充实游击队。红军伤员留在五龙地区养伤,懂点中草药的老乡张友俊用中草药为伤病员治疗。寄养在张友俊家的3位红军在其精心照料下,治愈了一位,后来参加了游击纵队。另外两个因伤势严重而牺牲。张友俊请邻里将两位红军抬去葬于附近的大荒地,无碑文。知情人:张子平、张义方。

(录自叙永县档案史志局编《叙永县革命遗址遗迹简介》,2012年印行)

## 猫呷沟红军墓地

猫呷沟红军墓地,位于四川省泸州市叙永县黄坭乡兴安村六社。

**猫呷沟红军墓地**

1935年2月红军长征经过叙永特区游击队游击区五龙山,红三军团军团长彭德怀接见特区游击队负责人,决定留下红军干部和枪弹,嘱托特区游击队照顾伤病员。特区游击队接此重任后,将伤员分散护送到五龙山寺庙左侧大湾子的猫呷沟几户杜姓人家,猫呷沟杜恒富家寄养两人,后因伤势过重死亡,杜恒富请本地苟正文、杜贵安三人悄悄将两位红军葬于房屋旁,不敢竖碑。后来杜家每年带子孙挂纸时,都给两位红军挂坟飘纸。

(录自叙永县档案史志局编《叙永县革命遗址遗迹简介》,2012年印行)

## 黄坭老街背后红军墓地

黄坭老街背后红军墓地,位于四川省泸州市叙永县黄坭乡黄坭村三社。

1935年2月的一天,一位受伤红军在街上陈启明的屋基里(当时是廖焕章的房子)逝世。该红军随身带了几个银元(印袁世凯的头像),死后是廖姓人家将其尸体送到街背后掩埋。多数年长者都知道该红军墓地,后因开发修房占用。(知情者:饶凤先、黄林章、黄莲章、陈安中。)

**黄坭老街背后红军墓地**

(录自叙永县档案史志局编《叙永县革命遗址遗迹简介》,2012年印行)

## 四川叙永烈士陵园

叙永烈士陵园,位于四川省泸州市叙永县坪上街普照寺山上。地形北高南低,呈阶梯分布,陵园依山势而建,总占地面积2.5万平方米,建于1986年10月。

陵园正门宏伟,上方是四川省著名诗人、学者流沙河题写的"叙永县烈士陵园"7个大字。进入正门是宽敞的广场。左边是功能完善的接待中心和陈列室,陈列室有两个展厅,面积为200平方米。上展厅展出各个革命历史时期为革命捐躯的叙永籍烈士史实、事迹、遗像和附有文字说明的有关图片。其中有辛亥革命牺牲的川南军政府总司令黄方,新民主主义时期牺牲的两广省委书记陆更夫,长征时期牺牲的中国工农红军四川第一路军先头营营长柳绍轩、中国工农红军川南游

四川省叙永县城普照山的叙永烈士陵园

四川省叙永县叙永烈士陵园

击纵队特派员龙厚生、中国工农红军川南游击纵队参谋长曾春鉴,大革命时期在重庆渣滓洞英勇殉难的女共产党员陈继贤,和平建设时期牺牲的一等功臣王兴润等革命烈士。下展厅有毛泽东、邓小平同志的题词和革命烈士英名录。右边汉白玉栏杆围栏梯步而下是能容纳万人的烈士陵园梯步广场,围栏右前方两百余米树荫弄密的林荫道雕刻有167米的叙永革命叙事墙,为全国烈士陵园内最长的浮雕墙。正前方拾级而上,通过三层平台,两侧分立黄方、陆更夫、龙厚生、曾春鉴、陈继贤、柳绍轩、王清和、王兴润8位烈士铜像,并建有将军亭、忠烈亭,经过千级石阶到达陵园最高处,迎面正中是高耸的纪念碑,高14.5米,碑体正面为原国家主席杨尚昆题写的"革命烈士纪念碑",侧面为中华人民共和国将军张爱萍题写的"浩气长存永垂不朽"。背面是"死难烈士万岁"。碑座用条石砌成,花岗石贴面,碑正面为前言、背面为后记,左右两侧刻有烈士英名录,四周地面是小青石贴面。

四川省叙永县叙永烈士陵园集墓

纪念碑后方是烈士大集墓,墓体长 12 米、宽 3 米、高 4 米,花岗石贴面,正面刻有"革命烈士之墓",四周为花坛、坛中塔柏环绕、六月雪常绿;左右为 40 名烈士墓群。陵园大集墓和单墓共葬革命烈士 298,其中红军 38 人。

叙永县烈士陵园,隶属叙永县民政局,由叙永县陵园管理所管理、使用。1995年,被四川省民政厅命名为"爱国主义教育基地"。2015 年参观人数为 11.5 万人。

（录自中共四川省委党研室、中共泸州市委党研室、中共宜宾市委党研室编《四川省革命遗址通览》第 12 册,中共党史出版社 2014 年版,第 81 页）

# 水尾烈士陵园

四川叙永水尾烈士陵园

水尾烈士陵园,位于四川省泸州市叙永县城东北面,距县城 42 公里的水尾镇钢铁村一社土桥子。该镇竹修林茂,誉为竹木之乡。是中国工农红军川南游击纵队、中国工农红军川滇黔边区游击纵队转战之地,中共地下党、地下武工队活动的重要场所,征粮剿匪的重要地方。

陵园依山而建,总占地面积 1500 平方米,距水尾场镇 400 米。2004 年 3 月,中共水尾镇委员会、水尾镇政府经叙永县民政局批准,在水尾场附近择地修建水尾烈士陵园,作为水尾镇的爱国主义教育基地,2006 年 4 月建成。

陵园内广场正面是纪念碑,左右是墓群,墓碑、墓志铭。四周围墙上刻有红军游击队、解放军征粮剿匪等战斗故事及场景浮雕、烈士英名录。陵园内安葬有 42 名烈士,其中红军 3 名。

2006 年 12 月,中共叙永县委员会、叙永县人民政府批准水尾烈士陵园为叙永县爱国主义教育基地。

(录自中共四川省委党研室、中共泸州市委党研室、中共宜宾市委党研室编《四川省革命遗址通览》第 12 册,中共党史出版社 2014 年版,第 81 页)

## 水潦烈士陵园

水潦烈士陵园,位于四川省泸州市叙永县水潦彝族乡高坪村四社。

**水潦彝族乡高坪村的烈士陵园**

陵园内安葬有川滇黔边区游击纵队司令员龙厚生及一同牺牲的游击队员。2015 年,叙永县财政投资 100 万元建成,是县级爱国主义教育基地。

(录自叙永县档案史志局编《叙永县革命遗址遗迹简介》,2012 年印行)

红军川滇黔边区游击纵队女红军李桂英像

女红军李桂英(又名李桂洪)像

红军川滇黔边区游击纵队女红军甘棠(又名阚思颖)照片

女红军甘棠(又名阚思颖)和幼子

# 红军川滇黔边区游击纵队贵州游击支队支队长阮俊臣画像

阮俊臣画像

# 邝善荣、刘复初、陈彪在延安合影

邝善荣、刘复初、陈彪(右起)在延安合影

邝善荣，参加红军长征，在遵义负伤留下治疗。1936年5月邝善荣伤愈后，回归红军川南游击纵队并任侦察参谋。游击纵队改称川滇黔边区抗日先遣队后，邝善荣任中共特委委员、第二支队政委。纵队失利后，任中共扎西支部书记。1938年1月和游击纵队地方工作团副主任、大队指导员陈彪（原名陈兴才，江西寻乌人）辗转到达武汉后转赴延安。

## 中共中央办公厅给余泽鸿父亲余叔皋的信（照片）

中共中央办公厅给余泽鸿父亲余叔皋的信

2. 云南部分

## 云南威信县扎西镇禹王宫
### ——中共川南特委和红军川南游击纵队诞生地旧址

扎西镇禹王宫——中共川南特委和红军川南游击纵队诞生地,位于云南威信县扎西镇龙井社区老街居民小组。

**扎西镇禹王宫——中共川南特委和红军川南游击纵队诞生地旧址**

禹王宫,又称湖广会馆,建于清光绪四年(1878年),为穿架与抬梁杂用的木结构单檐悬山顶式建筑,由大殿、戏楼和左右厢房组成的四合院落,占地面积300平方米,正门上悬挂原中共云南省委副书记高治国题写的"禹王宫"门匾。

1935年2月10日,中革军委在总部驻地附近的禹王宫内,召开从中央红军选拔留下组建游击纵队的100多名干部参加的会议。周恩来副主席到会作动员,给干部们讲了当前国内外形势和战斗任务,指出:"中央决定机关要精简,伤病员要安置,部队要充实轻装。并决定抽调你们在这里成立一支游击队,一要打击、牵制敌人,配合中央红军作战;二要安置和保护好伤病员;三要建立革命根据地。大家要服从中央决定,高兴地在这里战斗,坚持斗争,直到革命胜利。要团结一切可以团结的抗日力量,开创苏区新的局面。我们在这里暂时分开,将来是会见面的,我们川北有了根据地,你们在川南搞起来,革命力量就大了。"周副主席一席话,干部们深受教育,均表示服从中央分配,安下心来,坚持斗争。会上,根据中共中央决定,宣读了中共川南特委和中国工农红军川南游击纵队领导人的任命。特委和纵队的成立,使川滇黔边区的革命斗争有了坚强的组织领导和革命的核心力量。从此,川、滇、黔边区的革命斗争如火如荼,进入了一个崭新的时期。禹王宫作为扎西会议会址的重要组成部分,1983 年 1 月,被云南省人民政府公布为省级重点文物保护单位;2004 年底,被列入全国 100 个红色旅游经典景区建设。

（录自威信县革命遗址普查工作领导小组、中共威信县委党史研究室编《红色扎西——威信县革命遗址普查成果汇编》,2011 年印行,第 56 页）

## 云南威信县扎西中央红军精简缩编遗址

扎西中央红军精简缩编遗址,位于云南威信县扎西镇龙井社区老街和河坝两个居民小组,地处县政府东部。

扎西中央红军精简缩编遗址

中共中央进驻扎西后,在扎西镇江西会馆召开政治局扩大会议审定通过了《军委关于各军团缩编的命令》,确定对中央红军进行精简缩编。10 日 2 时,以中革军委名义正式颁布缩编命令指出:"为适应目前作战的需要,并充实各连队的战斗力,以便有力地消灭敌人有生力量,便于连续作战,军委特决定实行缩编各军团的战斗单位。并规定具体办法如下:红一、三军团取消现成师部的组织,各以新颁布团的编制表编足四个团;五军团将现有的三个团依新颁布的编制编为两个团;红九军团将现有人数(军团部在内)以五分之三的人数依新编制编为一个团并入五军团为第三个团,其余五分之二的人数编入三军团;红一、三军团军团部应依颁布的新编制改编,其多余的人员应尽量补充到战斗连中去,其一部经过宣传与选拔可成立游击队在地方活动;红五军团部应依照师部的编制改编,多余的人员处理与上项同。为实行上项缩编,各军团部应在干部与战士中进行必要解释的充分准备工作;各军团的新兵,一般的应利用此次缩编补入到各战斗连中去,唯大烟瘾尚未戒脱的新战士,则仍留新兵连训练;各军团应利用休息的间隙期中进行缩编,其日期由军委个别命令规定之。"中央红军据此开始进行精简缩编,红三军团取消了师级建制,撤销了第四、第五两师番号,编成四个团,师长、政委下到团当团长、政委,团长、政委下到营当营长、教导员,级级下放。原第四师的第十、第十一、第十二等三个团不动,第五师缩编为第十三团。红九军团原定撤销军团建制,后来没撤,只将五分之二人数编入红三军团的第十、第十一、第十二等三个团,余下五分之三编为第七、第八、第九三个营,对外仍称第七、第八、第九三个团。红五军团将三个团缩编为两个团。红一军团因一直处在行动中,未按军委10日命令整编,仍保留两个师的建制。各军团的侦察队抽到总部,组成军委总部侦察队,全队约九十余人。红三军团精简下来的人员,除补充战斗连队外,一部约四百余人移交中共川南特委,组建中国工农红军川南游击纵队。通过缩编,除红一军团仍保留两个师的编制外,将原10个师30个团按新编制缩编为17个团。中央红军整编后一个团约2000多人,相当于整编前的一个师。扎西精简缩编是中央红军长征途中一项极富成效的改革,是"左"倾冒险主义军事路线终结后实施毛泽东军事思想和路线的重大举措。遵义大捷就是扎西整编后的伟大成果。

（录自威信县革命遗址普查工作领导小组、中共威信县委党史研究室编《红色扎西——威信县革命遗址普查成果汇编》,2011年印行,第95页）

### 云南威信县大河滩木弄寨雷本忠救治红军伤员遗址

大河滩木弄寨雷本忠救治红军伤员遗址,位于云南威信县扎西镇大河村木弄村民小组,距村民委员会1公里。

中央红军扎西精简整编时,邝善荣因腿部受重伤被寄养在大河滩农民彭文胜家。红军回师东进后,胆小怕事的彭文胜怕邝善荣给家庭带来麻烦,就把不能动弹的邝善荣抬放到堰沟边。附近庙宇里的老和尚雷本忠发现后,悄悄叫上当地村民刘洪勋和范二娃把邝善荣抬回庙里。雷本忠把邝善荣当做自己儿子一样救治。经过

**大河滩木弄寨——雷本忠救治红军伤员遗址**

一年多的精心护理,1936 年 5 月邝善荣伤愈后,回归红军川南游击纵队并任侦察参谋。游击纵队改称川滇黔边区抗日先遣队后,邝善荣又任中共特委委员、第二支队政委。纵队失利后,任中共扎西支部书记。1938 年 1 月,他和游击纵队地方工作团副主任、大队指导员陈彪(原名陈兴才,江西寻乌人)辗转到达武汉后转赴延安。

(录自威信县革命遗址普查工作领导小组、中共威信县委党史研究室编《红色扎西——威信县革命遗址普查成果汇编》,2011 年印行,第 97 页)

## 云南威信县石坎子红军川南游击纵队全体人员大会遗址

石坎子红军川南游击纵队全体人员大会遗址,位于云南威信县扎西镇石坎村老街村民小组,距村民委员会 200 米。遗址原为石坎老街旁边的河沙坝,占地面积 600 平方米。

**石坎子——红军川南游击纵队全体人员大会遗址**

根据扎西江西会馆中央政治局会议关于创建川滇黔边区新的革命根据地,成立中共川南特委和组建红军川南游击纵队的决定,1935年2月10日,中共中央和中革军委决定抽调徐策、余泽鸿、戴元怀、夏采曦等组建中共川南特委,徐策担任特委书记;抽调一个干部连和一个基干连、一个警卫通讯排、一个运输排、一个卫生班和几个修枪工人,与叙永特区游击队会合,组建中国工农红军川南游击纵队,由王逸涛担任司令员,徐策担任政委兼政治部主任,曾春鉴担任副司令员。特委在中央的直接领导下,负责领导红军游击纵队以及长江以南、金沙江以东包括中共泸县中心县委工作地区在内的广大区域的地方工作。2月12日,刚组建的红军川南游击纵队随中央红军回师东进至石坎子,国家政治保卫局第五连和一部分留下的红军人员前来报到。为增强纵队力量,中革军委还号召行军中掉队的红军伤病人员留下来加入纵队。在石坎子老街旁的河沙坝上,中共川南特委召开纵队全体人员大会,特委书记、纵队政委徐策和特委委员、宣传部部长余泽鸿先后发表讲话,要求各军团、各单位抽来的同志团结一致,在此地区迅速广泛地发动群众,武装群众,扩大纵队,配合红军作战,消灭国民党反动派的武装,建立革命政权,完成党中央赋予的光荣使命。全体红军指战员一致表示,坚决拥护党的决定,保证完成任务。此时,纵队有400多人、六七百支枪,还装备有4挺重机枪和一部电台。

(录自威信县革命遗址普查工作领导小组、中共威信县委党史研究室编《红色扎西——威信县革命遗址普查成果汇编》,2011年印行,第57页)

## 云南威信县罗布酸水井殷禄才伏击川军遗址

罗布酸水井殷禄才伏击川军遗址,位于云南威信县罗布乡郭家村街上村民小组,距村民委员会500米。

1935年2月初,中共中央及中革军委率领中央红军长征一渡赤水进入威信。中央红军主力红一、红三、红五、红九军团由旧城、双河、高田、水田、麟凤、三桃等地陆续集结扎西。沿途向各族群众宣传中国共产党的纲领和主张,宣传红军是党领导下的工农武装,是为劳苦人民打天下、闹翻身、求解放的队伍,号召工农劳苦大众组织起来,打土豪,分田地,夺取敌人手中武器,开展游击武装斗争,建立新的农村革命根据地。威信广大人民群众在红军的广泛宣传和英勇斗争精神的鼓舞下,不堪继续忍受封建地主阶级的敲诈勒索,纷纷行动起来,拿起武器进行抗争。青年殷禄才便是杰出的代表。同年2月中旬,深受红军宣传影响的郭家坟青年殷禄才,邀约同村几名青年,在酸水井路边埋伏,用木棒和柴刀拦截由川南前来滇边

**罗布酸水井——殷禄才伏击川军遗址**

追堵红军掉队的两名川军士兵,夺取了两把刺刀和两袋子弹,这是殷禄才走上革命道路的序幕。从此,殷禄才在红军的教育培养下,逐渐成为一名坚定忠实的革命者。

（录自威信县革命遗址普查工作领导小组、中共威信县委党史研究室编《红色扎西——威信县革命遗址普查成果汇编》,2011 年印行,第 118 页）

## 云南威信县高田大塆后山红军川南游击纵队战斗遗址

威信县高田大塆后山战斗遗址,位于云南威信县高田乡大塆村后山村民小组,距村民委员会 600 米。

**高田大塆后山红军川南游击纵队战斗遗址**

1935 年 2 月下旬,红军川南游击纵队从川南转移到川滇边界活动。25 日至 27 日,纵队在威信县高田大塆后山遭遇高田乡自卫大队长陈正杰和后山苗族团总古成章所率威信保安团和民团共 200 多人的阻截,经过激战,击伤团丁多人,缴枪七十余支。纵队取得的胜利,得到了党中央的高度关注,红军总政治部机关报《红星》1935 年第 14 期第二版以《川滇边赤色游击队的活跃△接连打了两个胜仗》为题报道:"……第一次是在五龙山附近打败古成章(团总)陈诚告(乡长)所带的云南保卫团二百多人(从阴历正月廿二至廿四),缴枪七十余支……"

(录自威信县革命遗址普查工作领导小组、中共威信县委党史研究室编《红色扎西——威信县革命遗址普查成果汇编》,2011 年印行,第 100 页)

## 云南威信县高田新华李家沟红军川南游击纵队攻打恶霸遗址

威信县高田新华李家沟攻打恶霸遗址,位于云南威信县高田乡新华村半坡村民小组,距村民委员会 5 公里。

高田新华李家沟红军川南游击纵队攻打恶霸遗址

1935 年 2 月中旬,为迷惑敌人,配合中央红军的战略行动,刚组建不久的红军川南游击纵队在川、滇边界迂回穿插,连续作战,积极配合中央红军战略转移。2 月 18 日,纵队进至黄泥咀〔嘴〕、树坪一带,威胁川南重镇叙永。坐镇泸州的潘文华以为中央红军进入四川欲北渡长江,急令进至黔边温水的潘佐旅"星夜兼程回守叙永",急令第一路范子英"兼程由金鹅池向两河口截击"。2 月 20 日又电令独立第一旅张竭诚部开到叙南,独立第二旅田冠五部移驻叙永;急令第二路达凤岗旅由黔北赤水"兼程赴叙永扼守,魏楷部布防古蔺"。滇军孙渡部得悉叙永黄泥嘴一带还有一支红军,也"深恐乘隙窜滇",急令到达分水岭的龚顺壁旅回守滇境。2 月 21 日晨,纵队与奉命"肃清"树坪、黄埝嘴等地红军游击纵队的川军边防第四路第三团在黄埝嘴相遇,激战于琐马附近。2 月下旬,红军川南游击纵队撤回云南省威信县高田境内,在新华李家沟突袭乡队长张华清家,当即活捉张华清等人,缴获20多支长枪和一匹马。纵队转移时,将张华清押至新华草房头,因其恶贯满盈,民愤极大,纵队领导下令处决。

（录自威信县革命遗址普查工作领导小组、中共威信县委党史研究室编《红色扎西——威信县革命遗址普查成果汇编》,2011年印行,第101页）

## 云南威信县中共高田区委驻地遗址

云南威信县中共高田区委驻地遗址,位于威信县高田乡新华村梨子树村民小组,距村民委员会6公里。

中共高田区委驻地遗址

1935年2月下旬,中共川南特委和红军川南游击纵队成立不久,为了建立地方党组织,动员和武装群众,成立地方游击队,配合纵队开展游击战争,纵队转战进入高田,先后击败高田乡自卫大队长陈正杰和后山苗族团总古成章武装,缴枪七十余支。在李家沟捉杀恶贯满盈的乡队长张华清,缴获20多支长枪。随后,特委选派红军干部阮光明、张志高等到群众基础较好的上路塝组建中共高田区委员会,任命张志高为区委书记兼赤卫队大队指导员,阮光明为区委委员、地方赤卫队大队长,区委驻杨联海家。区委组建后,先后派人深入到李家沟、上路塝、铧嘴、黄连坝一带宣传发动劳苦群众,组织农会和地方武装,迅速成立中共铧嘴乡革命委员会,组建铧嘴乡赤卫中队和李家沟赤卫队,积极在贫苦农民中发展党员,建立了中共铧嘴支部。特委和纵队积极迅速建立的中共高田区委等地方党组织和政权得到了中共中央的高度赞誉,称赞纵队"在半月内已扩大了三倍。并且已经建立了七个乡的革命委员会。群众非常依靠他们,经常向他们报告敌情"(中央红军总政治部机关报《红星》1935年4月第14期第二版报道)。后来由于纵队武装转移,加之地方组织人员不纯,坏人告密,同年4月高田区长陈科文联合天蓬、罗布的民团队前来"围剿",阮光明和张志高相继被捕杀害于仁岭岩,中共高田区委遭到破坏。

（录自威信县革命遗址普查工作领导小组、中共威信县委党史研究室编《红色扎西——威信县革命遗址普查成果汇编》,2011年印行,第58页）

## 云南威信县高田仁岭岩阮光明和张志高牺牲地遗址

阮光明和张志高牺牲地遗址,位于威信县高田乡新华村岩口村民小组,距村民委员会2公里。

高田仁岭岩阮光明和张志高牺牲地遗址

1935年2月下旬,红军川南游击纵队来到威信县高田,在李家沟处决了恶霸乡队长张华清,特委选派红军干部阮光明、张志高留在当地开展革命活动,任务是建立农会、革命委员会和中共高田区委。阮、张二人经过一个多月的艰难工作和宣传发动,在群众基础较好的上路塝组建了中共高田区委员会,由张志高任区委书记兼赤卫队大队指导员,阮光明任区委委员、地方赤卫队大队长,区委驻杨联海家。区委成立后,又分别在李家沟、上路榜、铧嘴、黄连坝一带联络了100多人,组织了农会和地方武装,成立了铧嘴乡革命委员会。阮光明和张志高组建的中共高田区委在建立地方基层组织和武装的过程中作出了重要贡献。区委成立后,立即深入偏僻山区,组织缺粮断炊的农民,到威信旧城天蓬、高田凤阳、四川高峰等地攻打土豪,分地主粮食。同时,区委还在农民中发展党员,建立党支部。但区委在工作中由于保密程度做得不够,欠缺警惕性,致使不纯分子混入,后被坏人告密,在一次外出任务归来后,阮光明和张志高不幸在仁岭岩被高田区长陈科文杀害。

阮光明,江西人,中共党员。1935年2月下旬,与张志高一起被中共川南特委和红军川南游击纵队派到高田建立革命根据地,任中共高田区委赤卫大队长。同年3月底,被地方民团搜杀于仁岭岩大洞。1993年4月被昭通地区行署追认为革命烈士。张志高,川南人,中共党员。1935年2月下旬,与阮光明一起被中共川南特委和红军川南游击纵队派到高田建立革命组织和武装,同年3月底,被地方民团搜杀于仁岭岩大洞。1993年4月被昭通地区行政公署追认为革命烈士。

（录自威信县革命遗址普查工作领导小组、中共威信县委党史研究室编《红色扎西——威信县革命遗址普查成果汇编》,2011年印行,第101页）

## 云南威信县高田白水庙红军标语旧址

高田白水庙红军标语旧址,位于云南威信县高田乡鱼井村沙坝村民小组,与村民委员会傍邻。旧址尚保留四合院木穿架瓦房一处,占地面积300平方米。

**高田白水庙的红军标语**

1935年2月,中共中央和中央红军长征集结扎西,在威信境内停留11天,其后中央红军二渡赤水,杀敌人回马枪,取得遵义大捷。为牵制强敌,配合中央红军长征北上,同时开辟新的革命根据地,中共中央和中革军委在扎西会议上决定成立中共川南特委和红军川南游击纵队,以牵制强敌,掩护中央红军主力行动。纵队成立后,在三省边境广泛开展革命活动,惩治反动地霸,打击国民党区乡政权,四处宣讲革命道理。为了迷惑敌人,纵队每到一处都刷写标语,并以不同番号落款,使敌人误以为红军主力仍在川南活动拟寻隙北渡长江,从而完成战略牵制掩护任务。高田鱼井白水庙红军标语,便是特委和纵队在执行这一任务时留下的珍贵革命文物。鱼井白水庙四合院旧址中现存标语在庙宇南厢房,从西面上坝入院落,右边开门而入,门后框上为第一幅标语,字体较小,内容为:"为什么要革命,同志们受土豪劣绅剥削压迫,现在我们大家干人要团结一致武装起来,打绅粮,分田地,打倒国民党,推翻帝国主义出中□□□□□,工农劳苦群众能得到利益"(红军川南游击五宣)。西南开窗,两旁写有标语:"拥护中国共产党万岁!""只有苏维埃才能救中国!""工人组织工会,实行八小时工作制""雇农、贫农、中农加入农民委员会!""欢迎贫苦工农团结起来到绅粮地主家里分粮食吃!"(川南游击五宣)。南面木墙上标语为:"拥护东北红军对日作战!""欢迎贫苦工农出身的团丁打绅粮,分绅粮的财产、田地,加入红军游击队"(川南游击队宣)。东面木壁上标语已被扎西会议纪念馆征用陈列,墙壁为后来加装。1985年11月,高田白水庙红军标语旧址被威信县人民政府公布为县级重点文物保护单位;2004年6月,被昭通市人民政府公布为市级重点文物保护单位。

(录自威信县革命遗址普查工作领导小组、中共威信县委党史研究室编《红色扎西——威信县革命遗址普查成果汇编》,2011年印行,第96页)

## 云南威信县铧嘴乡革命委员会遗址

云南威信县铧嘴乡革命委员会遗址,位于威信县高田乡新华村铧嘴村民小组,距乡政府5公里。

铧嘴乡革命委员会遗址

1935年2月,中共川南特委和红军川南游击纵队成立后,在开展游击武装斗争,策应中央红军战略转移的同时,广泛宣传和组织川、滇、黔边区广大人民群众建立苏维埃政权。《红星》1935年第14期报道:"他们在半个月内扩大了三倍。并且已经建立了七个乡的革命委员会。"1935年2月下旬,中共川南特委和红军川南游击纵队来到威信县高田,在李家沟处决了恶贯满盈的乡队长张华清后,特委选派纵队党员干部阮光明、红军干部张志高留在高田开展革命活动,发展党员,组建地方武装。阮、张二人接受任务后来到新华、马家,在群众基础较好的上路塝成立了中共高田区委员会,由张志高担任区委书记兼赤卫队大队指导员,阮光明担任区委委员、地方赤卫队大队长。区委经过一个多月的串连发动,在李家沟、上路塝、铧嘴、黄连坝等地联络发展农会会员 100 多人,成立了铧嘴乡革命委员会,由杨联海担任主任,钱焕章担任土地委员,王泽邦担任赤卫队中队长。威信县铧嘴乡革命委员会成立后,委员们进行部分宣传发动工作,群众热情开始逐渐高涨,但由于缺少经验和警惕性,保密工作做得不完善,致使人员不纯,消息走漏,高田区长陈科文联合天蓬、罗布的民团前来进行"围剿",阮光明和张志高相继被捕杀于仁岭岩,威信县铧嘴乡革命委员会和农会遭到破坏。

(录自威信县革命遗址普查工作领导小组、中共威信县委党史研究室编《红色扎西——威信县革命遗址普查成果汇编》,2011 年印行,第 59 页)

## 云南威信县水田寨小塆子红军游击支队驻地遗址

云南威信县水田寨小塆子驻地遗址,位于威信县水田乡水田村小塆子村民小组,距乡政府 3.5 公里。

水田寨小塆子红军游击支队驻地遗址

水田寨小塆子红军游击支队,是中共川滇黔边区特委在开创川滇黔边区革命根据地过程中,通过统战工作成立的地方游击武装。1935 年 2 月 10 日,中央红军长征集结扎西时,中革军委在扎西镇的禹王宫召开会议,组建中共川南特委和红军川南游击纵队。从此,特委和纵队在川滇黔边二十余县开展武装斗争。在此期间,威信水田寨成了特委和纵队穿插进入贵州、四川的必经之地。纵队在配合中央红军战略转移的同时,了解到地方恶霸郑香谷等人与滇军镇雄独立营营长陇承尧有仇,便利用郑家与陇家的矛盾,与被陇承尧逼迫从镇雄茶木出走水田寨进驻小坳子的艾宗藩绿林武装联系,争取联合进攻独立营。艾宗藩也多次向纵队表示,愿意接受红军的主张,与纵队搞好关系,承诺给纵队修枪、买弹药,提供情报和安置保护红军伤病员。随后,纵队每次经过水田寨时,艾均派人接头,先后送弹药、手榴弹十多箱。根据形势的不断变化,特委和纵队研究决定,将艾宗藩的绿林武装发展为红军的地方游击支队,任命艾宗藩为支队队长,要求他认真执行党的政策,配合纵队行动。4月30日,纵队在红军游击支队的配合下,进攻陇营连队,继续穷追猛打,里应外合,活捉廖吉三等三十余人,缴获长短枪二三十支,给滇军镇雄独立营一次沉重打击。赶走陇营后,水田寨由艾宗藩驻守,成为纵队来往的重要通道和掩护伤病员的重要据点。1936年11月26日,从野腊溪突围出来的十多名红军川滇黔边区游击纵队人员,随纵队政委龙厚生来到水田寨,找到红军游击支队队长艾宗藩,由艾安排分散隐蔽。特派员李青云被藏在附近山洞里,由艾派人送饭照应。政委龙厚生、参谋长曾春鉴、大队长刘少成等隐蔽在干沟。1937年1月,地方恶霸郑香谷趁艾宗藩回镇雄茶木老家之机,勾结郑耀东率民团杀害了龙厚生、曾春鉴等人。此后不久,艾宗藩被郑香谷等人骗至坛厂,部下三十余人一同遇难。

(录自威信县革命遗址普查工作领导小组、中共威信县委党史研究室编《红色扎西——威信县革命遗址普查成果汇编》,2011年印行,第59页)

## 云南威信县水田寨红军川南游击纵队战斗遗址

云南威信县水田寨战斗遗址,位于威信县水田乡水田村上寨村民小组,距乡政府20米。

1935年4月,红军川南游击纵队在四川古蔺坛厂一带活动,当了解到云南威信水田寨地霸武装郑耀东、郑香谷与滇军镇雄独立营营长陇承尧有仇隙,不能居留水田寨,只能依靠绿林武装艾宗藩流落在坛厂(原为云南的一块飞地,今属四川叙永县)等地,即利用郑家与陇家的矛盾,同郑耀东、艾宗藩建立了统战关系,争取联合他们进攻独立营。后根据形势变化,特委和纵队研究决定,把艾宗藩的绿林武装发展为地方游击支队,任命艾宗藩为队长,要求他们认真执行党的政策,配合纵队行动。当月30日拂晓,红军川南游击纵队从坛厂出发,在郑耀东和艾宗藩的

水田寨红军川南游击纵队战斗遗址

配合下,分兵三路,突然包围水田寨,进攻盘踞在水田寨的陇营宗杰武连队。经过一整天苦战,毙伤敌多人,攻下陇部据守的大园地、田坝头,迫使其撤到两座碉楼死守。纵队第一大队长董玉清在率队进攻敌碉时,不幸中弹牺牲,文书员王金源也身负重伤。纵队见天色已晚,加上碉楼易守难攻,暂时撤出战斗。陇营连夜逃回镇雄境内。此次战斗,给滇军镇雄独立营沉重打击,迫使其狼狈离开水田寨。随后,郑耀东、艾宗藩两人又与陇营副营长廖吉三部的班长肖绍华等取得联系,将队伍开到离水田寨 10 公里的老乌沟,包围了廖吉三的碉楼,里应外合,活捉廖吉三等三十余人,缴获长短枪二三十支,给滇军镇雄独立营又一次沉重打击。赶走滇军镇雄独立营后,战略要地水田寨由艾宗藩部和郑耀东部驻守,后来成为纵队来往的重要通道和掩护伤病员的重要据点。

（录自威信县革命遗址普查工作领导小组、中共威信县委党史研究室编《红色扎西——威信县革命遗址普查成果汇编》,2011 年印行,第 105 页）

## 云南威信县半河乡革命委员会驻地旧址

　　云南威信县半河乡革命委员会驻地旧址,位于威信县双河乡半河村后房村民小组,距村民委员会 4 公里。旧址为穿架式木结构三合院建筑,占地面积 580 平方米。

　　半河后房为苗族集居区,是红军川南游击纵队经常来往的要道,地理位置十分重要,但离县城较近,敌对势力相对强大。中共川南特委和红军川南游击纵队针对这一情况,及时调整斗争策略,积极与双河区团首余照昌、后房苗团首领陶著

半河乡革命委员会驻地旧址

煊(早年办苗团,拥有长短枪数十支,受红军游击纵队宣传民族平等政策影响,思想上有进步倾向)等人联系,并建立了统战关系,发展余照昌的队伍为游击小队。后根据形势发展需要,于1935年4月秘密组织,隐蔽发展,建立以余照昌(后病逝)和陶著煊为主任,王国才、王国虎为委员的半河乡革命委员会。纵队斗争失利后,红军云南游击支队加强对半河乡革命委员会的领导,使委员会秘密坚持革命活动,直到1947年3月支队斗争失利才停止。半河乡革命委员会为纵队和支队提供大量的情报和粮食,修理枪械,购买弹药,保护红军伤病员,还动员青壮年参加纵队和支队。1946年威信县长赵光斗调集地方民团到郭家坟"围剿"支队时,后房民团在陶著煊的率领下,虽被迫前往,但不积极参战,并设法向支队通风报信,为支队顺利取得反"围剿"斗争的胜利作出了重要贡献。2007年11月,半河乡革命委员会旧址被威信县人民政府公布为县级重点文物保护单位。

(录自威信县革命遗址普查工作领导小组、中共威信县委党史研究室编《红色扎西——威信县革命遗址普查成果汇编》,2011年印行,第60页)

## 云南威信县铁炉红军标语屋旧址

铁炉红军标语屋旧址,位于威信县三桃乡鱼洞村铁炉村民小组,距村民委员会3公里。标语均保存在民居房屋的墙壁上。

1935年4月,纵队政委徐策率部进驻三桃铁炉村。纵队广泛宣传党的路线、方针和政策,在铁炉书写了大量的宣传标语。现存留在农民陈兴田家房屋墙壁上的标语有20多条,其内容丰富,较为全面、真实地反映了中国共产党和红军的政策主张。一是强调了党和红军反帝国主义、抗击日本侵略的坚决立场;二是一针

铁炉红军标语屋旧址

书写在墙上的《游击区域红军家属优待条例》

见血地剥离了国民党的外衣,揭示了国民党的极端反动实质,还原了国民党是"帝国主义走狗""是地主资产阶级的政党"的本来面目;三是阐述党和红军的性质、任务和纪律,使广大劳苦大众深刻地认识到,党和红军是"无产阶级的政党""是干人的队伍",是为工农谋福利的;四是继续声明了党和红军"团结一切可以团结的力量"的一贯主张;五是阐明了党和红军的民族政策,积极动员苗族人民行动起来,团结一致,为实现民族平等,民族解放,民族解放而斗争;六是诠释了党和红军实行土地革命的主张,表明了党和红军是为人民大众谋利益的,使广大劳苦大众认识到红军是真正的穷人自己的队伍。标语中还保存了中共川南特委和红军川南游击纵队为暂时解决游击区域红军家属困难问题而制定并颁布的《游击区域红军家属暂行优待条例》。优待条例共八条,专门针对红军家属存在的实际问题作了具体的解决方法和安排,免除红军家属的后顾之忧。1985 年 11 月,铁炉红军标语屋旧址被威信县人民政府公布为县级重点文物保护单位;1997 年 11 月,被云南省人民政府公布为省级重点文物保护单位。

（录自威信县革命遗址普查工作领导小组、中共威信县委党史研究室编《红色扎西——威信县革命遗址普查成果汇编》，2011年印行，第103页）

## 云南威信县三桃半沟藏军庙旧址

三桃半沟藏军庙旧址，位于威信县三桃乡鱼洞村半沟村民小组，距村民委员会2公里。

三桃半沟藏军庙旧址

藏军庙原名龙华寺，地处一山崖边缘，前临河谷，地势险要，初建于清道光年间，因位于川滇交通要道，曾高僧云集，香火鼎盛。

1935年4月，有一名掉队的红军川南游击纵队伤员避难于龙华寺内。川军和地方民团搜查时，被当地老百姓转移到寺庙下面的岩洞内养伤，自发轮流送饭护理。由于当时伤员是用藤蔓吊下去的，国民党的部队和地方民团搜遍了庙宇没找到人，就骂骂咧咧地警告村民说：谁家收留了这个伤病员将受到重罚，但村民们个个守口如瓶。五天后，这名姓刘的四川口音伤病员在半沟老百姓帮助下，回到了自己的部队。此后，群众将红军养伤的地方取名藏军岩，龙华寺改称藏军庙。红军避难的庙宇和岩洞尚存，庙宇山门有碑刻一块，记述了红军伤病员被老百姓救治的过程。

（录自威信县革命遗址普查工作领导小组、中共威信县委党史研究室编《红色扎西——威信县革命遗址普查成果汇编》，2011年印行，第104页）

## 云南威信县高田邓家坪红军川南游击纵队驻地遗址

邓家坪红军川南游击纵队驻地遗址,位于威信县高田乡凤阳村邓家坪村民小组,距村民委员会14公里。

**高田邓家坪红军川南游击纵队驻地遗址**

1935年5月初,胜利完成配合中央红军战略转移任务的红军川南游击纵队,经四川叙永分水岭到威信邓家坪驻扎,司令员王逸涛借口寻马,越过警戒区,逃回叙永黄坭嘴。原来,王逸涛率队加入纵队后,泸州专员裴钢派人将他的妻子安硕甫逮捕,关进泸州监狱,采取威胁利诱的手段,使安硕甫屈膝投敌。裴钢和安硕甫各写一封亲笔信,交由安父秘密送到王逸涛手中,要其向反动当局投降,不但保证生命安全,还许愿封官。由于当时纵队受强敌追击,斗争艰苦,处境危险,王逸涛思想动摇,伺机脱离纵队。王逸涛回到黄坭嘴后,裴钢秉承重庆行营的旨意,数次派出特务前往联系。王逸涛一面与敌谋划叛变勾当,一面写信蒙骗特委,诡称“过一段时间仍回纵队”,还假意送来一些子弹、草鞋和无关紧要的情报。王逸涛叛逃后,被敌人委任为重庆行营招抚特派员,死心塌地为敌效劳,呈递《我对于消灭川南共产党及赤军游击队布置的意见》,积极为国民党反动派出谋划策“围剿”纵队,给纵队斗争带来前所未有的巨大灾难。在王逸涛的鼓动下,跟随其参加纵队的一些人员思想发生动摇而相继逃跑,杨登高也不愿离开老家,带领第三大队仍回威信坟坝(今凤阳村)坚持革命活动。随后,中共两河口区委等党的地方组织相继被敌人破坏,纵队面临异常严峻的考验。

(录自威信县革命遗址普查工作领导小组、中共威信县委党史研究室编《红色扎西——威信县革命遗址普查成果汇编》,2011年印行,第61页)

## 云南威信县高田后山红军游击小队驻地遗址

后山红军游击小队驻地遗址,位于威信县高田乡大塆村后山村民小组,距村民委员会50米。

**高田后山红军游击小队驻地遗址**

1935年5月1日,中共川南特委制订颁布了《川南工农劳苦群众目前斗争纲领》,指出民族问题实质是阶段斗争问题;少数民族之所以受歧视压迫,是反动派长期推行大汉族主义的结果。特委教育干部和战士,要把少数民族当成亲兄弟,尊重少数民族的风俗习惯,并且尽量避免在少数民族居住的村寨附近作战,以免惊扰他们。少数民族群众在纵队的宣传教育和实际行动中,第一次听到关于争取民族解放,实行民族自治,实现民族平等这些鼓舞人心的革命道理,第一次看到这样爱护老百姓、尊重少数民族的革命军队,他们逐渐懂得:有了中国共产党领导的红军,各民族劳苦大众才有希望。许多少数民族青年积极参加纵队,他们对革命忠诚,作战勇敢,有的甚至献出了宝贵的生命。威信高田后山红军民族游击小队就是在这一背景下建立起来的。威信县高田后山苗族青年古成才,在特委和纵队穿行边区的战斗和宣传活动中,深受影响,积极表达革命意愿,通过特委派人做工作后,他串连十多名苗族青年秘密组织地方赤卫队,经特委批准将他们编为一个小队,任命古成才为队长,先后发给数十支枪(其中一支手枪),要求他们就地开展革命活动。古成才领导的游击小队,先后数次为纵队送情报、运粮草等,并输送两名队员加入纵队。后来在敌人第二次"三省会剿"时游击小队与纵队失去联系,但他们仍坚持斗争,建立苗族自卫武装——苗团,反对国民党的反动统治,反抗抓丁派款,后来被国民党地方政权控告为通"共匪"，扰乱地方，古成才被抓捕杀害，游击小队解散。

（录自威信县革命遗址普查工作领导小组、中共威信县委党史研究室编《红色扎西——威信县革命遗址普查成果汇编》，2011 年印行，第 62 页）

## 云南威信县高田马家坝中共川南特委会议旧址

马家坝中共川南特委会议旧址，位于威信县高田乡马家村街上村民小组，距村民委员会 600 米。旧址修建于清朝末年，占地面积 800 平方米。

高田马家坝中共川南特委会议旧址

1935 年 5 月，王逸涛叛变投敌后，一些跟随其参加纵队的人员思想动摇相继逃跑，杨登高带领第三大队也脱离纵队回威信坟坝活动，中共两河口区委等党的地方组织相继被敌人破坏，给中共川南特委和红军川南游击纵队斗争带来了前所未有的困难和灾难。1935 年 6 月上旬，中共川南特委在威信高田马家坝花园头召开会议，参加会议的人员有徐策、余泽鸿、曾春鉴、刘干臣等。会议彻底揭露、批判王逸涛私逃投敌的可耻行为，强调要提高警惕，坚决清理叛徒变节分子，待将来革命成功时，抓到王逸涛一定要由人民宣判其罪行。会议决定开除王逸涛的党籍，撤销党内外一切职务。会议研究调整特委和纵队领导班子，决定由徐策代理纵队司令员，余泽鸿担任政治部主任，增补曾春鉴、刘干臣为特委委员。会议号召全体党员、指战员，遵照党中央的嘱托，坚定革命信心，团结一致，在任何艰难险阻中，敢于挺身而出，为革命不怕牺牲，为民族生存而战斗，继续百折不挠地坚持开展游击战争，扩大根据地，将革命进行到底。此次会议，及时调整了纵队领导班子，进一步坚定了纵队广大指战员的革命信心。

（录自威信县革命遗址普查工作领导小组、中共威信县委党史研究室编《红色扎西——威信县革命遗址普查成果汇编》,2011 年印行,第 63 页）

## 云南威信县中共罗布坳支部驻地遗址

中共罗布坳支部驻地遗址,位于威信县罗布乡罗布村中坝村民小组,地处乡政府驻地。遗址原为禹王宫,修建于清朝末年,占地面积 400 平方米,20 世纪 50 年代末期因修建公社办公楼被拆毁。

**中共罗布坳支部驻地遗址**

为了发展威信的地方党组织,配合游击队开展武装斗争,1935 年 4 月,红军川南游击纵队在罗布坳建立以罗布坳小学教员叶培根(重庆巴县人)为首的秘密联络站。6 月,中共川南特委和纵队秘密护送特委委员、纵队副司令员曾春鉴等十多名红军伤病员至罗布坳养伤,曾春鉴介绍叶培根等人加入中国共产党,秘密组建以叶培根为书记的罗布坳党支部,先后发展党员 4 人。1936 年 5 月,曾春鉴等人伤愈归队后,叶培根继续领导党支部宣传党的主张,传播革命真理,安置、保护红军伤病员,为纵队送情报,动员穷苦青年参加红军。1937 年 1 月,纵队斗争失利后,罗布坳党支部在中共滇东北特区委员会的领导下坚持斗争,积极掩护中央红军和纵队流落人员加入云南游击支队,广泛开展革命活动。1944 年 9 月,由于身份暴露,叶培根被滇军镇雄独立营连长彭兴周派兵趁夜入室枪杀,其他党员先后转移,罗布坳党支部于同年 12 月停止活动。

（录自威信县革命遗址普查工作领导小组、中共威信县委党史研究室编《红色扎西——威信县革命遗址普查成果汇编》,2011 年印行,第 63 页）

# 云南威信县中共斑鸠沟支部遗址

中共斑鸠沟支部遗址,位于威信县麟凤乡斑鸠村中街村民小组,距村民委员会300米。红军居住并建立党支部的房屋已被拆毁,原址于2009年改建为公路。

**中共斑鸠沟支部遗址**

中共川南特委成立不久,及时建立地方党组织,动员和武装群众,建立地方游击队,开展群众性的游击斗争,为纵队发展壮大打下基础。特委和纵队通过锻炼和培养,吸收先进的贫苦农民、教员和青年学生加入中国共产党,发展党组织。同时特委派出一些党员到纵队经常活动的地点建立农会、革命委员会和地方区委。先后在威信境内的罗布坳、簸箕坝、斑鸠沟、扎西等地建立党支部。曾广胜(江西兴国崇贤乡人,红军总部会计科科长,扎西会议后红军回师黔北时留黔北游击队任供给部主任,后转战扎西,任纵队大队长兼指导员)因在1936年11月18日海子坝战斗中失散,途经冷水河时,又被民团手榴弹炸伤脚,转移到斑鸠沟隐蔽养伤,12月起担任斑鸠沟党支部书记。后来纵队战斗失利,曾广胜继续以斑鸠沟为据点开展革命活动,联络被打散的纵队队员赖得军和孙百灵,一边谋生一边秘密组织寻找红军失散人员,先后与流落在麟凤、三桃、长安、扎西等地的十余名红军人员取得联系。此间由于纵队已不存在,斑鸠沟党支部处于独立工作状态,为保存力量,曾广胜等人决定隐蔽行动,暂停对外宣传,但支部与失散人员的联系一直保持到1950年威信解放。1952年,为实现红军失散人员要求回老家的愿望,威信县人民政府通过多方联系,帮助曾广胜等人回到了老家江西。

(录自威信县革命遗址普查工作领导小组、中共威信县委党史研究室编《红色扎西——威信县革命遗址普查成果汇编》,2011年印行,第64页)

## 云南威信县中共簸箕坝支部驻地遗址

中共簸箕坝支部驻地遗址,位于威信县罗布乡簸箕村街上村民小组,距乡政府 17 公里。

**中共簸箕坝支部驻地遗址**

为了发展云南威信的地方党组织,配合游击队开展武装斗争,1935 年 6 月,中共川南特委和红军川南游击纵队利用纵队第一大队指导员贺东朝(原红军通讯学校干部,江西人,长征时留在扎西参与组建红军川南游击纵队)和部分红军伤病员在簸箕坝养伤之机,秘密在簸箕坝组建中共簸箕坝支部,贺东朝任党支部书记,先后发展党员 4 人。簸箕坝党支部建立后,积极宣传党的主张,传播革命真理,为纵队和支队做了大量情报收集和寄养伤病员等工作。1937 年 1 月,因纵队斗争失利簸箕坝党支部解散,贺东朝等人流落到威信扎西。

(录自威信县革命遗址普查工作领导小组、中共威信县委党史研究室编《红色扎西——威信县革命遗址普查成果汇编》,2011 年印行,第 65 页)

## 云南威信县罗布坳红军养伤处遗址

罗布坳红军养伤处遗址,位于威信县罗布乡罗布村中坝村民小组,距村民委员会两公里。遗址原为禹王宫,修建于清朝末年,占地面积 400 平方米,20 世纪 50 年代末期拆毁重建。

1935 年 6 月,红军川南游击纵队副司令员曾春鉴在罗布坳平桥战斗中被敌人手榴弹炸断右手手指。中共川南特委和纵队秘密护送曾春鉴等十多名红军伤病员来罗布坳隐蔽养伤。曾春鉴在罗布坳禹王宫寄养治伤期间,建立了中共罗布坳

**罗布坳红军养伤处遗址**

支部和情报联络站,还秘密组织地方革命委员会和农会,进行了广泛的革命活动,留下深远的革命影响。1936年5月,刘复初、龙厚生率纵队进至威信罗布坳时,曾春鉴率二十余名红军游击队员回归纵队。曾春鉴担任特委委员、纵队参谋长。

(录自威信县革命遗址普查工作领导小组、中共威信县委党史研究室编《红色扎西——威信县革命遗址普查成果汇编》,2011年印行,第106页)

## 云南威信县高田钨城河殷禄才拖枪闹革命遗址

钨城河殷禄才拖枪闹革命遗址,位于威信县高田乡钨城村水头上和大寨两个村民小组交界处,距乡政府4公里。

**高田钨城河殷禄才拖枪闹革命遗址**

1935年2月,中央红军长征集结扎西,沿途进行广泛的革命宣传,穷苦百姓纷纷受到鼓舞和感染。罗布郭家坟青年殷禄才便是其中之一。2月中旬,决心要搞武装与地霸团匪斗争的殷禄才邀约几名青年,在郭家坟附近的酸水井路边埋伏,用木棒和柴刀拦截了由川南来滇边追堵红军掉队的两名川军士兵,夺取了两把刺刀和两袋子弹。初战虽然胜利,但为了使自身拥有反对敌人的武装,6月中旬,殷禄才趁高田自卫大队长陈正杰招丁抗击红军游击队并为其保家的机会,秘密串联殷崇科、殷禄明、王应田、吴德全四人,借为陈正杰当团丁之名打入陈正杰自卫队。殷禄才到陈家后,陈正杰给其配备了1支手枪和100发子弹,给另外四人配发了步枪。自得枪后,殷禄才就寻思如何脱身。一天早上,殷禄才见陈正杰的家丁杨联斌跟踪很紧,就假装问哪里有牌打,杨联斌告诉殷禄才,打麻将要到河坝场徐家。殷禄才便要求杨联斌带他们五人到河坝场徐家,去后见徐家无人,殷禄才便乘机说要下河洗澡后去凉风洞。他们来到河边,找到一个僻静处下水洗澡,殷禄才洗了一会儿便先爬上岸,收拾好后便用手枪指着杨联斌说:"走,跟我们打土豪去。"杨联斌起初不敢相信,后见殷禄才不是开玩笑,只得硬着头皮跟着走。一行六人,拖走5支步枪、1支手枪,以及500发子弹返回了郭家坟。殷禄才利用自己掌握的这几支枪,闹起了革命,并在特委和纵队帮助下成立了中国工农红军川滇黔边区游击纵队云南支队(亦称云南游击支队),一直坚持革命活动到1947年3月。

(录自威信县革命遗址普查工作领导小组、中共威信县委党史研究室编《红色扎西——威信县革命遗址普查成果汇编》,2011年印行,第119页)

## 云南威信县扎西镇关口坳红军川南游击纵队战斗遗址

扎西镇关口坳红军川南游击纵队战斗遗址,位于威信县扎西镇巷子村关口坳村民小组,距村民委员会200米。

**扎西镇关口坳红军川南游击纵队战斗遗址**

1935 年 7 月 4 日,红军川南游击纵队乘云南威信县城扎西防卫空虚,从四川筠连镇州绕经长安寺(今长安乡)、斑鸠沟、柏香坪突然进占扎西。县长杨冠群和常备中队长张世英不敢与纵队交锋,率部躲进狮子营内。纵队进城后,扎西的劳苦群众见红军又来了,非常高兴,争着为亲人烧水做饭,报告敌情。随后,纵队离开县城,向双河场开进,杨冠群派常备中队紧跟,企图从后面偷袭。纵队令大队长黄虎山率队迅速占领关口坳有利地形,居高临下,严阵以待,同时兵分两路,包抄尾追之敌。在纵队强有力的阻击下,常备队死伤四五人,其中队长被打伤,只得退缩到右侧山头死守。这时,滇军镇雄独立营营长陇承尧亲率两个连由雨河赶来,从左侧发起攻击,救援常备队,纵队连续打退其多次进攻。陇承尧见状,挥舞手枪亲自督战,喝令再冲。士兵们在陇威逼下,又一次往上冲,连长彭兴周帽子被击落,险些丧命。纵队勇猛奋战,打败了敌人并安全转移到双河场。

(录自威信县革命遗址普查工作领导小组、中共威信县委党史研究室编《红色扎西——威信县革命遗址普查成果汇编》,2011 年印行,第 106 页)

## 云南威信县长官司中共川滇黔边区特委党员干部会议旧址

长官司中共川滇黔边区特委党员干部会议旧址,位于威信县旧城镇旧城村回水沱村民小组,距镇政府 80 米。旧址原为客店,属木柱结构的四合院,建筑面积600 平方米。

长官司中共川滇黔边区特委党员干部会议旧址

1935 年 7 月 12 日,红军川滇黔边区游击纵队经天蓬寨、游家坡梁子来到长官司,为防备敌人偷袭,纵队派一个排驻守金华山,其余部队在街上宿营,准备次日开往石碑口攻打兴文建武城。当晚,特委在李家店子前院天井召开党员干部紧急会议,研究确定当前的主要任务:一是带领原红军黔北游击队在川、滇边熟悉地形敌情,扩大政治影响,宣传发动群众,筹集弹药物资;二是决定在边境利用有利条件,择一适当地方,以大部队屯驻、扼守,诱敌深入,消灭敌人,建立革命根据地,又以小部队游击,寻敌空隙,出击敌人,保存势力,坚持持久的游击战争,适应新形势发展的需要;三是研究在川滇边境交通要道设立联络站,以便及时了解敌情、收集情报等。这次会议,进一步明确了纵队当前的主要任务,解决了纵队急需解决的一系列问题,对粉碎敌人重兵发动的"三省会剿"做了准备。

（录自威信县革命遗址普查工作领导小组、中共威信县委党史研究室编《红色扎西——威信县革命遗址普查成果汇编》,2011 年印行,第 65 页）

## 云南威信县长官司红军川滇黔边区游击纵队战斗遗址

红军川滇黔边区游击纵队长官司战斗遗址,位于威信县旧城镇旧城村松树塆、回水沱和狮头三个村民小组,距镇政府 1.5 公里。

**长官司红军川滇黔边区游击纵队战斗遗址**

1935 年 7 月 12 日,红军川滇黔边区游击纵队经天蓬寨、游家坡梁子来到威信重镇长官司宿营,准备开往石碑口攻打兴文建武城。国民党威信县第五区民团大队长赵礼隆得知纵队情况后,一面派队骚扰,一面派人到叙永大坝向川军周化成部报信。周化成闻讯后连夜带领川军联团赶至长官司附近,并纠合威信县第五区民团,埋伏在纵队必经之地的观音塘山梁上,构筑工事堵截。7 月 13 日清晨,纵队向石碑口方向前进,行至观音塘的松林地带时,突然被敌人截击。纵队起初误认为是地方民团,便在山间小路旁还击敌军。由于地形不利,上面是松树林,下面是稻田,纵队两个支队六个大队挤在一起,难以展开。敌人凭借有利地形,居高临下,利用战壕、松树林掩护,从山头向纵队猛烈扫射,形成一条封锁线。战斗十分激烈,纵队反击受挫,伤亡愈增。经过侦察,方知除地方民团外,其主力是周化成部。特委书记徐策分析敌情后认为,打对纵队不利,不打,已进入敌人伏击圈,很难撤出去,只有把敌人击溃再撤退。代理参谋长陈宏靠前指挥,令第一支队进攻左侧山头,第二支队进攻右侧山头,两个支队同时发起进攻,大队一级的干部轮换带领战士一次又一次地冲锋。经过短兵相接的战斗,纵队夺取前面的两个山头阵地,把敌人逼退到后面的两个山头上。敌军躲在战壕里,投掷手榴弹。纵队所处地势低,很难施展兵力,加上弹药缺乏,只好沿着松树林往上冲,把敌人甩下来的手榴弹拣起来扔回去,用刺刀与敌人拼杀,夺取制高点。敌人疯狂反扑,纵队几次冲锋未能取胜,死伤七八十人。陈宏身负重伤,来不及抢救,就被周化成部抓去(后被押解宜宾监狱,同年11月1日英勇就义)。副政委张凤光率第二支队与敌拼杀时,也不幸中弹牺牲。徐策见状,激起满腔怒火,号召部队为死难烈士报仇,不战胜敌人决不下战场。他亲自靠前指挥,率部队冲锋时,又不幸中弹身负重伤,警卫员把他背下后,他还坚定地指出一定要在此消灭周化成部,并当即指定余泽鸿接替其一切职务。余泽鸿指挥部队,攻下敌人固守的最后一个高地,给敌人重大杀伤,迫使敌军不得不撤到山岭背后,才下令撤退,指挥纵队撤至蚂蝗坳,后经庙坪转到罗布坳。敌人也不敢继续穷追。此次战斗,由于轻敌,指挥有误,硬打硬拼,纵队死伤惨重,特别是徐策、陈宏、张凤光等主要领导身负重伤或牺牲,给纵队带来了难以弥补的重大损失。

(录自威信县革命遗址普查工作领导小组、中共威信县委党史研究室编《红色扎西——威信县革命遗址普查成果汇编》,2011年印行,第107页)

## 云南威信县长官司战斗烈士纪念碑

长官司战斗烈士纪念碑,位于威信县旧城镇旧城村下街村民小组,距镇政府600米。

1935年7月12日,红军川滇黔边区游击纵队经天蓬寨进入威信第五区长官司宿营,以一个排驻守金华山进行警戒,准备次日经石碑口进攻四川兴文建武。当晚,纵队召开干部会议,研究在滇边及南六各县选择一适当地方作为根据地,组织民众,以小部队打游击。13日清晨,纵队从长官司街上出发,向石碑口方向前进。行至观音塘半山松林边,突然遭到川军联团周化成部1000多人的截击。经过半天战斗，纵队主要领导徐策受重伤、张凤光牺牲、陈宏被俘，队员牺牲近百人。纵队遭受组建以来最大的创伤和无法弥补的损失。1988 年 12 月，为纪念在长官司战斗中牺牲的红军川滇黔边区游击纵队烈士，威信县人民政府修建了长官司战斗烈士纪念碑。纪念碑分基座、碑身、碑额三层，通高 6.45 米。碑座高 1.47 米，宽 2 米，厚 1.5 米；碑身高 4.98 米，宽 1.33 米，厚 0.83 米，均用打制规整的青砂石砌成。碑座前面刻文记述长官司战役的简要经过，后面镌刻 1986 年春张爱萍将军的题词："红军主力长征北上，川滇黔边游击战场，孤军奋斗牵制强敌，壮烈牺牲万代敬仰"。

长官司战斗烈士纪念碑

碑身正面、背面均镌刻"长官司战斗烈士纪念碑"十个隶书大字。碑额顶为单檐歇山顶，青砂石料砌制。碑左侧后面整齐排列三块石碑，详细叙述了长官司战斗的惨烈经过。纪念碑占地面积 70 平方米。1996 年 11 月，长官司战斗烈士纪念碑被威信县人民政府公布为县级重点文物保护单位。

（录自威信县革命遗址普查工作领导小组、中共威信县委党史研究室编《红色扎西——威信县革命遗址普查成果汇编》，2011 年印行，第 162 页）

## 云南威信县罗布坳红军川滇黔边区游击纵队战斗遗址

罗布坳红军川滇黔边区游击纵队战斗遗址，位于威信县罗布乡罗布村中埂村民小组，距乡政府 50 米。

罗布坳红军川滇黔边区游击纵队战斗遗址

中央红军巧渡金沙江挥师北上后,留在川、滇、黔边区的红军游击队,被国民党反动派视为心腹大患,蒋介石急忙抽调尾追中央红军的一部分兵力,对中共川滇黔边区特委和红军川滇黔边区游击纵队进行全面"围剿"。1935 年 7 月 12 日,特委和纵队来到旧城。当晚,特委紧急召开党员干部会议,研究当前面临的情况和今后的任务。13 日晨,纵队向石碑方向开进,准备攻打四川兴文建武,但在长官司观音塘遭到川军联团截击,部队伤亡七八十人后终将敌军击退。下午 7 时,纵队经庙坪转到罗布坳,准备在罗布坳宿营和安置伤员。纵队先头部队抵达罗布坳街上尚未停下,后卫部队正在渡河,敌人突然从东北面袭来。原来,滇军安旅第三团第十一连(唐鸿祝连)得知纵队与川军周化成部在长官司激战,就联合滇军镇雄独立营和威信第二、第三区民团赶来增援,行至罗布坳,发现纵队正往此方向运动,便埋伏在街侧面山背后偷袭。纵队经过一天的作战行军,指战员们又累又饿,突然又与敌人遭遇,情况不明,只得突出街口,边打边向太阳坡转移。此战,纵队战士虽然英勇搏杀,但敌人用机枪封锁狭窄街口和河边,部队又遭到很大损失,大队长邓登山等 5 人英勇牺牲,徐振山、曾维辉等十多名队员被俘。这次战斗,给纵队带来了极大损失。

(录自威信县革命遗址普查工作领导小组、中共威信县委党史研究室编《红色扎西——威信县革命遗址普查成果汇编》,2011 年印行,第 108 页)

## 云南威信县罗布坳徐策牺牲地遗址

罗布坳徐策牺牲地遗址,位于云南威信县罗布乡罗布村中埂村民小组,距乡政府 500 米。

罗布坳徐策牺牲地遗址

1935 年 7 月 13 日清晨,中共川滇黔边区特委和红军川滇黔边区游击纵队按计划将部队从旧城开往石碑,准备攻打四川兴文建武,当部队行至威信长官司观音塘的松林地带时,突然遭到川军联团周化成部的截击。纵队起初误认为是地方民团,交战后才知是川军正规部队。此时部队被压制在一个狭小地带,处境极端不利,代理参谋长陈宏上前指挥,重伤后被俘,副政委张凤光率队与敌拼杀,也不幸壮烈牺牲。徐策见此情景,激起满腔怒火,号召部队为死难烈士报仇,不战胜敌人决不下战场。他亲自靠前指挥,在率队冲锋时,不幸被子弹连续击中,警卫员把他背下后随部队撤离到罗布坳,不料又被滇军唐鸿祝连和镇雄独立营拦截,部队只得边打边撤往太阳坡,行至碾子垮环路时,情况已是万分危急,刚苏醒的徐策见敌人追赶甚急,干部战士不断伤亡,要求抬他的战士将他放下,并命令部队快速撤离战场转移。敌军追上山后,徐策与敌力战牺牲,时年 33 岁,当地群众将他的遗体葬于牛角丘。徐策的牺牲,是特委和纵队极大的损失,这位在中央苏区创造了无数革命业绩,曾亲手组建鄂东南第一支正规红军——中国工农红军第十二军和倍受周恩来赞誉的"模范的大冶兵暴"的领导者,将一腔热血和对革命的忠诚,永远留在威信的青山碧水间,留在威信人民的心中。

（录自威信县革命遗址普查工作领导小组、中共威信县委党史研究室编《红色扎西——威信县革命遗址普查成果汇编》,2011 年印行,第 109 页)

## 云南威信县徐策烈士墓

徐策烈士墓,位于云南威信县罗布乡罗布村中坝村民小组,距村民委员会300 米。

徐策,原名徐联甲,字在明,学名纯德,男,汉族,1902 年 5 月出生。湖北阳新龙山(今大冶市大箕铺镇)人。1923 年,考入湖北省立第一师范学校学习,在教员董必武等人影响下参加革命。1925 年加入中国共产党。1927 年回家乡任箕铺中学校长。蒋介石叛变后,对共产党人实施大屠杀。徐策在家乡积极组织爱国青年、学生运动,声讨、抗击国民党反动派的血腥暴行。1928 年 8 月,徐策任中共大冶县委书记。1929年任鄂东南特委组织部部长,1930 年参与组织大冶起义,并组建中国工农红军第十二军,6 月调任红三军团第三纵队政委。1932 年升任红三军团第四师政委。

徐策烈士墓

1933年5月,调任红三军团第六师政委,率部参加了保卫中央苏区的反对敌人五次"围剿"的战争。1934年10月,率部随中国工农红军第一方面军长征。遵义会议后任红五师政委。1935年2月,扎西会议后,徐策受中央指派组建中共川南特委和红军川南游击纵队,任特委书记、纵队政委,留在川、滇、黔边区牵制强敌,配合中央主力红军战略转移,安置、保护红军伤病员,开创川滇黔边区革命根据地。5月,纵队司令员王逸涛叛变投敌。随后,特委及时在高田马家坝召开会议,会议决定徐策兼任红军川南游击纵队司令员。7月,纵队在叙永朱家山与黔北游击队会师,并组建了中共川滇黔边区特委及红军川滇黔边区游击纵队,徐策任特委书记兼纵队政委、司令员。1935年7月12日,徐策率纵队由叙永分水岭进驻威信长官司,拟经石碑口攻打兴文建武城。次日,纵队行至观音塘一带,遭到川军联团清乡司令周化成率部千余人阻截。徐策亲临一线,指挥广大指战员浴血奋战,给敌人以极大杀伤。但由于地形不利,敌众我寡,纵队损失惨重。副政委张凤光牺牲,代理参谋长陈宏被俘。徐策也不幸身负重伤。纵队被迫转移,到达罗布坳碾子垴时,又遭滇军安恩溥旅及镇雄独立营袭击,徐策壮烈牺牲,年仅33岁。1984年12月,徐策被昭通地区行政公署追认为革命烈士。烈士墓修建于1985年2月,坐南向北,土石结构,长3.5米、宽1.8米、高1.5米,占地面积15平方米。墓碑高1.7米、宽0.8米、厚0.12米,碑额镌刻五角星,正面铭刻烈士生平,中镌刻"徐策烈士墓"。1985年11月,徐策烈士墓被威信县人民政府公布为县级重点文物保护单位。

（录自威信县革命遗址普查工作领导小组、中共威信县委党史研究室编《红色扎西——威信县革命遗址普查成果汇编》,2011年印行,第150页）

## 云南威信县罗布簸箕坝中共川滇黔边区特委扩大会议遗址

罗布簸箕坝中共川滇黔边区特委扩大会议遗址,位于威信县罗布乡簸箕坝村街上村民小组,距乡政府14公里。遗址原为一进七柱木穿架房,占地面积约40平方米。

1935年7月13日晚,经过长官司战斗和罗布坳战斗撤退转移的中共川滇黔边区特委和红军川滇黔边区游击纵队来到罗布簸箕坝街上。14日上午,余泽鸿在街上居民余长发家主持召开特委扩大会议。会议认真总结纵队几个月来牵制和打击敌人的经验教训后认为:纵队在川滇黔边区的活动,有了很大的发展,开辟了革命根据地,牵制和打击了敌人,扩大了政治影响,配合红军主力完成战略转移,成绩是大的。长官司战斗失利,主要是指挥有误,存在轻敌思想,硬打硬拼,同时

**罗布簸箕坝中共川滇黔边区特委扩大会议遗址**

知晓敌情不够,导致主要领导牺牲,给纵队带来重大损失。朱家山会师以来,部队天天行军打仗,需要适当休整。长官司、罗布坳战斗中,政委、副政委和一些大队干部牺牲,指战员们的思想情绪受到了影响,需要更好地加强思想工作,坚定胜利信心。会议最后决定由余泽鸿担任特委书记,刘干臣、龙厚生、李青云、钟昌桃〔涛〕等为特委委员,组成新的特委。纵队由刘干臣担任司令员,余泽鸿担任政委,钟昌桃〔涛〕担任政治部主任,聂昭良担任参谋长,李青云担任特派员。会议还确定了下一步对敌斗争的行动方针:一是利用山区要隘,集中力量以夜战、运动战在边区攻打县城,扩大红军的政治影响,进一步牵制敌军;二是重视敌情侦察,寻找敌军间隙,迂回穿插、避实击虚,速战速胜,击破敌军"会剿";三是利用大雪山、连天山等为休整基地,不失时机出击敌人,以便保存旺盛精力,适应连续作战的目的;四是收缩或联合边区部队,扩大武装力量,通知刘复初带川南游击支队归纵队建制等等。簸箕坝会议后,在新组建的特委和纵队领导班子率领下,纵队运用机动灵活的游击战术,在边区二十余县与数倍、数十倍的敌人巧妙周旋,迂回穿插,给敌人以沉重打击,开辟了上万平方公里的游击根据地。

(录自威信县革命遗址普查工作领导小组、中共威信县委党史研究室编《红色扎西——威信县革命遗址普查成果汇编》,2011 年印行,第 66 页)

## 云南威信县安稳坝红军川滇黔边区游击纵队会议遗址

安稳坝红军川滇黔边区游击纵队会议遗址,位于云南威信县长安乡安稳村草子村民小组,距村民委员会 500 米。当年召开会议的旧址已被拆毁,在原址建安稳小学。

**安稳坝红军川滇黔边区游击纵队会议遗址**

大雪山安稳坝，位于四川珙县、筠连与云南彝良、威信四县交界处，山高林密，远离敌军驻地，比较安全。当时附近林口的一个商人在这里修了48间店铺、70多米长的街道，是红军川滇黔边区游击纵队的重要联络点。1935年7月14日，中共川滇黔边区特委继簸箕坝会议后，又在安稳坝及时召开纵队全体人员大会，簸箕坝特委会议新任命的特委书记余泽鸿给指战员们讲了话，鼓励大家要增强战斗信心，吸取教训，寻求有利战机，避实击虚，抓住敌人弱点，专打孤立分散敌人，在不利条件下，尽量避免冒险的没有胜利把握的战斗。余泽鸿还在会上宣布了部分支队领导人的接替情况，第一支队队长由黄虎山继任，第二支队队长由胡紫健〔键〕兼任，曾广胜担任第六支队队长兼指导员。随后，余泽鸿又召集大队以上负责人会议，分析斗争形势，研究新的作战部署，提出抗击敌人"三省会剿"的战斗任务。从此，在新组建的特委和纵队领导班子的领导下，纵队运用游击战机动灵活的战略战术，在边区二十余县与数倍、数十倍的敌人巧妙周旋，迂回穿插，给敌人以沉重的打击，开辟了上万平方公里的革命根据地。

（录自威信县革命遗址普查工作领导小组、中共威信县委党史研究室编《红色扎西——威信县革命遗址普查成果汇编》，2011年印行，第67页）

## 云南镇雄县花朗坝红军川滇黔边区游击纵队和第三支队会师处

花朗坝红军川滇黔边区游击纵队和第三支队会师处，位于镇雄县城东北89千米处的花朗坝老街，为乡政府驻地。北与扎西接壤，地势中部和北部略高，西东南三面较低，北靠雄险的范果梁子，南绕水深流急的罗甸河、香坝河，气候温和。

**花朗坝纵队和三支队会师处**

中国工农红军川滇黔边区游击纵队和抗日救国军第三支队成立后,分别在川滇黔边区配合红军主力作战,开辟革命根据地。纵队在中共川滇黔边区特委的领导下,在镇雄县花朗开展工作,控制了这一带国民党的基层政权,使花朗坝成为游击根据地。1936年6月8日,红军川滇黔边区游击纵队与第三支队在花朗坝会师后,合编为中国工农红军川滇黔边区抗日先遣队。9日夜,游击队领导正开会研究合队事宜,中央军柳旅雷团趁夜偷袭,游击队与敌夜战约3时许,击退敌数次进攻。敌收缩包围圈,战斗十分激烈。为了减少伤亡,游击队趁夜边打边撤向花朗坝东北约两三里的滚桶坝,11月1日拂晓,滇军安旅田营及镇彝威独立营尾追纵队到花朗坝街,在花朗街附近高地沙地头梁子用机枪向纵队猛攻。纵队分头抵抗,一直退到离花朗坝两公里处的唐家湾河边,滇军尾追不舍,纵队过河后又组织反击,虽击毙滇军多人,但纵队也牺牲二十余人,负伤四十余人。纵队分兵两路,以一部引滇军尾追,边打边撤至威信大河滩,主力则在大雾的掩护下经林正退到威信石坎子。20世纪70年代花朗集镇发生火灾,遗址内原住房被烧毁。此后,在遗址处重建新居,现为居民区,附近有机关单位和学校。公路南通镇雄,北通威信。当地有千年古树护教育、千年古树伴古庙、罗甸和香坝河二龙抢宝、马蹄岩大黑洞等奇观异景,古建筑有石碉和坐落在悬崖间的古营盘。

(录自中共镇雄县委党史研究室编《镇雄县革命遗址通览》,2011年印行,第51页)

## 云南镇雄县滚桶坝战斗遗址

滚桶坝战斗遗址,位于云南镇雄县花朗乡东北的滚桶坝,距乡政府驻地 1.5 公里,山间坝子,四面青山环绕,土地肥沃,气候温湿。

**滚桶坝战斗遗址**

1936 年 6 月 8 日,红军川滇黔边区游击纵队与抗日救国军第三支队在花朗坝会师后,合编为中国工农红军川滇黔边区抗日先遣队。9 日夜,中央军柳旅雷团趁夜偷袭,游击队击退敌数次进攻后,撤向花朗坝东北的滚桶坝,在滚桶坝湾槽头两边高地设伏。敌尾追进入埋伏圈后,伏兵齐起,将敌击溃退回。拂晓,敌又分兵三路,组织反击,以 3 个连正面进攻,两个连向右翼高地迂回,后防队同时出击。游击队组织神枪手狙击,激战 3 小时许,毙敌军官 1 名,士兵二三十名,敌无可奈何,只好后撤,并于 12 日返回毕节。战斗中游击队伤亡数十人。遗址为山间小坝,含上寨、新街、柒湾、坝头四个村民组。周围山坡上原为茂密的树林,现均开发为基本农田。附近有多处革命遗址和古营盘、石碉、千年古树伴古庙等古迹和野腊溪梁子、范果梁子等天然的绿色景观。特产天麻、木漆、核桃,1984 年修通的花朗至威信公路从坝子中心穿过。

(录自中共镇雄县委党史研究室编《镇雄县革命遗址通览》,2011 年印行,第 53 页)

## 云南镇雄县向家寨战斗遗址

向家寨战斗遗址,位于云南镇雄县母享镇北面的陇东村向家寨陈家岩洞,距镇政府驻地 13 千米,岩洞在悬崖脚,入洞后分一个主洞和两个偏岩洞,互为犄角。四周重峦叠嶂,树木茂密,地形险恶。

**向家寨战斗遗址**

1936年6月27日,中国工农红军川滇黔边区抗日先遣队到以勒,一举攻下当地地霸陈明发住宅。陈明发率部逃到其苦心经营多年的向家寨岩洞,负隅顽抗。先遣队先用迫击炮进攻无效,又于深夜派队袭击,冲过岩洞前吊桥,摸到洞前,封锁左右两个岔洞的枪口猛攻不克。6月29日,先遣队买了100多斤干辣椒夹在干草中,点燃后抛到大岩洞中,风烟骤起,岔洞中团丁不支缴械投降,陈明发依然拒不投降。先遣队采纳以勒群众意见,将岩洞顶上的一块大石板撬开,从上面向洞内开枪、丢手榴弹,击毙陈明发,其余尽降,缴获了大批武器弹药和给养,并将其所藏大量粮食和腊肉分给群众。陈明发曾任以勒保董,其"敲诈勒索,横行乡里,屡控在案,道路侧目"。1924年,滇军第九团第二营曾派队缉捕,陈明发退入岩洞固守,反伤滇军1名,夺俄枪1支,滇军无奈退走。次年4月21日,云南省长唐继尧曾令镇雄知事"依法从严惩办",镇雄县政府更是无能为力。据先遣队政委刘复初回忆,先遣队为民除害,当地民情激奋,无不高呼"红军万岁"。遗址基本保持原貌,西距镇雄新兴重要集镇以勒仅两公里,附近有52户村民居住,现已通乡间公路。

(录自中共镇雄县委党史研究室编《镇雄县革命遗址通览》,2011年印行,第54页)


## 云南镇雄县古洞坪战斗遗址

古洞坪战斗遗址,位于云南镇雄县母享镇西南面的穿洞村白泥坝子中,距镇政府驻地14.2公里,三面环山,南临万丈深渊,悬崖壁立,顶开一洞,状若城门。

1936年6月下旬,中国工农红军川滇黔边区抗日先遣队在云南镇雄活动之

古洞坪战斗遗址

际,蒋介石又发起了对游击队的第二次三省"会剿",迭电三省军阀,"指派相当兵力,严行清剿""限七月内彻底肃清"。一时,川滇黔三省十几个团的兵力麇集边区。先遣队攻克以勒土豪陈明发家岩洞后,滇军镇彝威独立营营长陇承尧率部前往进攻。先遣队由以勒经大山退到古洞坪,将部队埋伏于古洞坪侧面的大森林中。7月1日,陇承尧率部进入伏击圈,先遣队从四面发起进攻。陇承尧率部突围后,调集民团,又速函柳际明,请其派队增援。先遣队经马鬃岭、串九转移到黑树、苏木、尾嘴一带,并在险要隘口处设伏。陇承尧率部尾追,刚出古洞坪不远,又遭先遣队伏击,溃不成军,星夜绕道逃回母享。遗址处原为沼泽地带,周围为树林,近年全部开垦为耕地,周围树木已基本被砍光,南侧的穿山洞洞顶有庙宇。在穿山洞处眺望,滇黔边数十里烟村雾树,尽收眼底,更有山如龙行,水如带舞,颇为壮观。遗址附近居住农户有六十余户,已通乡村公路。

(录自中共镇雄县委党史研究室编《镇雄县革命遗址通览》,2011 年印行,第 56 页)


## 云南彝良县尖山子红军游击纵队战斗遗址

尖山子红军游击纵队战斗遗址,位于云南昭通市彝良县柳溪乡白虾村尖山村民小组。

1936 年 8 月 25 日,中国工农红军川滇黔边区游击纵队从四川高坪乡骆木强向洛旺乡方向穿插迂回的行军过程中,途径彝良县柳溪乡白虾村尖山子(原属牛街管辖)时,发现几十个脚夫挑着担子在保商队的护送下缓缓而行。经侦察得知这些担子是与镇雄牛场大土司陇确佐有关的牛场大土司、大地主余若恒的货物。便向保商队发起进攻,保商队拼命抵抗,终因人少而被红军游击队迅速击溃逃走,

尖山子红军游击纵队战斗遗址

挑夫们放下担子立即逃离。红军缴获白布八十余挑。

（录自中共彝良县委党史研究室编《彝良县革命遗址》,2012年印行,第52页）

## 云南威信县长官司乡革命委员会驻地遗址

长官司乡革命委员会驻地遗址,位于云南威信县旧城镇旧城村干滩子村民小组,距村民委员会两公里。

长官司乡革命委员会驻地遗址

威信县长官司地处滇川交界,地理位置十分重要,但敌对势力强大,中共川滇黔边区特委和红军川滇黔边区游击纵队针对这一特殊情况,改变斗争策略,充分利用威信长官司地霸赵礼隆与李文渊两家为争夺区长权位闹得势不两立的矛盾,派人与李文渊谈判订立互不侵犯协定,共同对付当权的赵家顽固分子。后于1935年底秘密组织建立以李文渊为主任,李文扬、李修伍为委员的长官司乡革命委员会,隐蔽开展革命活动。1943 年夏,国民党第二十四师第七十团派卿方盛营"进剿"支队,在赵礼隆唆使下卿方盛营把李文渊武装打垮,李文渊等人先后遇难,但由于及时传递情报,使红军云南游击支队得以安全转移。不久,中共滇东北特区委和红军云南游击支队又派人与长官司镇长刘方臣取得联系,秘密建立以刘方臣为主任,刘兴泉、尹宗良、邱成富等人为委员的长官司乡革命委员会,坚持革命活动至 1947 年 3 月。尽管李文渊、刘方臣等绿林武装和地方势力两面三刀,革命立场不够坚定,有时站在反动立场上,干出背叛革命的事情。但革命委员会的建立,为纵队和支队提供情报和粮食、弹药等物资,保护医治伤病员,广泛动员群众参加纵队和支队,掩护中共川南工委开展地下革命活动等,为纵队和支队的生存和发展作出了一定贡献。

（录自威信县革命遗址普查工作领导小组、中共威信县委党史研究室编《红色扎西——威信县革命遗址普查成果汇编》,2011 年印行,第 67 页）

## 云南威信县麟凤乡革命委员会遗址

麟凤乡革命委员会遗址,位于云南威信县麟凤乡麟凤村塆楸村民小组,距县城扎西 35 公里。遗址地处麟凤坝内,四周山峦起伏,金威公路和麟雪公路在坝口交汇,坝内为新型集镇区,房屋建设密度大,人口稠密。

麟凤乡革命委员会遗址

麟凤乡革命委员会是中共川滇黔边区特委在麟凤秘密建立的革命组织,革委会主任由李应春担任,委员有余明江、刘子六等。1936 年初,为了建立地方党组织,动员和武装群众,成立地方游击队,指导开展群众性的游击斗争,为纵队的持久发展打下基础。特委在总结一年来的武装斗争后认为,应广泛培养和吸收先进工人、贫苦农民、教员和青年学生加入中国共产党,发展党组织。根据当时麟凤所处的地理位置,以及纵队经常经过出入这里的情况,决定寻机秘密发展党员,建立党组织。1936年4月,特委和纵队为避免与强敌正面作战,遂向川、滇边境的大雪山转移,刘复初派人来麟凤找到李应春,转告建立地方党组织的情况。李应春随即秘密进山,在苋槽沟见到了刘复初,刘要求立即在麟凤成立乡革命委员会。刘复初告诉李应春,要他返回麟凤后,立即联络余明江、刘子六等人组成委员会,由他担任主任,余明江、刘子六二人担任委员。任务有三点:一是搞好交通;二是秘密联络靠得住和信任的人员,以备将来为纵队扩充力量;三是购买子弹和食盐。刘复初叮嘱李应春要小心行事,严加保密。李应春回来后立即秘密成立了麟凤乡革命委员会,在特委和纵队活动期间,多次为纵队提供消息,购买弹药。1936年10月中旬某日,纵队来到大雪山附近的烂泥坝,正一面煮饭,一面筹粮准备带到大雪山休整,突然接到李应春送来"敌人欲进攻纵队"的情报,恰在这时,滇军补充团三个中队联合地方民团四五百人追至,纵队抢先一步撤退,在大田坝设下埋伏,狠凑敌人后转移到大雪山密林中。1937年1月,纵队斗争主体失利后,李应春和两位委员只得隐蔽下来。后来,云南游击支队又与其取得联系,委员刘子六随支队活动中,在花朗与敌战斗中壮烈牺牲。

(录自威信县革命遗址普查工作领导小组、中共威信县委党史研究室编《红色扎西——威信县革命遗址普查成果汇编》,2011年印行,第68页)

## 云南威信县院子村中共川滇黔边区特委扩大会议遗址

院子村中共川滇黔边区特委扩大会议遗址,位于威信县扎西镇院子村上街村民小组,距村民委员会100多米。

院子中共川滇黔边区特委扩大会议遗址

1936 年 6 月初,阮俊臣、陶树清率领贵州省抗日救国军第三支队及在贵州毕节起义的国民党中央军暂编第五旅第二团第三营一路转战,于 6 月 8 日在镇雄县花朗坝找到红军川滇黔边区游击纵队。贵州省抗日救国军第三支队政委欧阳崇廷向中共川滇黔边区特委报告了阮、陶部队来意,说明是奉红二、六军团指示来找纵队的,迫切要求与纵队合队。6 月 9 日,纵队与阮、陶部队摆脱国民党中央军暂编第五旅第二团皮光泽部的追击后转移到威信院子场。当日,特委在院子场街上茶馆里召开扩大会议研究部队合队事宜。出席会议的有刘复初、龙厚生、李青云、曾春鉴、欧阳崇廷、阮俊臣、陶树清、邝善荣、阚世芳、唐和中等特委领导和各队主要负责人。会议首先听取欧阳崇廷汇报阮俊臣、陶树清部队的主要情况和传达红二、六军团关于开展全面抗日的指示;针对当前的对敌斗争形势,协商改组革命队伍,研究调整斗争策略等问题。会议最后决定:一、将中国工农红军川滇黔边区游击纵队、贵州省抗日救国军第三支队及贵州毕节起义部队三支部队合并,改称“中国工农红军川滇黔边区抗日先遣队”,在特委统一领导下,严格执行三大纪律和八项注意,在川滇黔边区动员和组织各民族共同抗日。二、先遣队由阮俊臣任司令员,陶树清任副司令员,刘复初任政委,曾春鉴任参谋长,李青云任特派员;先遣队辖三个支队,原阮俊臣部为第一支队,支队长阚世芳、政委欧阳崇廷,原陶树清部为第二支队,支队长唐和中、政委邝善荣,原纵队为第三支队,支队长龙厚生、刘复初兼任政委。三、根据中共中央发出停止内战、一致抗日的号召和红二、六军团关于开展全面抗日的指示,决定特委和先遣队当前的斗争任务为积极宣传党的抗日主张,扩大红军政治影响,宣传国难当头,以民族利益为重,团结起来一致对外,赶走日本侵略者;工农士学商联合起来,打倒帝国主义在中国的一切特权,动员边区爱国人士参加红军抗日先遣队,为中华民族的解放而斗争,挽救国家人民的危亡。最后,与会人员一致表示,坚决执行决议。

（录自威信县革命遗址普查工作领导小组、中共威信县委党史研究室编《红色扎西——威信县革命遗址普查成果汇编》,2011 年印行,第 69 页）

## 云南威信县院子村红军川滇黔边区抗日先遣队成立遗址

院子村红军川滇黔边区抗日先遣队成立遗址,位于云南威信县扎西镇院子村上街村民小组,距村民委员会 100 米。

1936 年 6 月 9 日,根据中共川滇黔边区特委院子场扩大会议精神,红军川滇黔边区游击纵队在院子场与贵州省抗日救国军第三支队、贵州毕节起义的陶树清

**院子红军川滇黔边区抗日先遣队成立遗址**

部合并,改称"中国工农红军川滇黔边区抗日先遣队",由阮俊臣任司令员,陶树清任副司令员,刘复初任政委,曾春鉴任参谋长,李青云任特派员。先遣队组建后编为三个支队,共八九百人,由特委统一领导,严格执行红军的三大纪律和八项注意,在川滇黔边区的威信、镇雄、叙永、兴文、珙县、毕节、黔西一带活动并动员组织各民族共同抗日。部队先后以中国工农红军川滇黔边区抗日先遣队的名义,张贴《中国工农红军川滇黔边区抗日先遣队政治部布告》,书写标语、口号等,广泛宣传党的抗日主张,扩大党和红军政治影响。先遣队的活动使国民党反动当局恐惧不安,急忙部署重兵对先遣队发动第二次三省"会剿"。

(录自威信县革命遗址普查工作领导小组、中共威信县委党史研究室编《红色扎西——威信县革命遗址普查成果汇编》,2011年印行,第70页)


## 云南威信县云南游击支队顺河街智歼地霸遗址

云南游击支队顺河街智歼地霸遗址,位于威信县罗布乡顺河村王家坝村民小组,距村民委员会150米。

1935年夏天,殷禄才在红军宣传影响下,决心起来闹革命,他在拖走高田自卫队长陈正杰的几条枪后,又发动几名苦大仇深的农民青年,悄悄去到四川珙县等地缴获敌人7支步枪,拉起了一支革命的农民武装。同年秋天,殷禄才找到纵队,要求给予指导并接收他的队伍参加纵队一块活动。特委和纵队经过一段时间培训后,仍要求他回本地发展部队,开展武装游击斗争。殷禄才遵照特委指示回到郭家坟后,切实加强对农民武装人员的思想教育,进一步深入发动群众,扩大队伍,并以"打富济贫"为劳苦群众闹翻身求解放的口号,带领队伍在滇、川边境一带

云南游击支队顺河街智歼地霸遗址

活动。殷禄才的活动引起了郭家坟周边地霸反动势力的高度注意和反对。1936年4月,罗布和敦乡自卫大队长、地霸张占云的侄子张发富,从镇雄关上绿林武装陈明飞部拖出三十余人的队伍,转回顺河场投靠张占云。张占云随即唆使张发富假意邀约殷禄才到顺河街上茶馆喝茶,企图借机铲除殷禄才,吞并农民武装。殷禄才识破张占云的诡计,听取部下建议,与张发富在茶馆见面时先发制人将其击毙,并收缴了其余人员枪支。经劝说教育,对愿意参加革命队伍的人员留下,不愿的发给路费回家。这一次,殷禄才不仅挫败了敌人的阴谋,同时还缴获了大量枪支弹药,增强了实力。

(录自威信县革命遗址普查工作领导小组、中共威信县委党史研究室编《红色扎西——威信县革命遗址普查成果汇编》,2011年印行,第119页)

## 云南威信县郭家坟云南游击支队基地遗址

郭家坟云南游击支队基地遗址,位于云南威信县罗布乡郭家村,范围包括街上、高加、坪上、嘣咚、王棚和泡桐等村民小组,距乡政府12公里,面积约10平方公里。

郭家坟是云南游击支队生存战斗的主要根据地,是支队革命斗争的坚强后盾。1936年秋红军云南游击支队在此正式成立后,在特委和纵队的直接领导下,任命中共党员殷禄才担任支队长,中共党员、红军干部陈华久担任支队政委。他们遵照中共中央及中革军委的战略决策,按照特委和纵队具体部署,继承发扬红军的优良传统和作风,坚持独立自主、机动灵活的战术原则,在滇、川边境10余县

**郭家坟云南游击支队基地遗址**

范围内,开展游击武装斗争,牵制和打击国民党军队和地方团队,依靠各族群众,袭击和惩办边境地区反动顽固势力,威胁国民党西南后方川滇公路东段运输干线,配合前方抗日作战和解放战争,进行了长达 12 年艰苦卓绝的英勇斗争,为解放边区各族人民,开辟滇、川边境以郭家坟为中心的敌后农村革命根据地,创建了不可磨灭的历史功勋。郭家坟成为根据地后,使红军云南游击支队由一支最初几十人的武装迅速壮大到几百人,加上与支队有联系的外围组织和绿林武装,多时达 1000 人以上。这支队伍,在与组织失去联系后仍然坚持战斗到 1947 年 3 月,最终在敌人强大的"围剿"下失利,主要领导人全部壮烈牺牲;当地贫苦百姓也遭受国民党反动派的残酷报复,被杀害和投入监狱者达百余人。郭家坟基地的群众人民在长期的斗争中作出了重要贡献和牺牲。

(录自威信县革命遗址普查工作领导小组、中共威信县委党史研究室编《红色扎西——威信县革命遗址普查成果汇编》,2011 年印行,第 76 页)

## 云南威信县安稳坝乡革命委员会驻地遗址

安稳坝乡革命委员会驻地遗址,位于云南威信县长安乡安稳村草子村民小组,距村民委员会 500 米,现为安稳小学。

1936 年 7 月,红军川滇黔边区游击纵队离开贵州毕节杨家湾后,经镇雄关上,开向彝良洛旺。途经大雪山白沙河时,与被地霸周光汉逼上山的吴锡州等十多人的绿林武装建立了统战关系。后根据形势发展需要,纵队发展这支绿林武装为游击小队,任命吴锡州为小队长,随纵队一同进入彝良县开展革命活动,先后攻打洛旺、柳溪、牛街等地。同年 8 月,吴锡州率队离开纵队单独活动。特委和纵队针对

**安稳坝乡革命委员会驻地遗址**

安稳坝地处云南威信、彝良与四川珙县、筠连四县交界地区,山高林密,远离敌人驻地,相对安全,决定发展秘密组织,建立以吴锡州为主任,李顺堂、胡启才、黄德修为委员的安稳坝乡革命委员会。安稳坝乡革命委员会成立后,为部队提供了一些情报和部分粮食、弹药等物资,保护和医治十几名红军伤病员。11月,特委和纵队主要领导人刘复初因患重病不能随队转移,纵队将刘复初交由革命委员会负责安置医治,吴锡州将刘复初先安置在左天鹏家,后又转移到江正昌家,请人设法医治,细心照料,在敌人眼皮底下前后隐蔽治疗近一个月,使得刘复初的病情有所好转,直至12月6日刘复初被川军薛奉先团陈营抓捕。1937年初,吴锡州被国民党地方政权杀害于林口,安稳坝乡革命委员会停止活动。

(录自威信县革命遗址普查工作领导小组、中共威信县委党史研究室编《红色扎西——威信县革命遗址普查成果汇编》,2011年印行,第74页)

## 云南威信县罗布新庄野猫坳红军川滇黔边区抗日先遣队伏击战遗址

罗布新庄野猫坳红军川滇黔边区抗日先遣队伏击战遗址,位于云南威信县罗布乡新庄村关田村民小组,距村民委员会200米。

1936年6月初,贵州抗日救国军第三支队、毕节起义的陶树清部与红军川滇黔边区游击纵队在花朗坝会合,其后两支部队来到威信院子场开会,根据形势发展需要,两支队伍合编改称中国工农红军川滇黔边区抗日先遣队,下设三个支队。阮俊臣部为第一支队,陶树清部为第二支队,原纵队为第三支队。先遣队成立后,在威信、镇雄、叙永、兴文、珙县、毕节、黔西一带积极开展活动,宣传党的抗日主

罗布新庄野猫坳红军川滇黔边区抗日先遣队伏击战遗址

张。反动当局恐惧不安,对先遣队发动三省"会剿"。鉴于形势愈来愈严峻,6月下旬,陶树清向特委提出三条建议,遭到特委主要领导人员反对,认为陶动机不纯,第一、第二支队遂被甩掉。其后,第一、二支队经镇雄转战贵州,遭到柳际明旅雷大龙团和滇军镇雄独立营的"联剿",部队损失极大。8月上旬,迁回到镇雄、威信边境时,遭到三省敌人重兵围追堵截,部队只得同敌人周旋。8月下旬,第一、第二支队在新芬岩脚、新庄野猫坳设伏,阻击尾追的雷大龙团,毙伤敌人十多名。因援敌两翼包抄,敌众我寡,部队退至簸箕坝,其后又分两路退至郭家坟和罗布小溪。

(录自威信县革命遗址普查工作领导小组、中共威信县委党史研究室编《红色扎西——威信县革命遗址普查成果汇编》,2011年印行,第109页)

## 云南威信县高田黄连坝红军川滇黔边区
## 抗日先遣队第一支队战斗遗址

黄连坝红军川滇黔边区抗日先遣队第一支队战斗遗址,位于云南威信县高田乡新华村草房头、大石包和海子坝三个村民小组,距村民委员会4公里。

1936年6月,中国工农红军川滇黔边区抗日先遣队在威信院子场成立后,下设3个支队,共九百余人。活动在威信、镇雄、叙永、兴文、珙县、毕节、黔西一带,积极宣传共产党的抗日主张,令反动当局恐惧不安,遂调集强大兵力"围剿"先遣队。在极端不利的形势下,先遣队副司令员陶树清向特委提出了三条建议,但特委主要领导因受"左"倾冒险主义路线影响,对陶的正确意见不仅不予采纳,反视为"动机不纯",遂甩掉阮俊臣、陶树清的第一、二支队单独活动。被甩掉的阮、陶部经过近两个月的转战,来到威信新芬岩脚、新庄野猫坳设伏,

高田黄连坝红军川滇黔边区抗日先遣队战斗遗址

阻击尾追的雷大龙团，但因援敌两翼包抄，敌众我寡，部队退至簸箕坝，敌人紧追不舍，便兵分两路撤退。第一支队（阮俊臣部）退至郭家坟，第二支队（陶树清部）退至小溪。这时，柳际明一面派重兵分别追击，一面报告上司再派兵力合围。霎时，国民党军麇集滇、黔边境，一步步缩小包围圈，把关设卡，占领要隘。第一、二支队处境极为困难，几乎天天打仗，只好又折回川、滇边境。9月4日，滇军镇雄独立营追至高田黄连坝，与刚到达的第一支队在鸡啄咀进行激战，第一支队守住鸡啄咀岩背，阻击敌人进攻，战斗从中午一直持续到天黑，第一支队顽强抗击，与敌人肉搏达十多次，双方伤亡巨大。入夜，阮俊臣指挥部队从敌人薄弱的东北方向冲出重围，夺得陇营部分物资弹药，随后乘夜经高田向双河、水田转移。

（录自威信县革命遗址普查工作领导小组、中共威信县委党史研究室编《红色扎西——威信县革命遗址普查成果汇编》，2011 年印行，第 110 页）

## 云南威信县顺河陶树清被俘地遗址

顺河陶树清被俘遗址，位于云南威信县罗布乡顺河村杜家塆村民小组，距村民委员会 400 米。

1936 年 6 月，红军川滇黔边区抗日先遣队在威信院子场成立，由特委统一领导，严格执行三大纪律和六项注意，在川、滇、黔边区动员和组织各族人民共同抗日。先遣队活动了一段时间，面对敌人调集强大兵力"围剿"的严峻形势，副司令员陶树清于 28 日向特委提出三条建议：一是加强秘密活动，缩小目标，便于休整；二是对起义士兵和绿林武装不要歧视，要耐心教育和改造，加强团结；三是开辟新

顺河陶树清被俘地遗址

的游击区,摆脱敌人,减少伤亡,保存实力。特委主要领导由于受"左"倾思想路线影响,对建议不但不予采纳,反视为"动机不纯",甩开第一、第二支队单独行动。8月下旬,被甩后的第一、第二支队在不利情况下转战到威信,部队几乎天天与敌交战,第一、第二支队被迫分开活动。9月5日,陶树清与第二支队被滇军镇雄独立营和贵州柳营等跟踪追至罗布小溪,滇军镇雄独立营营长陇承尧软硬兼施,欲用重赏800块银元的办法诱降陶树清。陶树清将计就计,表示同意,拿到银元后便将部队拖走,转移到顺河场,同当地自卫大队长张占云谈判,达成协议,陶树清暂时隐蔽在张占云家。随后,独立营闻讯追至,逼张占云交人。张占云背信弃义,将陶树清出卖。陶树清被抓捕后被转押贵州毕节,10月份被杀害于大教场,年仅23岁。临刑前,陶树清英勇不屈,高声揭露国民党反动派反共卖国的卑劣行径。

　　(录自威信县革命遗址普查工作领导小组、中共威信县委党史研究室编《红色扎西——威信县革命遗址普查成果汇编》,2011年印行,第111页)


## 云南威信县水田寨红军川滇黔边区游击纵队驻地遗址

　　水田寨红军川滇黔边区游击纵队驻地遗址,位于威信县水田乡水田村街上村民小组,距乡政府100米。遗址部分房屋已拆除,现仅存两栋破损严重的住房。

　　1936年6月,在威信县院子场组建的中国工农红军川滇黔边区抗日先遣队,转战于威信、镇雄、叙永、兴文、珙县、毕节、黔西一带,积极开展革命活动,宣传党的抗日主张。国民党当局恐惧不安,急忙增派十几个团的兵力,麇集于川、滇、黔边区,对先遣队发动第二次三省"会剿"。面对敌人调集强大兵力"围剿"的严峻形势,特委主要领导人由于受"左"倾冒险主义路线影响,对副司令员陶树清提出的

水田寨红军川滇黔边区游击纵队驻地遗址

正确建议,不但没有采纳,反而视为"动机不纯",当部队到达毕节杨家湾的放珠场后,特委带领第三支队悄悄离开第一、第二支队,仍恢复原中国工农红军川滇黔边区游击纵队的番号和建制,单独行动。纵队于8月底从郭家坟向水田寨转移,9月初进驻水田寨。被甩掉的阮俊臣部(第一支队)、陶树清部(第二支队)也一路血战,到处转移。陶树清部在顺河场失利,阮俊臣部于9月初从威信高田黄连坝转移到水田寨。阮俊臣找到纵队,流着泪向纵队领导痛诉了第一、第二支队被甩后的不幸遭遇,对特委领导提出了严厉的批评。特委为了总结失败的沉痛教训,决定召开特委会议。会议经过的认真总结,重新确立了正确的方针和对敌斗争策略,组建并充实新的特委和纵队领导班子。阮俊臣接受任务后率队离开水田寨途经镇雄簸笠到贵州寻找赵文海一起行动。纵队经过几天短暂休整,重新确立了正确的军事方针和对敌斗争策略,战斗力明显恢复,面貌焕然一新,为继续坚持独立的革命斗争打下了坚实的基础。

（录自威信县革命遗址普查工作领导小组、中共威信县委党史研究室编《红色扎西——威信县革命遗址普查成果汇编》,2011年印行,第72页）

## 云南威信县水田寨中共川滇黔边区特委会议旧址

水田寨中共川滇黔边区特委会议旧址,位于云南威信县水田乡水田村街上村民小组,距乡政府100米。旧址为木竹结构的三合院坝,建筑面积320平方米。

1936年6月9日,阮俊臣、陶树清率领的贵州省抗日救国军第三支队和贵州毕节起义部队在威信院子场与红军川滇黔边区游击纵队合队后,部队改称中国工农红军川滇黔边区抗日先遣队,下设三个支队,即原阮俊臣部编为第一支队,原陶

水田寨中共川滇黔边区特委会议旧址

树清部编为第二支队,原纵队编为第三支队。在随后的行军中,特委主要领导由于受到"左"倾冒险主义路线影响,错误地认为白军起义的陶树清部动机不纯、不可靠,遂甩掉了第一、第二支队,将第三支队仍恢复原中国工农红军川滇黔边区游击纵队番号和建制,单独开展行动。被甩后的第一、第二支队在敌人调集强大兵力发动的第二次三省"会剿"中,孤军奋战,损失惨重,先后转战于镇雄黑树桩,贵州毕节、织金、纳雍,威信新芬、新庄、黄连坝、簸箕坝、郭家坟等地。9月4日,陶树清在率领第二支队余部到达罗布顺河场时,被地霸张占云诱捕,后交滇军镇雄独立营押送至贵州毕节柳际明旅。10月初,陶树清在毕节惨遭杀害。阮俊臣率领的第一支队一路血战,也损失殆尽,于9月初到水田寨找到纵队。阮俊臣流着泪向纵队领导汇报第一、第二支队被甩后的遭遇。为了总结失利的沉痛教训,中共川滇黔边区特委在水田寨召开会议。参加会议的有刘复初、龙厚生、李青云、曾春鉴、邝善荣、阮俊臣等人,会议首先听取阮俊臣陈述第一、第二支队被甩后的不幸遭遇,阮俊臣在发言中批评了特委领导不团结教育改造起义部队及绿林武装的错误做法,给革命造成了严重损失。特委接受阮俊臣批评,决定团结一切可以团结的力量,孤立敌人,壮大自己,欢迎白军起义当红军,欢迎绿林武装参加革命;其次健全特委和纵队领导班子,增补邝善荣为特委委员,刘复初为纵队司令员,龙厚生为政委,曾春鉴为参谋长,李青云为政治部主任兼特派员;最后决定派人到川南、黔西北、滇东北建立党组织和武装,创建革命根据地和特区。派阮俊臣到赵文海发展的贵州游击支队担任政委,进一步发展壮大队伍,开展抗日救亡工作。从此,新组建的特委和纵队领导由于贯彻特委会议确立的正确方针和策略,全体干部战士增强了必胜的信念和决心,使川滇黔边区的革命斗争形势迅速改观,又有了新的发展。

（录自威信县革命遗址普查工作领导小组、中共威信县委党史研究室编《红色扎西——威信县革命遗址普查成果汇编》,2011 年印行,第 71 页）

# 云南镇雄县纸槽大坝战斗遗址

纸槽大坝战斗遗址,位于云南镇雄县罗坎镇东北的纸槽村坝头,距镇政府驻地 25 千米,在纵队主要隐蔽地点之一的滇川交界处大雪山南麓,周围山峦起伏,树林密布,高寒山区,多雨多雾。

**纸槽大坝战斗遗址**

1936 年 9 月上旬,红军川滇黔边区游击纵队由大雪山开至镇雄县罗坎宋家湾、茶埂坡一带。滇军安旅补充队闻讯,率罗坎民团赶到宋家湾,以第五中队及民团正面进攻,第四、第六中队迂回大水井截击纵队退路。纵队即时撤到镇雄县罗坎纸槽大坝,敌补充队第六中队赶到,在树林中偷袭纵队。纵队迅速抢占坳口和山梁,与补充队激战二时许,方边打边退,在坳口上将民团击溃,毙民团中队长 1 名,击伤敌滇军多名,退回大雪山。遗址地形地貌无变化,坝内已开垦为耕地,周围山清水秀,不通公路,附近住有农户。

（录自中共镇雄县委党史研究室编《镇雄县革命遗址通览》,2011 年印行,第 57 页）

## 云南威信县三桃山羊坝红军川滇黔边区游击纵队战斗遗址

山羊坝红军川滇黔边区游击纵队战斗遗址,位于威信县三桃乡斑竹村上坝和下坝两个村民小组,距村民委员会 8 公里。

**三桃山羊坝红军川滇黔边区游击纵队战斗遗址**

1936 年 9 月中旬,红军川滇黔边区游击纵队三百余人在政委龙厚生等人的率领下,从四川兴文建武、石碑口一带转移到云南威信边境斑竹塘活动。四川江安马端如、兴文蒋富田各率其保安中队共数百人由四川珙县洛亥跟追过来。同时,驻扎云南威信县城的滇军安恩溥旅田富伍营闻讯,也派出部队并纠集地方民团三四百人前往威信五谷垮、院子场一带堵截,企图上下配合夹击纵队。纵队得悉情况后,派人通知刚组建不久的红军云南游击支队前来增援。纵队在斑竹塘山沟中和保安中队交火后,边打边撤,退至山羊坝时,滇军田营和地方团队由鱼洞沟追至,纵队腹背受敌,十分危险。在这紧急关头,殷禄才、陈华久率领支队出敌不意,经龙背上火速赶到,从侧后向滇军田营和地方民团发起攻击,完全打乱了敌军两面夹击的计划。敌军背后突然响起激烈的枪声,田营弄不清虚实,慌忙向院子场方向溃退。纵队乘势反击,打退了川南保安中队的追击。纵队在支队的协同作战下,转危为安,顺利转移到大雪山一带。殷禄才、陈华久又带领支队回郭家坟活动。三桃山羊坝战斗是纵队与红军云南游击支队的一次联合作战,有力打击了滇川敌军。

(录自威信县革命遗址普查工作领导小组、中共威信县委党史研究室编《红色扎西——威信县革命遗址普查成果汇编》,2011 年印行,第 111 页)

## 云南威信县罗布关田起义川军参加红军川滇黔边区游击纵队遗址

起义川军参加红军川滇黔边区游击纵队遗址,位于威信县罗布乡罗布村关田村民小组,距乡政府 300 米。

**罗布关田起义川军和红军川滇黔边区游击纵队联军遗址**

1936 年 10 月 14 日晚,川军刘湘驻四川宜宾珙县底硐镇第十一连的士兵,在刘少成、兰澄清等人带领下举行起义。这支部队起义后决定离开四川,到云南边境寻找红军。起义队伍经过兴文双河场、建武轿顶山进入威信,在罗布坳遇到红军川滇黔边区游击纵队侦察员,便派人会见纵队领导,要求参加纵队。特委经过了解后接纳了这支起义队伍。纵队在罗布坳关田河边敲锣打鼓,列队欢迎起义队伍,接着全队开到簸箕坝,杀猪款待起义士兵,晚上又举行欢迎大会。起义士兵受到如此隆重接待,心情激动,感慨万千,纷纷控诉国民党军阀的罪行。经过教育宣传,起义士兵提高了认识,面貌焕然一新。纵队决定不打乱建制,把起义部队编为第三大队,由刘少成担任大队长,兰澄清担任副大队长,曾广胜担任指导员。全队100 多人,有长短枪 100 多支、机枪 3 挺、小钢炮 3 门、子弹 50 多箱、冲锋枪 6 支、手榴弹 300 多颗。川军起义队伍的加入,极大地增强了纵队的实力。

(录自威信县革命遗址普查工作领导小组、中共威信县委党史研究室编《红色扎西——威信县革命遗址普查成果汇编》,2011 年印行,第 112 页)

## 云南威信县麟凤烂坭坝红军川滇黔边区游击纵队战斗遗址

烂坭坝红军川滇黔边区游击纵队战斗遗址,位于威信县麟凤乡龙塘村杉树坝村民小组,距村民委员会 2.5 公里。

**麟凤烂坭坝红军川滇黔边区游击纵队战斗遗址**

1936年10月18日,滇军安旅驻昭通补充团第四、第五、第六中队,应镇雄独立营邀请到威信县果罗坝"会剿"红军川滇黔边区游击纵队。10月20日,补充团进驻后天坪。下午7时,威信县第八区区长周光汉派人飞报补充团,称刘复初围攻区公所及杨旭九碉楼,请即刻驰援。10月21日拂晓,补充团驰抵果罗坝。活动在大雪山附近烂坭坝的红军川滇黔边区游击纵队毫不知情,正一面煮饭,一面筹粮准备带到大雪山休整,滇军安旅驻昭补充团三个中队联合地方民团四五百人突然追至。敌人来势凶猛,纵队只得以第二大队断后,且战且退。敌军以为纵队无力抵抗,拼命追击。补充团及地方民团以第四中队由左侧山麓、第五中队及第六中队一部由右侧山麓、第六中队主力由中部河沟向纵队发动攻击。纵队第二大队顽强阻击,在敌军猛攻之下,大队长易德胜牺牲。纵队退至大田垯拐弯处,见地势险要,立即分兵两路,占据有利地形,左翼埋伏于东隍店山脚,右翼在大坟山隐蔽待机。骄横跋扈的补充团在机枪掩护下猖狂攻入伏击地带,纵队第三大队副大队长兰澄清令炮排开炮,三门迫击炮在敌群中发出震天怒吼,纵队从左、右两翼发起反攻,将敌击退到拐弯处。补充团在强大火力掩护下再次发起猛攻,纵队指战员端着刺刀呐喊着冲入敌群奋勇拼杀。一名战士用大刀砍死两个敌军机枪手而身负重伤,毅然拉响手榴弹与数名敌兵同归于尽。纵队击溃敌军,撤出战斗后,迅速转移到大雪山密林中休整。敌人受到沉重打击,不敢再跟进,只好抓民夫抬着伤兵撤走。杨成才、周光汉两路民团100多人见此情景,也怕挨打,随溃退的补充团潜逃。烂坭坝一战,纵队缴获敌人两挺重机枪、十多支步枪、千余发子弹。但也牺牲大队长易德胜等8名同志,烈士遗体埋葬于东隍殿脚下的桥头上。滇军第二旅补充团第五中队死伤陈元学等30多人。为此,中队长李浚源被龙云召回昆明革职。

(录自威信县革命遗址普查工作领导小组、中共威信县委党史研究室编《红色扎西——威信县革命遗址普查成果汇编》,2011年印行,第113页)

## 云南镇雄县大湾子战斗遗址

大湾子战斗遗址,位于云南镇雄县大湾镇政府所在地大湾老街,山间槽形洼地,两端狭窄,中部略阔,四面青山环绕,土地肥沃,气候温和。

**大湾子战斗遗址**

大湾是云南镇雄县东北方最大的集镇。1936年夏,中共川滇黔边区特委决定在滇东北的镇雄、彝良、威信一带开辟新的根据地。此后,中国工农红军川滇黔边区游击纵队在大湾子组建了地方革命武装——大湾子游击队。为了摧毁游击根据地内国民党基层政权,10月30日夜,红军川滇黔边区游击纵队分兵三路,袭击大湾镇。在大湾子游击队的率领下,红军川滇黔边区游击纵队围攻镇雄第四区区长陈兆鹏、团首等部,将民团击溃,活捉民团团首王明昭,并在当地群众率领下打开熊芝莲家夹壁,没收其藏在里面的大量钱财。次日,红军川滇黔边区游击纵队在大湾街上召开群众大会,宣传革命道理,号召群众参加红军游击队,将地主浮财分给群众。遗址附近为大湾镇政府驻地,遗址中房屋为木结构古川式民居建筑,被称为大湾古镇,由于长时间未进行维修和保护,部分房屋因腐朽已被拆除重新修建。附近有老场坳口、仓房上、罗甸河等历史遗址和风景区,已通公路,交通方便。当地煤、硫磺矿蕴藏量较大。

(录自中共镇雄县委党史研究室编《镇雄县革命遗址通览》,2011年印行,第58页)

## 云南镇雄县母享战斗遗址

母享战斗遗址,位于云南镇雄县母享集镇中的街口缓坡地带,地势开阔,土地肥沃,气候温和。

**母享战斗遗址**

遗址包括原云南镇雄县第三区区公所及附近地区,1936年后这里曾发生多次战斗。1936年夏,中共川滇黔边区特委决定加强在滇东北的镇雄、彝良、威信一带开辟新的根据地的工作。为了摧毁根据地内的国民党政权,支持人民抗捐抗税的斗争,红军川滇黔边区游击纵队于11月12日,第二次袭击母享,第一、第二大队包围区公所,第三大队围攻驻江西庙民团。纵队在进行军事打击的同时,又开展政治攻势,江西庙中的团丁缴械投降,区长姜兆钦自恃区公所墙高院深,督率团丁抵抗。在进攻中,纵队牺牲2人。此后,纵队采取三面围攻,网开一面的打法,从后面高地上用迫击炮、手榴弹向里轰炸,并架柴焚烧大门。激战二时许,姜兆钦便悄悄藏到屋顶天花板后面。团丁不见姜兆钦,纷纷开侧门逃走,纵队冲进大院,缴获长短枪四十余支,大洋七千余元,活捉土豪王开举、鲁俊等人。全国抗战爆发后,纵队镇雄母享游击队在与上级党组织失去联系的情况下,根据当时形势,采取寓兵于农的方式,布置队员回家隐蔽,生产待命。但滇军镇彝威独立营和镇雄县政府仍加紧对游击队的"进剿",并随意捉拿拷打游击队员家属及邻居。为了营救被囚的游击队亲属和无辜乡民,1938年8月8日,母享游击队集中在发贡、茶木一带隐蔽的队员300来人,包围三区区公所和母享镇公所(当时区、镇公所均在该处)。战斗中,游击队严明纪律,据当时三区区公所报告,虽日夜鏖战,而"街方毫无损失"。9日晚,区公所即将攻克,母享后槽陇三官出面调解放人,游击队撤离母享,回到熊贝一带隐蔽。遗址原为镇雄县第三区区公所和母享镇镇公所,解放后仍为镇雄县第三区(后改称母享区)区公所,新的区公所修建后改为政府仓库,由于房屋破损被撤除,现遗址处为耕地。遗址四面是当地居民区、学校、机关单位,已通公路。附近有中共川滇黔边区特委会会议旧址等革命遗址和天然景观仙人洞。

（录自中共镇雄县委党史研究室编《镇雄县革命遗址通览》,2011 年印行,第 59 页）

## 云南威信县天池罗汉林红军川滇黔边区游击纵队战斗遗址

罗汉林红军川滇黔边区游击纵队战斗遗址,位于威信县双河乡天池村罗汉林村民小组,距村民委员会 5 公里。

天池罗汉林红军川滇黔边区游击纵队战斗遗址

1936 年 11 月 16 日,红军川滇黔边区游击纵队从四川叙永石厢子出发,准备赶回云南威信水田寨,经史里、陇杠行至水潦寨、牛屎寨时,遭到川军、滇军截击,纵队伤亡、失散 80 多人,于是绕路经牛屎寨,进入威信境内。此时,部队减员很大,只剩下 100 多人。特委书记刘复初因患重病不能行走,被队员用担架抬着随队而行,部队由特委委员、纵队政委龙厚生率领,来到水田寨附近的苦茶坝与地方游击支队艾宗藩部的游击小队长杨洪章（苗族,有十多支枪）接上头。休息片刻,杨洪章连夜将部队带到有统战关系的天池中坝乡民团队长杨万富家隐蔽。纵队到达中坝时已是次日拂晓,正在做饭,滇军安恩溥旅田富伍营追至并驻扎在大营头,与纵队驻地只相隔 1 公里。苗族同胞火速前来报告敌情,要求予以惩处打击。纵队领导研究后认为,滇军到此刚住下来,尚未发现部队驻地,这里是苗族聚居区,不能在此打仗,以免给苗族同胞带来麻烦,应立即转移。当即决定由杨万富带路,部队离开天池开往罗汉林。纵队悄然出发后,为避免敌人追查杨万富的责任,有意鸣枪引诱滇军,使敌军很快赶来。部队急行军至罗汉林,选好有利地形,卡住路口,待滇军跟踪追至,纵队猛烈开火,迎头痛击,战斗持续二三个小时,给滇军很大的杀伤后才主动撤离。

（录自威信县革命遗址普查工作领导小组、中共威信县委党史研究室编《红色扎西——威信县革命遗址普查成果汇编》，2011年印行，第113页）

## 云南威信县扎西镇海子坝红军川滇黔边区游击纵队战斗遗址

扎西镇海子坝红军川滇黔边区游击纵队战斗遗址，位于云南威信县扎西镇墨黑村上海子和下海子两个村民小组，距村民委员会8公里。

扎西镇海子坝红军川滇黔边区游击纵队战斗遗址

1936年11月16日，红军川滇黔游击纵队从叙永石厢子出发，准备撤回威信，行至水潦寨和牛屎寨时，遭到川军、滇军截击，纵队伤亡失散八十余人，进入威信县境时，仅剩一百余人。11月18日凌晨，纵队由蒿枝坝向大雪山转移，司令员刘复初因病被队员用担架抬着随队转移。为摆脱敌军追击，政委龙厚生率纵队同敌人绕圈子，行至威信落脚时，发现田富伍营紧追而来。纵队改道往海子坝方向急行，把敌人引入岔道，向斑鸠沟、海子坝方向开去。纵队的行动，被一名团丁发现，团丁站在山上高喊：红军往海子坝方向去了。田营随即掉头追来，纠合从扎西方向赶来的民团，分兵两路，包抄纵队。纵队战士将报信团丁击毙，迅速占领有利地形，阻击敌军。一路敌人追上纵队，用机枪疯狂扫射。纵队英勇还击，由于子弹缺乏，只好在一条二三公里长的窄沟里，选择地形，交替掩护，边打边退。战斗断断续续进行了数小时，纵队退至海子坝时，又一路敌军包抄过来，会同尾追之敌，两面夹击纵队。前有阻敌，后有追兵，地形极为不利，纵队伤亡十余人，处境十分危急，若继续战斗，将有被敌包围全歼的危险。龙厚生派大队长刘少成、指导员曾广胜等率少数战士阻击敌人，掩护部队突围。刘少成、曾广胜等选择有利地形，顽强阻击敌人,在打退敌人几次冲锋后,转进深山密林与敌周旋,待天黑时撤出,到老百姓家隐蔽,等敌兵撤走后才去寻找部队。刘少成在水田寨附近找到纵队,曾广胜在途经冷水河时,被民团丢手榴弹炸伤了脚,寄养在斑鸠沟一农民家,同部队失去联系,兰澄清到斑鸠沟后返回四川省隆昌老家。纵队突围后只剩下 80 多人,转移到大雪山隐蔽。

（录自威信县革命遗址普查工作领导小组、中共威信县委党史研究室编《红色扎西——威信县革命遗址普查成果汇编》,2011 年印行,第 114 页）

## 云南镇雄县野腊溪战斗遗址

野腊溪战斗遗址,位于云南镇雄、威信两县交界处的镇雄县花朗乡东北面的野腊溪田湾头一带,距政府村驻地 4.9 公里,四围群山环绕,沟壑纵横,地形复杂。

**野腊溪战斗遗址**

1936 年夏,中共川滇黔边区特委率红军川滇黔边区游击纵队在云南镇雄县的罗坎、雨河、大湾、以勒、坡头、母享、黑树、花鱼洞一带开辟了新的革命根据地。正当镇雄人民革命斗争在边区特委和纵队的领导下方兴未艾之际,川、滇、黔三省军阀又加紧对纵队的“进剿”,天天搜山,尾追纵队。11 月 26 日傍晚,纵队转移到镇雄县花朗坝野腊溪。一天急行军 50 多公里,认为已甩开追兵,便在当地住下,放出步哨,张罗做饭。忽闻枪声四起,弹如雨来,前卫哨全部牺牲。原来滇军安旅田营一直跟踪尾追,趁纵队准备休息之际,已将村子包围。红军川滇黔边区游击纵队遭到突然袭击,各自为战,顿时牺牲十余人。特委主要领导龙厚生率十余人突围转移到水田寨隐蔽,红军留下的女干部李桂洪〔英〕、阚思颖在突围时被俘。当夜,田福五组织清野,又有十多名负伤的队员被杀害,红军川滇黔边区游击纵队受到很大损失。次年1月,龙厚生等人在水田寨遇害,纵队停止活动。遗址为野腊溪农民住房,纵队指挥部驻田湾头郑明莲家,当时为四立三间的木结构房屋,两边有厢房,隔墙用竹子夹后糊上石灰,后失火被焚毁,又在原址修建现在住房,布局朝向相同,规模缩小。遗址坐落于雄险的范果梁子之下,现竹木茂密,生态良好,属于国家天保工程。

（录自中共镇雄县委党史研究室编《镇雄县革命遗址通览》,2011年印行,第61页）

## 云南镇雄县青龙山战斗遗址

青龙山战斗遗址,位于云南镇雄县母享镇西南面的串九龙塘青龙山,距镇政府驻地7公里,南接山势险峻的刘家山,西面是断崖千尺的老鹰岩,岩脚为母享河,遗址内山峦起伏,沟壑纵横。

**青龙山战斗遗址**

1936年9月,中共川滇黔边区特委将原红军抗日救国军第三支队改编为红军川滇黔边区游击纵队贵州游击支队,此时,敌人加紧对红军川滇黔边区游击纵队的"围剿",川滇黔军队及中央军、民团两万余人云集于三省交界的鸡鸣三省一带,对红军游击纵队贵州游击支队形成合围之势,支队长阮俊臣决定率一部到贵州,其主力第四大队继续留镇雄活动。此后,第四大队在镇雄陇东湾、威信黄连坝等地多次击退镇彝威独立营及民团的进攻。11月底,第四大队发展到260多人,又回到镇雄尾嘴、苏木、串九一带,在母享青龙山隐蔽活动。12月初,毕节保安第二、第四团和专员公署独立营约1000多人连夜经黑树到串九,将青龙山四面包围,拂晓发起进攻,第四大队利用复杂地形组织反攻,将保安团击退。稍后,保安团又组织第二次进攻,向密林深处猛烈袭击,逐步缩小包围圈。第四大队化整为零,分头阻击。入夜,保安团因对地形不熟,停止进攻,第四大队各中队分头袭击,一部向东猛攻,将保安团主力调到东面,主力趁机从西面突围,抓住灌木老藤从壁立的老鹰岩下到母享河边,转移到熊贝梁子。战斗中,虽打死打伤保安团数十人,但第四大队也伤亡惨重,到熊贝时,260多人只剩下60多人。遗址约1平方公里,当年森林茂密,后森林被毁,现部分开垦为耕地,山腰以上为天然灌木林。周围有村民居住,附近有刘家山等革命遗址,已通乡村公路。

（录自中共镇雄县委党史研究室编《镇雄县革命遗址通览》,2011年印行,第62页）

## 云南镇雄县环路坝子战斗遗址

环路坝子战斗遗址,位于云南省镇雄县与贵州赫章县交界处,在镇雄县以古镇政府西21千米处,包括岩洞脚上寨环路坝子及贵州省赫章县黄泥坡。当地为高寒山区,青山起伏绵延,地形复杂。

**环路坝子战斗遗址**

由于敌人加紧在川滇黔三省结合部对红军游击队的"围剿",1937年春,原红军抗日救国军第三支队留在镇雄活动的第四大队转移到镇雄西南滇黔交界处的坪上红岩一带隐蔽发展。1937年5月初,滇军镇彝威独立营陇承尧派宗杰武、彭兴周两连及当地民团三四百人到红岩"围剿",第四大队二三十人撤到镇雄、赫章交界处的环路坝子、黄泥坡一带的两个丫〔垭〕口上埋伏。次日晨敌分三路进攻第四大队,第四大队一边呐喊虚张声势,一边还击,敌乱作一团,第四大队冲到环路坝子,将彭连击溃。宗连赶到,猛攻第四大队,又被击退。彭连卷土重来,隐蔽于岩洞脚环路坝子后,欲诱游击队到坝子中围歼。双方相持,不久宗连与民团均撤走,彭连只好率部退回岩洞脚。黄泥坡战斗中,第四大队击毙独立营排长以下 8 名,击伤十余名,缴获步枪七八支。在阻击中,原红二、红六军团留在第四大队中的政工干部游成武壮烈牺牲。遗址处原树木茂密,现镇雄地界环路坝子一带已开垦为耕地,贵州赫章地界为灌木林地。遗址附近为苗族、彝族村寨,离乡村简易公路 1 公里。

(录自中共镇雄县委党史研究室编《镇雄县革命遗址通览》,2011 年印行,第 63 页)

## 云南镇雄县澎水岩战斗遗址

澎水岩战斗遗址,位于云南镇雄县花山乡西南老毛姑澎水岩,距乡政府驻地 4.5 公里,高寒山区,西与本市彝良县毗邻,南与贵州赫章相连,群山环绕。

**澎水岩战斗遗址**

1936 年冬,原红军抗日救国军第三支队第四大队转移到镇雄西南的坪上红岩隐蔽发展,开辟新的游击根据地。1937 年 5 月中旬,滇军安旅一部进至彝良奎香,黔军一部开到赫章可乐,滇军镇彝威独立营进驻坪上,对第四大队进行"会剿"。第四大队分头隐蔽,大队长叶绍〔少〕奎、副大队长廖中堂率六七十人转移到花山老毛姑澎水岩一带,分头住扎在几户农民家中。一天拂晓,滇军安旅某营副营长杨××趁游击队不备,率部偷袭叶绍〔少〕奎等二十余人,住在附近的王松柏(游击队中队长)、廖中堂等人急率部增援,几面夹攻,滇军慌乱之中,叶绍〔少〕奎率部在晨雾的掩护下，悄悄爬出房门，顺着斜坡转移到沟中，又绕道登上对面潲水岩，占据有利地形反攻，掩护王松柏等转移。此后，第四大队在老毛姑丛林中与滇军周旋。在此期间，群众趁放牧之机，将炒面等藏在披毡下送给游击队。滇军和镇彝威独立营见丛林内地形复杂，深不可测，不敢深入，围着丛林转了十来天后，便分头向昭通、镇雄撤退。遗址原森林茂密、箐竹漫山。解放后逐步开垦为基本农田。遗址附近居住着汉族和能歌善舞的彝族、苗族三百余户 1200 多人，与大银煤矿相邻。现已通公路。

（录自中共镇雄县委党史研究室编《镇雄县革命遗址通览》，2011 年印行，第64 页）

## 云南镇雄县豆戛寨战斗遗址

豆戛寨战斗遗址，位于云南镇雄县场坝镇西北的安家坝村花园，距镇政府驻地 2.5 公里，岩溶地貌，岩洞生于岩脚，住房和碉楼建于岩脚的斜坡顶上，背靠悬崖峭壁，前临山间小平坝。

**豆戛寨战斗遗址**

1937 年初，原红军抗日救国军第三支队第四大队在镇雄西南部的坪上红岩一带开辟新的根据地。安家坝花园土豪陇小官陇吉昌依靠陇承尧，与区长罗清伦勾结，横行乡里、鱼肉人民，怨声载道，又多次率团丁参与"围剿"第四大队。为了打击根据地附近的反动势力，为民除害，1937 年 7 月初，第四大队大队长叶绍〔少〕奎率部由红岩出发，趁夜将豆戛寨包围，中队长王松柏率人翻墙入院，迅速将放哨家丁捉住,其余队员纷纷进入寨内,迅速解除陇小官家丁十余人的武装,活捉住在岩洞中的陇小官。天亮后,第四大队开仓济贫。通过教育陇小官改过自新,四大队将其释放。由于过去当地为片村豆戛寨中心,习惯将这次战斗称为"豆戛寨战斗"。遗址原为陇家住房,包括住房、碉楼和岩洞,由于年久失修,住房逐步毁坏,20世纪80年代又遭受火灾,将木结构住房焚毁,石木结构的碉楼仅余断壁残垣,岩洞基本保持原貌。遗址附近有学校及村民居住,通乡村公路。

（录自中共镇雄县委党史研究室编《镇雄县革命遗址通览》,2011年印行,第66页）

## 云南镇雄县小河战斗遗址

小河战斗遗址,位于云南镇雄县坪上乡老场村小河街上,在乡政府驻地西北7公里处,前临小河,平坦开阔,气候温和,土地肥沃。

小河战斗遗址

1936年12月初,原红军抗日救国军第三支队第四大队东转镇雄西南的坪上红岩一带开辟新的根据地。1937年8月,第四大队函劝镇雄县第四区区长黄树贤改过自新,不要再欺压百姓,与游击队为敌,并要他缴出枪弹,黄树贤父子置之不理。9月24日,小河赶场,第四大队二十余人袭击小河,活捉黄树贤,围其住房。黄树贤次子黄占先紧闭碉门,不听劝告,率团丁负隅顽抗,击伤游击队队员3人,第四大队击毙平时作恶多端的黄树贤第五子黄正先,并在石碉前当众列举黄树贤欺压百姓的罪状,黄树贤急忙求饶,开门投降,游击队缴获长短枪20多支,并将黄树贤家粮食钱物散给赶集的农民。次日,游击队对黄树贤父子教育后释放。

　　遗址在小集镇中村民赶集的街上,解放后原石碉被撤除,1982 年 10 月小河街上失火,原木结构房屋又被焚毁,此后黄训召在遗址原地重建石墙水泥屋面平房。遗址附近有学校,当地已通公路,产木漆、蚕茧。

　　(录自中共镇雄县委党史研究室编《镇雄县革命遗址通览》,2011 年印行,第67 页)

## 云南镇雄县木黑战斗遗址

　　木黑战斗遗址,位于云南镇雄县林口乡北面的木黑村罗家营,距乡政府驻地 5公里,平缓开阔,树木茂密。

木黑战斗遗址

　　1936 年,中国工农红军川滇黔边区游击纵队在滇东北的镇雄一带开辟新的革命根据地,组建了地方革命武装镇雄母享游击队。1937 年 1 月,纵队主要领导壮烈牺牲,主体停止活动,但镇雄母享游击队仍然在滇黔边区坚持斗争,在当地宣传抗日救国,打击土豪劣绅。7 月,游击队多次遭到滇军镇雄独立营袭击,转移到林口一带隐蔽。8 月 18 日,游击队在木黑山上休息,遭到木黑自卫队数十人袭击,游击队奋起反抗,将自卫队击溃。自卫队逃入乡公所,并扬言要消灭游击队。游击队发起进攻,攻克自卫队所占石碉,缴获步枪二十余支,活捉乡长李××以下二十余人,当场教育后将其释放。遗址中原乡公所已撤除,现全部为耕地。遗址周围有村民居住,主要为彝族和苗族。当地已通乡村公路,附近大龙潭不纳洪,不藏污,明如镜,为镇雄胜景之一。

（录自中共镇雄县委党史研究室编《镇雄县革命遗址通览》,2011年印行,第68页）

## 云南威信县中共郭家坟支部驻地遗址

中共郭家坟支部驻地遗址,位于威信县罗布乡郭家村街上村民小组,距村民委员会50米。遗址原房屋修建于民国时期,为木竹结构四列三间瓦房,占地面积120平方米。

**中共郭家坟支部驻地遗址**

为加强威信地方党组织发展,配合游击纵队开展武装斗争。1936年9月,中共川滇黔边区特委派遣陈华久到红军云南游击支队担任政委,并组建以陈华久为党支部书记的中共郭家坟支部,党员有殷禄才等人。郭家坟党支部成立后,积极宣传中国共产党的主张,传播革命真理,积极发展党员,加强对支队干部战士的思想政治教育,动员并组织广大革命群众参加支队,建立农会和革命委员会,为支队提供大量的物资和情报。正是有了中共郭家坟支部的坚强领导,支队才被锻造成一支勇猛顽强的革命队伍,在红军川滇黔边区游击纵队斗争失利后,仍高举革命旗帜,在敌后独立坚持游击战争长达12年。1947年3月,支队斗争失利,陈华久、殷禄才先后牺牲,郭家坟党支部停止革命活动。

（录自威信县革命遗址普查工作领导小组、中共威信县委党史研究室编《红色扎西——威信县革命遗址普查成果汇编》,2011年印行,第74页）

### 云南威信县罗布麻凼垮老鹰洞云南游击支队隐蔽处

罗布麻凼垮老鹰洞云南游击支队隐蔽处,位于云南威信县罗布乡郭家村嘣咚沟、大陀和猫猫三个村民小组交会处,距村民委员会4公里。

1936年10月初,和墩乡自卫大队长、地霸张占云来到郭家坟街上挑衅,打伤红军云南游击支队小队长魏从金,打死队员魏朝云。殷禄才率队进行反击,将张占云团队追至黑墩坳口。第二天,张占云便礼请滇军镇雄独立营出兵"围剿"支队。独立营开到郭家坟时,支队为避敌锋芒,一面派人给纵队送信,一面采取退却隐蔽的策略,将队伍撤退到麻凼垮老鹰洞防守。滇军镇雄独立营跟踪追至老鹰洞,在山脚围困了十多天,受到支队防守火力拦阻,一直无法接近,只好撤退回县城。县政府无计可施,又恳请滇军田营前来讨伐,前后又围攻了20多天,仍无法攻占山洞。田营官兵恼羞成怒,扬言要把街上民房拆来烧洞,并已开始动手拆房。乡亲们派人到洞内告急。为避免群众生命财产遭受损

罗布麻凼垮老鹰洞云南
游击支队隐蔽遗址

失,支队领导决定在洞内埋藏部分枪支,隐蔽伤员,保存实力,主力突出滇军包围,将队伍转移到川南活动,从而彻底粉碎了敌人的阴谋。

（录自威信县革命遗址普查工作领导小组、中共威信县委党史研究室编《红色扎西——威信县革命遗址普查成果汇编》,2011年印行,第120页）

### 云南威信县大雪山红军川滇黔边区游击纵队基地遗址

大雪山红军川滇黔边区游击纵队基地遗址,位于威信县麟凤乡龙塘村和长安乡安稳村,距两乡政府均为20公里。遗址地处川滇交界,四面山峦起伏,森林莽莽,遗址中间部分为原始森林,边缘地带为灌木丛林。

大雪山红军川滇黔边区游击纵队基地是土地革命战争时期开辟建立的。1935年2月,中共中央和中央红军长征集结扎西后,为掩护策应主力红军行动和赤化川滇黔边区并建立根据地,党中央抽调了一批政治和军事优秀的干部及几百

大雪山红军川滇黔边区游击纵队基地遗址

名战士组建了红军川南游击纵队,他们以大雪山为依托,在这里休养和开展军事、政治练兵,出击敌人,在三省边境二十余县开展武装斗争,点燃革命烽火。两年时间中,他们高举革命旗帜,进川入滇攻黔,使敌人闻风丧胆,为中国革命增添了壮烈的一页。在大雪山基地,纵队的军政工作主要抓三方面:一是进行革命性质和目的的教育学习,提高战士觉悟;二是宣讲红军光荣革命史,提高战士杀敌本领;三是进行挖苦根、倒苦水教育,坚定战士的革命信念。军事方面则进行射击,投弹训练等。同时,纵队发扬红军"既是战斗队,又是工作队"的传统作风,深入大雪山周围访贫问苦,为群众挑水、拣柴、种庄稼。群众中传颂着这样的歌谣:红军好,好红军,红军为民闹翻身;好男儿,要当兵,当兵就要当红军。同时纵队还在周边的安稳坝、烂坭坝、笕槽沟、锅铲坝、龙塘坝等地,积极张贴标语,如"打倒土豪劣绅""打倒贪官污吏""建立苏维埃政权"等,红军游击纵队编唱顺口溜:大雪山好地方,莽莽森林是围墙;树当衣,地当床,遍地山珍是干粮;群众报信是电话,蒋介石是我们的运输大队长;任你千军万马来攻打,大雪山是我们坚固的城防。纵队通过在大雪山休整,一段时间部队发展到千余人。1936年春夏间,这支部队在刘复初、龙厚生带领下,一直打到金沙江岸边,极大地震动了国民党反动派当局,川、滇、黔边基层反动势力为此更是惶惶不可终日。

(录自威信县革命遗址普查工作领导小组、中共威信县委党史研究室编《红色扎西——威信县革命遗址普查成果汇编》,2011年印行,第73页)

## 云南威信县安乐村刘复初养病旧址

安乐村刘复初养病旧址,位于云南威信县长安乡安乐村田坝村民小组,距村民委员会5公里。旧址为三合院草房,腐蚀严重。

**安乐刘复初养病旧址**

1936年11月18日,红军川滇黔边区游击纵队在威信县扎西镇海子坝与强敌激战中伤亡惨重,突围后只剩下80多人,转移到大雪山隐蔽。中共川滇黔边区特委书记、纵队司令员刘复初因病不能随队行动,纵队只得将他安置在威信县长安乡安乐白沙河青龙咀农民左天鹏家。左天鹏家单村独户,相对隐蔽。当时左天鹏30多岁,一家几代受尽了当地土豪的剥削和压迫。听说红军是专门为穷人打天下的队伍,他跑到扎西要求参加红军,但红军已经回师东进返回贵州了。后经多方打听联络上了红军留下的游击纵队,并把为红军游击队办事作为自己的职责。特委书记刘复初在他家养病期间,左天鹏一家四处求医找药,千方百计为刘复初治病。后来滇军田营、川军薛团、四川保安团等前来大雪山"清剿"纵队,反复搜山时,左家冒着生命危险,不惜一切代价对刘复初进行悉心照料和保护。

(录自威信县革命遗址普查工作领导小组、中共威信县委党史研究室编《红色扎西——威信县革命遗址普查成果汇编》,2011年印行,第115页)

## 云南威信县安稳坝刘复初寄养被捕处遗址

安稳坝刘复初寄养被捕处遗址,位于威信县长安乡安稳村中坝村民小组,距村民委员会2.5公里。遗址原为四列三间木竹结构的草房,因年久腐朽拆除。

1936年11月,红军川滇黔边区游击纵队在威信县扎西镇海子坝战斗失利后,转移到大雪山隐蔽。特委书记、纵队司令员刘复初因病不能随队行动,纵队只得

**安稳坝刘复初寄养被捕处遗址**

将他安置在安稳坝白沙河青龙咀农民左天鹏家,嘱托地方游击小队长吴锡州悉心照料,请医调治,并派纵队周事务长和一名战士随同照料保护。因纵队在大雪山隐蔽时,滇军田营与川军薛团会同前来"清剿",天天搜山,形势紧张,斗争环境极为恶劣。12月2日,滇军安旅田营与四川保安第九团、川军达凤岗旅薛奉先团、梁旅阳营反复搜山。左天鹏家虽处于深山密林中,但风声很紧,加之刘复初重病在身,几天未进饭食,只能喝点开水、吃点桔子,大家想尽了一切办法也不见好转。安稳坝江正昌家与左天鹏家是至亲,为了刘复初的安全,左天鹏将其转移到七八公里外深山密林处的江正昌家。12月6日晨,川军达旅薛团陈营一部从大雪山森林搜山而来,经过江正昌家房前。江正昌之妻胡志珍见大批军队经过,便进屋报信,商量对策,称刘复初是其来耍后生病的后家(娘家)老人,称老周为来看老人的后家哥哥,并给刘复初换上破烂衣服。但是,刘复初换衣后仍不像乡下老人,胡志珍便带老周背上刘复初到后山老林之中,以树枝树叶遮藏,偶烧小火取暖。当天中午,从珙县开来的川军薛团陈营另一队人马,经白沙河到林口(彝良、威信交界处)四处搜山,抓捕了刘复初和周事务长,又逼江正昌的妻子胡志珍交出刘复初的手枪,并将她一起捆走。到了林口,刘复初据理说明胡志珍与自己无关,川军才释放了这位生小孩刚满月的农村妇女。刘复初被薛团连夜押走,关进泸州监狱。12月15日《云南民国日报》载:"刘复初自前在斑鸠沟海子坝等处击溃后即患重病,不能随队而行,遂留安伟[尾]姜[江]姓处内养病,于本月二日,滇军田营与川军薛团联络会同往大雪山搜剿,两军在安伟坝经过,刘匪即被获,随带之匪徒二人亦被擒获,一并解交薛团处理。"四川第六区专署报告称:"……竟于鱼(六)日由薛团陈营将该刘匪擒获……解泸监禁……"

（录自威信县革命遗址普查工作领导小组、中共威信县委党史研究室编《红色扎西——威信县革命遗址普查成果汇编》，2011 年印行，第 116 页）

## 云南威信县大河烂田沟李桂洪〔英〕和阚思颖〔甘棠〕被俘处遗址

大河烂田沟李桂洪〔英〕和阚思颖〔甘棠〕被俘处遗址，位于云南威信扎西镇大河村大园村民小组，距村民委员会 2 公里。

**大河烂田沟李桂洪〔英〕和阚思颖〔甘棠〕被俘处遗址**

1936 年 11 月 18 日，红军川滇黔边区游击纵队在威信县扎西镇海子坝战斗中失利，被迫转移到大雪山隐蔽，滇军田富伍营与川军薛奉先团协同前来"清剿"，天天搜山、围堵。面对严峻的形势，纵队领导研究决定转移到有统战关系的威信水田寨。1936 年 11 月 26 日，纵队在政委龙厚生等人的率领下趁夜出发，临时从山上草棚里找了一个农民模样的人带路，经镇雄瓜雄、花朗沟，到野腊溪。经过一天的急行军，走了 50 多公里，大家又饿又累，非常疲劳，以为已经甩掉了敌人，便在一家三合头房屋（陈焕章家）住下，队员们正在烧水洗脸洗脚时，发现带路的向导不见了，部队立即查询，猛然听到机枪声。原来是田营已经追赶上来，包围了纵队驻地，情况十分危急。龙厚生随即带领队员冲到屋外与敌激战，队伍被打散。此次战斗，仅龙厚生等十多人冲出重围，转移到水田寨分散隐蔽；侦察参谋邝善荣突围后，辗转到扎西，其余十多名干部战士先后被俘。两名女红军李桂洪〔英〕、阚思颖〔甘棠〕正在洗脚，连鞋都未穿好，就跟着往外冲。刚跑到门外竹林时脚被戳伤,在烂田沟先后被敌俘去关在大河木弄寨,后被押送昭通监牢。西安事变后,李桂洪〔英〕、阚思颖〔甘棠〕由昭通押送四川,途经南溪时,阚思颖〔甘棠〕被父亲保释回家,后到延安。李桂洪〔英〕被关进重庆反省院,1937年冬由党组织营救出狱,到武汉向邓颖超汇报了纵队情况,经武汉办事处介绍到新四军工作。

(录自威信县革命遗址普查工作领导小组、中共威信县委党史研究室编《红色扎西——威信县革命遗址普查成果汇编》,2011年印行,第115页)

## 云南威信县中共扎西支部驻地遗址

中共扎西支部驻地遗址,位于威信县扎西镇龙井社区塆头居民小组,距县政府80米。旧址房屋原为石木结构,建筑面积100平方米,2000年因修建移动公司基站拆毁,遗址现处为扎西红军烈士陵园内的狮子营。

中共扎西支部驻地遗址

1937年1月,面对敌人调集强大兵力发动的第二次"三省会剿",红军川滇黔边区游击纵队孤军奋战,最终失利。中共川滇黔边区特委委员邝善荣(又名刘雄,长征前为闽赣苏区青年团书记)突围后,辗转来到扎西,被党的抗日救国主张所感动的威信县县长李涤尘收留。同年夏,隐蔽于分水大深沟的陈兴才也来到扎西,同分散在扎西做生意、帮工的红军人员贺东朝、高良民、刘树高、刘求晗、钟国三、管永生等人相会,他们在邝善荣的领导下秘密组建了中共扎西临时支部,并选举邝担任支部书记。扎西党支部组建后,积极联络红军流落人员,动员并组织部分有革命意识的青年参加云南游击支队，他们还认真做威信县长李涤尘等人的统战工作，在群众中大力宣传中国共产党的主张，传播革命真理。在邝善荣和陈兴才的直接教育影响下，李涤尘表示拥护国共合作，不再危害红军流落人员。1937年冬李涤尘卸职，即带邝善荣、陈兴才等人到昆明，邝善荣与驻山西临汾的八路军总部取得联系，由李富春寄来护照和路费后，李涤尘又帮助他们随滇军补充团前往武汉，邝善荣等人经八路军办事处介绍去延安，扎西党支部自此解散。

（录自威信县革命遗址普查工作领导小组、中共威信县委党史研究室编《红色扎西——威信县革命遗址普查成果汇编》，2011年印行，第75页）

## 云南威信县水田干沟红军川滇黔边区游击纵队部分领导人隐蔽处遗址

干沟红军川滇黔边区游击纵队主要领导人隐蔽处遗址，位于威信县水田乡水田村干沟村民小组，距乡政府1公里。

水田干沟红军川滇黔边区游击纵队部分领导人隐蔽处遗址

面对敌人调集强大兵力发动的第二次"三省会剿"，红军川滇黔边区游击纵队孤军奋战，屡遭失利。1936年11月底，从野腊溪突围出来的十多名纵队人员，随纵队政委龙厚生来到水田寨，找到地方游击支队队长艾宗藩，由艾安排分散隐蔽。龙厚生、曾春鉴、刘少成等隐藏在干沟孙树清家。1937年1月，艾宗藩有事暂回茶木老家。这时，地霸郑香谷与郑耀东等人密谋投敌，派人到干沟将龙厚生、曾春鉴、刘少成等人抓捕，绑送格照坝水沟坡残忍杀害。郑香谷还将龙厚生的头、曾春鉴的左手砍下悬挂在水田寨街上示众，把龙厚生的私章交与滇军田营。后当地群众将三人遗体埋葬在水田乡水田村上寨村民小组。特委和纵队最后几位领导人牺牲,纵队主体斗争终结。

（录自威信县革命遗址普查工作领导小组、中共威信县委党史研究室编《红色扎西——威信县革命遗址普查成果汇编》,2011 年印行,第 118 页）

## 云南威信县水田寨李青云牺牲地遗址

水田寨李青云牺牲地遗址,位于云南威信县水田乡水田村长塆村民小组,距乡政府 2 公里。

**水田寨李青云牺牲地遗址**

1936 年底,红军川滇黔边区游击纵队在敌人疯狂的第二次三省"会剿"中,孤军奋战,屡遭失利。11 月 26 日,特委委员、纵队政委龙厚生等带领从野腊溪突围出来的十多名队员来到水田寨,找到地方游击支队队长艾宗藩,由他安排分散隐蔽。特派员李青云被单独隐藏在水田寨附近的白虎山山洞里,由艾宗藩派人送饭照应。山洞地处白虎山山顶,山高坡陡,森林密布,非常隐蔽。1937 年 1 月,地霸郑香谷、郑耀东得知李青云等人的隐蔽地后,趁艾宗藩有事暂回茶木老家之机,密谋勾结民团总指挥孔阵云发动"清乡"。李青云被孔阵云民团秘密抓捕杀害。李青云牺牲后,当地群众将其遗体埋葬在水田乡水田村上寨村民小组。

（录自威信县革命遗址普查工作领导小组、中共威信县委党史研究室编《红色扎西——威信县革命遗址普查成果汇编》,2011 年印行,第 117 页）

## 云南威信县水田寨红军烈士陵园

水田寨红军烈士陵园,位于威信县水田乡水田村上寨村民小组,距乡政府250米。

**水田寨红军烈士陵园**

水田寨红军烈士陵园是为纪念中共川滇黔边区特委委员、纵队政委龙厚生,特委委员、纵队参谋长曾春鉴,特委委员、纵队特派员李青云,纵队大队长刘少成、董玉清等红军烈士而修建的公墓陵园。

龙厚生,原名承祧,又名毛徕,男,汉族,1891年出生,湖南永兴人。幼随父习武。1926年加入中国共产党。1927年参加南昌起义,后随朱德上井冈山。1930年调中央苏区国家政治保卫局工作,后担任中央军委通讯学校特派员,长期从事保卫工作。1934年10月参加长征,后任红军川南游击纵队特派员,红军川滇黔边区游击纵队组织部副部长、部长,第二支队政委。1936年2月任中共川滇黔边区特委组织委员、纵队司令员;川滇黔抗日先遣队第三支队队长,1936年7月初任纵队政委。1937年1月牺牲于云南威信水田寨格照坝。1993年4月被云南昭通地区行政公署追认为革命烈士。

曾春鉴,男,汉族,1902年出生,湖南湘乡人。早年参加国民革命军。1928年7月参加平江起义,次年加入中国共产党。历任红五军第七团排长、连长、营长等职。1933年起任红三军团兴国补充师师长,次年9月改任红六师第十八团团长。长征渡湘江时,率部与十倍于己的敌人孤军奋战,最终完成阻击任务,获中革军委嘉奖并升任红六师参谋长。1935年2月长征至云南威信后历任中共川南特委委员、红军川南游击纵队副司令员、参谋长等职。1937年1月牺牲于云南威信水田寨格照坝。1993年4月被云南昭通地区行政公署追认为革命烈士。

李青云,男,汉族,江西莲花人,中共党员,曾为中央苏区国家政治保卫局干部,先后参加中央革命根据地的五次反"围剿"斗争。1934年10月随中央红军参加长征。1935年2月担任红军黔北游击队特派员。1935年7月任中共川滇黔边区特委委员、纵队特派员,1936年2月任纵队政治部主任兼特派员。1937年1月牺牲于云南威信水田寨。1993年4月被云南昭通地区行政公署追认为革命烈士。

刘少成,男,汉族,四川人。原为川军暂编师第三团第十一连班长,1936年10月与兰澄清率全连士兵起义后在威信罗布坳加入红军川滇黔边区游击纵队,任纵队第三大队队长,作战勇敢,革命决心强。1937年1月,因纵队失利在云南威信水田寨隐蔽时被敌人杀害。1993年4月被昭通地区行政公署追认为革命烈士。

董玉清,男,汉族,江西人,红军川南游击纵队第一大队队长。1935年4月30日,在水田寨攻打滇军镇雄独立营宗杰武连据守的碉楼时牺牲。1993年4月被云南昭通地区行政公署追认为革命烈士。

陵园建于1962年10月,1989年进行修葺,2009年再次进行修缮。陵园布局呈长方形,占地面积约900平方米。陵园上部分两层台地,一层为草坪,内侧为龙厚生、曾春鉴、李青云、刘少成、董玉清五烈士墓碑。二层台地上为烈士公墓。墓为马蹄形,前方立有烈士墓碑。碑为方柱形,正面刻"红军烈士墓碑",碑额刻红五角星,碑座上刻碑铭,对联为"千秋歌英烈,万世颂红军"。陵园下方为一平坝,可供集体列队悼念和开展革命传统教育。1996年11月,水田寨红军烈士陵园被威信县人民政府公布为县级重点文物保护单位。

(录自威信县革命遗址普查工作领导小组、中共威信县委党史研究室编《红色扎西——威信县革命遗址普查成果汇编》,2011年印行,第158页)

## 云南威信县叶培根烈士墓

叶培根烈士墓,位于云南威信县罗布乡罗布村中坝村民小组,距村民委员会300米。

叶培根,男,汉族,重庆巴县人。为了发展威信的地方党组织,配合游击队开展武装斗争,1935 年 4 月,红军川南游击纵队在罗布坳建立以罗布坳小学教员叶培根为首的秘密联络站。6 月,中共川南特委和红军川南游击纵队秘密护送特委委员、纵队副司令员曾春鉴等十多名红军伤病员至罗布坳治伤。通过考察后,曾春鉴介绍叶培根加入中国共产党,秘密组建由叶培根担任书记的中共罗布坳支部,先后发展党员 4 人。1936 年 5 月,曾春鉴等人伤愈归队后,叶培根继续领导罗布坳党支部宣传党的主张,传播革命真理,安置、保护红军伤病员,为纵队送情报,动员穷苦青年参加红军。1937 年 1 月,纵队斗争失利后,罗布坳党支部在中共滇东北特区委员会的领导下坚持斗争,积极联络掩护红军和纵队流落人员,宣传动员贫苦群众参加云南游击支队,积极为支队提供情报。1944 年 9 月,由于身份暴露,叶培根被滇军镇雄独立营连长彭兴周派兵围攻住所壮烈牺牲。后被当地群众葬于罗布坳街上。1993 年 4 月,叶培根被云南昭通地区行署追认为革命烈士。烈士墓在 2003 年 8 月 1 日从罗布街上(今乡派出所)迁于此。墓依山而建,土石结构,长 3.5 米,宽 1.8 米,高 1.5 米,占地面积 15 平方米。墓碑高 1.7 米,宽 0.8 米,厚 0.12 米,碑额镌刻五角星,正面铭刻烈士生平,中镌刻"叶培根烈士墓"。

叶培根烈士墓

(录自威信县革命遗址普查工作领导小组、中共威信县委党史研究室编《红色扎西——威信县革命遗址普查成果汇编》,2011 年印行,第 151 页)

## 云南威信县罗布黑墩坳云南游击支队救济邵永聪家遗址

云南游击支队救济邵永聪家遗址,位于威信县罗布乡顺河村板厂村民小组,距村民委员会 3 公里。遗址原为四列三间土木结构草房,20 世纪 90 年代初拆除重建。

云南游击支队自组建时就把依靠团结群众、尊重民族平等、帮助民众解决困难、保护边区人民利益作为部队的活动宗旨。支队除号召贫苦农民组织起来到地霸豪绅家夺取粮食衣服外,每次战斗缴获没收官绅地霸的财物,除安排支队的生

**罗布黑墩坳云南游击支队救济邵永聪家遗址**

活供给外经常接济贫苦群众。支队干部表示：中国共产党领导下的人民武装帮助穷苦民众是应尽的本分。家住新田黑墩坳的农民邵永聪一家老少六口，由于生活困难揭不开锅，准备外出逃荒要饭。支队领导得知后派人送给邵家 20 块银元买粮，并帮助邵家买了一头小猪饲养。自此以后，邵家生活有了着落，安下心来搞生产。云南游击支队的这种同劳苦大众心连心的行为，体现了与群众亲密的鱼水情谊，也体现了支队是人民军队和来自人民的神圣使命。

（录自威信县革命遗址普查工作领导小组、中共威信县委党史研究室编《红色扎西——威信县革命遗址普查成果汇编》，2011 年印行，第 128 页）

## 云南威信县云南游击支队烈士纪念碑

云南游击支队烈士纪念碑，位于云南威信县罗布乡郭家村街上村民小组与新田村交界的山岭上，距村民委员会 1 公里。

纪念碑坐南向北，呈方形，由基座和碑体、碑帽组成，建于 1988 年，是为纪念红军云南游击支队革命烈士而修建的。碑通高 6.3 米，碑座高 1.6 米，边长 2 米。碑帽庑殿顶，顶上塑一圆形五角星，高约 0.6 米。碑通体由砂石砌筑。碑正面和背面阴刻黑体"红军云南游击支队烈士纪念碑"。碑座正面阴刻云南游击支队简要的战斗历程，具体为："中国工农红军川滇黔边区游击纵队云南支队是中共川滇黔边区特委 1936 年组建的一支地方人民游击武装，支队高举革命旗帜，坚持独立自主，灵活机动的游击战原则，在敌后革命根据地，牵制敌军，打击和瓦解敌后反动顽固势力，进行了长达 12 年艰苦卓绝的英勇斗争，为解放边区劳苦民众，开展人民革命战争及配合前方抗日,创建了不可磨灭的功绩。1947 年 3 月,国民党令中央军七十九师发动对支队进行'围剿',由于敌众我寡,力量过于悬殊,最终失利。革命先烈无所畏惧的战斗精神永远激励我们在新的长征中为实现现代化建设努力奋斗。郭家坟地区游击战创建根据地英勇牺牲的红军云南游击支队烈士永垂不朽! 中国共产党威信县委员会、云南省威信县人民政府。1988 年 12 月 1 日。"背面刻有原红军川滇黔边区游击纵队司令员刘复初 1988 年 12 月的题词:"扎西决策多谋略,烽火席卷川滇黔。三省围剿游击队,孤军豪气战敌顽。团结群众齐奋斗,先后斗争13 年。烈士鲜血染大地,游击纵队谱新篇。"云南游

云南游击支队烈士纪念碑

击支队是中共川滇黔边区特委及红军川滇黔边区游击纵队发展起来的一支重要武装力量。支队以殷禄才的农民武装为基础,于 1936 年秋组建。红军川滇黔边区游击纵队失利后,支队与上级党组织失去联系,在殷禄才、陈华久等领导带领下,自力更生,开辟川滇边游击区,积极打击国民党地方政权,进行了长达 12 年不屈不挠的斗争,为边区人民的解放事业作出了巨大的牺牲和贡献。2007 年 11 月,红军云南游击支队烈士纪念碑被威信县人民政府公布为县级重点文物保护单位。

(录自威信县革命遗址普查工作领导小组、中共威信县委党史研究室编《红色扎西——威信县革命遗址普查成果汇编》,2011 年印行,第 163 页)

## 中国工农红军川滇黔边区游击纵队云南支队队长殷禄才故居

殷禄才故居,位于云南威信县罗布乡新田村水井坎村民小组,距村民委员会 1 公里。故居始建于清末,为穿架式木结构建筑,坐西向东,占地面积 200平方米。

殷禄才,字国清,化名美华,绰号殷骡子,男,汉族,1912 年 5 月出生,云南威信县罗布郭家坟人。5 岁时父亲病逝,由叔父代管家务。几年后叔、婶相继病故,母子二人辛劳度日。由于屡遭盘剥,家产尽失。1935 年 2 月,中央红军长征集结扎西,组建中共川南特委和红军川南游击纵队,号召工农贫苦大众打土豪分田地。殷禄才从中看到了希望,组织起十余人的农民武装。同年秋,殷禄才找到红军川滇黔边区游击纵队,要求参加革命。根据纵队安排,殷禄才返回郭家坟扩大武装

**殷禄才故居**

力量。1936 年 4 月,纵队进入郭家坟、罗布坳一带活动,殷禄才前往会见纵队领导并留在纵队随军培训。不久,由特委书记刘复初介绍加入中国共产党。随后,特委任命殷禄才为红军川滇黔边区游击纵队云南支队队长、陈华久为政委,支队逐步发展至八个大队、十六个分队四百余人,加上外围力量达七八百人。其后,部队在云南和四川边境广泛开展革命活动,沉重打击国民党区域内的地方反动政权,扰乱国民党西南后方的安宁和补给线。1947 年 2 月 15 日,各路"围剿"敌军扑向郭家坟。3 月 7 日晚,殷禄才等人分散突围。19 日晨,殷禄才、陈华久从致和乡卫靖司附近依耳山梁下山寻食时被告密,遭到牟正举民团和国民党第七十九师第二九四团第八连包围。他们突围跑向水沟头关子洞,敌军穷追不舍。殷禄才英勇奋战,壮烈牺牲。1985 年被昭通地区行政公署追认为革命烈士。2007 年 11 月,殷禄才故居被威信县人民政府公布为县级重点文物保护单位。

（录自威信县革命遗址普查工作领导小组、中共威信县委党史研究室编《红色扎西——威信县革命遗址普查成果汇编》,2011 年印行,第 145 页）


## 云南镇雄县抗日救国军第三支队指挥部旧址

抗日救国军三支队指挥部旧址,位于云南省镇雄县与贵州省毕节市交界的黑树镇街上,西距镇雄县城 69 公里,南距毕节城 40 公里。山区,四面地势平缓,周围山峦起伏。

1935 年秋,中共地下党组织领导的四川"南六游击队"派阮俊臣到滇黔边组织游击队,阮接受任务后,即到云南镇雄县黑树一带活动,组织了一百余人的游击

**抗日救国军三支队指挥部旧址**

队,不久游击队发展到五百余人,指挥部设在统战对象黑树大户朱堂甫家。1936年2月,红军二、六军团长征在毕节成立中华苏维埃川滇黔省人民政府,组建抗日救国军,阮俊臣部被改编为抗日救国军第三支队,由红军某团政治部主任欧阳崇廷任政委,阮俊臣任支队长,下设五个大队。第三支队奉命回到黑树一带,配合红军主力作战,在川滇黔边区开辟革命根据地。支队指挥部仍设在朱堂甫家,一直到同年6月初。红军二、红六军团继续长征后,第三支队以黑树一带为中心在滇黔边区开展斗争。为了牵制中央军,配合主力红军长征,3月中旬,红二、红六军团在乌蒙山区回旋期间,第三支队先后由黑树、尾嘴一带出发,在滇黔交界的金银山袭击参加堵截红军的中央军第十四团,奔袭孙家铺,缴获大量军用物资,中央军不得不将参加围追堵截红二、红六军团的暂编第五旅留毕节"震慑"。遗址原为当地大户朱堂甫家住房,建筑面积在1500平方米左右,解放后,遗址先用作学校,后又分给当地农户,此后多数分得房子的农户为了生活方便,都将其分得的部分拆除,在遗址上重新修建房屋,原遗址仅存当时部分围墙。遗址在黑树集镇中,四面是当地居民区、学校、机关单位。附近有纵队石板岭战斗等革命遗址。

(录自中共镇雄县委党史研究室编《镇雄县革命遗址通览》,2011年印行,第12页)


## 云南镇雄县中共川滇黔边区特委母享会议旧址

中共川滇黔边区特委母享会议旧址,位于云南镇雄县母享镇政府驻地的老街。

1936年夏,中共川滇黔边区特委决定加强在滇东北的镇雄、彝良、威信一带开

**中共川滇黔边区特委母享会议旧址**

辟新的根据地的工作。8月30日,纵队进驻镇雄母享,纵队部驻于母享老街胡迪宣家。据特委和纵队主要负责人刘复初回忆,特委在母享召开了会议,研究团结少数民族问题,加强民族工作和制定民族工作策略。会议决定:第一,必须正确贯彻执行党的民族政策,宣传民族平等,团结互助,反对大汉族主义。第二,教育少数民族,树立民族亲如一家的思想,互相帮助,互相尊重和谅解,消除民族隔阂;官家要体谅农民的困难,减少农民负担,取消不合理制度,改善农民生活。第三,揭露国民党反动派欺压奴虐少数民族的政策。动员官家和少数民族劳动人民联合起来,在共产党的领导下,推翻国民党反动统治,为建设一个欣欣向荣,平等互利的新社会而奋斗。决定的贯彻执行深得官家和农民拥护,使革命根据地开辟工作进展更加顺利。遗址处原为胡迪宣(办私塾,纵队镇雄母享游击队骨干)住房,四立三间木结构草顶,建筑面积约150平方米。20世纪90年代,现房主将房屋大部分撤除,在原址重新修建水泥平房,现所存部分为原房屋侧面的一间,破旧不堪,门窗均无。遗址在母享集镇中,四面是当地居民区、学校、机关单位,附近有纵队联络站等多处革命遗址和天然景观仙人洞。

(录自中共镇雄县委党史研究室编《镇雄县革命遗址通览》,2011年印行,第14页)

## 云南镇雄县红军游击队母享联络站旧址

红军游击队母享联络站旧址,位于云南镇雄县母享镇政府驻地的老街,前面临街。

**红军游击队母享联络站旧址**

1936 年夏,中共川滇黔边区特委决定在云南东北建立根据地。为了加强地方工作,特委决定派人到母享开展群众工作,建立联络站。8 月 30 日,纵队进占母享,母享黄华先、李廷祯〔珍〕等人与纵队取得联系,将联络站建立在黄华先家。纵队发给他们一部分枪支弹药,指示他们在当地组建红军游击队,并安排纵队司令部侦察队长与黄华先等人联络。此后,黄华先、李廷祯〔珍〕等人与坡头的周海云、串九的张元飞等人联系,在联络站多次召开秘密会议,组织了 120 多人的游击队。是年秋,黄华先加入中国共产党,继续留母享工作。11 月 12 日,黄华先等人配合纵队攻克母享镇公所。此后,为了配合纵队在镇雄一带开辟新的游击区,黄华先率游击队公开行动,部队番号定为"中国工农红军川滇黔边区游击纵队镇雄母享游击队"。纵队主体停止活动后,此处又成为镇雄母享游击队与纵队贵州游击支队的联络处,贵州游击支队支队长阮俊臣等人常到此地,共商在抗日救国新形势下,新的对敌斗争策略。旧址为九柱四立三间木结构两层瓦房,共有房屋大小 16间,占地面积 150 平方米,原为黄华先住房,1941 年初,黄华先牺牲后,被国民党政府作匪产没收,解放后由人民政府分给当地程思伟等 3 户村民居住。现房屋街的照面被改砌为石墙,其余部分基本维持原貌。遗址在母享集镇中,四面是当地居民区、学校、机关单位,附近有多处革命遗址和天然景观仙人洞。

（录自中共镇雄县委党史研究室编《镇雄县革命遗址通览》,2011 年印行,第 16 页）

## 云南镇雄县红岩游击队指挥部旧址

红岩游击队指挥部旧址,位于云南镇雄县坪上乡南面的红岩村上红岩,距乡政府驻地 6 公里,边远偏僻,南距贵州省赫章县界仅 14 公里,四围群山环绕,沟壑纵横,雄关遍布,地势险要。

**红岩游击队指挥部旧址**

1936年初,红二、红六军团长征到毕节,将在云南省镇雄县母享镇一带活动的中共地下党组织领导的游击队阮俊臣部改编为红军抗日救国军第三支队。9月,中共川滇黔边区特委将第三支队改编为红军川滇黔边区游击纵队贵州游击支队,其主力第四大队继续留镇雄活动。12月初,四大队东转镇雄西南的坪上红岩一带开辟新的根据地。队伍很快发展到四五百人。第四大队对队伍进行整编,指挥部设在现遗址处。下设三个中队,一个补充队,一个特务队,一个游击队,分防四面要隘。第四大队制定了八条纪律,对队员进行政治教育,在当地宣传抗日救国,与附近开明人士建立统战关系,派人活动担任红岩乡乡长,建立白皮红心政权,在红岩建立了游击根据地。遗址原为5立4间的木结构房屋,解放后由陈焕兴、陈听伦两家居住,1998年,陈焕兴将属于自己的部分改建成破陋的茅草房,2001年,陈听伦将属于自己住的部分拆除后,在原址新建石混水泥板住房。遗址附近有村民居住,已通乡村公路,当地产木漆。

(录自中共镇雄县委党史研究室编《镇雄县革命遗址通览》,2011年印行,第18页)


## 云南镇雄县麦车红军标语墙

麦车红军标语墙,位于云南镇雄县古镇政府驻地南15公里的麦车村坪子。这里地势平坦,周围是耕地,高寒山区,阴雨多,湿度大。坪子四周青山环绕。

1936年3月14日至15日,红二、红六军团长征经过镇雄以古镇麦车,在当地写下了大量的标语,其中写在李启香家住房前面檐墙上的"红军是工人农民自己的军队",一直保存到20世纪80年代初。标语墙长4米,高1.5米。遗址原为土

原麦车标语墙

如今的麦车标语墙

木结构的草房,标语墙原用竹条夹后涂上灰浆,1983 年 10 月拆旧建新为石墙草房,红军的标语墙原物被房主撤下保存,现尚存三分之一,上面"红军是工"4 字的红色字迹隐约可见,残片长 1.5 米,宽 1.2 米。遗址周围有村民居住,其中彝族占60％,尚未通公路,当地主要特产有木漆和核桃。

（录自中共镇雄县委党史研究室编《镇雄县革命遗址通览》,2011 年印行,第49 页）

## 云南彝良县红军川滇黔游击纵队临时根据地遗址

红军川滇黔游击纵队临时根据地遗址,位于云南昭通市彝良县柳溪乡茶坊村木塘组。

**红军川滇黔游击纵队临时根据地遗址**

1936年秋,红军川滇黔边区游击纵队20多人在云南昭通市彝良县柳溪乡茶坊村木塘小组驻扎了48天,建立临时根据地,指挥所设在知名人士陶富成(苗族)家。部队宣传党的政治主张和政策,组织发动群众建立"抗捐委员会"、"筹粮委员会",选举委员和主任,积极配合红军开展对敌斗争。击溃猖獗的地方土匪强盗,打击作恶的地主恶霸,团结开明士绅参加抵制苛捐杂税的斗争,抵抗各种形式的压迫剥削。红军的言行深得群众拥戴,纷纷为其送粮送菜送物、挑水送柴,运送物资。部队为群众进行文艺演出,组织群众开展学文化和文艺演出活动。村民陶富林为部队当向导、提供情报,在茶坊村中寨抓获了两名四川国民党政府派来的密探,查实后被就地处决。红军离开后,"抗捐委员会"坚持秘密活动,继续开展斗争。

(录自中共彝良县委党史研究室编《彝良县革命遗址》,2012年印行,第51页)

## 云南彝良县洛旺街红军游击纵队及第四路军活动遗址

洛旺街红军游击纵队及第四路军活动遗址,位于云南昭通市彝良县洛旺乡政府所在地。

1932年至1933年间,洛旺街是第四路救贫义勇军司令杨伟贤及其部队经常出入的地方。杨伟贤曾在这里向区团总杨保林晓以大义,让其参加救贫军。虽未

洛旺街红军游击纵队及四路军活动遗址

成功，但也尽可能让杨保林保持中立。1936 年 7 月，红军川滇黔边区游击纵队从罗坎进入洛旺。杨保林奉命派团兵阻击被击退，民团一些武器被缴。红军身着便服、戴平底斗笠、身背步枪、手枪或大刀，均拴上红布条。进街后开展革命宣传，沿街张贴"打倒日本帝国主义""打倒不抗日、打内战的蒋介石反动派""打倒官僚地主、土豪劣绅""团结一致，共同抗日""欢迎白军自愿参加红军"等标语，为群众挑水、扫街，动员未跑的群众把躲藏的群众劝回家，安抚小商，鼓励开门摆摊，打土豪、分粮物。

（录自中共彝良县委党史研究室编《彝良县革命遗址》，2012 年印行，第 53 页）


## 云南彝良县染布坊红军川滇黔边区游击纵队活动遗址

染布坊红军川滇黔边区游击纵队活动遗址，位于云南昭通市彝良县洛旺乡洛旺街中段。

染布坊红军川滇黔边区游击纵队活动遗址

1936年8月，红军川滇黔边区游击纵队在彝良县尖山子缴获大地主80挑白布后，将其中的一部分交给黄文忠的染布作坊染成蓝色。再请当地妇女缝制军服、绑腿，另外一部分发给穷人，送两匹给黄作染布的工钱。红军对老百姓很和气，中午吃饭时，一位指挥员对黄说，你累了，休息一下吃了饭再染吧！并安排留饭。同时，让一位红军战士去染布，与黄拉家常，他还爽朗地说：我的母亲后家也姓黄，咱们还是亲戚哩！这样就攀成"老表"，临走时还送黄一个枕头，上绣青蛙等图案。

（录自中共彝良县委党史研究室编《彝良县革命遗址》，2012印行，第54页）

## 云南彝良县红军川滇黔边区游击纵队宣传活动遗址

红军川滇黔边区游击纵队宣传活动遗址，位于云南昭通市彝良县洛旺乡洛旺街原万寿宫门前广场。

**红军川滇黔边区游击纵队宣传活动遗址**

1936年7月，红军川滇黔边区游击纵队进入洛旺街。由红军女干部李桂洪〔英〕、阚思颖〔甘棠〕负责宣传工作。红军杀了一些富豪的肥猪，拿到万寿宫门前的场坝上切块分给穷人，场面十分热闹。两位红军女干部站在场坝一高处，高声向民众演讲，宣传中国共产党和红军的宗旨和目标，号召穷人起来推翻人吃人的旧社会，建立人民当家作主的政权。场坝上人群拥挤，热闹非常。人们悉心倾听、议论纷纷，说这两位"女司令官"很会讲话，都说到了穷人的心坎上，红军里面出能人。演讲者和在场红军见此场面也感慨地说"这地方民众很穷，要是把他们发动组织起来闹革命就好了"。两位女红军还在街上一边宣传一边访贫问苦，看望父母早逝的孤儿李万凤姐弟，给以安慰。遇上帮临工的王伯娘，送给一袜子镍币。她逢人便说："这是红军送我的啊！我这一辈子从没有人给过我这样多镍币，红军真是我们'干人'的大恩人哪！"

（录自中共彝良县委党史研究室编《彝良县革命遗址》，2012年印行，第56页）

### 云南彝良县红军川滇黔边区游击纵队司令部驻地遗址

红军川滇黔边区游击纵队司令部驻地遗址,位于云南彝良县洛旺乡洛旺万寿宫。

万寿宫红军川滇黔边区游击纵队司令部驻地遗址

1936年7月中旬和8月中旬,中国工农红军川滇黔边区游击纵队两进洛旺街。中共川滇黔边区特委和游击纵队司令部与特委书记、纵队司令员兼政委刘复初等领导均住万寿宫。7月,红军川滇黔边区游击纵队从大雪山白沙河进入洛旺乡中厂村。经中厂鸽子山蒿芝坝、铁炉沟等地进入镇雄县罗坎,由罗坎再经洛旺溪口进入洛旺街。刘复初指挥红军游击队员打击民团,扫除障碍。红军进街后开展革命宣传,沿街张贴"打倒日本帝国主义""打倒不抗日、打内战的蒋介石反动派"等标语。红军为群众挑水、扫街,动员未跑的群众把躲藏的群众劝回家。安抚小商,鼓励开门摆摊。枪毙反动头目和劣绅,教育释放俘虏。沿街演讲,访贫问苦。开仓济贫,杀猪分肉。红军川滇黔边区游击纵队第二天下午离开洛旺,经柳溪、牛街向四川筠连方向开进。8月25日,红军川滇黔边区游击纵队又从四川筠连县进入云南彝良县牛街白虾村(现属柳溪乡管辖),途经尖山子时缴获镇雄陇确佐布帮的白布八十余挑,在洛旺街染成蓝色,缝制衣服、绑腿,其余分给穷人。部队驻了两天后仍经罗坎、中厂铁炉沟、鸽子山等地返回大雪山根据地。

(录自中共彝良县委党史研究室编《彝良县革命遗址》,2012年印行,第57页)

### 云南彝良县水果村红军石

彝良县红军石遗址,位于云南昭通市彝良县柳溪乡水果村。

水果村红军石

1936 年秋,一支约 30 人的红军游击队在云南彝良县柳溪桐梓林驻扎了一个多月,部队严守纪律,为民办事,深受群众好评。炊事班一名战士上山打柴时为帮助一位贫困老人背柴,在石龙山大转拐处不幸坠崖牺牲,时年 20 多岁,部队用棺材装殓就地安葬。部队离开后,当地群众为了纪念这位没有留下姓名的红军战士,以便今后查找,把墓后岩上一块巨石挖下来放到坟前,形如红军军帽,民众称之为"红军石"。巨石呈半圆形,体积约 8 立方米。

(录自中共彝良县委党史研究室编《彝良县革命遗址》,2012 年印行,第 60 页)


## 云南威信县扎西红军烈士陵园

扎西红军烈士陵园,位于云南威信县扎西镇巷子社区塆头村民小组,地处县人民政府西北侧的山丘上,占地面积 46700 平方米。

扎西红军烈士陵园

扎西红军烈士陵园是为缅怀中央红军、红军川滇黔边区游击纵队及云南游击支队英勇牺牲的烈士而修建的纪念建筑物。前身为扎西红军烈士纪念碑,1977 年8 月奠基,1978 年 8 月正式落成。1984 年 12 月,在省、市有关部门的重视支持下,威信县人民政府以扎西红军烈士纪念碑为中心,动工修建扎西红军烈士陵园。陵园坐北向南,从下至上均铺设青石梯步和汉白玉栏杆,建有门亭2个、六角亭5个、蘑菇亭2个,长亭1个,回廊式庭院1座,川南民居式房屋1栋,屏风式大碑4块。大碑上分别刻有扎西红军烈士陵园碑记、155名烈士英名录、毛体长征诗、张爱萍将军为红军川滇黔边区游击纵队的题词。山顶屹立高12.26米、底脚宽4米的柱形红军烈士纪念碑,碑南北两面分别镌刻有铜制毛体"红军烈士纪念碑"和"英勇奋斗的红军万岁"大字,碑后缓坡上呈弧形整齐地树有徐策、殷禄才等83位红军烈士个人生平事迹碑。陵园种有塔柏、雪松、白玉兰、万年青等花草树木,绿化面积达37000平方米。扎西红军烈士陵园气势雄伟,庄严肃穆,绿树成荫,环境优美,是集爱国主义和革命传统教育、休闲为一体的公园式活动场所。每年接待游览观光、瞻仰扫墓的各级领导、烈士后裔、社会各界群众达数十万人次,已成为威信革命老区的重要纪念地,闻名于川、滇、黔地区。扎西红军烈士陵园初为县级陵园。1985年11月,扎西红军烈士纪念碑被威信县人民政府公布为县级重点文物保护单位;1988年7月,扎西红军烈士陵园被云南省人民政府公布为省级革命烈士纪念建筑物重点保护单位;1995年1月,被国家民政部公布为全国爱国主义教育基地;1996年3月,被国务院批准为全国重点烈士纪念建筑物保护单位。

(录自威信县革命遗址普查工作领导小组、中共威信县委党史研究室编《红色扎西——威信县革命遗址普查成果汇编》,2011年印行,第156页)

## 云南威信县扎西会议纪念馆

扎西会议纪念馆,位于威信县扎西镇龙井社区塆头居民小组,地处县城扎西东北隅。

原扎西会议纪念馆

**新建的扎西会议纪念馆**

扎西会议纪念馆是为缅怀 1935 年 2 月 4 日至 14 日,中央红军长征集结扎西 11 天的革命活动及中共中央政治局连续在水田寨花房子、大河滩庄子上、扎西镇江西会馆召开具有重大历史意义的扎西会议而修建的纪念性博物馆。原馆 1976 年 12 月筹建,1977 年 12 月落成并对外陈列开放。扎西会议纪念馆依山而建,气势恢弘,可鸟瞰扎西全城。纪念馆包括水田寨花房子中央政治局常委会议旧址、大河滩庄子上中央政治局会议旧址、扎西镇江西会馆政治局扩大会议旧址三处主体陈列和扎西会议陈列馆辅助陈列两部分。馆内珍藏有红军留存的枪支弹药、医疗器械、文献资料、生活用品及经有关专家鉴定的国家珍贵文物三百余件。陈列馆原有上下两层四个展室,展厅面积 2590 平方米。陈列展览内容自建馆以来,先后经过五次补充修改。陈列展线长 180 米,共有各种展示图片 170 多幅,红军遗物 70 多件,全面展示和反映了中央红军长征集结扎西、扎西会议、红军川滇黔边区游击纵队和云南游击支队的革命斗争历史与活动情况。纪念馆自开馆 30 多年来,接待中外观众达三百余万人次,对继承和弘扬红军长征精神,树立民族自信心和自豪感,进行爱国主义和革命传统教育起到了重要作用。2009 年,为切实改善扎西会议纪念馆原馆展览面积狭窄、陈列布展滞后的现状,进一步打造以扎西会议纪念馆为龙头的红色旅游品牌,在中央、省、市的高度重视和大力支持下,威信县委、县人民政府将扎西会议纪念馆原馆拆除,在原址重新规划设计修建。重建的扎西会议纪念馆建筑面积达 3520 平方米,将充分运用厚重的历史资源及现代科技手段,高标准、高质量陈列布展,极力发挥全国爱国主义教育示范基地的功能。1997 年 4 月,扎西会议纪念馆被中共云南省委、省人民政府命名为首批云南省爱国主义教育基地;2001 年 6 月,被中宣部公布为全国爱国主义教育示范基地。

(录自威信县革命遗址普查工作领导小组、中共威信县委党史研究室编《红色扎西——威信县革命遗址普查成果汇编》,2011 年印行,第 155 页)

3. 贵州部分

## 黔北游击队成立地遗址

黔北游击队成立地遗址,遗址位于现贵州省习水县东皇镇卫生院所在地。

黔北游击队成立地遗址——现习水县东皇镇卫生院所在地

1935年2月20日,中央红军自云南扎西回师黔北抵达习水东皇殿,傍晚在街心老商会内开会,从军委总后勤部等单位选调80多名干部和战士,组建了红军黔北游击队,陈宏任队长、张凤光任政委、李青云任特派员、曾广胜任供给主任,张笃弼任卫生主任,曾继民任地方工作组长,下设三个中队。

## 黔北游击队东皇殿战斗遗址

黔北游击队东皇殿战斗遗址,遗址位于现贵州省习水县粮食局所在地。

1935年2月20日,红军黔北游击队建立。次日,游击队在东皇盐店子遭敌军川南边防军和第25军教导团围攻,游击队在队长陈宏指挥下,埋伏在习水东皇附近山林里,截击敌后卫一部,毙伤俘敌30多人,缴获步枪20多支,红军伤、亡各1人,被俘2人。游击队初战获胜,阻击了敌人尾追红军的行动。

黔北游击队东皇殿战斗遗址——现习水县粮食局所在地

## 黔北游击队翁家寨战斗遗址

翁家寨战斗遗址位于贵州省习水县双龙镇翁家寨。

黔北游击队翁家寨战斗遗址——贵州省习水县双龙镇翁家寨

　　1935年2月20日,黔北游击队成立后的第二天,在习水东皇殿战斗中首战告捷,随即向放牛坪挺进,开辟游击区。途经獐羊坝时,贫苦百姓向游击队报告:本地乡长翁华超在1月下旬,红军一渡赤水时,杀害过两个掉队的红军战士,夺去两支步枪;同时揭发其敲诈勒索乡民,无恶不作的罪行。游击队决定攻打翁家寨。翁华超紧闭寨门顽抗,游击队改用火攻,一刹时寨门着火,迅速向庭院烧去,翁华超跳岩而逃,众乡丁不堪一击,纷纷缴械投诚。游击队缴获几支步枪和许多财物、粮食,除留一部份自用外,余数尽分给百姓。

# 黔北游击队双龙镇战斗遗址

黔北游击队双龙镇战斗遗址，遗址位于贵州小习水县双龙镇。

**黔北游击队双龙镇战斗遗址——贵州习水县双龙镇**

# 黔北游击队獐羊坝战斗遗址

黔北游击队獐羊坝战斗遗址，遗址位于贵州省习水县仙源镇獐羊坝。

1936年，习水保安团第五区队追打红军黔北游击队，在仙源镇獐羊坝激战半小时后被红军游击队击溃。

**黔北游击队獐羊坝战斗遗址——习水县仙源镇獐羊坝**

## 黔北游击队官店战斗遗址

黔北游击队官店战斗遗址，遗址位于贵州省习水县官店镇上。

**黔北游击队官店战斗遗址——习水县官店镇上**

1935 年 3 月初，黔北游击队侦察到习水县官店驻有黔军某部一个营，决定兵分三路向官店出击，按事先决定迂回避开敌人的监视哨，向官店街上冲击，但其中一路队伍被敌哨发现，提前开枪，因而惊动了敌人，敌人竞相逃窜。待游击队冲进街上时，敌人已狼狈逃跑。

## 遵湄绥游击队黄羊台战斗遗址

黄羊台战斗遗址位于贵州省绥阳县小关乡小关村。

**遵湄绥游击队黄羊台战斗遗址——贵州省绥阳县小关乡小关村远景**

1935 年 3 月 8 日,红军遵湄绥游击队从湄潭牛场出发,穿过遵湄大道,入夜至遵义县境的水淹坝宿营,并开会决定:凡西南籍的战士,通通转入地下,发动群众,开展斗争;所有枪弹集中起来,交给江西籍老战士,追寻中央红军;其余部下统一转移到绥(阳)、湄(潭)边境黄羊台。同时,王有发决定由分队长周凤山任遵湄绥游击队队长,组织非西南籍的干部战士三四十人,转辗到达黄羊台。1935 年 3 月下旬的一天清晨,国民党湄潭县区长党吉成率民团紧紧追来,四面包围了黄羊台,并封锁了进出的主要关隘。王有发命令部队分散突围撤退,他亲自殿后阻敌掩护。因敌人众多,火力集中,又扼守要隘,游击队伤亡过重,后被敌人打散。王有发率部分队员撤退至绥阳县境白泥坝。

## 遵湄绥游击队红籽坝战斗遗址

红军遵湄绥游击队红籽坝战斗遗址,位于绥阳县郑场镇。

**遵湄绥游击队红籽坝战斗遗址——贵州省绥阳县郑场镇**

1935 年 4 月初,红军遵湄绥游击队来到绥阳县的红籽坝。这是位于遵义、湄潭、绥阳三县交界地不远的一个狭小山沟,山高林密。十多名游击队员在此隐蔽了半个多月,急盼寻找游击队主力。一天,一队员化装后,去街上买盐和打探游击队主力的消息。回来时被敌人派人盯梢跟踪到红籽坝。敌人立即组织武装团丁包围游击队驻地。分队长带领游击队员凭借土墙房屋作掩护,对峙了两个多小时。时近黄昏,队员们想趁夜幕降临之机突围。敌人用火将茅草房点燃,顿时浓烟滚滚。分队长命令队员各自夺路突围。突围中两名战士不幸中弹牺牲,分队长也因负伤落入敌手。后来敌人又组织乡丁反复搜山,搜出 5 个红军战士,其中有两个在送往绥阳的途中被杀害。

## 王友发烈士墓

王友发烈士墓位于贵州省湄潭县鱼泉沟红军革命烈士陵园内。

**湄潭县鱼泉沟红军革命烈士陵园内的王友发烈士墓**

1935年3月初,遵湄绥游击队在遵义老城杨柳街成立,以红九军团政治部地方工作部部长王友发等一批领导为骨干,吸收部分工农赤卫队队员为基础组成,队长周凤山,政委王友发,下设四个分队,全队共一百二十余人。游击队转战于遵湄绥地区,开展了打土豪和打击反革命势力的活动。红军主力离开黔北后,地主反动武装重新纠集起来,对游击队展开了包围进击。4月,游击队在湄潭凉井与敌展开激战。因敌众我寡力量悬殊而被迫分散突围,王友发带领48名队员转移到绥湄交界的鱼泉沟附近大山上继续战斗。王友发命令大家以化妆和战斗的方式分散突围,并要求突围成功的同志把游击队的情况报告中央。王友发等人突围时中弹牺牲。

## 赤水河游击队轿子山战斗遗址

赤水河游击队轿子山战斗遗址,位于贵州习水县回龙镇轿子山村。

1935年4月中旬,赤水河游击队到仁怀周家场(今属习水)轿子山活动,马桑区的民团队长黄定邦率团丁500多人,突然袭击游击队。游击队分两路反击,追敌十多里路,黄定邦逃脱,游击队共击毙团丁多人,俘敌20多人,缴获步枪十多支。

习水县城东南 **60** 公里的赤水河游击队轿子山战斗
遗址——贵州习水县回龙镇轿子山村

## 黔北游击队与赤水河游击队会师地

黔北游击队与赤水河游击队会师地位于贵州省习水县桃林镇放牛坪村（桃林镇街上）。

黔北游击队与赤水河游击队会师地——习水县桃林镇放牛坪村

1935 年 2 月 20 日,从军委总后勤部等单位选调 80 多名干部和战士,在习水县组建了黔北游击队。1935 年 2 月 28 日,中央红军再占遵义后,敌情仍十分严重,为掩护红军主力北上抗日,决定再组建红军赤水河游击队,计一百余人。赤水河游击队在今二郎坝五滩离开主力部队后,于4月下旬在放牛坪与黔北游击队胜利会合。会合后,经共同研究决定,名称仍用"中国工农红军黔北游击队",队长陈宏、政委张凤光,计二百余人。

## 黔北游击队山丹窝战斗遗址

黔北游击队山丹窝战斗遗址位于贵州省习水县桑木镇大河村山丹窝。

黔北游击队山丹窝战斗遗址——贵州习水县桑木镇大河村

中央红军二渡赤水后,黔北游击队和赤水河游击队相继成立,展开游击战。游击队的活动,使国民党政府惶惶不安,震动反动当局,贵州第五区(遵义)行政督察专员张笃伦及有关县区纷纷向国民党贵州省政府告急求援。驻黔绥靖公署急令郝梦龄第五十四师、裴昌会第四十七师驻防川黔公路一带,并协助遵义、桐梓、绥阳、湄潭、仁怀、习水、赤水7县,进行"清乡""搜剿"游击队。重庆行营也急电贵州省政府主席吴忠信督促驻防桐梓、松坎一线的国民党军队和地方民团,限期"剿"灭黔北游击队。游击队陈宏、张凤光等研究认为,中央红军已西进北上,在黔北牵制敌人的任务已基本完成,决定与川南游击纵队会师,并派人先去川南与纵队联系。1935年6月底,黔北游击队400多人告别了放牛坪游击区群众,经双龙场、吼滩、润楠,在山丹窝与尾追的敌人展开激战,毙伤敌十余人,牺牲红军游击队2人,游击队主动撤离,向川南急进。

# 黔北抗日救国义勇军成立遗址

黔北抗日救国义勇军成立遗址位于贵州省正安县庙塘镇教良村李钻台。

**黔北抗日救国义勇军成立遗址——正安县庙塘镇教良村李钻台**

1935年夏秋之际,4月中旬在仁怀县周家场(今属习水县)轿子山战斗中负伤留在桑木一群众家中休养的原红军赤水河游击队队长罗彬伤愈后,即投入了搜寻红军伤病员、组织和改造地方绿林武装工作中。1935年9月中旬,罗彬联络桐梓县、四川、正安、绥阳等地的绿林武装首领,聚集在正安县庙塘的李钻台开会,分析了当时的形势,正式成立了"黔北抗日救国义勇军",下辖五路人马。义勇军还制定了抗日救国及在国民党统治相对薄弱地区开展武装斗争,夺取政权,打富济贫,惩治地方恶霸和打击地方反动武装的行动纲领。1936年2月7日,义勇军率部两千余人,攻下正安县城,赶走了国民党政府县长,成立了临时县政府,召开群众大会。在国民党军第九十九师、第三一七师和地方民团重兵"围剿"下,2月27日义勇军撤离县境。

# 中国工农红军川滇黔边区游击纵队翠华乡战斗遗址

川滇黔边区游击纵队翠华乡战斗遗址位于贵州省金沙县马路乡契默片区。民国时期,翠华乡公所亦称契默土司庄园。1935年10月14日,中国工农红

中国工农红军川滇黔边区游击纵队翠华乡战斗遗址——贵州省金沙县马路乡契默片区

军川滇黔边区游击纵队的一支约200人的小分队来到原黔西县第八区翠华乡犀牛岩脚(今金沙县马路乡契默片区),决定攻打盘踞在这里的恶霸陇成德(翠华乡乡长)。游击队在老乡的带领下,出其不意,攻其不备,运用声东击西的游击战术攻下了翠华乡公所,陇成德立即退守岩边,躲在洞中,并派人向黔西县长告急求援。9月18日,国民党中央军千余人包围封锁了翠华乡,并在多处架设机枪,企图将游击队一举歼灭。游击队分队长邓占奎听到枪声,出门侦察,不幸中弹牺牲。游击队为保存有生力量,立即作出战略转移撤退,向九仓坝方向前进。


## 中国工农红军川滇黔边区游击纵队一碗水战斗遗址

川滇黔边区游击纵队一碗水战斗遗址位于贵州省赤水市宝源乡。

一碗水又名宝源,与四川省叙永县大石乡相连。交界处均系绵长宽阔的大山脉,地势非常险要,历来为兵家必争之地。1935年9月以刘干臣为司令员、余泽鸿为政委的中国工农红军川滇黔边区游击纵队某营向赤水县一带转移,在此与伏击围追红军的"四川南岸剿匪军"边防第二路军司令穆肃中部赵团谢营发生了战斗。9月24日拂晓,边区游击纵队抵达一碗水。20时许,谢营进至大坎坡,谢营某班进入边区游击队预伏地域,遭到隐蔽在大城门和沟两侧山上的游击队战士突然猛烈袭击。谢营随后展开强烈反扑,但被边区游击纵队击退。谢营遭到打击后兵分两路,一路企图经袁家山夺取大

中国工农红军川滇黔边区游击纵队一碗水战斗遗址——赤水市宝源乡

南坳后关爷庙一带偷袭大城门,一路经老耳岩、漏风垭进攻天堂湾,企图将游击纵队围歼在一碗水。游击纵队分头痛击围攻的川军。战斗非常激烈,游击纵队打退了谢营的数次进攻,游击纵队某班班长赵明德和几名战士不幸牺牲。重创敌军后,夜半时分主动撤出战斗,转移到坊碑、大鹏一带,经回龙场、天星桥进入叙永县境内。一碗水战斗毙伤川军百余人,缴获了100多支枪和大量物资弹药。

## 席大明烈士故居院内的碉堡

席大明烈士故居位于贵州赫章县哲庄乡哲庄村。

席大明,又名杨殿辉,男,1903年生,系贵州抗日救国军第一支队司令员。他领导下的家族武装打富济贫,因而和国民党军阀及地方土豪结仇,招致多次被围剿。席大明联络毕节、纳雍等地的绿林武装,向镇雄、毕节、大方等地国民党当局发起进攻,威名大震川滇黔边境。1934年到1936年间,席大明在中共贵州省工委负责人黄大陆、邓止戈等同志的帮助下接受了共产党的主张,走上了抗日反蒋的道路。1936年2月,席大明部完成接应红军进占毕节城的任务后,率部参加"贵州抗日救国军",被编为第一支队并任支队司令员,率部

席大明烈士故居院的碉堡

投入抗日救国宣传、筹集粮饷、支援红军等活动。红军长征离开赫章后,席大明率领部队留在地方继续开展武装斗争。由于国民党军阀和地方武装联合剿杀,席大明不幸被国民党逮捕。1936年10月被国民党杀害于毕节大校场。

## 赵文海牺牲地

赵文海牺牲地贵州毕节市清水铺镇橙满园村。

赵文海牺牲地——贵州省毕节市清水铺镇橙满园村

赵文海,1898年12月生,四川省纳溪县坡头乡人。20岁时当上民团首领,他率领民团护寨安民,不与反动民团同流合污,因此深得劳苦大众拥护,被豪强视为异己。1932年,赵文海被迫带领20多名团丁进山扯起了"打富济贫,替天行道"的旗号。1933年,四川军阀刘湘新委任的川南边防司令四处招兵,赵文海乘机带着队伍应征并当了营长,驻防于古宋东皇庙。这一年,中共地下组织派人到川南开展军运工作,赵文海接受了革命思想,于1933年底毅然率部起义。1936年春,赵文海在兴文找到中国工农红军川滇黔边区游击纵队和特委,要求参加红军游击纵队。特委决定吸收赵文海加入中国共产党。同年夏,特委派他到贵州组织游击队并任命为贵州游击支队支队长,以贵州毕节为中心,在黔西北地区组织和发动群众起来闹革命,很快组成了贵州游击支队。1938年春,赵文海会见了早在1936年秋就由纵队派到贵州游击支队任政委的阮俊臣。9月,赵、阮两支队伍合并行动;下设三个大队千余人,500多条枪,在以毕节的黄塘、对坡,威信的水田寨,镇雄的镰刀湾为中心的游击区宣传和发动群众抗日救国,组织群众抗捐减租,惩治贪官恶霸,开展了一系列的革命活动。1941年4月,国民党毕节公署及镇雄、彝良、威信独立营以及地方民团秉承蒋介石消极抗日、积极反共、镇压抗日救亡运动的政策,对支队开始了新的"围剿"。支队在敌人的残酷"围剿"下,迂回转战于毕节、镇雄一带边境,顽强战斗,终因弹尽粮绝,寡不敌众,陷入敌人重重包围,许多同志光荣牺牲。赵文海遭到国民党毕节专员廖兴序的通缉和追捕。8月,他秘密前往赤水河筹集经费,顺利回到了赤水河南关的家。他的这次行动不慎被便衣特务探出行踪,与儿子赵银臣一起落入敌手,在送往毕节途中,敌人在南关街北面的黄桷树下将其二人杀害。

## 贵州抗日救国军第三支队黄塘整训地遗址

贵州抗日救国军第三支队黄塘整训地遗址位于贵州毕节市大银镇黄塘村。

**贵州抗日救国军第三支队整训地遗址——贵州省毕节市大银镇黄塘村**

**贵州抗日救国军黄塘整训遗址**

黄塘梁子,是云贵高原乌蒙山东麓的一条重要山脉,平均海拔 1600 米左右,大银镇黄塘村梁子上是大银镇最高峰,海拔 1800 米,逶迤绵延上百平方公里,北进四川,西向云南,地形复杂,丛峰密林,与乌蒙山主脉连续贯穿,纵横交错,相映相呼,密切地联系着四川境内的叙永、古蔺;云南镜内的镇雄、威信和宣威以及贵州的毕节、赫章、纳雍、大方。尤其在毕节县境内,东南出金银山,直进戛拉山糟;西则出鸡窝老林,跃进大雪山;南出官屯,可攻毕节。特别在黄塘梁子周围,连接了毕节和镇雄的一片片坡地和一个个河谷交错的坝子,是一个得天独厚的游击区域。

1936 年 2 月中旬,贵州抗日救国军第三支队接受了寻找川滇黔边游击纵队的任务后,在司令阮俊臣和政委欧阳崇庭的率领下,立即将带来城区的第一、第二大队和驻守在对坡的第三、第四、第五大队集结于黄塘梁子进行整训,重点是学习,进行政治教育、纪律整顿和军事训练,在黄塘整训达十多天,完全按照红军建设的一套方针原则来教育和训练游击队伍,使全队面貌焕然一新,政治素质和军事素质明显提高,纪律严格加强,有力地保证了党对支队的绝对领导。

## 贵州抗日救国军第三支队(阮俊臣支队)燕子口伏击战斗遗址

燕子口伏击战斗遗址位于贵州省毕节市燕子口镇一心村。

**川黔古盐道——孙家堡段(现存)**

1936 年 3 月下旬,贵州抗日救国军第三支队(阮俊臣支队)获得密报:国民党毕节专署200 多担物资从四川方向押往毕节,这批货由四川押运到毕节地界后,已交由当地武装(共 40 多人)护送,现货已接近燕子口。支队领导经过认真分析研究后决定在燕子口与金银山之间的孙家堡设伏,截住这批货物,补充军需,打击敌人的嚣张气焰。决定由参谋长率领第二营前往孙家铺截击,第三营随后前往接应。参谋长率领100 多人的队伍从黄塘出发,一路翻山越岭,兼程赶路,接近天明时赶到孙家铺后,为了完成预定任务,战士们不顾长途跋涉的疲劳,立即分兵把住路口,并迅速地占领了两旁的主要制高点。一切布置停当,天刚好发白,提心吊胆熬了一天的哨兵正好换岗吃饭,准备出发。在彭云辉的指挥下,战士们突然抵近敌人,直入敌方住的房屋,听到枪响,埋伏在两山的战士见阵势已基本控制住,便从两面夹攻合击过来,从中街一下把敌人往毕节方向的退路截住,将敌人逼了回去。有一部分在屋外的敌人,见势便悄悄地向观音庙摸去,企图抢占高地,不料这些地段早已被第三支队的战士们控制,一阵射击,敌人很快就被打得屁滚尿流,最后落荒而逃。经过近一个小时的战斗,第三支队击毙敌人 8 名,击伤敌人 4 名,自己牺牲 2 人,负伤 2 人,缴获敌枪十余支,货物 200 多挑,物资主要有布匹、服装、军用绑带、药品及医疗器械等。

（三）大事略记

# 1934 年

8月　中共泸县中心县委领导的"叙永特区游击队"在四川叙永县黄坭嘴成立,王逸涛任游击队长,张友德负责党务工作。中心县委还先后派曹德渊、李石坚、梁亚伯、朱光璧等到游击队参与领导工作。11月下旬,邹风平到游击队检查工作,提出了游击队的两大任务:打土豪彻底摧毁农村统治;破仓分粮,没收豪绅衣物,给群众以利益。至年底,游击队从十余人扩展到六十余人。

11月　中共宋兴特支成立"南六游击队",队长由中共宋兴特支委员郭平安兼任,政委由中共宋兴特支书记刘复初兼任。游击队下属两个小队,活动于四川古宋(原县名,今属兴文县)、兴文、江安、珙县、高县一带。

# 1935 年

1月下旬　遵义会议以后,中央红军移师北上,进入川滇黔边区,准备从泸州上游渡过长江,与红四方面军会合,在成都之西南或西北建立苏区根据地。蒋介石企图在川江南岸"围剿"中央红军,令薛岳部联合黔军速向西北追击,令川军在川黔边要防堵。1月28日,中央红军在土城与川军主力激战失利。29日中央红军一渡赤水,进入川南古蔺、叙永地区。

1月30日　中央纵队路经四川古蔺县镇龙山,总政治部地方工作部部长刘晓接见当地党组织负责人邓伯明(另一说是古蔺的中共党员丁伯夫)等,鼓励他们继续留在地方坚持斗争,配合红军作战。

同日　川南南溪、纳溪、江安、长宁、高县、珙县、庆符、筠连、兴文、叙永、古蔺、古守,12县召开联防会议制定联防公约,设若干防线,防堵红军。

2月3日　中央红军强攻四川叙永县县城受阻,又迭遭川军主力的截击。中革军委电示各军团:迅速脱离当前之敌并集结全力行动,改定分水岭、水潦、水田寨、扎西为总的行动目标。

2月4日　红三军团路经四川叙永县黄坭嘴。红三军团地方工作部部长罗明等同泸县中心县委领导的叙永特区游击队负责人会晤,决定将游击队的情况报告中央。当晚,红三军团军团长彭德怀在田中四化榜接见游击队负责人王逸涛、张友德、李石坚、梁亚伯、朱华清等。彭德怀讲了中央决定建立新根据地的意义,勉励大家坚定信心,加强团结,英勇作战,去争取胜利。

2月5日 红三军团选派何宗舟(第五师第十四团总支书记)、周守如(原遵义县革命委员会成员)带领数十名伤病员和武器,扩充叙永特区游击队,由王逸涛任队长,何宗舟任政委,下设三个大队。

同日 红一军团路过四川兴文县五村时,与宋兴特支领导的南六游击队取得联系。

2月7日 中革军委根据川军主力在川边跟追堵截和加强长江防务的情况,认为北渡长江的计划已不可能实现,指挥中央红军向敌防守薄弱的云南扎西(威信县城)集结。

2月9日 中央红军集结于云南威信县的扎西、石坎子地区,军委纵队进驻扎西。

同日 毛泽东等同军委纵队经大河滩到达云南威信县城扎西镇。在老街江西会馆召开中央负责人会议,研究下一步进军方向和部队缩编等问题。

2月10日 中共中央政治局在云南威信县扎西召开会议,洛甫(张闻天)传达遵义会议决议。会议还讨论了中央红军的进军方向、部队缩编、苏区中央分局和红二、红六军团的战略方针及组织等重要问题。这次会议对贯彻遵义会议精神,实现党和红军的战略转变起到了重要作用。中革军委发布《关于各军团缩编的命令》,为充实连队的战斗力,加强部队的机动灵活性,决定红一、红三军团军团部应依颁布的新编制改编,其多余的人员应尽量补充到战斗连中去,其一部经过宣传与选拔,可成立游击队在地方活动。

同日 中央决定:在中央直接领导下,由徐策(红三军团第五师政委)、余泽鸿(干部团上干队政委)、戴元怀(第三军团民运部部长)、夏才曦(曾任中共江苏省委宣传部部长)、王逸涛(叙永特区游击队队长)、邹风平(中共泸县中心县委书记)组成中共川南特委,徐策任特委书记,戴元怀任组织部部长,余泽鸿任宣传部部长。特委负责领导游击纵队以及长江以南、金沙江以东、包括泸县中心县委工作地区在内的一个区域的地方工作。同时,中央选派一个干部连、一个基干连(国家政治保卫队第五连),一个运输排、一个卫生班、一个警卫通讯排和几个修枪工人,并号召掉队的红军伤病员参加游击纵队。

同日 中革军委在总部驻地召集留到游击队的100多名干部开会,周恩来到会动员。他阐述了形势和任务,指出游击纵队的任务:一是打击、牵制敌人,配合中央红军作战;二是安置和保护好伤病员;三是建立根据地。

2月11日　中央红军在云南威信县扎西集结休整、扩大红军后,回师东进,迅速脱离川敌五个旅与滇敌三个旅之侧击,争取渡河先机。

2月12日　中共川南特委在云南威信石坎子召开第一次会议,决定了建立红军川南游击纵队的建制和今后的行动方向。中央选派的部队人员在云南威信县石坎子集中,准备向川南进发。

2月13日　中央纵队动身前,彭德怀在大脑壳田(地名)向留在地方工作的红军游击队全体同志讲话,要求他们发扬红军艰苦奋斗的革命传统,赤化云贵川,创建川滇黔革命根据地。会后,游击队与红军主力部队分手,前往树坪方向找叙永特区游击队。

2月14日　留在地方工作的川南游击纵队人员,行军至一道屋基并休整一天。

2月16日　中共中央和中革军委在白沙发布《告全体红色指战员书》。其中指出:"必须寻求有利的时机与地区去消灭敌人""在云贵川三省地区中建立根据地""打大胜仗消灭大量的敌人,缴他们的子弹武装我们自己,并武装云贵川数千万工农劳苦群众,是我们目前最中心的任务。"

2月18日　川南游击纵队与叙永特区游击队汇合后,六百余人,经黄坭嘴到达五龙山,正式成立红军川南游击纵队。特委召开纵队大会,徐策在会上传达了中央关于组建红军川南游击纵队的决定,讲明了纵队的性质和任务,宣布纵队建制和领导干部的任命。纵队设司令部、政治部、供给处。政委兼政治部主任徐策,司令员王逸涛,副司令员曾春鉴,宣传部长余泽鸿,组织部长戴元怀,参谋长刘干臣,特派员龙厚生,供给处长杨德胜,司令部指导员李桂英(原名李桂洪),秘书甘棠(原名阚思颖)。下设五个大队。

2月中旬　中央派严朴到上海,途经泸县时,严朴对泸县中心县委传达了中央对川南和四川党组织的指示:积极发动川南游击战争,配合红军创造乌江以北、金沙江以东、长江以南的苏区根据地。

2月18—20日　中央红军二渡赤水,向桐梓疾进。军委纵队经过习水县东皇殿时,从总后勤部等单位选调80多名干部和战士,组建红军黔北游击队,陈宏任队长,张凤光任政委,李青云为特派员,曾广胜为供给主任,曾继民为地方工作组长,张笃弼为卫生主任。下属三个中队,中队长有易德胜、董跃中等。

2月20日以后　为配合中央红军的战略行动,川南游击纵队插向叙永五龙山区以迷惑和牵制敌人。敌人以为一支红军主力留在川南,仍要北渡长江,急令川军田冠五旅、达凤岗旅开叙永堵截,范子英旅向两河口进击,魏楷旅驻守古蔺。滇军龚顺壁旅回守滇境。特委派阮光明等到威信华嘴建立乡革命委员会,在黄连坝、李家沟建立了农会和游击队。派戴元昌等到叙永田中建立了区委和赤卫队,还派人到后山发展党员,建立了支部。

2月25日至27日　川南游击纵队撤回云南威信县高田区,击败高田乡自卫大队长陈正杰和后山团总古成章所率民团两百余人的阻截,缴枪七十余支。

2月28日　红军川南游击队在四川叙永县黄坭嘴附近石全田攻打间长赵品山寨子。

月底　中共川南特委、红军川南游击纵队在云南威信县建立中共高田区委(即后山区委,下设三个支部)、高田赤卫大队,派红军干部阮光明任赤卫大队长,派红军干部张治高任区委书记兼赤卫大队指导员。随后,发展农会会员100多人,成立杨联海为主任的铧嘴乡革命委员会。此为威信县第一个中共组织、第一支革命武装、第一块革命根据地。

2月　为了加强大渡口地区的农运和农暴,泸县中心县委决定成立江纳泸特区,书记曹德渊。

3月初　特委派霍绍文、周守如到叙永两河口,与先去的朱华清组成临时区委,在春荒期间,发动群众斗争。中共川南特委委员夏才曦因病留后山帮助区委工作。

3月初　中革军委在遵义老城以红九军团留下的部分指战员为骨干,加上原遵义县革命委员会部分委员和川黔边参军的一些工人、农民、青年知识分子组建了红军遵湄绥游击队,王友发任政委,刘××为队长(后周凤山继任队长),陈来中(陈久保)为特派员。游击队设党支部和队委会,全队120多人,编为四个分队。游击队成立后,战斗在遵义、湄潭、绥阳三县边境,开展游击战争,配合主力红军渡赤水,过乌江。4月,遵湄绥游击队在遵义县边境磨刀溪被地方民团夹击,王友发率队突围到湄潭县境鱼泉沟不幸牺牲,游击队被打散,未能与川南游击纵队会合。

3月5日　红军川南游击纵队在叙永木厂梁子大山上遭到川军第三十七团第三营周遇祥部和两河镇民团突袭。纵队顽强拼杀,第四大队长梁亚伯牺牲。此战后,川南游击纵队转往四川兴文、长宁等县活动。驻叙永川军及民团复至高田后山,与高田等地民团疯狂报复,张治高、阮光明被杀害,农会和铧嘴革命委员会被破坏,夏才曦在群众掩护下到上海进行党的秘密工作。

3月上旬　川南游击纵队木厂梁子大山上遭遇战之后,纵队进占兴文县建武。中共宋兴特支书记、南六游击队政委刘复初到建武向特委领导汇报特支的工作和组建红军南六游击队的情况。特委决定:中共宋兴特支改为南六特支,直属特委领导;南六游击队改称川南游击支队,属于纵队的组成部分,配合纵队在川南独立活动。

3月10日　四川合江石顶山武装起义爆发。中共合江特支在泸县中心县委的领导下,为牵制川黔敌军,支援和配合红军,在川黔边境的石鼎山组织发动了武装起义,成立了"川滇黔边区工农红军游击队",亦称赤(水)合(江)游击队。在政委李亚群、队长杨其生的率领下,游击队与敌人在合江、赤水等地展开激战,由于孤立无援,起义坚持了一个多月后失败。

3月上旬　中革军委抽调红三军团部分干部战士组建赤水河游击队,罗彬任游击队长,吴××为政委,胡方为副队长,余得胜为特派员,下辖三个中队100多人。3月下旬,赤水河游击队在贵州省仁怀二郎坝离开中央红军,开辟游击区,转战仁怀、遵义、习水、桐梓等地牵制与打击敌人,配合中央红军长征。

3月上旬　黔北游击队来到贵州省习水县放牛坪(桃林),开辟了以放牛坪为中心的仁、习、桐游击区。

3月14日　川南游击纵队夜进四川长宁县梅硐乡,余泽鸿回家动员亲友参加革命活动,支援红军。特委留红军干部邓楷(戴德昌)在梅硐工作,建立了梅硐区委和游击队。

3月15日　川南游击纵队插上罗家岩活动,距长宁县城仅七里。敌人以为纵队要攻占长宁,急调达旅黄锦章团及江安、古宋、兴文、长宁四县团队分进合击。当诸敌向黔北合围之时,3月16日至17日,中央红军三渡赤水,再进川南。蒋介石电令在古蔺地区"围歼"中央红军。

3月20日　川南游击纵队穿插于长宁、兴文、叙永一带。敌人多次扑空,长宁县政府报称:纵队"往来灵活,巧于避战"。

3月21日　中央红军红一军团占领四川古蔺县龙山镇,进逼古蔺县城。

3月26日　敌川军第二十一军黄锦章团及长宁、古宋、兴文、江安4个县的民团在四川兴文县大石盘突然袭击川南游击纵队。中共川南特委组织部部长戴元怀率通讯班十余名战士为掩护纵队向威信转移,全部壮烈牺牲。

3月下旬　赤水河游击队离开中央红军后,转战于仁怀、习水、桐梓、遵义等县边沿结合部,在仁怀县高大坪附近击溃大坝区长陈再鉴率领的敌军,初战告捷。

3月　江纳泸特区成立后,工作进展得很顺利。党员发展到七八十人,农会会员发展到六七百人,掌握了乡保武装的200多支枪,联络了绿林队伍。特区还组织农会骨干进行军事训练,为暴动作好了准备。

4月初　赤水河游击队从二郎坝出发,到仁怀县高大坪附近,国民党大坝区区长陈再鉴闻讯,组织民团阻击游击队。游击队进行还击,击溃民团,缴枪3支,夺马1匹。接着,游击队经喜头区林阁,进入遵义县李梓关、毛石坝等地活动,曾与当地民团多次接触,打了一些小仗,又经历了花井冈(位于今习水观摩村)之战、雀井(今桐梓县花秋镇境内)之战、轿子山(今习水回龙镇周家场)激战,都取得了战斗的胜利,

4月上旬　川南游击纵队第三大队大队长杨登高在威信三口塘没收张姓豪绅粮食分给贫苦民众。

4月上旬　江纳泸特区连续召开会议研究暴动问题,确定暴动时间为4月16日,暴动队伍的名称为红军游击队。届时队伍将顺江而下,攻打纳溪县城,再取道叙永,与红军川南游击纵队会合。12日,泸县中心县委秘书兼总交通陈继光在泸县小市被捕叛变。陈继光供出了泸县城区党组织、江纳泸特区党组织及暴动计划。15日,敌人在大渡口逮捕了特支书记阳湘林等9名党员,阳湘林受伤牺牲,筹备中的大渡口农暴被扼杀。泸县城区白色恐怖极为严重,中心县委只好撤出城区,在各地流动。

4月中旬　川南游击纵队在云南威信罗布坳击退珙县洛表李振武所率叙南保商第三大队和江安保安大队约500人的围攻。中共川南特委在三口塘院子(今鱼洞)颁布《游击区域红军家属暂行优待条例》。

4月中旬　赤水河游击队到仁怀周家场(今属习水)轿子山附近活动时,遭马桑区的民团队长黄定邦部并两股土匪500多人的袭击,政委吴××等二人牺牲,队长罗彬受伤寄养于桑木一群众家里。

4月下旬　赤水河游击队队长罗彬因病重寄养在群众家里,领导力量削弱,部队疲惫,亟需休整。赤水河游击队由副队长胡方率领来到放牛坪,经特派员余德胜同黔北游击队特派员李青云联系后,赤水河游击队同黔北游击队胜利会合。合

队后名称仍用"中国工农红军黔北游击队"。队长陈宏,政委张凤光,副队长胡方,特派员李青云,供给主任曾广胜,地方工作组组长曾继民,卫生主任张笃弼。下设三个大队,第一大队队长易德胜,指导员陈兴全;第二大队队长余德胜,指导员曾昭南;第三大队队长董耀中,指导员蔡树兴。大队下设中队,中队下设分队,计两百余人。

4月下旬　川南游击纵队火烧朱家山土豪碉楼,活捉分水乡乡长。随后到坛厂一带活动,与云南镇雄茶木艾宗藩建立统战关系,收编了艾部绿林武装六七十人,编为一个支队,由艾任支队长。4月30日,纵队联合艾宗藩及水田寨郑耀东,围攻水田寨,在大园地、田坝头击溃敌镇雄独立营,敌独立营营长陇承尧率部撤入碉楼中负隅顽抗。天黑,陇承尧率部逃回镇雄。接着,纵队又围攻驻老乌沟敌镇雄民团廖吉三部,活捉廖吉三等三十余人,缴获长短枪二三十支。此后,纵队指示艾宗藩驻守水田寨,作为纵队活动据点。

5月1日　川南游击纵队在四川叙永县落堡召开庆祝"五一"国际劳动节大会,徐策作形势报告,颁布了特委制定的《川南劳苦群众目前斗争纲领》。

5月7日　黔北游击队在赤水河以东、川黔公路以西的广大地区积极活动,惩罚土豪劣绅20多人,摧毁区乡公所和税卡多处,扩大了游击区。是日,联络魏××等数股绿林武装1000多人,从遵义芝麻坪出发,经麻子坝、石关口,清晨将花秋区公所包围,发起攻击,俘民团中队长林振华等数人,烧毁碉楼一座,破坏将修成的碉楼三座,焚毁区公所文卷账据,缴获一批物资银钱。战后,离开花秋,返回放牛坪。

5月上旬　川南游击纵队插到云南威信县邓家坪时,王逸涛离队逃回四川叙永县黄坭嘴,以后与特务勾结,公开叛变。中共两河口区委交通员被敌捕杀,区委成员被迫疏散。中共川南特委决定开除王逸涛党籍,撤销其职务,由徐策兼司令员。随即调整了纵队建制,将五个大队缩编为两个支队,党支部相应由五个改为两个。

5月中旬　中共川南特委在四川叙永五龙山召开会议,决定坚决深入敌后,开展游击队战争。

5月22日　川南游击纵队在四川珙县洛表击败李振武保商大队代理大队长李腾骧。在敌围追下,纵队乘隙经王场(属珙县)、黄水河、斑鸠沟退回威信。

5月27日　川南游击纵队甩脱敌川军周化成部(1个团)的追击,从四川珙县老鸦沱过河,翻越椅子山,在粑粑店涉水进入筠连县维新。红军到达新场,打富济贫,宣传群众。

5月28日　川南游击纵队沿杨家河西岸向沐爱挺进,行至小河与堵击的敌兵遭遇。经激战,击退敌军,攻占沐爱。

5月29日　川南游击纵队从沐爱出发,经镇州(今政治)、民治(今民主),抵棉堡(今自由)东皇殿宿营。是日,敌周化成部尾追至民治。

5月30日　川南游击纵队取道解放、五道河进至大雪山插入云南地境。周化成部亦随后追踪。

5月31日　黔北游击队到达东皇,拟在此建立新的落脚点,遭到黔军新编第二十五师第二旅第四团第一营第四连和第二营第五连与习水县保安团第三中队配合围攻,游击队抢占场东高地与敌激战。此战毙敌4人伤11人。

6月初　黔北游击队侦悉黔军侯之玺第二团团长王成绪回到家乡水寨(位于四川省綦江县石壕附近),遂与曹明德等绿林武装配合攻打水寨。王惊恐逃走,游击队击毁王的寨子,缴获步枪5支,子弹2箱,银元几百元,骡子4匹等一批物资。

6月上中旬　川南游击纵队在黄水河、三口塘、长官司一带活动。

6月21日　川南游击纵队从云南(小地名不详)赴筠连县,经高坪(落木祥)、联合(烂坝)、民主、政治,晚抵蒿坝的龙盆宿营。沿途均与民团战斗。纵队路过民主时,抓了余少舟、郭士敏、闵向成等三个土豪,队伍行至蒿坝时,民主一带有一百户群众联名送来担保书,游击队乃将此三人释放。

6月22日　川南游击纵队从蒿坝龙盒出发过平安(二坪子)击溃大乐民团(宋新年率的一个分队);到武德(吴家坝)打退巡司民团(宋劫夫率的一个分队)的堵击;抵巡司又冲退筠连特务队、模范队、镇警队200多人团防武装的堵击。当晚,露宿于巡司场阶檐。纵队在巡司除开展宣传,焚毁旧乡政权的公文档案等活动外,还打开监狱,救出两个阶级弟兄。

6月23日　川南游击纵队开赴大乐瓦,拥有数千租石的田辉堂早已闻风而逃。纵队在这里(有十多个天井的大瓦房)开会、休整。

6月24日　川南游击纵队取道鸡爪山,径往云南牛街方向进发。

6月25日　川南游击纵队进占长宁县富兴乡(观音堂)和梅硐场。特委和梅硐区委做了争取长宁县保安大队副袁虹桥的工作。

6月28日　川南游击纵队进占回龙场。

6月29日　川南游击纵队在小河击退高县"模范队"、沐爱团防和警察分队,进占沐爱镇。当川敌"忠(县)、丰(都)、石(柱)清乡司令"周化成率部追来,纵队经镇州、棉堡,插入镇雄、威信边境。

6月　川南游击纵队广泛活动于云南威信各地,在罗布坳、斑鸠沟、大雪山、郭家坟、马家坝、水田寨、簸箕坝、长官司、三口塘、双河场等地建立农会或贫民会,发展党员。

6月底　陈宏、张凤光等研究认为,中央红军已西进北上,在黔北牵制敌军的任务基本完成,于是决定派人前往川南,寻找川南游击纵队。随后,黔北游击队400多人离开放牛坪,经双龙场、吼滩、润楠,在土河坝与敌人展开激战,毙伤敌十余人,游击队主动撤离,奔向蚂蚁沟,向川南急进与川南游击队会师。

6月以来　蒋介石部署对川南游击纵队的第一次三省"会剿"。四川方面由第二十一军第五师驻防川南,贵州方面由第六十三、第五十四、第四十七、第二十三师进驻黔西、黔西北,云南方面由滇军第二旅第三团彭营及第十一连先后进驻威信。

7月4日　川南游击纵队进入扎西,向双河场进发,击溃追袭之威信常备中队及其援兵镇雄独立营。

7月上旬　川南游击纵队在四川叙永朱家山与黔北游击队会师,有900多人。特委研究决定:纵队改名为中国工农红军川滇黔边区游击纵队,徐策任司令员兼政委,张凤光任副政委,参谋长曾春鉴负伤寄养在罗布坳,陈宏代理参谋长,余泽鸿任政治部主任,杨德胜任供给处主任,钟昌涛任地方工作团主任。部队合编为两个支队、六个大队:川南游击纵队改为第一支队,支队长刘干臣,支队政委胡方;黔北游击队改为第二支队,支队长张凤光(兼),支队政委胡紫键。合队后,纵队力量壮大,士气振奋,第二天在田坝头打退敌川军顾团。

7月13日　川滇黔边区游击纵队在云南威信长官司观音堂受到敌周化成部和第五区民团的伏击,地形不利。主要领导人相继率队冲杀,陈宏负伤后被敌俘去(后押送叙府,同年11月就义),张凤光牺牲,徐策受重伤。余泽鸿指挥部队打退敌人后,撤到罗布坳,又遭到滇军镇雄独立营及威信民团的突袭,大队长邓登山等牺牲,大队长徐振山和曾维辉等负伤被俘。纵队撤向簸箕坝,徐策转移不及,被敌残杀。这次战斗,虽给敌以打击,但纵队伤亡百余人。

7月14日　中共川滇黔边区特别委员会在云南威信县簸箕坝召开会议,总结几个月来的经验教训,指出长官司战斗失利,主要是掌握敌情不够,有轻敌思想,硬打硬拼,导致主要领导人的牺牲,给部队带来重大损失。会议决定:增补特委和纵队领导成员,由余泽鸿任书记,刘干臣、龙厚生、李青云为委员,由刘干臣任纵队司令员,余泽鸿任纵队政委,李青云任特派员,刘复初任参谋长;通知刘复初速带川南游击支队归队,黄富山任第一支队支队长,胡紫键兼任第二支队支队长,曾广胜接任第六大队长兼指导员。

7月21日　川滇黔边区游击纵队插入四川筠连县境,突袭大乐瓦,活捉该县最大的地主田耀堂,占领巡司镇,进抵距县城五六里的卡子关,与敌周化成部及庆、高、筠民团激战,毙敌数十人后,撤向大雪山。

7月29日　川滇黔边区游击纵队从云南老母坎翻大雪山进入四川筠连县解放,行经民主海子湾时,抓获团镇"剿匪"中队长郭玉凡,再转联合绕至高坪。纵队在这里休整,见廖明武行动诡秘,从其衣包中搜出自镇州带来的"堵击红军"的通知,乃就地惩办了这个坏家伙。是日晚抵蒿坝地境宿营。

7月30日　川滇黔边区游击纵队从四川筠连县蒿坝出发,经平安突至大乐瓦。在此,将该县绅粮大户田辉堂的庄园团团包围,将田辉堂抓获,并在20多里的行途中游村示众。是日晚,部队宿营于小乐瓦。

7月　蒋介石和川滇黔三省军阀对川滇黔边区游击纵队发动第一次"三省会剿"。川军陈万仞师进驻川南,忠(县)丰(都)石(柱)联团清乡司令周化成部进驻兴文、江安,滇军安恩博第二旅进驻川滇边。蒋介石还令莫雄率江西吉安专员公署原班人马到贵州,成立毕节专员公署,负责"剿办"红军游击队;令陈光中第六十三师进驻毕节,郝梦麟第五十四师、裴昌会第四十七师和李云杰第二十三师进驻黔西北配合"会剿"。云南方面,委任镇雄独立营营长陇承尧为民团指挥,驻守镇雄、威信要隘。滇军安旅又先后派第三团第十一连进驻彝良,彭营驻防镇雄罗坎至威信一带,万保邦团进到川滇边区,与镇彝威民团一道"围剿"。

8月1日　川滇黔边区游击纵队进入四川筠连县。

8月2日　川滇黔边区游击纵队从四川筠连县李子坳出发,取道塘坝(丰乐)绕至孔雀宿营。

8月3日　川滇黔边区游击纵队取道四川筠连县龙镇,迂回大乐瓦(今大乐乡)。

8月4日　川滇黔边区游击纵队经四川筠连县武德、金銮、沐爱入沐义(沐浴塘)境内宿营。

8月5日　川滇黔边区游击纵队从今四川筠连县沐义出发,经建设、乐义,向珙县疾进。

8月初　川滇黔边区游击纵队在川南多次袭击"围剿"之敌,跳出包围圈,到云南镇雄北面雨河一带,准备攻打镇雄城。8日,由水田寨进入镇雄东北茶木,又迂回到到镇雄西南黑树一带活动,陇承尧派独立营前往堵截,纵队火速绕道进至离镇雄20多公里的吴家屯。陇承尧又派民团驻防吴家屯到镇雄的要隘二龙关,并请到滇黔边参加"围剿"的安旅第四团王营协守县城,纵队趁黔边空虚之机,于18日攻占赫章县城,调出驻镇雄滇军后,于21日经哲庄坝进入镇雄西南的以萨境,直开镇雄城,以萨彭寿乡(现彭家寨)乡长彭玉成、地主刘银山率乡丁在梯子脚、头道河两处碉楼中堵截。纵队攻下碉楼,继续东进。下午,进至牛场坝街上,与闻讯前来堵截的滇军安旅王营和以萨民团激战二时许,将其击溃。由于镇雄已有准备,纵队放弃攻城计划,向北前进。22日,在镇雄芒部松林打垮当地土目率民团的阻截,23日进至镇雄县西北重镇罗坎,与在罗坎隐蔽的邹风平、周一戎相遇。当夜,邹风平参加了特委会议,报告到罗坎的经过,介绍了川滇黔边区情况,建议纵队设法与主力红军会合。纵队在罗坎时,与区长王应崧建立了统战关系。24日,纵队离开云南镇雄县罗坎,趁川军不备,于25日闪击四川筠连。

8月29日　川滇黔边区游击纵队出敌不意,突破四川筠连、庆符民团三道防线,进占川南咽喉要地——筠连县城,捣毁县府,打开监狱,救出无辜群众200多人,在城内展开宣传,没收财政科长杨忠谟和劣绅关世林等经营商号的财物,分给穷苦百姓,受到劳苦大众的拥护。纵队进占筠连威胁叙府,川南为之震惊。县长罗崇孔"弃城远逃",被记大过一次,不得不呈请辞职。

9月1日　川滇黔边区游击纵队拟突袭驻四川建武的李品三部,不料已由川军穆瀛洲部接防,纵队行至玉屏墩为穆部所阻,乃撤向玉秀。次日,穆部追至,纵队移至三块石,据险设伏,毙伤敌三十余人。同时,川南游击支队到五村活动,与从建武换防下来的李品三部遭遇。

9月8日　川滇黔边区游击纵队进占四川江安县重镇红桥(梅花镇)。

9月11日　川滇黔边区游击纵队在四川兴文县博望山与川南游击支队会合。中共川滇黔边区特委决定:川南游击支队编为纵队第三支队,刘复初任特委委员、纵队参谋长兼第三支队政委,胡紫键任支队长。

9月13日　川滇黔边区游击纵队转向长宁梅硐,大破江安县李品三保安大队。17日攻占纳溪县叙蓬溪,28日进至渠坝驿,泸州告急。

9月16日　川滇黔边区游击纵队余泽鸿部四百余人,从四川江安县踏水桥进入纳溪县境,占领文昌宫,次日占领上马场,乡丁保安队乱作一团,夺路逃窜。

9月17日　川滇黔边区游击纵队经四川古宋踏水桥,连续袭取纳溪文昌宫和上马乡,然后分兵两路,攻占永宁河中游重镇叙蓬溪(护国镇),缴枪四十余支,子弹13箱,买了一批布匹为部队赶制衣服。纵队进驻叙蓬溪后,立即开展街头宣传,严惩恶霸豪绅,保护商店营业,接济贫苦群众。

9月20日　川南游击纵队离开叙蓬溪,在走马岭烂碾子击退团丁后,经白合场攻占打鼓区公所和乡公所。游击队攻进"药铺头"恶霸地主唐经纬大院,开仓分粮,杀猪济贫。惩处恶霸。晚上在打鼓场禹王宫演戏宣传,次日晨,游击队攻打"楼方田"未克,牺牲战士1名,遂兵分两路,向叙永县天池和合江县九支进发,与该地区守敌激战两日,敌军伤亡100余人。随后向泸州兰田坝逼进,由于长江北岸有重兵严密把守,赤水河沿岸有黔军防堵,且有部分滇军入境堵击,余部立即回师,经丰乐、白节、三华等乡,于27日夜进入大里村。次日晨,经乐道场渡永宁河攻击渠坝驿,经1小时激战,击溃保安分队和乡丁,并截获路过渠坝的敌第24军副官李铁夫数十箱衣物,散发给贫苦群众,同时展开街头宣传,贴出巨幅标语:"打倒蒋介石""打倒土豪劣绅""工农兄弟联合起来"。当天傍晚游击队离开渠坝,向马庙、绍坝进发。29日晨,黔军尾追至绍坝,双方于观音坡一带激战3小时,击毙黔军数百人。游击队随即顺土地岩撤向和丰场,另一路红军游击队,当天下午到达合面乡罗子坝、杨柳坎,沿关天山、桐子埂进入四川江安县大妙乡。

9月下旬　刘湘和重庆行营贺国光先后召见叛徒王逸涛,蒋介石委任王为重庆行营川南招抚特派员。王招降纳叛,在叙永设立"招抚特派员公署办事处",不断向敌人提供纵队情报,破坏地方区委,危害极大。他还写出《我对于消灭川南共产党及赤军游击队布置的意见》,提出在边区要地配置重兵、坚壁清野、封锁消息等诡计,被敌人称为"确系川南剿共根本办法之一种,颇有采纳施行之价值"。

9月　因重伤寄养在群众家中的原赤水河游击队队长罗彬,伤愈后组织搜救红军伤病员十余人,并成功改造、利用绿林武装队伍,于是月在正安庙塘李钻台成立黔北救国义勇军,以"抗日救国,打富济贫"为行动纲领,建立革命政权,坚持近一年的武装斗争。黔北救国义勇军未能同川滇黔红军游击纵队建立组织联系。

秋　殷禄才主动找到川滇黔边区游击纵队,反映了他被逼上梁山的实际情况,提出要求参加革命,同纵队一起行动,纵队领导为进一步考察殷的情况,给殷指明了方向,勉慰他回地方积极发动组织民众开展斗争,同时保持与纵队经常的联系。

10月2日　川滇黔边区游击纵队攻占四川江安县大妙,旋撤至均坝经鹿鸣村、水口寺、会龙桥进入叙永县境。绕道珙县底洞,5日,插到长宁井江坳。

10月6日　川滇黔边区游击纵队避开川军四个连和富、隆团队的围攻,绕道底硐,进占长宁县重镇安宁桥。穆肃中亲率两营到兴文、长宁边界阻击,达旅周营兼程跟追。滇军安旅派万保邦团越境入大坝古宋间"会剿"。纵队乃向滇黔边转移。

10月7日　川滇黔边区游击纵队,过老翁场、桃坪,再进入江安自家、底蓬、仁和等地,跳出川军及民团的合围,向云南威信长官司转移。

10月15日　川滇黔边区游击纵队由云南威信奔袭川黔要道上之贵州毕节县燕子口,打下区公所,缴枪十多支。当天下午,在亮岩截获毕节官商从重庆运来的几十匹马驮的物资。

10月23日　川滇黔边区游击纵队进入贵州黔西县翠华乡,占领反动土司、乡长陇成德的大庄院。敌第二十三师魏营、中央军工兵文营和瓢儿井盐防军共千余人,分三路包围纵队,纵队分批冒雨突围,迂回兴隆坝、铸钟。

10月24日　川滇黔边区游击纵队攻占贵州黔西县第八区翠华乡公所。

10月26日　川滇黔边区游击纵队从清水塘沿浦子河而上,经小水到达贵州仁怀县九仓坝。当夜捣毁九仓镇公所和税所,缴获一批物资和税款。

敌第二十三师刘团魏营及当地民团连日尾后追击,纵队在楠木坪、五里坡、茅草坪等地与敌激战,伤亡增加,一部分冲散。

10月底　川滇黔边区游击纵队由堰头进入贵州仁怀县长岗山,活捉乡长杨明轩,审问后处决。随后纵队经遵义干溪、山盆,一度进至娄山关,驻遵义之敌第五十四师派王藻成团以三路分进合击,纵队接着转移到桐(梓)习(水)边境。

是年秋　阮俊臣奉中共川南地下党领导的南六游击队指示,在滇黔边组建游击队,游击队建立后,阮俊臣提出"奉天行道,打富济贫"的口呼,以镇雄黑树、尾嘴、苏木、碗水为中心,在镇雄、毕节一带活动。年底,地下党贵州省工委与阮俊臣取得联系。

10月到11月初　中共贵州省工委三次派人与纵队联系。前两次在大定（大方）长岩附近和白腊坎附近取得联系，得悉纵队损失严重、处境困难，省工委向特委建议集中兵力突围，把部队带向黔西北；第三次未联系上。

11月上旬　川滇黔边区游击纵队进入原黔北游击队活动的花秋、放牛坪一带。敌王团两个营跟踪追来。纵队经沙溪、白鹿岗、沙坝、桑木、回龙，在二郎滩渡赤水，重返川南。

11月中旬　川滇黔边区游击纵队途经古蔺镇龙山、鱼岔、箭竹坪、坛厂、水田寨等地，迭遭川军曾团、山防队及穆肃中部的追堵，减员很多。

11月中旬　川滇黔边区游击纵队退回威信坛厂、水田寨休整，只剩百余人。

11月下旬　川滇黔特委在四川长宁县贾家湾开会决定，为了分散隐蔽、避敌三省"会剿"，将现有人员分为两个支队：由余泽鸿、刘干臣、刘复初等带领第一支队在川南坚持游击；由龙厚生、黄富山等带领第二支队去滇黔边活动。

11月25日　川滇黔边区游击纵队第二支队在兴文县炭厂遭到敌川军陈万仞师达营突然袭击，队伍被打散，暴露了纵队分队活动的计划。敌穆肃中旅第三十七团达营、关营、彭营及周化成倾巢而出，几路并进，对第一支队跟踪追击，江、长、兴、古四县亦增派保安中队"助军协剿"。

11月27日　川滇黔边区游击纵队第一支队进玉梅桥各冲湾时，遭遇敌重兵"围剿"。

12月9日　川滇黔边区游击纵队司令员刘干臣、政委余泽鸿、参谋长刘复初所率第一支队在长宁县梅硐桔子岭被敌川军穆肃中旅第三十七团彭营和周化成忠丰石联团包围，刘干臣、余泽鸿、刘复初带30多人突围，转移到泥溪槽、碗厂坡一带隐蔽。15日凌晨，政委余泽鸿在江安县碗厂坡牺牲。

12月17日　川滇黔边区游击纵队第一支队所剩的20多人到了踏水桥，中共川滇黔边区特委三位成员开会研究决定：李青云、刘复初带队上连天山隐蔽休整；刘干臣伤重，留在古宋县东坝王家坡农民家里医治，刘干臣当天被穆肃中部搜查发现，刘与敌拼杀时牺牲。纵队上连天山后，川军宋团、赵康部及李品三保安大队追到山下，密布岗哨、封锁道路，不断上山搜查。纵队依靠群众，克服困难，避开敌人，保存了力量。

# 1936 年

1月　敌军第一次三省"会剿"结束。川滇黔边区游击纵队参谋长刘复初、特派员李青云率第一支队 17 人从隐蔽一个多月的连天山(江安、兴文、古宋三县交界处)下来,与龙厚生、黄富山等人会合,计五六十人,转向长宁、兴文一带活动。

同月　中共川滇黔边区特别委员会根据中国共产党十大纲领、抗日救国主张精神和中华苏维埃政府的政策以及川滇黔边区的实际情况,制定了《川滇黔边区革命根据地纲领》。

2月6日　中共川滇黔边区特别委员会在四川兴文县洛柏林召开扩大会议,总结一年来对敌斗争的经验教训,选举龙厚生、刘复初、李青云三人组成特委,刘任书记兼川滇黔边区游击纵队政委,龙任川滇黔边区游击纵队司令员,李任特派员,下设两个大队。川滇黔边区游击纵队在兴文博望山一带整休、扩军,并委派金璇秘密组建川南游击支队在地方活动。中旬,纵队得知红二、红六军团到毕节,特委研究决定,仍留川南牵制敌军,配合红二、红六军团作战,乃在洛柏林、炭厂和珙县上罗附近袭扰敌人。

2月14日　红二、红六军团在毕节城内成立"贵州抗日救国军"。抗日救国军以周素园任司令员,邓止戈任参谋长,下辖由贵州省工委争取并掌握的王家烈的黔军原第二十五军席大明部、周质夫部、阮俊臣部分别组成的三个支队。第一支队活动在毕节西部的撒拉溪、杨家湾、田坝、阴底、放珠一带;第二支队随贵州抗日救国军司令部活动在本城区及鸭池、小坝、海子街、何官屯一带;第三支队以接应"川滇黔边区游击纵队"为主要任务,活动在对坡、大银、燕子口、林口、生机、清水铺一带,进一步巩固和发展毕节根据地的建设。红二、红六军团总部又抽调红六军团民运部部长李国斌、红十八师政治部组织科科长廖明、团政治处主任欧阳崇庭分别担任三个支队的党代表(即政委)。

2月中旬　贵州抗日救国军第一支队在江南、七星关、马桑坪、放珠一带开展打土豪、分浮财斗争。当红二、红六军团撤离毕节时,席大明部因家族原因未能随行。2月29日,当席大明得知红六军团政治部主任夏曦为动员第一支队随红军转移而牺牲在七星关的消息后,致信红六军团首长,陈述了第一支队的实际情况和不能随红军长征的原因,要求留在地方坚持武装斗争。红六军团政委王震阅信后请邓止戈给席大明回信,同意并鼓励席大明率支队留在家乡坚持斗争。第一支队一直坚持斗争,但未能同川南游击纵队建立组织联系。在川、黔、滇军的围攻之下,第一支队损失惨重,至当年 10 月,部队仅剩 30 多人。11 月 4 日,席大明被敌军抓捕,16 日英勇就义。贵州抗日救国军第一支队解体。

2 月底　红二、红六军团撤离毕节时,贵州抗日救国军司令员周素园、参谋长邓止戈率领第二支队跟随红军进行战略大转移,行至赫章平山铺时,第二支队被编入红军北上长征。

3 月初　贵州抗日救国军第三支队返回毕节,途中得知红二、红六军团已撤离毕节,于是转战与赫章、威宁一带,又获悉国民党第九十九师第十四团在从八寨坪绕道金银山向乌蒙山进发增援敌军的消息,支队司令员阮俊臣、政委欧阳崇庭等领导人认真分析了情况,决定暂时停止追寻红军,在金银山设伏牵制敌人,掩护红二、红六军团顺利转移。

3 月 3 日　贵州抗日救国军第三支队在金银山伏击了敌军,敌军死伤 20 多人,仓皇溃退。稍后,敌又收拢部队,爬向金银山,架起轻机枪、重机枪、大炮向支队阵地进攻,支队指战员奋力反击,战斗从早上 10 点一直打到天黑,打退敌军 7 次进攻,歼敌副团长等人 80 多名,缴枪 50 多支,支队伤亡 30 多人。

3 月中旬　贵州抗日救国军第一支队在赫章哲庄坝、桃园大丫〔垭〕口一带,配合乌蒙回旋的红军主力,对万耀煌部队进行夹击,夺回哲庄坝营盘,并在三锅庄、倮尼块等地阻击地方武装安化鹏等部。

3 月　川滇黔边区游击纵队派金瑑回到四川兴文县洛柏林,秘密建立川南游击支队,直属特委领导,由金瑑任队长,梅硐区委书记戴德昌兼支队政委。又派黄富山带领 30 多名战士到兴文青联乡开展工作,遭到别动队袭击,黄在战斗中负伤寄养农民家中,后被敌搜捕杀害。

3 月下旬　贵州抗日救国军第三支队由尾嘴出发,到毕节孙家铺袭击敌人,缴获军用物资 200 余担,受到惊恐的毕节护理专员马仁生不得不叩请上司"留兵震慑"。

3 至 4 月　贵州抗日救国军第三支队在尾嘴、苏木一带整训,建立了党支部,由欧阳崇庭任书记,吸收阮俊臣入党。

4 月初　川滇黔边区游击纵队在云南威信大石盘、郭家坎地带活动时,殷禄才来与纵队联系,请求收编。特委留他随军培训后,派回当地发展武装。4 月间,纵队为脱离强敌的追堵,在川滇边境迂回隐蔽,积蓄力量,赵文海带武装参加纵队,经过随军学习、考验,特委派他秘密组建贵州游击支队,到滇黔边活动。

4月下旬　席大明将贵州抗日救国军第一支队所剩力量重新部署后,又一次占领哲庄坝、三锅庄等军事要隘。但敌安化鹏随后纠集了安心田、安克成等武装及滇军一个营对第一支队进行合围,经数日拉锯式的激战,双方伤亡惨重。贵州抗日救国军第一支队渐渐不支,三锅庄等阵地相继失守,哲庄坝再次被安化鹏占据。

4月　川滇黔边区游击纵队进入云南威信县郭家坟、罗布坳一带活动。殷禄才找到纵队随军学习一段时间后,由刘复初介绍加入共产党,被派回郭家坟组建云南支队。不久,又派中共党员、纵队第二大队中队长、原国家政治保卫局第五连第二排排长陈华久任云南支队政委、中共滇东北特区书记,殷禄才任云南支队队长、滇东北特区区长。

5月10日　在阮俊臣、欧阳崇庭的推动和配合下,驻毕节国民党中央军暂编五旅(旅长柳际明,简称柳旅)第二团第三营中尉连副陶树清率第三营士兵起义。阮俊臣率第三支队主力由尾嘴出发,到毕节杨家湾与陶部会师,增补陶为抗日救国军第三支队副司令员。月底,柳旅副旅长皮光泽按蒋介石命令率部"追剿",第三支队经贵州赫章哲庄坝又插回云南镇雄泼机王家院子修整后,回到尾嘴、苏木一带,并与柳旅在滇黔边回旋,于6月初进至镇雄大湾境。

5月　川滇黔边区游击纵队来到云南威信县罗布坳,曾春鉴伤愈并率十多名红军人员归队。曾春鉴参加中共川滇黔边区特委,担任纵队参谋长,邝善荣任侦察参谋,纵队发展到百余人。

6月1日　中华苏维埃人民共和国中央政府主席毛泽东和中国人民抗日红军革命军事委员会主席朱德联名发布布告,提出了救国救民主张二十条。中共川滇黔边特委获悉后将之书写在四川兴文博望山、仙峰等处房屋墙壁上。

6月初　川滇黔边区游击纵队到云南镇雄楠木窝、花朗坝活动。贵州抗日救国军第三支队闻讯后,即派欧阳崇庭前往联系,主力随后跟进。7日,柳旅追第三支队至云南镇雄大湾子香坝。阮俊臣、陶树清部伏击敌人,激战于水牛山脚,毙伤敌多人,敌失利后撤。第三支队继续向花朗坝前进。8日,第三支队与纵队在花朗坝会师,研究合编。9日,柳旅又追至花朗坝,游击队将柳旅击退后转移到威信院子。两支游击队合队后将名称定为"中国工农红军川滇黔边区抗日先遣队",阮俊臣任司令员,陶树清任副司令员,刘复初任政委,曾春鉴任参谋长,下编三个支队:

原阮俊臣部为第一支队,原陶树清部为第二支队,原红军游击纵队为第三支队。

6月下旬　川滇黔边区抗日先遣队准备进攻云南镇雄县城,进至离镇雄十多公里的横山一带,闻先派进城作内应的马克武等遇害,镇雄敌人已有准备,遂放弃攻城计划。

6月27日　川滇黔边区抗日先遣队在以勒向家寨围攻土豪陈明发岩洞,于29日攻破,击毙陈明发,缴获大批武器弹药。

6月　川滇黔边区抗日先遣队发布《中国工农红军川滇黔边区抗日先遣队政治部布告》。

6月　殷禄才率队在珙县顺景山凉风坳伏击了王场乡长杨伯仿的"保商队",又缴获十多支枪。中心乡保长杨培英,暗地开办兵工厂造枪,又克扣匠人工钱。殷禄才得报后,收缴了杨私造的一班人的短枪,队伍迅速发展壮大到五六十人枪。

夏　根据洛柏林会议决定,赵文海带领一些游击队员到贵州组织游击支队,并被任命为贵州游击支队队长,召集旧部组成了游击支队。同年9月,特委派阮俊臣为贵州游击支队政委,到贵州寻找赵文海一起行动。

7月1日　川滇黔边区抗日先遣队在古洞坪伏击镇雄独立营。闻独立营驰援以勒,先遣队转移到古洞坪,伏击击退了独立营,又转移到黑树,并沿途设伏,继续阻击独立营。此后先遣队转移到毕节大坝,吴家屯一带,活动于镇雄、毕节间。

7月初　鉴于情况严重,陶树清向特委提出转入秘密活动,团结教育绿林队伍和起义士兵,开辟新游击区三条建议,由于"左"倾思想的影响,特委未予采纳。此外,中共川滇黔边区特委对第二支队存在违反群众纪律的现象未进行认真纠正,反认为陶树清动机不纯。5日清晨,特委在毕节放珠场率原纵队部离开阮、陶部,向威信大雪山转移。

7月4日　在贵州毕节杨家湾,特委决定甩掉阮、陶部,分开活动。途经水田寨时,第三支队恢复原川滇黔边区游击纵队番号,刘复初任司令员,龙厚生任政委,曾春鉴任参谋长,李青云任特派员,邝善荣增补为特委成员。

7月6日　阮俊臣、陶树清部回云南镇雄尾嘴一带。为了加强政治工作,增加了钟品三、李有阶、游成武(均为红二、红六军团刚留下的政工人员)为参谋。7日,转移到毕节大坝,遭柳旅雷团和镇雄独立营袭击,此后,阮、陶部转移到毕节大、小兔场一带。

7月中旬　川滇黔边区游击纵队进占云南彝良洛旺,击溃民团,开往川滇边大雪山休整。

7月中旬　川滇黔边区游击纵队二进云南镇雄县罗坎,在罗坎下槽树林中击溃罗坎民团。当晚,邹风平到栏马坎与纵队领导见面。次日,纵队召集当地教师,乡保长开会,宣传抗日救国和党的统战政策。此后,纵队进入云南彝良洛旺,途经镇雄落尾、凤翥时,镇压了在罗坎收重税的陈兴富,打开了当地乡政府住所,开仓济贫。

7月　中共川滇黔边区特委决定在云南建立根据地,并派人到母享一带活动。

8月中旬至9月初　川滇黔边区游击纵队活动在云南镇雄大湾子、母享、罗坎一带。大湾子苏焱波等人按特委布置组织了一支七八十人的游击队,由威信院子胡绳武率领。胡绳武叛变,投靠陇承尧,被陇承尧委任为民团队长。8月13日,纵队围攻院子,活捉胡绳武,并将其击毙于瓜雄鸭婆石。25日,纵队由四川到彝良洛旺,途经镇雄、彝良交界的尖山子,击溃镇雄余若恒保商队,缴获白布80多挑。30日,纵队袭击母享,没收当地土豪财产分给群众,并在母享街上宣传革命道理。9月10日,纵队三进罗坎,在罗坎纸槽大坝一带遭滇军安旅补充队及民团袭击,纵队突围后转移到大雪山。

8月中旬至9月初　阮俊臣、陶树清部在云南镇雄、威信多次遭到袭击。为了摆脱敌追击,阮、陶部由大定、姑开插回镇雄泼机整顿。23日,袭击镇雄法贡乡土豪曾培举碉楼,缴获长短枪十余支。这时,敌柳际明急令毕节林口土豪杨砥中率民团到营塘(属林口),令陇承尧率镇雄独立营及民团到大湾子,请川军范子英旅驻防水田寨,对阮、陶形成三面包围之势。为了跳出包围圈,25日,阮、陶部向西转移到镇威交界,在威信新芳岩与柳旅接触,并于28、29两日,与柳旅激战5次。30日,阮、陶部在雨河街上休息做饭,突遭柳旅雷团袭击,伤亡二十余人,欧阳崇庭、阮俊臣、陶树清分头率部突围,相互失去联系,后欧阳崇庭率一部到水城一带活动。9月3日,镇雄独立营捕陶树清于观河场,用铁丝穿其锁骨,送交柳旅,陶树清于10月初被杀害于毕节大校场。4日,阮俊臣部与镇雄、威信民团激战于黄水河。此后,阮俊臣退到水田寨找到特委。

8月25日　川滇黔边区游击纵队向洛旺迁回途中,截获镇雄土司陇确佐的布帮,没收白布几十挑。川滇黔边区游击纵队来到威信郭家坟,殷禄才前来汇报地方武装发展情况,特委任命他为支队长,组建云南游击支队,派红军干部陈华久任支队政委。

8月下旬　贵州抗日先遣队第一、第二支队先后与柳际明暂编第五旅雷大龙团、川军范子英旅两个营、镇雄独立营、地方民团数战于云南威信新芬岩脚、簸箕坝、郭家坟、水田寨、黄连坝、四川珙县小溪等地。29日,在簸箕坝分路突围,阮俊臣带第1支队撤往郭家坟,陶树清领第二支队退往四川珙县小溪。

8月30日　川滇黔边区游击纵队一进母享,黄华先、李廷珍等人与纵队联系,纵队司令员刘复初指示他们在母享建立联络站,发动群众,组建游击队,配合纵队行动,并给了黄华先一些枪支。是年秋,经过考验,特委吸收黄华先为党员,将其留在地方活动。

9月2日　陶树清由珙县小溪突围至威信顺河场,隐蔽于张占云家中。3日,陇承尧迫使张占云捉交陶树清,押送柳际明旅。4日,第一支队与镇雄独立营、威信团队激战于高田黄连坝,终因寡不敌众,分向大雪山、镇雄大子突围。

9月5日　敌柳际明至叙永与范子英会商"协剿"游击队事宜。随后,在毕节林口设川滇黔三省边区民团指挥部,柳际明任总指挥,孔阵云为川边民团指挥及办事处主任,陇承尧为滇边民团指挥,杨阴春任黔边民团指挥。

9月上旬　阮俊臣带少数队员突围至云南威信县水田寨找到川滇黔边区游击纵队,特委听了阮俊臣报告后,总结了这段时间斗争的经验教训,调整了纵队领导班子:刘复初任司令员、特委书记,龙厚生任政委,曾春鉴任参谋长、特委委员,邝善荣任参谋、特委委员。特委会批评了"左"倾关门主义错误,认为滇东北一带反动势力薄弱,人民贫困,较之川南老游击区更利于开展工作,根据原在云南开辟根据地的决定,决定先在镇雄、威信、彝良建立根据地,并规定了以下具体措施:(1)组建地方游击队,逐步赤化农村,建立工农兵政权;(2)选派一些老同志到农村集镇开展地方工作,建立秘密联络站;(3)进一步扩大统一战线;(4)有计划地催毁游击区附近乡镇政权。同时,还决定阮俊臣为贵州游击支队政委,并暂随纵队到大雪山休整。

9月中旬　川滇黔边区游击纵队由川南进入威信斑竹塘,四川兴文、江安的保安中队尾追而来,滇军第二旅第四团田富伍营也闻讯由扎西出兵堵击。正当纵队在山羊坝处于腹背受敌险境时,云南支队得信前来增援,出敌不意,从田营后侧发起攻击,迫使田营向鱼洞沟方向撤退,纵队乘机击退了保安团队的追击。解围后纵队开到大雪山休整,支队仍返回郭家坟基地。

9月中旬　阮俊臣率部由大雪山出发,准备乘虚攻打镇雄城,行至罗坎被包围,阮命黄仇、叶绍〔少〕奎率四大队向母享突围,自率其余两个大队掩护。阮部行至镇雄坡头簸笠时,川军在赤水河边堵截,阮率部强渡,伤亡百余人。在离开镇雄之前,阮俊臣安排黄于龙率二大队,黄仇、叶绍〔少〕奎率四大队往川滇边活动,并将红二、红六军团留下的干部钟品山、游成武、姚显廷、李有阶等人派到第四大队。

9月15日　贵州支队第四大队回到尾嘴,被民团团首朱世浑率部袭击。次日,叶绍〔少〕奎率第四大队围攻民团,将朱活捉,救出被俘游击队员,缴获长短枪20支,子弹150匣。10月上旬,大湾子游击队苏焱波等与第四大队会合。10月9日,第四大队在母享陇东湾击退陇承尧追剿部队独立营吕绍清部后,转移到母享初都(现划归毕节)。11月初,第四大队又转移到威信黄连坝,伏击击溃镇雄独立营,打死独立营6人,打伤多名,缴获长短枪30多支,子弹200多发,大洋1000多块。11月中旬,第四大队发展到200多人,又在威信潘家山打开地主碉楼,补充给养。此后,经罗坎转移到母享青龙山隐蔽。

9月30日　川滇黔边区游击纵队在大庙伏击四川珙县县长刘治国亲率"清剿"的县警备队、卫队、区民团及四川省第六保安团第十中队近300人,打得敌人丢枪溃逃,共缴枪80多支,子弹千余发,毙伤敌数十人,俘敌县警备队长等50多人。敌人增调川军第二十一军教导师第二旅进驻川南"清剿"。

10月14日　川军暂编第一师第二旅第三团第三营第十一连士兵由班长刘少成、兰澄清带领下于四川珙县底碉起义。随后,起义部队进至云南威信县簸箕坝参加红军川滇黔边区游击纵队,被编为第三大队,刘少成任大队长,兰澄清任副大队长,纵队派曾广胜为指导员。

10月21日　川滇黔边区游击纵队在云南威信县第八区(今麟凤乡)烂泥坝,与滇军安旅补充团三个中队和地方民团四五百人激战。因敌我悬殊,纵队且战且退,向大雪山转移。

10月30日　川滇黔边区游击纵队经瓜雄袭击大湾子,击溃民团,活捉民团团首王明昭,区长陈兆鹏趁乱逃走。次日,纵队在大湾街上进行宣传,并将土豪浮财分给群众,此后转移到花朗坝,与滇军安旅一部遭遇后退到水田寨。

10月　阮俊臣、胡昆在云南威信县水田寨被围,为了保存实力,中央军暂编第五旅旅长柳际明同意阮提出的随军上前线抗日等条件后,阮俊臣接受柳际明招抚,并随柳旅到贵州桐梓,阮上当,其部队被编散到柳旅各团。

同月　云南支队据守云南威信县郭家坟麻凼埧老鹰碉,敌镇雄独立营围攻十余天不克,威信县政府转请滇军安旅田富伍营围攻。田营分兵一个连围攻老鹰碉,战经二十余天仍未攻克,便扬言拆街烧碉。云南支队为使群众不受损失,趁夜突围至四川珙县洛表镇腰磴岩一带活动。

11月12日　川滇黔边区游击纵队从贵州毕节对坡出发,经一碗水,于上午10时许到达云南镇雄东南重镇母享,分兵三路,围攻母享镇区公所和江西庙。江西庙一班多团丁缴械投降,第三区区长姜兆钦自恃区公所院深墙高,负隅顽抗,纵队围攻3时许,破墙而入,缴获长短枪40多支,大洋7000多元。

11月14日　川滇黔边区游击纵队二进毕节燕子口,占领区公所,截获杨森在四川购买的物资100多担。次日下午,杨森部一个加强营追至韩家沟。纵队在第三支队掩护下,撤向四川古蔺石厢子。

11月16日　川滇黔边区游击纵队经史里、陇杠、水潦等地时,迭遭川军、滇军截击,伤亡失散80多人,乃绕路进入威信县境。转到天池后,滇军安旅田营追来,纵队急往罗汉林,据险与追敌激战两三小时后撤离。

11月18日　川滇黔边区游击纵队由龙里蒿枝坝向大雪山转移。行至灵鸠镇海子坝,被滇军田富伍营追击。纵队在第三大队掩护下退回大雪山安稳坝基地,从此刘复初留大雪山隐蔽养病。随后,四川保安第九团督同各队保安壮丁,会同达凤岗旅薛团、梁旅阳营和滇军"搜剿"大雪山,纵队最终只剩20余人。

11月中旬,为配合纵队行动,黄华先、李廷珍等公开打出母享游击队旗号,以"上打贪官污吏,下打土豪劣绅"为口号,在母享一带活动。母享游击队设司令部,总指挥黄华先,下辖两个大队,第一大队大队长李廷珍,第二大队大队长周海云。下旬,"川滇黔三省民团联合指挥部"组织"围剿"母享游击队,游击队在毕节对坡击退杨砥中后,转移到母享关口,又与镇雄独立营姚排及当地民团遭遇。月底,母享游击队到水田寨寻找纵队,纵队联络员将纵队留下的武器交给黄华先,并转达特委"继续发展队伍,坚持斗争"的指示。

11月26日　凌晨川滇黔边区游击纵队时政委龙厚生率剩余人员从大雪山向水田寨转移,行至云南威信边境附近之镇雄野腊溪,突被敌安旅田富伍营包围。李桂英、阚思颖等十余人被俘,龙厚生等十余人突围至水田寨由地方游击队长艾宗藩安排分散隐蔽。李桂英、甘棠被解到四川,甘被其父保释,李被因于重庆反省院,于1937年冬被党组营救出狱。

12月6日　中共川滇黔边区特别委员会特委书记、纵队司令员刘复初被敌川军达凤岗旅薛奉先团陈营搜捕。

12月12日　川滇黔边区游击纵队遭敌滇军袭击,部队被打散。阮俊臣率部到贵州纳雍县的维新、姑开、城关、居仁、乐治、百兴等地进行抗日救国活动,扩大队伍,重振武装,坚持斗争。

12月　月初,贵州毕节保安团千余人"搜剿"第四大队于云南镇雄县母享镇青龙山,趁夜包围第四大队。第四大队突围到母享河边,经后槽转移到塘房熊贝。这次战斗,第四大队毙伤敌多人,本身亦受到重大损失,到熊贝时,只剩下六十余人。下旬,第四大队在熊贝研究决定,为了摆脱敌重点"搜剿"的川滇黔结合部"鸡鸣三省"一带,由副大队长廖忠堂带三十余人到云南镇雄县西部开辟新游击区,副大队长叶绍〔少〕奎带二十余人伪降陇承尧,暂缓镇雄独立营对游击队的进攻,以利扩大发展,并设法购置军火。同时派大队长黄仇到贵州找阮俊臣联系(后黄仇到玉田岩上袁兴武家取其存物做路费,被袁杀害)。此后,第四大队又在摆柳坪击溃大湾民团,廖忠堂、叶绍〔少〕奎便分头行动。

## 1937 年

1月　川滇黔边区游击纵队的龙厚生、曾春鉴、李青云、刘少成等人突围后隐蔽于云南威信县水田寨。李青云被敌孔阵云部"清乡"捕杀。龙厚生、曾春鉴、刘少成被敌郑香谷、郑耀东密谋杀害。至此,川滇黔边区游击纵队主体的历史结束。但特委所组建的云南游击支队、贵州游击支队和川南游击支队,在与上级党组织失去联系之后,仍在川滇黔边区坚持斗争。

同月　殷禄才和陈华久带领云南游击支队,按照中共川滇黔边区特委和川滇黔边区游击纵队原来的指示,坚持独立自主的游击战原则,收留了少数川滇黔边区游击纵队失散的红军人员,以腰蹬岩为基地,活动于大石盘、石碑口、簸箕峡、周家沟一带。根据新的形势,对支队进行整顿和整编,队伍又有所巩固和发展。

2月初　第四大队转移到红岩。此后,第四大队在当地整顿发展队伍,与大火地绿林武装龙佐云等建立统战关系,联合袭击彝良油房沟土豪潘保董。

春　第三支队政委欧阳崇庭到绿林武装宋昱珍部作宋的改造工作,取得部分成功。后和国民党织金县长曹毅攀认老乡,获取织金县三塘区区长之职。欧借助区长合法身份暗搞抗日救国活动,不到一年被敌刘时范察觉党追缉,他辗转到纳雍张维(今张维乡)暂住,接着转移到以角营盘其妻刘玉兰处住下,继续进行革命活动,对当地的农民自卫组织"齐心会"进行具体指导,灌输革命道理,开展反"三征"

（征兵、征税、征粮）。

春　阮俊臣部在桐梓被编散后，胡昆离开桐梓，到泸州监狱探望刘复初，刘复初指示其回母享寻找游击队，坚持斗争。胡昆回母享后，与黄华先等一起活动。不久，游击队攻击沙子坡刘家岩洞受挫，黄华先到毕节寻找党组织，李廷珍率第一大队、周海云率第二大队分头隐蔽于发贡梁子、楠木窝。李廷珍率第一大队到发贡梁子后，对队伍加强纪律教育和革命目的教育。游击队又与民团队长胡天才等人建立了统战关系。不久，第一大队发展到数百人。通过整编，以黄华先兼第一中队中队长，李廷珍兼第三中队中队长，第二中队长艾正红，第四中队长陈少荣。

5月上旬　叶绍〔少〕奎与廖忠堂分手后，将部队安置于大湾子，便率数人到云南镇雄假降陇承尧，并争取了独立营司号黄树清等人，又购买枪支弹药运到红岩。同月初，陇承尧派宗杰武连到大湾，于3日将叶绍〔少〕奎留在大湾子部属打散，李齐山等遇难。叶绍〔少〕奎闻讯，连夜与黄树清等离城到马厂与来接应的廖忠堂会合。陇承尧派宗杰武、彭兴州两连及一团防队五百余人"追剿"第四大队，至镇雄、赫章交界的黄坭坡，被第四大队伏击，击毙击伤十余名后退回镇雄。

5月下旬　滇军安旅一部夜袭第四大队于花山老毛姑滤水岩。第四大队在当地群众掩护下，隐蔽于竹海之中，与滇军周旋十余日。滇军走后，第四大队返红岩，并以此为根据地，时而分散隐蔽，时而集中行动。第四大队在红岩期间，以叶绍〔少〕奎为大队长，廖忠堂为副大队长，钟品三为政委。第四大队指挥部驻大地头，下设六个中队，第一中队中队长刘柏常，驻红岩东面的庙湾，扼守庙子丫〔垭〕口，向坪上方向警戒；第二中队中队长王松柏，驻红岩西面望乡台，扼守法窝丫〔垭〕口，向岩洞脚方向警戒；第三中队中队长常绍恩，驻大杉树；补充队队长陈胜德，驻高埂子，共同向南面小米多方向警戒；游击队队长童德明驻北面坝上，向牛场方向警戒；特务队队长孙德胜，驻狮子湾，紧靠指挥部。

夏　云南游击支队住在四川珙县洛表镇腰磴岩，四川宜宾专员兼保安司令冷薰南派其保安团来腰磴岩用钢炮轰击洞子，队员司毛二红牺牲，抓走几名队员家属。之后冷薰南到四川珙县上罗、洛表视察，殷率队埋伏于罗星渡财神沟，准备袭击冷薰南，适逢珙县县长刘治国所带的警察中队到来，支队击毙警卫一人，获手枪一支，子弹数十发。

7月　陇承尧收买惯匪李兴邦并指使其打入母享游击队，后被游击队识破逐出。8月18日，母享游击队在木黑山上休息，遭当地民团袭击，游击队反击，民团逃回乡公所碉楼固守。游击队攻破碉楼,缴枪二十余支。此后,仕里乡乡长陈序光常率团丁袭击游击队。11月12日,黄华先、李廷珍率部袭击陈序光部,缴枪14支,子弹1005发。随着全国抗日统一战线建立,11月下旬,母享游击队决定由黄华先再到贵州寻找党组织,游击队员回家隐蔽,无家可归的少数队员由李廷珍率领在发贡一带分散隐蔽待命。

　　7月至10月中旬　第四大队袭击红岩附近土豪。7月初,第四大队夜袭以萨豆戛寨,打进陇小官陇吉昌家,次日,将粮食、财物分给群众,转回红岩。9月28日,第四大队数十人化装到五德小河,活捉与游击队为敌的黄树贤,打开碉门,缴枪20多支及大量子弹,并将其大洋、财物分给群众,在小河街上宣传。此后,五德、坪上、牛场一带农民纷纷加入游击队,队伍很快发展到500人左右。10月17日,第四大队由红岩出发,攻打贵州赫章可乐水营头,18日攻破,活捉区长刘昭德,缴枪40多支,并把几包兜铜元和大量粮食分给群众,数日后,转回红岩。

　　8月　敌刘治国部"围剿"云南游击支队无果,招抚被拒。云南游击支队转往四川长宁县梅硐场,抓了土豪林道邦、刘兴邦等人,令其交出银币2000多元,既牵制保安队,又筹集了活动经费。

　　9月　云南游击支队联合云南威信长官司干滩子的绿林武装,由郭家坎奔袭四川兴文县冠山川军杨森部团长罗天祥之父罗竹斋家,缴获步枪2支、手枪2支、子弹两百余发。

　　10月下旬　抗日救国军第四大队在叶绍〔少〕奎、姚显廷、李友介(姚、李均系红二方面军干部)、廖忠堂等人领导下,在云南镇雄改编队伍、调整干部后,经镇雄古达来到贵州纳雍县境内的姑开进行短期休整,此时游击队已发展至千余人。在休整期间派人到小兔场找绿林武装首领熊璞商谈,做熊的改造工作,争取熊参加游击队,熊拒不合作。

　　10月下旬　阮俊臣派王本渊到云南镇雄坪上镇红岩村,要抗日救国军第四大队到贵州大定一带配合行动。叶绍〔少〕奎接到指示后,在红岩整编队伍,将大队部改为指挥部,总指挥叶绍〔少〕奎,副总指挥廖忠堂,参谋长王本渊,招待处主任王云成。指挥部下设7个大队。11月3日,叶绍〔少〕奎在红岩集中队伍;5日,召开大会,讲明离开红岩的原因及应注意事项后,即出发到贵州。

　　11月30日　抗日救国军第四大队结束休整离开贵州纳雍县姑开,渡过野鸭河到时毕节境内的五股田坝宿营,继绕道纳雍的梅花箐,揭开转战大定之序幕。

11月　刘复初经组织营救出狱。刘复初出狱后前往武汉,向八路军驻武汉办事处汇报情况。

12月11日　以云南镇雄农民为主体组成的抗日救国军第四大队在贵州毕节草坪粉碎黔大毕保安第二团和保安第四大队的"进剿"。游击队沿途屡遭贵州地方保安团阻击,又与阮俊臣失去联系,在此情况下,决定再回红岩。

12月　云南游击支队袭击了经常向保安队通风报信的四川兴文五村乡公所,收缴两支枪和一些弹药,打击了乡团保队的嚣张气焰。

## 1938年

1月4日　抗日救国军第四大队转移到贵州大定革左,遭到毕节保安第二团袭击,叶绍〔少〕奎阵亡。

1月上旬　抗日救国军第四大队在廖忠堂等同志领导下,从贵州大方和纳雍的交界地之天生桥直奔小兔场、沙落、东关、梅花箐等地继续进行革命活动,扩大游击武装。廖忠堂率领少数队员在维新借助亲朋关系之便住在东关乡河边王家寨暗下活动。

1月中旬　因受敌唆使,内部出了叛徒,廖忠堂被敌指使王燕清杀害于胡家院子,时年28岁。廖忠堂牺牲后,王松柏、铁军鳌率余部到镇雄郭家河隐蔽。陇承尧收买铁军鳌,铁军鳌叛变后杀死王松柏。不久,王松柏警卫员相机处决了铁军鳌。此后,游击队余部到水田寨一带参加抗日救国军第三支队黄于龙部。

春　赵文海找到阮俊臣,共同研究了行动计划,有千余人,枪五百余支。由赵文海任司令,阮俊臣任政委,康海平任参谋长。司令部下设三个大队:第一大队长黄于龙,第二大队长路明宣,第三大队长詹绍武。在贵州毕节的黄塘、对坡、威信的水田寨、镇雄的刘家山一带开展活动。

春　李克农派刘复初回川滇黔边区了解情况并向云南支队等革命武装传达党的抗日政策。因川敌进行缉捕,刘复初转派兰澄清传达。由此,云南游击支队更名为川滇黔边区抗日后援军云南游击支队,暂停打击国民党基层政权和土豪。

此后,云南游击支队、川南游击支队、贵州游击支队虽然不再以红军名义开展活动,但仍然坚持革命斗争。到1947年4月,三支游击队的主要领导人、共产党员金璇、戴德昌、殷禄才、陈华久、阮俊臣、赵文海等先后英勇牺牲,为革命流尽了最后一滴血。

# 后　记

1982 年 5 月 22 日,国务院原副总理、国防部原部长张爱萍将军视察蜀南竹海时回忆道:"留下的这支红军(纵队)虽然遭到敌人的重兵'围剿'而失利,但他们光荣地完成掩护红军主力北上抗日的历史任务,谱写了长征史上一段可歌可泣的篇章。在战斗中牺牲的余泽鸿烈士值得我们纪念、学习。"

中国工农红军川滇黔边区游击纵队的资料征集工作,早在 20 世纪 80 年代便已开始。在当时中共中央党史资料征集委员会的直接指导下,经过四川、云南、贵州三省区党史部门的努力,征集了大量的资料。在这些资料的基础上,1985 年由编写组完成、云南人民出版社出版了 12 万字的《中国工农红军川滇黔边区游击纵队斗争史》一书。当年曾经参加纵队斗争、在川滇黔边区战斗过的刘复初、陈彪、李桂英、曾广胜等老同志,对此项工作十分关心,提供了大量宝贵的史实。各地党史部门的同志更是付出了巨大的努力,广泛采访当事人,收集有关资料。

但因当时的条件有限,收集来的资料大多未能公开出版。出版的《中国工农红军川滇黔边区游击纵队斗争史》一书因篇幅所限,也不可能收录更多的资料。这对希望更多地了解和学习中国工农红军川滇黔边区游击纵队历史的读者是一个很大的遗憾,也直接影响到中国工农红军川滇黔边区游击纵队历史的研究和宣传。

为了更充分地展现中国工农红军川滇黔边区游击纵队的斗争历程,推动红色文化的宣传和传承,帮助革命老区的经济发展,编辑一本更加完善、更为系统的中国工农红军川滇黔边区游击纵队史料选编便显得十分必要。

课题组于 2014 年 3 月向中共中央党史研究室宣传教育局申报了中国工农红

军川滇黔边区游击纵队史料征集和编辑这一课题。课题组认为,这是一项良心工程,一定要把这项工作做好,才对得起为革命流血牺牲的红军游击队的前辈和烈士们、对得起当年支援、帮助游击队的老区人民。

中国工农红军川滇黔边区游击纵队课题组由高永中负总责,李蓉、叶晖南、李树泉等同志作为课题组成员,邀请中共中央党校研究馆员叶成林参加。与此同时,川滇黔三省党史部门的领导高度重视,积极组织和指定有关人员参与这项课题。中共四川省委党史研究室、宜宾市委党史研究室、泸州市委党史研究室、云南省委党史研究室、昭通市委党史研究室、镇雄县委党史研究室、威信县委党史研究室,贵州省委党史研究室、遵义市委党史研究室、毕节市委党史研究室都抽调专人成立课题组,协同作战,共同收集资料,取长补短。

在资料的收集过程中,课题组特别注意了以下问题:一是注意广泛收集已经整理和发表的史料,力求避免重复劳动;二是努力挖掘存在于各地党史部门保存的档案资料,使以往收集的资料发挥更大的作用;三是实地踏访,具体了解当年红军游击队战斗、生活过的环境、若干重要的事件、人物及活动等等。在实地调研中,课题组成员向当地党史、史志部门的同志学习,同当地领导、红军游击队员家属、红军游击队的知情人进行交流,不仅丰富了感性认识,还发现和收集到许多珍贵的资料。

在对川滇黔三省的资料汇总时,发现其中有些资料在诸如人员、人名、地名和时间上不一致,其情况复杂,原因也是各种各样。经过反复思考和综合评估,我们将采信的主要内容通过"概述""组织序列表"和"大事略记"表示出来。已经采信的内容,也未必完全准确可靠,但至少是有一定的史料作为支撑。同时我们也希望有关红军川滇黔边区游击队历史的知情人和研究者提出批评指正,使这段历史更接近于真实和完整。

经过三年多的努力,川滇黔三个省收集资料共 379 万字。其中,四川提供 142 万字,云南提供 187 万字,贵州提供 50 万字,还有 200 多幅图片、图表等。课题组对上报的资料进行筛选和编辑,筛选出 120 万字,各地又再次进行校对和修改、补充,以保证全书质量。

此次资料的收集、整理是一项极有意义但又极为艰巨的工程。我们荣幸地得到了原中共中央党史研究室分管吴德刚副主任的大力支持。吴德刚同志在百忙之中关心此项工作,利用假期帮助处理和协调有关事宜。原中共中央党史研究室宣教局领导陈夕、薛庆超、任贵祥、刘荣刚同志和有关省市党史部门领导、同志们给予了大力支持。刘荣刚等同志还审阅书稿,提出了宝贵意见。在此过程中,杨津征、胡志鹏、叶青如等同志参加了资料收集整理和部分资料录入工作。

　　课题组为此专门到重庆、内蒙古等地，拜访学者专家和知情人，寻求帮助。西南大学的裴国法、王毓莉老师曾亲自到川、滇、黔地区调查红军游击队历史，给我们很大的帮助。曾任红军川滇黔边区游击纵队司令员刘复初之子刘怀北同志，对我们的工作给予了热情的帮助和鼓励，提供了大量资料，并对初稿提出修改意见。胡志鹏利用休息时间帮助录入资料，没有任何怨言。所有这些都令人感动，也给我们极大的鼓励和鞭策。

　　中共四川省委党史研究室、宜宾市和泸州市委党史研究室及长宁、兴文、筠连、江安、叙永、古蔺、纳溪等有关县委党史研究室和史志局，云南省委党史研究室、昭通市委党史研究室及威信、镇雄、彝良、盐津等有关县委党史研究室，中共贵州省委党史研究室、遵义市、毕节市委党史研究室及湄潭、桐梓、习水、金沙、七星关、赫章等相关县委党史研究室的同志，在其他任务十分繁重的情况下，不辞劳苦，付出了许多心血和汗水。各省担任联络工作的同志，四川省杨萍、宋健；云南省余红、陈祖英；贵州省李朝贵、刘毓麟和四川宜宾市李勇、四川泸川市邱俊、云南昭通市翟昭明等同志更是辛苦，直接参加和帮助本课题组调研。原中共中央党史研究室第一研究部主任、编审霍海丹，中国社会科学院近代史研究所编审刘萍老师，也对本书给予关心和重要帮助。在此，向所有参加和关心本课题工作的领导和同志们表示衷心的感谢！

　　由于年代的久远，许多资料比较分散，要全面、系统、完整、准确地复原历史十分困难。但我们仍然欣喜地看到，在参加课题同志坚持不懈的共同努力下，中国工农红军川黔桂边区游击队的历史以从未有过的大量的翔实资料展现在我们面前。这些历史资料是宝贵的精神财富，是红军历史的生动展示，更是中国共产党人和红军游击队指战员革命精神的深刻诠释。

　　收集整理好丰富的党史、军史、革命史资料是一项基础性的工作。我们要更加重视挖掘和利用红色资源，发扬好红军传统，传承好红色基因，为实现中华民族的伟大复兴贡献自己的力量。

本书编写组

2018 年 6 月

2019 年 6 月校订

2021 年 6 月再次校订

2023 年 12 月第三次校订